湘西州年鉴

2018 XIANG XI ZHOU NIAN JIAN

湘西土家族苗族自治州年鉴编纂委员会　编

方志出版社
Publishing House of Local Records

图书在版编目（CIP）数据

湘西州年鉴. 2018 / 湘西土家族苗族自治州年鉴编纂委员会编. — 北京：方志出版社，2019.1
ISBN 978-7-5144-3591-7

Ⅰ. ①湘… Ⅱ. ①湘… Ⅲ. ①湘西土家族苗族自治州—2018—年鉴 Ⅳ. ①Z526.42

中国版本图书馆 CIP 数据核字（2019）第 011223 号

湘西州年鉴（2018）

编　　者：湘西土家族苗族自治州年鉴编纂委员会
责任编辑：张　颢

出 版 人：冀祥德
出 版 者：方志出版社

地址　北京市朝阳区潘家园东里 9 号（国家方志馆 4 层）

邮编　100021

网址　http://www.fzph.org

发　　行：方志出版社发行中心
电话（010）67110500
经　　销：各地新华书店
印　　刷：湖南省吉首市广源印务有限责任公司

开　　本：889×1194　　1/16
印　　张：34
字　　数：1230 千字
版　　次：2019 年 1 月第 1 版　　2019 年 1 月第 1 次印刷
印　　数：0001~1000 册

ISBN　978-7-5144-3591-7　　定价：268.00 元

《湘西州年鉴（2018）》编纂人员

编委会

主　　任：李　平

副 主 任：向邦伟　包太洋

委　　员：张发权　胡恩平　梁　君　李志平　谢绍猛　田科虎
向宏国　余晓红　祝期祥　张奇华　石泽彬　李诗兴
向恒林　赵海峰　邓晓东　隆立新　杨志慧　陈海波
刘冬生　陈文君

编辑部

主　　编：谢绍猛

副 主 编：李雄野

编　　辑：左泽蓉　黄文军　张文兰　黎楚云

《湘西州年鉴》2018年卷总撰稿人

（名字按篇目顺序排列）

杨　舟	段鹏程	陈　鲲	余菊馨	张作磊	瞿光祥	冯盼盼	刘绿林	田志芳	彭南署
杨　进	杨正寿	宋孟斐	宋建昕	滕文洋	牟　迪	苏明超	喻　阳	龙永华	王媛媛
龙　颖	袁　灏	曾宪文	曹　耀	龙　彦	周兰芳	滕召帆	龙成生	石利民	黄立好
陈　文	骆邦建	杨荣波	林军华	龙海先	穆　英	博　锋	杨龙华	马洪波	向小燕
张夫生	隆劲松	欧阳昌	黄江勇	刘　洋	张　立	全　波	麻美垠	杨　立	李琼慧
罗　琳	张　伟	郑　清	陈元军	印小雪	龙骏峰	杨兴林	王文熙	颜小煌	王　华
向思栩	余彬铭	杨　懿	刘　海	向　波	左志雄	王晓霞	雷国兵	向俊杰	瞿章胜
康皓铭	刘体祥	候　毅	谢　阳	白　雪	黄　琳	黄　锋	张　微	安　平	赵博涵
张　琼	王彤彦	胡明智	刘昱林	唐巧晶	周　安	杨美玲	吴如新	向心文	彭　斌
杨麦林	黄福贵	谢军进	李学渊	郑　宁	胡贻江	汪　翔	欧阳祯	甘　露	田智强
向　曦	张光辉	田　慧	杨胜前	石永忠	张耀华	左小义	王自云	王　武	石友莲
毛永锋	彭春雨	张　宇	梁　冉	彭明友	杨　成	舒　刚	俞　辉	张　军	戴　玮
田良东	代尚锐	肖美群	李学夫	袁　林	彭峥嵘	汪　涛	向英俊	傅盛泽	佘　飞
杨　进	田玉霞	邹纯科	徐　智	唐　敏	向伟民	李友斌	陈　明	彭秀健	谢陆云
欧林江	向明中	彭英福	肖运勇	谢　江	龙向阳	张世群	张　喜	蔡云帆	谢方敏
龙　蛟	李　斌	王　敏	陈兴艾	贾肖燕	沈春成	向月姣	郑延峰	谢新宇	文　杨
向　东	杨进福	向海林	陈　铭	彭雪松	邓小芳	张　鹏	向　华	伍素云	李万超
蒋兴华	杨　琴	梁　栋	尚道尊	谭子慧	谭　建	石磊磊	敖　彬	张　敏	赵桂香
薛厚景	尹　芳	姚本同	石叶子	王　晗	李　杰	梁　欢	肖　虹	陈大耀	贾　晨
张　娟	龙　江	张晓燕	江　岳	郭煜阳	向国荣	向朝阳	周　杨	罗应奉	刘德靖
周　荣	王　星	杨　震	麻黎明	谭锦文	田凤翥	刘国建	翦飞云	彭业忠	熊吉平
张星星	黄文军	石慧芳	王　银	杨　帆	李立超	雷力兵	吴正昭	龙丽芳	颜焱娜
张云文	刘　芳	宋新宏	何　澍	杨　进	柴绪亮	胡仁贵	孙　丹	李　密	田官宏
吴志保	陈　超	张清忠	向昌斌	田芳微	付　裕	黄　曼	罗文国	王贤芝	田际侦
葛红梅	刘吉霞	杨胜国	龙永红	徐克生	唐江南	杨毅琼	黄锦辉	彭　汨	黄生权
卓　超	韩　倩	田晓辉	邓　涵	田　敏	宋太灵	刘让定	罗梨萍	邓　淞	向　权
吴靖霄	张欣宇	向玉德	葛永康	龙兴昌	张　伟	黄　晶	江　帆	李秋云	唐　喜
邓伟葵	黄文枫	彭继双	刘　兴	杨　成	周世全	李　华	李世宇	刘国良	吴　波
李红明	殷明坤	梁　兵	储溢洲	刘　君	彭　阳	陈士阳	周　延	田祖贵	向雅生
祖　建									

编 辑 说 明

一、《湘西州年鉴》以马克思列宁主义、毛泽东思想、邓小平理论、“三个代表”重要思想、科学发展观和习近平新时代中国特色社会主义思想为指导，坚持辩证唯物主义和历史唯物主义的立场、观点和方法。贯彻实事求是的原则，力求全面、系统、准确地反映时限内湘西土家族苗族自治州的自然、政治、经济、文化和社会发展情况，为领导提供决策依据，为宣传、研究和建设湘西州服务。

二、《湘西州年鉴》是在中共湘西自治州委领导下，由湘西州人民政府主管，湘西州人民政府地方志办公室承编的地方综合性年鉴。2000年创刊，每年出版一卷。2018年卷所收内容时限为2017年1月1日至12月31日，根据需要，个别背景资料和图片及文存适当上溯或下延。

三、《湘西州年鉴》2018年卷从2017年经济社会发展的实际出发，注重反映地方特色和年度特色，突出经济社会发展和改革开放的新情况。全书共25个部类，依次是：特载、专记、专文、大事记、州情概况、党政群团、军事、法治、经济管理、农业·林业·水利、工业、城乡建设·环境保护、交通·邮政·通信、商贸服务业、财政·税务、金融、文化·旅游、科技·教育·体育、医疗卫生、民生保障、县市概况、资政论坛、人物、附录。部分部类框架作了适当调整。

四、《湘西州年鉴》所载稿件，均由州直或驻州各部门、各单位及县市区提供，并经各部门单位负责人审定。

五、《湘西州年鉴》采取部类、分目、条目的编辑体例，以字体、字号等版式设计区别不同层次；少数部类如党政群团等，在分目下面增设次分目层次。条目标题统一用黑体加【 】表示。

六、文字标点、数字数据、计量单位等，均按国家规范要求书写。但部分计量单位遵从习惯，如“亩”“公斤”等。数据主要依据州统计局统计的数据；统计局未统计的，采用各相关工作部门（行业）提供的数据。

七、卷首彩版及随文图片，除署名者外，均为相关单位提供。

八、《湘西州年鉴》的编纂出版工作，得到全州各级党委、政府及各个部门单位的大力支持，谨此致谢。疏漏差错之处，敬请读者批评指正。

湘西土家族苗族自治州

图说湘西

非物质文化遗产地图

XIANGXI

【湘西民族的传统文脉】

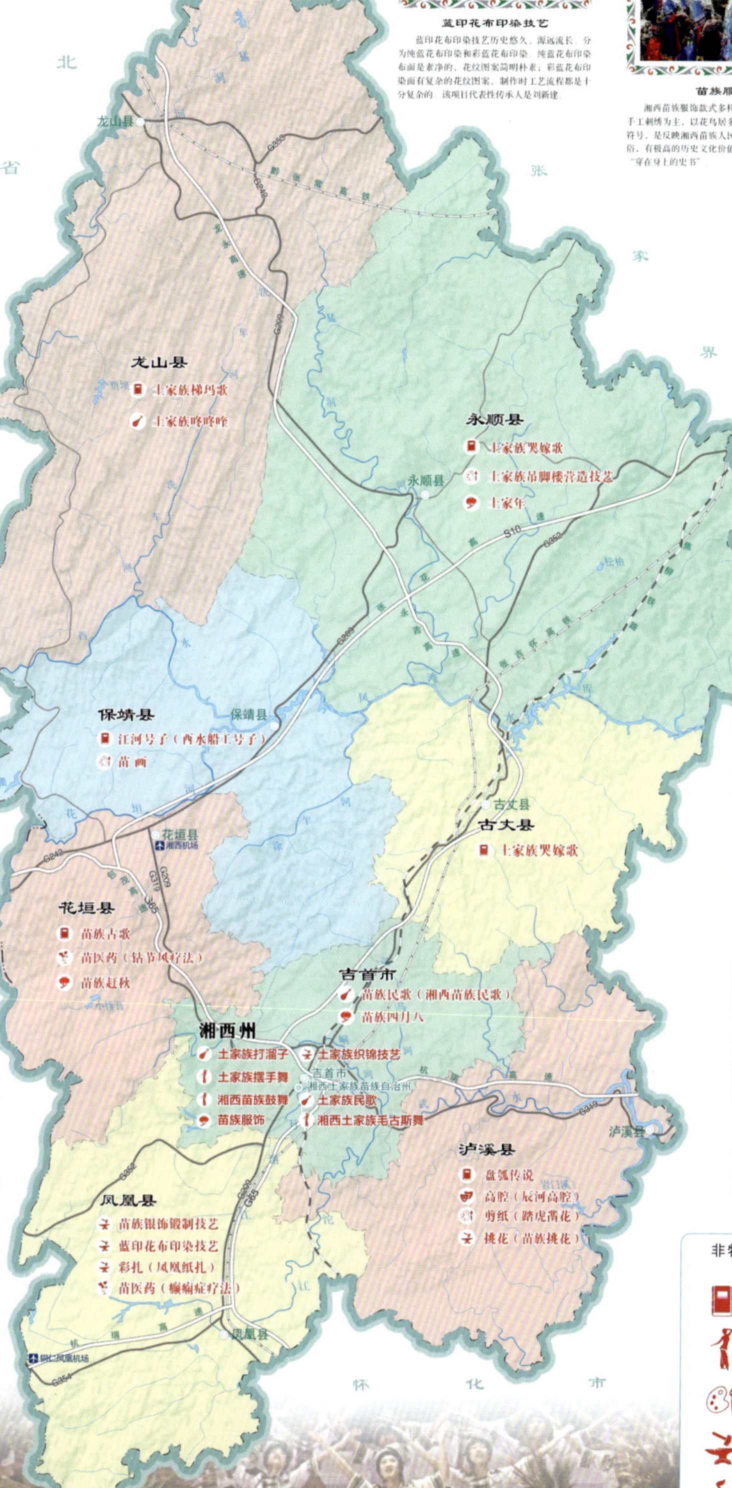

蓝印花布印染技艺

蓝印花布印染技艺历史悠久，源远流长。分为纯蓝花布印染和彩蓝花布印染。纯蓝花布印染布面是素净的，花纹图案简明朴素；彩蓝花布印染面有复杂的花纹图案，制作时工艺流程都是十分复杂的。该项目代表性传承人是刘新建。

苗族服饰

湘西苗族服饰款式多样，讲究装饰，图案以手工刺绣为主，以花鸟居多。是重要的民族文化符号，是反映湘西苗族人民风貌的代表性消费习俗，有极高的历史文化价值及审美价值。被誉为“穿在身上的史书”。

苗族挑花

苗族挑花，俗称数纱，是在家织布头帕上，挑出各种不同的花样。苗族挑花是极细致而严格的手工工艺，用线全部是蓝线或青线，头帕上的花样，简洁明快，线条清晰，显得十分淡雅。该项目代表性传承人是杨春英。

土家族咚咚喹

土家族咚咚喹是一种极其古老的簧管气鸣乐器。其发音清脆、明快，具有打音、颤音兼备的特点，从模拟鸟语虫鸣、风泉之声而形成写意性的音乐语汇和固定的音乐曲牌。该项目代表性传承人是严三秀。

土家族梯玛歌

土家族梯玛歌是土家族长篇史诗，集诗、歌、乐、舞为一体，表现开天辟地、人类繁衍、民族祭祀、民族迁徙、狩猎农耕及饮食起居等广泛的历史文化与社会生活内容，被誉为“研究土家族文化的百科全书”。该项目代表性传承人是彭继龙。

湘西苗族鼓舞

湘西苗族鼓舞，是湘西苗族地区最独特的舞蹈艺术；历史悠久，据历史文献记载源于汉代以前，产生在苗族祭祀活动中，已成为苗族人民最喜爱、最普及的舞蹈艺术形式。该项目代表性传承人是洪富强。

湘西苗医药

“湘西苗医药”，历史悠久，内容丰富，疗效独特，是苗族人民世代相传的一种民间医药。除采用药草植物、矿物外，还使用口诀、化水、神符等巫术辅助手段，为湘、黔、渝、鄂四省边区广大的各族人民祛病除疾，发挥了积极作用。该项目代表性传承人是田兴秀。

辰河高腔

辰河高腔是由明初江西弋阳腔传入辰河流域，与湘西地域音乐相互融合而形成的一种地方戏曲，俗称辰河戏。辰河高腔中的目连戏是儒、释、道、巫、傩等宗教文化的完美结合。该项目代表性传承人是邓七枝。

图　例

- 州级行政中心
- 县级行政中心
- 省、自治区、直辖市界
- 省辖市、自治州界
- 县（市、区）界
- 在建高铁
- 铁路
- G65 高速公路及编号
- G209 国道及编号
- 河流、湖泊

非物质文化遗产名录分类

民间文学	传统音乐
传统舞蹈	传统戏剧
传统美术	民　俗
传统技艺	医　药
曲　艺	体　育

*备注：本期内容来源于中华人民共和国国务院发布的2006–2014年国家级非物质文化遗产名录。
（部分照片由卢瑞生提供。）

主办单位：湘西州国土资源局
资料提供：湘西州文广新局（非物质文化遗产保护中心）
编制单位：湖南省第三测绘院
监制单位：湖南省国土资源厅
审 图 号：湘S（2017）190号

湘西土家族苗族自治州

图说湘西

红色文化地图

XIANGXI

【重温红色记忆 再现光辉历程】

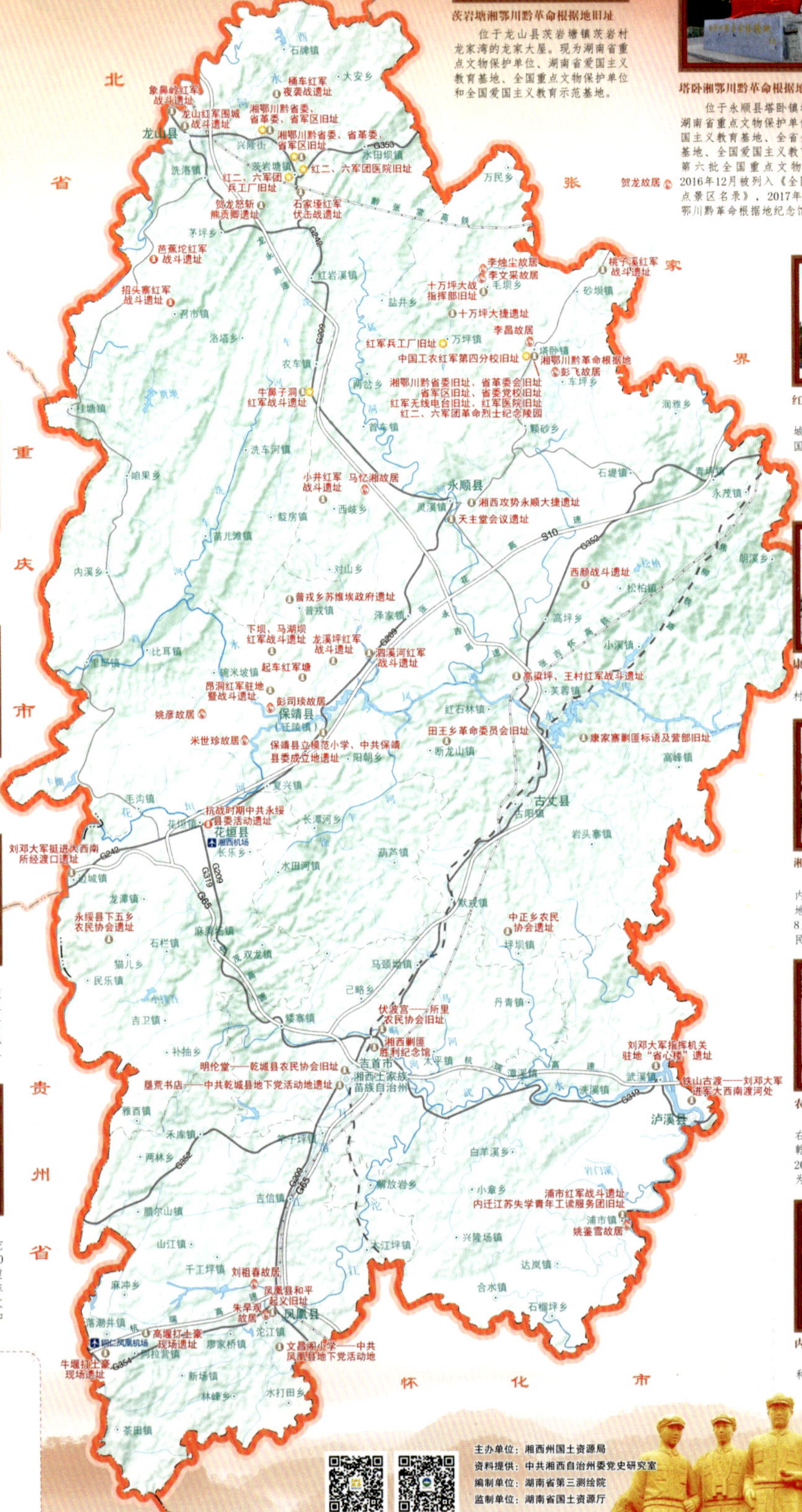

图例
- 重要革命遗址
- 爱国主义教育基地
- 人物故居
- 州级行政中心
- 县级行政中心
- 乡（镇）级行政中心
- 省、自治区、直辖市界
- 地级市、自治州界
- 县（市、区）界
- 在建高铁
- 铁路
- 高速公路及编号
- 国道及编号
- 河流、湖泊

茨岩塘湘鄂川黔革命根据地旧址

位于龙山县茨岩塘镇茨岩村龙家湾的大屋。现为湖南省重点文物保护单位、湖南省爱国主义教育基地、全国重点文物保护单位和全国爱国主义教育示范基地。

塔卧湘鄂川黔革命根据地旧址

位于永顺县塔卧镇塔卧村。现为湖南省重点文物保护单位、湖南省爱国主义教育基地、全省全民国防教育基地、全国爱国主义教育示范基地、第六批全国重点文物保护单位，2016年12月被列入《全国红色旅游景点景区名录》，2017年9月新建了湘鄂川黔革命根据地纪念馆。

红二、六军团革命烈士纪念陵园

位于永顺县塔卧镇塔卧村上城堡。现为永顺县文物保护单位，国家级烈士陵园纪念设施。

康家寨剿匪部队营部旧址

位于古丈罗依溪镇康家寨村，现存有剿匪标语及旧址。

湘西剿匪胜利纪念馆

坐落在吉首市芙蓉岗公园内，是湖南省唯一的一个少数名族地区级综合性三级博物馆，2007年8月被国家民委首批命名为"全国民族团结进步教育基地"。

农民协会旧址

在吉首市乾州古城文庙后殿右侧，有一栋古旧的木屋，这就是乾城县农民协会旧址——明伦堂。2002年8月被湖南省人民政府公布为湖南省重点文物保护单位。

内迁江苏失学青年工读服务团旧址

位于泸溪县浦市镇第二小学和辰溪县孝坪镇江东村的江东寺。

红二、六军团兵工厂旧址

位于龙山县茨岩塘镇甘露村大堡山脚的姚家大屋，2006年5月被国务院公布为全国重点文物保护单位。

亨章乡苏维埃政府旧址

位于保靖县普戎镇，红军驻地旧址和红军使用过的房屋依然留存较好。

国立八中

位于花垣县民族中学和花垣小学内。为纪念国立八中为花垣县的党组织建立和抗战事业作出的贡献，在原崇山公园旧址（现花垣民族中学内）修建纪念亭，并在高二部旧址立纪念碑。

和平起义旧址

位于凤凰县沱江镇文星街的沱江文庙，于清康熙四十九年（1710年）开建，2002年5月列为湖南省重点文物保护单位。1949年11月7日由陈渠珍组织的凤凰县治安委员会，在文庙大成殿召开各界人士代表参加的和平起义大会，宣告凤凰县和平解放。

主办单位：湘西州国土资源局
资料提供：中共湘西自治州委党史研究室
编制单位：湖南省第三测绘院
监制单位：湖南省国土资源厅
审图号：湘S（2017）190号

湘西自治州建州60周年

北京成就展

湘西土家族苗族自治州成立60周年新闻发布会在北京举行（符晓明/摄）

湘西土家族苗族自治州成立60周年成就展在北京民族文化宫举行（戴国梁/摄）

湘西自治州招商引资暨文化旅游推介会现场（戴国梁/摄）

湘西土家族苗族自治州成立60周年成就展开幕式合影（戴国梁/摄）

湖南省人大常委会副主任刘莲玉（前排中）、老领导欧阳淞（右一）在州领导龙晓华、孙法军陪同下巡展（戴国梁/摄）

湖南省人大常委会副主任刘莲玉、老领导欧阳淞、州长龙晓华等查看果蔬园展厅产品（戴国梁/摄）

庆祝活动

9月20日上午，湘西土家族苗族自治州2万余名各族各界干部群众，怀着喜悦的心情在州文化体育会展中心隆重集会，热烈庆祝自治州成立60周年（周兴云/摄）

湘西土家族苗族自治州成立60周年庆祝大会现场（周兴云/摄）

国家民委党组副书记、副主任、中央有关部门祝贺团团长刘慧在庆祝大会上讲话（周兴云/摄）

湖南省委书记、省人大常委会主任、省祝贺团团长杜家毫在大会上讲话（周兴云/摄）

国家民委党组副书记、副主任刘慧代表国家民委为湘西土家族苗族自治州“全国民族团结进步创建活动示范州”授牌，州委书记叶红专接受奖牌（周兴云/摄）

湖南省委副书记、省长、省祝贺团副团长许达哲代表省委、省政府向湘西自治州赠送纪念品，州委书记叶红专接受纪念品（周兴云/摄）

湖南省委副书记、省祝贺团副团长乌兰宣读全国人大常委会、国务院贺电（周兴云/摄）

国家民委机关服务局局长张志刚宣读授予湘西州“全国民族团结进步创建活动示范州”文件（周兴云/摄）

湘西土家族苗族自治州州委书记叶红专在大会上致辞（周兴云/摄）

湘西土家族苗族自治州州委副书记、州长龙晓华主持大会（周兴云/摄）

参演队伍入场（周兴云/摄）

吉首市参演队伍入场（周兴云/摄）

泸溪县参演队伍入场（周兴云/摄）

凤凰县参演队伍入场（周兴云/摄）

古丈县参演队伍入场（周兴云/摄）

花垣县参演队伍入场（周兴云/摄）

保靖县参演队伍入场（周兴云/摄）

永顺县参演队伍入场（周兴云/摄）

龙山县参演队伍入场（周兴云/摄）

湘西经济开发区参演队伍入场（周兴云/摄）

大型群众文艺民族歌舞表演《神秘湘西》（周兴云/摄）

序《锣鼓迎宾》（周兴云/摄）

序《锣鼓迎宾》——拦门酒（周兴云/摄）

《湘西故土》——红色记忆（周兴云/摄）

《湘西故土》——踏歌千年（周兴云/摄）

《热土湘西》——春的脚步（周兴云/摄）

《热土湘西》——山的脊梁（周兴云/摄）

《梦里家园》——共庆节日、欢乐海洋（周兴云/摄）

各族群众欢聚一堂共庆湘西土家族苗族自治州成立60周年（周兴云/摄）

各族群众欢聚一堂共庆湘西土家族苗族自治州成立60周年（周兴云/摄）

旅博会

武陵山旅游发展高峰论坛启动仪式现场（周兴云/摄）

2017年中国湖南（第八届）旅游产业博览会开幕式现场（周兴云/摄）

湘西自治州成立60周年重点项目签约仪式（第四轮）现场（杨秀莠/摄）

中国国际经济交流中心副理事长、中央政策研究室原副主任郑新立作《发展全域旅游是实现全面小康的重要途径》主题演讲（彭伟/摄）

湖南省副省长杨光荣参观旅游博览会（周兴云/摄）

湖南省旅发委主任（左三）陈献春参观旅博会展厅（周兴云/摄）

委、省共建吉首大学

国家民委、湖南省共建吉首大学座谈会现场（孙立青/摄）

国家民委、湖南省共建吉首大学座谈会现场（孙立青/摄）

国家民委党组副书记、副主任刘慧（前排左二）一行在湖南省副省长杨光荣（前排左一）、吉首大学党委书记游俊（前排右二）陪同下参观吉首大学校史馆（孙立青/摄）

国家民委党组副书记、副主任刘慧与湖南省副省长杨光荣、吉首大学党委书记游俊交流（孙立青/摄）

国家民委党组副书记、副主任刘慧与吉首大学少数民族学生代表交流（孙立青/摄）

国家民委党组副书记、副主任刘慧与吉首大学少数民族学生代表亲切交谈（孙立青/摄）

湘西自治州建州60周年巨变

城市新貌

今日吉首（瞿一才/摄）

泸溪县城白沙全景（杨龙华提供）

凤凰县城全景图（杨龙华提供）

花垣县城 （龙艾青/摄）

发展中的保靖 （舒冰/摄）

龙山县城（杨龙华提供）

湘西经开区新貌

湘西经济开发区鸟瞰（陈宇驰/摄）

乾州新区行政中心一角（杨龙华提供）

湘西经济开发区沿河风光带景观（张术杰/摄）

湘西经济开发区城市核心区（张术杰/摄）

5月8日晚，湘西经济开发区，灿若星河、变幻各异的灯光织出一幅亮丽的新城夜景图（张少杰/摄）

湘西经济开发区一角（杨龙华提供）

城镇建设

凤凰县城镇化建设一角（杨龙华提供）

花垣县城北新区一角（ 龙艾青/摄）

龙山县华塘商居城一角（杨龙华提供）

永顺县芙蓉镇（杨龙华提供）

泸溪县浦市古镇全景（杨龙华提供）

校园新貌

湘西民族职业技术学院（杨龙华提供）

花垣边城高级中学全貌（周智敏/摄）

湘西州民族中学全景图（陈宇驰/摄）

吉首一中双塘校区（杨成提供）

交 通 建 设

吉首—茶洞、永顺—吉首高速公路吉首市署光互通枢纽（杨龙华提供）

龙（山）永（顺）高速公路农车段（杨龙华提供）

畅通亮丽的319国道（佘飞提供）

建设中的吉首市高铁新城路网金坪路夜景（杨龙华提供）

文 化 旅 游

明代古建筑——永顺县老司城祖师殿（金谦华/摄）

龙山县里耶明清古街（曾祥辉/摄）

保靖县夯沙春晓（ 陈阳/摄 ）

鬼斧神工古丈县红石林地质公园（ 赵敏/摄 ）

花垣县尖岩风光（潘尚德/摄）

现代农业

龙山县是全国百合产销第一大县，年种植百合7万余亩，产值近10亿元。龙山县万亩无公害百合生产基地一角（彭启洪/摄）

保靖县黄金茶茶园一角（杨龙华提供）

国家农业科技园区（花垣核心区）一角（龙艾青/摄）

龙山县柑橘种植面积14.3万亩，销售额达亿元。里耶果农正在采摘脐橙（杨龙华提供）

古丈县美丽茶园一角（古丈县摄协提供）

湘西黄牛（杨龙华提供）

新型工业

花垣县工业集中区一角（龙艾青/摄）

古丈县南方水泥厂（杨龙华提供）

湘西经济开发区华润雪花啤酒生产线（杨龙华提供）

湘西经济开发区奥鑫新能源车业公司车间（杨龙华提供）

湘西经济开发区傲顿扬声器车间（杨龙华提供）

商 贸 服 务

湘西州时尚购物中心——吉首步步高购物广场 (陈宇驰/摄）

湘西国盛商业广场（陈宇驰/摄）

科技特派员建立农村特色产业电商平台，带动凤凰县菖蒲塘村等102个苗族村寨的柚子产业发展，日销售量达4000公斤以上（杨龙华提供）

湘西经济开发区劳动密集型服务企业（杨龙华提供）

智慧湘西互联网+吕洞山电子商务点（杨龙华提供）

人民生活

古丈采茶姑娘（杨龙华提供）

吉首市国际鼓文化节（杨龙华提供）

苗祖圣山：吕洞山祭山大典（杨龙华提供）

凤凰端午抢鸭（覃士柱/摄）

凤凰县易地扶贫搬迁夯卡村安置点（杨龙华提供）

花垣县城南保障性住房小区鸟瞰（潘尚德/摄）

精准脱贫10项工程

发展生产脱贫工程

吉首市马颈坳镇隘口村茶园（吉首市农业局提供）

泸溪县潭溪镇万亩椪柑科技示范园建设基地
（泸溪县农业局提供）

凤凰县大坡村高山葡萄（凤凰县农业局提供）

花垣县十八洞村千亩猕猴桃示范基地（花垣县农业局提供）

保靖县米塔村农民采摘黄金茶（保靖县农业局提供）

龙山县农业支柱产业之一烤烟（龙山县农业局提供）

乡村旅游脱贫工程

6月3日，全州旅游发展大会召开（州委脱贫攻坚办提供）

6月2日，州政府召开全州旅游工作座谈会，研究部署乡村旅游脱贫工程（州委脱贫攻坚办提供）

3月26日，凤凰乡村旅游节开幕（州委脱贫攻坚办提供）

3月19日，第二届保靖黄金茶“茶王”争霸赛在黄金村举行（州委脱贫攻坚办提供）

5月1日，永顺县司城村老司城景区对外开放（州委脱贫攻坚办提供）

特色民居改造后的古丈县毛坪村（州委脱贫攻坚办提供）

转移就业脱贫工程

山东省济南市和湘西州劳务扶贫协作座谈会在济南市举行（州委脱贫攻坚办提供）

山东蓝翔技师学院十八洞分院挂牌仪式在花垣县举行（州委脱贫攻坚办提供）

州人社局在吉首火车站举行“技能筑梦、就业脱贫”2017年湘西州贫困学生赴济南学习送站仪式（州委脱贫攻坚办提供）

以“搭建劳务对接平台、鼓励返乡创业就业”为主题的全州“春风行动”专项招聘活动（州人社局提供）

易地搬迁脱贫工程

州易地扶贫搬迁联席办主任胡恩平深入凤凰县易地扶贫搬迁安置点走访了解搬迁户后续发展情况（州委脱贫攻坚办提供）

吉首市马颈坳镇团结村分散小集中搬迁工程（州委脱贫攻坚办提供）

泸溪县武溪镇集中安置点8、9、10、12、13、14共6栋安置房装饰基本完工（杨毓勤提供）

凤凰县竿子坪安置区（州委脱贫攻坚办提供）

古丈县县城集中安置区（州委脱贫攻坚办提供）

龙山县红岩溪镇安置区工程主体基本竣工（州委脱贫攻坚办提供）

教育发展脱贫工程

副州长、州教育发展脱贫协调小组组长李平到泸溪县职业中学开展教育扶贫调研（张云提供）

州教体局党组书记、局长余晓红在泸溪县思源学校调研图书室建设工作（张云文提供）

2017年8月25日，花垣县边城高级中学体育馆举行贫困大学生资金发放仪式（麻老富提供）

宋祖英助学捐赠仪式在古丈县第一中学举行（向树平提供）

2016年5月11日，花垣县道二学校贫困学生喜领救助金（麻老富提供）

龙山县华塘学校党支部委员刘大元到留守学生家中家访（叶海英提供）

医疗救助帮扶工程

州卫计委主任彭军到保靖县民族中医院督察指导一站式报销结算工作（州委脱贫攻坚办提供）

5月29日，凤凰县医务人员深入新场镇开展世界家庭医生日服务活动（州委脱贫攻坚办提供）

凤凰县人民医院一站式结算窗口（州委脱贫攻坚办提供）

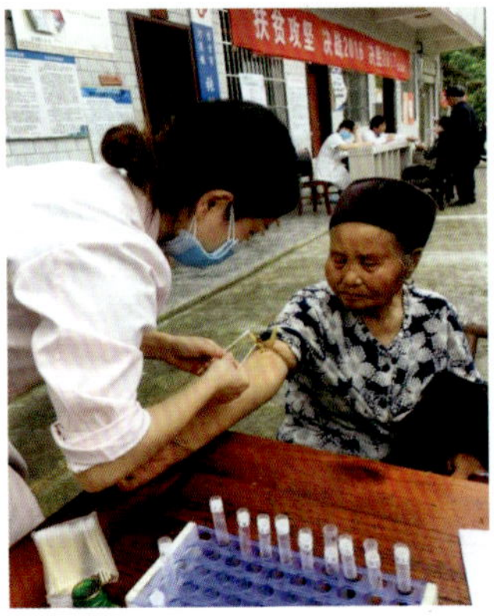

吉首市河溪镇建档立卡户健康体检现场（州委脱贫攻坚办提供）

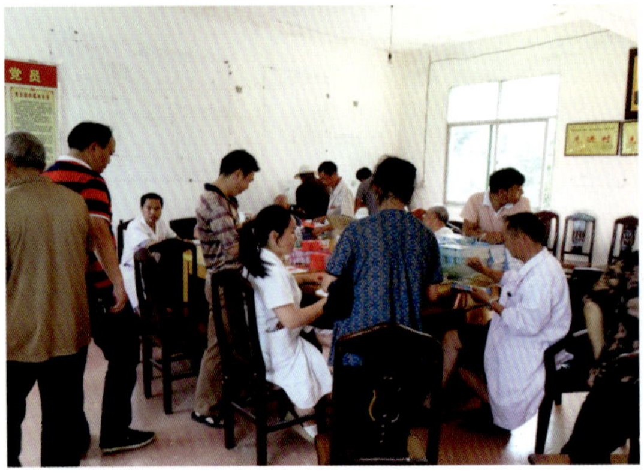

花垣县医务人员深入花垣镇道二村调研家庭医生签约与居民健康体检情况（州委脱贫攻坚办提供）

永顺县石堤镇中心卫生院医务人员上门为群众健康体检，建立健康档案（州委脱贫攻坚办提供）

生态补偿脱贫工程

2016年，吉首市生态护林员岗前职业技能培训（匡青提供）

2017年，龙山县桂塘镇建档立卡劳动力转岗护林员技能培训现场（匡青提供）

村民交流学习护林技术（匡青提供）

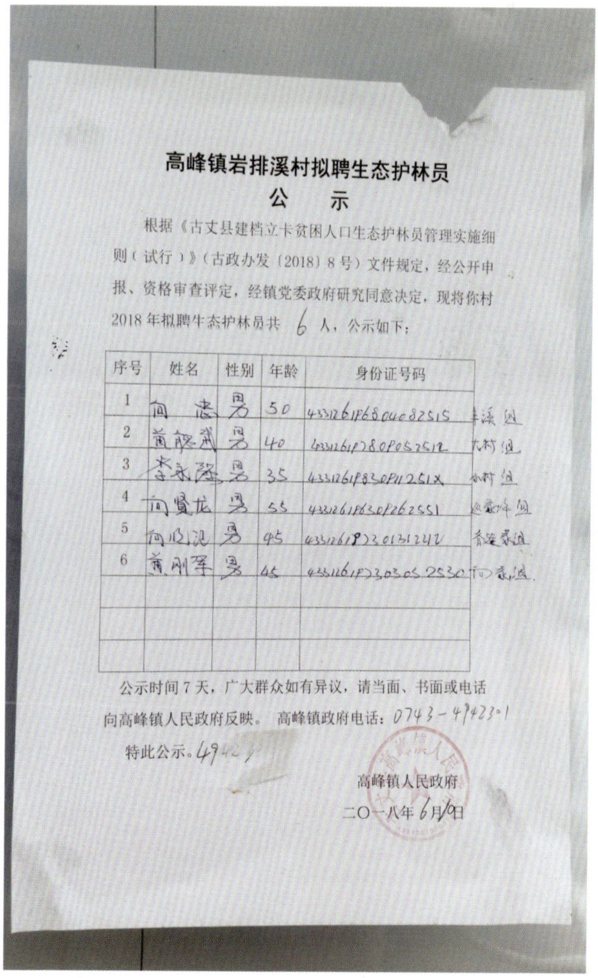

高峰镇岩排溪村拟聘生态护林员

公　示

根据《古文县建档立卡贫困人口生态护林员管理实施细则（试行）》（古政办发〔2018〕8号）文件规定，经公开申报、资格审查评定，经镇党委政府研究同意决定，现将你村2018年拟聘生态护林员共 6 人，公示如下：

序号	姓名	性别	年龄	身份证号码
1	向 志	男	50	[illegible]
2	[illegible]	男	40	[illegible]
3	[illegible]	男	35	[illegible]
4	向贤龙	男	55	[illegible]
5	[illegible]	男	45	[illegible]
6	[illegible]	男	45	[illegible]

公示时间7天，广大群众如有异议，请当面、书面或电话向高峰镇人民政府反映。高峰镇政府电话：0743-4942301

特此公示。

高峰镇人民政府

二〇一八年6月19日

古丈县高峰镇岩排溪村拟聘生态护林员公示（匡青提供）

生态护林员开展护林工作（匡青提供）

社会保障兜底工程

州民政局局长彭图瑜调研兜底保障情况
（州委脱贫攻坚办提供）

村民民主评议（州委脱贫攻坚办提供）

州民政局负责人检查公示栏（州委脱贫攻坚办提供）

兜底公示（州委脱贫攻坚办提供）

低保清理公示（州委脱贫攻坚办提供）

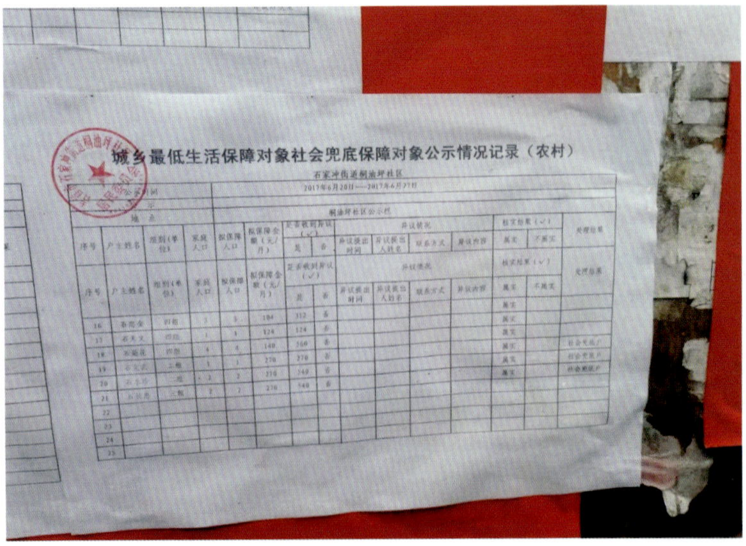

兜底公示（州委脱贫攻坚办提供）

基础设施配套工程

永顺县塔卧镇科甲村移动网络施工现场
（州委脱贫攻坚办提供）

农村4G基站施工现场（州委脱贫攻坚办提供）

泸溪县解放岩乡已用村集中供水工程（州委脱贫攻坚办提供）

凤凰县阿拉营镇葡萄村变压器安装及安全稽查现场
（州委脱贫攻坚办提供）

龙山县石羔镇泗坪村村道（州交通运输局提供）

古丈县古阳河水库工程（段新武提供）

公共服务保障工程

技术人员在吉首市己略乡云华村调试、维护“户户通”设备（州委脱贫攻坚办提供）

泸溪县浦市镇岩门溪村卫生室（州委脱贫攻坚办提供）

凤凰县木江坪镇长车村村村响设备（州委脱贫攻坚办提供）

古丈县红石林镇马达坪村综合文化服务中心文化活动广场、戏台、体育器材（州委脱贫攻坚办提供）

古丈县红石林镇马达坪村利用村综合文化服务中心设施组织文化活动和体育比赛（州委脱贫攻坚办提供）

古丈县牛角山村电子商务服务站为当地群众提供日用品代购、农产品外销、电商业务咨询等服务，服务惠及村民群众千余人（州委脱贫攻坚办提供）

美丽湘西建设

生态文明建设工程

吉首市双塘镇阳戏传习所开展阳戏培训（杨艳华提供）

湘西经开区“雷锋之光”活动（杨艳华提供）

吉首市峒河国家湿地公园植被恢复工程（杨艳华提供）

泸溪县浦市镇开展义务植树活动（杨艳华提供）

古丈县美丽村庄（古丈县史志办提供）

城乡同建同治工程

吉首市户外广告专项整治（杨艳华提供）

凤凰县城区出入口整治后效果（杨艳华提供）

古丈县城区出入口整治后小景观（杨艳华提供）

花垣县执法人员拆除违章建筑（杨艳华提供）

保靖县复兴镇开展乱搭乱建出店经营集中整治行动（杨艳华提供）

永顺县执法人员整治出店经营行为（杨艳华提供）

龙山县开展背街小巷整治（杨艳华提供）

湘西经济开发区车辆冲洗平台启动试运行（杨艳华提供）

网格社会管理工程

凤凰县村民通过查看镇指挥分中心监控寻找走失的小孩（杨艳华提供）

龙山县乡镇（街道）网格服务管理分中心（杨艳华提供）

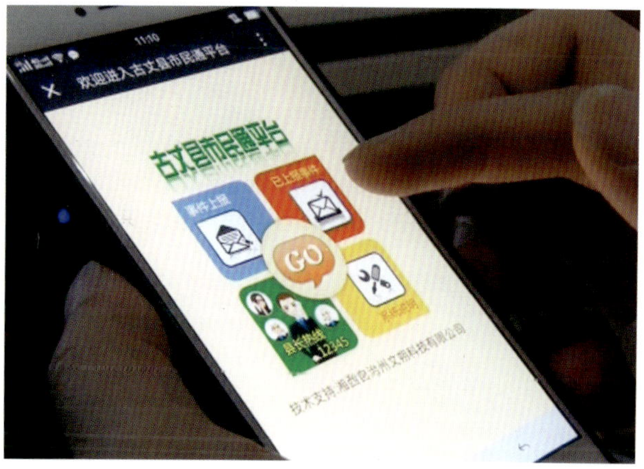

古丈县网格化市民通微信平台（州综治办提供）

花垣县网格化社会服务管理民用爆炸物品管理中心（州综治办提供）

湘西经济开发区网格化指挥中心（杨艳华提供）

凤凰县山江镇网格化管理指挥中心（州综治办提供）

美丽乡村示范创建

吉首市美丽乡村家庭村新建的旅游公厕
（杨艳华提供）

泸溪县美丽乡村马王溪村修缮后的古井
（杨艳华提供）

古丈县美丽乡村栖凤湖村（杨艳华提供）

花垣县美丽乡村董马库村庭院美化效果
（杨艳华提供）

保靖县美丽乡村亨章村特色民居改造后景象
（杨艳华提供）

永顺县美丽乡村麻岔村文化墙（杨艳华提供）

龙山县美丽乡村乌龙山村民居及户间道
（杨艳华提供）

湘西经济开发区三炮台居民后院停车位
（杨艳华提供）

目　　录

特　　载

专　　记

专　　文

大　事　记

州情概况

党政群团

军　事

法　治

工　业

城乡建设·环境保护

交通·邮政·通信

商贸服务业

财政·税务

金融·证券

文化·旅游

科技·教育·体育

医疗卫生

民生保障

县市概况

资政论坛

人　　物

特　载

以习近平新时代中国特色社会主义经济思想为指导 开启创新提质特色赶超率先崛起新征程 加快建设美丽开放幸福新湘西

——在州委经济工作会议上的讲话

中共湘西自治州委书记　叶红专

（2017年12月25日）

这次州委经济工作会议的主要任务是，贯彻中央、省委经济工作会议精神，总结过来工作，分析当前经济形势，安排下步经济社会发展工作。下面，我先讲四点意见。

一、全力推动中央、省委决策部署在湘西州落地生根，全州城乡面貌实现历史性变化

党的十八大以来，特别是习总书记视察湘西州以来，全州上下坚持以习近平新时代中国特色社会主义思想为指引，在“五位一体”总体布局和“四个全面”战略布局中谋划湘西州各项事业发展，在不折不扣贯彻落实党中央决策部署中推进各项工作，全面落实省委创新引领开放崛起战略和州委“542”发展思路，全州经济社会发展取得了今非昔比的历史性成就，可以说是以习近平同志为核心的党中央治国理政新理念新思想新战略在湘西州的成功实践。主要有五个方面的特点：

一是经济实力大幅提升。每年紧扣发展主题开展“三年活动”，全力以赴稳增长、调结构、促转型、惠民生，生产总值由2012年的397亿元增加到今年的585亿元左右，财政总收入由48亿元增加到106亿元左右，五年累计完成固定资产投资1806亿元，比建州至2011年投资总和还多，城乡居民人均可支配收入分别由15038元、4229元增加到22790元、8300元左右，金融机构存贷款余额分别由545亿元、223亿元增加到1186亿元、650亿元左右。特别是以供给侧结构性改革为抓手，加快“产业四区”扩规建设、提质推进，华润雪花啤酒、新中合、傲顿电子、北京资源集团、首旅集团、秀兰集团、东方园林、中青宝集团、恒泰证券、云龙集团等一大批好企业落户我州，产业转型升级、提质增效步伐加快，“神秘湘西”旅游品牌影响力进一步提升，以旅游业为主的第三产业对经济增长贡献率保持在70%左右，工业经济实现由“一矿独大”向“多点支撑”和中高端发展转变，六大高耗能行业增加值增速大幅下降，特色农产品品牌建设有新进展，现代商贸物流业发展来势好，战略性新兴产业和电子商务、物联网等新业态快速发展，全州经济结构进一步优化、质量效益进一步提升。

二是精准扶贫成效显著。认真贯彻习总书记精准扶贫战略思想，把脱贫攻坚作为头等大事和第一民生，压实扶贫责任，完善推进机制，严格工作纪律，整合投入扶贫资金120

亿元，推动精准扶贫脱贫“十项工程”落地落实，贫困村的当家产业加快覆盖、基础设施明显改善、公共服务更加健全，贫困人口的致富能力得到提升、脱贫渠道趋向多元、社会保障更加殷实，基本实现“两不愁、三保障”，累计减贫62万余人，今年新退出贫困村229个，新脱贫15万人，贫困发生率下降到10.5%，吉首市有望脱贫摘帽，全州精准扶贫推进力度、减贫规模、脱贫质量前所未有，我州进入减贫人口最多、农村面貌变化最大、群众增收最快的时期，已成为全国脱贫攻坚的聚焦点。

*三是城乡面貌变化巨大。*以州庆重点工程建设推进经济大发展、民生大改善、生态环境大优化、社会治理大提升，一大批事关我州长远发展的重大项目和老百姓看得见、摸得着的民生工程顺利竣工，“四宜城镇”建设提质提速，重点经济区建设加速加力，特别是县县通高速，张吉怀客运专线、黔张常铁路、湘西机场、城市管道燃气、农网改造等项目加快推进，湖南建工、中建五局、中铁二十五局、通号集团、重庆交建、太平洋建设、爱琴海置业、中国新城市建设等一批战略投资者来我州投资基础设施建设，全州城乡面貌实现了“一年一变样、三年大变样，建州60周年时有历史性变化”的宏伟目标。大力推进美丽湘西建设，湘西的天更蓝、山更绿、水更清、地更净，森林覆盖率、空气质量稳居全省前列，城乡治安防控体系扩面升级，刑事案件发案率大幅下降、破案率大幅上升，成功化解了一批信访积案，为群众办了一批实事好事，广大群众的安全感、获得感、幸福感明显提升。

*四是社会事业蒸蒸日上。*坚持以人民为中心的发展思想，财政支出中民生占比保持在65%左右。教育“四大工程”取得实效，建成农村公办幼儿园100所、标准化学校180个，新增城区学位5万个。加快构建州县乡村四级医疗卫生服务网络，积极推进医药卫生体制改革，加入“三明联盟”取得实质性成效，医保基金使用效率得到提升，有效减轻了群众就医费用，贫困群众住院医疗总费用报销比例提高到90%左右，特困群众实行特殊报销。湘西文化公园、州文体会展中心、博物馆、非遗馆、艺术馆、工人文化宫等一批文化强州项目成为州府窗口城市新地标，文化惠民工程稳步推进，乡乡有文化站、村村有农家书屋。推进农村低保线与扶贫线“两线融合”，困难群众实现应保尽保，困有所济、业有所兴、住有所居、老有所养的社会保障体系基本建立。

*五是发展能力显著提高。*紧紧抓住习总书记视察湘西州、国家西部大开发等历史机遇，围绕抓实发展重点、办好民生实事，积极争取政策推动精准脱贫、区域发展，转变政府职能推动大众创业、万众创新，对接大通道、产城融合推动城镇扩容提质，加快园区建设、招引战略投资者推动产业转型升级，运用PPP模式、搞好政银企合作破解资金难题，做好土地“五个增值”文章保障建设用地，利用建材价格走低的利好时机加快项目建设，实行项目建设大标段制提升工程建设质量，一批新产业、新业态、新模式加快发展，一批新的区域增长点、增长极、增长带加快形成，湘西州已成为武陵山区开放开发的热土。

成绩来之不易，是党中央亲切关怀的结果，是省委、省政府重视支持的结果，是各级领导不断统一思想、团结奋斗的结果，是全州广大干部群众担当作为、社会各界倾情帮扶的结果。回顾这些年的实践，我们在接续中创新、在创新中发展，不断完善思路理念，坚持走特色发展之路，为更高质量发展和更高层次跨越夯实了基础，全州上下后发赶超的自信自觉明显增强，并肩携手、戮力攻坚的氛围越来越浓，特别是走出了非法集资的阴霾，实体经济涅槃重生，有效投资与消费升级良好互动，精准扶贫与区域发展相互促进，创新引领开放崛起创造了新供给、释放了新需求，美丽湘西建设留住了绿水青山、彰显了民族文化，湘西大地处处焕发出蓬勃生机。今年，我们按照“隆重、特色、节俭、实效”的原则，举办了州庆大型文艺会演、60周年成就展、重大招商项目签约、武陵山旅游发展高峰论坛等系列活动，充分展示了全州各族干部群众攻坚克难、团结奋进的精神风貌，展示了全州上下决胜脱贫攻坚、冲刺全面小康的光明前景，得到了中央部委祝贺团、省祝贺团和兄弟地市州祝贺团的高度评价，赢得了老领导和全州各族干部群众的广泛赞誉，办成了一次历史水平最高、各方反响最好、综合效应最佳的州庆活动，湘西州的知名度、美誉度和影响力大幅提升。

今天，我们讲成绩、谈体会，不是为了躺在成效簿上邀功自满，而是为了提振信心、把握规律，增强开拓前进的勇气和力量。这些年，我们一起艰苦奋斗，一起无畏尝试，一起浩荡前行，让脱贫发展改革有了可触摸的温度，让美丽开放幸福有了可描述的质感，多少梦寐以求的蓝图变为现实，多少浓墨重彩的成就感奋人心。湘西发展的每一分进步，个人幸福的每一点积累，都激发我们再出发的信心，都擂响我们再奋斗的鼓点。我们要珍惜来之不易的大好局面，乘势而上，攻坚克难，久久为功，把一张好的蓝图干到底，奋力夺取湘西州发展“颜值”更高、“气质”更佳的新胜利。

二、深入学习贯彻习近平新时代中国特色社会主义经济思想，展现推动高质量发展的湘西新作为

中央经济工作会议总结了党的十八大以来我国经济发展历程，首次提出习近平新时代中国特色社会主义经济思想，强调今后三年要重点抓好决胜全面建成小康社会的防范化解重大风险、精准脱贫、污染防治“三大攻坚战”，明确2018年要围绕推动高质量发展，做好深化供给侧结构性改革、激发各类市场主体活力、实施乡村振兴战略等八个方面重点工作，具有很强的前瞻性、针对性和指导性，为我们做好经济工作指明了方向、提供了遵循，全州上下要认真学习领会、深入贯彻落实，重点从四个方面把握：

*一要掌握新思想的精神实质。*党的十八大以来，以习近平同志为核心的党中央对经济形势作出科学判断，对发展思路作出及时调整，成功驾驭了我国经济发展大局，在实践中形成了以新发展理念为主要内容的习近平新时代中国特色社

会主义经济思想。我们要重点从“七个坚持”上把握：坚持加强党对经济工作的集中统一领导，完善党中央领导经济工作的体制机制，保证我国经济沿着正确方向发展；坚持以人民为中心的发展思想，贯穿到统筹推进“五位一体”总体布局和协调推进“四个全面”战略布局之中；坚持适应把握引领经济发展新常态，明确回答了我国经济形势怎么看、经济工作怎么干的问题，有力引导了全党全社会对经济形势的判断；坚持使市场在资源配置中起决定性作用、更好发挥政府作用，把处理好政府和市场关系作为经济体制改革的关键，为经济发展注入了强大动力；坚持适应我国经济发展主要矛盾变化完善宏观调控，把推进供给侧结构性改革作为经济工作的主线，为保持我国经济持续健康发展开出治本良药；坚持问题导向部署经济发展新战略，推进京津冀协同发展战略、长江经济带发展战略、“一带一路”建设等，对我国经济社会发展变革产生深远影响；坚持正确工作策略和方法，以稳中求进为工作总基调，把握宏观调控的度，坚持底线思维，为推动经济持续健康发展提供了重要方法论。总之，习近平新时代中国特色社会主义经济思想，是五年来推动我国经济发展实践的理论结晶，是中国特色社会主义政治经济学的最新成果，必须长期坚持、不断丰富完善。全州各级干部要认真学习，始终把这一新思想作为分析、谋划、推动经济工作的根本行动指南，不折不扣落实到经济发展的方方面面。

*二要把握新时代的发展方向。*中国特色社会主义进入了新时代，我国经济发展也进入了新时代，基本特征就是经济已由高速增长阶段转向高质量发展阶段。坚定不移推进高质量发展，是当前和今后一个时期做好经济工作的方向，我们重点要做到“三个准确把握”：准确把握推进高质量发展的重大意义。过去的高速增长阶段，主要是解决“有没有”的问题；现在进入高质量发展阶段，更加注重解决“好不好”的问题。推动高质量发展，是保持经济持续健康发展的必然要求，是适应我国社会主要矛盾变化和全面建成小康社会、全面建设社会主义现代化国家的必然要求，是遵循经济规律发展的必然要求，中央强调推动高质量发展是当前和今后一个时期确定发展思路、制定经济政策、实施宏观调控的根本要求。我们要立足州情实际，按照稳中求进工作总基调，把握好工作节奏和力度，该稳的要稳住，该进的要进取，不仅重视量的发展，更要重视质的提升，在质的大幅提升中实现量的有效增长。准确把握推进高质量发展的科学内涵。高质量发展，就是能够很好满足人民日益增长的美好生活需要的发展，是体现新发展理念的发展，是创新成为第一动力、协调成为内生特点、绿色成为普遍形态、开放成为必由之路、共享成为根本目的的发展。我们要坚持以人民为中心，以提高产品质量、服务质量为重点，以大力促进市场竞争为手段，以提高劳动力素质和鼓励创新为抓手，打赢脱贫攻坚战、办好民生实事、提高社保水平、深入推进就业创业、创新社会治理，不断消除地区差距、收入差距、城乡差距，着力解决好发展不平衡不充分问题。准确把握推进高质量发展的目标要求。推动高质量发展，不可能一蹴而就，必须大力转变经济发展方式、优化经济结构、转换增长动力，建设现代化经济体系，这是我国发展的战略目标。我们要突出质量第一、效益优先，把发展经济的着力点放在实体经济上，把提高供给质量作为主攻方向，以供给侧结构性改革为主线，推动经济发展质量变革、效率变革、动力变革，提高全要素生产率，加快建设实体经济、科技创新、现代金融、人力资源协同发展的产业体系，尤其摒弃“铺摊子”模式，紧扣“上台阶”发展，大力推动产业结构由资源密集型产业为主向技术密集型产业为主转变。

*三要明确新征程的形势要求。*2018 年，是贯彻十九大精神的开局之年，是改革开放 40 周年，是决胜脱贫攻坚、全面建成小康社会的关键之年。新的历史起点上，新思想引领着新实践，40 年改革建设的累累硕果凝聚着前行力量，圆梦新征程的光明前景催人奋进，我州正迎来大有可为的重要战略机遇期。从中央决策部署看，“稳中求进”是今后长期坚持的工作总基调，中央稳增长措施出台的力度不会减弱，对老少边穷等区域的扶持力度会进一步加大；从自身发展条件看，我州大通道形成、产业结构调整和“产业四区”平台建设已有很好基础、文化旅游持续“井喷”发展，多重叠加的政策红利在加速释放，各级干部推进经济工作的能力水平有效提升，大发展、大提质的势能蓄积待发。这些重大机遇和利好基础条件叠加在一起，对我州提质提速发展带来的积极影响和推动作用是全方位和深层次的，是历史性的和转折性的，我们要抓住用好，将其转化为大发展、大跨越的新动力。但也要清醒认识到，发展不充分、相对贫困落后的基本州情没有根本改变，发展水平不高，创新驱动能力不强，基础设施、民生保障等发展短板和不足依然突出，特别是脱贫攻坚责任落实、方法创新、内力激发等方面还需加力，生态文化旅游业需进一步拓展优质业态，工业产业链不够完善，农业新型经营主体培育不够、产品附加值不高，商贸流通体系信息化建设滞后，各级干部存在思想解放不够的问题，开拓创新意识有待进一步增强。我们要坚持问题导向，采取有效措施加以解决。根据中央和省委经济工作会议精神，结合州情实际，做好明年经济工作，要全面贯彻党的十九大精神，以习近平新时代中国特色社会主义思想为指导，加强党对经济工作的领导，按照“五位一体”总体布局、“四个全面”战略布局，牢固树立新发展理念，打好防范化解重大风险、精准脱贫、污染防治“三大攻坚战”，落实省委创新引领开放崛起战略，紧扣脱贫攻坚和区域发展两大任务，围绕打造国内外知名生态文化公园，坚守“542”发展思路，抓实扶贫开发、生态文化旅游业发展、新型城镇化、新型工业化“四项重要工作”，开展脱贫攻坚冲刺、产业项目推进、干部能力提升“三年活动”，加快建设美丽开放幸福新湘西，实现创新提质、特色赶超、在武陵山区率先崛起。经济发展的主要预期目标是：生产总值增长 8%以上，

固定资产投资增长13%以上，财政总收入增长10%以上，规模工业增加值增长8%以上，城乡居民人均可支配收入分别增长9%、12%以上。

四要抓实新部署的攻坚任务。贯彻新思想，推动高质量发展，全面建成小康社会，防范化解重大风险是重要保障，贫困人口脱贫是底线任务和标志性指标，污染防治是关键之举。我们要保持理论上和政治上的清醒，深刻认识到打好“三大攻坚战”的重要性、艰难性，保持定力，迎难而上，克难而胜。打好防范化解重大风险攻坚战，就是要坚持问题导向、底线思维，有效防范金融、政府债务、房地产、环境污染、社会稳定、安全生产等各类风险，做到早识别、早预警、早处置。尤其在投融资上，要加强民间融资管理，严防非法集资，在推进PPP模式中，要坚持政府和企业利益共享、风险共担，通过公开竞争择优选择融资结构合理、项目包装规范的实体公司作为合作伙伴，确保投资收益可预期、风险可管控。打好精准脱贫攻坚战，就是要瞄准特定贫困群众精准帮扶，既不降低标准，也不吊高胃口，把推进“十项工程”作为“扶贫同扶志、扶智相结合”的重要抓手，把落实驻村帮扶和开展“三走访三签字”工作作为“强化党政一把手负总责”的具体实践，下好绣花功夫落实责任、创新方法、激发内力，集中力量攻关，万众一心克难，巩固扶贫成果，提高脱贫质量，确保不让一个贫困群众在小康路上掉队。打好污染防治攻坚战，就是要坚持全民共治、源头防治，构建政府主导、企业主体、社会组织和公众共同参与的环境治理体系，重点落实好河长制，淘汰落后产能，强力推进以花垣为重点的矿业环境综治整治，实施大气污染防治行动，加强固体废弃物和农村面源污染防治，建好重要生态系统保护和修复重大工程，使主要污染物排放总量继续明显减少，生态环境质量进一步改善，筑牢绿色生态屏障。

三、坚持在时代大势中科学擘画、强力推进美丽开放幸福新湘西建设，奋力书写创新提质、特色赶超、率先崛起的精彩篇章

新时代是大时代，是办大事、成大业的时代，我们作出的每一个重大决策，实施的每一批重点项目，推进的每一项重要工作，都在改变湘西面貌、刷新湘西历史。时间不会暂停和倒转，新长征没有中场休息。我们要保持政治定力，增强发展信心，一刻不停息地奋发作为，在新时代中展现新作为，努力开创湘西历史上最伟大的事业，奋力谱写湘西历史上最精彩的篇章。重点要把握好三个关键问题：一要坚持用美好的愿景凝聚人心。州委准确把握新的时代特征，顺应时代大势，提出了建设美丽开放幸福新湘西这一美好愿景，是中华民族伟大复兴中国梦的湘西鲜活表达，是建设富饶美丽幸福新湖南的湘西生动实践，丰富了国内外知名生态文化公园这一总战略、总愿景的基本内涵，与建设绿色、文化、开放、和谐“四个湘西”一脉相承，是“四个湘西”内涵的集成、丰富和提升，集中体现了各族群众对美好生活的向往。“美丽”就是要进一步放大我州绿色生态和原生态文化优势，创造美丽环境、发展绿色经济、建设美好家园；“开放”就是顺应区域一体化和经济全球化发展大势，把湘西放到国际国内发展的大格局中去谋划，打造更高层次发展平台，推动高质量的大发展、大跨越；“幸福”就是要顺应人民群众对美好生活的新期待，推动民生向共同富裕迈进，让城乡居民生活得更加美好。我们要以更高站位、更宽视野，撸起袖子加油干，扩大经济总量，提高发展质量，到2020年打赢脱贫攻坚战、全面建成小康社会，2020年到2035年基本实现新湘西愿景，与全国全省一道迈进现代化，2035年到本世纪中叶建成国内外知名生态文化公园和武陵胜境。二要坚持用科学的路径牵引前进。社会主要矛盾的转化，倒逼我们推动高质量发展，提供更高层次、更高水平、更高质量的有效供给，州委十一届五次全会提出推进创新提质、特色赶超、率先崛起，顺应发展规律，符合中央要求，切合湘西实际。我们要根据中央的新部署新要求，突出抓重点、补短板、强弱项，打牢发展根基，增强发展动力。创新提质，就是按照“加快建设创新型国家”的要求，以“产业四区”“四宜城镇”“美丽湘西”和重点经济区为主要领域，加强战略对接、经贸合作、人文交流，引进先进技术、管理经验和高素质人才，推进管理、组织、商业模式创新，优化劳动力、资本、土地、技术等要素配置，摒弃粗放增长方式，促进新技术、新产品、新产业、新业态蓬勃发展，全面提升发展质量和效益。特色赶超，就是立足“社会主要矛盾转化”，坚持走湘西特色发展之路，在比较优势上做文章，抓住规划提升、项目推进、要素保障、环境优化等关键，以“四项重要工作”为重点，用好政策优势，放大生态优势，激活文化优势，推进优势优先发展。率先崛起，就是把创新和开放作为新常态下聚集要素、抢占先机、赢得优势的重要着力点，深化供给侧结构性改革，加快建设现代化经济体系，提高实体经济供给质量，提升整个社会的全要素生产率，实现在武陵山区率先突围、率先发展、率先崛起。三要坚持用有效的载体推动落实。围绕推进区域协调发展，对接国家、省区域发展战略，大力推进城乡统筹发展，特别是立足未来我州区域功能定位、产业发展布局和交通格局改变形成的优势，优化提升“一个核心经济增长极、三个重点经济区、多个县域经济增长点”的区域发展格局，即：把吉首打造成武陵山区生态文化旅游中心城市，建成引领州域发展的核心增长极；把湘西经开区、吉凤新区培育形成州域吉首南部核心经济区，带动“边城—花垣—湘西机场—矮寨景区—州府吉首—吉凤新区—凤凰古城—铜仁·凤凰机场”经济带加快开发；把龙山打造成湘鄂渝边区商贸物流中心和武陵山区重要窗口城市，培育形成州域北部重点经济区；推进永顺与张家界旅游市场对接，培育形成州域中部重点经济区；依托县市城区和重点集镇，打造实力强、特色靓、人气旺、环境美的经济强县，建成一批工业强镇、商贸重镇、旅游名镇，形成多点支撑带动全面发展的全州一域新格局。加快形成这一格局，要把“产业四区”建设作为重中之重，按照政府主导、市场运作的原则，创新园区建设筹资、供地模式，在管理上大胆放权、工作上大胆放手、机制上大胆放活，推动优势产业、优势资源、优势政策向“产业四区”聚集。具体来讲，要突出抓好以下六个方面的工作：

（一）坚决攻克贫困堡垒。明年是决胜脱贫攻坚的关键一年，我们要认真贯彻习总书记精准扶贫战略思想，按照“脱真贫、真脱贫”要求，全力推进“十项工程”，确保帮扶精准、增收稳定、保障兜底、脱贫真实、群众满意。认真落实中央《关于支持深度贫困地区脱贫攻坚的实施意见》，搞好项目申报，加大资金整合投入力度，严格项目资金管理，提高资金使用效益。采取直接帮扶、委托帮扶、股份合作等方式，让每个贫困户有1个以上当家产业增收项目，有劳动力的贫困家庭至少1人务工有稳定工资性收入。实施资源变资产、资金变股金、农民变股东“三变”改革，探索农民合作社、供销社、信用社“三社融合”机制，积极发展小养殖、小庭院、小作坊、小买卖“四小经济”，培育带动贫困人口脱贫的更多经济实体。大力实施电商扶贫工程，培育一批网上网下一体经营的企业，发展一批“淘宝村”“快递村”，扩大原生态农产品、土特产品、旅游商品销售。实施教育质量提升三年行动计划，加快义务教育城乡学校标准化和城乡公办幼儿园建设，落实贫困学生免费教育、生活补助、大学新生资助等政策。加快县级公立医院标准化和社区卫生服务中心建设，推进农村低保与扶贫“两线融合”，实施健康扶贫工程，确保贫困人口医疗费用实际报销达90%左右，特困户实行特殊报销。做好中直机关定点、济南市东西协作、省辖七市对口扶贫工作，推动产业合作、劳务协作等举措落细落实。坚持党建引领，建强贫困村党组织，解决基层班子软弱涣散问题，发挥基层党组织、扶贫工作组作用，加快村级集体经济发展，教育和引导贫困群众用自己的双手光荣脱贫、勤劳致富。特别是坚持“四防两严”，坚决防止搞缩小版的“大水漫灌”，对不严不实、弄虚作假的严肃问责，确保压力层层传导、“军令”字字生威，各项政策措施聚焦贫困人口脱贫。

（二）大力推动乡村振兴。坚持把农业农村摆在优先发展的重要位置，按照“产业兴旺、生态宜居、乡风文明、治理有效、生活富裕”总要求，结合美丽湘西建设，引导更多资金、人才、技术向农业流动、向农村倾斜、向农民聚焦，打造一批体现自然风光、民族风情的特色小镇，建设一批具有生产效益、生态价值的美丽乡村，让农业成为有奔头的产业，让农民成为有吸引力的职业，让农村成为安居乐业的美丽家园。一要推进农业提质增效。大力实施“845”计划，加快“园、社、企、水、路”综合配套，构建现代农业产业、生产、经营体系，建好特色产业示范园、标准园、精品园，加大农产品差异化、品质化和绿色生态化供给，推进田园综合体建设，大力发展休闲、观光、体验农业，加快推动农业由增产向提质转变。深化农村集体产权制度改革，积极培育家庭农场、种养大户、合作社、农业企业等新型主体，推行土地入股、土地流转、土地托管等多种经营方式，让小农户参与规模经营、现代生产。加快培养造就一支懂农业、爱农村、爱农民的工作队伍，加强村干部、“土专家”、农民合作组织带头人培训，每年培养传统工匠2000人以上，依托湘西职院组建湘西现代职教集团，每年培训急需紧缺、骨干专技人才3000人次，每年公费培养农技特岗生300名以上，着力提高基层服务农村产业发展的能力水平。二要加快改善农村面貌。加强“五小水利”工程建设，实施农村安保工程，重点推进农村“微建设”，让所有村尽快实现通村级道路、通水、通电、通宽带、通广播电视，有安全住房、有学校、有农村综合服务平台、有农村电商、有村级集体经济。抓好退耕还林、石漠化综合治理等重点工程，发展绿色经济，重点加大城乡同建同治，突出美丽乡村示范建设，强力推进厕所革命，加强城乡接合部、城区出入口、背街小巷等容貌秩序和风貌景观整治，深入开展“查非拆违”，全面改善农村生态、人居和发展环境。三要着力提升治理水平。推进中国武陵山区（湘西）土家族苗族文化生态保护区建设，加强对古城古镇古村、历史遗迹及传统民居建筑的保护，扶持一批非物质文化遗产传承人、保护基地、传习所和文化企业，确保历史文化资源世代传承、永续利用。深入实施网格化社会服务管理，推进社会治理社会化、法治化、智能化、专业化，落实矛盾纠纷化解、重点稳控、依法处置、责任追究“四个机制”，完善安全生产责任制，杜绝较大以上安全生产事故，严厉打击和惩治违法犯罪行为，践行社会主义核心价值观，开展民族团结进步创建活动，凝聚建设新湘西的最大力量。

（三）加快新型城镇建设。对接区域协调发展战略，努力建设人民满意城镇，不断拓展全州一域融合发展新格局。一要提升城乡规划。强化规划意识，坚持规划引领，按照宜居、宜业、宜游、宜养“四宜”定位，突出山区特点、民族特色、时代特征“三特”融合，优化提升“一个州府核心城市、半小时通勤生态城镇群、一小时旅游经济圈、七个县城区域节点、三十个特色小镇”新型城镇体系。注重建立健全“多规协调”有机衔接的全域规划体系，引导城乡人口、特色产业、公共服务、基础设施、生态环境和社会管理等方面的发展方向与布局重点相统一、相衔接，实现优化空间布局、有效配置资源。二要加快扩容提质。新城建设注重依托大通道拉开城市道路骨架，通过桥隧连接，搞好区域过渡和组团衔接，推动工业入园、经营进店、住宅和休闲上山，对接工业园、物流园、商贸商住综合体推进产城融合，加大个性城镇、精品城镇培育，搞好尺度、色彩、空间等各类元素的合理配置，注重与环境协调、体现时代内涵、符合审美习惯，形成一个区域一个特色、一条街道一个景观、一群建筑一个风格。老城改造注重加大“城市病”治理力度，加快补齐基础设施和公共服务短板，实施海绵城市、地下综合管廊、天然气长输管网等工程，搞好老街区整治修护，留住城镇文脉。推进国家森林城市和生态文明示范州创建，加强指标跟踪分析，补齐创建短板，打造“城在山中、山在城中，城在绿中、绿在城中，城在景中、景在城中”的生态城镇。积极对接高速、高铁和航空等现代快速交通网，加快建设一批现代物流园区和商贸流通综合体，构建州县乡村四级流通体系，积极发展教育文化、健康养老、特色餐饮等服务业，不断提升金融、信息、商务等服务业发展质量水平。三要加强经营管理。注重从根本上增强城乡发展的内聚力和辐射力，通过加快“产业四区”建设推动产业集聚，加快城镇商贸、旅游、田园综合体建设带动城镇人口集中、人气聚集；通过发展电子商务、家政服务、健康养老、文化创意等新兴产业和劳动密集型产业，构建便捷的“生活圈”、完善的“服务圈”、繁荣的“商业圈”；通过配套门面建设和第三产业发展提升棚户区改造水平，让群众有资产性、工资性收入，生活得更有尊严；通过推行分区而治和跨区域执法，加强城镇管理数字化平台建设和功能整合，做好房地产开发的科学管控工作，加强城镇物业管理，不断提升城镇形象品位。

（四）深入推进全域旅游。牢固树立文化旅游兴州理念，把州域1.5万平方公里作为一个全域生态、全域文化、全域康健、全域旅游的大公园整体规划、建设和管理，按照“保护、规划、建设、管理、经营”的原则，加快旅游供给侧结构性改革，做强做优旅游门票、服务、地产“三大经济”，推动实现生态文化旅游业由旅游观光型向休闲度假型、资源开发型向深度融合型、市场开拓型向规范管理型、数量规模型向质量效益型“四个提升”，加快把我州打造成国内外知名生态文化公园和旅游目的地。一要抓好产品结构升级。加大中高端优质旅游产品的有效供给，高品位打造以凤凰古城、老司城、里耶古城、矮寨大桥四大旅游黄金板块为主的世界级精品旅游景区，加快土家族苗族两条生态文化村镇游精品线开发、特色民俗村寨建设和传统村落协调整治，积极开展跨区域红色旅游合作，努力把湘鄂川黔革命根据地旧址、花垣县十八洞村打造成为全国革命教育基地和红色旅游精品景区。注重把旅游与城镇化、工业化、农业现代化结合起来，建设一批旅游特色小镇、度假别墅、名企会议中心、康养中心等旅游综合体项目，发展民族民间工艺品、特色食品、旅游小商品，发展观光体验农业，培育休闲、健身、体验等旅游新业态。二要抓好基础设施配套。围绕打造全州一小时旅游经济圈，在构建现代旅游大交通格局基础上，建好三个千公里快旅慢游体系，加快主要景区、乡村游景点生态旅游公路建设，通过田园小道、景观通道、慢行车道和自驾车、房车营地等配套设施，把景点、村庄、民居等串联起来，使全州成为一个田园式大景区，成为农民的家园、市民的公园、游客的乐园。加快高品质宾馆、游客服务中心、旅游厕所、标识标牌建设，推进智慧景区建设，实施好城镇绿地、休闲广场、滨水景观等旅游公共游憩空间项目，提供主客共享、布局合理、功能完备的优质服务。三要抓好文旅深度融合。做好文化保护传承、挖掘开发、宣传推介“三篇文章”，加大对风景名胜区、自然保护区、森林公园、湿地公园、重点文物的保护力度，把文化融入旅游项目开发、旅游活动策划、旅游景区建设，以土司文化、苗疆文化、楚巫文化和红色文化为主线，提质一批演艺项目，创作一批影视作品，举办一批节庆活动，创优一批会展品牌，让游客到湘西有故事可听、有美景可看、有娱乐可玩，感受到“神秘湘西”的独特魅力。四要抓好经营管理对标。对接国际标准加强经营管理，项目开发坚持政府引导、市场运作，着力培育一批有实力、有竞争力的骨干旅游企业，注重把最好的资源配置给品牌响、实力强的战略投资者，让政府主导形成热点，投资跟进形成热流，市场呼应形成热潮。加大旅游市场综合执法力度，依法严厉打击宰客拉客、虚假广告、价格欺诈等行为，创新旅游管理综合协调、区域合作、考核考评等机制，实现区域治理体系和治理能力现代化与全域旅游、旅游品牌化同步发展。

（五）着力培育新型工业。进一步强化新型工业强州理念，以园区为平台，以企业培育为重点，以创新驱动为动力，以招商引资为抓手，大力实施“151”计划，打造武陵山区域工业经济的核心增长极。一要加快园区建设。按照“产业园区化、园区城市化、产城一体化”的思路，结合新型城镇化建设，推进园区扩规发展，加快产城融合步伐。抓好标准厂房建设，注重采取个性化定制形式，为企业量身打造生产、研发基地。多从企业发展和员工需求角度考虑问题，配套好必要的、个性化的公共服务，大力推进保障性住房、商业门面配套园区建设，降低就业和生活成本，为入驻企业提供人力资源保障，让企业安心发展、让员工舒心生活。围绕打造特色食品、生物医药、新材料、电子信息、旅游商品5条优势产业链，瞄准北上广、成渝经济圈等区域，开展产业链招商，积极引进“世界500强”“中国500强”“民企500强”，开展“引老乡、回故乡、建家乡”活动，引导和鼓励更多大企业投资和返乡人士创业。二要突出创新驱动。大力实施科技创新，以重点项目、重大科技成果、核心人才团队为抓手，推动原始创新、集成创新和消化吸收再创新，改造升级传统产业，培育壮大新兴产业。落实好科技园区、创新平台建设和产学研合作、科技成果转化等方面奖补政策，帮助企业利用新技术、研发新产品、发展新产业，提高劳动生产率、产品附加值和核心竞争力，发展一批拥有核心技术和自主知识产权、知名品牌的创新型、科技型企业，推动全州工业经济更具活力、更有效率、更可持续发展。三要注重企业培育。实施科技领军型企业、瞪羚企业、科技型中小微企业培育“三项”计划，加快众创空间、企业孵化器等服务平台建设，通过开展政银企合作、成立产业投资基金、设立企业“过桥资金”等措施破解企业发展资金难题，利用贫困地区IPO绿色通道政策推进企业上市，激励金融加大对技术研发、产品创新、品牌培育等方面的支持力度，让无梦者有梦、有梦者圆梦。尤其要指出的是，推动高质量发展，去杠杆不是搞“一刀切”，而是有保有压，让实体经济沐浴更多阳光雨露。大力实施企业家培养计划，支持企业加快建立健全现代化企业制度，不断优化升级产品和服务供给质量。

（六）突出重大项目建设。扩投资、上项目仍然是我州稳增长的关键动力、调结构的主要抓手、惠民生的重要支撑，抓住了项目就抓住了发展的主动权。我们要积极对接上级决策部署，完善各类专项规划，让投资跟着项目走，项目跟着规划走，规划跟着好的思路走。一要突出建设重点。按照需要、必要的原则继续抓好基础设施建设，加快推进张吉怀客运专线、黔张常铁路、渝湘铁路、湘西机场、大兴寨水库等项目建设，补齐交通“毛细血管”不畅、旅游公路不完善、能源和水利设施建设滞后等发展短板。特别要准确把握产业发展的大趋势，以“产业四区”为平台，大幅增加产业投入，储备和引进一批科技含量高、市场前景好、发展潜力大的产业项目，加快实施吉首铁路现代化货场、湘西鹤盛原烟技改扩建工程、湘西（武陵山）智能终端产业基地、泸溪高性能复合材料产业园、凤凰文化创意科技产业园、古丈毛尖茶生态优势区、花垣农村产业融合发展示范园、湘西光谷、里耶景区、芙蓉镇文化旅游特色小镇等项目，打造转型发展、实体经济振兴的新增长点。二要创新推进方式。坚持纯公益性项目以政府主导投资为主、经营性项目以社会投资为主，找准国家投资导向、战略投资者合作意向、金融机构信贷投向，超前做好项目前期工作，创意包装一批特色优势产业、重大基础设施、城市综合体和旅游综合体项目，确保项目批得了、合作好、落地快。强化要素保障，规范有效运用PPP模式引入各类投资，搞好政府融资平台的市场化转型和规范管控，通过调整规划、改善环境、布局重大项目、用好政策流转土地、加快征拆腾地使土地效益最大化。三要优化投资环境。加大“放管服”改革力度，改革以审批发证为主要内容的传统管理体制，革除与审批发证相关联的权力寻租和不正当利益，改变与审批发证相伴的“看家本领”，加快推进“互联网+公共服务”，让项目单位、企业和基层少跑腿、数据多跑路，不断提升公共服务均等化、普惠化、便捷化水平。强化主动服务意识，在硬性程序不减、标准不降的基础上，减少审批程序和环节，必要时采取一事一议，只要不触碰安全、环保和廉洁底线，都要“一路绿灯”。充分发挥公共资源交易平台的作用，规范项目招投标，严厉打击陪标串标围标行为，严禁平台外违规交易，特别是充分考虑好项目引进、落地硬性要求，打好提前量，创造条件让大企、大商、大资的好项目进得来、落得地。

四、全面加强和改善党对经济工作的领导，确保各项事业持续健康发展

明年经济工作我们将面临的机遇更大、挑战更多、任务更重，各级领导干部要加强总揽协调，大胆改革创新，提高把方向、谋大局、定政策、促改革的能力和定力，确保州委、州政府重大决策部署和重要目标任务落到实处、见到实效。

一要坚持党的领导。党政军民学，东西南北中，党是领导一切的。加强党对经济工作的领导，是把党的政治建设摆在首位的重要体现，也是实现经济社会持续健康发展的根本政治保证。要牢固树立“四个意识”、坚定“四个自信”，维护习近平同志核心地位，自觉在党中央集中统一领导下履行职责、开展工作，带领全州上下推动党中央的决策部署和省委、州委的工作安排落地落实。要坚持党委领导核心地位，严格执行“三重一大”决策制度，落实党委定期听取工作汇报制度和党内请示报告制度，更好激发全州各族干部群众建设新湘西、打造国内外知名生态文化公园的凝聚力、创造力。特别是县市委要结合本地实际确定经济社会发展的基本思路和工作重点，加强和改进对经济社会重大事务的综合协调，精心组织实施，强化督促检查，确保各项部署贯彻落实。乡镇党委处在脱贫发展实践的第一线，要发挥好“火车头”的作用，整合和利用各类资源，统筹推进地方经济社会发展，做到兴一方经济、创一方特色、富一方百姓。

二要遵循基本规律。深化对共产党执政规律、社会主义建设规律、人类社会发展规律的认识，是以习近平同志为核心的党中央取得重大实践创新和理论创新成果的重要途径，也是贯穿习近平新时代中国特色社会主义思想的重要方法，我们要坚决看齐。要遵循共产党执政规律，突出全心全意为人民服务这个根本，树立正确政绩观，把抓工作的出发点放到为党尽责、为民造福上，把抓工作的重点放到立足当前、着眼长远上，把抓工作的落脚点放到办实事、求实效上，坚持科学、民主、依法执政行政，不搞华而不实、劳民伤财的“形象工程”。要遵循社会主义建设规律，始终把握消除贫困、改善民生、实现共同富裕这一社会主义的本质要求，立足贯彻中央新部署、解决社会新矛盾、激发社会新活力、把握州情新实际，提升发展思维、创新工作举措，做到既做大“蛋糕”，又分好“蛋糕”。要遵循人类社会发展规律，围绕满足人民日益增长的美好生活需要，按照循序渐进原则，解决发展不平衡不充分的问题，尤其要立足全州阶段性发展特征，作决策、推工作既尽力而为，又量力而行，坚持一件事情接着一件事情办，一年接着一年干，积小胜为大胜。

三要强化担当作为。习总书记强调，有多大担当才能干多大事业，尽多大责任才会有多大成就，不能只想当官不想干事，只想揽权不想担责，只想出彩不想出力。与其在别处仰望，不如在这里并肩。新湘西建设越向纵深推进，就越需要能站出来的脚步、能挺起来的腰杆、能扛住事的肩膀。要在提升能力水平上求突破，加强履职必备知识学习，既解决好工作谋划的格局问题，又解决好工作推进的棘手问题，做到融入新时代有新思路、应对新情况有新办法、解决新问题有新举措，努力干出特色，干出亮点，干出风采。要在工作落实上敢负责，多向职责要底气、多向市场要办法、多向群众要支持，着力破解项目推进、产业升级、改革深化、社会治理过程中的矛盾问题，尤其只要符合“四个有利于”标准，就要果敢决策，大胆去做，不能遇到困难绕道走，碰到烫手山芋就放手。要在求真务实上出实效，坚持深入基层调查，研究在注重质量和效益前提下保持经济稳定增长的办法，特别是要深入研究解决精准扶贫方面的脱贫方式创新、利益机制完善、工作责任落实等问题，产业推进方面的上下游产业链、核心创新技术、未来发展制高点、突破关键瓶颈等问题，项目建设方面的投资结构改善、主体优化、方式改进、效益提高等问题，社会治理方面的公众参与、法治保障的社会治理体制等问题。要在营造氛围上下功夫，严厉整肃庸政懒政怠政行为，尤其落实激励机制和容错纠错机制，让吃苦的吃香、实干的实惠、有为的有位，决不能让工作的“领头羊”成为失误的“替罪羊”。

四要保持清正廉洁。为政清廉才能取信于民，秉公用权才能赢得人心。始终保持清正廉洁的政治本色，既是共产党人赢得人民群众信赖和支持的宝贵经验，也是全面建成小康社会、实现中华民族伟大复兴中国梦的有力保证。当前，党员干部面临的最大考验不是“枪弹”而是“糖弹”，不是生与死、血与火，而是名与利、得与失。各级领导干部要算清廉政这本账，在改革发展的主战场、维护稳定的第一线、服务群众的最前沿锤炼党性、磨炼心性，增强思想上的免疫力、党纪国法的执行力、为官用权的约束力。要习惯在法律约束下作决策，在制度笼子里办事情，严格按照法定职责、法定权限、法定程序，公开透明地履行职责。尤其是涉及人财物的管理，涉及项目审批、土地开发、工程建设等腐败易发多发领域，更要严格依法依规办事，不能视制度为无物、视程序为儿戏，不能搞违规操作、徇私枉法。要注意处理好与企业商人、与领导同事、与基层群众的关系，既亲商、富商、安商，主动帮助企业解决生产经营中的实际困难，又在与企业家打交道的过程中牢记人情里面有原则、交往之中有纪律，做到不越法、不逾纪、不谋私；既尊重群众、团结同事，积极协调工作推进中的矛盾问题，多做好事办实事解难事，又管住自己的嘴、手、腿，不乱表态、不请吃请喝，不乱拿、不乱接、不乱办，不该去的地方坚决不去，不该跑的路子坚决不跑，始终清清白白做人、干干净净干事、坦坦荡荡为官。

这里要特别强调的是，走进新时代、创造新业绩，需要发挥好“关键少数”的引领作用，需要各级班子加强团结。实践证明，一个地方团结得好，这个地方就发展得快；一个民族团结得好，这个民族就兴旺发达。团结出生产力，团结出战斗力，团结出干部，团结促进事业繁荣、社会进步。我们在一个班子里，就像是在同一条船上，开展工作就好比划船，大家同舟共济，目标一致，心往一处想，力往一处使，这船就能往预定的目标快速前进。我们强调的团结，是讲政治、讲大局、讲党性基础上的团结，而不是搞一团和气，不是“和稀泥”。加强团结，“一把手”要坚持以身作则，既要有格局，善于把方向、议大事、管全局，又要有胸怀，善于团结同志、包容不同，善于调动班子成员的积极性、主动性和创造性，真正做到发扬民主、集思广益、科学决策，防止和克服独断专行、软弱涣散和各行其是。班子成员要增强大局观念和合作意识，当好助手，主动担当履责，相互支持，使各项工作既为一域争光、又为全局添彩，各级领导干部都要维护班子团结，形成团结和谐、风正劲足的良好局面。还要指出的是，开启创新提质特色赶超率先崛起新征程，加快建设美丽开放幸福新湘西，离不开社会各界和全州广大群众的支持参与，各级人大、政协要发挥好监督和献策作用，用好联系面广、影响力大的优势，团结一切力量，挖掘一切潜能，激发一切活力，把州委的主张变成全州各族干部群众的自觉行动，为全州脱贫发展改革汇聚强大正能量。

为确保全年工作落到实处，州委、州政府决定明年开展脱贫攻坚冲刺、产业项目推进、干部能力提升“三年活动”。开展脱贫攻坚冲刺年活动，就是按照“脱真贫、真脱贫”的要求，聚焦“两不愁、三保障”，落实好帮扶要精准、增收要稳定、保障要兜底、脱贫要真实、群众要满意“五项工作要求”，兑现好扶贫政策、实施好扶贫项目、开展好结对帮扶、落实好动态管理，完成剩下贫困村和贫困人口的2/3脱贫任务。开展产业项目推进年活动，就是对接省委推进产业项目建设“五个100”，加强规划引导，创新政策举措，以做大做强“产业四区”为重点，精心策划、储备、申报和建设一批产业大项目、好项目，加快构建以生态文化旅游业为主导、特色现代农业为基础、现代制造业和劳动密集型加工业为支撑、电子信息等新兴产业为先导的产业体系。开展干部能力提升年活动，就是纵深推进“两学一做”学习教育常态化制度化，深入开展“不忘初心、牢记使命”主题教育，以教育、培训和实践锻炼为主要途径，转变工作作风，增强“五个能力”“八种本领”，提高推动脱贫发展改革的专业化水平。脱贫攻坚冲刺是保障和改善民生的关键所在，产业项目推进是加快脱贫发展的强力支撑，干部能力提升是事业发展进步的根本保障，三者相辅相成、相得益彰。开展好这“三年活动”，既是贯彻落实十九大精神的集中体现，又是对过来我州重要工作的深化和拓展，全州各级各部门要强化责任担当，聚焦聚力下实功、出实招、求实效。

做好明年经济工作，要突出抓好以下8个方面工作的落实：①减贫人口16万人以上，贫困村退出380个，贫困发生率控制在5%以下。②动态项目储备保持在1200亿元，完成项目投资600亿元左右，其中产业项目完成投资200亿元左右，加快推进张吉怀高铁、黔张常铁路、湘西机场、吉首大兴寨水库等工程建设，积极做好渝湘铁路前期工作。③成功创建国家全域旅游示范区，实现国家AAAAA级旅游景区零的突破，创建国家AAAA级旅游景区2个，新增高等级旅游饭店14家，建设旅游干线公路750公里、旅游慢行道路800公里。④完成农村承包地确权登记颁证工作，建设较高标准现代农业产业园16个，现代农业综合体9个，一、二、三产业融合示范区16个，村集体经济收入5万元以上的村达到60%以上。⑤建设美丽湘西示范村300个，抓好300个左右特色村落保护整治开发，完成县城区所有背街小巷整治，新建或改扩建城镇公厕200个以上、旅游厕所100个以上，改造农村厕所10万个以上，成功创建国家森林城市。⑥完成工业园区扩规申报，园区建成区面积扩大到45平方公里、新增储备土地达到1万亩以上，新建标准厂房80万平方米以上，启动国家级经济开发区、高新技术园区创建工作，5条新兴优势产业链总产值占比较上年提高5个百分点，产值过10亿元企业达到5家，新增规模工业企业50家。⑦招商引资实际到位资金300亿元以上，建设农村电子商务服务站点100个，争创国家级出口食品农产品质量安全示范县（市）、国家级电子商务进农村综合示范县（市）和国家级电子商务进农村综合示范站。⑧科研经费占财政总支出比重州本级不低于0.5%、湘西经开区不低于1%、吉首市不低于0.5%、其他县不低于0.2%。

同志们，站在新的历史起点上，湘西州正以坚实的发展脚步奋力追赶世界进步潮流，各族群众正以前所未有的崭新姿态走进新时代。承前启后推进伟业，继往开来谱写新篇。我们要更加紧密地团结在以习近平同志为核心的党中央周围，用创造历史的激情、续写奇迹的信心、实现梦想的力量，加快推进美丽开放幸福新湘西建设，为实现中华民族伟大复兴的中国梦而努力奋斗！

名词注解

“五个100”：抓好100个重大产业建设项目，100个科技创新项目和100个重大产品的创新，引进100个500强企业和100个科技创新人才。

“542”发展思路：州委提出的大力实施“五大建设”，着力建设“四个湘西”，努力实现“两个率先”的发展思路。“五大建设”，即优势产业建设、基础设施建设、新型城镇建设、生态文明建设和民生事业建设；“四个湘西”，即绿色湘西、文化湘西、开放湘西、和谐湘西；“两个率先”，即在武陵山区率先发展、率先脱贫。

“产业四区”：农业产业园区、工业集中区、旅游景区、商贸物流区。

“845”计划：培育壮大柑橘、茶叶、烟叶、猕猴桃、蔬菜、油茶、中药材（杜仲、百合）和特色养殖（黑猪、黄牛）8大特色产业，到2020年建成特色产业基地400万亩，实现产值500亿元。

“151”计划：通过5年的努力，实现全州工业园区面积100平方公里，建成特色食品、生物医药、新材料、电子信息、旅游商品5条优势产业链，园区工业总产值1000亿元。

三个千公里快旅慢游体系：1000公里旅游公路、1000公里生态旅游景观走廊、1000公里旅游慢行体系。

湘西土家族苗族自治州人民代表大会常务委员会工作报告

——2018 年 1 月 4 日在湘西土家族苗族自治州第十四届人民代表大会第二次会议上

州人大常委会主任　彭武长

2017 年，是载入中华民族光辉史册的一年。以习近平同志为核心的党中央站在新的历史起点上，作出了中国特色社会主义进入新时代的重大论断，对推进中国特色社会主义伟大事业作出了新的战略部署，为我们指明了前进方向。一年来，在州委的正确领导下，州人大常委会认真贯彻落实党的十八届六中、七中全会和党的十九大精神，坚持党的领导、人民当家作主、依法治国有机统一，认真履行法定职责，始终坚持围绕中心，服务大局，全力推进法治湘西建设，圆满完成了十四届人大一次会议确定的各项任务，为推进全州脱贫攻坚、改革发展作出了新的贡献。

一、坚定不移贯彻落实州委决策部署，推动经济社会健康发展

围绕经济平稳较快发展主动作为。常委会深入贯彻落实州第十一次党代会和州委经济工作会议精神，牢牢把握全州经济运行动态，加大对经济工作的监督力度。听取和审议国民经济和社会发展计划执行情况的报告，加强对全州经济形势的分析和研判，支持州人民政府主动适应经济发展新常态，加快经济结构调整步伐，积极化解经济下行压力，保障和促进经济持续健康发展。听取和审议州级投融资平台建设情况报告，建议州人民政府加快融资平台建设，不断提高融资能力。开展湘西经济开发区财政管理体制、地方政府债券资金使用、两民企业发展、贫困地区企业上市等专题调研，要求进一步创新经开区财政管理体制，加大地方债券争取力度，全面落实两民企业优惠政策，全力支持州内企业上市。对上年度审议的民族区域自治法执法检查情况审议意见的落实进行了跟踪督办，进一步提高了我州干部职工经济待遇，加大了上争资金力度，促进了全州经济发展。

围绕城乡规划管理主动作为。常委会持续关注我州新型城镇化建设，注重加强对城乡规划的监督，听取和审议了全州城乡规划实施情况的报告，建议州人民政府高度重视规划工作，坚持规划统筹，实行多规合一，落地落实规划。重视监督和支持州府吉首的城市管理工作，对吉首市城市综合管理条例进行执法检查，督促州市人民政府以贯彻实施条例为抓手，建立完善城市综合管理协调机制，规范行业管理，加强行政执法，不断完善城市功能。州市人民政府高度重视，积极作为，吉首市城市管理水平得到了明显提升，城市面貌有了较大变化，为建州 60 周年创造了良好的环境氛围，得到了社会普遍赞誉。

围绕“三联”工作主动作为。常委会牢固树立大局意识，认真落实州委推行的州级领导“三联”制度，积极联系服务全州重点工作、重点项目和重点企业，主动抓协调、抓服务、抓落实。一年来，常委会各位主任联系服务的重点项目、重点企业来势较好，黔张常铁路、张吉怀客运专线（湘西段）加快建设，花垣商贸物流城建设项目加速推进，吉首市高级中学已于去年 9 月 1 日顺利开学，州人民医院医疗综合楼、湘西经济开发区文化广场、州博物馆非遗馆投入使用，工人文化宫、艺术中心基本竣工，丰达合金、明瑞制药、三立集团、鑫科牧业、昶光农业、苗汉子集团、红日锅炉、新田农业、边城生物科技、国盛置业、恒裕新材料、宗南汽车等企业生产经营正常有序，为全州经济发展作出了积极贡献。

二、加强财政预决算审查监督，支持州人民政府依法理财

依法制定财政预决算审查监督办法。在 2014 年常委会作出的关于加强州本级全口径预算决算审查监督决定的基础上，出台了《州本级政府预算决算审查监督办法》，进一步对预算执行、调整、决算和审计监督的程序和内容进行明确和规范，要求州人民政府严格执行预算，建立预算重大事项报告和备案制度，加强对重大投资、重点项目资金的监督，规范政府举债行为。办法的出台，对推动实施全面规范、公开透明的预决算制度，具有十分重要的意义。

*切实加强预决算审查监督。*常委会听取和审议了2016年全州、州本级财政决算与2017年1至6月预算执行情况和年度预算调整方案的报告，审查和批准了上年度州本级决算。针对存在的问题，建议州人民政府规范预算管理，狠抓财源建设，强化收入征管，加大向上争资力度，优化支出结构。十分注重发挥审计监督作用，强化审计结果运用。听取和审议2016年度州本级财政预算执行和其他财政财务收支情况的审计工作报告，督促州人民政府对财政预算执行和其他财政财务收支审计发现的问题进行整改，促进了预算执行和财政资金的合理使用。

*认真开展预算法执法检查。*去年9月至10月，常委会组织开展了预算法执法检查，针对贯彻实施中预算编制、执行、监督等方面存在的问题，要求州人民政府要科学编制预算，强化预算约束，加强对县市和部门预算监督，完善地方政府债务管理机制，注重防范债务风险，不断增强了州人民政府及其有关部门依法理财意识，提高了科学理财水平。

三、坚持人民利益高于一切，推动脱贫攻坚和民生改善

*高度聚焦脱贫攻坚。*针对全州脱贫攻坚任务重、统筹协调难度大的实际，常委会注重加强对精准扶贫工作的监督。组织州县乡三级人大和全体州人大代表深入开展了脱贫攻坚大调研，重点对农村低保和兜底脱贫、扶贫资金使用管理、生态补偿脱贫、教育医疗扶贫政策落实、异地扶贫搬迁、人大代表在脱贫攻坚中的作用等方面开展了专题调研，对《湖南省农村扶贫开发条例》进行了执法检查，听取和审议了全州脱贫攻坚情况的报告，切实加强对扶贫条例宣传、扶贫政策落实、重大扶贫项目实施、扶贫产业发展、扶贫资金使用情况的监督，督促各级各部门认真贯彻落实中央省委州委关于精准扶贫的各项决策部署，抓好《湖南省农村扶贫开发条例》的贯彻落实，推动精准扶贫工作规范化、法治化。

*倾力实施扶贫项目。*积极实施“慈善救助孤儿计划”，为孤儿生活学习就业提供全方位服务。大力推进孤儿集中供养，为其健康成长提供温馨的家庭和读书环境。在州民中创办了“慈爱阳光班”，让成绩优秀的初中毕业生接受良好的高中教育，在吉首大学师范学院兴办了“慈爱阳光幼师班”，同广州技师学院、广州公用事业技术学院、长沙民政职业技术学院、湖南城建学院、湘西民族职业技术学院等职业院校合作，去年有125名初高中毕业生进入上述院校学习，为孤儿就业创造了条件。继续跟踪服务“启聪扶贫计划”，目前为止已实施304例人工耳蜗植入手术，让聋残儿童告别了无声世界。扎实推进机关驻村帮扶古丈县石门寨村、高望界村的精准脱贫工作，加强了水、电、路、人居环境改造、养老服务中心等基础设施建设，实施了生态移民、贫困生免费教育、“扶贫特惠保”等项目，培植了养蜂、稻田养鱼、油茶等扶贫产业，实现了生态保护与精准脱贫有机统一。目前，两村已通过脱贫验收。

*十分关注民生改善。*常委会聚焦重点民生问题，强化监督措施，注重跟踪督办，保障和促进民生改善。一是积极推进殡葬改革。听取和审议全州殡葬改革工作情况报告，督促州人民政府加强对县市政府工作督查和目标管理考核，《湘西州殡葬管理办法》即将出台，全州各级殡葬管理执法机构正在积极组建，绿色殡葬的理念逐渐深入人心。二是积极推进教体事业发展。常委会对《湖南省中小学幼儿园规划建设条例》贯彻落实、县市职业教育、健康体育产业发展等情况开展了调研，建议州人民政府及相关部门要高度重视基础教育，大力发展职业教育，积极推进教体事业健康发展。三是关注华侨权益保护。对归侨侨眷权益保护法和湖南省实施归侨侨眷权益保护法办法贯彻实施情况进行了专题调研，澄清了底子，针对发现的问题提出了建议，并形成调研报告向省人大常委会进行了汇报，有效维护了侨眷的权益。四是继续开展了“湘西农产品质量安全行”“三湘农民健康行”“民族团结进步行动”，不断提升了农产品质量安全监测能力，加强了重大疾病、地方病的防治，推进了全国民族团结进步示范州创建，促进了一批民生问题的解决，使改革发展成果更多地惠及百姓。

四、重视生态环境保护，推进生态文化公园建设

*加强生态环境保护，推动美丽湘西建设。*按照环境保护法的要求，去年8月，常委会首次听取和审议了2016年全州环境状况和环境保护目标完成情况的报告，审议认为，全州环境状况总体向好，环保目标基本完成，但环保任务仍然繁重，针对当前我州生态环境中存在的问题，建议州人民政府要进一步提高法治意识，加强环保监管执法，加大环境污染防治力度，落实环保责任制和责任追究制。对全州森林资源保护情况开展了考察调研，提出了要处理好保护与利用关系、健全森林保护体系、规范林地利用管理、推动林业经济转型升级等工作建议。同时，围绕“守护碧水蓝天，建设美丽湘西”主题，积极开展“湘西环保世纪行”活动，大力倡导“绿色消费、从我做起”“绿色环保、我在参与”的理念，提高了公众的环境保护意识。

*加强文化遗产保护，推动文化产业发展。*为加快全州文化产业发展，常委会听取和审议了全州文化产业发展情况的报告，针对当前文化产业中存在的发展意识不强、扶持力度不大、专业人才匮乏等突出问题，建议州人民政府要大力营造良好的发展氛围，提供有力的发展支撑，构建良好的发展环境，打造坚实的发展平台。同时，对上年度审议的民族文化遗产传承、保护、开发利用情况审议意见的落实进行了跟踪督办，开展了“民保文保法制月”活动，对古村落保护利用情况进行了调研，督促各级政府进一步加大文化事业经费

投入，加强民族文化、古村落保护利用，推动我州民族文化繁荣发展。

加强调研指导，推动乡村旅游发展。为了学习借鉴发达地区乡村生态文化旅游的先进经验，推进实施全域旅游，去年5月，常委会组织调研组赴浙江就乡村生态文化旅游工作进行了学习考察，并就我州乡村旅游进行了深入调研，针对当前我州乡村旅游的发展现状，提出了开发民宿旅游、发展民宿经济的建议。按照州委要求，常委会领导加强对土家族生态文化村镇游精品线路、旅游公路建设的联系指导，积极搞好协调服务，推动了旅游干线公路和土家族生态文化村镇游精品线的开发建设，促进了全州旅游产业的发展。

五、维护社会公平正义，推动法治湘西建设

坚持人大主导，加强地方立法。常委会坚持完善地方立法工作向同级党委请示报告制度，健全了全州人大法制机构，规范了立法程序，积极推进科学立法、民主立法、依法立法。常委会在广泛征求意见、认真调研论证的基础上，将传统村落保护、地质公园保护、城乡规划建设管理等13件立法项目列入本届人大及其常委会立法规划。完成了酉水河保护条例的报批和公布实施工作，该条例已于去年5月1日起施行。首次在县级层面引进第三方参与浦市、边城历史文化名镇保护条例立法工作。浦市历史文化名镇保护条例已获省人大常委会审查批准，将于今年3月1日起施行；边城历史文化名镇保护条例即将提请常委会审议。对老司城遗址保护条例进行了修改，常委会已进行两次审议，将提交本次大会审议通过。开展了传统村落保护的立法调研和起草工作，启动了气象灾害防御、遗传资源保护管理、地质公园保护立法工作。对涉及生态文明建设和环境保护的单行条例进行了专项清理。配合省人大常委会做好了湖南省城市综合管理条例等有关法律法规的立法调研和征集意见工作。

开展执法检查，督促依法行政。常委会以保障法律法规在本行政区域内的正确实施和维护经济社会发展秩序为重点，对著作权法、种子法、禁毒法的贯彻实施开展了执法检查，督促州人民政府及有关部门加大了著作权法的宣传力度，加强了著作权领域制度建设，提高了依法治种意识，逐步规范了农林种苗经营市场秩序，严厉打击了涉毒犯罪，扎实推进了戒毒康复工作，执法检查成效明显。同时，对上年度开展的湖南省大中型水库移民条例审议意见的办理落实情况进行了跟踪督办，促进了部分问题的解决。加强规范性文件备案审查工作，注重对政府依法行政的监督，坚持做到有件必备，有备必审，有错必纠。对报备的15件规范性文件进行了认真审查，维护了国家法治的统一。

强化司法监督，推动公正司法。深入开展“司法公正湘西行”活动，听取和审议了全州检察机关规范行使检察权情况报告，对州人民检察院员额检察官开展了履职监督，督促检察机关牢固树立立检为公、执法为民的理念，加强队伍建设，健全制度机制，强化检务公开，确保检察权规范行使。听取和审议了州人民政府关于全州社区矫正工作情况报告，提出了创新社区矫正工作制度机制、夯实基层基础、构建齐抓共管格局等建议交州人民政府办理落实。认真组织人大代表旁听和评议州中级人民法院庭审活动，提出建议意见53条，督促司法机关适应以审判为中心的诉讼制度改革新要求，通过程序公正促进实体公正，不断提高审判质量。进一步完善州人大常委会对州公检法机关案件办理监督信息平台，加强对州本级刑事案件、民事案件和民事执行全过程的实时监督。督促司法行政机关认真开展“七五”普法工作，抓好“以案说法”宣传活动，拍摄制作的《把法治湘西建设引向深入》专题片在全州播放后收到了很好的社会效果。同时，常委会高度重视人民群众来信来访，全年共办理群众来信来访215件次，切实维护了人民群众的合法权益。

六、尊重代表主体地位，发挥代表作用

深入开展“双联”工作。常委会坚持以“双联”活动为平台，不断加强常委会组成人员与代表、代表与人民群众的联系，扩大代表对常委会工作的参与，广泛听取代表和人民群众对人大常委会和“一府两院”工作的意见建议。一次会议以来，常委会组成人员按照要求重点走访了115名基层州人大代表，进一步增进常委会组成人员与代表的联系。加强宣传推介，在《团结报》、湘西人大网、湘西人大微信公众号等平台开辟了“人大双联视线”专栏，及时推介州县乡三级人大在“双联”工作中的先进经验，进一步激发了代表的履职热情。

不断加强议案建议办理。常委会高度重视代表议案建议的办理和督办工作，切实注重问题解决。一是加大议案办理力度。一次会议期间，谭晓文等11名代表提出的《关于大力扶持民族医药发展》的议案，州人大教科文卫委和承办单位进行了认真研究和办理，办理成效明显。州人民政府将民族医药发展纳入了州“十三五”规划的重点内容，研究出台了《湘西自治州土家医药苗医药保护条例实施细则》，争取获得了国家土家医药标准制定权，成立了湖南省土家医药研究中心，加大了财政投入力度，着力推进了我州民族医药的健康发展。二是认真督办代表建议。一次会议以来，代表共提出建议135件，这些建议集中反映了人民群众普遍关心和亟待解决的问题。为提高办理实效，常委会继续坚持会议交办、“三段式督办”、主任会议组成人员牵头督办重点建议等制度，首次开展了常委会组成人员、部分代表建议办理工作评议，在常委会第五次会议上对州发改委、州教体局、州卫计委的代表建议办理情况进行了满意度测评，进一步提高了代表建议办理质量。通过加强代表议案建议的办理，一批事关发展大局和民生的问题得到了较好解决，如加快发展学前教育、建立法律顾问制度、加强水源保护等方面问题都取得了实质性进展。

认真组织代表闭会期间活动。常委会积极为代表依法履职创造条件，通过组织学习培训、调研视察、建立代表微信群等形式，拓宽代表履职渠道，充分发挥代表在闭会期间的参政督政作用。组织指导各代表小组围绕经济社会发展的重

大问题和人民群众关心的热点问题，开展专题调研和集中视察。继续坚持“一府两院”向人大代表通报重大事项和重要情况制度，组织代表参加视察、调研、执法检查、建议督办和列席相关会议，为代表依法履职提供服务。一次会议以来，35名代表列席了州人大常委会会议、41名代表旁听和评议了州中级人民法院庭审活动、59名代表参加了政府工作报告修改座谈和各种评议监督活动，为代表知情权、参与权和监督权提供了保障。

七、加强人大自身建设，提高依法履职能力

*加强政治建设。*坚持和依靠党的领导是做好人大工作的根本保证。一年来，常委会坚持把政治建设摆在首位，自觉在思想上行动上与党委保持高度一致，坚持把党的领导贯穿于人大工作的全过程。紧紧围绕党委中心工作行使重大事项决定权，把党的主张通过法定程序变为国家意志，变为全社会和全体人民的共同行为规范。去年4月，根据州委的决策意见，常委会作出了关于同意在州直机关实行朝九晚五作息制度的决定，得到了干部群众的普遍认同。同时，常委会始终坚持把党的领导与人大依法任免有机统一，确保州委人事安排意图的顺利实现。一次会议以来，常委会共任免国家机关工作人员72人次，为全州经济社会发展提供了组织保证。

*提升履职能力。*坚持深入推进“两学一做”学习教育常态化制度化，精心组织学习和专题研讨，努力提高人大干部政策理论和法律知识水平。积极参加上级党委、人大组织的各种学习培训，组织开展全州各级人大干部培训学习。去年4月，举办了为期一周的全州人大干部履职学习培训班，组织培训州、县、乡三级人大干部211人，省州有关领导、法律专家从坚持和完善人民代表大会制度、习近平总书记治国理政新理念新思想新战略、全州经济社会发展、加强和改进人大工作、法治湘西建设、人大代表工作、乡镇人大工作等方面进行专题学习辅导。7月，组织州人大常委会组成人员、8县市人大常委会主任赴全国人大北戴河培训基地进行学习培训，进一步提升了常委会组成人员、全州人大干部的依法履职能力。

*抓好人大理论研究和新闻宣传。*组织开展了“贯彻落实中办发〔2017〕10号文件精神，健全人大讨论决定重大事项制度、各级政府重大决策出台前向本级人大报告”主题调研活动，取得了一批理论成果，为行使重大事项决定权提供了理论指导。积极开展全州人大新闻奖评选活动，及时报道人大代表的先进事迹、人大工作的新经验、新做法，一批优秀稿件在各级报刊发表，其中新闻作品《履职为民》获湖南省人大新闻奖一等奖，有效宣传了我州人大工作。办好湘西人大工作内刊、湘西人大网和湘西人大微信公众号，及时传递人大声音、宣传人大制度、展示代表风采。

*推进县乡人大工作和建设。*认真贯彻落实中央、省委关于加强县乡人大工作和建设的文件精神，切实推进县、乡人大工作健康发展。去年8月，我州在全省加强县乡人大工作和建设推进会上作了“多措并举，精准施策，扎实推进我州县乡人大工作和建设”的典型经验介绍，省人大机关刊物《人民之友》杂志连续三期进行了专题报道，向全省重点推介加强县乡人大工作和建设的湘西经验。加强对县乡人大工作和建设的督查指导。去年11月，联合州委督查室、州委组织部、州编办组成督查组，深入到县市乡镇对贯彻落实中央、省委文件精神的情况进行了督查指导，推动县乡人大工作和建设迈上新台阶。

各位代表，常委会过去一年工作取得的成绩，是州委正确领导的结果，是常委会组成人员、各专门委员会组成人员以及州人大机关工作人员辛勤工作的结果，是全体人大代表监督支持的结果，是州人民政府、州中级人民法院、州人民检察院及州直有关部门积极配合、县市人大常委会和全州人民大力支持的结果。在此，我谨代表州人大常委会，向大家表示崇高的敬意和衷心的感谢！

在总结成绩的同时，我们也清醒地认识到，常委会工作与宪法法律赋予的职责和人民群众的要求相比，还有较大的差距。主要是：宪法法律法规学习宣传力度有待进一步加大；立法质量有待进一步提高；监督实效有待进一步增强；代表主体作用有待进一步发挥；人大干部履职能力有待进一步提升。我们将自觉接受人民监督，虚心听取代表意见，在今后工作中不断加以改进。

各位代表，党的十九大报告指出，人民代表大会制度是坚持党的领导、人民当家作主、依法治国有机统一的根本政治制度，必须长期坚持、不断完善。要支持和保证人民通过人民代表大会行使国家权力。发挥人大及其常委会在立法工作中的主导作用，健全人大组织制度和工作制度，支持和保证人大依法行使立法权、监督权、决定权、任免权，更好发挥人大代表作用，使各级人大及其常委会成为全面担负起宪法法律赋予的各项职责的工作机关，成为同人民群众保持密切联系的代表机关。各级人大及其常委会肩负人民的重托，代表人民的意志，履行人民赋予的神圣职责，我们的使命十分光荣，责任十分重大，必须把人民利益放在首位，不负重托，不辱使命，努力实现好、维护好、发展好人民的根本利益，让人民群众有更多的获得感和更高的满意度，不断实现人民对美好生活的需要。

各位代表，新时代展现新气象实现新作为。今年是贯彻党的十九大精神的开局之年，是改革开放40周年，是决胜全面建成小康社会、实施“十三五”规划承上启下的关键一年。在新的一年里，常委会将在州委的正确领导下，坚持以习近平新时代中国特色社会主义思想为引领，深入贯彻落实党的十九大精神，坚持党的领导、人民当家作主、依法治国有机统一，深入践行“创新、协调、绿色、开放、共享”的新发展理念，依法行使各项职权，为决胜脱贫攻坚、冲刺全面小康、建设法治湘西作出新的贡献。重点做到“五个加强”：

——*加强立法工作。*认真贯彻实施立法法，紧紧抓住提高立法质量这个关键，充分发挥人大在立法工作中的主导作用，不断推进科学立法、民主立法、依法立法。今年常委会将开展边城历史文化名镇保护条例、传统村落保护条例、地质公园保护条例等地方性法规的制定工作，做好气象灾害防御条例起草和审议工作，启动对部分涉及生态文明建设和环境保护的单行条例的集中修改工作，对遗传资源保护管理条例进行立法调研，完成老司城遗址保护条例修改的报批和公布实施工作，积极参与上级人大的立法调研、法律草案征集意见工作。

——加强监督工作。认真贯彻实施监督法，不断加大监督力度，切实推动州委重大决策部署的贯彻落实，督促“一府一委两院”依法行政、公正司法。听取和审议国民经济和社会发展计划执行、预算执行、预算调整、财政决算、部门专项资金绩效评估、审计工作、全州环境状况和环境保护目标完成、基础教育教学质量、医药卫生体制改革等工作报告，不断深化对财政预决算的审查监督，启动实施州本级预算在线联网监督；开展水法、消防法等法律法规执法检查；加强规范性文件备案审查，坚持做到有件必审，有错必纠；围绕国有资本经营收益、州本级预算专项资金使用公开、自然资源保护、旅游扶贫、民办教育学校教职工参加社会保险、宗教活动场所、农村困境儿童、农村电商平台建设等方面开展调研。深入推进“司法公正湘西行”活动，不断完善人大代表旁听和评议法院庭审活动、州本级司法案件在线监督信息平台，听取和审议全州行政诉讼案件办理情况报告，并对州中级人民法院员额法官开展履职监督。认真做好人大信访工作，继续开展“湘西环保世纪行”“三湘农民健康行”“民保文保法制月”“湘西农产品质量安全行”“民族团结进步行动”“启聪扶贫计划”“慈善救助孤儿计划”等活动。

——加强重大事项决定和人事任免工作。认真贯彻落实中共中央办公厅《关于健全人大讨论决定重大事项制度、各级政府重大决策出台前向本级人大报告的实施意见》（中办发〔2017〕10号）文件精神，认真行使重大事项决定权，适时修改州人大常委会讨论决定重大事项规定，督促州人民政府建立重大决策出台前向本级人大报告制度，切实提高重大事项决定的科学化、民主化水平。严格程序，依法做好人事任免工作。继续坚持任前法律知识考试、任前调查、任前公示等程序，认真实施宪法宣誓制度，确保实现党委意图与人大依法任免有机统一。

——加强代表工作。继续深入开展“双联”工作，加强代表联系群众工作平台建设，密切与代表和人民群众的联系。加强代表培训，不断提升代表素质，今年将对州人大代表开展集中学习培训。丰富闭会期间的代表活动，有重点地组织代表开展集中视察和专题调研。加强代表履职网络平台建设，推动“一府一委两院”建立重大事项向人大代表通报、征求意见工作机制，保障代表知情知政权。加强代表议案与建议、批评和意见的办理工作，完善代表建议督办机制，出台代表建议办理工作评议办法，适时听取州人民政府及其有关部门代表建议办理情况汇报，并进行满意度测评，不断加大督办力度，切实提高办理质量和效率。

——加强自身建设。坚持把政治建设摆在首位，自觉坚持党的领导，牢固树立“政治意识、大局意识、核心意识、看齐意识”，牢牢把握人大工作正确政治方向。坚持用党的十九大精神武装头脑，指导实践，主动配合州委召开人大工作会议，推动人大工作全面有效的开展。积极开展“不忘初心、牢记使命”主题教育活动，坚持常委会党组中心组和机关干部周五学习日制度，注重对人大制度及相关法律法规的学习，不断加强常委会履职能力建设。深入进行调查研究，组织开展优化经济发展环境大调研。加强人大制度、人大工作的新闻宣传和理论研究，不断提高报道质量，提升研究水平。推进机关信息化建设，努力提高工作效率。加强人大各专门委员会和常委会工作机构队伍建设，发挥整体合力。加强对县乡人大工作的监督指导，提高全州人大工作水平。认真落实州级领导联系重点工作、重点项目和重点企业制度，抓好机关驻村扶贫和企业“双联”帮扶工作。加强机关文明建设，争创省级文明标兵单位。

各位代表，新使命催人奋进，新征程任重道远。让我们高举习近平新时代中国特色社会主义思想伟大旗帜，适应新时代，聚焦新目标，落实新部署，实现新作为，在州委的坚强领导下，不忘初心，牢记使命，鼓足干劲，砥砺前行，为建设美丽开放幸福新湘西而努力奋斗！

政府工作报告

——2018年1月3日在湘西土家族苗族自治州第十四届人民代表大会第二次会议上

州人民政府州长　龙晓华

一、2017年政府工作回顾

2017年，是新一届州人民政府履职开局之年。在省委、省政府和州委的坚强领导下，在州人大、州政协的监督支持下，州人民政府团结和依靠全州各族人民，坚持以习近平新时代中国特色社会主义思想为指导，全面贯彻落实新发展理念和省委创新引领开放崛起战略，坚守州委“542”发展思路，抢抓建州60周年发展机遇，以脱贫攻坚统领经济社会发展全局，全力做好稳增长、促改革、调结构、惠民生、防风险各项工作，战胜了罕见洪涝灾害，实现了经济社会平稳健康发展。

——综合经济实力迈上新台阶。预计全州生产总值达585亿元，增长8%；财政总收入首次突破100亿元大关，达107.64亿元，增长22.26%，财政支出297.51亿元，增长10.32%；完成固定资产投资450亿元，增长13%；进出口总额2亿美元，增长67%；社会消费品零售总额281亿元，增长11%；金融机构贷款余额达705亿元，增长23%。主要经济指标增速高于全国、全省平均水平，多项经济指标增速全省靠前。

——人民生活水平实现新提升。全年减少农村贫困人口15万，减少贫困村229个，贫困发生率下降至10.52%，吉首市实现脱贫摘帽；城镇、农村居民人均可支配收入22790元、8300元，分别增长9.5%、12%；新增城镇就业人数2.23万人；城镇登记失业率控制在4.26%；民生支出占财政支出比重达到65.23%，干部职工待遇有所增长，人民群众获得感、幸福感明显增强。

——基础设施建设实现新跨越。永吉高速全线贯通，全州实现县县通高速；湘西机场、高铁加快建设，一大批水利、能源、信息化项目取得新进展；州民族文化广场、文体中心、博物馆、非遗馆、艺术馆等一大批州庆重点项目相继建成，城乡面貌发生历史性巨变，州府新城成为武陵山区一颗亮丽明珠。

——全面深化改革迈出新步伐。在全省率先推进“三医联动”改革，药品费用大幅下降；率先获批纳入国家第二批增量配电业务改革试点；率先推行无还本续贷产品，企业融资成本大幅下降；率先建成政府新型智库，链接了一批优质资源。

——政府依法治理呈现新气象。准确把握我州发展规律，正确处理好“五个关系”，出台了系列规范政府管理、推进经济发展的政策措施，风险防控制度进一步完善，科学决策、依法行政、廉洁从政、为民服务水平明显提高。

过去一年，经过努力，我们解决了一些长期想解决而没有解决的难题，办成了一些长期想办而没有办成的大事，较好地完成了年初确定的主要目标任务。我们主要抓了七个方面的工作：

（一）全力推进脱贫攻坚。扎实推进精准脱贫“十项工程”，易地搬迁建成安置房8601套，搬迁3.67万人。转移就业脱贫工程，新增贫困劳动力转移就业1.26万人。教育发展脱贫工程，实现贫困学生资助全覆盖，贫困家庭子女就读率和贫困家庭普通高中生免费入学率均达到100%。医疗救助帮扶工程，实现贫困患者实际报销比例达85%以上，特困患者全额报销。生态补偿脱贫工程，将2347名贫困人口转为护林员，带动10687名贫困人口脱贫。社会保障兜底工程，对3.79万名兜底对象实现应保尽保，全面实现农村低保线与脱贫标准线“两线融合”。基础设施配套工程，大力推进光伏扶贫，新建村级光伏发电站174座，并网发电115座。发展生产、乡村旅游、公共服务等各项工作统筹推进。整合资金50亿元，设立扶贫产业基金400亿元，精准扶贫贷款余额140亿元，用于精准扶贫和发展产业。加强与济南市及省辖7市扶贫协作对接，已到位帮扶资金3.5亿元。协同推进驻村帮扶、行业扶贫、社会扶贫，脱贫攻坚合力明显增强。我州精准扶贫的做法与经验被中央和省内媒体深度报道，获得社会各界广泛赞誉。

（二）加大基础设施建设。大力开展“项目决战年”活动，围绕基础设施、特色产业、城镇化、社会民生等领域，实施了一大批打基础、管长远的重大项目，有力推动了经济社会发展。300个州庆重点项目累计完成投资1510亿元，350个州重点项目完成投资567亿元。交通建设，全州高速公路实现了县县通达，通车里程480公里，张吉怀高铁、湘西机场、黔张常铁路、张花高速三条连接线等重大项目建设有新进展；完成了493公里农村公路提质改造、1005公里安保工程建设，改造危桥105座，建制村通客车率达88%。水利建设，积极推进大兴寨大型水库立项，古阳河水库等一批水利工程建成蓄水，吉辽河水库等一批重点水源工程加快建设；协调推进病险水库除险加固、水毁工程修复、中小河流治理等工程，新巩固提升35.5万农村居民安全饮水。能源建设，新建天然气管道33.2公里，建设猛洞河220千伏输变电工程，完成77个贫困村电网改造和142个贫困村电网升级。信息化建设，全面推进“智慧湘西”建设，智慧交通、智慧教育、智慧扶贫、智慧旅游、智慧商务、智慧农业等初具雏形。光纤宽带、4G信号网络覆盖所有城区、乡镇以及绝大部分行政村。

（三）推动产业转型升级。坚持把发展产业作为推动经济增长的主攻方向，推动产业提质发展，产业结构不断优化，三次产业结构比为13.6:30.6:55.8。着力推进新型工业。抓好新一轮园区调规扩容，完成园区基础设施建设投资50亿元，新建标准厂房100万平方米，新型矿业、食品加工业、新材料、生物医药、电子信息、新能源、节能环保、装备制造等新兴产业加快发展。新增高新技术企业20家，泸溪工业集中区转型为省高新技术产业园。锰锌钒等传统产业不断整合提升，太丰、三立进入全国有色金属行业50强。大力发展现代农业。加强现代农业园区和农产品品牌质量建设与营销，粮食总产量稳定在80万吨以上，建成万亩精品园24个，农产品加工企业达664家，龙头企业达131家。大力推进质量强州战略，新增“三品一标”认证产品32个，花垣、古丈获批国家级出口食品农产品质量安全示范区，湘西绿色富硒有机农产品品牌影响力大幅提升。我州优质特色农产品直供国内大型超市，远销港澳地区和韩国、俄罗斯、加拿大。今年全州农产品产销两旺，销售价格好于上年。全力推进全域旅游。编制了全域旅游总体规划，着力实施全域旅游三年行动方案，开工建设总投资65亿元的旅游干线公路，谋划推进了一批景区开发、风情小镇、乡村旅游、星级饭店、停车场、旅游厕所、旅游公路、旅游景观、慢行体系等项目建设。努力打造多条湘西旅游精品线，开展旅游市场专项整治活动。参加了中央电视台《魅力中国城》竞演，承办了全国地质公园建设助推脱贫攻坚现场会、湖南省（第八届）旅游产业博览会、武陵山旅游发展高峰论坛，大力开展旅游加节庆、加艺术等一系列活动，积极申报湘西世界地质公园并在国内激烈竞争中胜出，成为中国向联合国教科文组织推荐的2处2019年世界地质公园之一，湘西旅游品牌影响力显著提升。全州共接待国内外游客4450万人次，实现旅游收入325亿元，分别增长16%和25%。突出发展商贸物流业。大力推进城市核心商圈、边界口子镇、集镇农贸市场标准化建设，全州建成1900个农村电商网点，州县乡村四级农村电商网络和物流体系基本形成，吉首、龙山、花垣等县市建成了一批商贸综合体和物流园，城乡市场繁荣活跃，消费结构升级明显加快。

（四）推进城乡融合发展。坚持走湘西特色城镇化道路，全州城镇化率达到45%。完成州域城镇体系规划和县市区总体规划编修，城乡规划体系实现全覆盖，“三证一书”发放率达100%。湘西经开区“四纵五横”路网格局基本形成，一批城市配套项目建成运营，州府吉首成为武陵山区的一颗亮丽明珠。七县新区拓展、老城区改造进展顺利，建成了一大批基础设施和学校、幼儿园、医院、养老院，城市功能、品质全面提升。大力实施“绿色湘西”工程，加大交通干线、旅游公路、城市建成区绿化，高标准推进千里生态走廊建设和国家森林城市创建，植树造林14万亩，管护天然林298万亩，重点生态公益林700万亩，森林覆盖率达70.24%。加快美丽湘西建设，湘西州获评中国最美乡村旅游目的地，里耶镇成功入选“全国特色小镇”，浦市镇荣获湖南省“美丽少数民族特色村镇”，塔卧镇、十八洞村等25个镇村成功获批省级历史文化名镇名村。深入推进“两违”整治，违法用地违规建设得到有效遏制。全面推进河长制工作，明确州、县、乡、村四级河长2141名，实现江河湖库全覆盖，认真清理河湖垃圾、网箱养鱼，水生态得到明显改善。全面完成中央环保督察交办信访问题及省交办突出环境问题整改。大气、水、土壤等重点领域污染防治持续推进，我州空气质量全省最优。

（五）加大民生保障力度。坚持民生领域优先保障，民生问题优先解决，民生工程优先投入，全州民生支出达到181.63亿元，城乡群众保障水平和干部职工待遇不断提升。全面完成省定13件重点民生实事。农村劳动力转移就业2.66万人，失业人员再就业1.05万人，“零就业”家庭实现动态清零。城乡低保标准提标到420元和252元。残疾人“两项补贴”政策惠及5.17万人。城乡医疗救助、养老服务体系建设、五保供养、灾民救助等工作不断加强。扎实推进8县（市）慈爱园建设，泸溪等4县顺利开园。新建和改扩建城镇学校20所、义务教育合格学校81所、农村公办幼儿园35所，新增城区学位1.2万个，城镇学校大班额问题得到有效缓解。加大住房保障力度，农村危房改造完成35971户，棚户区改造开工建设10367户，城乡居住条件有了较大改善。广泛开展全民健身活动。全面实施农村适龄妇女“两癌”、孕前优生健康免费检查，新生儿疾病、孕妇产前免费筛查。积极落实全面两孩政策，完成了省下达我州人口计划。加快发展文化事业，建成799个基层综合性文化服务中心。按时完成县市区村委会和居委会换届选举。深入开展安全大检查，有效治理重大安全隐患，加强食品药品安全监管，全州未发生较大以上生产经营性事故。做好农村移民后扶工作，信访维稳、社会治安综合治理不断加强，社会大局保持和谐稳定。

（六）深入推进各项改革。以供给侧结构性改革为主线，全面落实“三去一降一补”任务，煤炭企业由原来14家减少到1家，29家烟花爆竹企业全部退出，关闭危险化学品企业5家，商品房待售面积下降60%以上。“放管服”、商事制度等改革成效明显，“五证合一”实现全覆盖，全州新增各类市场主体1.8万户。新组建州城乡规划委员会，加强了城乡规划建设与管理工作，提升规划编制质量。强化城乡建设规划与国土利用、全域旅游、旅游公路、水利建设、生态保护等专项规划衔接，推动多规合一。推进医药卫生体制改革，成功加入“三明限价联盟”，开通了跨省易地就医医疗费用直接结算业务。深化政银企战略合作，与11家省级金融机构签订框架协议，银政、银企合作当年实际到位资金分别超过240亿元、91亿元。进一步优化投融资环境，凤凰县成功创建省级金融安全区。我州电力体制改革获省政府支持和国家发改委批准为试点单位，以泸溪县高新区为突破口，与乌江电力达成增量配电平台合作协议，工业电价将有较大幅度下降。财税体制改革突出财政保基本、保运转、保民生功能，财政保障能力不断增强，支出结构进一步优化。农村承包土地确权登记颁证、国资国企等改革全面推进。湘西公路口岸建成投入使用。加大招商引资力度，全年到位资金300亿元，增长20%。

（七）着力提升政府治理能力。深入学习贯彻落实党的十九大精神，推动“两学一做”学习教育常态化制度化。制定出台了《法治政府建设实施纲要》《湘西自治州人民政府工作规则》，以及加强政府投资项目、PPP项目、政府债务、预算内基本建设投资、投融资公司、招投标、财政结余资金等系列管理文件，推进了政府规范高效运行。加强政府性债务清理及金融、生态环保等重点领域监管，积极防范化解风险。自觉接受人大、政协监督，认真落实其决议决定，办理人大代表建议意见135件、政协提案231件，办结率达100%。严格落实全面从严治党主体责任，着力强化审计监督和行政监察，全面加强财政资金、扶贫资金、政府投资项目的监管力度，有效预防和减少了腐败现象发生，政风行风持续好转。

精神文明创建活动不断深入，公民思想道德建设得到加强，民族团结进步示范州建设持续推进。国防动员、国防教育、双拥工作扎实推进，驻州部队、武警官兵和广大民兵预备役人员在抗灾抢险、维护稳定、支持地方经济社会发展等方面做出了突出贡献。税务、质监、统计、邮政、保险、应急、新闻、民宗、农机、粮食、气象、水文、人防、档案、修志、对台、红十字会、工会、共青团、妇联、老龄、侨联、文联、残联、科协、关协、老科协等各项工作取得新成绩。

过去一年，是我州历史上极不平凡的一年。我们成功举办了建州60周年系列庆祝活动，充分展示了60年来我州经济社会发展的巨大成就，展示了全州各族人民艰苦奋斗、团结奋进的精神风貌，展示了全州决胜脱贫攻坚、同步全面小康的光明前景。在我州成立60周年的喜庆时刻，中央有关部门和省委省政府组织高规格祝贺团亲临庆祝大会，带来了党中央、国务院和省委省政府的亲切关怀，美好祝愿，给全州各族人民以巨大鼓舞，极大地增强了我州各族人民自豪感、自信心，凝聚了脱贫攻坚、全面建成小康社会的强大正能量。

回首过去，我们深感这一年成绩来之不易。这些成绩的取得，是党中央、国务院亲切关怀的结果！是省委、省政府和州委正确领导的结果！是各级人大、政协大力支持的结果！也是全州各族人民团结奋斗的结果！在此，我代表州人民政府，向各位人大代表、政协委员，向辛勤工作在各行各业的同志们，向所有关心支持我州建设发展的各级领导、社会各界人士和老同志，表示衷心的感谢！

各位代表！经过多年努力，我州发展已经进入了更高层次和更高水平的新阶段，但发展不平衡不充分、经济相对落后的基本州情没有根本改变，经济发展中还存在一些困难和问题：一是脱贫攻坚全面小康任务重。目前全州还有24.5万贫困人口没有脱贫，这些贫困人口大多生活在边远的高寒山区，实现稳定脱贫压力仍然很大。按照省新设立的全面小康评估指标，我州如期实现小康还有较大的难度。二是产业发展基础相对薄弱。农业产业化程度低，新型主体培育不足，工业抵御市场风险能力不强，旅游业高端业态缺乏，旅游产品质量不高，商贸流通体系不完善，实体经济和龙头企业带动能力不强。三是要素保障瓶颈尚未有效破解。土地、资金、电力、技术、人才等制约因素还比较多，需要下大力气持续破解。四是民生保障水平离人民群众的期盼有差距。社会公共服务均等化需要持续大力推进，补短板任务仍然繁重。五是项目投资后劲不足。随着州庆项目和高速公路项目相继竣工，加上国家对PPP项目严格规范带来的融资难等，我州后续项目与投资呈现萎缩之势。六是发展环境有待进一步优化。“放管服”改革需要进一步深化，少数干部作风有待加强、能力水平有待提高。对此，我们一定要高度重视，以民之所望为政之所向，采取有效措施，切实加以解决。

二、2018年主要目标和工作

今年是贯彻党的十九大精神的开局之年，是改革开放40周年，是决胜脱贫攻坚、全面建成小康社会的关键一年。

我州已经进入脱贫攻坚、全面小康、高质量发展三重任务叠加期。站在新的历史起点上，我们要准确把握发展机遇，主动融入国家“一带一路”和长江经济带发展战略，着力建设现代化经济体系，努力推动湘西实现更高质量、更有效率、更加公平、更可持续的发展。

今年政府工作的总体要求是：全面贯彻党的十九大精神，以习近平新时代中国特色社会主义思想为指导，加强党对经济工作的领导，坚持稳中求进工作总基调，按照“五位一体”总体布局、“四个全面”战略布局，牢固树立新发展理念，打好防范化解重大风险、精准脱贫、污染防治“三大攻坚战”，落实省委创新引领开放崛起战略，紧扣脱贫攻坚和区域发展两大任务，围绕打造国内外知名生态文化公园，坚守“542”发展思路，抓实扶贫开发、生态文化旅游业发展、新型城镇化、新型工业化“四项重要工作”，开展脱贫攻坚冲刺、产业项目推进、干部能力提升“三年活动”，加快建设美丽开放幸福新湘西，实现创新提质、特色赶超、在武陵山区率先崛起。努力把湘西州建设成为精准扶贫示范区、跨越式发展样板区、全域旅游示范区、生态文明建设标杆区、民族团结进步模范区。

今年经济社会发展主要预期目标是：GDP增长8%以上；固定资产投资增长13%以上；财政总收入增长10%以上；规模工业增加值增长8%以上；社会消费品零售总额增长11%以上；城乡居民人均可支配收入分别增长9%、12%以上；城镇登记失业率控制在4.5%以内；居民消费价格指数控制在3%左右；完成省下达的节能减排任务；完成省定脱贫任务。

做好今年政府工作，必须坚持以下几个原则：一是坚持以人民为中心的发展思想。顺应人民群众对美好生活的新期待，加快推进经济社会发展，不断保障和改善民生，把做大“蛋糕”与分好“蛋糕”统一起来，进一步增加人民群众的获得感和幸福感。二是坚持稳中求进工作总基调。稳中求进工作总基调是治国理政的重要原则，必须长期坚持。正确处理好“稳”和“进”的辩证统一关系，坚持转方式、调结构，围绕中央明确的六个政策取向，积极研究政策、争取政策、落实政策，突出产业发展，壮大实体经济，促进我州经济稳中有进，平稳健康可持续发展。三是坚持以推动高质量发展为根本要求。主动适应我国经济发展阶段新变化，深刻领会和把握推进高质量发展的科学内涵、目标要求、实现路径和重要载体，坚持绿色发展、特色发展、创新发展，做大做强我州优势产业、特色产业和战略性新兴产业，推动经济在高质量发展上不断进步。四是坚持打好“三大攻坚战”。打好防范化解重大风险攻坚战，突出加强政府性债务管理和防范金融领域风险，确保不发生系统性经济金融风险。打好精准脱贫攻坚战，严格按照中央部署，确保我州与全国全省一道如期实现精准脱贫，同步建成全面小康社会。打好污染防治攻坚战，重点加大环境保护和污染整治，推进生态保护修复重大工程，确保湘西天蓝、水清、地绿。五是坚持凝聚各方力量、有力有序推进工作。政府工作千头万绪，越是工作任务重，越需要增强系统性、整体性、协同性，正确处理好当前与长远、政府与市场、发展与民生、开放与创新、法治与德治的关系。加强上下协同、左右协同、内外协同，做到上下齐心、通力合作，形成加快发展的强大合力。

实现今年政府工作目标，我们要重点抓好八个方面工作。

（一）坚持以人民为中心，坚决打好打赢脱贫攻坚战。认真贯彻落实十九大关于打赢脱贫攻坚战的新部署、新要求，大力开展“脱贫攻坚冲刺年”活动，确保实现380个贫困村退出、16万贫困人口脱贫，贫困发生率下降至5%以下。

一是纵深推进精准脱贫“十项工程”。整合资金50亿元，重点抓好产业发展、转移就业、乡村旅游、生态补偿、易地搬迁、保障兜底等工作。完成易地扶贫搬迁工程，做好搬迁区内基础设施建设，就近提供就业、就学、就医等公共服务，真正实现“搬得出、稳得住、能致富”。大力推进教育扶贫工程，完善贫困学生扶贫助学体系，力争实现全过程、全覆盖。加大健康扶贫力度，确保建档立卡贫困人口、大病患者、特殊慢性病门诊患者医疗总费用报销率达90%以上，实现贫困户重特大疾病救助全覆盖。

二是稳定增加贫困群众收入。坚持因地制宜，因村因户施策，推进产业扶贫“四跟四走”，大力发展特色种养、乡村旅游、光伏发电等产业，让每个贫困户有1个以上产业增收项目，让每个集体经济空白村有1~2个特色产业，采取有效措施帮助非贫困村发展产业，促进农民稳定增收。今年力争建成500个村级光伏发电站。

三是大力推进农村“微建设”。完成1110个贫困村“五通五有”规划，启动370个深度贫困村“五通五有”建设，补齐458个非贫困村“五通五有”短板，着力提升农村公共服务均等化水平。

四是推动形成大扶贫格局。深入开展与济南市扶贫协作，发挥中央部委、省内7市、中央博士服务团等多方支持优势，巩固与广东4市、长株潭地区劳务协作成果。积极开展金融精准扶贫示范区创建，继续加大扶贫再贷款和小额扶贫贷款投放。用好专项扶贫、行业扶贫、社会扶贫等社会资源，推动形成脱贫攻坚的强大合力。进一步落实领导干部扶贫帮扶责任，深入开展“三走访三签字”工作，确保各项帮扶措施落细落实。

（二）坚持以发展优势产业为重点，培育壮大实体经济

大力开展“产业项目推进年”活动，出台支持产业发展政策，优化产业规划布局，根据州域经济发展需要和我州优势，着力打造现代金融业、矿产品精深加工业、食品加工业、新型材料业、电子信息业、生物医药业、文化旅游业、商贸物流业、健康养生服务业9个重要支柱产业，全面构建以文化旅游业为主导、特色农业为基础、现代制造业为支撑、现代服务业等新兴产业为主体的新型产业体系，做大做

强实体经济。

一是做强文化旅游业。加快国家全域旅游示范区创建和湘西世界地质公园申报与建设步伐，推动文化旅游产业向文化演艺、文化创意、文化交流升级。推进旅游公路、旅游酒店、旅游厕所、旅游景区景点、游客服务中心建设，建设一批旅游康养、旅游地产项目，大力发展民宿经济。加快多条湘西旅游精品线打造，建设一批乡村旅游示范村、星级乡村旅游区（点）。力争凤凰古城、矮寨奇观成功创建国家AAAAA级旅游景区，加快里耶古城、边城茶峒创建国家AAAA级景区步伐，精心培育旅游市场，整治旅游市场环境，不断提升旅游业态。力争接待游客5000万人次以上，实现旅游收入380亿元。

二是做优新型工业。突出抓好园区调区扩区、标准厂房建设、土地储备、基础设施配套建设。完成吉首市经开区、永顺县经开区、泸溪高新区等园区扩区建设，积极筹建保靖铁塔工业园、龙山（长沙）工业园建设。大力支持湘西经开区、泸溪高新区升级国家级经开区、国家级高新区。全年完成园区固定资产投资80亿元，新建标准厂房80万平方米，新增储备土地1万亩以上。加快推进基础设施和配套设施建设，力争9个园区全部建成污水处理厂，实现保障性住房配套全覆盖。设立湘西州产业发展基金、担保资金、过桥资金，加大企业精准帮扶力度，实行州级领导联系企业制度，重点支持骨干龙头企业做大做强，支持企业创新转型发展。

三是做特现代农业。全面构建现代化农业产业体系，引导和推动更多资本、技术、人才等生产要素向农业农村流动。突出农业园区建设、农产品精深加工、优质农产品品牌建设，重点抓好湘西富硒油茶、茶叶、柑橘、烟叶、猕猴桃、百合、蔬菜以及湘西黄牛、黑猪、乳鸽等优质农产品生产加工与营销。加大优质农产品种苗基地建设，建成高标准现代农业产业园16个，现代农业综合体9个，一、二、三产业融合示范区16个，加大我州农产品公共品牌建设，保护好特色名优品牌。新增国家地理标志产品2个，新增“三品一标”认证产品20个以上，新增专业合作社200个、家庭农场300个，培育销售过亿元农业产业化龙头企业10家。大力实施乡村高标准农田建设、农村土地全域整理，稳定粮食产能，确保粮食安全。

四是做精现代服务业。加快商贸物流园区建设，出台支持电子商务、商贸物流、仓储冷链等现代服务业发展政策，重点支持城市综合体、商贸综合体、公路铁路机场物流园区、仓储冷链等项目建设，健全州、县、乡三级农产品仓储、物流配送体系。大力发展电子商务，进一步深化与阿里巴巴、苏宁易购等大型电商及华润万家、步步高等大型超市合作，扩大线上、线下销售渠道，发展电子商务和商贸物流企业10家。新增规模以上服务企业40家、限额以上批发零售住宿餐饮企业30家。大力发展现代金融业，主动对接多层次资本市场体系，支持州内优质企业到主板或“新三板”上市融资、挂牌交易。积极发展与现代城市相适应的咨询、家政服务、物业管理，以及高技术、高附加值含量的现代服务业。

（三）坚持重点项目带动，增强经济社会发展后劲

把项目建设作为推动发展的核心动力，以产业项目为重点，统筹推进基础设施、民生等项目建设，完成228个州级重点项目600亿元左右投资任务，拉动经济加快发展。

一是大力推进产业项目建设。以“产业四区”为平台，大力推进九大类128个重点产业项目建设。特色农业项目建设，重点抓好花垣县农村产业融合发展示范园、永顺县芙蓉镇老爹现代农业产业园、湘西州茶叶产业园等项目；传统产业转型升级项目建设，重点抓好吉首经开区创新创业园、花垣县工业集中区、永顺县经开区产业园等项目；高新技术产业项目建设，重点抓好湘西经开区产业园、州创新创业中心、泸溪铝基复合材料产业园、湘西州农村光伏扶贫工程、湘西光谷等项目；旅游康养产业项目建设，重点抓好湘西游客中心、全域旅游慢行系统、精品线路、文旅、康养、古城古镇修复等项目；商贸物流项目建设，重点抓好吉首、花垣、龙山等一批冷链仓储物流项目。

二是大力推进基础设施项目建设。重点实施50个重大基础设施项目建设。交通方面，重点加快推进张吉怀高铁、湘西机场、黔张常铁路等项目建设，积极做好州域各公路、铁路、机场连接线建设，打通内循环，连通大动脉。建设旅游干线公路750公里、旅游慢行道路800公里。认真做好铜仁至吉首铁路、渝湘铁路、龙桑高速等项目前期工作，加快推进湘西汽车客运枢纽站、湘西武溪港、湘西航运二期工程等项目建设。水利方面，积极做好大兴寨大型水库项目前期工作并实现全面开工建设。大力推进吉辽河、乌巢河等水库工程建设，完成酉水灌区续建配套与节水改造建设任务，新增高效节水灌溉面积1.5万亩。加快里耶镇、浦市镇等防洪和水毁工程建设，完成4处中小河流治理工程建设，增强防洪抗灾能力。全面开展小型农田水利工程建设，因地制宜实施“五小水利”工程建设。能源方面，按照国家和省委省政府要求，积极稳妥推进电力体制改革和农网改造，重点加快园区配售电平台建设、农网改造和新能源开发，开工建设泸溪高新区配售电平台。大力提升城乡供电质量，降低工业用电成本。信息化方面，突出“智慧湘西”建设、“三网融合”，完成我州大数据中心、政务信息资源共享平台等基础建设和各运用系统的开发利用，加快实现县城、乡镇及重点旅游景区宽带无线网络全覆盖。实现全州所有行政村、社区、景区4G覆盖率达99%以上，光纤通达率达85%以上。

三是大力推进民生项目建设。全州重点抓50个重大民生项目建设。教育项目，突出抓好湘西经开区学校、全州芙蓉学校、全州义务教育薄弱学校建设，支持吉首大学、吉大师院等学校扩建和发展。卫生项目，突出抓好州民族中医院综合楼、济南市援建全州乡镇卫生院建设和州妇幼保健院迁建。文化项目，突出抓好基层公共文化基础设施建设，确保乡镇、街道及有条件的建制村建成一个综合文化服务中心。

统筹抓好全州殡葬改革服务基础设施、新一代多普勒天气雷达等项目建设，加快改善民生基础设施条件。

（四）坚持发展社会各项事业，切实保障和改善民生

适应新时代我国社会主要矛盾的变化，坚持在发展中补齐民生短板，继续办好民生实事，不断增进人民群众福祉，满足人民日益增长的美好生活需要。

一是统筹建立民生保障体系。深入推进全民参保计划，不断完善城镇职工和城乡居民基本养老保险制度，建立健全城乡居民基本医疗保险制度。全面实施异地就医费用直接结算。巩固完善大病保险制度，全面推进养老保险费率试点、“五险统征”、被征地农民社会保障等工作。完善失业、工伤、生育保险制度。拓展社保卡功能和应用。进一步加大临时救助和特困人员救助供养力度，不断提高乡镇敬老院集中供养率。继续实施残疾人“两项”补贴制度，做好孤儿保障和困境儿童分类保障工作。

二是加快社会事业建设。坚持教育优先发展。全面启动教育质量提升三年行动计划，统筹推进县域义务教育一体化，实施贫困学生资助全覆盖、义务教育城乡学校标准化建设、学前教育普惠发展、职业教育集团化发展、普通高中特色发展、教师队伍培训、教育信息化应用、特殊教育提升等八大工程建设。到2020年基本消除56人以上大班额，普通高等教育毛入学率达30%，教育整体发展水平达到全省平均水平。深入实施全民健身、竞训夺牌“两项计划”，支持龙山县承办好湖南省第九届少数民族传统体育运动会，积极备战湖南省第十三届运动会，力争取得好成绩。加快健康湘西建设。强化生育服务和妇幼健康，加强慢性病、传染病、职业病等疾病防控和政策帮扶，加快州胸痛中心、卒中中心建设，提升卫生应急能力。积极应对人口老龄化，构建养老、孝老、敬老政策体系和社会环境。在全州县级二级以上公立医院与乡镇卫生院建立医共体。突出抓好民族医药品牌工作，推动土家苗药事业发展。加强医德医风建设，构建和谐医患关系。繁荣文化事业。加快文化惠民工程建设，完善公共文化服务体系。持续抓好民族团结进步示范州创建活动，推进民族团结宣传教育人文化、大众化、实体化。加强州博物馆、州艺术馆、州工人文化馆等文化设施规范管理，发挥好其公共公益服务职能。加强对重点文物、非物质文化遗产保护开发和利用，深入实施文艺精品工程。实施人才强州战略。加快推进“武陵人才计划”，每年引进100名急需紧缺人才，培养传统工匠2000人以上，公费培养农村定向师范生400名、医学生300名以上，加强对村干部、“土专家”和农民合作组织带头人培训。依托湘西职院组建湘西现代职业教育集团，每年培训骨干专技人才3000人次，公费培养农技特岗生300名以上。大力实施“引老乡、回故乡、建家乡”计划，引导外出务工人员返乡就业创业，支持地方经济发展。协同推进社会各项事业。大力支持和充分发挥外事、侨务、宗教、气象、水文、人防、档案、修志、对台、工会、妇联、共青团、文联、残联、红十字会、老龄、关协、科协、老科协等部门及群团组织作用，促进我州社会各项事业全面进步。

三是大力兴办民生实事。从解决好人民群众普遍关心的突出问题入手，在办好省定民生实事的基础上，扎实办好20件民生实事。（1）新修农村公路1200公里，提质改造340公里；（2）新解决农村35.3万人农村饮水安全；（3）完成130个村农网改造任务；（4）新建天然气管道46.2公里，普及率达80%；（5）新建城乡公共厕所400个；（6）全州棚改新开工建设1.8万套，改造农村危房1万户；（7）加快农村中小学学校建设，新增学位1万个，基本消除66人以上大班额问题；（8）全面推行农村义务教育学校学生课间营养餐；（9）实施农村适龄妇女“两癌”、孕前优生健康免费检查，新生儿疾病、孕妇产前免费筛查；（10）新增农村劳动力转移就业2.3万人，新增贫困劳动力转移就业0.9万人，城镇新增就业人数2万人，失业人员再就业0.9万人；（11）完成职业技能培训4万人，贫困家庭“两后生”技能培训1200人，移民培训3600人次，中小微企业产品质量检验和人员培训100人；（12）城乡低保补助水平较上年提高10%以上，每月分别不低于265元和138元。社会集中供养和散居孤儿补助标准分别提高到每人每月1200元和800元；（13）每个县市区建成一座公墓山和一个殡仪馆，乡镇、村划定区域实行集中安葬；（14）全州8县（市）突发事件预警信息发布系统投入运行，气象灾害等预警信息覆盖全州所有县市乡村；（15）完成110个村级公益事业建设项目，为全州21万亩烟叶购买保险，对16万农村移民开展后期扶持；（16）每个县市完成2个乡镇农产品质量安全监管站规范化建设；（17）新建农村电子商务服务站点200个；（18）新增市场主体1万户，州级农民专业合作社示范社10个；（19）保靖、古丈、龙山3个县级生猪定点屠宰场建设竣工并投入使用，完成渔类人工增殖放流1000万尾；（20）完成演艺惠民送戏下乡500场，农村公益电影放映2万场。

（五）坚持特色发展，建设人民满意城镇

尊重城市发展规律，切实保护好城镇历史文脉，着力提升城镇文化品位和民族特色。不搞贪大求洋，避免千城一面，全面开展新一轮县城规划编制，划定城镇开发边界线，建设宜居、宜业、宜游、宜养城镇。力争今年全州城镇化率达47%。

一是舞活州府龙头。突出州府中心地位，全面提升城市的承载力、集聚力、带动力。加强规划引领和规划管控，加快编制州府城市概念性规划和吉凤新区概念性规划，注重风貌塑造、民族特色、文化传承，让州府吉首展现出美丽的山城风貌。支持吉首市全面加强城市规划、建设、管理，把吉首建成引领州域发展的核心增长极。支持湘西经开区按照向南拓展、东西扩张的发展思路，进一步完善新区规划，加快启动吉凤新区建设，助推吉凤融城。着力推进州府新城产业注入、设施配套和人口集聚，集中展示州府新城新形象。协

调吉首市和经开区规划建设好高铁新城，按照零换乘、广辐射的目标，建设湘西高铁汽车客运枢纽、湘西游客服务中心。突出抓好吉首老城区改造和乾州新区建设，进一步完善城市交通、公共厕所建设等公共服务和管理体系。加大园林城市创建力度，加快提升人居环境质量。

二是建强七个县城。保护历史文脉，突出民族特色，优化县城生产、生活、生态空间布局。着力将花垣、龙山县城打造成区域次中心城市，将泸溪、凤凰、古丈、保靖、永顺县城打造成特色魅力城市。支持永顺搞好溪州新城的规划与建设，使之成为新的旅游名片。加快县城路网、水网、管网、气网以及污水处理、垃圾处理、园林绿化等基础设施建设。加大教育体育、医疗卫生、公共文化等公共服务设施建设，强化政务服务、公共服务、市场服务，全面提升城市服务功能，增强辐射带动能力。以“两棚两房”“两供两治”和“双修双改”为重点，深入开展老旧小区集中治理，拆除违法建筑、打通微循环、修缮危旧房、规范管线网；开展城区出入口集中治理和绿化美化工作；开展城镇物业服务管理改革和集中治理，改善住宅小区面貌，提升城市形象。

三是做优特色小镇。立足资源优势，坚持特色发展，强化规划引导和产业带动，打造一批因势利导、因地制宜、因城迷人的风情小镇、特色小镇。今年全州完成20个特色小镇规划。突出30个中心集镇建设。加快边城、里耶、芙蓉镇、浦市、红石林、吕洞山、矮寨、山江等特色小镇建设。着力抓好特色小镇和古城古镇保护，大力发展特色产业，强力推进环境综合整治，使之成为湘西文化旅游的重要载体。

（六）坚持实施乡村振兴战略，加快美丽湘西建设

按照产业兴旺、生态宜居、乡风文明、治理有效、生活富裕的总要求，科学制定湘西州乡村振兴战略规划，研究出台实施方案和配套政策，着力实施乡村振兴战略，加快美丽湘西建设。

一是推进生态环境建设。坚持绿色发展理念，坚决守住湘西绿水青山，力争湘西州成功创建“国家森林城市”，8县（市）成功创建“省级森林城市”。深入实施绿色湘西工程，突出抓好重大生态建设与保护工程，完成重点工程营造林14万亩，“千里生态走廊”绿化400公里，水岸绿化160公里。抓好生态环境建设规划，启动湘西州森林植物园建设和百万亩优质林工程，重点抓好城镇周围、河流沿岸、道路沿线、景区周边的生态保护和造林绿化工作，搞好林种树种搭配，打造“常年有绿、四季有花”的森林景观。

二是改善农村生产生活条件。实施美丽乡村建设三年行动计划，今年创建300个示范村，100个精品村，到2020年基本实现美丽乡村建设全覆盖。研究出台湘西州民居建设与改造管理办法。启动湘西州特色民居与传统风貌保护整治四年行动计划，加大60个特色民俗村寨保护建设、300个传统村落协调整治力度，保护整治特色民居4万栋。着力推进“厕所革命”，力争用三年时间全面完成30万个农村厕所改造任务，加快补齐影响群众生活品质的短板。巩固提升城乡同建同治成果，加强城区出入口、背街小巷、城乡结合部、集镇容貌整治。扎实开展“两违”整治，着力规范农村建房秩序、改善农村人居环境。

三是培育文明乡风。健全法治、德治、自治相结合的社会治理体系。开展优良家风教育，倡导和谐文化、孝道文化、睦邻文化、友善文化，自觉抵制黄赌毒、封建迷信等不良习气和行为。用中华优秀传统文化教化提高群众思想道德素质，实现政府治理和社会调节、居民自治良性互动。加大网格平台建设和功能整合力度，加快实现城乡网格化服务管理全覆盖，切实提升人民群众的安全感和满意度。

（七）坚持改革创新，全面增强内生动力和发展活力

大力实施创新引领开放崛起战略，奋力推进各项改革，发挥创新体制优势，全面构建开放发展新格局。

一是全面深化各类改革。坚持以深化供给侧结构性改革为主线，持续推行“三去一降一补”。大力推进“放管服”改革，大力推行行政审批一站式服务，加快实现让群众办事“最多跑一次”。制定和完善政务服务、项目投资、市场准入三张“负面清单”，持续深化商事制度改革，全面优化营商环境。大力推进综合医改工作，进一步理顺医疗价格体系，夯实“三明限价联盟”运行平台，加快医联体建设，搭建形成分级诊疗制度框架，稳步推进互联网医疗。按照国省要求，积极推进电力体制改革，抓好泸溪高新区国家增量配电业务改革试点工作。积极稳妥实施政府配置资源方式改革，盘活自然资源、经营性国有资产和非经营性国有资产等存量资产。深入推进城市综合执法体制、统计管理、财税、诚信、国资国企、投融资、农村集体产权、农业水价、供销、殡葬等综合改革事项，全面激发发展活力。

二是大力推进创新驱动。推进科技创新，加快推进湘西创新创业中心和县市区创新创业示范园建设，实施科技领军型企业、成长型企业、科技型中小微企业“三项”培育计划，重点支持一批拥有核心技术和自主知识产权、知名品牌的创新型、科技型企业做大做强，发展高新技术企业20家以上；加大科技项目申报，力争全年申报国家、省级科技重点项目10项以上，新申报高新技术企业10家以上。推进产品创新，培育打造具有湘西特色和湘西优势的新产品、新产业。推进文化创新，着力推进文化与旅游、文化与城建、文化与扶贫深度融合，在文化创新中遗传湘西基因，彰显湘西特色。

三是积极扩大对外开放。加大招商引资力度，突出招大引强，力争实际到位资金突破360亿元，增长20%以上，在引进世界500强、国内500强和国内民营企业500强上实现新突破。积极扩大对外贸易，加快湘西海关、出入境检验检疫和公路口岸通关一体化建设，推进特色农产品出口业务和加工贸易发展，提高开放型经济水平。

（八）坚持底线思维，切实加强风险防控

守住发展底线，坚决打好防范化解重大风险攻坚战，确保全州经济社会健康持续发展，维护社会大局稳定。

一是积极防控经济金融风险。建立健全政府性债务风险预警制度，全面规范政府举债融资行为，积极化解债务存量，规范 PPP 运作，坚决制止以政府购买服务名义违法违规融资举债。健全金融监管体系，落实监管主体，压实监管责任，严厉打击一切非法金融活动，守住不发生系统性金融风险底线。积极争取国省发债规模，不断强化政银企合作，大力支持金融企业在湘西创新发展，不断增强服务地方社会经济发展能力。

二是着力防控环境污染风险。坚决打好污染防治攻坚战，牢固树立绿色发展、转型发展理念，切实强化政府、企业、社会环保责任，突出抓好涉矿采选环境污染综合整治，加大对水、大气、土壤环境污染和安全隐患问题整改力度，严格执法，严肃追责，确保按时完成整改任务。持续推进全州城区宾馆及餐饮行业燃煤锅炉、油烟，汽车尾气、建筑扬尘、工矿企业废气等大气污染综合治理工作。严格落实河长制，加快水污染防治，全面清除违规网箱养鱼。实施流域环境综合治理，重点加大对酉水、沅水等河流及水库、湖塘环境的管控。加强土壤保护，推进危险废物场地和重金属超标土壤整治工作。加强农业面源污染防治，推进农业清洁生产。进一步完善环保基础设施建设，推进环保工作提质升级。

三是严格防控各类社会风险。牢固树立安全发展理念，探索建立“州、县（市）、乡（镇）”三级安监部门计划执法体系。严格落实安全生产责任制，大力提升防汛抗旱、地质灾害防治、疫病防控等应急管理处置能力，坚决遏制较大以上安全事故发生。全面加强食品药品生产销售全过程监管。加强信访法治化建设，畅通依法诉求渠道，引导群众依法维权、依法信访。全面落实领导接访制度，着力化解信访积案。加强社会治理体系建设，推动社会治理重心向基层下移，全面提高社会治理社会化、法治化、智能化、专业化水平，全力维护社会大局和谐稳定。

三、全面加强政府自身建设

新思想引领新时代，新时代呼唤新作为。打铁必须自身硬。实现今年发展目标，必须深入学习贯彻党的十九大精神，扎实开展“不忘初心、牢记使命”主题教育，进一步解放思想，勇于担当，依法行政，着力建设人民满意政府。

（一）解放思想，创新作为。牢固树立正确的政绩观，坚持以人民为中心的发展理念。解放思想，转变观念，坚决消除影响创新发展、绿色发展、高质量发展的思想观念，进一步消除墨守成规、按部就班、司空见惯的思维定势。努力摆脱路径依赖、速度情结和换挡焦虑，积极探索新时代、新常态下做好政府工作的方法，创新发展路径，完善政策举措，着力在脱贫攻坚、优化结构、发展产业、培育和壮大实体经济上取得新突破，提高创新发展的能力和水平。

（二）勇于担当，高效作为。始终把发展作为第一要务，把事业作为第一追求，一心一意谋发展、聚精会神搞建设。要勇于担当，始终保持积极进取的精神状态，不回避矛盾，不推卸责任，敢于在脱贫攻坚中啃硬骨头，敢于在加快发展中挑重担，敢于在深化改革中打硬仗。旗帜鲜明地为敢于担当的干部担当，为敢于负责的干部负责。切实加强层级管理，以五个文明建设绩效考核和政府目标管理为抓手，层层分解任务、压实责任，形成一级抓一级、层层抓落实的工作机制。加强对重点工作、重大项目、重要指标的督查调度，及时研究解决问题。建立政府重点工作激励机制，充分调动各方面推动工作的积极性。建立问责机制，整治庸政懒政行为，加大对不作为、慢作为、乱作为的问责力度。着力精简会议文件，整合和减少各类考核评比，使基层集中精力抓工作。强化审计监督，着力抓好审计发现问题整改。加强干部管理，强化业务培训，切实提升高效履职能力。

（三）接受监督，依法作为。牢固树立法治思维，坚持依法行政，做到法定职责必须为、法无授权不可为。坚持科学民主决策，加强新型政府智库建设，健全重大问题、重点事项公众参与、专家论证、廉洁性风险评估、合法性审查和集体研究决定制度，加强行政决策风险评估，细化社会稳定、生态环境、公共财政等各方面风险评估标准，着力提高政府决策法治化、民主化、规范化水平。自觉接受州人大及其常委会的法律监督、工作监督，主动接受州政协的民主监督，坚决执行人大及其常委会的决议决定，认真办理人大代表建议和政协提案，广泛听取民主党派、工商联、无党派人士、人民团体和社会各界人士意见，切实推动各类实际问题的解决。

（四）改进作风，廉洁作为。牢固树立宗旨意识、服务意识。坚持把纪律和规矩挺在前面，严格执行中央“八项规定”、省委“九条规定”和州委“七条规定”，持之以恒正风肃纪，坚决纠正“四风”新表现、新问题。全面贯彻“两准则四条例”，自觉接受党内外监督，认真履行“一岗双责”，落实“两个责任”，扎实推进党风廉政建设。支持州纪委向政府工作部门派驻纪检组和国家监察体制试点工作，坚决整治“雁过拔毛”式腐败和侵害群众利益的不正之风，树立风清气正、勤政廉洁的良好形象。

各位代表、同志们，蓝图已经绘就，目标催人奋进。让我们紧密团结在以习近平同志为核心的党中央周围，高举习近平新时代中国特色社会主义思想伟大旗帜，不忘初心，牢记使命，以永不懈怠的精神状态和一往无前的奋斗姿态，为决胜脱贫攻坚、全面建成小康社会，建设美丽开放幸福新湘西而努力奋斗！

名词解释

1.“三医联动”：医疗、医保、医药改革联动。

2.“三证一书”：“建设用地规划许可证”“建设工程规划许可证”“乡村建设规划许可证”“建设项目选址意见书”。

3.“三去一降一补”：去产能、去库存、去杠杆、降成本、补短板。

4.“五证合一”：指的是营业执照、组织机构代码证、税务登记证、社会保险登记证和统计登记证“五证合一”登记制度。

5.“一带一路”：即习近平总书记提出的“丝绸之路经济带”和“21世纪海上丝绸之路”倡议构想的简称。

6.“五位一体”：经济建设、政治建设、文化建设、社会建设、生态文明建设五位一体。

7.“四个全面”：全面建成小康社会、全面深化改革、全面依法治国、全面从严治党。

8.“四跟四走”：资金跟着贫困户走、贫困户跟着能人走、能人跟着项目走、项目跟着市场走。

9.“五通五有”：“五通”是通村道路、通水、通电、通宽带、通广播电视；“五有”是有安全住房、有学校、有农村综合服务平台、有农村电商、有村级集体经济。

10.“三品一标”：无公害农产品、绿色食品、有机农产品和农产品地理标志。

11.“产业四区”：工业园区、农业园区、旅游景区和商贸物流区。

12.“五小水利”：小水窖、小水池、小泵站、小塘坝、小水渠。

13.“三网融合”：电信网、广播电视网、互联网在向宽带通信网、数字电视网、下一代互联网演进过程中，三大网络通过技术改造，其技术功能趋于一致，业务范围趋于相同，网络互联互通、资源共享，能为用户提供语音、数据和广播电视等多种服务。

14.“五险统征”：企业职工养老保险费和机关事业单位养老保险费、职工医疗保险费、工伤保险费、生育保险费、失业保险费实行统一征缴。

15.“两后生”：指初、高中毕业未能继续升学的贫困家庭中的富余劳动力。

16.“两棚两房、两供两治”：“两棚两房”指城市棚户区、国有工矿棚户区和公租房（含廉租房）、农村危房改造；“两供两治”指城市供水、供气和城市污水、垃圾治理。

17.“双修双改”：生态修复、城市修补和农村房屋改造、人居环境改善。

18.“两准则四条例”：《中国共产党廉洁自律准则》《关于新形势下党内政治生活的若干准则》和《中国共产党纪律处分条例》《中国共产党问责条例》《中国共产党党内监督条例》《中国共产党巡视工作条例》。

中国人民政治协商会议
湘西土家族苗族自治州委员会常务委员会工作报告

——在政协湘西土家族苗族自治州第十二届委员会第二次会议上

州政协主席　刘昌刚

（2018 年 1 月 2 日）

2017 年工作回顾

2017 年是中共十九大胜利召开和建州 60 周年的喜庆之年，也是新一届州政协常委会在继承中创新、在创新中发展的一年。一年来，在中共湘西州委的坚强领导下，州政协常委会紧紧围绕经济建设这一中心，牢牢把握团结和民主两大主题，认真履行政治协商、民主监督、参政议政三大职能，精准加强服务大局、服务委员、服务基层、服务各界别群众等四个服务，务实开展会议、视察、提案、专项、其他形式等五大监督，真正做到坚持党的领导、坚持履职为民、坚持问题导向、坚持平等协商、坚持开放创新、坚持团结合作等六个坚持，实现了本届政协常委会工作的良好开局。

一、坚持党的领导，准确把握方向，团结奋斗的共同思想政治基础不断巩固

*政治理论学习更加自觉。*以中共十八大、十九大精神为统领，切实加强政治理论学习。深入学习贯彻中共十八大和十八届历次全会精神，认真学习领会习近平总书记系列重要讲话精神和治国理政新理念新思想新战略，努力在坚定理想信念、筑牢思想根基上见成效。深入学习贯彻中共十九大精神，聚焦习近平新时代中国特色社会主义思想，深刻领会其重大意义、精神实质和丰富内涵，推动了全州各级政协组织、政协各参加单位和广大政协委员增强“四个意识”、坚定“四个自信”，在政治立场、政治方向、政治原则、政治道路上同以习近平同志为核心的中共中央保持高度一致。

*贯彻落实行动更加高效。*以推进协商民主的实践和创新为目标，切实加强贯彻落实行动力度和效率。准确把握中央、省委关于人民政协工作的系列要求，深入学习贯彻习近平总书记关于人民政协工作的重要论述，及时学习传达省委政协工作会议精神和《中共中央办公厅印发〈关于加强和改进人民政协民主监督工作的意见〉的通知》等文件精神，切实把推进协商民主创新实践贯穿政协履职的全过程。全面学习贯彻中共十九大报告中对人民政协工作的重大部署和重要论述，深刻认识协商民主实践创新的重大意义和重要作用，进一步增强了推进协商民主实践创新的主动性和积极性。

谋划工作更加务实。年初，及时制定全年工作要点和协商监督工作计划，专题向州委常委汇报，并得到转发执行。以围绕中心、服务大局为根本，切实谋划政协各项工作。始终围绕州委的重大决策部署来研究谋划政协工作，做到了州委中心工作推进到哪里，政协履职就跟进到哪里。紧紧围绕建设国内外知名生态文化公园这一总战略、总愿景，做好各项安排部署，积极组织和引导全州各级政协组织、政协各参加单位和广大政协委员聚力决胜脱贫攻坚和全面小康建设，综合运用政协提案、调研视察、协商建言、民主监督等形式，在参与中支持、在支持中服务、在服务中监督，积极为改革发展稳定减少阻力、增添动力、激发活力，为决胜脱贫攻坚、同步全面建成小康贡献智慧和力量。

二、坚持民主真谛，强化职能职责，政治协商的广泛性和实效性不断提升

协商议政内容更加丰富。充分发挥政协作为协商民主重要渠道和专门协商机构作用，科学制订年度协商工作计划，课题范围更广，协商内容更多。召开全体会议集中协商，积极参与省政协全会协商，在省政协十一届五次会议上就“农村中小学寄宿制学校建设”进行了大会发言，相关建议得到杜家毫书记、许达哲省长的签批和交办。在州政协十二届一次会议上组织全体委员认真协商“一府两院”工作报告，开展委员分组讨论协商64场次，编发《情况反映》21期，一批有价值的建言成果进入州委、州政府决策视野。召开4次常委会议专题协商，按照协商于决策之前的原则，就州人民政府等单位驻地搬迁、州直机关实行朝九晚五作息制度等内容进行了协商审议；围绕重点协商课题，开展实地调研和外出对比考察，邀请州政府相关领导、州直相关部门负责人就“州庆重点项目建设”“湘西州‘神秘苗乡’精品旅游线路建设”开展了专题议政性协商，一批意见和建议得到采纳。召开10次主席会议重点协商，开展了“创建国家森林城市”“农村电商建设与营运”“农机安全生产”“发展乡村旅游、助推精准扶贫”等课题协商，及时向州委、州政府报告协商意见，促成了一批协商成果的转化运用。

*提案办理实效更加增强。*持续发挥提案工作的全局性作用，切实抓好提案征集、审查、立案、交办、督办、考核、评议等环节，着力完善多层次的办理机制。坚持重点提案高层办理协商，主席会议确定重点提案13件，分别由州委、州政府领导及州政协主席会议成员牵头督办，形成了“领导牵头、部门配合、委员参与、现场视察、当面答复”的办理协商机制。坚持党派团体提案专题办理协商，组织民盟州委、州工商联相关委员与承办单位面对面交流协商，邀请州委办、州政府办相关负责人听取意见，共同协商解决问题路径，党派团体提案件件有着落、事事有回音。坚持同类提案合并办理协商，以承办提案数量较多的单位为重点，组织提案人、承办单位开展集中座谈协商，集中调度提案办理情况，面对面协调解决问题方案，提高了提案办理协商的实效。

*助力民生改善更加主动。*紧紧围绕民生问题开展协商，积极为实现和维护群众最关心、最直接、最现实的利益问题鼓与呼。助力教育发展，围绕吉大师院改善办学条件，邀请州政府分管领导和州直相关部门负责人开展了多次视察和协商，吉大师院人行天桥建设缺口资金等问题得到有效解决；紧盯山村幼儿园项目建设，向省政协和相关单位提出了一批具有可操作性的工作建议，为探索民族贫困地区学前教育新模式提供了有益参考。助力抗洪救灾，主动应对“5·1”和“7·15”洪灾，号召全州各级政协组织、政协各参加单位和广大政协委员投身抗洪救灾；积极配合省政协开展“共筑家园·情暖泸溪”救灾捐赠活动，9名港澳委员代表捐款210万元，取得了良好的社会反响。

三、注重问题导向，促进工作落实，民主监督的方式创新步伐不断加快

*不断丰富民主监督形式。*在继续抓好选派政协委员担任司法监督员、特邀纪检监察员和参与行风评议、公务员招考等监督活动的同时，成立了8个由州政协领导带队的监督小组，分别深入州中级人民法院、州检察院、州财政局等8个单位开展民主监督，通过听取工作汇报、召开座谈会议等方式，建立了良好的信息对接机制；坚持与调研视察相结合，全面了解和掌握被监督单位的重点项目、重点工作等情况，做到了发现问题、指出问题、督促整改；坚持与提案办理相结合，以提案监督的方式完成4件重点提案的办理，召开州政协常委会议对5个承办单位提案办理进行了民主评议，实现了提案办理与民主监督的相辅相成；坚持与对口协商相结合，发挥专委会联系州直部门的优势，突出提案的跟踪监督，加快了相关问题的解决。

*不断增强民主监督实效。*围绕热点问题开展监督，针对舆论关注较多的保靖县迁清公路建设，深入现场开展了专题视察监督，促进了该项目按时建成通车；针对群众反映强烈的吉首城区学校大班额问题，对湘西经开区学校建设情况开展了专项监督，提出了一系列工作建议，为保证2018年秋季学校投入使用发挥了政协的监督作用。围绕重大决策落实开展专项监督，多次深入州中级人民法院、州检察院、州发改委、州财政局、州扶贫开发办、州交通运输局、州教体局、州旅游港澳外事侨务局等单位开展一系列调研视察、协商讨论、建言献策等监督活动，共提出了各类建议138条，推动了被监督单位改进工作作风、落实实际工作。围绕重点提案办理开展监督，提案办理和提案监督机制交互运用，提案办结率大幅提高。对《关于建立湘西州本地优质产品采购目录的建议》《关于对精神病患者建立长效救治救助的建议》《关于推进湘西州旅游厕所建设的建议》等提案办理，提出了针对性的监督意见建议，引起了州委、州政府有关领导和部门的高度重视，促成了相关文件的出台，存在的难点问题得到整改。

*不断创新民主监督方式。*主动上门对接，探索多种监督方式的贯通，开展了“政协委员走进纪委”活动，在“推进政协民主监督与纪委党内监督协作配合、广泛多层有序制度化开展”等方面达成共识，开辟了民主监督工作的新思路。关口下移，监督活动抵达一线，先后对法院的民事、刑事、执行案件进行随机抽查和质量评议，旁听了州检察院提起公诉、州中级人民法院审理的庭审活动，提高了监督的针对性。注重归纳总结，完善民主监督工作机制，召开主席会议专题协商专项民主监督小组工作，倾听被监督单位意见，制订专项监督工作计划和方案，明确了进一步完善民主监督工作机制的重点和方向。

四、强化职能作用，广泛凝心聚力，专门委员会的基础性作用不断凸显

*专题调研视察有新成效。*认真配合全国政协来湘西开展“精准扶贫工作”“拓展文化内涵，促进产业扶贫——茶产业”“民族特色旅游资源保护利用及旅游市场秩序规范”等课题调研视察，协调州直相关部门抓好了全国政协领导相关指示精神的落实。积极响应省政协重点课题调研视察，围绕“实施开放崛起战略，建设开放强省”“推进我省教育扶贫”“优化非公经济发展法治环境”等调研监督课题，形成省州县三级政协联动工作机制。就省政协反馈的问题积极与州政府、州直相关部门衔接，召开专门会议协商，一批

突出问题得以有效解决。推进各专门委员会调研视察，坚持州内调研视察与外出对比考察调研相结合，围绕“我州农村电商发展情况”“农机安全生产”“整合牲畜屠宰行业，让人民吃上放心肉”“全州创建国家森林城市”等课题提出了一批高质量的意见建议；坚持调研视察和委员履职活动相结合，组织委员开展了“湘西特色食材、食品及工艺”“旅游公路建设”“书香社会建设”“我州全域旅游”“中小企业发展”“我州创新引领、开放崛起”“精准脱贫巩固”等课题调研视察，促进了相关工作的改进和落实。

*文史资料工作有新突破。*不断完善文史工作思路，明确了“以库存资料整理和已出版专辑的电子化录入为重点，强化文史资料的保护开发和利用”等工作思路，确定了知青“三亲”资料、州籍全国政协委员参政史料等内容为当前和今后一个时期征集工作的重点。做好文史资料征集，围绕知青文史资料专题，共征集回忆文稿150余篇60余万字，《湘西知青回忆录》编辑工作稳步推进；加强库存资料保护利用，启动了《湘西文史资料》专辑丛书的目录整理和电子化录入工作，完成40余万字的电子录入。开展文史研究的对外合作，与吉首大学签订战略合作框架协议并挂牌成立了湘西史料文献丛书编委会，出版发行了《凤凰厅志笺注》，拟定了未来四年五个系列近百种图书的出版计划，努力挖掘湘西文化内涵，为文化旅游产业深度提质和文化产业助推脱贫攻坚提供支持。

*民族宗教工作有新进展。*深入贯彻落实习近平总书记关于民族工作的重要论述，认真学习领会以“中华民族一家亲，同心共筑中国梦”为核心理念的民族工作思想理论体系，开展了“巩固提升民族团结进步创建工作”专题调研视察，提出的相关建议得到采纳和落实。深入贯彻落实习近平总书记关于宗教工作的重要论述，按照“结合各宗教情况，抓住主要矛盾，解决突出问题，以做好重点工作推进全局工作”的要求，组织开展了“少数民族宗教场所公共安全管理”专题调研，提出了多条合理化建议，得到了省政协的高度评价。

五、发扬团结民主，注重联动交流，合作参与的同心圆效应不断增强

*努力促进各方关系和谐。*加强与民主党派、工商联和无党派人士的经常性联系，就民主党派如何加强民主监督、参政议政工作，在民盟州委开展了专题调研，进一步营造了广开言路、畅所欲言、平等协商、合作共事的良好氛围。进一步拓展合作共事的渠道和平台，通过组织党派团体委员参加调研视察、民主监督、提案办理等活动，充分调动其履行职能的积极性，合作共事的渠道与平台进一步巩固。充分发挥政协包容各界、智力密集的优势，主动邀请社会各界人士开展学习交流、座谈讨论、调研视察等活动，兼顾了不同阶层、不同群体的利益诉求，社会各界有序参政议政的渠道进一步拓宽。

*切实创新履职手段。*紧跟政协工作新要求，做好政协云推广和应用工作，积极动员全州各级政协委员使用政协云平台履职，基本实现了委员安装全覆盖，为委员履职迈入“掌上时代”打下了坚实基础。加强对县市政协工作指导，围绕政协履职建设的难点问题，开展了“完善政协职能机构”专题调研，总结先进县市履职工作经验，组织相关人员参加省州县市的调研视察、协商监督等各类活动，进一步密切省州县市政协的工作联系和指导，加强对口专委会的工作交流和配合，有力提升政协工作的整体合力。

*切实加强对外联谊交流。*助力区域协作，参加了武陵山片区政协主席联席会第二次会议，以“全域旅游”为主题，与武陵山片区各市州区县政协达成广泛共识，签订武陵山全域旅游合作协议，为全域旅游协作协同发展凝聚了合力；出席了“双帽”六县市政协联席会议，协商通过《“双帽”六县市政协联席会议阆中建言》并报全国政协提案委，推动了全国政协《关于重点支持国家历史文化名城又是国家扶贫开发工作重点县的提案》的办理落实。加强政协联谊交流，先后接待外地政协来湘西调研考察33批500余人次，高质量完成州庆60周年对口接待任务，展示了良好的对外形象；坚持带着问题“走出去”，围绕“政协机构编制设置”“全域旅游、民族文化和特色产业融合发展”等课题开展外出考察学习，做到了在交流中学习、在学习中借鉴，为开展政协工作积累了宝贵经验。

六、充分发挥优势，践行为民宗旨，参政议政的积极性和主动性不断增强

*积极助力精准扶贫精准脱贫。*整合各方力量助推精准扶贫，充分发挥州工商联界别委员的带头示范作用，助推“千企联村”精准脱贫行动，全州398家民营企业结对帮扶贫困村459个、贫困群众63188人、实施项目794个，投入资金7.24亿元；加强与中国国际经济技术合作促进会的对接，1000万元帮扶资金全部到位并投入项目建设；连续10年联系爱心企业开展捐资助学活动，2017年共筹集资金32.5万元，帮助62名贫困学子圆了大学梦。突出委员“三个一”扶贫行动，充分调动委员助力精准扶贫的积极性，重点解决贫困群众生产、生活、就学、就医等困难，全州1659名委员结对帮扶贫困户1783户，结对率达到100%；积极配合省政协开展“三个一”扶贫行动，39名港澳委员与贫困户进行了“一对一”帮扶，累计赠送资金106万元以及价值54万元的相关物资，得到了国务院扶贫办的高度评价。突出抓好机关驻村扶贫，认真开展党员干部“一进二访三联”、机关干部结对帮扶、“万名干部下基层大走访促脱贫”等活动，以完善基础设施、发展农业产业为着力点，实施项目26个、投入资金1816万元，吉首市小溪村、补点村生产生活条件明显改善、自我发展能力显著提高。

*积极助力美丽开放幸福新湘西建设。*认真落实省政协开展“助推新发展，建设新湖南”活动要求，结合我州实际，开展了“助推美丽开放幸福新湘西”活动，聚焦精准扶贫精准脱贫和全面建成小康社会，积极引导委员通过政协云提出

微建议、开展微协商、实施微监督，拓展了协商议政、监督建言的渠道和内容。凝聚各方力量，主动联系非公经济人士，鼓励和引导非公企业持续推进科技创新、管理创新，不断增强市场竞争力，为进一步壮大我州民营经济献计献策。认真开展“引老乡，回故乡，建家乡”活动，主动联系在外的湘西籍人士，促成了一批成功人士回乡兴业。积极组织委员深入贫困村，结合产业发展、文化旅游、教育扶贫等开展调研，提出工作建议，开展对口帮扶活动，用实际行动参与美丽开放幸福新湘西建设。

*积极投入参与州委“三联”工作。*州政协主席、副主席积极投入参与州委“三联”工作，服务重点项目建设，主动理顺各方关系，及时协调解决资金、用地、环境等方面问题，苗族生态文化村镇游精品线路建设、吉首市创建国家级和省级园林城市建设、张花高速三条连接线建设、溶江中学建设、湘西机场建设等13个项目均顺利完成年度投资和建设任务。服务重点企业发展，加强企业走访调研，及时反映企业呼声，帮助解决金融贷款、人才引进、优惠政策、项目建设等方面的突出问题，助推东顺纸业公司、湘泉药业股份有限公司、轩华锌业有限公司、新中合电讯设备有限公司、马尔斯电子科技有限公司、老爹生物有限公司等企业发展。发挥政协渠道优势，富有成效地参与农业现代化、新型工业化、招商引资等工作，受到社会广泛好评。

七、狠抓自身建设，夯实履职基础，政协队伍的整体素质和工作质量不断提高

*充分发挥委员主体作用。*加强委员履职培训，州政协十二届一次会议期间组织委员专题学习换届纪律和政策要求，营造了风清气正的换届氛围；年中举办了新任州政协委员暨政协机关业务知识培训，系统学习了政协章程文件、提案撰写、社情民意信息反映、政协云运用等内容，提高了新任委员的政治素质和履职能力。改进委员履职服务管理，结合当前政协工作新形势新情况新要求，制定出台了委员服务管理和履职考核办法，为进一步规范委员服务管理、激发委员履职意识提供了制度保障。搭建委员履职平台，主动邀请委员参加各类活动，大力支持委员讲真话、道实情、干实事，着力推动委员建言成果的转化落实；召开了全州16个委员组组长会议，明确了抓好委员工作的新思路。

*切实加强政协机关建设。*围绕“两学一做”学习教育常态化制度化，认真落实中央、省委、州委的部署要求，聚焦学习研讨、讲授党课、廉政教育、问题整改、建章立制等关键环节，开展系列活动，机关干部的思想素质进一步提升、工作作风进一步改进。围绕机关工作效能的提高，完善管理制度，制定了政协全会、常委会、主席会等一系列工作规则，就加强常委会自身建设和规范财务管理、公车管理、接待管理等内容出台了一系列工作意见和制度，有力推动了政协工作的制度化、规范化和程序化建设。围绕“五个文明”绩效考核和各类先进单位创建，不断优化管理方式、突出日常管理、加强督促检查，认真开展争创文明标兵单位、民族团结进步先进单位和综治先进单位等活动，机关各项工作有序开展。

*不断扩大政协社会影响。*完善政协宣传工作制度，制定下发了一系列文件，就宣传工作的组织领导、目标任务、宣传重点、考核表彰等方面提出了具体要求，形成了较为完善的宣传工作机制。拓展政协宣传工作平台，加强与新闻媒体的沟通对接，充分发挥网络媒体的宣传优势，开辟《委员风采》报道、政协新闻、工作动态、建言献策等专栏，政协门户网站的更新、时效加强，《湘西政协》微信公众号正式上线，政协云的宣传、运用初见成效，创办了《湘西政协通讯》，形成了“一站一微一端一刊”的宣传工作格局。提高政协宣传工作效率，积极配合省政协开展政协理论研究和优秀调研报告评选活动，撰写理论文章、调研报告20余篇；鼓励全州各级政协组织和政协委员报送信息，全年共发布资讯600余条，有效扩大了政协工作的社会影响。

各位委员、各位同志：

过去一年州政协常委会工作取得的成绩，得益于中共湘西州委的正确领导和州人大、州政府、湘西军分区以及社会各界人士的关心支持，凝聚着全州各级政协组织、政协各参加单位和广大政协委员的辛勤努力。在此，我代表州政协十二届常委会表示衷心的感谢！

同时，我们也应该清醒地认识到，常委会工作还有一些差距和不足。主要表现为协商建言的领域需要进一步拓宽，民主监督的重点需要进一步突出，参政议政的力度需要进一步加强，委员服务管理需要进一步严格，基层政协职能建设需要进一步完善，协商民主的步伐需要进一步加快。对于这些问题，我们将在今后的工作中认真研究解决。

2018年工作安排

各位委员、各位同志：

当前，我州正处于脱贫攻坚和全面建成小康社会的决胜期，面对新形势新任务，2018年州政协工作的指导思想是：全面贯彻落实中共十九大精神，以习近平新时代中国特色社会主义思想为指导，统筹推进“五位一体”总体布局，协调推进“四个全面”战略布局，牢固树立新发展理念，突出区域发展和脱贫攻坚两大任务，紧紧围绕州委经济工作会议精神和州委决策部署，忠实履行政治协商、民主监督、参政议政职能，凝心聚力、建言献策、服务大局，在打造国内外知名生态文化公园，建设美丽开放幸福新湘西，实现创新提质、特色赶超，在武陵山区率先崛起当中贡献政协的智慧和力量。

一、深入学习贯彻中共十九大精神，牢牢把握人民政协工作的正确政治方向

（一）*要认真学习贯彻中共十九大精神。*这次十九大报告把有关人民政协的内容，集中放在关于发展社会主义民主政治的第六部分的第三条“发挥社会主义协商民主重要作用”中来论述，体现了新时代对人民政协工作的新要求。其中对人民政协工作的具体论述，包含有四层内涵。一层是“人民政协是具有中国特色的制度安排，是社会主义协商民主的重要渠道和专门协商机构”。这是对人民政协在国家治理体系和协商民主制度体系中地位作用的重要论断。这个论断符合人民政协的性质定位，又体现了十八大以来深化政治体制改革，推进国家治理体系和治理能力现代化，发展社会主义协商民主新形势对人民政协的新要求，对新时代人民政协的理论和实践创新发展具有定位指向的重要意义。二层是报告指出：“人民政协工作要聚焦党和国家中心任务，围绕团结和民主两大主题，把协商民主贯穿政治协商、民主监督、参政议政全过程，完善协商议政内容和形式，着力增进共识、促进团结”。这是对新时代人民政协主要工作任务的要求，强调了要把协商民主贯穿于履行职能的全过程。三层是报告指出：“加强人民政协民主监督，重点监督党和国家重大方针政策和重要决策部署的贯彻落实”。这里，在政协各项工作中突出强调加强民主监督，这是十八大以来中共中央对人民政协民主监督的一个新发展，是适应加强权力制约和监督新形势下对发挥人民政协民主监督作用的一个新要求。四层是报告指出：“增强人民政协界别的代表性，加强委员队伍建设”。这是在新时代为了完成新任务，对加强政协自身建设提出的新要求。

（二）要切实提高政协工作的政治站位。习近平总书记指出：“保证全党服从中央，坚持党中央权威和集中统一领导，是党的政治建设的首要任务”。把深入学习贯彻中共十九大精神作为当前和今后一个时期的首要政治任务，继续在全州各级政协组织、政协各参加单位和广大政协委员中掀起学习贯彻的热潮，从准确把握新时代的历史方位、深刻领会新思想的精神实质、不断强化新使命的责任担当、全面贯彻新征程的战略部署等方面进一步领会把握中共十九大精神，做到入脑入心、学深学透、学懂弄通、融会贯通。深刻把握习近平新时代中国特色社会主义思想的理论品质，充分认识理论创新的重大贡献，准确把握理论创新的鲜明特色，全面掌握理论创新的科学方法，积极引导全州各级政协组织和广大政协委员树立“四个意识”、坚定“四个自信”，不断增进高度的政治认同、思想认同、理论认同、情感认同。

（三）要真正做到学通弄懂做实。认真学习贯彻习近平新时代中国特色社会主义思想，以中共十九大精神作为统揽，坚持理论联系实际，着力在学用结合、学用相长、知行合一上下功夫，把中共十九大精神转化为做好政协工作的科学思路和务实举措。坚持中共中央权威和集中统一领导，严守政治纪律和政治规矩，自觉在中共湘西州委领导下履行职责，加强重大事项的请示报告，准确把握对党负责、服从大局与对人民负责、为人民服务的一致性。结合“不忘初心、牢记使命”主题教育，扎实推进政协履职创新，积极配合召开州委政协工作会议，出台相关文件制度，努力实现政协工作与州委中心工作同心同向、同频共振，确保政协事业沿着正确的政治方向不断前进。

二、紧紧围绕改革发展大局，积极探索新时代人民政协履职的新途径

政治协商是对国家和地方的大政方针以及政治、经济、文化和社会生活中的重要问题在决策之前进行协商和就决策执行过程中的重要问题进行协商。人民政协的政治协商是中国共产党领导的多党合作的重要体现。民主监督是对国家宪法、法律和法规的实施，重大方针政策的贯彻执行、国家机关及其工作人员的工作，通过建议和批评进行监督。它是参加人民政协的各党派团体和各族各界人士通过政协组织对国家机关及其工作人员的工作进行的监督，也是中国共产党在政协中与各民主党派和无党派人士之间进行的互相监督。参政议政是对政治、经济、文化和社会生活中的重要问题以及人民群众普遍关心的问题，开展调查研究，反映社情民意，进行协商讨论。通过调研报告、提案、建议案或其他形式，向中国共产党和国家机关提出意见和建议。人民政协的参政议政是人民政协履行职能的重要形式。

第一，围绕中心服务大局，大力开展各种协商。习近平总书记指出：“中国共产党领导人民实行人民民主，就是保证和支持人民当家做主。保证和支持人民当家作主不是一句口号、不是一句空话，必须落实到国家政治生活和社会生活之中，保证人民依法有效行使管理国家事务、管理经济和文化事业、管理社会事务的权力”。根据这一要求，州政协常委会要及时制定年度工作要点和协商监督工作计划，报中共湘西州委同意后执行。坚持政协全会集中协商、常委会专题协商、主席会重点协商、专委会对口协商、提案办理协商的协商议政格局，选好议题，做好时间计划安排，配合抓好省州县三级远程协商，提高政协云移动协商议政平台的应用效率，不断创新政协新时代履职手段。按照中央要求，突出将重要人事安排、国民经济与社会发展规划、财政预算、扶贫攻坚等内容纳入协商议题，不断扩大协商议政的内容；充分发挥专委会的基础性作用和委员的主体作用，围绕全州经济社会发展的重大问题、事关民生改善的突出问题，开展调研视察、会议协商，提出意见建议。

第二，突出团结民主联合，同心同向凝心聚力。一要加强和民盟州委、工商联等党派团体的团结协作，支持和保障其参与政治协商、民主监督、参政议政等各类活动，共同为建设中国特色社会主义群策群力。坚持以调研视察、提案办理、社情民意反映为载体，以会议和活动为平台，加强与民主党派、各团体各民族各阶层各界别人民群众的广泛联系，反映人民心声，寻求最大公约数，增进共识度，形成最大凝聚力。二要注重发挥政协文史工作“存史、资政、团结、育人”的作用，深化知青“三亲”资料征集，完成《湘西知青回忆录》出版，启动州籍全国政协委员参政议政及民主党派成立发展历史专题征集工作；加大资金争取和力量整合力度，深入推进库存文史资料整理和电子化录入，加强与相关研究机构的交流合作，加快推动文史资料保护和开发利用工作迈上新台阶。三要进一步做好民族宗教工作，全面贯彻落实党的民族政策，协助做好教育引导、协商疏通、化解矛盾等工作，为民族团结进步添油加力；全面贯彻落实党的宗教政策，加强与宗教界人士的交流，注重听取和反映宗教界人士的意见建议，团结和引导信教群众一心一意谋发展、聚精会神搞建设。

第三，突出上下整体联动，助推重点难点工作。一是全力助推精准扶贫。突出精准扶贫工作中的焦点问题和隐性问题，扎实开展协商议政和民主监督，提升精准扶贫的实效；持续抓好机关驻村扶贫，加大资金、项目、人才、技术等要素的协调力度，保证扶贫村脱真贫、真脱贫；深入推进委员“三个一”扶贫行动，在加强信息整理、搞好协调配合、健全帮扶机制等方面下功夫，进一步增强活动成效；广泛动员社会力量，继续开展联系爱心企业捐资助学活动，积极引导各类企业和社会组织通过投资兴业、对口帮扶、产销对接、转移就业等方式参与精准扶贫，不断汇聚助推美丽开放幸福新湘西建设的强大合力。二是认真落实州委“三联”工作责任制，把落实州委“三联”工作作为围绕中心、服务大局、参政议政、推动发展的有力抓手和有效途径，切实加强指导、协调和服务，主动在规划实施、项目推进、要素保障、环境优化等方面献计出力，助力重要工作推进、重点项目建设和重点企业发展。三是加强省州县政协三级联动，配合开展“更好推进我省产业扶贫”等课题的调研视察、协商监督和协调服务，突出抓好政协云等履职创新手段的应用，扩大省州县政协三级联动的工作成效。

三、加快协商民主的建设步伐，不断强化人民政协民主监督的力度和广度

习近平总书记指出：“有事好商量，众人的事情由众人商量，是人民民主的真谛。协商民主是实现党的领导的重要方式，是我国社会主义民主政治的特有形式和独特优势。要推动协商民主广泛、多层、制度化发展”。总书记还指出：“保证人民依法实行民主选举、民主协商、民主决策、民主管理、民主监督的权利”。

要突出民主监督重点。一要明确民主监督的职责要求。《关于加强和改进人民政协民主监督工作的意见》明确，人民政协民主监督的主要内容是：（一）国家宪法法律和法规实施情况；（二）党和国家大政方针、重大改革举措、重要决策部署贯彻执行情况；（三）国民经济和社会发展规划、年度计划落实情况，财政预算执行情况；（四）涉及人民群众切身利益的实际问题解决落实情况；（五）国家机关及其工作人员遵纪守法、加强作风建设、密切联系群众、开展反腐倡廉等情况；（六）政协提案、建议案和其他重要意见建议办理情况；（七）参加政协的单位和个人贯彻统一战线方针政策、遵守政协章程、执行政协决议情况；（八）党委交办的其他监督事项。如此看来，人民政协的民主监督任务十分繁重。二要切实把监督重点放到推动国家大政方针和州委、州政府重大决策部署的落实上来。把民主监督目的放到协助州委、州政府推动工作、增进团结、形成合力上来。综合运用会议协商、调研视察、提案办理等形式，着重围绕“司法体制改革”“交通通达死角”“实体经济发展环境”“劳动力转移就业”“非贫困村贫困户脱贫情况”“学校大班额问题”“沅水、澧水流域治理”“县市新型工业园建设”“旅游厕所建设”等课题开展民主监督，切实做到善监督、真监督。三要加强民主监督的制度化发展。进一步健全监督机制，围绕选题酝酿、计划制订、监督方式、意见反馈、成果转化等环节，提升民主监督制度化和组织化水平；进一步把准监督原则，坚持问题导向，实事求是反映情况，务实提出意见建议，确保监督聚焦关键内容和环节。

要切实加强提案办理监督。进一步健全提案相关工作制度，制定出台《湘西州政协提案审查工作细则》，不断完善提案立案标准、审查程序。进一步严格重点提案的遴选标准，加强提案背景调查，突出提案内容的针对性和代表性，切实处理好提案数量与质量的关系。进一步提高重点提案的督办效率，继续坚持州委、州政府领导和州政协主席会议成员牵头督办重点提案的工作制度，协调解决提案办理过程中的矛盾和问题，促进重点提案办理的成果转化。

要主动贯通增强监督合力。总书记在十九大报告中要求，要健全党和国家监督体系。构建党统一指挥、全面覆盖、权威高效的监督体系，把党内监督和国家机关监督、民主监督、司法监督、舆论监督、群众监督贯通起来，增强监督合力。继续开展“政协委员走进纪委”等监督活动，主动加强沟通、协调、合作。进一步创新监督方式，重视发挥社情民意信息、委员来信来访、委员举报和民主评议等方式的作用，积极探索民主监督与党内监督、人大监督、行政监督、社会监督、舆论监督、群众监督等监督形式的协调配合，加强民主监督意见的跟踪督办，不断提高民主监督的实效。

四、切实加强和改进政协自身建设，不断增强政协队伍的生机与活力

习近平总书记在中共十九大报告中强调，我们要完成新时代赋予的历史使命，就必须做到“既要政治过硬，也要本领高强”。政协队伍要不断增强学习、政治领导、改革创新、科学发展、依法执政、群众工作、狠抓落实、驾驭风险八种本领。

第一，进一步加强政协机关综合协调。办公室、研究室要进一步加强综合协调，加强服务保障，切实为委员履职、政协机关工作运转服好务。切实加强机关财务、后勤、纪检监察、机关扶贫等各项综合工作，加强政协理论、方针政策的研究，为协商民主制度化发展提供高质量服务。

第二，进一步发挥专委会的专门职能作用。政协各专门委员会是政协的“职能部门”，是在政协常委会和主席会议领导下，组织委员进行经常性活动的工作机构，是政协工作的重要基础和支撑。专委会作用发挥得如何，直接关系到人民政协履行职能的质量和水平。要认真学习贯彻全国政协出台的《专门委员会工作指导规则》，加强和改进专委会的工作，真正发挥其基础性、专门职能作用。

第三，进一步加强政协队伍建设。一是以全面从严治党为抓手，继续抓好机关党建和党风廉政工作，扎实推进“两学一做”学习教育常态化制度化，认真开展“不忘初心、牢记使命”主题教育，全面加强机关政治、思想、组织、作风、纪律建设，努力锻造一支讲政治、爱学习、重实干、有担当的高素质政协队伍。二是以“五个文明”绩效考核为抓手，进一步细化优化考核内容、方式和细则，着力完善并严格执行机关管理制度，进一步提高服务质量，确保政协机关高效有序运转。三是进一步关心政协委员和干部成长进步。人民政协事业是党和人民事业的重要组成部分，广大政协委员和干部理应得到关心进步，要加强培训培养、扩大交流轮岗、适时提拔使用。

第四，进一步完善基层政协机构的职能建设。加强对基层政协工作指导，抓好重点调研视察的配合，深化创新履职方式的交流，注重重要工作落实的统筹，进一步拓宽上下政协的沟通渠道。逐步健全基层政协机构设置，加大对上汇报衔接力度，积极争取支持和帮助，全力推动州县两级政协机构设置同步、职能发挥同步、工作落实同步。大量涉及群众的民生事项发生在基层，不断延伸基层政协工作是当务之急，要紧紧围绕习近平总书记提出的“要坚持工作重心下移，按照协商于民、协商为民要求，大力发展基层协商民主，重点在基层群众中开展协商”的要求，积极探索在乡镇一级设立政协联络组织，促进政协工作更接“地气”。

第五，进一步加强政协委员的服务管理。一要夯实委员履职服务平台，加大委员活动经费保障力度，提高委员活动密度，积极引导和教育委员做到“爱政协、懂政协、会协商、敢监督、勤参政、善议政”，不断提高委员“写提案、写报告、写信息、写文史”的能力本领，切实用好人民政协“政治上的协商权、民主上的监督权、行政上的参政权、资政上的议政权”的特有形式和独特优势。二要创新委员履职方式，大力推进政协云应用工作，鼓励委员通过政协云进行履职，逐步将政协经常性工作纳入政协云平台管理范畴，实现委员履职方式的大转变。三要创新委员管理服务，进一步加强委员履职管理和量化考核，积极探索引进第三方对委员履职情况进行评估，不断激发委员主体意识和责任意识。四要切实发挥委员组作用。支持委员组组织委员开展调研视察、协商议政、民主评议等各项履职活动，真正让“人民当家做主”落实到平常。

第六，进一步加大政协工作的宣传力度。切实丰富宣传内容，以宣传中共十九大精神为主线，努力提高政协宣传工作的政治站位；以宣传全州各级政协组织的工作成效为重点，深入真实地反映相关经验和成果；以宣传“委员履职风采”为主题，积极在相关媒体开辟报道专栏，着力推出一批先进典型，不断扩大政协委员的社会影响力。切实巩固信息来源，依托州政协门户网站、微信公众号、工作通讯等平台，建立健全全州政协宣传工作通讯员队伍，开展专题业务培训，提升宣传队伍素质；严格宣传工作目标管理，加强考核通报，开展“湘西政协好新闻”评选工作，进一步调动全州各级政协组织、政协各参加单位和广大政协委员支持和参与政协宣传工作的积极性。

各位委员、各位同志：

中共十九大开启了决胜全面建成小康社会、夺取新时代中国特色社会主义伟大胜利的新征程，集众智才能成伟业，聚合力方可谱新篇。让我们更加紧密地团结在以习近平同志为核心的中共中央周围，在中共湘西州委的坚强领导下，以更加坚定的信念、更加担当的品格、更加务实的作风，不忘初心、牢记使命、砥砺奋进，为打造国内外知名生态文化公园，加快建设美丽开放幸福新湘西不懈奋斗！

专记

湘西土家族苗族自治州建州六十周年庆祝活动

湘西自治州 60 年回顾

湘西土家族苗族自治州成立于 1957 年 9 月 20 日。60 年来，在党中央、国务院的亲切关怀和党的民族政策光辉照耀下，在中央机关和国家部委的大力支持下，在湖南省委、省政府的正确领导下，湘西州各族人民团结奋斗、守望相助，沿着民族区域自治的正确道路，走过了自强不息的奋斗历程，发生了翻天覆地的历史性变化。

过去 60 年，是湘西州经济总量大提升的 60 年。2016 年，全州实现生产总值 551.7 亿元，比 1956 年增长 344.8 倍；人均生产总值 20145 元，比 1956 年增长 228.9 倍；财政总收入 88.1 亿元，比 1956 年增长 957.6 倍；城乡居民收入分别为 20810 元、7413 元，比 1956 年增长 268 倍、282 倍。湘西人民生活实现了从温饱不足到全面小康迈进的历史性跨越。

过去 60 年，是湘西州基础设施大改善的 60 年。60 年来，全州累计完成基础设施投资 2884 亿元，建成了一大批交通、水利、电力、通信等项目。特别是“十二五”以来，累计完成投资 1800 多亿元，以年均 20.4%的速度高速增长，基础设施建设进入建州以来投入力度最大、发展变化最快的时期。目前已建成 7 条高速公路、通高速里程 478 公里，实现了县县通高速、乡乡通水泥（沥青）路、村村道路硬化。铜仁凤凰机场竣工投入使用、湘西机场开工建设，黔张常快速铁路、张吉怀高速铁路加快建设，融入了长沙、重庆、贵阳、桂林 4 小时经济圈，对内形成了以州府吉首为中心的 2 小时经济圈。8 个县（市）迈入“高速时代”，即将迎来“高铁和航空时代”。

过去 60 年，是湘西州产业发展大提质的 60 年。突出农业园区、工业集中区、旅游景区、商贸物流区“四区”建设，推进了产业集聚集约发展。生态文化旅游业持续“井喷”发展，全州接待游客由 2007 年的 794 万人次上升到 2016 年的 3820 万人次，旅游收入由 31 亿元上升到 265 亿元，湘西成为全国旅游高增长地区和十大旅游热点地区。工业形成了以锰锌为主的矿产品加工业、以白酒为主的食品加工业、以中药材加工为主的生物制药业、以民族工艺品为主的旅游商品加工业等四大产业集群。农业特色产业不断壮大，建成万亩标准园 20 个，特色产业基地达 340 万亩，成功创建了一批国家级现代农业科技园、省级高新技术园区，湘西州已成为中国椪柑之乡、全国最大的百合基地、全国优质烟叶基地和全球最大的富硒猕猴桃基地。湘西的绿色、富硒、有机果蔬直供港澳等地区，远销加拿大、韩国、俄罗斯，带动了农民脱贫致富。

过去 60 年，是湘西州城乡面貌大变化的 60 年。从建州初期的百废待兴，到宜居、宜业、宜游、宜养的休闲旅游胜地，走出了一条山区特点、民族特色、时代特征的新型城镇化发展路子，基本形成了“1 个州府核心城市、3 个重点经济区、1 个小时旅游经济圈、7 个县城区域节点”的新型城镇体系。全州城镇化率达 43.06%，建成区面积达到 112 平方公里，城镇人口增加到 113.5 万人。全面开展美丽湘西建设和城乡同建同治，着力建设天蓝、地绿、水净的美好家园。按照习总书记提出的“绿水青山就是金山银山”要求，深入开展以退耕还林、生态公益林建设、千里生态旅游走廊建设等为重点的绿色湘西工程建设，累计完成人工造林 80 万亩，建设绿色通道 1300 多公里，创建“秀美村庄”1168 个，全州森林覆盖率达 70.24%，绿色生态已成为湘西的第一名片。

过去 60 年，是湘西州民生事业大发展的 60 年。始终把保障和改善民生放在突出位置，先后实施了“八七扶贫攻坚计划”、新世纪扶贫开发、武陵山片区区域发展与扶贫攻坚试点、精准扶贫等重点民生工程。特别是 2013 年 11 月，习近平总书记亲临湘西视察，提出了精准扶贫战略思想，湘西州全面贯彻习近平总书记视察湘西州重要指示精神，按照习近平总书记提出的“四个切实”“五个一批”“六个精准”“七个强化”“八项要求”等有关要求，抓实精准扶贫各项工作，五年来投入扶贫资金 579 亿元，减少贫困人口 50 万人，贫困发生率下降至16.14%，湘西州进入减少贫困人口最多、农村面貌变化最大、贫困群众增收最快的时期。着力建设教育强州，大力实施城镇学校班额均衡化工程、农村学校标准化工程、城乡教育信息化工程、教师队伍素质提升工程“四大工程”，加快发展学前教育和现代职业教育，国民教育体系日臻完善。加快健康湘西建设，完成乡镇卫生院改扩建，村村有卫生室，城乡居民健康水平逐年提高。社会保障体系不断健全，新农合、新农保、城镇居民医保、城镇居民养老保险在全省率先实现全覆盖，城乡低保实现应保尽保。实施文化强州战略，着力建设文化湘西，加快中国武陵山区（湘西）土家族苗族文化生态保护区建设，现代公共文化服务体系不断完善，特别是在遗址保护、文化传承、特色塑造等方面取得了明显成效，老司城2016年成功申遗，实现湖南世界文化遗产零的突破。

过去60年，是湘西州改革开放大跨越的60年。60年来，特别改革开放以来，我们始终把改革创新作为推动跨越发展的强大动力，坚持以改革的办法破解发展难题，深入推进重点领域和关键环节改革，行政体制改革、经济体制改革、农村产权制度改革、生态环保体制改革、社会体制改革等取得明显进展。坚持以开放的思路拓宽发展空间，积极搭建对外开放平台，以扩大开放促进加快发展。“十二五”期间，全州累计实施招商项目近千个，到位资金708亿元，拉动经济增长的贡献率在10%以上。今天的湘西州，已经全面实现从封闭走向开放，从落后走向进步。

过去60年，是湘西州各族人民大团结的60年。突出“共同团结进步，共同繁荣发展”这一主题，全州各族人民始终同呼吸、共命运、心连心，平等、团结、互助、和谐的社会主义民族大家庭不断巩固和发展，全州上下呈现出民族团结、宗教和睦、社会和谐、经济发展的喜人局面。2016年底，湘西州被国家民委命名为“全国民族团结进步创建活动示范州”，永顺老司城遗址被命名为第五批全国民族团结进步教育基地，龙山县捞车河村、吉首市民族中学和乾州古城社区被评为全国民族团结进步创建活动示范单位。

回顾60年的奋斗历程，湘西州建州60年来所取得的成就，是党中央、国务院亲切关怀的结果，是国家部委大力支持的结果，是省委、省政府正确领导的结果，是全州各族人民团结拼搏、努力奋斗的结果。实践证明，只要全面贯彻党中央国务院、省委省政府各项决策部署，凝心聚力，苦干实干，民族自治州就一定能够同全国人民一道进入全面小康社会。

60年州庆筹备工作

按照《湘西自治州建州60周年庆祝活动总体方案》安排和建州60周年庆祝活动筹备委员会的相关职责分工，有序开展州庆筹备工作。

组建机构，集中办公。组建高规格的60周年州庆筹委会，下设综合协调督办组（州庆办）、宣传文艺展览组等8个工作组，均由州级领导任组长，并以州办〔2017〕4号文件下发。从州政府办、州旅游外侨局、州民宗委、州档案局等单位抽调人员集中办公。添置办公设备和办公用品，印制州庆筹委会及各工作组印章、文件、会议纪要、州庆简报等函头，设立电话办公会议系统，开通州庆办电话、传真和公共邮箱，开通“湘西州60周年”微信公众号，在州政府网站设置“60年州庆”专栏。

召开会议，安排部署。2月4日，州委常委会专题研究部署州庆工作，审议成立州庆筹委会文件和州庆总体方案。3月13日上午，向恩明常务副州长主持召开专题会议，研究审议州庆筹委会各工作组方案。3月14日晚，叶红专书记主持召开州庆筹委会第一次会议，听取筹委会各工作组前段工作情况汇报，安排部署下步工作。会议要求全州上下要建立和完善上下紧密衔接的工作推进机制，确保办成高水平、高质量、有湘西特色的州庆活动；要按照“务实节俭、政府主体、市场运作、分级负责”的要求，统筹考虑，科学合理安排州庆活动经费，加强州庆活动经费的审核和监管；要认真落实责任，加强督查督办，确保州庆各项活动平稳有序推进。州庆办还多次组织到州文体中心等州庆项目现场考察和外地学习考察活动，学习先进经验。

多方汇报，跟踪报批。根据《关于同意湖南省举办有关少数民族自治州、自治县成立逢十周年纪念活动的复函》（国清组函〔2014〕27号）文件精神，湘西州举办60周年庆祝活动报经党中央、国务院批准同意后，按照《关于印发〈节庆活动管理办法实施细则〉的通知》（国清组发〔2015〕1号）文件规定，经党中央、国务院批准后需再次举办的节庆活动，应按要求、按程序备案管理。为此，州长龙晓华、常务副州长向恩明、副州长张庆安多次带队赴省进京，汇报衔接州庆工作。3月中旬，国家民委、民政部分别以《国家民委办公厅关于同意湘西土家族苗族自治州举办成立60周年庆祝活动的函》（民办函〔2017〕66号）和《民政部办公厅关于湘西土家族苗族自治州举办建州60周年州庆活动的复函》（民办便函〔2017〕178号）文件复函，同意湘西州举办建州60周年庆祝活动。

完善方案，扎实推进。围绕州庆活动总体方案和州庆筹委会职责分工，各项筹备工作均有计划、分阶段、按步骤推进。各工作组分别起草工作方案，副州长向恩明、张庆安多次召集各工作组相关负责人，对各组方案进行再讨论再研究再完善。在州庆办的调度下，州民宗委组织开展“五色斑衣·秀美湘西”民族服饰创意大赛；团州委发布《湘西自治州60周年州庆活动青年志愿者招募公告》，招募州庆活动志愿者310名，并积极开展州庆“湘西礼物”的策划组织工作；宣传文艺展览组发布《关于征集建州60周年成就摄影作品的公告》，开展建州60周年庆祝活动徽标、主题歌曲、非遗摄影作品征集活动；项目推进组加大州庆重点项目的督查推进力度，督促推进接待酒店项目建设；环境优化组制定工作方案，启动吉首城区和湘西经开区环境美化、绿化、亮化、硬化等工作；后勤保障接待组制定后勤接待方案和州庆嘉宾邀请工作方案，组织开展吉首城区通信基础设施建设专项督查督办；安全保卫维稳组制定安全给维稳保卫方案；博览会论坛组积极与省旅发委汇报衔接，同意“2017 中国湖南第八届旅游产业博览会”在湘西举办，起草《2017 中国湖南第八届旅游产业博览会暨首届武陵山文化旅游产品博览会总体方案》；招商引资组筹备组织湘西州（深圳）招商引资推介会，共有 33 个项目在“港洽周”上签约，总投资 437.4 亿元，合同引资 433.4 亿元，创历年来节会招商活动签约项目数量新高。

提前谋划，筹备会议。制定完善州庆筹备动员会议方案和会议通知，按照动员大会要求，为增强动员大会效果，把动员大会扩大到吉首市在职县处级干部，副科级以上单位主要负责人，乡（镇、街道）党政主要负责人，社区党组织书记、主任，以及湘西经济开发区副处级以上干部，吉凤街道党政主要负责人，社区党组织书记、主任，并安排部署吉首市和湘西经开区的典型发言。

60 年州庆重点项目

州委、州政府以 60 周年州庆为契机，于 2015 年开始谋划实施 300 个州庆重点项目，印发《关于 60 周年州庆重点项目建设实施意见》。以 300 个州庆重点项目建设为抓手，办好一批利当前、惠长远的要事实事。300 个州庆重点项目总投资 3135 亿元，按类别分：基础设施项目 66 个，总投资 1066 亿元，计划完成投资 581 亿元；优势产业项目 81 个，总投资 980 亿元，计划完成投资 362 亿元；城镇发展项目 84 个，总投资 677 亿元，计划完成投资 361 亿元；生态环保项目 5 个，总投资 20 亿元，计划完成投资 19 亿元；社会事业项目 64 个，总投资 392 亿元，计划完成投资 227 亿元。按区域分：吉首市项目 40 个，总投资 420 亿元，计划完成投资 179 亿元；泸溪县项目 20 个，总投资 121 亿元，计划完成投资 66 亿元；凤凰县项目 32 个，总投资 221 亿元，计划完成投资 107 亿元；古丈县项目 15 个，总投资 46 亿元，计划完成投资 29 亿元；花垣县项目 20 个，总投资 446 亿元，计划完成投资 78 亿元；保靖县项目 23 个，总投资 119 亿元，计划完成投资 64 亿元；永顺县项目 25 个，总投资 131 亿元，计划完成投资 84 亿元；龙山县项目 30 个，总投资 190 亿元，计划完成投资 105 亿元；湘西经开区项目 36 个，总投资 308 亿元，计划完成投资 134 亿元；州直和跨区项目 59 个，总投资 1133 亿元，计划完成投资 703 亿元。截至年底，300 个州庆重点项目累计完成投资 1500 亿元左右，竣工项目 67 个；在建项目 197 个，开工项目 30 个，开展前期项目 6 个。

主要做法:一是加强组织领导。成立由州委书记任组长、州长任第一副组长、各分管副州长任副组长的州庆项目建设领导小组。各县市区、州直相关部门也相应成立领导小组，明确人员、职责、任务和措施。建立健全州级领导联系重点项目责任制、县（市、区）领导包抓重点项目责任制、项目单位包推重点项目责任制的三级责任体系。二是加强要素保障。在资金保障上，按照“争取上级资金、招商引进资金、融通银行资金、激活民间资金、整合专项资金”的方式，创新融资举措，加大资金筹措力度，破解资金难题。争取省支持州庆重点项目专项建设资金 9 亿元。加大招商力度，上半年实际到位资金 166.5 亿元。推进差异化信贷政策落实，与 11 家省级金融机构签订金融支持湘西州脱贫攻坚战略合作框架协议，全州新增融资总量 96.7 亿元。大力推进 PPP 合作，全州已与社会资本方签订合同 PPP 项目 35 个，总投资 467 亿元。吉首市 PPP 项目推进工作获得国务院通报表扬。发行企业债券三支，募集资金 26 亿元。300 亿元规模湘西浦发武陵山扶贫投资发展基金成功设立。在用地保障上，编制低丘缓坡地开发利用实施规划，利用好低丘缓坡政策，新增建设用地指标。同时加大上争用地指标力度，盘活存量、闲置土地和“增减挂钩试点”用地，确保州庆重点项目用地。三是强化项目监管。规范州庆重点项目招投标管理、项目资金管理、工程质量安全管理，把每个州庆重点项目建成优质工程、安全工程、廉洁工程。强化州庆项目督查考评，认真落实“一月一调度、一月一综合”的调度机制和“一季一考核、一季一通报”的考核机制，确保州庆重点项目顺利推进。四是优化建设环境。先后全面开展“环境改善优化年”“环境创优年”活动，扎实推进放管服工作。清理规范中介服务，精简立项前置条件，缩减投资项目核准范围，推进并联审批、在线审批，行政审批时限大幅缩短，审批效率大幅提升。95%以上的行政审批项目在法定时限的基础上提速 50%，形成行政审批事项逐渐减少、行政审批流程不断优化、行政效率大幅提高、行政运行不断规范透明的良好局面。加大对州庆重点项目周边环境整治，对发生的治安案件、强买强卖、非法闹事和强行阻工事件，做到快速响应、快速控制、从严查处，维护重点项目建设秩序。

存在的主要问题：一是资金筹措压力大。湘西州 300 个州庆重点项目的投资来源主要靠市场化运作，但由于湘西州融资体系发展比较滞后，投融资平台实力弱小，向金融部门和民间融资难度较大。特别是国家加大对政府债务的管控力度，融资渠道和方式受到严格限制，自筹压力进一步加大，直接影响项目进展。二是用地制约仍较为突出。一方面，项目建设用地报批难。因受占补平衡新政制约，项目建设用地报而未批问题仍难以解决。部分项目用地指标难以落实，影响项目实施。另一方面，受征地拆迁滞后影响，部分项目无法及时供地，导致项目难以开建或者开工不足。

60 年州庆庆典活动盛况

在党中央、国务院的亲切关怀和省委、省政府的正确领导下，湘西土家族苗族自治州成立60周年庆祝活动成功举办。

庆祝大会圆满成功。9月20日上午，中央有关部门祝贺团、省祝贺团与湘西州干部群众在湘西州文体中心隆重集会，热烈庆祝湘西土家族苗族自治州成立60周年，盛况空前，精彩纷呈，振奋人心。

庆祝大会由湘西州委副书记、州长龙晓华主持，主要议程有：省委副书记乌兰宣读全国人大常委会和国务院贺电；湘西州委书记叶红专致辞；中央有关部门祝贺团团长、国家民委党组副书记、副主任刘慧作重要讲话；省祝贺团团长、省委书记杜家毫作重要讲话；国家民委向湘西州授予全国民族团结进步示范州奖牌；省委副书记、省长许达哲代表省委、省政府向湘西州赠送纪念品。省领导李微微、谢建辉、黄跃进、韩永文、杨光荣等出席庆祝大会。10051人在主会场参加活动，其中，中央有关部门祝贺团、省祝贺团及省内外嘉宾856人在主席台就座，州直、县（市、区）代表团887人，各族群众8308人。湖南卫视经视频道、湘西网络直播平台全程直播了庆祝大会盛况。

州庆系列活动好戏连台。9月19日至21日，中央有关部门祝贺团、省祝贺团先后深入花垣、保靖、凤凰、永顺、泸溪、龙山等县，走访慰问各民族干部群众并考察产业园区项目。省内外领导和嘉宾参加湘西州博物馆州非遗馆开馆仪式并参观60周年成就展，考察凤凰县文化旅游产业。中央民族歌舞团在州府湘西经开区、花垣县及十八洞村、龙山县举行慰问演出。前期，州委、州政府于9月6日在北京举办建州60周年新闻发布会、成就展、招商引资暨文化旅游推介会，9月18日举办武陵山旅游高峰论坛，承办湖南省第八届旅游产业博览会暨经贸洽谈活动。

执行国清办批复情况

建州60周年庆祝活动严格执行国清办批复（国清函〔2017〕41号）文件精神，按照中央八项规定、省委九项规定和《党政机关厉行节约反对浪费条例》等规定，严格控制活动规模，做好群体性活动应急预案，加强经费管理，做到既隆重热烈又厉行节约、既广泛参与又安全有序。活动期间，未发生任何安全事故，未出现一起负面宣传报道，达到隆重热烈、规模适度、安全祥和、务实高效的目的。一是根据中央八项规定、省委九项规定和《节庆活动管理办法实施细则》（国清组发〔2015〕1号），严格控制邀请领导、来宾人数和范围。湘西州州庆邀请来宾856人，州直、县（市、区）代表团887人，湖南省第八届旅游产业博览会及首届武陵山旅游发展论坛来宾367人，共2110人，为报备的州庆活动总体方案计划总人数的52.7%，没有超出国清办批复的州庆活动总体方案计划规模。二是严格控制庆祝活动时限和活动规模。湘西州结合实际情况，精心筹划、周密部署、统筹安排、注重实效，把州庆活动集中在9月19日和20日2天时间，举行“1+3”庆祝活动（即庆祝大会、基层走访慰问、参观凤凰县文化旅游产业、出席州博物馆州非遗馆开馆仪式暨参观60周年成就展），既形式多样、内容丰富，又特色浓郁、紧凑有序。20日庆祝大会后的民族歌舞表演演职人员全部为8县（市）和湘西经开区的群众演员，观众8308人为八县市、湘西经开区、州直各单位干部群众。庆祝活动增强群众参与性和覆盖面，取得良好的社会效益。三是严格经费管理。按照政府主导、群众参与、实现多赢的思路，厉行勤俭节约、反对铺张浪费，对州庆活动经费实行专项管理，专款专用，严格执行预决算制度，确保资金有效使用。批复湘西州庆祝活动总体方案中预算经费1350万元，实际支出1348.78万元，没有超出预算。经费主要用于开展州庆系列活动支出及对基层各族群众开展慰问活动的有关开支。

州庆活动影响

州庆活动集中展示了在党的民族政策光辉照耀下湘西州成立60年来沧海桑田的辉煌巨变，充分展示了湘西州各族干部群众攻坚克难、团结奋进的精神风貌，全面展示了湘西州上下决胜脱贫攻坚、冲刺全面小康的成绩和决心以及创建国内外知名生态文化公园的光明前景，极大地凝聚了人心、鼓舞了士气，增强了民族自豪感和脱贫发展自信心，提升了湘西州的知名度和对外影响力，汇聚了满满的正能量。对于动员全州上下在新的历史起点上更加紧密地团结在以习近平同志为核心的党中央周围，以更加饱满的热情、更加奋发的姿态，投身全州脱贫攻坚、同步小康的各项工作，推动湘西州在武陵山区创新提质、特色赶超、率先崛起，具有重要的现实意义。

州庆活动体会

州庆活动取得圆满成功，主要得益于四个方面：一是上级领导的高度重视和大力支持，为州庆活动圆满成功提供坚强保障。中央政治局委员、书记处书记、中央办公厅主任栗战书对湘西州举办州庆活动作出重要批示。全国人大常委会、国务院专门发来贺电。省委书记杜家毫、省长许达哲多次专题听取湘西州建州60周年有关工作汇报。以国家民委党组副书记、副主任刘慧为团长的中央有关部门祝贺团，以省委书记、省人大常委会主任杜家毫为团长的省祝贺团，出席成立60周年庆祝大会，并深入花垣、凤凰、泸溪、永顺、保靖等县市土家苗寨调研慰问，送去党中央、国务院对湘西各族儿女的关心关怀，送去省委、省政府对湘西州未来发展的美好期待。国家有关部委和省直有关部门对湘西州州庆项目建设及州庆各项活动，都给予大力支持和有力指导。二是及早谋划，聚集会神抓发展、惠民生，为州庆活动圆满成功打下坚实的群众基础。早在4年前，湘西州委、州政府就把建州60周年作为推动发展、改善民生的重要机遇，把60周年州庆办成一次展示发展成就、提升湘西影响力的重大活动，实施300多个事关湘西长远发展和老百姓看得见、摸得着的重点工程，总投资3000多亿元，完成1500多亿元。坚守“542”发展思路，以“一年当三年，三年当十年”的狠劲，抢抓机遇、奋发有为，全州城乡面貌“一年一变样、三年大变样，到建州60周年时有历史性变化”的工作目标全面实现，全州经济大发展、社会事业大进步和人民生活大改善有力推动，为60周年州庆献上一份优异的脱贫发展成绩单，全州各族群众的获得感、幸福感和认同感得到切实增强。三是注重顶层设计，建立周密科学的组织推进体系和机制，为州庆活动圆满成功做好扎实的准备工作。为切实把建州60周年州庆这件大喜事办好、大好事办妥，州委常委会明确提出“隆重、特色、节俭、实效”的总体要求，加强对州庆各项工作的科学领导指导。年初，湘西州成立州庆筹委会，下设综合协调督办组（州庆办）、项目推进组、宣传文艺展览组、环境优化组、后勤保障接待组、安全保卫维稳组等8个工作小组，精心制定方案，先后召开州委常委会、州政府常务会、州庆动员会、工作推进会，进行了广泛的思想发动和安排部署。各工作小组、各县市区、各部门制定操作性较强的具体实施方案，注重加强上下、左右之间的协调联动，确保州庆活动各项工作有力有序有效推进。四是各级各部门担当负责、协同配合，为州庆活动圆满成功凝聚强大合力。全州牢固树立“一盘棋”思想，各级各部门、筹委会各工作组协同配合，主动作为，广大干部群众以主人翁的姿态关心州庆、参与州庆、支持州庆，形成“处处彰显湘西形象、人人都是湘西名片”的良好局面。宣传文艺组统筹设计、各县市区精心准备的节目紧扣主题、特色鲜明、气魄宏达、震撼人心，氛围很热烈，场面很壮观，充分展示精神风貌和智慧力量。特别是吉首市、湘西经开区、湘西民族职业技术学院，在项目建设、环境整治、秩序维护、氛围营造、会演服务等方面担当作为；公安政法部门全警动员、全员上岗，安保工作百密无疏，万无一失，难能可贵；《人民日报》、新华社、中央电视台、《湖南日报》、湖南电视台和州《团结报》、州电视台等各级各类主流媒体，对湘西州进行全方位、多角度宣传报道。

州庆活动启示

回顾60年特别是党的十八大以来的发展历程，总结建州60周年州庆活动，有4个方面的启示必须铭记并在今后工作中发扬光大。第一，必须一心向党，感恩前行。湘西州60年辉煌成就的取得，归根到底是中国共产党英明领导的结果，是党的路线方针政策光辉照耀的结果，是以习近平同志为核心的党中央亲切关怀的结果。在新的历史征程上，湘西州务必始终胸怀虔诚之心，感恩伟大的党，感恩以习近平同志为核心的党中央，坚定不移听党话跟党走，深入学习贯彻习近平新时代中国特色社会主义思想，增强“四个意识”，坚定“四个自信”，始终在思想上政治上行动上同以习近平同志为核心的党中央保持高度一致，确保中央大政方针和决策部署在湘西州落地生根、开花结果，确保湘西州各项事业始终沿着正确方向前进。第二，必须不忘初心，奋发赶超。60年沧桑巨变，凝结着湘西州各族干部群众自强不息、持续奋斗的心血和汗水。在新的历史征程上，湘西州务必牢记习总书记殷切嘱托，坚定“过去落后不等于现在落后，现在落后不等于永远落后”的信念，发扬自力更生、艰苦奋斗的精神，保持“人一之，我十之”的干劲和“抓铁有痕，踏石留印”的韧劲，全力打好打赢精准脱贫攻坚战，决不让一个贫困群众在全面小康路上掉队，奋力从根本上改变贫困落后面貌，实现在武陵山区率先崛起。第三，必须创新开放，勇闯新路。60年发展历程是一场从量到质的历史性巨变，也是一场从封闭走向开放的自我解放。在新的历史征程上，湘西州务必高举中国特色社会主义伟大旗帜，按照“五位一体”总体布局和“四个全面”战略布局，深入践行新发展理念，大力实施创新引领、开放崛起战略，坚守湘西州“542”发展思路，不断解放思想、改革创新、扩大开放，走符合时代要求、彰显比较优势、具有湘西特色的科学发展之路，加快把湘西州打造成国内外知名生态文化公园和旅游目的地，奋力谱写中国梦和富饶美丽幸福新湖南的湘西精彩篇章。第四，必须珍视团结，共建和谐。60年奋斗历史告诫湘西人民时刻铭记：团结和谐是做好民族地区一切工作的关键。在新的历史征程上，湘西州务必坚定不移地以习近平新时代中国特色社会主义思想为指导，认真贯彻落实好党的民族区域自治政策，纵深推进民族团结进步事业，深入开展团结进步创建活动，像爱护眼睛一样爱护民族团结，进一步营造风清气正、干事创业的良好政治生态，构筑团结进步、文明和谐的社会新风尚，引导全州各族干部群众像石榴籽一样紧紧抱在一起，携手共创更加和谐美好幸福的新家园。

附件

中共湘西自治州委办公室
湘西自治州人民政府办公室
关于成立建州 60 周年庆祝活动筹备委员会的通知

州办〔2017〕4 号

各县市委、县市人民政府、湘西经济开发区，州直副局级以上单位：

为举办好建州 60 周年庆祝活动，州委、州人民政府决定成立建州 60 周年庆祝活动筹备委员会（以下简称“筹委会”）。现将筹委会人员名单及有关职责通知如下：

主　　任：叶红专　州委书记

常务副主任：龙晓华　州委副书记、州人民政府州长

副 主 任：曹普华　州委副书记、州委统战部部长

彭武长　州人大常委会主任

刘昌刚　州政协主席

成　　员：欧阳旭　州委常委、州委政法委书记

周　云　州委常委、州委宣传部部长、龙山县委书记

刘珍瑜　州委常委、吉首市委书记

刘长进　州委常委、吉首军分区司令员

向恩明　州委常委、州人民政府常务副州长

邓为民　州委常委、州纪委书记

龚明汉　州委常委、州委组织部部长

杨彦芳　州委常委、古丈县委书记

张庆安　州委常委、州人民政府副州长

刘小刚　州人大常委会副主任

向清平　州人民政府副州长

何益群　州人民政府副州长

李　平　州人民政府副州长

麻　超　州人民政府副州长

王学武　州人民政府副州长、州公安局局长

向顶天　州政协副主席

石　红　州政协副主席、州工商联主席

向顺荣　州政协副主席、湘西经济开发区，党工委书记

游　俊　吉首大学党委书记

谭吉慧　湘西民族职业技术学院党委书记

向邦伟　州委秘书长、办公室主任

包太洋　州人民政府秘书长、办公室主任

筹委会下设 8 个工作领导小组，其中综合协调督办组为筹委会下设办公室，简称“州庆办”（设在州人民政府办公室）。各工作领导小组成立专门工作班子，抽调工作人员。

（一）州庆办（综合协调督办组）

主　　任：向恩明

副 主 任：张庆安（主持日常工作）、刘新民、向邦伟、包太洋（协助负责日常工作）

成　　员：伍程灿、骆邦建、戴蓉芳、肖　李、杨进、彭晓慧、金　勇、贾明俊、李志平、梁　君、向汝莲、张显刚、龚道君、何湘永、石勇等，8 县（市）人民政府、湘西经济开发区管委会主要负责人。

责任单位：州委办公室、州人民政府办公室、州民宗委、团州委、州财政局、州审计局、州监察局、州档案局，8 县市人民政府、湘西经济开发区管委会。

职　　责：1.负责州庆日常工作；2.拟定州庆汇报材料、文稿、州庆活动总体方案，并向国家、省、州筹委会报批；3.牵头实施庆祝大会会务以及中央、省祝贺团赴县市慰问活动；4.督办协调各组工作，审查各组方案；5.撰写、审定州庆指南、有关活动领导讲话材料，草拟编印州庆有关专题报告、文稿、简报；6.负责州庆活动经费预算、审核、管理；7.负责州庆活动档案收集（含电子数据资料）；8.负责各类证件制作；9.负责制作州庆期间少数民族干部节日盛装；10.负责志愿者组织调配培训；11.负责州庆资料袋内容审定、发放及管理；12.完成筹委会交办的其他工作。

（二）宣传文艺展览组

组　　长：周　云

副 组 长：龙先琼、刘小刚、李　平、向顶天、黄　昕、谭吉慧

成　　员：彭　佳、张发权、戴蓉芳、彭延敏、田　勇（负责牵头宣传日常工作）、张立新（负责牵头展览以及文艺表演日常工作）、李志平、罗亚阳、胡恩平、张奇华、余晓泓、高湘文、黄　叶、刘世树、田应明、吴佩林、杜

辉、张显刚、黄 华、皮丕军，8县（市）人民政府、湘西经济开发区管委会主要负责人。

责任单位：州委办公室、州人民政府办公室、州委宣传部、吉首大学、州委政研室、州发改委、州教体局、州民宗委、州财政局、州文广新局、州统计局、州旅游港澳外事侨务局、团结报社、州文联、湘西广播电视台、州政府驻北京联络处、中国邮政湘西分公司、州政府电子政务办，8县（市）人民政府、湘西经济开发区管委会。

职 责：1.负责制作建州60周年成就专题片，组织建州60周年成就展览；2.实施州庆宣传［含媒体采风，州庆徽标（LOGO）及美丽湘西歌曲征集、系列丛书、邮册制作、摄影、绘画、演讲等系列活动］和州庆大型民族歌舞表演、民族文艺晚会表演；3.负责在长沙举办建州60周年州庆新闻发布会，在《团结报》、《湘西工作》、湘西网、红网湘西站、州政府门户网、公众号等媒体上开辟美丽湘西州庆宣传专栏；4.做好新闻媒体来宾的接待；5.组织庆祝活动的现场直播或录播；6.指导县市开展群众性系列庆祝活动；7.负责州庆活动期间在全州范围内开展形式多样的文明礼貌宣教活动；8.完成筹委会交办的其他工作。

（三）项目推进组

组 长：向恩明

副 组 长：向清平、桂 华、余保东、葛红玲

成 员：伍程灿（负责牵头日常工作）、胡恩平、祝期祥、吴奕华、杨 进、贾明俊、翟 辉，8县（市）人民政府、湘西经济开发区管委会、湘西民族职业技术学院主要负责人。

责任单位：州委办公室、州人民政府办公室、州发改委、州住建局、州交通运输局、州重点办、湘西民族职业技术学院，8县（市）人民政府、湘西经济开发区管委会。

职 责：1.督查和推进州庆重点建设项目实施情况；2.重点推进吉首地区州庆项目，统筹安排州庆项目竣工事宜；3.负责督促推进接待酒店项目建设；4.完成筹委会交办的其他工作。

（四）环境优化组

组 长：刘珍瑜

副 组 长：向恩明、向顺荣、谭吉慧

成 员：伍程灿（负责牵头日常工作）、祝期祥、石泽龙、高文化、吴奕华等，各县（市）人民政府、湘西经济开发区管委会主要负责人。

责任单位：州人民政府办公室、州国土资源局、州住建局、州环保局、州交通运输局，8县（市）人民政府、湘西经济开发区管委会。

职 责：1.负责州庆庆典大会现场的环境优化和现场布置；2.抓好吉首城市建城区环境美化、绿化、亮化、硬化；3.督促其他县市城区、重点旅游区环境优化工作；4.负责吉首市新老城区、经开区的五化整治、户外宣传工作；5.完成筹委会交办的其他工作。

（五）后勤保障接待组

组 长：曹普华

副 组 长：张庆安、麻 超

成 员：彭 佳、朱建军、谢绍猛（负责后勤保障接待日常工作）、李志平、吴奕华、彭 军、张宗炎、颜建絮、杨立古、蔡炳坤、王洪涛、何凌轩等，有关县（市）人民政府、湘西经济开发区管委会主要负责人。

责任单位：州委办公室、州人民政府办公室、州接待处、州民宗委、州财政局、州交通运输局、州卫计委、州食药监管局、国网湘西供电公司、中国电信湘西分公司、中国移动湘西分公司、中国联通湘西分公司，有关县（市）人民政府、湘西经济开发区管委会。

职 责：1.负责制定和实施后勤接待方案；2.负责确定参加州庆活动州外来宾名单，发函邀请，负责各类资料、证件的发放，做好来宾报到有关协调、服务工作；3.负责组织迎宾、来宾的对口接待、食宿安排、医疗服务、卫生救治、食品安全，保障供电、交通保障、通信畅通等；4.明确接待地点；5.完成筹委会交办的其他工作。

（六）安全保卫维稳组

组 长：欧阳旭

副 组 长：王学武、向顺荣

成 员：向廷云（负责日常工作）、滕朝晖（负责日常工作）、吴奕华、向 忠、刘孟龙、于 刚、梁开榜、周清华、田凯频、向佐文等，各县（市）人民政府、湘西经济开发区管委会主要负责人。

责任单位：州人民政府办公室、州委政法委、州公安局、州交通运输局、州安监局、州信访局、州维稳办、州武警支队、州消防支队、州交警支队、湘西经济开发区公安分局，8县（市）人民政府、湘西经济开发区管委会。

职 责：1.负责制定和实施州庆活动安全维稳保卫方案；2.负责景区景点沿线治安、消防、道路交通安全、应急处置；3.负责州庆期间突发事件应急处置等；4.完成筹委会交办的其他工作。

（七）博览会论坛组

组 长：李 平

副 组 长：刘新民、石 红、谭吉慧

成 员：张发权（牵头负责日常工作）、陈敬会、张立新、时荣芬、高湘文、李志平、向仕连、刘世树、汤双武、田应明、皮丕军等，各县（市）人民政府、湘西经济开发区管委会主要负责人。

责任单位：州人民政府办公室、州委宣传部、州民宗委、州财政局、州商务局、州旅游港澳外事侨务局、团州委、团结报社、湘西广播电视台、州政府电子政务办，8县市人民政府、湘西经济开发区管委会。

职 责：1.筹备首届“武陵山旅游博览会暨首届武陵山旅游论坛”；2.筹备负责起草旅游博览会各类报告、汇报材料送审上报；3.负责承办向国家有关部委，省委、省政府

及省直有关部门汇报衔接工作；4.有关媒体宣传造势活动。

（八）招商引资组

组　　长：向清平

副 组 长：石　红

成　　员：陈敬会（负责日常工作）、胡恩平、向仕连（负责牵头日常工作）、向宏国、梁　君、高文华、祝期祥、田科虎、石泽龙、高湘文等，各县（市）人民政府、湘西经济开发区管委会主要负责人。

责任单位：州人民政府办公室、州发改委、州经信委、州财政局、州国土资源局、州住建局、州商务局、州农委、州环保局、州旅游港澳外事侨务局、州工商联等，8县（市）人民政府、湘西经济开发区管委会。

职　　责：1.筹备包装发布重大招商项目；2.邀请参会（含签约）客商；3.宣传推介湘西州投资环境及重大招商项目；4.调度并组织重大招商项目集中签约；5.完成筹委会交办的其他工作。

专　文

湘西州 2017 年重点民生实事工作纪实

根据《中共湖南省委办公厅湖南省人民政府办公厅关于印发〈2017 年重点民生实事项目实施意见〉的通知》（湘办发〔2017〕10 号）和《湖南省绩效评估委员会办公室湖南省统计局《关于印发〈2017 年重点民生实事考核指标报送要求和验收标准〉的通知》（湘绩办发〔2017〕2 号）精神和要求，湘西州按照“预衔接、预安排、抓落实”总体思路，确保全面完成任务这一工作目标，省重点民生实事项目在湘西州全面启动且进展顺利，共投入资金 26.43 亿元。截至 2017 年 12 月 31 日，省分湘西州重点民生实事项目 10 个指标 13 项任务全面顺利完成，完成 100%以上的 8 项，完成 100%的 5 项。具体情况如下：

项目进展情况

农村危房改造 11750 户，竣工 37728 户，投入资金 59411 万元，完成目标任务 294.7%。

农村饮水安全巩固提升 9.16 万人，解决贫困人口 9.3764 万人，投入资金 17094.45 万元，完成目标任务 102.36%。

特困移民解困搬迁安置 1827 人，搬迁安置 1827 人，投入资金 3654 万元，完成目标任务 100%。

农村公路建设提质改造 260 公里，完成 453.291 公里，投入资金 37356.4 万元，完成目标任务 174.3%。

安保设施建设 600 公里，完成 668.885 公里，投入资金 10783.2 万元，完成目标任务 111.5%。

新增城镇就业 2.1 万人，新增就业 22306 人，投入资金 1670.63 万元，完成目标任务 106.22%。

城市棚户区改造 10367 万套，全州开工 10367 户，投入资金，158299 万元，完成目标任务 100%。

农村适龄妇女（35~64 岁）“两癌”免费检查 41440 人，免费检查 43811 人，投入资金 606.65 万元，完成目标任务 105.72%。

新增养老床位 1260 张，完成床位 1268 张，投入资金 10935 万元，完成目标任务 100.6%。

新增社会治安视频监控摄像头 1000 个，完成 1060 个，投入资金 1300 万元，完成目标任务 106%。

农村宽带网络升级改造 180 个行政村，完成 180 个，投入资金 1620 万元，完成目标任务 100%。

行政村配电网改造 90 个行政村，完成 90 个，投入资金 8270 万元，完成目标任务 100%。

孕产妇产前免费筛查 24470 名孕产妇，免费筛查 24589 人，投入资金 343.59 万元，完成目标任务 100.49%。

主要工作特点

切实加强领导，明确工作责任。州委、州人民政府及时下发了《中共湘西自治州委办公室、湘西自治州人民政府办公室关于抓好 2017 年重点民生实事项目贯彻落实工作的通知》（州办发电〔2017〕18 号），州为民办实事考核办、州统计局同时下发《关于印发〈2017 年重点民生实事考核指标报送要求和验收标准〉的通知》（州考发〔2017〕2 号），细化工作指标，明确工作责任，安排工作任务，强调工作要求。把重点民生实事工作纳入全州五个文明建设绩效考核体系，严格考核，奖惩兑现。对考核为优秀的单位，年度考核优秀等次比例提高到 20%；对考核为不合格的单位，通报批评，年度考核优秀等次比例不得超过 7%，其主要负责人在年度考核中不得评为优秀等次。对工作不到位，责任不明确导致工作进展缓慢的，进行实时登记，将作为追究其主要领导和相关领导责任的依据。凡是没有完成任务的，实行一票否决。4 月 27 日召开 2017 年重点民生实事工作调度会，对全年的重点民生实事工作做出预安排，要求各级各责任单位认真抓好重点民生实事项目建设，认真制定科学可行的工作方案，提前衔接工作任务，建立相应责任体系，确保工作落实到位，加强后续管理、跟踪服务、扩大宣传等相关工作。

各县市及时将省重点民生实事工作目标任务细化分解到县市直责任单位和各乡镇、村。各级各责任单位成立领导小组，组建工作机构，县（市）长和州直责任单位行政一把手为第一负责人，层层签订工作责任状，构建层层负责、环环相扣的工作体系，形成主要领导亲自抓、分管领导直接抓、专门人员具体抓，一级抓一级、层层抓落实的工作格局。例如吉首市按照“特色发展、创新发展、提质发展、和谐发展”的新要求，全力搞好协调服务，助推重点民生实事项目工作发展。实行“一件实事、一名市级领导、一个班子、一套管理制度、一个考核办法”的“五个一”工作机制。每件实事、每个项目都有市委、市政府领导亲自挂帅，实行包项目协调、包项目质量、包工作进度的“三包”责任制，负责协调解决拆迁安置、报批报建等问题，督促重点民生实事项目早开工，在建项目早完工。5 月 17 日，召开 2017 年重点民生实事工作州直责任单位联络员和县市考核办人员工作座谈会，进一步落实部署有关工作。

加强督促检查，确保工作进度。在落实重点民生实事的过程中，湘西州始终坚持社会监督与部门监督相结合，定期督查和随机抽查相结合，平时督查和集中督查相结合，重点督查与全面督查相结合，单位自查与职能部门检查相结合。湘西州将重点民生实事任务落实情况纳入州委州政府两办督查工作体系，对实事项目实行“一月一调度，一季一督查”，以督促推动工作落实、以检查促进作风转变、以约谈抓实问题整改，确保实事项目建设如期完成。年内，由州委、州政府督查室牵头，抽调州直责任单位工作人员开展综合性季度督查 4 次，州直责任单位对县市开展专项督查 70 余次。重点对滞后项目进行跟踪调度，开出督办函，责成项目单位分析原因、研究对策、限期整改。州为民办实事考核办及时将滞后项目上报州政府，由分管副州长对相关县（市）、州直责任单位分别进行约谈。州考核办认真综合工作中存在的困难和问题，及时研究梳理，主动汇报，加以解决。在半年督查及三季度督查后州考核办及时约谈进度相对滞后的责任单位 4 个 6 次，取得很好效果。10 月份，州移民局为加快特困移民避险解困安置工作进度，采取一周一调度的方式，工作落实得到有效推进。各级纪检监察机关加强监管，优化环境，对各类破坏项目施工环境和违规使用专项资金的依法依规严肃查处。

强化监督管理，严格质量标准。为确保实事项目的质量标准，湘西州在农村公路、安保设施、农村危房改造、棚户区改造等工程项目中，严格实行项目法人制、合同管理制、招标投标制、工程监理制、竣工验收制等制度，做到“五不”，即：不经设计审核，不予开工；不经招投标，不签合同；不经政府采购，不予报账；不经现场监督，不予验收；不经验收，不得拨付资金。通过严格监管，保证项目工程质量。州住建局对全州建设领域招投标情况进行专项督查，抽查工作项目 36 个，其中公开招标 27 个，邀请招标 9 个；采用综合评估法 25 个，合理定价评审抽取法 11 个，查出各类问题 39 个，及时督促整改到位。

加强宣传扩面，打造融资平台。重点民生实事工作是一项惠民系统工程，为了把这项工作抓实办好，全州上下在抓任务分解，明确责任，督查督办的同时，始终注重把宣传工作摆在重要位置，抓实抓好。一是加强会议宣传，统一深化认识。各县（市）均适时召开工作布置会，主要领导亲自布置工作，宣传精神，进一步明确责任。二是加强调研，上门面对面宣传。三是注重主流媒体宣传，营造浓厚工作氛围。州考核办定期在团结报公示项目进度情况，同时要求各责任主体单位在报纸、电视、网络等主流媒体上宣传报道重点民生实事工作，全面宣传好经验、好做法、好典型、好成效，营造良好的宣传氛围、工作氛围和社会氛围。全年，在湖南民生网上稿 40 余篇，省、州、县（市）电视台报道 90 余次，各级报刊登载文章 320 余篇，营造了良好的工作氛围，形成了强大的社会合力。

2017年湘西州完成省重点民生实事项目情况

表1

事项	考核指标	工作目标	完成情况		备 注
			形象进度	投入资金	
1	精准扶贫	农村危房改造11750户	294.7%	59411.0517万元	已竣工37728户
		农村饮水安全巩固提升9.16万人	102.36%	17094.45万元	已解决贫困人口93764人
		特困移民解困搬迁安置1827人	100%	3654万元	已全面完成567户1827人的房屋建设
2	农村公路建设	提质改造260公里	174.3%	37356.4万元	已完成453.291公里
		安保设施建设600公里	111.5%	10783.2万元	已完成668.885公里
3	新增城镇就业	2.1万人	106.22%	1670.63万元	已完成22306人
4	棚户区改造	城市棚户区改造10367万套	100%	158298.9万元	全州已开工10367户
5	农村适龄妇女(35~64岁)“两癌”免费检查	41440人	105.72%	605.65万元	已完成43811人
6	新增养老床位	1260张	100.6%	10935.5418万元	已完成1268张
7	新增社会治安视频监控摄像头	1000个	106%	1300万元	已完成1060个
8	农村宽带网络升级改造	180个行政村	100%	1620万元	已完成180个
9	行政村配电网改造	90个行政村	100%	8270万元	已完成90个
10	孕产妇产前免费筛查	24470名孕产妇	100.49%	343.59万元	已完成24589人

湘西州脱贫攻坚工作纪实

2017年，湘西州精准脱贫攻坚工作坚持以习近平总书记精准扶贫重要战略思想为指导，深入学习贯彻深度贫困地区脱贫攻坚座谈会讲话精神，严格按照中央和省、州关于脱贫攻坚的决策部署，凝心聚力，勠力攻坚，全力推进精准扶贫精准脱贫各项工作，脱贫攻坚工作取得显著成效。全州实现减贫人口36289户149906人，贫困村退出229个，吉首市脱贫摘帽，农村贫困发生率降至10.55%，农村居民人均可支配收入达8273元，全州进入减少贫困人口最多、农村面貌变化最大、群众获得感最强的时期。习总书记在山西主持召开的深度贫困地区脱贫攻坚座谈会上，对十八洞村脱贫和湘西州精准脱贫“十项工程”给予肯定。2017年2月召开的湖南省扶贫开发工作会议上，湘西州被评为2016年度“全省脱贫攻坚先进市州”，泸溪县、凤凰县、花垣县被评为2016年度“全省脱贫攻坚先进县市区”，凤凰县在会上作经验交流发言。

严格落实脱贫攻坚责任。一是签订减贫责任状。2017年2月18日，省扶贫开发领导小组与州人民政府与签订年度减贫责任状，明确“2017年湘西自治州减少现行国家扶贫标准下农村贫困人口140047人；吉首市实现脱贫摘帽”。3月9日，州扶贫开发领导小组与8县（市）人民政府分别签订年度减贫责任状，全州计划完成15万贫困人口脱贫，364个贫困村出列，吉首市实现脱贫摘帽。8县（市）层层分解任务，层层签订年度减贫责任书。二是严格党政领导“三走访三签字”。按照湖南省委办公厅、省政府办公厅发出的《关于全省党政主要领导干部带头开展脱贫攻坚“三走访三签字”工作的通知》精神，州委书记、州长对湘西州所有贫困人口集中的乡镇，8县市党政一把手对辖区内贫困村走访实现全覆盖。州委书记叶红专走访73个村，州长龙晓华走访80个村（全州共106个贫困人口集中的乡镇，书记、州长累计走访153个乡镇，其中重复走访乡镇47个）；州委常委、吉首市委书记刘珍瑜走访74个村，市长李诗兴走访74个村；泸溪县委书记杜晓勇走访93个村，县长向恒林走访93个村；凤凰县委书记颜长文走访186个村，县长赵海峰走访74个村；州委常委、古丈县委书记杨彦芳走访75个村，县长邓晓东走访71个村；花垣县委书记罗明走访142个村，县长隆立新走访142个村；州政协副主席、保靖县委书记卢向荣走访115个村，县长杨志慧走访115个村；永顺县委书记石治平走访190个村，县长陈海波走访145个村；州委常委、州委宣传部部长、龙山县委书记周云走访227个村，县长刘冬生走访227个村。各级党政负责人通过走访调研乡镇、贫困村、贫困户，查看项目进度、召开座谈会等形式，指导精准扶贫工作开展，协调推进项目建设，督导扶贫政策落实落地，帮助解决实际困难。同时严格落实“三签字”文件精神，州、县、乡三级党政主要负责人对脱贫退出层层负责，层层把关，贫困人口脱贫、贫困村退出、贫困县摘帽均按照相关要求分级签字。

加强脱贫攻坚突出问题集中整治。根据全省领导干部会议、全省扶贫办主任会议及《湖南省扶贫开发领导小组关于印发〈脱贫攻坚突出问题集中整改方案〉的通知》（湘扶发〔2017〕1号）等会议文件精神，2017年4月21日，湘西州印发《中共湘西自治州委办公室关于抓紧抓实脱贫攻坚突出问题集中整改工作的通知》（州办发电〔2017〕33号），重点解决脱贫质量不高、贫困对象识别不准、扶贫资金项目管理不规范、帮扶不实、内生动力不足、工作落实不力、政策举措不落地、工作推进不平衡8个方面问题。4月至6月，全州开展为期两个月的脱贫攻坚突出问题集中整改，省里指出的6个县13个问题全部整改落实到位。按照“四出五进八不退”原则进行识别，年底全州有建档立卡贫困户191143户750172人，其中未脱贫户建档立卡贫困户68441户254522人。6月1日至7日，省委省政府脱贫攻坚第三督查组对湘西州贯彻省委、省政府重大决策部署、脱贫攻坚政策落实和突出问题集中整改情况进行重点检查，督察组随机抽查12个乡（镇、街道）、30多个村，走访贫困家庭252户，完成调查问卷240份，核查扶贫项目资金监管等情况。

强化脱贫攻坚督查巡查。综合运用实地暗访、电话抽查等方式，重点围绕精准识别、驻村扶贫、结对帮扶、政策落实、脱贫成效、问题整改“六个实不实”进行全覆盖督查巡查，以最严最实最不讲情面的督查传导压力、激发动力，倒逼责任落实、措施到位，确保整改实效。全年开展各类督查检查14次，涉及到州内的中央、民进中央交办问题13件、国务院巡查整改问题4件，省级督查巡查发现问题112件及省级督查信访通报问题9大类34件均按时整改到位。同时及时处理与精准扶贫相关的信访维稳工作，“12317”精准扶贫监督举报电话自6月开通以来，接到各类举报件217件，全部办结。

切实做到精准帮扶全覆盖。及时印发《湘西自治州贫困村驻村扶贫工作考核实施细则》《湘西自治州非贫困村驻村扶贫工作考核实施细则》和《县市驻村扶贫办公室工作考核实施细则》。驻村帮扶方面。推行贫困村、非贫困村驻村帮扶全覆盖，每个贫困村选派1名第一书记，每个非贫困村选派1名扶贫特派员，全州派驻1204支工作组、1640名第一书记开展驻村扶贫工作，新招录的1776名干部全部下派到贫困村

进行为期两年的驻村锻炼，进一步充实基层驻村扶贫力量。其中，1110个贫困村派驻工作队（组）832支2549人，贫困人口100人以上的530个非贫困村派驻工作组472支1644人，贫困人口100人以下的107个非贫困村选派驻村扶贫指导员107人。规定工作经费不少于4万元/年，州、县、乡工作队员每月驻村不少于20天、宿村不少于10晚，对驻村工作组出勤实行GPS定位管理；乡镇主要负责人每月下村走访不少于10天，乡镇联系非贫困村干部驻村每月不少于15天、宿村不少于5晚。贫困户结对帮扶方面。按照每名干部结对帮扶不超过5户的原则，采取“321”（县处级以上干部联3户以上、科级干部联2户以上、其他党员干部联1户以上）或“1+N”等模式，实现全州贫困户结对帮扶全覆盖。

加强脱贫攻坚政策宣传。结合全州“万名干部下基层”活动，印制精准扶贫工作手册和脱贫攻坚口袋书20万套，各级领导干部带头进村入户开展扶贫政策宣讲。组织全体驻村扶贫干部、结对帮扶干部及村干部进行扶贫政策学习培训和闭卷考试，确保干部熟知政策；注重扶贫同扶志、扶智相结合，帮助贫困群众理解政策、用好政策，树立战胜困难、摆脱困境的信心和斗志，进一步激发群众内生动力。2017年3月，配合国家、省内外主要新闻媒体对全州精准扶贫工作成效开展集中定向正面宣传报道。与湖南电视台午间新闻协作，在“扫码扶贫”栏目中播出古丈悬崖蜂蜜、吉首大兴村木耳等节目，帮助贫困群众解决销路。“湘西为村”扶贫成效多次受到中央媒体、新华社、《人民日报》等专题宣传报道。在2017年第四个全国扶贫日之际，古丈县默戎镇牛角山村党总支部书记龙献文等6名同志被省扶贫开发领导小组表彰为湖南省最美扶贫人物。州、县市扶贫领导小组对全州915名“精准帮扶成效突出干部”予以表彰。年内在国家、省、州各级媒体宣传报道脱贫攻坚工作分别达93次、404次、923次。

创新精准扶贫方式。2017年，省级财政专项扶贫资金重点产业项目投入7000万元，主要投向茶叶、油茶、铁骨猪、黄牛、中药材等26个项目，其中永顺县油茶产业投入资金1000万元，吉首市1000亩湘西黄金茶基地开发项目投入700万元，泸溪县铁骨猪重点产业扶贫项目投入500万元，杜仲重点产业扶贫项目投入400万元。产业扶贫。统筹整合10亿元以上涉农资金用于产业扶贫，促进建档立卡贫困户发展产业、贫困村发展集体经济和农业园区建设等。2017年，全州特色产业新扩11.66万亩，其中柑橘1.42万亩、猕猴桃1.05万亩、茶叶2.92万亩、油茶6.27万亩；实施产业低改14.05万亩，其中柑橘6.4万亩、油茶7.65万亩。启动建设万亩精品园24个，乡镇千亩标准园227个，贫困村百亩示范园2282个，一、二、三产业融合发展示范区16个。以公司化运作、合作社和家庭农场带动特色产业开发优势不断显现，永顺县依托沃康油业、泸溪县依托富康公司带动开发油茶产业，保靖县依托专业合作社和专业大户带动发展黄花菜等蔬菜产业，花垣县依托兴盛公司发展蔬菜产业等。旅游扶贫。实施“土家探源”“神秘苗乡”两条精品线路建设，完成投资3亿元。开展旅游企业帮扶行动，14家旅游企业结对帮扶14个旅游重点村。2017年，全州乡村旅游接待游客928万人次，实现旅游收入33.2亿元，带动35812人脱贫，湘西州获评中国最美乡村旅游目的地。电商扶贫。10个州级农村电商综合示范点均按建设标准建成。全州新增农村电商网点272个，建成州级运营中心1个，县级电商中心3个，其中凤凰县、花垣县被评为全国电子商务进农村综合示范县。辐射建档立卡贫困人口31万人，10.1万人直接或间接受益，全年电子商务交易额突破22亿元，增幅25%。“湘西馆”平台运营位居淘宝、苏宁、京东前五位。光伏扶贫。年内314个光伏扶贫电站（60千瓦/村）建成并网，测算项目实施后可实现受益贫困户家庭年平均增收3000元以上，受益贫困村年均增加集体收入4万元以上，持续获益20年。扶贫小额信贷。全年新增扶贫小额信贷5.5亿元；建成金融扶贫服务站1110个，实现贫困村全覆盖；十八洞村成立全州首家集村级社区银行、助农取款服务点、金融扶贫服务站、农村电商平台为一体的社区银行，打造为湘西州金融精准扶贫示范样板。“扶贫特惠保”。全州扶贫特惠保覆盖面达100%。金融扶贫服务站。全州建成贫困村金融扶贫服务站1110个并全面运营。转移就业脱贫。全州新增贫困劳动力转移就业12626人，建档立卡贫困劳动力转移就业脱贫25558人。易地扶贫搬迁。年内全州启动集中安置项目30个，投资22亿元建设住房8619套，6.1万人实现易地扶贫搬迁。凤凰县夯卡村被纳入国家发改委易地扶贫搬迁典型项目动态监测点，凤凰县禾库镇集中安置点被省扶贫办推荐为全国典型示范安置点。农村危房改造。年内全州完成农村危房改造1.2万户。生态补偿脱贫。全年新增生态护林员2347人，发放生态补偿金3.8亿元，带动10687人脱贫。全州8县（市）生态护林员累计达7474人，带动32137人脱贫。发展教育脱贫。全年累计发放中小学生资助38234.445万元，惠及建档立卡贫困家庭学生125875人。全州贫困大学生救助达12983人，发放救助金2601.5万元；补贴发放981.75万元，帮助6054人两后生完成职业学历教育培训；全年培训农村创业致富带头人2248人。贫困家庭子女就读率100%，贫困户家庭普通高中生免费入学100%。健康扶贫。建立建档立卡农村贫困人口“因病致贫、因病返贫”管理数据库，从2016年7月开始，州里制定出台医疗救助帮扶政策，明确建档立卡贫困患者、农村低保对象患者、大病患者及特殊慢性病患者的医药费用，经基本医保、大病保险、民政救助和财政兜底后，实际报销补助比例达80%以上，特困患者实现全额报销，群众因病致贫、因病返贫问题得到有效解决。2017年8月以来，州、县（市）两级出台相关配套政策，全面落实湖南省健康扶贫工程“三个一批”行动计划实施方案和“三提高两补贴一减免一兜底”要求，因病致贫和因病返贫得到有效防止。2017年7月全省健康扶贫现场工作会在湘西州召开，副省长向力力对湘西州健康扶贫工作高度肯定。全州大力实施“医疗救助帮扶工

程”，各级医疗机构全面实施贫困户先诊疗后付费制度、“一站式”结算服务窗口和大病集中救治，积极构建城市居民15分钟就医圈和农村居民30分钟就医圈。全州建档立卡医保、大病保险参保率均达100%，贫困患者大病救助率达100%。贫困人口住院费用报销起付线减半，报销比例提高10个百分点。2017年以来，全州“四类人群”医疗报销比例均达80%，其中花垣、凤凰、龙山等县达85%以上，吉首市、泸溪县达90%以上。全州特困患者实现医疗费全额报销。全州建档立卡贫困人口城乡居民医保个人缴费部分均给予50%以上补贴，其中花垣、吉首全免。是年1月至10月，全州贫困人口、农村低保户、大病患者和特殊慢性病患者等四类人群总住院11.18万人次，总住院费用5.82亿元，通过基本医保、大病保险、民政救助和财政兜底等综合补助后的总报销金额4.9亿元，个人自付费用0.92亿元。社会兜底保障。全州14635户37296人兜底保障对象实现“应兜尽兜”，实现农村低保保障标准与国家扶贫标准两线合一，农村低保指导标准达3026元/年（252元/月）以上。全年发放城乡低保金、临时救助金、特困人员供养资金5.9亿元。农村基础设施建设。全年解决20.5万贫困人口安全饮水问题。完成农村电网改造77个村、农网升级155个村。完成农村道路提质改造493.384公里，新增建制村班车通车131个，累计通车建制村1791个，通客率88%。农村互联网光纤通达率99.64%，4G覆盖率99.11%，其中泸溪、古丈、花垣等县实现100%覆盖。文化惠民和科技服务。完成799个村级综合文化服务中心建设，其中建成示范点105个；农家书屋建设和投入均达到省定任务要求；全州科技人员联系服务贫困村覆盖率64%。

加大社会扶贫力度。东西部协作扶贫。湘西州与山东省济南市共同编制《济南市湘西州东西部协作2017—2020年扶贫规划》，签订“1+7+11”框架协议，重点围绕人才交流、产业合作、劳务协作和携手奔小康等方面开展扶贫协作。济南市援助资金到位8375.97万元，其中市本级财政3600万元、区财政4055万元、部门资金492万元、社会捐助228.97万元，两地产业合作初步见效。启动产业合作项目26个，培训专业技术人员60余人，双方互派17名干部交流挂职。定点扶贫。农业部、中石化集团等5个中直机关单位投入资金近亿元，实施扶贫项目50多个。对口帮扶。省辖7市对口帮扶7县投入项目资金2.667亿元，实施援建项目40多个，带动脱贫5万人以上。其中长沙市选派37名优秀年轻干部组成17个工作队进驻龙山县17个乡（镇）开展驻乡联村帮扶工作，全年投入财政援助资金2.07亿元、社会帮扶资金0.2亿元，安排846名贫困群众到长沙就业。“万企帮万村”。全年新增“万企帮万村”台账管理帮扶企业266个，新增帮扶贫困村301个，8县（市）纳入台账管理的帮扶企业数均超过或接近30家。是年12月在全国“万企帮万村”精准扶贫行动台账工作电视电话会上，湘西州受到通报表扬。“中国社会扶贫网”建设。完成贫困户注册6.4万户，爱心人士注册4.2万人，受心人士对接1.3万户。“10·17”中国扶贫日活动。湘西州委书记叶红专在《团结报》发表《再接再历，攻克贫困》署名文章，回顾湘西州扶贫攻坚历史，总结经验，提出脱贫攻坚贵在精准，脱贫攻坚重在有恒，脱贫攻坚要在长效，脱贫攻坚成在实干。当天在团结广场隆重举行湘西州扶贫日纪念活动，州委副书记、州委统战部部长曹普华、州人大副主任宛庆丰、州人民政府副州长孙法军、州政协副主席向顺荣、吉首军分区副司令员贺建军等领导以及州直单位近300名代表参加。开展“我想有个家”农村安居工程公益募捐活动，募捐资金487.5万，帮扶200余户贫困家庭解决住房安全保障。

加强扶贫项目资金监管。建立资金项目平台。按照“四跟四走”产业扶贫新路子，结合全州“十三五”脱贫攻坚规划，州县建立“1+8”精准扶贫项目库，铺排各类产业扶贫项目2.7万余个，惠及建档立卡贫困群众19万余户。加大资金整合力度。按照“多个渠道进水，一个龙头出水”的扶贫资金投入思路，在用好、用活中央、省、州财政专项扶贫资金的基础上，进一步整合各类涉农资金，全年财政整合涉农资金30.04亿元，完成支出24.8亿元。强化资金使用监管。全面开展2014年至2016年项目自查工作，州扶贫办对2016年82个州级安排的项目进行排查，并限期完成整改。联合州审计局对龙山、永顺、古丈等县扶贫资金使用情况进行专项审计，对精准扶贫政策措施落实、扶贫资金管理使用、扶贫实施效果以及乡镇落实精准扶贫等方面存在的问题逐一整改落实。严格按照省扶贫资金管理办法，加大扶贫资金使用和查处力度，全年受理扶贫举报1504件，其中“雁过拔毛”立案365件，纪律处分309人、移送司法36人，收缴违纪资金1753.3万元，退还群众资金241.5万元。

加强脱贫攻坚干部队伍建设。构建有力指挥体系。州、县（市）、乡（镇、街道）、村四级均成立由书记任组长的精准脱贫攻坚工作领导小组，统筹辖区精准扶贫精准脱贫工作；州、县（市）组建精准脱贫“十项工程”协调小组，由牵头单位具体负责，实行统一指挥、挂图作战；州精准脱贫攻坚办、州扶贫开发办、州驻村办全力攻坚，协调配合，工作效能不断提升。构建有效的责任体系。以4个集中连片深度贫困地区的1110个贫困村为主战场，层层签订“军令状”，形成州领导联县、州县领导包乡、部门包村、干部包户的帮扶责任机制。组织强有力的作战队伍。明确政策同覆盖、驻村同派出、帮扶同标准、建设同推进、考核同进行的5个方面要求，切实解决好部分非贫困村贫困发生率偏高的问题。州扶贫开发领导小组为全州1700多个贫困村和有贫困人口的非贫困村各安排一名大学生精准扶贫数据管理员。州委组织部为全州800余个村增派1176名年轻干部驻村任第一支书助理和村主任助理。同时，8县（市）扶贫办新增编制132个，现有在编在岗工作人员268人；8县（市）115个乡（镇）新设置乡镇扶贫办和民政事务服务站，均由班子成员任扶贫办主任，扶贫和民政事务站干部任扶贫专干，乡镇配备扶贫专干371人，其中兼职人员132人。（杨志）

2017年湘西州建档立卡贫困户情况统计

表2

县市	已脱贫		其中							
			2014年		2015年		2016年		2017年	
	户数	人数	户数	人数	户数	人数	户数	人数	户数	人数
吉首	11328	44108	1647	6855	2187	8103	2681	9907	4813	19243
泸溪	13219	56474	2845	11404	2884	13021	3816	15700	3674	16349
凤凰	15531	65091	3530	14913	3493	15193	4256	17466	4252	17519
花垣	12311	52103	3161	13567	2573	10771	3015	12599	3562	15166
保靖	12841	53595	2422	9842	2970	12389	3583	14946	3866	16418
古丈	6526	25936	1406	5505	1485	6170	1763	7170	1872	7091
永顺	25903	98663	5614	20922	6203	23455	6819	25352	7267	28934
龙山	25043	99680	5607	20902	5714	23472	6739	26120	6983	29186
合计	122702	495650	26232	103910	27509	112574	32672	129260	36289	149906

实施“十项工程” 精准“滴灌到户” 决战决胜脱贫攻坚战

——吉首市脱贫摘帽自评报告

中共吉首市委

吉首市人民政府

（2017 年 11 月 30 日）

根据《湖南省扶贫开发领导小组关于印发 2017 年湖南省贫困退出验收实施方案的通知》（湘扶发〔2017〕8 号）精神，就吉首市脱贫摘帽自评如下：

一、本市基本情况

吉首市地处湘鄂渝黔 4 省（市）边区和武陵山连片特困地区腹地，是少数民族聚集地区、革命老区和省扶贫攻坚的主战场，也是省扶贫开发重点县。

（一）基本市情。2017 年年底国土面积为 1078 平方公里、耕地面积 10.83 千公顷、林地面积 63.17 千公顷；12 个乡镇街道、110 个行政村、40 个社区；总人口为 30.9 万人，其中农业户籍人口为 16.8 万人；预计年底国民生产总值为 1522660 万元、公共财政总收入为 13 亿元、公共财政支出 30 亿元，人均国民生产总值 43960 元、人均公共财政收入 4207.1 元、人均公共财政支出 9708.7 元、城镇居民人均可支配收入 27830 元、农村居民人均可支配收入 9738 元。

（二）脱贫攻坚相关情况。吉首市有贫困村 74 个，全市建档立卡贫困人数计 11290 户 43404 人，2017 年年底未脱贫人口数为 531 户 1196 人（因 11 月 30 日系统开放，我们虽已将新补录人员录入，但系统中还未同步显示），贫困发生率为 0.71%（2014 年农村人口数为 167751 人）。

二、加强组织领导、健全责任体系，狠抓落实

吉首市牢记习总书记嘱托，牢固树立“四个意识”，把脱贫攻坚作为吉首市“十三五”期间头等大事和第一民生工程来抓，始终做到在思想认识上高于一切，在工作安排上重于一切，在纪律要求上严于一切，以脱贫攻坚统揽经济社会发展全局，纵深推进脱贫攻坚工作。

（一）加强组织领导，解决“谁负责”的问题

用好“指挥棒”，提供坚强组织保障。2013 年以来，全市上下脱贫攻坚思想认识高度统一，成立了以市委书记为组长、市长为第一副组长的吉首市扶贫开发领导小组，2016 年初发出了“决战 2016 年，决胜 2017 年”的动员令，成立了高规格的精准脱贫攻坚领导小组，市委书记任组长，市长任常务副组长，市“四大家”其他相关领导任副组长。领导小组内设生产发展脱贫、乡村旅游脱贫、转移就业脱贫、易地搬迁脱贫、教育发展脱贫、医疗救助帮扶、生态补偿脱贫、社会保障兜底、基础设施配套、公共服务保障“十项工程”工作协调小组，抽调专人办公，实行挂图作战。乡镇、街道也相应成立精准脱贫攻坚领导小组，设立精准脱贫工作站，村、社区设立精准脱贫工作室。定好“主旋律”，高度重视扶贫工作。对脱贫攻坚进行常态化调度，市委常委会和政府常务会坚持把精准脱贫工作纳入每次会议的第一议题；定期召开全市脱贫攻坚推进大会通报工作传达最新政策，每周召开市精准脱贫领导小组办公室会议调度工作；乡（镇、街道）实行每周班子会一调度研究；全市党员干部践行结对帮扶工作“一卡（档）一餐一宿六访月电话”机制。

（二）压实五级责任，解决“缺力量”的问题

层层分解责任。强化脱贫攻坚五级责任，进一步明确市级领导的领导责任、乡（镇、街道）及村干部的主体责任、责任单位的职能和后盾责任、驻村工作组和结对干部的帮扶责任，构建了市脱贫攻坚工作指挥作战体系、执行运转体系、目标任务体系、项目资金统筹体系，健全了脱贫攻坚工作帮扶机制、督查机制、考核机制、问责机制。实行挂牌销号。市委市政府与全市 12 个乡（镇、街道）、“十项工程”牵头单位、18 个省考核验收重点指标项责任单位都签订了脱贫攻坚责任状。对户脱贫、村退出中乡镇街道、责任单位涉及的工作指标、工作内容，以表格的形式确定任务进度、完成效果，按月进行调度、督查和限时整改，搭建全市精准脱贫工作任务、内容、进度的动态管理平台。

（三）优化资金使用，解决“缺资金”的问题

强化扶贫资金、项目、监管和考核机制改革，通过整合

资金、简政放权，推进县、乡两级扶贫资金监管，做到精准扶贫、阳光扶贫。加强扶贫资金大整合。整合财政专项扶贫资金、林业补助资金、农业综合开发补助资金、农业资源及生态保护补助等涉农资金，2016年市财政整合资金21374万元，2017年市财政已整合资金23813万元。通过资金整合，真正把有限的扶贫资金集中投入到最急需的地方、最贫困的对象和最重要的脱贫项目上。改革扶贫资金投入方式。实行以奖代补竞争性分配办法，出台《吉首市产业扶贫奖励实施方案》《吉首市产业扶贫奖励实施细则》，明确2016—2017年用于产业发展的财政专项扶贫资金将不再按以往“按村分配”，而是“以奖代补”的方式，投向产业扶贫项目和建档立卡贫困对象。下放扶贫项目报账审批权。全面推行财政扶贫资金乡级报账制，2016年起，除基础设施、重点产业项目、扶贫贴息和雨露计划等项目外，所有的产业扶贫项目报账审批权全部下放到乡镇，原来由市扶贫办、市财政局负责的项目实施、检查验收和资金报账拨付工作，改为乡镇负责组织完成，并要对项目真实性和资金安全负责。乡级报账制的实施，简化了报账流程，加快了报账进程。

(四) 创新政策措施，解决“怎么扶”的问题

制定市级脱贫攻坚纲领性文件。2014年、2015年、2016年年初，市委、市政府连续三年召开市委扶贫开发工作会议，出台了《关于坚决打赢脱贫攻坚战的实施意见》《关于建立贫困退出机制的实施方案》等文件，进一步明确了全市精准脱贫攻坚目标任务、重点工作、保障措施和各级党政领导及部门责任。创新各项扶贫政策措施。一是围绕全市精准脱贫体制机制建设出台了《吉首市精准脱贫攻坚工作考核管理暂行办法》《吉首市落实湘西州精准脱贫“十项工程”实施细则（试行）》等多个文件；二是围绕产业扶贫、金融扶贫出台了《吉首市产业扶贫奖励实施方案》《吉首市产业扶贫奖励实施细则》《吉首市金融产业扶贫工作实施意见》及《关于吉首市稳定脱贫四级产业扶贫的实施意见》等文件；三是围绕资金统筹出台了《吉首市统筹整合使用财政涉农资金管理办法》《吉首市统筹整合使用财政涉农资金支持精准扶贫工作实施方案》等文件；四是围绕可持续发展编制了《吉首市“十三五”脱贫攻坚规划》《吉首市农业产业精准扶贫规划（2016—2017年）》《吉首市旅游总体规划》以及《吉首市乡村旅游发展规划》等一系列规划；五是围绕党建引领助推精准扶贫工作，出台了《关于进一步加强精准扶贫精准脱贫工作的意见》等文件。

(五) 强化考核导向，解决“给足力”的问题

对脱贫攻坚做到奖优罚劣，制定出台《吉首市2016年度精准脱贫工作约谈、诫勉谈话方案》《吉首市2017年脱贫攻坚对表对表挂牌销号工作方案》《2017年吉首市争创“狮子型”团队和争当“狮子型”干部活动的实施方案》《吉首市精准脱贫攻坚工作考核管理暂行办法》等系列文件，以问责倒逼责任落实。2016年开展5次市级范围的精准脱贫督查指导活动，年底在市委经济工作会上下发《2016年度全市脱贫攻坚年终考核验收情况的通报》，督查追责之实，全市史无前例。2017年市级成立5个脱贫攻坚专项督查组，建立了一月一督查、一月一通报机制，针对自查和抽查中发现的问题及时进行整改，建立起指导督查的常态长效机制。在“纪律要求上严于一切”高标准推进，大力倡导“一线工作法”，组织党员干部深入基层，开展“三走访三签字”活动，坚持以铁的纪律推动脱贫攻坚，要求市直单位用主要精力抓脱贫，乡镇全神贯注抓脱贫，帮扶工作队常年驻村抓脱贫。工作不落实的，一律通报批评，立即整改；被当作负面典型通报的，一律严厉问责追责；影响全市脱贫摘帽的，一律依法依规实行顶格处理。

三、靶向瞄准对象、凝聚合力攻坚，全心帮扶

围绕户脱贫“一超过、两不愁、三保障”标准，按照“六个精准”要求，靶向瞄准贫困群众，凝聚多方力量合力攻坚，全心帮扶。

(一) 精准对象——变“面上掌握”为“精准到人”

以“靶向识别”瞄准贫困户。2014年初，以“村内最穷、乡镇平衡、市级把关、群众公认”为原则，以“一访（即走访农户），二榜（即在村和乡镇张榜集中公示），三会（即分别召开村民代表大会、村两委会、乡镇党政班子会），四议（即通过村民小组提议、村民评议、村两委审议、乡镇党政班子决议），四核（即村民小组核对、村两委审核、乡镇审核、县级审定）”的办法，形成本市农村扶贫对象档案资料库，录入全国贫困农户信息系统，实行信息化管理。以“整改清单”夯落实。2017年根据《省扶贫开发领导小组关于印发〈脱贫攻坚突出问题集中整改方案〉的通知》要求，按照“坚持问题导向、确保脱贫质量、确保整改到位”的原则，认真开展“五查五看”，召开多次市委常委会（扩大）会议和市精准脱贫攻坚领导小组会议，专题研究集中整改工作，党政一把手对脱贫攻坚突出问题集中整改工作进行全面动员部署。制定印发《市脱贫攻坚突出问题集中整改方案》，将本级精准扶贫精准脱贫督查中发现的问题，一并列入整改范围，实行任务清单挂牌销号制度，按月进行督查。以“问题清单”促精准。对排查出来的问题，及时下达《脱贫攻坚突出问题整改通知书》，明确整改内容、时限以及责任单位、责任领导。同时，根据问题清单、任务清单、责任清单的落实进度情况进行全程督查检查，确保整改成效。

(二) 精准管理——变“固定不变”为“进退有度”

动态管理，实时掌握贫困群众实际情况，做到脱贫有序。实行“户有档、村有册、乡有簿、市有电子台账”，及时更新贫困信息、及时跟进管理，按照国家脱贫标准，严格核查把关，对完全符合标准、能够脱贫的贫困户予以退出，对新增和返贫的贫困户及时纳入，做到应进则进、应退则退，为此我们推广了两个做法：

“五卡合一”填写帮扶档案，做到帮扶措施、帮扶成效情况明明白白。创新制作了以未脱贫贫困户基本情况卡、帮扶计划卡、帮扶记录卡、帮扶成效卡、脱贫政策明白卡为主

的“五卡合一”帮扶档案，一档在手，即可了解贫困对象的所有基本信息，谁来扶的、怎么扶的、解决了哪些问题、实现了哪些收入，一一记录在档，有据可查。“收入公开”张贴统计表，出台了《吉首市2017年贫困户家庭人均纯收入计算方法指导意见》，要求干部在入户核实脱贫时候，与贫困户算好人均纯收入账，做到贫困群众每项实际收入清清楚楚。统一印制了“2017年度人均纯收入统计表”，登记每一项实际收入、支出和生产成本，记录了实实在在的现金收入，一分一厘都经过贫困户签字确认后公示公开，做到你知、我知、大家知，方便社会监督。

（三）精准帮扶——变“随机调配”为“精准选派”

实行“四个+”模式，全力抓好驻村帮扶工作，不断提升群众满意度。“点面结合+精准选派”实现帮扶工作全覆盖。针对非贫困村帮扶力量薄弱问题，调整优化驻村扶贫布村方案，以贫困村为重点、非贫困村为关键面，从各单位精选能做事、会干事、责任心强的干部任贫困村党支部第一书记，组成140个驻村扶贫工作组，进驻43个贫困村和31个摘帽村、66个非贫困村（社区）开展驻村扶贫工作，实现帮扶力量“五个全覆盖”：即贫困村、非贫困村（社区）选派工作队全覆盖，选派第一支书全覆盖，市直各单位（含乡镇街道）包村扶贫全覆盖，市级领导挂乡联村全覆盖。“集中培训+在线课堂”实现帮扶能力大提升。通过开展全市脱贫攻坚基础工作培训、驻村工作业务培训、邀请扶贫业务骨干进行专项指导等多种集中培训方式让驻村干部掌握各项扶贫政策，明白各项脱贫措施怎么开展落实、基本档案资料怎么完善齐全；开通驻村扶贫工作QQ群和微信工作群，及时将培训资料上传，覆盖到未参训的驻村干部。“电子台账+后勤保障”实现驻村畏难能化解。为驻村工作组安装钉钉APP打卡签到系统，建立钉钉通讯录，形成驻村宿村考勤打卡电子记录台账，避免因事不在村被督查问责；规定帮扶单位必须确保派出的工作组一年4万元的工作经费，对驻村队员要提供相应的交通、生活补贴，要购买保险，让帮扶干部安心驻村、放心工作。“常态机制+正面激励”实现干部主动勇作为。实行“日督、夜查、早巡”制度、“每月百名电话核查”制度、“四个一”例会制度、“五个一”管理制度、驻村宿村公示和留档佐证制度、“一卡（档）一餐一宿六访月电话”制度，强化了驻村宿村纪律、提升了驻村帮扶实效；将市驻村办、驻村扶贫工作队员绩效考核实行单列考核，不再纳入原单位考核，纳入市“狮子型干部”评选范畴，对驻村扶贫工作中驻村作风扎实、工作成效明显的扶贫工作队员优先提拔重用，激发脱贫攻坚一线干部的工作热情和内生动力。

四、找准脱贫路径、精准滴灌到户，取得实效

做到资金、项目、措施因户“滴灌”，在全面摸清摸透贫困村、贫困户基本信息的基础上，以“十项工程”为抓手，突出产业扶贫、安居扶贫、保障扶贫、基础设施配套四大类项目，让“项目资金跟着穷人走”，把“血液”输到“静脉”，有效激活贫困群众的自我“造血”功能。

（一）找准脱贫路径，实现家家有产业，确保贫困群众能脱贫、可持续

一是建立利益联结，推进产业“联动式”扶贫，实现“资源变资产、资金变股金、农民变股东”。四级覆盖“带动”。筹措资金2亿元，实施“产业四级覆盖”贫困户。投入资金5872万元实施“贫困户自主发展产业”，即结合产业扶持以奖代补政策，落实贫困户家庭帮扶项目，实现“一户一产”，受益4.1万人；投入整合资金1305万元实施“村级产业带动贫困户”，即以农民专业合作社为载体，结合本地特色产业，与贫困人口建立紧密的利益联结机制，通过实现“一村一品”，全村每个建档立卡贫困户按财扶资金总规模的125%以上收益分红，至少分红5年；投入资金2453万元实施“乡级产业带动贫困户”，即以农业龙头企业、国营公司为载体，结合乡镇区域产业特色，通过农村流转土地，采用委托帮扶、股份合作的模式，与贫困户签订5年以上的分红合同，带动贫困人口0.5万人；投入资金9043万元实行“市级产业带动贫困户”，即用扶贫重点产业项目、金融扶贫小额信贷项目，采取委托帮扶模式，带动贫困人口1.2万人，保证贫困户每年保底分红收益800~1000元不等。建设光伏发电站稳定村集体经济收入，投资了4400万元在84个村（其中74个贫困村全覆盖）推进光伏发电项目，已全部并网发电。

主导产业“联动”。按照“短中长”（短期以黑木耳种植、稻田养鱼、畜牧养殖和旅游服务为主，中期以茶叶、猕猴桃等种植为主，长期以中药材、产业示范园等重点产业扶贫项目为主）产业发展模式和“因地制宜”原则，在特色农业上完成种植业40万亩，养殖业98.88万头（羽），稻田养鱼5000亩。建成万亩示范园3个、千亩示范园12个、百亩示范园148个，直接受益贫困人口3.9万人。2014—2017年市级重点产业项目通过采取直接帮扶、委托帮扶方式，投入资金4581万元，先后实施了黄金茶、中药材、精品农业产业示范园、湘西黄金茶基地开发等项目，共带动建档立卡贫困人口1.9万人，连续5年人均年收益800~4000元不等。

二是注重产业融合，推进产业“链条式”扶贫，变“单一为综合、过客为常客、潜力为实力”。坚持产业融合发展思路，推进实施“旅游+”“互联网+”等扶贫行动，构建一、二、三产业助力脱贫攻坚的“链条式”产业发展格局。“旅游+”推动“绿水青山”变成“金山银山”。大力发展乡村生态休闲旅游，以乡村旅游扶贫精品村为重点，打造苗族生态文化乡村游精品线路，带动贫困脱贫。例如，寨垅村成立了乡村旅游发展股份公司，村里的150名贫困户通过入股土地1800亩，人均分红4550元。坪朗村组建苗鼓表演队进行商演，带动建档立卡户13户参与，开展的猕猴桃、草莓等采摘体验项目，让全村建档立卡贫困群众直接或间接受益。“互联网+”推动“网货下乡”和“农货进城”。出台奖

励措施，对电商企业销售本地农特产品达到1000万元以上按比例给予奖励，物流发送本地农产品包裹量一定规模的快递企业给予上限10万元补贴。引入名企增强电商扶贫动力，与京东集团、湖湘商贸签订项目合作协议，开通运营“湘村购”、线上“京东·吉首特产馆”，与集群E家、易田电商平台合作搭建农村电商服务网络架构，形成农村基地生产加工、服务站填报信息、电商平台网上销售的电商扶贫产业链条，受益贫困群众1.5万人，为30个贫困村农产品进城销售开辟了新途径。

三是推进转移就业脱贫，实现“一户一人务工，全家不再受穷”。积极推进贫困户本地与外地转移就业，确保贫困家庭劳动力至少掌握一门致富技能，通过自己勤劳双手带动全家脱贫。“摸需求”，对全市所有建档立卡贫困劳动力信息进行摸底，确保就业信息精准。建立乡镇和村级人力资源数据库，随时做好新增贫困劳动力资源数据库动态更新及跟踪服务工作。“引进来”，每年都要举办“春风行动”“就业援助月”“民营企业招聘周”“人才集市”等招聘活动近20余场次。特别是与东莞市、济南市举办的招聘会产生了重要深远的影响。此外，与16个省内外劳务协作单位签订了合作协议，畅通了劳务协作渠道。“贴出来”，把企业岗位信息贴出来，破解企业用工和贫困劳动力之间就业信息不对称难题。先后在全市93个行政村和社区设立固定的招聘信息发布专栏，经过筛选后，定期发布就业岗位信息，让贫困劳动力足不出村就可以看到招聘信息。“稳下来”，通过“企业+农户”，推荐就业扶贫基地，使不能外出务工的贫困户实现居家灵活就业。在全市遴选吸纳贫困户就业能力强、带动优的企业申报全国就业扶贫基地，为转移就业助力，其中吉首市诚成纺织有限公司已入选全国就业扶贫基地。

四是推进生态补偿脱贫，实现“传统林业向生态林业、民生林业转变”。选派生态护林员，贫困户有了“绿色”靠山。出台《吉首市村级专职护林员队伍配备方案》《2016年吉首市生态护林员培训班实施方案》等文件，在全市积极推行选聘生态公益林护林员贫困户优先，共选聘了贫困户护林员407名，工资报酬为每人每年1万元。建设生态“绿色”银行。大力实施“产业建设生态化”扶贫工程，对油茶、木本药材等特色林业产业加大帮扶力度，带动产业结构调整和优化升级，推动贫困户增收脱贫。已在全市建成油茶、木本药材和花卉苗木等特色林业产业基地近16900亩。

（二）全力推进危房改造和易地扶贫搬迁工程，实现户户有其屋，确保贫困群众建得起、搬得出

我们把解决贫困户安全住房问题作为打赢脱贫攻坚战的着力点和突破口，完善政策、多措并举，全力推进危房改造和易地扶贫搬迁工作，确保农村贫困群众“居者有其屋”。

一是采取“四个一批”确保危房改造“建得起”。通过危房改造解决一批、保障性住房统筹一批、易地扶贫搬迁安置一批、集中安置保障一批4种解决贫困户住房难问题，细化补贴标准，维修户根据维修情况给予相应补助、新建户根据农村危房改造方式、建设标准和成本需求等不同情况，按照人口比例给予相应补助，同时根据省最新精神，对自筹资金和投工投劳能力极弱的特困贫困户的住房安全问题，不设定最高补助限额，确保了每一栋危房建得起、住得进。

二是实施“四个结合”确保易地扶贫搬迁“搬得出”。把易地扶贫搬迁与新型城镇化相结合，让农民变市民。吉首近50%的搬迁户安置在城区，在城区寸土寸金和用地指标十分紧张的情况下，专门安排城区建设用地200余亩用于扶贫搬迁；把易扶贫搬迁与新型工业化相结合，让搬迁农民变成产业工人。安置在“经开区”和“百里”两大工业园区内的贫困群众，通过搬迁农户就业技能培训后，在工业园区企业就能实现就近就业；把易地搬迁与旅游发展相结合，例如，把坪朗安置点建在德夯风景名胜区附近，让建房风格彰显民族特色；把分散自建安置与“小集中”结合起来。优选有资质的建筑公司，按照乡村规划选定小集中安置区“组团拼盘”“小集中”安置。吉首市十三五期间，省下达的搬迁任务7751人，在年底能全面完成。

三是强化“四项后扶”确保易地扶贫搬迁“稳得住”。“搬得出”还要“稳得住、住得好和能致富”，2016年，出台了《吉首市‘十三五’期间易地扶贫搬迁实施意见的通知》，对搬迁户产业发展、财政支持、就业、入学等方面明确了优惠政策措施。2017年又就后扶工作出台《关于切实做好我市易地扶贫搬迁后续扶持工作的实施意见》，成立了专班，从“培养劳动技能，创造就业条件”“落实扶贫政策，提高保障能力”“综合政策利用，拓宽增收渠道”、“创新思路，完善公共服务”4个方面对搬迁户进行精准后扶。对安置在行政村继续从事农业生产的搬迁群众逐户落实发展产业，实行“一村一品”和“一户一业”；对城镇安置户一方面做好劳务输出就业培训，一方面利用工业园区安置优势，对接“市经开区”和“百里工业园区”企业用工需求，就近就地就业，已对接第一批企业用工岗位600个；对于就业能力弱的搬迁户安排第一批58个公益岗位兜底，确保每户一人以上实现稳定就业。

（三）落实惠民到户措施，实现人人有政策，确保贫困群众不掉队、有保障

统筹推进社会保障兜底、健康扶贫、教育发展脱贫，不断将惠民到户政策向贫困地区与贫困户叠加，织牢社会保障网，确保每一个贫困户都能不掉队、有保障。

一是实施“两线合一”，提高农村低保救助水平，让贫困群众日常生活有保障。按照“应保尽保、应兜尽兜”要求，将保障政策向贫困户聚焦、向贫困户叠加，2017年我市提高农村低保保障水平，农村低保标准从220元/人·月提高到270元/人·月，实现农村低保标准与国家扶贫标准“两线合一”。随着保障标准的提高，我市将农村低保的人均救助水平从月人均补助125元提高到142元，救助比例提高13.6%。通过清理整顿，精准认定兜底对象，将全市符合兜底的建档立卡贫困人口全部纳入兜底保障范围，确保贫困人口得到保障。

二是解决“因病致贫、因病返贫”，推进健康扶贫，让贫困群众看得起病。全面落实健康扶贫“三个一批”工作要求，针对贫困人口看病难问题，从八个方面下足功夫。“筹”，从城乡医保基金、民政、财政、医疗帮扶贷款等筹集资金，设立建档立卡医疗帮扶资金专户。“保”，市财政为全部建档立卡贫困户购买城乡居民医疗保险、大病保险和“扶贫特惠保险”。“扩”，适度扩大药品报销范围，对尼诺替尼等16种特殊药品纳入城乡医保大病报销。“调”，将建档立卡户医疗总费用实际报销比例从80%提高到90%。并对建档立卡户患者在各级各类定点医疗机构住院，住院费用报销起付线减半，报销比例按照一级医疗机构政策范围内报销100%，二级医疗机构政策范围内报销95%，三级医疗机构政策范围内报销90%。“简”，简化住院报销程序，开通贫困人口就诊“绿色通道”，落实“先诊疗、后结算”政策，在全市实行“一站式、一票制”服务。“集”，实施大病集中救治一批。已完成112名农村贫困人口大病患病人群的分类登记及建档。其中94名贫困患者住院治疗，4名患者已完成手术治疗。“签”，实施慢病签约服务管理一批。贫困人口家庭医生签约服务已经基本完成，签约率100%，并针对5030名慢性病患者进行相关健康管理。“兜”，实施重病兜底保障一批。建立了目标人群名单，对需要医疗慈善救助的人员进行汇总，预计12月底完成救助工作。

三是实行“免补并举”，推进教育发展脱贫，让贫困群众上得起学。全力扩大资助面，实行贫困户子女从学前到大学的一揽子费用减免和补助政策，包括学前到中职学生的免学费和补生活费，对大学生给予一次性资助和提供国家贴息助学贷款，切实降低贫困户家庭子女的就学负担。此外，把“控辍保学”工作纳入政府目标管理，建立乡镇政府、学校、村组控辍保学三线责任制，积极开展“三帮一”劝返复学行为。据统计，吉首市2017年九年义务教育入学率达到100%，三类残疾儿童入学率达到83.9%，建档立卡贫困家庭学生辍学率为零。

（四）完善基础和公共服务设施，实现村村有变化，确保村庄村容美、生活好

我们全力推进基础设施配套和公共服务保障工程，大幅提升贫困村的基础建设，让群众在日常生活方便、舒适的环境中实现脱贫。

一是打通“最后一公里”，实现项目跟着“短板”走。脱贫攻坚，离不开基础先行。围绕贫困群众所盼所需，按照“缺什么、补什么”，推进贫困村基础设施建设，着力解决水利、交通、电力、通信等“最后一公里”问题，实现了贫困群众走平坦路、喝干净水、上卫生厕、住安全房，累计改水近3.9万户，所有贫困户都能喝上放心水；实现贫困村村村通路，25户以上自然寨寨寨通达。此外，通过提升改造，农网电网改造、4G覆盖率、光纤通达率、村卫生室、文化室、党建室实现全覆盖，打通了医疗、文化等公共服务“最后一公里”。

二是绘就“美丽乡村”，实现人在“画中”游。紧紧围绕布局美、产业美、环境美、生活美、风尚美德“五美”乡村格局，实施重点贫困村乡村基础设施工程，以点、线带面，全面提升村容面貌，实现“人在画中游”。以家庭、坪年、中黄、坪朗、幸福等9个乡村旅游扶贫精品村为重点，完成门楼造景、旅游厕所、生态停车场、游客服务中心、旅游标识标牌等项目建设；修建了传统村落的游步道、河堤、水碾、消防水池等基础设施；在30个村电商服务站点建设及门牌设计和安装，配备电视、电脑、货架等。同时发挥基层党组织战斗堡垒作用，结合美丽乡村示范创建工作，大力开展乡村环境卫生大整治、文明创建大宣传、美化亮化大行动，发展民宿、农家乐、山地休闲农业等乡村旅游业，让群众坐到家里也能有收入，把贫困村建成人人都向往的美丽宜居新农村。

五、严格脱贫程序、动态进行调整

吉首市严格按照贫困人口脱贫、贫困村退出、贫困县摘帽验收的要求执行每一步贫困退出程序，现将2014年来每年度的建档立卡数据陈述如下：

（一）年度脱贫村数：2016年退出贫困村31个，2017年退出贫困村43个。

（二）年度脱贫人口数：2014年脱贫1496户6404人；2015年脱贫1897户7234人；2016年脱贫2613户9741人；2017年脱贫4987户19723人。

（三）年度贫困发生率：2014年年底为22.1%；2015年底为17.7%；2016年底为11.9%；2017年底为0.71%。

（四）年度返贫人口数：2015年返贫22户108人；2016年返贫138户625人；2017年返贫74户161人。

（五）年度新纳入情况：2014年新纳入38户149人；2015年新纳入282户1078人；2016年新纳入219户758人；2017年新纳入3户3人。

（六）三率一度自评情况：2017年全市贫困发生率为0.71%，错退率为0%，漏评率为0%，群众认可度为98%。

六、建立长效机制、巩固脱贫成果

我们在瞄准脱贫摘帽目标的同时，也及时对巩固提升工作进行安排和部署，针对市摘帽、贫困村退出、贫困户脱贫后的后续帮扶、巩固提升等措施，出台了《吉首市关于建立贫困退出后续扶持政策的意见》，注重了政策的持续性，将实现脱贫与防范返贫相结合、当前与长远相结合。

七、退出申请

通过自查自评，吉首市脱贫攻坚成效符合贫困退出要求，其中综合贫困发生率为0.71%，错退率为0%，漏评率为0%，群众认可度为98%，达到脱贫摘帽标准，现申请退出贫困县序列。

湖南省人民政府

湘政函〔2018〕45号

湖南省人民政府
关于同意祁东县等7县市区脱贫摘帽的批复

省扶贫开发领导小组办公室：

你办《关于对2017年度省扶贫开发工作重点县脱贫摘帽进行批复的请示》（湘扶领办呈〔2018〕7号）收悉。根据《中共湖南省委办公厅湖南省人民政府办公厅印发〈关于建立贫困退出机制的实施意见（试行）〉的通知》（湘办〔2016〕31号）精神，现批复如下：

一、同意祁东县、双牌县、江永县、宁远县、鹤城区、洪江市、吉首市脱贫摘帽。脱贫摘帽后，在脱贫攻坚期内国家和省扶贫政策保持不变。

二、你办要督促以上7县市区按照中央和省委、省人民政府的工作部署，继续强化工作措施，落实工作责任，加大工作力度，不断巩固脱贫攻坚成果，确保稳定脱贫。

湖南省人民政府

2018年4月23日

（此件主动公开）

美丽湘西建设工作纪实

2017年,在州委、州政府的坚强领导下,湘西州各级各部门认真贯彻落实全州综治创新暨美丽湘西建设工作会议精神,紧紧围绕建设国内外知名生态文化公园这一总目标,以建州60周年为契机,扎实推进美丽湘西建设,狠抓环境卫生、容貌秩序、美丽乡村示范创建,协同推进生态文明建设、网格服务管理、两违整治及河长制等工作,城乡面貌发生了历史性变化,全州上下合力共建美丽湘西、美好家园的氛围进一步形成。突出抓好了以下五个方面工作:

一、以建州60周年为契机,狠抓环境综合治理。按照州委州政府统一部署,扎实开展州庆环境优化工作,强力整治城乡卫生容貌秩序,全州人居环境进一步优化提升。一是垃圾治理步入常态化。城乡垃圾处理体系逐步完善,凤凰、龙山、吉首、经开区、花垣等县市城区及大部分集镇环卫服务实行外包,集镇垃圾基本做到日产日清。农村垃圾分类减量处理全面实施,乡村保洁人员和经费落实到位,可回收垃圾收购网络系统基本建立,垃圾乱倒乱埋、露天焚烧行为得到有效治理。二是容貌整治逐步规范化。各县(市、区)均围绕建州60周年,组织开展系列综合整治行动,对出店经营、乱搭乱建、乱贴乱画、乱停乱摆等不文明行为进行强力整治,全州城乡容貌交通秩序明显好转。如吉首市对城区主街道及人行道全面"禁停",启用电子警察对违停行为进行流动抄牌,凤凰县取消人行道摩托车停车位,城区容貌交通秩序大为改观。三是难点突破取得新进展。积极创新工作机制,将城区出入口、物业管理、大数据运用、露天焚烧垃圾等纳入常规考核内容,使过来城市建设管理的一些重点难点问题得到有效解决。据不完全统计,全州参与人数543.68万人次,清除卫生死角6.17万处,清理垃圾10.41万吨,回收利用垃圾1.64万吨,整治露天焚烧垃圾2929处;整治乱搭乱建1.93万处、出店经营7万家、车辆乱停乱摆6.1万处,清理牛皮癣非法小广告164.76万处。通过抓综合整治,城乡环境面貌有了新改观,群众幸福感、获得感有了新提升。

二、以美丽乡村创建为载体,助推全域旅游发展。坚持把美丽乡村示范创建作为争创乡村旅游特色品牌、引爆全域旅游、打造国内外知名生态文化公园的重要抓手和"点睛之笔"。在州美丽办牵头抓总、各部门配合、县市实施的机制保障下,经年终考核验收,全州300个示范村、100个精品村(含40个乡村旅游示范村)全部达标。一是高规格安排部署。州委办、州政府办印发《湘西自治州美丽乡村示范创建三年行动计划》,红专书记先后就示范创建工作提出明确要求。州美丽办以示范创建为抓手,捆紧压实州直牵头单位责任,形成了共建共管的新格局。各县(市、区)均制定相关细化方案,明确责任分工,先后召开高规格会议进行专题安排部署。二是高标准推进创建。坚持规划引领,因地制宜,彰显特色,全面启动实施美丽乡村示范创建三年行动计划。各县(市、区)积极开展创建工作,扎实推进"六大行动",项目建设成效明显。截止年底,全州完成美丽乡村村庄规划编制349个,通村通组公路硬化750.04公里、公路安防工程734公里、入户道路硬化552.89公里,建设村庄停车场123个,安装路灯9055盏,完成道路绿化35.8公里、水系绿化33.37公里、庭院绿化14130户,整修竹篱(木篱、绿篱)58.76公里,绘制文化墙12.09公里。完成河道整治68.68公里。完成特色民居改造5264户(栋),建设村(社区)网格站1148个。新建农村单户型污水处理设施1082套、集中式污水处理设施15套。新建旅游厕所204座(完工172座,在建32座),完成农户卫生厕所改造38672户,推广清洁能源11995户。完成农村特色产业建设249个,新建专业合作社1064个,农村电商服务点403个。三是高频率督促检查。下发《湘西自治州美丽乡村示范创建考核验收办法(试行)》,采取一月一调度、一季一排名、半年一观摩、年底总验收的方式,对美丽乡村示范创建工作进行严督实检,考核结果纳入建设美丽湘西工作综合排名。同时,注重加强典型推介,积极搭建县市区交流平台,于2017年10月下旬召开了全州美丽乡村示范创建工作现场推进会,吉首市、龙山县、花垣县双龙镇、古丈县红石林镇、泸溪县马王溪村分别作了经验介绍。通过抓示范创建,村庄建设管理水平得到极大提升,一大批有特色、有前景、可复制的美丽乡村亮丽呈现,正在成为湘西新一轮乡村旅游的聚集点和引爆点。如龙山乌龙山大峡谷周边村寨、吉首矮寨景区周边村寨、凤凰传统苗寨等村寨。

三、以绿色生态保护为抓手,推进生态文明建设。牢固树立绿水青山就是金山银山的理念,加快推进生态文明示范州建设,有关年度任务指标全面完成。一是创森工作稳步推进。深入推进绿色湘西建设,创建国家森林城市工作进展顺利,完成水岸绿化87.5公里、道路绿化200.8公里、宜林地造林4.16万亩,建成秀美村庄200个,新增城区绿地7000亩。二是民族文化传承有力。大力实施文化湘西建设,组织开展以土家舍巴日和苗族赶秋为主的传统民族节庆活动、文化市场联合执法行动,文化产业同期增长5%,有线电视入户率达60.07%。三是"河长制"工作全面开展。全面落实上级决策部署,扎实开展河长制工作,河道库区保护治理机制初步建立,毒鱼电鱼、网箱养鱼、规模化养殖污染得到有效治理。据统计,全州清理河道垃圾5900吨，整治乱排污水5984处，整治毒鱼电鱼炸鱼1230次。通过推进生态文明建设，湘西州生态环境明显改善，绿色生态优势得到进一步放大。

四、以网格服务管理为平台，推动社会治理创新。把网格服务管理作为“综治创新年”十项重点工作之一，不断加强网格化基层基础工作，创新工作方式方法，完善层级化管理，转变政府职能。一是基础建设更加夯实。全州投入1525万元，完成了州级网格化指挥中心、36个乡（镇、街道）网格化分指挥中心、1148个村（社区）网格工作站建设任务，基本实现州、县、乡、村四级网格化指挥中心、分中心、网格站实体化全覆盖。二是平台运用更加高效。各县市落实20个准入单位有关信息数据进入指挥中心数据库，有关单位制定采集标准，一表制采集录入，确保数据适时更新，实现了信息数据分级授权、动态管理、共建共享。三是服务内容更加广泛。各县市将20项与民生事务有关证件的申请、发证等工作迁移到乡（镇、街道）一级，将便民服务工作与网格化工作进行有效整合，实现前台受理、后台办理。广泛建立网格微信群，初步探索小区物业管理与网格化服务管理相结合的工作机制。通过抓紧网格服务管理，全州社会治理体系更加完善，服务管理水平全面提升。

五、以强化宣传教育为手段，提升公众文明素质。坚持把宣传教育贯穿建设美丽湘西工作始终，不断丰富宣传内容，创新宣传手段，以宣传促进教育教化，提升公众文明程度。一是深化文明创建工作。大力推进文明创建工作，组织举办“道德讲堂”活动，核心价值观学习宣传入脑入心，新增了一批文明村镇、文明单位、文明校园、文明家庭。组织开展了“放生鱼资源·养护母亲河” 渔业资源人工增殖放流环保志愿服务活动，广大干部群众绿色环保意识不断增强。二是狠抓主流媒体宣传。在《团结报》、州县市电视台、网络媒体平台开设“建设美丽湘西”专栏，及时维护更新州政府门户网站“建设美丽湘西”网页。创办了“我的美丽湘西”微信公众号，及时发布工作动态，推介基层经验典型，年内发布信息591条，阅读点击量达4.75万余人次。三是开展主题宣传活动。围绕建州60周年活动，在《团结报》专版宣传建设美丽湘西工作，同时通过州、县（市）主流媒体向全州广大城乡居民发出《关于建设美丽湘西争做文明湘西人的倡议书》。组织开展“我的乡村”微记录片展播活动，年内播出18期，社会反响良好。完成拍摄建设美丽湘西电视专题片。四是积极对外宣传推介。下发了《关于规范设置建设美丽湘西工作宣传标牌的通知》，各县（市、区）均在城区出入口、重要通道沿线、重点集镇显眼位置设立了一批建设美丽湘西固定宣传标牌。编写《美丽中国湘西行》宣传手册，发放到州、县、乡、村，并在州庆期间赠送给领导来宾，大力宣传州委州政府建设美丽湘西的意义、目标、内容，积极向外推介建设美丽湘西工作。据统计，全州全年制作大中型固定宣传牌481块、农村垃圾分类宣传栏1669块，张贴横幅标语6057万条，在电视、报刊、网站上发出有关新闻专题稿件1127篇，开展文明素质教育活动1168次，印发《工作简报》403期，印发《美丽中国湘西行》宣传手册1.5万册。通过抓宣传教育，为美丽湘西建设扎实有效推进，营造了较为浓厚的工作氛围。

推进美丽湘西建设，州美丽湘西建设领导小组办公室不满足于过来已有成效，根据州委、州政府要求和工作形势发展变化，勇于探索、大胆创新，推动全州美丽湘西建设不断提质升级。一是强化调研指导。州委主要领导、分管领导多次深入县（市、区）、乡（镇）、村，就美丽湘西建设进行调研指导。州美丽办坚持以调研为基础，积极为州委、州政府当高参、设大谋。由分管副秘书长带队，先后组队赴长沙望城县、浏阳县、宁乡县等实地考察调研美丽乡村建设情况；深入县（市）、乡（镇）、村就如何贯彻落实党的十九大精神打造美丽湘西升级版进行专题调研；到吉林延边朝鲜族自治州学习考察厕所革命经验。首次推行月考核小结制度，每次考核后都组织考核人员认真分析梳理，查找问题，提出工作建议；推行上门分析指导工作机制，由分管副秘书长带队，对排名靠后的县市，上门反馈突出问题，提出整改指导意见。二是强化督查考核。修订《考核办法》，将对县市区的排名奖惩，由原来两月一次调整为一月一次。全年完成5次明检、7次暗查，公布县（市、区）排名11次，兑现奖金720万元，罚金120万元，下发督办函5件。加强队伍建设，坚持每月考核结束后集中学习一天。严格考评队伍管理，坚持不要县市区接送和陪同，不要县（市、区）接待食宿，不接受任何馈赠，不听汇报、不查资料，不随意改分，维护公平公正。三是强化工作创新。以城乡环境治理为基础，以美丽乡村示范创建为抓手，推动美丽湘西建设工作提质升级、创新发展。坚持考核与巡查相结合，对发现的突出问题，实行书面督办、限期整改，确保群众投诉的问题得到及时受理和有效解决。如州美丽办于2017年10月24日督办了湘西广播电视台住户反映的露天焚烧垃圾及环境卫生问题，住户对整改情况非常满意并送去“幸福家园、美丽卫士”的锦旗。

工作推进中，各县（市、区）按照州委州政府的统一部署，结合实际大胆创新体制机制，工作特色鲜明，形成了比学赶帮的良好氛围。吉首市作为州府所在地，抢抓建州60周年的历史机遇，实施了一大批重点项目建设，交通“突围”成效明显，城市建设管理水平大幅提升。在美丽乡村示范创建工作中，注重细节、用心打造，切实做到了花小钱办大事。泸溪县是城乡同建同治的一面旗帜，过来为全州工作推进创造了很多好的经验，在垃圾回收体系建设方面先行先试、成效明显，特别是浦市镇等大集镇秩序规范管理有大改观。凤凰县立足国际旅游城市定位，创立了实时督办整改工作机制，通过组建4个微信工作群，对城乡建设管理问题进行实时调度和督办，部门、乡镇协同推进机制得到加强，问题整改效率明显提高，年内对城区出入口进行了全面提质改造，极大提升了旅游城市形象。古丈县曾经是城乡同建同治工作的试点县，在城乡环境治理、垃圾回收处理、门店招牌规范等方面下了大力气，取得了明显成效。花垣县处于全州城乡同建同治工作的第一方阵，工作基础扎实，整体推进有力，城区、乡镇发展较为平衡，总体效果较好，在美丽乡村示范创建工作中做出了自己的特色亮点。保靖县大力优化考核办法，坚持县级考核每月一次对全县所有行政村全覆盖，基本补强了乡镇工作的弱项，城区管理变化大、来势好，开始实现后发赶超。永顺县调整分管领导和专抓队伍后，对后进乡镇实行重点抽查考核，工作大有起色，来势好，城区变化非常明显。龙山县城乡同建同治工作基础扎实，压力传导到位，成效较为稳定，年内在美丽乡村示范创建中坚持全面开花，整体打包项目和资金，统筹推进有关工作，示范创建工作力度大、措施硬、效果好。湘西经开区发挥州庆主会场作用，市政基础设施建设全面提质，背街小巷卫生保洁全部实行公司化管理，园区管理水平得到全面提升。

通过大力推进城乡同建同治和美丽湘西建设，湘西州城乡面貌发生了历史性变化。一是生态和人居环境有了大提升。城乡同建同治使湘西的天更蓝、山更绿、水更清、地更净，农村的人畜发病明显减少了。据有关部门统计，2017 年湘西州乙丙类传染病发病 14495 例，比开展城乡同建同治之前的 2012 年减少 2959 例；近 5 年来全州未发生禽畜重大疫情。二是湘西州形象和竞争力有了大提升。同建同治和美丽湘西已经成为助推该州发展的一块“金字招牌”，赢得了各级领导、游客的纷纷点赞，引起了周边地市的高度关注，促进了招商企业入驻、重大项目落地。近年来先后有福建南平、广西桂林、湖南怀化和张家界、贵州松桃等地市县到州考察学习。三是老百姓的获得感和幸福感有了大提升。群众普遍反映，基层干部的作风更实了，村里乱扔垃圾的少了，搞封建迷信的少了，打牌赌博的少了，参加公益活动的多了，一些陈规陋习正在改变，乡风文明正在逐步形成。

2017 年工作虽然取得了一定成绩，但也存在一些不容忽视的问题。比如思想认识还要深化，面对新时代、新任务、新要求，美丽湘西建设还任重道远，需要进一步创新提质；部门主动作为不够，少数州直牵头单位未能站在建设美丽湘西大局中履职尽责、主动作为；县（市）工作推进不平衡，县（市）之间、乡（镇）之间、村之间均存在工作发展不平衡现象，少数县市、乡镇有厌战情绪；群众参与还有差距，少数县（市）、乡（镇）不注重抓群众的教育教化，“干部干、群众看”的现象仍然存在。

表 3

2017 年湘西州城乡同建同治工作情况统计表

参与人数(万人次)	投入保障			宣传教育									督查调研			设施建设													
	投入资金总额(万元)	其中														环卫设施										道路交通设施			
		整合项目资金(万元)	落实奖励资金(万元)	制作大中型固定宣传牌(块)	制作农村垃圾分类宣传栏(块)	发放农户垃圾分类宣传卡(份)	张贴宣传横幅标语(条)	播出广播电视新闻专题(篇)	发表报刊(网络)宣传稿件(篇)	编发工作简报(期)	开展文明素质教育活动(次)	开展督查调研活动(次)	撰写调研报告(篇)	下发督查通报(期)	新建垃圾中转站(座)	新增果皮箱(个)	发放垃圾分类桶(个)	新增垃圾清运车(台)	新增洒水车(台)	新建垃圾焚烧炉池(个)	新(改)建城市公厕(座)	新建旅游厕所(座)	改造农村厕所(座)	硬化乡村道路(公里)	新建(改)停车场(个)	新增公共停车位(个)	施划交通标线(处)
543.68	255678.63	254252.43	1426.2	481	1669	341300	6057	151	1076	403	11680	553	69	140	35	18629	109461	141	31	2414	78	101	28440	1398.53	175	9457	18591

环境整治																	队伍建设							
清除卫生死角(处)	清理垃圾总量(吨)	其中清理河道垃圾(吨)	整治露天焚烧垃圾(处)	回收可回收垃圾(吨)	整治乱排污水(处)	整治毒鱼电鱼炸鱼(次)	整治乱搭乱建(处)	整治非法占道(次)	整治出店经营(家)	整治车辆乱停乱摆(处)	清理杂物乱堆乱放(处)	设置免费信息栏(块)	清理牛皮癣非法小广告(处)	开展洗修车场所整治(次)	规划建设洗修车场所(处)		县市美丽办落实专门编制(名)	抽调工作人员(名)	落实办公室经费(万元)	落实乡镇工作经费(万元)	配备村组保洁人员(名)	落实保洁人员经费(万元)		
61706	104135.7	5941.54	2929	16419.64	5984	1230	19294	110115	70026	60993	51479	2525	1647575	748	61		39	103	1792	3457.14	9539	7977.99		

大事记

1月

5—8日，中国人民政治协商会议湘西土家族苗族自治州第十二届委员会第一次会议在吉首召开，大会通过十一届州政协主席龙德忠代表常务委员会所作的工作报告，通过十一届州政协副主席龙春生代表常务委员会所作的提案工作报告；通过政协湘西土家族苗族自治州第十二届委员会第一次会议政治决议；选举刘昌刚为第十二届州政协主席，贾高飞、宋清宏、向顶天、龙春生、石红、卢向荣、向顺荣、吴志明、印钊为第十二届州政协副主席，张旭为第十二届州政协秘书长。

6—9日，湘西土家族苗族自治州十四届人大一次会议在吉首召开。大会通过十四届人大一次会议关于政府工作报告的决议，关于湘西州2016年国民经济和社会发展计划执行情况与2017年计划的决议，关于湘西州2016年预算执行情况与2017年预算的决议，关于州十三届人大常委会工作报告的决议，关于州中级人民法院工作报告的决议，关于州人民检察院工作报告的决议，关于《湘西土家族苗族自治州酉水河保护条例》的决定。选举彭武长为湘西土家族苗族自治州第十四届人民代表大会常务委员会主任，彭益、吴凌频、刘时进、张才金、刘小刚、宛庆丰、石耀华为湘西土家族苗族自治州第十四届人民代表大会常务委员会副主任，文武斌为湘西土家族苗族自治州第十四届人民代表大会常务委员会秘书长。选举龙晓华为湘西土家族苗族自治州人民政府州长，向恩明、向清平、何益群、李平、麻超、王学武为湘西土家族苗族自治州人民政府副州长。选举彭卫兵为湘西土家族苗族自治州中级人民法院院长；肖建雄为湘西土家族苗族自治州人民检察院检察长（须报经湖南省人民检察院检察长提请湖南省人大常委会批准）。

12日，湘西机场建设启动仪式在花垣县花垣镇老天坪村举行，州委书记叶红专宣布湘西机场正式开工建设，州委副书记、州长龙晓华出席启动仪式并讲话。

13日，中共中央组织部、共青团中央向湘西州选派的第17批博士服务团成员到湘西经开区考察调研。

16日，州委常委、常务副州长向恩明带领州安委会成员单位负责人一行，深入吉首市汽车站、施工现场等地检查节前安全生产工作，确保节日期间生产安全，让全州人民度过一个安全、祥和、喜庆的春节。

20日，州委书记叶红专以普通党员身份参加所在党支部——州委办综调信息法规支部的组织生活会，与支部党员谈心交流。会议围绕学习贯彻党的十八届六中全会精神，结合“两学一做”学习教育，聚焦理想信念、政治纪律等6个方面，认真开展批评与自我批评。

22日，州人大常委会主任彭武长走访慰问部分州直单位的困难党员和退休老党员，给他们送去党和政府的关怀及新春祝福。

是日，州委副书记、州长龙晓华带领州直相关部门负责人深入保靖县吕洞山镇夯沙村、梯子村看望慰问结对帮扶联系户和“五保”老人，给他们送去党和政府的关怀与温暖。

23日，州委副书记、州委统战部部长曹普华到花垣县双龙镇桃花村、补毫村看望慰问结对帮扶联系户，为困难群众送去党和政府的温暖及新春的祝福。

2月

13日，十四届州人民政府第一次全体（扩大）会议在吉首召开。会议主要任务是贯彻落实省、州“两会”精神，研究政府管理和服务的长效机制，安排部署新一届政府目标管理及当前工作。

15日，州民族中医院正式加挂湖南省民族中医医院牌子，标志着湘西州民族医药事业发展跃升到一个新的发展阶段。

是日，州人民政府组织召开全州安全生产电视电话会议，传达贯彻当天召开的全省安全生产紧急电视电话会议精神并安排部署节后安全生产工作。

17日，州委书记叶红专主持召开全州精准脱贫攻坚领导小组会议。

22日，州委政法工作会议在吉首召开。州委常委、州委政法委书记欧阳旭作工作报告。

23日，州安委会2017年第一次全体会议在州政府一会议室召开。州委常委、常务副州长向恩明出席会议并讲话。

24—25日，山东省济南市党政代表团到湖南省湘西州开展扶贫协作工作，举行济南市·湘西州扶贫协作联席会议暨两市州扶贫协作框架协议签署仪式，签署《济南市湘西州东西部扶贫协作框架协议》。湖南省副省长戴道晋，济南市委副书记、代市长王忠林出席并见证签约。

25日，中央电视台财经频道报道保靖县迁清公路建设进度滞后问题。州委、州政府对此高度重视，州委书记叶红专亲自调度项目有关情况，州委副书记、州长龙晓华迅速深入工程现场调度，详细了解项目建设进度，协同解决相关问题，推进项目建设进程。

3月

1日，州委副书记、州长龙晓华主持召开州长办公会议，专题听取保靖县人民政府对迁清公路工程建设情况的汇报，安排部署后续建设工作。

3日，州委、州人大常委会、州政府、州政协、吉首军分区领导和州市部分单位300余名干部群众，到吉首市乾州街道兴隆社区大坡气象科普公园参加全民义务植树活动，以实际行动拉开湘西州实施“千里生态走廊”、创建“国家森林城市”、建设“美丽湘西”的序幕。

8—9日，省交通运输厅党组书记、厅长胡伟林带领省高速公路管理局、省交通运输厅相关处室主要负责人一行，到湘西州调研交通重点项目建设情况。

20日，州委副书记、州长龙晓华到吉首市和湘西经开区调研州庆重点项目建设情况。

23—24日，国家民委监督检查司巡视员宋全带领督查调研组，深入湘西州督查调研民族团结进步创建活动。州委副书记、州长龙晓华主持汇报会。

25日，州委十一届四次全会在吉首召开。会议审议《中共湘西自治州委贯彻党的十八届六中全会精神推进全面从严治党向纵深发展的意见（讨论稿）》和《关于州人民政府驻地暨州政务中心搬迁的决议（草案）》（以下简称《意见》和《决议》）。

29日，全州全面推行河长制暨防汛抗旱工作会议在州政府会议室召开。

29—30日，省林业厅厅长邓三龙、副厅长李益荣带领相关处室负责人到湘西州调研林业工作。

30日，湘西公路口岸吉首华泰公用型保税仓库举行揭牌仪式。长沙海关关长黎对贞出席仪式并宣布仓库正式启用。

是日，州委书记叶红专在吉首市会见中国银行湖南省分行党委书记、行长魏国斌一行，双方就进一步拓展合作领域、推进政银战略合作进行交流座谈。

4月

1日，全州村（居）“两委”换届选举工作推进会在吉首市召开。会议要求全州各县（市、区）要全面贯彻落实全省村（居）“两委”换届选举工作推进会精神，进一步压紧压实责任，层层传导压力，确保全州村（居）“两委”换届选举工作平稳有序、风清气正。

6日，州政府召开一季度经济运行情况调度会。

是日，全州农村土地承包经营权确权登记颁证工作视频会议在吉首召开。

是日，州委副书记、州长龙晓华主持召开州规委会第一次全体会议，安排部署州规委会工作。会议学习贯彻落实新修订的《州城乡规划委员会工作规则》，审议《2017年州规委会工作要点（送审稿）》和《专家委员会工作规则（送审稿）》。

7日，州人民政府与国家开发银行湖南省分行在花垣签署《开发性金融支持湘西州脱贫攻坚战略合作协议》，涉及项目50个，意向融资700亿元，围绕湘西州基础设施、民生保障、产业发展、新型城镇化等多领域展开全面务实合作。花垣县精准扶贫有限公司与国开行湖南省分行签订6.4亿元的农村基础设施建设项目借款合同，截至当日，湘西州8县（市）陆续与该行签订农村基础设施建设项目借款合同54.6亿元。

8日，湘西州召开万名干部下基层抓实安全生产、信访维稳和精准脱贫工作推进会。

10日，全州民族宗教暨深化民族团结进步创建活动工作会议在吉首召开。会议通报表扬全州民族团结进步创建活动的优秀单位，总结2017年一至三季度工作，安排部署第四季度重点工作。

10—12日，省政协副主席胡旭晟率省政协调研组深入湘西州吉首市、古丈县，就“优化非公经济发展法治环境”开展协商监督调研。

12日，省旅游发展委员会主任陈献春率省旅发委相关部门、省文化旅游企业等单位到凤凰县麻冲乡老洞村调研乡村旅游扶贫工作。

9—14日，中共中央书记处书记、全国政协副主席杜青林率全国政协调研组到湖南，就“实施精准扶贫中存在的问题和建议”，赴湘西州、怀化市等地开展监督性调研。省委书记、省人大常委会主任杜家毫，省委副书记、省长许达哲，省政协主席李微微分别陪同调研。

13—14日，省委副书记、省长许达哲赴湘西州古丈县、永顺县调研扶贫攻坚工作。他强调，要充分发挥基层党组织的战斗堡垒作用和致富能人的带动作用，提升贫困农户脱贫致富的内生动力，走好特色发展路子，抓好脱贫兜底保障，确保真脱贫、不返贫，让贫困群众得到更多实惠和获得感。省政府秘书长王群参加调研。

14日，全州易地扶贫搬迁暨保障性安居工程建设工作会议在吉首召开，传达省有关会议精神，总结2016年全州易地扶贫搬迁成绩和经验，研究部署2017年异地搬迁的任务和办法，并调度和安排全州保障性安居工程建设工作。

21日，州建设美丽湘西工作领导小组2017年第二次会议在吉首召开，研究美丽乡村示范创建工作，审议《湘西自治州美丽乡村示范创建考核验收办法（试行)》，进一步推动美丽湘西建设落实落地。

24日至27日，湖南省军区司令员黄跃进少将率工作组到湘西州检查调研。

27日，湘西州召开全州村（居）“两委”换届选举工作推进电视电话会议，进一步安排部署村（居）民委员会换届选举工作。

5月

2日，州委召开经济工作调度会议。

3日，湖南省干部教育培训网络学院移动学习平台和微信公众号正式开通，湘西州干部教育培训可通过手机登录平台进行学习。

4日，湘西州纪念“五四”运动98周年暨“青春迎州庆·献礼十九大”启动仪式在吉首市团结广场举行。

5日，港澳商务考察团座谈会暨签约仪式在湘西州举行。

6—7日，由国土资源部、财政部组成的地质灾害中期评估组到湘西州评估指导地质灾害综合防治体系建设。

7—10日，由山东省济南市农业局组织的该局对接扶贫协作代表团到湘西州考察特色农业，并就产业扶贫协作“4331”工程项目首秀“济南十一届茶叶博览会暨湘西茶叶品牌推介会”进行具体对接洽谈。

8日，湘西州召开脱贫攻坚突出问题大排查大诊断大整改推进工作暨城乡最低生活保障和社会保障兜底脱贫对象认定清理整顿工作视频会议，主要目的是进一步强化问题导向，聚焦重点难点，全力推进精准扶贫、精准脱贫工作，确保圆满完成全年精准扶贫各项目标任务，坚决打赢脱贫攻坚战。

是日，州配合环境保护督察工作协调联络组召开州直部门约谈会，进一步加大省交办湘西州突出环境问题的整改工作力度。

8—9日，实事助学基金会理事长朱蕤、秘书长沈祥荣在省教育厅副厅长夏智伦陪同下到湘西州调研援助项目实施情况。

8—9日，贵州省遵义市人大常委会主任范元平率该市人大法制委、教科文卫委及市政府相关部门负责人共20人，到湘西州考察调研老司城遗址保护与利用工作。

9日，“中国流动科技展览馆”湘西巡展在古丈县举行首站启动仪式，开启以“体验科学、创新发展、全民参与”为主题的科技巡展活动。

10日，全州征兵工作领导小组会议在吉首军分区召开。会议总结2016年湘西州征兵工作情况，安排部署2017年征兵工作任务。

是日，湘西州首届“最美卫计人”大型公益活动颁奖典礼在武陵山大剧院举行。

11日，州委召开环保督察约谈会，就中央、省环保督察组交办的信访件办理和突出环境问题整改工作进行再加压、再升温、再强调。

是日，州委就环保问题约谈8个县（市）的县（市）长、湘西经开区管委会主任以及各县（市）相关负责人。州委书记叶红专要求，正视存在的问题，认真做好中央环保督察组交办信访件办理与突出环境问题整改工作，着力把污染治理好，把生态保护好。

13日，由州委宣传部、湖南一甲传媒有限公司联合摄制的国内首部精准扶贫故事片《爱在湘西》杀青仪式在古丈县红石林景区举行。

17日，“嘉里·首彩心连心”0~14岁儿童先天性心脏病免费救助项目在龙山县正式启动。

18日，州委书记叶红专，州委副书记、州长龙晓华在凤凰县会见浪潮集团副总裁王春生一行，双方围绕云计算产业、大数据中心建设、智慧城市管理进行对接座谈。

18日至19日，中央统战部副部长、国家民委主任、党组书记巴特尔到湘西州调研民族工作和扶贫攻坚工作。

19日，恰逢第七个“中国旅游日”，湘西州在跻身全国十大旅游热点和高增长地区后，在“旅游+扶贫”“全域旅游”等整体战略规划下，大湘西旅游投资有限公司揭牌暨旅游战略合作签约仪式在吉首举行。

23日，2017年全州对台工作会议召开，传达全省对台工作会议精神和州委决定精神，总结去年全州对台工作，安排部署今年工作。

26日，湘西茶叶品牌推介会走进第十一届中国（济南）国际茶产业博览会暨第五届茶文化节现场会在被誉为江北“第一茶市”的济南茶叶批发市场隆重举行。

是日，建州60周年“五色斑衣·秀美湘西”民族服饰创意设计大赛样品在吉首市广电会议中心进行终审展示。

27—28日，湖南达嘉维康医药产业股份有限公司董事长王毅清、党委书记胡胜利率领公司相关负责人及湖南农大教授，到花垣县双龙镇桃花村开展“万企帮万村”精准扶贫行为考察调研活动，并慰问贫困户，这是全省统一战线助力脱贫攻坚推进会结束后，首家进入湘西州对接扶贫项目的企业。

6月

1日，唐人神湘西州绿色生猪养殖项目在花垣县花垣镇排楼村正式开工建设。

7日，州委书记叶红专在吉首会见天宝集团副总裁洪光岱一行，就引进电子信息产业项目入园事宜进行座谈交流。

11日，湘西州2017年节能宣传周活动启动仪式在吉首市团结广场举行。

12—14日，省关工委副主任罗海藩、武吉海一行到湘西州调研民族地区关心下一代工作。

12—17日，世界华人企业家联合会荣誉主席、澳门君天集团董事长叶惊涛，率领港澳商务考察团再次到湘西州进行投资考察活动。

13日，湘西经济开发区60周年州庆倒计时100天誓师大会在园区金融中心大楼前坪举行。

是日，国家烟草公司总经理陈江华一行深入古丈县调研重点工程古阳河水库下闸蓄水情况。

14日，全州交通运输安全“隐患清零”行动推进会在吉首召开。

15日，全州环境治理战役“夏季攻势”动员大会在吉首召开。

15日，湖南省政协主席李微微到湘西州吉首市矮寨镇新溪村、坪朗村督查调研脱贫攻坚工作，并看望慰问贫困群众代表。省政协秘书长卿渐伟，州委常委、吉首市委书记刘珍瑜参加督查。

15—16日，衡阳市委书记、市人大常委会主任周农率党政代表团到花垣县考察对口帮扶工作。

15—17日，全国政协副主席卢展工率全国政协教科文卫体委员会调研组到湘西州，围绕“拓展文化内涵，促进产业扶贫——茶产业”主题考察调研。

16—17日，湖南航天管理局党委书记唐应伟、纪委书记韩海彬率党群部、七八〇一研究所、湖南航天医院等负责人，深入保靖县迁陵镇通坝村，调研精准扶贫工作。火箭军驻长沙地区军事代表室总代表陈明辉随同调研。

17日，国家节能中心副主任徐志强，中国节能协会理事长房庆，中华环境保护基金会主任吴建俊，飞利浦照明（中国）投资有限公司大中华区副总裁杨丽莉一行，深入保靖县吕洞山镇夯沙村举行LED节能灯捐赠项目启动仪式。

17—18日，“首届全经联特色小镇产业运营大会”在北京召开。州委副书记、州长龙晓华带队参加，会上播放《神秘湘西》宣传片，副州长刘新民作“携手全经联，加持促发展”主题发言。这是湘西州第三次与全经联就全州经济发展与特色小镇产业导入进行深度交流，共谋发展新机遇。

18日，全国政协委员、全国政协书画室副主任、中国美术家协会主席刘大为一行艺术家在省政协副秘书长、研究室主任、省政协书画院副院长吴志宪和全国政协常委、州政协原副主席田岚等人陪同下，先后在凤凰、吉首两地考察采风。

是日，全国城市执法体制改革专项督查湘西州汇报会召开。

20—21日，湖南省烟草专卖局局长、中国烟草总公司湖南省公司总经理樊剑峰到湘西州调研精准扶贫和烟草生产销售工作。

22日，州河长委员会第一次工作会议在吉首市召开，会议总结前段时间全州各县（市）及湘西经开区河长制工作开展情况，安排部署下阶段工作。

22日晚至23日，湘西州普降大到暴雨，局地特大暴雨，多地遭受暴雨灾害。暴雨发生后，州委副书记、州长龙晓华紧急安排部署全州应对强降雨工作。

27日，国家减灾中心副主任张学权一行在省民政厅副厅长邓磊、州政府副州长何益群陪同下，到湘西州看望慰问受灾群众，检查和指导抗灾救灾工作。

7月

1日，由州政府、中国地质科学院岩溶地质研究所、联合国教科文组织国际岩溶中心联合主办的湖南湘西喀斯特国际学术研讨会在吉首召开。中国科学院院士袁道先，英国伯明翰大学教授、国际岩溶专家John Gunn，斯洛文尼亚岩溶地质研究所原所长、国际岩溶专家Andrej Kranj，澳大利亚悉尼大学教授、大蓝山世界自然遗产委员会副主席Julia James，乌克兰国家科学院地质科学研究所教授Alexander Klimchouk以及来自中国地质科学院岩溶地质研究所、中南大学、中国地质大学、西南大学等高校、科研院所的专家学者20多人参加研讨会。

2日晚8时，“欢乐潇湘·祝福湘西·州庆群众大舞台”启动仪式暨建州60周年庆典徽标发布仪式在乾州世纪广场隆重开幕。

5日，湘西州召开全州易地扶贫搬迁、农村危房改造和保障性安居工程调度会。

10日，州委副书记、州长龙晓华召开会议安排部署全州灾后重建工作。

12日，第五期全国老年大学校长研修班在湘西州开班，来自全国28个省（自治区、直辖市）和部分国家部委、中央企业的老年大学校长、老年教育界专家及工作者300多人参加开班仪式。

12—13日，省政府副秘书长、研究室主任邓立佳到湘西州调研精准扶贫脱贫工作。

13日，湘西州半年金融形势分析及政银企履约调度会在吉首召开。会议通报2017年上半年全州金融工作运行和政银企合作项目履约情况，调度信贷目标投放工作，并安排部署下一阶段工作。

14日，省人大常委会副主任、省总工会主席刘莲玉到湘西州调研州民族工人文化宫迁建项目。

18—19日，省政协副主席胡旭晟率领部分省政协港澳委员到泸溪县调研并看望慰问受灾群众。

19日，州人民政府与华润万家有限公司“农超对接”战略合作座谈会在吉首召开。

23日，华谊兄弟星剧场湘西项目洽谈会暨签约仪式在吉首举行。

24日，湘西州在吉首举办“大数据分析及应用”专题讲座，国务院参事、博士生导师、发展中国家科学院院士、现任中国科学院大学经济与管理学院副院长石勇应邀主讲。

25—26日，省党史联络组湘西片组组长陈志强，副组长向世林、刘永寿、刘家望一行到湘西州开展党史工作调研。

30日，州委书记叶红专在泸溪县主持召开全州抗旱救灾工作视频会议，传达省委书记、省人大常委会主任杜家毫关于做好抗旱救灾工作的指示精神，分析当前湘西州旱情，安排部署抗旱救灾工作。

8月

1日，“魅力中国城”湘西竞演誓师动员会在吉首召开。

12日至13日，济南市规划局主要负责人率该市规划院、勘测院等部门负责人一行，到湘西州对接城乡规划扶贫协作。

13日，州委书记叶红专主持召开专题会议研究部署州庆筹备工作。

18日，全州中央环保督察问题整改工作动员部署电视电话会议在吉首召开。

是日，全州农村土地承包经营权确权登记颁证工作调度会议在吉首召开，总结前段确权工作开展情况，对下阶段工作进行再安排、再部署、再调度。

18—20日，湖南达嘉维康医药集团股份有限公司董事长王毅清、党委书记胡胜利率领扶贫专家组及公司志愿者团队一行130余人，到花垣县双龙镇桃花村开展产业扶贫规划实地调研，组织开展结对帮扶慰问活动。

19—21日，湘西州2017年度女兵体格检查和综合素质考评在吉首全面展开，全州400余名适龄女青年网上报名应征，52名通过系统初选和初审初检合格，参加此次体检和综合素质考评。

21日，“湘西记忆·非遗意蕴”湘西州非遗精品赠献暨世界纪录验证仪式在吉首市人民广场举行。

22—23日，省委副秘书长、省编办主任魏旋君带队到凤凰县千工坪镇木里村调研精准扶贫工作。

24日，湘西州在湘西武陵山大剧院举行湘西学习大课堂暨《新世纪国际形势与国家安全战略》专题报告会，著名军事专家、国防大学战略研究所所长、少将、教授、战略学博士生导师金一南应邀作专题报告。

31日，由沪商入湘投资联盟理事长、上海中军投资集团董事长王中政带领的“沪商入湘投资联盟”一行21人，到湘西州与9县（市、区）进行项目对接洽谈。

9月

1—2日，州委经济工作现场推进会议走进凤凰县、湘西经开区和吉首市，察看发展成果、工作亮点和规划前景，通过现场交流、点评总结，激发县市区比学赶超、加快发展动力。

5日，全州城乡环境综合整治工作调度会在吉首召开，会议总结回顾过来工作开展情况，对下一阶段城乡环境整治工作如何抓紧抓实抓出成效提出明确要求，为州庆和十九大胜利召开营造良好的社会环境。

6日，湘西州建州60周年新闻发布会在北京民族文化宫隆重举行。

是日，湘西土家族苗族自治州成立60周年成就展在北京民族文化宫举行。中央统战部副部长、国家民委党组书记、主任巴特尔，全国政协民宗委副主任杨小波参观湘西州建州60周年成就展。

是日，由湘西自治州人民政府主办、州商务局承办的湘西州（北京）招商引资暨文化旅游推介会在北京民族文化宫举行。60多家央企、上市公司、大型民企、知名商协会负责人和60多家知名旅游企业负责人参加本次活动。

9日，湘西州反恐应急处突演练暨十九大·州庆安保维稳誓师动员大会在湘西经开区举行。通过跨区域拉动集结、反恐处突、技能表演、装备展示等科目，集中展现全州政法、武警、消防、卫计、民兵预备役等演练队伍的过硬本领和顽强作风，营造强大震慑力，全力做好党的十九大和湘西州60周年州庆安保维稳工作。

9日晚7时30分，2017年“欢乐潇湘”全省群众文艺会演决赛湘西州专场暨州庆群众大舞台文艺会演在湘西大剧院精彩上演，州直相关单位负责人和数千名群众观看演出。

9月13日，省委书记、省人大常委会主任杜家毫到湘西州泸溪县调研精准脱贫攻坚工作。省委常委、省委秘书长谢建辉和相关省直部门负责人参加调研。州委书记叶红专陪同调研。

14日，州委召开全州当前重要工作调度推进会议，调度推进精准扶贫、信访维稳、安全生产、城乡环境综合整治和加快发展各项工作，以优异成绩迎接党的十九大胜利召开和建州60周年。

19日，2017年中国湖南（第八届）旅游产业博览会在湘西州隆重开幕。湖南省人民政府副省长杨光荣出席活动并宣布本届旅游产业博览会正式开幕。州委书记叶红专，州委副书记、州人民政府州长龙晓华，湖南省人民政府副秘书长黎咸兴，湖南省旅游发展委员会党组副书记、副主任王超祥以及14个市（州）代表共同敲响象征本届旅博会和14个地市（州）的15面苗鼓，拉开2017年中国湖南（第八届）旅游产业博览会的大幕。

20日，湖南省湘西土家族苗族自治州成立60周年庆祝大会在湘西州文化体育会展中心隆重举行，国家民委党组副书记、副主任刘慧率中央有关部门祝贺团参加庆祝活动。全国人大常委会、国务院向湘西土家族苗族自治州发贺电。中央有关部门祝贺团团长刘慧，湖南省祝贺团团长、湖南省委书记杜家毫在庆祝大会上致辞。

是日，在湘西州成立60周年之际，位于武陵山（湘西）民族文化园的湘西州博物馆、非遗馆隆重开馆。国家民委党组副书记、副主任刘慧，湖南省政协主席李微微，省委副书记乌兰，省军区司令员黄跃进，省人大常委会党组书记、副主任韩永文共同为州博物馆、州非遗馆揭牌。

是日，国家民族事务委员会与湖南省人民政府深化共建吉首大学座谈会在吉首大学召开。国家民委党组副书记、副主任刘慧，湖南省人民政府副省长杨光荣出席并讲话。中央统战部、全国人大、全国政协、国家发改委、国家民委、教育部、科技部、文化部、环保部、农业部、国务院扶贫办、国家中医药管理局等部门相关负责人以及省直有关部门负责人参加会议。

是日，参加湘西州成立60周年庆祝活动的省委书记、省人大常委会主任杜家毫，深入花垣县十八洞村、凤凰县雄龙村看望慰问少数民族群众，调研脱贫攻坚工作，省委常委、省委秘书长谢建辉参加看望慰问和调研活动。省委副书记、省长许达哲到保靖县调研精准扶贫和产业发展情况，看望慰问基层干部群众。

23日，香港湘西联谊会筹备委员会执行主任、香港厚杰投资有限公司董事长钟彩云一行到州残疾人康复中心看望残疾儿童，并为湘西州贫困智障儿童康复训练项目捐款港币30万元。

22日，国家开发银行山东省分行高级专家王宏伟、山东省济南市区域办（合作交流办）副主任夏彤军以及国家开发银行湖南省分行副行长陈志武等一行，先后到吉首市和湘西经济开发区考察，并就扶贫协作相关事宜开展座谈。

27日，“全国有机宣传周”在湘西州举行启动仪式，国家认证认可监督管理委员会、湖南出入境检验检疫局、国家扶贫开发工作重点县、国家有机认证示范区地方政府、质检部门、有机生产销售企业、认证机构、科研院所及消费者代表参加活动。

29日，全国“爱我国防”大学生主题演讲比赛湘西州预赛在吉首举行，吉首大学、湘西民族职业技术学院推选的10名选手参赛。

10月

1日，州委书记叶红专，州委常委、州委政法委书记欧阳旭到凤凰县城北游客服务中心、城北生态停车场、民俗园停车场、凤凰古城景区，检查黄金周旅游接待服务和安保维稳工作。

10日，中国铁塔股份有限公司副总经理高步文，携手华为、中兴、康普、大唐等11家国内通信行业知名企业代表到保靖县开展精准扶贫产业对接活动，11家企业与落户保靖县的湖南新中合光电科技股份有限公司签订意向性合作或产品采购金额超2亿元。

11日，州委第二轮巡察工作动员部署会议在州纪委五楼会议室召开。

是日，全州土地督察整改工作部署会议在州政府召开，贯彻落实9月28日国家土地督察武汉局在长沙市召开的湖南省2017年土地督察情况通报会议精神，安排部署全州督查整改工作。

11—16日，农业部总畜牧师马爱国带领农业部发展计划司副司长刘北桦、扶贫办副主任严东权、发展计划司区域开发处处长崔泽民、监管局综合处副处长赵华军一行，在省农委副巡视员张德元的陪同下，到湘西州开展定点扶贫调研督导工作。

12日，州政府组织召开全州道路交通安全工作电视电话会议，部署道路交通安全专项整治工作，开展创建道路交通平安县市和平安乡镇工作，为十九大胜利召开创造良好的道路交通环境。

是日，副省长何报翔带领省人民政府副秘书长罗建军、省旅发委主任陈献春、省商务厅副厅长肖彬一行到湘西州调研。

13日，全州招商引资工作调度座谈会在吉首召开。从会议获悉，2017年1月至9月，全州实施内联引资项目266个，到位资金255.22亿元，同比增长25.07%，完成全年任务的84.96%。其中，全州新引进实施投资过亿元项目超过70个，省外境内项目到位资金突破50亿元，活动签约项目履约情况总体良好。

16日，湘西州与首都旅游集团在北京举行旅游扶贫座谈会，旨在共建湘西州全域旅游美好未来。湘西州委书记叶红专与首都旅游集团董事长段强进行会谈，并介绍湘西州旅游“家底”。

18—19日，受民航中南地区管理局委托，中国国际工程咨询公司在湘西州组织有关部门和专家，评审上海民航新时代机场设计研究院有限公司编制的《湖南湘西民用机场总体规划》。

20日，湘西州2017级“农民大学生”开学仪式在湘西职业技术学院举行，326名新学员正式入学。

29日，湘西州委召开会议传达学习党的十九大精神。湘西州委书记叶红专主持会议并强调，全州干部群众要把思想统一到党的十九大精神上来，把行动落实到党的十九大作出的各项决策部署上来，以习近平新时代中国特色社会主义思想为指导，以永不懈怠的精神状态和一往无前的奋斗姿态，决胜脱贫攻坚、冲刺全面小康，努力实现在武陵山区率先崛起，奋力谱写中国梦的湘西新篇章。

31日，第七届湘桂黔边界地区森林资源保护管理协作会在吉首市召开。此次会议的主题是“保护森林资源、助力精准扶贫”。湘西自治州委副书记、州长龙晓华在会上致辞。国家林业局驻贵阳专员办副专员喻泽龙、国家林业局中南林业调查规划设计院党委书记刘金富、国家林业局驻广州专员办监督处处长刘建军，湖南省林业厅副厅长吴剑波，广西壮族自治区林业厅副厅长黄政康，贵州省林业厅副厅长沈晓春，湘西自治州人民政府副州长何益群，广西壮族自治区桂林市副市长谢灵忠，贵州省铜仁市副市长胡洪成，贵州省黔南布依族苗族自治州副州长吴海平，贵州省黔东南苗族侗族自治州副州长吴坦，广西壮族自治区、贵州省林业厅相关部门负责人，广西壮族自治区桂林、柳州，湖南省怀化、邵阳、湘西州，贵州省黔东南、黔南、铜仁8个市（州）政府和林业局相关负责人参加会议。

是日，省政协副主席胡旭晟率领省政协调研组到湘西州就加强和改进民主监督、优化非公经济发展法治环境、对省政协未来五年工作建议开展专题调研并召开座谈会。

11月

2日，湖南省三大民族品牌节庆之一——吉首鼓文化节在该市德夯国家级风景名胜区天问台景点擂响“战鼓”，来自国内外10支鼓队悬崖秀技，首创国内悬崖上山水实景演出，现场效果震撼人心。

3日，十八洞村旅游扶贫项目启动仪式在该村举行。

10日，全州车辆超限超载治理工作推进会在州公路局举行，贯彻落实省治超工作会议精神，通报前阶段全州治理车辆超限超载工作情况，安排部署下阶段治超工作。

16日，州委书记叶红专在吉首会见国网湖南省电力公司董事长、党委书记孟庆强一行。

17日，州委书记叶红专主持召开第31次州委常委会会议，传达学习贯彻国家监察体制改革试点工作动员部署电视电话会议和湖南省深化监察体制改革试点工作小组第一次会议精神，研究部署湘西州深化监察体制改革试点工作。

是日，州人民政府与中国铁塔股份有限公司湖南省分公司在吉首签订“共同推进湘西州信息基础设施建设”战略合作协议，深化双方在信息产业领域合作，推进“互联网+湘西”建设，加快信息化精准扶贫步伐。

20—22日，省委副书记乌兰到湘西州调研精准脱贫攻坚工作，听取基层干部群众的意见和建议。省委副秘书长秦国文，省扶贫办副主任张智勇，省农委副主任邹永霞参加调研。湘西州委书记叶红专陪同调研。

22—23日，省委副书记、省长许达哲到湘西州泸溪县、龙山县调研深度贫困地区脱贫攻坚工作。副省长隋忠诚，省政府秘书长王群，以及省直相关部门负责人参加调研。湘西州委书记叶红专，州委副书记、州长龙晓华，副州长何益群陪同调研。许达哲强调，要以党的十九大精神为指引，全力打好精准脱贫攻坚战，大力实施乡村振兴战略，不断提升群众的获得感、幸福感和满意度。

24日，湘西州召开全州“互联网+政务服务”工作会议，贯彻省委、省政府深化“放管服”改革的决策部署，全面落实《湖南省加快推进“互联网+政务服务”工作实施方案》目标任务。

30日，湘西州召开全州迎接脱贫攻坚实地考核工作调度会，部署全州迎接脱贫攻坚实地考核工作。

12月

5日，州委经济工作现场推进会议进入第二天，与会人员到龙山县、保靖县调研。当天晚上，在保靖县召开州委常委会（扩大）会议，专题研究全州财税金融工作。

8日，最高人民法院审委会专职委员、第一巡回法庭庭长刘贵祥到湘西州宣讲党的十九大精神并深入州中级人民法院和凤凰县及龙山县法院开展调研，与湘西籍全国人大代表进行交流，征求对人民法院工作的意见和建议。

11日，湘西州召开省脱贫攻坚考核验收汇报会。省脱贫攻坚第11考核验收组组长、省人民检察院党组成员张恒洲出席会议并讲话。

12日，国家民委教科司副司长周晓梅率领国家民委、教育部督查组到湘西州督查民族教育发展工作，并召开发展民族教育专题座谈会。

13日，民进中央脱贫攻坚民主监督工作顾问、上海市社会科学院社会科学所原所长周建明带领专家组到湘西州调研脱贫攻坚工作。

18—19日，省委常委、省委宣传部部长蔡振红到湘西州调研宣传思想文化工作，先后到州博物馆和非遗馆、团结报社、湘西广播电视台、龙山县兴隆街道双龙桥村、龙山县苗儿滩镇捞车村、永顺县老司城遗址等地调研，并与宣传文化战线工作人员进行交流和座谈。

26日，州委书记叶红专，州委常委、常务副州长向恩明带领州委办、州政府办及交通银行湘西分行负责人到湘西厚驿机场有限责任公司现场办公，听取湘西机场航站楼征集设计方案汇报，研究解决湘西机场建设发展中的实际困难和问题。

州情概况

自然地理

【区域位置】 湘西土家族苗族自治州位于湖南省西北部，地处北纬27°43′23"～29°38′12"、东经109°10′55"～110°28′10"之间。武陵山脉自西南向东北蜿蜒境内，系云贵高原东缘武陵山脉东北部，西倚云贵高原，北靠鄂西山地，东南以雪峰山为屏。东部、东北部与怀化市沅陵县、张家界市永定区、桑植县接壤；南部、西南部与怀化市辰溪县、麻阳苗族自治县及贵州省铜仁市、松桃苗族自治县毗邻；西部与重庆市秀山、酉阳土家族苗族自治县相连；西北部与湖北省恩施州来凤县、宣恩县连接，系湘鄂渝黔四省（市）交界之地。境内焦柳铁路自张家界市后坪与永顺县交界之永茂镇入州境，经永顺县、古丈县、吉首市、泸溪县至凤凰县燕子岩隧道出境进入怀化市。国道319自沅陵县与泸溪县交界之地枚子山入州境，经泸溪县、吉首市至花垣县边城镇入渝。国道209自鄂、湘交界之地龙山县官渡口入州境，经龙山县、永顺县、保靖县、花垣县、吉首市至凤凰县石羊哨出州境，进入怀化市麻阳县。境内通往境外水路主要有沅、澧两大河流及沅水支流酉水。沅水流经泸溪县境，沿河逆水向上达怀化市辰溪县，顺水向东至怀化市沅陵县。澧水南源于永顺县万坪镇流入张家界市桑植县。酉水源于鄂渝黔3省（市），由西入州境向东横穿龙山、保靖、永顺、古丈4个县，流入怀化市沅陵县注入沅江。州域东西横跨120公里，南北纵距212公里，面积1.55万平方公里，占湖南省面积的7.3%，其中山地1.26万平方公里，占81.59%；丘陵0.16万平方公里，占10.3%；岗地0.04万平方公里，占2.45%；平原0.06万平方公里，占4.06%；水面0.02万平方公里，占1.6%。

（杨 舟 段鹏程）

【地质地貌】 湘西州地层横跨场子、华南两大一级地层区，含中元古界至第四系58个地层单元，除缺石炭系、侏罗系、第三系外，大部分地层层序完整，分层标志明显，沉积类型复杂，横向变化明显。古生物化石丰富，种类繁多。各系地层分布范围比较集中，区分明显，出露面积约占州境总面积98.5%。州境有花垣县排碧阶和古丈县古丈阶“金钉子”剖面。境内处于云贵高原东北边缘，燕山运动后期长期剥蚀夷平成云贵高原组成部分，地势西北高，东南低，高差较大，垂直差明显。第三纪后期，鄂西和云贵高原经喜马拉雅山运动和新构造运动，大面积间歇性掀斜上升，地势呈西北向东南倾斜。全州1000米以上山峰200余座，境域西部八面山耸于湘、渝、黔3省（直辖市）边境，呈剥夷面以梯级式向东南倾斜，最高峰为龙山县万宝山海拔1737米，最低点为泸溪县武溪镇龙溪出口河床海拔97.1米，高低差1639.9米，光、热、水及土壤、植被有明显垂直差异。州境大地构造属湘西洼地，地质构造以褶皱断裂为主，其主体由武陵山次级隆起带构成。地貌类型以山地、山原为主，具有成层地域规律，深受地质构造控制和流水侵蚀溶蚀影响，山体破碎，山、岗、丘、平交错分布。地表石灰岩分布面积占全州总面积60.9%，长期侵蚀和溶蚀形成众多平原和洼地为农业提供一定生产条件，25度以上陡坡占全州总面积60%，开发难度大，同时岩溶地区发育石芽、石林、溶斗、溶沟、峰丛及落水洞、地下河、溶洞等形成千姿百态地貌景观，不易建造山塘、水库工程，但河流侵蚀形成深切曲流，呈现多级裂点跌水，成为梯级开发水利和水能资源良好地貌条件。

（杨 舟 段鹏程）

【自然资源】 2017年年末，全州实有耕地面积298.65万亩，较上年下降0.4%。基本农田234万亩，耕地保有量276万亩，永久基本农田保护232.95万亩。建设用地供应总量14815.2亩，增长2.7%。供地率22.7%。实施土地开发项目32个，增长3.2%。全州发现矿种48种，已探明资源储量的矿种38种。其中金属矿15种、非金属矿18种、水气矿2种。全州有国家地质公园3个、省级地质公园3个。投入地质遗迹保护资金3210万元，增长25.4%。

全州有各级各类自然保护区32个，自然保护区面积355.5万亩。全州森林面积1743万亩，森林覆盖率70.24%。全州活立木蓄积4459万立方米。全年完成造林面积35.2万亩，其中退耕还林面积17490亩。年末实有封山育林面积120.6万亩。

（杨 舟 段鹏程）

建置区划

【建置沿革】湘西土家族苗族自治州境域，战国时属楚黔中郡。西汉属武陵郡。三国时初属蜀，后属吴。西晋、东晋属荆州武陵郡。隋唐五代时期属黔中道。宋为荆湖北路的辰州、澧州。元为湖广行省恩州宣慰司、辰州路、澧州路和四川行省永顺宣慰司，以及新添葛蛮安抚司地。明置永顺宣慰司、保靖州宣慰司，其余为岳、辰两州地。清置永顺府和凤凰、乾州、永绥直隶厅，东北部为澧州地。1914—1922年为辰沅道。1938—1949年为第八、九行政督察区。

中华人民共和国成立之初，凤凰、乾城、永绥、泸溪等县和永顺、龙山、保靖、古丈等县分属沅陵专区和永顺专区。

1952年8月1日，湘西苗族自治区成立，辖吉首、古丈、泸溪、凤凰、花垣、保靖6个县，代管永顺、龙山、桑植、大庸4个县。年底，4县亦属直接管辖。

1955年4月28日，湘西苗族自治区更名为湘西苗族自治州。1957年9月20日，湘西土家族苗族自治州成立，州府设吉首，辖原管10县。

1982年8月3日，国务院批准撤销吉首县，设立县级吉首市。

1985年5月24日，国务院批准（国函〔1985〕77号）撤销大庸县，设立大庸市（县级），以原大庸县的行政区域为大庸市的行政区域。

1988年5月18日，国务院批准将大庸市升为地级，设立永定区、武陵源区，将原常德市的慈利县和湘西土家族苗族自治州的桑植县划归大庸市。湘西土家族苗族自治州由原管辖8县2市减为7县1市，即：泸溪县、凤凰县、古丈县、花垣县、保靖县、永顺县、龙山县和吉首市。全州共有156个乡、61个镇、4个街道办事处、1个场、2643个村民委员会、168个居民委员会、15548个村（居）民小组。

1999年年末，全州辖1市7县，即吉首市和泸溪县、凤凰县、花垣县、保靖县、古丈县、永顺县、龙山县，州府设在吉首市。全州有56个镇、162个乡。总人口259.30万人，其中土家族94.59万人，占总人口的36.5%；苗族82.41万人，占总人口的31.8%。

2000年，据第五次全国人口普查数据，湘西土家族苗族自治州总人口2463617人。其中，吉首市294297人、泸溪县256869人、凤凰县343878人、花垣县253750人、保靖县260034人、古丈县119202人、永顺县445224人、龙山县490363人（按当年行政区划）。

2001年6月27日，民政部批准（民发〔2001〕165号）将泸溪县人民政府驻地由武溪镇迁至白沙镇。

2005年，全州撤销14个乡、1个镇，将52个乡、30个镇合并设立7个乡、30个镇，设立1个乡、3个街道办事处，调整8个乡、12个镇、3个街道办事处的部分行政区域，1个镇更名，共减少58个乡、1个镇，增加3个街道办事处。4—10月乡镇区划调整，由原来217个合并成158个，减少59个。经过调整，撤并的乡镇分别为：吉首市2个、凤凰县7个、泸溪县4个、保靖县9个、古丈县3个、花垣县3个、永顺县15个、龙山县16个。

2015—2016年，根据省委、省政府要求，开展乡镇区划调整改革。湘西州8县（市）原辖165个乡镇、街道（其中158个乡镇、7个街道），2148个村、社区（其中1961个村、187个社区）。乡镇区划调整后，全州有乡镇、街道115个（其中设75镇30乡共105个乡镇，10个街道），村、社区1817个（其中250个社区、1567个村）。街道增设3个，乡镇数减少53个，社区增设63个，建制村减少394个。（陈　鲲）

【行政区划】2017年，经保靖县人民政府批准，撤销比耳镇比耳居民委员会、复兴镇复兴居民委员会、碗米坡镇拔茅居民委员会、普戎镇普戎居民委员会、水田河镇水田河居民委员会、葫芦镇葫芦居民委员会。截止是年底，湘西州辖7县、1市、1个经济开发区。全州有乡（镇、街道）115个，其中，建制镇75个、乡30个、街道10个；有村（社区）1810个，其中社区243个、建制村1567个。辖区面积1.55万平方公里，总人口298万人，其中以土家族、苗族为主的少数民族占80%。（陈　鲲）

人口民族

【概况】2017年，全州总人口298万人，其中，少数民族人口241.55万人，占总人口的80.71%。在少数民族中，土家族134.02万人，苗族105.53万人，回族0.91万人，瑶族0.23万人，其他少数民族0.85万人。年末全州有常住人口263.82万人，其中，城镇人口118.63万人，农村人口145.19万人。（张作磊）

水　文

【概况】湘西州位于湖南省西北部，属中亚热带季风区，湿润多雨，水系发达，降水是湘西州水资源的主要来源，大部分河川径流经沅江汇入洞庭湖。2017年，全州有水文（位）站24个，基本水文站7个，其中大河控制站2个（浦市、石堤），区域代表站5个（吉首、河溪、凤凰、永顺、红岩溪）；洪水易发区水位站2个（龙山、古丈）；中小河流水位站6个（矮寨坡、芙蓉镇、吉信、木江坪、泗溪、狮子桥），水文站9个（清明、乾州、宝灵、吊井、合水、石榴坪、白羊溪、水田河、招头寨）。全州有雨量站110个，其中基本雨量站34个、洪水易发区雨量站45个、中小河流雨量站31个。全州有泥沙站2个，水质监测站25个。全州水利部门有雨量点（山洪部分）206个，其中泸溪县61个、古丈县13个、吉首市14个、凤凰县31个、花垣县13个、保靖县9个、永顺县40个、龙山县25个。

2017年，全州天然年径流为154.5亿立方米，比正常年份偏多23.3%。年径流深为999.5毫米，年径流系数为0.72。其中，汇入沅江年总径流为143.7亿立方米，汇入澧水年总径流为10.78亿立方米。入境的客水河流主要为沅江干流，其次为酉水。酉水入境水量为80.35亿立方米。州境碳酸岩裸露面积约占全州35%左右。由于水资源具有地表水与地下水相互转化的特点，岩溶地下水资源丰富，水质良好。州境内现有187条较大暗河和900多个大溶洞，多数溶洞出露于地表或悬挂在陡壁，少数埋藏在80~120米的深层。雨季降水后，丰富的地表径流通过喀斯特地形很快转入地下，以近源排泄的方式汇入河谷，转化为地表径流。是年，全州境内地下水资源总量为26.14亿立方米，占年径流的16.9%，年地下径流模数为16.9万立方米/平方公里。

【雨情】 2017年汛期，4月至9月降雨量达1087.4毫米，比历年同期均值1019.7毫米偏多6.6%，比2016年同期偏多9.2%。降雨时空分布不均，78%以上的降水量集中在汛期。从时程分配看，6月、8—9月各月降水量较历年同期偏多（其中最大6月偏多5成以上）。4—5月、7月各月降水量较历年同期偏少（其中最小7月偏少7成以上）。从空间分布看，湘西州南部吉首市、泸溪县、凤凰县、花垣县境内以及北部龙山县以北地区降雨较多，最大点雨量为龙山县茅坪站1709毫米。从行政区划降雨看，汛期降雨最多为吉首市1267.8毫米，比历年同期偏多24.8%，最少为永顺县963.4毫米，比历年同期偏少7.7%。汛期全州单站最大日雨量为泸溪县解放岩站285毫米（8月11日）。当年全州汛期降雨总的特点是降雨总量略偏多，时空分布很不均匀，区域性暴雨频次多，小范围暴雨强度大。

【水情】 受降雨及水利工程影响，汛期湘西州南部武水上游峒河吉首水文站及沅江干流浦市水文站各发生1次超保证水位的洪水，其中浦市水文站洪水为建站以来第二大洪水，其他各水文站均未发生超警戒水位的洪水。6月23日10时20分，武水上游峒河吉首水文站洪峰水位184.28米，相应流量1380立方米/秒，超警戒水位1.78米，超保证水位0.78米；7月1日18时，沅水泸溪县浦市水文站洪峰水位123.61米，洪峰流量25600立方米/秒，超警戒水位6.11米，超保证水位1.11米；6月23日11时50分，武水干流河溪水文站洪峰水位154.03米，相应流量2950立方米/秒，低于警戒水位0.47米；6月24日4时，酉水支流猛洞河永顺水文站洪峰水位248.19米，低于警戒水位0.81米，相应流量742立方米/秒；6月24日15时10分，酉水干流重庆秀山石堤水文站洪峰水位253.14米，相应流量3120立方米/秒，低于警戒水位1.36米；7月1日4时，武水支流沱江凤凰水文站洪峰水位303.28米，相应流量203立方米/秒，低于警戒水位0.22米；9月10日9时30分，酉水支流龙山县红岩溪水文站洪峰水位391.14米，相应流量237立方米/秒，低于警戒水位0.36米。

【旱情】 7月上旬至8月上旬，湘西州进入晴热高温少雨天气，降雨严重偏少，且日蒸发量逐渐增大，主要分布在7月1—7日、7月16日至8月7日两个时段。7月中旬，湘西州中南部开始出现旱情，随着高温少雨天气持续，各地土壤含水量持续减少，旱情快速蔓延加剧，空间分布从北至南逐渐加重，至8月8日，州内中南部及永顺县部分地区旱情发展到中至重旱。由于8月8日及8月11—13日两次降水过程，州内北部永顺县部分地区及中南部大部分地区土壤含水量处于饱和，北部龙山县大部分地区土壤含水量维持在90毫米以上，湘西州旱情基本得到解除。

【主要江河水资源质量状况】 2017年，湖南省水环境监测中心湘西分中心对州内沅江、酉水、猛洞河、花垣河、兄弟河、古阳河、武水、峒河、万溶江等河流25个水质监测断面进行同步取样监测，选择pH、COD（Mn）、溶解氧、铜、铅、锌、镉、总汞、氰化物、挥发酚、总砷、Cr6+、氟化物、铵氮、总磷、石油类、粪大肠菌群作为参评指标，依据《地表水环境质量标准》（GB3838-2002）进行评价，监测评价结果如下：

沅江。干流监测断面设在浦市水文站（基本断面）、红土溪、七里湾、大龙溪，断面全年水质综合类别均为Ⅲ类。

酉水。干流监测断面分别设在龙山县华塘、秀山县石堤水文站（基本断面）、保靖县江口、溪口，其中石堤是省界河流水质监测断面，断面全年水质综合类别均为Ⅱ类。

猛洞河。监测断面设在永顺水文站，断面全年水质综合类别为Ⅱ类。

花垣河。监测断面设在花垣县茶洞、岩板滩，其中茶洞断面是省界河流监测断面，断面全年水质综合类别均为Ⅳ类，超过项目为氨氮。

兄弟河。监测断面设在花垣县朝料饮用水源区，全年水质综合类别均为Ⅱ类。

古阳河。监测断面设在古丈县白腊池饮用水源区，全年水质综合类别均为Ⅱ类。

峒河。监测断面设在大兴寨源头水保护区、寨阳保留区、狮子庵饮用水源地、吉首水文站。其中，寨阳断面全年水质综合类别为Ⅰ类，大兴寨、狮子庵和吉首水文站断面全年水质综合类别均为Ⅱ类。

武水。监测断面设在河溪水文站（基本断面），断面水质综合类别为Ⅱ类。

万溶江。监测断面设在吉信源头水保护区、木林坪保留区、钟家寨饮用水源区、乾州工农业用水区。其中木林坪断面水质综合类别为Ⅰ类，乾州断面水质综合类别为Ⅳ类，超过项

目为氨氮，其余断面全年水质综合类别为Ⅱ类。（瞿光祥）

气　候

【气候特征】2017年，湘西自治州年平均气温偏高，其中春、秋气温正常，夏季多高温热害，冬季呈现“暖冬”；年降水总量偏多且空间分布不均，呈南多北少分布，其中冬、秋降水正常，春季偏少而夏季偏多，夏季前涝后旱，降水极端性强；年雨日偏少；日照总体正常但空间分布不均。2017年，湘西自治州年平均气温偏高，其中春、秋气温正常，夏季多高温热害，冬季呈现“暖冬”；年降水总量偏多且空间分布不均，呈南多北少分布，其中冬、秋降水正常，春季偏少而夏季偏多，夏季前涝后旱，降水极端性强；年雨日偏少；日照总体正常但空间分布不均。

气温　本年度（2017.1—2017.12）全州年平均气温17.2℃，较常年值偏高0.7℃，与去年持平。各县（市）年平均气温在16.9℃（古丈）~17.6℃（泸溪）之间，与常年值相比，气温偏高0.3℃（吉首）~0.9℃（龙山、花垣）（见表1-1），按照湖南省气候术语地方标准，永顺异常偏高，泸溪偏高，吉首正常，其余各县均显著偏高。

降水　2017年，全州年平均降水量为1448.7毫米，较常年值偏多116.4毫米，比去年偏少123.7毫米。各县（市）降水量为1173.6毫米（永顺）~1803.3毫米（泸溪），按照湖南省气候术语地方标准，除泸溪偏多外，其余县（市）均正常。

日照　2017年，全州年平均日照时数1253.5小时，较常年偏多25.8小时，属正常水平。按日照多寡划分标准，龙山、泸溪偏多，吉首偏少，其余各县均正常。（冯盼盼）

【主要气候事件及其影响】2017年，湘西自治州灾害性天气多发，主要有雨雪冰冻、寒潮、冰雹、雷雨大风、五月低温、寒露风、连阴雨、暴雨洪涝、高温热害、干旱、雾、霾等。其中暴雨洪涝给国民经济造成的损失最大、产生的社会影响最严重。

雨雪冰冻　2017年，全州发生3次雨雪冰冻过程，分别为1月11—12日、1月16日、2月20—22日，其中2月20—22日影响范围最大。

寒潮大风　11月17—20日受地面强冷空气影响，全州出现大幅降温、降水过程，其中凤凰县达到寒潮标准。受强冷空气影响，2月20日和21日，泸溪分别出现极大风速为18.2米/小时和18.3米/小时偏北大风。

五月低温　5月3日~8日，古丈县连续6天日平均气温≤20℃，达到轻度“五月低温”标准。持续低温阴雨天气影响油菜收割晾晒，同时致使稻瘟病发生发展，植株生长瘦弱，抗逆性和抗病虫害能力下降。

暴雨洪涝　2017年，全州出现13次区域或全州性暴雨天气过程，分别出现在4月17日、5月23日、6月1日、6月5日、6月10—12日、6月22—24日、6月29日至7月1日、7月8日、8月8日、8月11日、9月9日、9月18日、9月28日。汛期共出现9次洪涝，其中花垣县6月22日至7月1日累计雨量达211.7毫米，达“轻度洪涝标准”。古丈8月8—17日雨量达257.6毫米，达“中度洪涝标准”；吉首6月22日至7月1日雨量达354.3毫米，达到“重度洪涝标准”，8月5—14日雨量达287.4毫米，达“中度洪涝标准”；泸溪县6月22日至7月1日雨量达538.4毫米，达到“重度洪涝标准”，8月8—17日雨量达355.7毫米，达到“重度洪涝标准”；凤凰县6月22日至7月1日雨量累计达316.9毫米，达到“重度洪涝标准”，8月8—17日雨量达218.3毫米，达“轻度洪涝标准”。

高温热害　2017年，全州高温热害较严重，≥35℃的高温日数为22（龙山）~34天（永顺），高温热害主要发生在7月下旬和8月上旬两个时段，最长连续日数为8~20天，其中龙山达到“轻度高温热害”标准，保靖、古丈达“中度高温热害”标准，其他县（市）达“重度高温热害”标准。

干旱　7月中旬到8月中旬，湘西州持续高温少雨天气。7月吉首、古丈、泸溪降水量分别为当地有气象资料以来同期第一、二、三极小值。州内旱情快速发展、蔓延，工农业生产受到较大影响。按综合气象干旱指数CI评估，8月8日花垣达“轻度气象干旱”标准，永顺县、保靖县、古丈县、吉首市、泸溪县、凤凰县达“中度气象干旱”标准。（冯盼盼）

【气候影响】气候与水稻　2017年，湘西自治州平均气温偏高，降水偏多，日照正常，但汛期前涝后旱，对粮食生产造成了不利影响。据州统计局资料：2017年，全州粮食作物种植面积272.48万亩，比去年减少0.43%，粮食作物总产量84.8万吨，比去年增长1.1%，其中水稻种植面积为134.79万亩，总产量52.6万吨。

气候与椪柑　2016年12月至2017年2月，柑橘处于越冬期及休眠期，其间全州气温偏高，有利于椪柑越冬。1月，出现两次小范围低温雨雪天气，对椪柑果树安全越冬影响有限，2月，湘西州温高光足，有利于椪柑发芽的生理分化和营养物质累积，不利于椪柑的贮藏。立春之后，州内多阴雨天气，日照偏少，对春梢抽生有一定影响。4月，湘西州气温略偏高，降水偏少，日照充足有利于春梢抽生。5—6月，湘西州多次发生强降水，且雨日多，日照明显不足，对处于现蕾—开花—结果期的椪柑生长有一定影响；7月中旬以来，湘西州持续少雨天气，旱情开始发展，加上橘园的基础设施建设都比较落后，干旱时不能及时灌溉，对椪柑造成严重影响，一是造成枝干和果实的日灼伤；二是引起失水卷叶和异常落果；三是影响果实膨大。11月，湘西州多晴好天气，有利于椪柑的采摘。

气候与烟叶　2017年雨水多，洪涝灾害、病害等比往年重，尤其在

5—6月多连续降雨天气，烤烟根茎病大面积发生，影响产量、产值。7月，全州干旱发展蔓延，部分烟叶叶片开始发黄枯萎，产量和品质、受到影响。

气候与油菜　年内气候条件较适合油菜生长。2016年12月，油菜处于大田期，其间温光条件较好，利于油菜生长。2017年1月，油菜处于抽薹期，气温持续偏高，油菜生长加快，生育期有所提前。2月，油菜处于现蕾期—开花期，无明显病虫害，温光条件充足，适宜油菜正常生长，但下旬初的雨（雪）、暴雨天气对开花期的油菜有一定影响。3月，油菜处于开花期—结荚期，月内强降水天气对开花期油菜不利，其他时段晴雨相间，基本利于油菜生长，但高温高湿环境对病虫害滋生有利。4月，油菜处于结荚—绿熟—黄熟期，温、光、水条件较好，利于油菜结荚、壮荚，但是中旬中期湘西州出现局地暴雨、短时强降水、大风等强对流天气对油菜有一定影响，有倒伏现象发生。5月上、中旬，处于成熟收获期，期间多晴好天气，气温较高，光照充足，对油菜的收割、晾晒有利。

气候与林业　2017年，全州发生森林火警火灾15起，森林火灾受害率为0.03‰。除人为因素外，森林火灾与气象要素关系密切，气温偏高，湿度偏小，风力较大，为森林火灾多发时段。

气候与防汛　汛期全州发生9次洪灾，造成直接经济损失18.92亿元。

气候与电力　2017年度对湘西州电力线路及供电产生影响的灾害主要有暴雨洪涝、雨雪冰冻、雷暴大风，极端天气事件的发生对电力行业造成一定不利影响。

气候与空气质量　全年各县（市）1月、2月、11月、12月出现污染的天数较多，其中1月污染日数最多且污染较为严重，其他各月基本以“优”和“良”为主，而5—8月是一年中整体空气质量最好的时段。

气候与旅游　春节长假期间，湘西州局地有阴雨天气，但无明显低温雨雪天气发生，气象条件适合出游。“五一”小长假多阵性降水，湘西州乡村旅游异常火爆。端午假期，湘西州有一次暴雨天气过程，其间家庭游、亲子游火爆，民俗游、乡村游热闹，全域旅游精彩纷呈。国庆黄金周期间，受高速免费、天气晴好、旅游活动多等多重利好因素影响，湘西州旅游市场需求得到充分释放，全州69000张床位处于饱和状态，平均出租率达94%以上。（冯盼盼）

环境质量

【空气环境】 2017年，全州优良天数为325天，优良率为89.3%，全州8县（市）所在城市环境空气质量平均优良天数比例为91.7%，其中吉首市空气质量按综合指数全省排名第一；PM_{10}平均浓度71微克/立方米，较上年同期下降5.3%；$PM_{2.5}$平均浓度37微克/立方米，较上年同期下降9.8%。

【水环境】 地表水环境质量状况。2017年，沅水水系武水、沅水干流、酉水流域参与监测的控制断面共计31个，其中：主要江河的县域交界断面9个（跨市县界4个、同市县界5个），“水十条”国家考核断面5个。省控断面均执行《地表水环境质量标准》Ⅲ类水质标准，达标率为99.5%，较上年上升0.4个百分点。

饮用水源地水环境质量状况。2017年，湘西州地级所在城市——吉首市集中式饮用水水源地2个，分别是吉首市二水厂和三水厂，2017年各项评价指标年均值均达到Ⅲ类水质标准要求，年均值达标比例100%。全州7个县级集中式饮用水源地控制断面各项监测指标年均值均达标，与2016年相当。按单因子评价法，2017年，8个县（市）10个地表饮用水水源地的水质达标率为100%，水质良好。

“锰三角”水环境质量状况。2017年，“锰三角”共有7个监测断面，分别为里耶、石花村、边城、江口、凤滩水库、碗米坡、清水江入酉水口等断面。本年度“锰三角”水质评价的锰参照饮用水源地水质标准，超标按Ⅳ类水质评价。2017年度“锰三角”水质总体为轻度污染，其中凤滩水库、碗米坡断面符合Ⅱ类水质标准，占28.6%；里耶、石花村、边城、江口、清水江入酉水口等5个断面水质符合Ⅳ类水质标准，占71.4%；“锰三角”达标率为28.6%。

【生态环境】 2017年，深入开展以退耕还林、生态公益林建设、石漠化治理植树造林、城镇绿化美化等为重点的绿色湘西工程，全州森林覆盖率达到70.24%，累计完成退耕还林421.9万亩，森林面积达到1743万亩，活立木蓄积量达到4459万立方米。全州建立各类自然保护区32个，其中建立国家级自然保护区、森林公园、湿地公园11个。8个国家重点生态功能区县域生态环境总体保持良好。

【主要环境统计指标】 工业废水。2017年，全州工业取水量为1747万吨，共有工业废水治理设施80套，日处理能力23万吨，全年废水运转运行费用1559万元。工业废水中污染物砷排放量0.196吨、镉0.214吨、六价铬0.051吨、铅1.062吨、化学需氧量1914吨、氨氮98吨。

工业废气。2017年，全州工业废气的排放量为1414148万标立方米；工业废气二氧化硫排放量3781吨，二氧化硫去除量166182吨；氮氧化物排放量2530吨；氮氧化物去除量988吨；烟（粉）尘排放量4701吨，共有废气治理设施221套，处理能力844万标立方米/时，治理设施设备运行费用3011万元，其中：脱硫设施24套，脱硝设施3套，除尘设施197套。

工业固体废物。2017年，全州一般工业固废产生量为516万吨，危险废物产生量12万吨、冶炼废渣59万吨、粉煤灰0.03万吨、炉渣0.5万吨、尾矿407万吨、污泥0.03万吨、磷石膏170吨、其他废物4.7万吨。工业固体废物综合利用量为337万吨，综合利用率为65.3%。其中危险废物综合利用量为7.4万吨、冶炼废渣综合利用量为41万吨、粉煤灰综合利用量0.02万吨、炉渣综合利用量为0.5万吨、尾矿综合利用量256万吨、污泥综合利用量25吨、磷石膏综合利用量63吨、其他综合利用量0.9万吨。全年工业固体废物储存量为175万吨，处置量为3.8万吨。

生活及其他污染物。2017年，全州城镇生活污水排放量为7905万吨，城镇生活污水处置量为5746万吨，处理率为72%。城镇生活污水化学需氧量产生量为27578吨，排放量为19163吨，去除量为8415吨；城镇生活污水中氨氮产生量为3343吨，排放量为2379吨，去除量964吨；生活及其他二氧化硫排放量达1492吨，生活及其他烟尘排放量1523吨。生活及其他氮氧化物排放量为338吨。

【吉首市环境质量】 2017年，湘西州吉首市全年空气质量综合指数为3.90，在全省14个市州中排第一位。与2016年空气质量综合指数4.02相比，下降3.0%。$PM_{2.5}$平均浓度40微克/立方米，同比下降9.1%，较全省平均浓度低13.0%；PM_{10}平均浓度75微克/立方米，同比下降3.8%，较全省平均浓度高1.4%；SO_2平均浓度4微克/立方米，较全省平均浓度低71.4%；NO_2平均浓度19微克/立方米，较全省平均浓度低26.9%；O_3浓度平均110微克/立方米，较全省平均浓度低19.7%；CO浓度平均1.8毫克/立方米，较全省平均浓度高12.5%。

2017年，湘西州仅吉首市开展城市降水监测工作，监测点位为湘西州政府，全年降水量达908.1毫米，共采集降水样品44个，无酸雨样品，酸雨频率与上年相当；降水pH月均值在5.98~7.21之间，年均值为6.46，比上年（6.51）下降0.05个pH个单位，属非酸雨区。吉首市自来水二厂、三厂监测断面水质达标率均为100%。5个省控断面水质达标率均100%。

2017年，共获取吉首市区域噪声有效监测点118个，监测面积3.375平方公里，平均等效声级54.1分贝；监测吉首市交通噪声有效路段段数32个，监测总长度42.7公里，平均等效声级67分贝，超过70分贝的交通干线合计11.5公里。（余菊馨）

湘西州2017年国民经济和社会发展统计公报

2017年，在州委、州政府的正确领导下，全州上下深入贯彻落实党的十九大精神，以习近平新时代中国特色社会主义思想为指引，全面落实省委创新引领开放崛起战略和州委“542”发展思路，加快推进精准扶贫精准脱贫和全面小康社会建设，全州经济社会发展保持稳中有进、稳中向好的态势。

综　合

初步核算，全州生产总值为582.64亿元，增长7.6%。其中，第一产业增加值83.8亿元，增长3.8%；第二产业增加值179.4亿元，增长5.8%；第三产业增加值319.4亿元，增长9.7%。第一产业、第二产业、第三产业增加值占生产总值的比重分别为14.4%、30.8%、54.8%，其中工业增加值占生产总值比重为24.3%，第三产业比重较上年提高1.2个百分点。第一、二、三产业对经济增长贡献率分别为7.4%、24.4%、68.3%。全州高新技术产业增加值20亿元，增长9.5%。规模以上服务业企业实现营业收入33.42亿元，增长15.8%。按常住人口计算，人均生产总值为22094元，增长7.5%。非公有制经济增加值421.5亿元，增长8.3%，占生产总值比重为72.3%。

农　业

全州农林牧渔业总产值140.7亿元，增长3.9%；其中农业产值101.7亿元，增长3.8%。全年粮食作物播种面积272.48万亩，减少0.43%。其中，稻谷播种面积134.79万亩，减少0.1%；玉米播种面积63.45万亩，减少1%；豆类播种面积21.21万亩，下降1.7%；薯类播种面积51.59万亩，增加0.9%。油料播种面积88.8万亩，减少1.4%。蔬菜播种面积96.15万亩，增加1.5%。中草药材播种面积13.2万亩，增加6.8%。烟叶种植面积22.67万亩，减少8.3%。

全年粮食总产量84.8万吨，增长1.1%。其中，稻谷产量52.6万吨，增长1%；玉米产量15.6万吨，增长0.5%；豆类产量2.2万吨，增长0.1%；薯类产量14.3万吨，增长2.7%。油料产量9.1万吨，下降0.2%；蔬菜产量81.5万吨，增长1.7%；烟叶产量2.7万吨，下降6.7%；中草药材产量10.4万吨，增长3.1%。茶叶产量0.4万吨，增长18.4%。

全年肉类总产量10.2万吨，增长2.2%。其中猪肉产量7.8万吨，增长2.6%；牛肉产量0.8万吨，增长1.2%；禽肉产量1万吨，增长0.1%；禽蛋产量1.06万吨，增长0.8%。年末生猪存栏103.8万头，增长0.8%；生猪出栏114.2万头，增长0.9%。

全年水产品总产量2.3万吨，增长4.2%。其中淡水养殖鱼类1.9万吨，增长5%。

全年共有农民专业合作社3953个，农产品加工企业667家，其中州级以上龙头企业131家。拥有家庭农场1972户，专业大户（规模养殖户）2775户。全州建成万亩特色产业标准园区24个。完成椪柑产业品改面积1.8万亩，猕猴桃培管面积17万亩。全年农业机械总动力187.4万千瓦，化肥施用量（折纯）6.62万吨，实施农村土地流转66.5万亩。

全年新增农田有效灌溉面积20万亩，新增节水灌溉面积1.2万亩；实施水库工程709处，投入资金11.5亿元；完成水利工程土石方474.8万立方米，完成病险水库除险加固17座，

2017 年湘西州主要农产品产量及增长速度

表 4

主要农产品	计量单位	产量	比上年增减（%）
粮食	万吨	84.8	1.1
油料	万吨	9.1	-0.2
蔬菜	万吨	81.5	1.7
烟叶	万吨	2.7	-6.7
中草药材	万吨	10.4	3.1
茶叶	万吨	0.4	18.4
水果	万吨	94.4	0.6
猕猴桃	万吨	6.9	5.8
柑橘类	万吨	70.7	0.5
肉类总产量	万吨	10.2	2.2
生猪存栏数	万头	103.8	0.8
生猪出栏数	万头	114.2	0.9

治理水土流失面积 3.4 平方公里，治理坡耕地 5070 亩，综合治理河道 56.6 公里。

工业和建筑业

全州工业增加值为 141.7 亿元，增长 5.8%。规模以上工业增加值增长 6.5%，其中国有及控股企业增加值增长 18%，大中型工业企业增加值增长 13.6%。规模工业主要行业增加值中，黑色金属矿采选业、黑色金属冶炼和压延加工业分别下降 26.2%、19.6%，有色金属矿采选业、有色金属冶炼和压延加工业分别增长 26.6%、12.3%，农副食品加工业下降 0.1%，医药制造业下降 19%，计算机通信和其他电子设备制造业分别增长 281.7%。六大高耗能行业增加值下降 2.7%，占规模工业比重为 58.2%，比上年下降 3.2 个百分点。园区规模以上工业增加值增长 3.8%，占全州规模工业增加值比重为 59.4%。

全州共有规模以上工业企业 280 家，其中亏损企业 53 家，亏损企业亏损总额 3.2 亿元。规模以上工业企业实现主营业务收入 242.2 亿元，增长 18.6%。企业利润总额 9.9 亿元，增长

2017 年湘西州规模以上工业主要产品产量及增长速度

表 5

主要工业产品名称	计量单位	产量	比上年增减(%)
发电量	亿千瓦时	17.2	4.1
锰矿石成品矿	万吨	66.7	0.2
电解锰	万吨	22.4	-14.6
锌	万吨	23.9	2.4
白酒	千升	7278	18.3
水泥	万吨	318	7.6
硫酸(折 100%)	万吨	24.2	-19.7
精制茶	吨	3202	-3.0
中成药	吨	7559	-8
钢化玻璃	万立方米	339.3	11.6
焰火制品	万元	10861.1	-72.6

5.4%。其中大中型企业实现利润总额5.2亿元，增长21.9%；小型企业实现利润总额4.6亿元，下降7%；微型企业实现利润总额0.1亿元，下降41.8%。实现利税总额20.5亿元，增长13.8%。企业产品销售率100.3%。

全州建筑业增加值38.2亿元，增长12.5%。具有建筑业资质等级的总承包和专业承包建筑业企业总产值54.2亿元，增长13.5%。房屋建筑施工面积412.8万平方米，增长32.5%。其中新开工面积151万平方米，下降2.3%；房屋建筑竣工面积129.2万平方米，增长28.3%。

固定资产投资

全州完成固定资产投资466.7亿元，增长12%。其中中央项目投资14.6亿元，地方项目投资414.9亿元。

按经济类型分。国有投资285.9亿元，增长19%；非国有投资143.6亿元，增长0.3%。民间投资110.3亿元，下降15.2%，占全部投资比重为23.6%。按投资方向分。工业投资79.2亿元，增长21%；民生投资95.5亿元，增长33.6%；生态投资48.7亿元，增长56%；基础设施投资191.2亿元，增长18.5%；高新技术产业投资8.3亿元，下降18.7%；战略性新兴产业投资80.2亿元，增长39.5%。按产业分。第一产业完成投资5.7亿元，下降21.2%；第二、三产业分别完成投资85.4亿元、338.4亿元，分别增长16.7%、11.7%。

全州施工项目共有716个，比上年增加37个。其中新开工项目404个，较上年减少43个。本年投产项目379个，较上年增加44个。亿元及以上投资项目个数239个，较上年增加59个；完成亿元以上项目投资327.8亿元，增长23.9%。

全年房地产开发投资44亿元，下降18.7%。房地产开发施工面积796.9万平方米，其中本年新开工170.6万平方米。房地产销售面积144.1万平方米，增长11.8%；其中期房、现房销售面积分别为139.7万平方米、4.3万平方米，分别增长22.4%、下降70.5%。房地产待售面积23.2万平方米，下降56.5%；其中待售三年以上房屋面积1.8万平方米，下降2.2%。商品房销售额56.1亿元，增长29.9%；其中期房、现房销售额分别为54.2亿元、1.9亿元，分别增长43.8%、下降65.5%。

国内外贸易和物价

全州社会消费品零售总额280.1亿元，增长10.7%。按销售单位经营地统计。城镇消费品零售额209.5亿元，增长9.8%；乡村消费品零售额70.6亿元，增长13.7%。按行业统计。批发业35亿元，增长14.4%；零售业195.7亿元，增长9.4%；住宿业7.7亿元，增长9.9%；餐饮业41.7亿元，增长14.4%。

限额以上法人消费品零售总额54.3亿元，增长12.1%。其中粮油、食品类零售额增长6.5%，服装、鞋帽、针纺织品类零售总额下降5.1%，日用品类下降18.2%，金银珠宝类下降3.6%，体育、娱乐用品类增长11.6%，书报杂志类下降16.3%，家用电器和音像器材类下降10.4%，文化办公用品类增长17.8%，石油及制品类增长19.8%，汽车类增长6.1%。

限额以上法人企业通过公共网络实现商品销售额3486万元，增长2.3%。

全州居民消费价格上涨0.9%，商品零售价格上涨2.4%。工业生产者出厂价格上涨5.8%，工业生产者购进价格上涨7.2%。固定资产投资价格上涨5.7%。

对外经济和旅游

全州进出口总额19750万美元，增长61.6%，其中出口额17085万美元，增长43.3%；进口额2665万美元，增长771.1%。全年实际利用州外境内资金327.5亿元，增长25.2%；实际利用外资300万美元，增长37%。

2017年湘西州居民消费价格指数

表6

指　　标	比上年增减(%)
居民消费价格	0.9
其中:食品	-1.5
衣着	2.9
居住	2.7
生活用品及服务	1.1
交通和通信	0.2
教育文化娱乐	1.7
医疗保健	0.9
其他用品和服务	3.7

新引进项目92个，其中投资过亿项目75个，新引进外资企业2个，向境外派出各类劳务人员1173人，实现对外劳务合作营业额2443万美元，增长17.7%。

全州共有旅游等级景区（点）26个，其中国家AAAA级以上景区（点）10个。全年接待国内游客4450万人次，实现国内旅游收入321.5亿元，分别增长16.5%和23.4%。接待入境游客37.2万人次，旅游创汇收入5529万美元。

交通·邮电

全州客货运输换算周转总量53.2亿吨公里，增长7.7%。其中旅客运输量5119万人，下降4.4%；旅客周转量32.1亿人公里，下降5.1%；货物运输量2617万吨，增长2.1%；货运周转量49.9亿吨公里，增长8.7%。

年末全州公路通车里程13028公里，增长1.9%。其中高速公路通车里程567.5公里，新增高速通车里程86公里。全州农村公路通车里程4088.5公里，完成农村公路提质改造493公里。通公路乡镇105个，通客班车乡镇105个。全州拥有客船237艘、货船41艘、载货汽车3071辆、载客汽车3408辆，年末全州民用汽车保有量14.26万辆。

全年完成邮电业务总量37亿元，增长78%。其中邮政业务总量2.4亿元，增长21.7%。邮政营业网点187处，邮路总长度4252公里，邮政函件30万件，包裹1.4万件，快递业务量230.9万件，快递业务收入2068万元。电信业务总量34.6亿元，增长84%，年末拥有固定电话用户12.99万户，移动电话用户203.8万户，年末互联网宽带用户31.5万户，互联网上网人数197.6万人。光缆线路长度67686.5公里，固定长途电话交换机容量1536路端，局用交换机容量16.9万门，移动电话基站7204个，网站数148个，互联网宽带接入端口115.1万个。

财政、金融和保险

全州一般公共预算收入107.6亿元，增长22.3%。其中税收收入85.8亿元，增长34.8%，占财政总收入比重为79.7%。地方财政收入54.9亿元，增长10%。其中地方收入中税收收入33亿元，增长24.1%；非税收入21.8亿元，下降10.5%。上划省级收入6.7亿元，增长27.5%。上划中央收入46.1亿元，增长45%。全州财政总支出298.7亿元，增长10.2%。其中民生支出188.4亿元，增长7.2%，民生支出占财政支出比重为63.1%。教育支出51.6亿元，增长18.8%；社会保障和就业支出38.3亿元，增长8.4%；医疗卫生与计划生育支出29亿元，增长12.6%；农林水支出50.3亿元，增长11.9%；其中扶贫支出19.4亿元，增长10%。

年末全州金融机构本外币各项存款余额1154亿元，比年初增加122.5亿元，增长11.9%。其中住户存款余额693.8亿元，增长14.8%；非金融企业存款221亿元，增长23.6%。本外币各项贷款余额632亿元，比年初增加103.8亿元，增长19.6%。其中住户贷款264.9亿元，增长22%；非金融企业及机关团体贷款余额367亿元，增长18%。

全年保险公司保费收入23.8亿元，增长14.1%。其中寿险13.2亿元，增长7.8%；健康险1.6亿元，增长22.2%；意外伤害险0.45亿元，增长17.6%；财产险5.5亿元，增长23%。各项赔款和给付支出7亿元，增长12.6%。

教育和科学技术

年末全州有普通高校1所，普通高校在校生32580人。中等职业教育学校27所，招生数11503人，在校生27956人，毕业生7822人。普通高中学校25所，招生数17137人，在校生48873人，毕业生14487人。初中学校154所，招生数32357人，在校生96984人，毕业生32754人。普通小学212所，招生数38426人，在校生218771人，毕业生31688人。在园幼儿10.3万人。小学适龄儿童入学率99.9%，小学毕业生升学率102.1%。高中阶段教育毛入学率80.6%。各类民办学校547所，民办学校在校生8.4万人。全年落实义务教育保障资金4亿元，发放普通高中国家助学金2809.6万元，发放高校国家奖学金、助学金502.8万元。发放中职国家助学金3048.7万元，资助中职学生30487人次。落实中职免学费资金

2017年湘西州各种运输方式完成客货运输量及增长速度

表7

指标	计量单位	绝对数	比上年增长(%)
货运量	万吨	2617	2.1
其中:公路	万吨	2575	2.1
水路	万吨	42.6	3.5
客运量	万人	5119	-4.4
其中:公路	万人	4993	-4.4
水路	万人	126	-1

2017年在校学生、招生、毕业生数

表8

	大学	中等职业学校	普通中学	普通高中	初中	小学
学校数（所）	1	27	179	25	154	212
招生数（人）	13794	11503	49494	17137	32357	38426
在校学生（人）	32580	27956	145857	48873	96984	218771
毕业生（人）	12463	7822	47241	14487	32754	31688

4941.5万元，资助中职学生41179人次。

全州共有省级重点实验室3家，省级工程技术研究中心7家，省级博士后工作站1个，高新技术创业服务中心1家，科技孵化器2个，科技金融机构4家。全年实施科学研究项目120个，财政用于科技经费支出总额1.24亿元，比上年增长18.2%。签订技术合同35份，实施专利申请1054件，其中发明专利495件。授权专利497件，其中发明专利101件。

全州有产品检测实验室61个。法定计量检定机构9个，特种设备检验机构2个，重点工业产品质量监督抽查146批次。参与制定国家标准3项，组织制定地方标准10项。夺取国家地理标志产品2个，获标企业8家。

文化、卫生和教育

年末全州共有艺术表演团体12个，群众艺术馆、文化馆9个，公共图书馆9个，博物馆、纪念馆10个。广播电视台9个，广播综合人口覆盖率98.2%，电视综合人口覆盖率98.2%，有线电视用户37.5万户。全州拥有国家级非物质文化遗产保护名录26个，省级非物质文化遗产保护名录84个。全年新闻出版业销售收入13723万元，利润总额1845万元。全州建有档案馆9个，开放各类档案63.8万卷。

年末全州共有卫生机构3226个。其中医院85个，妇幼保健院（站、所）9个，专科疾病防治院（站、所）4个，社区卫生服务中心（站）7个，诊所、卫生所、医务室414个，乡镇卫生院208个，村卫生室2379个。全州共有卫生技术人员16329人，增长7.7%。其中职业医师和职业助理医师5542人，增长7.1%；注册护士6992人，增长9.6%。医院拥有床位13652张，乡镇卫生院拥有床位4849张。

全州共有体育场地3112个，增长10.8%。其中体育馆11座，运动场（含体育场、小运动场、田径场）243个，游泳池（含游泳跳水场馆）8个，各种训练房60个。全年开展全民健身项目30项次。

资源、环境和安全生产

年末实有耕地面积298.65万亩，较上年下降0.4%。基本农田234万亩，耕地保有量276万亩，永久基本农田保护232.95万亩。建设用地供应总量14815.2亩，增长2.7%。供地率22.7%。实施土地开发项目32个，增长3.2%。全州已发现矿种48种，已探明资源储量的矿种38种。其中金属矿15种、非金属矿18种，水气矿2种。全州有国家地质公园3个，省级地质公园3个。投入地质遗迹保护资金3210万元，增长25.4%。

全州有各级各类自然保护区32个，其中国家级3个，省级5个，自然保护区面积355.5万亩。全州森林面积1742万亩，森林覆盖率70.24%。全州活立木蓄积4459万立方米。全年完成造林面积35.2万亩，其中退耕还林面积17490亩。年末实有封山育林面积120.6万亩。

全州城市污水处理率93.78%，比上年提高3.15个百分点。生活垃圾无害化处理率98.3%，提高0.76个百分点。城市人均公园绿地面积11平方米，完成城市棚户区改造10367套，建成传统村落82个。

初步核算，2017年全州规模工业综合能源消费量64.34万吨标准煤，增长0.9%。其中，六大高耗能行业综合能源消费量56.94万吨标准煤，增长0.1%。万元规模工业增加值能耗下降5.3%。全社会用电量59.2亿千瓦时，增长6.1%。其中工业用电量36.4亿千瓦时，增长3.8%；居民生活用电量11.6亿千瓦时，增长10.6%。全年空气质量优良天数比例89.3%，吉首地区空气质量优良天数325天，全年空气质量检测总天数364天。

全州全年发生各类安全事故451起，下降31%；各类安全事故死亡人数79人，下降41%。其中生产经营性安全事故42起，生产经营性安全事故死亡人数42人。工矿商贸安全事故死亡21人。全州发生道路交通安全事故155起，死亡人数29人；消防火灾事故243起，事故死亡人数3人；高速公路交通安全事故23起，事故死亡人数15人；铁路路外安全事故10起，事故死亡人数10人。全州亿元GDP事故死亡人数0.14人。

人口、人民生活和社会保障

年末全州常住人口263.82万人。其中城镇人口118.63万人，农村人口145.19万人。城镇化率44.97%，较上年提高1.91个百分点。

全州居民人均可支配收入13949

元，增长10.8%。其中城镇居民人均可支配收入22728元，增长9.2%；农村居民人均可支配收入8273元，增长11.6%。全州居民人均生活消费支出9677元，增长5.1%。其中城镇居民人均生活消费支出13054元，增长3.8%；农村居民人均生活消费支出7494元，增长5.7%。全州居民食品消费支出占消费总支出的比重（恩格尔系数）为32.3%，提高0.9个百分点。全州城镇居民人均住房面积44.9平方米，农村居民人均住房面积39.6%。

全州新增城镇就业人员2.23万人。城镇登记失业率4.22%，失业人员再就业人数1.05万人。参加城乡基本医疗保险人数273.9万人，城镇职工基本医疗保险参保人数16.6万人，其中在岗职工参保11.9万人，退休人员参保4.7万人。城镇职工基本养老保险参保人数14.5万人，其中在岗职工参保7万人，离退休人员6.7万人。全州参加工伤保险职工人数21.5万人，参加生育保险职工人数11.8万人，参加失业保险职工人数15.8万人，领取失业保险金职工人数8540人。全州新型农村养老保险登记参保人数131.4万人，增长0.3%。

全年发放城镇居民最低生活保障4.5万人，发放金额1.82亿元；发放农村居民最低生活保障18.4万人，发放金额4.1亿元。年末各类收养性社会福利单位床位1855张，各类收养性社会福利单位收养人员573人。新改建公办养老机构7家，公办养老机构新增床位800张。拥有综合性社区服务中心243个。新建城乡养老服务示范点56个，养老服务示范点新增床位117张。全年销售社会福利彩票5.51亿元，筹集福彩公益金1.4亿元；直接接收社会捐赠1336.8万元。全州完成农村危房改造12183户。截至2017年年末，实有贫困人口254522人，贫困村606个，全年减少贫困人口149906人，全州贫困发生率降至10.55%，比上年降低5.59个百分点。

（张作磊）

州、州直机关和中央、省在州单位领导人名单

中国共产党湘西州委员会

书　记　叶红专
副书记　龙晓华　曹普华
常　委　叶红专　龙晓华　曹普华
　　　　欧阳旭　周　云　刘珍瑜
　　　　刘长进　向恩明　邓为民
　　　　龚明汉　杨彦芳
　　　　张庆安（挂职）
　　　　孙法军（挂职）
　　　　房　卫（挂职）
　　　　董怀敏（挂职）
州委顾问　龙德忠
副巡视员　朱　采
秘书长　向邦伟
副秘书长　杨中明　向传林　杨清英
　　　　刘光复　张远周

州人大常委会

主　任　彭武长
副主任　彭　益　吴凌频　刘时进
　　　　张才金　刘小刚　宛庆丰
　　　　石耀华
党组成员　翟建凯
秘书长　文武斌
副秘书长　梁厚能　石兴敦　陈明灯
　　　　钟　林

州人民政府

州　长　龙晓华
副州长　向恩明　房　卫（挂职）
　　　　张庆安（挂职）
　　　　孙法军（挂职）
　　　　董怀敏（挂职）　向清平
　　　　何益群　李　平　麻　超
　　　　王学武　余保东（挂职）
秘书长　包太洋
副秘书长　彭　佳　伍程灿　胡朝晖
　　　　张发权　骆邦建　向廷云
　　　　陈敬会　秦　峥　向　忠

政协湘西州委员会

主　席　刘昌刚
副主席　贾高飞　宋清宏　向顶天
　　　　龙春生　石　红　卢向荣
　　　　向顺荣　吴志明　印　钊
原副主席　田　岚　李汉林　杨建军
秘书长　张　旭
副秘书长　孟凡阜　查仕清　李　炎

湘西军分区

司令员　刘长进
政治委员　高振海
副司令员　贺建军
战备建设处处长　孙海青
动员处处长　林庆根
政治工作处主任　刘述光
保障处处长　彭炎林

州纪律检查委员会、州监察局及州委巡察工作领导小组办公室

书　记　邓为民
副书记　熊　祥　方佟曙
常委、秘书长　龙超颖
常委、州监察局副局长　何湘永
常　委　颜平均　冷宁华
州监察局副局长　向文波
州预防腐败局专职副局长　李兰英
州委巡察工作领导小组办公室主任　向义付
州委巡察工作领导小组办公室副主任　张有宏
州委巡察组第一组组长　李银慧
州委巡察组第一组副组长　文　艺
　　　　杨国良
州委巡察组第二组组长　向　波
州委巡察组第二组副组长　李运辉
　　　　赵清富
州委巡察组第三组组长　游　泓
州委巡察组第三组副组长　石　清
　　　　满延春
州委巡察组第四组副组长　谢海平
　　　　焦云芬

州委办公室及归口管理单位

州委办公室
主　　任　向邦伟
副 主 任　李成晚
州纪委驻州委办纪检组组长　杨隆华
副 主 任　杨　进

州委政策研究室
主　　任　彭延敏
州委改革办专职副主任　王　跃
　　　　　　　　　　　田　源
副 主 任　彭志文　李绍青

州委保密办（州国家保密局）
主　　任（局长）　戴蓉芳
副 主 任（副局长）　姚元森

州档案局（州档案馆）
局　　长　石泽彬
副 局 长　石　勇　彭立新

州委党史研究室
主　　任　刘克兴
副 主 任　叶立宏

州委督查室
主　　任　杨胜召

州委机要局
局　　长　周华特

州专用通信局
局　　长　梁文卫

州接待处
主　　任　朱建军
副 主 任　黄江勇

州人大常委会办公室、各委员会

办公室
主　　任　文武斌
副 主 任　梁厚能　石兴敦　陈明灯
　　　　　钟　林
州纪委驻州人大机关纪检组组长
　　　　　　　　　　　　张永斌

选举任免联络工作委员会
主　　任　彭继德
副 主 任　赵海军

财政经济委员会（预算工委）
财经委主任委员、预算工委主任
　　　　　　　　　　　　吴东升
财政经济委员会副主任委员　鲁　建
预算工委副主任　向　英

内务司法委员会
主任委员　麻三艳
副主任委员　陈光亮

教育科学文化卫生委员会
主任委员　程三艳
副主任委员　陈千豪

农业委员会
主任委员　满荣付

民族侨务外事委员会
主任委员　石建芳
副主任委员　符吉平

城乡建设环境保护委员会
主任委员　张党闽
副主任委员　胡林燕

法制委员会
法制委主任委员、法工委主任
　　　　　　　　　　　　何学智
法制委员会副主任委员、法工委副主任
　　　　　　　　　　　　彭家银

研究室
主　　任　田发军
副 主 任　彭　礼

州人民政府办公室及归口管理单位

州政府办公室
主　　任　包太洋
副 主 任　彭　佳　胡朝晖　张发权
　　　　　骆邦建　向廷云　陈敬会
　　　　　庞大森
州纪委驻州政府办纪检组组长　雷佳鼎

副 主 任　肖　李　彭晓慧

州信访局
局　　长　向　忠
副 局 长　符　高　刘　军　王绍旺

州安全生产监督管理局
局　　长　刘孟龙
副 局 长　彭　德　刘　华　向纪荣
　　　　　龙树意　李宗耀
总工程师　向纯金

州公共资源交易中心
主　　任　翟　辉
副 主 任　张远斌　黄　新

州机关事务服务中心
主　　任　龚海鸥

州政府信息中心（电子政务办）
主　　任　皮丕军

州政府政务服务中心
主　　任　吴朝化

州政府法制办公室
主　　任　欧道胜
副 主 任　石远配
党组成员　徐卫红
副 主 任　田白云　张仕新

州政府口岸办公室
主　　任　王毅军
副 主 任　汪　翔

州政府地方志办公室
主　　任　谢绍猛
副 主 任　李雄野

州人民防空办公室
主　　任　宋宗江
副 主 任　游先华　杨小勇　田兴赋

州住房公积金管理中心
主　　任　王　敏

州红十字会
常务副会长　田否极

州政府驻北京联络处
主　　任　吴佩林
副 主 任　潘秋桂

州政府驻长沙办事处
主　　任　张　伟

州政府驻深圳办事处
主　　任　陈元军

州工商行政管理局
局　　长　周　斌
副 局 长　杨兆宏　张远胜　杨慧平
州纪委驻州工商行政管理局纪检组组长
吴俊锋

州质量技术监督局
局　　长　胡章华
副 局 长　欧阳小凯　荆长勇　符代岸
总工程师　汪　兴

州食品药品监督管理局
局　　长　张宗炎
副 局 长　欧阳荣化　吴晓彤　张　皓
危首华
州酒管局局长　吴光明
州食药检所所长　向　君

州政协办公室及各委员会

办公室
主　　任　张　旭
副 主 任　孟凡阜　查仕清　李　炎
州纪委驻州政协机关纪检组组长
李晓春

提案委员会
主　　任　杜修炎
副 主 任　张继文

经济科技联谊委员会
主　　任　宋永华
副 主 任　杨永芳

人口资源环境委员会
主　　任　贺显明
副 主 任　杨海清

文教卫体委员会
主　　任　彭　俊
副 主 任　何　煜

民族宗教法制群团委员会
主　　任　向学智
副 主 任　伍坤杰

文史学习委员会
主　　任　罗　虹
副 主 任　向海军

研究室
主　　任　梁远平
副 主 任　谭必松

州委组织部及归口管理单位

州委组织部
部　　长　龚明汉
副 部 长　欧阳清文　钟立文　刘　洋
杜修林
州纪委驻州委组织部纪检组组长
陈　彬
州委“两新”工委专职副书记　鲁民明

州委党校（州行政学院、州社会主义学院）
副校（院）长　李　全　龙延平
陈文姝
教 育 长　王佐焕

州委老干部局
局　　长　刘　洋
副 局 长　张翠珍　王照训
州关工委秘书长　石利民

州老干部活动中心
主　　任　尹德武

州总工会
主　　席　彭　益
副 主 席　石建军　宋和林　邓永坚
经审委主任　刘　军
副 主 席　石远定

共青团湘西州委
书　　记　向汝莲
副 书 记　张世田　吴春艳

州妇女联合会
主　　席　邓建英
副 主 席　林　莹　张　明

州委宣传部及归口管理单位

州委宣传部
部　　长　周　云
副 部 长　肖世辉　田　勇　张立新
州纪委驻州委宣传部纪检组组长
麻小惠
州委网信办主任　龚迎春
州精神文明办主任　苏明超
州委网信办副主任　何斯成

州文化广电新闻出版局
局　　长　刘世树
副 局 长　方厚钊　麻老先　高振翼
刘国锋　杨铁平　曾湘军
总工程师　杨建纲

州文化市场综合执法局
局　　长　廖大平

湘西广播电视台
台　　长　石海平
副 台 长　田生建　邓　林　王友忠
纪委书记　向昌卿

州文物管理局
局　　长　王　伟

州委讲师团
主　　任　钟克文
副 主 任　张合顺

团结报社
社长、总编辑　田应明
副 社 长　石庭荣
副社长、副总编辑　龙　捷

副 社 长　龙文玉
副总编辑　周泽平　唐　心

州文学艺术界联合会
主　　席　黄　叶
副 主 席　罗应奉

州社会科学界联合会
党组书记、主席　谭必四

州羊峰山电视调频转播台
台　　长　田昌景

湖南新华书店有限责任公司湘西自治州分公司
总 经 理　向德义
党委书记　张成兴

湖南日报社湘西分社
社　　长　彭业忠

州委统战部及归口管理单位

州委统战部
部　　长　曹普华
副 部 长　黎致远　王小兰
州纪委驻州委统战部纪检组组长　伍晓阳
副 部 长　杨远志

州工商业联合会（总商会）
主席（会长）　石　红
党组书记、副主席（副会长）王小兰
副主席（副会长）　王　华　殷雪梅　向　军

中国民主同盟湘西自治州委员会
主　　委　刘小刚
专职副主委　杨艳妮

州民族宗教事务委员会
主　　任　李志平
副 主 任　陈万永　李　芸
州纪委驻州民宗委纪检组组长　田黎庆
副 主 任　田　滔　龙清明

州委台湾工作办公室
主　　任　何　杰
副 主 任　彭大为

州归国华侨联合会
主　　席　沈卫军

州委政法委及归口管理协调单位

州委政法委员会
书　　记　欧阳旭
州委副巡视员　朱　采
副 书 记　杨大富　张世平　滕朝辉
州纪委驻州委政法委员会纪检组组长　向馨娜

州社会治安综合治理办公室
主　　任　滕朝辉
副 主 任　邓光周

州维护社会稳定领导小组办公室
主　　任　向金坤
维稳室主任　田东彬

州公安局
局　　长　王学武
副 局 长　田仁喜　向仍平　王　平
州纪委驻州公安局纪检组组长　王学军
副 局 长　田儒平
政治部主任　陶燕飞
刑侦支队支队长　龙铁学
刑侦支队政委　冯　云
治安支队支队长　龙　群
治安支队政委　杨勇波
经侦支队支队长　贾绍忠
经侦支队政委　胡立新
人民警察训练学校校长　李世德
人民警察训练学校政委　田　琳
吉凤分局局长　向佐文
吉凤分局政委　杨正国
交警支队支队长　田凯频
交警支队政委　陈沙强
国保支队支队长　石献坤
禁毒支队支队长　周　斌
网技支队支队长　彭英凤
监管支队支队长　张安波
法制支队支队长　李昌云
人口与出入境管理支队支队长　杨　梅
警务督察支队支队长　吴建华
特警支队支队长　何英文
州戒毒所所长　谢松平

州中级人民法院
院　　长　彭卫兵
副 院 长　马如刚　向柏林　邱贤周　印达岗
政治部主任　龙启军
州纪委驻州中级人民法院纪检组组长　何　勇
审判委员会专职委员　陈功建　田　群　张海生

州人民检察院
检 察 长　肖建雄
副检察长　彭　元　吴志明　马林海　廖永忠
州纪委驻州人民检察院纪检组组长　杨良文
政治部主任　符大碧
检察委员会专职委员　石续发　张清明　高从军

州司法局
局　　长　张自政
副 局 长　石　玉　曾广友　龙继华　杨再武
政治部主任　张其慧
州纪委驻州司法局纪检组组长　刘　丹

州国家安全局
局　　长　秦　峥

武警湘西支队
支 队 长　梁开榜
政治委员　常建清
副支队长　项伟峰
副政治委员　刘　科
司令部参谋长　符　元
政治处主任　牟卫峰
后勤处处长　谭佑明

州公安消防支队
支 队 长　李开桥
政　　委　李政军
副支队长　姚元晶
司令部参谋长　艾顺德
政治处主任　吴长征
后勤处处长　王　平
防火处主任　黎　军

州委防范和处理邪教问题领导小组办公室
主　　任　盛天宁
副 主 任　张祖旺

吉首监狱
监 狱 长　李年富
政　　委　刘国忠
副监狱长　杨　林　李帮清
纪委书记　李　军
政治部主任　梁　斌
副监狱长　秦世林

州强制隔离戒毒所
所　　长　石志兰
政　　委　彭朝阳

中共州直机关工作委员会

书　　记　张文英
副 书 记　吴　超　全东成
委员、宣传部部长　张显好
委员、州直纪工委书记　谢　军
委员、组织部部长　彭秀清
委员、办公室主任　滕召帆

州机构编制委员会办公室

主　　任　王斌辉
副 主 任　王德贵　向　琼
事业登记管理局局长　石丽萍

州农委及归口管理协调单位

州农业委员会
州委农办主任、州农委主任　田科虎
副 主 任　谷仙玉　罗楚长　王汝荣
　　　　　王承恩
州纪委驻州农业委员会纪检组组长
　　　　　唐　瑛
副 主 任　孔贵生
州委农办副主任　熊明谋
总农艺师　宋先杰

州林业局
局　　长　罗亚阳
副 局 长　翟　星　张　海　吴军辉
总工程师　彭险峰
森林公安局局长　彭继虎
森林公安局政委　唐吉松

州水利局
局　　长　彭武学
副 局 长　贾　圣　朱才茂　米承胜
党组成员　全秀婵
副 局 长　姚　波
防汛办主任　张　敬

州扶贫开发办公室
主　　任　李卫国
副 主 任　向生平　舒　展　杨晓明

州农业机械管理局
局　　长　孙仲泉
副 局 长　吴　翔　刘　毅

州畜牧水产局
局　　长　胡丕忠
副 局 长　王清林　翁祖华　彭秀顺

州气象局
局　　长　米红波
副 局 长　吴志科
纪检组组长　张官雄
副 局 长　何　凯

州水库移民开发管理局
局　　长　龙生贵
副 局 长　戴光辉　刘本刚　姚　静

州农村经济服务站
站　　长　向　宏

州供销联社
理事会主任　符启银
监事会主任　韩宗兴
理事会副主任　陈光德　滕树静
　　　　　王　健

州农业科学院
党委书记　宋先杰
院　　长　左小义
副 院 长　曾传海　吴光辉　杨建国
纪委书记　向明义

州水文局
局　　长　张任金

州外资外援办公室
主　　任　黄启艾

州旅游港澳外事侨务局

党组书记　时荣芬
局　　长　高湘文
副 主 任　彭知勇　彭秀金　欧四清
　　　　　刘红玉

州发改委及归口管理协调单位

州发展和改革委员会
主　　任　胡恩平
副 主 任　李世忠　蒋厚林
西开办副主任　梁晓琪
州纪委驻州发改委纪检组组长
　　　　　尚金菊
副 主 任　贾明俊　李德松
州优化办主任　饶碧宇
副 主 任　鲍小恒（挂职）
　　　　　刘　赭（挂职）

州统计局
局　　长　张奇华
副 局 长　王　健　翁远菊　李湘吉
总统计师　王明武
州统计调查支队队长　毛光文

国家统计局湘西调查队
队　　长　吴瑞平
副 队 长　罗穗莲
纪检组组长　陈　军

州经信委及归口管理协调单位

州经济和信息化委员会
主　　任　向宏国
副 主 任　王利辉　张立新
州纪委驻州经信委纪检组组长　高凉泉
副 主 任　毛建湘　田　华
总工程师　刘　东

州国家税务局
局　　长　陈有权
副 局 长　明克林　田　华　黄红忠　陈永红
纪检组长　罗广宇
总经济师　张重德
总会计师　钟发春

州地方税务局
局　　长　麻冬磊
副 局 长　陶文斌　滕建华　欧阳兴平
总会计师　高学军
总经济师　杨真勤
纪检组长　韩生华

州邮政分公司
总 经 理　杜　辉
副总经理　向恩猛
纪委书记、工会主席、副总经理　贾胜君

国网湘西供电公司
总经理、党委副书记　杨立古
副总经理　肖和卫　尹华福　张珑玲
纪委书记　刘　凯
总会计师　蒋天欢

州烟草专卖局（公司）
局长、经理　瞿红兵
副 局 长　张小舟
副经理、总农艺师　周米良
纪检组长、工会主席　向　彦
副 经 理　皇泽鹏

中国电信湘西分公司
总 经 理　蔡炳坤
副总经理　张玉军　姚占先　肖　健　姚启雄　郑　颖

中国移动湘西分公司
总 经 理　李仁龙
副总经理　舒晓晨　唐子杰　黄　轩

中国联通湘西分公司
总 经 理　何凌轩
副总经理　郭友国　陈　新　汪世伟

中国铁塔股份有限公司湘西自治州分公司
总 经 理　李荣彬
副总经理　俞鹏飞

州无线电管理处
主　　任　郑志昂

湘西民族职业技术学院

党委书记　谭吉慧
副书记、院长　彭延敏
副书记、副院长　宋清华
副 院 长　满益文　钟　明
纪委书记　刘修洪
副院长、工会主席　杨　晖
副 院 长　姚　斌
招生处处长　杨稚桓
组织人事处处长　宋　武
宣传处处长　曾翠林

州教体局及归口管理协调单位

州教育和体育局
局　　长　余晓红
副 局 长　麻建锋　杨世全　石定初　张顺畅
主任督学　吴　罡
州纪委驻州教体局纪检组组长　谌　涛
副 局 长　向仍森　刘　攀

州教育考试院
院　　长　黄费刚

州民族教育科学研究院
院　　长　刘世强

吉首大学师范学院
院　　长　贾维剑
党委书记　刘保国
副 院 长　杨　华　周　焰　石群勇　刘如云
工会主席　张苏东
纪委书记　石慧燕
副院长（附小校长）王中华

州民族广播电视大学
党委书记　肖明安
校　　长　向　阳
副 校 长　魏方平
纪委书记　刘沅浦
副 校 长　杨　寂
工会主席　陈　俊
副 校 长　龙晓颖

州民族中学
校　　长　王　斌
党委书记　郑英滨
副 校 长　张泽贤　向前东　向志华
纪委书记　王　涵

州第二民族中学
党委书记　李启东
校　　长　田正富
副 校 长　陈　俊
纪委书记　彭介勇
副 校 长　谢　彪　郑昌贤

州民族体育学校
校　　长　向竹青

州科技局及归口管理协调单位

州科学技术局
局　　长　郑桂章
副 局 长　张远伐　蔡小虎　翁立志

州科学技术协会
党组书记　罗序英
主　　席　刘慧平
副 主 席　李绍权

州地震局
局　　长　聂景新

州民政局及归口协调管理单位

州民政局
局　　长　彭图瑜
副 局 长　杨明仁　罗贤兵　向建胜
　　　　　汪立东
党组成员　肖　健

州肿瘤医院
院　　长　向尔富

州残疾人联合会
理 事 长　张伯传
副理事长　刘　兴

州财政局及归口管理协调单位

州财政局
局　　长　梁　君
副 局 长　杜红春　张显刚　石康成
　　　　　颜建絮
总会计师　汤双武
州纪委驻州财政局纪检组组长
　　　　　刘新生

州农业综合开发办公室
主　　任　周必勇

州财源建设办公室
主　　任　彭书萍

州乡镇财政管理局
局　　长　张跃平

州国库集中支付核算中心
主　　任　陈继红

州人社局及归口管理协调单位

州人力资源和社会保障局
局　　长　石　龙
副 局 长　吴明强　贾　非　张金林
　　　　　杜　鹏

州社会保险管理服务局
局　　长　彭正和

州国家机关事业单位社会保险局
局　　长　梁　洪

州劳动人事争议仲裁院
院　　长　严洪涛

州就业服务管理局
局　　长　彭伟宏

州医疗生育保险管理服务局
局　　长　刘　洪

州工伤保险服务管理局
局　　长　吴敏俊

州国土资源局及归口管理协调单位

州国土资源局
局　　长　高文化
副 局 长　袁昌全　向宏伟　彭英彪
　　　　　彭　华
总工程师　李生岩
州国土资源执法监察支队长　王千军
州不动产统一登记中心主任　黄智勇

湖南省地质矿产勘查开发局四〇五队
队　　长　邓卫东
副 队 长　陈振刚　彭清庭
纪委书记　滕久志
副 队 长　刘　伟

湖南省有色地质勘查局二四五队
队　　长　王　超
党委书记　高利军
纪委书记　杨　忠
副 队 长　张翔荔
总工程师　吴永胜

州住建局及归口管理协调单位

州住房和城乡建设局
局　　长　祝期祥
副 局 长　董佳瑛　唐　忠　向鸿鹄
总工程师　张正跃

州城乡规划管理处
主　　任　吴春明

州风景园林管理办公室
主　　任　田开翠

州建筑规划勘察设计院
院　　长　米先平

州交通运输局及归口管理协调单位

州交通运输局
局　　长　吴奕华
副 局 长　彭明月　罗云跃　黄福红
　　　　　石家斌
州纪委驻州交通运输局纪检组组长
　　　　　杨　莉
总工程师　彭德潭
副 局 长　王　枫（挂职）
副局长、州邮政管理局局长　肖　勇

州公路管理局
局　　长　沈世锋
副 局 长　向目良　程方国　马　俊
总工程师　毛生华

省高速公路管理局湘西管理处
处　　长　聂善文
副 处 长　向维峰　邓　宏　周　勇

州汽车运输总公司
总 经 理　张春生
纪委书记　谢曦阳
副总经理　龙慧铭　石远柱　李　周

州道路运输管理处
处　　长　杨　峰

州地方海事局
局　　长　李昌奎

州交通建设质量安全监督管理处
处　　长　黄太高

州商务局及归口管理协调单位

州商务局

局　　长　向仕连
副 局 长　向　荣　张正望　余　琛
　　　　　符卫兴

州贸易促进委员会
会　　长　彭　兵
副 会 长　彭良斌　周文吉

州粮食局
局　　长　鲁雪松
副 局 长　周多庆　傅艳萍　向兴胜

中石化湘西分公司
经　　理　韩存生
党委书记　宁秀春
副 经 理　龙书光　潘存礼

中石油湘西分公司
总 经 理　李　钊
党委书记、副总经理　李远平
副总经理　方　惠

中央储备粮湘西州直属库
主　　任　向海萍

州投资促进事务局
局　　长　郝贤明

湘西出入境检验检疫局
局　　长　扶忠践
副 局 长　张平清

州卫计委及归口管理协调单位

州卫生和计划生育委员会
主　　任　彭　军
副 主 任　张河明　田晓萍　田　娟
　　　　　彭志新　张金桥
州纪委驻州卫计委纪检组组长
　　　　　　　　　　　　彭长权

州人民医院
党委书记　彭剑涛
院　　长　周明欢
副 院 长　贾小卷
总会计师　莫莉萍
纪委书记　田茂友
副 院 长　罗　勇　向　平　梁民勇
工会主席　江宏冰

州民族中医院
党委书记　彭　云
院　　长　谭晓文
副 院 长　刘文霞　周明高
纪委书记　宋谋富
工会主席　彭　靖
副 院 长　王小军　周明文

州计划生育协会
常务副会长　宋维金
秘 书 长　田晓辉

州卫生计生综合监督执法局
局　　长　李拥平

州妇幼保健院
院　　长　向多庆

州精神病医院
院　　长　彭书海

州疾病预防控制中心
主　　任　谷冠军

州审计局
局　　长　印　钊
党组书记　向能武
副 局 长　龚道君　万前荣
经责办专职副主任　阙剑平
副 局 长　唐海龙
总审计师　瞿　民

州环境保护局
局　　长　石泽龙
副 局 长　向文富　王建华　石胜福
党组成员　谢深双
总工程师　沈　扬

州国资委及归口管理协调单位

州国有资产监督管理委员会
主　　任　吴振文
副 主 任　陈光彬　舒学锋　郭怀初

州国有资产服务中心
主　　任　彭继文

州盐业有限责任公司
总 经 理　黄　健

州银行、保险业系统单位

中国人民银行湘西州中心支行
副 行 长　肖继辉　王克练　魏　怡
纪委书记　刘晓波
副 行 长　李二平
工会主任　彭　春

州银行业监督管理分局
局　　长　刘　俊
副 局 长　罗　平　韩仲顺
纪委书记　朱立新

中国工商银行州分行
行　　长　肖新华
副 行 长　杨官勋　陈轶珑　彭　恺
纪委书记　陈建国

中国农业发展银行州分行
行　　长　曾雄锋
副 行 长　杨国军　龙　颜

中国农业银行州分行
副 行 长　吴元富　梁心红　毛曜廷
　　　　　谭艳燕

中国银行股份有限公司吉首分行
行　　长　杨　樱
副 行 长　秦勇为　陈　健　邓　雷
　　　　　扶卫权

中国建设银行州分行
行　　长　胡成伟
副 行 长　杨清泉　丁绍文
纪委书记　张新江
副 行 长　杨正林　石长春

中国交通银行湘西分行
行　　长　刘红颖

湖南省农村信用联社湘西州办事处
主　　任　吴振华
副 主 任　唐福平　沅　晖

邮政储蓄银行湘西州分行
行　　长　谢建国
副 行 长　吴绍付　杨文斌　石水霞
　　　　　朱良贤

华融湘江银行湘西州分行
副 行 长　段思勤
纪委书记　高　胜

湘西长行村镇银行
董 事 长　高　峰
行　　长　邓　国
监 事 长　周光映

副 行 长　吴文军　陈　昆

中国人民财产保险股份有限公司湘西州分公司
总 经 理　罗　勇
副总经理　邓兴文　陈　燕

中国人寿保险股份有限公司州分公司
总 经 理　谭　煊
副总经理　彭　云　李作忠　王　燕

中国平安财产保险湘西中心支公司
总 经 理　王长博

州平安人寿保险公司
总 经 理　唐东风

中华联合财产保险股份有限公司湘西州中心支公司
总 经 理　王本习
副总经理　麻金章

吉首大学

党委书记　游　俊
校　　长　白晋湘
纪委书记　赵鹤平
副 校 长　黎奇升　钟海平　龙先琼
　　　　　王　绯　黄　昕　冷志明
　　　　　李定珍　罗金铭
党办、校办主任　王先述

党政群团

中国共产党湘西土家族苗族自治州委员会

【概述】 2017 年，州委常委班子团结带领全州各级党组织和广大干部群众，深入学习贯彻党的十九大精神，坚持以习近平新时代中国特色社会主义思想为指引，认真落实“五位一体”总体布局和“四个全面”战略布局，践行五大发展理念，积极实施省委创新引领开放崛起战略，紧扣脱贫攻坚与区域发展两大任务，坚守“542”发展思路，深入开展扶贫攻坚、项目决战、综治创新“三年活动”，全力以赴稳增长、惠民生、推改革、促和谐、强党建，全州经济发展稳中向好，民生事业显著改善，社会大局和谐稳定，城乡面貌变化巨大，为党的十九大和建州 60 周年交上一份优异答卷。

坚决维护党中央权威和集中统一领导，确保中央省委决策部署落地落实。始终把政治建设放在首位，切实把党的十九大精神和习近平新时代中国特色社会主义思想作为政治必修课，用好中心组学习、干部在线学习、干部培训班等载体，组织集中学习 7 次，举办 3 期州、县、乡村“万人培训班”，教育引导党员干部树牢“四种意识”，坚定“四个自信”，在思想上政治上行动上同以习近平同志为核心的党中央保持高度一致，确保全州各项事业发展沿着正确方向前进。全年召开 39 次州委常委会议，及时传达学习贯彻中央、省委重要会议和文件精神，确保中央重大决策和省委重要部署在湘西落地生根、开花结果。对标对表中央、省委要求，结合湘西州发展阶段特征和州情实际，研究出台《关于深入学习贯彻党的十九大精神加快建设美丽开放幸福新湘西的意见》《关于加快推进创新引领开放崛起战略的实施意见》等文件，进一步提高政治站位，提升发展理念，找准发展方位，开启创新提质、特色赶超、率先崛起新征程，描绘建设美丽开放幸福新湘西新蓝图，丰富创建国内外知名生态文化公园这一总战略、总愿景的内涵和路径。坚持学思用融会贯通，州委常委班子成员带头开展调查研究，每人牵头负责 1 个以上重大调研课题并顺利结题，形成一批通天线、接地气的调研成果。

全力打好精准脱贫攻坚战，不断保障和改善民生。牢记习总书记殷切嘱托，坚持把脱贫攻坚作为头等大事和第一民生，坚持“脱真贫、真脱贫”，聚焦“两不愁、三保障”目标，制定实施进一步加强精准扶贫精准脱贫工作的州委 1 号文件，加大责任落细、政策落实、项目落地力度，纵深推进精准扶贫脱贫“十项工程”，集中攻克深度贫困堡垒，注重“四防两严”，提高脱贫质量，全年贫困村退出 229 个，减贫 15 万人，贫困发生率下降到 10.5%，吉首市脱贫摘帽。狠抓脱贫政策落实兑现，全面落实中央和省州关于产业发展、小额信贷、劳务输出、教育助学、医疗救助、社会保障兜底等扶贫政策，教育扶贫实现贫困家庭学生资助全覆盖，健康扶贫实现贫困户医保、大病保险参保和贫困患者大病救助全覆盖，兜底对象实现应保尽保，泸溪成为全省首个普惠金融示范区，全省健康扶贫现场会在湘西州召开。加大扶贫资金整合，全年整合资金 50 亿元左右，实施一大批扶贫项目，推动精准扶贫脱贫“十项工程”取得新进展新成效，习总书记在山西太原主持召开的深度贫困地区脱贫攻坚座谈会上，对省委省政府支持湘西州实施精准扶贫脱贫“十项工程”给予肯定。抓实结对帮扶和扶贫协作，实行州级领导联县包村、县级领导联乡包村和机关单位包村、党员干部包户制度，做到全州贫困村、非贫困村和贫困群众结对帮扶“三个全覆盖”；严格落实驻村帮扶和结对帮扶制度，州、县、乡工作队员每月驻村、宿村不少于 20 天 10 晚，帮扶干部每年进村入户不少于 5 次；推进东西部扶贫协作和省内对口扶持，长株潭等 7 市对口帮扶州内 7 县取得新突破，和济南市签署“1+7+11”扶贫协作框架协议并达成多项帮扶意向，政府、市场、社会协同扶贫大格局形成。做实脱贫攻坚基础工作，扎实开展精准脱贫“回头看”和脱贫攻坚突出问题集中整改，全面推行贫困户基本信息卡、政策明白卡、帮扶记录卡、收益卡“四卡合一”，大力开展“三走访三签字”“万名干部下基层大走访送温暖促脱贫”等活动，实施最严最实最不讲情面的督查考核问责，扶贫脱贫精准度和工作实效进一步提升。推动民生事业全面发展，全年民生支出达到 181.63 亿元，占财政支出 65%左右，全面完成省定 13 件重点民生实事。完成农村劳动力转移就业 2.66 万人，城乡低保标准提标到 420 元和 252 元，新建和改扩建城镇学校20所、义务教育合格学校81所、农村公办幼儿园35所，改造农村危房37331户、棚户区10367户，建成基层综合性文化服务中心799个，在幼有所育、学有所教、劳有所得、病有所医、老有所养、住有所居、弱有所扶上不断取得新进展。

践行新发展理念，推动经济社会持续健康发展。主动适应经济发展新常态，积极推进供给侧结构性改革，坚持不懈扩总量、调结构、转方式、促升级，全州经济发展稳中向好，生产总值增长7.6%，财政总收入增长22.3%，首次突破百亿元大关，固定资产投资增长12%，社会消费品零售总额增长11%，城乡居民收入增长9.2%、11.6%，存贷款余额分别增长11.9%、19.6%，旅游接待人数和收入增速保持在20%，进出口总额增长67%，多项经济指标增速全省靠前。重大项目建设推进有力，以建州60周年为契机，深入开展“项目决战年”活动，300个州庆重点项目累计完成投资1510亿元，350个州重点项目完成投资567亿元。永吉高速公路建成通车，实现县县通高速，张吉怀高铁、黔张常铁路、湘西机场等重大项目加快建设，湘西文化公园、文体会展中心、博物馆、非遗馆等一批重大项目投入使用，引进中石化、恒大、红星美凯龙等一批世界500强、中国500强企业，全年实际到位资金300亿元，增长20%以上。产业转型升级成效明显，以“产业四区”建设为重点，培育壮大实体经济，全州经济结构进一步优化，质量效益进一步提升，三次产业结构比为13.6:30.6:55.8。推进园区扩规提质，新建标准厂房100万平方米，新增高新技术企业20家，工业转型升级迈出新步伐；农业提质增效取得新进展，建成万亩精品园24个，新增“三品一标”认证产品32个，花垣、古丈获批国家级出口食品农产品质量安全示范区；全力推进全域旅游，开工建设总投资65亿元的旅游干线公路，谋划推进一批景区开发、风情小镇、乡村旅游、星级饭店、旅游厕所、旅游公路等项目建设，以生态文化旅游业为主的第三产业对经济增长贡献率保持70%左右；大力发展商贸物流业，推进城市核心商圈、集镇农贸市场标准化等建设，全州建成农村电商网点1900多个，州县乡村四级农村电商网络和物流体系基本形成，凤凰、花垣入选全国电子商务进农村示范县。城乡面貌发生历史性变化，“四宜城镇”建设提质提速，重点经济区建设加速加力，州府吉首大拓展大变样，湘西经开区“州府新城、产业新区”靓丽呈现，七县新区拓展、老城改造进展顺利，城乡融合发展步伐加快，全州城镇化率达45%。特别是按照“隆重、特色、节俭、实效”原则，成功举办历史水平最高、各方反响很好、综合效应极佳的州庆，充分展示60年来全州城乡面貌巨大变化和各族干部群众团结奋进精神风貌，展示全州上下决胜脱贫攻坚、冲刺全面小康的光明前景，得到中央、省及各兄弟地市州祝贺团和各位老领导、干部群众的广泛好评，湘西州的知名度、美誉度和影响力大幅提升，信心得到极大增强，正能量汇集满满。

扎实推进全面深化改革，不断释放发展新动力新活力。认真贯彻中央、省委全面深化改革决策部署，全面推进省定30项重点改革任务和州定8项自主改革事项落地落实，一大批事关全局发展和民生福祉的重大改革成效明显，红利不断释放。深化供给侧结构性改革，扎实推进“三去一降一补”，“放管服”、商事制度等改革成效明显，“五证合一”实现全覆盖，全州新增各类市场主体1.8万户。着力抓好财税金融体制改革，规范采取PPP、股权融资、政银企合作、大标段制等方式，构建项目建设多元化投入格局，有效解决企业融资难题。在全省率先推进医药、医疗、医保三医联动改革，成功加入“三明限价联盟”，推行“先诊疗、后付费”“一站式结算”等便民服务，开通跨省易地就医医疗费用直接结算业务，群众看病难看病贵问题有效缓解。农村承包土地确权颁证、国企国资等其他各项改革推进有力有效。充分激发全社会创新热情与开放活力，加快推动依靠创新和开放汇聚生产要素，培育发展新动力，增创发展新优势，拓展发展新空间。

纵深推进美丽湘西建设，进一步优化发展环境。坚持以生态文明建设、城乡同建同治、网格服务管理“三大工程”为抓手，推动美丽湘西建设取得更大更好实效，全面创优发展环境。着力提升生态文明建设水平，深入实施“绿色湘西”工程，高标准推进千里生态走廊建设和国家森林城市创建，植树造林14万亩，全州森林覆盖率达70.24%，空气质量稳居全省前列，湘西州生态保护与建设示范区通过国家中期评估；全面完成中央环保督察交办信访问题及省交办突出环境问题整改，扎实推进以花垣为重点的矿区污染专项整治，层层落实河长制，加强江河湖库保护治理，全州生态环境持续改善；推进文化强州重大项目建设，加大60个特色民俗村寨建设、300个传统村落协调整治力度，里耶镇成功入选“全国特色小镇”，浦市镇荣获湖南省“美丽少数民族特色村镇”，塔卧镇、十八洞村等25个镇村成功获批省级历史文化名镇名村。承办全国地质公园建设助推脱贫攻坚现场会，湘西世界地质公园成为中国向联合国教科文组织推荐的2处2019年世界地质公园之一。着力提升城乡环境卫生“颜值”，全面加强城乡结合部、城区出入口、背街小巷、居民小区容貌秩序和立面整治，加大乱搭乱建、乱停乱摆、乱贴乱画、出店经营治理力度，强力推进“两违”整治，建立健全农村环境卫生保洁长效机制，城乡容貌、人居环境大为改观。启动实施美丽乡村示范创建三年行动计划，完成300个示范村、100个精品村建设，湘西州获评中国最美乡村旅游目的地。着力提升社会综合治理水平，围绕迎接党的十九大和建州60周年，大力开展“综治创新年”活动，巩固扩大网格化社会服务管理成果，全面加强州、县、乡、村四级网格平台建设，推动实现“网格全覆盖、诉求快响应、服务零距离”，有效提升基层治理能力和水平。扎实推进法治湘西建设，健全重心下移、力量下沉的法治工作机制，广泛深入开展法治宣传教育，引导全民自觉守法、办事依法、遇事找法、解决问题靠法。加大各类风险防范化解力度，深入开展安全生产大检查大整治、矛盾纠纷大排查大调处、信访积案化解攻坚、道路交通安全整治、社会治安突出问题治理“五大专项行动”，全州信访总量下降43.4%，刑事案件发案率下降14.9%，安全生产事故发生率下降43%，成为全省没有发生较大以上安全事故的市州之一，社会大局保持和谐稳定。加强金融领域监管，规范民间融资管理，有效防范金融风险。

汇聚发展合力，营造干事创业浓厚氛围。坚持依法执政民主执政，加强民主政治建设，汇聚强大发展合力，营造更加浓厚的干事创业氛围。坚持和完善人民代表大会制度，支持州人大及其常委会依法做好立法、监督、决定、任免、代表工作，《酉水河保护条例》颁布实施。支持人大加强对“一府两院”的法律监督和工作监督，加强对政府全口径预决算监督，推动州委重要决策部署全面贯彻落实。坚持和完善共产党领导的多党合作和政治协商制度，支持政协依法依章履行政治协商、民主监督、参政议政职能，把接受政协民主监督、认真办理政协民主监督意见列入党委议事规则和政府工作规则，多为政协解难事、办实事，多向政协出题目、听意见，健全党委重视、政府支持、政协主动、各方配合的政协工作新格局。加强国防和后备力量建设，开展庆祝建军90周年系列相关活动，党管武装、国防后备力量建设和国防教育进一步加强。驻州部队、武警官兵和民兵预备役人员在参与建设和抗洪抢险、社会维稳等急难险重任务中发挥重要作用。加强统一战线和民族团结工作。成立湘西州党外知识分子联谊会、香港湘西联谊会，累计引导500余家非公企业参与精准扶贫“千企联村”行动。加大党外干部队伍建设，民族、宗教工作卓有成效，成功创建全国民族团结进步示范州。宣传思想文化工作巩固加强，全面加强意识形态管理，大力培育和践行社会主义核心价值观，讲好“湘西故事”、传播“湘西声音”、搭建“湘西舞台”、提升“湘西形象”，中央、省主流媒体对湘西州建州60周年系列活动以及精准扶贫脱贫等工作进行广泛报道、深度推介；文明创建成效显著，新增全国文明村镇3个、全国文明单位3个、全国文明校园1个；成立州委网信办，应对处置涉州敏感舆情20余起。

全面推进从严管党治党，营造山清水秀的政治生态。发出《关于全面贯彻落实党的十八届六中全会精神推进全面从严治党向纵深发展的意见》，坚持把抓好党建作为最大政绩，把全面从严治党的责任扛在肩上、抓在手里，为湘西脱贫攻坚、同步小康营造山清水秀的政治生态。推进党内政治生活规范化常态化，州委常委班子成员带头严明政治纪律和政治规矩，带头执行新形势下党内政治生活若干准则，带动全州上下坚定不移拥护中央、紧跟核心。认真落实民主集中制，坚持“三重一大”集体决策，带头落实“三会一课”等制度。扎实推进“两学一做”学习教育常态化制度化，在强化政治学习、严格组织生活、切实改进作风、奋力担当作为上树标杆、作表率，推动形成一级抓一级、层层抓落实的良好格局。切实选好用好干部，坚持好干部标准，健全科学选人用人机制，坚持“凡提必核”“凡提必听”，增强干部选用工作透明度。加强干部选任监督，落实干部选拔工作责任追究制度和干部带病提拔等问题倒查机制，坚决防止和查处选人用人上的不正之风，全面完成1863名干部消超任务。注重加强年轻干部培养，安排1776名近三年新录（聘）人员到贫困村进行2年驻村锻炼。建立容错纠错机制，为担当者担当、为负责者负责。抓实抓牢基层基础，加强基层组织建设，统筹抓好农村、机关、国企、非公企业和社会组织等领域基层党建。以村（居）“两委”换届为契机，选优配强干部，加大经费投入，村级组织运转经费增长20%以上，村支书年均报酬超过2万元，60%的村级综合服务平台完成提质提标，65%的村集体经济年收入达到4万元以上，农村基层组织凝聚力、战斗力和服务群众、引领脱贫的能力和水平进一步提升。充分发挥各级党组织的战斗堡垒作用，在应对历史罕见洪涝灾害中，党员干部冲锋在前、坚守一线，科学处置“6·22”“6·30”重大险情，群众损失得以最大限度降低，人员伤亡得以最大程度减少。严抓干部作风建设，严格执行中央八项规定和实施细则、省委九项规定，驰而不息改作风。紧盯作风问题新动向，强化监督检查，突出春节、中秋、国庆等重要时间节点，围绕违规发放津补贴、变相公款旅游、不作为慢作为等7个方面常态开展明察暗访，查处作风案件401件，释放作风建设永远在路上、越往后执纪越严的强烈信号。深入推进反腐倡廉，完成纪委派驻机构改革和巡察机构组建，实现党和国家机关监督全覆盖，开展政治巡察和专项巡察两轮，巡察单位41个、县2个。以开展“扶贫监督执纪问责年”活动为抓手，部署开展扶贫领域“清仓见底”专项巡察等行动，深入开展环保督察问责、涉矿专项整治、教辅专项整治、换届风气专项监督等专项整治，全年处置问题线索2135件，党纪政纪处分1017人，挽回经济损失1.2亿余元。坚持党委负总责、纪委负专责，成立深化监察体制改革试点工作小组，制定实施方案，压实责任、高位推进，加强协调、联动推进，对标对表、精准推进，州、县两级监察委员会如期组建挂牌，党风廉政建设迈入新阶段。

在看到成绩的同时，湘西州委也清醒认识到存在的困难和不足，发展不充分、相对贫困落后的基本州情没有根本改变，脱贫攻坚、同步小康任务比较艰巨；发展水平不高，创新驱动能力不强，亟需在培育壮大实体经济、推动高质量发展上下足功夫；基础设施和民生保障短板问题依然突出，亟需进一步加大投入力度；各级干部思想解放不够，与新时代发展要求还有许多跟不上、不适应的地方，基层基础有待进一步夯实，干部作风建设有待进一步加强。

（本栏撰稿 刘绿林）

【重要会议】 州委十一届二次全会。1月20日下午，州委十一届二次全体会议在吉首召开，传达贯彻十八届六中全会精神和中央、省委关于党的十九大代表选举工作的文件精神，推荐湘西州出席党的十九大代表候选人提名人选。州委书记叶红专主持会议并讲话。州委副书记、州委统战部部长曹普华作关于湘西州出席党的十九大代表候选人推荐提名人选情况说明。出席会议的州委委员35人、州委候补委员8人，符合规定人数。与会州委委员以票决的方式确定湘西州出席党的十九大代表候选人推荐提名人选。

州委十一届三次全会。3月5日（星期日）下午，州委十一届三次全体会议在吉首召开。州委书记叶红专主持会议，通报新增出席中国共产党第十九次全国代表大会候选人推荐提名人选情况；通过票决确定新增出席中国共产党第十九次全国代表大会候选人推荐提名人选。

州委十一届四次全会。3月25日下午，州委十一届四次全会在吉首召开，审议《中共湘西自治州委贯彻党的十八届六中全会精神推进全面从严治党向纵深发展的意见（讨论稿）》和《关于州人民政府驻地暨州政务中心搬迁的决议（草案）》。州委书记叶红专代表州委常委会作工作报告，州委副书记、州长龙晓华主持会议，在家州委委员、州委候补委员出席会议，相关州级领导和州直部门负责人列席会议。

州委经济工作现场推进会议。9月1日至2日，州委经济工作现场推进会议在凤凰县、湘西经开区和吉首市召开，考察发展成果、工作亮点和规划前景，通过现场交流、点评总结，激发县市区比学赶超、加快发展。州委书记叶红专强调，要坚守发展第一要务，解放思想、真抓实干，在新的更高起点上推动经济社会又好又快发展。在职州级领导，州直各部门和8县（市）“四大家”负责人参加会议。与会人员通过察看凤凰县城北游客服务中心和生态停车场、“凤凰记忆”项目、南华中学、新区综合医院、凤凰文化旅游经济开发区、全域旅游暨快进慢行系统廖潭公路长潭岗项目、凤凰之窗非遗剧目、沱江下游夜景亮化延伸工程，湘西经开区西区生态产业园、牯牛坪城中村改造、双河文教卫片区建设、兰天武陵国际汽车城、州文体会展中心、民族文化园、阳光国际酒店项目，吉首市永吉高速公路西连接线及吉首西互通、冲木林停车场、乾元小学、砖瓦厂片区改造、高铁新城路网、吉首市四中停车场、吉首市一中双塘新校区、大坡公园、万溶江沿江风光带、乾北公租房、红枫谷康养中心、凯莱大饭店项目，吉首市乾州新区和州府新城夜景亮化工程，对城乡面貌新变化倍感振奋和自豪，纷纷表示将在新一轮发展中，学习借鉴好经验、好作法，解放思想、坚定信心，把决胜脱贫攻坚、冲刺全面小康、打造国内外知名生态文化公园的宏伟事业推向前进。按照州委安排部署，是年州委经济工作现场推进会分两个阶段进行，第一阶段考察凤凰县、湘西经开区、吉首市，第二阶段考察泸溪县、古丈县、花垣县、保靖县、永顺县、龙山县。

州委十一届五次全会。9月3日，州委十一届五次全体会议在吉首召开，认真贯彻习近平总书记系列重要讲话精神，深入实施省委创新引领开放崛起战略，动员湘西州上下在新一轮发展中统一思想、凝聚力量，不忘初心、继往开来，以新的精神状态和奋斗姿态，把决胜脱贫攻坚、冲刺全面小康、打造国内外知名生态文化公园的宏伟事业推向前进。全会审议通过《中共湘西自治州委关于贯彻创新引领开放崛起战略的实施意见（讨论稿）》。湘西州委书记叶红专代表州委常委会作工作报告，州委副书记、州长龙晓华主持会议，州委副书记、州委统战部部长曹普华向全会作关于《中共湘西自治州委关于贯彻创新引领开放崛起战略的实施意见（讨论稿）》起草情况说明。彭武长、刘昌刚、欧阳旭、周云、刘珍瑜、向恩明、邓为民、龚明汉、杨彦芳、孙法军等领导出席会议。出席全会的州委委员应到49人，实到42人；州委候补委员应到9人，实到8人，符合规定人数。不是州委委员、州委候补委员的在职州级领导；州纪委委员；州委、州人大常委会、州人民政府、州政协秘书长，州委、州人民政府副秘书长、办公室副主任；州委常委所在单位第一副职，州直正局级以上单位（含人大、政协各委室）和中央、省属驻州单位主要负责人；各县（市）委专职副书记、人大常委会主任、政协主席、常务副县市长，湘西经济开发区管委会主任、党工委专职副书记；部分州直副局级单位主要负责人列席会议。全会采取举手表决方式，全票通过《中共湘西自治州委关于贯彻创新引领开放崛起战略的实施意见（讨论稿）》。全会号召，紧密团结在以习近平同志为核心的党中央周围，进一步解放思想，开拓创新，务实奋进，为决战决胜脱贫攻坚、全力冲刺全面小康、打造国内外知名生态文化公园做出新的更大贡献。

州委十一届六次全会。12月7日上午，州委十一届六次全体会议在吉首召开，深入贯彻党的十九大精神，落实省委十一届四次全会精神和省、州学习党的十九大精神培训班有关部署要求，听取州委常委会工作报告，审议《中共湘西自治州委关于深入学习贯彻党的十九大精神加快建设美丽开放幸福新湘西的意见（讨论稿）》（以下简称《意见》）。州委书记叶红专

州委十一届六次全会现场

代表州委常委会作工作报告。州委副书记、州长龙晓华就《意见》起草情况作说明。州委副书记、州委统战部部长曹普华主持会议。州领导彭武长、刘昌刚、欧阳旭、周云、向恩明、邓为民、龚明汉、杨彦芳、孙法军、房卫在主席台就座。

州委经济工作会议。12月24日至25日，州委经济工作会议在吉首召开，学习贯彻中央、省委经济工作会议精神，分析湘西州当前经济形势，安排部署2018年经济工作。州委书记叶红专，州委副书记、州长龙晓华出席会议并讲话。州委副书记、州委统战部部长曹普华主持会议。2017年，预计全州生产总值增长8%，财政总收入增长22.6%，固定资产投资增长13%，进出口总额增长67%，金融机构贷款余额增长25%，城乡居民人均可支配收入增长9.5%和12%。会议明确2018年经济工作总体要求是：全面贯彻党的十九大精神，以习近平新时代中国特色社会主义思想为指导，加强党对经济工作的领导，按照"五位一体"总体布局、"四个全面"战略布局，牢固树立新发展理念，坚守"542"发展思路，打好防范化解重大风险、精准脱贫、污染防治"三大攻坚战"，抓实扶贫开发、生态文化旅游业发展、新型城镇化、新型工业化"四项重要工作"，开展脱贫攻坚冲刺、产业项目推进、干部能力提升"三年"活动，加快建设美丽开放幸福新湘西，实现创新提质、特色赶超、在武陵山区率先崛起。2018年经济发展主要预期目标是：生产总值增长8%以上，固定资产投资增长13%以上，财政总收入增长10%以上，城乡居民人均可支配收入分别增长9%、12%以上。在职州级领导，副州级以上离退休老干部，各县（市）四大家、湘西经开区和州直副局级以上单位主要负责人，各县市乡镇党委书记（街道党工委书记）、乡镇长（街道办事处主任），中央、省属驻州各单位主要负责人，部分企业、重点项目及专业合作社负责人等参加会议。

（本栏撰稿　刘绿林）

【重要文件】3月5日，州委、州政府印发《关于进一步加强精准扶贫精准脱贫工作的意见》。

3月5日，州委、州政府印发《关于加快农业特色产业提质增效的意见》。

3月31日，州委印发《关于全面贯彻落实党的十八届六中全会精神推进全面从严治党向纵深发展的意见》。

9月12日，州委印发《关于深入实施创新引领开放崛起战略的决议》。

9月28日，州委印发《关于加快推进创新引领开放崛起战略的实施意见》。

12月29日，州委印发《关于深入学习贯彻党的十九大精神加快建设美丽开放幸福新湘西的意见》。

3月13日，州委办、州政府办印发《湘西自治州美丽乡村示范创建三年行动计划》。（本栏撰稿　田志芳）

州委办公室工作

【概况】2017年，州委办公室深入贯彻党的十八大、十八届三中、四中、五中、六中全会和十九大精神，始终坚守"五个坚持"，紧紧围绕州委"542"发展思路，认真践行"忠诚、敬业、奉献，严谨、规范、求精"要求，紧扣决策前参谋服务、决策后督查落实、全过程运转保障"三个环节"，以全员全过程绩效考核为抓手，大力推进"五型机关"建设，开创"三服务"工作新局面。是年，州委办获评"省级文明卫生单位""省级园林式单位""全省示范离退休干部党支部"等荣誉。

党建工作。始终牢固树立"抓好党建是最大的政绩"理念，深入推进"两学一做"学习教育常态化制度化，致力打造一支政治合格、执纪合格、品德合格、发挥作用合格的党员队伍。强化政治理论武装，坚持把党的思想理论建设作为意识形态工作的根本任务，牢牢掌握意识形态工作领导主动权，用习近平新时代中国特色社会主义思想武装头脑，重点学习习近平总书记系列重要讲话精神和党的十九大精神，引导党员干部强化"四个意识"，坚定"四个自信"，永葆党办政治机关的先进性和纯洁性。狠抓"三会一课"纪实管理，推行党支部"三会一课"纪实管理办法，机关党委对11个党支部开展党建工作情况实行全程纪实、动态化问效。扎实开展支部主题党日，以支部为单位，通过固定党日时间、丰富活动内容、分类组织实施，开展"党员报到进社区""走新城看新区增信心强奉献"和"机关党建1+1万名干部下基层"等主题党日活动，全体党员组织归属感、身份认同感进一步增强，党支部主体作用进一步发挥。切实落实党支部书记"双述双评"和民主评议党员等制度，机关各支部书记和系统单位支部书记在全体党员大会和支部党员会议上进行述职，开展民主评议，推进管党治党责任在基层党组织进一步落实，党内政治生活进一步规范严肃。始终坚持学习是做好一切工作的基础和前提，大力营造好读书、读好书、读书好的浓厚书香氛围，不断提升干部提笔能写、开口能讲、问策能对、遇事能办的综合素质。开展读书主题月、推荐好书美文、书香科室评选等活动，举办学习习近平总书记系列重要讲话精神知识抢答赛，开展春节社情民意大调研等活动，不断提升学习实效。全年组织中心组学习6次，各支部周五集中学习每月不少于2次，党员干部在线学习完成课时率和网络普法结业考试通过率达100%，每名党员红星云平台学习每日积分不少于30分。通过举办全州党委信息、文件点评、文稿起草、公务接待等业务知识培训，党办干部逐步成长为办文“大家”、办会“专家”、办事“行家”。

文稿服务。撰写领导讲话、工作汇报等各类文稿200余篇、近100万字，形成中央深度贫困地区脱贫攻坚座谈会有关情况汇报、在脱贫攻坚地方扶贫干部座谈会上的汇报、深入学习习总书记系列重要讲话精神专题研讨班讲话等一批精品力作；开展精准扶贫、生态文化旅游业、全面深化改革等12个重大课题调研，编发《州委通报》37期、《工作情况交流》12期，在省级以上刊物推介发表《扶贫路上一定要做足“实功”》《牢记总书记殷切嘱托》等5篇署名文章，得到州委主要领导充分肯定。

党委信息。突出精准、敏锐、特色，及时报送一批综合性、深度性信息，《湘西经开区“股份社区”探索“拆迁安置”新模式促农民变“股民”》《我州房地产开发情况》等信息得到州委主要领导批示，《全国精准扶贫首倡地湘西州十八洞村整体脱贫》《湘西州加快菖蒲塘村致富步伐铺就“甜蜜”致富路》等信息被中央办公厅采用，全年上报《湘西信息》637期，呈送《原件呈阅》56件，其中州委主要领导批示15件，编发《信息参考》24期，创刊《湘西要情》72期，党委信息“千里眼、顺风耳”作用得到充分发挥。

公文办理。进一步加强党内法规工作，集中清理州委1949年至2013年发出的党内规范性文件，严格落实州委文件审核工作办法，坚持严把公文政治关、政策关、法规关和文字关、格式关、程序关，州本级发文139个，同比下降18.2%。认真开展文件备案审查工作，文件审核制度化、程序化、规范化水平进一步提高。

督查督办。充分发挥督促检查抓落实的基本职能，围绕中心，服务大局，大力推进中央、省州委决策部署落地落实。全年开展决策督查30余次，办理领导批示交办件51件，编发《湘西督查通报》25期、《湘西督查报告》37期、《湘西督查交流》5期。

保密工作。不断强化党员干部保密意识，扎实开展保密法制宣传教育，围绕领导机制建立、保密网络构建、保密制度落实、涉密载体管理、网络信息审查、安全技术防范等方面开展专项检查；收发各类文件2万份，加快推进全州电子政务内网建设，完成省州委书记“幻真”视频会议和全州视频会议标准化建设。

综合协调。严守《州委全会工作规则》《州委常委会会议工作规则》等工作流程，出色完成州委全会、州委常委会会议、州委经济工作会议、州委经济工作现场推进会议等会议组织协调服务180余次，圆满完成杜青林、卢展工、杜家毫、许达哲、乌兰等中央、省领导到州视察考察和州委主要领导的公务活动服务300余次，特别是在60周年州庆活动期间，积极主动衔接沟通协调，出色完成各项服务工作；全州领导干部学习贯彻党的十九大精神集中培训，全程督查州县乡125个分会场的会风，促进全州会风会纪持续根本好转；进一步规范和落实党内报告工作，及时向上专报中央、省委重大会议精神和重大工作安排部署的贯彻落实情况，严格落实领导干部出国出境学习考察、休假探亲治病等报告制度，促进党内报告工作制度化、规范化和常态化。

服务保障。坚持热情周到、规范高效、厉行节约、突出特色原则，高质量完成接待任务近500次；严格执行《公务用车管理使用办法》，全年安全行车无事故，无公车私用现象。

作风建设。深入学习《中国共产党廉洁自律准则》《中国共产党纪律处分条例》，及时传达中纪委、省纪委全会和《州纪委关于铁面纠“四风”廉洁过“两节”》等会议文件精神，组织观看《永远在路上》等警示教育片，不断深化廉洁自律意识。严格执行民主集中制、“三重一大”和州委办公室关于新进工作人员公开遴选、办公用品（设备）采购和机关建设维护工程、公车使用管理等制度，认真落实个人重大事项报告制度，开展国家公职人员违规参与涉矿等经营性活动、领导干部亲属金融从业情况的清理登记工作，重点领域、重点岗位、重要事项监督进一步加强。力推凤凰县夯卡、流滚村驻村扶贫工作经验，切实做好基础设施完善、危房改造清零、易地搬迁贫困户后期帮扶、特色养殖产业发展等工作，按照“年初商计划、一月一电话、一季一走访、平时多交流、年底算细账”工作要求，每个党员干部进村入户均在6次以上，实实在在解决贫困群众生产生活、就医就学难题。（本栏撰稿　彭南署）

【精准脱贫工作】 全年召开全州脱贫攻坚突出问题大排查大诊断大整改推进工作视频会议、迎接全省脱贫攻坚大督查工作部署会议等17次，深入8县市、149个乡（镇、街道）、228个村（社区），入户走访贫困户和非贫困户近3000户，开展全覆盖、无死角督查巡查15次，下发《全州脱贫攻坚督查问题清单》5期，责令相关县市和州直相关单位限期整改到位具体问题452个，实行最严最实最不讲情面的督查考核，促推近15万名贫困群众脱贫、229个贫困村退出、吉首市脱贫摘帽。（杨　进）

【美丽湘西建设工作】深化拓展，先后将城市出入口整治、城镇物业管理、特色民居保护、城乡厕所改造、农村消防安全、河长制、“两违”整治等工作纳入美丽湘西常规考核内容，创办“我的美丽湘西”微信公众号，开展“我的乡村”微记录片展播，编写《美丽中国湘西行》宣传手册，制作建设美丽湘西电视专题片，召开全州美丽乡村示范创建工作现场推进会，创建美丽乡村示范村300个、精品村100个，全州城乡面貌焕然一新、对外形象全面提升。（杨正寿）

【全面小康建设工作】2017年，湘西州充分发挥县市和州直部门的主体责任，积极顺应省对州、省对县（市）全面小康考评指标体系新变化，狠抓数据监测调度，持续推进小康示范创建，全面小康建设实现程度较上年有较大提升。全州实现减贫人口36289户、149906人，贫困村退出229个，吉首市脱贫摘帽，农村贫困发生率降至10.55%，农村居民人均可支配收入达8273元，全州进入减少贫困人口最多、农村面貌变化最大、群众获得感最强时期。习近平总书记在山西主持召开的深度贫困地区脱贫攻坚座谈会上，对十八洞村脱贫和湘西州精准脱贫“十项工程”给予肯定。（宋孟斐）

【全面深化改革工作】2017年，湘西州建立全面深化改革动态管理信息平台，率先打造改革办、专项小组纵横对接、省市县三级上下连通、信息共享的工作平台，发出《关于鼓励干部干事创业建立容错纠错机制的实施意见（试行）》《关于对“为官不为”“不在状态”行为实施问责的暂行办法》等文件，基本完成中央、省定2个层面38项155小项改革任务。（宋建昕）

组织工作

【概况】2017年，全州有各级党组织6705个、中共党员133146名。是年，全州各级组织部门认真贯彻中央、省委和州委部署，以学习贯彻党的十九大精神为主线，聚焦主责主业，强化担当作为，各项工作富有成效。

围绕常态长效抓“两学一做”。压紧压实各级党组织政治责任，研究制定州委常委会八项带头措施，各级党组织书记带头讲党课，示范带动党员干部进入自觉学习新常态。编发《“两学一做”必读》《党员日常行为规范》诗歌和漫画，拍摄微电影《优秀党员炼成记》，以喜闻乐见的形式推动广大党员践行“两学一做”。注重发挥党内生活的“熔炉”作用，推动“三会一课”、组织生活会、主题党日、积分管理等制度落在经常、见到实效，真正使党内政治生活严起来、实起来，把全面从严治党要求落实到每个支部、压力传导到每个党员，风清气正、苦干实干的政治生态进一步形成。

围绕从严管理抓干部队伍。扎实抓好学习培训。通过举办培训班、网络学习、上级调训等方式，累计培训干部3.3万人次。突出抓好十九大精神的学习培训，组织1200余名副处级以上领导干部参加十九大精神专题培训班。通过集中收看开幕式、举办专题培训班、邀请专家宣讲等方式，在组织系统掀起学习十九大精神热潮。将11月定为部机关“集中学习研讨月”，采取党员领学、个人谈体会、领导点评方式分4次原文学习十九大报告，部长龚明汉带头到州直单位、党校课堂和扶贫村宣讲十九大精神，其他部领导和干部纷纷到联系乡镇、“两新”组织和贫困户家中宣传十九大精神。认真开展领导班子运行情况专题调研。考察调研8个县（市）和50个州直正处级单位领导班子换届后运行情况，为各级领导班子和领导干部号脉画像、会诊开方，深入研究领导班子调整配备需求，及时运用调研成果对部分领导班子调整充实，优化班子结构，提升班子专业化能力。切实加强年轻干部选拔培养。深入开展年轻后备干部队伍建设专题调研，掌握一批优秀年轻干部并纳入处级后备干部库。针对年轻公务员数量不足问题，引导各级用人单位新招录公务员619人，为近年来招录人数之最。在全省率先实行全州统一集中公开遴选机关工作人员，一批优秀基层干部选调到上级机关工作。安排1776名近三年新录（聘）人员到脱贫攻坚任务较重的村工作，有计划地加强年轻干部培养锻炼。精准从严监督管理干部。严格执行预审报备“双控”制度，暂缓和否决乡科级干部调整意向42人次，累计消化超配干部1863名，消超工作在全省作典型发言。出台州管干部提醒、函询、诫勉操作办法，将个人事项报告对象延伸到正科级领导干部。提高精准扶贫在绩效考核中权重，推行班子正职等次与单位等次直接挂钩，三等名额按5%比例硬性确定，奖励实行差别化发放，考核指挥棒作用进一步发挥。

围绕谋远固本抓基层党建。聚焦脱贫目标建强基层组织。坚持把党的领导贯穿村（社区）“两委”换届全过程，全州1817个村（社区）圆满完成“两委”换届，100%实现组织意图。实现村级组织运转经费增长20%以上，村党组织书记年均报酬提高到2万元以上。壮大村级集体经济，购建农产品销售门面625个，65%的村集体经济年收入达到4万元以上，花垣县为81个边远贫困村在县城统一购置商铺使村集体经济年收入达5万元以上，泸溪县马王溪村集体经济发展模式入选中组部典型案例。瞄准脱贫任务培优基层骨干。在全面完成村（社区）党组织书记、主任轮训的基础上，对新一届村（居）“两委”成员、驻村扶贫工作队员、第一书记等扶贫骨干全部轮训一遍。州、县、乡三级累计投入1200余万元，开展培训180余期，培训人数4万余人次。深入实施“农民大学生培养计划”，888名学员进入农村基层干部队伍。强化脱贫责任抓实驻村扶贫。选派1204个工作组和107名驻村扶贫指导员进驻1110个贫困村和637个非贫困村，实现驻村帮扶全覆盖。组织13万余名党员干

州委常委、组织部长龚明汉深入结对帮扶户家中了解生产生活情况

部（含医生、教师）与贫困户结对子，实现结对帮扶全覆盖。通过GPS定位查岗、晚巡夜查等史上最严最不讲情面的督查方式，有效杜绝“挂名扶贫、跑读扶贫”等现象。抓好“两新”党建助力攻坚。开展“五个百行动”，新建“两新”组织党组织273个，新增率位居全省前列。深入开展“千企联村”活动，“两新”组织社会影响力和责任感明显增强，累计投入资金（含物质）8800余万元，结对帮扶143个贫困村。

围绕完善机制抓人才队伍。出台政策文件。促成州委、州政府在开辟急需紧缺人才绿色通道、支持青年人才创新创业等18个方面出台优惠政策。加大引才力度。引进国土、城建等行业高层次紧缺人才53名，统筹引领10个产业专家服务团开展科技服务，依托“黑土麦田”选派51名知名高校毕业生到州开展扶贫。打造特色品牌。建成全国电子商务进农村综合示范县2个、县级电商运营中心4个、村级电商服务站369个，直接带动贫困群众增收2.2亿元。电商科技特派员精准扶贫多次被央视报道，“龙凤人才一体化”荣获全国人才工作创新案例评选优秀案例奖。

围绕“全员联创”抓自身建设。人人联重点课题抓调研，提升研究力。围绕组织工作重点任务，46名机关干部确立44个重点课题，开展全员一线调研，注重研用结合，促成州委出台加强和改进国有企业党建、中小学校党建等政策文件，一批组织工作的重点难点问题得到有效解决。人人联基层组织抓党建，提升实践力。按照“领导包片、全员联点”“抓两头、带中间”的思路，机关干部每人联系2~3个基层党组织，既指导党建示范点优化升级，又帮助软弱涣散点整顿转化，推动点面工作平衡推进、全面夯实。通过全员联点，全州软弱涣散党组织晋级转化率达95%以上，花垣县双龙镇、州农委等建成州级党建示范点，龙山县双龙桥村等软弱涣散村成为党建工作先进村。人人联贫困群众抓扶贫，提升攻坚力。部机关联系2个贫困村，机关干部联系109户贫困户，部领导深入扶贫村均达6次以上、帮助办实事20余件，形成了“领导带头示范、干部结对帮扶、工作组驻村落实”的工作格局。2个扶贫村脱贫成果得到有效巩固，多次得到国、省检查组肯定。人人联重点项目抓创优，提升推动力。借鉴运用经济工作理念，将年初确立的组织工作目标任务整合包装为75个重点项目，按照“一个分管领导、一个职能科室、一个责任干部、一套考核指标”的模式推进和考核，实行项目化运作、精细化管理、品牌化推广，有效调动了机关干部的积极性和创造性。认真落实主体责任和监督责任，守住党风廉政建设和从严治部底线，部机关被评为州级文明标兵单位。

（本栏撰稿　滕文洋）

宣传工作

【概况】2017年，全州宣传思想文化战线在州委的正确领导和省委宣传部的大力指导下，牢牢把握“两个巩固”的根本任务，始终坚持以人民为中心的工作导向，紧紧围绕迎接、宣传、贯彻党的十九大，紧紧围绕建州60周年，各方面工作成效明显。

思想理论建设。以党的十九大召开为时间节点，上半年全力做好习近平总书记系列重要讲话精神和党中央治国理政新理念新思想新战略的理论研究阐释宣传工作，下半年重点抓好十九大精神的学习宣讲。一是理论学习有力有效。各县市委成立讲师团，用好中心组学习、周五学习和湘西学习大课堂等学习载体，不断规范全州党委（党组）理论学习中心组集体学习，州委理论学习中心组举行集中学习6次，做到“自学、听讲、发言、研讨、小结、通报”6个环节相扣。各级各部门通过周五学习，充分搭建学政策理论和业务知识平台。二是理论宣讲落细落实。上半年启动“好声音讲坛—讲话精神进基层”百姓微宣讲活动，举办全州决赛，1名选手在全省总决赛中获奖。下半年重点做好党的十九大精神宣讲，完成省委宣讲团到州宣讲工作，组建州、县（市）两级宣讲团到党政机关、国有企事业单位集中宣讲，采取群众喜闻乐见的形式开展微宣讲，实现宣讲工作全覆盖。全州1名个人和1个单位分别被评为全省理论宣讲工作先进个人和先进集体。三是理论研究出彩出新。落实中宣部推进理论工作“四大平台”建设工作部署意见和有关文件精神。全州广泛开展“社会主义‘有点潮’”

主题征文活动，湘西州在全省主题征文活动中荣获一等奖1个、三等奖1个。《土司文化研究》等2部作品荣获全省社科优秀成果奖一等奖。

新闻宣传。通过精心策划、创新手段、借梯上楼，推出一系列有质量、有分量、有影响的新闻报道，为全州经济社会发展起到内聚力量、外树形象的重要作用。一是主题报道再上央媒重版头条。发挥“精准扶贫”首倡地优势，聚焦党的十九大、建州60周年和精准脱贫，策划组织12个大型主题采访活动，在各级各类媒体开设150余个专题专栏。中央电视台围绕精准扶贫到州采访报道5批次，《新闻联播》头条播出题为《让互联网更好造福人民》的报道，用近一分钟时间报道里耶镇比耳村；中央电视台《焦点访谈》播出《十八洞村脱贫记》等2个专题，并配发重要评论。二是立体宣传再获良好效果。邀请约110余家中外媒体到州采访，将中央、省、州新闻媒体组合集中宣传报道，新闻作品的震撼力、渗透力明显增强。全州新闻报道在中央电视台一套《新闻联播》《人民日报》等国家级主流媒体上稿587篇（条），湖南卫视、《湖南日报》等省级媒体发稿1233篇（条）。特别是州庆活动期间，省级以上主流媒体共刊发报道300余条，组织专版专题30余个，州内媒体刊播州庆主题稿件2100多条。《团结报》州庆日当天出版8个日报版和60个州庆专版共68个版面，创下《团结报》当期版面量的最高纪录。湘西广播电视台推出大型系列报道“精准脱贫·湘西样本”27集、8县（市）向州庆献礼专题报道9集。

媒体融合发展。湘西广播电视台完成整体搬迁，高清化改造初步完成。湘西电视台新媒体中心“两微一端”正式上线。湘西广播电台节目实现州内全覆盖。《团结报》完成改扩版，由过去每周32版改扩为每周48版。报社全媒体采编平台正式启用。湘西网与新华社等6家国家级媒体展开全方位合作，在湘西州成立60周年庆祝大会在线视频直播中，观看人次达到267万，创湘西州历史纪录，荣获2017年度新华社“现场云”优秀报道一等奖。人民网、新浪网、中国经济网、今日头条等第一时间推送州庆庆典活动现场直播，到州庆日上午文艺演出结束，网络、微博、微信等新媒体的点击浏览突破500万人次。

舆论引导。把握时度效要求，在搭建平台、信息发布、完善制度、科学应对上下功夫。一是新闻舆论引导平台不断丰富。以平民视角为出发点，以“民生、民情、民意”为关注点，重点打造湘西电视台《关注》栏目、团结报“社会民生”专版和《武陵新语》《民情联通》专栏、湘西广播电台《民情直通》栏目，以及湘西网新闻客户端《身边》、湘西网微信公众号《湘西头条》等新媒体，围绕“农村环境整治”“环保产业发展”等重大主题和文明交通、环境污染、违章建筑、子女入学等民生民情敏感热点问题，及时发布信息，给予重点引导。二是新闻舆论管理制度优化完善。出台《关于进一步加强舆论引导工作的通知》《关于党的十九大期间突发事件新闻应急处置工作预案的通知》《湘西自治州净化网上舆论环境专项整治工作方案》等5个文件，制定新闻宣传、舆论引导、应急处置、安全刊播等10项管理制度，新闻舆论引导工作逐步走上制度化、规范化轨道，确保新闻舆论工作有规可依、有章可循、有条不紊。三是涉州突发舆情事件平稳可控。全年对涉州突发舆情事件做到第一时间发现、第一时间上报、第一时间处置。成功处置“湖南十八洞村的扶贫神话”“凤凰酒托事件”“政府不能要流氓”“花垣采矿遗毒”“湘西尾矿后遗症”等涉州重大舆情事件32起，舆论引导和突发舆情事件处理实现常态化、规范化。各县市、湘西经济开发区自主处置网上舆情1100多条，确保全州新闻舆情平稳可控。成立州、县（市）网信办机构，深入开展“净化网上舆论环境专项整治”等活动，有力打击网上不法行为，遏制网上不良信息的滋生。

湘西州成立60周年庆祝大会现场

对外宣传。创新对外宣传内容形式，加强对外宣传统筹协调，推动湘西文化走出去。一是湘西故事讲述更为精彩。党的十九大召开前，主动对接中国国际电视台、中国新闻社、湖南电视台国际频道等媒体到湘西，通过老百姓自己的讲述和现场展示，宣传十八大以来精准扶贫等重大举措在湘西的生动实践和丰硕成果。由中宣部对外推广局组织的十九大对外宣传片《中国这五年》，大篇幅地展现湘西在精准扶贫、交通建设、民生工程等方面取得的成就。围绕建州60周年，组织“辉煌60年”系列成就宣传，拍摄系列外宣片。组织《香港商报》、香港《大公报》、香港《文汇报》、《美洲日报》等境外媒体参加“行进湘西”大型采访活动和州庆庆典活动宣传报道。组织协调“一带一路”国家主流媒体采访团、全球商报联盟采访团、日本新闻文化代表团、五洲传播中心等媒体走进湘西。外宣微电影《嗦啰·花亘》和民族文化微电影《嫁衣》荣获加拿大2017年金枫叶国际电影节提名奖。二是新闻发布工作统筹推进。严格新闻发布宏观管理、切实加强信息发布和政策解读，及时回应社会关切。全年以州政府新闻办名义召开发布会28场，9个州直单位和6个县（市、区）新闻发布工作实现常态化推进。精心设置议题，策划州庆60周年徽标征集、“魅力中国城”竞演、“为州庆献礼·最美青年创客”系列评选活动、湘西州成立60周年等新闻发布会。其中，湘西州成立60周年北京新闻发布会，邀请到《人民日报》、新华社、中央电视台等54家境内外媒体记者参加，刊发相关稿件100余篇。三是重大活动外宣有声有色。会同州商务局、州旅游港澳外侨局等州直部门和有关县（市），积极推进矿博会、农博会、旅游节等重大经贸文化旅游活动的对外宣传，广泛邀请境内外媒体参与报道。“港洽周”活动期间，专门组织召开新闻通气会，《南方日报》、深圳电视台等25家珠三角地区媒体记者应邀参会，并对整个招商活动进行采访报道。配合州委统战部、州侨联、州台办等部门开展出访、接待外国团组、对外贸易等国际交流活动，积极宣传推介湘西。

公共文化服务体系建设。州博物馆、州非物质文化遗产馆顺利开馆。召开全州农村公共服务保障建设现场推进会，全州村级综合文化服务中心建设坚持“7个一”标准，完成投资6亿多元，覆盖60%以上的建制村，龙山县、吉首市实现全覆盖。

文艺精品创作。建州60周年庆典活动文艺会演取得圆满成功，电影《十八洞村》被中宣部列入党的十九大重点献礼影片。全国第一部非遗动漫电视连续剧26集的《盘瓠传奇》登录中央电视台少儿频道，成为湘西州在中央电视台播出的首部电视动画片。一批诗歌、散文、小说、美术等作品在国家级刊社陆续发表或出版。高质量完成“湘西六十年”英模人物朗诵晚会、中央民族歌舞团到州慰问演出等州庆系列文艺活动，成功举办2017年“欢乐潇湘·祝福湘西”文艺会演暨州庆群众大舞台、“华彩60年·神秘湘西”歌手大奖赛活动，举办舍巴节、樱桃节、土家年等10余个民族传统节庆活动，传承民族文化，丰富人民群众文化生活。

中央电视台少儿频道播出《盘瓠传奇》画面

文化产业发展。加强文化旅游宣传，在中央电视台10套《地理中国》栏目推出《湘西秘境》7集电视片。组织州内13家文创企业参加第十三届深圳文博会，初步形成“会养会”的市场化运作模式。神秘湘西文化产业园项目完成征地拆迁，进入实质性建设阶段。湘西州民族歌舞团与深圳中青宝文化股份公司合作签约，联袂打造大型民俗文化情景演出节目。三是文化体制改革进一步深化。成立国有文化资产监督管理委员会，团结报社组建团结报业发展有限公司，湘西广播电视台组建湘西民族文化传媒集团，州直主要新闻媒体建成社会效益和经济效益统一的公司化运行机制，努力实现“增量拓展”。整合州文广新局下属可经营性资产，申请注册湘西文化发展有限责任公司，努力实现“存量盘活”。

意识形态。坚持守土有责、守土负责、守土尽责，更加重视传导和压实意识形态工作责任。一是责任意识增强。各级各部门以文件形式明确党委（党组）意识形态工作的主体责任、主要负责人的第一责任、分管领导的直接责任、班子成员的“一岗双责”，旗帜鲜明地抓好意识形态工作。二是“扬正”措施得力。启动“四个自信”意识形态专题教育，举办全州意识形态工作研讨培训班，培训各级各部门宣讲员，在本系统本单位开展集中宣讲，在党员干部群众的头脑中厚植“四个自信”。在北京民族文化宫举办建州60周年成就展。联合举办“杨岳斌诞辰195周年暨湘军护台历史文化研讨会”和“人防杯”党史国史军史知识竞赛。为全州7个湖南省爱国主义教育基地授牌。完成爱国主义教育基地《湘鄂川黔革命根据地纪念馆巡礼》图书编撰工作。三是“控负”成效明显。加强意识形态领域分析研判，出台《湘西自治州意识形态风险防控工作预案》。部署开展意识形态领域风险排查工作和净化舆论环境专项整治活动，组织开展全州党委（党组）落实意识形态工作责任制情况专项督查。加大“扫黄打非”工作力度，积极主动查处一起非法出版案件，受到省里表彰。

【六大新闻活动】 2017年4月16日至17日，邀请中央电视台，组织策划“互联网+农业”专题报道。4月19日晚，中央电视台《新闻联播》头条播出题为《让互联网更好造福人民》的报道，用近一分钟时间报道比耳村的“为村”项目及当地村民依靠“为村”

公众号，搭上“互联网+”快车道，将便民生活、智慧村务融合在一起，展现互联网在助推湘西州脱贫攻坚中的作用。7月14日，中央电视台《焦点访谈》播出时长15分钟的《十八洞村脱贫记》。9月18日，湖南卫视播出《我们身边的变化》湘西篇，《新闻联播》播出15分钟、《午间新闻》播出25分钟。9月20日，新华社、《中国日报》、中央人民广播电台、《光明日报》《湖南日报》、湖南卫视、《团结报》等60余家媒体近300名记者现场采访报道，新华社、湖南经视、新湖南、红网、湘西电视台、湘西网6家中央、省、州媒体对庆典活动现场直播，新华社、中新社、中央人民广播电台、《湖南日报》、湖南卫视、《三湘都市报》等主流媒体在显著版面和重要时段大篇幅报道建州60周年庆祝大会盛况。据不完全统计，中央、省级主流媒体共刊发州庆活动报道300余条，刊播专版、专题30余个。此次州庆宣传活动规格之高、数量之多、受众之广、影响之大，均创湘西历史新高。10月10日下午，党的十九大献礼电影《十八洞村》湖南首映式在湖南省人民会堂举行。湖南省委常委、省委宣传部部长蔡振红，省人大常委会副主任陈君文，副省长向力力，省政协副主席欧阳斌，湘西州委副书记、州长龙晓华，州委常委、州委宣传部部长周云出席首映式。该片10月13日面向社会公映。10月15日播出的十九大宣传片《中国五年》中湘西州画面占23秒，主要展示湘西州的村寨、美景、曲折盘旋的矮寨盘山公路、跨越其上的“中国第一座立交桥”及矮寨大桥等，充分展示湘西人的智慧和决战脱贫攻坚的决心。

【新机构设立】 2017年7月，州编办批复成立中共湘西自治州委网络安全和信息化领导小组及领导小组办公室，列入州委工作序列。8月17日，湘西州国有文化资产监督管理委员会成立，履行州属国有文化企业出资人职责。州国有文化资产监督管理委员会下设办公室，与州文化产业改革发展管理委员会办公室合署办公，归口州委宣传部管理。

（本栏图文　牟　迪）

精神文明建设

【概况】 2017年，全州精神文明建设工作认真按照中央、省和州文明委安排部署，紧紧围绕统筹推进“五位一体”总体布局和协调推进“四个全面”战略布局，坚持以人民为中心的工作导向，以培育和践行社会主义核心价值观为根本，围绕中心、服务大局，不断深化拓展工作载体，加强思想道德建设，深化文明城市、文明村镇、文明单位、文明家庭、文明校园“五大创建”活动，国民素质和社会文明程度不断提升，各项工作取得明显成效。

公民思想道德建设。把培育和践行社会主义核心价值观贯穿融入精神文明建设和创建全过程，深化中国特色社会主义和中国梦宣传教育，引导广大干部群众进一步坚定道路自信、理论自信、制度自信、文化自信和价值观自信。在市民广场、交通要道、进出城口、公园、中小学校、建筑工地围挡等公众场合，安装固定醒目的公益广告牌。经积极推荐，鲁德权被评为第六届全国道德模范提名奖。组织召开道德模范新春座谈会，发放困难道德模范慰问金6万元，切实帮助道德模范解决困难；发放第三届湘西自治州道德模范（提名奖）奖金9.8万元，营造“向善崇德、传播文明、引领风尚”的良好氛围。全州各级文明单位通过走访慰问、上门志愿服务等形式，切实帮助道德模范解决困难。推送的田蕊、田丽霞、杨琳等12人先后获评“湖南好人”，龙花、田丽霞被评为“湖南好人每周一星”，龙花登上“中国好人榜”。积极推动道德讲堂进机关、进校园、进企业、进社区、进农村，特别是在扶贫村举办道德讲堂，与学雷锋志愿服务、道德模范学习宣传、精准扶贫、美丽乡村建设结合起来，做出了特色，扩大了影响。

未成年人思想道德建设。通过狠抓关键环节，突破热点难点，推动未成年人思想道德建设工作走上良性循环轨道。通过积极和州扶贫办、州教体局等部门衔接，继续在州民族中学开办“宏志班”，招生50人。是年，50名“宏志生”参加高考，一本上线24人，高考成绩全部上本科线。已毕业的13届共600多名宏志生，高考成绩全部上本科线，523名学生考上重点大学，16人被清华大学、北京大学录取。抓好乡村学校少年宫的管理和配套建设，通过召开建设管理现场会，营造全社会关心支持乡村学校少年宫建设的浓厚氛围。年内中央专项彩票公益金支持乡村学校少年宫项目建设16所，省级财政支持建设19所。7年来共建成226所乡村学校少年宫，实现州内乡（镇、街道）全覆盖。

学雷锋志愿服务。从加强志愿者队伍管理入手，广泛普及志愿服务理念，不断健全注册、考评、培训、激励、活动等工作机制，创新志愿服务活动模式，强力推动全州志愿服务事业新发展。把志愿者队伍建设纳入绩效考核和文明单位测评内容，全州志愿者注册数量达到114014人，志愿服务队增加到808支。围绕以服务州庆为重点，精心招募选拔一批热心公益活动、有着丰富志愿服务经历的志愿者骨干队伍，围绕接待服务、保障庆典活动、维护公共秩序和医疗卫生等方面开展志愿服务活动，让来宾深切感受到志愿者温馨周到的服务，志愿者在州庆期间成为一道亮丽的风景。围绕“爱我湘西·喜迎州庆”主题，组织“保护母亲河”“渔业资源人工增殖放流”环保志愿服务活动和文明交通劝导志愿服务活动，清除河道街道垃圾，低碳文明出行，以实际行动喜迎州庆。推送的由龙山县电力公司国强共产党员志愿服务队拍摄的《又是一年杏叶黄》荣获2017年全省学雷锋志愿服务“点亮志愿者”公益微视频大赛最佳摄影奖。

群众性精神文明创建。以创造优

美环境、维护优良秩序、提供优质服务、培育道德风尚、丰富文化生活为主要内容，精心组织一系列群众性精神文明创建活动。着力推进文明城市、文明村镇、文明单位创建活动。花垣县双龙镇十八洞村、金龙村，保靖县吕洞山镇黄金村被评为第五届全国文明村镇；州纪委监察局、花垣县财政局、古丈县国税局被评为第五届全国文明单位；吉首大学师范学院附属小学被评为首届全国文明校园。评选出州委办公室、州政协机关等州级文明标兵单位76个，州食药监局、州卫计综合监督执法局等州级文明单位67个，吉首市矮寨镇中黄村、家庭村等州级文明村镇26个。以“星级文明户”创建为载体，进一步加强文明家庭建设，把环境卫生整治延伸到居民庭院，把文明新风灌输到群众家庭，不断提高文明程度，黄长龙家庭等5个家庭获评首届湖南省文明家庭。各级文明单位发挥示范带动作用，州级以上文明单位与乡村结对共建文明新村。积极开展群众性文化活动。组织召开全州“迎十九大·迎州庆·讲文明·树新风”主题实践活动动员大会。以“我们的节日”等中华民族传统节日为主线，结合湘西民族习俗，举办元宵钢火烧龙、清明歌会、端午赛龙舟、土家舍巴日、苗族“四月八”跳花节等活动，着力打造特色鲜明的节日符号。组织河溪镇河溪社区居民代表湘西州参加湖南省第四届“我们的节日·屈原杯”龙舟赛，荣获优胜奖和体育道德风尚奖。

【文明创建】 2017年11月，花垣县双龙镇十八洞村、金龙村，保靖县吕洞山镇黄金村获评“全国文明村镇”荣誉称号；州纪委监察局、花垣县财政局、古丈县国家税务局获评“全国文明单位”荣誉称号；吉首大学师范学院附属小学获评“全国文明校园”荣誉称号。

【古丈县国税局获评“全国文明单位”】 2017年11月，古丈县国税局被评为“全国文明单位”荣誉称号，获得中央文明委及社会各界一致认可。该局牢记“为国聚财、为民收税”使命，以争创全国文明单位为目标，坚持“五个文明”整体推进战略，以服务地方经济发展为己任，打造团结拼搏、务实重干、勤政为民、廉洁高效的古丈国税形象。是年，局党组加强对文明创建工作的领导，以监督责任工作整合梳理各项文件规定，实行“一岗双责”责任网格，打通责任传递链条，实现责任压实全覆盖。该局以“两学一做”学习教育为契机，把设置“党员示范岗”“青年志愿者示范岗”有机融入到党建工作中，通过激发领导表率作用、党组织堡垒作用、党员先锋作用，形成“纵合横通促创建”的浓厚氛围。同时以提升纳税人满意度为着力点，开展行业税收分析、政策效应分析和征管数据分析，加强税收风险管理，根据预警名单突出重点开展核查、评估和稽查，为地方发展提供坚实的财力保障。近5年来，古丈国税收入年均税收与GDP保持同步增长，有力助推了该县经济社会全面发展，为实现县域发展战略做出了突出贡献，连续15年荣获纳税人评议“满意单位”。

（本栏图文　苏明超　喻　阳）

统战工作

【概况】 2017年，中共湘西自治州委统战部深入学习贯彻习近平总书记系列重要讲话精神和治国理政新理念新思想新战略，全面落实州委“542”发展思路，抢抓建州60周年发展机遇，坚持围绕核心、服务中心、凝聚人心，不断扩大统战工作关联度、加深影响度、提高知晓度、增强美誉度，提升统一战线创造力、促进发展力，全州统战事业实现新发展。

民主政治建设。先后组织召开全州党外代表人士学习习总书记“7·26”重要讲话精神座谈会、全州统一战线学习贯彻党的十九大精神座谈会，深入学习贯彻习总书记系列重要讲话和治国理政思想特别是关于统一战线的重要思想，继续深入开展党外代表人士“两学一助”学习教育活动，组织开展民营企业家沙龙等系列活动，强化理论引导和思想武装，引领广大统战成员牢固树立“四个意识”，始终坚定“四个自信”。加快推动完善“党委出题、党派调研、政府采纳、部门落实”调研工作机制和民主党派建言献策“直通车”制度，组织开展“喜迎十九大·献计‘十三五’”主题调研活动。全州统一战线共向省、州两会提

古丈县办税服务大厅

交议案、建议、提案121件，民盟州委连续8年夺取州政协一号提案殊荣。积极配合中央、省民主党派对口湘西州开展脱贫攻坚民主监督工作，大力支持民盟州委开展脱贫攻坚民主监督。

党外代表人士队伍建设。健全完善全州党外代表人士培养、选拔、管理、使用机制，湘西州严格落实州县两级人大、政府、政协换届党外人士安排政策要求。州委常委与党外代表人士联谊交友实现常态化、制度化。完成全州新的社会阶层人士统战工作调研及民主党派和新社会阶层代表人士典型推荐工作。湘西州党外知识分子联谊会正式成立。

服务非公经济发展。积极引领全州统一战线把“凝心聚力‘十三五’行动”作为服务脱贫攻坚的总抓手总品牌。常态化开展“访民企、办实事、强信心”行动，全力促进非公有制经济“两个健康”发展。成功举办“中小企业资本市场对接服务周”活动，与华融湘江银行签订战略合作协议，三年内意向授信总额度30亿元。扎实开展“精准脱贫责上肩·‘四同创建’上台阶”创建活动，全州创建县级示范项目16个，州级示范项目9个，省级示范项目2个。郭氏基金扶贫、爱德基金扶贫、“一家一”助学就业·同心温暖工程、“千侨帮千户”、金秋助学等品牌扶贫活动扎实推进。民盟州委发挥界别优势引导党派力量参与脱贫攻坚，累计投入项目资金1400多万元，完成和启动一批基础设施及特色产业项目建设，带动两个村400多贫困人口脱贫。成功举办湖南省武陵山片区城镇低保妇女“两癌”免费检查项目暨“绿跑湘西·为爱出发”——关爱女性健康“两癌”检查、“福泽潇湘·情满湘西”吉首地区中福在线资助贫困家庭暨环保公益徒步等公益活动。

民族宗教建设。以建州60周年大庆为契机，认真贯彻落实中央和省委民族工作会议、全国和全省宗教工作会议精神，民族团结、宗教和顺得到巩固发展。进一步深化全国民族团结进步示范州创建工作，全年上争少数民族发展资金8460万元，招商引资到位5000万元，落实2016年度“两民企业”贴息3373万元。大力发展民族经济，少数民族特色村寨建设取得良好成效。全州宗教领域保持和谐稳定，成功举办全州宗教工作干部、宗教团体负责人培训班，全面启动宗教团体（场所）换发证件工作，召开全州佛教寺院安全生产工作会议和佛教“两会”工作会议，着力破解宗教领域难点问题，及时处置宗教领域矛盾和问题。

服务创新发展。引领全州统一战线全面开展“一县一品牌、一域一格局”活动，推动统战品牌化建设。全州8县（市）均有一个实践创新项目库，储备一批实践创新项目，均集中力量实施一个实践创新项目，全力推进全州统战工作思路创新、项目创新、成果创新和品牌创新。州委统战部、民盟州委联合推出的《深入主题教育实践，创新党派政治引领工作》、花垣县推出的《牢记总书记嘱托，凝心聚力创新模式，打赢十八洞村精准脱贫攻坚战》等实践创新项目受到省委统战部重点推介。龙山县把统战实践创新项目工作经费纳入县财政预算。永顺县全力打造开放统战，促进开放发展，积极筹建永顺县开放发展促进会。吉首市全力打造“非公经济统战”金字招牌，在优化政策环境、协商机制、平台建设等方面推进实践创新。

部门职能建设。把贯彻落实中央、省委、州委关于统战工作重大决策部署纳入各县（市）及州直有关部门的绩效考核内容，全州8县（市）委统战部与统战系统单位基本落实统一归属管理、统一合署办公、统一人财物管理、统一部署重要工作和重大活动，县级大统战工作格局基本形成。吉首、龙山、保靖、花垣、凤凰5个县（市）工商联获评全国“五好”工商联，古丈县工商联获评全省“五好”工商联。高质量完成省级重点统战政策理论调研课题“新时代基层宗教事务管理创新问题研究”，全州统战信息宣传工作取得新进步。常态化开展“两学一做”学习教育活动，成功举办州直统战系统“为党旗添彩·让党徽闪光”主题党日、“‘两学一做’见行动·脱贫攻坚比贡献”专题组织生活会暨誓师动员大会、“党员干部下基层·排忧解难助脱贫”等系列活动，着力推动统战干部强化实践锻炼，政治素质明显提升、工作作风明显改进、履职水平明显提高。

【统战同心建设】2017年，全州统战部门积极探索留学人员、港澳台青年统战工作新方式、新方法，全面完成台胞台属、侨胞侨属调查摸底。香港湘西联谊会正式成立。积极打造“亲情中华·魅力湘西”品牌，海外联谊和文化交流活动不断拓展。全年接待到州考察访问的港澳台及海外团组12个。积极参与“港洽周”等招商引资活动，助推湘西果蔬直供港澳，引进澳门君天集团捐建同心教育扶贫基金1000万元，引进香港湘西联谊会捐资扶贫430万港元，实施“泛海助学行动”帮助贫困大学新生入学1113人，受助资金556.5万元。引进美国仁德慈善基金会捐资10万美元设立“谭德森、吴保仁扶贫助学金”。实现开放统战有新提升，开放发展有新空间，争取人心工作取得新成效。

【深化“千企联村”行动】2017年，全州统战部门通过产业扶贫、就业扶贫、教育扶贫、公益扶贫等途径，进一步深化民营企业参与精准扶贫“千企联村”行动，年内全州非公企业参与脱贫攻坚累计达459家，投资7.24亿元。其中引进州外非公企业200余家，对口帮扶资金1.5亿元，实施对口扶贫项目30余个，对口帮扶贫困村16个。引进湖南达嘉维康医药集团有限公司对口帮扶桃花村，签订协议产业帮扶资金500万元，对全村建档立卡贫困户实行“一对一”或“二对一”结对帮扶，每户每月帮扶300元，连扶三年。（本栏撰稿　龙永华）

政策研究

【概况】2017年，州委政策研究室充分发挥党委核心智库和决策推手作用，着力抓好文稿服务、课题调研、深化改革、全面小康、内外宣传等各项工作，做到参谋有道、统筹有方、督促有力、运转有序，取得明显成效。

资政服务。各县（市）委政研室起草各类文件、文稿200篇以上，州委政研室起草各类文件、文稿近300篇，为州委提出创新提质特色赶超率先崛起的发展路径，建设美丽开放幸福新湘西的目标愿景，发挥好重要参谋助手作用。

课题调研。按照州委“542”发展思路，突出扶贫开发、生态文化旅游业发展、新型城镇化、新型工业化四项重要工作，扎实开展调查研究，完成20个州委常委会重大课题。县（市）委政研室调研力量增强，水平大幅提升。花垣县委政研室报送的《当前花垣工业企业复工情况调研》得到州委书记叶红专高度重视和签批落实。保靖县委政研室起草的《保靖精准作答习总书记扶贫“四问”》在省内主要刊物刊发，全州通报学习。古丈县在省州级刊物上发表调研文章16篇。

深化改革。指导协调督促龙山县警务机制改革省级试点、永顺县殡葬改革、泸溪县乡村教师支持计划、湘西经开区“区街合一”体制改革等工作，取得明显成效。2017年全省全面深化改革绩效评估中，湘西州在不设置加分项、只扣分的情况下，取得满分的成绩，处于全省改革第一方阵。

全面小康建设。积极应对省对全面建成小康社会指标体系进行调整，加快补短板，全州全面小康实现程度达到85.3%，按新指标体系测算比去年提升6.8个百分点。吉首市小康通过省达标认定，花垣县获省经济快进县，永顺县获省小康十快进县。

对外宣传。围绕建州60周年庆祝活动，全州政研系统认真总结各地经济社会发展亮点工作，牵头摄制美丽湘西建设、精准扶贫推进、全域旅游发展和建州60周年发展综述等宣传片。编印《湘西巨变60年》分发给参加州庆的领导来宾，让社会各界更多关注湘西、了解湘西、支持湘西。凤凰县典型经验文章在国家级刊物发表2篇、省级发表5篇。《湘西工作》通过创新办刊模式和方法，突出版式设计和栏目设置特色，在2017年全国城市党刊研究会年会中，从来自全国20多个省市区的80余家参评党刊中脱颖而出，被评为全国“十佳”城市党刊。

（本栏撰稿　王嫒嫒）

2017年全州党委政研工作会议现场

体制改革

【概况】2017年，湘西州紧紧围绕促进地方经济社会发展和提升群众获得感，坚持按照“问题导向、为民取向、整体推进、重点突破”的工作思路，先后召开深改领导小组会议5次、改革办主任会议2次、改革专项小组会议9次、重点改革事项专题会议8次，研究部署推进改革工作。至12月底，38大项、151小项改革任务全面完成。坚持提前谋划为先，制定出台《中共湘西自治州委全面深化改革领导小组2017年改革工作要点》（州办发〔2017〕15号），分2个层面推进38大项151小项改革任务。在不折不扣按照中央、省委统一要求抓好30大项年度改革事项的同时，继续探索实施8大项湘西特色的自主改革事项。坚持统筹推进为基，建立全州全面深化改革动态管理信息平台，将综合办公、台账报送、进度监测、信息推送、资源共享等80%的日常工作交由信息平台处理，实现改革办、专项小组纵横对接，州、县（市）两级连通的信息共享工作平台。9个专项小组各联络办主动作为，积极协调统筹，多次召开专题会议和协调会研究推进改革落实。坚持严格落实为本，制定《2017年度州委全面深化改革工作绩效考核指标》，将全面深化改革作为重点工作纳入州五个文明建设绩效考核，进一步理顺改革工作推进机制，增强改革的系统性和协同性，加快推进各项改革举措落实落地。为更好地发挥督察在改革中打通关节、疏通堵点、追效问责的作用，把责任压实、要求提实、考核抓实，制定《关于加强改革督察落实的意见》，明确改革督察内容、督察重点、督察方式、督察程序、督察规范。全年开展各类改革督察4次，并及时下发督办函，确保改革推进过程中遇到的问题及时解决。

【十项重点改革】“三去一降一补”。去产能方面，经与省经信委衔接，省经信委答复：此改革事项属于省级层面，对湘西州无具体目标要求。去库存方面，截至年底，湘西州商品房库存总量130.75万平方米，其中住宅21.54万平方米、非住宅21万平方米，商品房库存去化周期缩为8.37个月，其中住宅4.8个月，非住宅37.71个月。总体而言，全州房地产去库存压力不明显。去杠杆方面，2017年12月1日，州发改委主持召开部分州直部门，工、农、中、建等商业银行及部分企业座谈会，建立“积极稳妥降低企业杠杆率工作部门联席会议制度”及成员单位，企业间、银企间“债转股”前期工作顺利开展，其他部门及时出台有关政策。降成本方面，出台《湘西自治州关于进一步降低实体经济企业成本工作方案》，2017年4月修订完成收费目录清单，6月11日至19日，州发改委、州财政局对全州行政事业性收费政策落实情况进行督查。补短板方面，出台加快光伏扶贫实施意见，农网改造实施意见通过评审，增量配电改造试点项目获国家批复。大湘西管网建设工程按时间节点有力推进。吉首、凤凰两地充电桩基础设施建成。大力推广政府与社会资本合作（PPP）模式，印发《湘西自治州政府和社会资本合作（PPP）项目操作办法（试行）》（州政发〔2017〕17号），全州签约PPP项目总投资477亿元，与省级11家银行签订意向融资金额2109.6亿元，其中，国家开发银行湖南省分行及10家州级金融机构与州内243个重点项目达成合作意向，拟贷金额642.2亿元，银企签约金额169.4亿元；吉首华泰14亿元、凤凰铭城8亿元债券成功发行。

国企国资改革。按照上级要求推进国企改革，建立现代企业制度，州委全面深化改革领导小组第17次会议审议《湘西自治州州属国有企业党建工作意见（送审稿）》《湘西自治州州属国有企业领导人员管理暂行规定》，出台《湘西自治州州属投融资公司管理暂行规定》《湘西自治州州属国有企业负责人薪酬制度改革实施方案的意见》和《湘西自治州州属国有企业负责人薪酬制度改革实施细则》。向州属国有企业及时转发《湖南省省属国有企业违规经营投资损失责任追究办法（试行)》。州民族宾馆和湘西自治州盐业有限责任公司完成混合所有制改革。国企职工家属区“三供一业”分离移交工作稳步进行，州人民政府与广州铁路（集团）公司签订《铁路职工家属区“三供一业”分离移交（框架）协议》，国家电网湘西分公司、中国移动湘西分公司积极推进职工家属区“三供一业”分离移交工作。

“放管服”改革。取消27项审批事项、下放25项审批事项，调整行政权力131项。州人民政府下发《关于清理规范38项州政府部门行政审批中介服务事项的决定》，向社会公布清理规范的州政府部门行政审批中介服务事项目录。组织召开推进行政许可标准化工作暨业务培训会，各单位按要求编制行政许可标准化资料，行政许可标准化工作基本完成，保留的行政许可事项编制标准化实施流程，进一步压缩办结时限，州本级行政许可事项在法定办结时限基础上提速60%。出台《湘西自治州行政审批事项目录管理暂行办法》，加大政府购买服务政策宣传，引导规范政府购买服务工作。印发《湘西自治州财政局关于做好政府购买服务指导性目录编制管理工作的通知》（州财综〔2017〕7号），全州共实施政府购买服务项目31个（其中州本级6个），涉及资金6.5亿元，覆盖棚户区改造、司法援助和残疾人康复等领域。全面完成州直第二批5家行业协会试点单位脱钩工作。积极推进事业单位和国有企业公车制度改革。

深化园区体制改革。认真贯彻落实《国务院办公厅关于促进开发区改革和创新发展的若干意见》（国办发〔2017〕7号）、《湖南省加快推进产业园区转型升级的实施方案（2016—2018年)》（湘政办发〔2016〕52号）等文件精神，及时出台《湘西州省级及以上园区综合评价暂行办法》，有序推进园区机构定位、管理权限、用人机制、工资、财政体制等改革创新，明确园区作为同级人民政府的派出机构，赋予同级人民政府经济管理权限。泸溪县人民政府、重庆乌江实业集团、明天电力公司签订《共同打造泸溪高新区配售电平台合作协议》，泸溪高新区改革试点工作迈出实质性步伐。

创新引领体制机制改革。出台《中共湘西自治州委关于贯彻创新引领开放崛起战略的实施意见》（州发〔2017〕17号），细化责任分工，对科技成果使用权、处置权和收益权进行明确。州发改委完成《2017—2021湘西州推进创新引领开放崛起战略项目储备库》，共谋划项目321个，总投资5823亿元，其中2017—2020年计划投资4369亿元。推动军民融合体制机制，《湘西州关于经济建设和国防建设融合发展的实施意见》《湘西州经济建设和国防建设融合发展“十三五”规划》完成初稿。

创新产业引导和发展体制机制改革。经与省经信委衔接，省经信委答复，此改革事项属于省级层面，对湘西州无具体目标要求。为充分发挥市场在资源配置中的决定性作用，强化企业的市场主体地位，湘西州及时起草《5个新兴优势产业链行动计划》，放开市场准入，加强市场监管，防止市场失灵，为产业发展提供优质高效的公共服务。

开放型经济体制改革。州人民政府出台《关于湘西自治州招商引资优惠政策的若干意见》（州政发〔2017〕12号）。比照《湖南省对外投资产业和国别指导意见》，加快执行第一批（东盟10+1国）对外产能合作，健全对外投资促进政策和服务体系。

投融资体制改革。印发《湘西自治州优化投资项目审批流程实施方案》（州政发〔2017〕15号），实行“一次受理、一并办理、一文办结、多评合一”审批模式，进一步简化审批环节，优化审批流程，压缩审批时限。同时，印发《关于全面推进投资项目在线审批监管平台应用的通知》（州政办函〔2017〕98号），除涉及国家秘密的项目外全部实行“在线审批”，全州在线审批（核准、备案）项目1000余个。积极贯彻落实《关于推进创业投资持续健康发展的实施意见》（湘政发〔2017〕30号），各产业园区建成标准厂房268万平方米，入园企业达429个，11家企业在“新三板”、省股权交易所挂牌，7家企业进入省上市后备名单。印发《湘西自治州政府和社会资本合作（PPP）项目操作办法（试行）》（州政发〔2017〕17号），明确由发改部门负责PPP项目实施方案联审。

价格体制改革。及时转发《湖南省发改委关于省电网2017—2019年输配电价有关问题的通知》（州发改商价〔2017〕39号）、《湖南省天然气管道运输价格管理实施办法（试行）》（州发改商价〔2017〕37号）、《2017—2019年度湖南省农业水价综合改革工作试点方案的通知》（州发改价调〔2017〕112号）、《关于放开食盐价格有关事项的通知》（州发改商价〔2017〕38号）等文件，要求州、县（市）参照落实。出台《湘西自治州2017年价格工作要点》（州发改价调〔2017〕56号）、《关于2017年推进全州水价改革有关问题的通知》（州发改价调〔2017〕81号）。全州主要医院全部开展药品收费改革、单病种收费改革。出台交通运输业竞争性环节价格政策文件。

社会信用体系建设改革。信用湘西、州级交换平台成功搭建，信用数据实现归集报送。出台《关于进一步加快推进社会信用体系建设的实施意见》（州政发〔2017〕14号），11月1日召开州本级社会信用体系建设工作及培训会议，41家州直部门全面开展布置清单报送等工作。

【农业和农村综合改革】 农村土地承包经营权确权方面，湘西州完成土地确权实地勘界报省确权办并获通过，土地确权颁证工作基本完成。全州有高档优质稻面积11.18万亩，比前三年平均3.54万亩增加7.64万亩，增幅215.8%；有经济作物面积368.13万亩，比前三年平均面积317.5万亩增长15.9%，完成省规定指标。2017年农产品加工销售收入85.1亿元，同比上年增长19.3%。农村集体产权制度改革方面，龙山县成立农村集体产权制度改革试点工作领导小组，开展相关人员培训等工作，改革试点整县推进。市场绿色有机优质粮油产品供给方面，印发关于转发《湖南省粮食局关于市州党委政府绩效评估涉粮指标责任中“市场绿色有机优质粮油产品供给率”考核办法的通知》的通知（州粮行〔2017〕67号），将省对此指标解释文件进行转发和分解。根据湘西州8县（市）统计辖区内市场采点情况，全州市场绿色有机优质粮油产品供给率分别为：米42.1%、油41.3%、综合41.7%，完成率100%。地方粮食储备轮换工作，全州完成轮换2.15011万吨，其中湘谷公司1.1万吨、龙山0.65万吨、古丈0.4万吨，完成率100%。

【推进改革“亮点”】 2017年，湘西州探索实施国地税联合办税深度融合改革，获得中共中央书记处书记、全国政协副主席杜青林及国家税务总局的肯定。州纪委抓精准扶贫监督工作做法被省纪委办公厅《要情专报》刊发，省委常委、省委秘书长谢建辉批示省委办公厅作为重点信息报中办《工作情况交流》。农垦改革多次获得省领导肯定，副省长隋忠诚在2017年9月29日的全省秋冬春水利建设视频会上对湘西州农垦改革提出表扬，湘西州在11月2日召开的全省农垦改革暨垦区危房改造工作座谈会上作典型发言。龙山县作为全省警务机制改革省级试点，全面建成“指挥情报、侦查实战、治安防控、新闻舆情、交通指挥”五大中心及民安、里耶两个派出所试点综合警务指挥室，初步实现警力“零增长改善”，“汗水警务”向“智慧警务”悄然转变，群众安全感和满意度显著提升。永顺县殡葬改革推进有力，采取BOT模式开发殡仪馆项目，于2017年5月建成州内第一套火化设施，当月即受理首例火化服务，正式填补州境火化空白。泸溪县积极探索乡村教师支持计划，深化教育改革，大力实施“四三二”模式，让乡村教师队伍下得去、留得住、教得好，有效破解农村教师紧缺和农村教育质量落后难题。花垣县率先在全州开展分级诊疗试点，全省健康扶贫现场会在花垣召开。湘西经开区更是享受到改革带来的红利，推行“区街合一”体制，建立容错免责机制，探索转型升级激励机制，探索牯牛坪“股份社区”开发模式，优化行政审批流程，广大干部干事创业积极性提高，群众的获得感增强。

（本栏撰稿　宋建昕）

讲师团工作

【概况】 2017年，全州理论宣讲创新工作理念，注重工作效果，各项工作取得切实成效。按照《2017年州委理论学习中心组学习计划》，认真落实每次学习安排、学习记录、学习辅导，做好协调服务、信息收集、资料汇编等工作，全年州委理论学习中心组集中学习6次，均严格按照6个环节落实到位。举办州委中心组理论讲座5次，8个县（市）和湘西经开区理论学习中心组集中学习均达到6次以上，州委理论学习中心组成员共发表文章57篇，撰写调研文章22篇。

理论宣讲。州委讲师团以深入学习宣传贯彻习近平新时代中国特色社会主义思想和党的十九大精神为主线，深入各县（市）、各部门宣讲45场。在州委宣传部带领下，先后组建“党的十九大精神宣讲团”“砥砺奋进的五年宣讲团”“四个自信学习宣讲团”，统一安排、协调组织35名州委宣讲团成员深入机关、学校、企业、乡镇、社区进行宣讲，全年宣讲344场次。各县（市）相应成立宣讲团、宣讲小分队，深入基层宣讲，全年宣讲2120场次。结合湘西州扶贫攻坚主

州讲师团在吉首市补点村宣讲党的十九大精神现场

战场实际，抓好微宣讲，制作宣讲菜单，组织县（市）委讲师团成员和精准脱贫工作队员深入1200个扶贫村开展“微宣讲”活动，全年开展“微宣讲”3400场次。

理论课题研究。围绕州委州政府提出的把“湘西州建设成为国内外知名的生态文化公园”的战略总愿景，深入开展理论研究，编辑出版《建设国内外知名生态文化公园学习读本》，印数5000册。围绕“全域生态、全域文化、全域旅游、全域康健”申报的课题《湘西州“四个全域”发展理念初探》被列为省级重点课题并结题。《从三个视角把握中国共产党自信的由来》《党员干部生活作风上要念好“三字经”》《中国特色社会主义道路自信从哪里来》等理论文章在州级以上党报党网发表。张合顺同志撰写的《从五个视角全面认识和把握新时代中国特色社会主义道路自信》在全省讲师团系统理论征文中获二等奖，并作为获奖代表在会上交流发言。选送宣讲队员参加省委讲师团组织的微宣讲比赛，获三等奖。

队伍建设。通过积极汇报、扎实协调，指导7个县成立县委讲师团，并明确为正科级事业单位，落实专门人员编制；州委讲师团增加科室1个，增加编制2名。抓实县以上中心组秘书队伍的联系沟通，组织举办各级中心组秘书培训，选派8名中心组秘书参加全省县级以上单位党委（党组）中心组学习秘书培训班。

（本栏图文　石远萍　龙　颖）

机构编制

【概况】 2017年，州编办围绕全州机构编制工作要点，提出“两接三服务”工作理念（上接“天线”，下接“地气”，服务改革发展稳定大局，服务党委、政府中心工作，服务各级各部门事业发展对机构编制的需要），持续推进“放管服”改革相关工作、落实重点领域关键环节改革、管好用活机构编制资源、完善和提高事业单位登记管理水平，全年各项工作任务全面完成。全州增设处级机构7个，增加处级领导职数15名，增加政法专项编制10名，跨层级调整行政编制85名。州本级将72名自收自支事业编制转为全额或差额拨款事业编制，可使用编制储备量提升。州编办获评省编办主题征文演讲比赛优秀组织奖等荣誉称号。

日常机构编制管理。坚持把从严控编减编的要求落实到规范日常管理工作之中，严守财政供养人员只减不增底线，认真执行湘办〔2011〕38号、湘办〔2013〕39号文件精神，不断完善用编计划管理、编制动态管理、编制周转管理等各项管理制度，与组织、人社部门联合下发4个关于公务员遴选和科级以下人员异动管理方面的文件，严格坚持在核定的编制限额内招录（聘）、调任、选拔、选调、安置各类人员。全年办理州直240个机关事业单位725人次人员异动核编手续，人员异动管理规范率达100%。认真执行领导职数管理规定，建立健全动态管理台账，确保领导配备严格控制在核定的职数和编制内。大力加强机构编制平台建设，充分发挥实名制数据库的作用，适时分析评估全州机构编制总体情况、编制使用情况、机构编制统计数据的增减变化情况，把“死数据”变成“活资料”，为合理确定用编计划提供科学参考依据，并解决一批遗留问题。在全州范围内开展“吃空饷”专项治理、机构编制管理规定执行情况检查、在编不在岗和违规领取财政资金人员清理等专项检查。全州严格执行减编控编工作纪律，没有发现擅自设立机构、擅自增加编制等违规问题。年内召开编委会2次，州编办主任办公会议11次，按权限审批州直和县市行政事业机构编制事项270项，规范率100%。年底，在省直96个单位对全省14个市州的绩效考核评估中，省编办对湘西州的考核为“优秀”。

事业单位登记管理。全面完成事业单位日常登记、年度报告公示、法人公示信息抽查和党政群机关统一社会信用代码赋码颁证工作，全州办理事业单位设立登记116项（州本级6项），变更登记1087项（州本级112项），注销登记123项（州本级3项），补领登记14项（州本级2项），颁（换）发证书1217本（州本级120本）。同步完成网上登记管理，接收事业单位年度报告3026份（州本级251份）。同步在各级编办网站和政府门户网站进行公示，各类登记档案全部立卷归档。此外，为全州665个党政群机关进行统一社会信用代码赋码颁证，其中机关类498个（州直61个），机关特殊情形75个（州直3个），群团类72个（州直12个），群团特殊情形1个，垂管类17个（州直5个），其他类2个。全州域名注册总量4279个（州直433个），域名续费1011个（州直88个），新增注册608个（州直23个），注册覆盖率100.49%。全州自建网站挂标510个（州直95个），挂标率100%。全州党政机关、事业单位中文域名注册率、党政机关自建网站挂标率等各项指标继续领跑全省，网上名称管理工作连续2年获得国家政务和公益机构域名注册管理中心的表扬。

【“放管服”改革】 行政许可标准化建设。实施州本级涉改部门行政许可标准化建设，简化、优化行政审批事项流程，全州行政许可事项审批自由裁量权得到有效管控。配合州直各部门编制高标准的办事服务指南130多项，将审批流程、所需申请材料模板以及有关告知事项等，通过政府网站公布、办事窗口播出、编印服务手册等方式，方便群众查阅和办理。

清理规范行政审批事项。州本级取消行政审批事项27项，下放25项，调整行政权力131项，行政审批事项在2016年基础上精简20%。对压缩审批时限作出硬性要求，办理时限只需1天的行政许可事项，实行即报即办；办理时限超过5天的，在原办理时限（法定时限提速50%）的基础上再提速20%。州本级90%以上的审批事项实现在法定办结时限基础上提速60%的目标。

最多跑一次改革。认真查找过来全州政务服务短板和“互联网+政务”的差距，组织县（市）赴先进地区学习考察，结合湘西州实际，制定“最多跑一次”改革总体实施方案，并在吉首市先行先试，将786项含金量高、群众期待的事项纳入“最多跑一次”改革“大名单”，按照稳妥推进的原则，分三批组织实施。第一批249项行政审批事项实现“一窗受理、一网通办、一次办成”目标。

优化“营”商环境。建立健全抽样检查、现场巡查、电子监察、满意度调查、第三方评价等工作机制，加强对行政许可行为、许可过程、办理结果等监督检查和评价。年内分别由州政府办、州深改办和州编办（州审改办）牵头，会同相关部门深入县市和州直有关单位集中督查督办3次，点名通报和及时纠正存在的问题。同时，分别向企业、群众、人大代表、政协委员等社会各界发放调查问卷143份，了解社会各界对开展“放管服”改革的评价和优化“营”商环境的意见建议。倒逼相关部门“放”的更加准确，“管”的更加科学，“服”的更加到位。

【重点领域关键环节改革】 2017年，湘西州机构编制部门积极推进纪委派驻制度改革、深化监察体制改革和巡察机构建设，做好机构设置、人员编制划转等工作，为全州纪委、监委派驻机构全覆盖提供机构编制保障。

做好省以下法院、检察院机构编制垂直管理体制改革。摸清州、县两级法院、检察院机构和人员编制底数，梳理总结全州政法专项编制内部挖潜和创新管理工作有关情况，湘西州“积极探索工勤人员占用政法专项编制的置换”做法，入选湖南省政法专项编制挖潜增效经验交流材料。

推进事业单位分类改革。摸底排查从事生产经营活动类事业单位情况，澄清“家底”，并按省统一要求制定工作推进方案和落实措施，层层分解责任，倒排时间表。

深化医药卫生体制改革。在全省率先理顺医保管理体制，实施“三医”（医疗、医药、医保）联动，把多个原来分属于不同管理部门的医保管理职能统一整合，归并到一个部门实施统一监管和服务，并加入福建三明市药品耗材采购联盟，解决医保管理职能分散、政出多门、运行效率不高、人民群众办事不便的问题，全州公立医院药品价格明显降低。

支持全州全域旅游发展战略。州旅游港澳外事侨务局更名为州旅游发展和外事侨务委员会，州旅游质量监督管理所、州导游管理中心等增加领导职数和编制。同时，理顺旅游管理体制，实施“1+3”旅游管理模式，批准设立旅游警察、旅游法庭和旅游工商分局等机构，推动旅游事业发展。

支持实施精准扶贫发展战略。继续配齐配强扶贫机构工作力量，县市扶贫办在原一正二副的基础上，增配一名副主任，州、县（市）扶贫办公室编制均有增加。

支持教育扶贫工程。做好统一城乡中小学教职工编制工作，争取省里支持，调整修改核编标准，使全州在中小学学生数减少12万多人的情况下，中小学教职工编制仅减少354名，基本满足州内教育事业发展需要。同时，优化全州中小学教职工编制资源配置，将编制资源向农村贫困地区、偏远地区倾斜，确保农村中小学校能够开齐开足艺体类规定课程，促进教育事业均衡发展。

支持各类园区和保护区建设。继续支持湘西经开区各类机构设置和队伍建设，争取省里批复成立副处级的凤凰县工业集中区、湘鄂川黔革命根据地旧址与烈士陵园管理处；明确和理顺泸溪、凤凰、古丈、龙山等县工业园区职能职责和管理权限；批复设立州、县（市）地质公园管理处（局），为湘西州申报世界地质公园提供机构编制支撑。

（本栏撰稿　袁　灏）

党校工作

【概况】 2017年，州委党校坚持“质量立校、创新强校、开放活校、从严治校”的办学理念，凝心聚力、开拓进取，圆满完成干部教育培训等各项任务，被评为全省文明卫生先进单位、全省党校行政学院系统科研工作先进单位。

课堂教学。全年开办主体班23期，培训学员1712人，培训人数较上年增长115%。精心设置校内教学专题111个，其中新专题43个，专题更新率38.74%。党性教育和理论政策法规教育专题 79 个，占专题总数的 71.17%。先后邀请州级领导、县（市、区）领导、部门领导、英模人物、专家教授到校讲课、作报告 77 堂次。开展远程（电化）教学 33 班次，现场教学和实地参观考察 43 班次、学员讲坛 29 班次、道德讲堂 4 期。经测评，学员对校（院）教学工作的总体满意度为 99.45%，教师教学优良率为 100%。举办全州党校系统第 14 次教学比赛，组织教师参加和观摩全省党校行政学院系统第 12 次教学比赛。

实地教学。在继续利用好花垣县十八洞村和现代农业科技示范园、永顺县塔卧和老司城、湘西经济开发区、龙山县里耶秦简博物馆、保靖县吕洞村、泸溪县浦市古镇和马王溪村、吉首市德夯苗寨、吉首监狱等现场教学点的基础上，新开辟“湘西民族工业品牌”现场教学点——酒鬼酒股份有限公司，正式挂牌且成功组织开展现场教学 11 班次。在继续把井冈山、重庆作为校（院）红色教育异地培训基地的基础上，新开辟延安红色教育培训基地，组织 2 期县干班、中青班和党外班分赴三地开展为期 5 天的理想信念教育异地培训，学员深受震撼。

开放办学。克服各种困难，用足用活现有资源，接待部门办班 30 期，培训 4321 人次，比上年增长 37.5%。函授教育严格按《省委党校函授学院管理制度》执行，全年面授教学辅导 226 学时、讲座 2 次、考试 4 次，学员讨论 8 次，学员作业完成率 100%，2014 级毕业论文答辩通过率 100%。

学员管理。每次开学时，组织学员签订《主体班学员学风建设和廉洁自律承诺书》。坚持学风巡查督查制，教务处每天一巡查，校（院）学风督察组每月一督查，并将督查结果在校内进行通报。坚持校（院）领导跟班联系制度，一个月以上主体班均确定一名校（院）级领导联系跟班。坚持班主任全程跟班制，班主任每天必到堂，每周一小结、每月一总结，形成多角度全方位的学员管理体系，学风进一步好转，平均到课率达 97.09%。

科研成果。校（院）教研人员全年共发表论文 44 篇。其中国家级 1 篇，省级以上公开刊物 27 篇。参加各级各类理论研讨会 43 篇次，获奖 38 篇次。公开出版《精准扶贫在湘西》一书（湖南人民出版社出版）。完成州本级以上科研课题申报 19 项，立项 9 项，结题 15 项。其中，作为牵头单位承担州委常委 2017 年度重点课题 1 项、作为参与单位承担州委常委 2017 年度重点课题 2 项、获得省社科规划课题立项 1 项。成功承办全省党校行政学院系统理论研讨会。

2017 年州委党校会议现场

教师培养。将校（院）教研人员职称高中初比例从 20:40:40 调整为 35:45:20，长期困扰教研人员的职称问题得到有效解决。共设专技岗位 52 个（含正高 3 个、副高 13 个、中级 20 个、初级 10 个、工勤 5 个），首批聘任 27 人，教研人员的晋升通道得以疏通。将专兼职教师调研经费由每人每年 2000 元提高到 3000 元，教研人员干事创业的热情进一步激发，比学赶超的工作氛围浓厚。

校园建设。投入 720 万元全面完成新学员楼二次装修，9 月投入使用，学员住宿条件极大改善。新学员楼使用后，校（院）接待床位由之前的 148 张增加到 388 张，办班接待能力大幅提升。投入 200 多万元实施篮球运动场、乒乓球室、大门刀闸栏、南门、停车场等一批“美丽校园”工程子项目，校（院）环境提质升级，办学条件明显改善。绿化美化校园长期被忽视区域，校内一年四季常青，繁花不断。同时，将校园的保洁、保安，新学员楼的服务接待等工作走招标程序外包，规范了校园管理与服务。10 月，校（院）顺利通过“省级文明卫生单位”复检，继续保持全省文明卫生单位荣誉称号。校园网站新开设“县市领导”栏目，校（院）信息即时更新，把校园网打造成为校（院）推介的第一窗口。对新购图书 134 种 151 册、期刊 32 种 474 本、报纸 11 种 3000 多份进行验收分类上架，做好防虫、防霉、防潮、防火、防晒“五防”处理，做到图书无虫蛀，无受潮，无鼠耗，无溃烂，图书完好率达 100%。

依法治校。根据形势发展和校（院）实际，及时出台《州委党校（州行政学院、州社会主义学院）法律顾问制度》，成立法律顾问组。年内，顾问组全程参与与校（院）有关的法律活动，为校（院）重大决策涉法问题提供法律意见、审查法律文书、承担校（院）内部法律培训，为保障校（院）管理运行依法进行，维护校（院）合法权益筑牢法律的防火墙。

【州委党校工作会议召开】2017年6月14日，湘西州委召开全州党校工作会议。州委书记叶红专出席并讲话。会上，吉首、凤凰、永顺、龙山4县（市）相关负责人作典型交流发言。州、县两级党校承担着全州90%以上的基层党员干部教育培训任务，充分发挥干部教育培训主渠道、主阵地作用，同时聚焦经济社会发展难点热点问题开展学术研究和课题调研，形成一批高质量的研究成果，为党委政府科学决策提供参谋服务。叶红专强调，要坚持把“党校姓党”作为立校办学之本，保证党校事业沿着正确方向发展，坚持守土有责、守土负责、守土尽责，把党校办成马列主义宣传研究的坚强阵地，坚持高标准办学、严要求治校，不断加强和改进党校自身建设。

（本栏图文　龚令民　曾宪文　曹　耀）

2017年全州对台工作会议现场

对台事务

【概况】2017年，湘西州各级台办认真贯彻落实全省、全州对台工作会议精神，强化对台工作组织保障，落实对台工作责任，不断改进工作作风，把服务好对台工作大局和州委、州政府中心工作有机结合起来，为维护两岸关系和平发展和全州经济社会发展做出了积极贡献。

涉台宣传教育。州委台办积极创新涉台宣传工作机制，实行季度通报制，激发台办系统干部的供稿热情。全年向中国台湾网、华夏经纬网、湘西政府新闻网和团结报等多家媒体供稿78篇，同比增加40%，用稿率达100%，全州供稿数全省排名靠前。完成涉台宣传窗4期，《自治州对台工作》简报4期。开展涉台宣传进社区、进校园活动，县（市）均在一个学校、社区试点的基础上有所扩展，初步形成可操作、可推广模式。同时，各级台办采取座谈会、党校上课、举办讲座、办宣传栏等多种形式，在群众和台属中扎实开展台海形势教育活动，主动学习宣传中央对台工作新精神、新政策。

对台交流接待。全州台办积极应对对台工作新情况、新挑战，在交流交往及接待服务上，紧跟形势，稳步推进。全年组织指导湘西州医疗卫生考察团、龙山县医疗卫生考察团、州民族文化考察团、州医疗交流考察团赴台开展考察交流活动。坚持“热情接待、服务周到、提供方便、保证安全”原则，切实做好台胞到州观光旅游、返乡探亲、经贸洽谈等接待工作。年内接待包括“台南市里邻长参访团”“台湾法律界重要人士交流团”“台东县议长参访团”“台东县立法院廖国栋参访团”“台湾双和医院考察团”“台湾华侨会参访团”等考察团组200余人、接待返乡探亲和祭祖的台胞30余人。

对台经贸。州委台办主动作为，从细微处做好招商引资服务工作，积极洽谈引进台资小哈佛国际幼稚园，成功引进凤凰县沃迪农业生态有限公司，该公司计划投资1.23亿元，年内完成投资5000万元。同时，抓好涉台项目招商包装，发挥湘西州旅游资源独特、农业资源、特色食品众多等天然优势，抓好以生态旅游开发、农业资源开发、食品加工为主的对台招商引资项目。

对台联络工作。全州各级台办组织召开台胞台属座谈会10余次，特别是9月26日，为喜迎党的十九大，庆祝建州60周年，组织州内台胞台属台企代表近50人开展别开生面的“走新城、看新区、迎中秋、话团圆”联谊活动，各县（市）台办组织开展中秋慰问活动。根据工作实际开展与困难台属台企结对帮扶活动，每名党员干部联系一户困难台属，为联系对象解决或协调有关部门解决困难6件次。全州台办系统利用元旦、清明传统佳节之际，走访慰问台胞台属20余次，送去慰问金5万余元。是年，州内台属写家书20余封，寄贺年卡、画册100余张（册），打电话100余次，通过QQ、微信等网络新媒体发送祝福信息30余条，与台胞加强联络，交流感情，增进共识。

涉台维稳工作。高度重视涉台事件和舆情，始终坚持深入基层，积极为台胞台属台企排忧解难。积极学习宣传国家安全知识，注重本单位文件、材料的集中存放，做到专人专管，统一存放。专门邀请州国家安全局对州内台办在职人员进行国家安全培训，提高认识，增加安全防范意识，全年没有发生涉台维稳事件。

（本栏图文　龙　彦）

党史工作

【概况】2017年，州委党史研究室坚持以“党史宣传教育”为突破口，重点实施地方党史基本著作编写、党史宣教以史铸魂育人、党史惠民普及、开门办党史创新、素质强室提升等“五项工程”，各项工作取得新成效。州委党史研究室被评为全省党史工作先进单位、全省党史宣教“以史铸魂”平台建设先进单位。

地方党史基本著作编写。始终坚持把党史资料征集和研究作为党史工作的基础工作来抓，突出做好改革开放新时期特别是党的十九大以来党史资料的征研工作。《湘西自治州党委工作纪事（2016年卷）》《湘西春秋（第10辑）》出版发行，完成《湖南省党委工作纪事》《湖南改革开放实录（2017卷）》《“四个全面”看湖南》和省编《回忆录》省委党史室课题约稿16篇。组织“湖南革命老区贡献与精准扶贫”学术研讨会征文28篇，入选论文13篇。

党史宣传教育。全州党史系统充分发挥党史部门职能优势，紧紧围绕各级党委重大工作部署，积极拓展党史宣传教育工作思路，利用多种载体大力宣传中国共产党的光荣历史，不断提升党史宣传教育水平。创建“党史讲堂”，全州巡回宣讲50多场次，受众11000多人次。州“党史讲堂”先后邀请党史专家为吉首大学党委、永顺县委和古丈县委中心组（扩大）学习会议和州直单位、州委党校主体班等宣讲6场次，受众1700多人次。6月16日，“党史讲堂”走进吉首大学，以《让“初心”点亮青春——兼谈加强高校思想政治工作》为主题，为吉首大学党委学习中心组（扩大）集中学习会议进行宣讲，全校两个学区副处级以上党员干部、辅导员及学生代表500余人参加现场听讲，同时向张家界学院现场直播。12月8日，州党史研究室为保靖县城区党员教师和全县中小学党支部书记、校长400多人作题为《在深刻理解党的十九大主题中坚守初心》宣讲报告，以中国共产党96年苦难辉煌的历史为背景，通过旁征博引经典党史故事和生动活泼的形式，系统解读党的十九大主题，产生强烈反响。同时，在《湘西工作》开设“红色记忆”党史专栏，每期发稿1~2篇；在湘西电台FM930频道开设“湘西红色故事”专题，累计推出党史故事40多篇。

党史课题研究。通过开门办党史，拓宽工作思路，构建“大党史”工作格局。组织州党史联络组老同志赴江西南昌考察调研，撰写高质量的调研文章一批。先后多次组织党史干部赴省内外考察学习党史工作，借鉴经验、开阔视野。11月下旬，组织部分编撰人员到云南省全面收集与红二、六军团相关文献、故事、照片等史料，正式启动湘鄂川黔革命根据地史和红二、红六军团长征史课题研究。加强与高校、党校、档案等相关部门联系和合作，壮大党史工作力量，形成党史工作合力，扩大党史工作成果。先后与中国井冈山干部学院、吉首大学马克思主义学院签订合作协议书，在湘鄂川黔革命根据地史和红二、六军团史课题研究等方面开展实质性合作，按照资源共享、信息互通的要求，共同开展各类史料收集和研究，共同编撰培训教材和通俗读物等。与吉首大学马克思主义学院联合承担州社科联2017年度重点委托研究课题5个，研究论文全部完成。

党史新闻报道。全州党史系统在州级以上媒体刊发党史工作新闻稿116篇，首次突破百篇大关，其中省级及以上35篇，发稿数位列全省第三。州委党史研究室在州级以上媒体刊发稿件94篇，其中“中国共产党历史网”6篇、“人民网”2篇、州《团结报》头版头条2篇，均实现零的突破；省《湘潮》杂志和“百年湘潮网”发稿23篇，发稿数列全省市州第二位。

【《红色记忆》出版】 2017年，州委党史研究室组织编写的湘西自治州党史“六进”系列普及读本《红色记忆》（第一辑）正式出版。《红色记忆》是以中国共产党苦难辉煌的历史为主线，以湘西自治州地方党组织的历史活动为重点，共分党史辞典、党史事件、党史人物、红色资源、光辉照耀和点赞湘西6个部分，突出普及性、可读性，通过图文并茂的形式、短小精悍的文章，传播艰难岁月的革命故事，回眸社会主义建设的光辉历程，展示改革开放的丰硕成果，彰显湘西红色历史的价值与魅力，使广大干部群众特别是青少年在阅读、回顾、感悟中深刻了解近代以来中国人民和中华民族不懈奋斗的光荣历史、伟大历程和湘西地方党史，更加坚定理想信念，更加热爱中国共产党、热爱祖国、热爱人民、热爱湘西，激励湘西各族人民不忘初心、砥砺前行，加快推进“四个湘西”建设，奋力谱写“中国梦”的湘西精彩篇章。

【“湖南革命老区贡献与精准扶贫”学术研讨会】 2017年9月26日至27日，由州委党史研究室承办的“湖南革命老区贡献与精准扶贫”学术研讨会在湘西州召开。全国人大常委会委员、中共党史学会会长、中共党史人物研究会会长、中央党史研究室原主任欧阳淞，省党史联络组常务副组长、省党史学会会长、省人大常委会原副主任杨泰波出席会议并讲话。湘西自治州州委书记叶红专致辞。来自中央、省、州有关部门领导和省内外从事党史研究、扶贫开发、老区建设的专家学者、特邀嘉宾等100余人参加会议。研讨会围绕深入贯彻习近平总书记精准扶贫思想，弘扬革命老区精神，将革命老区历史与精准扶贫、振兴老区经济整合研究，注重精神扶贫，激发脱贫内生动力，提振贫困地区干部群众打赢脱贫攻坚战信心。会上，通过观看州委党史研究室摄制的湘西革命老区经济社会发展纪实专题片《追梦》，现场考察十八洞村和湘西经开区，与会代表对湘西革命老区的发展变化赞叹不已。

【党史国史军史知识竞赛】 2017年10月10日上午，湘西州“人防杯”党史国史军史知识竞赛活动在湘西职业技术学院正式启动。湘西州相关部门负责人、湘西职院部分教师及2017级全体新生、班主任、辅导员共4500多人参加启动仪式。活动由州委宣传部、州委党史研究室、州教育和体育局、州人防办、州关心下一代工作委员会等联合主办，旨在加强人民群众特别是青少年思想道德教育，发挥党史国史军史资政育人的重要作用，进一步帮助青少年扣好人生“第一粒扣子”。党史国史军史知识竞赛启动后，每天有1万多网民参赛答题，参赛网民累计达47万人次。

【“党史惠民”教育基地挂牌成立】 2017年11月3日，十八洞村旅游扶贫项目启动暨湘西自治州“党史惠民”教育基地挂牌仪式在该村隆重举行，湘西州委书记叶红专出席启动挂牌仪式并讲话。州委副书记、州委统战部部长曹普华，州政协主席刘昌刚，州委常委、州委宣传部部长、龙山县委书记周云，州人大常委会副主任张才金，副州长何益群等州领导，湘西州、花垣县各相关单位及旅行社负责人，十八洞村干部群众及部分游客等近1000人参加启动挂牌仪式。这是湖南省第一个“党史惠民”教育基地，是探索创新党史惠民普及工程的有益尝试。基地挂牌的新闻经中央党史网和手机人民网报道后，全国各地报刊及党史网站纷纷转载。

（本栏撰稿　周兰芳）

州直机关党的建设

【概况】 2017年，州直工委下辖州直基层党委84个、党总支34个、党支部763个，管理州直党员12580名。是年，在州委坚强领导下，团结带领州直机关各级党组织和广大党员，以习近平新时代中国特色社会主义思想为指导，深入学习贯彻党的十九大精神，服务中心抓党建，抓好党建促发展，把机关党建工作任务落实到每个支部，全面完成各项工作任务。

思想政治建设。政治理论武装深入推进。建立学习倒逼机制，严格以考促学，抓实机关学习教育。州四大家领导身体力行、率先垂范，州委常委会议、州政府常务会议带头认真组织学习讨论。州委书记叶红专撰写的《坚决啃下“硬骨头”奋力打赢攻坚战——湘西州贯彻落实习近平总书记精准扶贫战略思想的生动实践》在全省机关党建研究会“学系列讲话、谈从严治党”主题征文荣获一等奖。州直各党组（党委）、基层支部采取巡回宣讲、形势报告、辅导讲座、专题研讨等形式，深入学习贯彻习近平新时代中国特色社会主义思想和党的十九大精神、习近平总书记“7·26”重要讲话、精准扶贫知识和省、州“两会”精神及州委各项决策部署。按季度进行“两学一做”党的基本知识、脱贫攻坚必知必会基本知识等学习测试，对州直134个单位现场随机抽选2350名党员进行学习测试，确保学习实效。深入推进学习型党组织建设。坚持落实党组（党委）中心组学习制度，改进周五学习方式，加强“学习型机关、学习型支部、学习型党员”建设。州委组织部、州直工委印发《“两学一做”学习教育100问》1万余册。州直单位各级党组织积极主动开展“全民阅读进机关”“精品党课评比”、党建论坛、理论研讨、调查研究、业务讲坛和技能比武等活动，3万多人次参加，州直机关“讲学习、爱学习、善学习”氛围浓厚。

基层党组织建设。推进“两学一做”学习教育常态化、制度化。建立季度督查制度，强化过程管理、督促指导和实地核查，规范州直84个党委、34个党总支、763个党支部“三会一课”、谈心谈话、民主生活会、组织生活会、民主评议党员等制度落实。按季召开工作座谈会、现场推进会，通报实地核查情况、反馈存在问题，州委督查室牵头督查并提出整改要求，机关党建各项重点工作有力推进，州直各级党组织党建基础工作更加规范，党内政治生活更加从严，政治生态更加良好。常态开展“党员每月固定活动日”活动。以“让党徽在岗位上闪光”为主题，广泛开展“主题党日+”活动。州直工委专题部署州直“奉献在岗位、喜迎十九大”庆“七一”，“走新城、看新区、增信心、强奉献”“走两山、看变化、增团结、强奉献”迎州庆系列党建主题活动，州直单位3万多人次参加。州直各级党组织应用党建QQ群、微信群等平台，积极引导广大党员立足本职岗位创先争优，基层党组织战斗堡垒作用和机关党员的先锋模范作用得到进一步发挥。深入推进基层党建标准化建设。巩固推行“三制一卡”党建工作法，加强“五个基本”建设，确定州直联系点41个，打造左右示范点30个，发挥示范引领作用，推进机关党支部建设标准化、组织生活正常化、管理服务精细化、工作制度体系化、阵地建设规范化“五化”建设。着力规范党建基础工作。认真做好党员发展、党员档案管理、党费收缴管理使用和规范党组织设置、党务干部配备、换届选举等工作，严格按程序预审发展预备党员194人，党员转正118人，转接组织关系843人。规范党费收缴管理，明确州直基层党委留存党费比例，开设党费专户，及时下拨2016年基层党委党费，做好2008年以来补交党费管理使用工作。扎实做好州直单位党组织和党员信息采集录入、“红星云”关注运用工作，推进州直机关党建信息化建设。督促指导15个州直单位直属党组织负责人按期调整或换届选举，机关党建基础工作不断规范。

服务中心工作。抓实机关党建“1+1”促脱贫攻坚。积极推行“机关党组织携手共建扶贫村基层党建“1+1”促脱贫攻坚”模式，采取“一对一”“一对多”或“多对一”方式，围绕建强村级班子、建强党员队伍、促进“双培双带”、促进制度完善、促进服务群众携手共建。州直各级党组织深入开展“万名干部下基层”“一进二访三联”“抓扶贫、惠民生、促和谐”“精准帮扶、办好实事”等活动，通过集中召开“服务精准脱贫，我们怎么办”专题组织生活会、“两学一做”党课讲到扶贫村、创办扶贫村“机关党员干部劳动实践基地”等形式，组织机关党员干部聚力精准扶贫，州直1万余名党员干部结对帮扶2.3万余户贫困户，进村入户人均达5次以上。深化在职党员社区报到服务。以“党员服务进社区，共建和谐好家园”为主题，推进机关党员社区报到服务，认真落实认领服务岗位、共过组织生活、参与社区发展、帮扶困难居民等要求，组织州直1万余名党员到社区报到，认领岗位2万余个。组建法制宣传、文明劝导、治安巡逻等各项服务队伍110余支，常态化服务社区、服务群众500余场次，形成“工作在单位、服务进社区、奉献双岗位”的联系服务群众新常态。抓实党团员志愿服务。引导州直党员、入党积极分子和团员青年注册志愿者达1万余人，广泛开展“五下乡”“三关爱”等经常性志愿服务活动，举办州直“学雷锋”“精准脱贫”等大型主题党团员志愿者服务活动，引领健康向上的社会新风尚。开展州直“青春畅想迎州庆、民族团结我先行”活动，组织60年州庆志愿者500余人，组建州庆青年政务解说团为州庆服务；组织州直青年志愿者60余人，组建“魅力中国城”竞演州直助威方阵为湘西州竞演服务。开展州直单位“慈善一日捐活动”，245个单位9168人奉献爱心捐款218万元。开展“不忘初心跟党走，喜迎党的十九大”州直生活困难党员群众专项帮扶活动，上门走访慰问200余人，帮扶资金20余万元，同时申报发放党内帮扶资金5.2万元，慰问17人。

党风廉政建设。严格落实党风廉政建设“两个责任”。督促州直各单位落实党风廉政建设责任制，层层签订责任状，形成一级抓一级的党风廉政建设责任机制。指导州直单位各级党组织开展党员干部公开廉政承诺，公开述廉和点评，接受群众评议和监督，形成相互监督机制。深入开展落实党风廉政建设责任制、党务公开等情况督查，推动州直各级党员领导干部“三重一大”事项集体决策、“一把手”末位表态、“三项工作”不直接分管、报告有关事项等廉洁自律各项规定落实。加强州直纪工委建设，在州直机关构建监督有力、工作到位、配合密切的工作新格局。深化廉政教育培训。组织州直机关学习《中国共产党问责条例》《中国共产党廉洁自律准则》和《中国共产党纪律处分条例》，收看《巡视利剑》，落实领导干部上廉政党课制度，党组（党委）书记上廉政党课一次以上。举办2017年度州直单位新任科级干部廉政教育培训班，223名科级干部参训，新增观看警示片、廉政宣誓、廉洁承诺内容，廉洁条规经常化教育、岗位廉洁提醒教育和典型案件警示教育深入人心。积极参与全州纪检监察系统第五届“廉政杯”篮球赛，指导州安监局等10余个单位廉政文化进机关活动。深入开展述职述廉、廉政谈话，机关党员干部廉洁风险意识、提高风险防范能力进一步增强。强化从严正风肃纪。扎实开展纠“四风”专项督查，突出元旦、春节、“五一”、国庆等重要节点，抽查州直单位40余家，移交问题线索10余件，通报和查处典型案件2起。全面落实中央“环保督查”州直不力单位问责工作，问责处理党员干部4名，诫勉谈话“一把手”1人，约谈科级干部3人。落实监督执纪“四种形态”，推进政治巡察，移交问题线索30余条，问责处理党员干部7名，收缴、追缴各类违纪违规资金300余万元。对5个州直单位立案7起，指导州直单位立案15起，给予党政纪处分20人，移送司法机关处理1人，收缴追缴违纪资金509547元。审理党员干部违纪案件20件。

精神文明建设。深化群众性精神文明创建活动。深入开展“美丽湘西”建设宣传教育，深化“文明行业、文明单位、文明科室、文明家庭”创建和“文明和谐社区、文明和谐村寨”共建活动，深入推进“道德讲堂”建设，引导机关党员干部职工自觉践行社会主义核心价值观，增强价值判断力、道德责任感。加强文明创建指导和动态管理，督促指导30个州直单位申报创建州级文明单位、54个单位申报创建州级文明标兵单位。开展州直单位学习宣传贯彻党的十九大精神暨意识形态工作责任制贯彻落实情况专项督查，维护意识形态安全。深入推进机关文化建设。以“我向十九大献礼，我为州庆添光彩”为主题，引导州直各单位开展“民族文化进机关”“我们的节日”“走新城、看新区、增信心、强奉献”等活动，营造州直机关喜迎党的十九大、州庆60周年浓厚氛围。组织开展州直“雷锋式人民公仆”先进典型推选宣传活动，向省推荐先进典型6人并获省级荣誉；开展先进典型人物朗诵活动，推荐上报先进典型集体和个人46个；开展“社会主义‘有点潮’”主题征文、社会主义核心价值观主题微电影剧本、作品创作等活动，推荐上报征文36篇、优秀作品4个，州商务局杨秀莠撰写的《“阿芙乐尔”号的炮声不会远去》获省一等奖；完成州直2018年度党报党刊征订学用工作，机关党员干部干事创业热情得到激发。

自身建设。深入贯彻《中国共产党党和国家机关基层组织工作条例》《湖南省贯彻落实〈中国共产党党和国家机关基层组织工作条例〉的实施办法》，修改完善州委《关于州直单位党组织设置及管理的意见》，对全州贯彻落实州委《关于加强和改进新形势下机关党的建设的实施意见》（州发〔2015〕12号）和《关于州直单位党组织设置及管理的意见》（州发〔2017〕13号）文件情况监督检查，推进机关党建工作制度化、规范化。州直单位各党组（党委）定期研究和推进机关党建工作，切实解决本系统机关党建面临的突出问题；各直属机关党委加强对归口管理和协调单位的机关党组织工作指导，把机关党建工作抓具体、抓深入、抓到位，构建一级抓一级、一级促一级、一级带一级上下联动的机关党建工作新格局。加强党建带团建、工建、妇建，不断增强群团组织的凝聚力和战斗力。制订党务干部和党员教育培训计划，有序推进相关培训工作。先后举办州直机关党务干部（中山大学）研修培训、党支部书记培训、入党积极分子培训、新任科级干部廉政培训、团干培训5个培训班，共800人次受训。同时，选派工委机关干部参加中纪委纪检干部反“四风”专题培训、全州组工干部专题培训、全省机关党建通讯员培训、民族团结进步创建学习考察等，机关党务干部政治素质和业务能力得到进一步提高。强化工委机关自身建设，着眼让工委党员干部成为“党建内行人”。开展“学党务、讲党课、抓党建”活动，深入学习宣传贯彻党的十九大精神，坚持落实意识形态工作责任制，组织集中学习35次，党员上党课10次，开展学习讨论5次，撰写心得体会75篇，办学习专栏7期，全员学习测试合格率100%，形成人人学党务、人人讲党课、人人抓党建浓厚氛围。建立工委领导班子成员党建责任片区联系点制度，主动上门服务指导抓党建，深入州直单位上门服务指导300余次，下县市区调研指导10余次，工委机关成为州直“党员之家”。严格内部管理，规范机关制度，实行全员全过程绩效管理，在党建引领中做实各项工作。2017年度州直工委综治民调在州直单位中排名第一。

【及时组织学习和宣传贯彻党的十九大精神】 2017年，州直工委先后组织州直单位各级党组织集中开展机关党建“1+1”主题党日—“万名干部下基层大走访促脱贫”活动，州直763个党支部深入扶贫村学习宣讲党的十九大精神200余场次，近万名机关党员参加。召开州直党务干部集中学习党的十九大精神会议，州直31个直属机关党委专职副书记集中学习党的十九大精神。召开州直单位团组织负责人集中学习党的十九大精神会议，州直单位团委书记70余人集中学习党的十九大精神。组织州直关工委“学十九大、走十八洞”主题活动，州关工委执行副主任龙友芳、州直机关单位关工委负责人和部分“五老”人员80余人参加。组织州直单位各级党组织征订《党的十九大报告学习辅导百问》《十九大党章修正案学习问答》《党的十九大文件汇编》《党的十九大学习笔记》《习近平谈治国理政（第二卷）》等学习资料4万余册，为州直各级党组织和广大党员学习贯彻党的十九大精神在学懂弄通做实上提供有力保障。

【召开州直单位党组织书记履行基层党建工作责任述职评议会议】 2017年，州委组织部、州直工委严格落实党建工作责任，制定出台州直党组织书记履行党建责任清单，完善述职评议考核办法，严格层级管理，州直工委、州国资委、州教体局、州卫计委党组织书记向州委常委会进行述职。召开述职评议会议，28个直管单位党组（党委）书记向州委党建工作领导小组述职。委托各牵头单位党组（党委）召开各系统述职测评会议，所属副处级以上单位党组（党委）书记和不设党组（党委）的单位党组织书记向牵头单位党组（党委）述职，实现党建述职全覆盖，压实党组（党委）书记履行第一责任人责任、分管领导和班子成员履行分工指导责任、机关党委推进落实责任，构建“书记抓、抓书记”“抓系统、系统抓”的党建责任体系，推进机关党建责任落到实处。

（本栏供稿　滕召帆）

保密工作

【概况】 2017年，全州保密部门认真执行《中华人民共和国保守国家秘密法》规定，加强保密工作宣传教育、执法检查和指导培训，取得较好成效。

深入开展保密法制宣传教育。认真学习贯彻中央文件精神，切实把思想和行动统一到中央的决策部署上来，抓好保密法规宣传教育，上门到重点涉密单位开展保密宣传教育13次，发放宣传资料570份。4月11日至12日，州保密局深入吉首市、古丈县开展保密宣传和业务指导工作，就涉密电脑管理、密级文件管理提出加强保密管理要求。积极为各类培训班学员讲授保密法规知识课，到州委党校主体班专门上保密法规知识课1堂，到州人才交流培训中心开办保密知识讲座2期，到县（市）和州直部门上保密知识培训课3次。开展学刊用刊活动，组织党政机关订阅《保密工作》杂志，全州各级共订阅《保密工作》杂志700余份。

认真组织开展保密工作检查。从6月15日开始到7月28日，州保密局联合州国安局、州公安局、州网信办组成两个检查组，分别到38个州直党政机关、科研院所、企事业单位、8县（市）和湘西经开区开展保密工作检查，促进保密措施落实。6月26日至28日，省国家保密局检查组到州开展保密工作检查，检查3个单位的6项指标，合格率达到83.3%，顺利通过省对湘西州年度保密工作检查。严肃查处保密问题事件，调查处理6起网络保密问题事件。加强网络涉密信息检查，明确专人负责网络涉密信息监督，定期抽查机关单位门户网站公开发布的信息，及时发现和处置多条敏感信息。

积极开展保密业务指导与服务。出台《关于规范涉密计算机及相关设备维修维护管理工作的通知》，促进涉密计算机及相关设备维修维护管理工作规范化。积极配合教育部门搞好“两考”保密服务工作，配合卫计委医药卫生职称考试、执业医师资格考试和司法部门司法考试开展保密服务工作，全州没有失泄密现象发生。指导2家企业申报涉密资质业务，湘西州新浪潮电脑公司取得运行维护乙级资质，吉首广源印务公司取得涉密载体印刷乙级资质。

积极开展涉密载体销毁服务工作。建成“湘西自治州涉密载体销毁中心”，承担管辖范围内涉密载体销毁工作。全年集中开展5次涉密载体销毁活动，密级文件资料流失和外泄现象得到有效防止。

（本栏撰稿　龙成生）

老干部工作

【概况】 2017年，湘西州老干部工作围绕目标任务，加强组织领导，落实工作责任，强化推进措施，工作取得一定成效。全州有离退休干部38978人，其中离休干部241人，退休干部38737人；有离退休干部党支部403个，离退休干部党员19969人，其中离休干部党员181人、退休干部党员19788人。

州委州政府重视老干部工作。州委、州政府把老干部工作摆在重要位置，列入议事日程，通过示范引领，推动全州形成敬老爱老的良好氛围。州委常委会会议、州委常委议事协调会议、州长现场办公会议、州政府专题办公会议、州委老干部工作领导小组会议、州老年教育工作领导小组会议多次听取汇报，专题研究老干部工作，解决特困离退休干部及其遗孀帮扶机制、关心下一代工作、全面推行老年教育"老教共管"模式、老干部工作力量加强、老干部工作经费保障等重点问题。州委、州政府主要领导和分管领导出席学习宣讲党的十九大精神、老年教育工作、关心下一代工作和走访慰问老干部、迎春考察参观、庆祝老年节等重要活动。党的十九大代表、州委书记叶红专为230多名州直离退休干部党组织书记、州级涉老组织负责人、州老年大学党员学员代表等宣讲党的十九大精神。州委书记叶红专等州领导坚持参加一年一度的州级老领导赴县市区迎春考察参观活动。州委副书记、州人民政府州长龙晓华率领财政、发改、教体、编制等部门主要负责人深入州老年大学现场办公，拍板解决问题，并指示州政府督查室对拍板事项跟踪督办。州委副书记曹普华，州委常委、州委组织部部长龚明汉，州人民政府副州长李平等州领导多次出席全州老年教育工作会议、老年节庆祝大会、全州离退休干部党建工作推进会和州关工委成立30周年纪念大会等活动。同时，州委组织部部长龚明汉还专门到州委老干部局调研指导，与局领导班子成员逐一谈心谈话，加油鼓劲。

离退休干部服务管理。在确保"三个机制"执行到位的情况下，突出对困难、易地居住离退休干部的关怀。加大走访慰问老干部力度，对易地安置和长期异地居住的离休干部慰问，由原来的两年一次改为一年一次，年内分4个组走访慰问易地安置离休干部7人。春节期间，走访州直机关离休干部及遗孀300余人。建立健全离退休干部困难帮扶机制，加强对州直困难行业、困难单位和长期患重病、家庭收入低、因灾因病等特殊原因致困的离退休干部及遗孀帮扶。州委老干部局与州委组织部、州财政局联合印发《州直单位特困离退休干部及遗孀帮扶资金管理使用暂行办法》，根据暂行办法规定，帮扶所需资金由州财政统一安排，项目单列，专款专用，全年为40多名对象发放帮扶资金4万多元。

离退休干部党建工作。各县（市）委离退休干部工委全部成立并开展工作，州、县（市）两级离退休干部党建工作体系形成。离退休干部党建工作纳入党建工作总体布局，离退休党组织书记培训纳入年度干教计划参加轮训。召开全州离退休干部党建工作推进会，开展县（市）委离退休干部工委向州委离退休干部工委述职、州委离退休干部工委组织评议，提高离退休干部党建工作水平。以评选"五好"离退休干部党支部和"五好"离退休干部党员、争创"全省示范离退休干部党支部"为抓手，推进"两学一做"学习教育常态化制度化。具体工作中，以离退休干部党支部为基本单位，以"三会一课"为基本形式，以主题党日为基本活动，先后组织开展"迎州庆·走新城·看变化·增信心"主题党日活动，组织参加全省统一开展的"学习贯彻党的十九大精神"主题党日活动。全州评选"五好"离退休干部党支部19个，"五好"离退休干部党员33名。州委办离退休干部党支部被授予首批"全省示范离退休干部党支部"称号。

老干部社会文化活动。州委老干部局以"点赞湘西六十年、喜迎党的十九大"为主题，组织开展正能量系列活动。按照"七一"、州庆、老年节和党的十九大召开等几个重要时间节点顺序安排活动，先后开展"畅谈建言"专题学习讨论活动，召开各类座谈会130多次，印发调查问卷1500余份，收集离退休干部建言评论3900多条。在保靖县成功举办"全州老干部长寿杯门球赛"。创新方式开展庆祝老年节活动，与州教体局、湘西职院、州电大等部门和单位联合举办湘西州全民终身教育学习活动周启动仪式暨庆祝老年节活动。党的十九大开幕当天，400多个离退休党支部，1万多名离退休党员收看开幕式，撰写心得体会1000余篇。全州涌现出龙山县、泸溪县、古丈县及州委办机关、州政府办机关、吉首监狱等活动组织先进单位以及颜长钊、田景安、彭司礼、龙友芳、龙文玉、徐纪毕、周文光等发挥正能量作用先进个人。联合州电大，组织全州离退休干部参加全省"喜迎十九大·颂歌献给党"合唱比赛，湘西州选送省的三个节目，一个获二等奖，两个获三等奖。各涉老团体结合自身特色，在开展主题活动中展示正能量。州老年大学临时党委编写成册的《党员日常行为规范》，以形式活泼、通俗易懂、风格清新受到州委组织部肯定，并在原来手册的基础上，诗配漫画，重新印成册，发给全州党员。还将其内容印成挂图，配发给基层支部。《团结报》特别将手册内容在"两学一做"专栏中连载。州老年书画家协会开展书画"五进"活动，为群众赠写春联，组织开展湘西书画名人进校园活动、举办"点赞湘西六十年·喜迎党的十九大"全州老年书画展。州老科协聚焦"三农"问题，助力精准脱贫。

州老年保健协会深入扶贫村开展扶贫义诊活动，实施健康扶贫。

老干部文化养老建设。全州各级各类老年大学和老年学校发展到36所，其中州级1所、高校1所、县（市）级8所，乡镇和社区老年学校26所。在册老年学员5693人，选修课程1.5万余人次。州老年大学开设诗词、书画、乒乓球、电脑等21门课程，现有44个教学班，20多名专兼职教师，注册学员1000余人，选修课程2000多人次。全州注册湖南老年人学习在线平台学员4400多人，注册人数进入全省同类学员前列。

【关心下一代工作】 2017年，州关工委与州委宣传部、州委党史研究室、州教体局、州人防办一道，组织全州“人防杯”党史国史军史知识网络竞赛活动，网络点击50万人次，4.7万人参与网络答题，经网上阅卷，300名青少年获优胜奖，6个关工委获得优秀组织奖。召开湘西州关工委成立30周年庆祝大会，州关工委与州民宗委联合表彰60个民族团结进步创建模范关工委组织、15名民族团结进步模范青少年。州关工委手牵手合唱团深入古丈县断龙学校、花垣县职业高中等基层单位演出11场次，开展贫困学生救助活动，救助贫困学生160人，发放救助金4万元。与吉首中山医院合作，利用中国关心下一代基金，开展“生命阳光爱救助”公益活动，为农村留守儿童或其家庭成员患有椎间盘突出、关节炎等骨病患者提供住院免费治疗，全州到中山医院住院治疗人数达500人，出院452人，救助金额72.11万元。

【承办全国老年大学校长研修班】 2017年7月12日至15日，州委老干部局在吉首承办第五期全国老年大学校长研修班，来自全国28个省（区、市）和部分国家部委、中央企业的老年大学校长，以及老年教育工作者近300人参加学习交流。州委副书记、州委统战部部长曹普华出席开班仪式并讲话，州政协原主席、州老年大学执行校长向后兴作交流发言，州老年大学组织极具民族特色的教学成果汇报演出。同时，研修班人员还分别到州老年大学、吉首市矮寨镇老年学校、凤凰县老年大学、永顺县老年大学等实地参观考察。本期全国老年大学校长研修班，在规模、参加省份、代表人数等方面创历史新高，湘西州探索创新老年教育“老教共管”模式影响面扩大。 （本栏撰稿　石利民）

纪检监察

【概况】 2017年，全州各级纪检监察机关认真贯彻落实党的十八大、十八届历次全会和党的十九大精神，按照转职能、转方式、转作风的“三转”要求，聚焦主责主业，强化监督执纪问责、忠诚干净担当，党风廉政建设和反腐败工作取得新成效。《人民日报》《中国纪检监察报》《湖南日报》等主流媒体刊物先后60余次宣传推荐湘西州的经验和做法。

全面从严治党。州委坚持把全面从严治党作为推进各项工作的重要保证，带头履行主体责任，旗帜鲜明地维护以习近平同志为核心的党中央权威和集中统一领导。制定出台《关于贯彻落实党的十八届六中全会精神推进全面从严治党向纵深发展的意见》等规定，竭力抓细管党治党工作、压实管党治党责任。州委书记叶红专以上率下、以身作则，多次主持召开会议研究部署党风廉政建设和反腐败工作，协调解决纪委派驻改革、国家监察体制改革试点和巡察机构设置遇到的问题，对抓好精准扶贫监督、农村太阳能路灯治理等重点工作，及时作批示、提要求、当后盾，对党风廉政建设“逢会必讲、检查必提”，以强烈的政治担当带头履行职责、落实责任。州“四大家”班子和各级党委（党组）对表看齐、担当作为，推动全面从严治党向基层延伸、向纵深发展。各级纪委（纪检组）加强监督、严格执纪，为主体责任落实提供坚强支撑。全年追究落实管党治党责任不力党员领导干部215人，其中县处级干部20人。通过严抓严管，全州各级党组织履责意识明显增强，形成管党治党“一起动手抓”的生动局面。

监督执纪问责。始终保持纪律审查高压态势，全年立案1043件，处分1236人，移送司法机关37人；追缴违纪资金9454万元，挽回经济损失5.1亿元。严肃查处张某某、谷某某、鲍某某、钟某某等39名县处级干部违纪违法案件，龙山县住建局因在招投标领域发生腐败窝案被解组，保靖县农业局5名领导班子成员被立案审查；开展的工程建设治理，共立案62人，提篮子“标王”樊某、彭某和多家招标代理公司负责人被立案侦查，“净化”了招投标环境。积极践行“四种形态”，尽力挽救失错干部，全年运用“四种形态”占比分别为51%、39%、8%和2%；进一步建立健全约谈函询等制度机制，全年开展谈话提醒、约谈函询1414人，有效防止了小问题变成大错误。贯彻惩前毖后、治病救人方针，落实容错纠错、宽严相济政策，为干事创业者撑腰，全年共为199名党员干部公开澄清不实举报，对2名处级干部免于处分。

政治巡察。州、县（市）两级巡察机构紧盯党的领导弱化、党的建设缺失、全面从严治党不力和扶贫领域突出问题，组织开展2轮巡察，共巡察单位43个，发现问题323个，移交问题线索209条，党纪政纪处分26人，移送司法10人。在政治巡察中，发现落实“三会一课”制度不到位、组织生活不严肃等问题198个。在扶贫领域突出问题专项巡察中，发现问题253个，立案调查31人。州纪委根据巡察移交线索，严肃查处了州体彩中心原主任黄某，永顺县人大常委会原副主任刘某某等一批领导干部严重违纪问题，巡察利剑作用得到彰显。

专项整治。全州纪检监察机关开展专项整治，主要从两个方面着手：一方面，针对群众反映强烈的突出问题，采取“阵地式”推进战术，深入开展招投标领域专项整治。充分发挥反腐败协调小组的作用，联合检察、公安等部门严查工程建设领域招投标环节“提篮子”“白手套”、围标串标等案件30余起。另一方面，坚持围绕党委政府中心工作开展专项整治，严查环保工作中不作为、慢作为、乱作为问题，问责202人，约谈168人，党纪政纪处分19人。开展国家公职人员违规参与涉矿等经营性活动专项整治，清理国家公职人员84177人，发现“六类”经营性活动行为156人，退出156人，立案审查4人。推进领导干部从事金融活动专项整治，发现问题2个，立案查处1人。开展教辅资料征订和教育行业不正之风专项整治，发现问题线索34个，收缴违纪资金140万元，清退360万元，立案7件，党纪政纪处分5人，移送司法机关3人。通过专项整治，形成高压反腐的强大震慑。

作风治理。坚持以贯彻落实中央八项规定精神为主线，驰而不息纠治“四风”。深入开展“治陋习、树新风”专项整治，加大公安、财政等职能部门协同作战力度，紧盯违规发放津补贴、变相公款旅游、公车私用、违规举办人情宴请、涉黄涉赌涉毒、公款购买消费高档白酒等问题，坚持一个节点一个节点抓，一个问题一个问题解决，不松劲、不停步，再出发，释放作风建设永远在路上的强烈信号。全年开展督查检查38次，明察暗访单位301个、服务窗口105个、酒店宾馆156家、旅游景点55个，查处作风案件401件，处分386人。对落实2016年度中央预算投资不力的古丈、永顺等县实行责任追究，问责不作为、慢作为人员35人，其中县处级干部4人。

自身建设。州纪委监察局以创建国家级文明单位为契机，强化干部队伍建设，锤炼纪检干部敢于亮剑的“血性精神”，至柔克刚的“山水精神”，攻坚克难的“担当精神”，精益求精的“工匠精神”。坚持实施纪检干部能力素质提升工程，全州各级纪检监察机关共培训纪检监察干部800余人次，抽调跟班学习人员70余人次。注重强化队伍管理，严格执行中央纪委监督执纪工作规则和省纪委“十不准”禁令，出台《湘西自治州纪检监察自我监督办法》，采取内部审计、明察暗访、邀请政协委员“走进纪委”等多种形式，强化内部监督和接受各方监督，严防“灯下黑”。坚持刀刃向内，自我净化，全年立案查处纪检监察干部7人、问责10人。坚持带头落实党建责任制，认真开展“两学一做”学习教育，着力打造湘西纪检铁军。2017年，州纪委被评为全国文明单位、全省纪检监察系统先进集体。

【中共湘西自治州十一届纪委第二次全体会议】 2017年2月14日，中国共产党湘西自治州十一届纪律检查委员会第二次全体会议在吉首召开。州委书记叶红专出席全会并发表讲话，州委副书记、州长龙晓华主持会议。全会认真贯彻落实党的十八届六中全会、中央纪委七次全会和省纪委十一届二次全会精神，总结2016年全州纪律检查工作，部署2017年工作任务，审议通过邓为民代表州纪委常委会所作的《用坚强的决心推进全面从严治党，以坚韧的态度护航决战脱贫攻坚》工作报告。叶红专强调，要严肃党内政治生活，夯实全面从严治党的基础；加大党内监督力度，形成不能腐不敢腐的长效机制；驰而不息加强作风建设，以良好的党风带政风促民风；进一步压紧压实责任，推动全面从严治党各项要求落到实处。全会号召，要更加紧密地团结在以习近平同志为核心的党中央周围，在省纪委和州委的坚强领导下，以不忘初心、继续前进的坚定意志，深入推进党风廉政建设和反腐败斗争，为决战决胜脱贫攻坚、全力冲刺全面小康，谱写中国梦湘西精彩篇章做出新的更大贡献。

【护航脱贫攻坚】 设立扶贫领域监督执纪问责“110”办公室，紧盯扶贫责任落实、政策兑现、资金使用，制定出台扶贫项目资金管理使用“九条纪律”。坚持问题导向，组织开展信访积访化解“清仓见底”行动、精准扶贫“十项工程”专项巡察、“三假”（假身份、假项目、假扶贫）专项清查、农村太阳能路灯专项治理，加强村居换届监督，着力查处扶贫领域腐败和作风问题。扶贫领域共立案382件、处分290人，追缴违纪资金4476万元，退还群众资金207万元。其中，信访积访化解行动立案130件、处分176人；精准扶贫专项巡察、“三假”清查、太阳能路灯治理共立案92件，纪律处分78人，追究刑事责任14人，追缴违纪资金2800余万元；村居换届期间共处置反映村干部信访举报673件，党纪处分12人、拘留17人，确保了换届选举风清气正。

【纪检监察机构改革】 2017年，州、县（市）纪委派驻机构改革全面完成，派驻监督“探头”作用更加聚焦。州、县（市）巡察机构全部组建到位，形成上下联动巡察工作格局。国家监察体制改革试点工作有序推进，共转隶到位人员118人，有效整合反腐资源。抓住监委成立之机，及时发布公告，敦促行使公权力人员限期主动交代问题，共有27人主动投案自首，其中处级干部5人，集中统一、权威高效的监察作用初步彰显，得到中央纪委和省纪委充分肯定。同时，致力探索创新监督方式，推行州、县、乡纪检监察工作“一体化”管理，有效整合监督执纪力量；依托新技术，建立完善“互联网+监督”平台，使监督插上“科技的翅膀”；依托村权监督“微信群”和“月例会”，深化拓展村务监督，促进监督工作落实到“最后一公里”。制定出台《基层信访举报源头治理工作办法》，该《办法》经由湖南省纪委办公厅转发至各市州借鉴学习。通过改革实践、探索创新，权力运行监督体系更加科学完善。

（本栏撰稿　黄立好）

湘西土家族苗族自治州人民代表大会

【概述】 2017年，州人大常委会认真贯彻落实党的十八届六中、七中全会和党的十九大精神，始终坚持围绕中心，服务大局，依法履职，全年召开6次常委会会议、14次主任会议，听取和审议7项专项工作报告，作出3项决定决议，开展6部法律法规执法检查，依法任免72名国家机关工作人员，十四届人大一次会议确定的各项任务圆满完成。

立法工作。将传统村落保护、地质公园保护等与全州经济社会发展息息相关的13件立法项目，列入本届人大及其常委会立法规划。完成酉水河保护条例的报批和公布实施工作；首次在县级层面引进第三方参与浦市、边城历史文化名镇保护条例立法工作，浦市历史文化名镇保护条例获得省人大常委会审查批准；老司城遗址保护条例修正案通过州人大常委会审议。开展传统村落保护的立法调研和起草工作，启动气象灾害防御、遗传资源保护管理、地质公园保护立法工作。

监督工作。听取和审议国民经济和社会发展计划执行情况报告、州级投融资平台建设情况报告，组织开展湘西经开区财政管理体制、地方政府债券资金使用、两民企业发展、贫困地区企业上市等专题调研，研究出台《州本级政府预算决算审查监督办法》，明确和规范预算执行、调整、决算和审计监督的程序和内容。听取和审议预算执行、决算工作报告，开展预算法执法检查，听取和审议2016年度州本级财政预算执行和其他财政财务收支情况的审计工作报告。深入开展“司法公正湘西行”活动，听取和审议全州检察机关规范行使检察权工作报告和全州社区矫正工作报告，开展州人民检察院员额检察官履职监督，组织人大代表旁听和评议州中级人民法院庭审活动，提出建议意见53条。不断完善州公检法机关案件监督信息平台，实现州人大常委会对州本级刑事案件、民事案件和民事执行全过程实时监督。

执法检查。组织开展《著作权法》《种子法》《禁毒法》《湖南省扶贫开发条例》《湖南省中小学幼儿园规划建设条例》实施情况执法检查，针对检查发现的问题提出意见和建议，并形成审议意见交州人民政府及有关部门办理。跟踪督办湖南省大中型水库移民条例审议意见，开展15件规范性文件合法性审查，推动和促进一些问题得到解决。

人事任免。依法任免72名国家机关工作人员。2月24日，州十四届人大常委会第一次会议集中任免州人民政府、州直单位、州人民检察院等45人有关职务。

代表工作。搭建代表履职平台，以“双联”活动为契机，全州113个乡（镇、街道）设立代表联系群众工作室，552个村（社区）建立代表联系群众之家。在《团结报》、湘西人大网、湘西人大微信公众号等平台开辟“人大双联视线”专栏，及时推介各级人大代表在“双联”工作中的先进经验。丰富闭会期间代表活动，通过组织学习考察、履职培训、调研视察、建立代表微信群等形式，拓宽代表履职渠道，先后组织35名代表列席州人大常委会会议、41名代表旁听和评议州中级人民法院庭审活动、59名代表参与评议监督政府工作等活动。强化议案建议督办，坚持会议交办、“三段式督办”、主任会议组成人员牵头督办重点建议等制度，首次组织开展常委会组成人员、部分人大代表建议办理工作评议，开展3个办理单位满意度测评。全年督办代表建议135件。

自身建设。狠抓政治建设，坚持把政治建设摆在首位，深入推进“两学一做”学习教育常态化制度化，组织机关干部职工深入学习党的十八届六中、七中全会和党的十九大精神，在思想上行动上同以习近平同志为核心的党中央保持高度一致，坚决维护习近平总书记在全党的核心地位，坚定维护党中央的权威和集中统一领导。狠抓纪律作风建设，认真贯彻落实中央和省、州关于纪律作风建设有关规定，规范公务活动和公务接待，主任会议成员带头深入基层、深入群众，开展专题调研活动，推动解决基层实际困难和问题。全年机关干部没有发生一起违法违纪案件。狠抓干部能力建设，举办全州人大干部履职培训班，培训州、县、乡三级人大干部211人，组织州人大常委会组成成员和8县（市）人大常委会主任赴全国人大北戴河培训基地学习培训。认真贯彻落实《中共中央转发〈中共全国人大常委会党组关于加强县乡人大工作和建设的若干意见〉的通知》（中发〔2015〕18号）和《中共湖南省委关于加强县乡人大工作和建设的实施意见》（湘发〔2015〕26号）精神，组成联合督查组开展县乡人大工作和建设专项督查，扎实推进县乡人大工作和建设。湘西州县乡人大工作和建设经验得到《人民之友》杂志连续三期专题报道，并在全省加强县乡人大工作和建设推进会上作典型发言。

【州十四届人民代表大会第一次会议】 2017年1月6日至9日在吉首举行，会期3天。应到代表341人，实到代表333人。会议听取和审议代州长龙晓华所作的《政府工作报告》、州十三届人大常委会主任彭武长所作的《州人大常委会工作报告》、州中级人民法院院长彭卫兵所作的《州中级人民法院工作报告》和州人民检察院检察长肖建雄所作的《州人民检察院工作报告》；书面听取和审查《关于湘西州2016年国民经济和社会发展计划执行情况与2017年计划（草案）的报告》《关于湘西州2016年预算执行情况和2017年预算（草案）的报告》；会议批准这6个报告。会议审议和通过关于《湘西土家族苗族自治州酉水河保护条例》的决定。会议选举彭武长为州第十四届人民代表大会常务委员会主任；彭益、吴凌频、刘时进、张才

湘西土家族苗族自治州第十四届人民代表大会第一次会议现场

金、刘小刚、宛庆丰、石耀华为州第十四届人民代表大会常务委员会副主任；文武斌为州第十四届人民代表大会常务委员会秘书长。会议选举龙晓华为州人民政府州长；向恩明、向清平、何益群、李平、麻超、王学武为州人民政府副州长。会议选举彭卫兵为州中级人民法院院长；肖建雄为州人民检察院检察长（须报经湖南省人民检察院检察长提请湖南省人大常委会批准）。选举产生32名州第十四届人民代表大会常务委员会委员。会议通过州十四届人大七个专门委员会主任委员、副主任委员、委员人选。会议指出，过去几年，面对宏观经济下行压力加大、矿产品价格持续低迷、白酒行业深度调整、自然灾害频发等严峻形势和繁重的改革发展任务，全州上下认真学习贯彻习近平总书记系列重要讲话精神，牢牢把握经济发展新常态这个大逻辑，全面执行中央、省委各项决策部署，抓住习近平总书记、俞正声主席等党和国家领导人亲临湘西州视察，国家、省大力推进精准扶贫、支持民族贫困地区加快发展等重大机遇，大力推进优势产业、基础设施、新型城镇、生态文明、民生事业“五大建设”，着力建设绿色、文化、开放、和谐“四个湘西”，努力推动在武陵山区率先发展、率先脱贫，全州城乡面貌发生巨大变化。这些成绩的取得，是全州上下同心同德、奋力拼搏、真抓实干的结果，凝聚着人大代表的智慧和担当。全州各级人大组织和人大代表，紧扣州委决策部署和全州发展大局，积极建言献策，聚心聚智聚力，团结引领全州各族群众心往一处想、劲往一处使，为推动更好更快发展、实现未来美好愿景做出新的更大贡献。会议号召，紧密团结在以习近平同志为核心的党中央周围，认真践行五大发展理念，围绕打造国内外知名生态文化公园总战略总愿景，牢记全州各族群众重托，立下愚公移山志，一张蓝图绘到底，撸起袖子加油干，不忘初心、知难而进，以城乡面貌大变化、各族群众生活大改善向州庆献礼，迎接党的十九大胜利召开。

【州人大常委会议】 州十四届人大常委会第一次会议。2017年2月24日在吉首召开。会议学习州人大常委会议事规则、组成人员守则；审议通过州人民政府等单位驻地搬迁工作情况报告、州第十四届人大常委会代表资格审查委员会组成人员建议名单（草案）和州人大常委会工作要点（草案）。会议决定任命：刘新民、桂华、余保东为州人民政府副州长；包太洋为州人民政府秘书长；胡恩平为州发展和改革委员会主任；余晓红为州教育和体育局局长；郑桂章为州科学技术局局长；向宏国为州经济和信息化委员会主任；李志平为州民族宗教事务委员会主任；王学武为州公安局局长；田轶为州监察局局长；彭图瑜为州民政局局长；张自政为州司法局局长；石龙为州人力资源和社会保障局局长；高文化为州国土资源局局长；石泽龙为州环境保护局局长；祝期祥为州住房和城乡建设局局长；吴奕华为州交通运输局局长；田科虎为州农业委员会主任；彭武学为州水利局局长；向安生为州林业局局长；向仕连为州商务局局长；罗亚阳为州文化广电新闻出版局局长；彭军为州卫生和计划生育委员会主任；印钊为州审计局局长；张奇华为州统计局局长；刘孟龙为州安全生产监督管理局局长；高湘文为州旅游港澳外事侨务局局长；张宗炎为州食品药品监督管理局局长；周斌为州工商行政管理局局长；胡章华为州质量技术监督局局长；欧道胜为州人民政府法制办公室主任；宋宗江为州人民防空办公室主任。任命：刘容为州人民检察院检察委员会委员；杨兵为州人民检察院检察委员会委员；刘洋为州人民检察院检察委员会委员。批准：印道波为吉首市人民检察院检察长；刘润发为泸溪县人民检察院检察长；王岸为凤凰县人民检察院检察长；蒋巍为古丈县人民检察院检察长；梁宜勇为花垣县人民检察院检察长；杨庆华为保靖县人民检察院检察长；麻宗福为永顺县人民检察院检察长；聂春辉为龙山县人民检察院检察长。免去：肖建平的州人民检察院副检察长、检察委员会委员、检察员职务，李朝晖的州人民检察院检察员职务。

州十四届人大常委会第二次会议。4月24日，州第十四届人大常委会第二次会议在吉首召开。会议审议通过关于贯彻落实《湖南省大中型水库移民条例》情况报告的审议意见落实情况的报告、关于全州城乡规划实施情况的报告、关于同意在州直机关实行朝九晚五作息制度的决定（草案）、全州殡葬改革工作情况的报告和关于州本级政府预决算审查监督办法（草案）。会议决定任命：鲁雪松为州粮食局局长。任命：廉洁为州中级人民法院审判员、审判委员会委员，杨光福为州中级人民法院审判委员会委员，盘艳斌为州中级人民法院审判委员会委员。免去:龙金榜的州中级人民法院审判员职务，李国元的州中级人民法院审判员职务，谷平衡的州中级人民法院审判员职务，向忠莲的州中级人民法院审判员职务。

州十四届人大常委会第三次会议。6月26日，州第十四届人大常委会第三次会议在吉首召开。会议审议通过关于《湘西土家族苗族自治州第十四届人民代表大会及其常务委员会（2017—2021年）立法规划（草案）》，审议关于检查《中华人民共和国禁毒法》《湘西土家族苗族自治州吉首市城市综合管理条例》《中华人民共和国著作权法》贯彻实施情况的报告，审议关于提请审议《湘西土家族苗族自治州老司城遗址保护条例修订（草案）》《湘西土家族苗族自治州浦市历史文化名镇保护条例（草案）》的议案。

州十四届人大常委会第四次会议。8月24至25日，州第十四届人大常委会第四次会议在吉首召开。会议审议关于2016年全州、州本级及湘西经开区财政决算及2017年1—6月预算执行情况的报告；通过湘西自治州人大常委会关于批准2016年州本级及湘西经济开发区财政决算的决议；审议通过关于2016年州本级预算执行情况及其他财政财务收支的审计工作报告，关于2017年1—6月全州国民经济和社会发展计划执行情况的报告；审议关于检查《中华人民共和国种子法》贯彻落实情况的报告；审议通过关于全州检察机关规范行使检察权工作情况的报告；审议关于对州人民检察院员额检察官隆涛等4人履职情况的调查报告，《湘西土家族苗族自治州浦市历史文化名镇保护条例（草案）》；审议通过关于2016年全州环境状况和环境保护目标完成情况的报告；会议听取关于邓联繁州人大代表资格终止情况的报告。会议决定任命：钟林为州人大常委会副秘书长、办公室副主任，彭礼为州人大常委会研究室副主任。决定免去：程三艳的州人大常委会副秘书长、办公室副主任职务。

州十四届人大常委会第五次会议。10月30至31日，州第十四届人大常委会第五次会议在吉首召开。会议审议关于全州脱贫攻坚情况的报告、关于全州脱贫攻坚的调研报告、关于检查《湖南省农村扶贫开发条例》贯彻实施情况的报告；审议通过关于《湘西土家族苗族自治州浦市历史文化名镇保护管理条例（草案）》的决定（草案）；审议关于州十四届人大一次会议代表建议办理情况的报告，并对州发改委、州教体局、州卫计委3个单位的代表建议办理工作进行评议；审议通过关于批准2017年州本级及湘西经济开发区财政预算调整方案和部门预算调整方案的决定（草案）；审议关于检查预算法贯彻实施情况的报告；审议通过关于全州殡葬制度改革工作审议意见落实情况的报告；审议关于全州古村落保护利用情况的调研报告；审议通过关于全州文化产业发展情况的报告；审议通过州人大常委会信访工作办法（修订草案）。会议决定任命：董怀敏为州人民政府副州长。任命：胡贤生为州人民检察院检察委员会委员。免去：彭秀玲的州人民检察院检察委员会委员职务，向云波的州人民检察院检察员职务，吴瑞琴的州人民检察院检察员职务。

州十四届人大常委会第六次会议。12月26至27日，州第十四届人大常委会第六次会议在吉首召开。会议审议通过关于《湘西土家族苗族自治州老司城遗址保护条例修正案（草案）》；审议通过关于2017年全州国民经济和社会发展计划执行情况和2018年计划草案的报告；审议通过关于2016年度州本级财政预算执行及其他财政财务收支审计查出问题整改情况的报告；审议通过关于《检查〈中华人民共和国种子法〉贯彻实施情况报告的审议意见》办理落实情况的报告；审议通过州人大常委会工作报告（草案）；审议通过州十四届人大二次会议日程（草案）；审议通过州十四届人大二次会议有关名单（草案）；听取关于代表资格终止、补选情况的备案报告；审议通过关于大力扶持民族医药发展议案办理情况的报告；审议通过关于全州社区矫正工作情况的报告；审议通过关于《中华人民共和国禁毒法》执法检查审议意见落实情况的报告；听取关于州十四届人大一次会议代表建议、批评和意见办理情况的报告。会议决定任命：梁君为州财政局局长；罗亚阳为州林业局局长；刘世树为州文化广电新闻出版局局长；田发军为州人大常委会研究室主任；赵海军为州人大常委会选举任免联络工作委员会副主任。决定免去：田轶的州监察局局长职务，罗亚阳的州文化广电新闻出版局局长职务，向安生的州林业局局长职务，田发军的州人大常委会选举任免联络工作委员会副主任职务。会议决定：接受田桂华辞去州人大农业委员会副主任委员职务。

【县（市）、乡（镇）人民代表大会】 2017年，县（市）、乡（镇）人大认真贯彻落实中央、省委关于加强县乡人大工作和建设的文件精神，充分发挥地方国家权力机关的职能作用，主动围绕中心、依法履职，在依法监督、重大事项决定、选举任免、协助地方立法、代表工作、自身建设等方面成效明显。吉首市人大进一步加强脱贫攻坚工作监督，认真分析工作中存在的主要困难和问题，提出针对性的改进措施；泸溪县持续开展代表履职情况报告活动，全县245名县乡人大代表直接向选区选民报告履职情况，5名州人大代表向常委会报告履职情况；凤凰县人大对该县贯彻实施《中华人民共和国预算法》情况开展执法检查；古丈县人大积极探索和创新人大监督工作，修订出台《古丈县人民代表大会常务委员会工作评议暂行办法》，从被评议单位在执法、施政、廉政、服务大局、接受人大监督等方面评议县人民政府相关部门工作；花垣县积极协助开展立法工作，加快《湘西土家族苗族自治州边城茶洞历史文化名镇保护条例》立法进程；保靖县人大积极开展环境保护情况调研视察活动，推动和促进生态环境保护工作；永顺县人大主动围绕中心、为民履职，积极围绕新型城镇化建设、基础设施建设、乡镇卫生院建设、慈爱园等工作加强监督，切实推进经济发展和民生问题解决。龙山县人大坚持组织驻地代表集中视察制度，先后组织省、州、县三级人大代表，集中视察龙永高速龙山段砂子坡隧道、里耶旅游开发、老城区改造、边区中心医院和体育中心等项目建设，有力推动问题解决。

【出台州本级政府预决算审查监督办法】 2017年4月24日，州十四届人大常委会第二次会议审议通过《州本级政府预决算审查监督办法》。《办法》分为总则、预算草案的初步审查、预算执行的监督、预算调整的审查和批准、决算的审查和批准等10章42条，明确财政、审计部门职责，规范预算编制、执行、调整、决算和审计监督等工作。

【湘西土家族苗族自治州酉水河保护条例施行】 2017年5月1日，《湘西土家族苗族自治州酉水河保护条例》正式施行，该《条例》是湘西州与湖北省恩施州及重庆市、贵州省有关地区首次开展协同立法，开创跨区域协作立法的先河，是湘西州首次引进“第三方”参与立法的地方性法规。

【审议通过《湘西土家族苗族自治州老司城遗址保护条例修正案（草案）》】 2017年12月26日至27日，州人大常委会第六次会议审议通过关于《湘西土家族苗族自治州老司城遗址保护条例修正案（草案）》，并提请州十四届人民代表大会第二次会议审议。

【举办全州人大干部履职学习培训班】 2017年4月18日至20日，湘西州人大干部履职学习培训班在湘西民族职业技术学院举行，参训学员通过学习州情州策，有关法律法规和人大业务知识，进一步提高对人民代表大会制度的认识，增强群众观点、宗旨意识和做好人大工作的信心和决心，不断提高服务人民群众的本领，以及依法履职的能力和水平。

【开展脱贫攻坚工作监督】 2017年，州人大常委会组织州、县、乡三级人大干部和全体州人大代表深入开展脱贫攻坚大调研，重点开展农村低保和兜底脱贫、扶贫资金使用管理、生态补偿脱贫、教育医疗扶贫政策落实、易地扶贫搬迁、人大代表在脱贫攻坚中的作用等方面调研；开展《湖南省农村扶贫开发条例》执法检查，听取和审议全州脱贫攻坚情况的报告，加强对扶贫条例宣传、扶贫政策落实、重大扶贫项目实施、扶贫产业发展、扶贫资金使用情况的监督。

（本栏图文　陈　文）

湘西土家族苗族自治州人民政府

【概述】 2017年，是新一届州人民政府履职开局之年，州人民政府坚持以习近平新时代中国特色社会主义思想为指导，全面贯彻落实新发展理念和省委创新引领开放崛起战略，坚守州委“542”发展思路，抢抓建州60周年发展机遇，以脱贫攻坚统领经济社会发展全局，全力做好稳增长、促改革、调结构、惠民生、防风险各项工作，战胜罕见洪涝灾害，经济社会实现平稳健康发展。综合经济实力迈上新台阶。全州生产总值达585亿元，增长8%；财政总收入突破100亿元大关达107.64亿元，增长22.26%；完成固定资产投资450亿元，增长13%；进出口总额2亿美元，增长67%；社会消费品零售总额281亿元，增长11%；金融机构贷款余额达705亿元，增长23%。主要经济指标增速高于全国、全省平均水平，多项经济指标增速全省靠前。人民生活水平实现新提升。全年减少农村贫困人口15万，减少贫困村229个，贫困发生率下降至10.52%，吉首市实现脱贫摘帽；城镇、农村居民人均可支配收入22790元、8300元，分别增长9.5%、12%；新增城镇就业人数2.23万人；城镇登记失业率控制在4.26%；民生支出占财政支出比重达65.23%，干部职工待遇有所提高，人民群众获得感、幸福感明显增强。基础设施建设实现新跨越。永吉高速公路全线贯通，全州实现县县通高速公路；湘西机场、高铁加快建设，一大批水利、能源、信息化项目取得新进展；州民族文化广场、文体中心、博物馆、非遗馆、艺术馆等一大批州庆重点项目相继建成，城乡面貌发生历史性巨变，州府新城成为武陵山区一颗亮丽明珠。全面深化改革迈出新步伐。在全省率先推进“三医联动”改革，药品费用大幅下降；率先获批纳入国家第二批增量配电业务改革试点；率先推行无还本续贷产品，企业融资成本大幅下降；率先建成政府新型智库，一批优质资源得以链接。政府依法治理呈现新气象。准确把握湘西州发展规律，正确处理好“五个关系”，制定系列规范政府管理、推进经济发展的政策措施，风险防控制度进一步完善，科学决策、依法行政、廉洁从政、为民服务水平明显提高。

全力推进脱贫攻坚。扎实推进精准脱贫“十项工程”，易地搬迁建成安置房8601套，搬迁3.67万人。转移就业脱贫工程，新增贫困劳动力转移就业1.26万人。教育发展脱贫工程，实现贫困学生资助全覆盖，贫困家庭子女就读率和贫困家庭普通高中生免费入学率均达到100%。医疗救助帮扶工程，实现贫困患者实际报销比例达85%以上，特困患者全额报销。生态补偿脱贫工程，将2347名贫困人口转为护林员，带动10687名贫困人口脱贫。社会保障兜底工程，对3.79万名兜底对象实现应保尽保，全面实现农村低保线与脱贫标准线“两线融合”。基础设施配套工程，大力推进光伏扶贫，新建村级光伏发电站174座，并网发电115座。整合资金50亿元设立扶贫产业基金400亿元，精准扶贫贷款余额140亿元，用于精准扶贫和发展产业。加强与济南市及省辖7市扶贫协作对接，到位帮扶资金3.5亿元。协同推进驻村帮扶、行业扶贫、社会扶贫，脱贫攻坚合力明显增强。湘西州精准扶贫的做法与经验被中央和省内媒体深度报道，获得社会各界广泛赞誉。

加大基础设施建设。大力开展“项目决战年”活动，实施一大批打基础、管长远的重大项目。300个州庆重点项目累计完成投资1510亿元，350个州重点项目完成投资567亿元。交通建设，高速公路通车里程达480公里，实现县县通达；张吉怀高铁、湘西机场、黔张常铁路、张花高速公路三条连接线等重大项目建设有新进展；完成农村公路提质改造493公里、安保工程建设1005公里，改造危桥105座，建制村通客车率达88%。水利建设，积极推进大兴寨大型水库立项，古阳河水库等一批水利工程建成蓄水，吉辽河水库等一批重点水源工程加快建设；协调推进病险水库除险加固、水毁工程修复、中小河流治理等工程，新巩固提升35.5万农村居民安全饮水。能源建设，新建天然气管道33.2公里，建设猛洞河220千伏输变电工程，完成77个贫困村电网改造和142个贫困村电网升级。信息化建设，全面推进“智慧湘西”建设，智慧交通、智慧教育、智慧扶贫、智慧旅游、智慧商务、智慧农业等初具雏形。光纤宽带、4G信号网络覆盖所有城区、乡镇以及绝大部分行政村。

推动产业转型升级。坚持把发展产业作为推动经济增长的主攻方向，三次产业结构比达13.6:30.6:55.8。着力推进新型工业化，实施新一轮园区调规扩容，完成园区基础设施建设投资50亿元，新建标准厂房100万平方米，食品加工、新材料、生物医药、电子信息、新能源等新兴产业加快发展。新增高新技术企业20家，泸溪工业集中区转型为省高新技术产业园。锰锌钒等传统产业不断整合提升，太丰、三立进入全国有色金属行业50强。大力发展现代农业，粮食总产量稳定在80万吨以上，建成万亩精品园24个，农产品加工企业达664家，龙头企业达131家。新增“三品一标”认证产品32个，花垣、古丈获批国家级出口食品农产品质量安全示范区。全力推进全域旅游，编制全域旅游总体规划，总投资65亿元的旅游干线公路开工建设，谋划推进一批景区开发、风情小镇、慢行体系等项目建设。努力打造多条湘西旅游精品线，开展旅游市场专项整治活动。参加中央电视台《魅力中国城》竞演，承办全国地质公园建设助推脱贫攻坚现场会、湖南省（第八届）旅游产业博览会等系列活动，积极申报湘西世界地质公园。全州接待国内外游客4450万人次，实现旅游收入325亿元，同比分别增长16%和25%。突出发展商贸物流业，全州建成农村电商网点1900个，州、县、乡、村四级农村电商网络和物流体系基本形成，吉首、龙山、花垣等县（市）建成一批商贸综合体和物流园，城乡市场繁荣活跃，消费结构升级明显加快。

推进城乡融合发展。坚持走湘西特色城镇化道路，全州城镇化率达45%。完成州域城镇体系规划和县市区总体规划编修，城乡规划体系实现全覆盖，“三证一书”发放率达100%。湘西经开区“四纵五横”路网格局基本形成，一批城市配套项目建成运营，州府吉首成为武陵山区的一颗亮丽明珠。七县新区拓展、老城区改造进展顺利，建成一大批基础设施和学校、幼儿园、医院、养老院，城市功能、品质全面提升。大力实施“绿色湘西”工程，加大交通干线、旅游公路、城市建成区绿化力度，高标准推进千里生态走廊建设和国家森林城市创建，植树造林14万亩，管护天然林298万亩、重点生态公益林700万亩，森林覆盖率达70.24%。加快美丽湘西建设，获评中国最美乡村旅游目的地，里耶镇成功入选“全国特色小镇”，浦市镇荣获湖南省“美丽少数民族特色村镇”，塔卧镇、十八洞村等25个镇村成功获批省级历史文化名镇名村。深入推进“两违”整治，违法用地违规建设得到有效遏制。全面推进河长制工作，明确州县乡村四级河长2141名，实现江河湖库全覆盖，认真清理河湖垃圾、网箱养鱼，水生态得到明显改善。全面完成中央环保督察交办信访问题及省交办突出环境问题整改。大气、水、土壤等重点领域污染防治持续推进，湘西州空气质量全省最优。

加大民生保障力度。坚持民生领域优先保障，民生问题优先解决，民生工程优先投入，全州民生支出181.63亿元，城乡群众保障水平和干部职工待遇不断提升。全面完成省定13件重点民生实事，农村劳动力转移就业2.66万人，失业人员再就业1.05万人，“零就业”家庭实现动态清零。城乡低保标准提标到420元和252元。残疾人“两项补贴”政策惠及5.17万人。城乡医疗救助、养老服务体系建设、五保供养、灾民救助等工作不断加强。扎实推进8县市慈爱园建设，泸溪等4县顺利开园。新建和改扩建城镇学校20所、义务教育合格学校81所、农村公办幼儿园35所，新增城区学位1.2万个，城镇学校大班额问题得到有效缓解。加大住房保障力度，农村危房改造完成35971户，棚户区改造开工建设10367户，城乡居住条件较大改善。广泛开展全民健身活动，全面实施农村适龄妇女“两癌”免费检查、孕前优生健康免费检查、新生儿疾病筛查、孕产妇产前免费筛查。积极落实全面两孩政策，省下达湘西州人口计划完成。加快发展文化事业，建成基层综合性文化服务中心799个。按时完成各县（市、区）村委会和居委会换届选举。深入开展安全大检查，有效治理重大安全隐患，加强食品药品安全监管，全州未发生较大以上生产经营性事故。做好农村移民后扶工作，信访维稳、社会治安综合治理不断加强，社会大局保持和谐稳定。

深入推进各项改革。以供给侧结构性改革为主线，全面落实“三去一降一补”任务，煤炭企业由原来14家减少到1家，29家烟花爆竹企业全部退出，关闭危险化学品企业5家，商品房待售面积下降60%以上。“放管服”、商事制度等改革成效明显，“五证合一”实现全覆盖，全州新增各类市场主体1.8万户。新组建州城乡规划委员会，加强城乡规划建设与管理工作，提升规划编制质量。强化城乡建设规划与国土利用、全域旅游、旅游公路、水利建设、生态保护等专项规划衔接，推动多规合一。推进医药卫生体制改革，成功加入“三明限价联盟”，开通跨省异地就医医疗费用直接结算业务。深化政银企战略合作，与11家省级金融机构签订框架协议，银政、银企合作实际到位资金分别超过240亿元、91亿元。进一步优化投融资环境，凤凰县成功创建省级金融安全区。湘西州电力体制改革获省政府支持和国家发改委批准为试点单位，工业电价较大幅度下降。财税体制改革突出财政保基本、保运转、保民生功能，财政保障能力不断增强，支出结构进一步优化。农村承包土地确权登记颁证、国资国企等改革全面推进。湘西公路口岸建成投入使用。加大招商引资力度，全年到位资金300亿元，增长20%。

着力提升政府治理能力。深入学习贯彻落实党的十九大精神，推动“两学一做”学习教育常态化制度化。制定印发《法治政府建设实施纲要》《湘西自治州人民政府工作规则》，以及加强政府投资项目、PPP项目、政府债务、预算内基本建设投资、投融资公司、招投标、财政结余资金等系列管理文件，推进政府规范高效运行。加强政府性债务清理及金融、生态环保等重点领域监管，积极防范化解风险。自觉接受人大、政协监督，认真落实其决议决定，办理人大代表建议意见135件、政协提案231件，办结率100%。严格落实全面从严治党主体责任，着力强化审计监督和行政监察，全面加强财政资金、扶贫资金、政府投资项目监管，有效预防和减少腐败现象发生，政风行风持续好转。

（本栏撰稿　骆邦建　杨荣波　林军华　龙海先）

【州政府全会】 2017年2月13日，十四届州人民政府第一次全体（扩大）会议召开，贯彻落实省、州“两会”精神，研究建立政府管理和服务长效机制，安排部署新一届政府目标管理及当前工作，要求正确处理当前与长远的关系，更加注重做好打基础利长远工作；正确处理政府与市场的关系，更加注重运用市场化手段推进发展；正确处理发展与民生的关系，更加注重保障和改善民生；正确处理开放与创新的关系，更加注重创新引领发展；正确处理法治与德治的关系，更加注重提高法治思维和能力。

10月31日，十四届州人民政府召开第二次全体（扩大）会议，传达党的十九大、十九届中央政治局第一次集中学习会议、国务院党组会议、省委传达学习党的十九大精神会议、省政府第九次全体会议精神，要求深入学习贯彻党的十九大精神，用党的十九大精神武装头脑，指导实践，推动工作；进一步鼓足干劲，努力拼搏，攻坚克难，全面完成全年工作目标任务。

【州政府常务会议】 2017年1月10日，州委副书记、州长龙晓华主持召开十四届州政府第一次常务会议，学习贯彻中国共产党第十八届中央纪律检查委员会第七次全会精神，听取全州安全生产、财政和建州60周年州庆活动筹备工作情况汇报，要求全州各级政府及组成部门认真学习贯彻十八届中央纪委七次全会精神和习近平总书记的重要讲话精神，把握全面从严治党的“七个着力”和“六个重要任务”，落实责任，当好表率；要始终坚持安全发展理念，正确处理安全与发展的关系，不断提升湘西州安全生产监管水平；抓好财政预算执行，更好服务经济社会发展和保障改善民生，保障重点工作推进；按照“隆重热烈、务实节俭、特色鲜明、和谐安全”原则，明确责任、精心筹备、周密实施，确保州庆活动安全、精彩、成功举办。

2月9日，州委副书记、州长龙晓华主持召开十四届州人民政府第二

十四届州政府二次全体（扩大）会议现场

次常务会议，审议《十四届州人民政府工作规则（送审稿）》《关于进一步转变作风提高行政效能的意见（送审稿）》《关于2016年度州人民政府目标管理考核结果的通报（送审稿）》《湘西自治州人民政府关于对2017年主要工作实行目标管理的通知（送审稿）》《湘西州公共资源交易监督管理办法（送审稿）》，听取2016年州政府目标管理考核验收及2017年州政府主要工作目标管理设置情况汇报、全州民族团结进步创建工作考核验收情况和申报湘西世界地质公园有关情况汇报，要求严格按政府工作规则履行政府职能，全面推进依法行政、规范政府行为、提高行政效能，建设法治政府；坚持目标导向和问题导向，科学设置政府工作目标管理，促进经济社会发展目标实现；按照相关法律法规，进一步完善公共资源交易监督管理办法，促进公共资源交易规范运行；高度重视民族工作，全力以赴抓好民族团结进步示范州的巩固创建；加强组织领导，建立健全工作机制，发挥湘西州旅游、文化资源优势，积极做好湘西世界地质公园申报工作。

3月7日，州委副书记、州长龙晓华主持召开十四届州人民政府第三次常务会议，传达近期召开的省相关会议精神，听取加快推进全州国有农场改革发展、妇女儿童、城乡规划、重点项目和标准厂房建设、政务督查、环保、美丽乡村示范创建、住房和城乡建设、州政府智库建设、禁毒、文明交通整治等工作情况汇报，要求认真贯彻落实省有关会议决策部署和重要方针政策，做到令行禁止，并结合湘西州实际，创新举措，突破重点难点问题，推动经济社会全面发展；加大支持力度，把国有农场改革落到实处；高度重视，进一步提高妇女儿童工作水平；树立和坚持“规划引导、规划先行”理念，推动全州城乡统筹发展；科学谋划，加快推进工业园区建设，推动传统产业转型升级；按照依法行政、交办督查、实事求是、讲求实效原则，抓好州政府政务督查工作；坚持问题导向，加强执法力度，及时整改，抓好环保工作落实；统一思想，拿出切实可行的督查方案和奖惩办法，推动美丽湘西建设提质增效；加快完善城镇规划体系，加快新型城镇化发展步伐；完善政府智库建立和运作机制，充分发挥作用，为改革发展增添动力；强化禁毒预防宣传教育，严厉打击涉毒违法犯罪，全面加强对吸毒人员的戒毒康复、帮扶救助和教育管控工作；加大专项整治力度，推动全州道路交通整治和安全生产工作迈上新台阶。

4月1日，州委副书记、州长龙晓华主持召开十四届州人民政府第四次常务会议，传达全国“两会”、国务院廉政工作会议、省政府廉政工作会议、全省金融办系统工作会议精神，审议州规委会工作规则，听取湘西武陵山扶贫产业基金组建、全域旅游示范区创建、商务、城乡居民基本医疗保险基金使用、举办2017年“武陵味道”特色餐饮·茶文化竞赛、全州创新创业、残联、州“十三五”旅游干线公路建设运营PPP项目等工作情况汇报，要求全州各级各部门深刻领会、准确把握全国“两会”和国务院廉政工作会议、省政府廉政工作会议、全省金融办系统工作会议精神，结合湘西发展实际，抓重点环节和关键领域，推动全州经济社会发展；坚持问题导向，加强规划工作、政策法规、业务知识培训，提高规划工作水平；按照政府引导、企业主导、市场运作原则，搭建和运用好产业基金平台，吸引撬动更多社会资本投向湘西州重点发展产业领域；坚持“旅游兴州”理念，瞄准创建“国家全域旅游示范区”目标，突出重点，精准发力，着力推动湘西州全域旅游加快发展；抢抓政策叠加机遇，大力实施产业招商、园区招商、以商招商，优化招商环境，确保重点招商引资项目落地；理顺城乡居民医保管理体制，认真做好城乡居民医保组织参保和基金筹集工作，提高基金使用效率；认真学习、用活用足国家、省关于“双创”的优惠政策，在信贷、人才、土地等方面为创新创业人才提供支撑，提升创业主体的积极性；抓好《关于加快推进残疾人精准脱贫小康进程的意见》的落实，对残疾人实行优先兜底，确保残疾人生活得到有效保障；加快交通基础设施建设，特别是加大旅游干线公路和农村公路建设力度，确保完成国家对贫困地区基础设施建设目标任务。

5月3日，州委副书记、州长龙晓华主持召开十四届州人民政府第五次常务会议，听取配合中央、省环保督察、全州开展城乡建设用地增减挂钩、最低生活保障和社会保障兜底脱贫对象认定清理整顿、食品药品监督管理、加速推进新型工业化会议筹备、质量技术监督管理及信访等工作情况汇报，传达全省安全生产工作会议精神。要求高度重视，加强突出环保问题整改，集中精力打好环保整治战役；进一步强化安全生产红线意识，按照“党政同责、一岗双责、齐抓共管、失职追责”要求，强化安全生产责任落实；认真研究出台全州城乡建设用地增减挂钩项目实施方案，合理配置资源；把农村低保和社会保障兜底脱贫对象认定清理整顿纳入惠民生工作范围，按标准完成目标任务，增强人民群众的认同感和满意度；强化监督管理，重点整治食品卫生领域突出问题，严格问责追责；牢固树立新型工业强州理念，把加快发展工业经济作为全州经济工作的战略重点来抓；树立“质量强州”意识，紧扣“品牌创建”主题，将质量建设扩大到各个领域；认真履行主体责任，强化源头治理，积极主动回应群众诉求和社会关切，将问题化解在基层、化解在萌芽状态。

5月10日，州委书记、州长龙晓华主持召开十四届州人民政府第六次常务会议，传达学习习近平总书记在中央政治局第四十次集体学习上的重要讲话精神及财政部等六部委《关于进一步规范地方政府举债融资行为的通知》，听取环保督察、推进新型城镇化、红十字会、法制、武陵山扶贫产业基金、港洽周活动及与澳门蔬菜水果供应协议落实、旅游产业博览会和首届武陵山全域峰会筹备等工作情况汇报，审议《湘西自治州·省级金融机构脱贫攻坚政银企合作落实工作方案（送审稿）》《关于公布各类议事协调机构清理结果的决定（送审稿）》以及新型城镇化暨“双修双改”工作视频会议方案及相关文件。要求认真学习贯彻习近平总书记在中央政治局第四十次集体学习上的重要讲话以及财政部等六部委文件精神，结合实际，重点防控区域性、系统性金融风险，创建金融安全试验区；深入贯彻全面推进依法治国的战略部署，认真落实中共中央、国务院《法治政府建设实施纲要（2015—2020年）》和湖南省实施意见，加快建设职能科学、权责法定、执法严明、公开公正、廉洁高效、守法诚信的法治政府；把环保督察问题整改作为重中之重，落实环境保护主体责任，建立健全环保工作日常监督、督察考核、综合评价、结果运用等长效机制，确保完成中央环保督察组交办的各项任务；巩固议事协调机构清理成果，推动行政体制改革和政府职能转变；坚持规划引领，强化规划约束，突出“山区特点、民族特色、时代特征”，着力推进新型城镇化建设；构建严格监管机制、考评体制和维权机制，引导基金精准对接扶贫产业；成立专门的工作班子，坚持一月一调度、一季一督查的跟踪服务机制，推动港洽周活动及与澳门蔬菜水果供应协议项目落地；加强对外协调，精准策划全域旅游论坛，全方位、多形式展示湘西旅游形象；充分发扬红十字会人道、博爱、奉献精神，加快发展内容丰富、层次多样的社会公益事业和健康服务产业。

6月22日，州委副书记、州长龙晓华主持召开十四届州人民政府第七次常务会议，传达学习上级关于国家级自然保护区生态环境问题有关情况的通报，审议《关于加快社会信用体系建设的实施意见（送审稿）》、老司城遗址保护条例和浦市历史文化名镇保护条例草案，听取州安监局关于吉首市“12·1”较大道路交通事故调查、全州气象工作、农村土地承包经营权确权登记颁证和农村集体产权制度改革工作、州武装守押保安服务有限公司改制工作情况汇报。要求切实把生态文明建设摆在全局工作的突出位置，强化责任，突出重点，抓好整改；进一步强化“红线意识”和“底线思维”，落实安全生产监管责任，提高安全生产监管工作水平；切实加强领导，加大支持力度，形成工作合力，推进湘西气象工作实现新的发展；按照规定的时间节点，精心组织，积极稳妥推进，确保年底全面完成农村土地确权登记颁证工作；坚持依法保护、规划引领、彰显特色，科学编制保护规划，提高湘西州历史文化名镇、遗址保护开发工作水平；高度重视州武装守押保安服务有限责任公司改制工作，完善改制方案，严格按照法律法规要求和法定程序推行，确保社会大局稳定。

8月21日，州委副书记、州长龙晓华主持召开十四届州人民政府第八次常务会议，传达《湖南省环境保护督察反馈意见》《杜家毫同志在中央第六环境保护督察组督查湖南省情况反馈会上的讲话》以及全国、全省深化“放管服”改革电视电话会议精神，审议《湘西州优化投资项目审批流程实施方案（送审稿）》《湘西州关于开展光伏产业扶贫工作的指导意见（送审稿）》《湘西州州本级财政结转结余资金管理暂行办法（送审稿）》，听取深化医疗和“放管服”改革、湘西机场建设、开展以政府购买服务名义违法违规融资排查工作、2016年州本级及湘西经济开发区财政决算与2017年1—6月预算执行情况、2016年度州本级财政预算执行和其他财政财务收支的审计工作报告情况的汇报。要求深入学习贯彻习近平总书记关于生态文明建设的战略思想，牢固树立“绿色发展”理念，切实抓好中央环保督察反馈问题整改；统一思想、落实责任、结合实际，借鉴福建三明经验，积极稳妥推进医疗改革，从源头解决群众“看病难、看病贵”特别是“因病致贫、因病返贫”问题；认真贯彻落实上级精神，结合湘西州实际，切实抓好“放管服”改革工作，不断优化政务服务环境；认真抓好湘西机场总规设计，建立科学的投融资模式，加快推进项目建设；以稳增长、促改革、调结构、惠民生为目标，严格执行国库集中支付管理规定，切实提高财政资金使用效益；高度重视，抓细抓实以政府购买服务名义违法违规融资排查工作，积极开展分类整改；继续加大自身财源建设力度，强化收入征管，优化财政支出，规范和加强财税管理；高度重视审计整改问题，明确整改责任，落实整改方案；科学编制预算，强化预算刚性管理，加大部门存量资金的清理，加强民生资金管理，确保惠民资金落到实处；严格执行《湘西自治州优化投资项目审批流程实施方案》，依法依规运作，优化营商环境；统一思想、抢抓机遇，抓紧光伏项目申报，分批推进项目落地，确保全州有条件的村全部实施。

8月31日，州委副书记、州长龙晓华主持召开十四届州人民政府第九次常务会议，学习贯彻《杜家毫同志在省安监局调研座谈时的讲话》，审议《关于招商引资优惠政策的若干意见（送审稿）》《湘西州人民政府核准的投资项目目录（2017年本）（送审稿）》。要求深入贯彻落实杜家毫同志关于安全生产讲话精神，明确职责分工，着力解决一批制约安全生产的重大问题，为党的十九大胜利召开和建州60周年营造安全稳定的社会环境；把招商引资放在突出位置，制定出台更加优惠的政策，创造优良的政务环境、营商环境，有效推动湘西州招商引资工作；进一步加大简政放权、放管结合、优化服务改革力度，切实转变政府投资管理职能，激发市场主体扩大合理有效投资和创新创业的活力；进一步转变工作作风，强化层级管理，调动各级各部门积极性，在抓落实上下功夫，全面提升政府执行力和行政效率。

9月30日，州委副书记、州长龙晓华主持召开十四届州人民政府第十次常务会议，传达贯彻全省产业发展推进会议精神，研究贯彻落实措施，听取当前安全生产、道路交通安全、电力体制改革阶段性试点、专利资助和国家高新区申创工作情况汇报。要求认真学习贯彻全省产业发展推进会议精神，提升产业发展的政治站位，坚定发展自信，切实加强统筹协调，形成工作合力，促进湘西州产业加速发展提质增效；提高认识、坚定信心，把电力体制改革作为落实省委“创新引领、开放崛起”战略和推进“放管服”改革、优化营商环境、支持实体经济发展的重要举措来规划好、抓落实；把科技创新纳入各部门工作重要内容，更好发挥政府智库和科技部门的作用，加快科研成果的转化和运用，积极申创国家高新区，同时加强对科技工作的支持，加大专利资助力度，力争通过三年的努力，使湘西州科技创新投入达到全省中等水平；切实增强“四个意识”，把做好“两节”和党的十九大期间安全稳定工作作为当前首要的政治任务，以安稳和谐的社会环境和优异的成绩迎接党的十九大胜利召开。

10月16日，州委副书记、州长龙晓华主持召开十四届州人民政府第11次常务会议，审议《湘西自治州政府和社会资本合作（PPP）项目操作办法（试行）》《湘西自治州政府性债务管理暂行办法（草案）》《州公共资源交易招标代理机构管理办法》《州预算内基本建设投资管理办法》《州本级政府投资项目审批及概算管理办法（送审稿）》《州属国有企业负责人薪酬制度改革实施细则》《州属国有企业领导人员管理暂行规定》《州属投融资公司管理暂行办法（送审稿）》等规范政府管理的制度性文件，听取全州金融、审计、财政、国企改革、烟草工作情况汇报。要求各级各部门认真学习、深刻领会、坚决落实党中央国务院、省委省政府和上级相关部门关于规范地方政府债务管理的系列政策文件和领导讲话精神，切实加强地方性债务管理，全面防范债务风险，坚持规范运作；严格按照公共资源交易招标代理机构管理办法，加强招投标代理机构的监督管理，维护公开、公平、公正的市场竞争环境；加强州预算内基本建设投资管理，提高资金使用效益；按照中央、省政策文件要求，进一步深化国有企业改革，加强国有资产监管；科学规划烟草业，着力优化品种结构，大力推进科技创新，在资金、技术、计划等方面加大对贫困户种烟的支持力度。

10月17日，州委副书记、州长龙晓华主持召开十四届州人民政府第12次常务会议，研究矿产资源管理、智慧湘西、电子商务、清理规范考核考评奖励项目、医疗改革、残疾人事业等工作。要求各级各部门牢固树立“四个意识”，在矿产资源开发与利用上守住底线，从严从紧抓好环境保护，迅速对辖区内位于国家级和省级自然保护区内的矿业权开展清理整顿，并建立长效工作机制；优化完善规划方案，坚持统一领导、统一规划、统一标准、统一平台，加快推动智慧湘西建设，提高政务服务和民生保障水平；把电子商务作为湘西州经济发展的新动力、新优势来培育，加快推进电商产业园建设，加强互联网与农业农村融合发展，支持电商企业做大做强；按照精简高效、共享互用、激励推动、上下一致的原则，对现有考核项目进行整合，建立动态考核考评机制；进一步推进县级公立医院综合改革，全面推进城市公立医院综合改革，加快推进分级诊疗制度建设，巩固完善全民医保体系，健全药品供应保障机制，加快发展健康服务业，推动湘西州医疗卫生事业上新台阶；高度重视残联工作，在政策、资金、保障、措施上向残疾人倾斜，第一时间帮助残疾人解决实际困难，让残疾人有获得感和幸福感。

11月28日至29日，州委副书记、州长龙晓华主持召开十四届州人民政府第13次常务会议，听取重点部门汇报2018年工作目标、重点和举措；听取省第九届民运会筹备工作、学校疫病防控工作、州直有关单位审计整改工作情况汇报；审议《湘西州备战省第十三届运动会方案》《州体育运动会奖励办法》《湘西土家族苗族自治州边城茶峒历史文化名镇保护条例（草案）》。要求加强领导，精心组织，把全省第九届少数民族传统体育运动会办成继承和弘扬民族传统文化，促进民族大团结的盛会，推动全州少数民族传统体育事业发展；切实加强审计工作，做到关口前移、抓早抓小，减少和防止腐败发生，促进政府各项工作健康有序运行；以学校为重点，积极做好我州传染病源防控、抗体筛查、信息发布等工作；按照建设特色小城镇要求，依法规划好、利用好、发展好边城茶洞，将边城茶洞打造成宜游、宜居、宜养的特色小城镇。

12月1日，州委副书记、州长龙晓华主持召开十四届州人民政府第14次常务会议，听取州教体局汇报2018年工作目标、重点和举措，审议《关于加强创品提质工作建设质量强州实施方案》《湘西自治州推进农业品牌建设和培育新型农业经营主体（2018—2020）行动计划》《关于建立非物质文化遗产活态传承机制的通知（送审稿）》，听取创新政府资源配置方式情况汇报，安排近期重点工作，要求始终把教育放在优先发展位置，深入调查研究，加大财政投入，加强教师队伍建设和培养，提高教育发展水平；强化品牌意识，加快创建一批彰显湘西州特色、提高社会影响力的优势品牌，促进群众稳定增收脱贫；进一步做好非物质文化遗产保护、传承、利用，充分展示湘西州丰富的非遗文化，激发非遗传承的主动性和积极性；认真贯彻落实国务院创新政府资源配置方式文件精神，借鉴成功经验，加快出台具有指导性和操作性的文件，推动创新政府资源配置方式工作；认真谋划2018年工作，把工作重心放在抓落实、抓监督上来，以新举措带动新工作稳步推进。

12月19日，州委副书记、州长龙晓华主持召开十四届州人民政府第15次常务会议，传达学习习近平总书记在中共中央政治局第二次集体学习时关于实施国家大数据战略加快建设数字中国的重要讲话精神、关于“厕所革命”的重要指示精神，研究湘西州贯彻落实工作；听取环保工作情况汇报，审议《州长在州委经济工作会议上的讲话》《政府工作报告》《2017年国民经济和社会发展计划执行情况与2018年计划（草案）的报告》《2017年预算执行情况和2018年预算（草案）的报告（送审稿）》《2018年为民办实事项目（送审稿）》《数字湘西地理信息公告服务平台使用管理办法（送审稿）》《湘西自治州落实支持农业转移人口市民化若干财政政策措施实施方案（送审稿）》《湘西自治州人民政府关于创新政府配置资源方式工作的通知（送审稿）》《湘西自治州土家苗医保护条例实施细则（送审稿）》《关于做好全州普通公路安全生命防护工程（2017—2019年）的通知（送审稿）》，要求全面贯彻落实习近平总书记系列重要讲话精神特别是网络强国战略思想，加快构建网络信息产业新格局，推动新一代信息技术产业发展；完善城乡厕所建设规划，多方筹集资金，加快厕所设施建设，建立健全长效机制，不断提升公厕建设管理水平；牢固树立绿色发展理念，将安全和环保作为发展必须坚守的底线，高度重视、着力推进矿业经济整治整合和环境综合整治工作，切实保障人民群众的健康安全幸福；牢固树立以人民为中心的发展思想，确保重点民生实事项目符合群众所需所盼和根本利益；加强地理信息公共服务平台建设和管理，完善管理制度，做好平台应用推广，进一步提高湘西州地理信息共享服务水平；强化人口流入地政府的主体责任，落实好支持农业转移人口市民化的财政政策措施，促进有能力在城镇稳定就业和生活的农业转移人口有序实现市民化；创新非经营性国有资产配置方式，建立政府主导、社会参与、自主运行、公众监督的多元化公共服务供给体制，提高资源配置的效率和效益；打造民族医药发展平台，充分挖掘保护传承民族医药，推动民族医药健康发展；明确目标任务，强化责任分工，加大资金投入，坚持质量标准，确保到2020年前，全州普通公路安全防护水平显著提高。

（本栏撰稿　穆　英　博　锋）

【州长办公会议】 2月16日，州委副书记、州长龙晓华主持召开州长办公会议，听取湘西口岸建设工作情况汇报，要求进一步统一思想，大力推进湘西公路口岸和保税仓库项目、湘西海关、湘西出入境检验检疫局筹建工作，力争早日建成投入使用。

2月27日，州委副书记、州长龙晓华主持召开州长办公会议，听取创建“国家全域旅游示范区”和申报世界地质公园工作情况汇报，要求充分认识创建“国家全域旅游示范区”的重要性和紧迫性，找准着力点，把旅游产业打造成富民强州的支柱产业；建立申报世界地质公园工作机构，健全工作机制，迅速开展申报工作。

3月1日，州委副书记、州长龙晓华主持召开州长办公会议，听取迁清公路工程建设情况汇报，要求各级各部门认真贯彻落实上级部署，齐心协力、强化责任，积极筹措建设资金，在保证质量和安全的前提下加快推进工程建设，确保2017年9月建成通车。

3月21日，州委副书记、州长龙晓华主持召开州长办公会议，听取湘西机场项目情况汇报，要求各级各有关部门继续高度重视湘西机场建设，积极支持配合，形成强有力工作合力，推动项目尽快进入实质性建设。

3月21日，州委副书记、州长龙晓华主持召开州长办公会议，听取张吉怀客运专线项目建设工作情况汇报，要求相关县市、部门积极加快工作进度，确保铁路建设按照时间节点有序推进，积极打造一条具有民族特色、山区特点、时代特征的旅游路、致富路、精品路。

3月23日，州委副书记、州长龙晓华主持召开州长办公会议，听取教育工作情况汇报，要求用振兴的理念、改革的办法，落实教育优先发展战略地位，采取超常规措施，振兴民族教育事业。

5月10日，州委副书记、州长龙晓华主持召开州长办公会议，听取有关州直学校调研问题落实意见、省政府支持各县市新建义务教育学校方案以及济南市湘西州扶贫协作工作情况汇报，要求高度重视州直教育工作，拿出切实有效的办法和措施，回应人民群众的关切与呼声；认真规划、精心组织，实施好省政府支持新建义务教育学校扶贫项目，推动湘西州教育事业加快发展；抓住济南市与湘西州扶贫协作机遇，积极对接，尽快敲定相关合作项目，促进项目落实落地、产生效益，加快推动湘西州经济社会发展。

5月12日，州委副书记、州长龙晓华主持召开州长办公会议，听取智慧湘西规划建设项目情况汇报，要求牢牢抓住“人”这个核心元素，遵循“实用、能用、好用、群众喜欢用”四个标准进行顶层设计，加快完成《智慧湘西建设规划》《智慧湘西建设技术方案》《智慧湘西建设运营方案》《智慧湘西建设实施意见》的编制工作。

6月8日，州委副书记、州长龙晓华主持召开州长办公会议，听取直供港澳果蔬等特色农产品落实情况汇报，要求紧密结合精准扶贫、精准脱贫，积极探索、大胆实践，建立健全生产供应工作机制，完善基地和物流建设，抓好生产标准化和农产品质量安全体系建设，畅通直供各个关口和环节，确保果蔬等特色农产品年内顺利出口。

6月9日，州委副书记、州长龙晓华主持召开州长办公会议，听取在北京民族文化宫举办建州60周年成就展和中央民族歌舞团到州慰问演出对接情况汇报，审议建州60周年庆祝活动总体方案，要求制定州庆活动100天倒计时工作方案，明确时间节点、工作任务、责任单位和责任人，分解工作任务，加大工作推进力度，确保州庆各项活动圆满完成。

6月20日，州委副书记、州长龙晓华主持召开州长办公会议，听取州旅游港澳外事侨务局关于湘西州参加中央电视台《魅力中国城》竞演筹备工作情况汇报，要求充分认识竞演的重要意义，抓住机遇、坚定信心、精心策划、认真筹备，充分展示湘西州建州60年来精神风貌和山川巨变，打好“神秘湘西、梦里家园”品牌，为湘西州加快发展赢得更多关注、关心和支持。

7月9日，州委副书记、州长龙晓华主持召开州长办公会议，研究参加《魅力中国城》及旅博会筹备工作，要求进一步明确目标任务，落实责任，强化措施，多方宣传发动，确保两项活动圆满成功。

7月28日，州委副书记、州长龙晓华主持召开州长办公会议，研究泸溪县高新区电力体制改革试点工作，要求统一思想，深入调研，广泛征求意见，多方磋商沟通，依法依规、积极稳妥推进泸溪县电力体制改革试点工作。

8月1日，州委副书记、州长龙晓华主持召开州长办公会议，听取州庆筹备工作情况汇报，要求进一步增强紧迫感和责任感，强化统筹，加强调度，狠抓工作落实落细落小，确保州庆活动成功举办。

8月21日，州委副书记、州长龙晓华主持召开州长办公会议，听取全州城市执法体制改革改进城市管理工作情况汇报，要求深入贯彻党的十八大和十八届二中、三中、四中、五中、六中全会及中央城镇化工作会议、中央城市工作会议精神和省委、省人民政府的实施意见，以“四个全面”战略布局为引领，牢固树立创新、协调、绿色、开放、共享的发展理念，加快推进城市执法体制改革，改进城市管理工作，解决城市管理面临的突出矛盾和问题，进一步提高城市管理和公共服务水平。

8月31日，州委副书记、州长龙晓华主持召开州长办公会议，研究旅博会筹备和湘西世界地质公园申报工作，要求建立旅博会现场指挥中心，加强统筹调度，确保旅博会成功举办；加强学习、深入研究，加强各部门、各专项规划衔接，有序推进世界地质公园申报工作。

9月11日，州委副书记、州长龙晓华主持召开州长办公会议，研究湘西州黄标车淘汰工作，要求加强协调，明确职责，尽快落实黄标车提前淘汰补贴措施，加强调度考核，确保2017年底完成黄标车淘汰工作任务。黄标车淘汰工作调度电视电话会议随后召开，安排部署黄标车淘汰工作。

10月18日，州委副书记、州长龙晓华主持召开州长办公会议，研究全州生态红线划定、“放管服”改革和农产品冷链物流、大兴寨水库建设工作。要求牢固树立新发展理念，认真落实党中央、国务院决策部署，按照“科学划定、切实落地，坚守底线、严格保护，部门协调、上下联动”原则，根据保护需要和开发利用现状，深入实地核查，科学论证，广泛征求意见，划定并严守生态保护红线，维护湘西州生态安全；高度重视，直面湘西州“放管服”改革存在的问题，坚持问题导向，采取更有力有效措施，加强监管，不断优化政府服务；立足湘西州优势特色农业产业，加强冷链物流基础设施建设，完善流通链条和规划布局，着力构建信息化、标准化、规范化、可追溯的农产品全程冷链物流体系；进一步做细做实大兴寨水库项目各项前期工作，严格履行相关法定程序，积极稳妥地做好征拆补偿和移民安置前期工作，确保项目申报工作顺利推进。

11月29日，州委副书记、州长龙晓华主持召开州长办公会议，听取济南市湘西州东西部扶贫协作工作情况汇报，要求进一步提高认识，把思想行动提高到中央的战略部署上来，强化责任，突出工作重点，明确2018年及未来三年的扶贫协作目标任务，建立健全工作机制，分步加快推进。

12月28日，州委副书记、州长龙晓华主持召开州长办公会议，听取环保、安全生产工作情况汇报，研究支持酒鬼酒发展相关工作，要求进一步学习习近平总书记关于环保工作的系列重要讲话精神，牢固树立“绿水青山就是金山银山”绿色发展理念，坚守生态环保底线，站在对党和人民高度负责的立场抓好环保工作；认真学习和领会把握党的十九大对安全生产工作的新要求，认真谋划，强化措施，全面提升安全生产防控能力，努力构建长效机制；高度重视酒鬼酒公司发展，把该公司作为湘西州食品龙头企业给予支持，合力打造国内一流品牌。

（本栏撰稿　穆　英　博　锋）

【州政府专题会议】 2月10日，州委常委、常务副州长向恩明主持召开专题会议，研究重点项目及州庆项目建设工作，要求创造一切有利条件，科学调度，全力以赴抓紧重点项目特别是州庆重点项目建设，确保重点项目在保质保量前提下早日竣工。

2月23日，副州长、州公安局局长提名人选王学武主持召开专题会议，研究州公安消防支队“四合一”项目建设工作，要求进一步加强领导，落实责任，规范程序，筹措资金，加快推进项目建设。

3月13日，州委常委、常务副州长向恩明主持召开专题会议，研究湘西经开区外向型经济发展工作，要求各级各相关部门大力支持和扶持外向型经济企业发展，主动上门帮助企业解决问题；进一步完善配套设施建设，加快文化、体育、教育等在建项目建设，确保尽快投入使用。州政协副主席、湘西经开区党工委书记向顺荣参加。

3月15日，州委常委、常务副州长向恩明主持召开专题会议，研究湘西经开区电力设施建设相关工作，要求进一步完善管理体制和电力网络规划，加强统筹协调，加快建设，提高供电质量和服务水平。

3月21日，州委常委、常务副州长向恩明主持召开专题会议，研究湘西州参加第五届中国（湖南）国际矿博会湖南自然资源推介相关工作，要求统一思想、明确责任，围绕地质公园、地质遗迹、矿物化石主题，有机融合旅游资源和历史文化资源，精心打造，高标准、全方位展示湘西州良好形象。

3月21日，副州长李平主持召开专题会议，研究溁溪书院保护与开发工作，要求按照申报第八批全国文物保护单位的工作要求，做好溁溪书院保护与开发，提升州府文化品位。

5月15日，州委常委、常务副州长向恩明主持召开会议，专题研究州政务中心红旗门分中心—国地税联合办税大厅建设相关工作，要求进一步统一思想，支持配合，加快工作进度，确保红旗门国地税联合办税大厅尽快建成启用，让纳税人享有更快捷、更经济、更规范的服务。

6月21日，州委常委、常务副州长向恩明主持召开会议，专题研究州公安消防支队“四合一”项目、州民中经开区校区建设相关工作，要求进一步加强领导、优化方案、合理布局、科学论证、规范程序、加快推进。

9月6日，州委常委、常务副州长向恩明主持召开会议，专题研究医改工作，要求进一步统一思想、落实责任、加大力度、稳妥推进，确保全面完成2017年度医改工作各项目标任务。

9月12日，州委常委、常务副州长向恩明主持召开会议，专题研究州公共资源交易有关工作，要求科学把握职能定位，完善机制，加强监管，加强队伍建设，为湘西州经济社会健康持续发展做出更大贡献。

9月26日，州委常委、常务副州长向恩明主持召开会议，专题研究州妇幼保健院整体搬迁和医改有关问题，要求明确责任主体，加强协调配合，加快州妇幼保健院整体搬迁和医改工作进度。

9月30日，副州长向清平主持召开会议，专题研究湘西经开区“够湘西土特产销售部”侵害游客权益问题，要求高度重视游客维权工作，依法依规加大侵权打击力度，共同维护安全舒适健康和谐的旅游环境，推动旅游产业持续健康快速发展。

10月19日晚，州委副书记、州长龙晓华主持召开州政府专题会议，专题研究全州农网改造升级、河长制、烟草、环保等工作。要求按照深化改革部署，建立和完善农村电网改造工作机制，通过开展“外引、内联、直供”方式，建设“多元、可靠、灵活、优惠”的供电模式；科学合理规划基本烟田，抓好烟基项目建设，加大对贫困户种烟的支持力度，大力推进科技创新，把烟叶产业当作富民强州的支柱产业继续做大做强；站在守住生态红线，切实加强生态文明建设的政治高度推进河长制工作，强化督查监督，建立健全联合执法机制、垃圾处理机制、督查考核机制，加强宣传教育，落实服务保障，确保河长制工作取得实效；认真抓好中央环保督察反馈问题整改，依法依纪追责问责，防控化解潜在环境风险。州委常委、常务副州长向恩明，州委常委、副州长孙法军，副州长王学武、余保东，州政协副主席、州审计局局长印钊出席。

10月20日，州委常委、副州长房卫主持召开会议，专题研究信贷工作，要求加强信贷目标管理，有效推动政银企签约项目履约，切实做好金融精准扶贫和金融风险防控工作，确保全面完成年度目标任务。

11月3日，州委常委、常务副州长向恩明主持召开会议，专题研究财税入库工作，要求全力加强财税收入征管，坚持依法治税，加强税收稽查，确保实现财税收入增长目标。

11月30日，州委常委、常务副州长向恩明在州住建局召开座谈会，专题调研全州住房城乡建设重点工作，要求把学习贯彻党的十九大精神作为当前和今后一个时期的首要政治任务，全面学懂、弄通、做实；强化城乡规划引领，抓好全州总规编制，大力实施乡村振兴战略，加快推进“城市双修”和“农村双改”，扎实推进环境整治工程，改善城乡环境，打造宜居村庄。

11月30日，州委常委、常务副州长向恩明主持召开会议，专题研究部署省政协“优化非公经济发展法治环境”调研协商监督问题整改工作，要求加强组织领导，明确责任，强化措施，严格督查调度，切实整改到位；同时深入推进审批事项改革，创新监管机制，提升协调服务水平，进一步优化发展环境。

12月20日，副州长余保东主持召开会议，专题研究国资监管工作，要求全面贯彻落实党的十九大精神，坚守州委“542”发展思路，以深化改革、推动发展、提升效益为主线，完善国资监管体制，强化依法治企、依法监管，做强做优做大国有企业。

12月22日，州委常委、常务副州长向恩明主持召开会议，专题研究州博物馆非遗馆申报“鲁班奖”有关问题，要求根据评选要求，积极做好相关准备工作，加大支持配合力度，力争申报成功。州人大常委会副主任、民盟州委主委刘小刚，州政协副主席、湘西经开区党工委书记向顺荣参加。

（本栏撰稿　穆　英　博　锋）

州人民政府、州人民政府办公室文件

【州人民政府文件】 2017年，州人民政府制定颁发的文件主要有：

2月6日《湘西自治州人民政府关于印发〈湘西自治州全民健身实施计划（2016—2020）〉的通知》

2月10日《湘西自治州人民政府关于印发〈湘西自治州人民政府工作规则〉的通知》

2月12日《湘西自治州人民政府关

于对 2017 年主要工作实行目标管理的通知》

3 月 31 日《湘西自治州人民政府关于印发〈湘西自治州妇女发展规划（2016—2020 年）〉和〈湘西自治州儿童发展规划（2016—2020 年）〉的通知》

5 月 8 日《湘西自治州人民政府关于印发〈湘西自治州城乡居民基本医疗保险实施细则〉的通知》

5 月 11 日《湘西自治州人民政府关于加快推进残疾人精准脱贫小康进程的实施意见》

5 月 17 日《湘西自治州人民政府关于公布各类议事协调机构清理结果的决定》

6 月 9 日《湘西自治州人民政府关于印发〈湘西自治州创建国家全域旅游示范区（2017—2018 年）行动方案〉的通知》

6 月 26 日《湘西自治州人民政府关于印发〈湘西武陵山扶贫产业基金组建方案〉的通知》

6 月 30 日《湘西自治州人民政府关于印发〈湘西自治州污染土地防治工作方案〉的通知》

7 月 22 日湘西自治州人民政府关于印发《湘西自治州贯彻落实〈法治政府建设实施纲要（2015—2020 年）〉的实施方案》的通知

9 月 2 日《湘西自治州人民政府关于湘西自治州招商引资优惠政策的若干意见》

9 月 2 日《湘西自治州人民政府关于发布〈湘西自治州人民政府核准的投资项目目录（2017 年本）〉的通知》

10 月 9 日《湘西自治州人民政府关于加快社会信用体系建设的实施意见》

9 月 30 日《湘西自治州人民政府关于印发〈湘西自治州优化投资项目审批流程实施方案〉的通知》

10 月 25 日《湘西自治州人民政府关于印发〈湘西自治州政府和社会资本合作（PPP）项目操作办法（试行）〉的通知》

10 月 25 日《湘西自治州人民政府关于印发〈湘西自治州政府性债务管理暂行办法〉的通知》

10 月 25 日《湘西自治州人民政府关于印发〈湘西自治州州本级政府投资项目审批及概算管理办法〉的通知》

10 月 25 日《湘西自治州人民政府关于印发〈湘西自治州州属投融资公司管理暂行办法〉的通知》

10 月 25 日《湘西自治州人民政府关于印发〈湘西自治州州预算内基本建设投资管理办法〉的通知》

11 月 11 日《湘西自治州人民政府关于印发〈湘西自治州公共资源交易中介代理机构管理暂行办法〉的通知》

11 月 29 日《湘西自治州人民政府关于印发〈智慧湘西建设发展规划（2017—2020 年）〉的通知》

12 月 31 日《湘西自治州人民政府关于印发〈湘西自治州落实支持农业转移人口市民化若干财政政策实施方案〉的通知》

【州人民政府办公室文件】 2017 年，州人民政府办公室印发的文件主要有：

1 月 13 日《湘西自治州人民政府办公室关于转发〈湘西自治州防震减灾“十三五”规划〉的通知》

1 月 18 日《湘西自治州人民政府办公室关于印发〈湘西自治州被征地农民社会保障工作实施方案〉的通知》

3 月 20 日《湘西自治州人民政府办公室关于印发〈湘西自治州 2017 年度地质灾害防治方案〉的通知》

3 月 21 日《湘西自治州人民政府办公室关于印发〈湘西自治州公共资源交易监督管理办法（暂行）〉的通知》

4 月 4 日《湘西自治州人民政府办公室关于印发〈湘西自治州政府智库建设方案（试行）〉和〈湘西自治州政府智库工作规则（试行）〉的通知》

6 月 8 日《湘西自治州人民政府办公室关于印发〈湘西自治州危险化学品安全综合治理实施方案〉的通知》

8 月 14 日《湘西自治州人民政府办公室关于印发〈湘西自治州水上搜救应急预案〉的通知》

9 月 30 日《湘西自治州人民政府办公室关于开展光伏产业扶贫工作的通知》

10 月 16 日《湘西自治州人民政府办公室关于印发〈湘西自治州州本级财政结转结余资金管理暂行办法〉的通知》

10 月 21 日《湘西自治州人民政府办公室关于加快烟叶产业转型升级助推精准扶贫的指导意见》

10 月 30 日《湘西自治州人民政府办公室关于印发〈湘西自治州专利资助管理办法〉的通知》

11 月 15 日《湘西自治州人民政府办公室关于印发〈湘西自治州地质公园保护管理办法〉的通知》

11 月 16 日《湘西自治州人民政府办公室关于修改〈湘西自治州政府投资建设项目监督管理办法〉的通知》

11 月 28 日《湘西自治州人民政府办公室关于印发〈湘西自治州突发环境事件应急预案〉的通知》

11 月 29 日《湘西自治州人民政府办公室关于加快智慧湘西建设（2017—2020 年）的实施方案》

12 月 11 日，《湘西自治州人民政府办公室关于进一步加强食品安全工作的实施意见》

12 月 12 日《湘西自治州人民政府办公室关于印发〈关于加强创品提质工作建设质量强州的实施方案〉的通知》

12 月 27 日《湘西自治州人民政府办公室关于做好全州普通公路生命安全防护工程（2017—2019 年）的通知》

12 月 28 日《湘西自治州人民政府办公室关于印发〈湘西自治州体育运动会奖励办法〉的通知》

12 月 28 日《湘西自治州人民政府办公室关于印发〈湘西自治州备战湖南省第十三届运动会方案〉的通知》

（本栏撰稿　杨龙华）

州人民政府办公室

【概况】 2017年，州政府办按照州委、州政府的统一安排部署，紧紧围绕“542”发展思路和把湘西州建设成为国内外知名生态文化公园的总愿景，突出“参谋、服务、协调、督办、落实”主题，大力建设“五型”机关，转变作风，锐意进取，扎实工作，狠抓落实，各项工作圆满完成。是年，州政府办获评全省人民满意公务员集体，同时通过省级文明单位复检。

综合调研。组织文字骨干经常开展学习，对重要报告、重要文件、重要汇报、重要请示等进行反复打磨，考虑方方面面的因素，做到文稿既符合湘西州实际，又契合上级精神，既实事求是，又能提振士气。据初步统计，全年经过办公室工作人员起草、修改、完善的重要报告、重要文件、重要汇报和重要请示材料达500余篇。围绕中央和省重大决策部署和州委、州政府中心工作，进行深入研究，形成积极成果，组织参与武陵山扶贫产业基金、招商引资指导意见、光伏扶贫政策、州属投融资公司管理、政府性债务管理等重大政策措施的制定出台。全年编发《政府工作通报》40期、《决策内参》30期。

公文办理。推行公文处理台帐管理，搭建外联县（市）人民政府（湘西经开区管委会）和州直各单位、内接各业务科室的公文运转平台，确保第一时间将领导批示意见交办到位。在制发公文上强化程序管理，进一步压实前置审批责任，确保发管用的文。强化制发类公文初审把关，印发《关于进一步转变作风提高行政效能的意见》，全年初审把关文件642件，制发文件552件，发文数量减少11.25%，其中规范性文件57件。收转处理领导批示件1998件，其中请示类批示件931件，阅办类批示件1067件。强化印章管理与保密、公文校核与印制、报刊收发与邮寄等相关工作的精细化管理，严格履行用印签批程序，坚决做到不见签字不用印。完成2016年相关档案资料的整理归档。严格密级文件管理，配合电子政务办做好计算机保密工作。加强公文校核工作和印制质量把关，在公文校核上没有出现纰漏和差错。加强文印服务工作，高标准印制各类文稿80.02万个页面。编辑出版《湘西政报》9期。

会议服务。重点承办州政府全体会议、常务会议和其他重要会议，负责会议纪要起草、审核。服务州政府领导内事活动，认真做好政府月工作安排综合调度，编写《州政府大事记》《州政府月工作安排》《州政府领导每日公务活动安排》，做好州政府办领导月、季度工作完成情况和下步安排的收集汇总。切实加强各类会议的会前综合协调和统筹，会议纪要印发时间由原来的10天左右缩短到3天左右。全年服务会议822次，同比增长37%。其中，承办州政府全会2次、常务会议15次106个议题、州长办公会议24次45个议题、州长碰头会10次；重点承办或协办专项工作会议、协调会议200余次。重点承办或协办重要内事活动100余次，如国家民委副主任刘慧、省长许达哲深入湘西州调研脱贫攻坚工作等。起草、审核、印发各类会议纪要223期，编写《州政府大事记》12期、《州政府月工作预安排》12期、《州政府领导每日公务活动安排》95期。

协调服务。修订印发《州人民政府工作规则》《州人民政府办公室工作规则》《关于进一步转变作风提高行政效能的意见》，强化上下左右沟通联系，捆实各分管副秘书长、副主任和各业务科室的工作责任，确保办公室各项工作高效运转。加强政府月工作安排综合调度，及时统筹上报政府领导活动安排与相关事项。认真做好州政府领导出席参加国家、省、州共200余次重要会议和100余次重要内事活动的协调调度。加强州政府全会、常务会等各类会议的会前综合协调调度，拟定会议、接待等各类方案近千个，确保参与活动的领导及时做好相关工作准备，并出席相关活动，确保直接服务的800多场次会议正常进行。围绕湘西发展大局，重点加强对制定重大政策措施、布局重大项目和重要事项、涉及群众切身利益重大事项、国家和省领导到州考察调研活动等各方面的综合协调，如高速铁路争取、世界地质公园申报、债务风险化解、环保督察整改、中央新闻媒体到州采访脱贫攻坚、河长制落实落地、吉首市部分楼盘办证难等综合协调，为重大政策措施的出台、重大项目的争取落地、重大社会稳定风险的化解、重大调研活动的顺利完成，做了大量卓有成效的幕后工作。充分发挥办公室牵头抓总职能，启动“智慧湘西”建设，大力开展行政许可标准化、政务服务中心标准化试点和“互联网+政务服务”建设，新区智慧园区建设基本完成，数据中心硬件全部竣工，入库数据5000多万条。

政务信息。做好政务信息采编报送工作，全年采编各类政务信息940余条。其中，向省办上报专报信息370条，采编《政务信息》32期、《原件呈阅》21期。1至10月被国务院办公厅采用6条，被省政府办公厅采用60条，提前完成年度任务。加强与省政府办公厅业务联系，注重与省政府办公厅信息处加强汇报衔接，选派1人到省政府办公厅跟班学习。注重深度信息采编，重点上报经验性信息、特色工作、亮点工作，推介湘西州经验做法，扩大湘西州影响力。加大即时信息报送力度，重点突出领导关注、群众关心的热点难点，如精准扶贫精准脱贫工作的典型经验、旅游业发展状况、抗击暴雨洪灾、经济社会发展动态等方面的信息，第一时间上报，提高政务信息的时效性和决策参谋功能。加强全州政务信息业务沟通协调，印发《2017年度全州政务信息工作要点》（州政办函16号），及时对接县（市）、州直部门，调整充实各单位政务信息工作人员，加强政务信息工作业务指导，用好网上交流平台，开展业务交流互动，提升政务信息质量。

政务督查。突出州委、州政府重大决策和《政府工作报告》等大事要事，抓好政府目标管理，坚持“一季一调度、一季一督查、一季一考评、一季一通报”，强化过程管理、全面跟踪、定期督查、限时推进，下发督办函85个，开展督促检查和督查调度40多次，确保政府各项工作按照时序要求高效落实。突出中央、省交办事项的跟踪督办，完成国务院和省政府领导批示件督办7件，办理落实国务院第十二督查组交办事项核实上报18件，持续跟踪督查中央和省州交办的环境突出问题整改，圆满完成省政府2017年重点工作综合督查任务。突出州政府常务会议、州长办公会议议定事项和政府领导批示件督办落实，建立督办台账，对503个议定事项限时督办落实，积极开展日常调度和发函督办，确保相关事项落实落地。

建议提案。认真做好人大代表建议和政协委员提案督办落实，派出24名工作人员收集人大代表、政协委员的建议意见，交办落实建议提案404件，召开集中督办会13场，建议提案领办率、调研率、面商率、办结率均达100%。

政务公开。把政务公开工作纳入绩效考核重要内容，印发《2017年全州政务公开政务服务考核方案》，部署全州政务公开考核工作。按照全面推进政务公开要求，充分发挥政府网站政府信息公开第一平台作用，全年发布信息85674条，公开政策文件568份，公开建议提案及办件处理情况信息276条，州政府网站新增2017年政务公开要点专栏，围绕深化改革、促进经济建设、民生改善、政府建设等主题公开重点领域政府信息12905条，政府重要工作和重大决策更加透明。在州政府门户网站设立政府信息公开年报专栏，8县（市）和湘西经开区及州直单位均按法定时限完成任务。下发《湘西自治州行政机关政策性文件解读工作办法》，在州、县两级政府门户网站发布由政策制定参与者、专业机构、专家撰写的解读文章和主流媒体刊发的评论文章125篇。及时回应社会关切，州政府网站“网络问政”平台共接到群众来信3496件，回复3460件；“州长信箱”收件237件（有效197件、无效40件），立案交办125件，到期办结124件，在州政府门户网站公开回复101件，回复依申请公开15件，及时给群众解难答疑，增加群众对政府工作的认同和支持。针对湘西州重要决策和工作进行民意调查征集，发布主题调查征集6篇。充分利用新媒体平台，通过官方微博和微信号发布信息205条，进一步扩大政府声音的覆盖面和影响力。通过横幅标语、上街咨询、新闻媒体、微信等形式，积极开展政务公开宣传月活动，印刷政府信息公开条例、政府信息公开条例问答宣传折页各1.4万份，悬挂（播发）横幅1235幅、标语0.62万条，制作展板68块，发放宣传用品5600多个，接待群众咨询7.5万余人次。修订《公共资源交易监督管理办法（试行）》，提供平台运行制度框架。研究制定《工程项目开评标流程操作规范》等系列流程制度，实现“制度全覆盖、管理无盲区”。坚持对入场资料真实性、完整性进行核验，建立内部监审制度，充实专家库，专家数量从800人增加到2200人。对大厅实现“全领域、全天候”电子监控，对交易软件实现优化升级，州电子招投标系统交易平台与中国招标投标公共服务平台成功对接，基本实现“全州合一、应进必进、规范交易、优质服务”目标。州电子招投标系统交易平台获得电子认证证书，成为全省第一家通过国家检测认证的交易平台。印发《湘西自治州推进行政许可标准化实施方案》，启动政务服务中心标准化建设试点。以湖南省网上政务服务和电子监察系统为依托，做好系统升级改造，实现各系统资源共享、互联互通，打造全州“一张网”。全年窗口受理办件441159件，实现非税收入2363万元。州本级网上政务服务和电子监察系统共受理办件73949件，办结73276件，办结率为99.09%，收件和办件量均居全省市州前列，实现办事服务一站式、一体化。清理“僵尸”审批事项，推进简政放权，启动行政审批再提速工作，州本级行政审批事项在法定办理时限的基础上提速50%。

应急管理。规范值守应急工作，落实专人专职24小时值班、值守，应急首问责任制、责任追究制、情况通报制及节假日、重大活动和灾害性天气等特殊时段领导带班值班等制度进一步完善。接受省政府电话值班抽查20多次，无缺岗、漏岗现象。强化突发事件信息报送，重点抓好信息首报、续报、终报、核报以及领导批示的跟踪落实，增强突发事件信息的时效性、准确性和完整性。向省人民政府报送应急突发信息36条，通过原件呈报形式报送应急突发信息2条，通过手机短信向州政府领导报送应急突发信息80多条，没有迟报、漏报等情况。认真完成省级领导批示件情况反馈工作，迅速上传下达和跟踪督办到位，全年反馈省委书记、省长等省委省政府领导批示件16件，完成情况较好。认真做好值守应急联动，加强风险隐患识别、评估、监控、处置等动态管理，最大程度控制和消除风险隐患，减少突发事件的发生。参与调度处置“1·18”张花高速保靖段交通事故、“1·24”永顺县大青山风电站农民工围堵政府事件、“5·12”凤凰县千工坪学校多名学生食物中毒事件等突发事件30余起，参与调度处置州湘运公司吉首汽修厂困难职工、越战老兵等群访事件40余起，及时解决上访群众诉求、维护正常工作环境。积极开展各类应急演练，采取形式多样演练方式逐月开展尾矿库安全事故、建筑工程施工安全生产应急救援、地震灾害应急避险疏散等各类应急演练活动90余次。推进基层应急管理规范化建设，全州115个乡（镇、街道）按照省定规范化建设和评分标准，经初步评估达到合格标准的乡镇（街道）111个，合格率为96.5%。深入开展应急知识宣传活动，利用5月应急管理知识宣传月和“5·12”防灾减灾知识宣传日大力开展应急知识集中宣传活动，发挥教育、广播、电视、网络、报刊、电子屏等作用，开展多层面、全方位、经常化应急知识宣传，推动应急管理知识进机关、进社区、进农村、进企业、进学校、进家庭，提高公众应急意识和防灾避险能力。

队伍建设。建立“两学一做”常态化机制，成功举办政府系统办公室业务大培训。把党建工作与业务工作共同研究谋划、共同推动提升，完成办公室基层党组织的调整和改选任务。坚持“好干部”标准，在州政府领导的关心下提拔交流副处级以上领导干部5名，提拔调整科室长（岗位）38个，公开遴选年轻干部11名，充实干部队伍，优化干部队伍结构，保护好干部干事创业的热情和激情。狠抓机关事务服务工作，对办公楼等进行整修维护，改善办公和会务环境。狠抓车辆保障服务，加大财务预算管控力度，“三公经费”同比减少25%以上。

（本栏撰稿　杨龙华　博　锋　龙海先　马洪波　向小燕　张夫生　隆劲松　欧阳昌）

【州政府办组建新型政府智库】 2017年4月4日，州政府办印发《湘西自治州政府智库建设方案（试行）》和《湘西自治州政府智库工作规则（试行）》，召开智库成立大会，聘请智库专家30名，创办《决策内参》，邀请智库专家参加武陵山旅游发展高峰论坛和智库专家调研座谈会，围绕精准扶贫、乡村振兴、绿色金融等重大课题，形成决策建议30余篇，依托智库专家促成全经联、中青宝、三明药品采购集团、阿里巴巴、京东、华夏幸福等企业到州考察投资，华谊兄弟星剧场与湘西经开区初步达成合作意向，蓝卡医疗集团和古丈县签署合作框架。

（龙海先）

【圆满完成60周年州庆工作任务】 2017年，州政府办按照州委州政府工作部署，全体动员，强力落实牵头抓总工作职责，成功举办60年成就展、“魅力中国城”竞演、湖南省第八届旅博会暨武陵山旅游高峰论坛等州庆系列活动和建州60周年庆祝大会，高质量完成60周年州庆系列活动。一是积极争取支持。先后多次向中央和省委、省政府领导专题汇报，争取中央相关部委和省政府办公厅等省直部门的大力支持，在政策、资金、项目、行政服务等方面得到中央和省大力支持及有力指导。二是夯实工作基础。及早谋划，聚精会神抓发展、惠民生，组织实施300多个事关湘西长远发展的州庆重点工程，引导干部群众以主人翁的姿态关心州庆、参与州庆、支持州庆，推动全州经济大发展、社会事业大进步和人民生活大改善。三是做实推进机制。切实履行牵头抓总、统筹协调职责，按照“隆重、特色、节俭、实效”的总体要求，注重顶层设计，狠抓方案制定、文稿草拟、证件制作、指南编制、交通疏导、安全保卫、志愿服务等事无巨细工作，强化责任、主动作为，周密部署、协调联动，查漏补缺、无缝对接，注重细节、精益求精，确保成就展、旅博会、艺术年展、州庆大会等重大活动顺利实施，特别是60周年庆祝大会，盛况空前，精彩纷呈，振奋人心，得到中央有关部门祝贺团和省祝贺团的高度评价，赢得全州各族干部群众及社会各界的广泛赞誉。（黄江勇　杨龙华）

【组织实施办公室工作效能大提升行动】 2017年，州政府办将学习教育与干部人才培养作为提升办公室工作效能的战略举措抓实抓到位，组织实施全州政府系统办公室业务大培训，邀请到中央政策研究室挂职领导和省政府办公厅6位处室领导亲临授课，编印《公文处理文件资料汇编》《〈党政机关公文处理工作条例〉学习参考资料》等培训资料500余份，全州政府系统办公室300余名业务骨干接受业务培训。建立健全提升工作效能体制机制，修订并严格执行《州人民政府工作规则》《州人民政府办公室工作规则》，印发《关于进一步转变作风提高行政效能的意见》，强化程序管理，加强与州直部门沟通联系，捆实业务科室工作责任，建立公文处理台账管理制度和督查工作全程跟踪制度，发文数量同比减少11.25%，做到公文处理、会务协调服务等各项业务“不误事”和“零差错”。（杨龙华）

【全力推动金融精准扶贫】 2017年，州政府办（州金融办）认真履职，创新工作方式方法，充分发挥金融支撑作用，助推精准脱贫。率先开展“无还本续贷”业务，为266户小微企业发放贷款156623万元，帮助节约融资成本3132.46万元。率先完成金融扶贫服务站建设任务，建成助农取款服务点3814个，实现行政村全覆盖。建立扶贫再贷款示范点48个，探索形成金融精准扶贫十八洞村模式、牛角山茶叶合作社模式等典型范例。设立320亿元扶贫产业基金，155个政银签约项目到位资金215.09亿元，200个银企签约项目到位资金116.84亿元。截至年末，全州精准扶贫贷款余额达157.02亿元，同比增长67.28%。

（刘　洋）

【州政府办通过省级文明单位复检】 2017年年底，州政府办顺利通过省级文明单位复检。2016年州政府办成功创建省级文明单位后，进一步强化文明单位创建工作常态化和制度化管理，将文明创建作为岗位目标责任制重要内容，与机关效能建设结合起来，实行“全员全过程”管理，组织全体干部职工共同参与创建工作，文明创建工作参与率达100%。狠抓教育培训、道德建设、结对帮扶、机关活动等创建工作，团结力量，凝聚人心，增强活力，机关文明创建氛围愈加浓厚。

（张　立）

信访工作

【概况】 2017年，全州信访工作以“综治创新年”为抓手，大力开展化解信访积案清仓见底、源头治理、责任落实三大专项行动，不断提升信访工作科学化、规范化、法治化水平。在全国“两会”“一带一路”等特殊节点和敏感期间，实现零非访、零滋事和“五个坚决防止”目标，党的十九大会议召开期间实现省信访联席办提出的“五个不发生”目标，受到上级肯定。是年，全州信访总量 8460 人(件) 次，同比下降 42.36%，其中群众来信 2944 件，同比下降 17.35%；群众来访 5516 人次，同比下降 50.38%。群众到州上访 690 批 3108 人次，同比分别下降 0.29%、17.54%；其中集体访 127 批 2230 人次，同比分别下降 30.22%、26.91%；群众赴省上访全口径登记 272 批 638 人次（2016 年无全口径登记量）；群众进京上访 937 人次，同比下降 15.05%；接收重点部位人员（全口径统计非正常上访登记人员）133 人次，同比下降 3.8%。全年收到网上信访案件 1208 件，录入信访数据 4759 件 8271 人次，到期办结 1035 件，及时受理率 97.8%、按期办结率 96.5%、群众满意率 98.3%、网信占比率 49.6%。全州信访形势呈现信访总量和走访总量同比大幅下降，群众来信和网上信访占比率明显上升的“两降一升”良好态势，没有因信访问题发生影响稳定的重大突发事件、没有发生较大舆情事件、没有发生规模群体性事件、没有发生极端恶性事件。州信访局副局长符高被评为全国信访工作先进个人，全州信访工作首次进入全省先进行列。

信访积案化解。全州开展化解信访积案“清仓见底”专项行动，集中交办 125 件重点积案，建立一周一调度、一月一督查通报工作制度，并根据不同阶段，先后制定全州化解信访积案“清仓见底”专项行动方案、督查考核方案、迎州庆攻坚方案、迎十九大攻坚方案。全部按照“五个一”工作要求落实州、县（市、区）领导包案，特别是州委书记叶红专、州长龙晓华带头包难案。同时，成立由州级包案领导牵头的 8 个工作组，专题化解州直“清仓见底”重点案件。州、县（市、区）两级包案领导共召开会议 300 多场次、深入实地现场办公达 150 余场次、接待信访人 280 多人次。125 件信访积案办结率 100%，化解率 90.4%，息访息诉率达 40%。

信访源头治理。坚持完善州级领导干部和州直单位主要负责人公开接访工作方案，建立州级党政领导联系督办信访工作机制。年内州级领导 38 人次、县级领导 400 多人次、州直单位领导 65 人次，共接访上访群众 420 批 1830 人次，大量的矛盾纠纷及时化解在基层。同时，抓矛盾纠纷排查化解，坚持月排查与重点排查有机结合，注重发挥基层党组织、村（居）民自治组织作用，开展矛盾纠纷月排查和重点排查工作 12 次，排查出矛盾纠纷 1524 件 46551 人次，及时稳控化解率达 90%以上。另外，切实抓领导交办件办理，全年收到国家信访局交办件 5 件、国家投诉办交办转办件 458 件、省长签批交办件 1 件、省长信箱交办件 180 件、省联席办交办件 46 件，每件上级交办件均严格按照程序办理到位，到期办结率 100%。切实做好信访工作服务精准扶贫工作，成立由州信访联席会议召集人任组长，州直相关单位分管领导为成员的“信访工作服务精准扶贫工作领导小组”，通过对精准扶贫工作中出现的群众信访问题进行排查梳理、分析研判和受理办理，实现精准扶贫领域信访问题明显减少，没有发生因精准扶贫方面问题到州委、州政府群体性上访现象。

信访案件处置。全州信访部门加强与诉讼、仲裁、行政复议等法定受理部门协调联动，将不属于信访受理范围的问题导入法定途径依法解决，年内州、县（市、区）两级信访部门引导进入法定途径依法解决的信访事项 250 余件，发放依法逐级走访手册并引导依法逐级走访事项 420 余件，全州依法逐级走访率达 95%以上。切实强化进京非正常上访治理，明确各县（市、区）信访局长为属地联络员，每个县（市、区）由州驻京维稳劝返办安排一名工作人员负责对接，对“京地”涉访信息、进京上访重点对象的苗头迹象以及扬言滋事等不稳定因素实行日通报，重要信息随时通报。同时，州驻京维稳劝返办与县（市、区）信访局长根据工作需要随时对接，特殊节点和敏感期间与县（市）政法委书记直接联系，重大情况直接与县（市、区）党政主要负责人联系，确保各项工作落到实处。特别是在全国两会、“一带一路”高峰论坛、建州 60 周年、党的十九大等时期，州联席会议召集人全天候坐镇指挥、亲临一线接访处访。建立健全“坐访约访下访”机制，变群众上访为领导“坐访”、特殊“约访”和重点“下访”。建立健全代表、委员、律师参与接访制度，在化解信访问题、疏导群众情绪上起到很好的效果。严格按照“五个一”要求，把人员教育疏导责任落实到领导、到单位、到直接责任人，确保问题及时有效化解在当地。强化依法处置，按照“合理的解决问题到位、诉求无理的思想教育到位、生活困难的帮扶救助到位、行为违法的依法处理”原则，在信访问题处理“三到位”基础上，切实强化依法处置工作，形成合理合法信访问题必将得到解决，违法信访必将受到抵制和打击的正确导向。州、县（市、区）两级公安、信访、维稳等部门密切协调配合，健全和完善违法信访行为处理联动机制，加大越级非正常上访、到敏感地区非正常上访、非法缠访闹访等违法行为打击力度，对坚持无理要求缠访闹访的，加强心理疏导、法制教育和思想转换，对因非正常上访等行为造成严重扰乱公共秩序的治安问题，坚决依法予以处理。全年依法打击处理 792 人次，其中教育训诫 630 人次，行政拘留 131 人次，刑事打击 31 人。

信访渠道畅通。按照“畅通正常渠道、堵死非法渠道、压实基层责任”原则，积极引导群众依法理性有序表达诉求。建立完善州、县（市、区）两级人民来访接待中心，实现登记分流、专项接待、司法调解、法律咨询、心理疏导、帮扶救助等功能，提高服务水平。进一步畅通人民来信绿色通道，设立州、县（市）长信箱，让群众随时随地通过信件反映诉求。推进网上信访，依托“互联网+”，打造多渠道信息服务矩阵，全州500多个单位联通、应用湖南省信访信息系统，实现网上信访全覆盖。同时，全州投入400余万元建立完善视频信访系统、信访综合应用平台（一屏通）和信访一体机，实现州、县（市）视频信访系统全面与省联通；全州使用信访一体机53台，其中州、县（市）信访接待办理中心全部覆盖，乡镇（街道）投入使用41台，助推初信初访得到及时妥善解决，效果明显，全州受理初信初访问题2696件，按期办结率96%，群众满意率98%。

信访督查督办。全州构建信访大督查工作格局，全年开展由州委办、州政府办牵头，信访等相关部门参加的信访工作专项督查7次。特别是州庆至党的十九大期间，州委书记叶红专，州委副书记、州长龙晓华，州信访联席会议召集人欧阳旭、王学武、朱采等分别带领安保维稳领导小组成员单位负责人，赴各县（市、区）和重点单位督促检查信访工作。同时，州纪委、州委组织部、州委督查室、州政府督查室等组成暗访组，按照“不打招呼、不听解释、不作反馈”的原则赴县（市、区）和相关单位抽查暗访，发现问题均由“两办”追责，推进责任强有力落实。州委、州政府对信访工作落实不到位的7个县（市）所辖的18个乡（镇、街道）、15个责任单位、11名县级领导、33名责任人进行通报批评，对13个县直单位、乡镇主要负责人进行约谈，对3人立案审查。

【湘西州形成大信访格局】 2017年，州委、州政府高度重视信访工作，州委常委会、州政府常务会先后多次听取信访工作汇报，安排部署信访工作。州委书记叶红专、州长龙晓华与各县市区党政“一把手”签订信访工作责任书，明确各级党委、政府的信访工作责任，强化党政主要负责人和作为信访工作第一责任人的责任意识。制定并实施《关于建立州级党政领导联系督办信访工作机制的通知》等制度，严格落实各级党委信访工作的主体责任、领导干部的领导责任、部门的处理责任、属地的稳控责任，层层传导信访压力，层层压实信访责任。同时，州委、州政府领导按照“谁主管、谁负责”的要求，包案化解分管领域内的信访问题，全州上下形成“管业务必须管信访，管行业必须管信访，管经营必须管信访”的大信访工作格局。

（本栏撰稿　全　波）

民族宗教事务

【概况】 2017年年末，全州总人口298万人，其中少数民族人口241.55万人，占总人口的80.71%。在少数民族中，土家族134.02万人，苗族105.53万人，回族0.91万人，瑶族0.23万人，其他少数民族0.85万人。是年，湘西州民宗委进一步巩固国家民族团结进步示范州创建活动成果，积极策划60年州庆系列创建主题活动。牵头启动《湘西土家族苗族自治州传统村落保护条例（暂命名）》立法起草工作。搞好民族文化教育工作，推进龙山县承办湖南省第九届少数民族传统体育运动会场馆建设。全面落实“县乡村”三级宗教工作网络、“乡村”两级责任制，完成宗教活动场所数据清理和更新，宗教领域和宗教场所管理工作实现制度化、常态化。

民族政策法规。按照州人大常委会立法计划，州民宗委与州人大法工委、州政府法制办及时启动《湘西土家族苗族自治州传统村落保护条例（暂命名）》立法起草工作，成立以分管副州长为组长、各有关单位为成员的立法起草工作领导小组，领导小组办公室设在州民宗委。严格把握民族成分更改审核政策，做到应改尽改，不能改的做好政策宣传工作，共审核加分考生14381人，其中州内考生13958人（少数民族考生12293人，汉族考生1337人，放弃加分考生328人），州外考生423人。全年办理由汉族变更为少数民族的335人，较上年258人增加77人，其中变更为土家族的209人，变更为苗族的121人，变更为侗族的2人，变更为回族的2人，变更为彝族的1人。

民族经济。认真开展2016年度少数民族发展资金项目实施情况督促检查，对全州2016年度少数民族发展资金项目尤其是少数民族特色村镇建设项目实施情况进行检查，截至8月底，各县（市）2016年度少数民族发展资金项目按照资金使用管理有关规定报账基本完毕。积极争取2017年度少数民族发展资金，省民宗委安排下达湘西州少数民族发展资金8460万元，比上年增加1939万元，资金集中用于扶贫重点村、少数民族特色村镇和支持民族手工艺品保护开发等项目建设，其中，专门支持湘西州建州60周年州庆项目资金1350万元。认真做好少数民族特色村镇规划建设，指导各县（市）围绕张家界—吉首—凤凰—铜仁凤凰机场、泸溪—吉首—边城—里耶—龙山“两条风景线”和60个乡村旅游精品村，落实支持少数民族特色村镇建设50个，投入少数民族发展资金2337万元。开展最美少数民族特色村寨宣传报道活动，配合省民宗委联合湖南卫视、湖南红网等新闻媒体深入湘西州，对被湖南省民族团结进步组委会评选为“湖南省第三届最美少数民族特色村镇”的龙山县桂塘镇、永顺县万坪镇进行集中采访，全方位宣传报道少数民族特色村镇的山水风光、特色民居、产业发展和民风民俗等情况。在州庆“旅博会”上，促成广州金丰吉汽车配件有限公司与中铁金桥世纪山水置业有限公司成功签约，投资2.7亿元在吉首建设中铁置业世纪山水乾城山水酒店，2017年到位资金5000万元，并开工建设。

民族文化教育。按照《湖南省人民政府关于同意湘西土家族苗族自治州龙山县承办全省第九届少数民族传统体育运动会的批复》要求，龙山县抓紧进行场馆建设，年末完成静态投资2.6亿元，基础设施建设基本完工。制定《湘西州参加全省第九届少数民族传统体育运动会工作方案》，统筹指导协调各县（市）和州本级做好参赛准备，组建团队，明确参赛项目，选拔培训运动员，为2018年9月在龙山县举行的全省民运会做好准备。支持民族民间文化节庆活动，指导参与凤凰县摄影“双年展”和“第六届中国凤凰苗族服饰·银饰节”、山江苗族四月八节，保靖县吕洞山苗族祭祖节、首八峒祭祖节，吉首市鼓文化节、坪郎苗族四月八节，花垣县苗族赶秋节及农耕文化节，龙山县、永顺县、古丈县土家族舍巴节、跳马节，泸溪中元节等活动。加大网络及湘西广播电视台宣传力度，其中《湘西苗族婚俗》腾讯视频点击量43万多人次，该片荣获2017年北京国际电影节民族电影展金杉叶奖、民族文化影像传承奖。苗族刺绣题材电影《嫁衣》入选中国第四届丝绸之路国际电影节展映。

宗教工作。全面落实“县乡村”三级宗教工作网络、“乡村”两级责任制，全州115个乡（镇）、1817个村全面完成宗教工作责任人、联络员统计上报工作。完成全州248处宗教活动场所数据清理和更新，完善基础数据采集和修正，稳步推进宗教活动场所登记管理，修订《湘西自治州县（市、区）、乡（镇、街道）社会管理综合治理宗教事务工作考评实施细则》，将“防范和处理利用宗教进行非法活动”列入综治考评。州委常委会形成会议纪要，将全州宗教活动场所危房维修资金每年100万元纳入财政预算，全面整治宗教活动场所安全隐患问题。提高宗教教职人员生活补助经费，将全州81名生活困难的教职人员生活补助经费在省民宗委每年补助3万元的基础上，州财政增加5万元并纳入预算。积极支持成立湘西州道教协会。对宗教活动场所安全工作不到位的情况督促整改，全年开展集中检查和整治活动3次，新增消防器材20余套。积极开展“和谐寺观教堂”创建活动，凸显宗教界在民族团结进步示范州创建活动中的特殊作用。先后协调联系湖南省佛慈基金会等慈善组织为湘西州560户贫困户、受灾户和97名贫困家庭学生捐钱捐物192万元。

【民族研究和民族古籍】2017年，州民宗委组织有关专家和民族服饰设计人员、生产厂家，讨论制定工作方案，发布“五色斑衣·秀美湘西”民族服饰创意设计大赛公告，共收到7省（市）98名设计人员上交设计效果图601幅，经过层层审核，确定9款土家族、苗族服装作为州庆活动主场馆使用民族服装。州庆期间，全州有3万余人穿戴民族服装，成为州庆活动的一道亮丽风景线。组织撰写《武陵山片区职业教育服务精准扶贫研究》和《武陵山片区贫困农民自我脱贫能力研究》，其中《武陵山片区职业教育服务精准扶贫研究》一文获全国民族工作调研三等奖，被收入湖南省政府经济发展中心编的《社会蓝皮书》。武陵山区（湘西）民族文化数据库建设持续推进，新搜集民族文化书籍资料396册。被列入国家民委“十三五”全国少数民族古籍重点项目出版规划的《湘西自治州民族古籍丛书》，共10辑，完成田野调查、纲目编纂，编写初稿180万字。

泸溪县天桥山佛教胜地

【民族团结进步创建活动】2017年年初，州民族团结进步创建活动领导小组下发《湘西自治州巩固提升全国民族团结进步创建活动示范州实施方案》，州委、州政府召开深化民族团结进步创建活动工作会议。州民宗委注重总结经验，形成《坚持“五个突出”，实现“五个转变”》总结材料，被国家民委2017年第27期民族工作简报单篇采用。州民宗委策划系列创建主题活动，在每周五《团结报》第五版开辟《民族团结》专版，刊发各行各业开展民族团结进步创建活动稿件；3月12日，与州直工委联合举办“青春畅想迎州庆，民族团结我先行”主题活动；6月6日，与州庆办、州妇联、州人社局联合主办“喜迎建州六十年，民族团结促发展”建州60周年民族服饰创意设计作品展示暨巾帼创业建功民间工艺技能大赛；6月8日，组织各县（市、区）和州关工委、团州委、州司法局等开展民族团结进步创建“七进”（进机关、进企业、进学校、进社区、进乡镇、进寺庙、进景区）活动；开展示范点创建活动，全州评选出吉首市河溪镇小学等18个民族团结进步示范点。依法依规夯实外来少数民族人员服务管理基础，全州设置20个到州少数民族流动人口服务管理站，做到有专人、有挂牌、有档案、有台账、有事迹，全年为1200人次外来少数民族人员提供服务。完成中央新闻媒体到湘西州采访报道民族团结进步创建活动各项任务。湘西州深化民族团结进步创建工作，得到国家第三督查调研组的充分肯定。9月20日，在湘西州建州60周年庆祝大会上，中央有关部门祝贺团团长、国家民委党组副书记、副主任刘慧向湘西州颁发“全国民族团结进步创建活动示范州”奖牌。州民族团结进步创建活动领导小组办公室出台民族团结进步创建考核奖励办法，全州评选出9个县（市、区）和40个州直创建优秀单位，兑现考核奖励人平3000元。

【土家族苗族“双语”教学】2017年，在7个县（市）、8个乡（镇）、12所小学开设第四批土家语、苗语传承教学点12个，其中土家语教学点7个，即龙山县靛房九年制学校、他砂学校、坡脚学校、石羔学校，永顺县对山学校，保靖县碗米坡学校，古丈县红石林学校；苗语教学点5个，即花垣县吉卫民族小学，凤凰县落潮井小学、山江小学、三拱桥小学，吉首市矮寨小学。共开设“双语”教学班47个，1919名学生参加学习。

【民族干部和人才培养】2017年10月9日至14日，州民宗委在西南民族大学举办“全州民宗系统干部业务培训班”，全州49名民族宗教干部参加培训。选派56名少数民族干部参加“全国民委系统学习贯彻党的十九大精神专题研讨班”“全国县级民委主任民族工作研讨班”“全国少数民族和民族地区高级专家创新能力与团队建设研修班”等各级各类研讨和培训班学习培训共8期。

（本栏图文　麻美垠）

外事侨务港澳工作

【概况】2017年，全州外事侨务港澳工作坚持“努力创新、积极进取”工作思路，按照“强外事、兴侨务、拓港澳”和“大外事、大侨务”工作理念，着力开展外事侨务港澳工作，较好地履行工作职能，顺利完成州委州政府、省外侨办赋予的各项工作任务。

对外交往。继续加强与法国中央大区希农市、安格市和南非赞扎巴尼市3个友好城市交往工作，不断拓展合作领域。组织与法国中央大区青年学生互访交流活动，启动与俄罗斯联邦圣彼得堡市谢斯特罗列茨克市建立友城关系相关工作，与圣彼得堡市年内实现互动交流4次，双方基本确定结为友城关系意向协议。组织协调澳大利亚、菲律宾、法国、日本、俄罗斯、新加坡等国家10个团组到州进行投资考察、经贸技术合作和文化交流。积极争取上级支持，促成相关专家学者、公务人员先后赴美国、以色列、肯尼亚、西班牙、俄罗斯、瑞典、挪威、南非、埃及、意大利、德国、英国、日本、新加坡、印度尼西亚、澳大利亚、法国等20多个国家参加培训和开展经贸、文化合作交流活动。积极争取和促成龙官金同志参加援外专家遴选，选派为中国政府援南太平洋岛国萨摩亚的专家，进行为期三年的第四期农业技术援助。为支持湘西州申报世界地质公园，打造“神秘湘西”品牌，创建国家全域旅游示范区，助推精准脱贫实现全面小康，积极参与“湖南湘西喀斯特地质国际学术研讨会”相关筹备工作，办理邀请英国、澳大利亚、斯洛文尼亚、乌克兰等国4名外籍专家到湘西州指导申报工作和参加学术研讨会相关审核报批手续。同时，主动支持吉首市11月2日举办“2017吉首国际鼓文化节”，邀请朝鲜、土耳其、肯尼亚、巴西、新西兰等五大洲鼓队参加这一特色品牌文化活动。

因公出国（境）管理。按照“分类指导、确保重点、有保有压”的原则，完善因公出国（境）审核管理制度，落实因公出国（境）计划控制、量化管理和经费预算管理，对党政干部因公出国（境）审核坚持从严从紧。年内全州审核报批因公出国（境）人员37批60人次，同比减少7人次；因公出国（境）党政干部46人次（出国16人次、出境30人次），同比减少6人次。同时，加大对因公出国（境）出访报告的追交力度，出访报告上交率达100%。严格规范因公出国（境）审核报批程序，确定2名工作人员为外事专办员，严把出访邀请函、派出单位及主管部门签批、经费预算、组织部门审批意见“四关”审核程序，规范有序地组织相关人员赴国（境）外开展经贸、文化、科教等活动，增强出访的针对性、实效性。完善因公护照和港澳通行证管理制度，建立证照管理数据库，管理普通因公护照75本、因公赴港澳通行证54本，因公证照及时收缴率达100%。

港澳侨务。组织10批相关人员赴香港、澳门参加各种培训和交流活动，参与或协调三批港澳团组到湘西州交流考察。积极向省财政厅、省外侨办申报2个“2017外侨港澳专项资金项目”，获审批专项资金35万元。做好“三侨”考生加分申报争取工作。积极参加州人大常委会组织开展的归侨侨眷权益保护专题调研活动，并在7月26日向第十四届州人大常委会第9次主任会议作专题汇报。组织全州侨务工作推进调研活动，深入县市走访部分归侨侨眷，宣讲党的十九大精神和全国侨务工作会议精神，商讨州、县市如何联动开展侨务工作、侨务扶贫等问题。筹措和申请贫困归侨侨眷慰问款、赈灾救助款13万元，走访慰问归侨侨眷143户，发放老花镜400副、御寒棉衣600件。组织由侨眷属为主组建的州侨心艺术团先后到花垣、吉首、古丈等地演出4场，宣传涉侨法规，开展关心下一代和慰问留守儿童等活动。为保障和改善侨眷民生，助推精准扶贫和侨眷属创业就业，结合创建全域旅游示范区工作，积极开展侨眷创业就业技能培训，共培训460人次，归侨侨眷创业就业能力得到一定提高。

涉外管理工作。调整充实州委外事工作领导小组，由州委书记任组长、州长任第一副组长、州直13个部门为成员单位，明确外事工作领导小组办公室的职责。近年来，州外事侨务港澳工作多、人员少的矛盾突出，为此，州委、州政府为州外事侨务部门调剂增加编制1名。认真办理办结上级外事、侨务、港澳、友协等部门交办的63件（项）事项，相关工作均得到落实。开展“外国记者来州采访和舆论引导”及境外非政府组织到州活动管理培训，加强与外宣、国安、公安等相关部门对涉外工作的研判、审核，为湘西州开放发展营造良好氛围。审核报批邀请外国人到湘西州工作2批2人次。参与或协助处理涉外案（事）件6起，全州涉外管理平稳可控。加强外侨干部政治思想道德建设，增强“四个自信”，组织州、县（市）外侨港澳部门人员参加外交部举办的“外交外事知识进党校”培训和第24期全国地级市外办主任培训，努力打造一支“忠诚、担当、奉献”的外侨港澳工作干部队伍。

（本栏撰稿　杨　立）

政务中心工作

【概况】 2017年，全州政府政务服务中心紧紧围绕州委、州政府决策部署和中心工作，以“建设一流的政务服务队伍、树立一流的政务服务形象、打造一流的政务服务品牌、争创人民满意的政务中心”为目标，打好行政许可标准化、政务公开政务服务标准化建设试点、“互联网+政务服务”三张“国字牌”，充分发挥为民服务平台作用，彰显党委政府与群众桥梁功能。全年受理办件226.42万件，办理税收39.49亿元、非税收入27.4亿元；其中州中心受理办件82.64万件，办理税收27.96亿元、非税收入8.72亿元。是年，州政务中心州企业社保局窗口、州卫计委窗口、州办税服务厅窗口、州工商局窗口、州质监局窗口被省委法治湖南建设领导小组办公室命名为“2016—2018年全省依法办事示范窗口”。州工商局窗口先后被省文明委表彰为文明窗口单位、被省工商局表彰为商事制度改革成绩突出的企业登记窗口单位。龙山县政务中心人口与出入境窗口先后荣获共青团中央“全国青年文明号”、全国妇联“全国巾帼文明岗”，民政婚姻登记窗口获省民政厅“3A级婚姻登记站”。花垣县政务中心办税服务大厅先后荣获共青团中央“全国青年文明号”、全国妇联“全国巾帼文明岗”。永顺县政务中心人口与出入境窗口被全国妇联授予“全国巾帼文明岗”称号。

政务中心场地建设。全州政府政务服务中心继续以场地建设为基础，以事进、人进、权进“三进”为根本，不断完善政务服务平台。州政府政务服务中心牵头，州国税局、州地税局配合，完成州地税局原位于红旗门的办公场地改造，形成州中心办税服务厅和州中心红旗门办税服务厅一南一北两个办税服务厅，让纳税人享受到更快捷、更经济、更规范的服务。州中心先后多次深入花垣县指导县政务服务中心的建设装修搬迁进驻和规范管理运行情况。5月8日，办公面积1万余平方米的花垣县中心新大楼启动运行，50个具有行政许可和其他管理服务事项的县直单位入驻，入驻人员280余人，可办理审批、审核、登记、备案等500多个项目，月均办件67672件，日均办件3076件，办结率和群众满意率均达100%。州中心多次深入保靖县督促指导，促成近4000平方米的保靖县中心新办公大楼10月20日入驻运行，新进县人社服务大厅、医疗服务大厅、国税地税联合办税大厅、残联等5个单位，51个进驻单位设立独立窗口33个、综合窗口3个（含20个单位），基本实现所有审批事项都进入中心集中办理，所有具有行政审批职能的单位实现在中心窗口能办事、办成事的“只进一扇门、办好万家事”的工作格局。5000余平方米的古丈县新中心大楼封顶，即将进入装修阶段。32000平方米的龙山县新中心正在建设中。乡（镇、街道）政务（便民）服务中心实现全覆盖，村（社区）便民代办点达95%以上，湘西州州、县（市）、乡（镇、街道）、村（社区）四级政务（便民）服务网络体系基本形成。

“三进”工作。州政府政务服务中心继续按照中央、省关于“一个部门、一级政府、一个窗口对外”和“应进必进”的要求继续推进事进、人进、权进“三进”工作，促成州五险统征办、州劳动监察支队、州社保卡服务中心、银盾印章公司、交警罚没缴费等单位进驻，入驻单位达75个，入驻工作人员260余人。所有具有行政审批和其他管理服务事项的州直单位均以授权书方式将事项授权窗口受理办理，一批单位在窗口启用行政审批服务专用章，实现州直单位所有行政审批和其它管理服务事项以及一批公共服务事项在州政务大厅“一窗式受理、一次性告知、一站式审批、一票制收费、一条龙服务、承诺时限办结”的审批服务工作目标，基本建成集政务公开、行政审批、电子政务、信息发布、行政投诉受理、非税收入管理、社会公共服务等为一体的特色鲜明、功能齐全、运转协调、管理规范、服务优良的综合服务平台。州中心还积极抓好《关于贯彻落实〈湖南省办税服务厅管理办法（试行）〉有关事项的通知》（州政办函〔2017〕20号）落地落实，促成有条件的花垣县、永顺县等中心设立办税服务厅，实现国、地税办税业务“一窗通办”，纳税人办税“多头跑”问题得到切实解决。

行政许可标准化建设。州政府政务服务中心与州审改办、州质监局一起研究、安排部署州本级及全州行政许可标准化工作，联合印发《湘西自治州推进行政许可标准化实施方案》（州审改办发〔2017〕3号），于5月9日共同组织召开全州推进行政许可标准化工作暨业务培训会议，通过进一步优化审批流程、减少审批环节、优化审批服务、提升审批效率、约束行政权力，建设涵盖行政许可“全事项、全过程、各环节”标准体系。州政府还发出行政审批事项办理时限再提速通知，要求把办理时限只需1天的事项改为即办件，办理时限超过5天的事项，实现提速60%。通过行政许可标准化建设，进一步推进管理上台阶、服务上水平、形象上档次。按照国务院启动推行的政务公开政务服务标准化建设试点工作要求，重点以永顺县中心为试点开展相关工作，同时先后深入永顺、凤凰、花垣、保靖、吉首等县（市）中心及部分乡镇政务（便民）服务中心考察调研，分别就政务服务中心场地建设标准化、行政许可标准化、服务行为标准化建设等工作进行指导。保靖县中心注重在服务提质上下功夫，通过日常督查、不定时巡查、专项检查“三位一体”监督机制，进一步规范工作人员服务流程，积极开展文明用语、敬语、微笑服务活动，坚持挂牌上岗、亮牌办公，提高工作人员服务水平。永顺县中心启动“一费制”征收管理，对建筑工程项目涉及的政府性基金、行政事业性收费及经营服务性收费实行“统一标准”“统一受理”“统一开票”，按照企业自愿、集中收取、定期划转的办法，全面推行收费“一票制”，有效解决群众办事跑多个部门、办多次缴费的问题，规范和制约收费自由裁量权。

优质服务。州政府政务服务中心积极开展创先争优，不断创优服务，着力把办税厅打造成为优质服务的标杆。3月1日，办税服务厅率先在全州完成预约纳税人实名办税认证业务，标志着实名办税在湘西州正式启动。7月3日，湘西州办理首笔“同城通办”发票代开业务，至此，纳税人可不受经营地点和地域管辖限制就近选择办税服务厅办理发票代开业务。9月下旬，存量房评估系统在办税服务厅成功上线运行，基本消除计税价格和存量房市场交易价格差异，避免价格申报和价格核定过程中的人为因素，存量房交易计税价格更加科学合理、真实准确，税收征管漏洞得到有效堵住，办税流程进一步优化，税收争议不断减少，税收执法风险降低，最大限度地为纳税人提供更方便、快捷的优质服务。同时，办税服务厅积极开展礼仪培训、启动“青年文明号开放周”活动和省级文明窗口创建。12月中旬，顺利完成省文明办验收，省国地税调研组还专门到州中心了解总结办税服务厅运行管理模式、经验并在全省推介。州医保局窗口根据上级部门安排部署，结合州中心优质服务要求，全力推进医保全国联网和跨省异地就医直接结算工作。9月15日，给居住于北京40年的湘西州城镇职工医保参保人员刘喆老人在北京市和平里医院出院时办理直接结算，这是湘西州首例异地就医住院医疗费用直接结算，标志着湘西州跨省异地就医转出人员直接结算模式运行成功，一举解除以往困扰湘西州异地就医人员垫资负担重、报销周期长、往返奔波等难题。从当年起，州内医疗保险参保人员只要持有已激活的社会保障卡，并到参保地申请备案后，就可在就医地进行住院医疗费用直接结算。州工商局窗口结合商事制度改革，全方位开展优质高效便民服务工作。9月28日，给湖南鸿通建设工程有限公司颁发湘西州第一张“多证合一”营业执照，年底全州发放“多证合一”营业执照2294份，“三证合一”以来，发放加载“统一社会信用代码”营业执照19325份，“多证合一”将公安、住建、商务、交通、旅游、检验检疫等20个部门的30个涉企证照事项整合到一张工商营业执照上，申请人设立企业时只需在工商局窗口提交一套材料，窗口通过多个政府部门间业务协同和信息共享，按照“一套材料、一表登记、一窗受理”工作模式，核发加载统一社会信用代码的营业执照，实现“让企业少跑腿，信息多跑路”目标，并大幅度缩短企业开办流程，降低市场准入制度性交易成本，真正使“一照一码”营业执照成为企业唯一“身份证”，统一社会信用代码成为企业唯一身份码，实现企业“一照一码”走天下。龙山县中心设立“帮代办”中心，给办事群众提供帮代办服务。

【各级领导检查指导政务中心工作】 2017年，先后有多批次上级领导、兄弟市州领导到州政府政务服务中心检查指导。4月11日，中共中央书记处书记、全国政协副主席杜青林率全国政协调研组，在省政协主席李微微，州委书记叶红专，州委副书记、州长龙晓华等领导陪同下视察该中心，对湘西州过来的政务服务和政务中心工作成效给予充分肯定，认为很多工作都走到全省乃至全国前列。杜青林要求，要加强对政务服务中心的管理，综合运用现代高科技手段和科学管理，推进廉政治理现代化，不断提高政务服务效率，促进服务型政府、法治政府、责任政府、效能政府建设。6月5日，省人大常委会副主任李有志在州委书记叶红专、州人大常委会主任彭武长的陪同下视察该中心，对中心工作给予充分肯定。年内，先后还有张家界市党政代表团、重庆市黔江区党政代表团、常德市党政代表团和省优化办、省文明办、省国地税局等10多个省厅局主要负责人及省委党校调研组一行在州委、州政府领导陪同下考察调研指导该中心工作。

【“互联网＋政务服务”建设】 2017年，州政府政务服务中心贯彻落实国务院、省、州“互联网+政务服务”工作要求，以湖南省网上政务服务和电子监察系统为依托，统筹政务服务中心办事大厅物理平台与网上政务服务和电子监察系统虚拟平台，以系统升级改造为抓手，推进各系统资源共享、互联互通，打造湘西州“一张网”。年内网上政务系统升级改造工作基本完成，主要包括搭建政务服务数据中心、实现网上政务系统事项数据和办件数据下发落地，优化系统报表统计、数据查询、收费和出证等功能，做到与身份证阅读器及高拍仪集成，实现与州公积金管理中心、州国土资源局、州烟草专卖局、州工商局、州食药监局、州道路运输管理处等部分单位自有审批业务系统对接。开发的湘西自治州政务服务微信公众号和手机APP，具备网上系统移动办事功能，能进行网上办税、养老金身份认证、就医挂号预约、水费电费缴纳等。开发的政务服务中心触摸查询系统，部署在政务大厅的触摸查询机上，办事群众可方便查询窗口设置、政务动态、办事指南、办事过程等信息，还可进行公积金查询、交通违章查询、快递查询等。开发的排队叫号和评价评议系统，可取代窗口传统的站立式排队方式，有效防止乱插队现象，让州政务大厅更有秩序和优质的服务环境，办事完成后还可对窗口工作人员的办事情况进行评价。搭建的智慧大厅管理系统，可有效整合州中心的各个信息系统资源，将触摸查询系统、排队叫号系统、评议评价系统、OA系统、微信、APP等嵌入智慧大厅管理系统，实现后台统一集中管理。开设的全省首个"互联网+自助办税服务区（24小时）"，从发票购买、发票缴销、日常申报、到完税凭证的打印均实现全天候自助服务。办税服务厅以地税网上办税服务厅、国税电子税务局为平台，积极引导、推进纳税人在网上自行申报、自行缴税，可以足不出户在家办税，实现"互联网+政务服务"工作目标，减轻纳税人的办税负担，提高办税实效。办税服务厅还在全州率先引进"畅易代开"软件系统，纳税人若需要在前台代开发票，只需用微信"扫一扫"，即可在手机上自行填写需要开具发票的相关内容，大厅人员用扫描扫一扫，便可实现发票开具，实现掌上办税新模式。10月16日，湘西州全面实施企业登记全程电子化改革，实现全程办理无纸化、填报操作便利化、身份证和电子签名零收费，年底，全州通过全程电子化设立企业191户，变更59户，发放和应用电子营业执照131份，企业名称自主申报通过250个。

【政务服务新模式探索】2017年，全州政府政务服务中心积极主动探索"智慧政务"和"最多跑一次"改革等政务服务新模式，为州人民政府印发《"智慧湘西"建设发展规划（2017—2020年）》《"智慧湘西"建设实施意见（2017—2020年）》中"智慧政务"部分当好参谋。在"最多跑一次"改革方面，州委改革办、州审改办、州中心联合成立考察组，赴浏阳市"最多跑一次"考察，学习"浏阳经验""浏阳模式"，研究撰写《浏阳市"最多跑一次"改革工作的考察报告》《湘西州"最多跑一次"改革工作的现状及思考》。与此同时，州中心积极组织开展"最多跑一次"工作，主要体现在即办件的办理、部分承诺件的办理、互联网办理、自助办理4个方面。其中，州本级即办件约占10%，包括交警分中心、州民政局窗口、州道路运输管理处窗口、州医保局窗口、州办税服务厅、交警处罚窗口、非税开票窗口、国家电网窗口、银行办理窗口等，即来即办，可实现"最多跑一次"；公安局出入境大厅窗口创新服务方式，投入4台港澳自助签注机，曾经需7个工作日才能完成的加签手续可3分钟办结，群众办理往来港澳通行证再次签注手续时间大大缩短，同时与邮政速递深度合作，实现办理的所有业务结果通过EMS快递邮寄，群众可自主选择自行来州中心取办理结果或者通过快递获取结果；纳税人可通过登陆电子税务局进行自助缴税，不需到州中心现场办理，实现不跑路办成事；企业社保局窗口开通养老金网上认证业务，可在家用网络进行认证；"互联网+自助办税服务区（24小时）"实行24小时、365天全天候一次性办理；州中心还开通自助个人信用征信查询、自助存取款服务等，做到"最多跑一次"。11月1日，州中心工商局窗口给湘西汇绿园林有限公司颁发湘西州第一张电子营业执照，从"面对面"服务转变为"键对键"服务，实现工商登记服务从8小时向24小时延伸，申请人无论身在何地，只要通过互联网就能远程提交登记资料，实现登记注册"零纸张"和"零跑路"，让足不出户办理营业执照成为现实。龙山、吉首等县（市）先后启动"最多跑一次"改革。11月29日，龙山县中心组织召开推行"最多跑一次"服务动员会和"减证便民"工作推进会，对推行"最多跑一次"工作进行动员和安排布置；12月1日，吉首市委、市政府制定《吉首市加快推进"最多跑一次"改革实施方案》，成立加快推进"最多跑一次"改革领导小组，遵循"一事申请、一窗受理、一网通办、一次办成"路径，全面推进服务型政府改革，倒逼各部门简政放权、放管结合、优化服务，促进体制机制创新，让行政审批政务服务事项好办、易办、快办，完成首批群众和企业到政府办事"最多跑一次"200余个事项清单的确认并向社会公布，按照"前台综合受理、后台分类审批、统一窗口出件"的运行新模式，实现"网上网下"政务服务融合发展。保靖县中心以实现群众"少跑一次路"为目标，在"放管服"改革"减证便民"行动上下功夫，想方设法优化办事流程、压缩办结时限、简化办件资料，让"优化、简化、瘦身"成为工作新常态，该中心各窗口核减各项材料17份，优化归集业务流程3项，杜绝"奇葩证明""循环证明"现象发生。在优化流程上，还先后对三大类1000余项工作流程进行全面再造并公开公示，让各项业务办理全面进入快车道，在原办理时限基础上继续提速20%，真正做到资料受理快、后台审批快、窗口出件快、服务时效快"四快"要求，确保公开阳光运行。同时，在乡镇政务（便民）服务中心和村（社区）便民服务点标准化建设中，通过坐班服务、代办服务、上门服务等方式让基层群众办事实现"小事不出村、大事不出镇"，让办事群众真正享受到政务服务红利。

（本栏撰稿　李琼慧）

州政府驻北京联络处

【概况】2017年，湘西自治州人民政

府驻北京联络处紧紧围绕接待服务、租赁物业管理、信访维稳、招商引资等重点工作，认真履行职责，为湘西州引进项目、资金、人才牵线搭桥；围绕州委、州政府中心工作，开发资源，传递信息；对外加强经济文化交流发展提供宣传协调联络服务。全年完成餐饮接待556批次2879人次，车辆接待2260车次，客房住宿接待1350人（间）次，各项工作较好完成。

物业租赁管理。主动做好与承租人间的沟通、协调、配合工作，支持和协助承租人实现经营意图，及时足额收取租金和其他费用，实现国有资产保值增值。做好大楼设施的常规维护与保养，做好安全保卫、消防卫生工作，确保大楼安全运行。多方协调帮助租赁联络处的中国民生银行金融街营业部顺利办好因房屋规划用途限制一直未能开业的有关手续。及时收回合同到期的出租物业，确保国有资产收益不受损害。

接待服务。接待州级以上领导350余人次，比上年增加一倍。加强与州委、州政府重点工作对接，积极主动服务州庆在京筹备、州人民政府智库建设、魅力中国城在京竞演、州庆60周年在京成就展等工作。特别是在州庆60周年成就展期间，邀请到全国政协副主席马培华巡展，给成就展画上圆满句号。突出家乡情怀，强化感情联络，全年接待湘西乃至湖南在京领导和成功人士60余人次。

招商引资。先后参加在京举办的驻京机构招商会及融资项目推介会、北京市外联办和中国贸促会联合举办的少数民族自治州项目推介会、第十二届各省市重点项目及名优特产品推介会等大型活动10余次，强力推介湘西。积极对接央企强企、行业协会，突出优势招商，同程旅游对接花垣世界艺术小镇项目、东方园林公司对接湘西田园综合体项目、横店集团对接永顺塔卧红色旅游项目、盛世光明对接湘西网络安全大数据项目、仟亿达对接吉首和花垣生物质能源项目、汉能集团对接花垣光伏能源项目、巨鼎医疗公司对接湘西智慧医疗项目、中房集团对接湘西康养旅游项目、首农集团对接湘西农副产品加工及仓储物流项目等。北京上康林公司永顺茶油精加工项目增加投资1000万元扩大生产规模。北京民生兴业投资有限公司吉首峒河谷生态旅游项目成功签订框架协议，总投资11.93亿元，到位资金570万元。北京资源亿家集团永顺湘西芙蓉资源总部经济项目，总投资1.8亿元，到位资金200万元。多次到全国健康产业工作委汇报，争取到首批10个“一带一路”国际健康旅游目的地之一落户吉首，应邀参加在京举行的授牌仪式。

驻京信访维稳。突出维稳劝返、化解非访、维权解困，严格落实驻京信访工作目标管理，全年稳定劝返939人次，化解非访52人次，对州籍在京务工、学习、就医等人群实施维权解困12人次，驻京维稳工作平稳推进。强化群体信访稳妥处置，劝返29批199人次，杜绝群体事件发生，年底，3个县（市）驻京工作站、9名驻京信访干部受到表彰。

（本栏撰稿　罗　琳）

州政府驻长沙办事处

【概况】 2017年，湘西自治州人民政府驻长沙办事处围绕接访劝返、政务联络、招商引资、劳务输出、接待服务等工作，积极发挥在省会长沙的重要桥梁与纽带作用，较好完成全年工作任务。长沙办事处连续11年分别被省政府机关事务局和长沙市政府评为驻长先进单位、综合治理先进单位。

接访劝访。长沙办事处有效整合8县（市）驻长工作力量，按照“信访导访，控制非访”工作原则，采取系列措施，耐心细致地做好上访群众思想工作，圆满完成各项工作任务，有效维护湘西州上访群众的合法权益及省会长沙的和谐稳定，该办被省信访局评为驻长接访先进单位。

政务联络。加强与有关部门联系，主动为州内各部门到长沙公干做好联络工作。多渠道收集有关方面信息，为湘西州群众和相关部门到长沙办事提供便利。是年，积极主动做好济南市党政代表团、企业家代表团对口扶贫湘西，两地领导干部互访交流挂职在长沙的中转、联络接待服务工作；落实好州委、州政府领导到省会汇报建州60周年庆典活动、争取项目资金及建州60周年庆典活动邀请嘉宾的联络、中转接待服务工作。

接待服务。严格按照中央八项规定、省委九项规定、州委七项规定要求，坚持厉行节约，反对浪费，全方位做好服务工作，做到“零差错”，确保湘西州到长沙干部群众“有事而来，满意而归”，多次受到省州各界人士好评。同时，积极主动帮助州内一些部门代办、领、购、联络、转运各种文件、资料、书籍、设备等工作。

招商引资。紧紧围绕“招大引强选优”工作思路，借助长沙市湘西商会平台，强力推进招商引资工作。组建由8县（市）驻长负责人参加的精干招商队伍，建立具有一定规模的项目、客商资源库，制定符合驻长工作实际的工作机制，驻长办招商工作新格局基本形成。

劳务输出。围绕“一人就业、全家脱贫”理念，积极开展精准扶贫、劳务输出工作，成立湘西州驻长劳务协作服务中心，组织系列招聘活动，瞄准“稳定就业、扩大就业”目标，与长株潭会商签订劳务输出协助协议，建立对接机制，扎实推进劳务协作试点工作，一批贫困劳动力得到有效转移。2月3日，2017年长沙市“春风行动”暨劳务协作赴湘西贫困地区招聘活动启动，32家企业组成的首支就业扶贫队伍奔赴湘西吉首、龙山、保靖、花垣举办劳务协作脱贫专场招聘会6场，携4万余个岗位赴湘西地区劳务对接，累计转移贫困人口在内的劳动力近3000人。6月15日至27日，与长沙广汽三菱有限公司、长沙一汽大众有限公司和长沙菲亚特有限公司等人力资源部协商达成输出劳务用工协议。9月1日，由长沙轨道交通集团公司、长沙市人社局和湘西自治州人社局两地三部门共同签订的《长沙-湘西“技能筑梦、就业扶贫”协议》，旨在通过“先培训后就业”方式，推荐50名贫困家庭毕业生到相关职业学院学习，毕业后由长沙轨道交通集团择优录用。

【长沙市湘西商会成立】 2017年4月1日，长沙市湘西商会第一次会员大会在长沙市举行，标志着长沙市湘西商会正式成立。大会审议并通过《长沙市湘西商会章程》《长沙市湘西商会选举办法》《长沙市湘西商会会员会费缴纳标准和管理办法》。按照有关程序，选举产生理事会、监事会。长沙市湘西商会的成立，既是湘西籍在长沙发展的工商界人士在长沙市由分散创业走向抱团发展的新起点，也是长沙、湘西两地积极搭建合作交流平台的又一成果。

【州驻长沙人力资源协作服务中心正式挂牌成立】 2017年3月6日，州政府驻长沙人力资源协作服务中心正式挂牌成立，劳务协作中心先后处理湘西州务工人员在长沙劳动维权17次，投诉受理率100%，案件办结率90%，为湘西州在长沙务工人员维权提供有力帮助，做好坚实后盾。

（本栏撰稿　张　伟）

州政府驻上海联络处

【概况】 2017年，湘西自治州人民政府驻上海联络处紧紧围绕接待服务、招商引资等重点工作，认真履行职责，积极主动做好与上海市经济技术合作，牵线搭桥项目、资金、技术、人才和先进管理经验引进湘西；与上海市党政机关和湘西籍等各界人士联络，争取他们对湘西经济建设和社会发展的支持帮助；围绕州委、州政府中心工作，开发信息资源，建立健全信息网络，强化综合信息处理手段，开展专题信息调研，做好州委、州政府领导到沪学习和工作交流接待服务工作，给州直单位和各县（市）在上海进行公务活动提供方便，促成花垣德农牧业牛肉销往松江市场，落实上海益鲜居公司签订湘西椪柑300吨。积极主动开展合作交流，成功将福建厦门国贸集团上海分公司引进到凤凰县木里中心小学，无偿捐赠13万元，进行校园绿化，添置教学设备。积极上门走访，大力宣传推介湘西，邀请苏州驻上海联络处及苏州商会到湘西考察，江苏商会同意邀请10家在沪商会、100家意向企业在上海为湘西州召开项目对接专场会。浙江商会同意为湘西州茶叶产业寻找大型茶叶龙头企业，带动湘西州茶叶出口，安排沪洽周期间党政与500强知名企业开展交流活动。

（郑　清）

州政府驻深圳办事处

【概况】 2017年，湘西自治州人民政府驻深圳办事处紧紧围绕州委、州政府中心工作，结合本单位实际，调整工作思路，转变工作职能，各项工作圆满完成。全年走访企业78家，引进项目签约3个，签约金额120亿元；落地开工建设项目1个，投资额15亿元；在谈项目5个。组织成立“广东省龙山商会”；协助州委统战部在香港成立“香港湘西联谊会”。办事处被全国省市政府驻深圳联合会评为先进单位。

招商引资。积极收集发达地区政务、经济、企业等方面信息，及时进行分类归档，建立详细档案150多家，时时保持联系，实现信息互动共享。先后78次走访世界500强企业之一正威集团、中国园林绿化50强之一铁汉生态及机器人停车的深圳怡丰自动化科技有限公司等企业。先后10次陪同中青宝科技有限公司、深圳市洲明科技、中交集团、安徽路网建设集团、广东明牌科技等企业到湘西实地考察，让投资商更加熟悉了解湘西招商引资政策和资源，增强他们到湘西投资的信心和决心。5月26日，深圳中青宝文化科技有限公司成功落户凤凰县，计划投资100亿元以上，共建一个集文化体验、高科技应用、文创产业、休闲度假、特色商业为一体的高科技文化旅游特色度假小镇，进一步带动脱贫发展，提升文化旅游品牌，加速打造凤凰全域旅游，当年到位资金2亿元；11月13日，深圳中青宝与湘西州歌舞团签约合作；12月28日，深圳奋达教育集团与湘西职院签约合作。

慈善事业。湘西州政府驻深圳办事处把招商引资与社会公益事业发展有机结合，5月29日，陪同深圳中青宝科技有限公司到湘西职院给贫困学

州政府驻深圳办事处招商项目开工现场

生捐款100万元，并设立“致公·宝德奖学基金”。8月15日，深圳市奋达教育集团对龙山县、花垣县职业技术学校贫困学生捐赠。9月21日，牵线“香港湘西联谊会”给吉首市敬老院捐款30万元。12月4日，牵线深圳市“狮子会”到永顺县对山乡学校捐款献爱心。全年联系慈善机构捐赠州内公益事业300多万元。

【服务就业工作】 2017年，湘西州政府驻深圳办事处继续巩固和发展劳务输出基地，借广东省广州、深圳、东莞、佛山4市对口支持湘西州务工人员就业机会，积极配合“精准脱贫”重要工程，主动给驻点人员提供食宿及交通工具，深入一线摸清就业岗位及需要就业人数，为就业者提供信息316个。协助处理龙山县召市镇向波坠楼一事等5起维权、维稳工作。组织州内3000多名职校学生在广东进行寒暑假勤工俭学活动，学生直接创收2400万元。

【助推商会联谊会成立】 湘西州政府驻深圳办事处积极创新工作，4月21日，组织成立广东省龙山商会。7月5日至8日，配合州委统战部在广东对湘西籍在香港工作、生活人员进行摸底，筹备联谊会相关工作。10月29日，香港湘西联谊会成立，州委副书记、州委统战部部长曹普华出席并讲话。联谊会的成立，可有效凝集老乡力量，搭建湘西州与香港合作交流平台，把香港收集的世界资讯和湘西州产业发展进行对接，把湘西州经济社会发展成果通过香港推向世界。

（本栏图文　陈元军）

中国人民政治协商会议湘西土家族苗族自治州委员会

【概述】 2017年，中国人民政治协商会议湘西土家族苗族自治州委员会在中共湘西州委的坚强领导下，牢牢把握团结和民主两大主题，认真履行“三大职能”，精准加强“四个服务”，务实开展“五大监督”，真正做到“六个坚持”，实现本届政协工作的良好开局。

巩固思想政治基础。深入学习贯彻中共十八大、十八届历次全会和中共十九大精神，认真学习领会习近平总书记系列重要讲话精神和治国理政新理念新思想新战略，推动全州各级政协组织、政协各参加单位和广大政协委员在政治立场、政治方向、政治原则、政治道路上同以习近平同志为核心的中共中央保持高度一致。准确把握中央、省委关于人民政协工作的系列要求，深入学习贯彻习近平总书记关于人民政协工作的重要论述，及时学习传达省委政协工作会议精神和《中共中央办公厅印发〈关于加强和改进人民政协民主监督工作的意见〉的通知》等文件精神，贯彻落实中共十九大报告中对人民政协工作的重大部署和重要论述，切实把推进协商民主创新实践贯穿政协履职的全过程。始终围绕州委的重大决策部署来研究谋划政协工作，紧紧围绕建设国内外知名生态文化公园总战略、总愿景，积极组织和引导全州各级政协组织和广大政协委员聚力决胜脱贫攻坚和全面小康建设，为决胜脱贫攻坚、同步全面建成小康社会贡献智慧和力量。

强化协商议政职能。积极参与省政协全会协商，在省政协十二届五次会议上就“农村中小学寄宿制学校建设”作大会发言，相关建议得到杜家毫书记、许达哲省长的签批和交办。在州政协十二届一次会议上组织全体委员认真协商“一府两院”工作报告，开展委员分组讨论协商64场次，编发《情况反映》21期。州政协常委会议就州人民政府等单位驻地搬迁、州直机关实行朝九晚五作息制度、“州庆重点项目建设”“湘西州‘神秘苗乡’精品旅游线路建设”开展专题议政性协商。州政协主席会议开展“创建国家森林城市”“农村电商建设与营运”“农机安全生产”“发展乡村旅游、助推精准扶贫”等课题协商，及时向州委、州政府报告协商意见，促成一批协商成果转化运用。围绕吉大师院改善办学条件，邀请州政府分管领导和州直相关部门负责人开展跟踪视察和协商，吉大师院人行天桥建设缺口资金等问题得到有效解决；紧盯山村幼儿园项目建设，向省政协提出一批具有可操作性的工作建议。主动应对“5·1”和“7·15”洪灾，号召全州各级政协组织、广大政协委员投身抗洪救灾；积极配合省政协开展“共筑家园·情暖泸溪”救灾捐赠活动，9名港澳委员代表捐款210万元，取得良好的社会反响。

加快民主监督创新。不断丰富民主监督形式，成立8个由州政协领导带队的专项民主监督小组，分别深入州中级人民法院、州人民检察院、州发改委、州教体局、州财政局、州交通运输局、州旅游发展和外事侨务委员会、州扶贫开发办8个民主监督重点单位开展专项民主监督，提高监督的针对性。通过听取工作汇报、召开座谈会议、调研视察结合、提案办理结合、对口协商相结合等方式，建立信息对接机制，掌握被监督单位实施的重点项目、开展的重点工作，做到发现问题、指出问题、督促整改，完成4件重点提案督办和5个承办单位提案办理的民主评议，实现提案办理与民主监督的良性互动。切实增强民主监督实效，针对舆论关注较多的保靖县迁清公路建设，深入现场开展专题视察监督，促进该项目按时建成通车；针对群众反映强烈的吉首城区学校大班额问题，对湘西经开区学校建设情况开展重点监督，提出一系列工作建议，为2018年秋季学校投入使用发挥积极的作用。分别向州发改委、州中级人民法院、州检察院、州财政局、州扶贫开发办等单位提出各类建议38条，推动被监督单位进一步改进工作作风、提高工作效率、抓好工作落实。对《关于建立湘西州本地优质产品采购目录的建议》《关于对精神病患者建立长效救治救助的建议》《关于推进湘西州旅游厕所建设的建议》等提案办理情况进行民主监督，引起州政府相关领导和部门的高度重视，促成相关文件的出台和问题的整改。积极探索民主监督模式，开展“政协委员走进纪委”活动，在“推进政协民主监督与纪委党内监督协作配合、广泛多层有序制度化开展”等方面达成共识，开辟民主监督工作的新思路。围绕部门工作的关键环节，先后对法院的民事、刑事、执行案件进行随机抽查和质量评议，旁听州检察院提起公诉、州中级人民法院审理的庭审活动，提高监督的实效性。召开主席会议专题研究民主监督工作，梳理工作开展情况，倾听被监督单位意见，明确进一步完善民主监督工作机制的重点和方向。

提升参政议政水平。充分发挥州工商联界别委员的带头示范作用，助推“千企联村”精准脱贫行动，全州398家民营企业结对帮扶贫困村459个，贫困群众63188人，实施项目794个，投入资金7.24亿元；加强与中国国际经济技术合作促进会的对接，1000万元帮扶资金全部到位并投入项目建设；连续10年联系爱心企业开展捐资助学活动，是年共筹集资金32.5万元，帮助62名贫困学子圆了大学梦。充分调动委员参与“三个一”扶贫行动，重点解决贫困群众生产、生活、就学、就医等困难，全州1659名委员结对帮扶贫困户1783户，结对率达到100%；积极配合省政协开展“三个一”扶贫活动，39名港澳委员与贫困户进行“一对一”帮扶，累计赠送资金106万元以及价值54万元的相关物资，得到国务院扶贫办的高度评价。抓好机关驻村扶贫，开展主席会议成员带队入村走访、党员干部“一进二访三联”、机关干部结对帮扶等活动，以完善基础设施、发展农业产业为着力点，实施项目26个，投入资金1816万元，村民生产生活条件明显改善，自我发展能力显著提高。聚焦精准扶贫精准脱贫和全面建成小康社会，主动联系非公经济人士，鼓励和引导非公企业持续推进科技创新、管理创新，不断增强市场竞争力，为进一步壮大湘西州民营经济献计献策。认真开展“引老乡、回故乡、建家乡”活动，主动联系在外湘西籍人士，促成一批成功人士回乡兴业。积极组织委员入村调研，结合教育扶贫深入基层开展学习研讨，为基层发展把脉问诊、献计出力。落实州级领导“三联”工作责任制成效明显。主动理顺各方关系，及时协调解决资金、用地、环境等方面问题，所联系的苗族生态文化村镇游精品线路建设、吉首市创建国家级和省级园林城市建设、张花高速三条连接线建设、溶江中学建设、湘西机场建设等13个项目均顺利完成年度投资和建设任务。加强企业走访调研，帮助解决金融贷款、人才引进、优惠政策、项目建设等方面的突出问题，有力保障了东顺纸业公司、湘泉药业股份有限公司、轩华锌业有限公司、新中合电讯设备有限公司、马尔斯电子科技有限公司、老爹生物有限公司等企业健康快速发展。

扩大合作参与效应。推进政协“三级联动”，紧跟省政协工作步伐，扎实推进政协云推广和应用工作，积极动员全州各级政协委员使用政协云平台履职，基本实现委员安装全覆盖，为委员履职迈入“掌上时代”打下坚实基础。强化对县（市）政协工作指导，突出政协履职的难点问题，开展“完善政协职能机构”专题调研，在拓展协商领域、延伸政协触角等方面梳理出一系列经验；进一步密切州、县（市）政协的工作联系，深化对口专委会的工作交流和指导，政协工作整体合力提升。参加武陵山片区政协主席联席会第二次会议，以“全域旅游”为主题，与武陵山片区各市州区县政协达成广泛共识，为全域旅游协作协同发展凝聚合力；出席“双帽”六县市政协联席会议，协商通过《“双帽”六县市政协联席会议阆中建言》并报全国政协提案委，推动全国政协《关于重点支持国家历史文化名城又是国家扶贫开发工作重点县的提案》的办理落实。加强政协交流，先后接待外地政协来湘西州调研考察33批500余人次，高质量完成州庆60周年对口接待任务，展示良好的对外形象；坚持带着问题“走出去”，围绕“政协机构编制设置”“全域旅游、民族文化和特色产业融合发展”等课题开展外出考察学习，做到在学习中交流、在交流中提高，为更好地开展政协工作积累更多的宝贵经验。

加强政协队伍建设。在州政协十二届一次会议期间组织委员专题学习换届纪律和政策要求，营造风清气正的换届氛围；举办新任州政协委员暨

中国国际经济技术合作促进会捐赠湘西州扶贫资金1000万元签约仪式

政协机关业务知识培训，系统学习提案撰写、社情民意、法制观念、政协云等内容，提高新任委员的政治素质和履职能力。结合政协工作新形势、新情况、新要求，制定出台委员监督管理和履职考核办法。主动邀请委员参加各类活动，大力支持委员讲真话、道实情、干实事，着力推动委员建言成果的转化落实；召开全州16个委员组组长会议，进一步明确创造委员履职条件、创优委员履职环境、发挥委员主体作用的新途径。加强政协机关建设，聚焦学习研讨、讲授党课、廉政教育、问题整改、建章立制等关键环节，提升和改进机关干部的思想、工作作风。制定全会、常委会、主席会等一系列工作规则，规范财务管理、公车管理、接待管理等系列工作。

【州政协十二届一次全体会议】 2017年1月5日至8日，州政协十二届一次会议在吉首召开。本次会议议程共6项：听取和审议政协湘西土家族苗族自治州第十一届委员会常务委员会工作报告；听取和审议政协湘西土家族苗族自治州第十一届委员会常务委员会关于提案工作情况的报告；列席湘西土家族苗族自治州第十四届人民代表大会第一次会议，听取并讨论州政府工作报告及其他报告；选举政协湘西土家族苗族自治州第十二届委员会主席、副主席、秘书长、常务委员；审议通过政协湘西土家族苗族自治州第十二届委员会第一次会议政治决议；其他。会议期间，开展委员讨论会议48场次，州委、州政府领导分别参加委员组讨论16场次，编发《情况反映》21期；会议期间共收到提案329件，其中立案317件，12件作为委员来信转送有关部门研究处理。会议选举刘昌刚为十二届州政协主席，贾高飞、宋清宏、向顶天、龙春生、石红、卢向荣、向顺荣、吴志明、印钊为十二届州政协副主席，张旭为十二届州政协秘书长，并选举其他常委43名。

【州政协常务委员会会议】 2017年2月28日，州政协十二届一次常委会议在吉首召开。会议学习贯彻《中共中央办公厅印发〈关于加强和改进人民政协民主监督工作的意见〉的通知》，学习传达省委政协工作会议精神，协商通过州政协第十二届委员会各工作机构组成人员，审议通过《州政协常委会关于同意州人民政府等单位驻地搬迁的决定（草案）》《州政协常委会关于同意州直机关实行朝九晚五作息制度的决定（草案）》和州政协相关规章制度修订意见。

7月27日，州政协十二届二次常委会议在吉首召开。会议协商通过有关人事事项，并召开州庆重点项目视察座谈会。

12月8日，州政协十二届三次常委会议在吉首召开。会议学习贯彻中共十九大精神，对中共十九大报告进行专题辅导。会议就州政协常委会2017年调研课题成果《湘西州“神秘苗乡”精品旅游线路建设情况调研报告》进行协商审议，就州农业委员会等部门和古丈县人民政府办理提案工作开展民主评议，协商审议《政协湘西自治州委员会委员监督管理办法（试行）（讨论稿）》《政协湘西自治州委员会委员履职考核评价办法（试行）（讨论稿）》，学习传达省政协云工作座谈会议精神，协商通过关于召开州政协十二届二次会议的决定（草案）。

12月19日，州政协十二届四次常委会议在吉首召开。会议审议通过州政协十二届二次会议议程、日程（草案）、州政协十二届二次会议大会秘书长、副秘书长建议名单和各组召集人建议名单（草案）；审议通过《政协湘西土家族苗族自治州第十二届委员会常务委员会工作报告（草案）》《政协湘西土家族苗族自治州第十二届委员会常务委员会关于十二届一次会议以来提案工作情况报告（草案）》，并决定报告人。

州政协十二届一次全体会议现场

【州政协十二届主席会议】 2月13日，州政协十二届二次主席会议在吉首召开。会议听取州政协各专门委员会2016年工作总结和2017年工作计划，审议州政协2017年工作要点（草案）、州政协2017年度协商与监督工作计划（草案）、《州政协工作汇报（讨论稿）》。

2月23日，州政协十二届三次主席会议在吉首召开。会议审议《政协湘西自治州委员会关于协商同意州人民政府等单位驻地搬迁的决定（草案）》、政协湘西自治州第十二届委员会各工作机构领导成员、州政协相关工作规章制度，审议州政协十二届一次常委会议议程、日程（草案），学习传达《中共中央办公厅印发〈关于加强和改进人民政协民主监督工作的意见〉的通知》。

4月27日，州政协十二届四次主席会议在吉首召开。会议审议州政协十二届一次会议重点督办提案、《州庆重点项目建设情况视察方案（草案）》《“神秘苗乡”精品旅游线路建设情况调研方案（草案）》《转移就业助力精准扶贫精准脱贫调研方案（草案）》、2017年全州新任州政协委员暨全州政协系统工作人员学习培训工作方案（草案），通报州政协机关办公区搬迁工作情况，安排部署2017年委派民主监督小组工作。

7月26日，州政协十二届五次主席会议在吉首召开。会议审议有关人事事项、州政协十二届二次常委会议议程、日程（草案），学习传达习近平总书记关于民族工作的重要论述。

8月24日，州政协十二届六次主席会议在吉首召开。会议听取吉首市、泸溪县、凤凰县、古丈县、花垣县、保靖县、永顺县、龙山县政协2017年上半年工作情况汇报；通报湘西州政协委员参与“三个一”扶贫行动结对情况。

9月11日，州政协十二届七次主席会议在吉首召开。会议协商审议《州庆重点项目视察报告（送审稿）》《关于我州农村电商发展情况视察报告（送审稿）》《关于我州农机安全生产工作视察情况的报告（送审稿）》《完善政协职能机构的调研报告（送审稿）》，传达学习武陵山片区政协主席联席会第二次会议精神，协商审议《州政协宣传工作筹备方案（草案）》，会议还协商了其他事项。

10月26日，州政协十二届八次主席会议在吉首召开。会议学习中共十九大精神，安排部署州政协十二届二次会议筹备工作和州政协近期重点工作，书面审议《浙江省、湘西州乡村旅游对比学习考察报告》。

11月29日，州政协十二届九次主席会议在吉首召开。会议听取并协商审议2017年州政协各民主监督小组工作情况报告和《湘西州苗族生态文化乡村旅游精品线建设调研报告（草案）》《关于湘西州创建国家森林城市的视察报告》；协商审议《州政协十二届三次常委会议程（草案）》《省州“两会”期间州政协宣传工作方案》《州政协2017年度民主评议提案办理工作方案》《州政协加强委员监督管理工作办法（试行）（草案）》《州政协委员履职考核办法（草案）》。会议还协商了其他事项。

12月18日，州政协十二届十次主席会议在吉首召开。会议听取和审议州政协办公室、各专委会2017年工作总结和2018年工作计划汇报；审议州政协十二届二次会议议程、日程（草案）、州政协十二届二次会议大会秘书长、副秘书长建议名单和各组召集人建议名单（草案）、《政协湘西土家族苗族自治州第十二届委员会常务委员会工作报告（草案）》《政协湘西土家族苗族自治州第十二届委员会常务委员会关于十二届一次会议以来提案工作情况报告（草案）》、州政协十二届四次常委会议议程、日程（草案）；会议还协商了其他事项。

【重点提案办理】 2017年，州政协确定重点提案13件，分别由州委、州政府领导及州政协主席会议成员牵头督办，形成“领导牵头、部门配合、委员参与、现场视察、当面答复”的办理协商机制。组织民盟州委、州工商联相关委员与承办单位面对面交流协商，邀请州委办、州政府办相关负责人听取意见，共同探讨解决问题，党派团体提案件件有着落、事事有回音。以承办提案数量较多的单位为重点，组织提案者、承办单位开展集中座谈协商，集中调度提案办理情况，协调解决突出问题，保证提案办理协商实效。

【政协文史工作】 2017年，州政协机关扎实推进文史资料征集，围绕知青文史资料专题，征集回忆文稿150余篇60余万字，《湘西知青回忆录》编辑工作稳步推进；加强库存资料保护利用，启动《湘西文史资料》专辑丛书的目录整理，完成40余万字的电子录入。挂牌成立湘西史料文献丛书编委会，与吉首大学签订战略合作框架协议，出版发行《凤凰厅志笺注》，拟定未来四年五个系列近百种图书的出版计划，为文化旅游产业深度提质和文化产业助推脱贫攻坚提供有益参考。

【政协宣传工作】 2017年，州政协机关明确宣传工作的组织领导、目标任务、宣传重点、考核表彰具体要求，形成较为完善的宣传工作体系。开辟“委员风采”报道专栏、政协门户网站，“湘西政协”微信公众号正式上线，政协云宣传初见成效，创办《湘西政协通讯》，并完成两期刊发，形成“一站一微一端一刊”的宣传工作格局。积极配合省政协开展政协理论研究和优秀调研报告评选活动，撰写理论文章、调研报告20余篇。积极发动全州各级政协组织和广大政协委员报送信息，全年在各类平台发布资讯600余条。

【委员履职培训会】 2017年7月28日至30日，新任州政协委员暨政协业务知识培训班在州委党校举行。此次培训班是十二届州政协举办的第一次集中培训，培训委员及机关工作人员200多人，得到省政协和州委、州政府的大力支持，州委书记叶红专，省政协提案委主任王剑平，省政协研究室副主任张辉学，州政协副主席、州人民检察院副检察长吴志明，全国政协常委、州政协原副主席田岚等有关领导和专家对中共十八大及十八届历次全会精神、湘西州经济社会发展形势、法治建设与政协工作、政协提案知识、政协基本知识、政协委员如何履职进行系统学习辅导，为大家掌握政协工作方法，更好进入角色，发挥委员作用，做好政协工作提供帮助。

（图文　印小雪）

民主党派·工商联

中国民主同盟湘西州委员会

民盟州委义工服务团到州慈爱园开展志愿服务活动

【概况】 2017年，民盟湘西州委提交省州“两会”议案、提案64件。其中州人大议案5件，省政协提案19件，州政协提案41件，被列为省州重点议案、提案6件，提案满意率100%，采用率95%，其中《关于传统农业向现代农业转型的建议》被列为州政协1号重点督办提案。反映社情民意信息44件，为凝心聚力“十三五”建言献策30余条。共提交民盟省委理论调研文章4篇，中共湘西州委统战部理论调研文章6篇，《湘西自治州民盟群体扶贫攻坚研究》中标民盟省委统战理论课题并获三等奖；《火炉坪苗族村寨宗教祭坛空间分布调研报告》入选中共湖南省委统战部“全省统战理论政策研究创新成果”。参与各项执法检查、督查、民主评议活动30多次，专题调研、视察活动20多次，民主测评、征求意见等50多次，坦诚建言40多条。全年在民盟中央、中共湖南省委统战部、民盟湖南省委、湘西网、《团结报》等国家、省、州各级网站及报刊发表稿件300多篇（次），编印《湘西民盟》杂志4期，向社会发送4000余本。深入开展“不忘合作初心，继续携手前进”专题教育，举行学习中共十九大精神、党盟合作优良传统教育等活动17次。开展“两学一助”学习教育，组织举办民族团结教育讲座、苗族题材电影《嫁衣》放映活动、民盟湘西州委第二届趣味运动会，组织80多位盟员参观州庆重点建设项目，组织开展“盟员之光”道德讲堂艺术沙龙、音乐读书沙龙、企业家沙龙、教育沙龙活动。参加中共湘西州委统战部“为党旗添彩，让党徽闪光”主题党日活动，获得歌咏比赛一等奖，演讲竞赛二、三等奖。选送优秀盟员参加中央、省、州社会主义学院培训学习。组织新当选盟员人大代表、政协委员参加州人大、州政协举办的履职业务培训班培训。继续开展保靖县水田河镇中心村驻村扶贫工作，盟员结对帮扶64户贫困户，全年走访慰问贫困户、重大疾病患者100多人次，资助贫困学生12人，发放慰问金20多万元，在扶贫村举办养殖培训班10期，开展宣讲中共十九大报告7次。全年开展社会服务活动52次，走访慰问老盟员、特困村民、贫困学生、下岗职工等100多人次，发送慰问金60多万元，为群众题写春联100余幅。为凤凰县重灾区水打田乡捐资5万元。全年盟员荣获各种奖励20多人次，获国家专利2项，科研成果获奖10余项，发表学术论文30余篇。

【民盟湘西州委研究所成立】 2017年3月2日，民盟湘西州委研究所成立，该所为中共湘西州委组织部特批的全州3个增编项目之一。研究所主要负责研究中国共产党领导的多党合作和政治协商制度，为积极履行参政党职能，推进湘西州经济社会建设做好服务。民盟湘西州委研究所核定事业编制3名、合同制编制1名。同时，民盟州委机关公务员编制由3名增至4名。

【民盟湘西书画院顺利完成换届选举工作】 2017年6月29日，民盟湘西书画院第二次全体会议召开。会议选举产生新一届民盟湘西书画院领导班子，符长春任院长，刘莉、林东浒、彭元武、戴明霞任副院长，戴明霞任秘书长，陈建平任副秘书长。民盟湘西书画院成立于2012年，至2017年，有盟员书画艺术家近20人，其宗旨是广泛团结民盟书画界人士，贯彻执行党的基本路线和“百花齐放、百家争鸣”的方针，坚持文艺为社会主义服务、为人民服务的方向，繁荣书画创作，以书画会友，以笔墨联谊，促进社会和谐。成立6年来，该院开展多项艺术活动，在湘西地区产生良好的艺术影响，为繁荣湘西文化艺术做出一定贡献。

【民盟社会服务站成立】 2017年4月28日，民盟湘西州委“社会服务联系站”在乾州古城社区举行授牌仪式，新成立的民盟湘西州委“社会服务联系站”是民主党派践行“两学一助”社会实践活动基地，党盟合作共创“同心社区”示范品牌。民盟湘西州委以“社会服务联系站”为联系点，采取定期和不定期的方式，组织民盟医疗、教育专家，为社区群众开展送医、送教上门服务活动，以实际行动把“社会服务联系站”建设成为“四同创建”样板品牌，为广大群众办实事、做好事，为当地经济发展出主意、献良策，赢得社会广泛赞誉。

【“一支部一品牌”计划】 2017年，民盟湘西州委在盟内推行“一支部一品牌”计划，拓展社会服务新领域，开创社会服务工作新局面。该计划注重突出民盟各基层支部特色优势，充分发挥各支部长处，有针对性地开展社会服务工作，以特色创品牌，以特色提升影响力。民盟湘西财经支部定点在州慈爱园开展关爱孤残儿童心理健康辅导活动3期；民盟湘西职院支部每年在该院举办6期“文化大讲堂”活动；民盟湘西经开区支部举办的企业家沙龙，是湘西州举办的第一个涉及“一带一路”倡议的论坛活动；民盟湘西乾州支部与湘西州福彩中心合作，开展“福泽潇湘·情满湘西”吉首地区中福在线资助贫困家庭暨环保公益徒步健身活动，共募集爱心资金42万元，对全州420户城镇下岗职工、贫困家庭、贫困学生开展救助。民盟吉首市总支的留守儿童关爱行动，民盟湘西州直二支部的“希望之光”困境儿童救助计划，民盟湘西书画院的文化扶贫活动，都各有所长、各具特色。在品牌打造中，各支部坚持“两不两一”要求，即每个支部服务领域不一样、服务方式不一样和服务标准一个样、服务成效一个样，强化基层支部凝聚力，扩大民盟湘西州委社会知名度和影响力。

【“盟员之家”挂牌成立】 2017年2月10日，民盟湘西州直二支部“盟员之家”挂牌成立，开创湘西州民盟基层支部创建“盟员之家”的先河。“盟员之家”建设是民盟中央为加强基层建设、提升组织活力的重要举措，具有桥头堡、活力源、宣传窗、工作台、加油站的作用，将盟员的积极性和盟组织的教育引导有机结合起来，以“家”的氛围，将盟史、盟务、履职成果、核心价值观等潜移默化到基层组织生活，提升盟员的归属感和基层的凝聚力，增强民盟基层组织学习实践活动的生命力和吸引力。

【苗族挑花艺术馆创建】 2017年9月16日，民盟盟员张春海创建的湘西州首个苗族挑花艺术馆在吉首开馆。1985年出生的张春海是国家级非遗项目“苗族挑花”的州级代表性传承人，挑花作品多次获得国家、省级、州级比赛大奖，多次代表湘西州驻北京宣传本民族文化，获中华民族博物院“民族文化传承优秀奖”，湖南卫视曾经两次为他做过人物专题采访。作为集中展示苗族挑花作品，宣传推广挑花文化，传习挑花技艺的重要平台，苗族挑花艺术馆免费向社会开放、定期招收热爱苗族挑花艺术的青少年学习和传承挑花技艺，让更多的人了解并爱上民族传统文化，促进民族文化繁荣发展。

【民盟州委第二届趣味运动会】 2017年5月20日，民盟湘西州委举行长行村镇银行杯“迎州庆”第二届趣味运动会。运动会以庆祝建州60周年为主题，开设拔河、两人三足跑、企鹅漫步、螃蟹夹西瓜、猪八戒背媳妇、旱地龙舟等5个趣味比赛项目，有民盟张家界市委、民盟怀化市委、中共湘西自治州委统战部、湘西长行村镇银行及民盟湘西州委各基层支部等12支代表队参加比赛。

【成功创建省级“同心乡村”】 2017年，保靖县水田河镇中心村被中共湖南省委统战部评为第三批省级“同心乡村”。中心村是民盟州委驻点扶贫村，由中心、排塘、新寨3个村合并而成，全村475户2084人，其中建档立卡贫困户177户700人。2015年，民盟州委主动请缨，作为牵头单位承担中心村驻村扶贫工作，三年间共投入项目资金2300万元，完成水、电、路、网、村部楼等基础设施建设，大力发展茶叶、竹鼠、黄牛、山羊、黑毛猪、稻花鱼等特色产业，通过“公司+基地+农户”模式，先后成立7家农民专业合作社，建有黄金茶园1000亩、稻花鱼养殖基地300亩，竹鼠养殖规模1600只，黄牛、山羊、黑毛猪养殖均具一定规模。当年，全村特色产业收入达到350余万元，村级集体经济总收入实现4.65万元，全村人均可支配收入从2014年的2180元提升到8600元，连续三年获“全州脱贫攻坚先进村”及“全州优秀扶贫工作组”表彰。

【民盟湘西书画艺术展】 2017年8月22日至26日，民盟湘西州委在湘西州美术馆举办“风雨同舟迎州庆，不忘初心向前行”民盟湘西州书法、美术、摄影、工艺作品展，庆祝湘西土家族苗族自治州成立60周年和迎接中共十九大召开。展览共邀请省内外41位书画名家参展，展出书画摄影艺术精品89件，从独特视角展示湘西州建州60年来文化建设工作取得的丰硕成果和民盟人团结奋进的精神风貌，描绘湘西人民积极美好的心境和湘西山水自然之美，以鲜明的特色向大众生动呈现湘西丰厚的人文民俗底蕴。

【“福泽潇湘·情满湘西”公益活动】 2017年11月10日，民盟湘西州委、州人社局、州民政局、湘西长行村镇银行与州福彩中心等单位联合举办“福泽潇湘·情满湘西”吉首地区中福在线资助贫困家庭暨环保公益徒步健身活动。活动由民盟湘西州委和州福彩中心率先发起，以关爱城镇下岗职工、贫困家庭和贫困学子为主题，由民盟湘西州委爱心基金、吉首中福在线和州人社局共同捐赠爱心款42万元，面向全州420户城镇下岗职工、贫困家庭、贫困学子进行慰问救助，这种关爱城镇下岗职工的大型公益活动近年来在全省尚属首次。活动共吸引500多名徒步爱好者参与其中，民盟湘西州委组织80多名盟员参加当天的徒步活动。

【湘西州癫痫病义诊救助公益活动】2017年12月22日，农工党中央、中国初级卫生保健基金会健康与教育公益基金会、州人大教科文卫委员会、民盟湘西州委、州卫计委、州人社局、州慈善总会联合举办“杏林春雨行动”湘西州癫痫病义诊救助公益活动。活动期间，国内知名脑病治疗专家在湘西州8县（市）开展为期8天的义诊和筛查活动，查出的1500名癫痫病患者统一安排到北京治疗，并为每人报销总费用的50%和补助1000元的交通费。

【盟员王福军入选享受国务院政府特殊津贴专家】2017年，民盟湘西州委副主委王福军被国务院批准为2016年享受国务院政府特殊津贴专家。王福军现为湘西州人民医院心内二科主任、主任医师、硕士研究生导师。35年从医生涯中，年诊疗病人近4000人次，共发表学术论文（含综述和个案）100余篇，其中10余篇论文被评为省、州优秀论文；主编或参编医学专著41部，其中主编出版7部系列医学参考书；主持和主要参与完成科研课题13项，其中12项分别获得科技进步奖或医疗成果奖。先后被授予“湖南省第十一届青年自学成才奖”“湖南省职工自学成才先进个人”“赵易心电学奖”“21世纪杰出心电学奖”“中国杰出心电学工作者”等荣誉称号。2011年被民盟中央授予先进个人称号。

【盟员石敏荣获首届“中国儿科基层医师奖”】2017年，民盟盟员、州人民医院儿一科主任石敏荣获首届“中国儿科基层医师奖”，是湖南省唯一获得该项荣誉的医生。“中国儿科基层医师奖”是经国家卫计委批准，由中华医学会设立的基层儿科医生行业最高奖项，旨在奖励做出突出贡献的基层儿科医师，展现坚守在基层临床一线、救死扶伤、精进审慎、乐于奉献的新时代基层儿科医师精神风貌，着重表彰在医德医风及职业道德方面的突出表现者。石敏22年如一日地扎根在湘西民族贫困地区，奋战在儿科医疗一线，用精湛的医术服务湘鄂渝黔四省市民族边区的病患儿童，守护民族边区儿童健康。石敏负责的科室是湘西州手足口病定点收治点，亦是全州唯一具备收治危重症手足口病的科室。2011—2017年，该科室仅收诊治愈的手足口病患儿超过1.5万余例。由她主持的省级课题“湘西少数民族小儿手足口疾病诊治研究与推广”研究，顺利完成并付诸医疗实践，获得社会各界人士好评。

【盟员鲁明勇入选湘西州政府人才智库】2017年5月21日，民盟盟员、吉首大学旅游管理学院副院长鲁明勇因在旅游精准扶贫、全域旅游、乡村旅游、文化旅游与创意方面有深入研究，为助推湘西州脱贫致富大发展作出特殊贡献被聘为湘西州人民政府智库专家。湘西州政府智库所聘智库专家不超过30名，按国家、省级和州级比例确定，湘西州级遴选5名专家。鲁明勇是国家民委民族理论政策研究基地首席专家、中共湖南省委宣传部“湖南西部经济研究基地”首席专家，擅长解决经济社会发展焦点难点问题，曾为湘西州处理非法集资棘手事件出谋划策，完成湖南省发改委立项的建设湘西地区融资体系、张家界市“十一五”、湘西州“十三五”国民经济与社会发展战略与思路及州、县（市）旅游规划等数十个重要课题。

【盟员彭景泉作品《热血军旗》在中央电视台综合频道播出】2017年8月3日，民盟盟员、国家一级导演彭景泉编剧的重大革命历史题材电视剧《热血军旗》在中央电视台综合频道黄金时段播出。该剧为纪念中国人民解放军建军90周年而拍摄，经彭景泉历时七年、五易其稿倾情打磨而成，主要讲述中国共产党建军思想形成的历史过程和创建人民军队的艰辛历程，紧扣中国共产党对人民军队缔造和领导这一灵魂主题，展现北伐战争、南昌起义、秋收起义、广州起义、三河坝阻击战以及朱毛井冈山会师、古田会议等历史节点的标志性事件，是一部思想性、艺术性、观赏性俱佳的优秀作品，也是一部十分形象的党史、军史教材。

（本栏图文　龙骏峰）

湘西州工商业联合会（总商会）

【概况】2017年，湘西州工商联有会员8291个，增幅22.32%，其中企业会员1153个、团体会员166个、个人会员6972个。全州推荐340余名非公经济人士担任县级以上人大代表、政协委员，提交建议、提案350余件。1200余名企业家参加教育培训活动15次。州工商联首次在全省市州工商联绩效评估中荣获优秀单位，同时被评为全省凝心聚力脱贫攻坚工作先进单位、州级文明单位、全州计划生育综合治理工作先进单位。

商会发展。成立长沙湘西商会。吉首市个私协、湘西浙江（温州）商会、湘西岳阳商会获评湖南省2017年度“四好商会”。保靖、凤凰、花垣3县获评全国年度“五好”县级工商联。实施“迎老乡、回故乡、建家乡”行动，在第八届湘商大会上，借助广东湘西商会等平台为湘西州引进项目3个，协议投资2亿元、意向性投资9亿元。年内州工商联完成招商引资项目签约7.581亿元，实际到位资金5630万元。是年，州内工商联累计组织22批次1000余人次参加各种学习培训、商会交流和经贸考察活动，缔结友好商会15个。

服务会员。承办全州民营企业家新春座谈会，叶红专、龙晓华等“四大家”主要领导亲临会议听取民营企业家的意见和建议。与州经信委、州旅游港澳外事侨务局签订部门合作协议。与检察机关联合出台《开展依法保障和促进非公有制经济发展服务非公有制企业工作方案》，探索检察官派驻服务机制。组织政企恳谈会、企业沙龙活动4次。全年为民营企业争取中小企业发展引导资金25万元。积极推荐众鑫新材料等20家民营企业向国家申报2017年度高新技术企业并获批。联合举办“春风行动”“2017年民营企业招聘周暨济南市—湘西州劳务协作专场招聘会”等活动。全州累计开展政银企对接100余次，为会员企业协调贷款40多亿元。鼓励支持民营企业上市融资，抢抓“绿色通道”优惠政策。州工商联分别与华融湘江银行、建设银行签订战略合作框架协议，授信60亿元，为会员企业优先提供优质金融服务。组建成立湘西州工商联法律顾问团，首批聘请24名顾问团律师，开展企业维权投诉服务受理、登记、咨询工作。

参政议政。州政协副主席、州工商联主席石红代表省政协民族和宗教委员会在省政协十一届五次会议上的发言《农村中小学寄宿制学校建设是推进教育扶贫的当务之急》得到省委书记杜家毫和省长许达哲的亲笔批示。工商联界别向州政协十二届二次大会提交大会发言7篇（占大会发言总数的30%）、团体提案6篇。《关于进一步完善贫困地区金融扶贫机制的建议》《降低民营企业经营成本的建议》等大会发言获得好评。团体提案《进一步落实民营企业参与精准扶贫的优惠政策》编入大会情况反映。

宣传调研。办好办优“湘西自治州工商联”微信公众号、网站等宣传平台，全年在州级以上党报党刊、主流媒体上稿285篇，其中《中华工商时报》刊载8篇。在《团结报》开设“州工商联献礼六十州庆”专版7期。组织非公企业踊跃参加魅力湘西投票活动。组织开展降低民营企业成本、“访民企、办实事、强信心”等走访调研活动，撰写调研报告20余篇。

【构建亲清政企关系】带领40名民营企业家、商协会会长和县（市）工商联主席、书记，在中国人民大学开办学习十九大精神暨企业管理创新研修班，并实地考察中关村等知名园区和企业。省、州、县三级工商联和非公经济人士代表40余人与十八洞村群众一起收听收看十九大开幕式。组织开展“亲商联企强信心、宣讲引导沐清风”主题活动，以“信念、信任、信心、信誉”为主题，深入推进“四信”理想信念教育实践活动。举办第3期民企大讲堂，开办道德讲堂4期，联合州国税局、州地税局开展诚信建设系列活动，评选表彰诚信纳税企业和个体工商户20家。带领商会走进武警军营开展“军旗舞盛夏、军民共联欢”八一建军节慰问活动。

【“千企联村”工作】2017年，动员1200余家企业参与，398家企业、商会进入“万企帮万村”台账管理，结对帮扶459个贫困村，帮扶贫困群众63188人，实施项目794个，投入资金7.24亿元。州委、州政府主要领导多次听取州工商联工作汇报，“千企联村”写入州委经济工作报告和2017年州委1号文件，纳入州对县（市）年度绩效考核目标任务。积极对接省工商联“聚力脱贫攻坚——党组织在行动”主题活动，引进州外200余家非公企业参与，帮扶资金达1.5亿元，实施省、州示范项目30余个，争取省20家民营企业、商协会对口帮扶湘西州20个贫困村。

【东西部工商联扶贫协作】2017年2月，与济南市工商联签订扶贫协作框架协议和友好商会协议，共同实施以“五个产业、八类资源、一期培训班、一系列活动”为主要内容的“5811”工程，在特色农产品销售、湘西优质茶叶采购、科技产品联合开发、引进注册山东籍企业等方面取得较好成效，助力全州优质产业产品实现营收2亿元。

（本栏撰稿　杨兴林）

社会团体

湘西州总工会

【概况】2017年，全州各级工会组织认真贯彻落实省总工会十五届七次全会精神，紧紧围绕州委和政府中心工作，强化责任意识，努力开拓进取，各项工作呈现良好发展态势。推选国网保靖县供电公司总经理顾海军获评全国“五一劳动奖章”、湖南三立集团股份有限责任公司硫酸三厂获评全国工人先锋号、湖南新中合光电科技股份有限公司质检主管彭元萍获评全国“五一巾帼标兵”、国网湘西供电公司获评全国厂务公开民主管理工作先进单位、永顺县总工会获评全国市级工会财务先进单位、花垣县职业学校获评全国农民工教育示范基地、泸溪县长兴柑桔专业合作社理事长宋八连获评湖南省十佳女职工标兵。州总工会经费审查委员会获评湖南省市级工会经审工作规范化建设特等奖，左孝荣劳动模范创新工作室、李峰劳模创新工作室、陈秀坪劳模创新工作室获评湖南省示范性劳模和工匠人才创新工作室。

劳动竞赛。组织参加“职工喜迎十九大、劳动创造新湖南”劳动和技能竞赛，授予15人湘西自治州“五一劳动奖章”称号。在湖南省“湘字号”传统技艺工匠竞赛活动中，4人进入湘茶、湘绣、湘竹3个传统产业决赛的前十名，由省总工会授予“优秀工匠”，由省人力资源和社会保障厅授予湖南省技术能手，获得湖南省“五一劳动奖章”。

劳模服务。州庆期间，联合湘西州广播电视台新闻综合频道完成“平凡的赞歌”劳模系列报道摄制任务。安排30多名劳模参加由全总、省总、州总组织的在北京、厦门、哈尔滨等地5批次劳模疗修养活动。帮助湘西自治州丰达合金科技有限公司王国宁劳模创新工作室的高氮氮化锰制备技术研发与应用创新项目获得全总劳模（职工）创新补助资金20万元。

职工帮扶服务。扎实开展“四送活动”，即：春送岗位，夏送清凉，秋送助学，冬送温暖。组织农民工专场招聘活动8次，实现州内就地就近就业2312人、州内省内转移就业806人、跨省转移就业1265人。组织资金210余万元，给高温作业的企业职工送去清凉健康物品。组织资金310余万元，救助贫困职工、贫困农民工子女进入高中和大学学习621人次。元旦、春节前夕，慰问困难职工3812名，发放慰问金350余万元。做好全州职工医疗互助活动，组织12.7万名职工参加职工医疗互助，给5043名职工支付补助金453.4万元。组织1762个单位8.8万多名职工参加住院医疗互助项目，收取互助金533.4万元，5158名患病职工申请补助金，支付补助金额466万多元，人均补助达904元。落实医疗救助项目，全州工会给256名大病致困职工和农民工提供医疗救助资金70万元。

基层工会建设。全州新建基层工会64个，涵盖单位401家，发展会员9573人，其中农民工7882人。抓好工会组织数据库管理，数据库组工会建率和职工入会率动态保持在90%以上。表彰优秀职工之家27个、优秀职工小家12个。推荐永顺县工业园区、吉首市矮寨镇工会联合会等3家工会组织接受省总工会表彰。抓好工会干部培训，选送52名基层工会干部到省总工会干部学校参加各类性质培训班12期。指导包括湘西经开区在内的9县（市、区）总工会召开代表大会，成功选举县（市、区）总工会领导班子，选举产生2018年出席州总工会十二届代表大会代表210名。完成州总工会机构改革方案，遴选年轻干部2名。印发《加强村级工会组织建设的意见》，在龙山县召开村级工会组织建设现场会，全州组建村级工会65家，每个县市重点办好10个贫困村的村级工会组建和农民工集中入会试点工作。

州总工会组织劳模在厦门疗养合影

职工维权。保持“12351”职工维权热线畅通，年内州总工会帮扶中心接待职工来电来访200多人次，均妥善处理。会同4省边区17个工会组织联合签订《武陵山区农民工权益维护合作协议书》，配合全州各级劳动保障监察部门及相关职能部门开展农民工工资专项检查，对招用农民工较多的建筑、餐饮服务、通信、金融等行业进行地毯式检查，6148名劳动者追回被拖欠工资4333.43万元。

工会经费审查监督。以三年一个周期，对所有单位至少一个周期内审计一次，实现全覆盖，无盲区，零死角。年内，审计完成州本级、4县（市）和5家州直属单位工会委员会的财务收支情况，出具审计报告10份，发现存在问题48个，提出有针对性的审计意见33条，相关问题及时整改到位，湘西州经审工作规范化建设获湖南省经审工作规范化建设特等奖。加强工会经费财政代扣、地税代征工作，全州工会经费收缴稳中有增。全年完成地税代收工会经费3360万元、财政代扣工会经费460万元。

【困难职工技能培训】 指导泸溪县建立“一户一产业工人”培训基地1个，实用技术培训基地2个。投入培训资金135万元，先后在湘西职业技术学院和州人力资源培训中心举办就业技能培训班，组织困难下岗职工、困难农民工参加技能培训，开展“月嫂”及“催乳师”技能培训6次、电工培训1次，培训学员358名，帮助48名农民工取得电工上岗资格证、310名下岗女职工取得初级育婴员和催乳师资格证书。

【工资集体协商】 指导县市开展“春季要约行动”，主动行使要约权，全面推动企业启动协商程序。完成工资集体协商企业2175家，建制率达90.7%，覆盖职工57162人。其中单独签订工资集体协议企业83家，覆盖职工12385人；签订行业性工资集体协议企业24家，覆盖企业1314家，覆盖职工33549人；签订区域性工资集体协议企业20家，覆盖企业778家，覆盖职工11228人。

【女职工关爱行动】 组织开展《劳动法》《中华人民共和国合同法》《女职工劳动保护特别规定》《中华人民共和国未成年人保护法》等法律法规宣传活动，2万余人次参加，其中女职工及外来务工女农民工5000余人，发放宣传资料3000多份。积极开展女职工专项集体合同签订、履约监督检查工作，女职工专项集体合同签订率90%。落实“五期保护”工作，完善女职工维权机制，组织1730个单位3.7万多名女职工参加特殊疾病保障项目，收取互助金37.6万元，13名患特殊疾病的女职工获补助金13万元。

【星级帮扶中心创建】指导龙山、泸溪等县规范职工维权帮扶中心建设，促进帮扶中心转型升级，为职工群众提供多元化服务。年内，帮助全州1762个参加单位审核资料5286份、1156个基层工会审核办理申报资料5171份，给5171名患病职工支付补助金479万余元。发挥帮扶中心拾遗补缺作用，各级帮扶中心投入专项资金186万元，用于开展生活、助学、医疗等日常救助，帮扶救助困难职工、农民工1100多人。加大受灾企业职工生活救助力度，积极向省总工会争取专项救灾资金60万元，帮助各县（市）企业职工减轻灾后损失。

（本栏图文　王文熙）

共青团湘西州委员会

【概况】2017年，共青团湘西州委始终坚持正面引导为主、分类引导相结合，不断转变引导方式和创新引导载体，引导青少年坚定道路自信、理论自信、制度自信，把青少年凝聚在党周围、号召在党旗下。开展“五青”系列活动，为湘西发展献策助力。开展青年创新创业培训，培训青年600余人次。加强基层团组织建设，建成100个非公有制经济（社会）团组织。推进共青团改革，全州团员、青年工作同时取得新成效。

思想政治引领。“五四”青年节，团州委召开“青心青力迎州庆·青言青策助湘西”纪念“五四”运动98周年暨全州优秀青年座谈会。州委书记叶红专等州“五大家”领导与来自全州各地各界的优秀青年代表欢聚一堂，畅谈青春与梦想，共话湘西青年的历史使命与责任。以座谈会精神为指引，全州120多个团队组织开展“不忘初心跟党走”宣讲会、“红领巾相约中国梦”、学雷锋、“给习爷爷说句心里话”“向上向善好青年”学习交流活动、“开学第一天”升旗仪式等主题团队日活动112场次，影响青少年3万余人，掀起讲文明、树新风、比奉献的青春热潮。5月，全州共青团系统开展“五青”系列活动，“五青”活动包含“青眼看湘西”摄影图片展、“青笔写湘西”书画展、“青声读湘西”美文诵读、“青歌唱湘西”民歌传唱、“青足走湘西”为爱行走。5月4日，活动启动，全州广大青少年踊跃参与。共收到青少年书画作品2000余幅，湘西题材的朗诵作品100余件，歌曲、MTV200余件，摄影图片3000余张。团州委策划推出的献礼60周年州庆主题歌《湘西正青春》被广大青少年广泛传唱。10月18日组织1000余名团干部集体收看十九大开幕会盛况，认真聆听习近平总书记在大会上作的工作报告。10月23日，团州委组织召开“不忘初心、牢记使命”学习贯彻党的十九大精神座谈会，拉开全州共青团系统学习宣传贯彻党的十九大精神序幕。

基层团组织建设。联合州委组织部、州民政局印发《关于结合全州村（居）“两委”换届开展村（社区）团组织集中换届选举工作的通知》（州团联〔2017〕4号）文件，在村（社区）“两委”换届选举中同步开展村（社区）团组织集中换届工作，通过换届，全州村级团组织力量普遍加强。全面完成团省委布置的100个非公有制经济（社会）组织团建工作。

团干部队伍建设。推行团干部“1+100”工作制度，全州1328名专职团干部全部责任到位、任务上肩，该项工作开展走在全省前列。同时加大团干培训力度，11月13日，全州基层新任团干部培训班开班，为期一个月，参加培训的有县（市）团委新任专职团干部，州、县直机关新任团干部，乡（镇、街道）新任团干部，非公经济组织新任团干部，学校新任团干部，共计50人。年内，全州8县（市）有7个县（市）的团委书记转岗到县市重要岗位锻炼。同时，实现8县（市）所有乡镇由党委班子中最年轻的成员担任乡镇团委书记的目标。

团员队伍管理。团州委制定《共青团湘西州委关于做好2017年全州发展团员调控工作的方案》，严格控制发展团员比例，全州9800名发展团员计划全部分发到县（市）和州直学校，同时规范团费收缴及使用办法，要求各级团组织严格按照“三会两制一课”要求，组织开展团组织活动。

希望工程圆梦行动脱贫攻坚三年计划2017年助学活动捐赠仪式

服务青年创新创业。年初，州青年创新创业综合服务中心正式挂牌入驻武陵山片区创新创业孵化园，设立专门办公室，并招聘1名工作人员负责日常工作，迈出共青团服务青年创业工作走向专业化的“第一步”。联合州移民局、州科协深入推进全州第三轮第二期青年移民科技创业“启航行动”，投入资金300万元，帮扶100名青年移民和建档立卡户立足农村创业。联合“黑土麦田”公益组织在全州8县市、湘西经济开发区举办青春助力精准脱贫“海客计划”青年创新创业县市巡回培训班9场次，培训青年600余人次。与山东省济南团市委达成战略合作意向，济南团市委举全市共青团之力，将资金、项目、产业、人才等一系列资源引向湘西，全力帮助湘西州精准脱贫，着力引进人才，助推农村社会发展。

服务青少年。深入开展“希望工程”，参与实施建档立卡户、农村贫困留守儿童青少年救助，全年筹资308万元，新立项希望小学3所，救助建档立卡户、农村贫困学子600余人次。州民族青少年宫搬迁重建项目列入州重点项目，常务副州长、项目组组长向恩明，州政府副秘书长伍程灿多次召集相关单位开会推动，新址拆迁工作接近尾声，市住建局出具红线图，并在相应地界修砌围墙。

维护青少年合法权益。开展“青暖高墙·关爱孩子”戒毒人员未成年子女关爱帮扶全覆盖行动；组织开展青年骑行志愿者“禁毒之声·唱享健康”健康毅行活动；积极参与省州禁毒微视频摄影大赛，推送的禁毒微电影《青春防线》荣获省、州首届禁毒微视频大赛三等奖。开展“青春自护·平安春节”和“青春自护·暑期安全”青少年假期自护教育、“知路·爱路·护路”宣传教育月活动、青少年防艾知识宣传教育等活动。

【州、县（市）共青团改革】2017年，团州委根据中央、省委和州委关于加强和改进党的群团工作的要求，按照州委和团省委对团州委改革的安排部署，起草团州委改革实施方案（草案），经征求各县（市）团委和州委改革办、州委组织部、州编办、州教体局、州民政局、州财政局、州人社局等单位意见，并报请团省委和州委批准，同意于2018年正式行文实施。县级共青团的改革方案正在草拟之中，其兼职、挂职团干部的配备工作，利用县市团委换届之机，基本落实到位。

【新媒体平台矩阵建设】2017年，州、县两级团的领导机关全部开通官方微信公众号，且普遍运营状况良好。团州委官方微信平台发布活动资讯、在线募捐、团青工作、青年心声等各类图文信息260期共计500篇，总阅读量超过60万人次，点赞1.4万次，微信图文互动千余条，留言咨询2800余条。粉丝数从年初的3.7万名增长至4.3万名，平台吸引力和影响日益增强。全年多次上榜团中央全国地市团组织微信公众号综合影响力排行榜前20名，全国地市级团组织单周文章阅读量排行榜榜单前10名，单篇微信文章一周内达到34609次阅读量，微信平台单周达到118610次阅读量。各县（市）团委通过增加人手、创新模式、强化保障等有效措施，推动新媒体工作迅猛发展，形成你追我赶、齐头并进的良好发展态势，共青团在青年手机端的影响和引领作用逐步彰显。凤凰、永顺、龙山等县（市）团委的微信平台影响力长期位列全省团系统20强。

【志愿者服务】2017年，团州委联合州教体局、州财政局，把“西部计划志愿者”纳入到《高校毕业生贫困地区基层单位就业学费补偿管理办法》（按照硕士研究生8000元/年，本科生5000元/年，高职专科生3500元/年的标准执行）。在全州组建创业就业、志愿活动、心理健康、维护权益、爱心传递、婚恋交友、成长教育7个类别588人的专家服务团队，在专家团的支持下，由全州各基层团组织负责人和各类青年代表组成的“青年之声”志愿者，解答青年疑问3000余个，线上线下结合服务青年1000余人次。州庆期间，团州委积极协调培训500名青年志愿者服务州庆各项活动。

【“一学一做”教育实践】2017年3月13日，团州委召开湘西州“一学一做”教育实践动员会，印发全州开展“一学一做”教育实践活动实施方案，明确目标任务，提出需要着力解决的问题，对学习内容、时间和方式等作出具体安排，对讲团课、组织生活会、民主评议等提出明确要求，并对组织实施、宣传动员等工作作出具体部署。

（本栏图文　田　成　颜小煌）

湘西州妇女联合会

【概况】2017年，全州有乡镇妇联组织115个，村（社区）妇联组织1810个，州直机关事业单位妇委会37个。颁布实施《湘西自治州妇女发展规划（2016—2020年）》和《湘西自治州儿童发展规（2016—2020年）》，联合州综治办、州中级人民法院等部门出台《关于完善婚姻家庭纠纷多元化解机制的实施意见》，州、县（市）两级成立婚姻家庭矛盾纠纷调解委员会，建立专门调解机构，落实专（兼）职调解员，出具湘西州第一张人身安全保护方面的法律文书，各级妇联组织调解婚姻家庭类纠纷案件69件次，成功调解69件，调解成功率100%。投入“两癌”项目检查资金384.538万元，完成检查37467人，争取“贫困母亲两癌救助”资金383.8万元，救助贫困妇女患者356人。全面启动贫困妇女精准脱贫培训工作，先后举办育婴师（月嫂）、家政服务、苗绣等职业技能培训班20余期，培训农村贫困妇女2000余人。发展各类形式的妇女互助组10000个、巾帼合作社1000个、巾帼脱贫示范基地20个等，筹备成立湖南省女红协会湘西自治州分会，发放妇女小额贷款1559万元，获贷妇女160人，贴息333.87万元。依托“道德讲堂”“女性大讲堂”“妇女干部培训班”等载体，全年举办各类讲座、报告、培训等120余场，近8000余名妇女参加。

关爱妇女儿童。争取到湖南省绿之韵集团经费支持，按照人均233元检查标准，将湘西州1万名城镇低保已婚育龄妇女纳入“两癌”免费检查范围。及时组织召开妇女“两癌”免费检查工作协调会，出台相关文件，明确优惠政策。举行“绿跑湘西，为爱出发，健康与美丽同行”关爱女性健康“两癌”免费检查公益活动启动仪式，加大对两癌免费检查工作的宣传力度。中国儿童少年基金会“音乐之声我要上学1200助学行动”项目落户永顺、龙山两县6所学校，400名贫困学生获得16万元救助；“小侯鸟图书角”项目覆盖湘西州8县市23所学校，项目为每个学校免费提供价值5万余元的82套图书和一套蓝牙音响。分别建立农村留守儿童心理健康辅导中心示范点和“知心屋”9个，中心聘请一批社会心理工作者，机构创建以来先后为200余名留守儿童解决心理健康问题。4月8日，在吉首市石家冲街道办事处寨阳留守儿童之家举办“同在蓝天下·快乐共成长”关爱留守儿童活动；“六一”期间，在永顺县泽家镇若西村和花垣县麻栗场镇溜培村开展“庆‘六一’·温暖微行动”关爱留守儿童活动，现场为250多名留守儿童发放助学慰问金2.3万元、书包及文具用品250套、少儿书籍2250册、文体用品50套，共计8万余元。

创新创业。组织30批次妇女参加全国妇联在义乌举办的电子商务培训班和在北京举办的“农家女”培训。成立湖南省女红协会湘西自治州分会，开展妇女手工技术大比拼。扶持花垣县十八洞村公司+合作社+基地+妇女的精准扶贫模式，帮助农村贫困妇女找到一条在家门口就业，实现增收致富的路子。龙山苗家妹公司充分利用当地资源和人力优势，开发手工编织品，该公司已发展成为拥有2000多名员工、30多个加盟代理商、年销售额近1000万元的专业手工编织品公司。6月6日，联合州民宗委、州人社局在吉首市世纪广场举办建州60周年民族服饰创意设计获奖作品发布暨巾帼创业建功民间工艺技能大赛，全州近200名妇女手工艺从业者参与技能大比拼。开展巾帼现代农业科技示范基地创建活动，通过严格考察和评审，保靖县现英茶叶产销专业合作社等2个巾帼就业示范点被评为湖南省巾帼农业脱贫示范基地，龙山县苗家妹手工编织有限公司等4个基地被认定为“湖南省巾帼巧手创业就业孵化基地”，分别获得产业扶持资金5万元。

湘西自治州妇女第十三次代表大会现场

妇女参政。抓住州县乡三级同步换届契机，积极推动优秀女性参政议政。各级党代会女代表、人大女代表和政协女委员比例不断提升，州党代会代表中女代表109人，占代表总数的26.4%，比上届增长2.94%；州人大代表中女代表115人，占代表总数的33.72%，比上届增长4.22%；州政协委员中的女委员89人，占委员总数的26.41%，比上届增长2.21%。县级党代会女代表、女性人大代表、女性政协委员人数分别占代表、委员总数的23.28%、34.87%、33.01%，比上届分别提高2.39%、8.52%、5.22%。

【家庭文明建设】 2017年，与州美丽湘西建设办公室开展“美丽湘西·最美庭院”评选活动，表彰“湘西州最美庭院”100户。常态化开展寻找“最美家庭”活动，全州1万户家庭参与各类活动，2000户家庭自荐他荐，晒出家庭照片5000张，获评全国最美家庭1户、全省最美家庭3户。开展“书香飘万家”亲子阅读活动；举办“传承好家风好家训”家庭教育公益讲座20场次，受教育家长2000多人；建立9所村（社区）家庭教育指导中心，定期开展家庭教育讲座。

【志愿服务活动】 2017年，开展“我为州庆做贡献、我为州庆添光彩”系列活动，招募200名巾帼交通文明劝导员，参加州“禁毒之声·唱享健康”健康毅行大型禁毒主题宣传活动及“关爱同行·温暖相伴·平安家庭促和谐”教育帮扶活动，积极参加州禁毒办举办的“湘西州首届禁毒摄影作品大赛”活动，层层推荐禁毒摄影作品，通过评选，凤凰县妇联推荐的《禁毒妈妈》、州妇联推荐的《不让毒品进我家》、花垣县妇联推荐的《无毒苗寨》分别荣获三等奖和优胜奖。

【“会改联”工作】 2017年，下发《关于加强党建带妇建全面推进服务型基层妇联组织建设实施意见》，出台《关于全州村（社区）党组织和村（居）民委员换届选举工作方案》。先后组织开展两次督查活动，成功迎接省妇联关于基层组织改革的督导检查工作。全州县市区均成立以党委政府牵头的领导小组，将基层妇联组织改革纳入党建工作总体安排，做到同检查、同考核、同奖惩。全州所有村均按要求完成村妇代会改妇联工作，乡（镇）、村两级均按主席+兼职副主席+执委的结构选举产生妇联班子。全州1810个村（社区）妇联共选举产生专职主席1810人、兼职副主席3620人、执委26127人。

（本栏图文　王　华　向思栩）

9月28日花垣县十八洞村猕猴桃开园暨直供港澳首发式

湘西州社会科学界联合会

【概况】 2017年，州社科联紧紧围绕湘西州实际，组织和团结全州广大社科工作者，求真务实、开拓创新，课题研究取得重大突破，社科普及成效显著，学会管理有效推进，社科评奖圆满完成。全年课题立项25项，开展以“增强国防意识、弘扬民族文化、创新科学发展”为主题的科普活动周，十八洞村等3家单位入选全省社科普及基地，著名军事专家金一南将军到湘西州作专题报告会，成立第一届中共社科联社会组织委员会，完成第七届哲学社会科学成果评审，评选出获奖成果13项，其中特别奖3项、一等奖1项、二等奖3项、三等奖6项。

课题研究。州社科联以“湘西州打造全域生态、全域文化、全域旅游、全域康健的国内外知名生态文化公园战略与对策研究”为主题，开展课题申报评审工作。4月19日，省社评委下文将该课题列为省重大委托课题，并由叶红专书记担任课题主持人。6月6日，州社评委印发课题立项文件，共立项25个课题，其中州级一般性课题12项，州级重点委托课题13项。10月23日，下达2017年度课题结题通知，对立项课题进行结题评审，全年共结题18项，其中优秀1项、合格17项。

社科普及。2017年5月15日至19日，州社科联举办湘西州社会科学普及主题活动周，活动周以“增强国防意识、弘扬民族文化、创新科学发展”为主题，集中宣传习总书记“5·17”重要讲话精神和《湖南省社科普及条例》，对州级首批社科普及基地进行授牌。

学会管理。州社科联主管的23个州级社科类学会（研究会）年检年审合格。6月16日，州财政学会开展换届选举；6月25日，州党建研究会完成换届工作，选举产生新一届理事会成员；7月3日，对全州学术研讨性活动进行有针对性统计。年内全州学术报告、学术研讨、学术刊物等社科交流平台实现意识形态领域“零事故”。

【学习大课堂】 2017年6月2日，州社科联与州委宣传部联合举办“湘西学习大课堂”暨“好声音讲坛——‘讲话精神’进基层”百姓微宣讲活动决赛，9县（市、区）9名理论宣讲员，宣讲以习近平同志为核心的党中央治国理政新理念新思想新战略。6月21日至23日，州社科联与州委宣传部、州委讲师团联合举办以中国特色社会主义道路自信、理论自信、制度自信和文化自信为主要内容的意识形态工作研讨培训班，对来自8县（市）、湘西经开区和州直单位的63名理论骨干开展理论培训。

【“省级社会科学专家服务团湘西行”咨询活动在湘西举行】 2017年7月10日至13日，结合省社科联“常委联基层”工作，州社科联与州委宣传部、州委政策研究室联合策划举办“省级社会科学专家服务团湘西行”咨询活动。省社科联党组成员、副主席郑升带领省内外知名专家一行到湘西州实地考察调研，并召开咨询论证会，为湘西“四个全域”发展献计献策。

【湘西社科理论界学十九大报告专题解读】 2017年12月，为学习贯彻十九大精神，州社科联组织全州社科理论界开展“湘西社科理论界学十九大报告专题解读”活动，收到专家各类文章17篇，《团结报》理论专版对《坚持以习近平新时代中国特色社会主义思想为指导　加快构建中国特色哲学社会科学》等12篇对促进湘西州经济社会发展有益的文章进行刊登。

【“贯彻发展理念，转型升级补短板”对策征集】 2017年12月5日，州委宣传部、州社科联动员州直各单位、

9县（市、区）、社科院校专家学者广开言路，征集湘西州经济社会在新时代背景下跨跃式发展的对策建议，共收到州直单位及各县市、湘西经开区补短板建议27篇。

【著名军事专家金一南到湘西讲课】 2017年8月24日，州社科联邀请著名军事专家、国防大学战略研究所所长、少将、教授、战略学博士生导师金一南将军到湘西作《新世纪国际形势与国家安全战略》专题报告会，州级领导、州直单位处级干部、吉首市和湘西经开区科级干部以及湘西军分区、州武警支队、州消防支队官兵共计1000余人参加此次学习，活动效果良好。

【十八洞村等入选湖南省第五批省级社科普及基地】 2017年1月，湖南省社科普及宣传活动组委会公布第五批省级社会科学普及基地名录，湘西花垣县双龙镇十八洞村、湘西州图书馆和湘西州博物馆顺利入选。

【湘西州社会科学界社会组织党委成立】 2017年8月22日，中共湘西州社会科学界社会组织委员会成立，选举产生第一届委员会委员，谭必四任党委书记，管理全州社科类社会组织党组织，实现社科类社会组织党组织与党的工作两个“全覆盖”。9月22日至27日，组织州级社科类社会组织党组织负责人开展“重走长征路、不坠革命志”主题党性教育实践活动。

（本栏图文　杨　懿）

湘西州归国华侨联合会

【概况】 2017年，湘西州侨联积极拓展海外联谊领域，丰富经济文化交流活动，提升服务发展能力，团结侨商侨企，整合侨智侨力，引进侨才侨资，着力打造“创业中华·兴业湘西”等品牌，提升侨联组织社会影响力。年内，接待侨胞120人次，投资项目落地1个，引入侨资项目500万元；华侨捐资项目2个，建成项目2个；华侨爱心公益捐款1300万元；维护侨眷权益3户，资金60万元。

基层组织建设。指导吉首、龙山、永顺、古丈、保靖、凤凰6县（市）成立基层侨联组织，并召开各县（市）侨联第一次侨代会，选举产生各基层侨联委员会委员、常委、正副主席和秘书长。花垣县、泸溪县正加紧基层侨联组织设立筹备工作。加强对侨心艺术团等社会性组织的党建指导，保证其正确发展方向。

侨智侨力整合。全力打造“创业中华·兴业湘西”科技品牌，最大程度团结侨商侨企，引进侨才侨智，为湘西州经济社会发展增添动力。协助湘西州人民政府参加在深圳举办的招商引资推介会暨2017年湖南“港洽周”活动，引入澳门君天集团、香港铜锣湾集团到湘西州投资考察。促成湘西州政府与俄罗斯MG集团商务洽谈，就湘西州椪柑、茶叶等农副产品直接出口俄罗斯进行牵线搭桥和前期准备。通过与各外资企业深度合作，促成湘西州成立专门负责新鲜果蔬直供港澳的州直供办成立，并实现保靖县无公害蔬菜、花垣县黄桃村和十八洞村猕猴桃等湘西果蔬直供香港和澳门特别行政区。协调组织香港铜锣湾集团与花垣县政府开展多次洽谈，就项目落地签订框架协议。

联络联谊交流。全州各级侨联积极打造“亲情中华·魅力湘西”品牌，拓展海外联谊和文化交流活动，赢得各界群众一致好评。顺利推动湘西州与俄罗斯联邦圣彼得堡市谢斯特罗列茨克市建立友好城市关系，通过互致公函、湘西州派出商务代表团参加俄方谢市303周年市庆、修订友好城市协议，友好城市缔结各项工作进展顺利。年内，还接待台湾华侨协会总会黄海龙理事长一行60多人到湘西州参观考察；俄罗斯海外联谊会、加拿大海外联谊会侨领到湘西州投资经商、考察调研。积极参加在长沙举办的湖南省海联会年会暨海外侨胞故乡行走进湖南活动，组织州侨心艺术团赴云南省西双版纳州参加民族文化艺术交流活动，协助加拿大华侨李小琴在北美注册“北美湘西同乡会”，协助筹备在香港举行的“香港湘西联谊会成立大会”。

侨权侨益保障。全州各级侨联认真践行为侨服务宗旨，深刻践行群众理念，着力提升服务水平。联合统战部门、台办组成联合检查组，对各地方及各战线侨情、台情开展普查，澄清和掌握侨情底子。继续实施“千侨帮千户”精准扶贫工程，广泛发动海内外侨胞侨眷关爱困难群体和贫困家

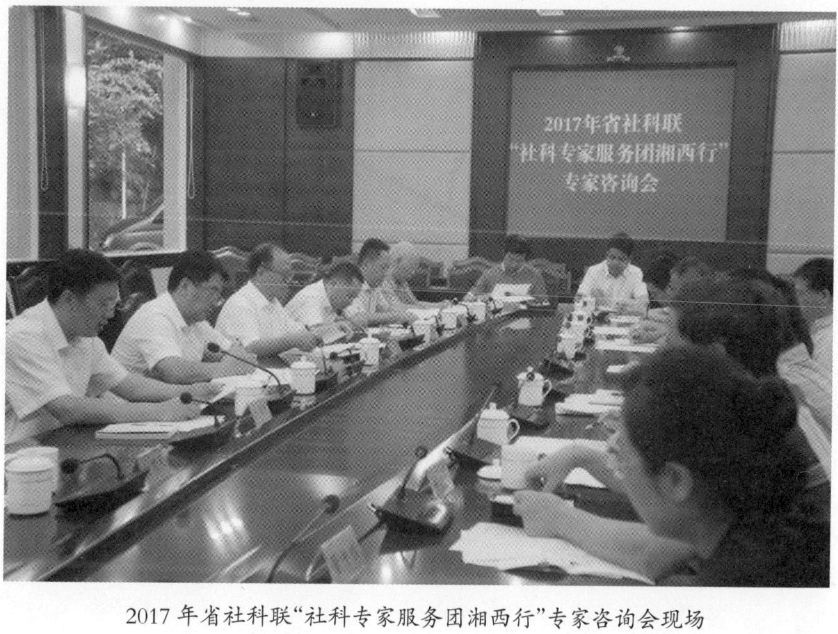

2017年省社科联“社科专家服务团湘西行”专家咨询会现场

庭，提供热心资助，发动侨联组织和侨务工作者对结对帮扶的62户困难归侨侨眷家庭走访慰问，制定帮扶措施，帮助脱贫致富。积极争取湖南省侨联基金会帮扶资金6万余元，开展针对性的一帮一扶贫行动。结合侨法宣传工作，开展侨法及民族知识“七进”活动，发放侨法及民族知识宣传资料，提高依法护侨意识。组织州侨心艺术团数次前往吉首市、花垣县、古丈县开展慰问演出。多次组织志愿服务帮助困难归侨侨眷解难事办好事，慰问侨界老干部。

侨爱侨心传播。打造“慈善中华·爱心湘西”公益品牌，全州各级侨联大力实施“侨心工程”，为社会公益事业奉献爱心，取得可喜成效。澳门君天集团捐赠1000万元公益善款设立“澳门君天同心烛光奖”，在教师节颁奖晚会上专为20名扎根农村15年以上的基层教师颁奖；凤凰县侨领吴保仁捐资190万元人民币用于修建凤凰县谭德森纪念图书馆，同时专为遭受洪灾严重的凤凰县捐献1万元美金，帮助当地群众恢复生产生活；南京爱德基金会为龙山县兴隆街道油菜坪社区捐资8.5万元修建便民桥；保靖县爱心华侨周晓，捐赠4万余元资助39名贫困学生；省侨联下发侨界帮扶资金5万元，帮助花垣、保靖两县重点困难侨眷属发展生产。全国政协委员、中国侨联常委潘庆林一行到湘西州开展教育扶贫，深入花垣县十八洞村，为村小学孩子们赠送中国造智能机器人。中联重科集团为花垣县慈爱园捐赠电脑，修建电脑室。协助中国侨联侨爱基金会赴湘西州开展“侨爱心·光明行”活动，为湘西州患白内障的贫困群众进行术前筛查和优惠治疗。积极承办“福泽潇湘·情满湘西中福在线吉首地区资助贫困家庭公益金发放活动”，联合民政、民盟、人社等部门多方筹集资金，为420多户贫困家庭发放爱心救助金42万元。

（本栏图文　余彬铭）

军 事

湘西军分区

【概况】 2017年6月，军分区部队调整改革，吉首军分区改名湘西军分区。原吉首军分区机关“三部”（司令部、政治部、后勤部）和“六办”（作训、军动、组干、宣保、战勤、供应）撤销，改设“四处”（战备建设处、动员处、政治工作处、保障处），下辖吉首、泸溪、凤凰、花垣、保靖、古丈、永顺、龙山8个县（市）人武部。是年，军分区在湖南省军区党委和湘西州委坚强领导下，坚决贯彻军委国防动员部和省军区党委决策部署，主动顺应改革大势，稳心定神抓建设，凝心聚力谋发展，依法从严保稳定，部队全面建设保持稳步推进、有序攀升的良好局面，涌现出一大批先进单位和个人，军分区被省军区评为安全稳定工作先进师级单位和军事训练先进单位，全区6个单位8名个人受到省级以上表彰。

思想政治工作。坚持把学习贯彻党的十九大精神和习近平新时代强军思想作为首要政治任务，先后组织5次集中学习、3次专题授课、4次讨论交流，选派干部参加上级理论培训，持续开展“学习宣讲习主席系列重要讲话”活动，党委中心组理论学习经验做法被省军区要讯刊发。坚持把迎接、学习、宣传、贯彻党的十九大作为主线贯穿全年，精心筹划部署，有力有序落实，同步收看开幕式，原原本本学习报告，邀请讲师团辅导授课，印发知识要点，交流展览个人心得体会，3次考核基本常识，在营区制作十九大精神宣传灯箱、展板和标语，强化官兵对十九大精神的理解把握。坚持把改革强军主题教育、“两学一做”学习教育常态化制度化和涉郭徐清查清理专项整治结合起来抓，军分区领导围绕“知足、感恩、尽责”“政治纪律政治规矩”“知行合一”上党课，组织全体官兵开展重温入党誓词，安排3名优秀干部交流工作经验和好的做法，进一步强化官兵党性观念和忠诚品质，凝聚干事创业的意志力量。

应急应战能力。针对国防动员新的职能任务，结合重要目标梳理整编、后备力量行动任务研究、新大纲试训论证等任务，逐个目标“勘地形、研任务、修方案、编队伍、训骨干”，深入研判解读动员行动需求，实现整组、备案相互衔接，战备、训练一体推进。常态落实值班备勤抽点拉动，跟进抓好“三室两库”和应急（值班）分队建设，调整配套民兵应急分队物资器材2000余件（套），部队备战应急基础更加牢固。分批组织民兵营长暨教练员、抗洪抢险分队骨干、新任职专武干部集训，辐射和带动年度民兵训练，全年完成基干民兵训练2000余人次、学生军训22926人次。保持常态训练监控督察，严格把控训练方案计划，不定期组织现地检查、视频抽查和电话普查，实时掌握训练动态，确保训练“四落实”。出色完成“6·30”泸溪县浦市特大洪灾救援和州庆60周年安保等任务，2个集体和4名个人被省委省政府和省军区表彰。

国防动员。积极适应改革转型，健全两级国防动员组织机制，调整完善国防动员委员会成员。结合整组备案检查验收，开展国防动员工作调研，制定《湘西州国防动员“十三五”规划》，规范细化基层武装部、村级民兵营正规化建设标准。组织基层建设调研和专题讨论，明确基层阵地建设步骤措施和责任区分。按照“三不两保一提高”要求，认真抓好适龄男性公民兵役登记，登记率达100%。举办大学生征兵启动仪式，开展征兵宣传月活动，定期调度征兵工作进展，建立大学生应征入伍奖励措施，组织预定新兵役前训练，圆满完成860名男兵、14名女兵和18名直接招收士官征集任务，大学生征集比例达62.5%，6个县（市）实现“零退兵”，古丈县人武部连续47年无责任退兵，全州征兵“五率”量化考评全省排名第二位，4人被省征兵办表彰为征兵工作先进个人。

安全发展。认真贯彻落实国防动员部6个安全管理法规文件，按照“管好四类人员、关注四个时期、盯住四个重点、抓住四个关键”的思路举措，紧紧围绕17个重点要素，严格落实谈心交心、请假销假、车辆派遣、枪弹管理等日常管理制度，扎实开展百日安全、隐患排查、保密专项清理、武器装备清查、勤务队作风纪律整顿、“三员”（保密员、文印员、保管员）集训、司机队伍专题教育整顿等活动，全年保持安全稳定。坚持每月分析安全形势，军分区和人武部均制定《安全管理领导机关责任分工》，将安全管理任务、目标、责任，细化到具体部位、具体人员、具体时段。建立完善安全常态检查机制，对照军委国防动员部《安全工作检查考评暂行细则》，采取“四不两直”方式组织6次检查督导，拉单列条、限时定人整改问题。严格按照上级部署要求推动调整改革任务落地，制定《湘西军分区机关工作运行规范》，组织签订安全责任书，确保工作移交转换平稳顺利，按照规定时间节点实现新编制运转。

综合保障。制定《湘西军分区经费审批权限暂行规定》，把好预算编制、审核和执行关，严格规范财务管理运行秩序，确保经费资源聚焦中心、集成高效。开展全区经济责任自查自审自改，对2015年至2017年票据和民兵训练经费使用管理情况逐一进行检查。认真抓好省军区党委班子成员经济责任审计中涉及湘西军分区的2个问题，以及军委长沙审计中心生活费专项审计发现的4个方面问题整改。坚决落实上级关于房清工作的指示要求，全面清理150套经济适用住房售卖情况，先后2次协调市房产局、国土资源局测绘大队进行面积测绘，评估经济适用房军用土地和房产，研究上报经适房清退方案，待省军区批复后依案展开。依法推进全面停偿工作，及时成立州、县（市）两级军地协调领导小组，推行军地分责合关和政府接管代关，地方法院建立停偿工作案件审理“绿色通道”，全区48个项目关停45个，关停率93.8%。加强军地协调和政策对接，县（市）人武部积极推进地方落实职工编制，5个单位完成13名职工纳编。

党管武装。坚持党委议军、现场办公、第一书记述职等基本制度，将党管武装纳入绩效考评体系，联合州委、州政府制定出台《湘西州随军家属就业安置实施办法》《湘西州关于贯彻落实〈专职人民武装干部工作规定〉的实施意见》等文件，招考安置随军家属5名，解决6名转业或调动官兵的小孩上学问题，全州按时间节点完成24名转业干部安置。公开招录选拔专武干部30人，推荐提拔12人，调整8人，组织78人次参加省、州两级集训，全面推行基层武装部每月一汇报、每季一讲评、每年一考核工作机制，专武干部履职能力进一步提升。深入开展全民国防教育，邀请国防大学、南京陆院、国防科大、海军指挥学院教授，给州、县（市）党政领导进行国防形势授课。吉首市人武部联合吉首大学举办首届“军歌传唱、爱我国防”主题歌咏比赛；花垣县开展“勿忘国耻、珍爱和平”演讲比赛、建军90周年晚会和“五个十佳”评选活动；泸溪县开展“传承红色基因、牢记职责使命”烈士陵园重温入党誓词活动；凤凰、龙山两县组织双拥文艺晚会；永顺县湘鄂川黔革命根据地旧址国家国防教育示范基地申请获批。深入开展“一拓双带四促进”，出台《军分区部队积极参与打赢脱贫攻坚战的实施意见》，组织“送温暖、献爱心”“大手牵小手”等活动，召开庆“八一”暨全州“一拓双带四促进”表彰大会，全区联系帮扶的10个贫困村脱贫工作如期推进，吉首市人武部联系扶贫村通过国检脱贫摘帽。

（本栏撰稿　刘　海）

武警湘西支队

【概况】 2017年，中国人民武装警察部队湖南省总队湘西土家族苗族自治州支队（简称武警湘西支队）紧紧围绕迎接保卫学习贯彻十九大这条主线，紧盯创建基层建设先进支队目标，直面改革大考、聚焦备战打赢、融身改革实践，部队全面建设经受新的考验、完成新的转变、实现新的突破，取得新的发展。全年出动兵力3800余人次，完成泸溪“6·30”抗洪抢险、湘西州60周年庆典系列安保、“N1013”一级警卫等临时勤务90余起。总队范围内，支队参加实战化快速精度射击总评第一，参加湘西片区“魔鬼周”极限训练总评第一，参加教练员集训总评第二，参加特战排驻训总评第三，参加通信兵集训总评第五，参加训犬员集训总评第六。参加总队军体运动会，足球蝉联冠军、篮球获第四名，被国家体育总局表彰为“全国群众性体育运动先进单位”。龙山县中队、凤凰县中队、花垣县中队和二中队4个单位被总队评为“基层建设先进中队”，吉首市中队被总队评为“基层建设标兵中队”，支队被总队评为“基层建设先进支队”。

【武警湘西支队党委二届十次全体（扩大）会议】 2017年3月9日至10日在吉首召开，支队党委委员参加，机关股长、基层中队主官列席。会议传达武警部队、总队两级党委全体（扩大）会议精神，分析总结2016年部队建设形势，谋划部署2017年工作任务，党委书记常建清代表支队党委常委会作《维护大局核心，撸袖实干快干，以创建一流支队的优异成绩向党的十九大献礼》工作报告；党委副书记梁开榜主持会议，并作《稳中求进谋发展，换档提速争先进，以实干实绩迎接保卫党的十九大胜利召开》讲话。

【革命传统教育基地揭牌】 2017年1月12日，武警湘西支队在永顺县塔卧镇湘鄂川黔革命根据地纪念馆隆重举行“革命传统教育基地”揭牌暨重温忠诚卫士誓词仪式。支队政治处主任肖刚刚、纪念馆馆长于海蓉分别代表双方签订共建合作协议书，支队政委常建清、永顺县政法委书记谢翔宇为“革命传统教育基地”揭牌并致辞。

【湘西片区“魔鬼周”极限训练】 2017年3月17日至24日，武警湘西支队承办湖南总队湘西片区第一季度“魔鬼周”极限训练集训，湘西州、怀化、邵阳3个支队100余名特战队员参加集训。采取野外驻训模式，在复杂环境下开展紧急出动、10公里长途武装奔袭、按图行进、野外宿营、斩首行动、孤胆行军等12个课目高强度训练，武警湘西支队总评成绩第一。

【抗洪抢险】 2017年6月23日，武警湘西支队出动兵力15名，赴花垣县边城镇参加抗洪抢险。参战官兵连续奋战8个小时，成功处置险情15处，安全转移被困群众6人，挽回直接经济损失50余万元。6月30日至7月2日，出动兵力159名、车辆5台、冲锋舟3艘，赴泸溪县武溪镇、浦市镇参加抗洪抢险，参战官兵连续奋战31个小时，安全转移被困群众200余人，排除险情6处，加固河堤3000余米，转移物资300余件。

【湘西州60周年庆祝活动安保】2017年9月20日，湘西土家族苗族自治州成立60周年庆祝大会在州文化体育会展中心隆重举行，2万余名干部群众参加庆祝活动。18日至21日，武警湘西支队先后出动兵力500人次，主要担负州庆活动彩排、正式演出及中央民族歌舞团慰问演出等时段的安保勤务、机动备勤及升旗仪式等任务。支队长梁开榜、政委常建清始终坚守一线，靠前指挥，官兵精神状态昂扬、军容风纪严整、组织纪律严明，高标准、高质量完成庆祝大会现场安保任务。

【军事业务竞赛暨创破纪录会操】2017年11月1日至2日，武警湘西支队在教导队组织第十三届军事业务竞赛暨创破纪录会操，基层11个中队55名军事训练尖子参赛。比赛遵循“更多、更快、更准”原则，设置单杠、双杠、俯卧撑、仰卧起坐、5000米越野、速射等12个竞赛项目。一中队、二中队、凤凰县中队分别获团体前三名。

【扶贫帮困】2017年，武警湘西支队紧跟扶贫攻坚战略布局，在泸溪县合水镇新桥村和横坡村，利用部队优势大力开展“四送”（送精神、送文化、送健康、送物资）精准扶贫工作，全年投入扶贫经费11.8万元，结对帮扶贫困户24户，持续捐助贫困学生20名，捐助至完成大学学业。中央电视台、《解放军报》《人民武警报》等媒体相继报道。

（本栏撰稿　向　波）

湘西州公安消防支队

【概况】2017年，湘西州消防支队组织参加泸溪县浦市镇“6·30”特大洪灾等系列急难险重灾害事故救援，支队被总队评为“安全工作先进支队”，吉首市大队被续评为“全国文明单位”，吉首市中队被公安部消防局评为“党的十九大消防安保先进单位”，凤凰县、龙山县大队被总队评为“党的十九大消防安保先进基层单位”，泸溪县大队、吉首市中队荣记集体三等功。1人被评为全国公安消防部队“优秀士兵”，1人被评为全省“优秀军事干部”，2人被评为全省“训练标兵”，1人被评为全省“优秀女警官”，4人被总队评为“党的十九大消防安保先进个人”，23名官兵荣立三等功，164名官兵荣记嘉奖，1名官兵的先进事迹在《人民公安报》刊发。

部队正规化建设。深入推进“法治警营”创建，建立正规化管理达标创建考评机制，开展正规化达标创建考评5次，全州部队正规化建设达标率100%；建立健全安全风险预测评估机制，发布预警提示安全隐患242条（处），制作安全简报40余份；建立常态化督查机制，开展实地督查40余次，视频抽查270余次，发现整改安全隐患60余处。

执勤备战。全州部队接警出动982次，出动车辆1521台次、警力10177人次，抢救被困人员200余人，疏散被困人员37411人，抢救财产价值3737.2万元，成功处置“6·20”泸溪特大洪涝灾害事故，圆满完成党的十九大及建州60周年庆典消防安保任务。年内，举办“沙场秋点兵·忠诚保平安”首届消防运动会；开展为期60天的全州消防部队攻坚班组及班长骨干集训；在全省首届消防运动会上，成绩排列第五名；在全省企业专职队比武竞赛中，团体成绩第八名。按照“一馆一预案一演练”的要求，修订完善预案560份，开展辖区熟悉515次、演练585家（包括夜间演练102次、支队级联合演练11次），完成营区监控升级、警务通终端配备、互联网统一接入、实战平台数据录入、营区广播对讲系统建设等工作。加强多种形式消防队伍建设，建成乡镇专职消防队22支，配备专职队员190人、车辆20台，全州8个重点镇全部建成政府专职队。龙山县制定《龙山县乡镇政府专职消防队伍管理规定》，落实专职队队长行政编制，12个建制镇全部建成政府专职队，并按要求配齐人员及车辆装备；泸溪县政府划拨61.6万元在合水镇、潭溪镇成立政府专职队；吉首市政府在矮寨镇、丹青镇、马颈坳镇成立专职队；花垣县政府投入60万元在麻栗场镇、民乐镇、双龙镇、吉卫镇成立专职队；凤凰县在阿拉营等10个乡（镇）挂牌成立政府专职队；永顺县政府专题会议研究通过在全县5个建制镇成立专职队。

营院和装备建设。推进以支队“四合一”项目为龙头的“1+7”基础项目建设，支队“四合一”项目完成“三通一平”；永顺营防迁建、花垣营房提质改造、泸溪厨房翻新等项目开工兴建，龙山、吉首二站及古丈迁建等项目不同程度推进，凤凰示范性荣誉室紧锣密鼓建设。累计投入装备资金3500余万元，采购消防车辆8台、装备器材13539件套；举办装备技师培训班1期、驾驶员复训和军需业务培训班2期，组织装备维修小分队下基层服务3次，解决基层实际问题78个；与州人民医院签订《消防官兵因战因公负伤紧急救治“绿色通道”协议书》，一线消防员（含专职消防队员）均取得初级救护员资格证。

社会火灾防控。扎实开展冬防、夏防及高层建筑、电气火灾、洗浴、汗蒸、文物古建筑、商市场等专项整治，完成11个由政府挂牌督办的重大火灾隐患整改销案，全州513栋高层建筑全部配备专职消防安全经理人或楼栋长，所有高层建筑均录入消防安全“户籍化”管理系统。投入800余万元，联合住建、电力等部门完成农村屋场电改4165户。举办全州第二届微型消防站技能比武竞赛，全州437个消防安全重点单位全部建成微型消防站，250个社区微型消防站工作全面铺开。与湘西广播电视台、《三湘都市报》《人民公安报》等媒体建立合作关系，开展“社区消防公开课”活动358次。投入资金200余万元，开展政府购买消防宣传服务外包工作，依托外包机构在全州中小学及幼儿园开展消防安全“进学校”“进课堂”活动580余次，在100余个建制村成立义务消防宣传队。

农村消防工作。全面宣传贯彻《湘西自治州历史文化名城名镇名村及文物古建筑火灾防控技术指导意见》，推动州政府将传统村寨消防保护纳入《湘西自治州传统村寨保护条例（草案)》立法内容，完成《湘西自治州民族特色传统村寨保护条例（暂命名)》草案起草、行业部门论证及合法审查论证等工作，为村寨保护工作法制化进程打下坚实基础；依托“湘西为村”开展“互联网+农村”宣传，申请专项资金288万元为48个村配置网络、电脑、打印机等设备；安排专项资金80多万元，用于“为村”带头人、公众号管理员及“为村”干部培训。推广“村村响”，投入资金428万元，建成包括1个县级播控中心、12个乡（镇、街道）播控平台、149个村（社区）播控室、522个组终端应急广播系统，早、中、晚播放消防安全常识。

湘西州消防支队在特勤中队召开党的十九大暨州庆60周年消防安保誓师动员大会现场

【党的十九大消防安全保卫】 2017年，全州消防部队紧紧围绕省公安厅和省消防总队关于“迎接十九大、忠诚保平安”消防专项行动的部署要求，全体人员按照“奋战100天、忠诚保平安”工作要求，全警动员，全力以赴，坚守岗位，强力开展消防安全检查，加强消防宣传教育，严密规范执勤战备秩序，从严加强队伍安全管理，实现全州火灾形势和部队管理高度安全稳定。党的十九大安保期间，全州检查单位7258个，督促整改火灾隐患16709处，实施临时查封233家，责令“三停”67家，罚款185.45万元，拘留15人。党的十九大期间，全州火灾形势实现持续稳定。

【州庆60周年消防安全保卫】 2017年，全州消防部队会同公安、安监、旅游、文化、商务等部门，开展联合检查50余次，排查隐患300余处。发动街道、社区、派出所等网格力量组建324个工作组，开展3轮隐患大排查，整改5076处，所有重大隐患由企业单位实行双人双班24小时现场看护。严格落实涉会场所网格化管理，将10大项22小项庆祝活动现场和15个场馆、酒店监管责任细化到每位监督人员。抽调县（市）大队执法监督骨干10人，充实吉首城区执法执勤力量。全州消防部队进入安保特别防护期，实行网格化调度执勤模式，联合专职消防队、微型消防站和志愿消防队开展24小时流动巡查。制定25个现场保卫子方案，成立6个工作小组，开展现场执勤，实施定点执勤守备、不间断防火巡查，出动车辆38台次，官兵224人次。邀请省协成消防培训学校人员举办消防控制室人员持证上岗培训，参训人员300余人。州政府划拨30万元专项资金用于购买州庆期间消防宣传服务外包，累计培训涉会场所、重点单位200余家，受众3000余人。在全州公安机关深入开展消防安全“大演练”活动，州、县公安局开展多警种应急综合演练6次，参演警力1000余人。落实“一馆一案一演练”要求，扎实开展灭火救援演练、“六熟悉”工作260余次，修订完善预案300余份。加强对现有装备、器材维护保养，开展装备巡检2次，巡检器材装备1000余件套。加强“县、支队、市局、市政府”四级安保指挥信息报送，实行安保情况一日一报、一日一调度，重要情况随时上报，确保警令信息上下通畅。

（本栏图文　左志雄）

人民防空

【概况】 2017年，全州人防部门紧紧围绕省人防办及州委、州政府年初工作部署，全力推进湘西州人防基础设施建设，各项指标任务全面完成。全年无行政复议和行政诉讼案件。

人防工程。湘西州（吉首市）人防1514工程（三期）地下基本指挥所得到国家人防办和省人防办大力支持，启动建设。湘西州（吉首市）人防1514工程（二期）口部伪装房和地下战备物资库建设稳步推进，项目建设既着眼于战备物资储备，又可解善州市人防干部职工生活条件。人防结建工程按照相关规定确定应建面积、防护类别、防护等级、战时功能、平时功能，严格结建审批管理，无降低防护等级行为。县级人防指挥中心全面推进，凤凰、永顺两县完成项目建议书、可行性研究报告的报批；龙山县启动建设前期工作，项目建设通过县政府常务会批复；花垣、泸溪、保靖及古丈4个县落实建设用地。切实履行“党政同责、一岗双责”安全生产责任，坚持把安全生产管理纳入重要议事日程，人防工程质量、安全监督工作有序推进，人防工程建设质量稳步提升，年内没有发生安全、质量责任事故。

行政执法。所有项目审批纳入网上政务服务和电子监察系统，在规定时限内同步受理、办结，做到阳光审批、热情服务，严格按法定收费范围和标准收取人防易地建设费，所征收的行政审批项目无一例减、免、降行为。结合人防法及人防工作基本要求，制定人防行政执法培训方案，常年聘请律师事务所两位专业律师为各县（市）执法专干开展人防执法培训，提高行政执法的认知度，规范人防行政执法。抓好案卷管理落实，严格遵循《湖南省人民防空行政执法案卷管理办法》规定要求，做到执法程序合法、文书规范、案卷归档完整。

指挥通信。本着程序规范、要素齐全、经济实用、适当超前的理念，建成州本级人防机动指挥通信系统。作为“湘防-2017”湘西片区人防机动指挥通信系统训练牵头单位，面对人手少、设备使用时间短等困难，迎难而上，充分发挥主观能动性，圆满完成训练任务。

宣传教育。坚持把人防宣传教育作为先导性和基础性工作来抓，在“5·12”防灾减灾日，8县（市）人防办按照相关要求，组织人防防灾减灾应急演练和人防知识宣传等活动，发放各类宣传资料3万余份。利用宣传画册抓好人防教育普及，全面完成省人防办下达的《中国人民防空》杂志征订，发放《人防小博士》5000余册，定制人防宣传笔2万余支，分发给8县（市）小学生。

【湘西州社科普及暨人防知识宣传教育主题活动周】 2017年5月15日上午9时，由州委宣传部、州人防办、州社科联组织的“湘西州2017年社科普及暨人防知识宣传教育主题活动周启动仪式”拉开帷幕，州人大常委会副主任、民盟州委主委刘小刚，州人民政府副州长余保东，州委宣传部副部长张立新，州人防办党组书记、主任宋宗江及州社科联主席谭必四等出席启动仪式。活动周期间，先后在凤凰县、吉首市火车站、乾州农贸市场、峒河公园等人员密集地进行巡展，受众约5万余人，咨询2000余人，发放各类宣传册8万余份，全面体现人防建设在服务经济社会发展中的重要价值和作用，营造全社会关心人防、支持人防、建设人防的良好氛围。

【“人防杯”党史国史军史知识竞赛】 2017年10月5日，州人防办联合州委宣传部、州关心下一代工作委员会、州委党史研究室、州教育和体育局等单位共同举办“人防杯”党史国史军史知识竞赛，启动仪式在湘西职院举行，职院全体新生、班主任、辅导员约4500人参加，州关工委龙爱东、彭司礼等老领导出席启动仪式并致辞。据统计，来自全州8县（市）和福建、四川等外省人员近5万余人参与网上答题竞赛。

（本栏撰稿　王晓霞）

法　治

政法委及综治

【概况】2017年，全州政法机关全力抓好“综治创新年”各项重点工作，推动平安湘西、法治湘西、过硬队伍建设，保平安、护稳定、促发展、推改革的能力水平进一步提高，为湘西州加快发展、脱贫攻坚和建设国内外知名生态文化公园营造安全稳定的社会环境和公正规范的法治环境。是年，湘西自治州综治工作进位明显，维稳工作全省排列第三名，信访工作全省第五名，同时圆满完成60周年州庆和党的十九大安保维稳工作任务。州中级人民法院司法绩效在全省法院排名第四，立案信访、新闻宣传等工作在全省法院排名第一；州人民检察院被省委、省政府授予“人民满意的公务员集体”称号，并评为省级文明单位；公安工作实现“三个上升”“四个下降”“五个没有发生”，全州公安机关1个单位获“全国巾帼文明岗”、1个单位获“全国优秀公安基层单位”、1名个人获“全国社会治安综合治理先进工作者”、1名个人获“全国特级优秀人民警察”、1名个人获“全国优秀人民警察”、1名个人获“全国百佳民警”；州司法局被评为“全国妇联维权先进单位”；州国安局深化反间防谍工作，坚决维护政治安全；反邪教工作保持“三个零指标”。泸溪、龙山、古丈3县进入全省综治先进方阵，获全省综治工作先进县称号。

维护国家安全。创建国家“无邪教示范乡（镇、街道）”3个、“无邪教村（社区）”25个。落实重点要害部门内部政治安全防范工作，明确国家安全小组实体化重点建设单位10个，制定《军地隐蔽斗争协作工作规定》，完善吉首大学涉恐涉暴活动应急预案。9月9日，组织全州政法、武警、消防、卫计、民兵预备役举行反恐应急处突综合演练，全面展现跨区域拉动集结、反恐处突、技能表演以及装备等科目。

社会风险防控。全州收集研判各类情报信息2200余条，妥善处置群体性事件苗头132起。州、县两级储备稳定风险评估专家667名，录入项目348个，开展社会稳定风险评估89项，重点评估60周年州庆活动。全州配齐村级调解主任1817名、调解员8477名。在接边的30个乡镇、140个村建立接边联合人民调解委员会。全州民间调解各类矛盾纠纷18026件，成功化解17772件，对群体性上访、群械、“民转刑”起到预防作用。

信访维稳。全州投入350万元，推进视频接访系统和“信访一体机”建设，在41个乡（镇、街道）开通“信访一体机”。全州信访总量8460人（件）次，同比下降43.36%；全州进京非访全口径登记125人次，同比全口径登记136人次下降11人次。大力开展信访积案“清仓见底”专项行动，125件信访积案全部办结，化解115件，化解率92%，息访息诉率40%。在全国两会、“一带一路”等特别防护期间，实现零非访、零滋事和“五个坚决防止”目标。党的十九大特护期间实现省提出的“五个不发生”目标。

基层基础建设。建成1个州级、9个县级综治中心，115个乡级、1100个村级综治分中心。投入408万元用

州委常委、州委政法委书记欧阳旭现场调度建州60周年大庆维稳安保工作

于综治视联网建设。大力推进“一村一警”试点，全州新招录村级专职辅警26名、兼职辅警403名，配备到24个乡（镇）的429个村（社区）开展工作。推进“雪亮工程”建设，全年安装电子防控摄像头2735个，全州公共区域建设安装高清摄像头达到12582个，联网11606个，联网率92.24%，建设卡口80套、电警26套。投入1525万元用于网格化基础建设，州级网格化指挥中心基本建成，建成县级网格化指挥中心9个、乡（镇、街道）网格化分指挥中心115个、村（社区）网格工作站1817个，基本实现州、县、乡、村四级网格化指挥中心、分中心、网格站实体化全覆盖。

强化打击整治。深入开展打击“盗抢骗”、三年禁毒大行动、社会治安大管控、打击“村霸”和宗族势力、城乡环境综合整治、铁路及高速公路护路联防等整治行动。全州全年立刑事案件6704起，破3094起，破案率46.2%，刑事立案下降14.9%，破案率上升8.68%。现行命案31起全破，另破命案积案13起。全州发生道路交通事故、死亡人数、受伤人数同比分别下降32.6%、66.7%、20.7%。全州检察机关批捕涉黑涉毒、涉爆涉枪、两抢一盗等各类严重暴力犯罪782件1051人，起诉946件1302人。全州法院审结刑事案件2335件，判处罪犯2045人；审结毒品犯罪案件122件，判处罪犯224人。

平安创建工作。深入推进“十大平安”创建工作，泸溪县荣获“全国平安建设先进县”，泸溪县人民法院、吉首市镇溪街道、花垣县花垣镇登高楼社区获全省“十大平安”创建示范单位。扎实推进“七五”普法，建设村（社区）法治学校81所，建成法治文化公园6个，拍摄法治专题片《把法治湘西建设引向深入》。加强社区矫正人员管控，全州投入1641万元，建成8个县（市）社区矫正中心，全州吸毒人员有效管控率达80%以上。落实严重精神障碍患者监护人“以奖代补”措施，全年未发生精神障碍患者肇事肇祸案件。

服务经济发展。防控金融风险，推动建立金融风险防控预警平台，加强资金查控手段建设，坚决守住不发生系统性区域性风险底线，对非法集资坚持露头就打，全州非法集资态势总体可控。维护企业权益，引导酒鬼酒股份有限公司增强知识产权保护意识，整理《查办涉企案件经济影响评估报告》，把司法办案对企业的影响降到最低。深化“两重”治安环境整治，共调处涉及重点工程、重点项目矛盾纠纷913起，立刑事案件42起、破15起，刑事拘留23人，查处治安案件122起，行政拘留91人。

技术创新工作。大力推进“雪亮工程”建设、公安科技信息化、“智慧法院”、“智慧检务”、司法行政信息化工程、综治信息系统建设。综治视联网、信访视频接访系统、公安“三大平台”、法院远程视频庭审、检察电子证据实验室建成运行。检察机关获评“全省检察信息化建设先进单位”。全州全年利用视频直接或间接破案1796起，刑拘628人，抓逃17人，查处治安案件6782起，服务群众3880起，为1115起交通事故提供证据。通过技侦平台侦办案件251起，抓获嫌疑人204人。网侦技术配合办理州内刑事案件106起，涉及案件种类19类，破案60起，协助抓捕嫌疑人129人。

政法队伍建设。全州政法机关以推进“两学一做”学习教育常态化制度化为主线，认真学习贯彻习近平新时代中国特色社会主义思想。组织参加全省政法领导干部培训班。举办全州综治办主任、综治专干业务培训班。加强州法学会建设，增加事业编3人。实现全州政法领导干部信息化管理。全州政法机关内部查处违法违纪违规案件35件65人。全州政法干警“四个自信”“四种意识”进一步增强，全州法院3名个人荣获最高院表彰，检察机关2名个人获最高检表彰，公安机关4名个人2个集体获全国先进表彰，司法行政机关1名个人获司法部表彰，信访局1名个人获全国信访先进工作者表彰。

【服务脱贫攻坚】认真落实《政法机关服务精准扶贫的意见》，妥善化解涉及基础设施、特色产业、乡村旅游等扶贫项目各类矛盾纠纷185件，对58户建档立卡户缓减免诉讼费。深入开展惩治惠农扶贫领域职务犯罪专项工作，查办10件13人，涉扶贫资金1380.13万元。办理法律援助案件1300件，发放司法救助资金183.9万元。

【综治创新年活动】2017年，州委、州政府把“综治创新年”作为州委“三年活动”之一，州委办公室印发《湘西自治州“综治创新年”工作方案》，明确提出加强法治宣传教育、加强信访维稳工作、加强网格化社会服务管理、加强社会治安防控体系建设、加强安全生产管理、加强治安整治、加强综治中心建设、加强重点人群服务管理、加强城市管理、加强综治考核奖惩等10项重点工作。

【司法体制改革】全州入额法官254名，入额检察官177名，完成员额法官检察官、司法辅助人员、司法行政人员分类定岗、工资套改。制定《关于建立刑事审判团队推进以审判为中心的刑事诉讼制度改革方案实施细则（试行）》，推进院庭长办案机制改革，推进司法绩效考核改革，整合审判资源。公安指挥情报、侦查实战、治安防控、新闻舆情“四个中心”与15个城区、城关派出所综合警务指挥室全面建成运行。完善律师工作联席会议机制，推进县市公正机构体制改革。开展执法检查监督，召开案件协调会31次，协调案件38件。全州评查案件2194件。

【支持监察体制改革】2017年，积极开展反贪污受贿、反渎职侵权、预防职务犯罪职能、机构、人员转隶工作，全州检察机关转隶监察委编制133名、工作人员118人，转隶工作实现“零困难”“零问题”。

【见义勇为先进个人表彰】 2017年，全州1名个人获“湖南省见义勇为英雄”荣誉称号，1名个人获“湖南省见义勇为先进个人”荣誉称号，对15名湘西自治州见义勇为个人通报表扬。

（本栏图文　雷国兵）

法治政府建设

【概况】 2017年，全州法制部门坚持以贯彻落实中共中央办公厅、国务院办公厅印发的《党政主要负责人履行推进法治政府建设第一责任人职责规定》和《湖南省贯彻落实〈法治政府建设实施纲要（2015—2020年）〉实施方案》为主线，团结奋进、锐意进取，推进法治意识提升、依法行政能力水平提高、法治政府建设任务措施落实，全州法制工作取得一定成效。

依法行政。制定《湘西自治州政府和社会资本合作（PPP）项目操作办法（试行）》《湘西自治州政府性债务管理暂行办法》《湘西自治州贯彻落实〈法治政府建设实施纲要（2015—2020年）〉实施方案》，明确今后一段时期全州推进的44类129项政府法治建设具体工作。结合湘西州实际，组织修改法治政府建设考核指标体系，制定2017年法治政府建设考评细则，作为推进法治政府建设的重要抓手。参与州政府组织的8个督查组对全州法治政府建设和“放管服”工作进行全面督查督办，下发督查通报。调阅10个执法单位的执法案卷，集中在省法制办开展交叉评比。狠抓法治培训，将法治课程纳入各级党校主体班教学课程，全年培训各级干部1280余人次。年底对全州机关干部进行学法考试，并将考试结果纳入干部评价体系。组织全州1100多名行政执法人员参加全省第二轮统一执法资格证考试。

地方立法。州十四届人大常委会第三次会议审议通过州第十四届政府五年（2017—2021年）立法规划，有立法项目13件，其中制定9件、修订2件、预备及研究论证2件。全年完成《湘西自治州老司城遗址保护条例（修正案）》《湘西自治州浦市历史文化名镇保护管理条例》《湘西自治州边城茶峒历史文化名镇保护条例》3部立法任务。启动《湘西自治州气象灾害防御条例》《湘西自治州传统村落保护条例》《湘西自治州地质公园保护条例》《湘西自治州遗传资源保护条例》4部地方性法规、单行条例立法。

“放管服”工作。清理行政审批事项。州人民政府印发《湘西自治州人民政府关于调整一批行政审批项目等事项的通知》《湘西自治州人民政府关于取消非行政许可审批事项的决定》，州本级取消行政许可事项27项，下放行政许可事项25项，调整35项，精简率50.8%，县市平均保留行政审批事项230项，精简率40%，清理规范州行政审批中介服务事项38项。州政府部门保留行政权力3242项，县市平均保留3500项左右。深入推进投资审批改革。按要求建设投资项目在线审批监管平台。明确州直、县市工作分工、重点环节和时间安排，完成州、县（市）和湘西经开区两级建设项目审批事项梳理。推进商事制度改革。将工商前置审批由原来的133项压缩为设立32项和变更31项，后置审批事项压缩为220项，全面落实“五证合一、一照一码”登记制度改革。

规范性文件合法性审查。州人民政府在2014年废止194件规范性文件的基础上，再次全面清理以州政府和州政府办公室名义发布的373件规范性文件。对与现行法律法规不一致、适用期已过或有效期已满不需继续沿用的146件规范性文件宣布失效。对有效期已满，需继续沿用的《湘西自治州人民政府关于做好贯彻实施〈湖南省政府服务规定〉工作的通知》等3件规范性文件予以重新公布；对需修改内容后继续沿用的《湘西自治州招标投标信息发布办法》等3件规范性文件，由文件起草部门修改，经州人民政府审定后公布。年内收到《关于进一步加强湘西自治州招商引资指导意见》《湘西自治州黄标车淘汰工作实施方案》等送审文件65件，受理64件，1件不予受理，对受理的64件文件提出修改意见112条，审查备案8县（市）规范性文件212件。完成州直规范性文件三统一11件。州人民政府规范性文件按规定向省人民政府备案26件。制定重大行政决策程序规则《关于进一步规范州政府重大行政决策和规范性文件制定基本程序的通知》，出台《重大行政决策合法性审查办法》，发布州政府年度重大行政决策事项目录和听证事项目录。

政府合同审查管理。全程参与《湘西州“十三五”旅游干线公路建设运营项目》《湘西经开区产业园基础设施建设项目》等10个PPP项目谈判；审查《铁路职工三供一业移交协议》等经济合同22个。参与处理“中港花园”等46件涉法事务，积极化解涉法事务矛盾。

行政复议与应诉。湘西州各级行政复议机关依法受理行政复议申请案件104件，依法按时审结100件，未出现被省政府法制办责令受理的情形。全州8县市政府出庭应诉198件，州政府法制办受州政府委托代理州本级行政应诉案件19件。

【州政府依法行政领导小组机构调整】 2017年，州政府把法治政府建设纳入全州目标管理和五个文明建设绩效考核内容，严格落实奖惩。2月13日，新年第一次全州干部大会，州委副书记、州长龙晓华专门请国务院法制办司长赵振华和省内PPP项目专家举办法治专场讲座，强化全州干部法治思维。5月10日，州人民政府州长龙晓华主持召开第十四届州人民政府第六次常务会议，听取州政府法制办关于全州法制工作汇报，专题研究依法行政及法治政府建设相关工作，并就法制队伍建设、经费预算、重点工作、出庭应诉等方面作出相关规定，同时，州政府依法行政领导小组成员作出调整，由州长任组长，州委常委、常务副州长任副组长，州法制办、州监察局、州财政局、州司法局等部门负责人为成员，各行政执法部门相应成立组织机构，配备相关人员，形成上下联动、齐抓共管的依法行政工作新格局。5月23日，全州政府法制工作会议在吉首召开，会议及时对依法行政工作进行全面安排部署，做到任务明确、责任到位。

（本栏撰稿　向俊杰）

公　安

【概况】 2017年，全州公安机关紧紧围绕上级重大决策部署，咬定“三个一流”目标，全面贯彻“两加强两提升”“五标准五工程”等警务战略，以为党的十九大和州庆60周年创造安全稳定的社会环境为主线，以“十项重点工作”为抓手，聚焦主责主业，强化基层基础，锐意改革创新，各项工作落地生效。全州社会大局持续平稳，实现“三个上升”“四个下降”“五个没有发生”，即：公众安全感、公安机关工作公众评价、刑事破案率分别同比提升5.3%、5.3%、8.7%；全州刑事案件、多发性侵财案件、八类恶性案件、交通事故同比分别下降14.9%、17.7%、2.5%、4%；全州没有发生影响政治稳定的重大事件，没有发生暴恐分子现实破坏活动，没有发生重大恶性刑事案件，没有发生大规模群体性事件，没有发生群死群伤安全事故。维稳保安成效显著，圆满完成党的十九大、州庆60周年等系列重大安保维稳任务，州庆安保维稳工作经验被公安部《公安内参》推介；侦查打击能力不断提升，部分县市破案率高达60%以上，“2017-110”“2017-570”公安部毒品目标案件战果获公安部、省公安厅高度肯定。追回命案逃犯31人，创历史新高，列全省首位；基层基础建设迈出坚实步伐，三年攻坚行动首战告捷，“一乡一派出所”“一村一辅警”“一领导一示范点”综合显效；警务机制改革深入推进，不断做优做强州、县（市）“四大中心”，超额完成51个城区和乡镇派出所综合警务指挥室建设，警务机制改革工作成效得到省委常委、政法委书记黄关春高度评价；规范执法建设大步向前，推进办案积分制工作走在全省前列，第一次执法质量考评排名全省第二位。提前完成部、省交办的信访件化解任务，受到省公安厅通报表扬；党建引领队建落地生花，全州公安机关涌现出“全国巾帼文明岗”龙山县公安局人口与出入境管理大队、“全国优秀公安基层单位”吉首市公安局乾州派出所、“全国社会治安综合治理先进工作者”姚本忠、“全国特级优秀人民警察”熊双民、“全国优秀人民警察”何绪林、“全国百佳刑警”贾春宏等一批先进集体和个人，公安工作和队伍建设取得长足进步。

乾州派出所获“全国优秀公安基层单位”奖牌

维稳保安。牢固树立维稳首位意识，贯彻落实总体国家安全观，以党的十九大、州庆60周年安保维稳为主题主线，按照省厅保稳定、护安全、控风险、守底线、补短板各项举措，主动作为、全警动员、连续作战，确保全州社会大局持续平稳。十九大特护期间，全州“有效报警、刑事案件、治安案件”分别下降10%、6%、9%，重大安全事故、恶性案件和群体性案事件零发生，全州社会治安大局平稳有序；圆满完成建州以来综合性最强、活动人数最多、涉及面最广、形势最复杂的“5+21”个州庆系列活动，实现“零事故、零伤亡、零信访、零发案、零投诉”，保证整个活动圆满举行、万无一失、绝对安全，受到各级领导高度评价。一是开展情报信息大研判。深化“日研判、周会商、月通报”和三级归口、落地核处、跟踪督办工作制度，全州没有发生一起影响恶劣的涉稳案事件，情报主导能力不断提升。二是开展矛盾纠纷大排查。全面排查各类不稳因素，加强土地征用、房屋拆迁、精准扶贫、企业改制、社会保障、涉法涉诉、教育医疗、安全生产、工程项目等重点领域矛盾纠纷排查化解，共排查矛盾纠纷1367件27551人次，及时稳控化解率达90%以上，妥善处理“10·11”古丈县磨刀村与吉首市锦坪村土地纠纷、“10·17”医患纠纷等突发事件。强力推进信访积案化解“清仓见底”，对公安部交办的3起、省厅交办的6起信访积案均化解到位，化解率达100%，自行清理积案56起并层层交办，将信访积案化解与信访人稳控工作相结合，有效稳控部定重点信访人员王某某等人。三是开展安保维稳大演练。以演促战、以练为战，日常演练有序推进，专题演练有声有色，综合演练高质高效。9月9日上午，湘西州举行反恐应急处突综合演练，相继开展包含反恐处突应急预案启动、扁平指挥、图像传输、嫌犯追捕、车辆拦截、炸弹排爆、危机谈判、现场突击抓捕、人员急救以及擒敌制敌、警犬技能、消防灭火等在内的反恐应急处突综合演练，提升综合战斗力，营造强大威慑力。四是开展公共安全大管控。全力管控风险隐患，在控率达51.1%。推动交通安全问题社会协同治理，以全州文明交通安全大整治为主线，常态化集中整治交通违法行为，共查处各类交通违法行为94万余起，发生道路交通事故263起，死亡73人，受伤261人，财产损失168.7万元，同比分别下降4%、21.5%，上升24.3%，下降15.5%。全面提升消防部队应急处突能力和社会火灾防控能力，全年发生火灾390起，死亡3人，无人受伤，直接经济损失602.9万元，同比分别上升8.3%、200%，持平，下降8.7%。

打防管控。狠抓主责主业，推动警务资源、手段和要素向打防管控聚焦，大力提升警务实战效能。一是狠抓刑事犯罪打击。深入开展打击"盗抢骗毒""重点工程重点企业"治安环境专项整治、追逃打击拐卖儿童积案攻坚、"云端2017"专项行动、三年禁毒、集中打击整治突出犯罪斗争等系列专项行动，全州共立刑事案件6704起，破案3094起，破案率46.2%，同比立案数下降14.9%，破案率上升8.68%。破获现行命案31起，连续4年实现现行命案全破，侦破龙山县"1993.1.15"故意伤害致死案、凤凰县"1995.7.9"持枪杀人案等13起重大命案积案；全面加大追逃工作力度，历年在逃人员602人已到案417人，存量下降率为69.3%，排名全省第七位。特别是追回重大命案积案逃犯31人，命案积案嫌疑人到案数名列全省第一位；侵财案件立5156起、破1743起，破案率33.8%，同比立案数下降17.7%，破案率提高6.38%。依托打击电信网络新型违法犯罪中心，成功阻止电信诈骗案件269起，止付167.8万元，破获湘西州首例手机木马病毒诈骗案；立各类经济犯罪130起，破76起，破案率58.5%，抓获嫌疑人148名；破涉毒刑事案件242起，刑拘296人，缴获毒品折合海洛因611公斤，破获部督案件2起、省督案件4起。二是狠抓治安突出问题整治。共查处治安案件11141起，行政处罚7066人。加强校园周边治安乱点整治，完善联勤联防机制；重拳打击黄赌违法犯罪，深入推进"断链"行动，坚持日常查禁和专项整治相结合，加大对宾馆饭店、洗浴场所、棋牌室、游戏房、网吧、茶室等日常管理和整治；严打涉及重点工程和重点企业违法犯罪，自2015年行动开展至2017年结束，共破刑事案件310起，打掉团伙19个，刑拘255人，查处治安案件690起，行政拘留653人，调处矛盾纠纷8413起；着力打击查处食药环违法犯罪，侦办刑事案件40起，起诉58人。三是狠抓重点要素管控。全州公安监所实现被监管人员非正常"零死亡"、行政监管场所"零事故"、重大涉监舆情"零发生"；组织开展"缉枪治爆""集中开展枪爆物品大排查"等专项行动，收缴各类枪支678支、炸药390.3公斤、雷管892枚、导火索31.9米、管制刀具282把。严格落实物流寄递"三个100%"要求，清查物流寄递企业270家，整改隐患23处。

基层基础。主动适应形势发展变化，把人力、财力、物力更多地投到基层，逐步增强基层实力，激发基层活力，提高基层战斗力。以"一年一大步、三年创一流"为目标，明确一乡一派出所、一村一警辅、基础信息化、技术专业化等18条需要攻坚的问题，全力推进基层基础三年攻坚计划。同时结合基层基础发展不均、普遍落后的现状，从基层各警种部门中选取62个示范点，强力推进基层基础示范点创建，作为夯实基础、做强基层的新引擎，做到以点带面。一是加快推进基础建设。全州新建派出所7个、改扩建19个，实际建成乡（镇）派出所108个，正在建设11个；社区和农村警务室达81个，将原面积不足20平方米的小溪桥警务室，建成总面积达243平方米、功能齐全、警力充足的高标准警务室，成为全州样板，达到全省一流；在全州38个乡（镇）663个村派驻警务辅助人员作为"一村一警辅"试点，其中凤凰县17个乡（镇）281个村进驻289名驻村警务辅助人员，建成3个村警务工作服务站，通过"小警务"激活"大治安"，全县农村刑事案件、治安案件分别下降10%、12%；强化实有人口管理，逐步建设和完善"一标三实"信息采集长效机制。二是加大刑事技术建设。州局投入800余万元打造2700平方米的高标准实验室，购置2000余万元的DNA自动化检测系统等系列高精勘验设备，完成现勘、DNA、足迹、物证保全等系统建设和优化升级，并选拔42名优秀青年民警赴中国刑警学院学习培训，着力打造高精尖的刑事科学技术室。其中吉首市公安局刑事技术室经认定成为湘西州首家通过实验室资质认定评审的机构。全州刑事技术部门利用指纹和DNA信息直接破案61起，利用物证串并破获系列侵财案件80余串、550余起。三是加强警务科技投入。今年新建乡镇监控探头2735个，全州电子监控探头达1.1万余个，州、县、乡三级联网运行的环州视频防控圈全面建成，城镇公共区域视频覆盖率达到100%，着力培养视频监控运用专业人才，视频破案率达到60%以上；全面加大经费和人才投入，州本级建设升级巡逻执勤车视频通信、视频综合应用系统、警用地理信息系统、情报平台（二期）、合成作战平台、数据交换传输系统等10余个信息系统平台，服务公安工作。

改革创新。把改革创新作为推动公安机关转型升级、提升公安工作效能的有力举措，坚持问题导向，突出能力建设，创新体制机制，推进改革创新向纵深发展。一是深化警务机制改革。全州超额完成51个城区和乡镇派出所综合警务指挥室建设，并不断做强县市"四个中心"建设，泸溪县公安局各中心联动运行，刑事破案率达到56%，该局白沙派出所创新警务运行机制，全年辖区仅发刑事案件69起（同比下降30%），重点人员在控率达85%；保靖、龙山两县公安局不断做强侦查实战中心，通过合成作战、精确打击，刑事破案率分别高达67.3%、64.1%，是年11月，省委常委、省委政法委书记黄关春在龙山县"四个中心"调研时，对湘西州基层警务机制改革工作给予高度评价。二是推进"放管服"改革。对州公安局148项行政审批项目进一步"瘦身"，做到放管结合、放而有度、管有分寸。充分运用"互联网+"手段，实现车辆网上上牌、网上和微信公众号预约办理公安业务、自助办证等便民服务，持续释放公安改革福利。树立“新政务、微警务、大服务”理念，打造湘西公安“一网双微”矩阵，“湘西公安”微信公众号稳居全州前列。三是创新公安工作。重点培育“创建基层基础工作示范点”和“文化育警机制建设”两个改革创新项目，打造湘西公安特色品牌。

规范执法。把规范执法作为公安工作的生命线，集中力量补短板、夯基础、强举措。一是提升思想站位。将执法规范化建设上升到“一把手”工程、“一票否决”项目、“两个一”工作层面，作为党委会研究决定的月度重点工作，由督察支队每月督导通报，并将组织执法规范化专题学习和观摩庭审纳入绩效考核。州公安局对照各县（市、区）执法问题列出清单，由主要负责人向县（市、区）公安局“一把手”交办，并反复重申执法规范化建设考核不达标，将对主要负责人进行约谈，取消单位评先评优、立功授奖资格。二是前移工作重心。改变以往被动迎考的工作方式，将重心前移到案件办理的源头和基层基础工作的日常，常态化深入基层督导检查，实地检查46个执法办案场所，共发现9个共性问题133个安全隐患，停用9个执法办案区，对发现的问题直接向县（市、区）局“一把手”反馈，并要求将整改结果反馈州公安局；每月组织交叉执法考评，对发现的问题进行通报并逐一整改。湖南省公安厅第一次执法质量考评，湘西州共抽考80起案件，合格率为83.75%，排全省第二名。三是加强学习考察。为推进办案积分制、执法办案场所、受立案管理室及执法监管中心建设工作，州公安局党委班子带队，先后三次赴怀化市、邵阳市、永州市公安局考察，学习先进经验，助推工作发展，全州新建受立案管理室8个，新建、完善执法办案场所5个，兑现办案积分奖励59万元，正在积极推进执法监管中心建设。四是坚持示范引领。创建执法示范点，选定3个不同县（市）公安局的法制大队、派出所为州公安局局长、分管副局长、法制支队示范点，从执法质量、执法办案场所建设、执法行为规范等5个方面加大力度，推动示范点执法工作走在全州前列，起到很好的示范推动作用。

党建引领。坚持“以党建带队建、以队建促发展”，将党建工作落实到队伍建设的方方面面，带动队伍建设发展有声有色。一是突出抓好基层组织建设。组织开展全州公安机关推进“两学一做”学习教育常态化制度化、“迎接十九大、忠诚保平安”等主题教育实践活动，举办庆祝建党96周年系列活动，组织党员到州内或周边红色革命教育基地开展主题党日活动，开展集中读书活动和观看主旋律电影活动，严格落实民主生活会、中心组学习、谈心谈话等组织制度，通过丰富多彩、形式多样、富有特色的精神文明建设活动，进一步做强基层党组织，筑牢政治思想根基，增强党组织的创造力、凝聚力和战斗力。二是突出抓好关键少数。开展“从我做起、对我监督”班子大承诺活动，全州公安机关600余名领导干部面向社会作出承诺、接受监督，对州公安局中层干部实行上下班“刷脸”考评，并拟引进第三方绩效管理与考评，促进领导干部履职尽责，带动全警发展进步。三是突出抓好人才培养。相继出台《全州公安机关骨干型人才管理办法》《全州公安机关民警体能提升计划》《州公安局对县市公安局队伍建设考核办法》等系列制度，先后组织2批120人赴中国人民公安大学学习深造，积极鼓励民警“走出去”学习培训，着力培养综合性高素质人才。特别注重提升青年民警综合素质，州公安局选拔35周岁以下、大专学历以上共67人举办为期一年的机关青年民警读书班，通过理论学习、基层实践、局领导联系培养、骨干民警“师傅带徒弟”等多种形式，培养年青后备干部，并全部分配到州公安局看守、信访等一线部门和吉首地区城区派出所脱产学习锻炼。四是突出抓好文化育警。积极组建湘西公安艺术团，加强“一网双微”矩阵建设，全年在中央等主流媒体发稿598条，省级媒体发稿368条，打造极具民族特色和公安特质的警营文化；开展“每月读一本好书”全警读书活动，发放《细节决定成败》《公安机关执法细则》《大数据时代》《第五次警务改革》等书籍，并举办“书香沁警营·文化凝正气”读书分享活动，培养良好阅读习惯，扩宽视野、提升素质。丰富警营文体活动，州公安局建立设施齐全的健身房、瑜伽馆、散打馆、乒乓球、羽毛球、篮球场地，丰富扩展民警业务健身娱乐项目，并举办全州警体运动会、主题演讲比赛、摄影作品展览等文体活动。五是突出抓好从优待警举措。在全面落实省公安厅《从优待警十项举措》基础上，最大限度用尽用活惠警政策，开展“希望、帮扶、育才、健康”活动，帮助民警子女入学10余人，实现民警团圆3人；年度健康体检工作形成常态，全州各级公安机关均实现100%体检，部分县（市）还增加体检项目、提高项目标准；加大民警基金会帮扶力度，为全州公安民警购买工伤保险，州本级和三县局参保金额达42万余元。保靖县公安局通过协调县房产局为民警申请公租房20套，有效解决外县民警住房难问题；组织开展心理测试和建档，均达到90%以上，37名民警考取三级以上心理咨询师证书，邀请省公安厅心理服务小分队开展送教上门活动，200余名民警受教受益；积极推介培育先进典型，弘扬警营正能量。六是突出抓好辅警队伍管理。将全州2000余名辅警经费全额纳入财政预算，印发《湘西自治州公安机关警务辅助人员管理办法（试行）》，实现辅警保障标准化、管理规范化、训练常态化、考核科学化、关爱平等化。年内全州公安机关会同人社部门新招聘205名辅警，举办4期辅警培训班，全面提升辅警综合素质。花垣县局按5%的淘汰率，对末位淘汰的10名辅警清理出队伍；龙山县局开展季度一评的“星级辅警”评选，加大辅警队伍先进事迹宣传力度。七是突出抓好作风建设。坚持全面从严治警不动摇，深化反腐倡廉教育，继续开展“雁过拔毛”式腐败问题、“纠‘四风、治陋习’”专项整治，着力推进国家公职人员违规参与涉矿等经营性活动清理整治，深入开展公车使用、工作纪律和专项整治等监督检查，强化追责问责，年内全州53名民警因工作责任不落实被约谈问责，其中，28名中层以上领导干部因队伍管理失职失责被问责追责。严查违法违纪行为，共查处违法违纪案件15起15人，其中，给予党纪政纪处分13人，另2人被纪检监察部门立案调查。

（本栏撰稿　瞿章胜）

【刑事侦查工作】 2017年，全州刑事侦查部门主动适应打击犯罪新常态，积极创建打击犯罪新机制，不断推进刑侦工作创新发展，取得显著成绩，特别是命案侦破、追逃、打击“盗抢骗”犯罪专项行动、“重点工程、重点企业”治安环境专项整治和刑事技术建设运用等方面取得突破性战果。命案侦破成效明显。全州共发命案31起，破31起，连续4年实现现行命案全破，相继侦破泸溪县“1·27”故意伤害致死案、永顺县“5·16”故意杀人案、古丈县“6·9”故意杀人案、龙山县“10·9”聚众斗殴致死案等一系列现行命案，并协助外地公安机关抓获命案逃犯5人。加大追逃工作力度，按照3月24日全省追逃动员会的部署，迅速成立全州追逃工作领导小组，明确追逃专项行动“一降三升”总目标，并将追逃行动工作情况纳入年度综合绩效考评，全州历年在逃人员（2016年12月31日前登记上网）存量602人，到案407人，存量下降率为67.61%。“盗抢骗”四类犯罪在逃人员存量76人，到案91人（包含入室盗窃）；湘西籍外地在逃人员存量696人，到案164人；湖南籍外省在逃人员前三年抓获数190人，到案144人。大力开展打击“盗抢骗”犯罪专项行动，相继侦破泸溪县“3·8”特大入室盗窃案、吉首市“3·13”系列持刀抢劫团伙案、永顺县“6·9”系列盗窃案、古丈县“8·18”系列诈骗案、保靖县“8·31”系列诈骗案等一批有影响力案件。全州共立盗窃、抢劫、诈骗、敲诈勒索四类案件5022起，破案1638起，破案率32.62%，比上年同期立案数下降18.45%，破案率提高5.84%。全力开展全州“两重”治安环境专项整治行动，切实解决涉及重点工程、重点企业的突出治安问题，取得大量战果，全州公安机关立涉及“两重”刑事案件457起，破310起，刑事拘留255人，逮捕175人，打掉团伙19个，查处涉及“两重”治安案件690起，治安调解343起，行政拘留653人，警告503人；全州公安和司法部门共排查涉及“两重”矛盾纠纷8413起，调处8413起，调处率100%，调处成功7971起，调处成功率94.75%，整个行动达到预期成效。刑事技术有力提升。州公安局刑科所总面积达2700平方米的实验室及办公区正式交付使用，理化实验室、DNA实验室、痕迹实验室、电子物证实验室均按照高要求高标准设置，先后引进DNA扩增仪、自动分析仪、台式生物发现仪、气相色谱仪、激光物证发现仪、疑难血痕发现仪、枪弹检验系统、无人机等多个先进仪器设备，湘西州刑事技术实验室落后局面得到根本解决；资质认定体系建设基本完成，各项基础信息采集工作取得较大进展，实现技术考评全通过。积极开展集中打击整治突出犯罪斗争。先后召开6次集中打击斗争工作动员、部署和推进会议，成立指挥部。州政府副州长、州公安局局长王学武任指挥长，下设综合办公室、情报研判组和3个打击整治组，制作并下发全州“冬春攻势”任务目标及考评要求，实行10天通报制。开通微信交流群，与湘西广播电视台制作集中打击斗争宣传片，在城区街道、广场、商业区、宾馆等场所LED屏滚动播放，各乡镇、重要集市、圩场均悬挂张贴醒目的横幅标语，形成浓厚的全民参与良好氛围。（康皓铭）

【治安管理工作】 2017年，全州治安管理部门紧紧围绕省、州确定的治安工作任务，狠抓落实，全年受理治安案件10860起，行政处罚6892人。狠抓治安防控工作。全力推进公安检查站建设，省定凤凰县阿拉镇、永顺县青坪镇两个州际公安检查站，泸溪县岩头河卡口、泸溪县合水、泸溪县解放岩乡、永顺县桃子溪、古丈县断龙乡5个县际电子卡口站全面建成；落实常态化巡逻防控，明确巡防人员及应急处突分队，全州落实公安巡特警常态化巡逻警力90人，有力维护社会面及重点单位治安秩序；圆满完成警保卫任务，牵头警保卫任务34次，其他大型活动安全保卫任务30次，做到部署周密，万无一失，绝对安全，受到上级警卫部门充分肯定。狠抓公共秩序管理工作。开展旅馆业实名登记工作，加大对旅馆业系统安装工作力度，对新增旅馆无论是有证无证，都做到应装尽装，部分县（市）将旅馆业系统推广到乡镇；加强日常监督检查，对违反规定的严格依法依规处罚到位，组织人员对全州旅馆业实名制登记工作进行暗访2次，暗访情况及时通报；开展扫黄禁赌工作，坚持日常查禁和专项整治相结合，查办有影响的大案要案；狠抓治安重点单位内部治安防范工作，检查内部治安重点单位120余家次；开展中小学、幼儿园周边秩序整治，确保全州校园周边秩序良好。狠抓危爆管理工作，认真做好春节、州庆、十九大等重要节点检查，严把使用安全、检查关，全州公安机关对24家易制爆化学品从业单位、129家物流企业、141家寄递企业、118家烟花爆竹经营企业开展全面排查，共发现隐患23处，隐患整改23处；深入开展“缉枪治爆”“寄递物流整治”等专项行动，共破刑事案件49起，办理行政案件63起，收缴各类枪支678支、炸药390.3公斤、雷管892枚、导火索31.9米、管制刀具282把，全州未发生一起危爆物品安全管理重大案件或事故。狠抓案件侦办工作，共立食药环刑事案件40

起，起诉58人；立环境行政案件10起，行政拘留10人；协助全国（省、市、州）协查食药环案件25起，协查人员83人。狠抓基层基础工作，全州新建派出所7个，改扩建19个；共下沉派出所警力96人，派出所警力占总警力40%以上的有5个县（市、区），11月，州公安局抽调48名35岁以下民警下沉到派出所，参与派出所值班执勤和打击、管理、防范、服务等工作；全州在38个乡（镇）、663个村开展“一村一辅警”试点工作，共上报各类不稳定信息12条、“三实”信息3027条，化解矛盾纠纷48起，抓获各类违法犯罪嫌疑人10余名，收缴枪支32把、各类管制器具88把。是年7月，凤凰县吉信镇一名驻村辅警提供一条高价值线索，县公安局当即奖励该辅警3000元。（刘体祥）

【经济犯罪侦查工作】 2017年，全州公安经济犯罪侦查部门深入贯彻落实全国第四次经济犯罪侦查工作会议精神，积极构建和谐警民关系，为保障全州经济稳定发展做出积极贡献。全州共受理各类经济犯罪案件146起，立案116起，破案68起，抓获各类经济犯罪嫌疑人122名，刑拘63人，逮捕37人，移送起诉94人。州经侦支队为主侦办的大要案件“4·28”非法经营案进入收网阶段，查清一个特大网络赌博犯罪团伙，发现一个从事洗钱犯罪的地下钱庄。加强风险性经济犯罪打击处理，全州受理非法集资案件6起（永顺县3起、龙山县3起），立案4起（永顺县1起、龙山县3起），破案1起；抽调专案民警20余人，在省总队、公安部经侦局的大力支持下，深度查办孙某某非法经营案，获取大量涉案证据。规范违法犯罪资金查控平台制度，研究制定《湘西州公安机关经侦部门违法犯罪资金查控平台应用管理规定》，先后3次与银行部门召开联席会议，建立警银联动假币监测反应工作机制，深化警税协作，有效打击和防范涉税违法犯罪，维护国家税收安全。多途径、全方位开展“5·15”经侦宣传日活动，全州出动宣传人员800余人，发放宣传资料7.5万余份，悬挂横幅200余条，摆放宣传展板500多块，受众2.58万人次，制作原创微视频3个，制作H5防范和打击2篇，微直播2万人次全程观看，自制短片循环播放1.4万次，受教育群众达千余人。（候 毅）

【人民警察训练学校】 2017年，人民警察训练学校紧紧围绕教育培训工作中心，精心安排教学工作，加强学员管理，强化教官队伍建设，各项工作如期完成。全年举办培训班（包括2016年度新警）10期，完成培训720人次，其中新警71人，在职轮训469人，辅警180人。完成全州公安机关兼职教官培训任务。突出实战业务训练，改革“三年一轮、每次一个月”的轮训机制，广泛开展“以问题定内容、以需要定长短”的专题培训，把业务培训搬到业务工作现场，把课堂搬到执法现场，把实战搬进课堂，推动战训无缝对接，使教育训练更有针对性与实战性。强化实战训练基础，建立“典型失误案例”与“经典成功案例”进课堂常态机制。优化实战训练机制，完善政工、警种、基地“三位一体”训练管理体质。（谢 阳）

【吉凤公安分局】 2017年，吉凤公安分局按照“四项建设”总体部署，紧紧围绕“两加强两提升”警务战略，以深入开展打击“盗抢骗毒”“三实”信息集中采集专项行动和全州“两重”治安环境专项整治行动，强化社会面管控，细化维稳工作方案，加大矛盾纠纷化解工作力度，稳控治安局势，确保社会稳定，湘西经济开发区治安形势大局平稳。全年分局共接处警460起。其中，立刑事案件70起，破案5起，刑拘6人，起诉12人，取保11人；立行政案件47起，结案29起，行政处罚33人，调处涉企矛盾纠纷57起。介于湘西经开区特殊的经济发展环境，因征地拆迁、劳资矛盾等因素引发的强行阻工、参工参运、强买强卖情况时有发生，分局从维护开发区经济社会发展大局出发，深入开展矛盾纠纷排查化解，严厉打击各种阻碍工程推进、项目开发的违法犯罪行为。是年，治安民警对重点单位开展上门走访，做到底子清、数据全。年内共出动警力处置阻工30余次，调解各类矛盾纠纷70余起，有效预防群体事件的发生。（白 雪）

【禁毒支队工作】 2017年，全州公安禁毒部门认真贯彻全国、全省禁毒工作会议精神，立足州情，研判禁毒形势，分析问题，综合实施，完善体制机制，禁毒工作有新成绩、新特点。全州共刑拘涉毒犯罪嫌疑人296人，逮捕直诉332人，查处吸毒人员2368人，强戒760人；立公安部目标案件3起、省公安厅目标案件4起，分别破2起、4起。领导高度重视。3月7日，州长龙晓华主持召开州政府常务会议，专题研究禁毒工作，落实禁毒工作经费；副州长、州公安局局长王学武先后召开4次会议，研究、调度禁毒工作；州委书记叶红专在《湘西禁毒动态》第2期上批示：州禁毒办与宣传部门、教育等系统加大宣传教育工作，公安加大依法打击，乡镇、社区、企业、学校、机关工作要全覆盖。4月21日，州人民政府召开全州禁毒工作会议，分析当前毒情形势，安排部署2017年禁毒工作，禁毒工作纳入党政领导班子政绩考核、五个文明建设绩效考核、综合治理、文明单位测评考核。8县（市）禁毒办落实编制5~8人，人员全部到岗，经费纳入财政预算，全州共配备公安禁毒民警79名、禁毒辅警66名，115个乡（镇、街道）均配备1名禁毒专干，同时配备667名社区戒毒（康复）专（兼）干。加快建设州级强制隔离戒毒所扩建工程，启动州级病残吸毒人员收治中心建设，永顺县强制隔离戒毒所完成主体工程，龙山县自筹建设资金2824万元，正在进行强制隔离戒毒所主体工程施工建设。将吸毒人员网格化服务管理工作纳入全州“综治创新年”内容有序推进，建立县、乡、村三级网格化服务管理平台，配备专兼职工作人员551名，建立网格化社区（村）1100个，网格化覆盖率达60.87%，对辖区内16574名在册吸毒人员全面排查，有效管控率均达95%以上。按照“打团伙、摧网络、抓毒枭、端毒窝、断通道”的工作思路，始终保持对毒品犯罪的严打高压态势。深化“4·14”打击制毒犯罪专项机制，年内接到多起群众举报，依法铲除罂粟6024株，较上年同期增长141%；7月，永顺县破获建州以来抓获涉毒人员最多的公安部“2017-110”毒品目标案件；10月，龙山县一举铲除洛塔乡一制毒窝点，缴获大量制毒物品。严格禁毒管理，州禁毒办、州食药监局、州卫计委、州公安局联合印发《关于进一步加强麻醉药品和精神药品管理工作意见》，对州内使用易制毒化学品的单位、企业进行详细登记造册，厘清易制毒化学品来源、用量、使用途径，排查整改“三品”管理隐患12处，办理易制毒化学品行政案件12起，确保易制毒化学品不流入制毒厂（点）。（黄　琳）

【监管支队工作】2017年，全州公安监管部门主动适应新形势、新要求，扎实推进监所重点工作落实落细，带动全州监管工作整体发展进步。全年看守所收押在押人员2900人次，拘留所收拘5827人次，戒毒所收戒465人次（以上数据统计至11月底）。全州监所民警（辅警）尽职履责，实现“三个进一步提升、三个确保不发生”的工作目标，即：进一步提升监管民警执勤执法素质，进一步提升监所执法规范化水平，进一步提升监所安全管控能力；确保不发生监所事故、重大责任事件；确保不发生执法过错引起的访诉和负面舆情；确保不发生民警重大违法违纪事件。在落实责任上下功夫，全州公安监管工作会议上各县市公安局长向副州长、州公安局长王学武递交责任状，摸排安全隐患138条，逐所建立台账。在创新发展上下功夫，深入推进看守所勤务模式改革，全面推进戒毒所“两基础四深化”工作，大力推进监所基础设施建设攻坚，新建看守所8个。在安全管理上下功夫，坚持问题导向，深入蹲点帮扶，通过检查发现重大安全隐患67处、一般性问题237个，整改率90%以上。在提质升级上下功夫，突出基础保障、素质提升、建章立制，全州监管场所新增配警力12人，交流民警32人，新增辅警15人、工勤9人，投入230万元的视频指挥平台改造完成，有针对性地开展业务培训，强化领导带班值班，建立“三级巡查机制”，安全防范关口前移，及时发现和整改问题。（黄　锋）

【法制支队工作】2017年，湘西州公安执法规范化建设工作采取有力措施强力推进，执法质量、办案积分制实施、受立案管理室建设等工作均取得一定进步。抓源头、抓日常，将工作重心前移到案件办理源头和基层基础日常工作，对县（市、区）执法规范化建设工作做到一月一督促、一月一实地检查，先后三次对吉凤分局考评时间段内的78起案件的考评、整改情况进行专项督促，取得较好效果。抓考评，组织法制民警，开展县（市、区）执法质量正式交叉考评2次，共考评刑事、行政案件292起，发现存在执法质量问题案件94起，逐一进行整改，执法质量有效提升。抓复议。对省厅网上执法质量考评及实地巡查初评不合格案件，组织讨论和复议，提升复议成功率，提高执法质量合格率。省公安厅第一次执法质量考评，湘西州抽考案件80起，合格67起，合格率83.75%，列全省第二名。组织考察学习，积极推进办案积分制、执法办案场所、受立案管理室及执法监管中心建设工作，全州兑现办案积分奖励59万元，新建受立案管理室8个，新建、完善执法办案场所5个。将组织执法规范化专题学习和观摩庭审纳入绩效考核工作，制定《全州公安机关执法资格考试工作方案》，细化到考试铃声、考试时间分配等每一个节点，启用具备高考条件的学校、高考试卷保密要求的保密室及具有多年监考工作经验的老师，三次下发通知严肃纪律、严格规矩，真正做到全程监控无盲点，试卷保密无盲区，圆满完成执法资格考试工作。（张　微）

【人口与出入境管理支队工作】2017年，湘西州公安机关人口与出入境管理部门以“四项建设”要求为工作重点，深化公安“放管服”改革，加强基层基础、服务效能等工作，取得较好成效。严格户口登记管理，全州共办理户口业务15760人，累计办理无户口人员登记户口4351人。规范居民身份证申领换发工作，共受理居民身份证信息206229条，办理跨省异地证910条。加强户口清理整顿工作，截至11月共清理重复户口1131个，纠正户口登记项目差错4683个。完成2017年湘西州3001名民族优惠政策考生资格审查、审批工作。落实省局部署的专项行动，对省局下发的4738名未进行实际居住人口登记的工作对象和重点人员开展核查录入工作；核实处理疑似死亡未销人员信息11582条，死亡注销7896人，其他类型注销120人。强化实有人口管理，精心组织开展“一标三实”信息采集维护工作，截至11月30日，全州新增“一标三实”信息701139条，其中，实有人口信息559487条，实有房屋信息103675条，实有单位信息7722条，走访数30255条，制作发放居住证2215张。强化出国境管理，截至11月30日，全州受理各类业务72167人次，其中护照29805人次，往来港澳通行证38799人次，大陆居民往来台湾通行证3500人次。加强便民利民服务，8月18日，正式投入使用自助填表、自助签注、自助发证机，首台港澳加签机当日启动，100余名群众前来办理。强化境外人员及案事件管理，截至11月，查处“三非”案件3起，涉及外国人员11名。3月，支队协助龙山办理一起“非法就业”案，查处涉外人员共10人，这是湘西州近年来办理涉外人员最多的“三非”案件，得到省人口与出入境管理局的高度肯定。开展违规办理、持有因私事出国（境）证件和有效身份证件专项清理工作，通过近4个多月集中清理，完成报备单位834家，维护更新数据14441人（新增4155人、变更8261人、撤销2025人），查询及反馈出入境记录14420条、清理及反馈身份证件信息1597人次，无一错录、漏录情况。印发《湘西州公安局警令部关于公安机关深化户籍制度改革实施意见》（州公明电〔2017〕343号）等文件，深化户籍制度改革，户籍管理朝着规范化方向发展。（安 平）

【特警支队工作】 2017年，湘西州公安局特警支队以打造“对党忠诚、敢打必胜”的湘西公安尖刀为总目标，紧紧抓住党的十九大安保维稳和湘西州60周年州庆安保两个工作核心，紧紧围绕特警队正规化建设和执法规范化建设两项工作重点，坚持从严治警，狠抓实战性训练，圆满完成各项工作任务。是年，特警支队出动警力4000余人次，车辆约900台次，圆满完成“5·22”专案嫌疑人押解看守、“9·28”制毒物品案、“11·2”开设赌场案等专项行动6次；参与并妥善处置吉首市雅思中学家长上访、“2·23”涉军人员上访等群体性事件10余起；参加各类警保卫任务20余次；参与“6·29”泸溪抗洪抢险等救灾救援工作3次。是年5月，支队派员代表湖南省公安机关参加2017年全国公安无人机战法演练，经过激烈比拼，在所参与的4个科目中取得二等奖1个、三等奖3个，得到各级领导高度评价。（赵博涵）

【州戒毒所工作】 2017年，湘西州公安戒毒所以“治疗医院化、管理军事化、康复劳动化、环境园林化”为目标，以实现“关爱心灵、重塑新生”为方向，坚持贯彻教育、感化、挽救方针，拼搏进取，真抓实干，全年共收治吸毒人员477人，转司法戒毒238人，转社区戒毒9人，转刑拘逮捕37人，提前解除180人，年内实现无毒品流入、无逃跑、无非常死亡、无生产安全事故、无疫情、无所内案件“六无”目标，为服务公安工作大局和平安湘西建设做出积极贡献。完成700余名戒毒学员的脱毒康复、教育转化等工作任务，社会效果显著。（张 琼）

【“5·19”非法生产a-氰基苯丙酮案】 2017年5月，国家禁毒委员会办公室发布《2017中国禁毒报告》，湘西州破获的“5·19”非法生产a-氰基苯丙酮案被收入其中，并被国家禁毒委、公安部评选为“2016年度十大禁毒案件”，这是湘西州禁毒部门在打击毒品违法犯罪活动中第一次获得该项殊荣。“5·19”非法生产a-氰基苯丙酮案系公安部禁毒目标案件，该案由吉首市公安局主侦，在湖南省公安厅禁毒总队和湘西州公安局的统一指挥下，在河南、广东两地警方的大力配合下，于2016年9月成功侦破，共抓获犯罪嫌疑人12人（叙利亚籍1人），捣毁制毒物品窝点2处，缴获a-氰基苯丙酮1.36吨、乙酯乙酸等制毒原料20余吨。该案难度大、历时长、影响广，案件的成功侦破受到上级部门和人民群众好评。（黄 锋）

【州庆60周年安保维稳工作】 2017年，圆满完成建州以来综合性最强、活动人数最多、涉及面最广、形势最复杂的“5+21”个60周年州庆系列活动安保维稳工作，实现“零事故、零伤亡、零信访、零发案、零投诉”，整个活动圆满举行，安保维稳经验被公安部《公安内参》推介。（黄 锋）

【州公安局业务技术用房建成投入使用】 2017年8月，州公安局业务技术用房全面建成投入使用，办公地址从老城区武陵西路15号搬迁至湘西经济开发区丰达路。州公安局业务技术用房从2013年开始建设，历时4年，总投资2.1亿元，占地38亩，新业务技术用房建成投入使用后，州公安局办公条件得到有效改善。（黄 锋）

【3个单位4名个人获国字号荣誉】 2017年，龙山县公安局人口与出入境管理大队、永顺县公安局人口与出入境管理大队被中华全国妇女联合会授予“全国巾帼文明岗”，吉首市公安局乾州派出所被公安部评为“全国优秀公安基层单位”；永顺县公安局民警熊双民、保靖县公安局民警何绪林被公安部评为“全国特级优秀人民警察”，凤凰县公安局民警姚本忠被人力资源社会保障部和中央综治委评为“全国社会治安综合治理先进工作者”，州公安局民警贾春宏被公安部评为“全国百佳刑警”，获国字号荣誉之多为近年来首次。（黄 锋）

【追逃工作获全国先进】 2017年，全州历年在逃人员存量602人，到案417人，存量下降率为69.27%，居全省第五位。“盗抢骗”四类犯罪缉捕归案99人，超过前三年缉捕归案76人之和。湘西籍外地在逃人员缉捕归案178人，占存量696人的25.57%。湖南籍外省在逃人员缉捕归案156人，占前三年缉捕数190人的82.11%。特别是命案逃犯缉捕归案31人，占在册命案逃犯存量的35.63%，归案率创历史新高，居全省首位，被评为全国追逃专项行动先进单位。（黄 锋）

【全州打黑除恶专项斗争电视电话会议召开】 3月28日，全州打黑除恶专项斗争电视电话会议在州公安局召开。州委常委、州委政法委书记欧阳旭出席会议并作重要讲话，会议由副州长、州公安局局长王学武主持，州委副巡视员朱采，州委政法委副书记滕朝辉，州中级人民法院院长彭卫兵，州人民检察院检察长肖建雄及州委组织部、州委宣传部等相关单位负责人，州公安局局属各单位负责人，州打黑除恶办全体成员在主会场参会。各县市相关单位负责人、县市公安局局属各单位负责人、派出所所长及县（市）打黑除恶办全体人员在县市分会场参会。会议全面部署湘西州打黑除恶专项斗争工作，重点就贯彻落实《关于全省集中整治"村霸"和宗族恶势力专项行动实施方案》，进一步深化全州"两重"整治、打击"盗抢骗毒"专项行动进行部署。（黄　锋）

交　警

【概况】2017年，全州公安交警部门紧紧围绕湘西州成立60周年和党的十九大维稳安保，忠诚履职尽责，开展以全州文明交通安全大整治为主要载体的整治严重交通违法行为"百日会战"专项行动、预防重特大交通事故和城市交通秩序整治"三个不发生"创建活动，公安交管工作成效较好，得到上级领导和主管部门的充分肯定。是年，全州道路机动车驾驶员保有量424490人，较上年新增52959人；机动车保有量316089辆，较上年新增54762辆。发生一般以上道路交通事故263起，死亡73人，受伤261人，财产损失168.73万元，四项指数同比事故起数下降4.01%，死亡人数下降21.51%，受伤人数上升24.29%，财产损失下降15.51%。

交通事故预防和秩序整治。全州公安交警根据公安部、省公安厅和州政府部署，开展系列道路交通秩序整治行动，重点打击"两客一危一校"、营转非客车和重型货车六类重点车辆的无证驾驶、疲劳驾驶、酒驾、醉驾、超员、超速、闯红灯严重交通违法行为，共查处各类交通违法行为48万余起，行政拘留1306人次，办理危险驾驶罪案件126起，查处客车超员违法343起，重点车辆超速38743起，涉牌涉证交通违法9642起，酒驾、醉驾、毒驾542起，刑事立案危险驾驶罪223起，移送起诉突破100起，严重交通违法行为得到有效控制，全年未发生一起群死群伤恶性交通安全事故，道路交通安全形势平稳。排查国省道路交通安全隐患85处，其中省政府督办10处，均已整改完成。

机动车和驾驶员管理。全州公安交警部门认真开展"放管服"改革和创建优秀团队活动，不断拓宽便民利民渠道，提升窗口服务质量，共办理机动车业务230688笔，办理驾驶证业务139292笔，机动车检验监控中心审核检验业务63518笔，完成机动车驾驶证申领考试200478人次，其中35684人通过考试合格并取得驾驶证。在吉首市友联别克公司建立州交警支队车辆管理所友联车管分所，6月1日启动，至年底办理车辆上户1000多辆。州交警支队车管所与州邮政部门联合建立湘西车管网上邮政分所，利用邮政部门实物流、资金流、信息流"三流合一"的资源优势，以支队互联网交通安全综合服务平台业务与邮政部门综合便民服务平台整合为着力点，共同推进交通管理社会化便民、利民服务。网上邮政分所可开展车驾管业务宣传、咨询服务及补换领车辆号牌、一网通和自编自选车辆号牌、补换检验合格标志、补办驾驶证、补办行驶证、六年内免检车辆领取检验合格标志等业务，方便路途遥远人员。9月，州交警支队建成车辆号牌制作厂，实现号牌即选即压，当日新注册车辆即可安装号牌。10月9日起，全州各车管所顺利启用新版机动车号牌选号系统，投放8万多副号牌到小型汽车号牌号池库，方便车主通过"50选1"方式随机选择自己喜爱的机动车号牌。支队驾管大队启用驾驶员互联网自主预约考试系统，州内驾驶学员实现驾考各科目100%网上自主预约考试。

交通安全法规宣传。全州公安交警部门以全州文明交通安全大整治活动、交通安全"百日会战"和"三个不发生"专项整治行动为重点，开展系列宣传活动，累计开展交警执法大直播6次，召开新闻通气会5次，新闻通讯报道100余篇次，发布重点驾驶人安全提示短信40万条，曝光全州严重违法行为5次。在60年州庆活动和中秋、国庆双节交通安保期间，通过新湖南、人民交通网、红网、州人民政府网、《法制周报》等媒体推出公安交警宣传报道20余次；人民公安报交通安全周刊10月31日首次用专版报道湘西交警开展"三个不发生"创建活动，11月10日再次用图片报道湘西州公安局交警支队开

州交警支队开展交通安全宣传活动现场

展的萌娃进警营活动，充分展示湘西交警良好形象。

交通警卫。全州公安交警部门先后完成“春运”交通安保任务、湘西州成立60周年州庆和党的十九大重大安保维稳任务。完成二级警卫2次、三级警卫5次。

（本栏撰稿　王彤彦）

检　察

【概况】2017年，湘西州检察机关围绕富民强州和脱贫攻坚战略，着力法治湘西、平安湘西、美丽湘西建设，为服务州域经济社会发展，增强人民群众获得感、幸福感贡献力量。是年12月27日，湘西州人民检察院根据《关于划转州检察院政法专项编制及人员转隶的通知》（州编办发〔2017〕267号）文件要求，撤销反贪污贿赂局、反渎职侵权局、职务犯罪预防科内设机构，将州人民检察院28名政法专项行政编制划转至州纪委，年底核定政法专项编制93名。全年全州检察机关有21个集体、56人次获得省级以上表彰，州检察院荣获省委省人民政府“人民满意的公务员集体”称号、省级文明单位等荣誉。

打击刑事犯罪。全年审查批准逮捕刑事犯罪嫌疑人2273人，审查起诉3172人。重点打击故意杀人、重伤、涉枪涉爆等严重侵害人民群众生命财产安全和“两抢一盗”等多发性犯罪，批准逮捕720人，审查起诉892人，保障人民群众安居乐业。典型案件有：彭某等27人故意伤害、非法持有枪支、强迫交易案，袁某等21人团伙贩卖毒品11公斤案，湘西某商贸有限公司虚开增值税发票诈骗2800万元等社会影响重大的刑事案件，有力震慑犯罪分子，净化社会治安环境。

预防和查办职务犯罪。立案查办职务犯罪案件62件74人，其中5万元以上大案51件，占立案总数的82%，副处级以上干部要案8人，为国家挽回直接经济损失4469万元。由中纪委转办、高检院交办的广西壮族自治区原党委常委、南宁市委原书记余某某受贿案，经州人民检察院依法提起公诉，余某某被判处有期徒刑11年，系湘西州办理的全省首例副部级领导干部职务犯罪大要案。为强化职务犯罪源头治理，在精准扶贫项目、州庆60周年重点工程、非公企业等领域开展专项预防，提出检察建议34件、犯罪分析16件。

州检察院党组书记、副检察长彭元（中）领取“人民满意公务员集体”奖牌现场

法律监督工作。办理立案监督案件66件，同比上升22%，纠正漏捕漏诉30人，书面纠正侦查活动违法80件次。审查减刑、假释、暂予监外执行案件467件，发现不符合法定条件32件，同比上升19%。受理不服法院生效民事判决、裁定、调解书申请监督案件58件，提请、支持抗诉和提出再审检察建议17件。落实检察长接待日制度，接待群众来访973人次，受理来信151件，首信首访处理率达100%。在党的十九大、“一带一路”峰会、州庆等重要时间节点，加大涉检案件跟踪督办力度，及时排查稳控，切实做到不添乱、有作为。

督促履职工作。针对环境污染问题，依法办理督促履职案件168件，提出检察建议124件。加大对沅江、酉水河等饮用水水源地环保督查力度，督促职能部门依法打击水源地生产生活排污、禽畜养殖、淘沙采金等违法活动，从源头防治水源地污染，促成龙山县洗车河流域污染治理项目纳入湖南省环境保护“十三五”重大项目库。

公益诉讼工作。围绕生态环境资源保护、食品药品安全、国有资产保护、国有土地使用权出让等领域，积极稳妥推进公益诉讼，发现公益诉讼案件线索85件，经湖南省人民检察院审批立案36件。凤凰县人民检察院依法督促职能部门追回企业欠缴国有土地出让金3000万元。花垣县检察院依法对耐子堡矿区非法盗采矿石案启动公益诉讼，为国家挽回经济损失400万元，国家矿产资源经营秩序得到有力维护。

保护“弱势群体”。充分发挥民事行政检察监督职能，加强对“弱势群体”合法权益的保护，通过促成当事人自行和解、司法救助等形式，为17名受害人和弱势群众追索赔偿金、申请救助款46.8万元。办理劳动关系、工伤待遇、拖欠薪酬等民事行政监督案件24件，帮助农民工追回拖欠工资及补偿款49万元。花垣县检察院办理的舒某某劳动合同纠纷申请监督案，促成双方和解，企业自愿补偿舒某某4.2万元。加强公民个人信息安全保护，永顺县检察院对全省首例侵犯公民个人信息案的徐某等8人犯罪嫌疑人依法批准逮捕。

检察队伍建设。坚持以“是否具备独立办案能力、能否独立对办案负责”为标准，周密、科学、公正、有序的组织员额检察官遴选工作，首次遴选员额检察官177人。检察官办案责任制逐步建立，共组建独任检察官、检察官办案组和专案组三种形式的办案组织126个。严格落实《湖南省检察机关员额检察官司法办案权限规定》，明确检察委员会、检察长、检察官的职责权限，依照权力清单赋予员额检察官对案件独立作出决定的权力。年内，员额检察官独立决定的案件超过90%，案件月审结率同比上升18%，办案质效明显提升。

【检务公开工作】 2017年，湘西州人民检察院向州委、州委政法委、州人大及其常委会、州人民政府、州政协汇报检察工作中的重大案件、重要改革部署和重要会议精神等22次。在规定期限内落实代表、委员提出的各类工作事项16件次。坚持向人大代表、政协委员、人民监督员赠送《检察日报》、寄送检察工作简报、发送手机短信等1410余份（条）。邀请人大代表、政协委员和人民监督员参加“检察开放日”、庭审评议等活动203人次。通过湘西检察官网、两微一端、检察通、企鹅号等新媒体平台向社会发布各类检察信息1556条，收集意见建议31条。开展做客媒体访谈、召开新闻发布会等活动9次，向群众免费赠送“检察农家历”1.5万册，着力构建开放、动态、透明、便民的阳光检察机制。

【食品安全护苗行动】 2017年，湘西州检察机关开展危害食品药品安全犯罪专项立案监督和校园“食品安全护苗行动”，严厉打击制假售假刑事犯罪，监督立案2件6人，提起公诉19人，参与执法专项活动49次。吉首市检察院对袁某某等5人销售假药案依法提起公诉，被告人均被判处有期徒刑。全州两级检察院成立驻食品药品监督检察联络室，建立联合调查、信息共享工作机制，严防严管严控食品药品安全风险，形成打击合力，让人民群众吃得放心、喝得安心。

【“检察开放日”保护未成年人活动】 2017年，湘西州检察机关认真落实未成年人司法保护政策，始终坚持“教育为主，惩罚为辅”原则，对涉罪未成年人依法不批准逮捕53人，不起诉15人，附条件不起诉9人。5月25日，州人民检察院成立未成年人刑事检察工作办公室。全州检察机关帮助涉罪未成年人、未成年受害人申请法律援助、司法救助108人次，开展心理疏导、感化教育79人次。选派优秀检察干警兼任中小学法制副校长，举办“法治进校园”巡讲和以“防治校园欺凌，护航未成年人成长”为主题的“检察开放日”活动，提高未成年人自我保护、防范不法侵害的能力，营造全社会关心关爱未成年人的良好氛围。

【落实“除虫护花”机制】 2017年，湘西州检察机关围绕州委改革发展部署，落实检察机关“除虫护花”“依法容错”机制，践行以办案促发展、以办案促稳定理念，把服务发展、促推发展作为司法办案的基本考量。在办理酒鬼酒公司部分管理人员贪腐案过程中，整理《查办涉企案件经济影响评估报告》，谨慎采取强制措施，不查封冻结企业账户、稳定企业生产经营秩序，适时通报案情，把司法办案对企业的影响降至最低，投资方中粮集团对此倍加赞赏。凤凰古城少数酒吧诱导游客消费谋取暴利引发舆情，损害“天下凤凰”的品牌形象，凤凰县检察院督促工商、旅游等部门依法整治，维护凤凰“中国最美小城”盛誉。（图文 胡明智）

法　院

【概况】 2017年，全州法院紧紧围绕“让人民群众在每一个司法案件中感受到公平正义”的目标，全面加强审判执行、队伍建设等工作，司法绩效在全省法院排名第四位，立案信访、新闻宣传等工作在全省法院排名第一。全州法院受理各类案件24283件，结案19901件，法定期限内结案率为99.22%，收结案数同比分别上升20.2%、23.3%，其中州中级法院受理各类案件2890件，结案2431件，法定期限内结案率为98.82%，结案数同比上升7.9%。

刑事审判。全州法院审结刑事案件2335件，判处罪犯2045人，其中判处五年以上刑罚221人。依法从严打击毒品犯罪，审结毒品犯罪案件122件，判处罪犯224人，其中判处五年以上刑罚44人。依法审理最高人民法院指定湖南审理的第一起重大职务犯罪案件——广西壮族自治区党委原常委、南宁市委原书记余某某受贿案，余某某被判处有期徒刑11年，当庭认罪，新华社、中央电视台等媒体公开报道，取得良好效果。坚持证据裁判、疑罪从无原则，对被告人徐景森、王建国虚开增值税专用发票和戴沄初伪证案，州中级法院以证据不充分依法作出无罪判决并生效。

民商事审判。全州法院审结民商事案件11667件，案件调解和撤诉率为52.51%，实现案结事了人和。妥善审理艾利尚信（湘西）旅游发展有限公司破产案、艾利尚信公司负责人安某合同诈骗等系列案件，州中级人民法院30个工作日内审结湖南和一实业集团有限公司与泸溪县人民政府、湖南和一置业有限公司房地产合作开发合同纠纷案，保障重点项目建设。

行政审判。全州法院审结行政案件和赔偿案件719件。落实行政机关负责人出庭应诉制度，出庭应诉率为35%，较2016年提高5个百分点。妥善审理凤凰县棚户区改造、龙山县里耶古城旅游开发房屋征收等涉民生重大复杂行政案件。助力州委党校体验式教学，组织中青班学员旁听行政案件庭审。召开新闻发布会通报行政案件审理情况，编印并公布《全州法院

湘西州人民法院新闻发布会现场

行政审判十大典型案例》，促进法治政府建设。

立案信访审监。严格落实立案登记制，全州法院当场立案率95%以上。编印《全州法院实施立案登记制以来十大不当诉讼案例》，引导当事人依法诉讼。健全涉诉信访事项导入司法程序、错误纠正和瑕疵补正、终结退出机制，审结申诉、申请再审案件141件。2017年涉诉进京访23人次，同比下降42.5%。州中级法院加强与州司法局、律师协会沟通协调，制定《律师参与化解涉诉信访案件实施方案》，引入23名律师参与代理和化解涉法涉诉信访案件。

执行工作。全州法院执结案件4815件，执行到位金额5.77亿元。建立完善信用信息共享和失信联合惩戒机制、执行网络查控系统，实现对被执行人存款、车辆、工商信息等网络查询、冻结、扣划等功能。2017年8月至12月，开展集中执行攻坚行动，共执结案件1399件，执行到位金额3.2亿元。采取查封、冻结、扣押等强制措施249次，司法拘留39人，罚款13人17万元，移送公安机关追究刑事责任4人，人民法院判处有期徒刑2件2人。公布1999名失信被执行人，促使104人自动履行义务或达成和解协议。

司法监督。认真贯彻州人大及其常委会各项决议、决定和意见，配合做好《中华人民共和国著作权法》《中华人民共和国禁毒法》执法检查工作，建立人大代表、政协委员联络沟通平台。完善人大司法案件监督信息平台，确保审判和执行信息公开透明，接受“司法公正湘西行”活动办公室监督。组织人大代表开展庭审旁听评议、座谈征求意见等活动。依法接受检察机关法律监督，审结抗诉案件280件，其中改判和发回重审48件，维持164件，调解或撤诉67件，其他1件。

队伍建设。推进“两学一做”学习教育常态化制度化，集中开展廉洁司法教育、作风问题专项督查，改进司法作风。开展优秀庭审、优秀裁判文书、优秀案例评选活动，州中级法院“田某某诉洪某某农村建房施工合同纠纷案”获全国法院优秀案例评选活动三等奖。加强司法警察队伍正规化专业化建设，吉首市、保靖县法院法警大队保持全省法院五星级警队称号，泸溪、花垣、永顺3个县法院法警大队通过五星级警队考核。积极参与社会治安综合治理工作，州中级法院获优秀单位，泸溪县法院获全省十大“平安单位”创建示范单位称号。全州法院3名干警分别获全国法院先进个人、办案标兵、刑事审判工作先进个人称号，47个集体或个人获评省、州先进。

【法院体制改革工作】2017年，全州法院机关完善司法责任制，制定《员额法官办理案件工作实施意见》《员额法官履职业绩考核办法》等规定，明确法官、审判辅助人员、司法行政人员职责，全州法院法官人均结案53件，法官裁判文书抽查合格率为100%，优秀率为91.22%。落实院庭长办案制度，全州法院院庭长共办理案件12432件，结案10154件，较去年同比分别上升44.81%、47.14%。落实以审判为中心的刑事诉讼制度改革，组建刑一、刑二两个刑事审判团队，实行团队长负责制，简案快办、重案精办。2017年，州中级法院刑事案件平均审理周期38天，较去年同期缩短39天。吉首、泸溪、保靖等县（市）法院组建刑事、民事、行政执行团队，实现案件办理提速提质。围绕州委推进全域旅游发展的决策部署，全州法院设立旅游巡回法庭，开展旅游巡回审判，依法快速妥善处理涉旅游纠纷案件46件。设立环境资源合议庭，审结大气、水、土壤等环境污染责任纠纷民事案件13件，审结非法收购、运输、加工、出售国家重点保护植物及制品等破坏环境资源保护刑事案件43件，为推进全域旅游、加快美丽湘西建设提供保障。加强司法公开四大平台建设，全州法院上网公开裁判文书20505份，审结减刑假释案件网上公示率为100%。

【法院基层基础建设】2017年12月，州中级法院新审判法庭正式搬迁，龙山县法院新审判法庭即将投入使用，全州法院审判法庭新建、改建基本完成。全州建成的27个人民法庭，实行驻庭和节假日值班制度，确保诉讼活动正常开展，及时化解矛盾纠纷。全州两级法院电子法院、电子卷宗、电子档案、指挥中心建设正在有序推进，智慧法院建设迈出坚实步伐。

（本栏图文 刘昱林）

司法行政

【概况】2017年，全州司法行政系统突出普法依法治理，大力促进法治湘西建设，狠抓矛盾纠纷化解，有效维护社会和谐稳定，司法行政各项工作取得显著成效。

全民学法用法。2017年2月21日，州人大常委会组织31名拟任新一届州政府部门负责人及州人民检察院拟任干部进行任前法律知识考试。10月中旬，完成全州国家工作人员学法考法任务，州直各单位及各县市均超省定指标。全州应考数76627人，报名数76606人，考试合格76444人，学时完成率、参考率、合格率均达99%以上。

法治湘西建设。各县（市）司法局在电台电视台等媒体开设法治宣传专栏，在《团结报》开辟以案释法专栏；3月，州司法局开通“法治湘西”微信平台，发布40期，发表法治建设、以案释法资料、视频310多篇，内容涉及法律法规党规宣传、法治湘西建设情况、以案释法等内容。8县（市）司法局及部分乡（镇、街道）相继开通法治微信公众平台，在基层广泛开展法治宣传。7月15日，花垣县举办首届“法治杯”苗歌山歌大赛，来自张家界及州内永顺、保靖、龙山等县（市）的44支代表队参加。该县还编印《苗歌山歌集》2000本，制作苗歌山歌大赛光盘200张，组织群众集中学习观看；同年，州市共建的峒河法治文化公园纳入政府PPP项目，完成设计任务，预计投入400万元。龙山县在龙凤广场、保靖县在人民广场、永顺县在三角公园、凤凰县在西枫公园、泸溪县在政府大楼前坪、古丈县在体育广场建成法治文化公园或广场。

人民调解。全面强化基层人民调解组织建设，组建115个乡（镇、街道）、1817个村（社区）人民调解委员会。对基层人民调解员实行标准化规范化管理，全州8499名调解员实行统一编号、统一挂牌上岗，组建85个涉及婚姻家庭、医疗纠纷、劳动人事、物业管理等方面的调解组织。全年全州排查调解各类矛盾纠纷16440起，化解成功16210起，化解率98.60%；预防群体性上访204起；预防群械69起；预防非正常死亡41起；预防“民转刑”211起。

监管安全。吉首监狱在押服刑人员982人，州强制隔离戒毒所在所学员320人。吉首监狱AB门投入使用，监管场所实现全程监控，统筹推进惩罚改造、教育改造和劳动改造，严打“反改抗劳”行为；州强戒所通过抓好安全稳定风险等级评估、扎实开展“三反一整顿”“打击地域性团伙和吞食异物等严重违纪行为教育整顿”“百日安全竞赛”等专项活动，规范司法戒毒工作，提升戒治实效。

社区矫正。全州建成8个社区矫正中心，运行高效规范。全州累计接收社区矫正人员6386人，年末人数1775人，严格按照《湘西州社区服刑人员正规化训练管理制度》《社区矫正日常管理工作考评实施细则》要求，突出规范化教育，落实乡（镇、街道）干部、公安干警、司法人员、村（社区）主干和社区矫正对象亲属“五帮一”工作责任，县（市）司法所创新管理方法，建微信群定位矫正对象，弥补监管系统不足，全年社区矫正人员漏管、脱管和重新犯罪控制在上级要求指标以内。

安置帮教。开展各种形式的安置帮教活动，全州落实低保7人，落实承包田119人次，职业技能培训110次，指导就业或就学136次。建立集中教育基地12个、就业基地6个、社区服务基地58个，落实就业技能培训46人次，帮助指导就业或就学44人次。凤凰县司法局组织干部在春节和两会期间深入沱江、廖家桥、官庄等乡镇走访慰问贫困刑满释放人员家庭，送去农具、粮种、棉被等生产生活物资。

法律服务。全州建成公共服务中心7个，建成法律服务工作站114个，工作站建成率达100%。全州1817个村（社区）有60%建立公共法律服务工作联系点。全州294名律师共办理各类案件2560件。133名法律工作者，代理诉讼非诉讼事务1205件。11家司法鉴定机构共办理司法鉴定案件3120件。全州8家公证机构办理各类公证业务4013件。

法律援助。办理法律援助案件1744件，其中，刑事法律援助案件678件，民事法律援助案件1211件，行政案件25件，代写法律文书2000余份。年内，法律援助开展集中宣传活动100余次，接听“12348”热线电话800余次，接待来人来访3296人次，挽回和避免经济损失300余万元。同年，全州115个乡（镇、街道）公共法律服务站全面建成；全州1817村（社区）法律服务点，完成1655个，建成率达91%。8县（市）公共法律服务中心总建筑面积达1700平方米，投入资金280万元，全部投入运行。

人民监督。全州59名新任人民监督员监督评议案件23件69人次，参加州（县、市）检察院检察开放日活动等10场31人次，促进检察机关文明规范公正执法。

司法考试。全州720人报名司法考试，618人参考，再创新高，圆满完成司法考试组考工作，实现“四个安全”“五零目标”。同年，湘西州首次实行合格人员电子档案采集，每位合格人员都实行线上线下双重审核，所有申领材料全部生成电子档案和纸质档案，并按一人一档的标准永久保存。

【公证机构体制改革】2017年，全州司法行政系统召开多次专题会议研究，确定改革的时间表和路线图，公证机构体制改革克服主要困难，通过向州委、州政府、州政法委、州编办等作专题汇报，得到上级部门支持。9月11日，全州6个行政体制公证处全部改制为全额拨款事业单位，完成公证机构体制改革工作。湘西州系全省第三个完成改制任务的市州。

【"法律明白人"】2017年11月底，全州乡（镇、街道）、村共有1640名"法律明白人"参加学习培训，全部考试合格。11月13日，泸溪县达岚镇五德村村民等7名农村"法律明白人"被评为全省百名优秀农村"法律明白人"。

【《把法治湘西建设引向深入》专题片】2017年，按照州委"综治创新年"要求，州综治办、州依法治州办集中人力、物力、财力，选择主要发生在湘西的案例，以专题片的形式，通过12类典型案例，以案释法，传播法律知识，用身边的事教育、警醒身边的人。8月上旬完成拍摄制作任务，专题片画质高清，时长55分钟。依法治州办将专题片刻录3500张光盘发放到全州各机关、学校、企业及乡镇、村（社区），要求组织集中观看，学习讨论。

【"情暖高墙·关爱孩子"帮扶工作】2017年，根据监所对服刑人员信息录入情况进行挨家挨户摸排和走访，详细掌握服刑人员未成年子女监护情况、入学情况、家庭困难程度等，共摸排出未成年子女家庭1072户，其中办理低保的有96户，有未成年子女总数1452人，一般困难未成年子女1000人，特别困难未成年子女306人，失学未成年子女24人。3月底，龙山、保靖两县司法局联合长沙女子监狱对服刑人员未成年子女进行摸排和帮扶，对摸排出的4名未成年子女专门进行走访和慰问。8月，花垣县开展"情暖高墙·关爱孩子"进怀化监狱帮扶活动，走访特别困难的花垣籍服刑人员家庭，给服刑人员未成年子女捐助爱心助学金1.4万元。

【州庆和十九大特防期安保维稳】2017年9月初，全州司法行政系统认真部署州庆安保维稳工作，全员参与全州矛盾纠纷排查化解、信访接访、现场安全保卫等工作。认真围绕守住"五个不发生"底线，制定十九大特防期安保维稳各项工作举措和特防期值班执勤表，以监所监管安全、矛盾纠纷排查化解、应急处突、舆情管控等方面为重点，落实工作责任，严格工作纪律，强化工作督查，明确特防期间全员待命工作要求，全系统实现持续稳定的良好局面。

【孙荷莲获"新时代最美法律服务人"特别提名奖】2017年，司法部、新华社、中央电视台联合举办的"守望初心——新时代最美法律服务人"揭晓仪式于1月11日晚在中央电视台举行。经过网络投票和评委评选，从551名监狱人民警察、戒毒人民警察、社区矫正工作者、普法人、律师、公证员、法律援助人、人民调解员、司法鉴定人等9类候选人中，评选出"新时代最美法律服务人"90名、"新时代最美法律服务人特别提名奖"45名。泸溪县法律援助中心主任孙荷莲获评"新时代最美法律服务人"特别提名奖荣誉称号，系湖南省唯一入选人员。

（本栏撰稿　唐巧晶）

监　狱

【概况】2017年，吉首监狱聚焦主责主业，开展队伍教育整顿、监狱管理、安全隐患整改，办结罪犯减刑假释案件6批共196件，监管安全保持稳定，持续实现"四无"和"十个不发生"目标。

监管改造。从底线安全观向以国家总体安全观总揽下的治本安全观转变，着重抓好隐患排查整改和"警察严格履职、强化'两违物品'管控、规范劳动工具及危化品管理"专项整改活动。新制定实施《领导带队值班巡查制度》《关于强化狱内施工期间监管安全管理的通知》《指挥中心监控岗处警流程》等制度。加强门禁、监控建设和管理，以AB门建成运行为基础，成立监管指挥和信息管理中心，调整优化总值班、监控室、门禁管理等值班模式，女民警全部参与监控夜间值班。与武警部队开展"三共""八联"活动，建立与武警监门哨的AB门联防联控机制。加强两违物品管控，在AB门设置手机柜、物品柜200个，对进监人员实行"面对面接触式"安检和"徒手进监"，实行民警与外协人员"两违物品"捆绑考核责任追究制，严防违禁物品流入监内。推进安防设施信息化建设，投入资金220余万元，建成监管指挥和信息管理中心、周界围墙报警系统、AB门门禁系统、临时远程视频接见系统，启动生产车间土石方开挖和劳动改造用房工程建设。加强狱侦排查和清监，共查获罪犯私藏使用违禁物品80余件，对危险分子逐一落实"三包"和夹控措施。严格执行"5+1+1"制度，采取安排专人听课考核、拍照取证等手段确保每周三"教育日"落到实处。2017年2月，新AB门建成投入使用，具备人脸识别、防尾随系统、阻车系统、虚拟换证等技术，为确保监管安全打下良好基础。

教育改造。持续开展"情暖高墙·关爱孩子"活动，从"爱心希望基金"开支2.2万元，对6名罪犯子女进行帮扶。对危顽犯实行教育转化攻坚招标，实现全部转化。开展"新生梦"心理拓展教育活动，创新"四知道"考核模式，被《湖南监狱工作简报》刊发推广。

劳动改造。发挥劳动改造矫治职能，加强生产经营和劳动改造工作，制定《生产项目准入管理办法》，严格控制法律法规产业政策禁止和淘汰的项目、侵犯知识产权和生产假冒伪劣产品的项目、污染严重治理难度大的项目、严重影响罪犯身体健康的生产项目进入监狱。逐步规范罪犯劳动能力分类定级与劳动定额管理、劳动报酬、劳动工具管理等基础工作，给罪犯发放低薪劳动报酬，在二、六监区推行劳动报酬及罪犯劳动能力分类定级与劳动定额管理试点，把七监区明确为劳动工具管理示范监区，生产现场6S管理水平得到提升。严格控制加班、补班，保障罪犯休息时间，杜绝罪犯超时超体力劳动。认真开展安全生产工作，加强安全生产隐患排查治理，投入资金2.5万余元对过期和损耗的灭火器材购置更换，组织义务消防队员开展业务技能竞赛，在罪犯中举办以“遵章守纪、争做安全人”为主题的演讲比赛和消防知识手抄报竞赛。全年实现安全生产目标。

后勤保障。新建生态停车场、湖南监狱精神景观石小广场，新购置警用大客车2辆，完成监狱土地勘界发证和不动产登记办理工作，监狱土地面积571亩（其中建设用地163亩、农业用地408亩），棚户区改造有序推进。

作风建设。6月，联合州直工委举行“吉首监狱党务知识和理想信念教育培训班”1期，参学党员干部达120余人。开展湖南监狱精神和理想宗旨教育，建成监狱精神主题文化小广场，组织优秀党员代表赴延安开展“缅怀革命先烈、牢记使命宗旨”主题党建活动。坚持从严治党和从严治警，开展警务督察，下发《警务督察通报》10期，扣分83人次。开展“身边人警示案例”教育，以案说纪，绷紧民警职工法规法纪“高压线”意识，加大违纪追责力度，全年政纪立案6件、党纪立案1件，给予党纪政纪处分6人。

【一级乙等医院创建】2017年，监狱医院启动一级医院创建工作，自筹资金280余万元，建设改造医院办公、诊断、住院场所，购置全自动生化仪、尿液分析仪、彩超、DR光机等医疗设备，具备开展X光检查、B超探查、常规化验及血生化检查、心电图分析等诊疗业务能力，通过吉首市卫计局和省监狱管理局检查验收，被授予一级乙等医院资质。

（本栏撰稿　周　安）

戒　毒

【概况】2017年，州强制隔离戒毒所共收治戒毒人员378人，办理提前解除146人，所外就医3人。场所持续安全稳定，连年实现“六无”（无逃跑、无非正常死亡、无所内案件、无重大疫情、无重大安全事故、无所内吸毒）目标。是年，获得司法部‘六无’单位、全省‘六五’普法先进单位、全省司法行政系统执法状况考评先进单位等荣誉称号。

安全管理。将《场所安全稳定风险等级考评细则》《强制隔离戒毒所戒毒业务考核细则》等工作逐条逐项分解，责任到所领导、科队，全年共开展督查48次，下发督查通报及处罚单26份，累计扣发考核奖11000余元。投入资金300余万元，健全完善“一个中心、四个系统”，并将70米“以房代墙”、消防通道、老旧危房、应急供电等安全隐患进行彻底整改。年内共开展安全大排查28次，消除安全隐患点69个，加强对门卫“两违”物品及外协人员管理，规范学员外诊、购物、就餐、出收工等秩序，顺利完成党的十九大召开、建州60周年庆祝活动等维稳任务，场所全年零事故。

教育戒治。深入推进民族特色文化教育，加强与地方单位、社会团体合作，先后开展“情暖场所·关爱孩子”“‘文明家风·幸福家庭·和谐社会’道德讲堂”“喜迎十九大·唱出我心声”等大型活动；将一队一精品（一大队集体舞、二大队苗鼓舞、三大队摆手舞）融入戒毒人员体能康复训练，营造浓厚的戒治氛围，提升戒治质量。以花垣县为重点，加强对社区戒毒康复工作指导，强化对戒毒康复人员的管控，大力推进就业基地建设，措施有力、成效明显，得到省禁毒委、省司法厅、省戒毒管理局的高度评价。

队伍建设。围绕“四个意识”提升，全年选派部门负责人赴北京、浙江大学学习10人次，组织到省、州参加党建、廉政及业务知识培训36人次，开展“两学一做”、党的十九大、“转作风·强素能·讲担当”等专题讲座5次、大讨论9场，举办党建、戒毒业务知识测试2场次，参考率100%，优秀率95%。大力开展“文明标兵单位”“民族团结示范单位”“戒治示范大队”等创建活动，全年评选出部、省、州先进个人37人，其中司法部先进工作者1人，全省戒毒矫治能手1人。

【场所异地扩建】2017年年底，州强制隔离戒毒所场所异地扩建项目土地报批、征地拆迁、规划设计等工作全部完成。该项目新址位于峒河办事处合群村，占地95亩，其中场所80亩、公用面积15亩，土建施工总投资13712万元，其中中央预算内投资9598万元，地方投资4114万元。

（本栏撰稿　杨美玲）

经济管理

宏观经济管理

【概况】 2017年，全州上下以建州60周年为契机，坚守“542”发展思路，大力实施“四轮驱动”，深入开展“三年活动”，全州实现生产总值582.64亿元，增长7.6%。完成固定资产投资466.7亿元，增长12%。实现财政总收入107.6亿元，增长22.3%。实现规模工业增加值91.2亿元，增长6.5%。实现社会消费品零售总额280.1亿元，增长10.7%。城乡居民人均可支配收入22728元、8273元，分别增长9.2%、11.6%。实现进出口总额19750万美元，增长61.6%。金融存贷款余额1154亿元、623亿元，分别增长11.9%、19.6%。完成省下达的节能减排年度目标任务。

重大项目建设。全州350个州重点项目完成投资567亿元，完成年计划任务的102%；25个省重点项目完成投资180亿元，完成年计划任务的115%；建州60周年300个重点项目累计完成投资1510亿元；动态储备重大项目202个，总投资2262亿元，完成年计划任务的188%。州文体中心、博物馆、非遗馆、永吉高速等一批重大项目竣工投运，黔张常铁路、张吉怀高铁等一批重大项目进展顺利，天然气长输管网等一批重大项目开工建设。全州实行“一月一巡查调度、一季一督查通报、一年一考核奖惩”制度，开展重点项目环境优化行动及未开工重大项目专项督查，确保项目进度和质量。

产业转型升级。全州工业结构不断调整，锰锌等传统产业整合提升，新材料产业持续扩大，以绿色食品、生物医药、电子设备等为主的新兴产业快速成长，新增高新技术企业20家。全州工业园区基础设施完成投资50亿元，新建成标准厂房100万平方米，泸溪高性能复合材料产业园受到省委省政府高度肯定；吉首大学获批湖南省大众创业万众创新基地，汇锋高新能源有限公司获批省级企业技术中心，恒裕科技、金天科技获批省级工程研究中心。积极争取下浮电价，促进企业复产达产。全州粮食总产量84.3万吨，保持稳定。全州实施特色产业提质增效“845”行动计划，重点推进24个万亩精品园、229个千亩标准园、2303个百亩示范园、16个三大产业融合发展示范区建设。保靖、古丈两县成功获批国家有机产品认证示范创建区，新增“三品一标”认证产品32个，泸溪椪柑获2017年消费者最喜爱中国农产品区域公用品牌称号，龙山百合获2017年中国（国际）农博会金奖，永顺松柏大米取得地标产品认证，花垣十八洞猕猴桃等12个农产品获2017年中国中部（湖南）农博会金奖。全州新增和完善农民合作社1068个、家庭农场947个，新增土地流转面积20.5万亩，农民实用技术培训30万人次，实现农产品加工企业销售收入80亿元。全州第三产业增加值增长11%，对GDP增长的贡献率达68.3%。全州全年实现电子商务交易额23.6亿元，增长20%，新增272个农村电商服务站。四大旅游黄金板块等旅游景点、景区基础设施加快推进，成功举办中国湖南（第八届）旅游产业博览会、武陵山旅游发展高峰论坛等重大活动，全州接待游客4450万人次，实现旅游收入321.5亿元，分别增长16.5%、23.4%。

新型城镇建设。全州编制完成《湘西州州域城镇体系规划（2016—2030年）》《湘西州土地利用总体规划调整完善（2017年修订版）》、300个美丽乡村村庄规划和82个传统村落规划。强化规划管控，“三证一书”发放率达100%。州府新城呈现新面貌，吉首城市道路交通、地下综合管廊等项目建设相继完成。7个县城新区拓展、老城区提质改造步伐加快，一批城市综合体、城区道路、背街小巷改造等项目相继竣工。全州城镇化率达到44.97%。全州完成3750栋特色民居整治，龙山县华塘街道办事处等省际边界口子镇获省资金支持，湘西州获评中国最美乡村旅游目的地，里耶镇成功入选“全国特色小镇”，浦市镇荣获湖南省“美丽少数民族特色村镇”，塔卧镇、十八洞村等25个镇村成功获批省级历史文化名镇名村。实施环境综合整治、污染治理等工作，空气质量全省最优。

上项争资融资。全州国开行贷款余额达85.15亿元。5月，全州银政、银企签约的项目到位资金分别为215.09亿元、116.84亿元。全州精准扶贫贷款余额150.76亿元，分别与浦发银行、华融湘江银行合作设立300亿元、100亿元扶贫产业基金；建成1100个贫困村金融扶贫服务站。全州PPP项目累计签订合同42个，总投资477亿元。吉首华泰14亿元债券、凤凰铭城8亿元债券获批发行。全州招商引资到位资金327.7亿元，增长25.2%。

社会民生发展。全州民生支出占财政总支出比重的63.1%。全州完成植树造林14万亩，永顺猛洞河湿地公园获批国家湿地公园（试点），青坪油桐种质资源库获批“国家林木种质资源库”，湘西州生态保护与建设示范区通过国家中期评估。全州城镇新增就业2.23万人，新增农村劳动力转移就业2.3万人，城镇失业登记率控制在4.22%，泸溪县获国家返乡创业试点县。全州新增城区学位1.86万个。州中医院正式挂牌湖南省民族中医院，湖南省唯一的全国结核病分级诊疗和综合防治服务模式试点在湘西州启动。全州棚户区改造开工建设10367户，完成35971户农村危房改造。全年居民消费品价格指数涨幅0.9%。全年全州没有发生重大伤亡事故，各项民生事业不断加强，社会大局和谐稳定。

深化体制改革。严格落实“三去一降一补”任务，全州煤炭企业由原来14家减少到1家，29家烟花爆竹企业全部退出，商品房待售面积下降56.5%以上，全州规模以上工业企业每百元主营业务收入中的成本低于全国平均水平，基础设施、民生、生态等领域不断加强。深入推进“放管服”改革，全州取消行政审批事项10项；“五证合一”实现全覆盖，全州新增各类市场主体2万户，其中，新增企业4000户。启动18个部门、30项涉企证照的“多证合一”改革。全州制定出台《湘西州政府核准的投资项目目录（2017年本）》《湘西州优化投资项目审批流程实施方案》《湘西州州本级政府投资项目审批及概算管理办法》《湘西州公共资源交易监督管理办法（修订）》等政策文件，PPP项目联审机制初步建立，投资项目在线审批平台全面应用。全州价格体制改革、国有企业改革、社会信用体系建设等工作有序推进，食盐价格全面放开，泸溪高新区获批全国第二批配电增量试点。

【湘西州加快推进天然气长输管网建设】 2017年4月14日上午，湘西州召开天然气长输管网建设工作推进会，贯彻落实湖南省“气化湖南工程”协调推进会精神，安排部署全州天然气长输管网建设加快推进工作。会议强调实施天然气长输管网建设是湖南省委、省政府推进能源发展战略的一项重要内容，是湖南省深入贯彻落实中央绿色发展理念、推进“两型社会”建设和“气化湖南工程”的具体行动。会议要求在思想上高度重视，确保天然气长输管网建设顺利推进；在审批办理环节全程跟踪加快推进；在入场施工环节加快推进征地拆迁；在项目建设环节营造良好施工环境；在措施上加大力度，明确目标，压实责任。是年，湖南省定湘西州天然气长输管网建设目标任务龙山—花垣段全面竣工，花垣—怀化（州内段）开工建设。

全州天然气长输管网工作会议现场

【全州易地扶贫搬迁工作推进会议召开】 2017年9月8日下午，全州易地扶贫搬迁工作推进会议在吉首召开，通报全州易地扶贫搬迁项目推进情况，八县市就易地扶贫搬迁工作作情况汇报和表态发言。会议要求严守搬迁对象“界线”、建设方式“底线”、建设标准“红线”，切实把易地扶贫搬迁当成一项重大的政治任务来抓，切实增强使命感、责任感和紧迫感；加强对全州易地扶贫搬迁工作的组织和指导，督促落实，层层细化分解任务，确保工作件件有人抓落实；细化工作措施，倒排工期、倒逼任务、挂图作战，加快推进项目建设进度，确保年度任务按时保质完成。“十三五”期间，湖南省定湘西州建档立卡贫困人口易地扶贫搬迁任务84453人。2016年、2017年省分别下达给该州的搬迁任务数为24613人和34818人。湘西州按照“五年任务、一次规划、两年实施、三年扫尾”的战略部署，2016年实际启动26441人，2017年计划全面启动剩余任务。

【湘西州与济南市签署东西部扶贫协作金融合作四方协议】 2017年11月9日上午，湘西州与济南市在济南市签署东西部扶贫协作金融合作四方协议。本次签约由国家开发银行山东省分行、国家开发银行湖南省分行、济南市区域发展战略推进办公室（市合作交流办公室）、湘西州发展和改革委员会共同发起。合作协议指出，将发挥四方优势，形成合力，推进东西部扶贫协作取得更大成效，尤其发挥济南市在区位、政策、经济、人才、技术等方面的优势，积极推动各类资源向湘西州倾斜；发挥国开行融资融智融制优势，加大开发性金融对济南市湘西州东西部扶贫协作的支持力度，探索财政投入资金与国开行信贷资金的有机结合途径，走出一条政银合作推进东西部扶贫协作的新路子。协议还提出，将重点支持以干线公路等综合交通运输体系、能源、水利、通信为主的基础设施、农村基础设施、特色产业及教育卫生等领域建设，助力湘西州脱贫攻坚和两地经济社会共同发展。截至10月底，济南市湘西州东西部扶贫协作推进顺利、成效明显。双方按照“1+7+11”合作框架协议要求，扎实推进在产业发展、劳务协作、资金支持、人才支援、结对帮扶和社会参与等方面的合作。启动茶叶产销、椪柑品改、济南万人游湘西、园区共建等20余个产业合作项目和济南中学、乡镇中心卫生院、儿童福利院等近30个文教卫项目；启动首批互派挂职干部交流和首次劳务协作招聘活动，各类专业人才支援、交流紧密开展；两地结对帮扶区县、部门沟通密切、互动频繁、社会参与广泛，结对帮扶情谊不断增强。

（本栏图文　吴如新）

国土资源管理

【概况】2017年，全州国土资源部门认真落实省、州决策部署，紧紧围绕州域发展和脱贫攻坚两大任务，不断适应经济发展新常态，全心全意保障发展、尽职尽责保护资源、尽心尽力维护权益，真抓实干、攻坚克难，圆满完成年度各项工作任务。全年争取地质灾害综合防治体系建设、山水林田湖生态修复、地质勘查等项目资金达3.11亿元。花垣县大脑坡矿区铅锌矿普查被国土资源部评为国土资源科学技术奖，州国土资源局五个文明建设绩效考核被省国土资源厅评为“工作进步奖”。

用地保障。全州新报建设项目97个，面积18742.5亩，比上年增加2748亩，同比增长39%，精准扶贫、民生工程、重大水利交通等一大批基础实施用地需求得到保障。是年，全州土地审批总量12869.7亩，在全省排位由2016年第十位上升到第八位；全州供应土地14815.2亩，在全省排位由2016年第11位上升到第六位，创湘西州报地供地历史新高，实现土地收入33.49亿元，同比增长6.72%。

耕地保护。州国土资源局将耕地保护纳入州对县市目标管理考核和问责范畴，大力实施开发整理项目，全年在建土地整理项目14个、面积25700亩，验收土地开发项目15个，新增耕地7405.55亩。

矿业管理。全州实施勘查项目20个，投资2298万元，钻探12622米，槽探3323立方米。实地核查177个核查土地图斑、21个矿产图斑，全州新立采矿权3个，注销采矿权69个，收取两权价款2.53亿元，其中州级非税收益1.05亿元、县级非税收益1.48亿元，创历年收益新高。

地质灾害防治。全州开展“村为土”避险应急演练29次。开展灾前、灾中、灾后地质灾害拉网式排查1495次，巡排查地质灾害隐患点2964处。汛期全天候调度842处在册和28处新增地质灾害隐患点。以245队、405队为依托，充分发挥州地质灾害应急技术中心科技防灾作用，将地质灾害损失降到最低。湘西州首创地质灾害应急技术中心在全省推广。

“两违”整治。全州开展违法占地、违法建设“两违”巡查228527人次，开展专项整治行动410次，拆除违章建筑747宗，建筑面积14.9万平方米，制止在建违章534宗，恢复土地原状686宗，恢复土地面积47331平方米。

不动产登记。全州房产登记交易信息实现互联互通，房产电子资料移交全部完成，龙山县、湘西经开区、凤凰县等完成纸质资料移交。全年颁发不动产登记证书21849本，发放不动产登记证明37854份。

【“数字湘西”建设】2017年，“数字湘西”州县一体化地理信息公共服务云平台顺利通过由中科院院士周成虎、北京大学数字中国研究院等组成的专家组验收，并举行成果应用发布会，州国土资源局依托国防科技大学和省第二测绘院研发子系统45个。州县数字城市建设同步完成并集成统一，在管理办法修订等四个方面开创全省先河，实现四个第一。州国土资源局开发的“图说湘西”系列主题地图，每

数字龙山验收会现场

月发布 2 期。

【灾毁耕地年度地籍变更】2017 年，凤凰县、吉首市 44 个图斑 9705 亩变更获得国土资源部一次性通过，所获面积占全省通过面积的 75%以上，且大多是水田资源，创造湖南省近年来年度地籍变更规模之最，按现行交易价格，价值在 6 亿元以上。全州 44 个灾毁耕地图斑 9705 亩变更面积获得国土资源部认可。

【“增减挂”项目】2017 年，永顺、龙山、保靖 3 个县第一批次“增减挂”项目签订流转框架协议，流转指标 3367.5 亩。永顺县签订的“增减挂”项目流转收益 30%预付达 1.57 亿元。

【第五届国际矿物宝石博览会湘西州展区获省政府“三等奖”】2017 年，湘西州参加第五届国际矿物宝石博览会湖南省自然资源推介展，得到省内外领导专家游客一致好评，参与的第五届国际矿物宝石博览会展区荣获省政府“三等奖”，奖金 80 万元。

【湘西世界地质公园申报工作】2017 年，湘西州国土资源系统全力以赴，超常规推进湘西世界地质公园申报工作，先后承办湘西岩溶国际学术研讨会、全国地质公园助推精准扶贫现场会。在 12 月 28 日全国第十批世界地质公园推荐评审会上，湘西地质公园以总分第一名胜出，是 2019 年中国向联合国教科文组织报送的世界地质公园之一。州国土资源局赴贵州织金洞参加世界地质公园第五届亚太峰会，向世界推介湘西自治州地质遗迹和地质公园。

（本栏图文　杨　舟　段鹏程）

国有资产管理

【概况】2017 年，全州国资国企工作围绕“国资保值增值、国企增产增效”目标，突出国企党建、国企改制、政企分开、资本合作等重点，抓改革、抓创新、抓提升，国资国企实现稳步发展。全州国企资产总额达到 440.57 亿元，所有者权益 213.98 亿元，实现营业收入 16.31 亿元。国企党建和精准扶贫工作在全省国资委系统工作会议上受到表扬。

湘西州国资委主任吴振文一行到凤凰县调研健康产业发展情况

国企改制。持续推动州 17 家国有企业上一轮改革改制工作，按照“因企而异、分类指导、一企一策、稳步推进”要求，精心组织，稳步推进，14 家企业完成改制任务。剩余的 3 家企业中，州武陵商厦改制工作进入司法处置程序，州轻纺张家界经营部由州经信委实施改制处置，州轻纺物资供销公司改制转为政企分开并进入论证程序。

政企分开。牵头推进 12 家州属国企的政企分开工作。其中，州保安服务有限责任公司以 1.01 亿元公开拍卖给湖南省新天地集团；州汽车运输总公司、州大龙洞水电站、州农机公司的出资人变更为州国资委；州金源宾馆移交给州国资委管理；州林化厂、州木材公司由州林业局制定打捆变更出资人为州国资委的方案，移交工作进展顺利。

国资监管。加强国资监管，审批同意武陵山天桥、五交化天桥等 10 个广告位经营权拍卖；审批办理州景天机动车排气检测公司 100%股权转让，成交总额 1225.58 万元；审批办理吉首大龙洞电站拆除旧设备资产评估、处置工作，评估 10.8 万元，处置拍卖 19 万元；审批办理州武陵文化信息传播公司车辆，评估 13.89 万元，拍卖成交；审批处置公车改革车辆 164 辆，拍卖成交 122 辆，成交总价 467.59 万元；审批完成州保安服务有限责任公司改制的产权转让；审核上报吉首华泰公司投资入股湖南吉首金隆（香港）发展有限公司事宜。

国企党建。按照党的十九大和全国、全省国有企业党建工作会议精神，全力推进国企党建工作。州委召开全州国有企业党的建设工作座谈会，印发《关于加强湘西自治州国有企业党的建设工作的实施意见》。8 个州属国企党组织、6 个驻州中央、省企党组织划归州国资委党委管理。州属 13 家企业将党建工作写入公司章程。

国企考核。州国资委同州属 10 家国企签订业绩考核目标责任书，聘请专业会计师事务所审计审核 10 家国企经营业绩，并报州政府审定。其中实行年薪制企业 1 家，即州盐业公司；实行基本工资加奖励企业 4 家，即州国管公司、州汽车运输总公司、州大龙洞电站、吉首华泰公司；实行工作业绩考核、奖励 2 个月标准工资企业

5家，即州林化厂、州木材公司、州轻纺张家界经营部、州湘谷粮油公司、州农机公司。

制度建设。狠抓制度建设，争取州委、州政府出台多项支持国资国企发展的文件制度。州委办公室、州人民政府办公室印发《湘西自治州州属国有企业领导人员管理办法》，州政府印发《湘西自治州州属投融资公司管理暂行办法》《湘西自治州州属国有企业负责人薪酬制度改革实施意见》，州国资委、州人社局联合印发《湘西自治州州属国有企业负责人薪酬制度改革实施细则》。

【国企平台公司投融资】 2017年，州国资委作为出资人的吉首华泰公司获批第三期14亿元“城市地下综合管廊建设专项债券”，6月，首期发行5亿元，9月发行9亿元；湘西厚驿交通建设公司融资到位10亿元，开工项目10个，开工里程200公里，完成投资10亿元。

【对外资本合作】 2017年，州国资委会同州农委、州商务局引进华润万家有限公司；7月20日，华润万家有限公司与州人民政府签订战略合作框架协议；至年底，销售州境特色农产品近6000万元。州国资委招商引入湘投控股集团与老爹公司签订债转股协议，先期投入3000万元支持老爹公司芙蓉镇新产房及现代农业观光园建设。

【“三供一业”分离移交工作】 2017年，州国资委牵头开展驻州中央、省企“三供一业”分离移交工作，争取州政府出台工作方案并与相关企业签订“三供一业”分离移交框架协议。广铁集团分离移交涉及家属区32个1479户，并签订水电分离移交协议。国网湘西供电公司分离移交涉及1040户，并完成供电移交，签订供水移交协议，与北京北控物业管理公司签订物业移交框架协议。中国移动湘西分公司、中国电信湘西分公司开展分离移交户数摸底工作。

【“平安企业”创建工作】 2017年，州国资委开展州属国企“平安企业”创建工作，根据考核评分排名，向州综治委上报吉首华泰公司、湘西厚驿公司、州轻纺张家界经营部、州大龙洞电站、州国管公司、州汽车运输总公司6家企业作为“平安企业”。

【黄标车淘汰目标任务全部完成】 2017年，全州黄标车淘汰任务数3057辆，淘汰率100%，注销率93.43%。州属行政企事业单位及驻州中央、省属企事业单位的黄标车共淘汰报废注销69辆，完成目标任务。

（本栏图文　向心文）

工商行政管理

【概况】 2017年，湘西州工商局紧紧围绕州委“542”发展思路和建设“五个工商、五种形象”总体目标，以“精细管理”年主题为抓手，深化商事制度改革，营造宽松平等的营商环境。1至11月，全州新登记各类市场主体18683户，新增注册资本金587亿元，较上年年末分别增长6.3%和55.3%；全州市场主体总数突破10万户，注册资本金总额突破1500亿元。加强事中事后监管，营造公平有序的市场环境，按照“放管结合”要求，加强市场监管改革创新和竞争执法，规范市场秩序，促进企业优胜劣汰，推动供给侧结构性改革。创新消费维权机制，营造安全放心的消费环境。以深入贯彻《中华人民共和国消费者权益法》为主线，以节日消费、旅游消费、网络消费为重点，加强消费市场监管。探索职能发挥方式，营造有为有位的履职环境，实现工商职能与品牌保护、全域旅游、扶贫攻坚、小微扶持等重点工作充分结合，相辅相成，相得益彰。

事中事后监管。以信息归集共享为基础、以信息公示为手段、以信用监管为核心，积极构建新型市场监管新机制。全面实施“双随机、一公开”监管，着力提高监管的规范性、公正性和透明度，全年组织抽查3批次，抽查企业1019户、个体工商户和农民专业合作社1955户，超额完成国务院拟定抽查任务2个百分点。切实抓好信息公示工作，全州企业、个体户、农民专业合作社年报公示率分别达85%、93%、78%，较去年分别提高9个百分点、12个百分点和8个百分点。认真落实行政处罚信息公示，公示行政处罚案件123件，公示率100%。加强涉企信息归集共享与联合惩戒，牵头组织召开全州协同监管平

湘西州“两证合一”营业执照首发现场

台应用暨操作培训电视电话会议，在全州范围内全面推广应用国家企业信用信息公示系统（部门协同监管平台—湖南），归集27个部门涉企信息1364条，其中行政许可信息1348条，行政处罚信息16条。强化异常名录管理，列入异常名录1892户，移出异常名录631户次。强化联合惩戒，累计向税务、发改、交通等部门提供数据1286条，协助司法部门公示冻结股权案件14起。

市场专项整治。全年立案125件，办结123件，案件办结率达98.4%，其中行政指导案件9件，占年度行政处罚案件总数的7.2%。强化竞争执法，制定《关于进一步深化整治公用企业限制竞争和垄断行为工作方案》，针对供水、供电、供气、通信等行业存在的限制竞争、不正当竞争、垄断等行为开展集中整治行动，查处公用企业限制竞争案件3起、商业贿赂案件3起。大力整治商标侵权行为和虚假违法广告，开展打击侵犯华润“雪花”商标专用权和侵犯中国石油化工集团注册商标专用权等一系列商标侵权行动，查办商标侵权案件14件、违法广告案件17起，监测各类广告9000条次。扎实开展“红盾护农”工作，抽样送检农资产品40个批次，查办农资案件9起，查封不合格肥料15吨。扎实开展“霸王条款”等不公平合同格式条款专项整治行动，审查合同186份，行政约谈企业3家，下达行政指导意见书3份。认真开展查处取缔无照经营工作，组织召开查处取缔无证无照经营综合治理联席会议，启动全州危废品处置行业、出版物零售行业、食品行业三大行业无照经营专项整治行动，清查无证无照经营户805户，立案查处无证无照经营案件101件，“无照率”控制在3%以下，“无证率”控制在5%左右，亮照率达95%。加大打击传销力度，组织召开全州打击传销工作电视电话会议，捣毁“拉人头”式传销窝点17个，教育遣返传销人员343人，解救被骗参与传销人员47人，立案查处传销及违规直销案件7件，刑事拘留23人，移送起诉22人，查获涉传资金1.5亿余元。加强网络市场监管执法，查办网络违法经营案件2起，转办跨地域投诉举报案件4起，删除网络违法商品及服务信息20条。继续开展互联网金融风险专项整治工作，停办企业名称和经营范围中含“金融”“网贷”等9类词组的登记注册。大力开展地方金融类企业专项调研和风险排查工作，对清理出的20户企业严格按要求进行报备，驳回3家外省投资类企业到湘西州设立分公司的申请。

流通领域商品质量监管执法。认真贯彻国务院《质量发展纲要》，强化商品质量监管和日常监督检查。积极配合省工商局开展流通领域商品质量抽检工作，全面完成二、三、四季度抽检任务。先后抽样检测日化用品、贵金属珠宝首饰、钢材、家装板材、机顶盒、汽车轮胎、棉服、皮衣等8类商品，抽取样品107组，针对不合格的9组商品立案查处6起（7组），申请复检2组，立案查处率100%。

消费维权体系建设。着力加快“12315”互联网平台建设，组织召开全州“12315”互联网平台使用工作培训会议。至11月底，全州“12315”互联网平台受理消费者投诉举报61件。积极推进“12315”“五进”，指导超市、商场、市场、企业、景区建立消费维权服务站208家，建成“一会两站”141个。广泛开展“放心消费创建活动”，落实消费环节经营者首问和赔偿先付两项维权制度，促进消费纠纷源头解决。至11月底，全州受理消费者投诉550件，解决消费争议金额129.4万元，给消费者挽回经济损失64.35万元。

【消费者委员会作用发挥】 2017年，州工商局指导消费者委员会组织围绕“网络诚信　消费无忧”年主题，积极履职尽责，形成一些工作亮点。广泛开展“3·15”系列宣传活动，现场接受咨询100余人次，发放宣传资料8000余份，现场销毁假冒伪劣饮水机、插座开关等4个类别、价值13.5万余元，活动现场网络直播观看量达1.3万人次。借助微信公众服务平台，发布消费警示、典型案例、消费维权常识、曝光不良商家等信息700余条，组织开展消费维权知识有奖问答，吸引4.4万名网友参与，取得空前宣传效果。积极开展消费体验活动，在湖南边城生物科技有限公司开展“醋类制品生产流程消费体验活动”，消费者代表、新闻媒体代表23人参加。

【注册资本登记制度改革】 2017年，州工商局严格执行《湖南省注册资本登记制度改革实施办法》，取消出资期限、首期出资比例、货币出资比例等一系列限制性条件，实行注册资本认缴登记制，下放注册资本500万元以下的企业登记管辖权，有效降低创业门槛和创业成本，激发创业活力。

【“先照后证”改革】 2017年，州工商局严格执行国务院关于进一步减少工商登记前置审批项目的决定，调整前置改后置审批事项226项，登记审批效率进一步提高。从最初的审批顺序调整，到倒逼审批制度改革重要切入点，许可审批进一步精简，“准入不准营”难题得到有效解决。

【“多证合一”改革】 2017年，州工商局在“五证合一”的基础上进一步整合公安、住建、商务、交通等20个部门30个涉企证照事项，从根本上推动涉企证照事项削减，进一步减少制约创业创新的不合理束缚。自9月28日全面启动，累计发出“多证合一”营业执照1246份。同时，持续推进“五证合一、一照一码”和个体工商户“两证整合”改革，累计核发、换发“五证合一、一照一码”营业执照1.86万份、个体工商户“两证整合”营业执照1.63万份。从“三证合一”到“五证合一”再到“多证合一”，这项改革从最初的改革难点，逐步成为准入制度改革的热点。

【企业登记便利化改革】2017年，州工商局按照“互联网+政务服务”的理念，以企业办理登记“零见面”、电子营业执照“无介质”为目标，全面实施企业登记全程电子化、电子营业执照和企业名称自主申报登记改革，真正实现“数据流转”代替“企业跑办”。年内通过全程电子化设立企业91户，变更16户，发出电子营业执照87份，审核通过企业名称自主申报登记名称77个。同时，大力推行企业住所制度改革，进一步放宽市场主体住所（经营场所）登记条件，396户企业实现“一址多照”，57户企业实现“一照多址”。

【简易注销登记改革】2017年，州工商局进一步优化注销流程、减少申请文件，逐步完善市场主体退出机制，有效缩短市场主体退出周期、降低退出成本、提高社会资源利用效率，“入市容易退市难”问题得到一定程度解决。自3月正式实施，有298户企业提交简易注销公告，依法准予无债权债务企业简易注销登记152户。

【服务品牌经济发展】2017年，州工商局加强商标品牌培育，扎实开展非物质文化遗产、旅游景点、特色产业、特色食品等具有湘西州特色名称的公共资源品牌商标保护性注册工作，先后制定“‘神秘湘西’系列品牌名录及计划注册类别表”和《“神秘湘西”系列品牌商标保护性注册工作方案》，年内全州申报一般商标924件、湖南省著名商标8件，天下凤凰通过中国驰名商标认证，凤凰红心猕猴桃和龙山七姊妹辣椒获国家地理标志证明商标。积极安排部署“双打”专项整治行动，在全州范围内开展打击侵犯华润“雪花”商标专用权和侵犯中国石油化工集团注册商标专用权等系列商标侵权行动，查获涉嫌商标侵权物资3100件，查办商标侵权案件14件。

【服务全域旅游发展】2017年，州工商局按照州委、州政府创建国家全域旅游示范区要求，全面加强凤凰古城、老司城、里耶古城、矮寨奇观四个主要景区的消费维权站点建设，景区维权处诉效能全面提升。加大假冒伪劣旅游商品清查力度，抽检涉旅产品84批次，合格率达100%；加大涉旅企业行政指导力度，强化旅游格式合同监管，全年检查涉旅企业25家，收集旅行社合同56份，对湘西自治州长松国际旅行社有限公司、湘西自治州凤凰运通国际旅行社有限责任公司、湘西自治州凤凰阳光旅行社有限责任公司等3家公司所使用的旅游合同中免除自身责任、加重消费者责任、排除消费者权利等行为进行行政指导和约谈，及时下达行政指导意见书。加强旅游商标品牌保护，向国家商标局申报“神秘湘西”注册商标10个类别，4个类别通过国家商标局商标注册。

【服务精准脱贫】2017年，州工商局继续开展“主体惠农、商标富农、经纪活农、电商助农、合同帮农、红盾护农”行动，紧紧围绕地方特色产业和资源优势，大力支持涉农龙头企业、合作社、家庭农场等各类市场主体发展，全年新发展农民专业合作社1152户。积极推行“龙头企业+合作组织+农户”经营模式，支持开展现代农业经营。全面强化电商交易平台监管，助力“互联网+农产品”流通模式健康发展，网上巡查网站6600余户次，其中州内淘宝网店2000户次、天猫商城经营户1600户次、其他各大网购平台上的州内经营户2000余户次、州内企业自建网站1000余户次，实地检查网站80余个，删除违法商品（服务）信息20条。加大“十八洞”商标保护性注册力度，向国家商标局申报“十八洞”商标62件，拉开“十八洞”系列商标注册和保护序幕，助推十八洞村产业发展。

【服务小微企业发展】2017年，州工商局新发展个体工商户13488户，新增市场主体中民营经济占比超过70%，第三产业占比超过60%，对全州经济总量的提升和产业结构的调整、优化起到极大促进作用。充分发挥商标质押、动产抵押、股权出质登记指导职能，帮助州内小微企业解决融资难题。大力实施非公党建“223”工程，选派非公企业党建指导员15名，深入企业指导开展党建工作，新批复州直企业党支部17个。

（本栏图文　彭　斌）

安全生产监督管理

【概况】2017年，全州安全生产监督管理部门认真贯彻落实习近平总书记关于安全生产重要讲话精神和省委书记杜家毫在省安监局调研座谈会上的讲话精神，以及国家、省、州关于进一步加强安全生产工作的重大决策部署，以防范较大以上安全事故为重点，深入推进“落实企业安全生产主体责任年”、安全生产大检查、重大事故隐患整治“一单四制”和煤矿、烟花爆竹及危化品淘汰不安全落后产能、安全教育教化等重点工作，安全生产形势总体稳定趋好。全年全州发生生产经营性安全事故42起，死亡42人，同比事故起数下降43%，死亡人数下降40%，受伤人数下降53%，直接经济损失下降13%。州安监局被省委、省政府评为2017年湖南省安全生产工作良好单位和2012—2016年全省安全生产先进集体。龙山县和凤凰县被省委、省政府评为湖南省安全生产工作优秀单位。

安全执法整治。深入开展春运、节后复工复产、两会、汛期、州庆、国庆等重点时段安全生产专项整治，检查生产经营单位5752家，下达各类执法文书2756份，责令停产停业85家，关闭50家。非煤矿山、烟花爆竹、危险化学品等重点行业领域及冶金、烟草等八大行业均未发生较大以上安全责任事故。开展以道路交通安全为重点的安全大排查大管控大整治行动和集中打击重点交通违法行为“百日会战”行动，查纠各类交通违法行为 2711 起，其他违法行为 2000 余起，行政拘留 220 人。强化“打非治违”工作，查扣非法烟花爆竹 3773 件，取缔非法储存窝点 67 个，取缔无证经营 20 家。开展“落实企业安全生产主体责任年”活动，检查企业 62086 家次，立案调查 2237 起，责令停产停业 216 家，暂扣或吊销许可证照 364 个，取缔关闭生产经营单位 71 家，经济处罚 3386 万元，问责领导干部 32 人，行政拘留 406 人，抓捕涉嫌犯罪人员 3 人。

安全生产大检查。州人民政府制定下发《湘西自治州安全生产大检查工作方案》，成立以州长为组长的安全生产大检查工作领导小组。全州各级各部门结合本地区本行业实际，均制定安全生产大检查工作方案，成立由“一把手”任组长的安全生产大检查工作领导小组，全面开展地毯式、全覆盖安全生产大检查。在大检查期间，排查发现一般安全隐患 1532 处，整治 1465 处，整改率达 95.6%；打击严重违法违规行为 1751 起，关闭取缔违法违规企业 42 家，停产整顿 177 家，暂扣吊销证照 11 家，追究刑事责任 6 人，问责曝光工作不力单位 24 个、人员 12 人。

采空区治理。州驻花垣督导组和花垣县政府多次深入企业调查，按照“分类指导、分步推进”的原则，制定《花垣县铅锌矿采空区重大隐患治理督导工作方案》《花垣县铅锌矿区采空区治理工作实施方案》和《花垣县铅锌矿区采空区治理验收标准》。州驻花垣督导组和花垣县委、县政府多次召开协调会，协调省安监局解决花垣县采空区隐患治理资金 1600 万元、尾矿库治理资金 540 万元。年内，花垣县取得采空区治理批复的 11 家铅锌矿采空区治理工作通过验收。第二阶段 20 家铅锌矿采空区治理启动，7 家矿山企业完成安全设施设计评审，进入治理施工阶段。在治理同时，加大非法违法生产行为打击力度，依法对李梅 3 采区等 6 个铅锌矿山实施关闭。

安全督查督办。州委督查室、州政府督查室、州安委办先后组织开展 5 次安全生产工作专项督查，有力推动工作落实。重点对州庆、党的十九大期间安全生产工作部署情况进行暗访督查，确保社会大局稳定。强化重大隐患挂牌督办，州政府对 25 处重大安全隐患进行挂牌督办，23 处重大隐患完成治理。同时，省安委办督查通报的 40 处安全隐患全部整改到位。州安委办第一季度督查通报的 66 处隐患整改到位 50 处，第二季度督查通报的 58 处隐患整改到位 47 处。

安全生产教育。开展安全警示视频和宣传挂图“七进”（即进企业、进村寨、进学校、进矿区、进工地、进市场、进机关）活动，播放安全警示教育片 2613 场，观看人数达 368170 人。州政府专门投入 10 万元，印制“安全生产·平安湘西”安全警示挂图 1 万余份，分别张贴到学校、村组和企业车间。同时，在湘西广播电视台、《团结报》开辟安全生产专栏，对安全生产大检查进行系列报道。积极开展“安全生产月”活动，开通湘西安监微信公众号，全社会安全氛围日益浓厚，全民安全意识明显增强。

安全生产月咨询日活动现场

【“三个第一”抓安全生产工作】 2017 年，全州上下牢固树立安全生产“红线”意识、底线思维，严格落实安全生产“党政同责、一岗双责、失职追责、齐抓共管”责任制。州委书记叶红专多次亲自过问安全生产工作，并作重要指示，两次主持召开州委常委会议听取安全生产工作情况汇报，对安全生产工作进行部署。州政府坚持做到安全生产工作“三个第一”（第一次常务会议研究安全生产工作，第一个全州性工作大会安排部署安全生产工作，州政府领导第一次下基层检查安全生产工作）。全年州政府常务会 3 次专题研究部署安全生产工作，3 次召开全州安全生产电视电话会议安排部署安全生产工作。州级领导严格落实“一岗双责”制度，多次带队深入基层、企业一线检查安全生产工作。6 月 12 日，州委、州政府出台《湘西自治州委湘西自治州人民政府领导安全生产工作责任清单》。同时，州安委会成员单位、各县（市、区）、各乡（镇、街道）层层签订安全生产责任状，安全监管责任体系实现“全覆盖”。

【全州不安全落后产能全部关闭退出】 2017 年，全州不安全落后产能关闭退出工作进展顺利。龙山县木龙湾煤矿关闭退出工作通过省政府验收；湘西州德邦化工有限责任公司（硫酸厂）、保靖县建磊矿业责任公司（硫酸厂）、湖南振业化工有限公司（硫酸厂）、泸溪县金旭冶化有限责任公司（硫酸厂）、湖南省派斯特科技有限公司等5家危化品生产企业注销有关证照，关闭到位有关设施、设备，妥善安全处置库存危化品，并注销有关证照；凤凰县腾鑫花炮厂、凤凰县出口花炮厂、湖南省凤凰县勾良花炮厂、永顺县三家田成功烟花鞭炮厂等全州29家烟花爆竹生产企业全部关闭到位。

【安全生产示范乡镇管理】 2017年，全州安监部门进一步加强安全生产示范乡镇动态管理，在全省率先建立示范乡镇动态管理摘牌机制。按照示范乡镇动态管理机制，对授牌后发生较大安全事故的永顺县小溪镇（原长官镇）、灵溪镇，泸溪县兴隆场镇，吉首市矮寨镇取消州级示范乡镇称号。

（本栏图文　杨麦林）

首届湘西州州长质量奖颁奖大会现场

质量技术监督

【概况】 2017年，湘西州质监部门紧紧围绕中心工作，服务大局，质监工作有新举措、新突破，工作扎实，成效明显。省级重点工业产品监督抽检合格率稳定在90%以上；新增国家地理标志产品2个，新增湖南省名牌产品8个；成功申报湘西民族特色省级标准化战略项目6项；免费检定民生计量器具22933台件，减免费用327万余元；免费抽样检验民生产品600个批次，减免费用80余万元。州质量技术监督局被评为全省质监系统“特种设备安全监管”先进单位。

质量强州。年初，州委、州政府专门听取全州质量工作情况汇报，要求围绕经济社会发展大局，大力推动质量强州、品牌兴企，促进供需结构质量升级。调整由州长任组长、分管副州长任副组长、相关部门主要负责人为成员的高规格质量强州领导小组，整合原质量工作联席会议、州长质量奖评审领导小组、标准化建设领导小组等职责，加强对质量工作的组织领导、统筹协调。先后召开首届州长质量奖颁奖大会、全州质量工作会议、深化标准化改革工作会议、质量强州推进会、申报国家地理标志产品保护座谈会等系列会议，全面部署质量工作，初步形成大质量工作机制。制定下发《关于加强创品提质建设质量强州工作实施方案》等多个政策文件，明确目标任务、工作重点和保障措施，对新创国家级品牌奖励20万元、省级品牌奖励10万元。

质量考核。首次把质量工作纳入湘西州五个文明建设绩效考核和政府目标管理内容，与其他重点工作同步安排部署、同步调度落实，压紧压实县市区责任。年初，制定下发全州质量工作《考核方案》和《评分细则》；10月，完成县市区自评、满意度测评、资料审核等基本程序；12月，州政府专门组织相关部门成立质量工作考核小组，完成县市区质量工作实地考核，并以质量强州领导小组名义下发《考核通报》。年内，多次召开质量强州工作联席会议，研究、部署质量考核工作，并制定下发州政府《质量工作考核迎检方案》和“部门分工表”，通过收集印证材料、上报自查报告、精心组织现场考核等程序，顺利完成省对州质量工作考核。

创品提质。大力开展“品牌兴州”活动，对湖南边城生物公司、湖南三立集团2家企业和廖金源、张其龙2人进行现场颁奖；新增内参、纯棉纱、锌锭等湖南省名牌产品8个，新增金天铝业等湖南“好产品”企业6家。全年新申报4个地标产品，其中“古丈红茶”“龙山百合”获得国家地理标志产品称号；“泸溪椪柑”地标产品通过国家受理，进入最后专家评审阶段；“凤凰小黄姜”相关申报资料通过省质监局专家审核，向国家质检总局上报。酒鬼酒、西部民爆等公司7个QC小组荣获湖南省优秀质量管理小组称号。全州省级重点工业产品监督抽查146批次，合格率达98.6%；合格产品检出率高于省级监督抽查平均水平6.4个百分点，名列全省第一。

检验检测。全年向上争取各类检测专项资金300多万元，申报科研项目4个，获批2个。州政府成立分管副州长为组长的领导小组，统筹推进锰锌国检中心筹备工作，州质量技术监督局作为项目牵头单位，专门到郴州国检中心考察学习，多次到省质监局、国家质检总局专题汇报申报工作，并特别聘请享受国务院特殊津贴专家、中南大学化工学院院长、博士生导师钟宏作为国检中心技术带头人。年内，国检中心项目申报资料通过省级专家审查。

认证服务。州质量技术监督局派遣专家组指导吉首市农产品质量安全检测站等22家检验检测机构申请资质认定，全部通过评审，并新增检验检测机构4家；湘西欣荣钢化玻璃公司等3家企业开展强制性产品认证，新增认证证书7张；湖南省傲顿电子科技公司等23家企业开展管理体系认证，新增认证证书48张，其中职业健康安全管理体系认证证书12张、环境管理体系认证证书13张、质量管理体系认证证书22张、其他体系认证证书1张；湖南新中合光电科技公司等2家企业开展自愿性工业产品认证，新增认证证书2张；龙山县新农业专业合作社等17家企业开展食品农产品认证，新增认证证书20张，其中食品安全管理体系认证证书4张、危害分析与关键控制点认证证书2张、有机产品认证证书14张。

民生计量。年内，开展民生计量专项检查，巡查加油机2次，抽查加油站56家、加油枪168支。抽查州液化气公司和州盐业公司产品各12个批次；完成雪花啤酒厂、酒鬼酒有限公司13台灌装机计量验收检验；开展全州食品定量包装计量监督检查，抽查企业54家，合格率为81%，不合格企业全部完成整改。全面完成强检计量器具检定工作，检定电能表4300块、出租车计价器1053台、加油机560枪、医疗机构计量器具2881台/件、乡镇医卫计量器具500台/件。全年检定黔张常铁路、张吉怀高速铁路等重点工程在用计量设备6000余台；检定高速公路各试验室、监理站、质检站计量器具1200台/件、衡器200台/件、其他计量器具1600台/件，支持重点工程项目建设。

特种设备监管。切实加强特种设备安全监察，全年没有发生一起特种设备安全责任事故。年内检查使用单位387家，涉及特种设备1200余台（套），清理排查安全隐患44处，完成整改33处。全力做好州庆特种设备安保工作，对州政府确定的9家重点单位进行责任分解，定人定岗，同时对吉首市内商场、酒店、宾馆等人员出入密集场所的130多台电梯进行安全检测，确保州庆期间特种设备安全有序运行。组织开展商场电梯困人事故应急救援演练，10多家州直单位、16家电梯维保单位、47家电梯使用单位以及数百名社区群众现场观摩学习，演练达到预期效果。

产品质量监管。深入开展“质监利剑”专项行动，全年出动执法人员1669人次，检查各类企业569家次，查处、立案67起，办结案件56起，处罚超过100万元的大要案1起，移交公安局1起；受理、处置12365投诉举报16起。加强产品质量监督抽查，抽查农资、建材、能源等19类产品265个批次，合格率达95.4%。

车检机构监管。全年开展车检机构专项检查2次，责令1家车检机构停止上传检验报告数据，1家车检机构停止上传某类车型检验报告数据，下达督办函6份，要求相关县市局严格把好整改关。州质监局与州交警支队开展联合检查，下发整改通知书，所涉问题均在规定时间内全部整改到位。

【标准化项目建设】 2017年，州质量技术监督局围绕特色、优势产业，组织申报6项标准化战略项目，其中湖南省地方标准修订项目“地理标志产品—古丈毛尖”和湖南省第九批农业标准化项目民族特色休闲农业标准化示范区得到省质监局批准。同时，为迎接60周年州庆，组织完成《土家织锦工艺规程》《土家服饰》等5项民族特色地方标准文本编写，填补湖南省民族服饰标准空白，为有效传承土家族、苗族特色民族文化提供保障。

【“质监惠民”活动】 2017年，州质量技术监督局推出3项措施惠民惠企，得到群众好评。减少政务事项，让群众“不跑腿”，行政审批事项减少至3项，公共服务事项减少至10项，其他服务事项减少至3项。缩短办理时限，让群众“少跑腿”，先后投入100余万元资金，提升检验效率，确保产品单项目检验时间由3个工作日缩短至1个，一般产品检验时间由7个工作日缩短至3~5个。减免检测费用，让群众得实惠，全年检定民生计量器具22933台件，减免费用327万元，惠及企业230家；检验水泥、校服等产品近600个批次，减免费用80余万元，惠及中小微企业200余家；为州庆工程、中小学校、居民住宅、重点企业、贫困村安全饮水工程等提供免费检测和技术服务。

（本栏图文　黄福贵）

物价管理

【概况】 2017年，全州物价部门全面贯彻落实新发展理念和省委创新引领开放崛起战略，坚守“542”发展思路，认真履职尽责，开拓创新，积极推进价格改革，降低电价水平；大力加强市场监管，减少服务收费项目；加大涉农、教育、旅游等行业物价检查，做好各项服务，维护价格稳定，为全州经济社会发展营造良好的价格环境。

价格监测。严格执行价格监测制度，全年完成日报表、周报表、月报表、季报表等18个监测表格数据上报，上报价格监测数据1.84万余笔。完成月分析、半年分析材料16篇。年内，全州居民消费价格水平累计上涨0.9%，分别低于全国、全省0.7个和0.5个百分点，较好地完成居民消费价格水平调控任务。组织开展元旦、春节、元宵、清明、“五一”、端午、中秋、国庆等节假日期间市场价格监测分析，全州上报各类价格动态信息50余篇。

价格执法。积极贯彻落实《中共湖南省委湖南省人民政府关于推进价格机制改革的实施意见》（湘发〔2016〕9号）文件精神，吉首、永顺、龙山、古丈、花垣、泸溪、保靖7个县（市）成立价格成本调查机构。认真落实“12358”价格举报值守制度，健全价格举报应急反应小分队，完善价格举报应急处理预案，加大价格投诉举报处理力度。在重大节假日期间，重点加强旅游景点景区、交通、宾馆、餐饮等行业的市场价格监管和明码标价巡查，加大价格执法力度，打击欺骗、诱导消费者的价格欺诈行为。

价格管理。州发改委制定印发《湘西自治州公办幼儿园收费管理办法》，修订《湘西自治州中小学服务性收费和代收费管理办法》。对全州48所（城区中小学16所、农村中小学16所、幼儿园8所、民营办学校8所）学校开展为期30天的教育收费专项督查。下发《关于下调非居民用户管道燃气庭院管网设施建设费的通知》，下调非居民管道燃气庭院管网设施建设费。核定泸溪、花垣和古丈3个县管道天然气销售试行价格。核定机动车驾驶员考场训练服务收费标准和机动车排气污染物检测收费标准；制定并公示州政府定价涉企经营服务收费目录清单；取消地籍档案资料信息咨询费等5项服务收费项目，降低高速公路联网收费技术等1项服务收费标准，放开建设用地地质灾害危险性评估等1项服务收费项目；停止执行新建住宅供电设施建设维护费，全州全年减负3000多万元。

价格改革。全面实行药品零差率销售改革，全州25家公立医院药品销售全部实行药品零差率，全年为病人减轻负担5000万元左右。全州所有公立医院加入福建三明药品耗材联合限价采购联盟。推进单病种收费改革。推进城镇居民生活用水阶梯价格改革和按省定标准开征污水处理费工作，花垣县成为湘西州2016—2017年度开展农业水价综合改革工作试点县。推进输配电价格改革，全州42家工业企业参与市场化交易，电价水平降低0.08元/千瓦时。推进食盐价格改革，食盐价格全面放开。全州8县（市）分别出台机动车停放服务收费管理实施细则，明确政府管价和市场形成价格范围，强化停车服务和收费行为监管规范。吉首、古丈、凤凰3县（市）建立传统巡游出租车运价动态调整机制，完善运价和燃料价格联动办法。放开“吉首至凤凰”等11条线路公路客运票价，由经营者根据经营成本、市场供求和竞争状况自主确定价格水平。

价格服务。争取到下浮电价7800万元，全州43家企业享受下浮电价政策，降低企业成本，促进企业复产达产。建立动态管理平台，对全州行政事业性收费行为实行全程监督。取消或停征29项行政事业性收费项目，及时向社会公示清理后的《湘西自治州行政性收费目录清单》和《湘西自治州2017年政府性基金目录清单》，有效制止各种乱收费。全年完成涉纪、涉案、涉政府财物价格认定、复核等389件，涉及价格认定金额525.59万元。开展涉农价格、涉企收费、教育收费、旅游市场价格、电力行业价费、管道燃气价格、商品房价格等专项检查，减轻企业和群众负担。撰写汽车排气检测、幼儿园保教费、生猪定点屠宰和公共汽车票价定价等7个成本测算报告。开展农业特色产业、道路旅客运输价格、旅游价格等调研活动，《自治州城乡居民收入及主要农产品价格变动报告》和《泸溪县浦市铁骨猪产业发展情况》两篇调研论文，分别获得“2016—2017年湖南省优秀成本与价格论文”二等奖和三等奖。

（本栏撰稿　吴如新）

食品药品监督管理

【概况】 2017年，湘西州有“四品一械”生产经营使用单位2万多家，其中食品生产企业174家，食品流通单位11453家，餐饮服务单位4952家，药品生产企业11家，药品流通单位601家，医疗器械经营使用单位477家，保健品经营单位559家，化妆品经营单位417家。是年，全州食药监系统全面加强食品药品监管工作，防范化解重大安全风险，全州未发生系统性、区域性、源发性重大食品药品安全事故，公众对食品药品的安全感和满意度提升。

日常监管。出台《关于进一步加强食品安全工作的实施意见》《湘西州食品安全考核办法》《湘西州食品生产加工小作坊禁止性生产加工的食品品种目录》等文件，加强顶层设计，推动食品安全工作。坚持创新监管方式，大力推行风险分级管理、“三化”监管模式，积极推动企业诚信体系建设，开展“飞行”“双随机”检查，对2万多家监管对象的日常监管工作做到“全覆盖”。

检验检测。开展食品药品抽样检测和不良反应监测工作，完成省定食品抽样检测任务302批次，合格率90.1%；完成国定食用农产品抽样检测任务2162批次，合格率99.6%；完成药品抽样251批次，药品检验246批次，医疗器械抽样12批次，化妆品抽样28批次。上报药品不良反应报告2505份，完成省定任务的118.2%；上报医疗器械不良事件报告1040份，药物滥用报告591份，分别完成省定任务的226.6%和118.2%；上报化妆品不良反应报告372份，完成省定任务的243%。

专项整治。联合多部门对食品药品安全领域的突出问题和薄弱环节开展“五大集群战役”，全面整治农村食品安全无证经营、中小学校园及周边食品安全“护苗”、网络食品安全“清网”、保健食品安全“护老”、旅游景区食品安全、茶叶质量安全、酒类质量安全以及“两非”药品、中药提取物、中药饮片、医疗机构制剂、小药店、小诊所等20多个专项行动，检查“四品一械”生产经营使用单位2万多家次，查办违法案件299件，其中食品案件207件，保健食品案件11件，药品案件43件，医疗器械案件32件，化妆品案件6件，移送涉刑案件8件。

社会共治。围绕社会共治目标，充分利用网络、广播电视、报刊、微信等宣传媒介，结合举办“12331”投诉举报日、食品安全宣传周、安全用药月、食品药品安全走基层等主题宣传活动，大力宣传普及食品药品安全法律法规和科普知识，及时发布行政许可、抽样检测、执法整治、案件查办等信息，公众知情权、参与权、监督权得到保障。通过“12331”等投诉举报平台，受理群众投诉举报200件，全部按时办结回复。完善突发事件应急机制，成功处置凤凰县千工坪九年义务制学校四级食品安全事故。

服务保障。认真履行食品安全服

务保障职能，圆满完成党和国家领导人到湘西视察调研以及州庆、国庆、十九大、省旅博会等重大节庆活动食品安全保障任务30多次，无一起食品安全事故发生。开展抗洪救灾和灾后食品安全保障工作，扎实推进精准脱贫攻坚，推动扶贫村基础设施和群众生产生活条件改善，帮助一批贫困村、贫困群众如期脱贫摘帽。11月8日，州食药监局联合州人民医院等单位，深入扶贫村永顺县洞坎村开展“送医送药义诊”活动，组织中医专家为村民问诊把脉200多人次，开具中医处方70多付，免费发放近万元药品。

能力建设。坚持抓基层、打基础、补短板，制订实施基层监管所标准化建设三年行动计划，将全州79个基层监管所（分局）明确为副科级行政机构，统筹解决办公用房、执法用车、快检设备等问题，基层运转保障能力增强。总投资5800万元的州农业食品药品检验检测综合楼项目于2017年6月动工建设，完成“三通一平”、桩基工程建设，累计完成投资1900万元；招标采购446.3万元检验仪器设备；新扩食品检验项目120个参数，食品及相关产品检验参数1034个，药品检验参数92个，基本满足检验检测需要。推进依法行政、文明创建、民族团结进步、社会管理综合治理、美丽乡村建设等工作。落实“两学一做”学习教育常态化制度化要求，开展党员干部学习教育26次，业务培训学习45期，培训人数3000人次。

【州食品安全委员会2017年第一次全体会议召开】 2017年5月26日，湘西州召开2017年州食安委第一次全体会议。总结2016年工作，安排部署2017年工作。会议讨论通过《湘西州2017年食品安全重点工作安排》《湘西州食品安全工作评议考核办法》等文件。明确2017年全州食品安全工作以最严谨的标准、最严格的监管、最严厉的处罚、最严肃的问责“四个最严”为工作统领，夯实食品安全基层基础，加强食品安全监管机制创新，完善食品安全工作保障体系，强化食品安全稽查打假，筑牢食品安全防线，保障广大群众食品安全。

【湘西州启动“安全用药月”活动】 2017年10月20日，湘西州食药监局举行全州“安全用药月”活动启动仪式，对活动进行安排部署。启动仪式采取“安全用药大讲坛”形式举行。是年全州“安全用药月”活动的重点是：宣传安全用药理念和实用知识，围绕过度使用抗生素和注射剂、盲目轻信进口药和高价药、对药品说明书及药品不良反应认知模糊、混淆保健食品和药品概念等常见误区进行梳理解读；宣传儿童、老年人、妇女等特殊群体的安全用药科学知识，形成有效的科普干预，推动家庭重视、关注药品安全；宣传贯彻药品管理法律法规、执业药师有关制度条文和政策举措，以及湘西州药品医疗器械监管重大事件、典型人物事迹及经验成果等。全州“安全用药月”活动持续至当年11月10日。活动期间，州级层面开展系列科普宣传活动，县（市）层面组织执法人员、执业药师走上街头、走进社区、走入乡村，采取多种形式开展广泛宣传，推进活动深入开展。

【省级食品安全示范城市创建】 2017年，州食品药品监管局以花垣县申报食品安全试点县为契机，全力创建省级食品安全示范城市。全面推进餐饮业质量安全提升工程，大力实施餐饮服务单位“明厨亮灶”、量化分级管理行动，开展放心学校食堂、放心肉菜示范超市、示范食用农产品集中交易市场以及食品安全示范县、示范街、示范店等创建工作，湘西州民族中学、永顺一中等单位成功创建省级食品安全示范学校。

（本栏撰稿　谢军进　李学渊　郑　宁）

审　计

【概况】 2017年，湘西州审计机关实施审计项目269个（不含政府投资审计项目），查出管理不规范金额357.39亿元，违规问题金额51.06亿元，损失浪费金额0.07亿元，促进增收节支13.29亿元，上交财政和减少财政拨款6.23亿元，归还原渠道资金7.06亿元，审计促进资金拨付到位4.34亿元，审减和节省投资额4.36亿元，挽回（避免）损失9.04亿元，移送处理11件。年内，州审计局组织实施的“保靖县2013年至2014年度财政扶贫资金审计”项目获湖南省审计厅表彰。

财政审计。开展上年度州本级预算执行及其他财政财务收支情况审计，对州财政局、州质监局等10个部门

全州审计暨党风廉政建设工作会议现场

（单位）预算执行、州本级税收征管情况实施审计，重点关注财政收支、专项资金管理等24个方面的有关情况，指出预算编制、项目建设管理、固定资产管理、专项资金管理等106个具体问题，查出问题金额19.13亿元，对发现的问题要求被审计单位限期整改，并有针对性地提出审计建议。实施龙山县、泸溪县财政决算审计，重点关注财政决算的真实、完整和合法性，预算管理和执行、财政管理改革、国有资产管理、税收征管、地方政府性债务管理等情况，指出存在的问题，并限期整改落实。

经济责任审计。推进领导干部经济责任审计，重点关注执行重大决策部署、重大经济决策、目标责任制完成、自然资源资产管理及生态环境保护、重大建设项目实施以及遵守廉洁从政规定等情况。按照省审计厅的统一部署，对怀化市会同县党政主要负责人实施任期经济责任审计。受州委组织部委托，对州财政局原局长、州人社局原局长、州文广新局局长、州人民医院和吉大师院党政主要负责人实施经济责任审计，针对审计发现的问题，均依法依规进行处理，督促被审单位认真整改。

政府投资审计。组织完成40个政府投资建设项目竣工结算审计，审计总金额8.58亿元，核减和节省政府投资1.92亿元，审减率22.33%。完成州文体会展中心等9个州重点建设项目的跟踪审计。

民生资金审计。加强对扶贫、三农、社会保障、教育、就业、医疗等民生项目资金的审计，关注相关领域改革发展中的新情况、新问题和公共资金、公共资产、公共服务的公平合理分配，促进完善制度、规范管理、发挥效益。重点实施全州保障性安居工程、环保专项资金、精准扶贫易地搬迁工程跟踪审计。结合预算执行审计，关注住房公积金、劳保统筹基金、职业培训帮扶资金、国土专项资金、青少年发展基金等专项资金（基金）的管理使用情况。

【重大决策部署落实情况审计】 2017年，湘西州审计机关抓住项目落地、资金保障、简政放权、政策落实、风险防范5个方面，对8个县（市）稳增长等政策措施落实情况实施审计，重点关注财政存量资金统筹、重点民生实事、重点项目推进、简政放权、房地产去库存、农业供给侧结构改革等方面的情况，针对政策执行中的偏差和问题，提出对策建议。年内，对建筑行业劳保统筹金、吉首华泰公司、全州地方债券管理使用情况、州发改委下属6个二级机构、州公共资源交易中心进行审计；组织对公立医院债务审计锁定工作，抽调人员参加省委巡视组、州委巡察组和专案组及州人大预算法执法检查等工作，做好省厅对吉首市、凤凰县党政主要负责人经济责任审计的协调、指导、配合等工作，协调配合审计署长沙特派办对龙山县扶贫审计和省厅对永顺、古丈两县的扶贫审计工作。实施政府性债务审计调查，对州本级及9个县（市、区）政府性债务及PPP项目运作情况开展专项审计调查，摸清州内各级政府性债务规模、结构和管理现状。同时，开展龙山、永顺、古丈3个县扶贫专项监督检查，指出在扶贫目标任务、扶贫政策落实、扶贫资金管理、扶贫实施效果等方面存在问题143个，并列出问题清单，向所在县委、县政府进行通报，并要求认真整改。

（本栏图文　胡贻江）

统　计

【概况】 2017年，湘西州统计工作坚持依法治统，大力提高统计分析和服务水平，全年工作取得良好成效。全面完成28个专业报表任务，完成农业普查登记、数据处理任务，完成智慧统计建设阶段任务。州统计局省级文明标兵单位建设成果得到巩固提升，荣获全国农业普查工作先进集体。

统计基层基础。建立部门统计联席会议制度，由常务副州长定期召集相关部门召开联席会议，研究分析重要统计数据和经济形势，增强数据的协调性和匹配性。建立州直部门“一把手”沟通机制，主动与部门加强协调配合，形成合力推动共同统计，特别是与发改、财政、税务、经信、农委、商务、交通、旅游、住建、编办、民政、金融、电力、环保、国土、邮电、通信等部门密切合作，加强联合联统联审，构建“大统计”格局。2017年，州统计局主动到20多个州直部门上门服务，加强统计宣传和业务指导，联合开展统计制度创新、重

湘西州经济形势和统计工作座谈会现场

大课题研究，建立良好合作关系，共同推进统计事业发展。建立部门统计“一套表”制度，认真梳理州直各部门向州统计局各专业报送的数据指标，形成各部门统计报送数据综合表，年初统一召开部门统计会议，下发各部门统计“一套表”制度，部门按统计“一套表”制度定期报送数据，减轻部门统计工作量，避免部门各科室“数出多门”。加强对县（市）统计工作的指导，建立州局领导联系9县（市、区）统计工作制度，到联系县（市、区）调研指导2次以上，帮助解决统计工作中存在的困难和问题。强化企业统计管理，以企业联网直报工作为抓手，采取电话联系、网络沟通、实地走访等方式，经常性开展企业统计人员业务培训和指导，及时跟踪了解企业生产经营状况，督促企业如实填报，确保数据源头质量。推进乡镇统计规范化建设，制定《湘西自治州统计工作规范化标准》，明确28个专业规范化标准，同时印发《关于加强乡镇统计基层基础工作标准化、规范化建设的意见》，对乡镇统计工作规模化建设目标、内容、标准、要求作出明确规定，定期开展督查评比，促进基层统计工作规范化、标准化。加大基层统计业务人员培训，举办和组织参加各类培训30次以上，举办全州乡镇统计人员岗位知识集中培训，115个乡（镇、街道）200多名统计人员参训，基层一线统计人员素质得到提升。

统计调查监测。加强“四上”企业监测，扎实开展摸底清查，加大对项目业主、企业统计工作的业务指导及审核把关力度。全年收集相关部门行政记录2577条，核查记录1355条；清查“四上单位”198家，审核通过新增规模企业122家，增强名录库建设。全力做好28个专业统计日常工作，加强专业数据的报送、监测、审核、评估、发布、分析，全面及时完成各项专业统计任务。开展投入产出调查，完成选点工作和调查对象的选定、业务培训，进入正式调查阶段。做好全面小康监测，发布2016年度和2017年一季度、上半年、三季度、四季度小康基础数据和小康监测报告，推进全州全面建成小康进程。完成精准扶贫等数据监测和调度，积极做好绩效考核、政府目标管理考核、重点项目建设考核、新型工业化考核、民生实事考核、绩效民调、综治民调、党建民调、质量民调等评价工作。

统计服务。发挥数据优势，加强统计监测、分析、预警和预判，及时向州委、州政府提供决策参考资料，当好参谋助手。全年撰写统计分析报告80余篇，国家网站采用8篇，取得历史性突破，全省排名靠前。其中《对当前经济形势的分析及后期研判》等报告获得州委书记叶红专批示，《湘西州产业发展现状、问题及建议》等报告获得龙晓华州长充分肯定。完成《从旅游增加值核算看全域旅游对经济发展的综合贡献——以湖南省湘西自治州为例》《浅谈湘西州全域康健之路径选择》《实现湘西州全域生态的探索与思考》等重点课题研究报告，获得很好反响。完善和优化《统计月报》《领导干部统计手册》，新开发《数据湘西》《数据快报》《统计信息》，及时发布《统计公报》，定期举行新闻发布会，编印《湘西砥砺奋进的60年》《统计年鉴》等统计资料。

依法治统。加强《中华人民共和国统计法》《统计法实施条例》《统计违纪违法责任人处分处理建议办法》等有关法律法规宣传，结合统计执法检查、统计巡查、统计开放日、大型普查、“12·4”国家宪法日、“12·8”统计法颁布日、统计法制宣传周、宣传月等时机，利用电视媒体、电子屏、宣传展板、横幅等方式，全方位开展普法宣传。加大统计执法力度，对全州八县市和湘西经开区30多家企业开展执法检查，责令整改20余家，查处统计违纪违法行为。开展统计巡查工作，对5家州直单位和2个县（市、区）开展统计巡查，达到“发现问题、总结经验、双向交流、促进工作”的巡查目的。

队伍建设。推进“四个转变”：由坐办公室搞统计向走出去搞统计转变、由单独统计向共同统计转变、由被动统计向主动统计转变、由收集整理资料向研究开发资料转变。推行“三分之一”工作法：三分之一的时间到基层指导、三分之一的时间动脑筋写分析、三分之一的时间专心做报表，统计服务能力和效能不断提高。强化激励机制，深化全员全过程绩效考核管理，将绩效考核目标任务实行分解，强化分级管理，层层落实责任，将年终目标管理得分情况与绩效奖金紧密挂钩，年终绩效奖金按照每人绩效得分进行严格兑现，激励先进，营造公平、公正、公开的环境。

【农业普查工作】全州动员1万余名普查员，历时3个月，共完成52.6万多户普通农户、2410户规模农业经营户、3267家农业经营单位入户登记和PDA数据处理、数据核实修改、数据质量抽查等工作。

【统计机构改革】2017年，全州所有县市统计局依法独立设置，并明确为政府工作部门，设置一正两副一总统计师4个领导职数，统计机构建设取得重大突破，统计依法行使独立调查、独立报告、独立监督的职权得到保障。

【统计改革创新】2017年，州统计局健全县级统计机构，深化GDP核算制度改革，认真组织实施GDP统一核算改革，缩小分级核算差距，提高GDP数据质量。加强“三新”统计调查，及时完成战略性新兴产业、商业综合体、跨境电子商务、现代物流园、“四众”平台和重点互联网平台的调查统计，为现代化发展提供数据支撑。抓好投资统计改革，健全项目库管理办法，对接发改部门投资项目审批监管，加强项目比对、清理、入库工作，做到应统尽统。积极探索建立全域文化、全域生态、全域旅游、全域康健以及幸福产业、绿色发展的统计指标体系，旅游及相关产业增加值试算工作完成，全域旅游指标体系、绿色发展指标体系基本完成。

【智慧统计建设】 2017年，州统计局完成一期投资120万元的联网直报指挥中心、社情民意调查中心（CATI）、多功能视频调度会议中心建设任务，省统计局主要领导给予“站位高、起点高、行动快、效果好”的高度评价，将湘西智慧统计作为全省统计信息化建设的样板。

（本栏图文　张作磊）

口岸管理

【概况】 2017年，湘西州口岸办认真履职，扎实工作，较好完成全年各项目标任务。吉首华泰公用型保税仓库经长沙海关、常德海关验收合格，于3月30日正式启动挂牌运营。6月18日，湘西州加工贸易企业（湖南维单光电实业有限公司）从国外进口一批价值50余万元的摄像机镜头用镜筒、镜片进入吉首华泰保税仓库，标志着湘西州唯一一家公用型保税仓库投入实质性运营。湘西公路口岸设施建设在完成口岸场地建设的基础上，重点抓好网络信息化系统建设，完成投资750余万元。海关和出入境检验检疫分系统完成安装调试，经常德海关预验收合格，向长沙海关申报最终验收。出入境检验检疫系统完成软、硬件设施设备采购，加紧安装调试，年底前与省出入境检验检疫局系统对接成功，湘西公路口岸全面投入使用。湘西出入境检验检疫局办公家具采购安装到位。

【湘西海关业务技术用房建设】 湘西海关业务技术用房建设项目于6月14日正式开工建设。建设施工期间，州政府口岸办与长沙海关派驻湘西海关筹备办一起，积极主动监管协调质检部门、设计方、监理方、施工方等各方面关系，采取倒排工期、每天现场查看、每三天召开一次碰头会、每周召开一次例会、派驻现场技术代表等措施，克服基础超深、旧楼新增部分与原建筑之间沉降不均匀、旧楼加固只能采用人工桩等技术困难，促使整个项目建设进展较为顺利。全年完成投资1000余万元，其中新建部分完成主体封顶，旧楼部分完成基础加固、内部和屋顶拆铲除部分，开始外墙干挂施工。室外消防水池主体工程完成。

【口岸区域合作】 2017年，州口岸办与怀化市口岸办加强联系，实地考察怀化铁路口岸建设情况，双方签订《公铁联运框架协议》。会同州商务局、湘西出入境检验检疫局、常德海关、吉首三合公司于5月上旬对全州外贸企业开展联合调研，宣传推介湘西州通关平台建设进展及今后可为州内外贸企业提供对外贸易咨询、相关资质的办理、退税、物流、报关、报检、信保、融资等“一站式”服务情况。12月7日，联合省口岸办、省电子口岸办、省建行就国际贸易“单一窗口”业务对全州35家进出口企业60人开展业务培训。

湘西公路口岸吉首华泰保税仓库启动仪式现场

（本栏图文　汪　翔）

公共资源交易

【概况】 2017年，湘西州公共资源交易中心围绕全州发展大局，坚持向创新要动力，向改革要红利，鼎力推进公共资源交易事业，全年累计完成入场交易1761项，成交额473.52亿元，增收节资13.8亿元。公共资源交易工作得到时任中共中央书记处书记、全国政协副主席杜青林及省州领导和同行各界认同肯定，先后有中央博士服务团、张家界党政代表团、黑龙江齐齐哈尔、怀化市、株洲市等26批300余人次到此参观考察。

效能服务建设。一是完善硬件。积极优化现有场地布局，力促受理区、开标区、评标区、监控区、办公区等五大功能区域使用效率最大化；加强门禁通行管理，将门禁系统优化升级分为开标区、监控区、评标区三大区域，根据各类人员权属分工，实行门禁分类授权，确保相关区域封闭管理、交易主体顺利通行；调整优化窗口布局，设置绿色通道并前置在咨询服务区，最大限度优化服务；分离入场登记窗口，将投标人、代理机构和监管人员单独登记，极大程度提升入场效率，便于开展中介代理机构身份核验，避免项目单位与交易响应人提前接触；积极推进信息系统安全等级保护（三级）整改及网络安全设备采购、动环监控、门禁翼闸系统升级等项目，对楼板承重超荷的计算机房及档案室进行承重测试；新添置手机加油站、运标手拉车、洗衣机、报纸杂志架、时间显示屏、免费Wi-Fi等，增加4名保安充实安保力量，调剂2间办公室改作开标室（谈判室），提高项目承载能力，优化为民服务。二是升级软件。全力推进交易电子化进程，调研代拟的《湘西自治州公共资源电子化交易实施方案》由州政府发布实施，进一步明确推进全州交易电子化基本目标、任务举措、保障措施等内容要点与时间节点。着力提升全流程电子化交易水平，不断完善中心自主研发的工程项目电子招投标、产权项目竞价系统、资源类项目竞价系统、医疗采购综合管理平台、政府采购电子招投标系统与政府采购网上商城等交易平台系统；积极引进省水利项目交易平台，年内成功运行25个项目；积极推进湘西州公共资源交易服务平台与省平台对接，实现数据共享；抓紧保证金系统升级，推进信息化建设“变道超车”，与银行共建开发新的保证金收退及综合服务配套系统，具备自动化登记、公告公示自动发布、网上预约、网上自动报名、自动下载交易文件、打印中标通知书、成交通知书等功能，以及专家日常考评、中介代理机构考评、行政监督日常考评、门禁自动化系统、保证金自动退还、合同备案自动化等综合服务配套系统；研发变声询标系统、音视频档案自动刻录系统、评审专家语音短信通知和自动抽取系统，一次性完成专家抽取的项目平均耗时仅8分钟，抽取效率显著提高。国土资源、国有产权交易率先实行全流程电子化，阳光快捷便利。是年，工程项目全流程电子招投标、政府采购网上商城系统试运行67个项目，系统安全稳定；医疗采购综合管理平台系统完成开发，具备运行条件。三是管好要件。严格审查和核实进场项目的形式要件，确保符合法定交易条件；加强项目服务，对州庆、重点、扶贫、民生等项目开辟绿色通道，提供“一站式”“保姆式”服务，容缺受理、特事特办，开辟入场优先、挂网优先、场地优先，进行重点项目要件服务；加强重大交易项目回访，跟踪调查项目合同履约、交易资料归档及资金缴纳退还等情况，持续跟踪项目执行进展，维护公共资源交易活动当事人的合法权益；制定《公共资源交易活动投诉举报受理协办流程》，以举报电话、网上举报、电子邮件、主任信箱等方式，细化投诉举报事由，完善受理协办流程图，协查协办违反规定的招投标活动。四是办好快件。精简项目入场手续资料，工程项目入场资料从20余项缩减到3~5项，对入场项目资料只进行形式要件审查，业务科室把关后直接挂网公示，无需内部审批，真正做到即来即办、高效便捷；全面实现代理公司自助上传招标公告、招标文件、查看质疑、发布中标公示等功能，有效减少办事人员等候时间；取消工程项目招标控制价复核程序，将中标通知书改为交易见证书，办理过程中的招标人、中介代理公司盖章等非硬需环节一概取消，由交易中心“一章生效”，手续更加简便；工程项目、政府采购代理项目入场后招标文件挂网时限从3个工作日缩短至1个工作日，效率大幅提高；增设业务受理窗口，将入场人员按性质实行登记分离，开发应用专家抽取预登记功能，全面实现网上报送抽取申请，办事时间大幅减少，服务质量效率大幅提高；严格按照《保证金代收代退管理制度》规定办理保证金退还，未发生退还不及时现象。

制度体系创新。坚持“科学性与操作性”两大基准，精心创建制度体系，以制度为支撑，打造规范公正的一流交易平台。优化顶层设计。按州政府要求修改发出《湘西自治州公共资源交易监督管理办法（修订）》，进一步厘清交易中心与各县市、各行政监督部门职能职责，明确交易范围及目录、交易程序、评审专家管理、监督方式、责任追究等内容，规范公共资源交易管理制度框架和规则体系。根据州政府授权，代拟《湘西自治州公共资源交易中介代理机构管理暂行办法》《湘西自治州公共资源交易评标（审）专家履职考评实施细则》，分别由州政府、州公管委印发实施。完善配套制度。调研代拟的《关于遏制工程建设领域围标串标行为的暂行规定（送审稿）》《湘西自治州公共资源交易中介代理机构管理暂行办法》，起草的《湘西自治州公共资源交易异常情况及重大事项协调会商制度》《湘西自治州重大交易项目回访制度》《湘西自治州公共资源交易现场服务与管理细则》《湘西自治州公共资源交易公开公告办法》《湘西自治州公共资源交易分项目操作指南》等系列制度，均按程序行文；同时，印制《公共资源交易绿色通道制度》《湘西自治州公共资源交易中心绩效考核制度》《湘西自治州公共资源交易中心月工作清单制度》等60余项业务流程和内部管理制度，完善和扎紧制度笼子。

现场精细管理。结合工作实际，创新开展“五比”争先创优活动，出台《湘西自治州公共资源交易“12345”现场精细化管理工作方案》，在全省创新实行“12345”精细化管理。实行1项交易全流程记录。研究制定交易全流程记录表，从项目入场到保证金退还、资料归档实行“全流程、全跟踪、全记录、全留痕”，如实记录项目的交易信息、各方主体的交易行为和监管部门的履职情况。开展2项日常考评。对评标（审）专家和中介代理机构的履职行为进行日常考评，特别是对专家实行“一项目一考评”，规范专家行为；对中介代理机构建立健全信用信息清单，落实“一个项目一套数据”。两项考评全部实行“一月一通报”，年内编发专家现场考评情况通报9期，对128名专家进行通报，并将考评结果汇总后报省、州发改委和州财政局，作为相关评审专家年度考核依据。编写3种交易报告：即交易统计分析报告、公共资源交易异常情况快报、公共资源交易要情专报，及时发现、研究、处理交易中的问题，报送相关领导、部门，确保公共资源交易活动规范有序开展。年内编报交易统计分析报告7期、异常情况快报3期、交易要情专报2期，其中评标专家“坐地起价”、交易项目

"应进未进"等专报信息被州委办、州政府办作为原件呈阅，为党委政府科学加强公共资源交易工作管理提供参谋依据。建立4类专业台账。即投诉举报及案件协查协办台账、异常情况协调处理台账、交易资料档案台账以及保证金收退管理台账，确保交易相关的投诉举报、案件协查、异常事件处理、档案管理、保证金收退等操作全流程留痕，实现精细化管理。年内配合纪检监察、行政监督部门受理投诉举报、协查案件50起。记好5本管理日志：即评标（审）专家管理日志、开（评）标区管理日志、软硬件系统运行日志、中介代理机构管理日志和现场巡查督办日志，实行"统一制定、异色印刷、分头管理、专人负责"，加大现场管理力度，留下日常交易工作完整档案记录。

严格监督管理。一是严把项目入场关。认真开展项目入场资料形式要件审查，确保资料符合法定交易条件；严格实行内部监审制度，由专职监审人员对政府集中采购招标文件编制逐一复审，年内复审复核标书106项，对招标文件前附表与招标文件评分权重设置不一致、采购设备参数设置指定品牌、投标保证金数额设置违法违规等编制内容及时提出修改意见，确保标书编制规范公正。二是严把场内交易关。开评标活动由行政监管部门、业主纪检人员全程监督，评标时对监督人员、专家评委、中介机构进行物理隔离，中介及监督人员全部退出评标区，确保专家独立评标；加强评标区管理，对进入评标区人员实行进出事项登记制度，保障评标区严肃性和保密性；加强交易环境净化和突发事件应急处理，会同吉凤公安分局等单位及时妥善处理"4·21"涉嫌暴力围标串标案；加强安全保卫，将保安人员数量从2人增加至6人，优化场内秩序。三是严把专家管理关。优化专家管理科人员配备、抽取管理，落实"双人双岗"，实现科室内部监督，确保专家抽取程序规范。取消线下摇号应急抽取，一律采用系统随机抽取，避免专家信息泄露。启动专家考评通报制度，实行"一项目一考评"，及时记录评价专家场内行为，记入诚信档案；按月通报专家考勤情况，年内累计通报107人次；完善专家现场管理制度，根据州政府部署，牵头起草的《评审专家履职考评实施细则》由州政府办行文下发。四是严把问题整改关。7月以来就全州公共资源交易中存在的突出问题进行深入排查，清理出包括交易项目应进未进、专家库建设缺陷、现场监督缺位乏力、交易系统存在漏洞等突出问题20项，逐个制定整改措施，由监督审计科牵头推进整改。通过强化管控，交易秩序和投资环境持续向好，平台公信力、满意度不断提升。

（本栏撰稿　欧阳祯　甘　露）

农业·林业·水利

农业农村工作

【概述】 2017年，全州农村人口145.19万人，耕地面积298.65万亩，基本农田234万亩，耕地保有量276万亩，永久基本农田保护232.95万亩。农林牧渔业总产值140.7亿元，增长3.9%，农业增加值83.8亿元，增长3.8%。农村居民人均可支配收入8273元，增长11.6%。年内，花垣子腊贡米复合种养系统获中国重要农业文化遗产称号，龙山县捞车河村获“中国美丽休闲乡村”称号；古丈县荣获全国休闲农业和乡村旅游示范县市、2017全国十大魅力茶乡称号，该县神土地农业科技有限公司成功申报为省级休闲农业示范园。

农村居民收入。全州农村居民人均可支配收入8273元，增长11.6%。农民收入连续13年实现两位数增长，连续8年超过城镇居民收入增幅。惠农政策得到全面落实，农民负担继续保持较低水平。

主导产业。成功应对洪涝旱灾、禽流感等复杂局面，确保农业生产平稳增长。全州主要农产品均实现稳定发展。积极推进柑橘、猕猴桃、茶叶、烟叶、蔬菜、油茶、中药材（含百合）和湘西黄牛、湘西黑猪为主的养殖等八大特色产业建设，粮食生产产值达到29.79亿元，生猪产值20多亿元，渔业产值近2亿元，蔬菜生产和加工产值23.26亿元、流通交易26.5亿元，较2016年都有较大幅度增长。

现代农业建设。州委、州政府作出现代农业特色产业提质增效“845”行动计划，全面铺开现代农业示范区建设，初步建成茶叶、油茶、柑橘、水稻、蔬菜等24个万亩专业园区。深化厅州合作推进农业标准化，新制定技术规范4项。新增“三品一标”认证34个，其中“松柏大米”获农产品地理标志、“古丈红茶”获国家地理标志保护认证。全州农产品加工业总产值达到85亿元，规模龙头企业总数达到131家。整合资源开展农民教育培训，全年培训农民30.47万人。

泸溪县武溪镇万亩葡萄种植基地一角

农村环境整治。农村垃圾处理体系逐步完善，垃圾分类减量处理全面实施，乡村保洁人员和经费落实到位，可回收垃圾收购网络系统基本建立，垃圾乱倒乱埋、露天焚烧行为得到有效治理。2017年，环境整治301个村，超额完成省定290个村整治任务，投入专项资金4000万元，完成81个乡（镇）及以下集中式供水（千人以上）饮用水水源保护区的划分工作。全州建设农村集中污水处理设施15套，农村分散式污水处理设施1082套，建设垃圾收集池480个，村级焚烧炉53个，垃圾焚烧池831个，垃圾房47座，购置大小垃圾桶3800个、垃圾板车80台、垃圾拖箱15个、垃圾收集车5台；保护饮用水源51处，完成挡雨钢架棚10座、饮用水水井加宽改造7口，饮用水源防护栏、标志牌及绿化10套，截污沟254米，挡土墙20米；畜禽养殖污染治理5处，整治饮用水源保护区养殖32家。完成道路绿化35.8公里、水系绿化33.37公里、庭院绿化14130户，整修竹篱（木篱、绿篱）58.76公里。完成农户卫生厕所改造38672户，推广清洁能源11995户。完成河道整治68.68公里，清理河道垃圾5900吨，整治乱排污水5984处，整治毒鱼电鱼炸鱼1230次。通过推进生态文明建设，湘西州生态环境明显改善，绿色生态优势进一步放大，农村环境综合治理基础设施得到夯实，垃圾污染问题得到根本性解决，污水横流现象得到基本扭转，城乡环境质量明显改善，湘西对外形象大幅提升。

农村基础设施建设。全年解决20.5万贫困人口安全饮水问题。完成农村电网改造77个村、农网升级155个村。完成农村道路提质改造493.384公里，新增建制村班车通车131个，累计通车建制村1791个，通客率88%。农村互联网光纤通达率99.64%，4G覆盖率99.11%，其中泸溪、古丈、花垣等县实现100%覆盖。

农村能源建设。全州累计新建节柴灶12595个，投入资金1539万元。安装太阳能路灯9709盏，投入资金3274.8万元。安装太阳能热水器653台，投入资金97.5万元。光伏扶贫发电总投资4040万元，建设光伏电站12个，装机规模达5312千瓦。

农村改革创新。农业农村重要领域和关键环节改革取得突破性进展，农村承包土地经营权确权登记颁证顺利完成，农村集体产权制度改革国家级试点落户龙山。农村服务体系不断完善，电商扶贫成效显著，全州建成1900个农村电商网点，州、县、乡、村四级农村电商网络和物流体系基本形成；全州完善土地流转服务体系121个；全州农民专业合作社总数达3785个（国家级示范社14家、省级示范社107家、州级示范社40家），其中2017年新增完善农民合作社1064个；家庭农场总数1756家，其中2017年新增完善1017家；土地流转总面积66.37万亩，其中2017年新增21.03万亩。国有农垦场改革取得实效，州委、州政府出台《关于加快推进国有农场改革发展的实施意见》，以羊峰山农场为代表的湘西猕猴桃、湘西黄牛等农场特色产业快速发展，打造羊峰山、毕兹卡民族特色品牌，发展休闲农业。2017年，全州农垦场实现生产总值1990.89万元，增幅17.45%。

防汛抗灾。2017年，全州降水偏多，降雨时空集中、强度大，沅水干流浦市段超50年一遇洪水，旱涝急转明显，其中泸溪、凤凰、吉首3县（市）受灾严重。全州因灾直接经济损失30.64亿元，其中洪灾19.14亿元，旱灾11.5亿元。有效应对12次连续强降雨袭击和9次洪灾，成功处置泸溪县浦市镇防洪工程撇洪渠倒灌漫溃，及时转移10.43万人，取得抗洪保卫战胜利。有效应对7月至8月连续45天严重秋旱，最大程度减轻旱灾损失。“6·22”暴雨洪灾造成8个县（市）104个乡（镇）35.4万人不同程度受灾，农作物受灾面积32.54万亩，成灾18.84万亩，绝收4.37万亩，倒塌农房14户48间，严重损坏农房80户188间，一般损坏农房349户728间，紧急转移群众1.94万人，因灾死亡3人（泸溪县武溪镇上堡村319国道山体滑坡造成3人死亡），直接经济损失9.62亿元，其中泸溪、吉首、花垣、凤凰、永顺等县（市）受灾最为严重。“6·30”暴雨洪灾造成泸溪、凤凰、吉首3县（市）36个乡（镇）141323人不同程度受灾，农作物受灾面积95171亩、成灾72374亩、绝收28205亩，倒塌房屋8间，紧急转移受威胁群众78898人，直接经济损失6.0328亿元。全州投入防汛抗灾救灾资金5210万元、抗灾机动车辆800余台次，5万余名干部参与抗灾救灾，共调拨帐篷72顶，紧急采购救灾棉被6500床、大米8吨、食用油313壶、饮用水2330件、方便面2280件、帐篷24顶、毛巾1000条、手电筒300支、折叠床500张等及时发放给灾民，确保灾区困难群众有饭吃、有清洁水喝、有地方住。旱灾发生后，州、县（市）多方筹措资金支持灾区抗旱，全州投入抗旱机具4190台套、抗旱用电62.5万度、抗旱用油300吨，出动送水车辆62台，累计投入6.44万人次1631.1万元抗灾救灾，抗旱浇灌面积20.63万亩，解决4.76万人、0.36万头大牲畜临时饮水困难，全州未发生一起水事恶性事件，社会平稳。

【湖南湘西国家农业科技园区（花垣核心区）】 湖南湘西国家农业科技园区（花垣核心区）位于花垣县花垣镇（原道二乡）美葱村、接溪村和扛掰村，规划占地面积2000亩，综合考虑创新园的道路交通、风向、山势地形等因素，按功能划分为农业科技创新服务中心（含科技企业孵化器）、农产品质量安全检测中心、特优农产品加工区、仓储物流区、优质农产品展示交易中心和综合服务区。2017年，园区建设成效显著。

农业科技创新新园功能分区与建设。一是围绕农业科技园区建设需要，依托有关高校和科研院所，湘西国家农业科技园区（花垣核心区）建设取得新的突破。农业科技创新服务中心（简称创新中心）建设进展顺利。2017年8月，与湖南五建公司合作建厂施工，经过5个月建设，创新中心桩基工程全面完成，并开始第二阶段建设。二是特优农产品加工区建设来势喜人。湘西黄牛产业技术工程研究中心和万头湘西黄牛清真（屠宰）加工生产线全面建成；北欧玛鲟鱼高效养殖加工技术研发中心和年加工8吨鱼子酱生产线全面建成，并于2017年1月3日开始出口法国和美国；恒远植物生化有限责任公司的特色植物提取工程技术研究中心加快建设，年加工虎杖1000吨生产线正在扩建；苗汉子专业合作社野生蔬菜开发技术研究中心和年处理1000吨野生蔬菜加工生产线自2017年10月开始动工建设，公司蔬菜保鲜库基本建成，兴盛供销有限责任公司特色蔬菜生产加工技术研发中心和年加工5万吨果蔬生产线、梓鑫玫瑰专业合作社年加工玫瑰鲜花2000吨的玫瑰精油生产线完成主体工程；湘西生态金叶科技园建设湘西烟草技术研发中心和2800平方米烟草生产烘烤工场建成并投入使用。

优质农产品展示交易区建设。按照园区建设的总体规划，核心园区优质农产品展示交易区建设取得新成绩。一是建成一栋建筑面积为1150平方米的农业科技园区展示大厅，二是完成核心区建设总体规划沙盘模型（8.5米×13米），三是完成展示大厅内部装修、LED电子显示屏安装以及优质农产品布置展示，四是占地面积200亩的湖南西部（武陵山片区）农博会交易中心完成土地征收及土地平整工作。

六大基地建设。一是湖南德农牧业集团完成与国家农业部黄牛协会、湖南省畜牧兽医研究所的技术合作，完成研究、示范湘西黄牛早期妊娠诊断、保种扩繁与标准化养殖技术，高品质肉牛高效生态养殖、健康养殖和牧草种植等技术，完成建设改良扩繁场和肉牛品改中心，完成30吨/年青贮饲料加工生产线、年处理2万吨牛粪生物有机肥生产线等。组建培育湘西黄牛专业合作社10个、家庭牧场200个。二是优质蔬菜示范基地建设以苗汉子专业合作社、兴盛公司为主体，依托湖南农大、四川农大等科研院校完成蔬菜种植3万多亩，并配套建设基地水、电、路等基础设施。三是特色经济林示范基地建设完成3390亩猕猴桃示范园，完成蚕桑建设3000亩，种植大马士革玫瑰2000亩，建设油茶林1万多亩，产业示范园建设完成4470亩，特色中药材种植完成4100多亩。四是完成现代烟草基地建设，建成现代烟草科技创新大楼，建立湘西烟草技术研发中心、生产大棚等。五是特色水产养殖示范基地建设完成湘西武陵生物科技公司、鲟鱼养殖公司与湖南大学等科研院校对接及北欧玛鲟鱼标准化养殖场、蚩尤村休闲垂钓中心。六是休闲观光农业示范基地建设完成环紫霞湖道路规划设计及招商工作，定于2018年开工建设，相关配套设施完成规划设计。其中“田园综合体建设、十八洞乐园建设”定于2018年开工建设。

(本栏图文　田智强　向　曦　张光辉)

种植业

【概况】2017年，在遭遇严重洪涝干旱等自然灾害严峻形势下，全年种植业总产值101.71亿元，与上年同比增加3.8%。州农委被评为湖南省文明卫生单位，谷仙玉获全国农业先进工作者荣誉称号，彭际森当选为全国人大代表。

泸溪县万亩佤乡米示范基地

粮油生产。全州粮食播种面积272.48万亩，总产量84.8万吨，面积减0.43%，总产增1.1%。其中，水稻播种面积135.05万亩，总产52.6万吨，面积、总产分别增0.12%、1%；玉米播种面积64.27万亩，总产16.02万吨，面积、总产分别增0.26%、3.25%；大豆播种面积18.12万亩，总产1.92万吨，同上年比较基本持平；红薯播种面积21.7万亩，总产6.06万吨，面积、总产分别减8.1%、7.32%；马铃薯播种面积27.73万亩，总产7.55万吨，同上年比较，面积基本持平，总产增1.76%；其他粮食作物播种面积5.62万亩，总产0.6万吨。油菜播种面积74.52万亩，总产7.25万吨，面积减1.3%，总产增0.5%。是年，粮食生产在6月下旬和7月初，除局部地区遭受洪涝灾害损失较大外，全年天气整体有利，旱情轻微，主要粮食作物各个时期长势较好。

农业特色产业。全州特色产业总面积358万亩，总产量206万吨，总产值118亿元。特色产业新扩12.4万亩，其中柑橘1.42万亩、猕猴桃1.05万亩、茶叶3.02万亩、油茶6.91万亩。肉类和水产品总产量突破12万吨，产值38亿元。其中猪肉产量7.8万吨，增长2.6%；牛肉产量0.8万吨，增长1.2%；禽肉产量1万吨，增长0.1%；禽蛋产量1.06万吨，增长0.8%；水产品总产量2.3万吨，增长4.2%。年末生猪存栏103.8万头，增长0.8%；生猪出栏114.2万头，增长0.9%。出栏牛9.7万头、羊48.7万只、家禽659万羽，放养水面10.3万亩。全州有全国休闲农业和乡村旅游示范县（市、区）2个、中国重要农业文化遗产1个、中国美丽休闲乡村1个。全州休闲农业经营主体168户，其中省级休闲农业示范园区2个、星级休闲农业庄园15户（国家四星级农庄1户、省五星级庄园9户、四星级庄园4户、三星级庄园1户）。全年休闲农业营业收入10.5亿元，接待游客700多万人次，实现利润近亿元。

农业产业化。全州农产品加工业企业667个，营业收入85.2亿元；规模以上80家，营业收入52.9亿元；农业产业化龙头企业131家（其中国家级2家、省级25家、州级104家），营业收入58亿元。培育销售收入过亿元龙头企业10家，其中新增销售收入过亿元龙头企业4家。全年农产品加工业形势较好，各项经济指标均呈增长趋势，其中农产品加工业增幅达18%左右，超出预计增幅8个百分点。农业现代园区建设扎实推进，完成万亩精品园24个，千亩标准园230个，百亩示范园2306个，一、二、三产业融合发展示范区16个。新增“三品一标”认证产品32个，有效认证总数达82个；保持中国驰名商标4件、地理标志商标5件、湖南省著名商标34件。泸溪椪柑获2017年消费者最喜爱中国农产品区域公用品牌称号。

农业技术研究推广。推进农业基

础科研，完成水稻选育鉴定优势组合3个，玉米选育优势组合10个，苦瓜选育优势组合1个，辣椒选育鉴定优势材料2个，苦瓜选育鉴定优势材料2个。在凤凰县腊尔山、永顺县羊峰山完成蔬菜生产技术示范与推广2000亩。开展蔬菜、水稻、烟草、樱桃、铁皮石斛、白芨等管理技术培训20次。加强农业生产标准化示范，印制《湘西农业标准汇编》。加快推广水肥一体化、专业化统防统治等技术示范。在保靖、龙山、泸溪、花垣、凤凰等县推广“稻+鱼”模式，示范面积1128亩，经测产验收，水稻平均亩产500~650公斤，稻花鱼亩产25~40公斤，单价普遍为50~60元/公斤，“稻+鱼”模式比单纯种稻模式平均每亩增收1000元以上。开展水稻新品种引种示范，继续引进甬优4149、甬优1540等国审或邻省审定品种，平均亩产达447.5公斤。

农业科教培训。在全州层层推进各种类型的免费培训，加速新品种、新技术的推广应用，主要农作物品种的良种覆盖率达98%以上。全年举办各类培训班3495期次，培训农民30.47万人次，印发技术资料59.92万份。农村实用人才带头人培训完成1400名，共23期，培训基地遍及13个省。对接济南市农业局签署的扶贫协作“4331”工程，组织100名州、县（市、区）农业系统技术骨干赴济南参加培训。组织编写《超级稻优质高产技术50问》《柑橘栽培技术50问》《农产品质量安全知识50问》3个科普资源项目。

农业行政执法。加强农产品质量安全监管，全州抽检农产品样品14440批次，合格率99.5%。吉首、泸溪、花垣3县（市）入选省农产品质量安全创建县。强化农业投入产品监管，出动执法人员3700余人次，检查农资经营门店1990家次、种养基地1420个次、畜禽屠宰场（点）50家次，督促整改问题63起、立案查处45件，结案率100%。“湘西小黄姜高产栽培技术规程”“‘早蜜’椪柑标准化生产技术规程”2个技术规程列入省农委2018年技术规程制订项目。泸溪、花垣、保靖3县部分乡镇监管站配备“农残速测溯源条码一体机”，试点走在全省前列。继续优化行政审批服务，编制标准化审批流程。取消“在渔业行政主管部门管理的自然保护区的实验区开展参观、旅游活动审批”等行政许可事项。编制“湖南省网上政务服务和电子监察系统政务服务事项信息表”22套。重新编制服务指南和流程图，上报“2017年湘西州本级行政许可及其他管理服务事项办理时限提速表”，在原办理时限（法定时限提速50%）的基础上再提速20%。干部网上学法课时达标率100%，应考人员参考率达100%，合格率达100%。

农业环境保护。狠抓中央环保督查中央、省交办的突出农业环境问题整改落实，成效较好。有序推进河长制工作，全州专业化统防统治完成28.5万亩。其中泸溪县完成3万亩，测土配方施肥技术推广405.8万亩次。建立农业环境监测点19个，坚持每月18日定时定点取样，推进农业环境监测工作向纵深发展。外来物种管理有新的突破，福寿螺、加拿大一枝黄花、空心莲子草集中灭除活动成效较好，在衡阳举行的农业部外来物种现场会上，湘西州被指定带展板现场展示，受到农业部、省农委领导和专家的好评。

土壤肥料。全州推广秸秆还田技术111.22万亩，推广测土配方施肥技术405.8万亩次，改良酸性土壤9.45万亩，新增示范推广水肥一体化技术1.91万亩，较上年增加30%。调减化肥施用总量2691.9吨（折纯，下同）以上，其中减氮1480.5吨以上，畜禽粪便等有机养分还田率从35.95%提高到44.95%，主要农作物化肥利用率由33.99%提高到35.4%。绿肥种植面积66.6万亩，开沟面积32.4万亩，举办各种示范片38个，总示范面积3.55万亩。

植保植检。加强主要农作物生物灾害的预测预报，全州有测报员55人，共设54个监测点，对百合疫病、猕猴桃溃疡病、柑橘黑斑病、柑橘砂皮病、金秋梨黑星病等进行重点研究。编写病虫情报98期次、共45.85万份，粘贴病虫情报公告52期次、1.03万余份，防治通知单53期次、4.25万余份，出动植保宣传车98次。狠抓柑桔大实蝇绿色防控，实施成虫诱杀面积30万亩，核心示范区10万余亩。推广摘拾虫果分散处理技术27.51万亩，处理虫果2800余万公斤。签订并实施专业化统防统治承包面积30.2万亩，专业化防治各类服务组织发展到38个，基层服务站138个，拥有专业化机手6229人，涉及农户72586户，无人植保机保有量31台。

市场展销。不断拓宽营销市场，从销售端发力倒逼产业建设，特色农产品直供港澳和农超对接顺利推进，豇豆、辣椒、黄桃、猕猴桃等生鲜果蔬直销澳门、长沙、深圳等地，总计供货达9批次40多吨，实现销售额78.86万元，带动贫困群众130余户300多人脱贫。互联网搭起特色农产品通江达海捷径，成功承办全州“互联网+”产业扶贫现场推介会，逐步形成县、乡、村三级农村电商网络体系，新增农村电商网点620个，州内农村电商网点总数达1900个，猕猴桃开园节、十八洞猕猴桃、花垣黄桃、古丈莓茶和八月瓜等电商活动形成轰动效应。

（本栏图文　田智强）

【“龙山七姊妹辣椒”跻身国家地理标志证明商标】 2017年4月19日，国家工商总局商标局核准注册“龙山七姊妹辣椒”地理标志证明商标。“龙山七姊妹辣椒”成为湘西州第14件、龙山县第5件地标。“龙山七姊妹辣椒”是明末传入武陵山区的南美洲番椒，历经数百年栽培、选育而成的独特的农家蔬菜品种资源。龙山县多样广袤的地理形态和北红南沙的土壤资源、亚热带充沛光热、温润适宜的气候资源、有机循环利用的农家肥资源培育出“龙山七姊妹辣椒”的上好品质。地理标志是一种产地标志，也是质量标志，更是一种知识产权。“龙山七姊妹辣椒”品牌将推进龙山农业品牌化和产业化步伐，提升农产品附加值，拓展农产品的市场空间。

（田 慧）

【吉首市被农业部列为2017年粮油作物绿色高产高效创建项目县】 2017年5月11日，吉首市正式被列为农业部2017年粮油作物绿色高产高效创建项目县，全省共40个，全州仅吉首和永顺两个县（市）。2016年，中央首次启动实施绿色高产高效创建，改变过去传统高产创建突出高产模式，全力围绕“绿色、高产、高效”六字做文章，创立新的高产高效、节本增效、生态友好的技术模式。是年，吉首市围绕水旱轮作模式规划高档优质稻种植4.5万亩，建成5个县（市）级千亩核心示范片，项目总投资7950万元。项目建成后，全市可生产加工高档优质稻米1.35万吨、优质菜籽油0.18万吨、优质蔬菜1万吨、优质绿肥1.25万吨、优质马铃薯0.75万吨，项目区可实现总产值2.105亿元、农户户均收入7518元，新增农民就业1.5万人，效益显著。（杨胜前）

州级以上农业产业化龙头企业名录

表9

序号	企业名称	所在县市	营业收入（万元）	备注
1	湖南盛世湘西农业科技有限公司	吉首市	1328	州级
2	湘西弘湘醋业有限责任公司	吉首市	1782	州级
3	湘西鹤盛原烟发展有限责任公司	吉首市	16222.98	州级
4	湘西自治州裕丰农牧有限责任公司	吉首市	833	州级
5	湘西自治州八面山金生农业科技发展有限公司	吉首市	4026	州级
6	湘西自治州榜爷食品有限责任公司	吉首市	2781	州级
7	吉首市葛四民族食品开发有限公司	吉首市	3343	州级
8	湘西自治州吉乾肉制品有限公司	吉首市	4658	州级
9	湘西腾信农业技术发展有限责任公司	吉首市	20961	州级
10	吉首市源承农产品储备加工配送专业合作社	吉首市	749	州级
11	湘西恒合农业科技有限公司	吉首市	747	州级
12	吉首市绿原农业有限责任公司	吉首市	985	州级
13	湖南湘西八月食品有限责任公司	吉首市	2700	州级
14	湘西自治州心园农产品冷链发展有限公司	吉首市	2548	州级
15	湘西高源生化科技有限公司	吉首市	2100	州级
16	湘西欲民农业开发有限公司	吉首市	808	州级
17	湖南吉兴农业科技开发有限公司	吉首市	929	州级
18	泸溪县国富油茶开发专业合作社	泸溪县	1109	州级
19	泸溪县山鹰椪柑有限责任公司	泸溪县	729	州级
20	泸溪县武陵阳光生物制药有限公司	泸溪县	6675	州级
21	泸溪县喜农辣椒农民专业合作社	泸溪县	2697	州级
22	湘西自治州泸溪辛女食品有限公司	泸溪县	2826	州级
23	泸溪县红禾园林绿化有限责任公司	泸溪县	3347	州级
24	泸溪县为民果业有限公司	泸溪县	2217	州级

续表 9

序号	企业名称	所在县市	营业收入（万元）	备注
25	湖南省泓一农业科技发展有限公司	泸溪县	3944	州级
26	泸溪县保龙养殖专业合作社	泸溪县	912	州级
27	凤凰县贾师傅食品厂	凤凰县	1712	州级
28	凤凰县裕恒农牧有限责任公司	凤凰县	8400	州级
29	凤凰县凤凰传说食品有限责任公司	凤凰县	1005	州级
30	凤凰县天一生态农业有限公司	凤凰县	1510	州级
31	凤凰县古城红心猕猴桃农民专业合作社	凤凰县	2720	州级
32	凤凰县爱心食品厂	凤凰县	5333	州级
33	凤凰县八八八唐桥食品厂	凤凰县	1080	州级
34	周生堂生物科技有限公司	凤凰县	1325	州级
35	古丈县友谊农业综合开发有限责任公司	古丈县	4611.75	州级
36	古丈罗马特种生物科技有限公司	古丈县	2462	州级
37	古丈县锦华农业综合开发有限公司	古丈县	5567	州级
38	古丈县古阳河茶业有限责任公司	古丈县	4500	州级
39	湖南英妹子茶业科技有限公司	古丈县	4236	州级
40	古丈青竹山茶业有限公司	古丈县	1058	州级
41	古丈隆平有机茶业有限公司	古丈县	1570	州级
42	古丈县东阳农业综合开发有限公司	古丈县	2250	州级
43	古丈县民族农业综合开发有限公司	古丈县	3000	州级
44	古丈县小背篓茶业有限公司	古丈县	2328	州级
45	古丈县溪州茶业有限责任公司	古丈县	2253	州级
46	古丈县神土地农副特产制品厂	古丈县	2262	州级
47	古丈县耀鑫农业综合开发有限责任公司	古丈县	1437.97	州级
48	湖南湘泉酒业有限公司	古丈县	4269	州级
49	古丈县至朴牧业有限公司	古丈县	1194.52	州级
50	古丈宏信农业综合开发有限公司	古丈县	1249.06	州级
51	湖南省本草制药有限责任公司	永顺县	8210	州级
52	湖南湘西吊脚楼特色食品有限公司	永顺县	4132	州级
53	湘西新起点农业科技开发有限公司	永顺县	916	州级
54	永顺县大洋化肥有限公司	永顺县	995	州级
55	永顺县九一农牧科技开发有限责任公司	永顺县	2826	州级

续表9

序号	企业名称	所在县市	营业收入（万元）	备注
56	永顺乡吊井乡春明蔬菜专业合作社	永顺县	1198	州级
57	湘西山水牛郎寨农业开发有限公司	永顺县	3758	州级
58	湘西沃康油业科技有限公司	永顺县	1260	州级
59	永顺县松柏米业有限责任公司	永顺县	2356	州级
60	湘西芙蓉资源农业科技有限公司	永顺县	10001	州级
61	永顺宣霖农业开发有限责任公司	永顺县	1070	州级
62	永顺县瑞丰农副产品开发有限责任公司	永顺县	3671	州级
63	保靖县玉昆菜业有限责任公司	保靖县	1045	州级
64	保靖县锦湘米业有限公司	保靖县	1227	州级
65	保靖县旺欣牧业	保靖县	682	州级
66	保靖县裕源牧业有限责任公司	保靖县	942	州级
67	湖南湘西友茶友道茶叶有限公司	保靖县	848	州级
68	湘西自治州水田河酒厂	保靖县	2641	州级
69	保靖县民健瓜蒌农业科技开发有限公司	保靖县	4924	州级
70	保靖县鼎盛黄金茶开发有限公司	保靖县	938.8	州级
71	保靖县黄金茶有限责任公司	保靖县	907	州级
72	保靖县丰泰牧业	保靖县	862.05	州级
73	保靖县林茵茶业有限责任公司	保靖县	2640.6	州级
74	龙山县刘大姐土家特色食品有限公司	龙山县	3503	州级
75	龙山县刁丰养鸡专业合作社	龙山县	2503	州级
76	龙山县湘健牧业有限公司	龙山县	2017.5	州级
77	龙山县龙西生态农业开发有限公司	龙山县	972.38	州级
78	龙山县丹阳特色种植农民专业合作社	龙山县	1012.1	州级
79	龙山县自然俏农产品开发合作社	龙山县	912	州级
80	龙山县昶光农业科技发展有限公司	龙山县	918.5	州级
81	龙山县佳湘源农产品开发有限公司	龙山县	1558	州级
82	龙山长俊生态旅游开发有限公司	龙山县	869.6	州级
83	龙山县众泰中药材开发有限公司	龙山县	2206.5	州级
84	龙山县祥胜农机农民专业合作社	龙山县	902.3	州级
85	龙山县鸭子哥食品有限公司	龙山县	926.3	州级
86	湘西武陵生物科技有限责任公司	花垣县	374	州级

续表 9

序号	企业名称	所在县市	营业收入（万元）	备注
87	花垣县天隆酱菜加工厂	花垣县	282	州级
88	花垣县富民畜牧科技有限责任公司	花垣县	506	州级
89	花垣县北欧玛鲟鱼养殖公司	花垣县	513	州级
90	花垣县恒远植物生化有限责任公司	花垣县	1567	州级
91	花垣县裕隆科技发展有限公司	花垣县	4112	州级
92	花垣县羽丰鸽业有限责任公司	花垣县	343	州级
93	花垣县吉顺米业有限责任公司	花垣县	2638	州级
94	花垣县五龙农业开发有限公司	花垣县	477	州级
95	花垣县神笔生态文化有限责任公司	花垣县	841	州级
96	花垣县益仁坊玫瑰科技有限公司	花垣县	856	州级
97	花垣县三苗农业开发有限公司	花垣县	821	州级
98	湘西金立丰农业发展有限责任公司	花垣县	1250	州级
99	花垣县湘里人牧业专业合作社	花垣县	936	州级
100	花垣县胜腾农牧发展有限公司	花垣县	878	州级
101	花垣县富林种养专业合作社	花垣县	876	州级
102	湖南德宝恒嘉环保生物科技有限责任公司	湘西经济开发区	2312	州级
103	湘西自治州和益生物科技有限公司	湘西经济开发区	2335	州级
104	湘西宏成制药有限责任公司	湘西经济开发区	2523	州级
105	湘西自治州奥瑞克医药化工有限责任公司	湘西经济开发区	6412	省级
106	湘西新金凤凰农业开发有限公司	吉首市	8105	省级
107	湘西华方制药有限公司	吉首市	4089	省级
108	湖南湘泉药业股份有限公司	吉首市	22537	省级
109	湖南边城生物科技有限公司	吉首市	6963	省级
110	湘西湘谷粮油发展有限公司	吉首市	7690	省级
111	酒鬼酒股份有限公司	吉首市	87600	省级
112	吉首诚成纺织有限公司	吉首市	10842	省级
113	湖南省泸溪县椪柑有限公司	泸溪县	7310	省级
114	泸溪县富泰生物科技开发有限责任公司	泸溪县	7524	省级
115	泸溪县红山椪柑有限责任公司	泸溪县	7416.1	省级
116	湖南鑫科牧业有限公司	古丈县	7899	省级
117	永顺县源植天然香精香料有限责任公司	永顺县	11562	省级

续表 9

序号	企业名称	所在县市	营业收入(万元)	备注
118	湖南继福种业科技有限公司	永顺县	8125	省级
119	湖南锦帛钰纺织有限公司	永顺县	18449	省级
120	龙山县喜乐百合食品有限公司	龙山县	8421	省级
121	龙山县现代中药材开发有限责任公司	龙山县	8827	省级
122	龙山县恒龙中药业拓展有限公司	龙山县	10800	省级
123	龙山县飞龙牧业有限公司	龙山县	7239	省级
124	龙山县泰新大鲵驯繁有限公司	龙山县	8428	省级
125	湖南德农牧业科技有限公司	花垣县	14492	省级
126	花垣县兴盛供销有限责任公司	花垣县	16540	省级
127	花垣县苗汉子集团有限公司	花垣县	5245	省级
128	湖南神宝牧业有限责任公司	花垣县	7283	省级
129	湘西自治州牛角山生态农业科技开发有限公司	古丈县	7053	省级
130	湖南鑫洋食品工业有限公司	保靖县	10800	国家级
131	湘西老爹生物有限公司	永顺县	7680	国家级

养殖业

【概况】 2017年，湘西州养殖业工作突出供给侧结构性改革主线，围绕产业转型升级、精准脱贫攻坚两大任务，推进绿色发展、适度规模发展，养殖业保持平稳较快发展。全年出栏生猪135.88万头、牛9.75万头、羊53.54万只、家禽718.9万羽，较上年分别增长1.1%、2.6%、6.0%和5.3%；肉类总产量12.6万吨，水产品产量2.59万吨，较上年分别增长2.4%和12.6%。全州放养水面10.8万亩，发展稻田生态养鱼7.14万亩。州畜牧水产局获评全省重大动物疫病防控工作先进单位、全省养殖业信息宣传工作先进单位、全省畜牧业统计工作先进单位。

产业建设。全州创建畜禽标准化养殖示范场25个，其中国家级示范场1个、省级示范场4个、州级示范场20个，创建部级水产健康养殖示范场1个。续牌验收州级示范场162个，其中升级16个、续牌49个，注销不合格州级示范场97个。截至年底，全州有各级标准化示范场129个，其中部级示范场7个、省级示范场26个、州级示范场96个。德农牧业湘西黄牛资源场获农业部授牌，“德农（湘西黄牛）”品牌获著名商标，“湘西黑猪”地理商标正式注册成功。

疫病防控。重大动物疫病防控工作纳入州对县（市）人民政府目标管理和绩效考核范围，全州免疫牲畜口蹄疫251.99万头/只（其中生猪口蹄疫120.13万头、牛口蹄疫43.27万头、羊口蹄疫88.33万只）、禽流感658.93万羽，小反刍兽疫免疫48.52万只，强制免疫病种应免畜禽免疫密度均达100%。对全州8个县（市）的64个乡（镇）、128个村、116个规模养殖场开展春秋季集中免疫效果评估采样工作，采集病原学样品3110份、检测血清样品3750份。同时，根据免疫抗体检测合格率实行排名通报，并督查受到通报批评的16个乡（镇）进行整改，杜绝免疫死角。

产地检疫及电子出证。全州有114个乡镇（不含经开区）建立产地检疫申报点，58个乡镇开展电子出证工作，开出动物A级证1152份、动物B级证10423份、产品A级证136份、产品B级证78102份。查处非法处置病死动物案件9起、未检疫案件5起、无害化处理病害动物3.027万头（只、羽），病死畜禽产品流入市场、污染环境现象得到有效杜绝。

质量安全监管。全州检查养殖场（户）、兽药饲料经营门店1634家次、兽药饲料品种70个，整顿兽药饲料门店55家，收缴假劣兽药1389盒、饲料272.4公斤，查处兽药饲料行政案件7件、非法处置病死动物案件8起，捣毁和取缔私屠滥宰点3个，收缴白板肉580公斤。开展养殖场“瘦肉精”例行检测9292批次、产地检疫同步检测4701批次、屠宰检疫检测19200批次。州级监督监测规模养殖场1154批次、定点屠宰（点）

1733批次，未发现“瘦肉精”阳性事件。开展畜禽产品、水产品质量安全风险监测165批次、兽药监测14批次、饲料监测88批次，所有抽样检测结果均为阴性。

资源养护管理。全州8县（市）依法公布畜禽养殖“三区”划定规划，制定出台禁养区畜禽养殖场退养工作实施方案，启动养殖水域滩涂规划编制工作。启动退养工作，对全州备案养殖场（户）开展全面排查，逐场建立粪污治理档案，对排污不达标和有环境突出问题的规模养殖场下达整改通知书，关停和搬迁禁养区畜禽养殖场（户）130个（规模场22个、专业户108户），泸溪县五强溪库区0.62万平方米畜禽栏舍退养任务全面完成。严格控制库区网箱养殖，减少水库网箱养殖密度，规范水库养殖行为。大力开展整治行动，设立固定宣传标牌447块，下达整改通知书529份，拆除非法捕鱼台网781副。古丈县栖凤湖内44口台网全部拆除，清空网箱9919口，折除网箱9618口，处置存鱼153万斤，安置渔民197户。在沅水、西水等重点水域组织渔业资源人工增殖放流活动，投入资金160.98万元，投放各类鱼苗鱼种2302万尾、银鱼卵1亿粒。在古丈、保靖、永顺、花垣、龙山等县投放大鲵亲本及苗种3815尾。

养殖技术服务。建立涵盖猪、牛、羊、禽、渔、蜂等养殖技术服务队伍，开展各类养殖技术培训80多期，发放相关技术资料5000余份，培训人员1万余人次。在湘西民族职业技术学院举办为期5天的“精准扶贫养殖技术培训班”，培训160人。年内，州畜牧水产局选派具有中高级专业技术职称科技特派员8人，长驻养殖企业（养殖场）进行技术指导服务。开展送养殖技术下乡活动，深入贫困户家中答疑解惑，到田间地头、圈舍等实地进行技术指导，提高贫困户自我发展能力，拓宽致富渠道。

州委书记叶红专参加渔类人工增殖放流活动现场

【畜牧水产项目建设】2017年，全州畜牧水产部门申报畜牧水产发展专项30个，下达资金435万元，其中164万元整合用于精准扶贫，271万元用于专项；申报湘西州2016年渔业油补项目17个，下达资金180万元；申报现代农业特色产业园省级示范园项目养殖类7个，下达资金300万元；申报畜禽规模养殖污染防治设施配套建设工作奖励资金800万元；申报湘西州陆生动物疫病病原学监测实验室项目270万元；申报湖南省南方现代草地畜牧业推进行动项目1个，项目计划总投资282.8万元。

【畜牧水产招商引资】2017年，湖南佳和农牧股份有限公司、湖南唐人神股份有限公司与湘西州保靖县、花垣县成功签约，湖南百宜饲料科技有限公司、湖南奇壮畜牧有限责任公司与泸溪县签约。州畜牧水产局招商引资到位资金5674万元，完成州委、州政府下达招商引资任务的113.48%。其中新引进湖南佳和农牧股份有限公司，实际到位投资5354万元，新增固定资产投资3740万元，生猪投放980万元，其他投入954万元。北京资源集团新追加投入320万元，新建粪污处理设施，全为固定资产投资。

【产业精准扶贫】2017年，州畜牧水产局与州政府办联合在保靖县吕洞山镇夯沙村开展定点扶贫工作，充分发挥职能作用，积极引导建立稻田养鱼、土鸡养殖、蜜蜂养殖等产业基地，成立稻田养鱼、养蜂、土鸡养殖等合作社，将174户770名贫困对象与产业实行一对一捆绑，建立利益联结机制，贫困对象实现产业帮扶全覆盖。

【“放鱼日”湘西州1000万尾鱼苗放归河流】2017年6月6日上午9:00，由州畜牧水产局和湘西经济开发区管委会主办的以“放生鱼资源、养护母亲河”为主题的湘西州2017年渔业资源人工增殖放流活动在湘西经济开发区两河广场隆重举行。州委书记叶红专与市民代表、学生代表以及志愿者等300余人一起将380万尾鱼苗缓缓放入万溶江中。6月6日是农业部确定的第三个全国“放鱼日”，活动当天，永顺、保靖、泸溪等县同步开展人工增殖放流活动，全州当日共投放各类鱼苗鱼种1000万尾以上。

（本栏图文　石永忠　张耀华）

农业科学研究

【概况】2017年，州农科院围绕中心工作，抢抓机遇，开拓创新，农业科研综合实力和服务“三农”能力得到进一步提升，各项工作较好完成。狠抓科技创新，推动科研业务工作发展，全年新增项目5个，新增资金近400

万元，其中新增国家级科研平台2个，达到4个，分别是国家农业科学实验站（试运行）、国家特色蔬菜产业技术体系湘西综合试验站、国家级农作物品种区域试验站、中国农科院特产研究所竹鼠、豪猪种质资源平台；新增省级科研平台1个，达到6个，分别是省现代农业产业技术体系水稻、蔬菜和旱粮武陵山区（湘西）试验站、省农作物品种区域试验站、省农科院农业科技创新联盟成员单位、省蔬菜研究所科研示范基地；在全州开展农作物新品种、新技术的示范推广和技术服务，辐射带动作用大，对全州农业产业发展、农业增效、农民增收、精准脱贫起到促进作用。

上级下达课题。上级下达的国家武陵山中稻区试13个品种、生试5个品种，国家西南区玉米区试72个品种，省水稻中稻区试41个品种、玉米区试22个品种，省水稻稻瘟病抗性鉴定613个品种，省镉低积累水稻品种大田筛选验证试验41个品种，湖南省稻田生态系统重金属污染源解析及消长规律研究（禾蔸样品45个、水样20个、土样15个），湖南农大油研所油菜品比试验10个品种试验任务等全部完成。

农业基础科研。开展水稻新品种选育，利26S/州R1488参加湖南省种子协会2017年水稻联合品比试验，不育系阳S、常规优质稻3076糯、8255申请农业部植物新品种保护；开展玉米新品种选育，州玉6号参加省玉米联合品比试验，排名第二，2018年将进入湖南省玉米区域试验；开展蔬菜新品种选育，辣椒育种新配组A-1-1、198-1两个组合，苦瓜育种新配组C6XB2、C4XC6两个组合；开展生姜、铁皮石斛、黄精苗组培研究及大棚、田间管理，收集保存种质资源2000余份，引进新型黄精种苗，在桃子村开展黄精林下及大田栽培试验8亩；开展莓茶栽培技术研究，进行肥效对比试验，制定莓茶种植技术规程；开展地方胡萝卜选育，选育出1个优势材料xxhlb1a。

农业技术推广与产业服务。蔬菜生产技术示范与推广在凤凰县腊尔山、永顺县羊峰山开展，面积2000亩，开展集约化育苗，配套栽培技术示范50亩，在院科研基地开展秋冬季蔬菜新品种高产栽培技术展示示范，面积50亩；百亩生姜高产栽培及病害综合防治技术在院科研基地、花垣高岩、凤凰腊尔山多点示范，进行统防统治，效果明显；开展小龙虾养殖示范，完成虾池标准化建设、虾苗引进、管理工作；开展蔬菜育苗及种植、水稻种植、烟草病害防治、樱桃栽培、铁皮石斛和白芨管理技术、特产养殖技术培训23次，培训1000余人次；完成武陵山区特色产业科普丛书的编写；加强精准扶贫农业产业化服务，帮助10余个贫困村做好产业规划、指导、技术服务工作。

（本栏撰稿　左小义　王自云）

农业利用外资工作

【概况】2017年，州外资外援系统积极争资上项，狠抓项目推进，创新工作机制，农业利用外资工作取得可喜成绩，实施外资外援项目1个、启动外资外援项目1个、完成外资外援项目前期工作1个。

对外援助。加强农业技术对外援助，组织专业技术人员参加2017年“南南合作”项目法语强化培训班，选派1名农业技术专家参加中国政府援萨摩亚第四期农业技术援助项目。

对外贸易。积极开展农产品贸易促进、农产品出口基地建设等工作，组织保靖黄金茶有限公司等5家农产品出口企业参加2017年香港美食博览与澳门茶叶专场推介会。其间，多家境外企业与湘西州企业达成合作意向，保靖黄金茶有限公司代表湖南省茶叶企业在澳门湖南茶叶专场推介会上作专场推介，从企业文化、茶叶产品、基地生态、经营模式等方面详细推介。

国际农发基金项目。完成投资1912.54万元。其中，社区基础设施完成投资1449.50万元，硬化建制村道路17.2公里、自然村道路1.6公里、渠道24.1公里，加固山塘1口，修建饮用水供应系统13处；可持续农业与市场准入完成投资152.17万元，改造柑橘园100亩，种植猕猴桃1888亩，种植油茶638亩。项目管理完成投资310.8万元，该项目2012年9月正式启动，贷款期18年，执行期5年，计划总投资26107.74万元，2017年9月30日项目竣工，累计完成投资26287.33万元。其中，社区基础设施完成投资17165.95万元，硬化建制村道路266.4公里、自然村道路206.7公里、渠道158.1公里，加固山塘58口，修建饮用水供应系统80处，培训29180人；可持续农业与市场准入完成投资7035.46万元，新建猕猴桃园4738.5亩、蓝梅园283.5亩、茶叶6604.5亩、柑橘7218亩、百合基地16708.5亩、薯类示范种植基地3264亩；家禽果园综合示范80户，养鸡54640羽，发展农民合作社23个，培训农民13592人。项目管理完成投资2085.91万元，编辑《情暖三湘大地》《小故事集》《项目成效图片集》等知识读本。龙山、古丈、凤凰、泸溪4县42个乡（镇）373个村86539户农户39.05万人受益。

【湖南省农产品产地安全质量提升工程项目】2017年，完成项目调查、实施方案、环境管理计划与社会评价报告编写等工作，灌溉水源样品取样55个、底泥样品取样25个、稻谷样品取样517个、土壤样品取样501个。根据项目区污染源调查结果，评估污染风险，制定风险防范措施，按照环境社会评价框架编制项目县实施方案、环境管理计划和社会评价报告。协助省项目办编写全省《项目实施手册》《财务管理手册》《采购手册》等实施管理文件，参加国家发改委、财政部与世界银行进行的项目谈判及相关协议签订；参加省级项目实施培训，举办全州项目县市主任、主管、采购等管理人员培训班，培训人员43名，项目管理水平提升明显。12月20日项目正式启动实施。

【联合国世界粮食计划署（WFP）学龄前儿童营养改善试点项目】 2017年，对永顺县、龙山县幼儿园摸底调查，按WFP要求，选定永顺县小溪、永茂、万民、对山，龙山县红岩溪、靛房、里耶和洛塔等8个乡（镇）29所幼儿园2045名儿童作为项目支持对象，编写项目建议书。多次到WFP北京办公室协调汇报项目，完成项目实施准备工作，计划2018年5月底启动实施。

【联合国世界粮食计划署（WFP）到湘西州考察调研】 2017年10月31日至11月2日，WFP中国办公室副国别主任凯若琳·里格若一行6人到永顺县永茂镇、小溪镇，龙山县红岩溪镇考察调研，高度肯定湘西州项目实施前期工作。

【世行项目考察团到湘西州考察项目准备情况】 2017年12月15日至18日，世界银行贷款湖南省农产品产地安全质量提升工程项目考察团一行5人，由项目经理、高级农村发展专家曹文道带队，到永顺、保靖两县考察项目前期设计准备工作。曹文道一行先后考察永顺县万坪镇项目区李家村、碑立坪村，保靖县复兴镇项目区甘溪村、盐井村前期准备情况。就项目村农民合作社运行、大米销售、秸秆处理、项目前期宣传、农户种植习惯等情况，与农户交流座谈。就项目目标、机构设置、基线调查、农艺措施选择、监督管理等分别与永顺、保靖两县项目负责人交流座谈，进一步完善项目实施方案，加强专家团队支持，因地施策，确保项目顺利实施。

（本栏撰稿　王　武）

农村经济管理

【概况】 2017年，湘西州农经部门全面开展农村土地承包经营权确权登记颁证工作，完善农村土地纠纷调解仲裁体系建设，规范有序流转农村土地21.03万亩，指导村级集体经济发展，培育新型农业经营主体，启动农村集体产权制度改革试点，强化农民维权监督管理，有力有序推动全州农业、农村经济社会发展。湘西州被评为2017年度全省农民维权监管工作先进单位。

湘西州“农村土地承包经营权证”新证首发仪式现场

农村土地确权登记颁证。投入资金470万元，全面开展农村土地承包经营权确权登记颁证工作，按时完成入户调查摸底、外业勘界、一轮公示等工作，永顺县高坪乡农村土地承包经营权确权登记颁证州级试点工作全面完成，8县（市）向省递交基本完成报告。12月8日，“农村土地承包经营权证”新证首发式在永顺县松柏镇花桥村举行，州、县（市）信息平台建设完成招投标工作，全面进入建设阶段。

土地流转。湘西州农经部门积极探索农村土地流转新途径、新方式，狠抓州、县（市）、乡（镇）、村四级土地流转服务体系建设，规范开展农村土地流转。全州全年新增流转耕地21.03万亩，耕地流转总面积66.47万亩，占家庭承包耕地总面积的29%。

新型农业经营主体。全州农经部门认真抓好农民专业合作社示范社、家庭农场示范农场创建工作，全年创建吉首市田丰果蔬专业合作社等省级示范社8个、吉首市阳光茶叶专业合作社等州级示范社10个，通过示范引领带动新型农业经营主体快速发展，新增农民专业合作社770个，累计发展农民专业合作社4214个，带动农户16万户，新增家庭农场481家。抢抓《中华人民共和国农民专业合作社法》颁布实施10周年契机，与湘西广播电视台联合开展农民合作社10年发展专题宣传报道，整理编制全州合作社十年发展名录，展现湘西州农民合作社10年辉煌发展历程。

村级集体经济。湘西州农经部门按照《中共湖南省委湖南省人民政府关于加快发展村级集体经济的意见》（湘发〔2014〕6号）要求，结合全州村级集体经济发展实际，明确目标任务，制定考核细则，探索村级集体经济发展壮大新路子，壮大村级集体经济实力，推动村级集体经济发展，全州投入村级集体经济发展资金34700.49万元，总收入32849.89万元，村平均收入18.19万元。其中村级集体经营性收入总额7055.26万元，村平均收入3.93万元，经营性收入超过4万元的村1147个。

【农村集体产权制度改革】 2017年，全州农经部门根据《中共中央国务院关于稳步推进农村集体产权制度改革的意见》（中发〔2016〕37号）及省委省政府3月10日全省农村综合改革工作会议精神，结合湘西州实际及时向州委常委会、州人民政府常务会汇报贯彻落实中共中央国务院、省委省政府关于农村集体产权制度改革工作，成立由州委副书记曹普华任组长的湘西州农村集体产权制度改革领导小组，龙山县作为全国第二批农村集体产权制度改革试点整县推进。

【农民权益维护和农民负担监管】 2017年，全州农经部门认真落实农民负担监督卡制度，“农民负担与补贴监督卡”入户率达98%；全面推行“一卡通”发放方式，切实做到政策宣传到户、补贴清册编制到户、张榜公示到户，严格遵守“五个严禁”和“四个不准”纪律规定，确保各项惠农补贴按政策要求发放到户。围绕涉农保险、农村义务教育、林业惠农补贴发放等重点领域开展专项治理，查处农民负担案事件20起，处理涉案人员28人，清退违规资金45.95万元；受理农民负担信访案件24起，处理完结24起。

【土地纠纷调解仲裁】 2017年，全州农村土地承包经营纠纷仲裁庭建设任务全面完成，8县（市）按要求全部完成农村土地承包经营纠纷仲裁庭“一庭三室”建设工作，总面积达2133.9平方米并投入使用，其中仲裁庭面积854.5平方米，合议调解室面积384.7平方米，案件受理室面积382.4平方米，档案会商室面积512.3平方米。聘任仲裁员186人，开展仲裁培训329人次，调处纠纷695起，裁决13起，全省仲裁考核结果为一类。（本栏图文　石友莲）

农业机械管理

【概况】 2017年，湘西州农机部门围绕全州农机化工作目标要求，认真抓好惠农政策落实、开展农机生产服务，全州农机化工作再上新台阶，农机总量稳步增长，由25.19万台套增加到26.29万台套。利用农机购置补贴政策推进农机推广工作，落实农机购置补贴等各类惠农资金2348万元，新推广拖拉机、微耕机等各类机具11000多台套，受益农户9000多户，州农机局被评为全省农机工作先进单位，在全省8项农机业务考核评比中，4项为先进。

农机合作组织。全州农机部门新申报现代农机合作社21家，新购机具334台，全州现代农机合作社达59家，有农机具1611台，开展机耕、机插、机收等服务面积6万多亩，带动精准扶贫困难户入社3000多户。永顺县瑞丰祥农机合作社、金丰农机合作社被评为全省非洞庭湖区现代农机合作社示范社。

农机推广服务。全州农机部门围绕粮食和烟叶、茶叶、柑橘、蔬菜、药材等产业发展，办点示范，开展水稻机械化生产、油菜机播机收、土地翻耕起垄、无人机植保、茶叶机械化采摘等机械化生产示范8次。4月17日，州农机局在泸溪县潭溪镇举办全州无人植保机及先进适用型机具推广现场演示会，州政府副州长何益群出席并主持会议，县（市）农业、农机、茶叶、柑橘、烟草产业办等单位负责人、有关农机合作社理事长、农机经销厂家、果农等400多人参加演示活动，展示适用湘西州山区农业生产的遥控履带自走式旋耕机、无人植保飞机等机具13类110台。10月14日，州农机局在保靖县阳朝乡举办全州秋冬种生产全程机械化示范活动，重点演示油菜直播全程机械化、旋耕开沟起垄、无人机植保等。同时，采取举办培训班、现场培训等方式开展农机化技能培训，现场培训操作技术人员3800人。

农机抗旱救灾。湘西州农机部门针对7月以来全州出现的严重旱情，紧急启动抗旱应急预案，投入农机抗旱服务队116支，深入旱区检修抗旱机具，帮助群众抽水灌溉。组织130多家农机经营店调运柴油机等抗旱机具5000多台套，为群众发放“农用水泵的使用和维护”等农机抗旱资料3000余份。积极衔接中石化湘西分公司、中石油湘西分公司，为受灾群众提供优惠价柴油300吨。完成抽水灌溉30多万亩，用实际行动缓解全州农业生产旱情。

农机安全生产。全州农机部门强化安全责任和网格化管理，实行分级管理、量化考核，农机监管体系逐步健全。州农机局与州交警支队、州安监局开展联合执法整治，共同下发《关于印发“湘西自治州开展拖拉机道路交通安全联合整治行动方案”的通知》，出动执法人员1651人次，检查机车4870台次，纠正违章121台次，新增拖拉机驾驶员351人，换发驾驶证282人，注册登记拖拉机369台。积极开展优质服务，继续推进免费监理政策，免费帮助拖拉机手安装反光警示器4800片。评定示范岗位1名，创建示范乡镇2个、示范村7个、示范户40户、示范合作社21个。扎实推进“平安农机”建设，创建永顺县万坪镇、保靖县比耳镇省级“平安农机”示范乡镇，帮扶凤凰县山江镇创建省级安全生产示范乡镇。同时，通过开展全州“农机安全生产月”“农机安全生产源头监控治理年”等专题活动和农机系统“迎州庆·争做最美农机安全卫士”演讲活动等，全州未发生较大以上农机安全责任事故。

【农机研究】 2017年，湘西州农机研究所在职人员24人，其中管理人员6人，专业技术人员8人，工勤人员10人。年内取得新型筛网式滚筒茶叶炒干机专利1项，并开展小（微）型水稻插秧机样机试制和高效浮动式大米粉碎制浆机研发试制两项科研课题立项工作。

【农机公司】 2017年，湘西州农机公司在职人员11人，该公司层层落实安全生产责任，推行民主决策，制定完善门面和出租房出租管理制度，按市场行情定价，是年，租赁收入37.6万元，比上年增加11.6万元。12月，划归州国资委管理。

【全州农机系统首届职工男子篮球赛暨农机化工作成果展示活动】 2017年10月25日至29日在州农机局篮球场举行，州、县（市）农机局9支篮球代表队、裁判组及州农机局全体干部群众 100 余人参加开幕式。经过 5 天角逐，吉首市农机局队荣获冠军。其间，6 家农机厂商、42 个现代农机专业合作社参加活动，制作农机化工作成果展示牌 10 块，展示无人植保机、翻耕机、收获机械等农机具 38 台套。

（本栏撰稿　彭春雨）

林　业

【概况】 2017 年，全州林业工作紧紧围绕州委、州政府“打造国内外知名生态文化公园”总目标和“四个全域”发展布局，大力推进“森林城市、健康森林、绿色通道、秀美村庄、美丽湿地、特色产业”等主题建设，不断满足人民群众对美好环境的追求，为建设美丽开放幸福新湘西提供强有力的生态支撑。全州有林地面积 1440 万亩，活立木蓄积量 4450 万立方米，森林覆盖率 70.24%，均居全省前列。湘西州林业局获省人民政府 2017 年度“湘林杯”林业建设目标管理考核合格单位，省林业厅 2017 年湖南省林业系统“六五”普法先进集体，省林业厅、省人社厅、省总工会颁发的 2017 年湖南技能大赛——全省国有林场职业技能竞赛团体精神风尚奖，省林业厅国有林场和森林公园管理局颁发的湖南省国有林场思想政治工作主题演讲比赛优秀组织奖，湖南省家博暨首届林博组委会颁发的湖南省家博会暨首届林博会优秀组织奖。

林业产业。全州林业产业总产值达 112.34 亿元，同比增长 12.33%。其中第一产业 48.54 亿元，同比增长 9.6%；第二产业 22.4 亿元，同比增长 38.8%；第三产业 41.4 亿元，同比增长 12.93%。从结构上看，一、二、三产业产值分别由上年的 48:17:35 调整为 43:20:37。年内新增省级以上林业特色产业园 2 家（永顺县溪洲新城森林旅游产业园、吉首市红枫谷森林康养中心）、省级以上龙头企业 4 家（龙山恒龙中药材林业特色龙头企业、湖南鑫科牧业有限公司龙头企业、古丈罗马特种生物科技有限公司龙头企业、湘西自治州牛角山生态农业科技开发有限公司龙头企业），全州林业产业由以木材加工为主的单一发展模式逐步向油茶、苗木花卉、林下经济等优势产业发展壮大。龙山县 8.1 万亩林业碳汇工程与湖南松本林业科技有限公司签订购买协议，交易期限 30 年，总价 8700 万元。永顺县不二门成为全省首批森林康养示范基地，总投资 1.3 亿元的古丈县高望界森林康养中心开工建设。

林业投资。全州落实各类林业生态建设投资 6.6 亿元，同比增长 11.86%。从资金来源看，中央和省级财政投资 6.5 亿元，占林业总资金的 98.49%，同比增长 12.07%。从项目规模看，过亿元项目 3 个（退耕还林补助资金项目 1.87 亿元、生态公益林补偿基金项目 1.19 亿元、林业补贴项目 1.34 亿元），过千万项目 8 个，其中，天然林保护工程投资 4352 万元、石漠化综合治理工程投资 3800 万元。

营林生产。全州完成长防林工程、石漠化综合治理工程林业项目、第二轮退耕还林工程、面上造林等 14 万亩，其中重点工程造林 4.16 万亩（长防林工程 0.99 万亩、石漠化综合治理工程林业项目 1.42 万亩、第二轮退耕还林工程 1.75 万亩），面上造林 9.84 万亩，为省任务的 100%；完成疏林地灌木林地封山育林 20.54 万亩（含重点工程封山育林 5.45 万亩），为省任务的 102.7%；完成退化防护林修复 0.3 万亩；完成“裸露山地”绿化 4.05 万亩，为年计划的 162%（其中完成人工造林 2.6 万亩、封山育林 1.45 万亩）；完成森林抚育 41.5 万亩（其中中幼林抚育 31.2 万亩、油茶垦复 10.2 万亩、毛竹垦复 0.1 万亩），为省任务的 115.3%；完成矿山复绿面积 0.09 万亩，其中人工造林 0.06 万亩、封山育林 0.03 万亩。全州 168.5 万人次参加义务植树，新建义务植树基地 32 个，完成义务植树 492.8 万株。

森林资源保护。各县（市）按照全州统一部署，全面实施森林禁伐减伐三年行动，划定禁伐区域和范围，实现商品性主伐材采伐量每年递减 20%的目标，并将 2016 年的商品林禁伐补偿资金落实到农户。依法治林实现常态化，开展违法占用林地专项整治行动，共办理涉林森林案件 361 起，查处打击违法犯罪人员 361 人次，没收木材 622.2 立方米，没收非法所得 0.58 万元，罚款 9.76 万元，收回林地 5.3567 公顷。强化林木采伐网上监管，共办理采伐证 5629 张，其中不占限额采伐证 208 张，采伐林木 4700 立方米，占限额采伐证 5421 张，采伐林木 20465 立方米。加大对永久性建设项目使用林地情况核查力度，核查永久性使用林地 18 宗，未发现未批先占现象。完善林地信息化管理工作，将永久使用林地和临时使用林地全部纳入网络信息化管理，建立健全管理台账，全州申报使用林地项目 98 个，涉及林地面积 503.3868 公顷，收缴植被恢复费 10108.3593 万元。其中临时使用林地项目 36 个，占用林地面积 171.9015 公顷，收缴植被恢复费 1990.2997 万元。

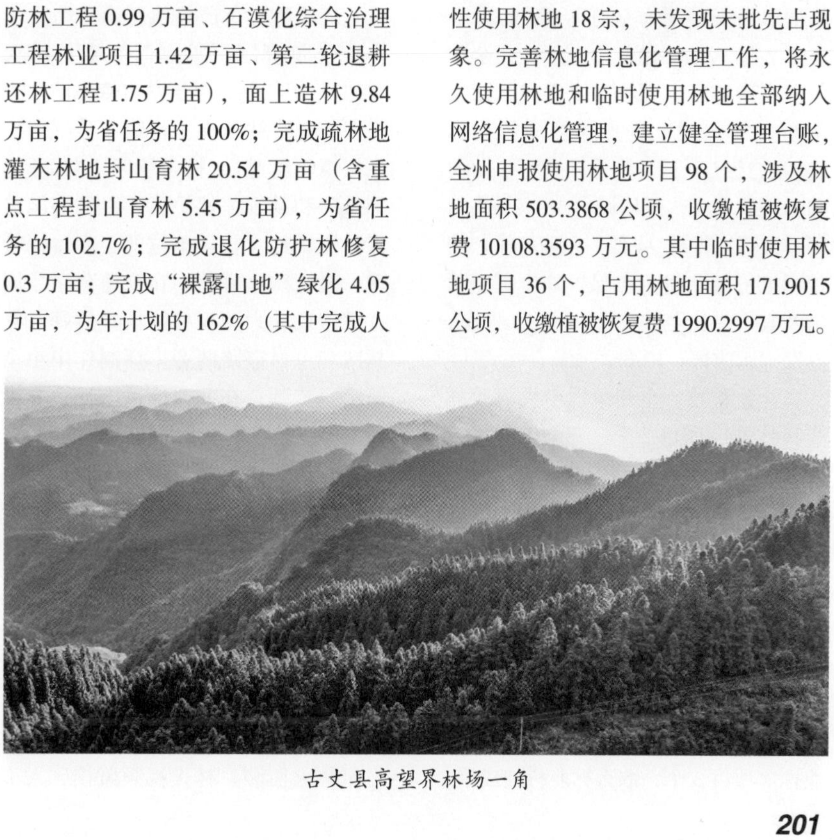

古丈县高望界林场一角

林业生物管理。全州林业有害生物发生面积50.08万亩，有害生物成灾面积1.72万亩，成灾率1.29‰，远低于省控指标4‰。各级林业主管部门多举措控制林业有害生物危害，筹措防治资金300余万元，采取直升飞机、无人机播撒生物药剂灭虫为主、人工防治为辅防治办法，防治马尾松毛虫、松茸毒蛾、红黄半皮丝叶蜂、油茶炭疽病等病虫害32.76万亩，其中无公害防治32.24万亩，无公害防治率98.4%，高于省定指标85%。开展"湿地日""野生动植物日""爱鸟周"系列宣传活动，联合州工商局在全州范围内开展为期一个月的"野生动物经营加工利用清理整顿专项行动"，共出动执法人员2345人次，检查酒店、餐馆等野生动物经营加工单位560家，排查大型集贸市场36家、野味店30家，清查驯养繁殖场所、重点场所172处，查获野生小鹿4只、果子狸9只、猪獾2只、青鼬2只、野生蛇类23条、竹鸡101只等，查获野生动物死体254只；缴获猎捕工具12件（枪支4件），清理布设的夹子、套子等捕猎工具和设施23个（处）；依法取缔野生动物交易点6个，刑事立案2起、行政案件12起。全州全年未发现猎捕野生动物重大案件，接收救治并放归国家重点保护动物草鸮（国家二级）4只，完成陆生野生动物驯养繁殖和经营现场评估56家，办理行政许可审批件24件，办理运输、携带国家二级和省重点保护陆生野生动物及其产品出县境审批事项12批次，签发"运输证"12份。

林业科技。全州争取中央财政林业科技推广项目2个，资金300多万元；省财政推广项目3个，资金100多万元。大力推广林地测土配方信息系统建设，让"群众不出门也能知晓怎样栽树"。先后建立"万亩高产油茶示范基地""万亩油茶低改示范基地"等推广平台，为林木育苗、树苗培管、产业发展等提供技术支撑和示范效应。通过林业科技平台推广应用，实施林业推广项目3个，取得林业科技成果、专利12项，获得省、国家奖项4项。成立以林业部门牵头的湘西州林业（中药材）科技特派员团，成员80人，其中省派18人、州派16人、县市派46人，选派科技特派员46人次，其中国家级林业科技特派员5人次，省级2人次，州级7人次，县级32人次，到相关服务单位开展科技特派员工作。年内，全州举办林业科技培训班63期次，培训林农2876人，制作林业科技宣传版面40块，印发林业科技宣传资料17980份，发放科技图书600册，通过报刊、电视、网络发布林业科技信息85条，解答技术咨询6023人次，解决技术难题137个。年初，由州林业局牵头，各县市林业局共同承担的"湘西州桤木造林技术推广与生态效益研究"成果，荣获"第八届梁希林业科学技术三等奖"。州林业局、州林科所高级工程师刘兴锋、陈大华等人编著的《武陵山区传统药用植物彩色图谱》被省委宣传部、省科学技术厅、省教育厅、省科学技术学会评为第六届湖南省优秀科普作品，这是湘西州唯一获此荣誉的科普作品。

森林防火。严格执行森林防火工作首长负责制，重点落实森林防火"双向"责任制，层层签订森林防火责任书，把森林防火工作纳入县（市）、乡（镇、街道）、村（社区）、林业主管部门和林场、保护区、森林公园等森林资源经营管理单位的年度目标管理。强化防火宣传，在高速公路、国省道旁设立大型森林防火宣传牌，在林区和乡村道路两旁广泛制作中小型警示宣传牌；在湘西广播电视台开设森林防火新专栏，向全州20多万"121"天气预报用户适时发送森林防火手机短信；针对重点时段和重点人群，组织护林人员、林业干部、森林公安民警进行面对面、点对点宣传，做到家喻户晓，人人皆知。强化火源管控，组织力量，加强巡山护林，重点抓好农事用火、祭祀用火、游客用火和娱乐用火等野外火源管控；利用卫星林火监测、林火视频监控、人工塔台瞭望、地面巡护等手段，加强火情监测。年内，全州20处林火视频监控台全部建设完成。强化应急处置，修改完善《湘西自治州森林火灾应急预案》，组建以武警森林灭火救援队为主的扑火专业队伍10支290人，各种群众性义务扑火队伍157支6820人，储备森林防火设备40000余件。强化值班调度，严格落实24小时值班和领导带班、国家卫星监测热点核查"零报告"和森林火情归口报告制度，做到及时接处警。全州全年发生一般森林火灾13起，过火面积50.37公顷，受害森林面积25.46公顷，森林火灾受害率0.029‰，远低于省防火办规定的0.9‰标准，没有发生重大森林火灾和人员伤亡事故。

【生态补偿脱贫】2017年，全州生态补偿带动40116名贫困人口脱贫，其中，转岗生态护林员7007人，带动28132人脱贫，参与生态建设工程带动11719人脱贫，生态休闲村庄带动265人脱贫，生态补偿成为贫困群众重要经济来源。全州发放退耕还林、生态公益林等生态补偿资金3.5亿元，惠及30.6万户120万人。油茶成为精准扶贫新产业，全州新造油茶林6.5万亩，垦复改造10.2万亩，培育10万亩以上国家油茶基地试点县3个，建立油茶特色产业园5个，发展油茶专业合作社11个。《中国绿色时报》记者专程到湘西州调研生态扶贫工作，并在该报头版推介湘西生态扶贫经验。

【国家森林城市建设】2017年，国家考核的五大体系40项指标中的20项量化指标有12项达标：全州森林覆盖率达70.24%，新造林面积年增长率达0.5%，城市重要水源地绿化率达75%，乡土树种使用率达82.31%，街道绿化率达26.8%，村屯绿化率达31.19%，城区乔木种植比例达80%，树种丰富度达20%，油茶、柑橘、茶叶等特色产业年增长率达0.5%，义务植树率达82%等。吉首市以PPP模式为主导，投资12亿多元，实施老城区绿化提质改造工程，新增绿化面积2300亩，建成“峒河风光带”“吉首市大坡气象科普公园”“谷韵绿道”“东山林场”等特色生态景观4处。湘西经开区投入资金1.2亿元，高标准打造万溶江沿河绿色风光带，绿化河流两岸10公里，绿化交通干道12公里，绿化城区、机关、社区600多亩。凤凰县投资2亿多元，实施“青山抱古城”和千亩乡土珍稀花卉苗木基地建设，“一城四带”绿化格局框架基本形成。

【永顺县猛洞河湿地公园获批国家湿地公园（试点）】 2017年1月中旬，国家林业局正式批复永顺县猛洞河国家湿地公园（试点），成为湘西州第五个“国字号”湿地公园品牌。该湿地公园位于县城西北部，主要包括马鞍山水库及水库至县城猛洞河段（与不二门国家森林公园相接）、高家坝水库及水库至龙山县县界处（永顺县盐井乡新场村）的猛洞河段，以及沿线周边部分山地，涉及灵溪、首车、两岔、盐井等4个乡（镇）27个村，总面积1552.8公顷，其中湿地面积799.5公顷，占总面积的51.49%。猛洞河国家湿地公园是沅水及洞庭湖流域生态补水的重要来源，也是永顺县重要的饮用水源保护区域，水量充沛、水质优良，对区域保护与恢复湿地资源、维持及丰富生物多样性、促进生态系统平衡、保障沅水及洞庭湖湿地生态系统和水资源及国家级水产种质资源安全具有重要意义。

【州直青坪油桐种质资源库获批“国家林木种质资源库”】 2017年初，经湘西州申报、省林业厅推荐、国家级专家评审和社会公示，州森林生态实验站油桐种质资源库获第二批国家林木种质资源库认定，成为国家林木种质资源库。由湘西自治州森林生态实验站承建的油桐种质资源保存库建设项目，自2007年开始建设以来，完成投资300余万元，收集保存包括湖南、贵州、重庆、广西、湖北、四川、江西、河南、陕西等省市区的油桐种源、品种、家系和无性系等种质资源213份，成为中国品种（系）收集最多，面积最大的油桐种质资源保存库。

（本栏图文　毛永锋）

水　利

【概况】 2017年，湘西州水利部门围绕年度工作目标，突出“水安全、水供给、水工程、水资源、水生态”等重点，统筹推进各项工作，圆满完成各项目标任务。全社会水利总投入16.59亿元（中央5亿元、地方4.95亿元、投融资6.64亿元）。全州防汛抗旱工作取得胜利，河长制工作全面推开，农村饮水安全巩固提升，重点水源、中小河流治理、小型病险水库除险加固、水土流失综合治理等项目建设有序推进，最严格水资源管理制度得到落实。州防办等5个单位被省委省政府评为“2017年全省抗洪救灾先进集体”，龙晓华、杨忠利等15人获评“2017年全省抗洪救灾先进个人”。河长制工作通过国家中期评估、长江委督导检查，省对州年度考核全省排名第七位。州水利局获得“全州民族团结进步创建活动优秀单位”“精准扶贫精准脱贫‘十项工程’州直先进单位”“2017年度落实省重点民生实事工作优秀单位”“全州老干部工作先进单位”等荣誉称号。

水利规划编制。州水利局结合湘西州实际，认真编制灾后水利薄弱环节建设实施方案，规划投资141457万元，计划实施中小河流治理、主要支流治理、城市防洪工程等项目41个。按照《湘西州水利发展“十三五”规划》要求，吉首市大兴寨大型水库及保靖县竹子坪、茶园河，泸溪县岩板滩，永顺县大坡，凤凰县团结、两岔河等10余处水库项目前期工作有序开展。

水行政管理。通过不断强化组织领导，落实水行政执法责任制，执法主体到位、责任目标明确，执法网络实现县乡全覆盖。县（市）建立专职水政监察队伍，乡（镇）创建执法单元设立综合执法大队，建立执法负面清单台帐制度。加强部门协作，与公安、检察、法院等部门建立司法对接机制，增强执法合力，提高办案效率；与环保、国土资源、林业、住建等部门建立涉水案件处置联动机制。年内开展水土保持和水政水资源执法检查250次，出动执法人员1225人次，检查生产经营单位227家，查处水事违法案件60起，强制拆除涉河违章建筑5起。

水资源管理。7月27日，州人民政府印发《湘西自治州“十三五”水资源消耗总量和强度双控行动方案》，

2017年竣工投入使用的农村安全饮水工程——旭东水厂

州水利局认真组织落实最严格水资源管理考核制度，启动实行水资源消耗总量和强度双控管理制度。年内现场核查吉首市首创水务有限公司吉首污水处理厂生活入河排污口、吉首市首创水务有限公司乾州污水处理厂生活入河排污口、泸溪县白沙镇污水处理厂生活入河排污口、泸溪县鑫海锌品有限公司工业入河排污口等规模以上入河排污口19个，登记吉首市矮寨镇德夯村生活入河排污口、吉首市丹青镇大兴村生活入河排污口、吉首市边城生物科技有限公司混合入河排污口等规模以下入河排污口163个，监测沅江泸溪—辰溪保留区、武水花垣至吉首源头水保护区、武水吉首工业用水区等州级水功能区水质81个。

水利建设。加快重点水源工程建设。古阳河、中秋河、吉辽河、辛女溪、乌巢河水库等烟草水源工程及芙蓉、小溪和楠竹坪等抗旱应急水源工程进展顺利。古丈县古阳河水库大坝主体完工，灌区配套工程及附属设施建设加紧进行，完成年度投资772万元，超额完成年度计划任务。花垣县吉辽河水库大坝主体完工，库内公路基本达到通车要求，灌区渠道全部完成，隧洞、倒虹吸管、渡槽等附属建筑物正在抓紧施工，完成投资2140万元，占年度投资计划的104%。泸溪县辛女溪水库于3月5日开工建设，完成投资6084万元，超额完成年度计划任务。凤凰县乌巢河水库3月25日开工建设，完成投资6226万元，完成年度计划的124.5%。龙山县龙潭河水库3月5日开工建设，年度计划投资3500万元，完成年度投资3500万元。保靖县三岔河水库完成投资2500万元，完成年度计划的108.7%。永顺县芙蓉水库完成投资3120万元，完成年度计划的104%，大坝主体工程完成。保靖县小溪水库完成投资2710万元，完成年度计划的102%，大坝主体工程基本完成。龙山县楠竹坪水库完成投资1850万元，正进行堆石坝体浇筑。加大病险水库水闸除险加固力度。长潭、小排吾（二期）2座中型水库除险加固年度任务完成。狮子桥水闸土建部分有序进行，弧形闸门及其他机构设备已订货。凤凰县蒿菜坪、保靖县东坪、泸溪县团结等17座灾后重建小型病险水库除险加固建设全部完成。花垣县小排吾水库除险加固工程累计到位资金5961万元，2017年度计划投资750万元，实际完成1100万元，截至年底，主、副坝坝体及库区、原输水涵洞防渗处理、溢洪道改造加固等项目基本完成，下游坝坡治理正在扫尾。保靖县长潭水库除险加固工程累计到位资金2102万元，2017年度计划投资700万元，实际完成710万元，截至年底，非溢流坝及溢流坝改造加固、坝基坝肩灌浆防渗处理，大坝下游护坦及新建二道坝，上坝防汛公路及公路隧洞完成。保靖县狮子桥大型病险水闸除险加固项目累计下达投资2060万元，截至年底，完成投资1050万元，完成坝体加固帷幕钻孔灌浆646米、下游一期围堰、原消力池底板砼破除外运及重建消力池底板锚杆钻孔灌浆和5#、6#、7#闸墩加固补强脚手架搭设、闸门加工生产及启闭机定货等。

水土保持。争取到龙山、永顺、保靖、古丈、吉首5县（市）实施国家水土流失重点治理工程，下达中央投资2498万元，计划治理水土流失面积67.8平方公里。该项目资金全部整合，用于州内扶贫村基础设施建设，助力湘西州脱贫致富奔小康进程。投入坡耕地综合治理项目资金1350万元，实施凤凰县、泸溪县坡耕地水土流失综合治理项目，治理坡耕地3000亩。大力开展水土保持国策宣传教育，水土保持国策宣教进入州县党校。6月，保靖县水土保持局在县委党校中青年干部培训班上，邀请州委党校张永亮老师讲授《贯彻水土保持基本国策　建设绿色生态文明湘西》，150余名党员干部参加培训讲座。审批水土保持方案55个，其中州本级审查、批复《花垣竹篙滩至秀山县洪安（湘渝界）公路建设项目水土保持方案报告书》《龙山县酉水河里耶防洪工程修复加固及提标水土保持方案》等10个。加强监督执法，检查迁清公路、花里公路等生产建设项目64个，下发整改通知书27份，部分生产建设项目水土流失问题得到有效治理。大力实施灌区续建配套与改造项目。酉水大型灌区管理局积极实施酉水灌区续建配套与节水改造工程建设，完成省定建设任务，投资3152元，防渗衬砌干渠17.18公里，干渠主要建筑物22处。完成土石方2.5万立方米、砼1.12万立方米、渠系建筑物改造55处，改善灌溉面积1.4万亩，新增年节水能力191.5万立方米。加大中小河流治理力度。项目区主要集中在泸溪、凤凰、花垣、永顺4个县，全年实施治理项目7个，对泸溪县能溪白羊溪乡河段、凤凰县沱江官庄乡河段、永顺县牛路河塔卧镇—车坪乡河段、永顺县明溪朗溪乡河段、花垣县兄弟河龙潭镇河段、凤凰县豪罗溪廖家桥镇和新场乡河段实施综合治理，治理长度44.32公里，累计完成投资6853万元。

农村饮水安全。全年实施农村饮水安全巩固提升工程692个，投入建设资金32636.91万元，受益人口580184人（贫困人口205457人），新增解决贫困人口安全饮水人数占贫困人口总数的比率达49.97%，占年度目标任务增幅20%的250%；累计完成比率达79.13%，占年度累计目标任务增幅40%的197.8%。解决贫困居民饮水安全完成情况优良，双超省定州定脱贫攻坚农村饮水安全巩固提升任务。吉首市饮水安全顺利通过脱贫摘帽检查验收。

农村水电。全面落实安全生产责任制，农村水电站没有发生安全生产事故。启动实施古丈县古阳河水电站、龙山县三元（二期）小水电扶贫项目，两县部分贫困群众从中受益。古阳河水库电站装机卧式混流机组2×1000千瓦，发电量就近送于10千伏城网供电。电站总投资2559万元，其中中央预算内投资600万元，地方自筹1959万元。古丈县根据《古丈

州长龙晓华主持召开湘西州第一次总河长会议现场

县古阳河水库电站小水电扶贫试点项目实施方案》，落实收益金 36 万元，对从县精准脱贫攻坚办摸底的 488 户贫困户进行补偿，其中 28.8 万元直接分红至农户，7.2 万元用于农村基础设施建设。

【水利行业职业技能竞技】 2017 年 8 月 29 日至 30 日，州水利局组织州内水利技工参加“2017 年湖南技能大赛——全省水利行业职业技能竞赛”，花垣县红卫泵站管理处曾长安荣获全省水利行业职业技能竞赛泵站运行工技能竞赛一等奖，州水利局荣获全省水利行业职业技能竞赛优秀组织奖。10 月 14 日至 16 日，曾长安又代表湖南省水利厅参加第五届全国泵站运行工技能竞赛，获全国泵站运行工技能竞赛第 10 名。

【抢险救灾】 2017 年“6·22”灾情发生后，州委书记叶红专从山西开会回来立即奔赴泸溪县山体滑坡垮塌现场，组织救灾工作。州长龙晓华深入泸溪、凤凰、吉首、花垣、保靖等县（市）现场指挥。6 月 24 日上午 8 时 30 分左右，受不良地质环境条件和本轮强降雨影响，泸溪县境内 319 国道段武溪镇上堡村一组富农山庄附近发生一起山体滑坡（不属于地质灾害监测点），垮塌体累计长度约 100 余米，总量 1 万余方。山体滑坡致使一栋房屋被淹没，6 人被埋。灾情发生后，州委书记叶红专、州长龙晓华、州委政法委书记欧阳旭、常务副州长向恩明和副州长何益群、李平带领州直相关部门负责人深入现场指挥抗灾，基层干部及时搜救失踪人员，最大限度抢救受伤人员，转移受困人员。经过努力，被埋的 6 人被挖出，其中 3 人抢救生还，3 人遇难；319 国道沿线 70 余人第一时间全部安全撤离，道路第一时间疏通，现场保持稳定，灾害损失被降至最低。“6·30”灾情发生后，州委书记叶红专、州长龙晓华、州委副书记曹普华、州委政法委书记欧阳旭、州纪委书记邓为民、常务副州长向恩明和副州长何益群、向清平、王学武、麻超等领导连续奋战在受灾严重的泸溪县武溪镇、浦市镇一线指挥防汛救灾，指导抗洪抢险工作。6 月 30 日晚 9 点 43 分许，怀化市辰溪县 2 艘失控大型挖沙船因走锚，被洪水冲下撞击五里洲桥体并卡在桥洞里，严重威胁五里洲大桥及下游 280 米处的杭瑞高速沅水大桥的安全，杭瑞高速沅水大桥段实行双向交通管制近 28 小时。州委书记叶红专、州长龙晓华等领导深入现场指导排险，组织对挖沙船体进行切割并沉入江底，排除安全隐患，杭瑞高速公路沅水大桥段于 7 月 2 日下午 3:30 恢复通车。凤凰县投入防汛抗灾资金 500 余万元，及时抢修乌巢河大桥段公路受毁地段。花垣县派出抢险、防汛、排洪、医务、疏通等突击队干部群众 2000 多人，转移和疏散群众 0.42 万人。特别是在“6·30”洪灾中，泸溪县全力保证人民群众生命财产安全，紧急转移人员 5.845 万人。

【成功处置泸溪县浦市防洪大堤险情】 7 月 1 日 18 时，浦市防洪工程撇洪渠左侧墙 K1+300 米处发生漫溃，缺口宽 28 米、高 4.5 米，沅江洪水以 18 立方米每秒的速度向浦市古镇倒灌，导致最高内涝水位达 118.35 米，最大内涝水深达 10.03 米，部分房屋和农田被淹没。州委书记叶红专、州长龙晓华等州县领导亲临现场指挥，投入挖掘机 2 台、载重 30 吨运输车辆 5 辆、钢管 0.5 吨、编织袋 2.2 万余条、砂石料 0.3 万立方米。通过在漫溃缺口下游处紧急筑坝，抛投 3 辆农用车稳固后，填筑沙袋截流，堵塞沅江洪水倒灌通道，7 月 2 日 3 时，险情得到有效控制。在应对 7 月 1 日泸溪县浦市镇可能发生的洪峰及转移群众中，州防指及时要求州民政局、州卫计委 7 月 1 日上午派工作组带相关救灾物资赶往浦市救灾。州防指有关成员单位依职责开展一级响应工作，在单位内成立减灾救援专班，24 小时应急值守调度，并立即派出应急工作组奔赴灾区开展减灾救援工作。州长龙晓华高度关心受灾群众安置和生活保障，紧急拨付 500 万元，确保受灾群众有饭吃、有清洁水喝、有衣穿、有临时住所。吉首军分区紧急出动民兵预备役人员 477 名、运输车 23 辆、指挥车 9 辆、皮划艇 8 艘、冲锋舟 15 艘，集结待命人员 300 名。武警湘西支队、湘西州消防支队紧急派出 269 名官兵第一时间奔赴一线开展抗灾救灾工作。

【河长制工作】 年内相继召开全州高规格河长制工作会议 4 次，州、县、乡三级河长制实施方案全部制定，明确各级河长2141名，聘请49名民间河长和81名社会监督员开展护河管河工作。发出督查通报38份，考核县市区3次，考核成绩同步纳入美丽湘西建设考核体系。认真落实省河长1号令、2号令，各级河长巡河达6987人次，取缔僵尸船208艘。州境799条河流和687座水库全部设置公示牌2304块。召开州县乡村四级河长制工作培训视频会议，2188人参加培训。开通州河长办微信公众号、州河长制网站。开展宣传活动27次，印发宣传手册1万余份，编辑工作简报17期。积极开展河道整治行动，重点解决水体污染、网箱养殖、环保督查整改等突出问题，省下达湘西州14项重点任务全面完成，河道面貌基本得到改观，整治效果明显，顺利通过河长制国家中期评估、长江委督导检查。9月30日，湘西土家族苗族自治州州长、州级“总河长”龙晓华主持召开2017年全州第一次总河长会议，州委常委、常务副州长向恩明，副州长何益群，9县市区“河长”及州河长委员会成员单位负责人参加会议。与会人员逐一登船巡查酉水河部分河段，查看了解水体环境、岸线管理、排污口管理、网箱养鱼等情况。会议就深入学习贯彻落实习近平总书记关于生态文明建设的重要战略思想，全面落实河长制各项工作，推进湘西州河湖系统保护和水生态环境全面改善。

【湘西州水利水电勘测设计研究院】该院创建于1979年，其前身为州水电勘测设计室，1987年升格为州水电勘测设计院，1991年全面质量管理达标验收合格，1993年经建设部审查认证确定为国家乙级勘测设计研究单位。2003年通过北京中水源禹质量体系认证中心审查，确认质量管理体系符合GB/T19001-2000-ISO9001:2000标准，取得质量管理体系认证证书。现有职工57人，其中高级工程师23人、工程师16人。是年，该院签订各项勘测设计合同98个，合同金额2195万元，收取各类勘测设计费用1988万元，超额完成年初预定的1500万元目标任务。7月24日，该院副院长周如学获湖南省水电勘测设计协会优秀勘测设计师称号；12月15日，副院长、总工程师刘凯获湘西州第十一届青年科技奖，刘凯等申报的项目同时获湘西州第十一届青年科技奖；12月18日，成功申报“高油压全自动浆叶调节系统在水电站中的应用研究”省级科技课题。

（本栏图文　向　曦）

水文服务

【概况】2017年，湘西州水文局着力推进全州水文现代化建设，积极开展水文服务，为地方防汛抗旱及国民经济建设提供技术支撑。是年，管理各类水文站点340个，监测到全州平均年降水量1384.1毫米，比多年平均值偏少2.3%；全州天然年径流量154.5亿立方米，比多年均值偏多23.3%（沅江泸溪上游来水量大）；全州45条主要河流水功能区水质达标率为100%。

是年，州水文局突出水情服务的时效性与质量标准，积极主动为各级防汛部门与主管防汛领导提供手机短信、水情报表、网站查询、分析简报等服务，为各级领导防汛抗灾提供技术支撑、当好防汛参谋。年内编发各类信息手机短信9000多条，传送雨水情报表35次，做中长期雨水情趋势预测10次，做洪水过程分析预测预报33站次（正式发布洪水预报9站次，24站次因未达到发布标准未正式发布），编发《水文分析与预报》简报20期。（瞿光祥）

气象服务

【概况】2017年，全州气象部门认真落实州委、州政府和省气象局决策部署，圆满完成全年各项任务。年内，全州地面观测质量综合指数99.676%；酸雨质量全国考核全优；国家自动站（本站）资料可用性99.95%，全省排名并列第三；区域站资料上传及时率99.41%，全省排名第四；数据可用性97.73%，全省排名第五。州气象台晴雨、综合降水、最高气温、最低气温预报质量得分分别为84.62、29.23、72.58、87.93，荣获全省城镇天气预报综合质量竞赛第一名。州气象局荣获全省气象部门综合目标管理优秀单位、全省人工影响天气工作先进单位、2017年度重大气象服务先进集体，并保持湖南省文明标兵单位称号；该局机关党委被省气象局党组授予“湖南省气象部门基层党组织建设示范点”。

公共气象服务。坚持领导带班和汛期24小时业务应急值守，6次启动应急响应，3次召开气象灾害应急部门联络员会议，州气象台向公众发送气象预警手机短信420万条，向党政领导、防汛责任人发送各类气象预报预警及雨情信息57万人次，各级党委政府根据预报预警紧急转移群众10.43万人次。州内120名人影工作人员昼夜值守，布设人影高炮35门、火箭发射车17套，增雨作业245次，发射增雨炮弹6293发，作业影响面积220平方公里，影响区域内227个气象站出现有效降雨，累计增加降水量70.62万吨，旱情得到有力缓解。开展“吉首市高级中学大型建筑群项目”气候可行性论证，为吉首高级中学科学规划建设提供气象依据。深化保靖黄金茶气候品质认证，发放气候品质认证二维码标签2万张，助力茶农增收。

气象现代化。建成8套卫星资料接收系统、245个区域自动气象站、8个交通气象站、10个生态旅游气象观测站、5个农田小气候监测站、3个自动土壤水分观测站、11个大气负离子监测站、150块电子显示屏、225个气象预警喇叭，气象监测预警设施覆盖全州所有乡镇和部分尾矿库区、山洪地质灾害隐患点。气象服务信息通过报纸、电视、广播、手机短信、声讯电话、电子显示屏、大喇叭、新媒体等多种渠道进入千家万户，打通气象

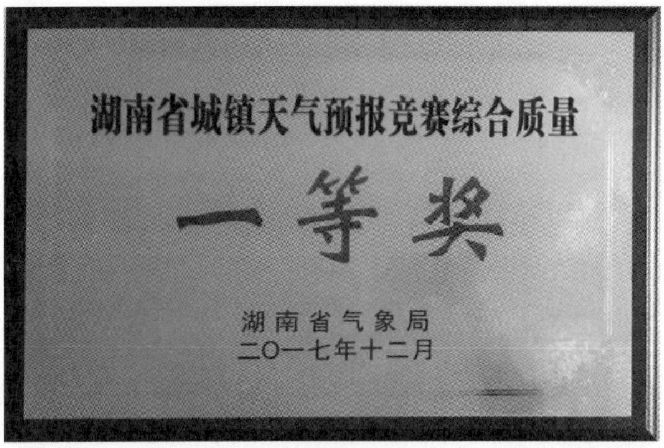

信息向偏远农村传播的“最后一公里”。提升农村气象防灾减灾和农业气象服务水平，全州建成乡镇气象信息服务站158个，建立一支2700人的农村气象信息员队伍，建成26个人影标准化炮点，人影高炮数量达36门，车载火箭17套，为全省人影作业装备最多、作业规模最大的市州。

社会管理。建立安全生产监管对象名录库，其中“油、气、弹药、危险化学品”211家。气象政务服务和行政审批实行信息化监督管理，利用湖南省“互联网+政务服务”一体化平台、“国家企业信用信息公示系统”履行气象审批等监管服务职能，全年气象行政审批125件，100%按时办结。州、县（市）局领导班子成员带头深入危爆危化企业，开展防雷安全生产检查，完成32家州重点危爆危化企业隐患整改。全州气象部门举办企业负责人防雷安全培训班15期、参训人数达388人。

队伍建设。全年干部职工发表论文46篇（其中核心期刊3篇），2人获高级职称，9人获中级职称。支持17名职工参加硕士学历在职教育。聘请省气象台原首席预报员周雨华逐一对8县（市）业务人员进行预报服务培训、考试，提升基层台站预报服务能力。发挥科技创新团队作用，龙山百合农用天气预报研究等3个课题通过省局验收。年内，全州气象部门119名在职职工本科以上学历达100人，占在职人数的84%，硕士研究生（学位）10人，在读硕士17人；中级职称以上人员86人，占在职人数的72.3%，其中高级工程师21人，占在职人数的17.7%。县局中级职称以上人员39人，占县局人员在职人数的62.9%，其中高级工程师7人。

【人工影响天气】 2017年，湘西州气象部门积极开展人工影响天气工作。5月12日至9月30日作业期间，全州人影业务管理人员日夜监视天气变化，利用全州230个区域气象站、天气雷达、卫星云图等资料进行综合分析判断，科学指挥，全州122名高炮民兵和气象员及时实施作业。烟叶生产主产区的龙山、永顺两县共出动高炮14门，历时141天，55名作业人员和指挥管理人员参与防雹作业；8月，吉首市出现局部干旱，吉首市2个标准化炮点开展为期一个月的抗旱增雨作业，共发射人雨弹120发，刚露头的旱象得到有效遏制。9月20日上午，湘西州建州60周年庆祝大会在州文化体育会展中心举行，为降低不利天气对户外活动的影响，保障活动顺利开展，州人影办专门成立人工消雨领导小组，组织实施人工消雨作业，以吉首为中心分别设置南北两道防线，全州8县（市）全部参与本次作业，共布设23门“37”高炮、4套火箭，在19日白天、20日凌晨连续开展人工消雨作业，整个作业保障协调、有序、规范、安全，作业效果明显，湘西州建州60周年大型庆祝活动顺利进行得到有力保障。是年，全州共出动高炮23门，组织开展人工防雹、增雨、消雨作业245次，共发射人影炮弹6199发、火箭94枚，人工防雹、增雨效果显著，各作业点区域内没有出现雹灾，冰雹、干旱等气象灾害对湘西州经济社会发展特别是农业生产带来的不利影响得到有效减轻和缓解，成效显著。

（本栏图文　张　宇）

移民开发

【概况】 2017年，湘西州水库移民开发管理部门围绕州委、州政府中心工作，突出移民后扶、避险解困搬迁等主业，圆满完成全年各项工作任务。是年，州移民局被评为全省移民工作优秀单位、移民信访维稳工作先进单位。

农村移民后扶。争取到位各类移民资金3.15亿元，按季精准兑付库区和安置区农村移民后扶直补159917人。及时做好后扶人口动态管理，协调落实移民低保、医保、助学、养老等兜底性保障政策，扼制原生性贫困，消除返贫。同时争取到位专项资金2750万元，促进移民收入增长、人居环境改善、基础设施完善，进一步增强移民后扶政策实施的精准度和实效性。

移民培训创业。培训移民8042人次，其中就业技能培训1524人，帮助移民转移就业1392人；安排300万元以上产业发展资金，联合团州委、州科协继续扶持100名青年移民科技创业，示范带动库区产业经济；实施产业开发项目，带动库区新开和培管产业面积32163亩，其中油茶950亩、茶叶1714亩、水果26644亩、蔬菜1650亩、中药材1205亩。全年全州库区和安置区农村移民可支配收入达5376元，比上年增加12%。

避险解困搬迁。全年投资2812.1万元，纳入重点民生实事考核的全国第三批特困移民避险解困试点工程建设任务全部完成，搬迁安置567户1827人，其中凤凰县502人、花垣县384人、龙山县941人。

库区信访维稳。排查库区矛盾纠纷49件，化解45件，接待移民来访15批65人次，办理信访交办事项2件，没有出现移民群体赴省进京非正常上访。

监督管理。全州移民部门利用监测评估、稽察、财政内控、内审、互联网+监督、移民资金绩效评价等手段，加强移民资金监管，完成龙山、花垣、凤凰、吉首4个县（市）的移民资金内审任务，发现问题20个（其中省局发现7个），全部整改到位。完成对古丈县后扶工作稽察，发现问题6个，整改到位6个。消化上年以前存量移民资金2.3亿。畅通信访举报投诉渠道，注重从群众反映的情况及监督检查中发现问题线索，持续开展“雁过拔毛”式腐败问题专项整治，全州移民部门发现问题线索9条，立案查处1人，追回资金5.28万元。

【移民美丽家园建设】 2017年，全州移民部门按照“重点突出、精准扶持、整村推进”思路，启动12个重点移民村整村推进移民美丽家园建设，切实抓好库区环境整治和美丽乡村建设，全年新修或改善移民村产业道路23处，投入“五小”水利设施建设资金1148.67万元，亮化、美化、优化库区和安置区环境。

【水库移民安置政策落实】 2017年，州移民局积极做好落水洞、乌巢河、大兴寨以及其他州内新上水库移民补偿安置相关工作，为建州60周年以及全州重点项目建设服务，其中落水洞电站建设征收土地740.96亩（含林地），移民补偿投资2496.53万元；乌巢河水库完成土地征收223亩，移民补偿投资1235万元；制定吉首市大兴寨水库建设征地补偿和移民安置实施办法，完成矮寨镇区和吉庄村2处移民集中安置点勘测、规划设计工作及大型水库项目可行性研究报告。

【库区移民帮扶工作】 2017年，库区投入移民资金5605.88万元，用于309个贫困移民村精准扶贫项目，帮助12057名库区和安置区移民摆脱贫困；州、县（市）移民部门完成18个贫困村的结对帮扶工作任务，因村因户施策，精准滴灌，靶向治疗，其中州移民局21名干部职工结对帮扶保靖县2个贫困移民村105户建档立卡户，年内到位各类资金967.7万元，实施扶贫项目26个，建成光伏发电村集体经济项目2个，先后脱贫54户252人，村务、民生持续改善。

（本栏撰稿　梁　冉）

工 业

工业和信息化

【综述】2017年，全州工业经济总体平稳，全年完成工业产值291.1亿元，同比增长14.5%；完成规模工业增加值91.2亿元，同比增长6.5%；增速比上年同期提高1个百分点，继续保持平稳回升态势。工业完成税收37.6亿元，同比增长52.8%，增幅居全省第一位，占全部税收收入的43.8%；实现利润总额9.7亿元，同比增长25%。完成工业固定资产投资79.24亿元，同比增长21%，增幅居全省第一位。新增规模企业24家，“新三板”、省股权交易挂牌企业突破50家。新建标准厂房120万平方米，累计达到300万平方米。

产业结构调整。按照州委、州人民政府振兴工业经济，稳增长、调结构、促转型、强园区、优服务，提质降耗增效益的发展要求，突出产业结构调整，盘活存量，改造提升旧动能。关闭选矿企业82家、烟花爆竹企业15家，淘汰一批落后产能。整合矿业企业，对污染大、安全隐患多，生产规模小，经济效益差的企业实行关停并转。矿业经济比重由70%降至37.5%，环境污染和安全事故大量减少，促进全州生态环境根本改善。在淘汰落后产业的同时，加快培育新动能，发展新产业。全年完成工业投资79.24亿元，增长21%，增幅全省排列第一位。狠抓“谋划一批，新建一批，续建一批，投产一批”四个一批建设，开展56个项目前期工作，新开工金昊科技3000吨/年新型功能性金属粉体材料生产线，泰和美新能源2000万只锰电池加工等项目38个，续建鹤盛原烟异地技改项目32个，竣工投产鸿瑞科技电解二气化锰加工等项目19个，发展后劲不断增强。强化项目招商，引进天士力、展鹏电子、格仕特等一批大企业、大集团，全州工业招商引资总额同比增长15%。通过结构调整、项目建设，新材料、电子信息、机械加工、食品、生物医药等新型产业得到较快发展。新材料、电子信息等新兴产业来势喜人，全州完成高新技术产业产值76.17亿元，同比增长16.5%。新材料，电子信息分别比上年增长24.9%和281.7%，其中新材料产业高新技术产业产值的比重达75%。全州有电子制造企业6家，当年完成工业产值比上年增长31.5%。全州食品工业增加值比上年增长147.5%。

工业优势产业。矿产品精深加工产业。全州有规模以上矿产品精深加工企业58家，产值过亿企业19家，从业人数13349人，2017年实现产值98.5亿元，占比33.8%，比重逐年下降。共有太丰、三立、轩华、东矿等骨干企业7家，主要生产电解锰、电解锌等产品。新材料产业。全州共有规模以上新材料企业17家，通过省新材料认定企业16家，产值过亿元企业10家，从业人数2204人，2017年实现产值24.2亿元，占比8.3%，近几年年均增速20%以上。共有骨干企业5家，其中氮化锰1家、微细球形铝粉2家、钒新材料2家。主要产品有铝粉、氮化锰、钒氮合金、重钙粉等。其中，有铝粉企业5家，生产能力4.5万吨。微细球形铝粉全国市场占有率达70%左右，氮化锰全球市场占用率达60%以上，钒新材料、重钙粉等产

湘西经济开发区标准化厂房一角

品发展前景好。泸溪新材料呈现产业集聚、链式发展的良好态势，得到省委、省政府主要领导的充分肯定，湖南日报予以《泸溪：深山里“长”出顶级“新材料”》等系列深度报道，引起强烈反响。电子信息业。全州共有规模以上电子信息企业7家，产值过亿元企业4家，从业人数1255人，2017年实现产值13.3亿元，占比4.6%，近两年保持高速增长态势，共有马尔斯电子、新中合等骨干企业5家，主要生产光通信、LED灯、手机等产品。生物医药业。全州共有生物医药企业17家，产值过亿元企业2家，从业人数1067人，2017年实现产值8.4亿元，占比2.9%，近两年保持平稳增长态势，共有湘泉制药、本草制药等骨干企业3家，主要生产中成药、青蒿素等产品。特色食品产业。全州共有规模以上特色食品企业56家，产值过亿元企业5家，从业人数5722人，2017年实现产值35.6亿元，占比12.2%，近几年年均增速12%以上，共有骨干企业10家，其中酒类2家、茶叶类2家、腊制品1家、饮料类3家、百合类2家。主要产品有白酒、茶叶、百合、食用植物油、猕猴桃、柑橘等方面的相关产品。食品工业虽是湘西州传统支柱产业之一，但存在总体规模偏小、龙头企业较少、精深加工能力弱、产品附加值不高、资源优势发挥不充分等突出问题。

优化发展环境。2017年，州委、州政府采取一系列措施和办法，优化发展环境。继续向省委、省政府申请落实优惠电价政策，对43家企业给予7800万元的优惠电价补贴，用电价格与周边地区基本持平。电改迈出坚实步伐，泸溪高新区入围国家增量配电业务改革试点单位，明天电力、吉凤电力进入省第一批售电公司目录，工业企业用电价格降低，生产成本下降。举办拟上市企业投融资路演会，推出“绩力贷”“助保贷”等信贷产品，全州工业贷款余额增长17.5%。积极申报项目，争取资金支持，州经信委向上争取国家资金，获得省专项资金项目54个，共获专项资金2582万元，扶持企业发展技术进步。各县（市）对优化工业发展环境也相应采取措施。保靖县实行“首问负责制”“限时办结制”“全程服务领办代办制”“第一引资人奖”和“中介招商奖”等办法。永顺县制定《永顺县中小微企业贷款工作实施方案》。吉首市出台《吉首市经济开发区招商引资政策》和《吉首市工业企业精准帮扶行动考核办法》。古丈县出台《古丈县加快推进工业转型升级创新发展奖励扶持办法》。龙山县出台《龙山县工业发展十条意见》。湘西经济开发区兑现工业企业各类奖励政策资金1亿元，占开发区全年财政收入的15%。精准帮扶成效显著，实行州、县联动，实现规模以上工业企业帮扶全覆盖。酒鬼酒公司销售收入再次突破10亿元，同比增长34%，上缴税收2.7亿元，增长50%；丰达合金主动调整产品结构，营业利润增长40%。

信息化工作。州经信委持续推进《湘西自治州人民政府办公室关于建立湘西自治州“宽带中国”示范城市创建联席会议制度的通知》落实落地，形成州人民政府统一领导、县市政府统筹协调、各部门积极参与、通信企业具体实施的信息化建设新格局，并将宽带网络建设列入“为民办实事”“60周年州庆重点项目”“州重点项目”“精准脱贫信息网络建设”“乡村旅游脱贫工程宽带网络覆盖”等目标管理考核。全年全州数字化信息工程完成投资6.75亿元，为年度计划任务的101.66%；新建1365个4G基站，超计划71个；新建FTTH光网端口32.93万个，超计划13.85万个；完成光缆传输线路28万纤芯公里，超计划0.34万纤芯公里；完成光缆传输管道130公里，新建和改造铁塔站点13404个。全州数字化信息工程进展顺利。花垣县在全州率先实施信息化精准扶贫项目，主要包括三项内容：一套精准扶贫系统，提升花垣县精准扶贫工作效率；一张扶贫爱心卡，由政府每月为每户补贴10元，每月免费通话100分钟以上，500M上网流量，优惠三年；花垣所有建制村4G网络100%覆盖，所有建制村宽带资源100%覆盖，通过国家、省、州人民政府和相关部门支持和超前投入。全州信息通信基础设施建设进展超常加快，城乡宽带网络普及水平和接入能力有效提升。截至当年年底，湘西州通信网络能够为各类家中提供4Mbps至1000Mbps不同宽带业务，全州实现县（市、区）城区和高速公路4G连续覆盖，建制村光纤通达率达96.02%、4G覆盖率达99.34%。推进两化深入融合，运用新一代信息通信技术改造传统产业，发展新兴产业，加快产业转型升级，州境有色、冶金等重点行业规模企业信息化专项规划普及率达66%，锰矿安全生产数字化管理系统使用率达80%，尾矿库安全在线监测系统投入试点使用。全州8个企业获省信息化专项资金项目。湘西经济开发区“智慧园区”初现雏形，企业信息化进程明显加快。

能源运行管理。根据州委、州政府2017年经济工作会议和全州新型工业化会议精神，州经信委制定《湘西州电网2017年有序用电方案》和《湘西自治州2017年迎峰度夏防讯度冬及特殊时期有序用电预案》，确定“关于明确国网湘西供电公司2017年重要客户供电名单”，加大对重点用电大户（年用电量6000万千瓦时以上企业）调度力度，配合相关部门，落实优惠电价7800万元，支持43家矿产品和移民企业发展生产。年内，全州全社会用电量59.2亿千瓦时，同比增长6.08%；工业用电量36.39亿千瓦时，同比增长3.78%。不断完善用电基础设施，加强对全州电网建设及农网改造工作指导、督促、协调。全州电网基本形成以220千伏电网为主干、110千伏环网为骨架、35千伏及以下电网为支撑的多层次多等级网络格局。国网公司启动永顺县220千伏变电站输变电工程建设、开展龙山县220千伏变电站项目前期工作。完成农网改造投资1.81亿元，占年度计划的100%，州内77个未改村和142个完善村的农网改造升级全部完成。花垣县地方电力公司完成农网改造投资1600万元，占年度投资计划的100.85%，完成13个建制村农网改造任务。州委、州政府召开专题会议研究电力体制改革，审议通过《湘西州电力体制改革阶段性试点工作实施方案》和《关于共同打造湘西泸溪高新区配套电平台的合作协议》，泸溪县试点列入国家试点名录。抓住湖南省对深度贫困县从初阳直流引电中切块40%电量的机遇，是年10月，州内有24家企业参与交易，交易电量2380万千瓦时，当月减少电费成本353.7万元，电价平均下降0.083元/千瓦时，市场交易最高降价0.1476元/千瓦时；11月有26家企业参与交易，交易电量3342万千瓦时；12月有41家企业参与交易，交易电量4439.1万千瓦时，企业生产成本大幅降低，促进工业经济快速发展。在抓能源供应和能源基础建设的同时，注重工业节能与资源综合利用工作，全年全州规模工业万元增加值能耗同比下降5.28%，完成省、州下达的节能目标任务。根据5家企业自愿开展清洁生产审核要求，组织企业开展清洁生产培训，重点支持吉首市德明坤建材有限责任公司资源综合利用技术项目和泸溪县金瑞冶化有限公司节能技术改造项目建设。开展古丈南方、州天源建材公司、龙山城关建材公司等8家水泥企业现场节能监测。开展节能宣传，企业节能意识和能源利用率得到提升。

协调服务。根据州委经济工作会议要求，州经信委加大对工业和信息化工作协调服务力度。编印《2017年产业政策汇编》发放到工业企业。编制《湘西州供给则结构性改革去产能方案（2016—2018年）》报送省人民政府。编印《经信系统法律法规选编》1000册，发送到工业企业各厂家。起草《关于扶持湘西州名优特新产品的实施办法（征求意见稿）》。开展创建“平安企业”活动，与经济工作同安排，同部署，同检查，同考核。印发《湘西州“平安企业”创建工作实施方案》。做好信访维稳工作，直接受理信访36起，接待上访人员196人次，办结信访批示件17件，办结率100%。帮助企业协调解决社会保障性住房和棚改房180套。争取去产能专项资金4463万元，解决煤炭企业改制职工安置问题。争取采矿权价款返还资金682.2万元，帮助处置州属煤矿企业历史遗留问题和纠纷。促进州属煤炭企业改革改困工作顺利进行。推进政务公开，全年发布各类信息200余条，宣传和展示经信委系统各项工作及建州60周年工业和信息化发展成果。抓好社会治安综合治理工作，上访人数和信访件数分别比上年度下降61.8%和49.5%。实现无重大刑事案件和突出治安问题，无人员死亡安全生产事故发生，无集体上访事件，无重大火灾和食品中毒等事故，无职工参与黄赌毒等案件。深入38家工业企业督促指导安全生产工作，整改安全隐患25处。印发安全生产宣传资料1.2万余份，实物1000余件。2017年，州经信委被评为全州社会治安综合治理优秀单位，副主任田华评为优秀个人；被评为全州安全生产优秀单位，副主任张立新评为优秀个人。全州数字化信息工程和湘西州农网升级改造工程被评为全州优秀重点项目，科长吴秋含评为先进个人。副主任田华被评为精准脱贫先进个人。州经信委被评为全州民族团结进步优秀单位。

【全州加速推进新型工业化工作视频会议召开】2017年5月17日，全州加速推进新型工业化工作视频会议在吉首召开。会议主题是加快工业转型升级创新发展，走具有湘西特色的新型工业化之路。州委书记叶红专出席会议并讲话，州委副书记、州长龙晓华作工作报告，州委常委、常务副州长向恩明主持会议。在家州级领导，各县市和湘西经开区、州直有关部门和中央、省属驻州单位主要负责人，部分企业家代表等参加会议。州委设立视频会议主会场，各县（市）和湘西经开区设立分会场。会上，副州长麻超宣读《关于2016年度工业企业创新创业“双十佳”评选结果的通报》。泸溪县、湘西经开区、吉首经开区、恒裕新材料科技发展有限责任公司负责人作典型交流发言。近年来，全州上下牢固树立新型工业强州理念，着力稳增长、调结构、增效益，矿业整治整合取得决定性胜利，工业园区建设有突破性进展，传统产业加快转型升级，电子信息、新材料、新能源、生物制药等新兴产业较快发展，一批骨干企业不断壮大，小微企业加快成长，工业发展质量和效益实现稳步提升。

【州政府与湖南铁塔公司签订战略合作协议】2017年11月17日下午，州人民政府与中国铁塔股份有限公司湖南省分公司在吉首签订“共同推进湘西州信息基础设施建设”战略合作协议，深化双方在信息产业领域合作，推进“互联网+湘西”建设，加快信息化精准扶贫步伐。2015年以来，该公司在湘西州共计投入资金3.28亿元，新建站址1490个，基本实现所有建制村4G通信网络全覆盖，完成1200多个农村信息扶贫村建设任务，协助中国铁塔公司到保靖县开展定点扶贫工作，打造“湘西光谷”，成效显著。按照协议，湖南铁塔公司把湘西州作为信息基础设施建设的重点区域，加大投资力度，提升湘西州信息基础设施建设水平；依托自身站址、铁塔、基于物联网的监控系统等资源，积极满足社会各行业的共享应用需求，助力信息化扶贫，支持与铁塔相关产业的发展、壮大，提升湘西州信息化总体水平。

（本栏图文　彭明友）

工业园区

【概况】2017年，州委、州政府将工业园区建设作为经济发展的重点工程进行全力实施。至年底，全州有9个省级工业园区，其中4个工业集中区、4个经济开发区、1个高新技术开发区；规划总面积52.69平方公里，累计开发面积35.52平方公里；拥有标准厂房238万平方米，其中出租出售标准厂房152万平方米；吸纳入驻企业459个，从业人数4.02万人。州委州政府加大对园区工作的领导力度和支持力度，园区管理办公室（州经信委）加强对园区建设的目标管理考核，园区建设得到新发展。全年完成园区建设投资120亿元，比上年增长50%；完成标准厂房建设86.6万平方米，为年度计划的108.2%。全州工业园区新开工固定资产投资项目140个，同比增长105.2%；完成固定资产投资120亿元，同比增长50%。全州工业园区完成工贸总收入280亿元，同比增长25%，其中规模以上工业企业主营业务收入170亿元，同比增长24%；实现高新技术产业主营收入60亿元，同比增长15%；实现利润总额21亿元，同比增长20%；上缴税金14亿元，同比增长26%。全州工业园区以占全州0.3%的土地面积，产出59.4%的规模工业增加值，成为推进新型工业化的主战场。基础设施日益完善，污水处理设施建设全面启动，并陆续投入使用。园区体制改革成效显著，吉首市经开区独立财政体制获批，凤凰工业园机构升格，有效激发体制机制活力。新材料、电子信息呈现产业集聚、发展形成良好态势。泸溪高新区挂牌“省高新材料特色产业园”，微细球形铝粉产能占全国市场份额的76.8%，占全球市场份额的22.3%。湘西经开区获批“省级出口工业产品质量安全示范区”，并正在创造条件向国家经济开发区迈进，全年实现出口创汇1.5亿美元，同比增长36.2%。花垣县工业集中区锰锌冶炼及资源综合利用水平达到国际先进水平，开放型经济发展成效显著。

（本栏撰稿　彭明友）

【吉首经济开发区】 2017年，吉首经开区围绕“三个兴市排头兵、新型工业主战场、产城融合示范区、开放型经济新高地”定位，坚持干字当头、实处着力，全面加快园区工业经济建设，园区主要经济指标增速明显。是年，技工贸总收入15.16亿元，同比增长41.6%；主导产业主营业收入7.3亿元，同比增长23.2%；上缴税金总额8400万元，同比增长35.5%；固定资产投资总额17.83亿元，同比增长76%；土地储备6000亩；完成土石方工程350万立方米；完成路基建设10公里；建成标准厂房22.5万平方米，其中2017年新建标准厂房10万平方米；建成公租房528套；招商引资项目10个，到位资金6.5亿元，建成易地扶贫安置房1800套；园区经济增长提速、贡献提高、发展提质，产业攻坚工程取得新突破。

转型升级。大胆创新用人机制，按照经开区各块工作设置对应岗位，实行“能者上、庸者下”的全员竞聘上岗模式，对干部在参与项目建设、招商引资、征地拆迁、服务企业等工作全过程进行绩效考核，选拔出一批“想干事、敢干事、会干事、干成事”的优秀工作人员充实到经开区重要管理岗位。用活用好市政府授予经开区5个市直部门18项行政管理权限和“二号公章”，全面推行“模拟审批”“并联审批”“阳光审批”，实现审批工作“流程再造、效率倍增、公开透明”。是年，累计为入园企业及入园项目办理审批40余件。结合吉首市独特地理条件，立足特色、创新、聚集主线，合理进行产业布局，集中力量发展园区特色产业，初步形成以民族特色产业、轻工纺织、电子商务、仓储物流业为主的创新创业园，以发展生物制药、新能源机械制造产业为主的乾南产业园，以发展矿产品加工和新材料产业为主的河溪新材料产业园，以发展烟草、现代物流及新型建材产业为主的马鞍产业园，以发展住宅产业为主的东方红住宅产业化园等“五大园区”统筹发展架构。

扩区调整。按照高起点规划、高规格建设的原则实施扩区调规，将吉首经开区总面积从原定8.5平方公里扩大到34平方公里，规划范围包括高铁新城和乾州、马颈坳、河溪等乡（镇、街道）共13个村（社区）。邀请同济大学、泛华集团设计院、福州市规划设计研究院、广东省城乡规划设计研究院等国内知名设计团队参与园区建设和项目规划编制，重点围绕创新创业园和乾南产业园，打造以高铁新城为核心，金星大道为轴线，教育新区、产业新区、产城融合区为重点的“一心一轴三区”。围绕园区基础设施建设，全年实施高铁新城路网、创新创业服务中心等项目20个，完成投资17.83亿元。其中，吉首经开区创新创业园项目完成投资2.67亿元，金坪路、金星路、文心东路、建新东路等园区路网完成投资6亿元。马鞍产业园、河溪新材料产业园等园区水、电、路配套工程和东方红住宅产业化园建设全面加快，园区基础设施条件得到极大改善。年内累计完成园区土地征收6000亩，处置“两违”建筑30处，迁移金坪路、文心路等墓地、杆线480余座（根），保障项目用地顺利。

财政建设。结合国家现行财税体制和吉首市实际，吉首市委、市政府先后制定并经市人大审议通过《吉首经济开发区财政体制改革方案》《吉首经济开发区财政管理体制试行办法》，在经开区建立独立金库，实行分税制财政管理体制，国家金库湖南省分库受理经开区金库申报材料。在园区建设融资上，经开区在与金融机构对接的同时，加快与大型央企、大型民间资本对接。年内，2亿元国开行园区基建贷款及4.6亿元华信园区建设基金到位，1.6亿元省信托意向贷款及2亿元华信园区建设追加基金正加快报批。同时，积极推广PPP、EPC融资建设模式，总投资80亿余元的吉首经开区产业园综合配套、人才智库基地、马鞍产业园扩容提质改造、国际会展博览中心等项目已做足准备、正加快对接。入股省中小企业担保中心成立驻吉首办事处，为入园企业原料组织、基地建设、进出口汇兑等方面提供支持。协助恒泰服饰、王婆食品等企业办理贷款1000余万元，与华融湘江银行联合推出“助保贷”业务，为入园企业精准解决融资问题。

招商扶商。瞄准生物医药、装配式建筑、民族特色产业、电子轻工以及承接沿海轻纺制造转移目标，对新材料、新能源等符合国家产业引导方向的企业制定“一企一策”、开展“一事一议”。加快与湖南金海钢构、云南昆药集团、比亚迪汽车、吉利（控股）集团、温州鞋业集群等10个大型企业和转移产业集群对接洽谈，全年完成招商引资项目10个，实现到位资金6.5亿元。结合吉首市特色资源，在园区内培育壮大一批特色企业。东方红住宅产业化园成功获批国家装配式建筑产业基地，东方红住工公司年内实现产值3亿元，年缴税收2000万元；王婆特色食品投资1000万元创新开发本地特色小吃商品，先后完成技术专利申请、QS认证、标准化生产线建设，实现从小作坊到现代企业的转身蜕变；新入园的保吉堂生物科技年产值达9000余万元，销售收入3000万元，成为入园中小企业发展壮大的样板。做好入园企业精准扶持，深入走访入园企业，帮助协调解决项目落地、生产运营、招工用工等问题。市委、市政府先后制定印发《“产业发展突破年”活动实施方案》《吉首经开区招商引资政策》《“工业企业精准帮扶”行动考核办法》等系列扶持政策。同时，经开区还围绕财税、金融、土地、奖补等领域具体拟定鼓励投资、扶持企业的27条措施，为实现园区聚集产业发展创造良好的政策环境。通过精准帮扶，吉欧实业、汇德环保、红芒果鞋服等企业相继落地、投产，标准厂房入驻率达到100%。

（本栏撰稿　杨　成）

【永顺经济开发区】 2017年，永顺经济开发区按照“一区两园”及产城融合发展战略，加速推进芙蓉镇产业园及县城猛洞河工业园建设步伐，着力打造以生物医药、特色农副产品加工为主导，旅游服务、农业观光、现代物流功能配套的一、二、三产业融合发展示范园区。芙蓉镇产业园规划面积6平方公里，开发面积2.8平方公里；猛洞河工业园规划面积6平方公里，以每年10万平方米标准化厂房的建设规模，着力打造以特色食品加工、新型建材为主导，电子商贸、现代物流为配套发展的产业体系，推进新型工业化与城镇化融合发展。园区先后引进继福种业、新坤电子、泰丰建材、明强建材、楷瑞玻璃、永发鞋业、山水牛郎寨农业科技、吊角楼食品等20余家劳动密集型企业落户，为全县提供劳动力就业岗位5000多个。

项目建设。猛洞河工业园基础设施建设项目：农产品仓储中心二期基础工程完成，公建二期4万平方米标准厂房启动场平工程；石材加工园完成标准化厂房及附属工程建设；产业孵化基地项目建成；洪飞纸厂完成二期标准厂房场平工程；工业园基础设施PPP项目实施方案通过政府常务会议审定；创新创业园农产品加工标准厂房二期EPC项目完成招投标工作。以上项目累计完成投资21080万元。芙蓉水库工程：完成大坝坝体及附属工程建设，完成项目投资5210万元。老爹芙蓉产业园项目：1#、2#、3#等3万平方米钢构标准厂房主体建成，体验中心、研发大楼等2万平方米完成基础工程施工，项目完成投资16780万元。土司药王谷生态庄园项目：完成项目征地及报批、立项、规划设计等前期工作，正在进行场平建设，完成投资4360万元。芙蓉镇高铁新城项目：完成征地2000亩，芙蓉大道延伸段改扩建工程完成建设；高铁新城PPP项目完成立项、政府授权、实施方案编制等前期工作；明瑞总部大楼建成营运，项目完成投资20150万元。北京资源集团总部经济研发中心项目：完成智能化种猪场生产线建设并投入生产，总部经济研发中心场平工程完成40%，完成投资5180万元。标准化厂房项目：年内开工建设农产品仓储中心二期0.3万平方米、公建二期4万平方米、创新创业园农产品加工标准厂房二期2万平方米、沃康油业二期3万平方米、洪飞纸厂2万平方米、春天生物0.5万平方米等共计11.8万平方米，建成厂房入住率100%。年内园区累计完成投资7.27亿元。

招商融资。加大招商宣传工作力度。聘请湖南卫视高标准制作园区招商专题片，充分利用电视、广播、微信、报刊等平台加大园区宣传力度，提高园区社会知名度。实施扶小引强战略。贯彻落实《永顺经济开发区招商引资优惠政策暂行办法》，从项目准入、用地保障、厂房租赁及奖补、财税、金融等方面对入园企业实施精准帮扶，同时立足县内存量企业，扎实开展精准招商、产业链招商，鼓励并引导永顺籍人士在园区投资创业，吸引国内知名企业带项目入驻园区。北京资源集团、湖南明瑞集团、山水牛郎寨农业科技、土家吊脚楼4个招商引资项目落户园区并开工建设。年内新增入规企业3家（永发鞋业、楷瑞玻璃、湘西芙蓉农业科技），成功引进永顺汉广、明瑞西部医药、得春塑胶、土家吊角楼特色食品、亚湘电子、荣耀灯饰等6家企业入驻园区，实现合同引资5.2亿元。

土地经营。加快土地收储工作，年内累计收储猛洞河工业园基础及配套设施PPP、芙蓉镇高铁新城PPP、公建二期标准厂房、创新创业园农产品加工标准厂房二期EPC、永顺汉广中药材加工、明瑞西部医药销售大楼、湖南明瑞医药产业园、洪飞纸厂二期等项目用地3050亩，确保项目用地需求。加快土地出让力度，完成13宗76亩土地出让挂牌工作，进一步增强园区“造血”功能。

环境优化。根据省、州、县关于集中推进非公有制企业和社会组织党的组织和工作覆盖的有关精神，成立园区企业党委，扎实开展园区非公企业党建工作，成立园区非公企业党组织9个，涵盖入园企业14家，实现园区非公企业党建工作全覆盖。同时，建立园区非公企业党建联系点制度，每个经开区党组班子和企业党委成员联系2~3家非公企业，认真听取园区非公有企业党组织的意见建议，协助做好园区非公有企业与行业监管单位等党政部门的沟通协调工作，帮助解决生产经营中存在的实际困难和问题。根据《湖南省加快推进产业园区转型升级的实施方案（2016—2018年）》文件精神，年初出台《永顺县委县政府关于进一步加快永顺经济开发区建设发展的意见》，从土地保障、财税金融、产业扶持、管理体制等方面加大园区支持力度，促进园区转型升级发展。

（本栏撰稿　舒　刚）

【龙山县工业集中区】 2017年，龙山县工业集中区完成固定资产投资总额27000万元，比上年增长170%；实现技工贸总收入64258万元，比上年增长117.21%；实现利润总额5161万元，比上年增长282.3%；上缴税金总额1694万元，比上年增长113.08%；完成土地报批201.5亩。是年，龙山县加大工业集中区标准厂房（一期）建设力度，该项目位于县民安街道红星村，用地面积80亩，建设内容为9栋标准化厂房及1栋园区服务用房等建筑物，总建筑面积82744平方米，配套建设室外供水、供电等附属工程，总投资1.8亿元。当年，1~8号楼完成主体施工，3、4号楼入园企业进场装修。龙山县工业集中区二期标准厂房PPP建设项目位于龙山县民安街道宝塔社区，用地面积170亩，建设内容主要包括14栋标准厂房、1栋仓储及1栋园区服务用房等建筑物，总建筑面积14.66万平方米，以及连接外部道路（绕城路）桥梁1座和红线范围内市政道路0.68公里，同时建设室外供水、供电等配套工程设施，概算总投资4.5亿元，合作期10年，其中建设期2年，运营期8年。是年，完成项目“三评”、工可评审、发改立项、土地报批、征地拆迁实物量调查、地质勘探、施工图设计、安置区招投标等，8月25日完成政府采购招标，9月6日召开预中标谈判会，10月16日举办开工动员大会。园区以标准厂房为依托，加大招商引资力度，工业集中区一期标准厂房的3、4、5、7、9号楼及楼顶与湖南欣梦瑶寝具有限公司、龙山县鼎森服饰有限公司、深圳市泰成达电子有限公司、龙山县丽尔服饰有限公司、龙山县玖发茶叶有限公司、上海星珂环保科技有限公司、湖南蓝天阳工程有限公司签订入园框架协议。

（俞　辉）

工业企业

【酒鬼酒股份有限公司】 2017年，酒鬼酒股份有限公司实现营业收入8.78亿元，同比增长34.13%；实现归属上市公司股东净利润1.76亿元，同比增长62.18%。该公司（酒鬼工业园区）位于吉首市北郊，旁依枝柳铁路、1828省道，为风景名胜区张家界、猛洞河、芙蓉镇至凤凰古城、德夯苗寨、里耶古镇的必经之地，工业园被国家旅游局列为全国首批工业旅游示范点，正建设成为集基酒酿造、物流包装、生态景观、工业旅游为一体的生态酿酒工业园。1956年，湘西州第一家作坊酒厂吉首酒厂成立；1985年更名为湘西吉首酿酒总厂；1992年更名为湘西湘泉酒总厂，跻身国家大型企业；1996年改制为湖南湘泉集团有限公司，成为湖南省50家最早进行现代企业制度改革的企业之一；1997年由湘泉集团独家发起创立酒鬼酒股份有限公司，在深圳证券交易所上市；2007年全面完成改制重组，中皇有限公司成为公司控股股东。2017年，中粮集团有限公司成为公司实际控制人。2017年，酒鬼酒加大贴牌产品清理力度，构建清晰产品线，形成“内参”“酒鬼”“湘泉”三大品牌，并持续推进以内参酒为高端形象、以“高度柔和”红坛酒鬼酒为核心战略的两大单品，是年酒鬼系列营收同增55.2%占比66.43%、内参系列同增18.3%占20.1%，合计占比同增6.31个百分点，产品结构提升显现，内参及酒鬼毛利率分别同增2.2个百分点、3个百分点。年底酒鬼酒调整大单品红坛酒鬼零售价由498元提至568元，实现量价齐升。

多年来，在湖南省委、省政府的关心下，在湘西州委、州政府的支持下，企业不断发展壮大，公司成为湖南省农业产业化龙头企业、湘西州最大的工业企业；“酒鬼”“湘泉”成为“中国驰名商标”，酒鬼酒成为“中国地理标志产品”。

公司依托“地理环境的独有性、民族文化的独特性、包装设计的独创性、酿酒工艺的唯一性、馥郁香型的和谐性、洞藏资源的稀缺性”六大优势资源，形成“洞藏”“内参”“酒鬼”“湘泉”四大产品系列，是酒鬼酒公司始创的馥郁香型白酒，“浓、清、酱”三香和谐共生，“馥郁香型”白酒酿制工艺为国内独创、自主研发，拥有独立知识产权，被列为湖南省非物质文化遗产名录，酒鬼酒曾荣获“中国十大文化名酒”，被誉为“文化酒鬼酒、和谐馥郁香”。

【湖南湘泉药业股份有限公司】 湖南湘泉药业股份有限公司创建于2003年6月，其前身为始建于1958年的湘西州制药厂，是一家生产历史悠久、资源优势突出的老牌制药企业。在半个多世纪的发展历程中，经过兼并联合、收购重组、引进战略投资者、增资扩股、完善法人治理结构等一系列改革改制，企业性质转为民营股份制企业。2016年4月26日，在全国中小企业股份转让系统（新三板）挂牌上市，股票代码为836972。

公司组建13年来，在省州政府及各级各部门关心支持下，以开发湘西丰富的药材资源和厚重的传统“土药”“苗药”文化底蕴为己任，以建设湘西特色中药产业化、现代化为方向，以科技创新、自主创新为动力，坚持主业开发不动摇，狠抓药业产业链建设，促进公司又好又快发展。公司注册资本金5100万元，有固定资产8000万元、无形资产8000万元，总资产3.8亿元，占地11万平方米，员工280人。2016年完成工业总产值1.98亿元，实现销售收入2.19亿元，创利税

3306万元（其中税金518万元），下辖制药厂、中药饮片厂、植物提取中心、劝君酒厂、摆手堂药材基地等五大经济实体，集药材种植、饮片加工、植物提取、中药制剂、再生资源利用于一体的综合性医药产销企业。

公司拥有国药准字号品种50个。2015年投资5000多万元完成中药制剂生产线GMP技改工程，并于当年12月30日通过国家新版GMP认证。公司拥有湘西特色道地药材制定标准的中药饮片30多种。具有年产20亿片药品、1200吨提取物、3000吨1000多个品种的中药饮片生产和加工能力。公司主导产品湘泉牌妇炎康片和肠康片为国家二级中药保护品种、湖南省名牌产品。公司创建13年来，两大主导产品以疗效确切、物美价廉、质量稳定等优势和特点畅销国内各大医药市场，深受广大客户喜爱，累计产值近14亿元，实现销售收入过12亿元；辅导产品小儿感冒颗粒、盐酸小檗碱片（原料药）、复方丹参片等被列入国家基本药物目录。公司先后被授予中国优秀企业、国家扶贫龙头企业、国家林业产业化龙头企业、国家农产品加工企业技术创新机构、国家高新技术企业、湖南小巨人企业、湖南省拟上市公司、湘西州重点扶持上市公司、湘西州重点财源建设单位等荣誉称号20余个。

【泸溪蓝天高科有限责任公司】 泸溪蓝天高科有限责任公司位于武溪工业园南区，是湖南西部地区一家专业从事有色金属废渣资源综合利用的规模化、产业化民营企业，是湖南省高新技术企业、湖南省民营科技企业、湖南省有色行业50强企业。公司创建于2008年6月，企业法人张孝兵，注册资金5000万元，总资产2.55亿元，占地310余亩，在册员工420人，其中各类型技术人才48人、高工4人。有铜镉渣、次氧化锌、锌浮渣、小金属回收等废渣综合利用生产线四条，主导产品及产能为：8万吨/年电解锌、500吨/年镉、2万吨/年锌合金、1200吨/年锌粉等。2016年3月，与中南大学建立“产学研”技术合作，通过“外引内培”方式组建一支技术研发团队，现有省级技术中心一个，具有较强的技术研发和创新能力，获得国家专利7件，正在受理5件。自创建以来，累计为国家纳税达1.7亿余元，成为泸溪县工业重点企业和纳税大户，发展态势良好。公司先后多次被评为泸溪县人民政府“目标管理先进企业”，州政府授予的州工业企业“十佳企业”，2016年获得“湘西州科技进步奖二等奖”，2017年6月通过ISO9001、ISO14001、OHSAS18001质量标准认证。

【花垣县太丰冶炼有限责任公司】 花垣县太丰冶炼有限责任公司是湖南太丰矿业集团有限责任公司的子公司，是一家以锌精矿烟气脱硫制酸、电解锌冶炼、销售、运输和锌废渣、废水综合利用一条龙的冶炼企业，注册资金1亿元，总资产8.9亿元，年产电解锌10.5万吨、硫酸20万吨，辖冶炼一、二厂，硫酸一、二厂，极板厂，铜镉渣处理回收利用厂，综合回收厂，铸型厂和修制厂9个分厂，生产的锌锭通过ISO9001质量管理体系认证。

近年来，公司立足企业持续健康发展，先后投入近2亿元，改造落后生产工艺，实施新建标准化电解锌酸浸渣暂存库及老渣库生态修复工程、废水综合治理工程项目、10.5万吨电解锌冶炼废渣有价金属综合回收利用项目、电解锌系统3500吨/年铜镉渣综合利用项目等环保项目，积极探索工业废渣综合回收循环利用产业化之路，建立太丰铅锌综合回收利用示范基地，成为湘西州第一家证照齐全、合法经营、达标排放的冶炼企业。

公司始终坚持改革创新和技术发展，是湘西州第一家符合国家产业政策的电解锌企业，也是湘西州第一家工艺升温采用余热供气及带四项专利的循环流化床锅炉、第一家中酸浸出工艺采用连续进行、第一家采用五段净化加换热工艺、第一家改变电解出槽方式、第一家装备1200千瓦两条线连续铸锭机、第一家采用铅银渣与铁矾渣强浸与除铁不在同一槽内浸出，并实现浓密槽及单条生产线规模州内第一。2015年被认定为湖南省高新技术企业，同时也是湖南省“危险化学品安全生产标准化二级企业”。

【湖南东方矿业有限责任公司】 湖南东方矿业有限责任公司成立于2010年7月9日，注册资本1.7亿元。公司座落于具有“东方锰都”之称的花垣县省级工业集中区。设计规模年产15万吨电解金属锰生产线，项目占地1041亩，建筑用地581亩，总投资12.59亿元，项目按照一次性规划，分期建设，首期5万吨电解锰生产线建成投产。

公司下辖一家贸易公司，拥有钰沣、银海两座储量约600万吨大型碳酸锰矿山，年开采能力20万吨，同时取得2.1平方公里的采矿权证和39.7平方公里探矿权，形成“采、选、冶炼”+贸易一条龙的现代化经营发展模式。公司是在国家调整产业结构，支持转型升级的背景下，响应党委政府的整治整合号召，由县内6家涉锰企业横向集成重组的转型升级企业。公司坚持以科学创新发展为引领，以打造全球行业龙头企业为目标，引进最先进的工艺技术和大型化、智能化设备，实现电解锰自动化、清洁化、无害化生产。公司先后被评为“湘西州国家锰深加工产业化重点骨干企业”“高新技术企业”“全国生产经营二十强品牌企业”。

【湖南新中合光电科技股份有限公司】 湖南新中合光电科技股份有限公司是一家高新技术企业，专业从事光通信核心器件和新材料研发与生产。公司产品应用于宽带中国、智慧城市、光纤到户、三网融合、节能环保新材料等领域。公司于2015年10月登录全国中小企业股份转让系统，股票代码834128，证券简称“新中合”。

公司产品主要有八大系列：AWG晶圆、Splitter晶圆、Chip芯片加工、AWG/PLC模块、各种光学接头、各种光配线架/箱/盒、FTTH设计和施工、SiC导电发热新材料，已取得ISO9001/ISO14001/OHSAS18001证书、广电入网许可证、国家电网入网许可证、工信部入网许可证、工信部型式试验合格证等。获得“国家高新技术企业”“湖南省民营科技企业”“湖南省高精专企业”“湖南省对外贸易经营企业”“湖南省信贷诚信企业”“湖南省重合同守信用企业”等称号。

公司产品畅销国内市场，是中国移动、中国电信、中国联通、中国广电、中国电力等公司的光通信核心器件供应商，并出口美国、韩国、俄罗斯、马来西亚、沙特阿拉伯等国家和中国香港地区。

公司创业团队来自欧美企业，精通光通信核心器件的研发、生产和工厂运营管理，准确把握光通信行业的技术走向，对产品的市场走势和市场开发有丰富的实践经验。公司创始人入选“湖南省百人计划”；公司产品平面波导光分路器入选“国家重点新产品”；公司光子晶圆制造创新团队入选“湖南省创新创业团队”；公司研发中心入选“阵列波导器件湖南省工程研究中心”。公司获得专利98项（其中发明专利18项、实用新型专利80项），以领先的技术优势和雄厚的光通信核心器件生产实力，站在国内同行业的技术前列。公司承担“战略新兴产业科技攻关——PLC光无源分路器关键技术研发”“重大科技专项——AWG阵列光栅科技攻关”“FTTX光纤接入无源器件加工技术研究与开发”“PLC平面波导型光分路器关键技术研发”“FIC和MPO连接器生产技术改造”等各类科技攻关项目共23项。公司研发中心配备AWG/Splitter蚀刻设备、Chip切割设备、PLC调试设备、PLC多通道自动测试系统、FA组装设备等价值3000多万元的研发及中试设备，研发生产条件达到国内领先水平。

【龙山县喜乐百合食品有限公司】 龙山县喜乐百合食品有限公司成立于1998年，公司下设百合标准化生产基地及百合烘烤车间和百合精粉加工厂，产品有百合精粉、百合粉丝、百合面、百合干片，拥有固定资产2000万元、员工53人。

公司坚持“高起点、高层次、高品质”为公司发展理念，与湖南省农科院、湖南农业大学食品科技院等高校技术合作，进行百合系列食品的研究、开发、加工、生产。公司产品注册商标为“喜乐”牌，产品选用纯天然无任何污染的优质百合鳞茎，经多种现代化工艺精制而成。产品进入市场后深受消费者的喜爱和青睐，销售网络遍及北京、上海、广州、江西、广西、江苏、深圳、成都等10多个省（直辖市、自治区），年加工鲜百合10000多吨，年产百合精粉500吨、百合粉丝200吨、百合面200吨、百合干片2000吨。

产品曾获多项荣誉。在2001年湖南省第三届农博会上，“喜乐”牌乌龙山百合精粉获金奖，“喜乐”牌乌龙山百合粉丝获银奖；2007年被湘西州旅游局评为“十佳旅游户”；2008年公司取得多个食品生产许可证；2011年中国中部（湖南）国际博览会上，“喜乐”牌乌龙山百合精粉获金奖；2011年被州工商局消委评为“消费者信得过单位”；2013年被州工商局授予“守合同重信用单位”；2014年被湖南省人民政府授予“农业产业龙头企业”；2015年7月，百合产品获得绿色食品证书；2015年11月中国中部（湖南）农博会上，“喜乐”牌乌龙山百合精粉获金奖；2016年1月，“喜乐”牌商标获得省著名商标；2016年11月，“喜乐”牌乌龙山百合获第十四届中国国际农产品交易会农产品金奖；2016年12月，“喜乐”牌获得2016年中国中部消费者最喜爱的农产品品牌。

（本栏撰稿　彭明友）

2017年湘西州优势产业企业分类汇总表

表10

企业类别	企业户数	产值过亿元企业	骨干企业	从业人数	2017年产值(亿元)	比重(%)
矿产品精深加工	58	19	7	13349	98.5	33.8
新材料	17	8	5	2204	24.2	8.3
特色食品	58	5	10	5722	35.6	12.2
电子信息	7	4	5	1255	13.3	4.6
生物医药	17	2	3	1067	8.4	2.9
合　计	157	38	30	23597	180.0	61.8

表 11

2017 年全州优势产业培育发展骨干企业情况汇总表

序号	企业名称	所属产业	主要产品	2017 年总资产（万元）	2017 年产值（千元）	2017 年上交税收（万元）	属地
1	泸溪蓝天高科有限责任公司	矿产品精深加工	电解锌	25000	733389	3119	泸溪县
2	湖南三立集团股份有限公司	矿产品精深加工	锌锭、硫酸	181391	931855	3242	花垣县
3	花垣县太丰冶炼有限责任公司	矿产品精深加工	锌锭、硫酸	90415（集团 221985）	1031739	1320（集 15465）	花垣县
4	湖南轩华锌业有限公司	矿产品精深加工	电解锌	55613	1123265	1072	保靖县
5	湖南东方矿业有限责任公司	矿产品精深加工	电解金属锰	110387	384274	1649	花垣县
6	泸溪县金瑞冶化有限责任公司	矿产品精深加工	电解锰	10000	45553	330	泸溪县
7	花垣县海丰矿业有限责任公司	矿产品精深加工	锌精矿	95333	408653	5856	花垣县
8	湘西自治州丰达合金科技有限公司	新材料	锰合金	39763	783232	1365	湘西经开区
9	湖南恒裕新材料科技有限公司	新材料	铝基碳化硅复合材料	7400	92399	24	泸溪县
10	湖南金昊新材料科技股份有限公司	新材料	微细球形铝粉	17500	162809	913	泸溪县
11	湖南众鑫新材料科技有限公司	新材料	钒氮合金	12000	190983	336	泸溪县
12	湖南汉瑞新材料科技有限公司	新材料	五氧化二钒、高纯钒、钒氮合金	28000	94600	72.1	古丈县
13	湖南马尔斯电子科技有限公司	电子信息	光电产品	5387	416604	336	湘西经开区
14	湖南省傲顿电子科技有限责任公司	电子信息	音响设备	4300	186280	12	湘西经开区
15	湖南宸睿通信科技有限公司	电子信息	手机	6174	115277	1	湘西经开区

续表 11

序号	企业名称	所属产业	主要产品	2017 年总资产（万元）	2017 年产值（千元）	2017 年上交税收（万元）	属地
16	湖南唯想电子科技有限公司	电子信息	手机	34942	498438	102	湘西经开区
17	保靖新中合电讯设备有限公司	电子信息	光无源器件、晶圆	16029	59888	166	保靖县
18	酒鬼酒股份有限公司	特色食品	白酒	250000	823400	26700	州直
19	华润雪花啤酒(湘西)有限公司	特色食品	啤酒	22511	43984	529	湘西经开区
20	湖南边城生物科技有限公司	特色食品	神秘湘西牌香醋及果醋饮料	7065	61106	138	吉首市
21	湖南保靖黄金茶有限公司	特色食品	精制黄金茶	1240	177737	53	保靖县
22	古丈县有机茶业有限公司	特色食品	毛尖茶、红茶、有机绿茶、黑毛茶	2000	44085	21	古丈县
23	湖南鑫科牧业有限公司	特色食品	腊肉、香肠	5260	81636	51.9	古丈县
24	湘西老爹生物有限公司	特色食品	猕猴桃果汁饮料、杜仲系列产品	12000	66956	401	永顺县
25	湘西沃康油业科技有限公司	特色食品	山茶油、菜籽油	8500	31953	3.0	永顺县
26	龙山县喜乐百合食品有限公司	特色食品	鲜百合、百合干片	12000	71970	0.5	龙山县
27	龙山县昶光农业科技发展有限公司	特色食品	鲜牛肉、牛肉干、山竹笋	5460	18975	50	龙山县
28	湖南湘泉药业股份有限公司	生物医药	中成药制造、中药饮片	33772	227690	498	吉首市
29	湖南本草制药有限责任公司	生物医药	中成药生产	5240	145930	228	永顺县
30	湘西华方制药有限公司	生物医药	青蒿素	11573	38070	382	吉首市

2017年全州各园区主要企业基本情况表

表12

园区	企业名称	主要产品	2017年产值(万元)
湘西经开区	华润雪花啤酒（湘西）有限公司	啤酒	4398
	湖南省傲顿电子科技有限责任公司	音响器材、通信设备、电子产品	18628
	湘西自治州丰达合金科技有限公司	金属锰块	78323
	湖南唯想电子科技有限公司	手机	49844
	湖南锐阳电子科技有限公司	触摸屏	0
吉首市经开区	湘西鹤盛原烟发展有限责任公司	烟叶复烤	12117
	湖南东方红住宅工业有限公司	黏土砖瓦及建筑砌块制造	13599
	湖南湘泉药业股份有限公司	中成药制造、中药饮片	22769
泸溪县高新区	湖南恒裕新材料科技发展有限公司	铝基复合材料	9240
	湖南泰和美新能源科技有限公司	锂电池	0
	湖南众鑫新材料科技股份有限公司	钒氮合金	19098
	湖南金昊新材料科技股份有限公司	微细铝粉	16281
	泸溪蓝天高科有限责任公司	铅锌冶炼	73339
凤凰县经开区	湘西蜡的世界蜡染有限责任公司	民族服装、服饰加工销售	3500
	凤凰县玛汝民族服饰有限责任公司	民族服装、服饰加工销售	4877
花垣县工业集中区	花垣县太丰冶炼有限责任公司	锌锭	103174
	湖南三立集团股份有限公司	电解锌	93186
	湖南东方矿业有限责任公司	电解金属锰	38427
保靖县工业集中区	保靖新中合电讯设备有限公司	通讯系统设备制造	5989
	湖南轩华锌业有限公司	电解锌	112327
	五凌电力有限公司碗米坡电厂	水力发电	24758
古丈县工业集中区	湖南古丈南方水泥有限公司	水泥制造	29256
	湖南鑫科牧业有限公司	肉制品及副产品加工	8164
永顺县经开区	湖南本草制药有限责任公司	中成药生产	14593
	湘西老爹生物有限公司	果王素、饮料	6696
	湖南永顺锦帛钰纺织有限责任公司	棉纺纱加工	17053
龙山县工业集中区	湘西自治州成美建材有限公司	水泥生产	21133
	龙山亿果鲜百合开发有限公司	百合及百合制品加工	9380

无线电管理

【概况】2017年，全州无线电管理按照省无委办的统一部署，扎实有序推进各项业务工作，取得系列可喜成绩。

无线电管理宣传。全年组织《中华人民共和国无线电管理条例》《湖南省无线电管理条例》集中学习、讨论研究和宣传贯彻14场次，参与95人次。结合日常业务工作，开展系列对外宣传活动12场次，受众6000人次。3月，结合频率台站专项监督检查同步开展宣传，覆盖400人次。8月，结合无线电发射设备销售备案登记开展上门宣传教育，覆盖240人次。9月，积极组织开展第八个全国无线电管理宣传月活动，在户外举行声势浩大的现场宣传，搭建宣传拱门，设立咨询台，悬挂宣传横幅6条，摆放宣传展板14块，向人民群众分发宣传资料和纪念品，现场回答人民群众的咨询，向群众进行无线电法律法规宣传，并向人民群众展示无线电监测测向装备，展示近年来收缴的卫星干扰器、用于作弊的无线电台等非法无线电发射设备，现场还操作演示无线电管理处新购入的升空无线电监测系统。9月8日至28日，湘西广播电视台黄金时段连续开展版面文字宣传，取得良好的社会反响。10月，结合党的十九大安全保障监测巡查工作开展宣传，受众200人次。

频谱资源精细化管理。保质保量完成频谱监测月报工作，全年累计监测11256小时，广播电视频谱使用评估路测工作全面完成。6月16日至27日，对全州8县（市）进行无线电频谱使用评估数据采集，出动移动监测车20车次、人员60人次，克服湘西州山路崎岖狭窄、部分县城区大面积建设封路无法通行等困难，累计行程1500多公里，测试路线覆盖80%以上面积的城市快速路、主干道、次干道等城市道路，确保数据采集覆盖范围合格，共采集路测数据12.5G；7月，利用三类固定监测站完成频谱使用评估固定站数据的采集，连续不间断运行3天，采集数据57.4GB，全面完成频谱评估数据采集工作。督促各通信运营商做好2016年频谱使用评估发现问题整改落实。完成省办部署的无人机频率专项监测任务。3月，接到省无委办《关于落实无人机频率专项监测任务通知》后，迅速组织行动，对专项监测任务进行落实，制定详细专项监测方案；监测站启动以固定站为主、移动车配合的实时监测任务；技术人员加强对无人驾驶航空器系统相关知识的学习；结合专项监测任务开展相关宣传工作，营造全社会遵守无线电管理法律法规、安全使用无人机的良好氛围。

台站年检测试。积极开展新建台站电磁环境测试，配合省办落实台站属地化管理工作，6月，对州713气象雷达站进行电磁环境测试；10月，对湘西州气象局拟在吉首市幸福村新建一套多普勒气象雷达开展选址电磁环境测试工作，工作人员扛设备，跋涉荆棘陡峭、雨后泥泞湿滑的山路，在选址处架设电磁环境测试系统，并依据测试标准进行现场测试；12月初，完成湘西机场的电磁环境测试，为保障机场工程顺利进行，工作人员不畏高山严寒恶劣环境，克服阴雨不定的天气困难，3天时间在3个站点进行测试，为湘西州重点工程建设提供良好的服务保障。完成在用无线电发射设备检测工作。7月中下旬，组织监测站按规定的时间和比例，先后对广电、电信、移动、联通、气象等设台单位的发射设备实施检测，历时16天，圆满完成全年年检工作任务，共抽检广播电视发射13个、公众通信基站发射设备40个，其中GSM站24个、CDMA2000站4个、WCDMA站12个，合计53个，被检测设备所测试指标全部合格。

依法加强无线电管理。进一步梳理和完善依法行政各项制度和流程，精简频率台站审批程序，审批时限在原有基础上压缩20%。全年办理行政许可4例，完成移动、电信、联通三家公众通信运营商设台和气象局设台许可。积极开展监督检查，全年开展监督检查12次：对联通、电信、移动、广播电视、古丈县五里坡微波站、州7602台等多家单位开展监督检查，发放宣传资料，宣讲无线电管理政策法规。下达责令整改通知4次：对湘西广播电台随意变更核定项目行为下达限期责令整改；对联通、移动、电信在监督检查过程中发现的问题下达责令整改。落实频率占用费征收，按计划完成全部征收任务，针对少数故意不交费的用户依法进行处置。组织执法人员参加湖南省无线电管理行政执法人员专业法律知识考试，3人取得执法资格证。认真做好打击“黑广播”“伪基站”专项活动，全年累计开展监测118次，出动人员189人次，动用设备160台次，监测时长达970余小时。9月底依法查处吉首市某中学擅自设置使用屏蔽器干扰正常移动通信案，该学校按要求整改到位。

无线电安全保障。积极开展春节和全国两会、防汛救灾、“一带一路”国际论坛、60年州庆、国庆、党的十九大等系列重要时段、重大活动期间无线电安全保障监测，累计开展监测值班近100天，特别是防汛、党的十九大期间，州无线电管理处干部职工24小时待命，有情况随时出动。10月18日至19日，正值十九大期间，管理处先后深入吉首、花垣、龙山、永顺、古丈等县（市）开展监测巡查，实地查看花垣县广播电视台、花垣县导航台、龙山县广播台、龙山县砂子坡电视转播台等重点无线电台站，保障十九大期间湘西州的无线电安全。积极参与各类考试无线电安全保障，全年参与考试保障16次31天，出动人员113人次、车辆33台次，动用仪器设备55台套次，圆满完成保障任务，获得良好社会反响。按时完成省办部署的春节期间航空及铁路无线电专用频率保护和民航使用GPS系统频率保护等任务。

技术设施建设。湘西州拥有在用固定监测站2个、移动监测车1辆、升空监测系统1套、可搬移站1个、压制系统2套、无线电设备自动检测系统1套、便携式监测设备3套，无线电管理指挥中心1个，其中乾州新区三类固定监测站投入使用，实现乾州新区监测全覆盖。是年，新采购的成都九华圆通公司升空监测系统和成都点阵科技手持式监测设备大大提升湘西州的无线电管理综合能力。

【湘西州成功举办升空监测系列技术观摩会】 2017年5月26日，湘西自治州无线电管理处邀请全省13个市无线电管理机构领导和专家参加升空监测系列技术观摩会，取得预期效果。参加由常德、湘西州、怀化、张家界、株洲5市（州）联合举办的泛湘西北无线电管理技术演练竞赛活动，通过演练和培训，既增长知识，又增进友谊，还提升技术水平，更看到自身的缺点和不足，为下一步提高无线电管理能力提供好的理论依据与实战经验。

（本栏撰稿　张　军）

电力工业

【概况】 2017年，国网湘西供电公司认真落实省公司党委和州委、州政府各项决策部署，大力弘扬"严细实"作风，各项工作扎实推进，公司发展稳中向好、转中有进。全年完成固定资产投资4.37亿元；售电量34.12亿千瓦时，同比增长18.92%；电费回收率100%，综合线损率8.49%。年内，公司首次囊括国网公司电网先锋党支部、优秀党务工作者、优秀共产党员三项殊荣，被省委、省政府评为"2017年抗洪救灾先进集体"，公司职员顾海军荣获全国"五一劳动奖章"和"湖南省劳动模范"称号。

电网建设。完成电网投资3.6亿元，新开工110千伏线路1条、11.2公里，35千伏变电站2座、容量1.63万千伏安，35千伏线路1条、5.94公里。永顺县猛洞河220千伏输变电工程全面进入施工；龙山县220千伏输变电工程完成选址和初设审查；沈新Ⅱ线T接宝塔变电站110千伏线路工程和35千伏古丈城南输变电工程按期开工；35千伏茨岩变原址新建工程提前两个月竣工投运，首次获得省公司"变电安全质量管理流动红旗"。低压集抄等重点难点工作任务按期完成。完善农网升级工程，投产配变772台，10千伏线路312.7公里，低压线路1246.2公里，1736个村实现"同网同价"。

经营管理。利用市场化交易平台，提高公司参与市场竞争的优势，成功争取浩宇等企业转网到公司供电，公司市场占有率提升到63.68%，同比提高7.11个百分点。电费按月结零，银行承兑汇票连续9年零收取。台区线损率较年度管控值低0.32个百分点，高损台区较年初减少536个。反窃查违追补损失293.16万元。业扩提速提质，新装增容9.02万户，新增容量99.66万千伏安。主动依法维权，避免和挽回直接损失0.18亿元。扩大有效资产，年内接收用户资产规模1.05亿元，完成近三年竣工项目决算转资8.04亿元。物资去库存工作超额完成任务，累计完成去库存335万元。推动小水电自供区接管，依规取缔台区综合电价，供区内自供区完成接管17个。落实年初提质增效具体措施56条，上划县公司预算管控成效明显。

营销服务。如期完成州庆项目建设任务，沉着应对多轮洪涝、冰冻灾害，全面预防电网风险，全州电力供应可靠，责任央企形象充分展示，得到各级党委政府和广大人民群众的好评。全年累计完成并网光伏项目149个，容量9803千瓦。实施电能替代项目185个，实现替代电量1.65亿千瓦时。始终把电力扶贫作为重要政治任务，认真落实驻村扶贫工作要求，走访贫困户800余次，公司12个扶贫村342户1338人完成脱贫，被评为湘西州驻村扶贫先进工作组。

安全生产。落实本质安全建设要求，开展安全生产问题清单专项梳理，逐级压紧压实安全责任。全面推进现场反违章、安全生产大检查活动，严厉打击违章行为，查处特别严重违章15起，争创省公司标准化示范现场18个；完成缺陷隐患排查治理729个。投入农维资金1500余万元，完成50条10千伏配电线路集中整治，配电网安全运行水平提高。抓好迎峰度夏、防冻融冰、防雷、防汛、防山火等工作，圆满完成州庆、党的十九大等重大供电保障任务。湘西电网连续安全运行22周年。

【体制改革】 完成年度电力市场化交易工作，成交祁韶直流电量1.02亿千瓦

10月10日，国网泸溪县供电公司首次采用无人机巡视特高压宾金线

时，降低用户用能成本 0.14 亿元。强化本部建设，推行每周情况通报会和月度例会制度，按期督办议定事项，提升运作效率。优化机构设置和业务配置，完成党建、安全、农电机构调整，集约泸溪、凤凰、保靖 3 县输变电业务。稳步推进“全能型”供电所建设，签订职工家属区“两供一业”分离移交框架协议。基本完成集体企业“子改分”工作，总收入突破 3 亿元，同比增长 47.68%。

（本栏图文　彭杨波）

【抗洪保电工作】 2017 年，湘西州先后经历 8 次强降雨，特别是“6·23”和“6·30”暴雨对湘西地区电网安全运行造成严重影响。根据气象预报和受灾影响，公司迅速启动防汛Ⅲ、Ⅱ级应急响应，第一时间组织抢修队伍 157 支、3780 人，出动抢修车辆 785 台次，抢修受损供电设施，并做到水退到哪里，公司抢修队员就跟进到哪里，哪里有抢险任务，应急照明就服务到哪里。同时配合当地政府开展应急救援与抗洪保电工作，仅用 5 天时间恢复 1673 个台区，15 万多用户实现正常供电，将受灾影响及损失降到最低程度。是年 4 月至年底，公司出动 1750 余人次、320 余台班车辆，拉网式巡查 27 条 1100 余公里 110 千伏及以上线路、15 座变电站 320 台变电设备，清理树竹 4980 棵，消除线路变电各类缺陷 32 处。洪灾中，领导班子成员多次深入泸溪、凤凰等县灾区，走访地方政府及防汛抗旱指挥部，详细了解灾情，靠前指导抗洪救灾并慰问奋战在抗洪抢险保电一线的干部员工。（张建生）

【建州 60 周年庆祝活动电力保障工作】 2017 年 9 月 20 日建州 60 周年庆祝活动期间，国网湘西供电公司全力开展州庆保电工作，提前做好全面部署，精心筹备，严控安全，将州庆保电的各项工作落实到岗到人。公司保电领导小组多次审查保电方案，安排人员提前对州庆主会场州文化体育会展中心及主要活动场所州博物馆、凯莱国际大饭店、湘西民族宾馆等重要保电场馆的主供线路、重要保电用户的内部设备开展检查，及时整改检查中发现的问题。充实人力物力，全员取消休假，从无保电任务的县公司抽派人员支援保电工作。安排专人驻点值守保电区域关键设备和地段，动态开展设备巡检，将 10 个相关变电站转为有人值班，加强对主要设施、设备、装置的巡视维护，值班运维人员每天对本站开展特殊巡视。备足抢修设备和物资，请求张家界、常德、怀化等供电公司支援 5 台应急电源车，组织应急抢修队 38 支 116 人、车辆 46 台全程待命，第一时间处置各类供电应急事件，确保州庆系列庆祝活动圆满完成。

（图文　戴　玮　田良东）

9 月 20 日，国网湘西供电公司员工检查建州 60 周年主会场用电线路

地质矿产勘查开发

【概况】 2017 年，湖南省地质矿产勘查开发局四零五队有职工 316 人，拥有各类专业技术人员 210 人，占在职人员的 67%；其中高级职称 44 人（研究员 3 人），中级职称 62 人。面对世界经济持续低迷、国内矿业市场持续偏冷等一系列经济下行压力，持续提升经济责任转型、经营方式转向、发展方式转变、内生动力转化发展水平，产业经济保持平稳发展态势。年内全队新签订合同（任务书）671 个、金额 2.22 亿元。“湖南省花垣县大脑坡矿区铅锌矿普查”等两个项目分别获 2017 年度国土资源科学技术一等奖、中国地质调查局地质科技二等奖。

产业发展。紧紧围绕供给侧改革这一主线，持续完善“大地质”服务型地勘单位格局。以两个地灾防治技术指导中心为依托，分别与湘西州、张家界市的 13 个县（市、区）签订地质灾害技术服务协议，开展地质灾害防治技术指导工作。按照“统筹布局、重点突出、提前介入、服务先行”发展思路，钻探、凿井劳务类项目凸显，年内《中交二局太焦铁路岩溶注浆劳务合作协议》达 2000 万元。紧紧抓住国家和湖南省实施的一系列重大项目建设机遇，特别是美丽湘西、全域旅游和精准扶贫等工程建设，确保勘察设计传统优势发挥。积极推进湘西片区 CORS 测控基站建设，基坑、边坡及地质灾害监测预警系统建设，多旋翼无人机航测快速成图方法研究，为传统测绘业向现代测

湖南省委常委、常务副省长陈向群（右三）查看省405队湘西州地质灾害抢险现场

绘地理信息业转向奠定良好的技术基础。在做好传统找矿项目的基础上，配合地方成功挂牌“湘西州矿山监测技术服务中心”；配备专家配合湘西州积极申报“湘西世界地质公园”，在国内5个竞争者中胜出，为湘西州地质科研和文化旅游产业发展做出积极贡献；以扎实的服务能力，深化与湖南黄金集团合作。

内部管理。全面加强财务、审计、人事、合同、安全等方面管理，制定涵盖党建、党风廉政建设、安全生产综治、人事、财务资产管理、群团工作等业绩考核办法，转变队二级单位责任制考核评价单纯以经济利润为指标的考评模式。持续绿化、亮化基地，405队基地家园的居住品质得到提升。通过经济发展，安置12名待岗职工再就业，职工收入和福利保持稳定。深入开展文明创建，开展工间操、职工趣味运动会、志愿服务、道德讲堂等丰富多彩的群团活动，4户家庭被省地质局评为2017届文明家庭。新办员工食堂，建设单身职工宿舍；共筹集资金426.60万元，用于离退休人员综治奖励、医疗保险、困难救助及职工子女金秋助学，全体员工的获得感、幸福感明显提升。

（图文　代尚锐）

有色地质矿产勘查开发

【概况】 2017年，湖南省有色地质勘查局二四五队实现产值、经营收入、利润分别为9141.25万元、8006.75万元、987.16万元。其中地质勘查公司产值、经营收入、利润分别为1323.6万元、618.67万元、-47.61万元；紫源工程勘察公司产值、经营收入、利润分别为6514.68万元、6237.4万元、725.51万元；地理信息测绘院产值、经营收入、利润分别为824.86万元、672.57万元、64.41万元；地产物业经营收入、利润分别为478.11万元、244.85万元。

地质勘查公司。2017年，地质勘查公司承担各类地勘项目64个（其中省级两权价款项目9个、局管项目1个、商业性地勘项目12个、海外项目2个、地质技术服务项目40个），测绘项目13个，地灾地环项目9个，高铁勘察项目2个。积极开展立项申报工作，加强沅陵—安化—桃江整装勘查区综合研究工作，对传统成矿区带、有优势的找矿地区进行资料收集与综合研究，在湘西、安化等传统地区踏勘选点10多个矿点，从中筛选出7个矿区申报立项，其中，申报“两权价款”项目3个，成功立项1个。积极响应局“走出去”战略，临时组建招投标部，争取省外投标项目，全年参与投标项目3个，中标1个。通过实施张吉怀高铁、瓮遵高铁等高铁勘察项目，促进钻探公司进入高铁勘察领域，并在实施过程中狠抓管理，积极提升专业技术能力，深得业主方好评。10月，成功将液体矿产勘查和水文地质、工程地质、环境地质调查两项资质由乙级升为甲级。

紫源工程勘察公司。2017年，将地质环境勘查院与湘西自治州紫源工程勘察有限公司进行重组整合为新的湘西自治州紫源工程勘察有限公司，将公司业务细分为工程勘察、地灾地环、工程施工三大业务板块，其中地灾地环技术人员由公司总工办统一规划调配，协调工作。开展产学研基地建设，通过与中国地质大学、南华大学沟通交流，与两所大学分别签订共建实习基地协议并正式实施。通过实施协议，为技术人员进修、培训提供便利，并在技术开发上得到技术支撑。紫源公司持有住建、国土等部门颁发的各类资质10余项，完成地灾评估、勘查、设计、施工、岩土工程设计等资质升甲材料编制。年内，先后与吉首市国土资源局、花垣县国土资源局、古丈县国土资源局签订地灾地环技术服务协议，提供地灾地环技术支撑。积极配合州、县国土资源局做好国土所长、地灾隐患点监测员地灾防治技术教育培训工作，先后为吉首市、凤凰县、古丈县、花垣县授课4次，参培对象400余人。

地理信息测绘院。通过与州国土资源局反复沟通和努力争取，“湘西州测绘地理技术服务中心”挂牌成立。该技术服务中心的成立可保证245队在州内测绘地理信息、土地测绘、不动产保护、地灾防治、矿山监测等方面的准入资格和话语权。开展资质升级工作，完成资质升甲的前期准备工作。年内，投入近70万元新采购一批设备，其中0.5秒全站仪1台、GPS4台、岩鹰无人机2台、手持测距仪1台等。新设备的购入为测绘院转型升级打开更多新的思路和更大的市场。

地产物业。年内，取得湘西王酒店二期工程建设工程规划许可证。启动东院六楼的搬迁工作，24户住户有21户签订搬迁协议。完成化验室征地工作，取得不动产登记证书。完成西院自来水改造项目，西院自来水交由自来水公司管理；南院、西院的用电均交由供电公司管理，并由供电公司实施西院和南院的电力改造。

（本栏撰稿　肖美群）

城乡建设·环境保护

城乡建设管理

【概况】2017年，湘西州住房和城乡建设工作按照湖南省住房和城乡建设工作会议暨“双修双改”工作动员会议精神，以建州60周年为契机，突出建人民满意城镇、美丽乡村示范创建和脱贫攻坚重点，扎实工作，取得可喜成绩，年末全州常住人口263.82万人，其中城镇人口118.63万人，农村人口145.19万人，城镇化率达44.97%，基本形成“州府城市为核心、三个重点经济区、一小时旅游经济圈、七个县城区域节点”的新型城镇体系。推行工程质量安全标准化管理，实现2009年来连续8年未发生较大安全责任事故，州质安站获评“全国住房城乡建设系统先进集体”、州质安站负责人获评“全省安全生产先进个人”。棚户区改造、农村危房改造、装配式建筑发展和绿色建筑技术运用以及行业安全生产监管等迈入全省领先行列。

城乡建设水平大幅提升。引领全州的《湘西自治州州域城镇体系规划（2016—2030年）》通过州规委会等会议审查。吉首、凤凰、古丈3县（市）总规（微调）修改完成初步方案。花垣县边城古苗河风景名胜区、保靖县酉水吕洞山风景名胜区总体规划编制和吉首市雅溪片区、泸溪县刘家滩片区等10处城市设计顺利完成。吉首市高铁新城、凤凰县高铁新区、永顺县芙蓉镇高铁新城规划全面启动。以“州府城市为核心、三个重点经济区、一小时旅游经济圈、七个县城区域节点”的新型城镇体系初具雏形，“多规合一”和“四宜”城镇建设扎实推进，“一书三证”发放率达100%，违法建设等“两违”现象得到有效遏制。

城乡项目建设扎实推进。“两棚两房”建设进展顺利。棚户区改造开工建设10367户，开工率达100%，累计完成投资39.95亿元（含结转项目）。完成农村危房改造“四类重点对象”存量摸底35971户，筹集资金14.43亿元，开工建设33762户，开工率93.85%，竣工27339户，竣工率76%，超额完成年度任务。“两供两治”建设加快推进。启动吉首市、永顺县垃圾焚烧发电厂建设和12条城市黑臭水体整治工作；启动永顺自来水厂等14个城镇水厂新建及改扩建项目，建成10个，在建4个。全州新建天然气管网50.3公里，管输天然气用户累计达57381户，年用气量943万立方米，古丈县城区管道天然气点火调试运行。泸溪县浦市镇、凤凰县官庄等污水处理设施竣工投入使用，永顺县溪洲等污水处理厂建设有序推进，全州城镇生活污水处理率达93.6%，垃圾处理率达97.8%。海绵城市和地下综合管廊建设进展有序。完成海绵城市建设投资13.37亿元，其中凤凰县完成投资8.37亿元，吉首市完成投资5亿元。新建城市地下综合管廊8公里。特色小镇培育不断加快。在开展边城镇“全国特色小镇”试点示范的基础上，里耶镇成功入选第二批“全国特色小镇”。永顺县依托国家级烈士陵园湘鄂川黔革命根据地纪念设施，先后完成红军村、红军学校等规划选址工作，为做优“全国国防教育示范基地”和培育红色旅游特色小镇奠定好的基础。吉首市矮寨镇、泸溪县浦市镇、凤凰县山江镇、古丈县红石林镇等特色小镇培育工作有序推进。传统村落保护和历史名镇名村工作成效明显。编制完成82个中国传统村落保护发展规划，其中前四批67个村落获中央财政补助资金20020万元；第五批129个“中国传统村落”通过省住建厅审核并报住建部评审。永顺县塔卧镇、花垣县十八洞村等25个镇村成功获批省级历史文化名镇名村。美丽乡村建设有序推进。集中对园林式单位开展复查复核，编制完成美丽乡村村庄规划300个，实施特色民居保护整治5056栋。

产业发展不断转型升级。装配式建设发展不断加快。在东方红湘西住宅产业园获批“国家装配式建筑产业基地”称号的基础上，湖南美林住宅工业有限公司成功跻入“省级装配式建筑产业基地”之列。完成吉首市城市地下综合管廊、市一中迁建、乾北公共租赁住房建设、易地扶贫搬迁等项目20.6万平方米装配式建筑工程，实现税收3000万元。全州装配式建筑基地建设完成投资4亿元，PC结构装配式建筑生产能力达100万平方米/年，木结构和轻钢结构装配式建筑生产能力达30万平方米/年。装配式建筑发展和绿色建筑技术运用以及行业安全生产监管等迈入全省前列。建筑产业大幅增长。施工资质企业达110家、施工总承包67家，在建工程项目536个，建筑施工面积达846.6万平方米，总造价为215.5亿元，上缴税收2.2亿元。市政公用产业发展迅速。城镇供水及污水处理企业达17家，年内分别实现税收670万元、671万元。城镇燃气产业企业达26家，实现税收265万元。城镇物业服务不断壮大。全州城镇物业服务企业达174家，累计归集房屋维修资金累计达4.8亿元，投入使用611万元，实现税收590万元。创建吉首市竹园社区、龙山县回龙花苑、古丈县天润茶都等物业管理示范社区9个，省、州、县园林式单位（小区）25个，州级和谐社区18个，实施创建项目52个，投入资金近1亿元。房地产业平稳向好。房地产开发企业达226家，新建商品房开发投资44亿元，开发施工面积796.9万平方米，网签面积168万平方米，新建商品房网签金额61.7亿元，销售面积144.1万平方米，归集物业维修资金3.8亿元；二手房成交面积42.6万平方米，成交金额9.7亿元。房地产业实现税收约16亿元，占全州税收的17.3%。

住建行业管理健康有序。建立健全绿色通道制度。着力加大“放管服”改革，不断转作风强服务，简化审批服务流程，建立一系列有利于棚户区改革等项目快速有效推进的绿色通道。城市管理与执法体制改革有序推进。建立城市管理工作联席会议制度，起草《湘西自治州深入推进城市执法体制改革改进城市管理工作实施方案》等文件，城市执法体制改革工作积极推进。物业管理示范社区创建进展良好。吉首市竹园社区、龙山县回龙花苑、古丈县天润茶都等城镇物业示范社区创建进展顺利，电价、水费过高等问题得到有效治理。城市安全应急指挥平台试运行。完成连结全省的住房城乡建设视频会议暨城市运行安全应急指挥平台的安装、调试和试运行。建筑领域安全生产工作扎实推进。保靖县建筑工程“四化管理”工作效果良好，全州实现招投标率达100%、报建率和竣工验收合格率达100%，全年建筑领域未发生安全责任事故。

住建工作特色亮点纷呈。龙山县按照“统一规划、统一规模、统一风貌”的工作思路，设计以土家族建筑风貌为主导，集党建、村务、文体、医疗、便民五大服务功能于一体的三种类型，规范化推进农村综合服务平台建设成效明显。里耶—乌龙山风景名胜区成功获评“国家级风景名胜区”。凤凰沱江上下游风光带建设启动，吉首市大坡公园、永顺县溪洲森林公园、龙山县皇仓坪森林公园、凤凰县青山抱古城项目等城市绿化和风景园林工作加快推进。北京首旅建国酒店正式入驻龙山，公共服务配套设施不断完善。

【城乡人居环境改善】2017年，州府新城路网工程、沿河风光带、州文体会展中心等重点项目加快建设，吉首大环线、城区道路提质改造、地下综合管廊等重大工程全面实施。7个县城新区拓展、老城改造和背街小巷整治等项目竣工。756个建制村开展人居环境集中治理，101个村开展美丽乡村示范创建，城乡人居环境持续改善。

（本栏撰稿　李学夫）

规划管理

【概况】2017年，湘西州规划处牢固树立创新、协调、绿色、开放、共享发展理念，着力抓好城乡规划编制与管理，全力助推全州新型城镇化建设，取得较好成效。

城乡规划编制。“多规合一”和“四宜”城镇建设扎实推进。《湘西自治州域城镇体系规划（2016—2030年）》完成初步成果，经过州政府北京智库专家研讨会、州规委全会、省级专家咨询会多轮审查，开展咨询评估工作。吉首、凤凰、古丈3县（市）完成总规（微调）修改实施评估报告和修改初步方案，按程序上报省政府请求批复；湘西经开区完成吉凤新区概念性规划。完成边城古苗河风景名胜区、酉水吕洞山风景名胜区总体规划编制和古（丈）罗（依溪）大道、吉首市雅溪片区、泸溪县刘家滩片区、凤凰县老城区等10处城市设计，启动吉首高铁新城、凤凰县高铁新区、永顺县芙蓉镇高铁新城规划。按照州美丽湘西办要求全面完成300个美丽乡村村庄规划编制工作。

城乡规划审查。州政府印发《关于调整州城乡规划委员会成员的通知》《州城乡规划委员会工作规则》，成立新一届州规划委员会，加强州规委会办公室力量，明确工作职责和工作规则，切实强化对全州城乡规划特别是州府吉首规划的监督管理。州规委会召开专题会议2次、全体会议2次，审议吉首市相关专项规划、湘西州土地利用总体规划、湘西州全域旅游规划、湘西州旅游公路发展规划及州民中湘西经开区校区等重点建设项目的规划设计方案。州规委专家委员会组织技术审查会12次，先后审查“吉首市城市综合交通体系规划”“吉首市古城保护与利用规划”“泸溪县刘家滩‘文旅康养’新区重点地段城市设计”等规划编制方案8个，以及“湘西厚驿交通大酒店”“州民族中学湘西经开区校区”“湘西红星·爱琴海城市广场设计方案”等重点建设项目规划设计方案9个，有效履行依法组织城乡规划审批前置性技术审查职能。

城乡规划实施。截至11月底，全州核发选址意见书156份、建设用地规划许可证1934份、建设工程规划许可证2293份、乡村建设规划许可证2375份，“一书三证”发放率100%。州本级完成大湘西天然气管道支干线项目（花垣—张家界段花垣县境内）、国道319洗溪至吉首公路改造工程等13个建设项目规划选址的审查复核，核发吉首市曙光至长沱公路、保靖县夯沙至吉首德夯公路建设工程等建设项目选址意见书16份。

规划“放管服”改革。依法履职，按照法律法规要求和属地管理原则，州本级城乡规划主管部门保留行政许可1项，即对非政府投资省立项和州本级立项以划拨方式取得国有土地使用权的建设项目核发选址意见书；县市人民政府城乡规划主管部门核发

"一书两证"，乡村建设规划许可依法下放至乡镇人民政府。加强监管，将"一书三证"的核发率纳入绩效考核和政府目标管理内容，按月上报审批情况，并定期对审批情况进行督促检查，杜绝违规审批行为发生。同时发挥规委会平台作用，加强对全州城乡规划制定及各县（市、区）重点建设项目的指导、监管，确保州府吉首规划建设有序高效实施。优化服务，一方面优化审批流程，最大限度压缩审批时限，再造审批流程，推行一次性告知制度；另一方面优化审批模式，积极推进"一窗式受理、一站式服务"，对重大项目和应急事项提供预约办理等服务，打造"绿色通道"，全面推行限时办结制度。

两违清理整治。州规划处委派1名工作人员常驻州"两违"办开展工作，并根据部门工作职责，精心组织，主动作为，狠抓工作落实。据统计，全州"两违"整治办开展专项整治100余次，拆除违章建筑357处，拆除面积30255平方米。6月19日至23日，州规划处主任带队督查县市规划部门落实"两违"整治情况。9月28日，州住建局下发《关于贯彻落实〈中共湘西自治州纪委　湘西自治州监察局关于进一步在整治"两违"工作中做好监督执纪问责工作的通知〉的通知》。10月中旬，根据州"两违"办工作要求，州规划处主任带队赴吉首市、古丈县等县（市）开展专项督查。违法建设等"两违"现象得到有效遏制。

历史文化资源保护。全面落实《关于做好历史建筑保护与利用工作的通知》要求，加快泸溪县浦市古镇太平街、花垣县边城茶洞古街等省级历史文化街区申报工作。2017年11月，湘西州凤凰古城、芙蓉镇、老司城村代表湖南省顺利通过住建部和国家文物局安排的山东省住建厅、山东省文物局交叉评估检查。2017年12月，湘西州塔卧镇等25个镇村列入湖南省第五批历史文化名镇名村。

规划执法监管。积极配合州政府法制办，参与《老司城保护管理条例（修订）》《浦市镇保护条例》论证调研等工作；参加州委政法委牵头组织调查中港花园信访事项调查工作；接待来访16次，解释相关政策法律法规22次，深入县市12次，完成办理信访案件4起，处理举报3起。回复省住建厅、州政府、州直各部门文件征求意见30余次。

【济南·湘西州城乡规划领域扶贫协作】 2017年2月24日，济南市规划局与湘西州住建局签订《城乡规划领域扶贫协作框架协议》，扶贫协作正式启动。一是定期互访制度得到落实。两地《框架协议》签订以来，两地开展有效互访5次，特别是2017年8月11日至14日，济南市规划局党委书记、局长吕杰带领济南市规划局机关、济南市规划院、济南市勘测院、济南市规划咨询服务中心负责人一行11人到湘西州考察调研，在吉首市召开两地扶贫协作座谈会，签订"规划编制合作"和"人才交流培训"两个合作协议，正式启动吉首市雅溪片区控规调整规划编制合作项目。二是完成1个规划编制合作项目。济南市规划局委托济南市规划院帮扶吉首市编制价值172万元的雅溪片区控制性详细规划和06、07街区控规及城市设计项目，完成初步成果，该项目规划编制单位委托湘西法地城乡规划设计有限公司承担现状调研、现状图绘制等基础工作，有利于培育湘西本地规划编制企业和提升本土规划编制人才素质。三是完成1次人才交流培训。2017年10月10日至25日，湘西州住建局委派首批规划管理人员13人赴济南市规划局开展为期15天的交流培训，通过集中授课、现场观摩、实地操作等方式，培训城乡规划编制、信息化技术应用、历史文化资源保护等内容，使参训人员了解前沿，增长见识，开阔视野，提升素质。四是完成1次规划讲座。济南市规划局委托济南市规划院，结合规划编制合作项目汇报一并开展以"城市控规编制与管理"为主题的规划讲座，全州规划管理部门相关领导和业务主干参加，规划管理人员的业务能力和操作水平得到提高。

（本栏撰稿　袁　林）

城市管理

【概况】 2017年，湘西州城市管理工作按照年初制定的《2017年全州城市建设管理工作计划》，坚持以提升城镇基础设施承载能力、完善城市配套功能为重点，高起点规划、高标准建设，全州城镇建设实现快速发展，各项工作得到有序推进，各项目标任务顺利完成。

"两供两治"设施建设。采取月调度、季自评、半年检查、不定期重点督查、年终考核的方法，强化管理，全力推进全州"两供两治"工程项目建设。供水设施：全州14个水厂新建及改扩建项目已建成10个，在建4个（凤凰县、泸溪县、古丈县、永顺县新建供水厂），完成供水管网改造新建562.81公里，水质监测站建成3个、在建5个（凤凰县、泸溪县、古丈县、花垣县、永顺县），累计完成投资126132.43万元。供气设施：全州天然气站场建成3座，在建6座（泸溪县、凤凰到、花垣县、保靖县、永顺县、龙山县），完成燃气管网建设264.59公里，新增管输天燃气用户36045户，累计完成投资46311万元。污水处理设施：全州新增污水处理能力、再生水利用及污泥处理处置项目建成4个、前期工作1个（吉首市污泥处理处置），完成污水管网建设154.82公里，累计完成投资36520万元。垃圾处理设施：全州垃圾处理和垃圾渗滤液处理提质改造项目建成4个、前期工作1个（吉首市垃圾焚烧），全州新增垃圾转运能力工程建设竣工，累计完成投资6673.06万元。

黑臭水体整治。推进城市黑臭水体整治工作，提升人居环境质量，有效改善城市生态环境。6月19日，湖南省城市黑臭水体整治工作现场会在长沙召开，会后湘西及时传达会议精神，积极推动黑臭水体整治工作，8

月28日，州政府召开全州城镇生活垃圾处理区域统筹及城市黑臭水体整治工作会议，明确黑臭水体整治的时间节点，全面推动黑臭水体整治工作。10月24日至26日，根据州人民政府工作安排，州政府督查室、州住建局、州水利局组成督查组，通过查资料、看现场、听汇报等方式对吉首、凤凰、花垣、保靖、永顺等5县（市）9条城市黑臭水体整治工作进行专项督查，督查发现各县（市）黑臭水体整治工作均在积极开展，花垣县基本完成涧水溪的黑臭水体整治工作，保靖县基本完成董家冲经迁陵镇小学门口至沿江大道接酉水河段雨污水沟整治工作，这两条黑臭水体整治工作进入扫尾阶段，其他7条黑臭水体整治工作正在积极进行。加大对全州各县（市）黑臭水体的排查摸底力度，11月再次开展全州黑臭水体摸底排查，排查中发现泸溪县有3条黑臭水体，通过反复核实，汇总上报。

垃圾焚烧项目建设。根据湖南省住房和城乡建设厅办公室关于开展《湖南省生活垃圾处理设施区域统筹规划》专题调研的通知，结合湘西州实际，制定印发《湘西州关于推进全州城镇生活垃圾焚烧发电项目区域统筹的指导意见》，按照省统筹规划方案，湘西州规划建设2座垃圾焚烧发电厂：一是吉首市规划建设1座焚烧发电厂，服务吉首、泸溪、凤凰、古丈、花垣5个县（市），处理规模1500吨/日，近期1000吨/日；二是永顺县规划建设1座焚烧发电厂，服务永顺、保靖、龙山3个县，处理规模400吨/日。8月28日，全州生活垃圾焚烧处理区域统筹及城市黑臭水体整治工作专题会议召开，明确区域统筹范围，确定项目建设开工期限。会上印发《关于明确全州生活垃圾焚烧处理区域统筹工作有关事项的通知》，并收集各县（市、区）意见。12月7日，州住建局召开吉首市生活垃圾焚烧发电项目区域统筹工作协调会议，积极推动垃圾焚烧发电项目。年底，吉首市完成项目的可研报告及项目的规划选址论证及评审，全面开展环评工作，完成项目一期用地红线图及线内三大类面积的核算。永顺县完成项目选点征地，开展与邻县项目前期的协调工作。

海绵城市建设。全州完成海绵城市建设投资13.3673亿元，其中凤凰县完成投资8.3673亿元，吉首市完成投资5亿元。凤凰县海绵城市试点18平方公里，计划建设项目27个、总投资360437万元。计划海绵城市工程总投资149438万元，开工项目23个，开工率85%；完成项目15个，占项目数的55.6%，完成海绵城市投资额83673万元，占总投资的56%。吉首市海绵城市项目分老区和新区，总投资9.44亿元，其中老区4.67亿元，新区4.77亿元，项目累计完成投资5亿元，完成总投资的52.97%。

地下综合管廊建设。一是及时报送相关普查信息，按照省住建厅《关于定期报送城市地下管线普查工作进展情况的通知》要求，按时向省住建厅报送城市地下管线普查、事故情况普查整改和综合管线信息建设等情况。二是积极推进项目建设，根据省住建厅的统一部署，按照《湘西自治州关于加快推进城市地下综合管廊建设的实施意见》，年内吉首市、湘西经开区已实施地下综合管廊项目工程建设，其他县正在开展前期工作。吉首市根据可研报告的编制计划，拟投资建设地下综合管廊总长度63.36公里，总投资40.45亿元，分两期进行。其中，一期建设年限2015—2018年，建设管廊32.6公里，总投资约20.8亿元。主要在乾州新区、高铁新城的新建道路或改造道路下方铺设综合管廊，将电力管、通信管、给水管、再生水管纳入综合管廊，排水、燃气管道不进入综合管廊。乾州片区综合管廊依托旧路改造、高铁新城综合管廊依托新建道路同步实施。截至年底，完成人民南路、世纪大道4.32公里，科技园路1.2公里，雅溪路网1公里，国道209绕城线6公里，乾城大道0.9公里，合计13.92公里综合管廊主体建设工程PPP项目完成投资约6.5亿元。截至年底，湘西经开区完成长潭路综合管廊1.55公里主体建设，丰达路提质改造工程达到竣工条件，长潭路提质改造工程路面达到通车条件，进入收尾阶段。

城管执法体制改革。是年1月，州住建局赴广州、恩施、怀化等六地考察城市综合执法管理工作，先后向州委、州政府报送考察调研报告和设立州级城市综合执法机构建议方案。6月12日，州政府秘书长包太洋召集相关部门专题研究机构设立工作。6月18日，住建部到湘西州调研督查城市综合执法提质改革工作。州政府建立全州城市管理工作联席会议制度，制定“湘西自治州推进城市执法体制改革改进城市管理工作时间任务表”。8月21日，州政府州长办公会议专题研究全州城市执法体制改革改进城市管理工作，形成州长办公会议纪要〔2017〕30号。会后，州住建局积极落实相关工作，报送《关于设立州城市管理和综合执法局和州城市管理综合执法支队的请示》，优化职能职责和内设机构设置。同相关部门协商起草《湘西自治州深入推进城市执法体制改革改进城市管理工作实施方案（征求意见稿）》《州城市管理和综合执法局主要职责内设机构和人员编制规定》等文件，明确职能职责、细化操作程序、严格时间节点。11月2日，常务副州长向恩明召开有州委组织部、州编办、州财政局、州人社局等相关部门负责人参加的全州双修双改暨城市管理工作推进会议。会后，州住建局及时反馈意见，积极推动城管执法体制改革工作。

【城镇基础设施运营监管】2017年，湘西州城市管理部门发挥职能，积极履责，加强城镇基础设施运营监管，维护城镇功能，服务人民群众，取得良好成效。

城镇供水监管。一是各县（市）供水主管部门严格按照《湖南省住房和城乡建设厅关于进一步规范城镇供水水质信息公开的通知》规定，督促供水企业定期公开所辖公共供水厂水质检测信息，定期开展供水水质督查并在部门网站上公布水质督查结果。二是积极应对突发天气，保障城镇供水安全。印发《湘西自治州住房和城乡建设局关于做好干旱期间城镇供水工作的通知》《湘西自治州住房和城乡建设局关于切实加强城市供水安全保障工作的通知》《60周年州庆供水安全保障工作方案》，成立湘西州建州60周年州庆期间供水安全保障工作领导小组，建立供水应急机制，科学合理调度城镇供水、严格城镇供水净水工艺管理、加强城镇供水设施维修维护、加大城镇供水水质监测力度、加强城镇应急供水组织领导，保障全州城镇供水安全。三是严格供水规范化管理考核工作。为全面落实相关规章制度，正确评价供水设施运行和管理成效，确保城镇供水安全，积极组织各县（市）供水主管部门全面自查本县（市）供水厂运行设施，并根据检查结果提交相应的考核结果。四是加强水质检测，确保水质优良。落实《湖南省住房和城乡建设厅办公室关于开展2017年城市供水水质督查的通知》要求，积极协助第三方检测机构对吉首市水质督查工作。12月份，州住建局委托湖南省城市供水检测网吉首监测站（湘西恒远水务检验检测有限公司）督查全州8县（市）和湘西经开区供水水质，确保水质安全。

城镇排水及污水处理监管。一是有序推进排水防涝。为做好城市排水防涝工作，确保安全度汛，切实保障人民群众的生命财产安全，州住建局及时提出工作要求，制定检查工作方案，明确时间进度，狠抓检查工作落实，要求各县（市）进一步完善排水防涝设施。二是加强全州污水处理设施运营监管。2017年1月至11月，全州城镇污水累计排放总量5659.67万吨，9座城镇污水处理厂当年累计污水处理量5297.47吨，污水处理率达93.6%，减排效果显著，在全国城镇污水处理管理信息系统的信息填报率为100%。

城镇环卫及垃圾处理监管。一是加强全州垃圾处理设施运营监管。2017年1月至11月，全州处理城镇生活垃圾36.5989万吨，无害化处理量35.7932万吨，垃圾无害化处理率达97.80%。二是组织开展城镇生活垃圾填埋场评价工作。为贯彻落实《湖南省住房和城乡建设厅关于开展城镇生活垃圾填埋场评价工作的通知》（湘建城函〔2017〕207号）等文件精神，州住建局积极组织各县（市、区）开展城镇生活垃圾填埋场评价申报工作，泸溪县、古丈县生活垃圾填埋场被评为二级填埋场。三是保障环卫职工合法权益，推进环卫工人特殊困难救助。贯彻落实《湖南省人民政府办公厅转发省住房城乡建设厅等单位关于切实保障环卫行业职工合法权益实施意见的通知》（湘政办发〔2015〕107号）等文件精神，进一步保障全州环卫行业职工的合法权益，推动环境卫生事业持续健康发展。贯彻落实《湖南省城市建设行业协会关于印发湖南省环卫工人特殊困难救助金管理办法》，进一步提高环卫工人救助水平，积极组织全州困难环卫工人申报湖南省第四批环卫工人特殊困难救助金。

城市市政设施建设运营监管。一是州住建局与州公安局联合转发《湖南省住房和城乡建设厅 湖南省公安厅关于进一步加强城市步行和自行车交通系统建设的通知》（湘建城〔2016〕57号）文件，要求各县（市、区）从强化规划的先导和调控作用、加快基础设施建设、保障步行和自行车的基本路权、加强宣传和监督管理等方面做好全州城市步行和自行车交通系统建设工作。二是加大停车场建设指导力度。为缓解城市交通拥堵，有效解决城市停车难问题，州住建局主要领导高度重视停车场建设工作，将停车场建设列入城市基础设施建设工作重要日程。龙山、花垣两县要求新开发商业楼盘严格按照规范要求配建停车场；古丈县近期投资600万元，新建城南钢架式立体停车场，主体占地600平方米，可供停车位166个；永顺县2万平方米的宝塔停车场正式开工建设；泸溪县根据城市发展需要，规划建设铁山河大桥停车场、四大家停车场；吉首市采用单方投资建设城市立体停车场，完成6处停车场的主体建设，共计249个停车位。三是推进绿色照明改造。组织参加市政绿色照明技术培训，加强学习和宣传。积极争取中央和省级市政绿色照明改造项目资金，加快县（市）绿色照明改造项目实施步伐。

存在的主要问题。一是项目资金缺口大。按照湖南省委省政府“两供两治”工程建设实施方案，湘西州全年“两供两治”设施建设计划投入109580万元。州内8县（市）有7个属国家级贫困县，主要依靠财政转移支付维持运转，财政投入公共设施建设极为困难。如供水设施建设，是年计划投入24763万元，仅靠供水企业自筹建设资金，缺口较大，资金落实较困难。二是项目建设难度大。因为地形和地质情况复杂，城镇供水、污水和垃圾处理设施建设项目选址非常困难，严重影响建设进度。全州城镇污水管网二期工程主要在人口、建筑密布的老城区内进行，施工环境复杂，工程推进较慢，导致污水管网覆盖率低，污水进水浓度偏低。三是运营管理欠规范。因缺乏资金、设备和专业人员，州内供水企业的水质检测能力普遍不足，有的县（市）供水企业仅能做10余项常规指标检测。部分污水处理厂管理不规范，运行不稳定，信息填报不规范。四是城市综合执法提质不顺。由于州级城市综合执法管理机构的缺失，导致日常性的考核调度无法正常开展，县市工作无法统一，各相关部门下达的城市管理考核任务难以安排部署到位。

（本栏撰稿　彭峥嵘）

住房保障

【概况】 2017年，全州棚户区改造目标任务为10367户，其中货币化安置4333户，新建安置房6034户。截至11月底，棚户区改造新开工10367

户，开工率100%，竣工4333户。往年结转至该年在建项目38151套（户），截至11月底，竣工29874套（户），在建8277套（户），结转仍未竣工在建项目较多的有吉首市4893套（户），龙山县1374套（户）。是年，新建项目和往年结转项目共完成固定资产投资39.95亿元，较上年同期27.73亿元增长44%，完成投资额较大的有吉首市完成投资7.2亿元，凤凰县完成投资6.7亿元，龙山县完成投资4.8亿元。截至11月底，全州支出专项补助资金22.94亿元，结存专项资金4.57亿元，结存资金量较大的县（市）有龙山县结存1.48亿元，永顺县结存0.98亿元。各类银行贷款往年结转31.51亿元，是年到位8.7亿元，截至11月底，贷款本金支出20.29亿元，结存19.93亿元，贷款结存量较大的县（市）有凤凰县结存6.8亿元，泸溪县结存6.04亿元，湘西经开区结存2.76亿元。是年，湖南省下达湘西州公租房分配入住目标任务22104套，截至11月底，全州公租房累计分配入住71187套，分配率为91%，当年分配28319套，完成分配目标任务的128%。分配入住完成较好的县（市）有永顺县分配入住100%，凤凰县分配入住96%。

高位调度。州委、州政府高度重视住房保障工作，全面实行“县（市）委书记半年一调度、县（市）长一季一调度、分管副县（市）长一月一调度、项目责任单位一周一调度”的工作要求，州委督查室将住房保障工作纳入州委重点工作督查范围，实行月调度工作机制，分析存在问题，直接通报至县（市）委书记，督促县（市、区）主要领导重视，并将月调度情况报州委主要领导阅示，形成层层加压态势，增强县（市、区）人民政府实施主体责任感、紧迫感。

倒排工期。州住建局根据项目实施过程中存在的问题，实行分类指导，要求县（市、区）列出每个项目开展情况是否正常，存在什么问题，需要州级层面解决什么问题，随时跟踪服务。同时，为把工作做实，及时编制“湘西州住房保障项目推进计划管控工作节点表”，将每一个项目落实到点、落实到人、落实到完成时间，半月调度，倒逼工作。

优化审批。州政府出台《保障性安居工程项目建设审批绿色通道会议纪要》，进一步优化项目建设前期手续的审查、审批、招投标、竣工结算办理等程序，有效缩短各项工作前期办结时间，确保项目建设顺利实施。

严格考核。州政府印发《湘西自治州保障性安居工程目标管理考核暂行办法的通知》，每年拿出200万元实施奖励，每季度考评一次，对排名前三位的县（市、区）人民政府实行奖励，对排名后三位的县（市、区）人民政府主要负责人及相关项目单位和责任人进行约谈、问责，对问题突出的项目实行领导挂牌督办，限期整改落实。州住建局根据《考核暂行办法》，每季度对县（市、区）住房保障工作开展情况按时实行逐项考核，并将考核结果排名，形成通报，下发到县（市、区）人民政府，同时，对问题突出的项目及时挂牌督办。

（图文　汪　涛）

泸溪县武溪镇九甲杨公租房一角

村镇建设

【概况】 2017年，湘西州村镇建设围绕建设国内外知名生态文化公园这一总战略、总愿景，以推进美丽湘西建设为总揽，加快农村危房改造整体推进、传统村落保护发展、特色民居保护与整治、特色小镇建设等重点工作，突出抓好农村环境整治、基础设施建设，不断改善农村人居环境，取得较好成效。

传统村落保护。传统村落保护发展工作稳步推进。建立传统村落档案215个，全部录入全国传统村落信息管理系统；入选“中国传统村落”名录村落82个；纳入中央财政支持范围的村落67个，获专项保护资金2.002亿元，入选中国传统村落个数和到位专项保护发展资金数均位列全省第一；拟列入2018年中央财政支持范围村落12个；待保护发展规划技术审查结果村落3个；申报第五批“中国传统村落”129个。新传统村落试点建设工作初见成效。确定传统村落保护发展示范村18个；完成14个传统保护示范村的视频资料，并申报纳入中国传统村落数字博物馆。传统村落宣传推介力度加大。制作龙山县惹巴拉和永顺县老司城视频资料，对湘西传统村落进行宣传推介。精心制作湘西自治州传统村落形象宣传片，参加住房和城乡建设部“首届传统村落保护发展国际大会”。

特色民居保护。制定《湘西自治州特色民居保护与整治三年行动计划（2018—2020）》，编制《湘西自治州特色民居与传统风貌保护整治技术导则及示例图集》，按照“协调、美观、实用、节约”和“修旧如旧”的要求，重点保护整治美丽乡村、传统村落、特色村寨、乡村旅游精品村以及景点景区范围内村寨的传统民居。对村寨民居实行逐步改造整治，建筑物在外观造型上传承民族建筑符号，采用坡屋顶、清水墙、马头墙、吊脚楼、吞口屋等传统民居元素构件，外墙面禁止使用瓷砖贴面，精心打造人与自然和谐共生的地域建筑文化景观，形成风貌协调、环境优美的特色民居示范村。截至11月底，全州累计投资2.1亿元，完成民居整治5056栋。

农村危房改造。坚持将农村危房改造与精准脱贫攻坚、传统村落保护利用、特色民居保护整治等工作相结合，整村示范推进农村危房改造，着力实施改水、改电、改路、改厕、改房和改善居住环境等“六到农家”工程。先后制定《湘西自治州精准脱贫攻坚农村危房改造实施方案》《湘西自治州危房改造扶贫实施规划（2016—2020）》《湘西自治州2017年农村危房改造实施方案》等文件，集中支持“四类重点对象”（建档立卡贫困户、低保户、农村分散供养特困人员和贫困残疾人家庭）实施农村危房改造。截至12月底，开工建设36716户，开工率102%，竣工32750户，竣工率91%，超额完成年度任务。

农村污水治理。为推进湘西州生态文明建设和新型城镇化进程，提高污水处理能力，改善城乡人居环境，湘西州科学规划、精心谋划、齐抓共管、狠抓落实，农村生活污水治理工作有序进行，成效显著。年内启动6个污水处理项目建设，分别为泸溪县浦市镇污水处理工程建设、凤凰县山江镇污水处理工程建设、凤凰县阿拉镇污水处理工程建设、吉首市矮寨镇污水处理工程建设、吉首市河溪镇污水处理工程建设、花垣县边城镇污水处理工程建设，其中泸溪县浦市镇污水处理厂和凤凰县官庄乡污水处理厂12月底完工投入使用。

示范创建品牌。坚持以打造美丽湘西、宜居湘西、和谐湘西为重点，积极开展住建系统各级各类品牌示范创建。截至2017年底，全州创建全国特色小镇2个，全国重点镇9个，全国特色景观旅游名镇1个，全国美丽宜居小镇1个，全国美丽宜居村庄1个，中国传统村落82个，湖南省新型城镇化试点镇2个，湖南省中心镇、特色镇”15个，湖南省美丽乡镇1个，为美丽湘西注入新的内涵。

存在主要问题。一是城镇化整体水平偏低。湘西州城镇化进程较慢、质量较低，城镇化率远于全国、全省平均水平。同时，城镇规模小，集聚能力弱，辐射功能不强，使得大量的农村剩余劳动力滞留在传统的农业产业，城镇化整体水平较低，农村经济发展较慢，新农村建设相对滞后。二是城乡规划引领作用欠缺。城镇总体规划层次偏低，专项规划编制滞后。在城镇化推进过程中，先建设后规划，边建设边规划，盲目建设、盲目发展现象突出，造成整个城镇化建设起点较低，建设较乱，城镇格调不新颖，缺少地方特色和民族特色。三是城镇基础设施及配套管理滞后。基础设施配套不完善，城镇发展环境压力大。小城镇的基础设施建设严重落后，乡镇垃圾、生活污水集中处理设施欠缺，道路交通、农贸市场、环保设施、公共厕所、文化体育场所等市政设施不足，难以达到优质生活城镇的要求。四是农村危房改造计划指标较少，难以满足湘西州缺口。省下达湘西州危房改造补助资金与各县市实际需求缺口较大，特别是年内农村危房改造标准达到24480元/户，但“四类重点对象”本身经济基础差，自筹资金难度大，补助标准难以满足实际需求，农户因房举债、因房返贫的矛盾突出。五是传统村落保护与利用工作有待进一步加强。虽然获得中央财政支持2.002亿元，但这些资金按专项规划完成保护建设远远不够，县（市）限于财政实力，又无力配套项目资金，项目按规划实施建设难度大。且乡镇建设规划管理队伍力量薄弱，基层监管难以到位，违法违规建筑、人为损毁等现象虽然得到遏制，但未能彻底杜绝，使不少原生态传统村落逐步消失。

2017年湘西州传统村落保护工作批次情况一览表

表13

县（市）名称	第一批	第二批	第三批	第四批	第五批
吉首市	中黄村、德夯村	小溪村、河坪村、齐心村	—	坪年村、坪朗村、补点村	寨龙村、家庭村、栗溪村、排乃村雀儿寨、林龙村、锦坪村、联团村、毛坪村、吉斗寨、王腊村、云华村、联林村、簡台村、夯砣村、古者村、排杉村
凤凰县	拉毫村、老洞村、舒家塘村	凉灯村、老家寨村	竹山村、黄毛坪村、早岗村	塘坳村、大塘村、火炉坪村、东就村、塘头村、泡水村、扭光村、香炉山村、关田山村、黄沙坪村、米良村	扭仁村、天星村、苏马河村、禾若村

续表 13

县(市)名称	第一批	第二批	第三批	第四批	第五批
花垣县	磨老村、板栗村	—	—	十八洞村、张刀村、金龙村、芷耳村、油麻村、高务村、五斗村	大兴村、扪岱村、懂马村、桃子村、夯来村、鸡坡岭村、子腊村、石栏村、文笔峰村、龙孔村、紫霞村、隘门村、懂哨村、古戎湖村、夜郎坪村、谷坡村、岩科村、土屯村、朝料村、板栗村、黄土坡村、板塘村
永顺县	老司城村、双凤村、小溪村	—	—	爬出科村、博射坪村、砂土村、大井村、芷州村、列夕村、伍伦村、西那村	龙珠村、大明村、回龙村、塘坊坪村、那丘村、那必村、咱河村、卡木村、兰花洞村、西龙村、新寨村、大竹岗村、宝石村、大桥村
龙山县	惹巴拉村、六合村	万龙村、长春村	捞车河村	老洞村、树比村、巴沙村、街上村	长兴村、泽果冻村、猛西湖村、列坝村、中心村、东风村、脉龙湖村、大字沟村、天井村、天桥村、马洛沟村、双平村、兔吐村、耳洞村、虎巢溪村、塔尼湖村、明溪村、桂塘社区、双科村、喇宗坡村、西吴村、信地村、前丰村、百型村、洞坎村、贾田溪村、克洞村
泸溪县	—	岩门村	—	芭蕉坪村、椰木溪村、欧溪村	张家坪村、塘食溪村、布条坪村、三角潭村、李什坪村、新寨坪村
保靖县	夯沙村、首八峒村	—	—	吕洞村、夯吉村、梯子村、黄金村、新民村、魏家寨村、木芽村、傍海村、金落河村	亨章村、波溪村、糯梯村、沙湾村、陡滩村、米溪村、龙凤村、阿扎河村、陇木村、磋比村、那铁村、叒吾村、巴科村、木耳村、印山村
古丈县	岩排溪村、老司岩村、龙鼻村	—	—	宋家村、中寨村、九龙村、毛坪村、翁草村、李家村、洞溪村、列溪村	曹家村、石门寨村、马达坪村、葫芦坪村、坐苦坝村、张家坪村、白果树村、三坪村、磨刀村、对冲村、沾潭村、新窝村、牛家山村岩寨、梓木村、窝米村、丫角山村、排若村、米多村、凉水村、陈家村、夯娄村、溪龙村、杨家河村
小计	17	8	4	53	127
合计	82				127
总计	209				

2017年湘西州传统村落纳入中央财政支持范围情况一览表

表14

县(市)名称	2014年第一批	2014年第二批	2015年	2016年	2017年	拟列入2018年	发展规划未通过村
吉首市	—	—	中黄村、小溪村、齐心村	德夯村、河坪村	—	—	坪年村、坪朗村、补点村
凤凰县	拉毫村、老洞村	凉灯村	舒家塘村、竹山村、黄毛坪村、老家寨村	早岗村	塘坳村、大塘村、火炉坪村、东就村、塘头村、泡水村、扭光村、香炉山村、关田山村、黄沙坪村、米良村	—	—
花垣县	磨老村、板栗村	—	—	—	张刀村、金龙村、芷耳村、油麻村、五斗村	高务村、十八洞村	—
永顺县	老司城村、双凤村	—	小溪村	—	爬出科村、博射坪村、砂土村、大井村、芷州村、列夕村、伍伦村、西那村	—	—
龙山县	惹巴拉村	—	万龙村、长春村、捞车村、六合村	—	老洞村、树比村、巴沙村	街上村	—
泸溪县	—	—	岩门村	—	芭蕉坪村、椰木溪村	欧溪村	—
保靖县	—	—	夯沙村、首八峒村	—	吕洞村、新民村、金落河村	木芽村、傍海村、黄金村、魏家寨村、夯吉村、梯子村	—
古丈县	—	岩排溪村	老司岩村、龙鼻村	—	宋家村、九龙村、毛坪村、翁草村、洞溪村、列溪村	李家村、中寨村	—
小计	7	2	17	3	38	12	3
合计	67					12	3
总计	82						

2017年湘西州第一、二、三、四批中国传统村落专项资金分配明细表

表15

县(市)名称	所属传统村落	农村环保资金(万元)	农村综合改革资金(万元)	小计	资金批次	村落批次	村(个数)
吉首市	中黄村	150	150	300	3	1	—
	小溪村	150	150	300	3	2	—
	德夯村	150	150	300	4	1	—
	河坪村	150	150	300	4	2	—
	齐心村	150	150	300	3	2	—
	吉首市小计	750	750	1500	—	—	5
凤凰县	拉毫村	147	153	300	1	1	—
	老洞村	127	173	300	1	1	—
	凉灯村	150	150	300	2	2	—
	舒家塘村	150	150	300	3	1	—
	竹山村	150	150	300	3	3	—
	黄毛坪村	150	150	300	3	3	—
	老家寨村	150	150	300	3	2	—
	早岗村	150	150	300	4	3	—
	塘坳村	300	—	300	5	4	—
	大塘村	300	—	300	5	4	—
	火炉坪村	300	—	300	5	4	—
	东就村	300	—	300	5	4	—
	塘头村	300	—	300	5	4	—
	泡水村	300	—	300	5	4	—
	扭光村	300	—	300	5	4	—
	香炉山村	300	—	300	5	4	—
	关田山村	300	—	300	5	4	—
	黄沙坪村	300	—	300	5	4	—
	米良村	300	—	300	5	4	—
	凤凰县小计	4474	1226	5700	—	—	19
花垣县	磨老村	105	175	280	1	1	—
	板栗村	104	176	280	1	1	—
	五斗村	300	—	300	5	4	—
	张刀村	300	—	300	5	4	—
	芷耳村	300	—	300	5	4	—
	金龙村	300	—	300	5	4	—
	油麻村	300	—	300	5	4	—
	花垣县小计	1709	351	2060	—	—	7
永顺县	老司城村	120	160	280	1	1	—
	双凤村	115	165	280	1	1	—
	小溪村	150	150	300	3	1	—
	爬出科村	300	—	300	5	4	—

续表 15

县(市)名称	所属传统村落	农村环保资金(万元)	农村综合改革资金(万元)	小计	资金批次	村落批次	村(个数)
永顺县	博射坪村	300	—	300	5	4	—
	砂土村	300	—	300	5	4	—
	大井村	300	—	300	5	4	—
	芷州村	300	—	300	5	4	—
	列夕村	300	—	300	5	4	—
	伍伦村	300	—	300	5	4	—
	西那村	300	—	300	5	4	—
	永顺县小计	2785	475	3260	—	—	11
龙山县	惹巴拉村	155	145	300	1	1	—
	万龙村	150	150	300	3	2	—
	长春村	150	150	300	3	2	—
	捞车村	150	150	300	3	3	—
	六合村	150	150	300	3	1	—
	老洞村	300	—	300	5	4	—
	树比村	300	—	300	5	4	—
	巴沙村	300	—	300	5	4	—
	龙山县小计	1655	745	2400	—	—	8
泸溪县	岩门村	150	150	300	3	2	—
	芭蕉坪村	300	—	300	5	4	—
	椰木溪村	300	—	300	5	4	—
	泸溪县小计	750	150	900	—	—	3
保靖县	夯沙村	150	150	300	3	1	—
	首八峒村	150	150	300	3	1	—
	金落河村	300	—	300	5	4	—
	新民村村	300	—	300	5	4	—
	吕洞村	300	—	300	5	4	—
	保靖县小计	1200	300	1500	—	—	5
古丈县	岩排溪村	150	150	300	2	1	—
	老司岩村	150	150	300	3	1	—
	龙鼻村	150	150	300	3	1	—
	九龙村	300	—	300	5	4	—
	毛坪村	300	—	300	5	4	—
	翁草村	300	—	300	5	4	—
	列溪村	300	—	300	5	4	—
	洞溪村	300	—	300	5	4	—
	宋家村	300	—	300	5	4	—
	古丈县小计	2250	450	2700	—	—	9
合计		15573	4447	20020	—	—	67

【湖南省首个“和平玫瑰特色小镇”落户湘西】 2017年，州住房和城乡建设局、花垣县人民政府与中国企业联合会、《中国企业报》集团签订“和平玫瑰特色小镇”合作框架协议，计划投资41.3亿元，在5年内将边城镇打造成为国际知名的集生态、文化、特色产业、种植、旅游观光、休闲度假、健康疗养、娱乐、餐饮、购物等多功能为一体的宜业、宜游、宜居的特色小镇。

（本栏撰稿　向英俊）

建筑业

【概况】 2017年，全州建筑业发展来势好，成为拉动经济发展的主动力。

建筑施工企业。全州现有施工资质企业110家、施工总承包67家，其中一级2家、二级20家、三级45家；专业承包33家、施工劳务资质企业10家；监理机构5家，甲级1家；勘察企业7家。有承建房屋建筑和市政公用工程项目的施工企业174家（州外132家、州内42家）、监理企业55家（州外50家、州内5家）、勘察企业15家（州外8家、州内7家）。全州房屋建筑和市政公用工程报建项目总数463个，总建筑面积489.65万平方米，总造价158亿元。其中，州内施工总承包企业承揽工程任务项目共219个，建筑面积119.65万平方米，造价19.5亿元，占比分别为47.3%、24.4%、12.3%；州内监理企业承揽工程任务共181个，建筑面积137.95万平方米，造价31.5亿元，占比分别为38%、28%、19.9%。截至是年11月底，州内建筑施工企业期末总人数11675人，其中工程技术人员3665人、现场施工人员6350人、劳务派遣2490人。

城镇供水及污水处理企业。全州有城镇供水企业9家（城镇供水厂14个），从业人员1066人，水厂设计供水能力33.90万立方米/日，实际供水能力29.5万立方米/日，供水管网长度1423.2公里，固定资产总额27288万元、供水总量7156万立方米。城镇污水处理企业8家（城镇污水处理厂9个），从业人员170人，2017年度处理污水量5790.67万立方米/日，COD削减量8051.84吨。

房地产企业。全州有房地产开发企业226家，其中三级资质56家，四级资质74家，暂定级84家，外地企业12家。是年，全州新建商品房网签面积168.01万平方米，其中住宅123.96万平方米，同比增长-1.2%和-21.1%；新建商品房网签金额61.77亿元；二手房成交面积42.61万平方米，其中住宅36.99万平方米；二手房成交金额9.69亿元。

城镇物业服务企业。全州有城镇物业服务企业174家，其中外地入州企业10家；资质企业分别为一级资质3家、二级资质10家、三级资质89家、暂定级62家。年底，全州累计归集房屋维修资金4.82亿元，投入使用611万元。

装配式建筑产业。为提升全州装配式建筑水平，促进企业发展，州住建局组织各县（市、区）住建局以及湖南东方红住宅工业有限公司、湖南美林住宅工业有限公司参加2017中国·湖南（长沙）装配式绿色建筑与建筑技术博览会，以筑博会为契机和平台，宣传湘西州装配式建筑工作成效。至是年底，湖南东方红住宅工业有限公司已经完成吉首市城市地下综合管廊项目、吉首市一中迁建项目、乾北公共租赁住房建设项目、易地扶贫搬迁项目等20多万平方米的装配式建筑工程，并成功获取国家装配式建筑产业基地称号。湖南美林住宅工业有限公司与山东金胜高科（轻钢结构）、麓山小雨木别墅公司（木结构）等结成友好合作关系，完成标准厂房建设、设备安装调试，开展上岗前的技能培训等一系列工作，生产初具规模，并建设完成约10000平方米现代木结构和5000平方米的轻钢结构工程项目，成功获得省装配式建筑产业基地称号。是年，湘西州圆满完成省政府和省住建厅下达的装配式建筑目标管理和绩效考核任务。各县（市、区）也基本完成州政府下达的目标管理和绩效考核任务。是年，全州装配式建筑基地建设完成投资4亿元，基地从业人员500余人，建成生产线7条、厂房面积达5万余平方米，PC结构装配式建筑生产能力达100万平方米/年，木结构和轻钢结构装配式建筑生产能力达30万平方米/年，实现税收3000万元。装配式建筑发展和绿色建筑技术运用以及行业安全生产监管等迈入全省领先行列。

（本栏撰稿　傅盛泽）

城市公用事业

【概况】 2017年，全州住建、交通运输部门认真履职，各负其责，分工协作，城市公用事业发展取得新成绩。截至年底，全州有出租车企业12家，出租车1450台，出租车驾驶员3009名；有城市公交车公司11家、车辆421台；全州有城镇燃气企业26家，其中管道燃气企业8家、瓶装燃气企业14家（其中瓶装燃气企业2家被停业整顿）、燃气汽车加气企业1家、燃气器具安装维修企业3家、燃气经营网点230余处，全州累计敷设燃气管网85.82公里，管输天然气用户57381户、年用气量943万立方米；瓶装燃气用户202175户、年用气量为30030吨；使用燃气车辆163台、年用气量70万立方米。

2017年度湘西州公交车辆明细表

表16

序号	市县名称	车辆数(辆)	标台数
	全州合计	421	480.7
	吉首市		
1	吉首市公共汽车公司	184	224.2
2	湘西乾城汽车运输有限公司	22	15.4
	保靖县		
3	保靖县酉水城市公交车有限责任公司	10	10.0
4	湘运保靖县一七三车队	10	8.2
	泸溪县		
5	泸溪县恒运农村短途公交有限责任公司	13	13.0
	古丈县		
6	古丈县茶城公共客运有限责任公司	8	8.0
7	湖南省湘西土家族苗族自治州汽车运输总公司古丈县公司	13	9.1
	永顺县		
8	永顺县顺安城市公共汽车有限责任公司	31	28.6
	花垣县		
9	花垣县盛发城市公共客运有限责任公司	28	31.6
	凤凰县		
10	湘西自治州天下游运输有限责任公司凤凰县公交公司	60	78.0
	龙山县		
11	湖南龙凤龙骧公共交通有限责任公司	42	54.6

2017年度湘西州出租车辆明细表

表17

序号	市县名称	车辆数(辆)
	全州合计	1450
	吉首市	
	吉首市海圳出租汽车公司	240
	吉首市吉韵出租汽车公司	122
1	吉首市吉祥出租汽车公司	167
2	吉首市三维出租汽车公司	168
	保靖县	
4	湘运保靖县一七三车队	60
	泸溪县	
	泸溪县金桔出租车有限责任公司	35
5	泸溪县沅水出租车有限责任公司	65
	古丈县	
6	古丈县茶城公共客运有限责任公司	50
	永顺县	
8	永顺县城市客运管理有限责任公司	60
	花垣县	
9	花垣县边城出租车有限责任公司	138
	凤凰县	
10	凤凰县金凤出租车有限责任公司	145
	龙山县	
11	湖南龙凤龙骧出租车有限责任公司	200

园林绿化

【概况】2017年，全州园林管理部门紧紧围绕州委、州政府“加快建设美丽湘西，把湘西州打造成为国内外知名生态文化公园”总愿景，坚持“科学规划、统一管理、严格保护、永续利用”十六字方针，突出资源保护，强化科学管理，做好全州各风景名胜区的规划、建设、管理和资源保护各项工作。是年，全州城区建成区绿化覆盖面积6.8万多亩，城区公园绿地面积1.6万多亩，建成区面积16.4万多亩，建成区常驻人口88.65万人，人均公园绿地面积11.79平方米，绿化覆盖率41.49%。全州新建绿荫停车场47个，新建面积658218平方米，乔木树冠覆盖率36.2%。全州66个城市公园全部免费对外开放，城市居民游憩休闲场所稳步提高。至2017年年底，全州创建省级园林式单位58个、州级园林式单位95（小区）个，居民办公和生活环境不断提高。（田玉霞）

房地产业

【概况】2017年，全州有房地产开发企业226家，房地产开发施工面积296.9万平方米，年新开工面积170.6万平方米；批准预售商品房面积173.65万平方米，其中住宅145.69万平方米，非住宅27.96万平方米；现房销售备案商品房面积21.69万平方米，其中住宅18.94万平方米，非住宅2.75万平方米；新建商品房网签面积189.01万平方米，其中住宅142.51万平方米，非住宅46.5万平方米；城镇居民居住条件继续改善，全州城镇居民人均住房面积由2013年的32.77平方米增加到2017年的44.9平方米。

是年，新建商品房网签金额69.97亿元，其中住宅45.42亿元，非住宅24.55亿元；新建商品房网签均价3701.87元/平方米，其中住宅3187.22元/平方米，非住宅5394.97元/平方米。二手房成交面积47.35万平方米，其中住宅41.39万平方米，非住宅5.96万平方米；二手房成交金额10.75亿元，其中住宅8.09亿元，非住宅2.67亿元；二手房成交均价2270.67元/平方米，其中住宅1953.67元/平方米，非住宅4470.51元/平方米，符合湘西州商品房房价收入比值，基本趋于合理。（邹纯科）

物业管理

【概况】2017年，湘西州高度重视城镇物业管理工作，将城镇物业管理纳入深化改革的重要内容。全州各县（市、区）扎实工作，积极探索，城镇物业管理工作取得较好成效。截至年底，全州有各类居住小区1071个，其中商住小区295个、保障性住房小区82个、机关单位院落694个。全州成立有业主委员会小区147个，委托物业公司管理小区197个，业主委员会自治管理小区80个，机关单位或社区自行管理589个，其他零散小区166个。截至11月底，全州城镇物业服务企业达174家，其中外地入州企业10家；资质企业分别为一级资质3家、二级资质10家、三级资质89家、暂定级62家，新建商住小区物业管理实现专业化、市场化全覆盖。归集房屋维修资金累计达4.82亿元，其中投入使用611万元。城镇物业管理发展成为湘西州加大农村人口转移、扩大就业、推动城镇化的新型产业。

政策措施。按照州委、州政府的统一部署，州住建局制定出台《关于印发湘西自治州城镇物业管理工作实施办法》，成立城镇物业管理工作领导小组，下设办公室，将城镇物业管理作为深化改革工作加以推进。吉首市制定《吉首市城区物业管理示范社区实施方案》《吉首市政府关于加强城区住宅小区综合管理的实施意见》；永顺、凤凰两县制定《商住房质量维修资金管理的通知》；保靖县制定印发《建立物业管理工作联席会议制度的通知》《保靖县物业管理工作考核办法》等文件，各项政策措施逐步完善。

工作部署。按照州委、州政府的决策部署，3月初，召开全州物业管理会议对物业管理工作进行专门安排部署，印发《全州物业管理工作要点》《湘西州城镇物业管理工作考核评分办法》，草拟湘西自治州物业管理招投标办法，将物业管理列入州政府目标管理和美丽湘西建设工作范畴。11月初，在全州“双修双改”暨城市管理工作推进会议上，将城镇物业管理工作作为“六大集中治理行动”之一进行再安排再部署。

宣传教育。州、县（市、区）加大宣传教育力度，充分利用媒体、小区宣传栏、业主委员会等途径，积极开展“提升服务管理、构建和谐物业、提高业主满意度”宣传工作，系统开展物业管理政策法规等宣传教育活动，设置小区宣传栏，全面提高对物业管理的认知度。在州住建局门户网站和湘西住建微信平台，开辟物业管理宣传专栏。近年来，开展物业经理、物业从业人员、信用信息联络员等业务培训1000余人次。

示范创建。出台《湘西州物业管理示范社区创建工作实施方案》，按照“总体规划、突出重点、因地制宜、分步实施”的原则，深入开展示范创建工作，全州创建吉首市竹园社区、龙山县回龙花苑等物业管理示范社区9个，省、州、县园林式单位（小区）25个，州级和谐社区18个，实施创建项目52个，投入资金近1亿元，示范创建工作成效初显。吉首市采用PPP模式，投入资金700万元，集中对乾州竹园社区开展物业管理示范社区创建。龙山县先后投入资金8700万余元，集中对回龙花苑、步步高等7个老旧小区进行改造和物业管理示范创建，并推行物业、社区、警务、党建、城管执法、网格服务“六进”进小区工作，实现网格化管理与城镇物业管理有机对接。同时积极探索建立城镇数字物管系统，注重将城镇物业管理与社会网格化服务、不动产登记和住宅专项维修资金管理等信息数据有机对接、整合，城镇物业管理信息化、网格化、自动化初现雏形。

督查考核。加强督促检查，推动示范创建，全州坚持将城镇物业管理、城镇物业示范社区创建等工作纳入政府目标管理，纳入美丽湘西建设的常规考评，经常性开展协调会、调度会、推进会，常态化推进城镇物业管理。11 月 8 日至 10 日，组织督查调研组深入 9 县（市、区）和各城镇物业小区、物业服务企业进行督查调研。实地察看龙山典雅·龙领国际、湘西经开区御香山、凤凰鸿景铭苑、古丈天润茶都等 12 个商住小区；与各单位、各代表进行座谈，综合听取城镇物业管理工作的有关意见和建议。州美丽湘西办将城镇物业管理纳入《全州建设美丽湘西工作考核细则》的考核内容，实行一月一考核检查。

【物业管理示范区创建】 吉首市采用 PPP 模式，投入资金 700 万元，集中对乾州竹园社区开展物业管理示范社区创建。龙山县先后投入资金 8700 万余元，集中对回龙花苑、步步高等 7 个老旧小区进行改造和物业管理示范创建，并推行物业、社区、警务、党建、城管执法、网格服务“六进”进小区工作，实行网格化管理与城镇物业管理有机对接，同时积极探索和建立城镇数字物管系统，注重将城镇物业管理与社会网格化服务、不动产登记和住宅专项维修资金管理等信息数据有机对接、整合。截至 2017 年年底，城镇物业管理的信息化、网格化、自动化初显雏形。

【物业管理改革】 创新物业管理承接机制，草拟《湘西州物业管理承接查验办法》，将原由建设单位和物业企业组织开展的承接查验工作，改由房产主管部门或社区牵头组织开展承接查验工作，促进物业服务后续工作顺利开展。实行特种设备定期检查制度，制定出台《湘西州物业管理实施办法》，督促物业服务企业对电梯等小区特种设备实行半月一次的定期检查制度，确保及时消除安全隐患。开展行政执法进小区常态化制度化，积极推进龙山县行政执法进小区常态化试点工作，有效解决小区执法缺位、乱搭乱建、改变规划用途等现象。建立物业服务企业诚信制度，转发《湖南省信用信息管理办法》，建立全州物业服务企业信用信息管理平台，落实企业等级评定和不良行为上报制度，定期开展信用评价工作。

（本栏撰稿　邹纯科）

环境保护

【概况】 2017 年，全州环境保护工作以改善环境质量为核心，以解决突出环境问题为重点，扎实推进水、气、土壤污染防治工作，深入开展农村环境综合整治，全力抓好中央环保督察问题整改，全州环境质量总体保持稳中趋好。1—12 月，吉首市空气质量综合指数全省排名第一，优良天数为 325 天，优良率为 89.3%，全州 8 县（市）所在城市环境空气质量平均优良天数比例为 91.7%，影响城市环境空气质量的主要污染物是 $PM_{2.5}$ 和 PM_{10}。31 个国控、省控地表水断面水质达标率为 99.5%，较上年上升 0.4 个百分点；8 个县（市）10 个地表饮用水水源地的水质达标率为 100%，水质良好；“锰三角”水质总体为轻度污染，其中凤滩水库和碗米坡水库两个断面符合二类水质标准，占 28.6%，龙山县里耶、秀山县石花村、花垣县边城、保靖县江口、花垣县清水江入西水口等 5 个断面水质符合四类水质标准，占 71.4%，“锰三角”水质达标率为 28.6%。

建设项目环评审批。严格执行污染物排放有偿使用制度，新、改、扩建项目必须先落实主要污染物总量来源，方可进行环境影响评价审批。1—12 月，全州审批项目环评文件 45 个，无越权审批、违规审批行为。全年开展 53 个项目竣工环保验收，8 个由省环保厅验收的项目出具验收预审意见，对不具备验收条件的 7 个项目加大督促整改力度。

重点领域污染防治。一是推进水污染防治。开展水污染防治项目储备工作，向湖南省环保厅上报湘西州 2017 年水污染防治重点项目清单。按照国家和省“水十条”工作要求，深入推进十大重点行业整治，加强园区污染治理，积极督促产业园区（工业集中区）污水集中处理设施建设。开展饮用水源保护工作，完成城区集中式饮用水源地环境状况评估，开展饮用水水源环境基础信息调查工作，调查全州 90 个饮用水源基础信息，制定各县（市）城区集中式饮用水源保护区整改方案，完成各县（市）饮用水水源保护区划分工作。二是加强大气污染防治。认真贯彻实施《湘西州大气污染防治 2017 年年度实施方案》，全州投入治理资金 1597.4 万元，共淘汰燃煤小锅炉 112 台 84 蒸吨（完成省定目标 15 台 25 蒸吨年度目标）。全州 90%以上加油站完成油气回收改造任务。进一步加强机动车尾气排放检测机构建设与监管，全州建成机动车尾气排放检测站 12 家，正在建设机动车排放检验与监控平台，建成投入使用后可实现机动车排气检测数据与州、省环保部门联网管理。加快黄标车淘汰工作，完成淘汰黄标车和老旧车 2831 辆，圆满完成省定任务。三是推进土壤污染防治。编制《湘西自治州土壤污染防治工作方案》，完成全州重点区域土壤环境监测风险点的排查和布设工作，编制土壤环境风险监测方案。积极开展土壤污染源、污染地块调查工作，基本摸清湘西州各县（市、区）土壤污染源、污染地块的分布情况，为下步开展管控和治理提供科学依据。筛选土壤污染防治项目 26 个列为“十三五”重点支持项目，成功申报花垣县锰锌高科、保靖县原化工二厂、凤凰县华宇 3 个土壤治理项目，获得专项资金支持 4200 万元。四是加强危险废物防范管理。制定《湘西自治州 2017 年危险废物规范化管理专项整改工作方案》，规范危险废物管理，加强危险废物巡查巡检，严格危险废物转移审批和管理，落实危险废物网上申报和转移联单制度，加强事中事后监管，审批和备案省内危废转移阳极渣 2720.86 吨、酸浸渣 35985 吨、铅泥 13156 吨、铜镉渣 3421 吨、铁渣 9561 吨、废铅酸电池 21.93 吨；跨省转移铜渣 379.42 吨。危险废物规范化管理迈上新台阶。

环境保护监管执法。一是严格行政执法。全州范围内共立案 156 起，实施行政处罚 91 件，处罚总金额达 723.83 万元。其中实施查封扣押 57 件、限产停产 11 件、环保部门移交公安机关 19 件（涉刑案件 6 件、实施行政拘留 13 件）。二是健全“两法”衔接机制。7 月，正式挂牌成立州人民检察院驻州环保局联络室和州公安局驻州环保局联络室，建立联动工作机制、联络机构，明确专门联络人员，建立湘西州环境执法联动工作方式和框架。

生态文明体制改革。一是全面推进全州生态红线划定。成立州生态保护红线划定工作领导小组，开展全州生态保护红线划定工作，形成湘西州生态保护红线划定初步结果，经州人民政府审定上报省人民政府。经省人民政府审定，湘西州生态红线面积为 3787.72 平方公里，占总面积的 24.47%。二是推进污染治理市场化改革。深入推进排污权交易，完善环境信用体系建设，对 175 家重点企业进行评价并发布结果。

环保支撑保障能力。全州建成空气环境自动监测站 10 座、地表水环境自动监测站 3 座，完成污染源自动监控平台建设，安装重点污染源废水、废气在线监控设施 87 套。全州 8 县（市）空气质量自动监测站均开展 $PM_{2.5}$ 等 6 项指标监测，并实现全州空气质量监测数据与国家和省联网。每月将全州 8 县（市）城区空气质量、饮用水水源水质、地表水水质质量状况向各县（市）人民政府发函通报。

【污染物减排及排污费征收】 2017 年 12 月底，全州完成 167 家企业污染物减排有偿使用费征缴工作，共征缴到位有偿使用费 221.66 万元，有偿使用费征收率达 93.65%，其中凤凰、保靖、古丈、永顺 4 个县及湘西经开区的有偿使用费征收率达到 100%。同时，在州排污权交易平台完成交易 24 笔，州级财政征收交易金额 224.6 万元，交易政策执行率 100%。同时，完成点对点交易 3 笔，交易金额 2.2 万元。

【全面完成中央环保督察突出环境问题整改工作】 2017 年 4 月 23 日，中央第六督察组正式进驻湖南省开展环境保护督察工作。进驻后，全州各级党委政府、各相关部门和社会各界高度重视，积极配合，精心安排，扎实整改，圆满完成督察组交办的各项工作任务。年内，中央环保督察组交办的 51 件信访交办件全部办结，并全部完成后续整改措施，完成率 100%。环保督察期间，各责任单位对群众反映的环保问题进行及时认真查处，全州责令整改企业 99 家，立案 156 起，实施行政处罚 91 件，处罚总金额达 723.83 万元；州纪委追责问责 226 人（其中立案 16 人）。中央环保督察组反馈的 6 个问题整改完成 5 个，正在整改的问题是湘西州部分尾矿库排水或渗漏液存在重金属严重超标现象问题。制定落实《湘西州工业尾矿库环境风险隐患排查整治方案》，全面开展排查整治工作，各县（市、区）和相关企业逐一制定整改方案，明确整改责任人、整改时限、整改要求，正在按照整改方案有序推进。

（本栏撰稿　余菊馨）

2017 年湘西州水环境重点排污单位一览表

表 18

序号	县	统一社会信用代码或组织机构代码	企业名称
1	吉首市	91433101682826650B	湘西自治州首创水务有限责任公司（吉首污水处理厂）
2	吉首市	91433100587026145X	华润雪花啤酒（湘西）有限公司
3	吉首市	91433101682826650B	湘西自治州首创水务有限责任公司（乾州污水处理厂）
4	吉首市	91433100183806380W	酒鬼酒股份有限公司
5	泸溪县	91433122666330874N87400	泸溪县金瑞公司
6	泸溪县	914331226663234000000000	泸溪县金泉工贸有限公司
7	泸溪县	91433122727969656G	湖南鑫海锌品有限公司
8	泸溪县	91433122675564226T	泸溪蓝天高科有限责任公司
9	泸溪县	91433122707486032Q	泸溪县鑫兴冶化有限公司
10	泸溪县	914331225765944060	泸溪县兴业冶化有限公司

续表 18

序号	县	统一社会信用代码或组织机构代码	企业名称
11	泸溪县	91433122772281885T	泸溪县众力锰业有限公司
12	泸溪县	9143312207918469XR	泸溪县华峰锌业有限公司
13	泸溪县	91433122689510579H	泸溪县城市污水处理有限公司
14	凤凰县	91433123087610759B	凤凰首创环境综合治理有限责任公司(凤凰污水处理厂)
15	花垣县	914331241896830357	花垣县衡民锰业有限责任公司
16	花垣县	91433100712100499H	湖南三立集团股份有限公司
17	花垣县	9143312479911290XD	花垣县新巍锰业有限责任公司
18	花垣县	91433124687402857Y	花垣县城市污水处理有限责任公司
19	花垣县	91433124722598091N	花垣县太丰冶炼有限责任公司
20	花垣县	73052287-1	花垣县中发锰业有限责任公司
21	花垣县	91433124772272831M	花垣县兴银锰业有限责任公司
22	花垣县	91433124753350179H	花垣县浩宇化工有限责任公司
23	花垣县	55763834-3	湖南东方矿业有限责任公司
24	保靖县	91433125794735403L	湖南轩华锌业有限公司
25	保靖县	914331257225551714	保靖县锌业开发有限责任公司
26	保靖县	91433125794735403L	保靖县钟灵山工业集中区污水处理站
27	保靖县	914331257767856345	保靖县天和锰业有限责任公司
28	保靖县	71705162-2	湖南湘牛环保实业有限公司保靖县污水处理厂项目部
29	古丈县	914300007170516220	古丈污水处理厂(湖南湘牛环保实业有限公司)
30	古丈县	9143312677227110X7	古丈县宏泰电解锰有限责任公司
31	古丈县	914331267828859304	湘西自治州恒源锰业有限公司
32	永顺县	91433127557646765Y	永顺开源水务有限公司
33	永顺县	91433127L30307110K	永顺洪飞纸厂
34	龙山县	9143313069623076XK	龙山科亮污水处理有限公司
35	龙山县	09591923-8	龙山泰川污水处理有限公司
36	龙山县	914331303940647940	龙山县利源纸业有限公司
37	吉首市	774481346	吉首市立希纸业有限公司
38	吉首市	91433101570252920A	吉首市鸿达纸业有限公司
39	吉首市	L8274645-7	吉首山城再生纸品厂
40	龙山县	92433130MA4LFNNM42	龙山县龙凤造纸厂

2017年湘西州大气环境重点排污单位一览表

表19

序号	县	统一社会信用代码或组织机构代码	企业名称
1	吉首市	91433100670753159W	湘西州天源建材有限公司
2	吉首市	76802879-9	湘西吉庄环保科技有限公司
3	吉首市	91433100183806380W	酒鬼酒股份有限公司
4	花垣县	91433100712100499H	湖南三立集团股份有限公司硫酸三厂
5	花垣县	91433124722598091N	花垣县太丰冶炼有限责任公司
6	保靖县	91433125794735403L	湖南轩华锌业有限公司
7	保靖县	914331257225551714	保靖县锌业开发有限责任公司
8	古丈县	91433126574326368D	湖南汉瑞新材料科技有限公司
9	古丈县	914331265549158007	古丈南方水泥有限公司
10	龙山县	91433130707481207Y	湘西自治州成美建材有限公司

2017年湘西州土壤环境污染重点监管单位一览表

表20

序号	县	统一社会信用代码或组织机构代码	企业名称
1	吉首市	76802879-9	湘西吉庄环保科技有限公司
2	泸溪县	91433122727969656G	湖南鑫海锌品有限公司
3	泸溪县	91433122675564226T	泸溪蓝天高科有限责任公司
4	泸溪县	9143312207918469XR	泸溪县华峰锌业有限公司
5	花垣县	91433100712100499H	湖南三立集团股份有限公司
6	花垣县	91433124722598091N	花垣县太丰冶炼有限责任公司
7	保靖县	91433125794735403L	湖南轩华锌业有限公司
8	保靖县	914331257225551714	保靖县锌业开发有限责任公司

交通·邮政·通信

交通运输

【概述】2017年，全州交通运输系统认真践行新发展理念，坚守州委“542”发展思路，突出“办人民满意交通”主题，凝心聚力，迎难而上，在“稳增长、促改革、调结构、惠民生、防风险”等方面充分发挥“先行官”作用，圆满完成全年各项目标任务。年底，湘西州公路通车总里程达13028公里，其中高速公路481公里、国道682公里、省道1425公里、县道2217公里、乡道3764公里、专用公路283公里、村道4088公里。该州融入长沙、重庆、桂林、贵阳“4小时经济圈”，并形成州内“2小时经济圈”。水路运输主要集中在沅水、酉水，沅水航道可经洞庭湖通江达海。有59个有船乡镇，22座有船中型水库，149处乡镇渡口，通航河流35条，通航里程1067公里；有水运企业12家，各类营运船舶515艘，其中普通客船237艘、货船41艘、旅游船223艘，运力21848总吨、8404客位。焦柳铁路由北向南穿过州内5县(市)，境内里程132公里，是湘西州交通运输的一条主动脉。州府吉首与张家界机场和铜仁机场分别相距152公里和80公里，航空运输较为便利。随着张吉怀高铁和湘西机场开工建设，全州即将迈入“高铁时代”“航空时代”。

交通设施建设。一是交通投资任务超额完成。全年完成交通建设投资72.1亿元，为年度目标任务的120%，为全州稳增长做出积极贡献。其中，高速公路建设完成投资16.9亿元，湘西机场建设完成投资3亿元，干线公路建设完成投资30.8亿元，农村公路建设完成投资4.2亿元，站场、水运及养护工程完成建设投资4.1亿元，慢行系统完成投资3.9亿元，其他项目完成投资9.2亿元。二是交通建设项目全面推进。高速公路建设方面，2017年11月30日，永顺至吉首高速公路全线建成通车，全州实现县县通高速公路，州府吉首成为全国18个高速公路枢纽城市之一。张花高速三条连接线建设有序推进。龙山至桑植高速（湘西段）完成工可评审待批复。湘西机场建设方面，顺利完成工可批复和总体规划批复，进入实质性施工阶段，试验段工程按期开工，进场道路同步推进。干线公路建设方面，国道319武陵山至茶洞公路等16个续建项目推进有力，国道319泸溪绕城公路等4个项目完成交工验收，永顺至石堤公路完成竣工验收，保靖县城至清水坪公路等6个项目基本完工。积极推进国道353湘鄂情大桥至狮子村公路等25个项目528公里干线公路前期工作。特别是创新建设方式，采用PPP模式在州内建设16条411公里总投资65亿元的旅游干线公路，旅游干线公路PPP项目实现集中签约开工，并作为全省三个PPP示范项目之一在北京举行的“湖南与央企合作对接会”上公开推介、现场签约。农村公路建设方面，完成提质改造493公里、安保工程建设1005公里、危桥改造105座。特别是为畅通州内路网“微循环”，在没有国、省补助资金支持的情况下，自加压力，筹集信贷资金达17亿元，在全省率先启动自然村通公路建设，仅2017年提前实施完成1560公里。站场码头建设方面，完成30道渡口码头改造，建成农村客运站5个、招呼站100个，湘西航运建设二期工程完成工可批复并启动初步设计。三是交通投融资工作取得新突破。充分发挥厚驿公司融资职能，积极开展项

龙山至永顺干线二级公路一段

目投融资工作。全年合同融资总额65.57亿元，完成投资8.25亿元，建成厚驿大酒店，续建完成“州交通运输指挥中心暨州航道管理海事监控中心”，为破解建设资金瓶颈，加快交通项目建设提供坚实保障。

交通运输服务。一是不断提高行业服务品质。坚持把客运转型升级、服务优质高效作为主攻方向，优化供给体系，提高供给质量，推进运输服务高品质发展。截至2017年年底，全州道路运输经营业主达到1.6万余户，从业人员达到3.4万余人，拥有农村客运车辆2500辆、出租车1450辆、城市公交480.7标台，8县（市）城市公交和出租车覆盖率达到100%，建制村通班车率达到91.2%，全面启动全国“交通一卡通”互联互通工作。新增省市县际客运班线16条。二是不断加强运输服务保障。认真做好“春运”等重点时段、建州60周年庆典等重大活动的运输服务保障工作，全面完成省市际长途客运班线实名制验售票工作。全州完成公路客运量4993.22万人次、旅客周转量31.91亿人公里，完成货运量2574.88万吨、货物周转量47.93亿吨公里；完成水路客运量125.88万人次、旅客周转量1862.21万人公里，完成货运量42.58万吨、货物周转量1.99亿吨公里，为全州经济社会发展和方便群众出行做出积极贡献。三是不断加快智慧交通建设。智慧交通平台一期工程正式启动，完成综合交通监测与指挥中心建设，并被列入“智慧湘西”第一批重点示范项目，启动数据资源整合工作。12328交通服务监督热线实现部省州三级联网。先后开展“互联网+监督”平台、财税综合信息共享平台、信用信息数据平台信息采集工作，梳理行业基础信息目录34项、录入信息6807条，全州交通运输行业监管、公众服务和安全应急能力进一步提升。

交通行业管理。一是公路管养水平持续提高。积极探索构建公路养护管理长效机制，做到责任下移，人员下沉，不断强化日常养护责任，确保普通公路安全畅通。县、乡、村道均签订农村公路管养合同，确定日常养护工作责任人，常养率达到100%。积极加强雨季养护和应急抢险，做好大中修工程验收、安保、灾害防治、水毁、危桥改造等养护工程，组织小修保养工程施工，切实强化路政管理等工作，全州公路路况稳步提升，干线公路优良率大于90%，农村公路PQI中等路以上比例大于88%。二是超限超载治理持续发力。始终保持严管重罚高压态势，扩大治超成果，治超工作纳入州县目标管理范畴，建立由政府主导、部门联动、各方参与的常态机制。全州先后组织开展联合治超护路百日会战活动、治超异地交叉执法行动、治超联合整治行动等系列专项行动，共检测货运车辆18.6万台次，查处超限超载车辆276台次，卸载货物1377吨，查处改拼装车辆1121台，强制恢复1119台，收缴拼装车辆11台，查处非法维修场所4家，进驻货运源头企业或巡管784家，取缔非法源头企业1家，站点超限率控制在0.3%以下。三是运输市场整治持续有力。全州运管、海事机构深入开展“打非治违”及运政、港政大检查等专项整治行动，查处非法营运车560辆、摩的1195台，纠正违章车368辆，拆除、迁移渔具网箱20座，整治非法码头14处。积极推动绿色发展，淘汰黄标车及老旧车254辆，拆解老旧船舶50艘，整改存在环保问题的维修企业119家，运输市场秩序明显好转，运输保障能力和服务水平逐步提升。四是简政放权持续推进。深化“放管服”改革，认真梳理行政许可事项及权力清单，上报并取消行政许可事项1项，取消其它行政权力2项，直接下放县（市、区）行政许可事项1项，取消或免征行政征收事项6项，修改其他行政权力设定依据14项。州直交通运输部门保留的29项具体行政许可事项，在原办理时限的基础上实现提速20%。

交通安全生产。一是交通运输安全形势稳定向好。始终把运输安全监管作为头等大事，突出问题导向，层层压实责任，严格考核奖惩，“党政同责、一岗双责、三个必管”安全生产机制进一步健全。铁腕推进交通运输安全“隐患清零”行动，全州“两客一危”超速、疲劳驾驶从4月每周3580次、745次，分别下降到12月每周5次、4次，环比下降99.86%、99.46%，全省排名前列。深入开展以道路运输、水上交通、建设施工等领域为重点的交通运输安全专项整治，全年交通运输行业安全生产事故为零，实现零事故、零死亡、零损失的“三零”目标，安全生产大局稳定得到有力保障。二是工程建设安全监管切实加强。交通质安机构继续推进“质量安全管理年”和“平安工地”建设活动，对每个建设项目都成立相应的监督组，加大对所有受监公路水运项目的巡视检查、专项检查及综合检查频率，确保工程质量安全总体受控。同时，继续推广公路建设项目监管平台，布置视频监控点51个，全州公路建设工程质量安全监督覆盖率达到100%，各在建干线公路项目工程质量稳中有升。三是交通应急抢险迅速有力。制定完善应急预案，面对主汛期间的罕见洪涝灾害，全州交通人冲锋在前、昼夜奋战，第一时间处突除险，圆满完成抢通保通保运任务，赢得省、州领导的充分肯定和社会各界的广泛好评。州交通运输局被省委、省政府授予全省抗洪救灾先进集体荣誉称号。

【湘西州“隐患清零”成效显著】 2017年，湖南省交通运输厅道路运输安全“隐患清零”行动动员会后，湘西州高度重视，结合湘西州实际，积极探索创新道路运输隐患清零工作的方式方法，取得较好成效。一是迅速制定清零行动方案，及时成立领导机构，将摸排的5692条隐患，分县（市）到企业，制成交办清单。二是严格督查“隐患清零”开展情况，道路交通管理处班子成员分片参加县（市）交办会，进行现场督查指导二轮工作。三是将全州6243名从业驾驶员信息与交警部门共享，建立违法违章定期通报制度，配合交警，对农村客运严重超载的安全隐患进行联合暗访执法，查处严重超载2起，刑拘2人，吊销从业资格证1人，停业整顿客车2台，整改企业2家。截至10月底，全州下达隐患整改通知15份，注销驾驶员从业资格证16个，降级21人，解聘驾驶员10人，列入“从业人员黑名单”16人，停业整顿车辆137辆，责令整改一年运输企业3家，按照规定对企业处以17万元罚款，行政警告处分1人，通报批评1人，清除车载电子狗482台，教育培训驾驶员389人次，并将违法违规信息抄送至公安交警部门。全州“两客一危”超速、疲劳驾驶从4月每周3580次、745次，分别下降到10月每周5次、4次，环比下降99.86%、99.46%，进入全省前五名，联网联控“四率”排名全省第四。

【湘西州旅游干线公路建设项目作为湖南省PPP示范项目在京公开推介】 2017年6月22日，“落实‘一带一路’高峰论坛精神湖南与央企合作对接会”系列活动之湖南省PPP示范项目专场推介会在北京举行。湘西州“十三五”旅游干线公路建设作为湖南PPP示范项目在此次推介会上公开推介，州交通运输局党组书记、局长吴奕华参加推介会并进行现场签约。同时进行现场签约的还有永州市地下综合管廊建设、益阳市城市生活垃圾焚烧发电二期，签约总投资达70.76亿元。湘西州“十三五”旅游干线公路建设运营PPP项目共16个，涵盖凤凰、花垣、龙山、永顺、保靖、古丈、泸溪7个县，建设总里程411公里，总投资64.9亿元。项目的落地对完善州域公路路网，形成全域旅游圈，带动社会经济发展，打赢脱贫攻坚战等具有十分重要意义。

【湘西州交通运输局被评为2017年全省抗洪救灾先进集体】 2017年8月28日，湖南省召开2017年全省抗洪救灾总结大会，副省长杨光荣宣读《中共湖南省委湖南省人民政府关于表彰2017年全省抗洪救灾先进集体和先进个人的决定》。湘西州交通运输局荣获全省抗洪救灾先进集体。是年入汛以来，湘西州遭遇多轮暴雨侵袭，造成州内公路、水路基础设施损毁严重，险情不断。据初步统计，截至7月2日，因暴雨侵袭全州公路、水路设施水毁造成直接经济损失达7.59亿元。其中，国省干线公路严重受损30余处，农村公路累计40余条主要线路受损严重，渡口码头设施冲毁52处。面对严峻汛情，全州交通运输系统始终坚持把人民群众生命安全放在首位，认真落实州委、州政府的决策部署，积极调度人力、物力开展应急抢险工作，及时修复水毁道路和设施，最大限度减少人员伤亡和财产损失。

【永吉高速公路全线通车】 2017年11月30日，永顺至吉首高速公路全线通车。永吉高速为湖南省西北部区域重要省际通道，是湖南省高速公路网规划“七纵九横”中第七纵重要组成部分，起点设海洛枢纽互通，位于永顺县泽家镇海洛村，该起点有张花高速、永龙高速和本项目一起共3条高速公路在此交会。项目从永顺出发，途经芙蓉镇、罗依溪、古丈、吉首市区与包茂高速公路对接。主线长84.557公里，连接线长20.585公里，概算投资94.47亿元。全线设置收费站5处、服务区2处、停车区1处、管养工区1处、桥梁隧道管理所2处、治超站1处、路政中队2处、高速交警大队2处。项目控制性重大工点多，部分工程建设规模、技术难度为省内或国内少有，如猛洞河特大桥、那丘隧道、芙蓉镇特大桥、罗依溪特长隧道、狮子庵隧道、石家寨互通等，施工组织、质量和安全管控难度大。在建设过程中多次遇到高浓度瓦斯、特大型溶洞、涌水涌泥频发、古滑坡体等恶劣地质状况，是湖南省建设的高速公路中施工难度最大的项目之一。永吉高速全线通车，标志着湘西州实现县县通高速公路。

（本栏图文　佘　飞）

铁路机场

【吉首火车站】 2017年，吉首火车站围绕“强基达标、提质增效”主题，以抓安全优质标准线建设为载体，实现设备管理、安全管理、现场作业、队伍素质、职场环境“五个达标”，安全生产持续稳定向好。截至12月31日，车站实现行车安全生产无责任D类以上事故3730天和劳动安全无责任事故4330天的好成绩，年内没有“红线”及其以上问题，圆满实现安全生产年和车站年初提出的安全目标。全年发送客运1311123人，完成运输收入104262251元。

运输管理。把调图、“春运”和“两会”作为重点运输任务，强化旅客运输组织、旅客列车接发和调车作业现场安全控制，车站各班组加强工作协调、联系，确保调图、“春运”“两会”期间安全平稳过渡。认真学习总公司春运纪律“八不准、三严禁”及集团总经理春运1号《关于严肃春运有关纪律的命令》，加强路风管理，确保春运期间车站路风零事件。提前上手，早做安排，全力做好冬季除冰扫雪物质准备及工作安排，确保车站运输安全畅通，实现年度安全运输生产开门红。

日常调度。加强日常标准化管理，积极按照车务段工作规划要求，狠抓基础管理工作落实，全力开展对标落标活动检查；着重抓好岗位安全风险责任制落实，不仅每月制定月度安全风险预警、周安全风险预警，而且在微信群里每天进行日预警；在接发列车防错办、防误操“二十个必须”规定方面，狠抓作业程序及细节的落实，及时消除不良作业陋习；职工“对标、落标”逐步形成常态，每月调车作业、接发列车均得到车务段奖励。

安全生产。加强“防洪”“暑运”期间安全生产，严格落实集团、车务段工作要求，狠抓相关工作落实；加强对防汛和防暑期间现场盯控与检查，认真做好应急处置工作；重点加强防洪、暑运季节的施工、维修安全，确保施工、维修绝对安全。加强集中修期间的施工安全，特别是在3月、10月的两次集中修期间，协调审核配合方案、作业车运行组织、现场盯控等控制措施。值班站长严格对照车务段下达的施工日计划逐条进行审核，并根据集中修要求及时做好各项配合方案，确保措施周密、落实到位。积极开展"安全大检查""防溜逸、防错办和防调车事故安全专项整治""中间站调车安全专项整治""雨季劳动安全和机动车交通安全专项检查""施工安全专项检查""推进调车安全""安全生产大宣传、大教育、大反思"等10多项专项活动，对发现的200多个安全隐患问题及时加以整改，预防各类安全隐患发生。突出现场作业考核，车站受牌293件，其中管理层被考核问题17件（BS2QS15），作业层被受牌276张牌，通过严格考核管理，各种安全隐患得到有效消除。加强作业人员人身安全考核，全年受牌25件，其中运转班组被考核问题14件，客运班组被考核问题9件，在被考核的问题中，A牌问题占5件，B牌问题占10件，与2016年发牌考核相比呈下降趋势。

队伍建设。认真做好《普铁技规》《行规》及《站细》等规章的修改工作，各项规章制度不断完善。加强交流沟通，耐心做好站务公开解释，消除干部职工心理阴影，车站队伍稳定。

（本栏撰稿　徐　智）

建设中的黔张常铁路湘西州龙山段桥梁

【黔张常铁路（湘西段）建设加快推进】 2017年，黔张常铁路湘西段累计完成路基土石方400万立方米，桥梁11627延米，隧道35339成洞米；完成当年投资115653万元，占年计划的115.7%，开工以来累计完成投资376881万元。

州委、州政府高度重视铁路建设工作，州委书记叶红专、州长龙晓华及州委、州政府其他领导，多次深入施工现场调研，察看工程进度，及时协调解决铁路建设工作中的问题。龙山、永顺两县及时出台相关政策和工作措施。根据铁路建设的特点和要求，从相关职能部门抽调业务骨干组建州、县两级协调领导小组（指挥部），按照各自工作中心和重点，上下联动，各司其职，确保铁路建设又好又快推进。路地联动，严抓安全生产，齐心协力加快铁路建设，自开工建设以来，创造多项黔张常铁路全线段第一的成绩：2016年5月9日，全面完成红线内征地拆迁任务，成为黔张常铁路全程第一个完成管段红线内房屋拆迁任务的地区；2015年11月27日，安全贯通的石家坡二号隧道（全长204米）成为第一座贯通的200米以上隧道；2016年6月23日，安全贯通的吴家铺一号隧道（全长824.9米）成为第一座贯通的800米以上的隧道；2016年10月3日，安全贯通的向家包二号隧道（全长1874米）成为第一座贯通的长大隧道；2016年12月12日，安全贯通的夏家堡隧道（全长2807米）成为第一座贯通的2000米以上隧道，也是第一座贯通的最长二级风险隧道和岩溶瓦斯隧道；2017年6月15日，安全贯通的晏家堡二号隧道（全长7081米）是第一座贯通的重难点工程隧道。

据统计，龙山段2017年投资目标任务7亿元，实际完成投资8.44亿元，完成年任务的120.57%。铁路建设新建施工便道65.8公里，改（扩）建施工便道27.5公里；站场、区间路基土石方开累523万立方米；桥梁成桥10.358公里；隧道完成洞25.118公里，全线隧道贯通。累计完成投资28.56亿元（征地拆迁3亿元，建设投资25.56亿元，其中中铁五局20.1亿元、中铁十八局5.46亿元）。永顺段2017年投资目标任务3亿元，完成投资3.12亿元，完成全年投资任务的104%。是年，完成房屋环保拆迁4户4栋，炮损理赔共计92户，已理赔89户。

中铁五局承建的20座隧道和26座桥梁，完成隧道工程16645成洞米，占隧道工程总量的97.1%（隧道全部贯通）；完成桥梁工程9755成桥米，占桥梁工程总量的94%（桥梁连续梁合龙全部完成）；完成路基土石方工程420.6万立方米，占路基土石方工程总量422.1万立方米的99.6%；龙山制梁场2017年8月30日通过国家铁路桥梁生产许可证认证检验中心审查，9月开始桥梁架设，完成制梁93孔，占设计制梁总量的47%，完成架梁65孔，占设计架梁总量的32.8%。中铁十一局承建的4座隧道贯通3座，尚未贯通的向家包一号隧道全长3673米，累计完成2858米，完成投资15091万元，占设计投资的77.8%；承建的5座桥梁，完成投资14091万元，占设计投资的93.1%。中铁十八局承建的晏家堡二号安全贯通，承建的全长6678米的大坡隧道为全线控制工程和一级风险隧道，累计完成5921米，占设计总长的88.7%。

打击违法，化解矛盾，确保铁路建设施工环境优良。州、县两级协调领导小组（指挥部）积极组织工作人员主动与征拆对象搞好对接，及时掌握征拆对象思想动态和化解各类矛盾纠纷，真正做到“处早、处小、处好”，先后化解和处理各类矛盾纠纷678件次，建设施工环境正常。对严重影响工程建设的3个钉子户——西水河特大桥的田某某、龙山火车站的朱某某、细车河特大桥的江某某，州协调领导小组组长张才金带领相关部门负责人亲自到现场调研，共同研究推进问题解决。龙山县成功组织7次依法腾地和3次依法拆除房屋工作，依法处置闹事阻工事件3起（“4·19”晏家堡2号隧道伤人事件、“5·22”大坡隧道阻工事件、“9·13”猛必乡车塔村闹事阻工事件）。永顺县掌握州直某部门工作人员朱某某组织唆使群众阻工的违法事实后，及时报请州协调领导小组与其单位沟通教育，制止其不法行为，保证控制性工程晏家堡隧道出口顺利施工。

（本栏图文　唐　敏）

正在施工中的张吉怀高速铁路吉首隧道现场

【张吉怀铁路建设加快推进】 2017年，州委、州政府高度重视张吉怀铁路项目建设，多次开会研究，协调解决有关问题。张吉怀铁路建设协调领导小组办公室按照铁路建设时间节点，克服时间紧、任务重等困难，主动对接、超前谋划、精心组织、一线指挥，有序推进张吉怀铁路（湘西段）建设进度。铁路部门认真贯彻落实铁路总公司、怀邵衡铁路公司“强基达标、提质增效”工作主题要求，按照年初制定的张吉怀铁路“一季度完成初步设计，二季度完成施工图设计，三季度完成招标，四季度重点工程全面开工建设”的目标，坚持高标定位、科学谋划、统筹推进，较好完成年度工作目标。投资计划按期完成，现场实物工程量完全匹配投资计划，先期开工控制性工程吉首隧道进展顺利，全线施工准备全面完成，30个重点工程全部开工，站前工程完成年度计划的109.6%，质量安全平稳可控，标准化管理深化发展，各施工单位全部完成投资计划。大临工程建设、三场一库建设、施工便道基本完成。截至2017年年底，张吉怀铁路湘西段累计完成投资50692万元，完成30%红线内征地拆迁任务。一是工作部署早。1月3日，州协调办召开工作部署会，安排部署2017年工作。二是先行用地申报快。4月21日，州协调办安排部署张吉怀铁路（湘西段）先行用地申报工作；5月15日，州国土资源局完成资料上报省国土资源厅工作，得到省厅高度肯定，说湘西人“霸得蛮、做得事”。三是实物量调查抓得细。6月15日，州协调办安排部署张吉怀铁路（湘西段）征地拆迁实物量调查工作；6月20日至7月上旬，州及沿线4县（市）积极配合省做好实物量调查工作，全面完成省实物量调查任务，做好实物量测算，做到底子清、心里明。四是“三电迁改”抓得实。7月3日，州协调办安排部署张吉怀铁路（湘西段）“三电迁改”工作，县（市）协调指挥部积极为“三电迁改”工作做好协调服务，统一标准，保质保量按时完成“三电迁改”工作。五是征地拆迁过得硬。州协调办先后多次召开部署会、调度会、协调会、推进会安排部署征地拆迁工作，切实做到阳光征拆、维护好老百姓的合法权益，确保工程建设有序推进。年内全州累计交地3866.583亩（其中古丈县1202.83亩、吉首市803.9亩、永顺县998亩、凤凰县861.853亩），征拆房屋600余栋，涉及700余户2400余人，得到被征拆群众的大力支持。六是现场办公推进快。州协调办先后围绕先期开工、先行用地、实物量调查、三电迁改、征地拆迁、大临用地等工作积极现场办公，妥善解决难题，推动工作顺利开展。　（图文　向伟民）

【湘西机场开工建设】 2017年1月12日，湘西机场建设在花垣县花垣镇老天坪村正式启动。湘西机场场址位于湘西自治州花垣县花垣镇老天坪村附近。机场性质为国内民用支线机场。本期工程建设规模为：飞行区等级指标4C，新建一条长2600米的跑道；航站区按满足2025年旅客吞吐量30万人次、货邮吞吐量450吨的目标设计，新建航站楼3000平方米、站坪机位4个；配套建设通信、导航、气象、供油、消防救援等辅助生产设施。项目总投资约16.86亿元。2015年2月，国家民航局对湘西机场选址进行批复。2016年10月，国务院、中央军委对

湘西机场建设启动仪式现场

湘西机场项目进行批复，同意新建湘西机场；是年12月，国土资源部批复湘西机场建设用地《土地预审》。机场建成后，由地方经营管理，民航局实行行业管理。湘西机场进入国家《民航发展“十二五”规划机场建设调整目录》《依托黄金水道推动长江经济发展规划》《长江经济带发展规划纲要》和《交通基础设施重大项目工程建设三年行动计划》，被列为国家2016年交通基础设施重大工程建设推进项目；是湖南省武陵山片区区域发展与扶贫攻坚重大基础设施建设项目，省人民政府将湘西机场建设确定为2017年湘西州州庆60周年重点建设项目。　　（图文　李友斌）

公路建设管理

【概况】2017年，湘西州公路管理部门认真履行普通公路建设、养护和管理职能，共管理全州普通公路12459.16公里，其中国道6条682.721公里，省道14条1422.657公里，县道123条2217.599公里，乡道3765.509公里，专用道283.447公里，村道4087.227公里。

公路网络建设。湘西州公路管理部门争取部省补助资金3.5738亿元，同比增加1.1亿元，重点组织实施3个州重点项目。完成国省干线公路大中修工程（含灾毁恢复重建）54.54公里；实施危桥改造235座，其中干线公路112座，农村公路123座；实施安防工程964公里，其中干线公路安防工程隐患处治230公里，农村公路安防工程隐患处治734公里。国道209永顺至花垣段和吉首至凤凰段提质改造、国道209、国道319吉首绕城线，保靖县迁（陵）清（水平）公路，泸溪县白辰公路白浦段，凤凰县凤木公路等竣工通车；张花高速公路三条连接线，龙山县洗（洛）石（牌洞）公路，永顺县泽家湖至芙蓉镇公路，古丈县罗依溪至沅陵县凤滩公路，保靖县夯（沙）至吉首公路，国道319泸溪县绕城线，国道319花垣段提质改造，国道319、国道209吉首绕城线（张社大道）等正常推进。吉首、泸溪、凤凰、龙山、古丈等县（市）公路管理局在公路建设中积极作为，发挥重要作用。

公路养护管理。湘西州公路管理局科学确定养护工作目标，建立健全管养制度。编制《2017年普通公路养护工作要点》《湘西州2017年普通公路养护考核实施方案》及应急预案，积极开展“雨季杯”“公路杯”劳动竞赛，做到有路必养、养必到位，干线公路优良路率92.56%以上、农村公路PQI值为86.6，保障公路畅、安、舒、美。龙山县公路管理局加大资金投入，率先实现日常养护机械化；永顺县公路管理局整合技术力量，开展专业化养护效果好；花垣县公路管理局强化责任落实，日常养护工作得到省公路管理局领导的高度评价和肯定；凤凰县每年从财政拨款2000万元资金，提供2000个岗位，原则上按照每人每年1万元标准支付劳动报酬，实现农村公路管养全覆盖。全州新创建管养示范乡镇8个，县、乡、村道新创建文明示范路24条。

路产路权维护。公路路政工作持续发力，美丽公路建设成果得到有力保护。全年查处路赔案件23起，立案率、结案率达100%，办理行政许可3件，拆除违法建筑17处，拆除临时摊棚260处，拆除非公路标志标牌722处，拆除龙门架8处，取缔违法设置的交叉道口15处，取缔规范洗车加水点13处，拆除减速带8处，清除路障1608处。全州基本实现国省干线公路路域范围内无新建违法建筑物等“八无”目标。永顺、古丈、花垣和凤凰4县公路管理局分别对永顺县高坪红提、古丈县罗依溪柑橘、花垣县麻栗场金秋梨、凤凰县廖家桥猕猴桃等占道经营的马路市场进行集中治理，路域环境明显好转。永顺县将路政管理重心下移，县政府把20多个部门的执法权统一集中委托给乡镇政府执法，县财政安排每个乡（镇）专项执法经费10万元至15万元，路政工作推进到乡镇村，横向到边、纵向到底的管理体系基本形成，效果十分明显。保靖县公路管理局做好路政全程介入在新建、改建公路过程中的规范化管理工作，对涉路工地全部安排路政执法人员实行全程介入，对侵占和损害公路路产路权的违法行为做到早发现、早制止。花垣县公路管理局路政管理示范路创建工作得到党委政府高度重视，投入资金2600多万元，在公路沿线高标准高质量因地制宜开展公路绿化美化，在公路两旁3米范围内栽植花草，打造花园景观公路。

超限超载治理。超限超载车辆治理工作突出常态化、科技化、执法精准化，取得新进展、新成绩。5月24日，全州路政宣传月暨联合治超护路百日会战启动仪式在吉首团结广场举行，州委、州人大、州政府、州政协领导出席启动仪式，州人民政府副州长麻超作动员讲话。7月，组织开展湘西州史上最大规模的联合治超异地交叉执法行动，取得明显成效。据统计，2017年，全州检测车辆186294台次，查处超限超载车辆276台次，卸载货物1376.58吨，查处改拼装车辆1121台，强制恢复1119台，收缴拼装车辆11台，查处非法维修场所4家，进驻货运源头企业或巡管784家，取缔非法源头企业1家。站点超限率控制在3%以下。泸溪、凤凰、龙山、永顺、古丈等县路警联合治超力度大，花垣县与贵州省松桃县、重庆市秀山县实行区域联动，开展联合治超整治行动，完成州、县、站治超数据联网，并与省级平台实行实时联网。

安全生产管理。全州公路管理部门积极做好公路防冻防滑保畅通工作，全面落实应急抢险人员和车辆，储备防滑工具和物资。龙山县在江家垭、望乡台、砂子坡，吉首市在矮寨坡，古丈县在牛角山、田麻寨，凤凰县在腊尔山等高寒危险路段，均落实专人值班值守，并在砂子坡、江家垭、矮寨坡、牛角山设立便民服务站，方便过往司乘人员，保障春运安全通行。全力开展雨季应急抢险工作，2017年汛期，全州各级公路管理部门积极备战，主动作为，敢于担当，在防汛抢险中充分展示公路部门和公路人的良好形象和精神，特别是6月22日至7月1日期间的连续强降雨，普通公路遭受大面积、毁灭性破坏，包括国道319和国道209在内的50余条主要线路受损严重。在公路损毁特别严重、经济损失特别巨大、抢险工作特别艰难的情况下，全州各级公路管理部门不等不靠，积极组织力量，累计投入人员3200余人次，抢险机械520余台次，日夜奋战在防汛抢险第一线，以最快速度清理塌方、抢修便道，确保全州普通公路安全通行。此次灾情中，泸溪县国道319K1577~K1582段发生大规模山体滑坡，塌方约26万立方米，导致交通中断，州县公路管理部门第一时间启动应急抢险预案组织应急抢险工作，州公路应急抢险中心和州公路应急抢险物资储备中心全员动员，积极参与，经州县公路管理部门的共同努力，抢通任务比地质专家预测的时间提前40天完成，受到省州领导和人民群众点赞。强化公路安全隐患排查和隐患清零工作，认真落实10处交通事故多发地段隐患治理工作，实地勘测隐患点段，制定科学合理的整治方案，现场治理全部完成。

【党建引领创先争优】 2017年，湘西州公路管理部门认真组织学习党的十九大精神，加强基层党组织建设，严格党内政治生活，严格党员教育管理。党风廉政建设持续深化，持续开展“雁过拔毛”式腐败问题和“纠四风、治陋习”专项整治，开展拒收拒送红包礼品礼金活动。规范权力运作，坚持“三重一大”集体研究决定。组织开展弘扬“省州十佳养路工”事迹道德讲堂，工青妇活动有声有色，开展公路系统职工篮球、乒乓球运动会等系列活动。公路各项工作协调推进，成效显著，行业形象进一步提升，全省“最美干线公路”“最美农村公路”“最美公路人”榜上有名，有3人1站分别荣获“十佳公路局长”“十佳路政执法人员”“十佳通讯员”和“十佳公路超限检测站”称号，参加省文艺会演节目获一等奖。

【公路养护管理三站合一新模式】 2017年，龙山县公路管理局积极探索路政管理新模式，在中心乡（镇）组建路政管理服务站5个，将路政中队、治超中队和养护站合三为一，每站配备10至15人，实行“定人、定岗、定责、定酬”责任制，负责路面保洁、路政巡查、超限超载车辆治理等工作，所辖公路做到路政管理全覆盖。使公路建设养护更加科学，路政治超管理更加规范到位，公路应急抢险更加及时高效，公路通行服务能力明显加强。

【最美公路最美公路人】 2017年，湖南省“最美公路”“最美公路人”评选活动中，湘西自治州省道260龙山段、县道Z99、县道026永顺段公路当选为“最美公路”，花垣县公路管理局养护站站长周秀成当选为“最美公路人”。湘西自治州省道260龙山段起于龙山县洗洛，与国道209相交，止于里耶大桥北桥头，全长102公里。该路是连接龙山县城至里耶古城的重要干线公路和重要旅游通道，沿途有国家一级景点7个、二级景点7个、三级景点19个，公路两侧被原始次生林覆盖，林木蓊郁，称为“天然氧吧般的负离子之路”。湘西自治州县道Z99、县道026永顺段起于省道306灵溪镇禁果庄，止于老司城遗址公园规划停车场，该路段全长13.972公里，贯穿于崇山峻岭之间，沿途景点30余处，两侧林木葱茏，群峰竞秀，百花齐放。周秀成是长年奋战在养护一线的公路人，誓用自己的毕生奉献给公路事业。2014年、2015年周秀成连续两年被州公路管理局、县公路管理局评为先进个人；2015年度被授予“全省十佳养护工”称号。花垣县公路管理局连续5年公路系统养护评比位居全州先列；2012年至2016年5年间周秀成先后两次参加全省公路养护技能大比武，特别是2012年度获得一等奖、一个二等奖。

【保靖县偏岩服务区投入试运营】 2017年，湘西州普通干线公路上的首个服务区——保靖县偏岩服务区投入试运营。该服务区可为过往车辆和广大乘客提供全天候开放式服务，满足广大司乘人员途中休息、停车加水、信息化服务、应急救援及旅途餐饮等基本需求，解决社会公众反映最迫切、最突出的交通问题。保靖县偏岩服务区位于国道209线保靖段K2210+000处，占地面积1947.39平方米，总投资近 300 万元。其建筑面积达 1753.5 平方米，娱乐观景区 650 平方米。其中，室外设置休息区 100 平方米，室内设有咨询室、休息室、医务室、便利店、母婴休息室和餐厅等。服务区还配备 20 个停车位和 12 个厕所，并设置两个无障碍卫生间。保靖县偏岩服务区作为国家交通部贯彻“创新、协调、绿色、开放、共享”发展理念，在湖南省普通干线公路实施的第一批 19 个服务区建设项目之一，同时也是湘西州普通干线公路上建设的第一个服务区，于 2016 年 8 月开始建设。保靖县偏岩服务区的投入使用，结束湘西州普通公路上没有服务区的历史，为湘西州普通国省干线公路推广服务区建设和运营管理，推动普通公路交通服务全面提质增效升级，更好地满足社会公众出行需求积累宝贵经验，起到示范引领作用。

（本栏撰稿　陈　明）

水　运

【概况】 2017 年，湘西州有水运企业 12 家，各类营运船舶 501 艘，其中普通客船 237 艘，货船 41 艘，旅游船 223 艘，运力 21848 总吨，客位 8404 个。全州完成货运吞吐量 42.58 万吨，客运量 125.88 万人次。水路运输主要集中在沅水、酉水，沅水航道可经洞庭湖通江达海。全州海事部门坚持“安全第一、预防为主”的方针，切实履行“水上交警、安全卫士”职责，全州水路交通运输安全形势持续平稳，连续 5 年实现零事故、零死亡、零经损“三零”目标。

水上交通安全监管。一是狠抓责任落实。督促水运企业严格遵守和执行安全生产管理规章制度，依法加强企业安全生产，健全安全管理机构，全面落实安全生产主体责任。对有船乡镇开展业务指导，建立健全船舶、船员台账及各项管理制度，全面落实“县管乡包村落实”管理机制，督促安全责任落实。二是加强现场监管。春运期间水上交通运输安全平稳有序，无事故、无旅客滞留、无旅客投诉。加强清明、“五一”、端午、州庆、“十一”、十九大及赶场天、学生放学放假、汛期等节假日、重点时段和水上客流密集期间的现场监管，强化值班值守。多次组织督查组对重点水域采取“四不两直”的方式进行明查暗访，确保水上交通运输安全。三是开展专项行动。全年召开安全例会 4 次，安全监管专题会、安全“隐患清零”行动和防汛抢险会议各 1 次；开展安全督查 8 次，船旗国监督检查 2 次。深入推进“平安交通”专项整治行动，大力开展水运安全“隐患清零”行动，认真分析和全面排查安全隐患，建立《全州水路交通安全隐患清零台帐》，制定整改措施，消除各类安全隐患。四是做好宣传教育。深入开展“安全生产月”活动和水上安全知识进校园活动，发放宣传资料 1 万余份，增强群众的安全法规意识。五是运用科技手段。推动“智慧水运”建设，充分发挥水上视频监控系统保障作用，提高 30 客位以上内河船舶 3G 视频系统使用频率，认真履行监控值班职责，处置监控点违章行为，为水上交通安全提供坚实保障。六是投入抗洪抢险。6 月 5 日，18 名海事人员成功拦截因碗米坡电站泄洪冲走的 6 艘挖砂运砂船。6 月 30 日，因连日暴雨导致沅江水位陡涨，辰溪 1 艘挖砂船和 1 艘运砂船冲至五里洲大桥搁置，危及下游 300 米处常吉高速公路大桥。接到灾情报告后，抽调 16 名海事人员参加抗洪抢险，连续奋战 3 昼夜，直到险情全部排除。海事抗洪抢险工作得到州、县人民政府高度评价。认真落实湖南省第 2 号总河长令，深入开展“僵尸船”清理整治工作，确保航运、防洪和生态安全。

6 月 30 日，省、州有关水运专家、领导商讨泸溪县五里洲大桥搁置沉船拆解方案现场

船舶船员管理。全州海事系统严格规范船舶登记工作，共办理所有权登记 55 次、船舶国籍登记 77 次、船舶光船租赁登记 7 次、船舶注销登记 75 次、发放船舶最低安全证书 72 本、船舶变更登记 20 次、船舶识别号申请办理 7 次、船舶名称核定 72 个。加强船员培训和证书换发工作，提升船员素质和安全责任意识。聘请长沙金舟培训中心采取异地办班形式，在龙山组织召开新船员基安培训、适任证书及特殊知识培训各 1 期，培训船员 41 人，并发放相应证书；在永顺芙蓉镇举办船员特殊知识更新培训班 1 期，培训船员 126 人，并及时换发适任证书；指导督促县（市）海事处开展渡工安全培训 110 人。全年发放船员服务簿 57 本，换发等级船员适任证书

207本，换发特殊培训合格证137本。积极推进船员违法记分工作，规范船员实际操作行为，严厉打击无证驾船行为。完成1500多名船员信息采集、证书核对补录工作。

船舶检验。全州海事系统完成营运船舶年度检验927艘，下达整改通知144艘，问题船舶整改105艘；新购船舶检验8艘。开展船舶吨位复核，在《团结报》发布公告，通知船员配合工作。解决船检遗留问题，促使保靖县5艘运砂船、古丈县3艘客船合法化。积极推进标准化图纸工作，根据湘西州水路交通运输实际情况，聘请设计单位分别绘制30客位、50客位两套标准化图纸，从源头上有效遏制无图造船行为再次发生。圆满完成“船检规范年”活动。

航道维护管理。全州海事系统开展航道巡查56次，巡航里程3000公里。加强辖区内设标桥梁的维护和管理，设置锥形浮标16座，设置岸标4座。7月18日，在永顺县芙蓉镇客运码头启动酉水王村至白溪口28公里航道创建省级文明样板航道活动。针对酉水王村至凤滩航段网箱养鱼碍航情况，10月拆除356口捕鱼台网，确保酉水航道畅通。

水运市场管理。全州海事系统圆满完成春运工作，投入运力5361艘次，运送旅客23.5万人次；开展全州水运行业2017年“落实企业安全生产主体责任年”活动和企业经营资质核查工作，核查泸溪、凤凰、古丈、永顺4县的11家水运企业资质，规范企业经营行为。积极培育水运企业，泸溪县金航货运有限责任公司于8月20日挂牌成立。推进老旧客船拆解和客运公司化经营，拆解老旧船舶50艘，补助拆解资金207万元。换发经营许可证、营运证、注销证共计111本。严格规范油补资金发放，上年度享受油补资金船舶324艘，发放油补资金591万元。开展内河航运市场秩序和港口防污专项整治行动，整治非法码头14处，取缔7处；货船加装污水处理装置3艘，拆解1艘。

【航运基础设施建设】 2017年，湘西航运建设二期工程项目完成工可批复并开展初步设计。吉首市河溪镇一类渡口码头、古丈县红石林镇旅游码头建成并投入使用。完成30道渡口码头提质改造；《泸溪港口总体规划》和《湘西一般港口总体规划》（永顺、保靖、龙山、古丈4县港口总体规划）完成评审；加强海事装备，州县（市）9台海事执法车辆配备到位，5艘趸船、4艘海巡艇投入使用；古丈县地方海事处、吉首市地方海事处业务用房建成使用。

（本栏图文　彭秀健　谢陆云）

邮　政

【概况】 2017年，湘西邮政分公司发挥行业优势，积极践行央企社会责任，推进金融业务良性发展，搭建综合便民服务平台，深化农产品进城项目，顺畅物流寄递渠道，构建留守儿童和老人关爱服务体系，打造“全域旅游”宣传阵地，建功脱贫攻坚，服务湘西州经济社会建设。全年实现业务收入2.48亿元，同比增幅15.89%，较上年提高4.33个百分点，增长绝对值3404万元。州邮政分公司获得“全国学雷锋先进单位”、省邮政公司“平安邮政”创建活动先进单位等荣誉称号。

生产经营。湘西邮政邮务类完成收入3539万元，增幅16.72%，较上年提高5.98个百分点。金融类收入18943万元，增幅11.47%。寄递类收入1392万元，增幅71.57%，增幅较上年提高21.91个百分点。其中，邮储余额规模达105.04亿元，人民币理财保有量规模达5.71亿元，金融总资产全年净增18.94亿元；累计完成快递包裹业务量137.21万件，电商快包市场份额增长翻番，达52.2%。

畅通物流。湘西邮政投资1200万元实施基础设施设备升级改造。8个网点进行装修改造，对6个支局推倒重建。更新邮运车9辆，州内大型邮运车达到25辆；新增投递汽车68辆，末端投递车达到200余辆；建成智能包裹柜32台；130个农村投递段道实现每周不低于5天的投递频次；新增吉首市至龙山县邮路1条，建立支线、县乡84条，邮路总长度5324公里，邮政投递服务水平与能力得到极大提高。年内，致力建立遍布城乡较为完善的物流体系，全州邮政综合便民服务站达1600余个，覆盖所有乡镇和60%建制村。针对农产品进城项目，规划建立季节性的农产品进城专线邮路，建立闭环邮路，保证农产品进城时限，提高购买农产品客户的体验质量。

【助力脱贫攻坚】 2017年，湘西邮政突出做优农特经济，助力产业脱贫。复制推广统一打造地域品牌、统一包装、统一质量标准、统一包装补助、统一邮政补贴“五统一”“产业扶贫+农村电商”模式，在永顺县石堤镇、芙蓉镇，龙山县里耶镇，保靖县比尔镇、清水坪镇，凤凰县廖家桥镇等乡镇推广，帮助老百姓实现“农产品进城”销售额达100多万元。围绕打造“湘西猕猴桃品牌”工程，通过“造节”方式，在全州8县（市）全面开展首届“邮乐919扶贫助农电商节”，助力品牌塑造及农产品“进城”，累计将32万件“湘西猕猴桃”包裹运输至全国各地。在邮政助农扶贫的带动下，猕猴桃微商户多达1000余户，其中仅永顺县松柏镇微商户达500余户，包含建档立卡户150户。永顺县“松柏脱贫模式”及花垣县“精准扶贫主题邮局”被中央电视台报道，其中“精准扶贫主题邮局”的事迹4次荣登中央电视台。

【助力全域旅游】 湘西邮政积极参与地方政府形象宣传、旅游市场推广、民俗文化创新等文化领域工作，成功打造湘西“全域旅游邮政宣传平台”。累计开发《神秘湘西土司王城》《印象花垣》之《精准扶贫·感动中国》《一品凤凰》《画里泸溪》等具有浓郁湘西特色和元素系列邮品。围绕“州庆60周年”献礼主题，精心策划纪念湘西自治州成立60周年《踏上新征程》邮票珍藏册。全力做好“精准扶贫·首倡地”十八洞村旅游扶贫工作，通过发行《精准扶贫·感动中国》主题邮票，搭建十八洞村“邮政综合宣传平台”，建成“扶贫助农”全功能主题邮局，并将邮局收入的5%无偿捐献给十八洞村。申报“把美丽湘西寄出去”专题邮资明信片，开展“世界游湘西·湘西邮世界”邮资风光明信片寄递活动，宣传“神秘湘西”旅游品牌。

【助力民生发展】湘西邮政联合政府职能部门大力推进“电商创业”，举办电商孵化培训，实现“培训在当地、创业不出乡”。与州人民检察院共同搭建“职务犯罪预防邮路”，为反腐倡廉工作做出贡献。牵手地方农特产品加工企业，搭载邮政网络销售平台“邮乐网”，累计为吉首王婆泡菜、凤凰贾氏姜糖、永顺吊脚楼、古丈毛尖茶叶、龙山豆腐乳等10余家地方农特产品加工商销售3万余件商品。为实现“供货、销售、寄递”一条龙式湘西农特产品进城渠道畅通，主动加入“湘西猕猴桃产业联盟”，并代表联盟与猕猴桃销售商签订战略合作协议，解决农产品种植户销售难问题。2017年，湘西邮政电商助农服务平台向地方百姓提供邮政金融、普遍服务、物流配送、代缴费和网络代购等各项民生服务，代收代缴各类资金近3亿元，完成代收代投快递包裹6万余件，助农取款交易额1000多万元，网上代购商品金额1200多万元。

（本栏撰稿　欧林江）

电　信

【概况】2017年，中国电信湘西分公司以党建统领为中心，以服务地方经济的快速发展为目标，紧扣转型3.0战略，聚焦“256”重点任务，不断深化企业管理改革，实现各项工作稳步健康发展。是年，公司完成收入进度全省排名第一；收入同比增幅14.73%，全省排名第五；利润同比增幅28%；收入净利润率为3.9%，同比提升0.83%；总资产报酬率完成3.29%，同比提升1.83%；收入内外部份额实现逐年提升。移动出账用户完成全年预算148%，增幅19.5%（其中4G用户同比提升16%）；宽带出账用户完成年度预算107.2%，增幅13%；ITV用户同比增幅达34.6%。

客户服务质量提升。大力投入渠道店面建设补贴成本，完成所有中心厅装修升级改造；提升农村支局部门店形象，并健全服务配套机制，开展店员服务能力培训学习，不断提升客户服务能力。坚持以提高客户感知为前提，全面开展服务整治，年内全业务万用户投诉咨询率平均为23.06%，全省排名第一；工信部百万用户申诉率指标管控良好，全省排名前列。持续推行城乡宽带“六项服务承诺”工作承接，狠抓装维服务提升，年内装维IVR回访满意率指标平均值为95.33%，全省排名第二。

网络能力建设。着力新增LTE 4G基站，圆满完成800兆进城和农村补点，新建室内分布楼宇系统，拓宽城市4G信号覆盖面。新增农村中继光缆，为农村信息网络提速，全州新增光网FTTH端口完成年计划的107%，端口利用率较上年底提升4.67%；农村新增光网建制村37个，通光网建制村数1296个，建制村光网通达率为82.44%。

通信保障畅通。6月22日，湘西州各地出现持续性强降雨，暴雨导致泸溪、凤凰、吉首、花垣等县（市）多处山体滑坡、河水上涨淹埋公路，公司多处光缆杆路损毁、局站停电，通信阻断。吉首至泸溪杆路位于滑坡体中间，6月24日9时该处架空光缆中断，导致多条链路受损中断。全州中断无线基站110个，倒杆125根，受损光缆157皮长公里，影响固定电话4万户，数据用户4万户。公司立即启动应急预案，根据资源情况和业务重要性与泸溪县分公司配合将中兴SDH和IPRAN调至经怀化回吉首的波分上，解决中兴SDH和IPRAN业务单边风险，同时派出抢修队伍赶赴各个地点进行快速抢修，24日21时，通过约7个小时的抢修，凤凰至怀化市麻阳县二干光缆紧急修复。

【服务地方经济发展】中国电信湘西分公司积极履行央企责任，充分发挥行业和技术优势，主动肩负推进民族通信产业和信息化建设重任，积极融入地方建设，有力促进湘西州经济社会发展和人民生活水平的提高。以“互联网+标准行业应用”“智慧湘西平台和双活机房”及“企业上云”等模式为顶层设计，按照个性化需求定制，通过天翼云主机为引领，深度挖掘行业需求，为全州医疗、消防、法务、校园等提供智能信息化服务。举办物联网NB-IoT暨产业生态合作大会，发布天翼窄带物联网正式商用，以“天翼物联·合作共赢”为主题，开展“以信息化促产业转型”战略研讨，共同打造湘西物联网产业生态圈。公司积极贯彻国家和州委、州政府的行动计划要求，在智慧城市、民生保障、大众服务等领域发挥信息化建设主力军作用，为物联网的应用和推广贡献力量。

【中国电信湖南公司2018年应届毕业生校园招聘宣讲会】2017年10月18日，中国电信湖南公司2018年应届毕业生校园招聘宣讲会在吉首大学举行，湘西分公司、怀化分公司、张家界分公司在活动中进行现场招聘，活动得到吉首大学师生的积极关注和参与，取得圆满成功。此次活动是中国电信湖南公司在人力资源工作上的一次全新突破和尝试，意味着新员工招聘工作从“等人才找上门来应聘”的传统思维转变成“走出去宣传企业优势吸引人才”的新思维。

（本栏撰稿　向明中）

移　动

【概况】 2017 年，中国移动湘西分公司以发展质量和效率为中心，深化改革创新，保持稳定增长，全年完成通信服务收入为省公司参考目标 8 亿元的 100%，同比增长 17%，排全省第一位；实现报表净利润 8010 万元，完成省公司目标值 6020 万元的 120%，实现报表净利润率 8%，超省公司预定目标值 1.67PP；完成 EVA 率 1.5%，超省公司预定目标值 0.86PP。资本开支 3 亿元，完成全年预算值 2.8 亿元的 101%。是年，公司经营业绩预打分排省内第一位。

网络能力建设。湘西州移动网络能力持续领先，实现城区、乡镇、建制村、交通干线、景区网络 100%全覆盖，工程建设进度排全省第一位。城区及乡镇宽带覆盖率达 100%，完成自治州区域 CDN 下沉工作，互联网出口总带宽可承载宽带用户 20 万户、魔百盒用户 16 万户。网络质量不断改善，城区 MR 覆盖率 98%，4G 客户驻留比 97%，VoLTE 全程呼叫、CSFB 全程呼叫成功率达 100%。全业务支撑能力持续加强，家客维护支撑方面，装机及时率全年保持在优秀值 96%以上，装机满意度 97%，投诉处理满意度 98%，ONU 弱光占比提升幅度排全省第一位。集客支撑方面，重保专线监控率 100%，投诉处理及时率 100%，集团客户专线满意度排全省第三位。积极承担社会责任，圆满完成抗洪抢险、冰雪灾害等应急保障任务，累计出动人员 6410 人次，保障车辆 2360 台次。全年开展 35 次大型保障活动，在 60 周年“州庆”通信保障工作中，实现“零用户投诉、零重大故障、零网络拥塞、用户体验优异”的保障目标。保质保量完成 579 个电信普遍服务建制村宽带建设，在全省率先完成并顺利通过省通信管理局及工信部验收。

管理水平提升。湘西州移动人力资源改革成效显著，优化激励机制，推进量化薪酬改革，全年投入 300 余万元激励一线员工；实施薪酬改革，员工薪酬平均提升 20%，并提前发放。精益管理持续深化，严格控制费用开支，按规范列支，实行费用上限控制，严禁超支、超范围、超标准报销。全年累计办公费较上年同期下降 25.72%、差旅费下降 8.86%、会议费下降 36.55%。合规经营意识日益增强，持续加强合同管理，在省公司组织的合同重点问题检查中，未发现虚假合同和县（市、区）分公司擅自越权对外签订合同等问题。推进供应链体系精益化管理，创新管理模式，提升库存周转率，确保需求准确合规，降低运营成本。需求管理、订单管理新模式运用经验在全省推广。全面加强安全生产管理，是年，未发生重大人员伤亡事故，重点隐患整改完成率 100%。

全州移动工作大会暨六届二次职代会现场

【保持行业主导地位】 2017 年，湘西州移动市场主导地位持续保持，全年收入增幅排全省第一位，高于行业增幅 1.1PP（是全省唯一收入增幅超行业的地市），收入份额排全省第二位；累计新增通话客户份额排全省第一位，期末通话客户份额排全省第二位。转型升级形势向好，4G 发展成效明显，累计净增 4G 客户同比增幅排全省第二位。出账客户 4G 渗透率排全省第二位，年度提升率排全省第一位。宽带发展取得新突破，累计净增宽带份额排全省第四位。流量经营进一步深化，手机上网收入同比增长率排全省第一位；户均 DOU 排全省第二位，58 元及以上套餐占比排全省第二位。集团客户经营持续推进，累计净增专线年度任务完成率排全省第四位；净增物联网卡年度任务完成率排全省第六位；信息化大单年度任务完成率排全省第六位。和包业务发展初具规模，累计新增和包绑卡用户完成全年任务排全省第六位。

（本栏图文　彭英福）

联　通

【概况】 2017 年，中国联通湘西州分公司坚持“聚焦、合作、创新”战略，加快互联网化创新转型，打造“聚焦极致”的工作作风，圆满完成年度各项工作目标，主营收入累计完成 29515 万元，超进度完成 1172 万元，同比增幅连续三年全省第一。移网出账用户数超 50 万户，同比增长 26.71%。宽带出账用户数 6 万户，同比增长 33.3%。利润自 2016 年扭亏为赢后，2017 年持续改善，完成率全省第一。是年，公司再续辉煌，连续两年荣获全省先进市州分公司荣誉称号。

市场经营。公司继续保持发展定力和决心，贯彻“稳增长、新发展、控成本、强保障、防风险”15字方针，以“激发新活力、打造新模式、实现新发展”为引领，紧盯目标不动摇。在湖南联通举行的沃精彩杯综合竞赛（省公司评价市州分公司一项重要考核指标）中，综合成绩位居全省第一；移网、固网两个专业得分同时位居全省第一。

网络运营。公司网络建设聚焦精准规划投资，新建基站630个，4G网络覆盖城区、乡镇及重点建制村。网络建设紧跟市场需求，全年建设端口6.85万个。互联网出口带宽由60G拓宽到80G，能够基本满足单位和个人需求。贯彻集团公司倡导的“合作”战略，深化与友商合作，是年，节约网络投资成本600多万元。

客户服务。公司以“客户投诉问题有效解决”为核心，以“内外部监督”为手段，将痛点问题处理以倒逼方式嵌入各级运营和管理，打造用户满意型企业。以提升客户感知为目的，实施重点问题挂摘牌制度、倒逼追责制度，体现服务价值，保障公司新发展。移网客户满意度、固网客户满意度两项指标连续两年位居全省第一。

通信保障。公司抢抓建州60年州庆机遇，在州庆场馆、接待宾馆及周边新建4G室分7个、3G室分7个，增添RRU43台。4G扩容双载波480个小区，3G扩容双载波102个小区，调派应急通信车1辆，投入通信保障费用300多万元。州庆活动期间，3/4G网络全场零拥塞，为2万多名领导及嘉宾提供良好网络保障。6月下旬至7月上旬，湘西州大部强降雨，花垣、吉首、泸溪等县（市）通信设施受灾严重，公司组建3支队伍分赴受灾现场支援抢修。洪灾期间，公司出动抢修车辆151台次、人员327人次、油机125台次，抢修故障300多处（次），灾区通信生命线得到有效保障。

信息化建设。公司助力智慧湘西建设，信息化项目推进成效明显。当年投入1500多万元，新建机房11个并接入州、县（市）“两办”电路，成功完成全州电子政务内网建设，打造全省电子政务内网建设标杆项目。积极推进智慧教育进程，完成26所中小学校教育信息化建设，近4万名学生及2000多名教师受惠于优质教学平台资源。全面完成湘西职院智慧校园项目及吉首大学校园网项目，让湘西高校充分享受到智慧信息带来的便利。加速推进智慧医疗，与湘西州肿瘤医院就“移动护士站”达成项目合作。精心推进扶贫工作信息化、互联网化，顺利完成永顺、花垣第一批“为村”项目，覆盖130个村组，同时，与湘西州扶贫办全面达成“社会扶贫网”注册、培训合作协议，完成180个村2.4万户注册。

综合管理。公司上下力推阳光透明化管理，激励全体干部员工齐力向前奔跑意志，员工满意度位居全省第三。规避风险促发展，通过做实安全生产和信息安全工作，实现公司持续健康发展。是年，公司平安创建工作位列全省第四，并获评2017年度平安创建先进单位。扎实推进争先创优工作，吉首分公司中心营业厅和龙山县分公司获评“2016—2017年度湘西自治州青年文明号”荣誉称号。

联通公司网络卫士在冰天雪地抢修网络现场

【通信扶贫】 2017年，公司以数字化信息工程、精准脱贫信息网络建设工程为主要抓手，充分发挥通信运营商主体作用，联通扶贫工程项目建设进展提速，城乡宽带网络普及水平和接入能力有效提升，年末全州数字化信息工程完成计划投资的110%，精准脱贫信息网络建设工程完成计划投资的631.76%。

【获评湘西州消费维权先进单位】 2017年3月，湘西自治州消费者委员会授予中国联合网络通信有限公司湘西州分公司“2013—2016年度湘西自治州消费维权先进单位”。湘西联通及下辖各县（市、区）分公司非常重视消费者权益保障工作，每年“3·15”均积极参与各级工商行政管理局和消费者委员会举办的权益保障活动。湘西联通高度重视消费者合法权益维护工作，对于消费者提出的合理诉求及时给予答复处理，争做客户满意型企业。

【获评湖南省“守合同　重信用”单位】 2017年8月，湖南省工商行政管理局授予中国联合网络通信有限公司湘西分公司湖南省“守合同　重信用”单位称号（2016年度）。2016—

2017年，中国联通湘西分公司夯实合同管理基础，进一步强化合同结构化标准模版创建，最大程度减少合同管理存在的风险。在合同审核过程中，强化对方资质、保密附件审核，规避后期合同履行风险。公司遵循诚实信用经营原则，合同履约率100%。年度生产经营中遵纪守法，经营信用状况良好，依法按时纳税，纳税额达3400万元。

（本栏图文　肖运勇）

商贸服务业

商　务

【概况】2017年，全州实现招商引资到位资金327.7亿元，增长25.2%。其中，引进省外境内资金69.6亿元，完成年度任务的104%，增长15.8%；实际利用外资300万美元，完成年度任务的100%，增长37%，增幅全省第一。新引进投资过亿元项目75个、过10亿元项目22个，创历史新高；是年，全州外经外贸得到回升，完成进出口总额1.97亿美元，增长61.6%，增速全省第三。全州实现境外劳务合作营业额2400万美元，增长15%，完成年度目标任务的109%；是年，全州内贸流通稳步发展，实现社会消费品零售总额280.1亿元，增长10.7%，增幅全省第三；培育限上商贸流通企业15家；加大"湘西馆"建设支持力度，新建农村电子商务服务站272个，完成电子商务交易22亿元，超额完成年度目标任务；年内，全州注册电子商务企业286家，各类网店11000余家，建成州级电商运营中心1个，县级电商服务中心3个（花垣县、凤凰县、古丈县），乡镇电商服务站67个，贫困村级电子商务服务站（点）272个，服务辐射127万农村人口，其中建档立卡贫困户31万人，1.7万贫困人口直接或间接享受到电商扶贫红利；州境全年电子商务交易额23.6亿元，增长25%。凤凰、花垣两县成功申报全国电子商务进农村综合示范县。

招商引资。全州招商引资实现"八大突破"。一是领导抓招商有突破。县市区主要领导、州直相关部门负责人、分管领导都捆绑招商任务，高位推进招商引资工作。尤其是吉首市、湘西经开区和花垣县更为重视。二是招大引强有突破。先后对接恒大、太平洋建设、中国通号、碧桂园、唐人神、首旅等多家500强企业，引进实施投资过亿元的项目创历史新高。三是优化结构有突破。泸溪县高新技术产业开发区入园新材料企业达到9家，微细球形铝粉产能占全国市场份额的76.8%，占全球的22.3%，基本掌握该行业话语权。累计引进实施十八洞景区旅游开发、酉水明珠建设、高坪土家风情小镇等文旅项目近30个，完成投资额58亿元，助推乡村文化旅游脱贫和第三产业发展效果十分明显。四是项目包装有突破。编印湘西自治州招商项目册，发布项目193个，总投资额960多亿元，邀请深圳中金集团专家到州进行招商项目知识授课，项目策划包装水平有提升。五是招商方式有突破。实施"三大方阵"招商，将9个县（市、区）、29个州直单位和5个驻外招商联络处纳入招商引资考核范畴，打出招商引资"组合拳"，取得明显成效。六是政策创新有突破。州政府出台《关于湘西自治招商引资优惠政策的若干意见》，明确提出财税金融、土地等方面具体操作办法。在此基础上，各县（市、区）也相继出台更加详细、更具操作性的招商引资优惠政策。七是考核奖励有突破。州政府制定印发新的《湘西自治州招商引资考核办法》，构建大招商、大考核和大奖励的工作格局，不仅考核县市区，还将州直单位和驻外联络处纳入考核范畴；不仅考核招商总量，还突出考核组织领导、政务环境、招大引强、项目效益和科技创新等指标。八是宣传造势有突破。别出心裁地将两位姑娘分别取名"湘湘""西西"，通过演双簧的方式，在"港洽周""州庆招商"上推介湘西州投资环境、招商项目，被省领导赞誉为全省最有特色新意的招商推介方式。运用"湘西商务"等微信公众平台，快捷及时地进行招商宣传。

对外贸易。全州对外贸易回升快、来势好。一是发展方向更加明确。针对州内外向型经济程度不高的实际，州商务局深入县市区、企业开展调研，分析存在问题并征集解决问题的意见建议，起草州政府《关于加快开放型经济发展办法（送审稿）》，该文件针对外资、外经和外贸方面存在的问题提出多项建议和意见。二是发展平台更加完善。州公路口岸吉首华泰公用型保税仓库正式启用，州国检局实验室即将投入使用，州海关办公楼通过验收即将开关，州级外贸综合服务平台（湘西生易圈供应链有限公司）入驻州商务局并正式开展业务，全州外贸发展迎来最佳的发展时期。三是发展政策更加有利。全州进出口实绩企业有42家，酒鬼酒、湘锦农科等17家企业实现外贸"破零"发展，北欧玛鲟鱼、汉瑞科技等8家企业业绩实现"倍增"发展，随着湘西州外贸企业增多、实绩增大，但是出口退税额度不足和退税时间周期过长的问题突显，为此，州商务局积极协调州国税局等部门，加强向省商务厅汇报，使湘西州出口退税政策变得更加宽松快捷，而且出口退税不再受额度限制，极大地提高了企业出口的积极性和创造性。四是发展基础更加夯实。着力打造湘西州特色产品品牌和安全示范区，与州出入境检验检疫局密切配合，经积极协调努力争取，花垣、古丈两县成功申报为国家级出口食品农产品质量安全示范区，泸溪县成功创建为省级出口食品农产品质量安全示范区。

内贸流通。全州内贸流通稳步发展。一是商圈建设稳步推进。协调推进“1主2副7圈”核心商圈建设，吉首市步步高核心商圈基本形成；乾州核心商圈乾城中心步行街、老爹家居广场正式营业，世纪广场商业城即将建成，红星美凯龙吉首商场开工建设，人气越来越旺；湘西经开区核心商圈初具雏形，7县县城核心商圈多个商贸综合体正在抓紧建设，部分商贸综合体、城市综合体建成并投入运营。同时，扎实推进农贸市场标准化建设，农村集镇功能逐步改善。二是物流基础不断加强。大力推进物流园区建设，积极打造连接湘鄂渝黔四省（市）交界的重要通道和物资集散地。泸溪红山物流园、花垣现代商贸物流园、古丈武陵山片区农产品冷链物流园、永顺“湘村购”电商物流园和龙山美凯龙物流园基本建成，吉首、保靖等县（市）物流园建设稳步推进，冷链物流建设前期工作得到加强，州人民政府专题进行研究，项目建设前期工作正在有序推进。三是市场持续繁荣稳定。积极鼓励商贸流通企业开展各类促消费扩内需活动，以州庆60周年为契机，湘西州先后承办湖南旅博会、举办武陵山农博会、春秋车展、家居博览会等等大型节会活动，鼓励支持商家在春节、中秋、国庆等重大节假日期间举办各种促消费活动，全州市场消费持续扩大。州内社会生活必需品和成品油应急管理机制不断完善，粮食、蔬菜、肉食和食盐等关系国计民生的重要商品市场供应充足，价格平稳，没有发生大的价格异常波动。市场监测不断加强，覆盖生活必需品、重点流通、重要生产资料、应急信息四大领域，样本企业达48家，年发布市场运行分析400多条。重要商品储备稳定，全州活体生猪储备企业达12家，常年存栏在1万多头，确保生猪储得进、管得住、用得上、调得动。“湘品出湘”工程扎实推进，先后赴北京、深圳、上海等参展促销，在国家民族文化宫成功举办湘西特产展示展销，湘西特产的影响力和美誉度得到扩大和提升。狠抓商务领域安全生产，严格执行“一单四制”制度，深入开展商务领域安全生产大排查、大检查、大整治、大督查行动，及时排除安全隐患，督促安全隐患整改，强化安全咨询宣传，全州商务领域安全生产平安无事。

电子商务。湘西州加强淘宝、苏宁、京东等国内三大知名平台的对接并开设“湘西馆”，集中展示推销州内特色产品和特色资源。“湘西馆”的建成使湘西州成为全省唯一一个一年内成功引进国内三大知名平台的地区，唯一一个地方馆在淘宝网开馆一个月内平台交易额突破2000万元的地区，唯一一个建馆“零费用”的地区，唯一一个借助电商平台探索扶贫新模式并获得成功的地方馆。“湘西馆”有入驻企业180家，展销产品240余种，累计交易额突破4亿元，“湘西馆”的开通，助推湘西州特产通过网络逐步让全国知晓，网络名片效应逐步显现。

盐业管理。全年对州内取得食盐批发资质的7家企业（州级1家、县级5家、乡镇1家）、在湘西州开展食盐经营活动的州外盐业批发6家企业的批发资质、备案情况和食盐销售情况进行检查，经检查，在州经营食盐批发业务的企业均具备食盐批发资质、备案手续完备，销售的食盐均达到相关标准。年内，在全州范围内组织开展盐业质量安全专项检查，并在州庆、中秋和国庆期间举行食盐安全检查专项行动，同时联合州教体局开展校园食堂食盐安全检查，专项行动期间，共检查2000余家食盐零售网点，30余家食品加工用盐户，300余家学校、幼儿园食堂的售盐用盐情况，吉首市盐业主管部门检查发现假盐201袋（400克/袋），当即依法予以收缴，其余县均未查出假盐。

【州商务局积极做好“招大商迎州庆”工作】 2017年州庆期间，湘西州举办招大商·迎州庆——重大招商项目集中签约活动，州商务局采取切实措施，扎实开展各项准备工作。抓项目开发包装。重点围绕全州基础设施、新型城镇化、文化旅游业、新型工业化、农业产业化、生物医药、现代物流业、现代金融业、电子商务业、总部经济等“十大领域”，开发包装重大招商项目193个、总投资962.9亿元，并编印成《湘西自治州招商项目（2017年）》，通过网站、公众微信平台等多种渠道对外宣传发布。抓项目签约履约。4月下旬，湘西州组织参加“港洽周”活动，现场签约重大招商合作项目33个，协议引资433.4亿元。其中10亿元项目15个、30亿元以上项目9个，创历年节会招商活动签约项目数量新高。5月上旬，港澳商务代表团考察湘西州，签约项目6个，总投资80亿元。“港洽周”签约项目33个中15个履约，履约率45.5%；协议引资433.4亿元实际到位5.49亿元，资金到位率1.27%；开工项目10个，开工率30.3%。抓招商专题宣传。4月，在深圳举行湘西州招商推介会，详细介绍该州州情、投资优势、优惠政策和营商环境，同时举办珠三角地区媒体记者见面会，20多家媒体参会。组织开展在该州重要投资商采访系列报道活动，选择20名湘西籍在外知名人士进行采访报道，营造“引老乡回故乡建家乡”良好氛围。抓“州庆”搭台招商。邀请60多名国内外知名企业和战略投资机构负责人参会，调度20个项目现场集中签约。

【湘西州出台招商引资新政策】 2017年9月20日，州人民政府制定的《关于湘西自治州招商引资优惠政策的若干意见》正式出台。《意见》提出，在湘西州投资的现代农业产业园区内按园区规划流转土地从事农业开发，集中连片种植达500亩以上的，其土地流转费按每年每亩100元给予补贴，连续补贴3年；在该州投资四星级（含四星级）以上酒店项目，建设用地以项目挂牌方式出让，揭牌价高于出让底价部分可由受益财政全额奖补给投资企业，用于企业基础设施建设、购买生产设备及配套设施建设。投资商办完土地出让手续后，开工建设后兑现30%，主体封顶后兑现40%，实现竣工经营兑现30%；对固定资产投资5000万元以上的工业项目，自投产年度起5年内，企业所得税地方分享部分前3年按100%，后2年按50%，州、县（市）政府以“企业发展基金”的形式奖补给企业，用于企业技术改造或扩大再生产；对世界500强或国内商贸行业前10强企业自主经营商贸类项目，从营业年度起，连续5年由州、县（市）财政按企业实际缴纳所得税地方分享部分的10%~20%奖补给经营者，主要用于企业基础设施建设、购买生产设备及配套设施建设。具体标准为：年缴纳所得税100万~200万元的，政府将地方分享部分的10%奖补给企业，超出200万元的，将超出部分地方分享的20%奖补给企业。本次出台的新政策全面贯彻省委“创新引领、开放崛起”战略，坚持“非禁即入、非限即许”的原则，并严格依据国家法律、法规及有关政策制定。新政策结合湘西州实际，鼓励州内外投资者到该州投资置业，进一步推进精准招商，促进该州脱贫攻坚、后发赶超。

【湘西州商务局让湘西味道香飘京城】 2017年9月6日至8日，在北京民族文化宫举办的“湘西土家族苗族自治州成立60周年成就展”上，湘西州商务局组织的“世界边城·醉美味道”湘西特色产品展香飘京城，代表湘西州特色产品的六大园区200余个品种汇聚成湘西味道，吸引大批北京中外各界朋友。50多家新闻媒体争相报道，上万嘉宾参观购买湘西州特产。湘西州商务局为每件商品配备二维码，所有商品均可实现线上下单成为本次展览的一大亮点。北京民族文化宫管理人员认为“湘西州本次特色产品展通过电子商务实现线上线下销售，是北京民族文化宫开展民族地区特色产品展示以来的创举。”本次展示的产品近200种，既有湘西特色传统食品如湘西腊味、姜糖、糍粑、王婆酸辣等，也有近年来湘西的知名品牌如古丈毛尖、保靖黄金茶、酒鬼酒、边城醋；既有现代生产线加工的产品如鑫科腊味、沃康茶油、香味园榨菜，也有限量加工的高望界蜂蜜、七星野葛、源承干菜；既有加工食品百合粉面、苗汉子酱菜、喜阳皮蛋、蒿草粑，也有新鲜纯天然的百合、柑橘、金秋梨、猕猴桃等。所有产品无不体现湘西的绿色生态、有机富硒、独特技艺等特点，同时也得到广大顾客的认可。仅销售当天，参展的200余个品种就有近100种抢购一空。

（本栏撰稿　谢　江）

会　展

【概况】 2017年，湘西州展会活动分为两类，即组团参加国际国内的展会和州内自主举办的行业展会。参加国际国内的展会。由主管部门牵头组织相关企业或者企业自行组织，以参展商、买家和观众身份参加的国内外各类行业展会，如中国国际进口博览会、中国食品餐饮博览会、中国国际电子商务博览会、中国国际汽车展、中国湖南省旅游产业博览会、湖南经济合作洽谈会暨湘商大会等国内重点展会。根据湘办发〔2017〕29号文件精神，湖南省贫困地区企业参加本省各级党政机关主办的展会，参展费用全额免费；由行业协会和办展企业市场化举办的重点展会由主办单位给予贫困地区参展企业适当优惠支持；由省商务厅组团参加境内外重点展会按照有关规定给予贫困地区企业参展经费支持。州内自主举办的行业展会。湘西州没有专业的展会企业，各类展会活动都是由相关部门或者行业协会、企业举办。由州内各级党政机关主办的展会，如由州人民政府与怀化市人民政府每年一届轮流举办的湖南武陵山片区农产品博览会、武陵山片区旅游商品博览会，古丈县、保靖县各具特色的茶文化交易会等。各级政府严格落实党政机关境内举办展会的有关规定，进一步规范办展行为，逐步减少财政直接出资和行政参与。由市场主体主办的展会遍及国民经济众多行业，就湘西州来讲，展会数量较多的主要为车展、商品交易会、建筑建材、食品饮料、家居、文化产业等。此类展会由相关行业协会和企业市场化运作。湘西州从事会展服务的有几家文化传媒公司，比如飞扬101、凤飞文化传媒有限责任公司（湘西生活网）等。2017年，湘西州行业会展规模持续扩大，是年，车展成交502辆，交易额7000万元，比2016年的成交280辆、交易总额3900万元，分别增长179.3%、179.5%，车展成效呈明显上升趋势。

（谢　江）

物　流

【概况】 2017年，随着交通条件改善，城市化进程加快，湘西州商贸物流业快速发展。商贸业发展迅速，截至2017年年底，全州有商贸流通企业和大型商贸流通个体经营户893家，大型商贸流通个体经营户524户，限额以上商贸流通企业324家，其中主营业务收入2000万元以上的商业批发企业96家，500万元以上的商业零售企业101家，200万元以上的住宿餐饮企业127家，乡镇农贸市场130多个，各类商场超市数量达2000多个。物流业发展加快，截至2017年年底，全州有货运业户11355户（个体户11284户、货运企业71个）。其中，货运企业拥有100辆及以上车辆的5户、50~99辆的5户、其他65户；从事货物专用运输209户（个体204个、企业5户），大型物件运输204户，危险货物运输8户；全州有货运站4个，货运配载及其他运输85户；年货物运输量达2617万吨，年货运周转量49.9亿吨。电商业快速兴起。全州现有电子商务企业286家，乡镇村级电子商务服务站（点）498个，各类网店11000余家，规模以上冷藏冻库17家，总面积23000平米。快递物流迅速在湘西州布局，全州现有快递企业89家、快递品牌18个，申通、圆通、中通、顺丰、邮政等知名快递物流全部入驻湘西州，电子商务年交易额突破23亿元，农产品上行突破7亿元。商业布局不断完善。以吉首为中心、7个县城为支撑、一大批中心乡镇为延伸的商贸物流业体系正在形成。州内基本形成一个市级商业中心（吉首市和盛堂商圈）、一个市级批发市场（吉首市雅溪民营小区市场）、7个县级商业副中心、一批乡镇社区商业区、各类农贸市场、中小型超市构成的商业发展总体构架。在其他县初步形成中型超市、购物中心、大型专业店、专业市场、农贸市场、特色街道等相结合的较为完善的商业业态。

但和发达地区相比，湘西州商贸物流业发展还存着一定的不足和差距。一是水平不高。据统计，全州90%以上的商品来自外地，本地生产的不足10%。物流业整体处于起步阶段，第三方物流企业尚未形成，企业仍以传统经营手段和方式为主。二是基础薄弱。缺乏大型龙头骨干企业，现代服务业规模偏小，产业层次偏低，品牌建设滞后，新型业态发育迟缓，服务行业集聚缓慢等。以科技为主的研发、金融、现代物流等现代服务业发展基本没有。三是同质严重。绝大部分市场商居混合、前店后居，部分门店和小型市场空置率高，尤其是家电、汽配、副食、建材等专业市场存在重复建设现象；往往新开一个市场，就会从原有市场拉走一批客户，造成市场不同程度“空巢”。四是帮扶不够。主要是对商贸物流基础设施及现代物流项目建设在用地、用电、用水等方面相关优惠政策支持不够甚至没有。（谢　江）

投资促进事务

【概况】2017年，全州投资促进工作成效明显，州外境内项目到位资金327.73亿元，同比增长25.18%；省外境内项目到位资金69.55亿元，同比增长15.83%，州外境内和省外境内到位资金均超额完成年度目标任务。

内联引资。全年实施州外境内内联引资项目285个，合同引资1356.26亿元，到位资金突破300亿元大关，达到327.73亿元，比2016年净增65.93亿元，完成年度目标任务的109.02%；新引进实施投资过亿元重大项目75个，完成年度目标任务的125%；新引进实施投资10亿元以上特大项目22个，完成年度目标任务的220%。全州实施省外境内项目107个，合同引资399.39亿元，到位资金69.55亿元，同比增长15.83%，完成省分任务的103.81%。州外境内和省外境内招商引资项目到位资金、新引进实施重大项目和特大项目数量均创历史新高。

重大项目服务。全州商务投促部门主动对接、引进重大投资项目，积极服务重大招商引资项目，确保重大投资项目进得来、能落地、早投产。州投资促进事务局积极为湘西州重大招商引资项目的引进和签约实施做好各项服务工作，先后与中铁十八局集团公司、上海中军投资集团、云南旅游股份有限公司、中铁建国际集团有限公司、广西湘商联合会、重庆湖南商会、上海市果品行业协会等40多家知名企业和商协会就相关重大项目进行对接，于2017年4月成功引进深圳市万汇国际投资有限公司投资龙山县万汇国际汽车城项目（总投资10亿元，到位资金1350万元）。积极参与2017年中国湖南（第八届）旅游产业博览会湘西旅游产业推介暨重点招商引资项目签约仪式的筹备及现场工作，18个重大招商项目及1个全域旅游战略合作框架协议在此次推介会上集中签约，总投资202.6亿元。

招商经贸活动。全州商务投促部门积极组织参加国内各类招商经贸活动，成效显著。4月中旬，州投资促进事务局组织酒鬼酒股份有限公司、湖南边城生物科技有限公司、湘西老爹生物有限公司、古丈县牛角山生态农业科技开发有限公司参加“第三届中国（重庆）国际物流展”。参展期间，组织参展企业走访重庆湖南商会，充分利用重庆湖南商会的优势资源帮助湘西州农副产品打入重庆市场。8月底，参与组织沪商入湘投资联盟来湘西州考察项目对接洽谈活动；9月中旬，参与组织州庆“旅博会”；9月下旬，分别组团参加第四届世界硒都（恩施）硒产品博览交易会、2017年中非地方农业产业博览会暨中国（湖南）非洲商品节、湖南省第八届农业机械矿山机械电子陶瓷产品博览会等经贸活动，均取得较好成效。特别是在中非商品节中，州投资促进事务局组织湘西老爹生物有限公司等6家单位携带猕猴桃、边城醋、古丈毛尖茶、黄金茶、莓茶、苗疆红茶等产品参展，湘西州商品实现直销非洲，展区现场展销的商品被抢购一空，参展企业还收获不少订单和客户。积极参与湘西州赴上海、重庆等地上门招商活动，牵头联络和组织参加12月26日重庆市湖南商会2017年年会暨湘西州人民政府驻重庆招商引资联络处揭牌仪式。

内联引资统计。全州商务投促部门按照《中华人民共和国统计法》《统计法实施条例》等法律法规以及省、州相关要求，认真抓好招商引资统计报表相关工作，每月、每季认真报送内联引资各类统计报表和资金到位证明等统计资料。2月13日，州投资促进事务局对各县市区、省级园区招商统计人员进行业务培训。同时，在实际工作中，加强对招商引资统计员业务指导，提高全州招商引资统计队伍的整体素质，全州内联引资统计工作愈加规范，一月一统计、一季一调度、半年一通报、年终大盘点的招商引资督导机制落实基础更加坚实。12月21日至22日，全州商务投促部门积极参加省商务厅组织的全省招商引资管理工作业务培训班暨工作会议，接受内联引资统计工作专题培训。

扶贫协作。州投资促进事务局认真落实《济南市政府湘西州政府扶贫协作框架协议》，4月5日至7日、5月22日至25日两次走访济南市投资促进局、济南市金融办，与济南市投资促进局局长张军、市金融办主任王毅等领导就扶贫协作工作进行交流和探讨，拜访中泰证券股份有限公司总经理朱锋、德勤中国总监刘永强。4月5日，州投资促进事务局与济南市投资促进局签署《投资促进合作协议》，先后对接洽谈“助力教育信息化”精准扶贫等5个项目。在济南市、湘西州两地投资促进局的共同努力下，8月15日，明日之星公益基金管理委员会、济南市投资促进局、湘西州教体局、湘西州商务局在州商务局会议室共同签署《“助力教育信息化”精准扶贫项目合作协议书》。按照该协议，明日之星公益基金管理委员会向湘西州7个县分别捐赠价值36万元的教育信息化产品（含12万元的教学资源应用平台2个，价值12万元的平板电脑），总捐赠额252万元，并对受捐学校免费进行操作人员培训。5月24日，州投资促进事务局借助商会平台招商，走访山东湖南商会，与省政协委员、商会会长吴梦军及副会长和秘书长进行交流，该商会表示积极支持湘西州推介和对接重大招商项目。

8月31日，沪商入湘投资联盟到湘西州考察项目对接洽谈会现场

【沪商入湘投资联盟到湘西州对接洽谈投资项目】 2017年8月30日至9月1日，由沪商入湘投资联盟理事长、上海中军投资集团董事长王中政带领的“沪商入湘投资联盟”一行21人，深入湘西自治州考察投资项目，并进行项目对接洽谈。州委书记叶红专，州委副书记、州人民政府州长龙晓华，州委副书记、州委统战部部长曹普华，州人民政府副州长向清平，州人民政府副秘书长、办公室副主任陈敬会，以及州商务局局长向仕连，州投资促进事务局局长郝贤明等12个州直单位和9个县（市、区）相关负责人参加对接洽谈活动。

（本栏图文　龙向阳）

2017 年度湘西自治州招商引资情况统计表

（州外境内）

表 21

单位：万元

单 位	项目个数	合同引资	到位资金	上年同期到位资金	同比增长(%)	全年任务数	完成任务比例	新引进实施招商项目(个)	
								投资 1 亿元以上项目	投资 10 亿元以上项目
吉首市	29	2950400	610100	508210	20.05%	513344	118.85%	9	3
泸溪县	17	576000	334100	278400	20.01%	330600	101.06%	8	2
凤凰县	16	1489700	411600	341100	20.67%	399600	103.00%	8	4
古丈县	20	560500	170500	76602	122.58%	169830	100.39%	6	
花垣县	35	1833100	360514	300050	20.15%	356956	101.00%	7	5
保靖县	30	695000	308700	251000	22.99%	298666	103.36%	8	1
永顺县	33	818460	360866	298677	20.82%	356670	101.18%	6	1
龙山县	41	2352300	310830	258963	20.03%	310756	100.02%	10	2
湘西经开区	64	2287114	410090	305078	34.42%	269820	151.99%	13	4
合计	285	13562574	3277300	2618080	25.18%	3006242	109.02%	75	22

表 22

2017 年度湘西自治州州外境内招商引资项目统计表（部分）

单位：万元

序号	项目名称	项目单位	签约时间	投资方单位名称	省份	合同引资	年度累计到位	新引进实施招商项目	
								投资 1 亿元以上	投资 10 亿元以上
吉首市									
1	湘西交通工程职业技术学校	吉首市教体局	2016.12	四川李园林	四川	18000	5400	√	
2	吉首“百鸟朝凤苗寨”生态旅游开发	吉首市德夯风景名胜区管理处	2017.1	湖南路丰投资公司	湖南	53000	2550	√	
3	吉首民营国际大市场	吉首市商务局	2017.1	陈昌启	湖南	51000	3000	√	
4	吉首市景区旅游开发合作项目	吉首秀兰大德夯旅游发展有限公司	2016.11	秀兰投资集团有限公司	北京	300000	6200	√	√
5	服装生产项目	湘西恒泰服饰有限公司	2017.3	卡奇(福建)服装有限公司	福建	10000	6000	√	
6	黄莲洞片区住宅开发建设（一期）	吉首碧桂园公司	2016.1	碧桂园地产开发有限公司	广东	40000	2000		
泸溪县									
7	高端交通装备轻量化项目	湖南金天铝业高科技股份有限公司	2016.12	湖南金天铝业高科技股份有限公司	湖南	30000	17200	√	
8	1000 吨/年环保型高性能水性铝基颜料生产线	湖南金昊新材料科技股份有限公司	2016.12	苏州开元集团	江苏	28000	17700	√	
9	3000 吨氮化钒铁项目	湖南众鑫新材料科技股份有限公司	2016.12	湖南众鑫新材料科技股份有限公司	湖南	25000	12000	√	
10	1000 吨/年电子产品用功能粉体材料生产线建设	湖南昊宏新材料科技有限公司	2017.1	湖南昊宏新材料科技有限公司	湖南	18000	8000	√	
11	住宅产业化生产基地建设	湖南美林住宅工业有限公司	2016.12	湖南美林住宅工业有限公司	湖南	35000	18200	√	
12	泸溪县武溪工业集中区 10 万平方米标准厂房及基础设施建设	湖南洪山建筑有限公司	2017.1	湖南洪山建筑有限公司	湖南	100000	65000		√
13	新能源锂电池项目	湖南泰和美新能源科技有限公司	2017.6	深圳市华美兴泰科技股份有限公司	广东	30000	8300	√	

续表 22

单位：万元

序号	项目名称	项目单位	签约时间	投资方单位名称	省份	合同引资	年度累计到位	新引进实施招商项目	
								投资 1 亿元以上	投资 10 亿元以上
				凤凰县					
14	凤凰醉湘西大酒店	凤凰县发改局	2017	凤凰雍恬公司	湖北	28000	26000	√	
15	人防开发	凤凰县人防办	2017	凤凰中昊公司	湖南	120000	40000		√
16	总部经济园	凤凰县发改局	2015	湖湘商贸公司	北京	35000	12800	√	
17	科技创意园	凤凰县发改局	2016	中青宝有限公司	深圳	200000	15800		√
18	星级宾馆开发	凤凰县发改局	2016	秀兰集团	北京	300000	10800		√
19	全域旅游开发	凤凰县发改局	2016	东方园林	北京	200000	10800		√
20	铁皮石斛、白芨重点药材产业园项目	凤凰县兰科农业发展有限公司	2017	广东省中山市农业科技开发有限公司	广东	24000	23000	√	
21	阿拉就业产业园	凤凰县发改局	2017	湖南凤飞水晶有限公司	湖南	12000	6300	√	
22	金水寨传奇	凤凰县发改局	2017	华夏集团	江西	50000	6000	√	
				古丈县					
23	列溪村茶旅综合体乡村游全域旅游开发项目	古丈县文广新局	2017.1	湖南省天下武陵旅游发展股份有限公司	湖南长沙	38000	5500	√	
24	年产 20 万吨食品级碳酸钙原材料项目	古丈县工业集中区管委会	2017.1	湖南古丈轩鑫钙业科技有限公司	湖南	16000	8500	√	
25	古丈县原生态油茶加工项目	古丈县栖凤湖管委会	2017.4	湖南东方天润生态农业有限公司	深圳	30000	13000	√	
26	牛角山特色产业综合开发项目	古丈县民族宗教事务和旅游文化广电新闻出版局	2017.6	湘西自治州牛角山生态农业科技有限公司	湖南	64000	14000	√	
27	坐龙峡景区基础设施建设项目	古丈县民族宗教事务和旅游文化广电新闻出版局	2017.6	湘西坐龙峡旅游开发有限公司	湖南长沙	14000	10500	√	

续表 22

单位：万元

序号	项目名称	项目单位	签约时间	投资方单位名称	省份	合同引资	年度累计到位	新引进实施招商项目	
								投资 1 亿元以上	投资 10 亿元以上
28	工业集中区标准厂房	古丈县通源综合开发有限公司	2017.7	湖南省建筑工程集团总公司	湖南长沙	7500	5500		
29	中国古丈生态科技园	古丈县通源综合开发有限公司	2017.1	湘西自治州振湘建筑安装有限责任公司	湖南	50000	16000	√	
花垣县									
30	电矿合作项目	花垣县经济和信息化局	2016.7	新华水利发电有限公司	湖南	100000	30384		√
31	锰渣无害化处理生产装配式建筑墙材建设项目	花垣县经济和信息化局	2016.12	湖南盛世千恒环保科技有限公司	湖南	55800	6900	√	
32	绿色牲猪科技养殖项目	花垣县农业局	2016.12	唐人神集团股份有限公司	湖南	100000	22000		√
33	油茶产业开发项目	花垣县林业局	2016.12	湖南煜源农业开发有限公司	湖南	200000	27500		√
34	十八洞景区旅游开发项目	花垣县民宗文旅局	2016.12	华龙旅游实业发展总公司	北京	45000	8200	√	
35	大农中药材开发项目	花垣县农业局	2016.12	河北大农公司	河北	28000	15300	√	
36	鼎盛木业加工项目	花垣县森林公安局	2016.12	鼎盛木业有限公司	湖南	12700	8400	√	
37	全域旅游合作项目	花垣县人民政府	2016.12	湖南开成公司	湖南	260000	22500		√
38	大脑坡铅锌矿权竞标项目	花垣县经济和信息化局	2017.4	恒泰证券股份有限公司	内蒙古	160000	28500		√
39	苗汉子果蔬加工厂项目	花垣县苗汉子野生蔬菜开发专业合作社	2017.5	广州市广村食品有限公司	广东	15000	900	√	
40	十八洞矿泉水项目	花垣县人民政府	2017.8	步步高集团	湖南	30000	7500	√	
保靖县									
41	世联创科双创楼建设项目	保靖民族创科文化产业发展有限公司	2016.12	保靖民族创科文化产业发展有限公司	湖南	20000	15400		

续表 22

单位：万元

序号	项目名称	项目单位	签约时间	投资方单位名称	省份	合同引资	年度累计到位	新引进实施招商项目	
								投资 1 亿元以上	投资 10 亿元以上
42	湖南松桂坊农产品生产加工项目	湖南松桂坊电子商务有限公司	2017.4	湖南松桂坊电子商务有限公司	湖南	25000	19100	√	
43	湘瀛(保靖)现代农业物流园项目	湖南湘瀛现代农业物流管理有限公司	2017.4	上海瀛联农业科技股份有限公司	上海	50000	21600	√	
44	保靖县矿渣回收综合利用项目	保靖中锦环保公司	2017.9	衡阳中锦金属材料有限公司	湖南	20000	7500	√	
45	蓝泊湾广场开发项目	保靖县住建局	2017.11	保靖县诚信宏一置业有限公司	湖南	40000	9000	√	
46	思源教师花园综合开发项目	保靖县住建局	2017.11	湖南长沙商人杨志军	湖南	35000	6000	√	
47	久霖水厂	湘西久霖饮用水有限公司	2017.11	湘西久霖饮用水有限公司	湖南	13000	1500	√	
48	土家人城市综合体开发项目	保靖县住建局	2017.11	湖南长沙商人何军	湖南	25000	5500	√	
永顺县									
49	北京资源亿家集团总部经济研发中心项目	永顺经济开发区	2016.1	北京资源亿家集团	北京	10000	6780	√	
50	湖南明瑞药业集团高端现代制药项目(一期)	永顺经济开发区	2016.12	湖南明瑞制药有限公司	湖南	15000	15000	√	
51	土司药王谷生态庄园	永顺经济开发区	2016.12	长沙明瑞医药科技开发有限公司	湖南	10000	1600	√	
52	万坪风情小镇综合开发项目	永顺县万坪镇	2016.4	七天置业有限公司	深圳	30000	23000	√	
53	天地人和农业科技开发有限公司金花葵研发中心	永顺县农业局	2017.1	天地人和农业科技开发有限公司	湖南	50000	20200	√	
54	司城山水温泉酒店	永顺县商务局	2017.1	司城山水酒店开发有限公司	湖南	25000	25000	√	
55	城外 800 家综合开发项目一期	永顺县灵溪镇商会	2017.4	土司王城万马归朝文化旅游有限公司	湖南	20000	6500	√	
56	永顺汉广中药材加工项目	永顺经济开发区	2017.6	汉广中药科技(天津)有限公司	天津	5000	3300		

续表 22

单位：万元

序号	项目名称	项目单位	签约时间	投资方单位名称	省份	合同引资	年度累计到位	新引进实施招商项目	
								投资 1 亿元以上	投资 10 亿元以上
龙山县									
57	万汇国际汽车城	龙山县商务局	2017.4	深圳市万汇国际投资有限公司	广东深圳	100000	1350		√
58	龙山建国饭店(四星级)	龙山县住建局	2017.5	北京首旅集团	北京	50000	9000	√	
59	露营基地项目	龙山县惹巴拉旅游投资公司	2017.5	北京首旅集团	北京	30000	5800	√	
60	服装服饰业研发及生产项目	龙山工业园管委会	2017.8	上海允蒂实业有限公司	上海	16000	100	√	
61	太阳能电子产品研发和制造项目	龙山工业园管委会	2017.8	上海星珂环保科技有限公司	上海	12000	20	√	
62	世纪百年大酒店	龙山湖湘商贸公司	2017.1	陈方才	重庆	20000	5000	√	
湘西经开区									
63	爱情海城市广场项目	湘西星泓置业有限公司	2017.6.28	上海爱琴海置业有限公司	上海	200000	136	√	√
64	湘西州文化体育中心项目	湘西民族职业技术学院	2015.11	中铁城建集团有限公司	湖南	29000	9850		
65	手机整机组装线及电子产品配套生产线	湖南宸睿通信科技有限公司	2016.3	深圳市戈博科技有限公司	广东	20000	5475		
66	煜龙国际酒店	湘西煜龙国际酒店有限责任公司	2016.8	秀山县张利群	重庆	23000	14000		
67	手机等消费类电子产品的开发设计、生产、销售及配套产业链项目	湖南唯想电子科技有限公司	2016.9	深圳市银泰福实业有限公司	广东	15000	12300		
68	五矿房地产	湘西自治州五矿房地产开发有限公司	2016.12	湖南五矿房地产开发有限公司(长沙)	湖南	11700	5850	√	
69	金湘玺酒店	湘西自治州吉凤投资开发有限责任公司	2016.12.20	湖南建工集团	湖南	71000	33815	√	

续表 22　　单位：万元

序号	项目名称	项目单位	签约时间	投资方单位名称	省份	合同引资	年度累计到位	新引进实施招商项目	
								投资 1 亿元以上	投资 10 亿元以上
70	洁宝无纺布项目	湘西洁宝日化有限公司	2017.1.15	广州市洁宝日用品有限公司	广东	5000	2920		
71	湘西经开区城中村改造项目(保障房、棚改房项目)	湘西州吉凤投资开发有限责任公司	2016.12.10	江西省建工集团有限公司	湖南	80000	26011	√	
72	一期为半导体耗材生产项目,二期为精密陶瓷生产项目	湖南方彦电子(光电)有限公司	2017.5.18	深圳方彦电子(光电)有限公司	深圳	10000	1420	√	
73	触摸屏生产项目	湖南锐阳电子有限公司	2017.6.19	深圳市锐阳电子有限公司	深圳	20000	1050	√	
74	大湘西旅游投资、运营、结算项目	湘西自治州大湘西旅游投资有限公司	2017.5.18	北京首旅集团	北京	10000	318	√	
75	天然气管网铺设及调度中心建设项目	湖南省大湘西天然气管网投资开发有限公司	2017.6.28	湖南省湘投集团(长沙)	湖南	170000	8000		√
76	物联网智能家居项目	湖南朗迈物联技术发展有限公司	2017.7.31	深圳朗迈物联技术发展有限公司	深圳	20000	300	√	

粮油贸易

【概况】2017年，湘西州粮食系统认真开展早稻“托市”收购和秋粮收购，全年收购粮食6.3万吨，其中收购优质稻2.84万吨。完成州、县两级地方粮食储备3.75万吨，建立州级成品粮储备0.08万吨，州级食用油储备0.14万吨。完成州级储备油轮换480吨，县（市）储备粮轮换0.73万吨。全州建立粮油应急供应网点124个、应急加工企业9个，粮油加工总量44758.3吨，加工总产值53348.7万元。

粮油储备与轮换。湘西州粮食系统认真贯彻落实粮食供给侧结构性改革，突出守底线、促发展、防风险、强基础等重点，及时制定《关于做好2017年度落实粮食安全责任制考核工作的通知》，对地方粮食储备管理工作开展联合调研，与州财政局联合出台《关于调整州级储备粮油费用补助标准的通知》，将粮、油保管费用较原标准分别提高30元/吨、50元/吨，按100元/吨、300元/吨标准包干到承储企业，轮换费用分别提高60元/吨、100元/吨，按200元/吨、300元/吨标准包干到承储企业。调研起草《关于加强地方储备粮管理的意见（送审稿）》，确保湘西州粮食安全提供政策支撑。组织粮食人参加“粮储云”网上学习和“一规定两守则”网络测评，印制全州粮库账卡簿册，完成湘谷园仓库保管员工作间标准化改造，争取州级粮食风险基金结转资金740万元，支持州本级和县（市）粮食仓储设施改造。通过检查摸底、督查督办、争取多方支持等措施，全州完成省储粮轮换2.15万吨，其中争取州本级财政资金186万元，完成湘谷公司1.1万吨省储粮轮换；支持资金40万元，督促龙山县新城国库0.65万吨省储粮轮换。充分做好州级粮食应急预案启动准备工作，有效应对泸溪县7月特大洪灾。圆满完成军粮供应、粮食信息监测预警等方面工作任务。受粮食价格购销倒挂、储粮成本高、轮换价差大等不利因素影响，粮食轮换滞后情况比较突出。

粮食行业发展。围绕粮油产业发展，确立“瞄准五大目标，做好三篇文章”的总体目标和工作思路，“中国好粮油示范州”项目成功挤进全省优质粮油工程建设项目笼子，争取到9个项目1156万元（含军供项目1个），较上年增长628%。花垣傻瓜农业、永顺松柏米业、保靖锦湘米业等3家企业获批全省第五批“放心粮油示范企业”，泸溪粮油购销公司获批“放心粮油示范店”。组织粮食部门工作人员、企业代表近100人次赴深圳、福建、长沙参加粮油展，其中在第十五届中国国际粮油展上，湘西州首次大规模组织20家企业64个单品参展，花垣傻瓜农业苗玉香米、湘西边城生物“神秘湘西”原香醋、古丈“神土地”蒿草粑、湘西沃康有机山茶油、龙山“刘大姐”霉豆腐、永顺松柏大米、湘西七星野葛粉、湘西八月食品红薯水晶粉丝8家企业产品勇夺“金奖”，现场达成意向合同500多万元、正式合同100.5万元，卖出样品10.6万元，成交额创湘西州参展史上最高纪录。

湖南省粮食局局长张亦贤（右二）查看湘西州部分特色粮油样品

粮油流通领域监管。全州粮食系统深入实施“粮食市场监管改革年”行动，全面检查州内除中央储备企业以外的所有国有企业的国家最低收购价粮、地方储备粮以及国有粮食企业的商品粮库存情况。完成粮食抽样扦样127个点位，其中收获粮食72个、清仓查库43个（含军供粮14个）、社会委托12个；开展粮食库存清查、质量检查及粮食安全隐患“大排查、快整治、严执法”集中行动，积极指导县（市）承储企业加快消化不合理粮食库存；集中开展粮食法制宣传周、世界粮食日等综合性宣传4次，宣传粮食质量安全知识、粮食安全政策法规，发放《一规定两守则》等宣传资料，主动接受群众咨询，现场鉴别和检测粮油质量，提升公众粮食安全意识。制定《湘西自治州粮食行业安全生产工作要点》，加强全行业安全生产重点工作部署，层层签定责任状，先后多次深入县（市）开展安全生产大检查，发现隐患23处，下发整改通知书7份，整改率100%；开展安全生产“回头看”、危化品粉尘防爆等多项安全生产专项整治活动。全年未发生粮食质量安全事故，全州粮食库存真实、储存质量良好、仓储管理进一步规范、科学保粮技术逐步提高。

【粮油产销创品夺牌】2017年，永顺松柏米业、保靖锦湘米业、湘西沃康油业3家企业积极申报“中国好粮油产品”，永顺松柏米业、保靖绿野农业合作社2家企业争取到农业地理标志和有机转换认证。在凤凰县腊尔山创办优质稻基地，以点示范，2017年扩面5000亩，为种粮户创收2000万元。在永顺、泸溪两县的3个扶贫村落实优质稻示范基地200亩，创办杂粮种植示范基地2000亩，带动全州落实优质稻订单面积10.2万亩，“金湘谷”品牌大米实现产量0.88万吨，产值6300万元，湘谷园区完成投资117.34万元，完成率117%。

【“湖南好粮油·湘西版”】 2017年4月11日，湘西州粮食局党组书记、局长提名人选鲁雪松带领全体班子成员和办公室、行发科、调控与储备科相关人员，专程前往省粮食局汇报“湖南好粮油·湘西版”相关工作。省粮食局党组书记、局长张亦贤参加会议并作重要讲话。张亦贤充分肯定湘西州粮食局近年来所取得的工作成绩，对在落实“湖南好粮油”行动计划中的工作创新和主动性表示赞赏。

（本栏图文　张世群）

供销合作贸易

【概况】 2017年，湘西州供销合作社联合社认真履职，扎实工作，较好完成全年各项工作任务。

农资销售与储备。全州供销系统完成商品销售40.7亿元，同比增长10.1%，农资销售12.6亿元，同比增长10.3%；投资6000万元，完成州级农资化肥储备3.15万吨，为全年任务数的105%，全州农资化肥销售批发市场70%由州供销联社下属的股份制公司供应，价格稳定。

供销网点建设。按照中央及省改革文件要求，积极倡导成立供销发展基金，出资入股280万元，组建湘西州鑫瑞惠民供销电子商务有限公司（总注册资金800万元），完成人员招聘、财务账户等建设工作，完成进度的100%；完成“供销e家·凤凰购”平台注册、结构设计和框架建设，完成进度的100%；完成农村电子商务网点建设100家，完成任务的100%。同时，抓好全州现有350个再生资源回收网点、450个农资销售网点、650个日用消费品经营网点、5个农产品交易市场的经营管理，农资市场稳定，为农服务渠道不断拓宽。

供销综合改革。2017年3月21日，全州供销工作会议召开，部署安排供销综合改革工作。3月28日，组织督查组开展各县（市）深化供销综合改革工作督查，推进各县（市）及时印发改革相关文件。4月17日，州委、州政府召开深化供销合作社综合改革推进会议，州委副书记、州委统战部部长曹普华，州人民政府副州长向清平出席会议并讲话，对全州深化供销合作社综合改革工作提出具体要求，明确相关责任，规定改革时限。做好省总社监事会主任廖国锋、副巡视员陈念贵到州督查供销综合改革工作，有力推进全州供销综合改革工作进度。全州8县（市）均及时印发《关于成立深化供销合作社综合改革领导小组的通知》《关于深化供销合作社综合改革的实施意见》《关于深化供销合作社综合改革的实施方案》，规划全州供销综合改革工作蓝图、指明方向，为下步工作的全面开展打下坚实基础。

【供销项目建设】 充实社有资产管理力量，摸清家底，加强管理，盘活存量，整合资源，应收尽收，保值增值。州社注册1000万元资金的益农资产经营管理公司正式成立。拟投资5000万元的农资仓储物流园项目，吉首市规划委报批后即可动工。凤凰、古丈、永顺、龙山4个县的资产管理公司组建基本完成。

（本栏撰稿　张　喜）

烟草产销

【概况】 2017年，湘西州烟草部门坚持稳中求进工作总基调，按照“一个总体目标不变，四个积极探索，四个千方百计”总体思路，聚焦烟叶生产、卷烟销量、税利总额“三大硬指标”，全面落实“两保两提一降一增”举措。年内全州系统实现主营业务收入35.35亿元，实现税利总额12.15亿元，同比增长6.61%，其中，实现利润5.84亿元，同比增长21.63%，实现含所得税在内的税金7.87亿元。签订烤烟种植合同面积17.5万亩，收购烤烟41.45万担，实现烟叶农业产值5.73亿元；国家烟草局支持的10亿元精准扶贫项目，累计完成机耕道建设2272公里，完成投资4.25亿元；行业援建的7座水库有序推进。是年，州烟草专卖局（公司）被评为全省商业系统模范职工之家，并获全省“崇德守法·知行合一”法律知识竞赛一等奖、湖

全州烟叶工作会议现场

南省文明单位称号、省级园林式单位称号。

烟基建设。完成2015年度全州烟叶基础设施建设项目29431.27万元的工程结算审计工作，完成2016年度烟基工程投资15208万元，累计完成机耕道建设2272公里，完成投资4.25亿元；行业援建的7座水库有序推进。

烤烟生产。州境凤凰、泸溪、古丈、花垣、保靖、永顺、龙山7个产烟县，有烟农9534户，分布在82个乡镇786个村，共种植烤烟20.44万亩（合同种植17.5万亩），收购烟叶41.45万担，实现烟农收入6.01亿元，实现烟叶特产税1.14亿元；烟叶收购均价1328.61元/担，同比增加38.52元/担；亩均合同产值3276.84元，同比增加221.22元；烟农户均收入6.4万元，同比增加1.2万元。多方筹措救灾资金1270万元，协调保险公司办理因灾理赔1534万元，全部据实发放到位，烟农利益得到维护。

卷烟销售。全面完成9.48万箱卷烟销售任务，累计单箱销售均价（含税）27745元/箱，同比增长2.87%，实现销售收入26.3亿元，同比增长3.21%，市场状态整体趋稳，卷烟价格逐步回升。

专卖管理。全州查获各类涉烟案件741起，案值649万元。查获各类违法卷烟1431万支，其中，查获假烟走私烟340万支，查获非法流入烟叶1228担，预计为地方挽回财政收入117.11万元（其中上缴罚没收入60.33万元、挽回税收56.78万元）；破获网络案件6起，其中国标网络案件4起，省标网络案件2起，刑拘1人，逮捕12人，判刑10人。

科研创新。组织实施科技研发项目19个，其中主持州烟草专卖局（公司）项目14个，承担省烟草专卖局（公司）项目5个，有3个科研项目通过第三方科技成果评价，获得专利授权3件，获得省烟草专卖局（公司）科技成果进步二等奖1项、知识产权三等奖1项；烟叶标准化生产持续加强，通过省烟草专卖局组织时效考评，综合评分位列全省第二；科技创新平台建设有序推进。

【湘西州生态金叶科技园建设】 2017年，湘西州（花垣）生态金叶科技园高标准完成试验田整理，地成方、路成网，综合设施配套格局形成；积极开展轮作种植，引进企业在园区内连片规模流转土地种植蔬菜、药材等特色作物，降低土地空闲率；加强省级烟农专业合作示范社建设，加快推进传统农业向现代烟草农业转变。作为体现科技园核心实力的实验室全面完成台柜系统、废气处理系统和仪器设备的安装调试，次年即可投入使用。作为湘西“馥甜香”烟叶品牌展示窗口，年内先后有郴州、永州、邵阳等兄弟公司到科技园考察学习，接待省内外工、商业企业及合作高校各位领导、专家百余人次，承办全省烟叶质量安全管控现场会，成为湘西宣传烟叶的新名片。

【金叶公益捐赠】 2017年，全州发放金叶慈善医疗卡1300张，价值65万元，受益群众近千人，公司还开展其他公益捐赠20项，总计捐赠金额150.66万元，湘西自治州烟草专卖局（公司）荣获州慈善总会颁发的“湘西州首届慈善奖爱心集体”称号。

（本栏图文　蔡云帆）

石油销售

【中石化湘西分公司】 2017年，中石化湘西分公司面对经济发展新常态和“低油价”双重压力，紧贴市场，明确目标，精准发力，主要经营指标均按计划完成，经营业绩再创历史新高。全年成品油经营量突破41万吨，非油品销售额突破8000万元大关，利润突破6000万元，比上年分别增长14.63%、25%、3.22%。全年安全数质量、社会综合治理等管理水平不断提升，未发生任何重大HSE和数质量事故，企业总体保持安全平稳和谐。是年，公司班子考核全省系统第一、整体业绩考核全省第一，获得省公司经理特别奖、比学赶帮超优秀组织奖、HSSE先进单位、信访稳定先进单位。

成品油资源供应。中石化湘西分公司面对四季度加油站综合改造、年底各大炼油厂大检修、柴油资源供应紧张等现状，坚持预警制度，提高资源平衡前瞻性，积极协调炼油厂、铁路等部门，督促承运商新增油罐车4台，有效避免断档、脱销。强化服务管理，大力开展“综合服务提升百日大比武”和推行7S管理，统一标准，做到站容站貌洁、亮、爽。抓好优价营销，不断提高机出零售销量。积极开展“好车加好油、体验新动力”高标号汽油推广、IC卡“五进”、柴油联名卡营销以及油非互促等活动，抓住湘西土家族苗族自治州成立60周年建设项目，油品销售快速增长。

网点建设。中石化湘西分公司大力开展“综合性标杆示范站”建设，投入整改资金978万元，用以提高加油站服务质量和管理水平，系统内18座加油站达到创建要求，评定州级标杆示范加油站1座、县级标杆示范加油站5座。统筹优化17座加油站综合改造，成立施工安全和质量督查小组，施工期间每周现场查问题、找不足，确保安全、质量、进度三不误，加油站站容站貌得到提升，网点建设不断优化。

便利店非油品经营。中石化湘西分公司依托“服务区超市、站外店”等方式，新开非油门店8座。采取“易捷”门店建设新模式，大力开展年货销售、燃油宝竞赛、尾气处理液竞赛、水饮料营销等活动，各类活动营销全省排名靠前。同时，开展“梦洁内购会”活动3场，助推“卡非互动、油非双增长”。通过加快新业务扩展，尝试阳光保险业务，加大汽服业务力度，便利店非油品经营飞速发展。

企业基础管理。中石化湘西分公司相继出台规章制度19个，涉及绩效考核、神秘顾客检查、损耗、证照、档案、保密、公章等方面，工作流程进一步理顺，工作职责进一步明确。强化法律事务管理，对辖区范围内商标侵权的13座加油站开展工商联合专项整治行动；全面摸底建立五大证照台账，查漏补缺；严格执行合同标准化文本和签订流程，加强倒签合同管理，规避经营风险。加强安全管理，着力解决社会车辆在加油站乱停乱放问题，统一规范全州摩托车加油方式，未发生任何安全环保事故，损耗指标控制在省公司要求范围内。加强数质量管理，选送1名优秀初级化验员参加全国中级化验员培训学习，为化验室升A级化验室奠定基础；开展加油站甲醇汽油快速检测培训班1期，全年无油品质量事故发生；加强便利店临期、过期商品管理和处理，坚持做到“易捷万店无假货”。

（本栏撰稿　谢方敏）

【中石油湘西分公司】 2017年，中石油湘西分公司有加油站32座（资产型29座、租赁型3座），其中正常运营站31座，停业站1座。主要销售成品油、液化气、四基苯、石脑油、苯、甲醇、二甲苯、硫磺、石蜡、馏分油、碳九产品、甲苯、液化石油气等产品。

资源供应。突出品牌建设，加大客户开发，5吨以上加油站实现自助充值、售卡设备及自助加油机全覆盖，客户消费更加方便快捷，灵活促销方式和激励措施，实现量效齐增新突破。依据州内网点布局及经济消费特点和主要车流、物流运行轨迹，确立“两地一线”（吉首、花垣为两地，凤凰、高速为一线）为重点市场的开发思路，通盘实施营销策略。深入贵州省铜仁、重庆市秀山等周边市场进行调研，掌握市场需求，精准施策，全年销售总量过10万吨，零售纯枪连续5年保持两位数增速。

网点布局。完成提质改造站5座，累计完成28座站提质改造，加油站硬件条件全面改善。进一步优化站容站貌，开展卫生间专项整治和车辆乱停乱放专项治理，现场秩序得到显著改观。由州商务局牵头，成立项目实施协调领导小组，根据湘西区域经济发展和高速路网建设情况，积极完善油品市场布局，灵活开发思路，确定网点开发重点区域，主动与相关方进行洽谈对接，初步确定龙山、古丈、泸溪3县为主攻方向。

安全管理。始终坚持“以人为本、安全至上”理念，从强化安全文化和教育意识入手，从严从细从实抓好安全生产责任制落实。层层签订安全环保责任书，推行机关全员安全挂点，层层传递压力，安全责任得到进一步强化。扎实开展安全专项月活动，营造安全氛围，提升员工安全素养，规范员工操作行为，安全意识更加自觉，全员从“要我安全”向“我要安全”有效转变。持续推进风险隐患排查治理，全年识别隐患81项，项项做到落实，一般风险隐患整改率达到100%；定期开展应急预案演练，提升应急处置能力；成功处置3起车辆自燃、不法人员进站点火等突发事件，较好地维护地方社会安全平稳运行；严格监管改造站现场作业，确保施工安全。公司连续6年荣获全州安全生产先进单位。

（本栏撰稿　龙　蛟）

财政·税务

财　政

【概况】2017年，湘西州完成一般公共预算收入107.64亿元，增长22.25%，其中地方收入54.87亿元，增长10.01%；上划省级收入6.71亿元，增长27.50%；上划中央收入46.06亿元，增长45%。全州完成税收收入85.80亿元，税收占比达到79.71%。全州一般公共预算支出完成298.68亿元，增长10.18%。全州9个县（市、区）财政收入规模明显壮大，吉首、花垣、凤凰3县（市）财政收入超过10亿元，分别达到13.04亿元、12.15亿元、12.06亿元；龙山县完成8.12亿元；湘西经开区、永顺县分别完成6.89亿元、6.48亿元；泸溪县完成5.2亿元；保靖县完成4.35亿元；古丈县完成3.27亿元。

服务发展。一是深入推进供给侧结构性改革。坚定不移地推进降税减费政策落实，全面落实营改增、增值税税率简并、研发费用加计扣除、减少涉企收费等减税清费新举措，减轻各类市场主体负担，不断释放政策红利。支持化解煤炭、烟花爆竹等行业过剩落后产能，积极推进棚改货币化安置。二是着力扩大有效投资。通过上争资金、盘活存量、用好增量、推广PPP模式、争取地方政府债券等途径多渠道筹资融资，大力支持交通、水利、能源、环保等领域重大项目建设，促进投资拉动经济增长。三是积极扶持产业发展。通过以奖代补、后补助、上争资金、申报项目方式，加大对产业发展支持力度。创新财政投入方式，采取设立扶贫产业基金、贷款贴息、股权投资、融资担保等措施，引导各类资本投向文化旅游、现代农业、生物医药、生态环保、电子信息、新能源、新材料等优势产业和新兴产业发展，推动产业加快转型升级。四是大力支持城乡建设。支持各县（市、区）城市扩容提质，重点支持城市道路交通、地下综合管廊、老旧城区改造等基础设施建设，支持完善学校、医院、幼儿园、养老院、文化馆、体育馆、博物馆等公共服务设施建设，城市载体功能全面提升。支持推进美丽乡村建设，启动实施农村“五通五有”微建设和网络建设，加强传统村落和特色民居保护，开展农村环境综合整治，促进乡村发展。

全州财税金融统计工作会议现场

保障民生。坚持民生优先导向，年内全州民生支出188.38亿元，占一般公共预算支出的63.07%。一是完善社会保障体系，完成社会保障和就业支出38.29亿元，增长8.41%。企业退休人员养老金实现“十三连调”，城乡居民基础养老金最低标准提高到每人每月85元。全面实施机关事业单位养老保险制度改革，建立城乡低保动态调整机制，农村低保标准与国家扶贫标准实现“两线合一”。完善就业创业扶持政策体系，促进以创业带动就业。积极落实卫计政策，完成医疗卫生和计划生育支出29.03亿元，增长12.57%。整合城乡居民基本医疗保险制度，城乡居民医保人均财政补助由420元提高到450元。建立城乡居民大病保险制度，支持公立医院综合改革，落实国家计划生育政策。二是加大支农力度，完成农林水事务支出50.26亿元，增长11.89%，其中扶贫支出19.36亿元，增长9.96%。拨付扶贫专项资金15.50亿元，整合财政涉农资金31.51亿元，助推精准脱贫。同时，重点支持高标准农田、农村电商服务体系、防汛抗旱及自然灾害防御治理、病险水库除险加固和水利基础设施、农村安全饮水项目、提高农业抗风险能力等农业农村发展项目建设。三是支持教育优先发展，完成教育支出51.58亿元，增长18.79%。支持完善城乡义务教育经费保障机制，落实教师人才津贴政策，为农村义务教育阶段学生提供营养餐，支持薄弱校建设和中小学校舍维修改造，支持改善高中办学条件，支持学前教育和职业教育发展。四是促进文体事业发展，完成文化体育和传媒支出6.45亿元，增长20.22%。支持州博物馆、州非遗馆、武陵山（湘西）土家族苗族文化园等重点文化工程建成使用。支持加强文物与非物质文化遗产保护，实施公共文化体育场馆免费开放，推进农村文化场所建设，基本公共文化服务均等化水平得到提高。

财政改革。一是稳步推进税制改革。密切关注“营改增”、个人所得税、环境保护税、房地产税等税制改革动向，及时跟进改革进程，扎实贯彻改革举措。完善税费征管机制，出台《湘西自治州财税综合信息管理办法》，基本建成全州财税综合信息共享平台。推进互联网+非税收入征缴，启动吉首城区11所公办学校手机移动缴费，开创非税收入征缴新模式。二是深化预算管理改革。加大四本预算的统筹力度，取消专项收入专款专用规定，推进非税收入、政府性基金收支脱钩，严格“收支两条线”管理。深度推进预决算公开，在州县财政门户网站搭建本级预决算公开统一平台，集中公开政府预决算、部门预决算、“三公”经费、政府债务、政府采购等信息。三是深化国库集中支付改革。推进国库集中支付电子化管理改革，加快乡镇国库集中支付制度改革步伐，“横向到边、纵向到底”的改革目标基本完成。统筹整合使用财政涉农资金，整合中央资金20项、省级资金19项、州级资金5项，统筹用于精准扶贫，优化财政涉农资金投入机制，初步形成“多个渠道引水、一个龙头放水”扶贫投入新格局。四是推进扶贫产业基金运作。与浦发银行、华融湘江银行合作设立规模为300亿元、100亿元的扶贫产业基金，实际落地项目5个，资金22.5亿元。五是大力推广运用PPP模式。全州20个项目入围全省第四批PPP示范项目笼子，总投资额达到451.93亿元，示范项目实现州内9个县（市、区）全覆盖。六是推进融资担保体系建设。湖南农业信贷担保有限公司湘西分公司累计为51家各类经营主体提供担保贷款6.66亿元，“永顺油茶贷模式”作为全省重点推广模式。七是积极支持公务用车改革。州直及9个县（市、区）行政及参公事业单位完成公务用车制度改革工作。

财政管理。一是加强政府性债务管理。制定出台更加严格规范的政府性债务管理办法和PPP项目运作管理办法，开展政府性债务清理核查和政府性债务投资项目资产清查，坚决禁止违规担保承诺、变相举债融资行为。二是加强存量资金管理。深入推进财政专户清理整顿，出台《州本级财政结余结转资金管理暂行办法》，及时清理回收并统筹使用结余结转资金。三是加强预算绩效管理。州本级实行专项绩效目标管理460个，实行部门整体绩效目标管理283个，实现州本级部门单位预算资金绩效目标管理全覆盖。四是加强财政投资评审。全州评审项目2679个，送审资金规模177.84亿元，审减金额23.9亿元，审减率达到13.44%。五是加强政府采购管理。出台湘西州政府集中采购目录及政府采购限额标准，严格政府采购监管。全州政府采购规模22.17亿元，节约资金2.23亿元，节约率10.06%。六是加强国有资产管理。全面清查州直行政事业单位（除学校、医院）土地及房屋资产，盘清105家单位土地及房屋资产255万平方米，账面总价值7.36亿元。七是加强财政监督检查。开展15项财政监督专项检查，对扶贫资金使用、涉农资金整合、预决算公开、PPP项目实施等重大财税政策执行情况开展专项检查，启动实施“互联网+监督”信息公开工作。八是加强行政效能管理。严格执行限时办结制、纪检监察督查制、工作报告制等管理制度，加强效能管理，优化财政服务，办事效率提高。

【财源建设管理】 2017年，全州财源建设资金管理工作注重突出重点，稳中求进，稳中有进，圆满完成全年各项工作任务。

财源建设项目资金申报调研拨付。专程到省财政厅汇报湘西州2016年财源建设资金管理工作及当年财源建设资金使用情况，书面申报全州2017年财源建设情况，得到省财政厅领导的理解、关心和大力支持，2017年2月下旬解决湘西州财源建设项目资金668万元，比上年增长9.5%。为进一步加强财源建设项目资金管理工作，对州本级及8个县（市）、湘西经开区财政局申报的2017年财源建设14个项目情况进行实地调研，14个财源建设项目涉及生物制药、矿产品精加工、电子通信、特色农产品精加工等产业。通过到企业生产车间察看、与企业负责人及部分员工座谈等方式，调查了解企业2016全年及2017年生产、经营、销售状况及企业下一步生产目标，2017年全州财源建设资金于3月下旬全部拨付到有关县（市、区）。是年，财源建设资金支持的湖南三立集团股份有限公司，1—10月实现税收1436万元，比上年同期增长135.6%；泸溪蓝天高科有限责任公司1—10月实现税收1928万元，比上年同期增长109.9%。

同级审计。3月20日开始，州审计局开始对州财政局2013—2016年4年来的预算执行情况及有关财政、财务情况进行为期一个多月的审计，财源办作为局下属二级机构，也在被审计之列，为做好相关工作，对4年来有关财务进行认真清理，并积极配合州审计局做好有关工作，及时提供相关资料，认真做好有关情况的配合、解答等工作。

财源建设资金绩效评价。8月31日，全州财政系统财源建设专项资金绩效评价培训班在泸溪县财政局开班。各县（市、区）财源办负责人和经办人共20余人参加培训，培训班特别邀请州财政局绩效评价科相关负责人讲课，重点讲解国家预算绩效管理的发展历程、新《中华人民共和国预算法》涉及绩效的规定和湘西州预算绩效管理改革工作情况等，并结合实际解读2016年省级财源建设专项资金绩效评价工作重点。通过培训，对做好全州财源建设专项资金绩效评价打下好的基础，全州财源建设资金绩效评价保质保量按时完成。

【国库集中支付】 截至2017年10月底，州国库集中支付中心支付66072笔，拨付金额15.36亿元。其中直接支付62615笔，支出15.08亿元，占总拨付资金的98.18%；授权支付3457笔，支出0.28亿元，占总拨付资金的1.82%；上半年准确及时累计发放州直单位71511人次、3.03亿元工资和111437人次、2.72亿元的津补贴。州国库集中支付中心在业务量成倍增长的情况下，积极梳理支付流程，进一步优化岗位设置，在保障资金支付安全高效及时的基础上，科学配置柜组人员，优化审批权限设置，整体效能不断提高，保障全年国库集中支付、财政工资发放等业务及时顺利开展，并实现安全高效。

规范支付运行。从全局着想、从实际出发，创新工作思路，改进工作方法，对中心岗位设置进行总体设计，按照“分工合理、相互制约、配合协调”的原则，根据个人岗位分工不同，设置不同的工作岗位权限，避免一人多岗，杜绝办理业务“一手清”，所有资金支付业务的操作过程必须由2人及以上人员共同经手完成，支付中心在银行预留印鉴章分开存放。规范与相关部门的对账制度，支付中心每月不定期（每月至少一次）安排资金会计以外的人员，与银行进行对账工作，由支付中心统一制作银行对账单，与相关业务银行进行银行存款账户余额核对，收取银行对账回单，并将对账结果报告并归档。通过完善各岗位互控机制、支付程序，实现岗位设置规范化、合理化、科学化，确保财政资金安全高效。

严把支付“三关”。坚持“为政府当好家，为单位理好财”工作宗旨，把财务审核监督与部门预算、政府采购、“收支两条线”管理、国库集中支付结合起来，对支付单位的会计业务实施全过程监督，按照有关制度和规定，形成有效的监督机制。一是严把报账“受理关”，在报账受理过程中，从原始凭证把关入手，做好源头监管，对不合规的凭证坚决予以退回，对不完整、应更正和补充的凭证建议更正和补充完整后再报账，并对报账员做好业务辅导工作。二是严把报账“政策关”。对单位未按规定办理政府采购、投资评审等规定手续的，坚持不予受理；坚决杜绝单位坐收坐支现象发生，严格实行“收支两条线”管理；严格按照预算支出，不允许预算、支出“两张皮”，更不允许超预算支出现象出现；严格支付行为，对不合法、超标准、超范围的支出予以拒付，并给单位耐心做好解释工作。三是严把会计“监督关”。拒付各种不合规支出。加强财务审核监督，杜绝违规违纪行为发生，有效调整和优化支出结构，节俭财政支出，提高财政性资金的使用效益。

理顺工作机制。结合自身工作特点，加强与局内各职能科室及州直各预算单位的沟通联系，充分听取和吸收服务对象提出的意见和建议，不断提高支付工作的效能。6月，中心升级更新支付系统软件，增加基本支出“网签”功能，实现网络受理、审批等程序，减轻各行政事业单位奔波之苦，在本单位就能轻松解决基本支出报账事宜，为各单位报账员节省大量时间和精力。同时，中心联合国库科对所有州直单位的财务人员分三批进行新支付系统操作培训及报账业务培训，确保各单位财务人员更好的使用新系统，再次明确机关费用的开支规定与标准，重新强调各预算单位在国库集中支付报账过程中的相关责任，提高国库集中支付工作效率。9月，协助州地税局对所有州直单位财务人员进行培训；10月，协助地税部门，严格按照相关要求对所有州直单位进行个人所得税代扣代缴。

【非税收入管理】 2017年，全州非税收入管理机构继续深入贯彻落实《湖南省非税收入管理条例》，按照依法征收、应收尽收、纳入预算、统筹安排、规范管理的目标，推进非税收入管理工作稳中求进，较好地完成全年工作任务。全州财政部门1—11月累计完成全口径非税收入378553万元，同比增长16.21%，其中纳入一般公共预算的非税收入完成192590万元，同比增长7.56%。州本级财政部门（不含湘西经开区）完成全口径非税收入56775万元，同比下降15.97%，其中纳入一般公共预算的非税收入完成42246万元，同比下降8.13%。

多措并举强征收。全州非税部门与执收单位围绕非税收入预算任务，重点在挖掘国有资产（资源）有偿使用收入潜力、加强罚没收入征管、加强与执收单位协调上下功夫，主动作为，勤征细管，较好地实现预期工作目标。一是加强非税收入征管调度。按照年初制定的非税收入预算目标任务，定期召开非税收入征收工作推进会，全州一盘棋，统筹调度，督导各县（市、区）同步做好征管工作。二是加强分析预测。在季末、半年末来临之前的时间节点，加强非税收入完成情况、地区差异、级次之别、项目结构等质与量的研究，有的放矢强化征管举措。三是加强与执收单位协调。加强对法院、检察院、国土资源等重点执收单位收入完成情况的跟踪与研究，勤与单位沟通、协调，确保非税收入及时征缴入库。四是严格规范往来款管理。对缴入汇缴结算户的往来款项严格甄别，凡不属于往来的一律纳入预算管理，不得从汇缴结算户拨付。五是依法通过询价采购、鉴定评估和挂网竞拍，完成州本级8

台罚没车辆处置，实现拍卖收入58.76万元。

依法征收促规范。一是围绕清理降、免费政策主题积极开展专项检查活动，涉及9个县（市、区）及多家州直重点执收单位。二是按照省局统一部署，开展省属高校非税收入检查，对吉首大学非税收入进行专项检查。对通过检查发现的问题，及时督促单位给予以纠正，同时向被检查单位宣传非税收入相关政策。三是为防止单位乱收费现象发生，上半年开展州直部分单位“其他非税收入”摸底调查，逐一甄别具体项目收入明细，分类备案。同时，针对“其他非税收入”实行即开即关管理，严格把控对其他非税收入的审核关。四是参与由州政府办牵头开展的“放管服”督查，专门检查县（市）和州直单位涉企收费清理工作，摸清工作开展情况，督促各级优化发展环境。

源头控收严把关。严格遵循“分次限量、核旧领新、票款同步、以票管收”的原则，结合财政票据电子化管理的要求，合理测算用票量，及时、准确向省财政厅购领财政票据，把好票据的领用核销关。于3月完成州直多个行政事业单位及社会团体2016年度财政票据年检，查究票据使用管理中存在的问题，充分发挥以票管收作用。按照省里“三步走”要求，继续推进州、县（市）非税收入电子化票据改革工作，在基本实现通用票据电子化管理的基础上，州、县（市）两级其他财政票据的电子化管理工作逐步推开。

精细管理出实效。严格执行“收支两条线”管理，所有非税收入及时、足额缴入国库。严格按照时间、预算管理方式、收入科目的要求，实行非税收入统计报告机制，全面准确地反映非税收入完成情况，并深入分析报表，客观反映工作亮点和存在的问题，及时总结上报。严格执行与银行、执收单位定期对账制度。认真做好非税收入核算、结算工作，做到账实相符，分成收入及时上划、下解。与吉首市同时启动公办学校移动收费改革。

【农业综合开发】2017年，全州农业综合开发工作紧紧围绕打好全州脱贫攻坚战这一总体目标，在切实完成涉农资金整合任务的基础上，积极探索、转变和发展全州农业综合开发事业，较好完成全年各项工作。全年投入农业综合开发资金23442.42万元，其中财政资金20427万元，比上年增长22.5%。涉农资金整合18093万元，占全年资金投入的88.57%。

涉农资金整合。按照涉农资金整合政策由各县（市）人民政府组织实施精准扶贫项目，具体实施细则分为原则上单个项目在一定额度以下的基础设施项目及用于精准识别户自身产业发展项目由乡（镇）人民政府负责实施，其他综合项目由主管部门负责实施，项目验收由县（市）扶贫领导小组组织专门力量负责实施，资金结算统一实行国库集中支付。农业综合开发方面的涉农整合资金投入和项目实施，有力促进贫困村农业特色产业基础设施建设改善，带动扶贫村产业发展、农民增收。

推动项目实施。在完成涉农资金整合任务的基础上，积极推动项目申报、实施，助力产业发展。推动优势特色农业产业园建设，申报实施古丈县茶叶优势特色农业产业园项目，项目计划投资1677.14万元，其中财政资金1000万元。配合林业、供销、农业等部门，申报项目4个，总投资4648.28万元，其中财政资金2310万元。实施省级地方立项项目4个，投入财政资金90万元。

发展壮大产业。实施完成的一批项目，有力促进特色产业蓬勃发展，生态效益、社会效益、经济效益明显。支持促进各县（市）现代农业产业示范园建设，有泸溪、永顺、古丈3个县的高产油茶示范园，保靖县的黄金茶示范园，龙山县的椪柑示范园等。支持促进农业新型经营体发展，重点支持柑橘、茶叶、猕猴桃、畜禽、蔬菜等优势特色产业农业新型经营体，建设一批优势特色明显、产业链条完善、产业发展协调的农业产业，湘西州农产品市场竞争能力进一步提升，促进农民增收、农业增效。

规范项目管理。强化程序意识和规则意识，在工作中，着重找问题、敲警钟，进一步加强项目建设管理。规范申报、实施、验收等环节，坚持按照规定和制度办事。在项目申报环节，按照属地管理原则，严格遵循逐级申报程序，同时加强项目实地考察，重大事项集体决策及时上报。在项目评审环节，实行专家评审制，对项目的可行性进行评审。在项目实施环节，坚持公开、公平、公正原则，严格项目工程公开招投标，坚决杜绝招投标活动中的违规行为，实行和完善工程监理制，加大工程质量和竣工决算可靠性。在项目验收环节，实行项目审计制度，对所有竣工项目必须进行审计，出具审计报告后才能进行决算报账。在内部检查的基础上，进行财政监督、审计监督、纪检监督。

规范资金管理。在资金安全管理方面，严格执行“专户储存、专人管理、专帐核算”“三专”制度。在工程预决算方面，实行预决算评审制度和结算验收签核制度，对土地治理项目工程预（结）算、竣工决算都进行财政投资评审，强化对农业综合开发基本建设工程的监督。在资金报账方面，严格执行财政报账制，认真执行大额资金转账制度，对所有竣工项目出具审计报告后才能进行决算报账。

【乡村财政管理】2017年，全州乡财及综合改革部门不断强化乡镇财政管理，积极推进农村综合改革，取得实实在在的成效。

乡村财政财务管理。各县（市）乡财管理部门在上年基础上，进一步完善工作措施，不断加强乡镇财政和村级财务管理。在乡镇财政管理上，一是积极编制乡镇财政预算。吉首、永顺、龙山等6个县（市）乡镇财政部门编制乡镇财政预算，确定公用经费分类标准，基本落实“一级政府一级预算”要求。二是强化收入管理。花垣、古丈等县（市）对乡镇取得的收入，全部开具省统一的收费票据，并全额纳入预算管理，有效防止乡镇截留挪用、坐收坐支等现象。三是严格支出管理。各县（市）严格乡镇支出约束，无预算不拨款，并积极推进乡镇集中支付改革，减少中间拨款环节，从源头上抑制腐败。到10月底，全州8个县（市）全部实施乡镇集中支付改革。同时，严格加强督察和检查，龙山、保靖等县（市）以乡财局牵头，每月或每季开展乡镇财政财务交叉检查，及时发现问题即时进行整改。在村级财务管理上，县（市）及湘西开发区所在的村及社区同所在的财政所或经管站签订协议，并由其代理村账。财政所严格按程序、要求进行审核、记账，做到规范统一。

惠农补贴发放管理。各县（市）按照湘财乡〔2017〕8号文件要求，积极推进惠农补贴发放由一卡一折升级为“两卡两折”改革工作。州及各县（市）成立进一步规范和完善惠农补贴“一卡通”发放管理改革工作领导小组，制定工作方案，着力推动实施，取得阶段性成效。至11月底，惠农补贴安全数据交换平台升级，县（市）财政部门全部完成，“部门位”逐步到位，吉首、泸溪、花垣、古丈、永顺、龙山等县（市）全部开通部门数据接口，惠农补贴项目基础数据录入大部分县（市）由业务主管部门承担。同时，各县（市）乡财部门积极主动为农户搞好服务，加强与业务主管部门及代发金融机构的协调沟通，保证惠农补贴资金及时安全发放到位。

乡镇财政资金监管。各县（市）乡财部门从建章立制抓起，不断完美组织体系和制度建设。县、乡两级成立乡镇财政资金监管领导小组，强化此项工作的领导。同时，部分县（市）还出台系列管理办法，不断加强乡镇财政资金监管。泸溪县制定《泸溪县乡镇财政资金监管实施办法》《泸溪县乡镇财政资金公开公示制度》《泸溪县乡镇财政资金监管成果利用制度》等。各县（市）还不断加强对乡镇财政资金的实时实地监督，从项目申报、项目公示、资金拨付、资金使用、绩效管理等全过程实施动态管理，着力保障资金安全有效。

农村综合改革管理。全力开展州本级一事一议项目管理，对2017年度安排的项目开展多次督查，并要求县（市）做好项目的验收、结算等扫尾工作，共核报项目39个，投资332万元。按照国家、省总体部署要求，对包括一事一议财政奖补项目资金在内的20项中央、19项省财政涉农资金实行整合，统一用于县（市）精准扶贫、精准脱贫项目建设。各县（市）积极完善农村基层组织运转保障机制，将村级运转经费列入财政预算，全力做好保障服务。据统计，2017年全州村级运转经费列入财政预算26394.57万元，村均达到16.84万元，其中：村办公经费平均达到3.52万元，村支书报酬平均达到2.23万元，均超过省及州确定的标准要求。

（本栏图文　李　斌）

国家税务

【概况】 2017年，湘西州国税部门按照“互联网+税务”建设核心和目标，通过金三大数据功能，带动“营改增”、电子税务局推广、商事制度改革等工作，推进现代化税收征管体系建设，在组织收入、规范执法、优化服务、强化征管等方面取得新的成绩，全年组织入库各项国税收入600771万元（不含车辆购置税），其中增值税25949万元、消费税36501万元、企业所得税9482万元。是年，州国税局荣获“湖南省文明单位”称号。

征管体制改革。全州国税部门稳步推进征管体制改革，加强营改增试点纳税人后续管理，贯彻落实全面深化“放管服”改革，强化对国务院6项减税政策、股权激励和技术入股税收优惠政策的辅导，为全州283890户次月销售收入小于3万元（按季小于9万元）的小规模纳税人（含个体户）累计减免增值税7402万元；为10户享受资源综合利用企业累计退税602万元；为4户民政福利企业累计退税1352万元。年内，763户企业享受到汇缴免税、减计收入、加计扣除、小微优惠等所得税政策优惠，减免税额3790万元，其中享受小微优惠的企业675户，减免税额270万元，政策受惠面达100%。

依法治税。制定《“十三五”时期湘西自治州国税系统全面推进依法治税实施方案》，全面落实法律顾问和公职律师制度，全州国税系统实现行政

诚信纳税人与颁奖领导合影

处罚“零复议”和“零诉讼”。全面规范行政许可办理程序，发布《关于公布湘西自治州国税系统税务行政许可事项目录的公告》，税收内部和外部法治环境得到改善。全面落实《湖南省税务系统规范税务行政处罚裁量权执行基准》，与地税联合统一七大类53项税收违法行为裁量权，确保国地税在执行中“一把尺子”“同一标准”“同事同罚”。开展虚开骗税专项整治和查办“亮剑1号”等大案要案，年内全州检查各种发票违法案件107户，查处各类非法发票13.13万份。

优化纳税服务。积极开展“纳税服务提质年”活动，贯彻落实《纳税服务规范》，为全州百户大企业提供“一户一卡”个性化服务。全面推广“一窗一人办税”服务，实现国地税“前台一家受理、后台分别处理、限时办结反馈”的办税模式。加强全省办税服务厅可视化交流平台建设，9个办税服务厅的服务窗口、自助办税终端纳入办税服务综合管理系统管理。联合邮政推出“寄递+双代”一揽子服务，开展“征纳互信·共建美丽湘西”主题活动，评选出20户诚信纳税人。

【国地税合作示范区】 2017年，全州国税部门认真落实《国家税务局地方税务局合作工作规范（3.0版）》，形成积极创建国地税合作示范区。其中，湘西经开区政务中心国地税联合办税厅得到全国政协副主席杜青林的高度肯定，并获得国家税务总局局长王军表扬性批示。

（本栏图文　苏　力　王　敏）

地税干部解答纳税人税收政策咨询

地方税务

【概况】 2017年，湘西州地税部门面对经济新常态、营改增试点改革以及全面从严治党、税收现代化建设等多重任务，积极迎接挑战，主动担当作为，全面完成地方税收任务，累计组织入库地方各税27.73亿元。同时，充分利用税收优惠政策，支持实体经济发展，累计减免地方各税3.51亿元。是年，州地税局获评全省地税系统绩效考核先进单位。

纳税服务。全州地税部门深化地税系统“放管服”改革，在吉首城区筹建南北两个“办税服务中心”，推行国地税涉税事项“全城通办”。取消税务登记验证、税务登记换证、非居民企业认定3个涉税事项，将外出经营管理证明简化为跨区域涉税事项。简化涉税资料，取消查验原件要求372项，取消复印件报送408项，减轻纳税人负担。推行“税融通”授信贷款，300余家中小企业享受优惠信贷2个多亿。充分利用税收优惠政策，支持实体经济发展，年内全州累计减免地方各税3.51亿元。

税务稽查。全州地税部门全力发挥以查促收职能，州地税局稽查局全年立案查处7户，结案入库税款1155万元；龙山县地税局全年检查入库税款1600万元；湘西经开区局着力对政府回购项目开展税收清算，入库税款1850万元；泸溪县地税局全力加大税务稽查力度，查补入库税款、滞纳金及罚款1310万元；州地税局直属局通过采取税收保全措施和税收强制措施追缴陈欠税款3200万元；吉首市地税局启动“强化风险应对　规范税收秩序”专项行动，清缴入库税款3722万元。

税务执法。全州税务部门大力推进国地税联合执法，实名制办税，全面整合国地税管户基础信息，实行联合定税、联合委托代征、联合开展巡查巡管，以建安及房地产行业及非正常户和欠税户联合管理为抓手，推动国地税日常基础管理全面整合。以联合纳税评估、联合税务稽查为抓手，全面凸显国地税联合执法权威。吉首市局、泸溪县局、古丈县局、花垣县局等单位实现国地税税源管理部门合署办公。开展全州法律知识巡回讲座暨讲好一堂法制课活动，制作的“讲好一堂法制课”VCR在省局公开演示中，获评全省地税系统法制成果二等奖。开展案卷评查工作，向省局选送3户稽查案卷、1户其他执法类案卷，花垣县局的其他执法类案卷获评全省地税系统其他执法类案卷第一名。

内部控制与监察审计。州地税局将全州地税系统党风廉政建设主体责任细化分解为8个大项31个小项，监督责任分解为7个大项23个小项，形成党组负全面领导责任，各级一把手负总责，分管领导一岗双责，纪检监察负监督责任的党风廉政建设责任体系，层层压实“两个责任”。健全纪检监察和机关党委、财务在廉政教育、干部选拔、政府采购等方面的配合协调机制，建立审计、稽查向纪检监察部门移送问题线索制度。是年，全系统廉政谈话73人次，廉政约谈13人次，函询1人。围绕省委督查组反馈的3大类17项问题53条具体建议，开展消超、轮岗、红包礼金、干部处分、领导干部缴纳个人所得税、党费缴纳等15项专项清理，制定完善干部管理、教育培训、基层党建、经费管理、监督执纪、税收执法责任追究等10项内部管理制度，全面取消各种名目的加班费、考务费以及省地税局明文规定以外的单项奖励，取消州地税局对科室和县（市、区）地税局各种名目的奖励，规范各种岗位能手、特殊岗位津贴。开展涉矿等六项清理，全系统主动退出8人。开展税收执法督察和审计，发现6大类48项税收执法过错和风险，责任追究29人次。开展内部审计，对1名县局局长开展离任审计，对1名区局局长开展任期财务收支审计，对11项基建项目开展审计。落实监督执纪“四种形态”，全年查办案件3起，行政处分3人。

地税风险管理。在税收征管上，把风险管理作为征管转型的突破口来抓，组建专门的风险管理团队，探索建立风险应对处理机制，对八大风险点实施重点排查，建立风险数据模型，加强对税收风险疑点的过程监控和预警。州地税局自建的“印花税风险模型”，参加省地税局风险管理现场展演荣获两个一等奖。是年，全州累计推送风险应对任务139批次8080户次，查补入库税款6772.24万元。

【地税收入特点】 2017年，全州地税收入工作呈现三个特点：一是收入总量增大，增幅较快。全州累计组织入库地方各税27.73亿元，规模超过尚有4个月营业税征期的2017年的26.95亿元，占省分计划的114.89%，占州分计划的110.9%，同比增收64326万元，增长30.2%，增幅位居全省第一。其中组织入库州本级地方税收5.05亿元，同比增收14745万元，增长41.21%。二是收入进度不均衡，前慢后快。年初两个月收入低迷，3月收入进度明显加快，当月收入增幅跃居全省第三，上半年成功实现双过半，三季度基本实现均衡入库，四季度组织收入进入快车道，当季组织入库地方各税5.55亿元。三是税种比重变化大，主体税种不突出。营改增后，地税失去主体税种，税种收入占比发生变化，当年两个所得税以及涉土、涉房土地增值税、土地使用税、房产税5个重点税种全州累计入库11.67亿元，占地税总收入的42.54%；附征费金与主税种增长基本同步，年内全州征缴费金收入3.96亿元，同比增收8947万元，增长29.18%。

【地税文化】 2017年，州地税局以州局机关搬迁为契机，稳步推进地税文化建设，加紧布局文化体育等功能室，打造健身、书画、读书、影音中心等7个功能区，丰富各类文化兴趣小组活动，积极培育地税文化思想、文化沉淀、文化品格，切实打造各具特色的文化品牌，发挥文化对干部潜移默化春风化雨的浸润作用。

【湘西州成为全省国地税合作市（州）级示范区】 在国地税合作上，锁定建成全省乃至全国合作示范区目标，对照《湘西自治州国家税务局湘西自治州地方税务局2017年国地税合作工作方案》确定的3个大类21个具体合作项目，抓细抓实合作项目的跟踪管理，着力推进国地税“征收同步、管理同质、服务同效、信息同享、文化同建”的全方位深度合作，是年，湘西州成为全省国地税合作市（州）级示范区。

（本栏图文　苏　力　陈兴艾）

金融·证券

金融工作

【概况】 2017年年底，全州本外币各项存款余额1153.86亿元，比年初增加122.45亿元，同比增长11.87%；本外币各项贷款余额631.96亿元，比年初增加103.76亿元，同比增长19.64%。全州金融增加值达35亿元，增速10%，占全州GDP比重接近6%，占全州服务业增加值11%；全州金融机构实现利润18.11亿元，纳税6.47亿元，占当年全州税收的7.54%。

政银企合作。2017年5月，州人民政府、人行长沙中心支行行长马天禄在古首举行湘西自治州·省级金融机构脱贫攻坚对接会暨政银企签约仪式，政银项目签约金额2109.55亿元，银企项目签约金额642.25亿元。年末，396个政银签约项目有155个履约，到位资金215.09亿元，资金到位率10.20%；243个银企签约项目有200个履约，到位资金116.84亿元，资金到位率18.19%。

产业基金建设。国开行投资专项基金11.72亿元，华融湘江银行投资城市发展基金12.13亿元，建设银行表外委托融资3.3亿元，村镇银行表外结构化融资8.7亿元，农商行与州内2家企业非公开发行公司债7.5亿元。州人民政府设立600亿元规模的扶贫产业发展基金，300亿元浦发扶贫产业基金正式设立，落地资金14.45亿元；华融湘江银行与湘西州签订扶贫产业投资基金2亿元的协议。

防范和处置非法集资。先后发出《2017年湘西州防范和处置非法集资工作综合治理考核评价细则》《湘西自治州人民政府关于对2017年全州金融暨处非工作实行目标管理的通知》《湘西自治州防范和处置非法集资工作流程》，将防范和处置非法集资工作纳入对各县（市）人民政府、湘西经开区及相关州直单位目标管理考评内容。强化宣传工作，县（市、区）及各成员单位参加宣传人员2041人次，设置宣传点131个，利用转移就业专场招聘会发放宣传资料6万余份、光盘261张，设置展板145块，群众咨询逾1.5万人次，发布报刊新闻20条、专题2篇，电视新闻20条、专题3篇，广播电台新闻12条、专题1篇，发送防非打非手机短信近10万条，户外视频40块，广告牌9块，楼宇视频33块。州公安局制作微视频3个，湘西银监分局、州保险行业协会在全州各银行网点、保险公司网点张贴宣传海报、摆放宣传资料，扩大受众群体宣传范围。保靖、古丈、泸溪、永顺4个县和湘西经开区通过户外LED广告等形式滚动播放防范非法集资宣传标语等内容。吉首市在城区公交移动电视上滚动播放防非宣传动漫。加强监测预警，制定印发《关于印发湘西州打击和处置非法集资监测预警工作制度的通知》，整合保险、银行业金融机构相关数据，通过数据分析开展风险研判；由人民银行湘西州中心支行督促辖区内各银行业金融机构落实资金监测报告制度，重点对各类账户资金分散转入集中转出、定期批量小额转出等异动情况加强分析识别，发现可疑账户及异常情况，及时传递相关信息和甄别处置。上半年，人民银行湘西州中心支行和州农行通过监测上报的“中农善心”涉嫌非法活动线索，有关风险隐患得到及时处置，并及时下发《关于中农善心涉嫌非法集资活动的风险警示函》《关于密切关注辖内假借慈善活动涉嫌非法集资行为的风险提示函》《关于部分消费返现模式“互联网+实体店”涉嫌非法集资风险提示函》等风险提示函8份。积极开展“虚拟货币”风险排查，及时将有关以发展文化产业为名开展邮品钱币投资交易业务线索向省互联网金融风险专项整治工作领导小组办公室报告，制定交易场所风险处置实施方案，成立工作领导小组和维稳协调指挥部，风险得到有效处置。积极开展企业集资风险排查化解，排除国有企业集资可能，掌握民间企业集资风险，及时处置化解。开展“校园贷”风险排查，及时提示风险，规范持牌机构业务开展，给大学生提供合法合规信贷服务。开展“互联网+实体店”涉嫌非法集资风险排查，掌握四类隐患情况，组织相关部门采取防范措施。开展重点活动、节庆期间风险排查，维护州庆、党的十九大等期间的安定祥和。开展“一元购”专项清理，消弭有关隐患。开展七类地方金融类企业专项风险排查，摸清地方金融类企业底数和基本情况。开展涉非资讯排查，累计检查各类企业600余家，监测各类平面媒体广告12500余条次、户外广告300余条次、印刷品广告1万余份，清理户外广告1400余份。开展互联网金融风险系列排查和处置活动，圆满完成清理整顿分类、机构核查确认、整顿自查自纠、现场执法检查等工作。

融资担保公司及小额贷款公司。湘西州有融资担保公司3家，分别是泸溪县三维中小企业投资担保有限公司，注册资本3340万元；花垣县中小企业信用担保有限责任公司，注册资本金1亿元；湘西自治州兴业投资担保有限责任公司，注册资本金1亿元。湘西州有小额贷款公司3家，均设立在吉首市，总注册资本金1.6亿元。吉首市海圳小额贷款有限责任公司注册资本8000万元，从业人数27人；吉首市吉泽小额贷款有限公司注册资本6000万元，从业人数14人；吉首市高信隆小额贷款有限公司注册资本2000万元，从业人数19人；年内，3家融资担保公司全年累计担保8850万元，年末在保余额3.1亿元；3家小额贷款公司全年累计发放贷款4697万元，年末贷款余额1.77亿元。

（本栏撰稿　贾肖燕）

银　行

【中国人民银行湘西州中心支行】 2017年年底，湘西州本外币各项存款余额1153.86亿元，比年初增加122.45亿元，同比增长11.87%；各项贷款余额631.96亿元，比年初增加103.76亿元，同比增长19.64%。辖内外汇收支总额19791万美元，同比增长120%，其中净流入16821万美元，同比增长213%，没有资金流出迹象。完成1110个金融扶贫服务站建设任务，实现贫困村全覆盖。累计发放扶贫再贷款22.8亿元，实现县（市）机构全覆盖。建立扶贫再贷款示范点48个，评定州级示范点20个，省级示范点2个。深化农村支付环境建设，推进“村村通”计划，实现州内行政村助农取款点全覆盖。在行政管理事项中全面推广使用信用报告，为方便公众查询，全州布设个人信用报告自助查询机12台，实现县（市、区）全覆盖。年内，协同商业银行向公安机关移交重点可疑交易线索6条，推动公安机关立案2起，均被列为公安部督办案件。持续优化金融生态环境，凤凰县成功创建为省级金融安全区，实现湘西州省级金融安全区零突破。

货币政策。强化宏观审慎管理，加强金融机构培训辅导，开展监测评估，强化结果综合运用，推动地方法人金融机构建立保持自我稳健的信贷投放弹性机制。强化扶贫再贷款管理，引导金融资源精准对接特色产业。发挥存款准备金政策调控功能，对上年度新增存款一定比例用于当地贷款考核达标的7家县域法人金融机构和农业银行县级“三农金融事业部”实施差别化存款准备金政策，共释放资金3亿元。5月5日，长沙中心支行行长马天禄带领11家省级银行机构赴湘西州召开“湘西自治州·省级金融机构脱贫攻坚对接会”，签订银政框架协议396个2109.56亿元，银企项目协议243个642.24亿元。积极构建金融精准扶贫贷款统计部门、金融机构协调机制，制定《金融精准扶贫统计检查工作指引》，确保金融精准扶贫贷款统计报表数及时、准确、完整。深化经济金融形势分析解读，《金融精准扶贫成效、问题与政策建议——以湖南省脱贫攻坚主战场湘西州为例》获得第八届湖南省社会科学界学术年会优秀论文一等奖。

金融精准扶贫。为全面做好金融精准扶贫服务，引导辖内金融机构加大信贷投放支持脱贫攻坚，积极探索创新金融精准扶贫模式，摸索总结出农户参股的“十八洞”模式、自助创业脱贫的“古丈高望界李祥”模式、特色产业带动整乡脱贫的“保靖黄金茶”模式、企业带动周边脱贫的“泸溪紫砂陶瓷”模式、村级组织带动整村脱贫的“凤凰大坡野生葡萄”模式、经营主体带动农户脱贫的“保靖财银保”模式。全州金融精准扶贫贷款余额157.02亿元，同比增速51.59%；涉农贷款余额381.96亿元，同比增速15.38%。

金融环境。开展存款保险风险评级和业务核查工作，基于风险等级实施差别费率。全州投保机构共归集保费2次，累计709万元。充分发挥存款保险早期纠错功能，积极构建人民银行、地方政府、银监部门、行业办等参与的全方位金融风险防控体系。推进互联网金融风险专项整治，完成29家地方金融类企业账户资金可疑交易筛查，开展整治预付卡领域违规经营专项行动1次，参与完成15家涉嫌跨界经营资产管理业务企业的上门现场清查。积极推动立体化农村信用体系建设试点工作，有力支持当地特色产业发展和贫困农户脱贫致富。开展工业园区中小企业信息采集，建成泸溪县中小企业金融服务平台，政府投入2800万元“助保贷”基金用于贷款

湘西州与省级金融机构脱贫攻坚对接洽谈会暨政银企合作签约仪式现场

风险补偿，提升企业贷款的可获得性。开展形式多样的征信宣传活动，在凤凰县山江学区建立中小学诚信文化教育基地，在辖区内土家族聚居地龙山县开展征信知识土家特色“三棒鼓”宣传，深受当地群众好评，并被《金融时报》推介。

金融改革。推出“续力贷”“助保贷”“旅邮贷”等信贷产品，组织召开应收账款质押贷款工作推进会，有效缓解中小微企业融资难题。在泸溪县率先启动全省首个普惠金融示范区创建。不断拓展金融机构网点，工商银行古丈支行开业，实现工商银行全州8县（市）全覆盖，湘西长行村镇银行湘西经开区支行等7个支行相继开业，服务网点不断向基层延伸。为深入贯彻落实中央、人总行及省委省政府金融精准扶贫和“两权”抵押贷款试点工作要求，9月26日至27日，全省金融精准扶贫暨“两权”抵押贷款试点工作推进会在花垣县召开。

金融服务。落实账户实名制监管，积极配合开展打击治理电信网络诈骗和非法买卖银行卡专项行动，年内配合公安部门成功止付账户66起，止付金额463.66万元，破获1起涉案金额30多万元的网络诈骗案件。深化农村支付环境建设，推进“村村通”计划，实现全州贫困村助农取款点全覆盖。做好发行库二维码整袋交接暨冠字号码同步流转推广工作，全辖区2个发行库22家开户单位全覆盖提前完成系统上线运行，有效提升货币发行效率。开展硬币自循环工作，推行硬币服务网格化管理模式，改善辖区内硬币流通服务环境。深化反假货币工作，自编自导自演的《人民币知识微宣传》被评为全国“金融知识普及月”10个优秀宣传作品之一。开展代理国库业务资格认定和年检工作，加强对商业银行代理国库业务的现场、非现场监管，积极开展行政执法检查，强化国库柜面监督，严格柜面把关堵口，全面提升国库经理水平。探索开发的“国库统计与国库会计数据核查系统”在全省发文推广应用，相关工作经验被总行国库局转发，同时获长沙中心支行领导肯定性签批。按照“扩流入、控流出、稳预期、防风险”的思路，切实防范跨境资本流动风险。全年辖内进出口20072万美元，同比增长61%，进出口顺差14558万美元，同比增长24%。

金融管理。对5家新设金融机构进行开业集中辅导。强化金融机构营业管理，制定年度执法检查计划，统筹“双随机”专业执法检查。加强金融消费权益保护系统与“12363”投诉咨询电话运用，提升投诉处理质量与效果。完成全辖区104家金融机构的分类评级工作，深化反洗钱跨界协作，探索建立银警涉毒反洗钱协作机制，召开禁毒反洗钱工作座谈会，达成初步协作意见。

（本栏图文　沈春成）

【湘西银监分局】 2017年，湘西银监分局加强银行业监管，防范金融风险，改善金融服务，全面提升银行业服务湘西州经济社会发展的能力，银行监管工作再上新台阶，银行业保持平稳运行基本态势。州内银行业金融机构新增网点13家，其中县域网点10家；机构网点总数达436家，其中县域网点348家，金融服务覆盖面扩大，服务能力提升。年末辖区内银行业金融机构资产总额1263.73亿元，同比增长17.80%；其中各项贷款631.96亿元，同比增长19.64%。负债总额1222.19亿元，同比增长17.75%；各项存款1153.86亿元，同比增长11.87%。是年，该分局在湖南省银监系统年度考核中被评为先进分局，信息工作综合考评获二等奖。

银行业监管。湘西银监分局持续加强银行业监管，持续抓紧抓实抓细“强服务、防风险、促改革、严管理”各项工作。突出法人机构监管，督促法人机构加强资本管理和利润分配管理。对监管指标不达标的1家农商行限制分红，对湘西长行村镇银行调整分红预案。督促指导湘西长行村镇银行增资扩股，并于2017年7月顺利完成。加强现场检查，深入扎实治理市场乱象，开展“三三四十”、销售专区“双录”实施情况专项评估、“两加强两遏制回头看整改问责”等检查，依法依规用好监管处罚利剑，坚持“双罚”，全年处罚机构3家，罚款70万元，处罚责任人2人，并责成机构处理相关责任人75人次。坚持优秀检查项目评选制度，持续增强正向激励。精心组织EAST系统学习培训，提高现场检查能力。加强非现场监管分析、风险提示和成果运用，严格数据质量管理，全年发出监管意见书28份，书面风险提示1次，约见谈话6次，提出监管意见170条。

金融风险防控。湘西银监分局坚持把防范化解金融风险放在更加重要的位置，守住不发生区域性系统性风险底线，全年没有发生大的风险事件。加强重点领域风险防控，开展信用风险专项排查，通过采取制定台账、按月监测、定期走访、现场核查等措施，取得明显成效。全年累计清收处置不良贷款9.91亿元，同比增加5.32亿元，增长115.94%。不良贷款持续“双降”，不良贷款余额14.45亿元，同比减少1.16亿元；不良贷款率2.29%，同比降低0.67个百分点。加强声誉风险防控，通过召开银行业机构维稳联系会、监管座谈会，督促制定风险处置预案，有效防范重大声誉风险事件发生。加强流动性风险防控，组织开展农村中小金融机构流动性风险压力测试，强化流动性风险管理，进行风险提示。加强金融信访维稳工作，督促银行业机构健全完善信访投诉处置机制，推进专人专线专门场所接待信访投诉。年内，共接访30余次，办理信访投诉10件，信访总量与上年持平。防范社会融资风险转移，认真配合政府做好打非、民间融资规范管理，督促机构开展专项风险排查，防范外部风险传染与蔓延。

金融服务。湘西银监分局将国家金融方针政策与湘西州实际有机结合起来，支持、引导银行业机构在有效防范风险的基础上，回归本源，专注主业，加大资金投入，切实服务实体经济。引导加大县域银行服务供给力度，对银行业机构网点布局的行政许可突出县域、突出便民，全辖区银行业机构新增县域网点10个，占新增网点的76.92%。严格按照“只增不减”的原则，控制县城以下银行机构网点撤并，严防形成新的银行服务供给空白。出台《关于进一步加强农村中小金融机构同业业务风险监管的意见》，规范整顿同业业务，督促农合机构回归本源，专注“三农”主业，提高直接融资比重。年末，全州农商行非标准化债权投资业务余额比清理整顿同业投资业务前下降62.72个百分点。督促强化“三农”金融服务，涉农贷款持续增加。推动落实小微企业金融服务监管政策，督促完成小微企业贷款“三个不低于”目标。年内，全辖区小微企业贷款余额239.67亿元，比上年增加55.96亿元，增长30.56%，比各项贷款增速高10.82个百分点。同时，开展“送金融知识进校园”等集中宣传活动，推行校园金融服务主办银行制度，免费发放湖南省金融消费保护读本等宣传资料近万份，广泛提升公众金融安全意识。

“无还本续贷”业务。湘西银监分局在全省率先推进“无还本续贷”政策落地，得到湖南银监局主要领导的高度评价，并以湘西州开展情况为蓝本在全省范围内调研。年内，辖区银行业金融机构认真落实银监会关于提高小微企业金融服务各项政策要求，开展小微企业“无还本续贷”业务，改善小微企业融资环境，降低小微企业融资成本。

（本栏撰稿　向月姣）

【中国工商银行湘西州分行】 2017年，中国工商银行湘西州分行紧紧抓住区域经济发展机遇，增效益、夯基础、拓市场、促营销、优渠道、抓风控，各项工作取得长足发展。是年，按考核口径（含美元），实现利息收入16619万元，同比增加2516万元；实现中间业务收入4772万元。实现拨备前利润10262万元，同比增加3329万元，增幅48.02%；净利润6883万元，同比增加2552万元，增幅58.93%。经济增加值（EVA）3660万元，同比增加2440万元。全行本外币各项存款余额99.3亿元，比年初增长7.4亿元。本外币各项贷款余额38.4亿元，比年初增长3.7亿元。

转型发展。全行信用卡有效客户数增量完成4046张，二维码商户净增779户，收单交易额实现29.72亿元，消费额实现31.45亿元。信用卡实现中间业务收入2641万元。加快发展网络金融业务，全辖融e行客户净增26291户；融e行移动端客户月均动户21494户；工银e支付动户新增11947户；一键支付客户完成13647户；融e联客户净增49118户，融e联客户月均动户18769户；融e购活跃商户完成7户。网络金融产品交易额1356亿元，实现中间业务收入776万元。销售个人代理保险1713万元；销售基金20985万元；销售个人理财产品154176万元，个人金融业务实现中间业务收入1359万元。同时开展多个贵金属产品营销，先后获得湖南省分行“工银贺岁金大吉年红包竞赛活动”组织推动奖、省分行“幸福小苹果”贵金属销售“二级分行先锋奖”。

渠道设施建设。年内，古丈支行开业，实现州内全辖县域网点布局全覆盖。新建凤凰县城北、吉首大学银亭和保靖县支行西水桥等离行式自助银行3个，装机6台。完成4个支行附行式自助银行微改造，增加ATM11台，全辖区ATM达107台。年末，全辖区有在行、离行式自助银行37个，其中离行式自助银行23个，与物理网点的比为1:1.7。完成吉首市乾州支行、凤凰县支行等6个支行的智能化改造，增加智能设备49台，智能化改造任务达100%，工商银行的社会形象和竞争力得到提升。

风险防控。全辖区不良贷款余额比年初减少1530万元，不良贷款率比年初下降0.88个百分点，其中，公司不良贷款余额比年初减少1380余万元，不良率2.08%，比年初下降0.66个百分点；个人不良贷款余额比年初减少150万元，不良率12.52%，较年初下降2.82个百分点。实现连续多年不良贷款总额和不良率“双降”。全年未发生重大业务运营和操作风险事件及案件，操作风险事件损失为零。

（本栏撰稿　郑延峰）

【中国建设银行湘西州分行】 2017年，中国建设银行湘西州分行抢抓市场发展机遇，扎实推进经营管理工作，取得良好经营业绩和管理成效。是年，全行一般性存款余额达188.13亿元，比年初新增24.85亿元，一般性存款余额及新增四行（工商银行、农业银行、中国银行、建设银行）第一、同业前二，对公存款余额及新增四行第一、同业第一，个人存款余额及新增四行第一、同业前三。贷款余额117.9亿元（含信用卡分期10.25亿元），较年初新增22.32亿元，各项贷款余额及新增、对公贷款余额及新增、个人贷款余额及新增均稳居四行第一、同业前二。

业务提质发展。湘西州建设银行资金结算业务新增单位人民币结算账户1044户，结算账户存量、新增余额和占比均居四行第一。国际收支客户新增17户，国际收支量、结售汇量、贸易融资量、跨境人民币业务量等指标的余额和占比继续保持当地同业第一。投行业务资产配置余额6.85亿元，较年初增加6.3亿元，计划完成率系统排名第六；实现中间业务收入664万元，计划完成率系统排名第四。小企业业务新增授信客户123户，小企业贷款新增1.5亿元，完成率系统排名第一。造价咨询业务实现收入569.86万元，完成率系统排第三。养老金业务综合折算数余额1.12亿元，新增系统排名第七、四行第一。信用卡业务实现消费交易额32.75亿元，分期交易额6.40亿元。手机银行活跃客户90357万户，移动金融柜面替代率83.41%，善融商务交易额4.21亿元，“悦生活”项目达到3个。私人

建设银行与州人民政府签署298亿元政银企合作协议项目现场

银行业务客户新增16人，金融资产新增0.64亿元。

服务实体经济发展。湘西州建设银行与州人民政府签订总金额达298亿余元的全面战略合作协议，不断提升支持地方经济发展的能力。全力保障重大项目建设，充分发挥产品组合优势，有力支持吉首市地下综合管廊和城乡交通PPP项目等城市基础设施建设、湘西经开区扩区基础设施建设、凤凰旅游基础设施项目及永顺溪州新城开发。助推经济转型升级，为全州涉矿企业累计发放贷款超过11亿元，有效保障矿业企业的稳定生产和持续经营；为全域旅游基础设施建设累计发放贷款7亿元，积极推动全州生态文化旅游业的转型升级。支持中小企业发展，以支持小微企业发展为重点，在做深做透“助保贷”业务的基础上，创新推出“小微快贷”业务和普惠金融业务，持续增强助推创业就业的能力。全年满足234户中小企业扩大再生产资金需求，有效支持产业脱贫工作。同时，在医疗卫生、水利等民生领域新增授信3亿元，重点支持湘西州人民医院、永顺县人民医院、花垣县人民医院、保靖县人民医院、泸溪县人民医院和花垣县“五小”水利工程等项目建设。

推进转型发展。湘西州建设银行持续推进转型发展，网络金融生态系统初具规模，手机银行用户总量达41.09万户，微信银行用户总量达9.69万户，网银用户总量达46.16万户，湘西特色善融商务平台交易量实现4.21亿元，“爱心捐赠”“掌上州医院”和扶贫村农副商品线上销售等案例场景创新推广，“移动优先”发展策略逐步深化。大金融生态圈初见成效，全年依托县（市、区）产业圈、商圈和供应链，打造30个金融生态圈项目，其中标杆项目1个、做深做透项目15个。是年，装修网点2个，投产智慧柜员机2台，建设离行自助银行4个，新增自助存取款机14台，投放POS机具1078台（含商户和电话），铺设金湘通服务点1044个，移动金融柜面前移率和智慧柜员机柜面交易迁移率分别达91.17%。全行拥有16个网点、68台智慧柜员机、188台自助存取款机、6000台POS（含商户和电话）、1057台金湘通机具，以网点为母渠道、自助设备和多种类POS为二级渠道及网络金融生态系统为三级渠道的全天候金融服务体系逐步形成。

风险管控。湘西州建设银行始终把内控风险管理作为重点工作来抓，持续增强全行合规经营管理能力和水平。不断夯实信贷基础管理，落实风险管理职责进党委，实施信贷管理“315”工程，建立齐抓共管和协同防范长效机制；加强信贷文化建设，牢固树立“全员、全面、全过程”风险管理理念；推进信贷结构优化，合规开展政府类项目融资，大力发展个贷业务和小微快贷。全面加强重点观察名单客户、预警跟踪客户等非不良风险客户管理。提升内控管理水平，推进“双基”管理，积极创建合规文化；开展会计达标升级活动，二级以上单位占比87.5%；等级柜员占比47.2%，比上年提升4.8个百分点。组织各类风险排查和屡查屡犯问题整治，审计检查发现问题23个，减少84.97%；反洗钱监测水平不断提升，实现零案件、零处罚；依法维权成效显著，办结诉讼案件4件，减免损失252万元。巩固平安建行创建成果，落实案件防查责任制，开展“平安建行”创建活动；依法有效维护稳定，积极防范和化解声誉风险；强化“新一代”系统功能运用，确保信息系统安全运营。连续15年实现零发案和零重大责任事故管理目标。

（本栏图文　谢新宇　文　杨　向　东）

【中国银行股份有限公司湘西州分行】 2017年，中国银行湘西州分行实现业务规模和经营效益快速提升，多项考核指标名列全省前列，呈现强劲发展势头和增长潜力。全年实现业务净收入10081万元，同比增幅24.36%，同比增幅在全省同行排名第一；实现净利息收入7904万元，同比增幅24.91%；中间业务收入2177万元，同比增幅22.44%，且连续三年实现正增长，增幅排名14家地市行首位；实现拨备前利润6404万元，同比增幅47.78%，全省同行排名第一；实现净利润5048万元，同比增幅451.53%，同比增幅全省同行排名第三。各项人民币存款余额26.37亿元，同比新增6.63亿元，增长33.59%；各项人民币存款日均余额24.86亿元，新增5.92亿元，增长31.26，市场份额提升0.38个百分点，全省同行排名第一位。各项人民币贷款余额26.53亿元，同比新增7.09亿元，增长36.47%，全省同行排名第六。

优化资产质量。全口径不良余额2085万元，同比减少1277万元，不良率0.86%，下降0.91个百分点。关注贷款余额1157万元，同比减少241万元，关注率0.44%，下降0.3个百分点。实现表内不良资产清收化解4641万元，不良贷款余额、贷款不良率连续三年实现双降。

内控合规稳定。中国银行湘西州分行以开展合规奥斯卡、“零违规网点”创建活动为载体，积极营造合规文化，合规意识深入人心，合规行为成为习惯。全年视频查看、GMP问题个数、业务差错率等违规问题数量同比下降31.5%，未出现重大违规事件和内外部欺诈案件，在各类内外审检查中未发现高风险问题。

拓展营销渠道。中国银行湘西州分行以行政事业存款+PPP项目资本金带动对公存款增长，拿出专项费用，建立“全员参与、自主申报、费用保底、重奖不罚”特殊机制，持续开展营销，取得良好成效。州公共资源交易中心、州劳动监察局、吉首市劳动监察大队、州非税收入管理局等行政事业单位客户成为分行核心存款新增长点。资金沉淀率及结算量增长明显，新开PPP项目SPV公司账户9个，取得张吉怀铁路凤凰标段资金监管资格，带来近40亿元结算业务总量，达成与国开行、州农发行战略合作，实现资金代理超过5000万元，签订资金代理协议9亿元。

助推地方经济发展。信贷累计投放15.87亿元，为州内20家中小企业提供信贷支持，个人贷款累计投放2.32亿元，全面完成州政府下达的信贷目标任务。联合州农信保在州内首推“外贸无抵质押担保业务”，累计实现融资超1000万元，公转商个人住房贴息贷款实现投放4500余万元。成功引入长江租赁8000万元资金投向吉首市矮寨大桥项目。成功吸引中铁金租公司3亿元资金投向凤凰旅游转型升级改造PPP项目。通过与湘西州12家二手房中介公司合作，累计投放二手住房按揭贷款7000万元，实现吉首、凤凰80%楼盘项目业务覆盖。成功邀约吉首华泰、凤凰铭城两家国有企业参加由省发改委于中国银行湖南省分行举办的海外发债研讨会，探讨州内企业参与海外发债、PPN、引入低成本资金。中国银行湘西州分行政银签约39个项目，19个项目实现投放，投放金额13.31亿元，资金到位率48.72%。银企签约29个项目，18个项目实现投放，投放金额7亿余元，资金到位率62.07%。积极组织开展金融知识万里行、金融知识“三走进”、金融知识普及月等活动，打通普惠金融服务“最后一公里”。州分行与州公积金中心在州内首推“组合贷”，积极创新运用“爱家分期”“福农分期”等信贷产品，较好满足州内特别是吉首市居民的住房按揭刚性需求和日常消费需求。

网点效能提升。中国银行湘西州分行依据网点现有等级和业务规模，制定网点等级目标“一行一策”，鼓励网点特色化经营。吉首市商业城支行通过强化自身业务结构分析，对照等级目标，找准发展定位，成功摘帽低产低效网点；吉首市人民北路支行成功挂牌消费金融特色支行，通过业务重整合并，摆脱低产低效网点。全行经营性网点综合业务排名较上年进步912名，进步幅度排名全省第一；同时在总行、省行组织的“万马奔腾”竞赛活动中，湘西州分行荣获年度优秀组织奖，凤凰支行荣获总行“百佳进位网点奖”、省行“十佳进位网点奖”，湘西经开区支行荣获总行“单位大额存单奖”等多项殊荣。同时，该行主动破解发展瓶颈，努力填补县域机构空白，运用国家大力发展普惠金融政策，经过总行、省行多轮汇报沟通，成功获批在龙山、泸溪两县设立分支机构，延伸金融服务触角，提升服务湘西州经济社会发展能力。

（本栏撰稿　杨进福）

【中国农业银行湘西州分行】 2017年，中国农业银行湘西州分行认真贯彻总行“六维方略”，严格落实省分行年初既定各项工作部署，坚持党建统领，追求稳健发展，以增收为核心，以做大做强主体业务为重点，以积极服务精准扶贫、精准脱贫为己任，深入推进经营转型，持续强化基础管理，牢牢守住案件风险防控底线，努力实现跨越式发展新目标，各项工作有序推进。年末，各项存款时点余额142亿元，比年初净增19亿元，各项贷款余额59亿元，比年初净增8.9亿元，中间业务收入6722万元。全行精准扶贫贷款余额20亿元，比年初净增5.6亿元，带动建档立卡贫困户1.3万余户。新特色农户贷款富有成效，全年发放光富贷、富农贷、粮食贷、油茶贷、烟叶贷、养老贷等贷款5597万元。6月，该行120个贫困村金融扶贫服务站提前一年半时间全部建成。年内无刑事案件、无责任事故发生。

“三农”业务发展。围绕金融精准扶贫，不断创新，“三农”业务发展提质增速。积极同农业、林业、粮食、畜牧、蔬菜等部门联系，选取优势产业中的生产经营大户营销。新型农业主体贷款户数和贷款余额分别净增310户4909.34万元。积极创新担保方式，与湖南省农业信贷担保公司和中华联合保险公司开展农户贷款联合调查，发放保险保证贷款31笔1501万元。提升惠农通服务质量，通过项目带动，提高机具有效使用率，龙山支行新农合缴费业务的上线，仅9月、10月两个月参合直缴达35771笔、1668万元。持续推进电费代收业务，代收电费笔数和金额分别达58.1万笔、4723万元，同比增加15万笔1908万元，增幅分别达35%、68%。创新扶持模式，推广富农贷、光富贷等农户信贷业务新产品，将精准扶贫与农户信贷业务紧密结合，实施可复制、可批量发展的农户信贷业务。

风险防控。强化关键环节风险把控，开展对运营档案库、凭证库、农村网点等管理薄弱区域突击检查，查找风险隐患，提高管理水平。以创建“平安农行”为契机，改善物防技防设施，全面维修金库，金库运钞车停靠点与装卸区实行物理隔离。强化安全教育和预案演练工作，实施“向风险宣战”攻坚战，坚决守住风险底线。严格落实“七必须、七严禁”和信贷资产质量管控行长责任制，落实各层级高管人员信贷管理责任。加大真实性核查，严格落实信贷风险管控机制，努力提升内控管理水平，推进合规文化建设“六个一”活动。

抗洪救灾。6月29日，泸溪县境内普降暴雨，沅江水位持续上涨，浦市防洪大堤汛情全线告急，湘西分行迅速启动防汛应急预案，成立州、县两级防汛抢险应急分队，行长为队长，副行长为副队长，相关部门负责人为队员，下设应急抢险小组、后勤保障小组和联络调度小组。行领导第一时间赶赴现场指挥抢险工作，及时启动防汛预警方案，将现金头寸、重要空白凭证、会计档案和其他重要资料等转移至安全房间进行守押，确保资金安全。做好电脑、打印机、清分机等办公设施的拆除、转移工作，尽最大努力减少财产损失。通过分行及时采取有效措施抗洪抢险，洪灾期间最大程度维持营业网点正常营业，保证当地居民金融服务需求。

干部培养。认真落实选派银行机构优秀青年干部赴县级团委挂职工作，11月，在银监会和共青团中央联合召开的2017年度全国选派银行机构优秀青年干部赴县级团委挂职工作表彰（电视电话）会议上，花垣县支行挂职干部龙云荣获“2016—2017年度银团合作优秀个人”荣誉称号，同时该同志被农总行评为“2016—2017年度县级团委挂职优秀青年干部”。

（本栏撰稿　向海林）

中国农发展银行湖南省分行行长张勇（前排中）一行在泸溪县武溪镇易地搬迁安置点调研

【中国农业发展银行湘西州分行】 2017年，中国农业发展银行湘西州分行累计投放资金26.38亿元，其中，发放中长期项目贷款15.8亿元，拨付省易地扶贫搬迁专项贷款投放5.64亿元、首笔易地扶贫搬迁项目地方政府债券资金2.92亿元。是年年末，全行各项贷款余额66.94亿元，较年初增长10.35亿元，增长率18.29%；经认定扶贫贷款总额63.12亿元，占比94.29%；重点建设基金余额10.42亿元，易地扶贫搬迁专项贷款、专项基金及债券13.74亿元，投放总余额达91.1亿元。不良贷款余额750万元，实现经营利润1.46亿元。年内，农发行湘西州分行荣获湖南省金融扶贫专项竞赛先进单位、农发行湖南省分行2016—2017年度脱贫攻坚奖、湘西州2017年度银行业金融机构综合评价A类单位和2017年度金融支持地方发展奖等多项殊荣。

银政企合作。5月5日，中国农业发展银行湖南省分行党委委员、副行长邢利民及扶贫业务处副处长朱咏哲到湘西州出席省级金融机构脱贫攻坚对接会暨政银企合作签约会，代表省分行与湘西州人民政府签署100亿元合作框架协议，重点支持全州棚户区改造、水利建设、新型城镇化建设及其他农业开发和农村基础设施建设等重点领域和薄弱环节，加快推进重点项目建设。是年年末，农发行湘西州分行政银企框架协议履约项目17个，实际到位金额21.44亿元。

存款营销拓宽。农发行湘西州分行大力营销财政性存款，加大对公存款营销和贷款项目上下游企业开户及存款资金营销力度，拓宽存款组织渠道。是年年末，各项存款余额38.8亿元，较年初下降31.74%，日均存款47.81亿元，较上年增长23.82%，增幅全省同行第四，其中，财政性存款日均余额3.09亿元，全省同行排名第一，年末余额2.42亿元，全省同行排名第二。

服务民生事业。一是服务易地扶贫搬迁，大力支持易地扶贫搬迁，经地方政府授权由平台公司承贷的易地扶贫搬迁项目贷款年末余额23.85亿元，支付56.14%，主要用于全州同步整村搬迁、农村危房改造等与脱贫攻坚相关的项目；同时，积极调度省级融资平台统贷统还专项资金，年末到账13.74亿元，累计支付8.77亿元，完成26449人搬迁，其中集中搬迁安置8632人，州内集中安置区项目全面开工建设，部分交付使用。二是服务棚户区改造及农村基础设施建设，上报省分行的棚户区改造项目审批4个，金额10.6亿元；投放项目1个，投放金额7000万元；投放城乡一体化路网建设贷款3亿元，投放水利建设中长期扶贫贷款2.9亿元。三是服务“两不愁三保障”，10月31日，发放全省首笔教育扶贫过桥贷款2000万元；11

月30日，发放全国首笔健康扶贫过桥贷款4000万元。全年实现投放教育扶贫过桥贷款6.8亿元、健康扶贫过桥贷款4000万元、贫困村提升工程贷款2亿元，为改善湘西州农村地区基础教育及乡镇卫生医疗条件、贫困村基础设施建设等发挥积极作用。四是发挥基金引领作用，29个农发重点建设基金项目累计投放10.42亿元，支付7.78亿元，综合支付比达74.66%，涉及棚改、水利建设、乡村旅游等领域。如古丈县牛角山茶业基金项目有效带动牛角山村整村脱贫，惠及建档立卡贫困户149户525人。

支持实体经济。农发行湘西州分行为吉首边城生物、永顺锦帛钰纺织、永顺继福种业、古丈小背篓茶叶等本地优质民营企业发放短期流动资金贷款1.43亿元，并鼓励企业参与“万企帮万村”精准扶贫活动，与87名贫困人口签订协议，间接惠及3600余名贫困人口，有效调动广大贫困户内生动力。服务国家粮食安全，累计发放粮棉油业务贷款5670万元，支持中央和地方储备粮轮换收储26130吨，跨县集并粮食8368吨。开展库存实物、储备轮换等各项检查20余次，加强粮棉油贷款从发放到收回全过程监督控制，粮食安全得到保障。

风险贷款化解。农发行湘西州分行成功收回湘西武陵生物公司260万元、湖南神宝牧业公司750万元逾期贷款本息，企业实现稳妥退出。运用法律手段开展清收，紧紧依靠当地政府，坚持市场化运作，不扩大风险，不留风险隐患，全力收回泸溪富泰公司、保靖海达公司不良贷款本金2030万元、欠息18万元。

（本栏撰稿　黄　涛　梁贵铭）

【湘西长行村镇银行】 2017年，湘西长行村镇银行股份有限公司资产总额106.35亿元，各项存款余额85.41亿元，各项贷款余额61.74亿元，利润总额2.04亿元，上缴各项税收0.85亿元。全行员工398人，下辖11家一级支行、28个营业网点，22个金融服务站、17个扶贫再贷款示范点，服务渠道覆盖全州各县（市、区）及重点乡镇，成功从全国1500多家村镇银行中脱颖而出，连续三年跻身“全国百强村镇银行”行列，在全国村镇银行综合业务发展排名中，荣获“全国AAAAA村镇银行”“经营管理优秀村镇银行”等称号。

业务发展。年末，全行资产总额较年初增加32.21亿元，增幅43%；一般性存款较年初增加19.63亿元，增幅30%；存款市场份额7.63%，较年初增加近1个百分点；各项贷款较年初增加20.12亿元，增幅48%；贷款市场份额9.77%，较年初增加近2个百分点；营业收入4.22亿元，较年初增加1.42亿元，增幅51%；利润总额较年初增加0.98亿元，增幅77%；资产利润率（ROA）、资本利润率（ROE）分别为2.49%、27.20%；存贷利规模分别占全省47家村镇银行总量的17.51%、25.56%、29.38%，综合实力持续稳居第一。

风险控制。全行资产质量保持良好，风险管理能力得到监管部门良好评价。年末全行不良贷款率1.06%，资本充足率17.68%，拨备覆盖率239.91%，其他主要经营指标均符合或优于监管标准，监管评级保持较高等级。

公司治理。顺利完成增资扩股，注册资本金增至5.6亿元，新引入员工股东173名、政府平台股东8家。大力开展普惠金融，新设2家一级支行、8家二级支行、4个自助银行，在十八洞村创新建成集金融知识宣传、助农取款、金融扶贫服务、农村电商平台为一体的村级社区银行，服务渠道成果覆盖全州县（市、区）及浦市、边城、里耶、芙蓉镇四大名镇。科技产品体系不断完善，新上线办公OA系统、信贷系统，推出助农贷、粮食贷、续力贷等金融产品11个。实施“人才兴行”战略，全年引进各类员工103人，其中研究生以上学历占5%，有同业经验的占13%。年末全行本科以上员工占比80%，66名青年员工成为年轻后备干部。

发展转型。全行转型理念不断强化，坚定突出“决战零售、决胜转型”发展主题，“思想下沉、机构下沉、服务下沉”逐步落地生根，农村蓝海战略愈加明晰。总行层面成立小微三农部，零售与对公职责“术业有专攻”，考核费用更加倾向于零售指标。年末，全行个人客户较年初新增3万户；储蓄存款余额18.55亿元，同比新增6.97亿元；小微贷款余额16.64亿元，同比新增4.72亿元。

普惠金融。湘西长行村镇银行作为“湘西人自己的银行”，坚持融入与推动地方经济社会发展。成立以来累计上缴税收1.9亿元。在长沙银行的领军下，2017年与州政府签约105个项目302亿元。先后走进泸溪工业园、湘西经开区、吉首经开区、花垣现代农业科技示范园、永顺经开区等重要园区，与42家企业签订合作协议，意向授信总额6.1亿元，实际投放22家企业，涉及金额4.05亿元，投放率66.39%。吸收存款资金全部用于投放本地，新投放贷款20.12亿元，位居同业前列，用于支持县（市）“一区两园”、市政建设、特色农业开发提质以及小微企业等实体经济。全力助推地方脱贫攻坚，履行企业责任，建成22家金融服务站、17个扶贫再贷款示范点，以基准利率发放优惠贷款1.51亿元，成功帮扶联系扶贫村保靖县水田河镇中心村脱贫。

品牌宣传。湘西长行村镇银行党委以“党建强、发展强”双品牌战略为引领，积极发挥统领作用，着力建设快乐特色企业文化，员工幸福指数得到提升。全行大力开展各类活动，协助长沙银行开展“快乐分贝·美好声音一起听”公益活动，资助40名听障儿童，提供资助基金20万元；顺利举办新春音乐答谢会；捐资30多万元支持湘西州60周年州庆系列庆典活动；冠名主办湘、鄂、渝、黔4省（市）边区乒乓球体育赛事活动；针对“6·22”宁乡市、泸溪县等地特大洪灾，开展献爱心活动。全行员工踊跃参与各类慈善活动，累计直接捐款 9.8 万元，荣获湘西州“慈善爱心集体奖”。省委书记、省人大常委会主任杜家毫，省委常委、常务副省长陈向群等省、州领导先后莅临湘西长行调研指导工作，省村镇银行协会座谈会在湘西长行顺利召开。

（本栏撰稿　陈　铭）

【邮政储蓄银行湘西州分行】 2017 年，邮储银行湘西州分行圆满完成各项工作任务，完成收入 2.21 亿元，增幅 6.93%，超全省 1.74 个百分点；完成利润 1.04 亿元，完成计划的 117%，增幅 253%。年内，古丈县支行荣获省行“芙蓉标兵岗”称号，龙山县支行彭淑慧荣获省行“芙蓉标兵明星”称号。

特色产品。凤凰县支行创新开办“旅邮贷”新产品，1 个多月放款将近 1000 万元。再就业贷款、家庭农场（惠农贷、保靖黄金茶）贷款净增 8000 多万元，小企业贷款净增排名全国前 100 名，成功发放湘西州银行业首笔“新三板”股权质押贷款。信用卡“8 元观影、10 元洗车”特色品牌逐渐形成。新增发卡规模跃居全省第 6，并提前 1 个季度完成全年计划；新增发卡激活率达 70%以上，活跃用户增长 45%。资产质量全省同行排名第二。

轻型网点建设。全州 21 个自营网点只设立 29 个柜台，4 个农村网点在赶场日设立 2 个柜台，城区网点周末和节假日轮休，经过整合，网均柜员仅 1.7 人。网点自助设备管理更加精细，布局 12 台 ATM、13 台存取款一体机和 15 台自动补折机。拓展电子渠道，电子银行交易替代率、网点离柜率均排全省前列。

基础设施改造。基层支行办公条件和营业条件得到极大改善，凤凰县虹桥路、吉首市电信支行完成扩建改造，网点营业形象得到提升，凤凰县虹桥路支行获得省银协授予四星级网点荣誉。龙山县支行成功购置办公场地和营业部，永顺县支行完成办公场地和校场路支行的改造搬迁工作；龙山县新建路支行完成原址改造。

合规管理。认真落实专项排查，相继开展“贷后管理质量年”活动、“管理标准化提升年”活动。创新组建成贷后监督检查中心，先后开展“零售信贷业务禽类养殖及禽类销售贷款排查”“存量涉污行业企业风险排查”等专项检查工作，贷后检查和贷后管理水平不断提高。以“合规提质、履职增效”为主题实现“五有五创”，全面对标覆盖率达 100%；开展合规积分管理，考核辖区内 147 名员工的积分。

邮政储蓄银行“三农”金融事业部湘西州分部成立合影

积极主动落实湘西州银监分局“三套利”“四不当”“非法集资”“案件防控”“两加强、两遏制”回头看和“弥补监管短板提升监管效能”等 16 项专项排查工作。

支持地方经济。扎根“三农”贷款，助力小微企业发展和弱势群体就业创业，最大限度将邮储金融之水引入州内实体经济，全年投放“三农”贷款 6.59 亿元，净增 9326 亿元，同比增加 7285 亿元，排全省邮储系统第五位；发放小企业贷款 1.7 亿元，新增 9740 万元，新增额排全省邮储系统第三位；发放再就业贷款 1.43 亿元，新增 5900 万元，支持弱势群体就业创业。

（本栏撰稿　彭雪松）

【华融湘江银行湘西州分行】 2017 年，华融湘江银行湘西州分行认真落实“抓党建、守底线，强管理、化风险，重质量、促发展”发展要求，深入创新金融服务，全面融入大湘西发展战略，实现各项工作持续快速稳健发展，业绩创历史新高。年末，分行一般性存款余额 37.35 亿元，较年初新增 12.96 亿元，完成全年任务的 107.1%，成为总行百分之百完成任务的五家分行之一，日均存款新增 10.44 亿元，超额完成全年目标任务。用信总量（表内贷款+表外贷款）37.59 亿元，较年初新增 16.69 亿元，完成州政府年度目标 167%，全州排名第三；银企签约履约率 49.47%，全州排名第一。盈利能力显著提升，经济利润完成年度目标任务的 215.22%；净利差 4.75%，在总行 B 类分行中排名第二；贷款收益率 6.17%，总行排名第一。综合考评在总行 B 类分行排名第二，获总行 2017 年综合业绩二等奖、风险质量二等奖。获得总行人民币现金流通管理优胜单位、营业网点 6S 定置定位管理暨厅堂服务文化宣传竞赛 6S 最佳管理奖、微视频三等奖、人力资源管理工作先进集体。旗下万溶江支行获湘西自治州银行业协会五星级网点荣誉称号，营业部获总行授予华融湘江银行

“五星级网点”荣誉称号。

对公业务。年底，华融湘江银行湘西州分行对公时点存款29.25亿元，完成全年任务的109.21%；对公日均存款26.36亿元，完成对公日均任务的146.1%；对公有效客户数245户，较基数新增107户，完成全年任务的89%。年内，分行成功获取湘西州首批油茶贷项目唯一合作资质，融资需求3亿元，成功落地4000万元，成为湘西州和总行系统中首家投放油茶贷的分行。此外，在积极拓展州市本级业务的同时，分行大力拓展县域业务，与龙山、永顺、花垣、凤凰4县建立良好合作关系，在州、县（市）委和政府赢得良好口碑。

零售业务。年末，华融湘江银行湘西州分行零售管理资产余额11.86亿元，比年初新增4.65亿元，完成率100.03%，成为总行百分之百完成任务的三家分行之一。其中，零售存款（折算后）日均7.45亿元，较基数新增3.26亿元，任务完成率191.5%，全省同行排名第四；零售存款（折算后）余额8.8亿元，较基数新增3.5亿元，任务完成率124.68%，全省同行名列第三；有效客户和VIP客户数快速提升，分别新增5232户、1490户，完成全年任务的125%、186%，信用卡存量转化3246张，任务完成率101%，零售业务各项指标均完成总行下达的年度任务。

客群建设。是年，华融湘江银行湘西州分行客户群建设成绩斐然。客户群体不断壮大，从规模上看，对公、零售有效客户数量增长均超额完成总行任务；从质量上看，区域内对公大户均与华融湘江银行湘西州分行开展业务合作，吉首、花垣、凤凰3县（市）主要医院、学校等民生行业与华融湘江银行建立良好的合作关系，州委、州政府、州检察院等单位的工资代发率先后转入华融湘江银行。资质获取取得实效，华融湘江银行湘西州分行全面取得吉首市国库集中收付、非税代收代缴、社保卡代理发放及公共资源交易中心网拍保证金代理，成功获取湘西经开区国库集中收付代理、非税、房屋维修、社保4个资质；万溶江支行加强与公共资源交易中心等相关部门协调，公共资源挂牌土地款回款绑定至华融湘江银行账户，各类优势政务类资金入行渠道全部畅通。

资产质量。积极践行“标准、程序、底线”三大法则，狠抓风险防控，在资产业务规模不断做大的同时，一直保持着资产质量优良的水准，实现零欠息、零不良的“双零”目标，2017年度综合考核被评为总行风险质量二等奖。在银监“两加强、两遏制”回头看检查中未受处罚，并获得“两率”目标控制先进单位、人民银行风险考核A等级单位等荣誉。在全国第五轮银行业金融机构安全评估省级抽查中荣获湘西州第一名好成绩。

网点服务。重视网点建设，不断强化运营管理，加强网点轻型运营改革，大力推进轻型柜台自助办理、移动营销上门服务，组织开展微笑达人评选等专项服务竞赛活动，提倡优质服务、特色服务，不断丰富服务内涵、创新服务模式。万溶江支行创新服务模式，创新出口退税融资业务模式，为客户解决融资困难，实现国际业务结算重大突破，国际结汇金额人民币3.88亿元。分行营业部除优化服务外，还狠抓公私联动，至是年年底，个人存款增长及信用卡存量转化均在总行名列前茅。

队伍建设。大力引进优秀人才，优化人力资源配置。同时，创新和强化人员培训，提升员工的专业水平和综合素质。推行“一训一考”制度，结合总行流程设计、微课制作与学习等竞赛活动，以考带训，以学习活动促提升，有效提高培训效果。在年内总行第七届运营技能比武暨服务礼仪大赛中，获服务礼仪比赛三等奖及数字录入三等奖。在总行微课制作与学习竞赛中，获制作团体三等奖，流程设计大赛获最佳创意奖。另外，打造运营队伍人才梯队，当年获运营主管资格8人，为2018年花垣、凤凰支行筹建储备充足的主管人员。

品牌宣传。与州人民检察院、州住房公积金管理中心等多个单位联谊互动，促进品牌宣传与业务营销有机结合；与州检察院、州住房公积金管理中心团委共同举办“同植一棵树·共造一片林”大型公益植树活动；在州金融系统和总行系统中，表现活跃，积极参与各种有益活动，获州银行协会气排球比赛第四名、总行健康家园奖。全面履行社会责任，积极参与湘西州驻村扶贫工作以及“绿色助学行动”；冠名湘西州60周年诵读会，积极参加湘西州60周年系列州庆宣传活动，通过全方位系列活动不断扩大华融湘江银行的品牌影响力。

金融扶贫。认真落实州委、州人民政府及人民银行等监管部门关于精准扶贫的指示要求，主动承担起金融扶贫社会责任，积极参与地方金融扶贫工作，努力创新扶贫方式，加大信贷投放力度，因地制宜开展精准扶贫工作，共投放扶贫贷款53笔，金额12.2亿元。探索打造金融扶贫的“十八洞村模式”，支持组建十八洞村金融扶贫服务站，得到上级有关部门、地方党委政府的高度肯定，并被《人民日报》、中央电视台等主流媒体大力宣传和推介，成为区域性标杆。同时，不断优化精准扶贫对口帮扶工作，搭建爱心平台，与花垣县新桥村、登高村共18户贫困户接对子，开展“一对一”帮扶。年内，分行在全州各县（市）乡村增设金融扶贫服务站点13个。

（本栏撰稿　邓小芳）

【湘西州农商银行】2017年，湘西州农商银行有营业网点222个，在职员工1646人，分别占全州银行业金融机构网点总数的52.23%和从业人员的40.55%，营业网点服务覆盖州内所有乡（镇、街道）。是年年末，全行各项存款余额338.69亿元，较年初净增45.28亿元，增幅15.43%，存款市场份额为29.35%；各项贷款余额196.49亿元，较年初净增20.59亿元，增幅11.71%，市场份额为31.09%。存、贷款总量均居全州银行业金融机构首位，实现经营利润 12.30 亿元。资本净额 23.7 亿元，较上年净增 7298 万元。资本充足率 13.10%，贷款损失准备余额 14.1 亿元，拨备覆盖率 145.55%，拨备充足率 169.72%。全年无经济案件、“四类”案件和责任性安全事故。年内，湖南省农村信用社联合社湘西州办事处绩效考核居全省系统第三名，获得绩效考核优胜奖；凤凰、龙山两县农商银行进入全省绩效考核前 20 名，获得绩效考核先进单位。同时，湖南省农村信用社联合社湘西州办事处还先后获得全省“压不良、控风险”百日攻坚竞赛第三名、全省案防目标责任考核一等奖、州政府目标考核金融支持发展一类单位等荣誉。

省农信社湘西办事处主任吴振华(右二)在吉首市隘口茶业合作社调研

信贷投放。年内，累计投放贷款 207.27 亿元，比上年增加 29.36 亿元。全年新增贷款 20.6 亿元，完成省农信联社分配任务的 73.57%。涉农贷款余额 187.63 亿元，比年初增加 20.26 亿元；小微企业贷款余额 86 亿元，比年初增加 10.12 亿元。持续开展“两扫五进”“访客户、问需求、优服务”活动，大力拓展基础客户，是年，个人贷款客户新增 30689 户，完成分配任务的 363.18%；法人贷款客户新增 144 户，完成分配任务的 110.77%。支持重大项目、民生工程、公共事业建设等项目 164 个，贷款余额 35.17 亿元，其中年度新增 14.22 亿元。积极推动国有企业银团贷款，营销龙山恒兴工业集中区标准厂房建设、龙山湘源电力、凤凰展凤投资、泸溪干线公路等国资背景银团贷款 4 笔、金额 7.52 亿元。新支持“旅游项目”15 个，新增贷款 4.53 亿元。年内涉农贷款余额净增 20.26 亿元，其中支持新型农业经营主体 302 个，贷款余额 6.19 亿元。

金融精准脱贫。认真开展金融精准扶贫工作，评级 170014 户建档立卡贫困农户，评级面 100%；授信 141928 万户符合条件的贫困农户，授信面 99.54%。全面推广“扶贫小额信贷”产品，以符合“四有两好一项目”的建档立卡贫困农户为对象，无需抵押、无需担保、手续简便，贷款额度在 5 万元以内，执行同档次贷款基准利率不上浮，省级财政全额贴息。运用扶贫小额信贷特色产品，全辖区农商银行积极探索金融扶贫三种模式，即“直接帮扶”模式，直接支持“四有两好一项目”贫困农户；“委托帮扶”模式，支持龙头企业和新型农村经营主体带动贫困农户脱贫；“产业带动”模式，直接支持参与扶贫的龙头企业、专业合作社、家庭农场等，带动贫困农户脱贫。全年累计发放扶贫小额信贷 13.14 亿元，扶贫小额信贷余额 10.51 亿元。建设金融服务站 840 个，提前一年完成全部建设目标，占全州金融服务站的 70%，全面完成“两卡两折”发放任务。金融扶贫工作赢得广大群众肯定和主流媒体关注，湖南卫视《新闻联播》专题报道。

经营转型。加强资金营运工作指导、服务，组织专题考察学习和业务对接 1 次，组建一支专业队伍，推荐一批有价值的产品信息，形成一套针对资金业务的专门报表，按季通报资金营运情况。全辖区农商银行全面加入全国资金市场，实现经营利润 12.30 亿元，完成任务的 149.13%。实现富余资金运营收入 6.66 亿元，平均年化收益率 4.69%，比上年提升 1.12 个百分点，相当于多创造经营利润 2.61 亿元。吉首农商银行尝试开展“投行业务”，融出资金支持吉首市“城市发展产业基金”，既破解农商银行无资质不能开展投行业务、无法满足客户需求的瓶颈，又为富余资金营运找到更为安全的出路。加强电子银行业务营销，新增自助设备 46 台、手机银行 33876 户、网上银行 793 户、微信银行 4001 户，推广学费、话费等代收代付业务品种。科技支撑作用有效发挥，全辖区网络实现提速，搭建网点无线网络安全认证系统。

风险防控。切实加强不良贷款管理，在新放贷款上，严格执行省农信联社产业政策指引，对房地产贷款、涉矿贷款提出更为严格的要求，切实做到“三个坚决杜绝”，即坚决杜绝假名、冒名、借名贷款，坚决杜绝放贷收息，坚决杜绝担保抵押手续不到位的贷款。在不良资产清收处置上，提出将“老赖”户列为失信被执行人名单，探索资产打包转让等措施，集中起诉一批逾期客户，争取法院支持，将拒不执行的失信被执行人面向社会公众公开曝光，形成强大舆论压力。完成对吉首、古丈两家农商银行的全面稽核工作，完成辖区 169 个基层网点的全面稽核工作。组织开展“两个加强、两个遏制”回头看、“三违反”、信贷、重点领域风险排查。组织开展为期一年的案件风险重大隐患集中整治工作，按季对现金出纳、对账、安全保卫等9个领域29个项目进行整治，全年无案件发生。

（本栏图文　张　鹏）

【交通银行湘西州分行】 2017年，交通银行湘西州分行以效益为中心，以发展和风险控制为重点，坚持“业务经营，风控先行”，以“八大系统，四大平台”建设为主线做大做强负债业务，以“客户工程”“项目储备”为抓手，围绕州庆重点项目、重大基础设施建设、社会民生工程等开展工作，以交通、旅游、城市建设等重大基础设施建设等一大批在全州有影响力的项目作为主要方向，做精做优资产业务，各项工作取得一定成绩。截至年底，该行全部贷款余额4.18亿元，各项存款3.5亿元，贷存比124.3%，经营利润为-264.52万元。

业务发展。以教育、医疗、交通、水利、旅游等重点基础建设项目为经营发展思路，以“双百亿”项目推进工程（即2017年授信、审批100亿元，2018年储备100亿元）作为贯穿全年的工作主线，实行项目责任制。年内获批授信项目金额71.68亿元，重点储备拟授信金额30亿元。克服人员紧张，多举措开展活动，助力业务发展，在吉首市公交公司、天行健、家宝、大汉新城有效开展社区行、企业行，个金条线全年房贷投放4762万元，完成项目审批储备2亿余元。积极开展网点布局工作，新增物理网点1个，离行式自助银行1个，

风控案防。在授信申报上，通过制度建设、流程管理、政策制度执行管理，实行“一把手”负责，规范分行项目申报流程；在风险控制上，认真执行和落实上级行的风险管控要求，强化制度流程执行，精细化管理，坚守风险底线；在项目储备上，在符合该行行业指引和授信政策前提下，提出授信项目“双百亿”工程，即项目储备100亿元，项目审批100亿元的目标。在授信获批的项目上，与客户协调沟通，与省分行积极申请规模，与总行申报专项，实现提款金额1.68亿元，提前还款0.5亿元，净投放贷款1.18亿元。严格督促，认真履行贷后管理职责，定期、不定期向前台客户经理通报贷后监控检查情况，并对贷后管理人员进行贷后管理工作尽职评价，前11个月贷后考核该行排名湖南省分行前三。

（本栏撰稿　向　华）

保　险

【概况】 2017年末，湘西州共有保险企业19家，其中财产保险公司12家、人寿保险公司7家，各公司设立县（市）支公司、营销服务部81个，比上年增加3个；专业保险经纪、代理公司7家，比上年年末增加1家。湘西州保险行业协会会员单位20个，与上年持平。保险从业人员8915人，比上年年末增加420人。其中保险销售代理人员7851人，累计获取销售佣金18593.8万元，同比增长36.27%，保险代理人人均月佣金、手续费收入1973元。保险业对缓解湘西州社会就业压力做出很大贡献，在金融行业独占鳌头。尤其是寿险业，已成为吸纳该州待、下岗人员的就业“海绵”。

全州业务总体发展情况。全年各保险主体累计实现保费收入237514.13万元，同比增长14.12%（因寿险公司保费统计口径问题，以及中邮人寿在湘西州获取的保费未计入，与湖南省保险行业协会数据有出入），增幅同比放缓14个百分点。其中湘西天遂代理公司实现代理保费收入2000余万元，同比增长10%。另外中邮人寿通过邮政代理渠道在湘西州获取保费收入6328.7万元。是年，全州保费总规模在24.4亿元左右。保险深度为4.03%，同比上升0.1个百分点；保险密度以户籍人口算为805.13元/人，同比增加95.87元，增长率13.38%；以常驻人口统计的保险密度896.28元/人，同比增加105元，增长率13.27%。其中，财险公司保费收入84436.62万元，同比增长23.66%，虽然增幅同比放缓4个百分点，但增速仍位居省内第一位，是全省产险增速唯一超过20%的地区；寿险公司保费收入153077.51万元，同比增长9.46%，增幅同比放缓6个百分点，居全省第14位。寿险公司保费占总保费的64.45%，财险公司保费占35.55%，财产险保费比重略有上升。

县（市）域业务发展情况。全年吉首市实现保费收入121240.01万元，市场规模超过全州总规模的一半以上，达51.05%。其中财险公司保费39036.25万元，占全州财险保费的46.23%；人寿险公司保费收入82203.76万元，占全州人寿险保费的53.70%。龙山县总保费26674.62万元，州内规模占比11.23%，其中财险公司保费11570.66万元，州内占比13.70%；人寿险公司保费15103.96万元，州内占比9.86%。永顺县总保费22082.66万元，州内规模占比9.29%，其中财险公司保费7793.95万元，占比9.23%；人寿险公司保费14288.71万元，占比9.33%。凤凰县总保费19071.67万元，占比8.03%，其中财险公司保费8771.16万元，占比10.38%；人寿险公司保费10300.51万元，占比6.72%。花垣县总保费17584.88万元，占比7.4%，其中财险公司保费5866.93万元，占比6.94%；人寿险公司保费11717.95万元，占比7.65%。泸溪县总保费11669.48万元，占比4.91%，其中财险公司保费4402.90万元，占比5.21%；人寿险公司保费7266.58万元，州内占比4.75%。保靖县总保费11296.73万元，占比4.76%，其中财险公司保费4544.33万元，占比5.38%；人寿险公司保费6752.4万元，占比4.39%。古丈县总保费7894.07万元，占比3.32%，其中财险公司保费2450.43万元，占比2.9%；人寿险公司保费5443.64万元，占比3.56%。

（本栏撰稿　伍素云）

【人保财险湘西分公司】2017年，中国人民财产保险股份有限公司湘西自治州分公司秉承“人民保险、造福于民”宗旨，充分发挥保险“助推器”和“稳定器”作用，抢抓国家颁布新“国十条”、省政府“省七条”契机，积极服从和服务于湘西经济社会发展大局，着力提升参与民生保障、社会管理等方面的广度和深度，大力推动扶贫保险、大病保险、城乡居民意外保险及巨灾保险等民生类保险，全面深入推动政策性农业保险和特色农险等业务发展。全年实现保费收入3.92亿元，承担社会风险责任6640亿元，处理各类赔案3万多件，支付赔款并计提未决赔准备金29445万元，上缴和代收税款3461万元。

保险服务。人保财险湘西州分公司将风险保障网推向湘西州社会各领域，从发展小微金融，到开办大病保险，从推动与公共利益相关的安全生产、环境污染、食品安全、医疗责任保险发展到参与灾害救助体系建设，惠及湘西州千家万户，为湘西州经济发展和社会管理担当“助推器”，编织“安全网”“大保险”格局日渐清晰。是年，在全州开展机动车辆保险、道路承运人责任险、校园方责任险、住建安全责任保险、监护人责任险、环境污染责任险和安全生产责任险等一系列责任保险产品，提供湘西州交通运输事业、旅游产业和学校安全及企业安全生产风险保障3577亿元；积极支持湘西州经济发展和州内重要基础设施建设，提供州内企业生产、州庆重点工程及全州农房风险保障113亿元；配合民生湘西建设，重点针对农民工、学生、旅客、农民等相对弱势群体人身意外和健康领域，积极推广相关保险产品，如学生意外保险和附加住院医疗保险，建意险、乘意险、旅意险、外出打工人员意外险等产品，直接提供人身安全风险保障数十亿元。全年累计给湘西州群众提供意外健康保险风险保障1151亿元。

农业保险。人保财险湘西州分公司认真落实惠农政策，按照“政府引导、市场运作、自主自愿、协同推进”原则，以“惠农、抗灾、促发展”为目标，在上级公司统一安排部署下，顺利完成年度农业保险工作，农业保险承保区域覆盖全州105个乡（镇）、1642个村，承保水稻83.9万亩、玉米47.27万亩、油菜31.5万亩、育肥猪2.35万头、能繁母猪2.62万头、公益林90.46万亩、商品林158.46万亩，为全州41万户次农民提供农业风险保障1152亿元，支付各类农业保险赔款3497万元，受益农户44365户次。其中水稻赔付810.73万元，受益农户15420户次；玉米赔付412.43万元，受益农户11424户次；油菜赔付11.49万元，受益农户448户次；能繁母猪赔付84.30万元，受益农户756户次；育肥猪赔付16.20万元，受益农户274户次；农业保险为化解农业各种风险、减少农民因灾损失、帮助农民及时恢复生产、促进农村和谐稳定做出积极贡献。

扶贫保险。人保财险湘西州分公司围绕精准扶贫工作，积极探索“保险跟着扶贫走”模式，结合湘西州农业产业发展，相继推出烟叶种植保险、百合种植保险、柑橘保险、山羊、肉牛等扶贫保险产品，在全州6个县开展扶贫特惠保业务，为全州建档立卡贫困户提供医疗保障，着力解决因病致贫和因病还贫问题，基本形成以农业保险、扶贫保险、城乡意外保险、大病保险为代表的保险扶贫保障体系。如特色扶贫产业保险方面，积极开展龙山百合、山羊保险，吉首柑橘、永顺柑橘及猕猴桃保险，凤凰生姜、保靖母牛、山羊等保险。是年，承保全州水稻、玉米、油菜、能繁母猪、育肥猪、公益林和商品林7个传统中央补贴险种，能繁母牛、肉牛、柑橘、茶叶、烟叶等省级特色补贴险种，百合、山羊、生姜、油茶林等精准扶贫补贴险种，承保柑橘4.54万亩、茶叶9.75万亩、烟叶13.34万亩、百合2.32万亩、母牛2100头、肉牛400头、山羊8.25万头、生姜0.5万亩、油茶林0.21万亩，另承保湖南省巨灾保险签单保费159.12万元、中央水稻大灾签单保费163.8万元。其中，商品林赔付93.46万元，受益农户177户次；公益林赔付32.93万元，受益农户108户次；柑橘赔款31.02万元，受益农户18户次；茶叶赔付645.44万元，受益农户184户次；烟叶赔付1000.94万元，受益户7312户次；百合赔付99.06万元，受益合作社7户次；母牛赔付57.66万元，受益农户95户次；肉牛赔付28万元，受益农户56户次；山羊赔款22.46万元，受益农户376户次。以人保财险为首席承保人的巨灾保险共保体承办“6·30”等洪灾风险损失，水稻大灾赔付39.44万元，受益农户3059户次；水稻巨灾赔付100.80万元，受益农户3733户次；玉米巨灾赔付10.87万元，受益农户915户次；能繁母猪巨灾赔付0.2万元，受益农户3户次。

民生保险。人保财险湘西州分公司积极服务民生保险，在4个县（市）开办大病保险，覆盖1245386人，城乡居民意外保险覆盖708187人，支付城乡居民意外和大病保险赔款6331万元，13808人次得到医疗保障，参保群众保障水平提高10个百分点。根据政府职能转变要求，提供各类责任风险保障559亿元，确保重大安全事故发生后公众得到及时赔偿救治。

扶贫特惠保业务。人保财险湘西州分公司发挥商业保险在助力脱贫攻坚方面的良好作用，积极助推湘西州脱贫攻坚和全面小康建设，根据《关于开展“扶贫特惠保”工作的通知》（湘扶办联〔2017〕4号文件）精神，先后在泸溪、凤凰、古丈、永顺、龙山、保靖6个县承办部分乡镇“扶贫特惠保”业务，为全州161695人提供建档立卡贫困户家庭综合保障保险。

理赔服务创新。人保财险湘西州分公司深入开展理赔各环节检查整改活动，促使理赔从业人员逐渐养成按规定操作的良好习惯；通过强化培训、提高技能，加强督导检查，尤其是加强问题整改情况的跟进落实，减少、避免新案问题发生。全面加强理赔数据分析和运用，发挥好远见平台效能，严格送修资源管理，提高理赔效率，降低理赔运营成本，提升经营效益。面对当年洪涝灾害，充分调动系统所有员工，积极做好大灾理赔服务工作，努力做到应赔尽赔、应赔快赔。狠抓大案理赔质量，落实大案管理实施细则，通过加强查勘、责任跟进、定损、人伤跟踪调解、诉讼等关键环节管控，重点考核主权责占比下降率，台均定损值，低碳维修、反欺诈、理赔追偿任务达成率，人伤调解成功率，诉讼案件占比等指标，达到赔付率、案均赔款稳中有降。通过改进服务手段，优化理赔流程，真正实现小案快，大案优，客户、社会、公司三方满意的工作目标。是年，该公司处理各类赔案3万多件，全险种结案率100.7%；全险种万元以下案件理赔周期7.29天，同比提速16.69%，花垣公司3.99天全省排名第一。是年，该公司车险理赔服务满意度93.64%，车险“五个一”现场查勘满意度99.07%，客户整体满意度94.73%，客户满意度位列全省系统第一。

（本栏撰稿　李万超）

【中国人寿湘西分公司】2017年，中国人寿保险股份有限公司湘西分公司实现保费收入57932万元，同比增加9486万元，上升19.58%。其中，首年期交18280万元，短期险5100万元。市场份额60.2%，稳居州内寿险行业龙头地位，为全州236万客户提供各类风险保障3032亿元，全年累计服务客户超过500万人次。全年兑现各类赔款支出达1830万元，同比增加224万元，上升13.99%；为近8万人次给付各类保险金达13600万元。上缴地方税收超1000万元，解决就业3156人。2017年12月，该公司与某大型国有公司就“企业年金账户管理”事宜达成协议并签约，这是湘西州最大的一单企业年金业务，签约受托管理个人账户2000多个，受托管理基金规模8000多万元。年内，积极开展全州“老年人意外伤害保险”，为115800多人承担近15亿元的意外风险保障；开展“扶贫特惠保”专项保险报务，在全州范围内办理建档立卡户“扶贫特惠保”，130024人获得保险保障，保险金额大病医疗50000元/人、意外伤害30000元/人、意外医疗3000元/人，累计风险保障达107.9亿元；开展“计生家庭意外伤害保险”，为全州83303户计划生育家庭、333212人承保意外风险保障62.48亿元；开展“学生平安保险”，承保25.2万多中、小学生“学生平安保险”风险保障743.4亿元；承揽龙山、凤凰、泸溪、古丈4个县“城乡居民大病保险”服务，参保人数1307716人，受托基金3923.1480万元；承揽龙山、保靖、泸溪、花垣、古丈等5个县“新农合意外伤害委托经办服务”，服务人数116万人，受托基金5048万元。2017年3月，该公司向凤凰县腊尔山镇夯卡、流滚两村赠送价值2830多万元保额的风险保障，为194户计划生育家庭和121位老年人分别办理相关保险。

（蒋兴华）

【平安财产保险湘西中心支公司】2017年，中国平安财产保险股份有限公司湘西中心支公司继续坚守合规经营的发展底线，加快业务发展，提升市场份额，强化品质管控工作，取得优异成绩。全年完成保费13305万元，同比增长27.7%，整体增速超市场2.7%。其中，车险完成12205万元，增长27.6%；财产险完成保费795万元，增长31.6%；意外险完成保费305万元，增长21.8%。KPI得分88分，全省排名第五。队伍建设。截至2017年年底，中国平安财产保险股份有限公司湘西中心支公司有员工77人、部门14个，下辖花垣、永顺、泸溪、龙山、凤凰5个县级机构。理赔管理。是年，中国平安财产保险股份有限公司湘西中心支公司一方面加强自身风险管控能力，建立专业调查队伍；另一方面加强与辖区交警部门、法院、司法鉴定所外联部门的联系与沟通，积极开展各县（市、区）交通安全整治活动，并针对四级机构业务发展规模，加大与永顺、龙山、花垣交警部门联系与沟通，深入开展四级机构理赔减损、理赔打假工作。在提升客户体验方面，积极做好理赔提速，开展小额案件免票赔付、车损直赔维修单位模式，微信、电话查勘模式日趋成熟，全面缩短理赔时长，人伤案件积极跟踪调解，避免诉讼，提升人伤案件结案率；夏季暴雨天气、冬季冰雪天气，推出灾害天气绿色通道，减免各项证明材料，临时提升一线人员现场处理权限，加快大灾案件处理速速。全年获客户表扬锦旗10次，致电95511表扬若干。创新服务。是年，公司率先在业内推出电子投保单签名（人脸识别），电子保险费发票，并推出车损事故直赔服务站，免除车主垫付修车款，分别从投保、理赔环节方便广大车主。出色完成节假日护航服务，得到当地行业协会、商会、媒体的高度好评。

（杨　琴）

【平安人寿湘西中心支公司】2017年，中国平安人寿保险股份有限公司湘西中心支公司实现保费收入16695.23万元，同比增加4585.4万元，同比增长37.86%。累计赔款支出1347.57万元，同比增加115.73万元，同比增长9.4%。2017年9月4日，内勤人员参加湖南分公司举办的希望小学一周支教活动，前往张家界桑植县西莲小学支教。永顺支公司员工多次参加当地政府带领前往永顺县润雅乡五官坪村帮扶活动，看望和慰问当地贫困农户。

（梁　栋）

【泰康人寿吉首中心支公司】2017年底，泰康人寿保险吉首中心支公司总资产超1300万元，当年保费收入1.28亿元，各项理赔490万元。公司下辖吉首本部和龙山县、永顺县、花垣县、凤凰县、泸溪县5家支公司，以及古丈县、保靖县、永顺县石堤镇3家营销服务部。营销队伍1400余人。2017年4月11日，被保险人龚某因交通事故意外身故，泰康人寿吉首中支受理索赔后，迅速给付赔款 100 万元，完成公司成立以来最大的理赔案。2017 年 7 月，湖南岳阳、益阳等地遭遇洪水灾害，泰康人寿吉首中支积极行动，动员全体内外勤伙人员伸出友爱之手捐款 10 多万元支援灾区，重建家园。

（尚道尊）

【新华保险湘西中心支公司】 2017 年，新华人寿保险股份有限公司湘西中心支公司实现总保费收入 2.06 亿元，其中，人身意外伤害险 169.6 万元，健康险 5329.6 万元，寿险 1.51 亿元。在公司提升健康险的占比优化产品结构的转型战略导向下，2017 年健康险保费收入较去年同期增长 27.55%。2017 年被湘西州税务部门评定为“诚实守信纳税人”，企业信用等级为 A 类。2017 年 5 月 27 日，新华人寿保险股份有限公司湘西中心支公司承保美利金生终身年金保险（分红型）保险期交保费 15.13 万元，累计 10 年保费金额 151.3 万元。

（谭子慧）

【中华财险湘西中心支公司】 2017 年，中华财险湘西中支公司实现保费收入 16730 万元，同比增长 23.3%，较上年度净增保费 3165 万元。赔款支出 7360 万元，简单赔付率 44%，同比上升 4.7 个百分点；综合赔付率 54.7%，同比下降 2.2 个百分点。其中车险赔款支出 2110 万元，简单赔付率 30.5%，同比下降 7.2 个百分点；车险综合赔付率 40.2%，同比下降 8.4 个百分点。综合成本率 84.7%，同比下降 3.1 个百分点，实现承保利润 2306 万元。中支公司车险综合成本率 76.4%，同比下降 6 个百分点，车险实现承保利润 1543 万元，9 个经营单位车险全部实现盈利。在全省系统 15 个经营单位中，湘西中支公司保费计划完成率排第二位，同比增长排第三位，综合赔付率排第二位，综合成本率排第一位，承保利润排第五位，其中车险综合赔付率排第一位，综合成本率排第一位，承保利润排第三位，综合考评排第一位。公司连续四年获得中华财险总公司“先进基层公司”称号及省公司综合考评一等奖。

（谭　建）

【太平洋财产保险湘西中心支公司】 2017 年，中国太平洋财产保险股份有限公司湘西中心支公司实现保费收入 6066.81 万元，同比增加 29.65%，累计赔款支出 2051.78 万元，同比增加 40.33 万元，上升 2%。年度企业经营考核等级为 AAA 级，被评为太平洋产险湖南分公司先进单位。5 月，在花垣县承保精准扶贫典型十八洞村猕猴桃种植合作社 5000 亩猕猴桃农业险，保费收入 75 万元，这是湖南省首例猕猴桃种植保险，7 月，花垣县十八洞村所投保猕猴桃种植旱灾大面积枯死，太平洋产险湘西中支赔付 30 万元。11 月 13 日，与龙山县扶贫办签订扶贫“特惠保”贫困家庭综合保障保险项目承保协议，承保召市镇、苗儿滩镇、农车镇、洛塔镇、洗车河镇建档立卡贫困家庭 8920 户 37438 人，保费收入 202.16 万元，对贫困户需自交的 22.46 万元全部减免。

（石磊磊）

【太平洋人寿湘西中心支公司】 2017 年，中国太平洋人寿保险股份有限公司湘西中心支公司实现保费收入 7956.52 万元，同比增长 2095.11 万元。累计赔款 293.98 万元，同比减少 213.31 万元。公司共有员工 445 人，其中营销人员 399 人。1 月 16 日，太平洋人寿湘西中支承保花垣县教育和体育局 2792 人综合保障计划，累计保额 1.9577 亿元，给全体教职工送去保障。6 月 26 日，该公司联合泸溪县承保该县贫困户 38644 人，计保额 42.5084 亿元，降低贫困户医疗费用。被保险人向某 2017 年 12 月 4 日因意外在工地死亡，2017 年 12 月 21 日，该公司接到报案，迅速展开调查，经核实被保险人意外死亡原因属实，符合保险责任，赔付保险金 40 万元。

（敖　彬）

【大地财险湘西中心支公司】 2017 年，中国大地财产保险股份有限公司湖南分公司湘西中心支公司实现保费收入 3345.44 万元，同比增加 720.35 万元，累计赔款支出 1351.09 万元，同比增加 281.05 万元，上升 26.27%。5 月 20 日，该公司与公司重点客户及社会各界人士举行健康跑活动，这是吉首市大地保险第一次企业重大活动，活动参与人数约 200 人。

（张　敏）

【天安财险湘西中心支公司】 2017 年，天安财产保险股份有限公司湘西自治州中心支公司有销售员工 19 人，当年实现保费收入 389 万元，同比减少 74 万元，累计赔款支出 177 万元，同比减少 59 万元，下降 25%。9 月 15 日，该公司承保吉首市学生平安保险业务，受惠学生 396 人次，承保若干个校区校方责任险和食品安全责任险，保证在校师生人身安全。

（赵桂香）

【都邦财险湘西中心支公司】 2017 年，都邦财产保险股份有限公司湘西中心支公司实现保费收入 216.15 万元，累计赔款支出 147.83 万元。公司下设总经理室、业务部、业务管理部、财务部、综合部，主要销售险种有企业财产保险、家庭财产保险、车辆保险、意外健康保险、责任保险、运输保险等。至 2017 年，湘西都邦发展迎来成立的第九个年头，9 年来湘西都邦一直在业务发展、公司内控管理、对外服务工作上不断创新，不断探索，公司销售渠道扩展到湘西州各县（市、区），以其先进的服务理念、创新的客户服务举措赢得众多企事业单位认可。

（薛厚景）

【安邦财险湘西中心支公司】 2017 年，安邦财产保险股份有限公司湘西自治州中心支公司实现保费收入 278.57 万元，同比增加 79.93 万元。累计赔款支出 110.91 万元，同比减少 13.52 万元，下降 10.87%。

（尹　芳）

【人民人寿湘西州中心支公司】 2017 年，中国人民人寿保险股份有限公司湘西州中心支公司实现保费收入

16600万元，同比增23.64%，较上年度净增保费3174万元。累计赔款189.11万元，同比增长3.52%，较上年度赔款增加6.43万元。公司共有从业人员1013人，其中营销人员966人。下辖凤凰、永顺、龙山3个县级机构。2017年度上缴和代收税款102万元。永顺县支公司员工多次参加当地政府带领前往永顺县虎洛村帮扶活动，看望和慰问当地贫困农户，并配合落实《永顺县精准脱贫攻坚领导小组办公室关于充实部分单位结对帮扶力量和调整个别单位所联系的非贫困村的通知》精神，在永顺县虎洛村实施扶贫特惠保业务。同时，该公司发挥商业保险在助力脱贫攻坚方面的良好作用，积极助推湘西州脱贫攻坚和全面小康建设，根据《关于开展“扶贫特惠保”工作的通知》（湘扶办联〔2017〕4号文件）精神，是年，在保靖县承办部分乡镇“扶贫特惠保”业务，为全州19907人提供建档立卡贫困户家庭综合保障保险。（姚本同）

【国寿财险湘西中心支公司】 2017年，中国人寿财产保险股份有限公司湘西州中心支公司实现保费收入4237万元，同比增加1413万元，同比增长率为50%，累计赔款支出1588万元，同比增加630万元，同比增长率为65.76%。该公司荣获2017年度地（市）中国人寿财险湖南省分公司双优单位，龙山县支公司荣获2017年度县、乡中国人寿财险湖南省分公司双优单位。2017年3月20日，该公司承保凤凰县公路管理局财产综合保险，累计保险金额180万元。2017年8月7日，该公司承保凤凰县人民政府扶贫开发办公室团体人身意外伤害保险及团体补充医疗保险，累计保险金额175万元。2017年9月13日，公司承保湖南建工集团山水龙城建筑工程一切险，累计保险金额141万元。2017年6月27日，凤凰县遭遇特大暴雨洪灾，公司及时赔付300万元，为抢险救灾提供有力保障。（石叶子）

【吉祥人寿湘西中心支公司】 2017年，吉祥人寿保险股份有限公司湘西中心支公司实现保费收入18923.1万元。本年度发生理赔案件1178件，赔款支出332.58万元。是年，该公司投入大量人力物力参与各县（市）精准扶贫工作，开展保险助力精准扶贫试点，为各县（市）建档立卡户提供“人身意外+意外伤残+意外医疗+疾病身故”等基本保障服务。将商业保险作为社会保障兜底脱贫的重要补充，防止“因伤致贫，因残返贫”，巩固扶贫脱贫效果。年内，在政府支持下，公司在永顺县和龙山县设立扶贫特惠保项目，受惠人群34030人，承保保费161.9万元。其中永顺县扶贫特惠保人数22270人，保费66.81万元；龙山县特惠保人数11760人，保费95.09万元。2017年9月22日，公司员工及吉首市民政局干部组成志愿者慰问团到吉首市中心敬老院进行慰问。是年，公司获评“司庆献礼卓越贡献中支”“个险系列全国十强中支（第三名）”“全国个险系列全国十强营业区（永顺、本部）”“湖南分公司2017年度优秀中支”等多项荣誉。（王晗）

【华安财险湘西中心支公司】 2017年，华安财产保险湘西中心支公司实现保费收入198.81万元，同比下降98.74万元。累计赔款支出138.08万元，同比增加87.09万元，上升170.8%。2017年2月，该公司被保险人陈某驾驶小轿车从吉首市开往古丈县的途中撞伤路人，经核实与协调，于2017年7月赔付交强险12万元，商业险26.68万元，合计赔款38.68万元。（李杰）

【阳光财险湘西中心支公司】 2017年，阳光财险湘西中心支公司实现保费收入528万元，同比增长47.76%，公司业务发展实现连续三年正增长。

（梁欢）

【永诚财险湘西中心支公司】 2017年，永诚财险湘西中心支公司实现保费收入502万元，同比增长123%；赔款支出178万元，同比增长123.71%。是年10月，吉首市海圳出租车有限责任公司在该公司投保83台出租车，共计保费57.28万元。是年3月16日，1台宝马车（车牌湘A32R32）在江西省萍乡市芦溪县武功山发生单方事故，撞墙，该公司支付财产赔款22万元。

（肖虹）

【湘西自治州天遂保险代理有限公司】 2017年，湘西自治州天遂保险代理有限公司深化内部改革，转变观念，致力外部业务拓展，全面完成各项经济指标，代理保费规模近3000万元。12月29日，该公司作为湘西州承运人共保体代理商，与9家财产保险公司举行湘西州承运人共保代理协议正式签约。7月8日，公司组织人员参加7.8公里保险扶贫公益跑活动，取得第一名优异成绩。（陈大耀）

【2017年湘西州保险业重大理赔案例】 一、车祸一死五伤，赔偿106万元。理赔单位：人保财险公司。2017年6月9日17时50分，辜某驾驶一双排座小货车途经古丈县境，因临危措施不当，驶出公路路面，撞上道路外洗车场从大客车上下来休息的沈阳游客，造成1人死亡5人受伤的交通事故。幸得该车向中国人民财产保险股份有限公司古丈县支公司投保交通强制险、第三者责任险等险种，古丈县支公司对这起事故赔款106.48万元。

二、客车遭意外，人保送温暖。理赔单位：人保财险公司。2017年3月14日，向某驾驶一辆小型客车载客2人从泸溪县洗溪镇能滩村回武溪镇白沙，行至洗溪镇路段时，山上石头滚落砸到车顶，致驾驶员重伤，车上乘客1人死亡的意外交通事故。事故发生后，人保财险泸溪县支公司简化相关手续，将40万元赔款直接支付到受益人指定的账户上。事后根据伤者向某的伤情，需要花费大量的医药费，该公司在伤者家属的申请下，又及时将40万元赔款支付到向某的账上。此案累计赔款 80 万元。

三、轿车投保意外险，乘车人遭受车祸获赔百万元。理赔单位：中国人寿公司。2016 年 12 月 18 日，刘某某在中国人寿保险股份有限公司湘西分公司为其小型轿车投保了国寿通泰交通团体意外伤害保险（A 款），2017 年 3 月 22 日因车祸造成该车驾驶人彭某甲当场死亡，乘车人彭某乙经 120 抢救无效死亡。湘西分公司给付意外身故保险金 100 万元。

四、建筑工人遭意外，获赔 60 万元保险金。理赔单位：中国人寿公司。2017 年 4 月 10 日某公司在中国人寿保险股份有限公司湘西分公司为员工投保了国寿建筑工程团体意外伤害保险（2013 版），该公司员工田某某在施工中意外摔伤，抢救无效死亡。2017 年 7 月 3 日，田某某的法定继承人黄某某到公司申请死亡保险金，经调查核实，属于保险责任，湘西分公司向其法定继承人赔付死亡保险金 60 万元。

五、矿顶坠石 2 人遇难，保险获赔 40 万元。理赔单位：平安财险公司。2017 年 1 月 3 日下午，某矿业公司员工张某、王某在矿硐内作业时，突遭矿顶石板坠落，砸在二人后背，双双重伤，由于伤势过重，救治无效死亡。中国平安财产保险股份有限公司湘西中心支公司在接到报案后立即赶赴现场查勘，积极协助被保险人做好死者家属的安抚工作，并根据矿山安全生产责任保险条款及时结案，赔付矿主 40 万元保险金，以解被保险人燃眉之急。

六、重疾身故，3 天结案给付。理赔单位：泰康人寿公司。生前黄某在泰康人寿保险股份有限公司吉首中心支公司投保“07 卓越财富，安享人生，永利两全，吉祥相伴”保险。2017 年 7 月 13 日被保险人黄某因系统性红斑狼疮、肺动脉高压等疾病身故。8 月 14 日，其家属提出理赔申请，泰康人寿公司迅速派员查勘，8 月 17 日，结案赔付保险金 43.9 万元。3 天结案堪称神速，受到好评。

七、驾车遇难，获赔百万元。理赔单位：泰康人寿公司。2015 年 5 月 19 日，张某某为丈夫龚某在泰康人寿保险股份有限公司吉首中心支公司投保泰康全能保（2015 年）保障计划，保额 100 万元。2017 年 4 月 1 日，龚某驾驶小型普通客车与相对行驶的重型仓栅式货车相撞，造成 2 死 3 伤的交通事故，龚某在交通事故中当场死亡。泰康人寿吉首中心支公司受理申请索赔后，迅速赔付保险金 100 万元。

八、保险为爱畅行，10 天完成百万赔付。理赔单位：新华保险公司。2017 年 8 月 22 日，客户吴某的丈夫在湘西州龙山县桂塘镇乘坐公务车出差途中，不幸发生车祸，当场身故。客户吴某于 2015 年 5 月为其丈夫投保了新华保险畅行无忧保险，投保时年缴保费仅 2560 元，保额 10 万元。根据保险条款约定，如因驾驶或者乘坐私家车、单位公务或商务用车期间因交通事故遭受意外而身故的，可获得基本保额 10 倍的意外身故保险金，故吴某获赔款 100 万元。

九、工地意外身故，保险赔款 50 万元。理赔单位：中华财险公司。2017 年 5 月 11 日，重庆交通建设（集团）有限责任公司在德夯到寨阳旅游专线工地上施工的陈某某不慎栽倒在滚石堆成的平台上，造成腰腹部等身体多处受伤，送往湘西州人民医院抢救无效死亡。中华联合财产保险股份有限公司湘西中心支公司接到报案后，理赔经理和查勘员及时赶到工地查勘，积极走访落实案件情况，迅速结案，赔付死者家属建筑工程施工人员意外伤害保险金 50 万元。

十、小车撞行人，获赔 50 万元。理赔单位：太平洋财险公司。2016 年 9 月，唐某某为新买的小轿车湘 U58**8（临时号牌）在中国太平洋财产保险股份有限公司湘西中心支公司购买车辆保险。2016 年 10 月 29 日晚 10 点多钟，因下雨路滑，视线欠佳，驾驶的车辆撞倒行人李某某，致其当场死亡。接到报案后，太平洋财险湘西中心支公司马上派员处理事故，积极组织双方调解，经过多次友好协商，肇事方赔偿死者家属 60 万元。其中太平洋财险湘西中支赔付三者死亡赔偿金、丧葬费、被抚养人生活费等共计 50 万元。

十一、少年患脑瘤，获赔 12 万元。理赔单位：吉祥人寿公司。2017 年 3 月，吉首市留守儿童吴同学患脑瘤住院花费近 20 万元，因其父母在吉祥人寿保险股份有限公司湘西中心支公司为其投保重大疾病和学生平安保险。2017 年 4 月 19 日，该公司接到客户递交理赔资料后迅速办理，不到 3 天完成赔付，先后赔付重大疾病 10 万元和学生平安保险 2 万元，以保吴同学的后续治疗。

（本栏撰稿　伍素云）

【州人民政府推动保险服务业发展】 2017 年 1 月 5 日，湘西州人民政府印发《湘西自治州人民政府关于加快发展现代保险服务业的通知》，提出推动湘西州现代保险服务业快速发展，充分发挥现代保险服务业在维护稳定、保障民生、防控社会风险和服务经济发展等方面的作用，并明确工作目标、工作重点和工作措施。（伍素云）

【快处快赔服务中心扩点增面】 2017 年，快处快赔中心在提高受理金额、扩大受理范围、加强网点建设上下功夫，损失金额由原单车事故 1 万元增至 2 万元；受理范围由过去的城区增至市区周边乡镇都可进入“双快”服务中心处理；加速“双快”服务中心建设向县域幅射步伐，协同州交警支队在吉首市乾州、大田湾和永顺县新开设 3 个“双快”服务中心，截至年底，全州“双快”服务中心已增至 5 个。全年共受理交通事故 2915 起，查勘定损事故车辆 5097 台次，定损金额 693 万余元，案均金额 2377 元，比上年提升 583 元。自 2011 年 11 月在吉首市试点建立快处快赔服务中心以来，快处快赔疏堵保畅的功能作用不断凸显，被政府职能部门和车险消费者所认同。（伍素云）

【积极开展“7·8”全国保险公众宣传日活动】2017年7月8日，第五个“全国保险公众宣传日”活动期间，湘西州保险行业协会按照保监会和中保协统一部署，组织行业20家会员单位近500名员工和客户在吉首市谷韵绿道开展以“远离贫困，从一份保障开始”为主题的“7.8公里扶贫公益跑”活动，邀请州委常委、州人民政府副州长房卫现场支持参跑，当天活动捐赠公里数约7800公里，助力湖南省保险扶贫项目生成并落地。是年10月，该扶贫项目由中华保险和富德生命人寿认领并落户邵阳县塘渡口镇和怀化市辰溪县，惠及贫困人口31364人，落地金额达5300万元。（伍素云）

【开展2017年湘西州保险业“诚信服务标兵”评选活动】2017年，湘西州保险行业协会积极组织开展湘西州保险业“诚信服务标兵”评选活动，对诚实守信、爱岗敬业、乐于奉献的行业标兵进行表彰。经各会员公司推荐、协会理事会考核评审、向社会公示候选人情况，最终确定陈航等34人为2017年湘西州保险业“诚信服务标兵”，并在《团结报》通报表彰。通过该活动，充分发挥典型引领示范带头作用，以此引导从业人员学习诚信典型、争当诚信楷模，促进行业形成崇尚重诺守信的价值取向。

（伍素云）

证　券

【国泰君安证券吉首营业部】2017年，国泰君安证券吉首人民中路营业部稳健经营，秉承金融服务实体原则，以人为本培育证券专业人才，完善公司矩阵化管理体系及客户服务体系，强化客户服务能力，通过客户分类服务，坚持价值投资理念，倡导理性投资，给投资者提供综合金融服务，公司品牌得到极大认可。全年新增客户0.84万户，新增资产0.42亿元。

（贾　晨）

【华林证券吉首营业部】2017年，华林证券吉首营业部作为新型营业部，在证券业务发展初期，通过不断努力，发展各项经纪业务及其他业务，业绩得到初步发展，营销队伍逐渐扩大，取到多方合作渠道。先后与吉首大学商学院、湘西民族职业技术学院计算机系签订“共建校园青少年投教基地协议书”，本着“合作共赢、优势互补、讲究实效、共谋发展”原则，加强投资者教育知识讲座，引导客户树立正确的投资理念，提高投资者风险意识与承受能力。2017年11月在湘西民族职业技术学院开展“明规则　识风险”为主题的投资者教育宣传活动。向投资者发送投资者教育、反洗钱、债券基础知识、投资者保护、债券投资等投教短信3800条，营业场所投资者教育视频播放达上万次。（张　娟）

【财富证券吉首营业部】2017年，财富证券有限责任公司吉首人民北路证券营业部有从业人员29人，其中具备证券投资顾问3人，截至4月底累计开户27669户，期末客户总资产7.76亿元，年内证券交易额149亿元。是年，营业部进一步提升经纪业务竞争力，适应创新业务发展需求，围绕“提升、协同、创新、执行”目标，提升经营管理水平，推动精细化管理，强化执行力和内部协同机制，致力营销服务一体化和业务发展多样化，经营范围涵盖证券经纪，投资咨询，基金代销，融资融券，与证券交易、证券投资活动有关的财务顾问，代销金融产品，证券资产管理与证券承销相关的项目承揽、项目信息传递与推荐、客户关系维护等工作、PB业务、IB业务等；网上开户支持工行、农行、中行、建行、交行、招行、邮储、浦发、广大、广发、兴业、中信、平安、民生、上海、华夏16家银行三方存管签约。（龙　江）

【安信证券吉首营业部】2017年2月6日，安信证券吉首营业部正式组建运营。该营业部立足吉首发展优势，积极与企业对接，持续深化渠道建设和改革，不断转型销售方式，提升内涵价值和合规管理要求，优化服务质量，年内新增主要商户500户，托管市值1000余万元。加强业务建设，对接企业20多家。利用现有优势业务和便利条件，针对城乡合作社和乡镇人员提供便捷化服务。积极创建新渠道，优化人才管理，建立符合当地实际的渠道探索团队，探索与传统券商业务的结合点。加强客户服务维护，做到新户特办，旧户专办，老户细办，年内组织讲解20余次，给客户介绍正确的理财知识，以客户个性化服务，提高客户满意度。（张晓燕）

【中信建投证券吉首营业部】2017年7月11日，中信建投证券股份有限公司吉首世纪大道证券营业部正式挂牌运营，营业部不负“汇聚人才、服务客户、创造价值、回报社会”公司使命，秉承“以人为本、以邻为师、以史为鉴”经营理念，坚持普惠金融发展战略，拓展投融资渠道，满足投融资需求。（江　岳）

【中原证券吉首营业部】2017年，中原证券吉首世纪大道营业部依法经营，遵循合规管理基本原则，积极开展反洗钱宣传培训，组织“打击洗钱犯罪，维护金融安全与秩序”反洗钱宣传活动2次、反洗钱培训4次，发放宣传手册150余份，受众160余人。抓住公司上市发展机会，内部积极培训，外部加强拓展和客户沟通，建立和完善客户服务体系，规范营销服务客户流程及标准，建立每周三晚上投资者教育和股市沙龙，提高客户服务质量，提升客户满意度和公司服务品牌，年内实现A股交易量144862.26万元，累计开立资金账号1447户。（郭煜阳）

州住房公积金管理中心

【概况】2017年，湘西州住房公积金管理中心大力推行亲情化服务和便民服务举措，树立预约服务、上门服务、跟踪服务、集体面签特色服务品牌，健全首问责任、限时办结、一次性告知等便民服务制度，国家统计局湖南省调查总队民调显示，中心服务满意率在90%以上。是年，该中心被共青团中央、住建部等22部委授予“2015—2016年度全国青年文明号”，被省住建厅、省财政厅授予“全省住房公积金业务管理工作优秀单位”，中心总会计师许祥达被人社部和住建部授予“全国住房城乡建设系统先进工作者”。

主要指标。全年归集住房公积金17.41亿元，完成年度任务的102.4%，同比增长12.46%，累计归集总额91.94亿元，归集余额53.47亿元；审批贷款12亿元，资金发放到位10.29亿元，同比下降10.85%，个贷率由上年的95%降至86.53%，控制在年初管委会下达的90%目标内，累计发放贷款总额75.98亿元，贷款余额46.27亿元，个贷逾期率为零。办理住房公积金资金提取8.16亿元，累计提取总额38.47亿元，占资金归集总额的41.8%。新增非公建制单位124家，新增开户3684人，覆盖率98.6%，较上年增长5.1%。实现增值收益9570.14万元，完成年度目标任务的118.1%，同比增长19.6%。提取风险准备金1583万元，累计提取11596.20万元。上交廉租住房建设补充资金4114.59万元，累计上交10270.11万元。

制度建设。以“回归”促规范，内部管理制度规范到上级文件精神和规定上，住房公积金政策回归到《住房公积金管理条例》和国务院颁布的新政新规中去，修订完善涉及人财物内部管理制度12项，规范和调整住房公积金政策8项。加强层级和权限管理，形成层层传导压力工作机制，住房公积金财务实行“四统一、三集中、两自主”管理模式和大额资金调配逐级审批制，个人贷款实行分管负责人逐笔审批制和楼盘按揭贷审会制度，内部经费使用实行部门报账制、逐级审批制和大额资金领导班子集体研究决策制，从制度建设着手，按照“一体系一制度、一工作一流程、一流程一标准”要求，规范各项管理工作。

基础建设。抢抓国家“双贯标”工作契机，结合湘西州实际，制定“双贯标”“五大转变”和“九个创新点”工作目标，全面推行核心数据“双贯标”与综合服务平台建设“双升级”，项目建成后办理公积金业务离柜率达95%以上，湘西住房公积金可由“智能公积金”迈向“智慧公积金”。全力推进信息平台上线事宜，住房公积金信息化平台建设项目评审、招投标、需求征集、基础数据整理和新系统开发培训等工作基本完成，四川久远银海软件股份有限公司正加快项目研发实施，各项工作进展顺利。

政策制定。保证钢性需求。落实习近平总书记关于“房子是用来住的而不是炒的”指示精神，以满足广大群众购买住房为重点，调整住房公积金贷款相关政策8项，发挥住房公积金的社会保障作用。落实惠民利民政策，办理“公转商”贷款对冲还贷1244笔1558万元，息差贴息142笔3.5万元；制定异地贷款实施办法，发放异地贷款72笔1960万元，支持缴存职工异地购房需求；制定住房公积金二手房贷款实施办法，并报请州管委会主任办公会同意实施。加大政策宣传，让公积金惠民政策深入人心。是年8月，州住房公积金管理中心在湘西广播电视台开展为期一周的“住房公积金·圆你安居梦”专题报道，利用党报党刊、12329服务热线、网站、微信等载体，开展全方位、多样化的政策宣传。调整贷款规模，解决规模不足困局，经管委会同意追加贷款规模2亿元，有效缓解大部分楼盘建设资金压力，确保社会稳定。

风险防控。州住房公积金管理中心严格落实审计整改，强化风险防控和内部监管工作。明确审计整改要求，根据2017年州审计局对中心2016年度住房公积金归集、贷款、财务等审计情况及整改意见建议，明确责任，制定措施，各职能部门逐一整改问题，举一反三进行“回头看”，防止和杜绝同类问题重复出现。加强内部监管，在开展常规稽核、专项稽核、业务督查的同时，尝试聘请资质优秀的社会审计机构湘西州锦兴会计师事务所实施住房公积金业务审计，收到很好效果。严格内部考核，按照管理中心《内部审计工作规程》和年初确定的工作项目和标准，结合日常稽核、督查检查情况，对各部门实行年度目标管理考核，考核结果与部门和个人年度评先评优、绩效挂钩。通过考核对标，防范管理风险。

湘西州住房公积金管理中心管委会召开2018年第一次会议

【湘西州住房公积金管理委员会2017年第一次会议】 2017年5月15日，湘西州住房公积金管理委员会2017年第一次会议在吉首召开。州委常委、州人民政府常务副州长、州住房公积金管委会主任委员向恩明、省住房公积金监督管理办公室主任陈华参加会议并讲话。会议审议通过《湘西自治州住房公积金管理中心2017年工作报告》《湘西自治州住房公积金管理中心2016年预算执行情况和2017年预算草案报告》《湘西土家族苗族自治州住房公积金2016年年度报告》《关于湘西州住房公积金管理中心2016年预算执行情况与2017年预算草案审查结果的报告》，会议通报《湘西自治州住房公积金管理委员会关于2016年各县市政府、湘西经开区管委会和州住房公积金管理中心考核情况的通报》，会议听取《州住房公积金管委会监督委员会2016年工作监督情况》《州住房公积金管委会专家咨询委员会关于湘西州住房公积金工作的建议》；会议向各县市、湘西经开区住房公积金管理中心下达《2017年湘西州住房公积金管理责任目标任务书》。

【湘西州住房公积金管理委员会召开主任办公会议】 2017年12月7日，湘西自治州住房公积金管理委员会召开主任办公会议，州委常委、州人民政府常务副州长、州住房公积金管委会主任委员向恩明出席会议并讲话，州直相关单位委员参加会议。会议同意2018年全州住房公积金主要控制性指标为：资金归集18亿元，贷款发放控制在13亿元以内，逾期率控制在0.02%以内，个贷率控制在90%以下；同意在全州推出住房公积金二手房贷款新品种，制定《湘西州住房公积金二手房抵押贷款管理办法》；同意对全州现行的三项住房公积金贷款政策进一步规范和调整，即对第二次申请住房公积金贷款的首付比例由现行的20%提高到40%，取消第三次住房公积金贷款申请；取消“延长还贷时间”政策；可贷额度按职工个人最长可贷年限和账户余额确定，取消按月缴存额确定可贷额度政策，取消对新就业大学生、优秀人才住房公积金优惠政策。同意根据国家重大政策变化情况，从2018年起取消全州住房公积金贷款机构担保业务。

（本栏图文　向国荣）

文化·旅游

文化广电新闻出版

【概述】 2017年，湘西州文化广电新闻出版工作紧盯目标不放松，多措并举抓落实，州庆文化活动得到社会各界一致称赞，公共文化服务体系不断完善，文艺创作成果丰硕，文化遗产保护填补空白，文化产业发展来势良好，新闻出版广电事业实现突破，文广新行业监管扎实推进。是年，州文广新局获全省新闻出版广电目标管理优良单位。

文艺创作。新创作苗剧《憨子相亲》、情景歌舞剧《穷在深山有远亲》、精准扶贫题材戏剧《家园》等舞台艺术作品。组织开展“名师传艺”工程，复排苗剧《团结灭妖》、辰河高腔《彩楼记》《辛女别父》等精品剧目，全州文广新系统创作文质兼美、传递正能量、以人民为中心的经典节目（剧目）200余个，文艺精品创作成果丰硕。

公共文化服务。投资近4亿元，建成州博物馆、非遗馆州府新城文化新地标，年内接待群众40余万人次。完成村级综合文化服务中心建设801个。“一村一年一场戏”送戏下乡近600场，“一村一月一场电影”公益电影放映达20000余场次。举办“我们都来跳”践行社会主义核心价值观活动，培训原创广场舞2000余人次。选派县（市）文旅局局长、文化馆馆长、图书馆馆长参加全国公共文化服务体系培训，免费培训全州音乐、美术、书法等人员5000余人次。选派275名文化专业人才实施“三区”人才支持计划专项工作。完成全国第六次公共图书馆评估定级。举办全省群众文艺会演决赛湘西州专场暨“欢乐潇湘·祝福湘西”州庆群众大舞台系列活动，全州群众文艺汇演、湘西歌手大赛、州庆百姓大舞台等活动，参与群众上万人次。举行舍巴节、苗族四月八、中秋节、吉首鼓文化节等民族传统节庆活动16个，顺利通过国家公共文化服务体系示范项目省里评估验收。大力开展“文化进高墙”“文化进社区”“文化进农村”等文化志愿活动，湘西州“我为州庆添光彩”项目被评为全省2017年文化志愿服务示范项目。

文物保护。争取国保、省保专项补助资金3300多万元，完成凤凰古城堡、泸溪岩门古堡寨、花垣磨老龙家大院、龙山惹巴拉树比冲天楼、永顺双凤村、吉首潕溪书院等修缮工程和塔卧湘鄂川黔革命根据地旧址智能安防、消防工程及保靖魏家寨智能安防工程，里耶古城遗址、大阪遗址和麦茶古墓群智能安防工程。第四批25处州级文物保护单位“四有”工作全面完成。泸溪下湾遗址考古发掘出土大批珍贵的高庙文化时期出土物，不仅填补湘西州新石器时代文物考古的空白，一批出土物也填补高庙文化出土物的空白，省考古所将下湾遗址考古发掘作为重大文物发现上报国家文物局。开展保靖酉水明珠工程、古丈红石林旅游综合服务中心、张吉怀高铁、天然气管道沿线等重点项目的考古调查勘探。深入开展文物安全专项治理行动，检查各级文物保护单位398家，查出安全隐患62处，全部整改到位。

非遗保护。武陵山区（湘西）土家族苗族文化生态保护区通过文化部评估验收，文化部评价湘西州工作经验可复制、可推广。认真组织湘西传统工艺工作站、苗族银饰锻制技艺、土家族织锦技艺参加第六届成都非遗节，扎实开展“中国文化之旅·湖南非遗探访”活动、湘西州自然和文化遗产日主题活动，让湘西非遗绽放异彩。出版发行《神秘湘西——湘西自治州非物质文化遗产集萃》丛书，成为全州较全面、较系统非遗专著。完成第四批省级非物质文化遗产代表性传承人申报工作，全州进入第五批国家级非物质文化遗产代表性传承人公示名单12人，占全省四分之一。文化助推精准扶贫迈出新步伐，花垣县石栏镇传统工艺“让妈妈回家”苗绣公益项目，积极开展“非遗+扶贫”探索模式，中央电视台综艺频道、湖南卫视等媒体进行深入报道，引起社会广泛关注。

文化产业发展。全州文化娱乐、网吧、印刷、新闻出版业等各类传统文化企业达3000余家，从业人员3万余人，实现文化产业总产值近36亿元。争取湘西地区开发非遗生产性保护项目资金450万元，扶持文化企业开发具有地域特征和民族特色的文化创意产品，湘西州银饰、苗绣、苗画、竹编、土家织锦、木雕、陶瓷等非遗项目文化创意产品达50余种，文化创意产业成为经济转型升级新的增长极。加大文化产业招商引资力度，积极开展与深圳中青宝公司合作，助推凤凰中青宝文化创意科技产业园加快建设，2017年5月开工建设以来，完成投资近亿元，总投资将达10亿元。湘西边城风情小镇PPP项目加快推进。大力推进文化旅游深度融合，民族演艺业加快发展，在旅游热点景区相继推出《巫傩神歌》《白果花》《湘西汉子》舞台情景剧，年表演2000场次以上，实现门票收入上亿元。全国第一部非遗动漫剧《盘瓠与辛女》在中央电视台少儿频道播出，十九大献礼片电影《十八洞》在全国热播。中国微电影大典组委会为湘西花垣创作基地正式授牌。龙山县签约惹巴拉土家影视旅游项目，华谊兄弟剧场入驻湘西，湘西州影视文化产业发展进入新的里程。

新闻出版广电。每个县投入150万元，在全省率先完成县级广播电视制播能力建设，在提升县级广播电视台采、编、播质量上实现新突破。完成州羊峰山台、龙山洛塔台、保靖天堂坡台等7个高山台站基础设施建设，大力推进州7602台、龙山砂子坡台基础设施提质改造项目。完成“村村响”“户户通”省里评估验收，其中“村村响”工程在汛期防洪抢险中发挥重要作用。加强著作权法相关知识宣传，利用4.26版权宣传活动，发放版权知识笔记本300本、“用正版最靠谱”鼠标垫350个、“拳打侵权视频、音乐”、“脚踢盗版软件、文字”、“剑斩侵权盗版”、“尊重数字创意、保护网络版权”等宣传单1500余份。大力开展全民阅读，推荐申报全国先进4个、省级示范农家书屋9个、省级优秀农家书屋管理员9个、“阅行者”活动先进集体1个和优秀“阅行者”1个。残疾人农家书屋管理员向民志和他的“明志书屋”事迹在湖南公共频道播出，在“湘鄂赣”阅读活动启动仪式上作典型发言。湘西广播电视台推出《砥砺奋进的五年》《精准脱贫湘西样本》《迎州庆惠民生促发展》等专栏节目，全方位、多角度的主题宣传，做大做强正面舆论宣传，全州电视新闻上稿位居全省前列。深入开展农家书屋延伸服务，“三湘读书月”湘西全民阅读活动深入推进，人民群众的文化满意度大幅度提高。制定《湘西州政府机关使用正版软件工作考核办法》《湘西自治州2017年推进使用正版软件工作实施方案》，软件正版化工作扎实推进。

行业监管。取消州、县两级新闻出版广电行政部门的复印打印业务审批事项。完成印刷企业网上年度核验、出版物发行单位年度核验及连续性内部资料性出版物准印证核发工作。全州核验合格印刷企业53 家、出版物发行单位141家，对26家刊型、5家报形内部资料单位予以年检换证。办结报型行政许可1个。以“禁、控、退”为准绳，持续优化市场环境。围绕迎接党的十九大胜利召开和湘西州建州60周年，开展“扫黄打非”“两节”“护苗”“固边”“清源”“秋风”“净网”等专项行动6次，开展网吧、新闻出版市场、营业性演出场所、娱乐场所专项整治10次，举办网吧、歌舞娱乐场所、游艺娱乐场所管理工作会议暨培训班12次，培训人员2100多人次，检查各类经营场所2100余家次，查处违规网吧93家，取缔书刊无证经营摊点18个，取缔无证无照经营游戏厅3家，收缴盗版非法出版物6000余册，音像制品5000余张。开展广播电视机构安全播出大检查4次，依法依规停止湘西广播电视台文化旅游频道的开办，清理整顿广播电视台播出广告6次，查处“保靖县龙清泽涉嫌编撰出版涉政治类违禁出版物案”，完成“邓克雨搜百度盘网站传播有害信息案”，实现湘西州查堵政治性非法出版物案件零的突破。全州4个单位（集体）、2名工作人员荣获全省“扫黄打非”先进单位和个人。

体制改革。推进国有文化资产监督管理体制改革，成立州国有文化资产监督管理委员会，组建湘西州民族文化传媒集团公司、湘西报业集团、湘西文化产业集团三大文化集团公司，增强州属国有文化经营性单位内在活力。深化文化市场综合执法改革，州委办、州政府办印发《关于进一步深化全州文化市场综合执法改革的实施意见》。完成州广电中心人员整体划转州博物馆（州非遗馆）、州考古所工作，完成州民族文化馆与州少儿图书馆在职及退休人员划转调动工作，完成湘西武陵民族文艺传习中心、州电影服务中心转为公益一类事业单位工作，因机构改革等原因造成的州文广新系统部分单位性质、人员编制身份等历史遗留问题得到全部解决。

【积极筹备建州60周年文艺表演等庆祝活动】全州文化广电新闻系统积极筹备建州60周年文艺表演等庆祝活动，历时9个月精心筹备，先后11次修改完善演出策划创意方案，各县（市、区）勇于担当，12000余名演职人员辛勤努力，创作节目10余个，通过《序》《故土湘西》《热土湘西》《沃土湘西》《梦里家园》5个板块，向各级领导和社会各界展现出一台以“神秘湘西”为主题的艺术佳作。9月20日，湘西土家族苗族自治州成立60周年庆祝大会开幕式文艺表演在州文化体育会展中心取得圆满成功，隆重而节俭的开幕式表演，有特色、有气势，紧扣主题、特色鲜明、气势宏达、震撼人心，湘西州的精神风貌和智慧力量得以充分展示，达到展示成就、凝聚人心，鼓舞干劲、促进发展的目的，得到各级领导和社会各界的一致称赞和好评。同时，积极开展州庆徽标和主题曲征集、州博物馆州非遗馆陈列布展、州庆60周年成就展各项工作，主题歌《神秘湘西》从150多首面向全国征集的歌曲中经过4轮评选产生，《春的脚步》历经6次修改和调整，最终形成演出版本。朗诵诗《山川巨变》历经8次修改和3次审查。州博物馆、州非遗馆和建州60周年成就展于9月20日圆满完成并对外开放。

（本栏撰稿　向朝阳　周　杨）

文物管理

【概况】2017年，全州文物工作突出以项目建设为重心，以行业监管为抓手，以队伍建设为保障，取得长足发展。争取国保省保专项补助资金3300多万元，实施一批文物保护利用项目。

文物保护项目建设。凤凰古城堡、泸溪岩门古堡寨（一期）、花垣磨老龙家大院、龙山惹巴拉树比冲天楼、永顺双凤村、吉首溁溪书院等修缮工程和塔卧湘鄂川黔革命根据地旧址智能安防、消防工程，保靖魏家寨智能安防工程，里耶古城遗址、大阪遗址和麦茶古墓群智能安防工程全面完工。龙山茨岩塘湘鄂川黔革命根据地旧址修缮工程进场施工。永顺塔卧红四分校旧址和兵工厂维修工程进入招投标程序。注重文物保护项目利用工作，里耶古城遗址公园、世界文化遗产老司城遗址公园相继建成开园，成为湘西州又一个旅游景点。塔卧、茨岩塘湘鄂川黔革命根据地为全国爱国主义教育基地，成为州境红色旅游的一张名片。凤凰古城堡和龙山惹巴拉，成功引进战略合作伙伴。泸溪岩门古堡寨纳入浦市AAAA级景区的经营范围，永顺县双凤村作为县重点打造的旅游景点。

考古挖掘。配合省考古所完成泸溪下湾遗址考古发掘工作，全州范围内抽调业务骨干6人，历时近5个月，发掘面积1100多平方米，出土大批珍贵的高庙文化时期物件，引起省州领导和专家的高度关注。配合省考古所对保靖西水明珠工程、古丈红石林旅游综合服务中心建设项目地下文物进行调查勘探。开展张吉怀高铁、天然气管道沿线等省重点项目的考古调查勘探。对吉首市“三园两河”迎周庆献礼工程、溁溪书院修缮工程等重点项目建设进行抢救性发掘，保证工程顺利实施。

博物馆体系建设。投资近4亿元的州博物馆、州非遗馆如期竣工，并对外开放。里耶秦简博物馆上年遭受特大洪水袭击，历经半年修复，2017年1月顺利开馆。保靖迁陵博物馆建成对外开放。湘鄂川黔革命根据地纪念馆完成陈列布展，实现对外开放。全州5个免费开放国有博物馆、纪念馆接待参观人数192.99万人次。里耶秦简博物馆承办中国秦汉文化学术研讨会和中国遗址博物馆年会。州博物馆举办“‘学习雷锋精神’专题展”“湘西州传统村落、大遗址图片展”“民俗文物图片展”等临时展览，并采取移动展览的形式，进学校、进社区、进工厂。开展“两史”教育宣传活动，依托湘鄂川黔革命根据地旧址纪念馆的独有优势，讲国史党史，尤其永顺塔卧还建立红军学校，讲红军故事，传承红军精神，并积极参加全省“两史”教育优秀讲解员选拔赛，全省有15人入围，湘西州有一名代表入围全省决赛。做好文物解说词撰写工作，全州撰写文物解说词207篇，上传湖南文物APP平台。

行业监管。全年明查与暗访各级文物保护单位近700处，做到每季度巡查一次，隐患整改率90%以上，县市每月巡查一次，全州每处文物保护单位巡查实现全覆盖。开展文物安全专项整治工作，出动检查人员266人次，突击检查各级文物保护单位398家，查出安全隐患62处，整改58处。联合州消防支队开展两次“文物消防联合交叉执法检查”。重点对州内各级文物保护单位、各级博物馆、纪念馆以及各县文物局文物库房的消防工作进行检查，督促整改突出问题。开展文物保护单位安全管理工作暗访。组织人员分别暗访老司城、浦市等地文物保护单位3次，并对发现的问题及时反馈与通报，年内全州没有发生一起文物安全事故。各县（市）文物局均聘请一批文物守护员，并解决适当报酬，纳入财政预算。州、县、乡、村四级文物保护格局初步形成。年初，州文物局与各县（市）文物局签订文物安全责任状，各县（市）与各乡（镇），各乡（镇）与各村层层签订文物安全责任书，明确职责，层层传导压力，确保文物安全万无一失。

（本栏图文　刘德靖）

2017年湘西州古建筑修缮培训班合影

图书馆

【概况】 2017年，全州有各类图书馆10家，馆藏书籍1582849册，其中州图书馆有馆藏书籍277377册。是年，州图书馆以第六次全国公共图书馆评估定级为契机，进一步夯实图书馆基础业务工作，各项工作扎实开展，取得较好成绩。一是搞好阅读服务。保证免费开放读者借阅服务时间，为读者提供整洁舒适的阅读学习环境，满足读者借阅需求，每天延长开放时间半小时以上。加强馆员服务读者意识教育，为读者提供贴心服务；开辟读者意见栏，读者借阅需求和意见建议可直接留言；世界读书日期间，为因故超期未及时还书的读者免除违约金。新书及时采编上架，增加馆藏流通资源，为读者提供最新的借阅书籍；主动与州水利局、州统计局、团结报社、州地方志办等单位建立文献收集联系，及时将稀少珍贵的地方文献收集保存，不断丰富地方文献收藏种类。二是抓好评估定级。组织人员对全州公共图书馆馆藏古籍文献进行目录统计整理，编印成册《湘西自治州公共图书馆古籍文献联合目录》，为全州公共图书馆馆藏古籍建档编目。结合馆情拟定争创全国“二级公共图书馆”定级目标，对评估定级各项工作责任分解到具体部室，明确任务，落实职责，圆满完成本次评估定级各项工作。三是做实项目申报。积极申报“2017年中央补助地方公共数字文化建设专项资源库”，申报的“湘西土家族特色专题资源库”“湘西苗族（东部）特色专题资源库”“湘西名人特色专题资源库”3个资源库中，前两个申报成功并获批85万元的中央专项资金支持。同时，还完成“2017年中央补助地方公共数字文化建设”专项资金申报工作，申报公开课题项目20节、地方报纸数字化及篇名识别项目20000版。四是大力开展全民阅读活动。借助“服务宣传周”和“世界读书日”，年内先后举办“我们的中国梦·湖湘文化进万家，迎新春、庆元宵、赏春联、猜谜语”、“世界读书日”湘西历史文化讲坛、半亩方塘第二期优雅女性读书沙龙、读书进校园、“文化进高墙·知识促改造”等全民阅读活动10多次。五是加强科普基地建设。5月，湖南省社科普及宣传活动组委会公布第五批省级社会科学普及基地名录，州图书馆被评为省级社科普及基地，该馆成为州直文化系统第一批省级社科普及基地，为今后开展社科普及工作搭建起重要平台。

【“世界读书日”湘西历史文化讲坛活动】 2017年4月24日，州文广新局在州图书馆4楼报告厅举办纪念“世界读书日”湘西历史文化讲坛活动，活动邀请4位对湘西历史文化深有研究的专家学者为100多名读者和学生讲述“在浩瀚的历史烟云中觅索——基于五溪铜柱铭文探寻湘西彭氏土司族源之谜”“湘西土司的民族道义和民族担当”“湘西土司族源探析及土司文化的运用”“湘西土司与王阳明”4个精彩的湘西土司文化专题讲座，专家学者用自己渊博的学识将千百年来悠远历史文化娓娓道来，为现场听众奉上一堂丰盛的文化大餐。世界读书日期间，州图书馆还同步开展“你读书我买单”“书香进校园”“永远的雷锋——雷锋精神教育图片展”“湘西传统村落专题展”“湘西大遗址考古发掘专题展”等系列活动。

【州图书馆在吉首市区设立12个分馆】 2017年2月，州图书馆武警支队后勤保障队分馆设立，为分馆配送书籍200册，丰富军营官兵文化生活。10月25日，州图书馆在吉首监狱内开展“文化进高墙·知识促改造”志愿者服务活动暨湘西州图书馆吉首监狱分馆挂牌仪式，送去精心挑选涉及法律、文学、历史等各方面优秀图书500册，丰富服刑人员的精神文化生活，提升教育改造质量。12月6日，州图书馆州荣复医院分馆设立，为该院流转图书1000册，丰富医护人员和病患的文化生活。截至是年年底，州图书馆在吉首市区共设立分馆12个，即吉首市一中分馆、吉大师院附小分馆、吉首市四中分馆、吉首监狱中队分馆、吉首市民中分馆、文艺职校分馆、州法院分馆、州武警支队教导队分馆、石家冲派出所图书吧、州武警支队后勤保障队分馆、吉首监狱分馆、州荣复医院分馆。通过分馆建设，让丰富的馆藏资源能够在各行各业的阅读群体中被充分利用，进一步扩大州图书馆服务网络辐射面。

（本栏撰稿　周　荣　王　星）

博物馆非遗馆

【概况】 2017年，是湘西州博物馆、非遗馆跨越发展年，作为建州60周年重点工程的新馆建设基本完成，9月20日正式开馆，为建州60周年献上一份厚礼。新馆建成投入使用，代表湘西州优秀的历史文化和民族民俗文化得到很好的展示和传承，成为展示湘西的一个重要地标、宣传湘西的一个重要平台、推介湘西的一个重要窗口。是年，两馆干部职工团结协作，加倍努力，克服困难，扎实推进各项工作，取得很好成绩。

在新馆筹建关键时期，举办和参加各类培训班12次，先后邀请吉首大学教授胡炳章、成臻铭开办“湘西历史文化述略”“土司文化、土家族传统文化经典”相关知识专题讲座。邀请韶山纪念馆全国金牌讲解员李建国、湘西广播电视台资深主持人杨新等培训新招讲解员，为两馆开放做好准备。同时，组织干部参加中国博协在上海举办的第七期“博物馆系统新入职员工培训班”、在西安举行的“第一期讲解员高级研讨班”、在龙山里耶举行的中国博物馆协会考古与遗址博物馆专业委员会年会等系列讲座培训学习，开阔大家视野，营造良好学习氛围，使两馆人员整体素质得到明显提升。做好陈列展览工作。两馆基本陈列有“古韵湘西”“风情湘西”“血性湘西”“土家古风”“苗乡原韵”及非遗馆“综合厅”，用实物、图片及声光电等现代展示手段全面展现湘西悠久的历史、灿烂的文化、浓郁的民俗风情以及丰富的非物质文化遗产。临时展览有：“湘西建州60周年成就展”“视觉湘西”。通过“湘西建州60周年成就展”充分展示从1957年9月20日建州以来，在党中央、国务院和省委省政府的正确领导和亲切关怀下，在党的民族区域自治政策光辉照耀下，在州委、州政府的领导下，湘西州各行各业取得的辉煌成就。“视觉湘西”则通过镜头展现湘西州的发展历程和变迁。两馆自2017年9月20日开馆以来，日均接待观众4000余人，州博物馆、非遗馆真正成为展示湘西历史和民族文化的窗口。除免费开放工作外，该馆还举办各种临时展览，开展流动博物馆进校园、进社区、进基层活动。全年累计展出“永远的雷锋——雷锋精神教育图片展”“湘西民俗展”“湘西名人展”“湘西传统村落专题展”及“湘西大遗址考古发掘专题展”等展板180余块次，发放宣传单3800余份，发放有奖问答奖品1200余份，参观人数28700人。全年接待参观人数424080人次。该馆被授予第五批"湖南省社会科学普及基地"和首批"湘西土家族苗族自治州社会科学普及基地"。严格按照文物保管"二十四字方针"建立健全文物管理制度，做好文物调拨与借展工作，做实新馆库房建设及老馆文物搬迁，共计打包搬迁文物10万余件（套），整个过程无文物丢失、损坏现象。围绕新馆展出需要，征集文物75件套。立足"安全第一，预防为主"原则，制定多项应急预案，层层建立管理责任制，做到责任明确，安全防范人人有责。全年组织消防演习2次、安全大检查12次、日常消防器材检查18次，参加消防安全会议及培训7次。通过人防、物防、技防系统及行政管理系统综合防范，该馆全年无安全责任事故发生，馆藏文物安全有保障。

（杨　震）

团结报

【概况】 2017年，湘西州团结报社紧紧围绕州委、州政府中心工作，认真履行党报职责，突出新闻宣传和舆论引导，大力抓好新闻宣传、舆论引导、媒体建设、报业经济等重点工作，报纸发行39008份，报业经营收入1676.3万元。报社获评2017年度湖南省市州党报印刷工作先进单位、2016年度中国报业协会先进集体、2016年度湖南省文明单位。

新闻宣传。《团结报》刊发各类稿件3.3万余篇，开设栏目30余个。围绕学习贯彻党的十八大和十八届三中、四中、五中、六中全会及党的十九大精神、全国两会、州两会、全域旅游、知名生态文化公园、精准扶贫和武陵山区扶贫攻坚试点工作、社会主义核心价值观等内容，开设"喜迎十九大""兴起学习贯彻十九大精神热潮""新时代新湘西——学习贯彻十九大精神""坚决打赢精准脱贫攻坚战""建设新湖南喜迎十九大——热点话题谈心录"等栏目7个，刊发相关专版61个、稿件4100多篇，旗帜鲜明地唱响主旋律、传递正能量。围绕建州60周年、全州重点工程、重点建设、重点项目、中央环保督察、美丽湘西建设、文化旅游产业等工作，开设"迎州庆促发展惠民生""喜迎建州60周年""60周年州庆重点项目巡礼""州庆100天倒计时""建设美丽湘西""文化湘西"等专栏6个、专版237个，刊发稿件5070篇，突出报道全州重点项目、重点工程、重点工作。围绕湘西州先进典型人物和典型故事、"两学一做"学习教育常态化制度化、"三月三"、"农耕民俗文化节"、民族团结进步示范州创建等内容，开设"行进湘西　精彩故事""两学一做在湘西""走基层、转作风、改文风""建设美丽湘西——最美民族特色村镇"征文、摄影竞赛等栏目4个，刊发相关专版4个、稿件520余篇，重点讲好湘西故事、传播湘西声音、关注民生民情。围绕党的建设、社会治安综合治理、舆论监督、各级各部门关注民生关爱百姓等内容，开设"把纪律和规矩挺在前面""严防纪检监察灯下黑""学习贯彻州十一届纪委二次全会精神""察民情、送温暖""万名干部下基层""新春走基层""平安湘西""民情联通"等栏目15个，刊发相关版面52个、稿件1900余篇，切实做好服务群众共建和谐社会报道。湘西网推出"喜迎十九大""新时代新湘西学习贯彻十九大精神""习近平总书记视察湘西州四周年""湘西州建州60周年""湘西众志成城抗灾救灾""书记县长去哪儿""鸡年大计、撸袖大干"等16个专题，围绕湘西州"五大建设、四个湘西、两个率先"中心工作，刊播相关稿件8000余篇。"湘西头条"推出"大美湘西""甲子颂·湘西大事记""甲子颂·湘西今昔图""甲子颂·州庆重点项目巡礼"等52条微信特刊，反映湘西州60年所取得的巨大成就，该系列特刊整体阅读量超过10万人次。

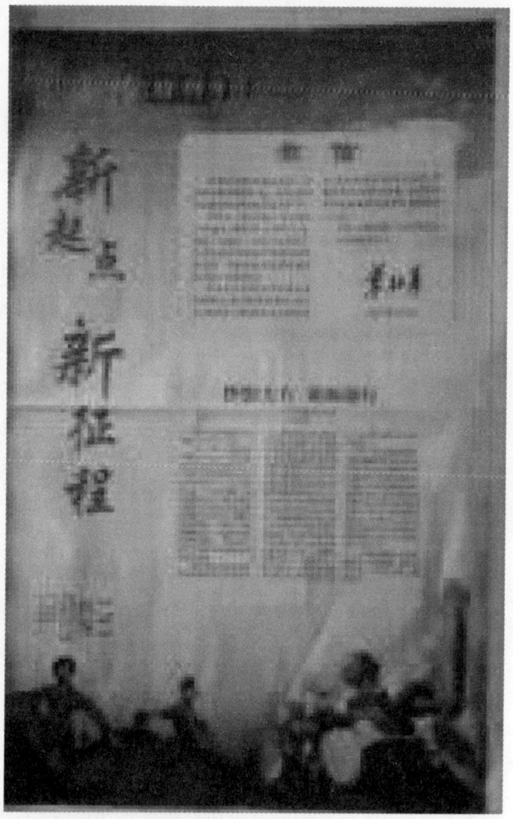

《团结报》顺利完成改版，州委书记叶红专致贺信

报纸发行。《团结报》发行量39008份，超州分任务7008份，报纸发行收入1217万元，发行实现县乡村全覆盖，实现发行量11年连增。

报业经营。团结报社成立湘西团结报报业发展有限公司，公司下辖湘西团结新媒体有限公司、湘西团结文化传媒有限公司和湘西团结出版印刷有限公司3个子公司。全年报业营收1676.3万元，其中报纸发行营收1217万元，广告营收459.3万元。

新媒体建设。团结报社主办的湘西网形成"三微两端"〔湘西网PC端、"身边"APP客户端（9月改版为"红湘西"APP客户端）、微博、微信、微视频〕全媒体矩阵。"湘西头条"总订阅数达36602人，新闻内容获得3716780次2453475人阅读。湘西网新浪/腾讯微博粉丝184810人。湘西网与人民日报社、新华社、腾讯、今日头条等多家国家级或全国性媒体签约合作，利用新媒体服务平台开展新闻舆论引导。11月7日，团结报湘西网荣获“2017全国地市网络媒体最具影响力十强品牌”称号，“湘西头条”获“2017全国地市网络媒体微信公众号三十强”称号。

舆论监督。《团结报》发挥党报优势，强化舆论引导和监督。将《读者来信》版面调整优化为“民情联通”，“社会民生版”开设“记者在现场”栏目，刊发《夜半飙车，如何治理?》《与〈团结报〉六十年老读者面对面》《不忘湘西　不忘沱江》《我们聊吧》等群众关注度很高的内容。开设“严防纪检监察灯下黑”“学习贯彻州纪委十一届二次全会精神”栏目，刊发稿件430多篇。办好报社言论栏目“武陵新语”，加强正面舆论引导，刊发言论稿件40多篇。开设“环保督察进行时”栏目，报道湘西州环境保护工作，刊发稿件30多篇。指定专人24小时负责，保障网络安全，全年未发生重大网络安全事故。认真做好重大涉州网络舆情引导，介入并报道处置32起网络舆情事件，网评员达736人。

通联工作。全州有通讯员2508名（包括特约记者），积极主动指导县市举办通讯员培训班，培训人数约800人。团结报群工部接待来信来访群众31批次62人次，全年接收读者来信102件，“民情互通”刊登10期85件。

报纸改扩版。2017年1月1日，《团结报》顺利实现改型扩版，由过去每周出32版（对开）报纸，扩为每周出48版（对开）报纸。扩版后的《团结报》周一至周五每天出对开8版，周六、周日每天出对开4版。周一至周六调整综合新闻版面为27个，具体是“经济金融”“教体文卫”“社会民生”“美丽湘西”“民族团结”版面5个，“兄弟河”等副刊类版面9个，时事版面11个，专题版面2个，周日出版周末版4个。优化编辑流程、内容编排、报纸版式，调整团结报社内设部室，新成立编辑中心、采访中心、副刊中心、专题部等部室。

【党的十九大报道】开设“喜迎十九大”“十九大时光”“兴起学习贯彻十九大精神热潮”“新时代　新湘西——学习贯彻十九大精神”等栏目，对《法制中国》《大国外交》等系列电视专题片的播出反响、基层党员干部群众迎接十九大、聆听十九大、学习十九大的生动场景进行报道。全面转发新华社有关十九大开幕消息、闭幕消息、人民日报社论、十九届一中全会、十九大报告、中国共产党章程等重要会议、重要文件、重要活动的报道。策划州委宣讲贯彻党的十九大精神集中学习培训宣传报道。

【建州60周年报道】积极主动开设“迎州庆、促发展、惠民生”“喜迎建州60周年”“60周年州庆重点项目巡礼”“州庆100天倒计时”等专栏、“建州60年巡礼”专版、“我们这样走过——湘西老照片”图片专版，刊发稿件420多篇、图片240多幅，展示全州经济社会发展和各部门工作成就整版130多个。9月20日当天出版60个版州庆特刊和8个版日报，68个版面，创团结报社当期版面量的最高纪录。州庆期间，对州庆庆祝大会、州庆相关贺信贺电、武陵山旅游发展高峰论坛、湖南省第八届旅博会、湖南旅游装备制造业论坛、省祝贺团走访慰问、中央民族歌舞团慰问演出、凤凰艺术年展开幕等相关活动进行采访报道。

【精准扶贫报道】开设《坚决打赢精准脱贫攻坚战》栏目，刊发反映湘西州精准扶贫工作稿件2200多篇，刊发专版43个。刊发州委书记叶红专署名文章《打赢攻坚战　拥抱新时代——写在习近平总书记视察湘西州四周年之际》、长篇通讯《精准扶贫生动的湘西实践——写在习近平总书记“精准扶贫”重要论述提出四周年之际》、本报评论员文章《坚决打赢“硬仗中的硬仗”》、2个整版《精准扶贫生动的湘西实践——写在习近平总书记“精准扶贫”重要论述提出四周年之际》等稿件，对精准扶贫重要论述提出四周年进行新闻宣传报道。全国扶贫日10月17日当天，头版头条刊发州委书记叶红专的署名文章《再接再厉　攻克贫困——写在第四个“国家扶贫日”之际》，在4、5版整版推出《莽莽武陵唱大风——湘西州精准扶贫工作纪实》。抓好十八洞村精准扶贫新闻宣传，先后刊发稿件78条。

【湘西文化名人专访】《团结报》“对话名家”栏目以专版形式先后推出刘壮韬、黄叶、苏高宇、龙宁英、黄摩崖、李万锋、田明、向水英、肖振中9位在州内颇具影响力的文化名家，宣传他们的艺术人生、艺术理念及取得的成果，团结网、湘西头条等自媒体同步进行推送，栏目内容被新湖南、华声在线、搜狐、光明网等多家省内外网站转载，对湘西本土文化名人起到很好推介作用。

【《湘西发展纪实》出品】2017年9月，为迎接湘西州60周年州庆，团结报社出版《湘西发展纪实》一书。该书由州人大常委会原主任、现任省人大常委会委员、民侨外委会副主任委员刘路平等著，书中收录《湘西风景》《湘西展翅》《湘西龙头昂起》《喜看湘西凤凰飞》《一石激起千层浪》《湘西中高海拔地区集中连片扶贫工作调研报告》等多篇长篇通讯报道和调研文章，重点围绕精准扶贫、大通道建设、生态文化公园建设、美丽湘西、全域旅游、文化建设等方面，多角度、深层次地展示全州8个县（市）、湘西经开区和州直相关部门在州委、州政府的坚强领导下只争朝夕、奋力拼搏、群策群力、奔向小康的辉煌成就。

【湘西州60周年庆祝大会现场云直播】2017年9月20日，湘西网利用新华社“现场云”平台直播报道湘西州成立60周年庆祝大会，3小时点击量超过270万人次，打破新华社现场云直播观看人次纪录，荣获新华社现场云2017年度优秀报道一等奖。2017年7月，湘西网与新华社签约，入驻新华社“现场云”全国服务平台，通过“现场云”系统，记者只需一部手机就可实现素材采集和同步回传，后方编辑部可实时进行在线编辑和播发，增强报道的全时性和即时性。

【红湘西APP上线】 2017年9月，湘西网与北大方正集团合作，研发推出“红湘西”新闻综合客户端，该客户端为集新闻资讯、政民互动、公众服务于一体的移动互联网聚合门户，开设推荐、湘西、县（市、区）、问政、视频、图片、旅游、便民和读报等多个子栏目。“红湘西”功能定位为“三平台两入口”，即全州媒体融合平台、全州新媒体产品汇聚平台、全州新媒体宣传和管理平台、世界看湘西的超级入口、“智慧湘西”的超级入口。依托该平台可以打造湘西信息生产和汇聚的“中央厨房”，实现全州内容生产的共享互通，形成州内新媒体内容的“云稿库”。能够给州、县（市）两级政府和企事业单位快速建立手机客户端，通过各手机客户端发布和聚合新闻政务信息、微博微信信息，提供用户公共服务入口，能够对平台上的内容进行实时管控，实现一键推送和一键撤稿。

【全媒体综合业务系统建成启用】 2017年11月1日，团结报全媒体综合业务系统及图片库建设项目顺利完工，正式投入使用，该项目投入资金239万元，分为软件系统和硬件支撑平台两部分。采用本系统可以使用电脑、手机、iPad等平台进行采访、入库、编辑、发布等操作，系统支持录音、视频、图片、文档等各种文件的采集、编辑、发布，采访后形成的各种文件可保存在系统资源库中，实现资源共享。根据不同媒介发布渠道的要求，编辑对资源库中的稿件进行相应处理，编辑完毕的稿件可同时发布到纸报、网站、掌媒等，并对稿件进行管理。新系统的启用，可打破同一媒体集团的报、网、微、端互不联通，为实现“中央厨房”式全媒体采编管理提供技术支撑。

（本栏图文　麻黎明）

广播电视

【概况】 2017年，湘西广播电视台开设新闻综合、湘西公共2个电视频道，开办“湘西之声”广播电台、“边城报”社和湘西州民族文化传媒公司。湘西州民族文化传媒公司旗下设有新媒体公司、恒广影视制作公司、首德演艺公司3个子公司，以及“智慧湘西”新媒体。电视栏目有《湘西新闻》《关注》《聚焦》《好房好家》《武陵纵横》《武陵揽胜》6个。“湘西之声”广播电台开办栏目16个，即《湘西早新闻》《梦里湘西金曲展播》《新闻大碗茶》《查牌时间》《只想听音乐》《去哪儿》《93民情直通》《综艺大咖》《梦回边城》《太阳出来了》《晓说》《跳蚤市场》《生活资讯》《今晚80后脱口秀》《超级访问》。《边城报》为每期16个版面的综合性文化生活周报。电视节目信号通过微波联网和电信光缆覆盖湘西州8个县（市）和湘西经开区近300万人口。2017年播出《湘西新闻联播》新闻类节目365期，播出《关注》《品味湘西》《武陵揽胜》等自办电视专题栏目302期，录播直播大型晚会14部，播出电视剧174部、6574集，单本剧365部。完成广告收入800万元。实现广播电视安全播出“零失误”目标。

新闻宣传。一是加强政治理论学习，提升舆论引导水平。是年，湘西广播电视台把学习宣传贯彻党的十九大精神和习近平总书记系列重要讲话精神作为首要任务，精心组织，周密安排，充分利用中心组学习、周五学习和日常学习，开展集中学、自学、网络学等形式多样的学习。邀请州内理论专家到台里为党员干部上课辅导，结合实际开展“我为湘西台发展献一策”活动，各部室开展分组学习和讨论，广大干部职工撰写学习心得并积极为广电发展建言献策。通过学习，全台党员干部职工的政治素养、业务水平明显提升。二是围绕党委政府中心工作，开展系列宣传。《湘西新闻联播》围绕“两会”开设两会专栏、大会专题、两会声音等栏目；围绕精准扶贫开设“撸起袖子加油干　打赢脱贫攻坚战”等专栏；湘西之声广播电台成功举办“世界环境日”“爱心送考”“爱心让考”等活动，线上线下互动宣传，彰显媒体公信力。《边

湘西广播电视台承办的湘西州2018年新时代·新湘西春节文艺晚会现场

城报》每期重点策划头版头条，先后推出文明出行、互联网+精准扶贫、公益助学等深度报道，凸显纸质媒体“深度”传播优势。三是围绕民生民情，加大舆论监督力度。《关注》栏目坚持关注“民生、民情、民意”，民生专题系列片《大城吉首》收视率和微信点播率均创新高。电台民生节目《民情直通》急群众之所急、解群众之所难，全年收到民生热线1388起。《边城报》开设的《民情联通》《民生》版面以解答老百姓的疑难事、烦心事、困惑事为己任，对文明交通、环境污染、违章建筑等热点民生问题给予重点关注，采写刊发相关报道200余篇。四是围绕构建和谐文化生活，丰富净化荧屏。新闻综合频道承办2017年湘西州春节联欢晚会，恒广影视制作公司承办2017年湘西州少儿春晚，首德文化演艺公司承办“欢乐潇湘·祝福湘西”州庆群众大舞台系列活动，广告活动中心策划“善行湘西·慈爱满园”首届慈善晚会、湘西州非遗精品献赠晚会等，《好房好家》栏目策划拍摄春节特别节目《回家》，承办湘西首届房屋设计沙龙，这些高品质的文化活动极大地丰富湘西州群众的精神文化生活。

整体搬迁。湘西广播电视台原办公场地狭窄，不能满足湘西台办公和业务需要，为促进湘西州广播电视事业和文化产业的健康持续发展，2015年5月24日，州委、州政府决定将原湘西州影视文化中心资产整体划拨给湘西广播电视台作为新的办公大楼，湘西广播电视台克服时间紧、任务重等诸多困难，经过两年时间的装修改造，于2017年5月22日整体搬迁至影视大厦，新址建筑面积19365平方米。州委书记叶红专，州委副书记、州长龙晓华，州委常委、州委宣传部部长周云等领导先后到台调研，对湘西广播电视台顺利完成搬迁给予肯定。

产业效益。一是高清化改造初步完成。搬迁到湘西州影视文化中心后，湘西广播电视台启动采、编、播高清化改造工作并在2018年1月底基本改造到位。电视播出分辨率从以前的720×576提升至现在的1920×1080，比例从以前的4:3提升至16:9，电视节目质量得到有效提升。同时建立新型媒资系统，从以前的40TB扩大至256TB，从仅能带动10台标清非线性编辑机同时工作提高到能同时带动20台高清非线性编辑工作，湘西台的数据存储空间和节目制作效率大有提升。二是“智慧湘西”成功上线。为占据“融媒体”时代的舆论阵地，湘西广播电视台成立湘西州广电新媒体有限公司并启动新媒体中心“两微一端”建设，“智慧湘西网”微信公众号、“智慧湘西”微博和“智慧湘西”手机客户端正式上线，用户可通过手机随时随地观看湘西台新闻直播，节目收视率大幅提高。“两微一端”平台建成以来，圆满完成少儿春晚海选、“欢乐潇湘”州庆群众大舞台等大型活动的网络直播。三是产业经营、文化演艺和影视制作实现起步。湘西广播电视台独资公司州民族文化传媒有限责任公司联合旗下分公司——影视文化中心酒店共同拓展承接各项市场业务，收益良好。旗下首德文化演艺有限公司步入正常运转轨道，承接“欢乐潇湘·州庆群众大舞台”文艺汇演和“华彩60年·神秘湘西”歌手大赛等活动。旗下湘西恒广影视制作公司承接制作《撸起袖子加油干　决战决胜脱贫攻坚》《神秘湘西　梦里家园》《武陵明珠——大美湘西》等反映湘西州经济社会发展的电视专题片。湘西之声广播电台2017年实现全州9县（市、区）广播信号全覆盖。《边城报》2017年1月正式开通电子版，覆盖面及影响力大幅提升。

创新创优。2017年，湘西广播电视台新闻综合频道在《湖南新闻联播》上稿80余条，记者宋林被评为全省通联工作先进个人。在2016年度湖南新闻奖评比中，有2件作品分获二等奖、三等奖；在2016年度湖南广播电视奖评比中，有5件作品分获一、二、三等奖；在2016年度全省电视广告信息节目评比中有2件作品分获一、二等奖；在2016年度湖南播音主持作品奖评比中有3件分别获得二、三等奖；在2016年度湖南省广播电视报刊优稿评比中有10件作品分别获得一、二、三等奖；广告活动中心拍摄的大型文献纪录片《红色湘西》获湖南省“五个一工程奖”。是年，湘西广播电视台广播电视协会的内部刊物《湘西声屏》复刊并出版4期，湘西州广播电视人交流业务、沟通感情的平台重新启航。

【党的十九大精神宣传报道】 党的十九大精神宣传是湘西广播电视台2017年和今后一段时期宣传工作的重中之重。是年，该台充分发挥全媒体优势，将镜头、声音和笔墨聚焦十九大。《湘西新闻联播》组织骨干记者深入全州各县（市、区），抓特点、抓典型，推出《十九大时光》《砥砺奋进的五年》《精准脱贫　湘西样本》系列报道；及时跟进中央电视台、湖南卫视，策划推出《全方位解读十九大报告》《学习宣传十九大精神》系列报道；湘西之声广播电台在《湘西早新闻》节目中推出《砥砺奋进的五年》系列报道；《边城报》开设《砥砺奋进的五年》《十九大时光》等栏目，刊发《幸福路贯通村村寨寨》《迈步新时代　再启新征程》等展示十八大以来突出成就的稿件。“智慧湘西”两微一端结合自身优势在平台显著位置开设《砥砺奋进的五年》《十九大时光》《新时代　新湘西》宣传专区和学习专区，吸引大批粉丝点击和关注。

【建州60周年宣传报道】 2017年是湘西州成立60周年。湘西广播电视台围绕建州60周年开展系列多角度的宣传报道。《湘西新闻联播》围绕“建州60周年”开设《迎州庆惠民生促发展》《州庆项目大比拼》专栏、专题。同时对重点工程建设、全域旅游发展、美丽湘西建设等重点工作开展系列深度报道。《关注》栏目注重典型引领，制作播出“美丽湘西”先进人物等专题。《聚焦》栏目制作播出女性创业、最美州幼人系列、精准扶贫系列等专题。湘西之声广播电台将州庆宣传贯穿频道宣传工作始终，在《湘西早新闻》《越港越出味》《民情直通》等节目中均开设与州庆相关的板块，集全台之力为建州60周年营造良好的社会氛围。《边城报》连续报道州庆文艺排练、安保、群众大舞台等系列活动，策划编辑“欢度州庆　祝福湘西”各族群众寄语湘西、“光影水秀演绎魅力湘西”等州庆专版，突出浓厚的喜庆氛围，达到良好的宣传效果。

【《好房好家》栏目】《好房好家》是湘西广播电视台公共频道2017年3月新推出的电视栏目。该栏目集使用、趣味、权威、体验式房产、家居服务于一体，旨在打造湘西州最具权威最接地气的房产家居栏目，致力于传达百姓最关心的房产、家装信息，构建接地气、有人气的供需桥梁。节目开播以来，栏目组注重选题策划，并对节目后期精雕细琢，使节目以实用、趣味、权威、充满感情的形象展现在广大观众面前。栏目策划拍摄春节特别节目《回家》，免费接送在外游子回家过年。策划举办湘西首档高品质的名家设计沙龙。策划拍摄《寻找湘西最美民宿》系列专题片。同时，该栏目不仅创立自己的微信平台，还与湘西地区最具人气新媒体平台“你好大湘西”微信平台形成战略合作，实现“资源通融、内容兼融、宣传互融、利益共融”的新型媒体协作关系，打造出湘西唯一房产家居行业的融媒体平台。

（本栏图文　谭锦文　田凤翥）

边城报

【概况】2017年，边城报社坚持正确的舆论导向，秉承“关注民生民情、弘扬边地文化、服务百姓生活”的办报宗旨，紧紧围绕州委、州政府中心工作，服务发展大局，团结拼搏，扎实工作，较好完成各项宣传报道工作。报社没有发生一起导向问题、新闻失实问题的报道，未发生一起违规违纪虚假新闻事件。

办报质量。强化头条意识，举全报社之力，每期精心策划头条选题，突出重要性、关注度和新闻价值规律，予以深度报道或解读。先后刊发聚焦吉首城区交通大整治、州庆重点项目巡礼等系列报道，反响较好。聚焦民生热点难点，在保留二版“民情联通”的基础上，适度进行改版，增设“民生”“关注”版面，及时报道反映老百姓关心的民生民情问题。

报纸发行。协调州邮政局将《边城报》列入重点发行报刊，并行文下发相应任务。加强与各县（市）县委宣传部对接，积极争取支持。湘西广播电视台分管领导带队，下到各县（市）沟通衔接，保持往年的发行数量。

宣传报道。以生态湘西、文化湘西、旅游湘西、和谐湘西、美丽湘西宣传为着眼点，突出报纸的政治性、服务性和可读行。一是围绕州委、州政府重大工作部署做好宣传报道。重点围绕州庆60周年、精准扶贫等加强宣传报道，开设“州庆重点项目巡礼”“见证湘西六十年”“漫话湘西六十年”“精准扶贫在湘西”等专栏，组织骨干采编人员参与采访报道，刊发《卯足干劲最后冲刺》《构建城市路网　打造交通新动脉》《乡镇卫生院的“蝶变”》《精准扶贫结硕果　十八洞村猕猴桃直供港澳》等相关稿件70余篇。连续报道州庆文艺排练、安保、群众大舞台系列活动，反映各界群众喜迎60年州庆的火热场面，并在州庆当期报纸头版头条刊登长篇消息，图文并茂刊登特写《盛世湘西绽芳华》，策划编辑“欢度州庆　祝福湘西”各族群众寄语湘西、“光影水秀演绎魅力湘西”等州庆专版。二是围绕党的十九大做好宣传报道。开设“砥砺奋进的五年”“十九大时光”等栏目，从湘西旅游、生态、交通等方面充分展示十八大以来的突出成就，从身边看变化，反映各行各业的新气象、新变化、新成就，宣传报道社会各界群众收看十九大的心得体会和强烈反响，以及学习贯彻十九大的安排部署和实施举措，刊发《幸福路贯通村村寨寨》《湘西的“绿色”复兴》《我州群众热议十九大》《迈步新时代再启新征程》等40余篇稿件。三是围绕民生民情做好宣传报道。对特色产业、城市公交、环境污染、劳动就业等给予重点关注，以民情联通、民生问答、连心桥、州长信箱等不同形式或栏目进行报道，刊发《“海绵城市”让吉首城区告别内涝》《违规停车影响交通　交警部门严肃查处》《废品霸占人行道　影响居民出行》《马路市场被整治　环境改观获点赞》等大量民生类稿件，受到读者好评。四是围绕文化旅游做好宣传报道。在重要版面刊发《湘西迈向全域旅游》《2017国际鼓文化节等你共赴视听盛宴》《彩云为墨绘丹青》等稿件20余篇，为“旅游湘西”呐喊喝彩。

广告经营。由于市场行情整体疲软，始终难以找到理想的广告代理商。在此情况下，报社继续自主经营广告。由于受市场环境的影响和新媒体的冲击，报纸广告经营形势依然十分严峻，但通过报社人员的不懈努力基本维持报社正常运转。

（本栏撰稿　刘国建）

羊峰山电视调频转播台

【概况】2017年，羊峰山电视调频转播台围绕安全播出这一中心工作，坚持实行“双文明”工作目标管理制度，圆满完成中央电视台、湖南台广播电视等节目转播，在州庆60周年、保证十九大安全播出等重要安全防护期，制定应急预案，组织职工演练，确保重要节目、重要节日安全播出。是年，该台没有发生一起人为责任事故和安全技术事故，创造重大节日、重要安全保障期内零秒停播的佳绩。

广播电视节目提质增效。继续推进中央数字化无线覆盖工程建设，同时加大对原有设备设施的技术改造，对现有设备、天馈系统和信号源系统进行全面技改，提高整个播出系统的稳定性和安全性，改善设备技术指标，确保广播电视节目的播出质量。

调频广播提质扩容。加快湘西台本地节目在该台落地播出项目建设速度，增加播出节目量。2017年11月10日，州委常委、州委宣传部部长周云到该台调研，指出加强基础设施建设是加强公共文化服务建设的具体体现，是提高人民群众享受文化成果的有力保障，强调州广播电视节目要尽快在全州全域全覆盖。11月16日，召开解决羊峰山电视调频转播台相关问题专题协调会，部署湘西广播电视台广播、电视节目在该台以及全州高山发射台落地，并将播出运行经费纳入州财政预算，该项目的落实极大推动羊峰山电视调频转播台的发展。

供电设施保障。为改善发射基地供电稳定，多次与五凌永顺电力公司大青山风力发电站、铁路供电部门、湘西供电部门、电力设计部门、州财政局等部门协商，投资近80万元，新建一路高压外电备用电源，从大青山风力发电站6号风电口，T接一路35千伏高压输电线路，羊峰山发射基地具备稳定可靠的双路电源，电源电压等级和容量均达到一级供电要求，确保外电供电持续与稳定，该台广播电视节目安全播出保障力得到极大提升。

改善条件稳服务。坚持顶层设计和干部职工意愿相结合，从整体与长远布局，避免重复建设，高效使用资金，科学制定羊峰山台发射基地规划设计方案，按照方案进行整体改建，让基地人员工作更“安心”。2017年3月，投资12万元，拆除原职工值班危房、平整发射基地，全面整治发射基地的工作和生活环境，同时对山上职工值班用房的外墙进行防水处理、更换新大门和部分窗户。是年4月，投入建设资金近30万元，实施临近羊峰山基地1.5公里公路安全防护波形护栏、防撞墙建设工程，解决临近羊峰山发射基地1.5公里公路安全问题；8月，又投入近40万元资金，完成羊峰山基地1.5公里公路硬化及路基加宽1米和排水沟建设，确保行车安全。

（本栏撰稿　翦飞云）

《湖南日报》湘西记者站

【概况】2017年，湖南日报社湘西自治州分社始终坚持正确舆论导向，不断推出精品力作，努力为湘西州鼓与呼，全年在湖南日报刊发各类新闻稿件近500篇（幅）、20余个专题报道，大力展示湘西州在扶贫攻坚、产业建设、环境保护、旅游开发等经济社会发展中所取得的成绩。其中，9月18日，在自治州60年州庆来临之际，湖南日报头版头条刊发《镌刻在武陵山上的奇迹》长篇通讯，用饱含深情的笔墨、鲜活生动的细节，全景展示建州60年来湘西州党委政府和全州人民在党中央、国务院和省委、省政府的亲切关怀下，艰苦奋斗、勠力同心所取得的巨大成就。11月3日，在习近平总书记提出精准扶贫重要论述4周年之际，《湖南日报》刊发《精准扶贫生动的湘西实践》专题报道，用大半个版面介绍湘西州在推进脱贫攻坚工作中的经验、做法和成绩，引起社会的广泛关注和热烈反响。

2017年8月，湖南日报湘西州分社成为全媒体分社，除《湖南日报》外，华声在线网、新湖南客户端湘西频道相继开通，增加在省级党媒上推介湘西的新渠道。湘西分社充分发挥省级媒体平台优势和新闻客户端的技术优势，不断扩大报道领域、拓展报道模式、创新报道手法，受到受众的广泛欢迎。不到5个月时间，湘西频道刊发各类报道近2000条，点击量逾3000万人次。其中，分社利用新湖南客户端进行的视频图文直播有15场，州庆大会直播点击量达270万人次，州委经济工作推进会、花垣赶秋、凤凰苗族银饰服饰节等一系列会议、活动的直播，引起社会广泛关注，获得非常好的传播效果和社会效益。

（本栏撰稿　彭业忠）

新华书店

【概况】2017年，全州新华书店各公司为州内30多万中小学生发放春秋两季免费教科书4064万元。发行《胡锦涛文选》14950套、《十九大系列图书》和《习近平谈治国理政第二卷》61100套。给吉首大学师范学院图书馆、州烟草公司图书馆、州图书馆、湘西职业技术学院图书馆等配送图书10万余册，保证全州中小学生、党政机关、企事业单位、农村党员干部的学习需求。是年，在全省新华书店系统青年技能大赛中荣获最佳组织奖。

校园书店建设。按照“科学规划、积极推进、规范管理、多元发展”原则，通过多形式、多业态、多路径加快建设覆盖全州各县（市、区）校园连锁书店。湖南新华书店湘西州分公司建成校园书店9所，在建校园书店4所，具备校园书店建设条件的学校达17所。

图书公益活动。2017年4月，“潇湘少年榜·写作之星”创新作文大赛”全省决赛如期举行，州新华书店积极组织团员青年参加此次活动，为考生家长提供服务。5月，与州委宣传部、州少儿图书馆联合主办“传递书香、文化暖心”活动，给龙山县农车镇花桥村捐赠6万元的图书。出资10余万元，协办教师节表彰文艺晚会。

（本栏撰稿　熊吉平）

档案工作

【概况】2017年底，湘西州档案馆馆藏资料达1667325卷，其中新中国成立前34238卷（其中明清档案988卷、民国档案33152卷、革命历史档案98卷），新中国成立后档案1633087卷，比上年增加42397卷。以件为保管单位档案3865555件；新中国成立前1377件（其中明清以前档案2件、明清档案5件、民国档案1313件、革命历史档案57件）；新中国成立后3864178件，比上年增加65583件。

录音、录像、影片档案617盘；照片档案54599张；实物档案2195件；底图档案1433张。其中湘西州档案馆馆藏量达65万卷，为全省市州综合档案馆第一。全州各类档案馆建筑总面积25561.05平方米，其中档案库房建筑面积12703.1平方米，后库面积1057平方米，档案技术用房建筑面积1926.06平方米，对外服务用房建筑面积1890.81平方米。吉首、泸溪、凤凰、古丈、保靖、永顺、龙山7县（市）档案馆建设取得新进展。建立爱国主义教育基地4个；举办档案展览4次，接待参观人员13736人次。湘西州档案局被评为全省档案工作先进集体及全省档案信息宣传工作先进单位。

档案馆库建设。馆库建设主体责任进一步落实。吉首市综合档案馆完成新馆选址及图纸设计。泸溪县新馆完成投资1292万元，建成并投入使用。凤凰县档案馆竣工验收并投入使用。古丈县综合档案馆完成主体基础建设工程。保靖县综合档案馆建设项目完成选址、立项、环评等前期准备工作。永顺县综合档案馆顺利通过主体验收。龙山县档案馆正式开工建设。

档案资源建设。全州档案系统加大特色档案收集力度，收集到李克强、汪洋、刘云山等党和国家领导人照片6.7万张，收集《东乡歌谣拾贝》《东歌》等非物质文化遗产档案资料22本，《土家山歌情》、符氏族谱、陈明福诗歌集等资料共132册，椎牛、哭嫁、摆手舞等光碟38张。拍摄、收集、整理单位工作动态照片、60年州庆照片共5039张，视频57个共计37G。征集2017年春节“双语”大拜年视频，收集民族语言档案。在全州范围内开展“百姓家训家规档案”征集活动，收集上报14例。全州档案进馆7.2万卷，其中湘西州档案局进馆1.1万卷。家庭档案建设取得重大突破，凤凰县山江苗族家庭文化档案馆于5月18日在吉首大学齐鲁大楼顺利开馆。

档案科研宣传。湘西州档案科研迈上新台阶，与吉首大学联合申报的“高校口述校史档案的开发研究”被确定为省档案科技项目，“濒危土家语数字档案保护式研究”被确定为国家档案科技项目。全州档案系统上报信息182篇，在《中国档案报》《档案时空》《团结报》、湖南档案信息网、红网等新闻媒体刊发通讯报道126篇，荣获全省档案信息宣传第一名。

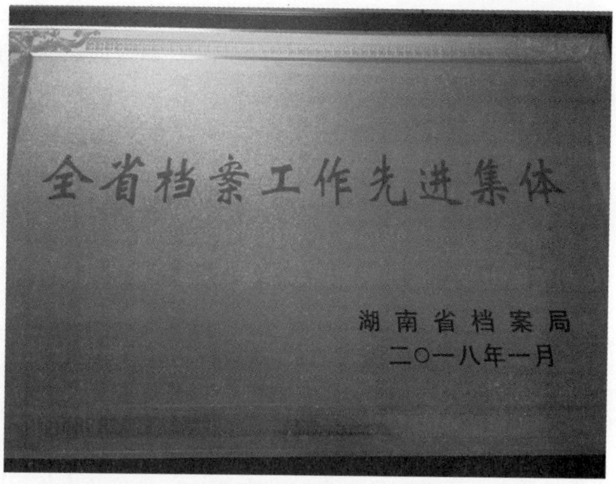

州档案局获评“全省档案工作先进集体”奖牌

档案查阅利用。州档案局加强州政务服务中心档案服务窗口建设，安排专人值班接待。积极开展全州档案信息化调研，并挤进州政府“数字湘西”笼子。不断推进馆藏民生档案数字化全文扫描工作，扫描州政府信息中心档案、州驻村办精准扶贫档案和民国档案1207582页。组织13个州直单位档案员到州检察院开展档案数字化扫描学习调研。接收州人大、州政协等45个单位电子档案目录和档案。印发《关于开展档案年检年审工作的通知》，采取全州档案业务群、电话咨询、现场指导等形式开展业务指导工作，将档案工作向二级机构、基层单位、民生领域延伸。全州接待查阅利用人员35528人次，其中州档案局接待1072人次，共调阅档案资料39916卷次，复印档案资料106025张，群众对档案部门的服务满意率达100%。

档案安全管理。州档案局开展档案安全工作大培训活动，先后两次邀请消防技术人员开展消防知识培训和消防技能演练。出台文件就贯彻落实全国档案安全工作会议精神作出专门安排。为加强汛期档案安全，下发《关于开展档案安全隐患大排查的通知》，8县（市）均紧急启动防汛应急预案和突发事件应急预案，确保档案安全隐患大排查大整改有序进行。抓好档案数字化过程监管，与技术人员签订档案数字化保密协议书。多方筹措资金120多万元，更换三层楼的库房装具、温湿度自控系统及库房消防自动报警灭火系统，并对64157卷册档案进行下架打包及上架排序。

档案法治建设。州档案局强化依法治档，走上街头发动市民参加“宝葫芦”杯档案法律法规知识有奖竞赛活动。11月7日至10日组成两个档案执法调研组，调研8县（市）档案业务工作。12月5日，开展送《宪法》下乡活动，取得普法宣传良好效果。

【档案服务经济社会发展】 2017年，在服务精准扶贫工作上，加强全州精准扶贫档案建设指导，通过QQ群网上培训、现场指导等多种方式对187个州直单位和8县（市）档案部门开展业务指导工作。11月30日，州委副书记、州长龙晓华深入州档案局扶贫联系村检查指导工作，对该局积极服务全州精准扶贫工作大局、切实开展驻村扶贫工作予以高度评价。在服务建州60周年庆祝活动上，6月7日在吉首世纪广场举办“档案——我们以往的州庆”主题大型图片档案展，展出展板47块，珍贵照片500多张，现场发放大量宣传手册，接受市民咨询280余人次。在吉首大学举办“吉首大学校史及湘西自治州精品档案展览”，展出展板32块，珍贵照片300多张。与州发改委联合印发《关于认真做好建州60周年州庆重点项目建设档案工作的通知》，完成一批在建重点项目档案管理登记。抽派2名工作人员积极配合州庆办工作，圆满完成州庆档案收集工作。

（本栏图文　张星星）

地方志工作

【概况】2017年，全州方志部门认真贯彻落实国务院《地方志工作条例》《全国地方志事业发展规划纲要（2015—2020年）》《湖南省实施〈地方志工作条例〉办法》《湖南省人民政府办公厅关于进一步加强地方志工作的意见》和《湘西自治州人民政府办公室关于进一步做好地方志工作的通知》精神，坚持依法治志，团结协作，求真务实，开拓创新，扎实工作，圆满完成年初确定的各项目标任务。

业务指导培训。州地方志办认真履行“组织、指导、督促和检查地方志工作”职责，结合全州方志工作业务发展实际，制订编纂业务培训计划，逐次开展方志业务培训指导。积极组织州、县（市）方志部门参加6月19日至23日、9月中旬举办的全省年鉴和名镇名村志编纂等业务培训，全州方志编纂人员的专业技能得到有效提升。通过积极主动汇报，8月中旬以州政府名义召开138个州直单位参加的组稿培训会议，半个月内近70个迟交单位按要求交齐稿件，助推《湘西州年鉴》编纂提速近两个月。应邀组织专家对《古丈年鉴》等编纂工作进行业务培训。

志鉴编纂审核。州县二轮修志成效明显。《湘西州志（1989—2010）》经过近8年的多次修改和反复打磨，通过省地方志编纂委员会终审验收，完成资料性著述和辅文约210万字。《永顺县志（1989—2010）》实现公开出版；《古丈县志（1986—2010）》通过省地方志编纂委员会终审验收，进入公开出版程序。乡镇简志编纂卓有成效。《湖南乡镇简志·湘西自治州卷》经过近4年的编纂和精修，达到正式出版要求，成书近130万字。8县（市）乡镇志基本完成修改定稿，部分进入出版程序。部门志书编纂稳步推进。加大部门志书编纂宣传培训指导力度，组织专家评审《湘西州老干部工作志》《湘西州关心下一代工作委员会志》等多部专业志和部门志。《湘西土家族苗族自治州水利志》、泸溪县《武溪工业园志》《泸溪公路志》等州县（市）部门志公开出版。《保靖文化艺术志》完成初稿编纂。旧志整理有新进展。充分发掘和展示旧志经世致用价值，整合全州方志系统和社会优质资源，对《古丈坪厅志》《永绥厅志》《凤凰厅志》等旧志进行高端深度校勘、注释、整理，《古丈坪厅志》完成校注整理和版前清样220万字，并送出版社初审。《永绥厅志》清朝版十二卷近120万字的句读、校勘、注释整理基本完成；《凤凰厅志》完成校注整理初稿100万字，印出送审清样。《中国名镇名村志》文化工程正式启动。10月30日，州人民政府办公室印发《湘西自治州〈中国名镇名村志〉文化工程实施方案》的通知，将龙山县里耶镇、苗儿滩镇捞车村等20个国家历史文化名镇名村及特色村镇列入湘西州首批《中国名镇志》和《中国名村志》文化工程。启动实施湘西州中国名镇名村志文化工程，对宣传推介湘西，促进地方经济社会发展，展示民族文化的古韵新风，助推全域旅游，打造湘西知名生态文化公园具有重要而深远的意义。年鉴编纂基本实现全覆盖。《湘西州年鉴》《吉首年鉴》《泸溪年鉴》《凤凰年鉴》《花垣年鉴》《永顺年鉴》2017年卷基本完成并出版，并建立一年一鉴编纂工作常态化机制；《古丈年鉴》编纂正式启动。志鉴研究应用深入开展。州地方志办以《湘西志事》方志理论刊物为载体，创办理论研讨、志鉴研究、文史寻珍、风物民俗、读志用志、工作动态等专业栏目，第五辑刊载理论研究文章30余篇，近40万字，成为学习志鉴、应用志鉴的平台载体。永顺县史志办编辑的《永顺古今》特色鲜明，受到专家读者好评。

方志功能拓展。全州方志部门积极主动利用现代信息技术和网络平台，充分发挥地方志“存史、资政、育人”功能，彰显方志文化独特魅力，方志资源利用取得新成效。州地方志办坚持办好湘西志鉴网，组织人员对志鉴资料进行数字化处理，及时更新网页内容和工作信息，年度点击率突破2万人次。同时编辑印发《湘西方志信息》4期，大力推介全州方志工作动态和典型经验。花垣县史志办以推介湘西名镇边城，服务旅游发展为突破口，编辑的《中国边城》完成文字总纂工作。永顺县史志办为进一步扩大老司城世界影响力，提升永顺旅游文

2017年8月15日，《湘西州年鉴》2017年卷组稿培训会现场

化品牌，编纂的《老司城志》，完成总纂工作并列入湖南省特色志丛书。凤凰县史志办积极创新《凤凰年鉴》编辑条目，开辟“特色产业产品”专栏，收录介绍地方特色产业产品 17 个，为县食品药品工商质监局申报“国家地理标志证明商标”“国家地理保护产品”等提供权威史料；同时，为中青宝公司、凤凰传奇、县国土资源局等实施重点项目论证提供史料佐证 5 次，为从事社会科学研究的专家学者课题研究、大学生社会实践等提供史料和咨询 30 余人次，整理发送地情资料 25 万字，横向交流史志书籍 70 册。

【服务建州 60 周年庆祝活动】 2017 年，州地方志办认真落实州委州政府安排部署，积极参加州庆后勤保障接待和 60 周年成就布展等相关工作，按要求整理 1957—2017 年湘西土家族苗族自治州大事纪略 44 页 23799 字，积极主动审核州庆有关资料 1 万多字，配合湘西广播电视台从 8 月 20 日起至 9 月 19 日在湘西新闻联播连续播报 1957—2017 年湘西自治州大事纪略，配合团结报社以《足迹》篇目整版宣传建州 60 周年大事记，既为州内外各族各界人士了解湘西、认识湘西提供珍贵信史，又对湘西 60 年来发生的巨大变化有更深入地知晓，同时也较好地展示方志“存史、资政、育人”的功能。

【《湘西州年鉴》2017 年卷组稿培训工作会议】 2017 年 8 月 15 日，湘西州人民政府召开《湘西州年鉴》2017 年卷组稿培训工作会议。州直相关单位年鉴组稿撰稿人员 130 余人参加培训。会上，首先通报《湘西州年鉴（2017 年卷）》组稿情况，然后对下步工作提出明确要求。会议强调，编纂《湘西州年鉴》是加强文化湘西建设的一项重要文化基础事业，要站在宣传湘西、研究湘西、建设湘西的高度做好《湘西州年鉴》编纂工作；要确保年鉴编纂质量和标准，体现时代特征、年度特点、行业特色；高度重视年鉴编纂工作，明确专人负责，形成工作合力，抓好编纂工作落实；各组稿单位撰稿人员要加强政治理论和方志年鉴专业知识学习，保质保量按时完成年鉴资料报送任务。会议就年鉴文稿的基本标准、条目类型、内容要求、内容要素、记述规范、行文标准等作专业辅导授课。此次培训会针对性、实效性强。通过培训，编纂人员的专业素质和业务水平明显提高。

（本栏图文　黄文军）

湘西州文学艺术界联合会

【概况】 2017 年，州文联紧紧围绕州委州政府中心工作，组织广大文艺工作者深入开展“到人民中去”文艺志愿服务主题实践活动，出精品，出人才，不断推进全州文艺事业大发展、大繁荣。年内，州文联及各文艺家协会开展各种文艺活动 80 多次，创作、演出、播出戏剧曲艺、影视作品 80 余件，创作歌曲 30 余首。在省以上报纸杂志和展览活动中发表、展出书法、美术、工艺美术及摄影作品 160 余件，发表小说、诗歌、散文、报告文学及评论文章 200 多篇，出版长篇小说和各类个人文集 10 余部，获省级以上奖励 10 次以上。吉首市文联、泸溪县文联被湖南省文联评为 2016 年度全省文联系统先进单位，匡成万、田宇来被评为先进个人。湘西州民族工艺美术展览中心被湖南省文联确定为第五批湖南省文艺惠民服务基地。

文艺创作。各文艺家协会及县（市）文联积极组织开展各种文艺活动，广大文学工作者先后在《钟山》《诗刊》《湖南文学》《小说选刊》《青年作家》《美文》《华夏散文》《散文诗》等省以上报纸杂志发表各类文学作品 400 余件，出版长篇小说《毕兹卡族谱》、散文集《独坐菩萨岩》、诗歌集《湘西纪》等 10 余部。龙宁英的散文《边城——穿越时空的文化坐标》和梁书正的诗歌《遍地繁花》获得中国作家协会少数民族作家重点作品扶持，侯自佳的长篇小说《沅水魂》获湖南省作协 2017 年重点作品扶持，姚传笑长篇散文《漫话浦市》入选湖南省作协作家定点深入生活作品选题，仲彦组诗《王城的回音》获辽宁当代文学研究会“文苑春秋”2016 年度文学奖，网络作家火树的长篇小说《向胜利前进》入选中国作家协会重点作品扶持选题“迎接庆祝党的十九大胜利召开”主题专项网络文学，尚勇在中华文学桃花渡和长阳之声等网站发表网络诗歌作品 30 余件。10 月，何小平著《沈从文文学人类学思想研究》获第二届“啄木鸟杯”中国文艺评论年度优秀作品奖。10 多件美术创作作品在省级以上展出，其中向水英、袁晋勇、林东浒、彭元武等 4 人作品参加湖湘艺术名家邀请展；在“美丽湖南·三湘巨变”湖南省现实题材美术创作工程美术作品评选中，王锡忠作品《清明歌会》获优秀奖，向水英作品《踏春归来香满路》入选；彭奎华中国画《金秋时节醉苗乡》获首届“白山黑水·美丽四平”全国中国画作品展最高奖。10 多件作品在湖南凤凰 10 月举办的 2017 年第三届中国凤凰民俗摄影双年展中获奖，“若水映像”摄影工作室启动的“禾下儿童摄影教育”项目，既为湘西培育摄影人才创造条件，又为孩子们参加摄影交流提供崭新平台，几次参加展出的作品，社会反响良好。2 件工艺作品在广州 3 月举办的“第五十二届全国工艺品博览会暨金凤凰创新设计大赛”评选中获奖。

文艺活动。举行九妹散文集《古画之美》毛边书、李菁散文集《你的人生终将闪耀》、“迷人的远方”潘年英西南民俗摄影作品展和世界读书日读书等多种分享活动以及素乐团《异响天开》新专辑首发活动，参与建州 60 周年民族服饰创意设计大赛作品展示暨民族民间艺术展演等活动。9 月，在吉首大学沈从文纪念馆举办主题为“重建中国文化的高贵精神”的《头颅中国》阅读分享会，作者黄摩崖作为

"真人国书"与慕名而来的听众互动，详细解答读者提出的问题，现场气氛十分热烈。

展览活动。围绕建州60周年庆祝活动，先后举办彭元武、肖振中、湘西水彩画家作品邀请展、州庆展、文艺演出等多种形式展览活动10多次。其中大型活动有:8月29日，举办"美丽湖南·三湘巨变"湖南省现实题材美术创作工程精品展（湘西巡展），展出作品40余幅。9月20日，在州非遗馆举办"回眸湘西六十年"大型书法美术摄影展，展出作品310余幅，展期1个月，参观观众万余人。组织承担湘西自治州建州60周年周庆献礼重点项目"湘西文化公园"打造工作，高质量完成公园内的书法、楹联、雕塑小品的创作和雕刻等。

对外交流。组织文艺家参加湖南省文联、湖南省画院在泸溪县的采风创作活动，进行学习交流。5月，接待湘鄂渝黔比邻地区诗词楹联学会代表20余人到湘西花垣十八洞、矮寨悬索大桥、乾州古城楹联一条街采风创作。11月，接待浙江绍兴美协主席、绍兴书画院院长田一平一行23人到湘西龙山里耶、保靖夯沙、凤凰三江等地采风创作。

【"到人民中去"文艺志愿服务主题实践活动】 2017年，州文联认真贯彻落实习近平总书记在文艺工作座谈会上的重要讲话精神和在中国文联十大、中国作协九大开幕式上的讲话精神，深入开展"到人民中去"文艺志愿服务主题实践活动，先后组织州作协、州美协、州书协、州评论家协会等文艺工作者100余人深入吉首、泸溪、花垣、保靖、龙山等县（市）开展活动，送楹联、送书画、送文化、送温暖，惠及群众1万多人，受到社会好评。组织20多名文艺工作者在凤凰县腊尔山镇夯卡村举行送春联、送文化活动，送春联300余幅。开展"文艺入村寨，清风进万家"送春联月活动，21名书法家历时1个月深入吉首市22个精准扶贫村和文旅重点村赠送春联6600幅、"福"字精品书法120幅、迎春美术作品20幅。在矮寨镇坪朗村开展"到人民中去——文艺助力精准扶贫"文艺志愿者服务活动，义务为村民创作书画作品80幅。配合湖南省文联举办"笑满三湘"在泸溪县浦市镇、永顺县灵溪镇的文艺惠民专场演出、龙山县三棒鼓文艺宣传队走进洗车河演出等。开展湘西作家走进南方长城北沿（涂乍）文学采风活动，"迎州庆·读湘西·诵保靖"青声读湘西美文诵读比赛主题活动。积极争取中国舞蹈家协会"新农村少儿舞蹈美育工程——少数民族舞蹈课堂"惠民工程在民乐小学、排碧学校设立项目示范点，开启文艺扶贫新亮点。9月，举办"迎州庆百名书画家同书共画古丈茶文化"大型书画活动和"欢乐潇湘·乐在湘西·歌舞古丈"大型文艺晚会。举办2017年首届"群星宝贝"湘西州少儿舞蹈大赛暨第九届"小荷风采"全国少儿舞蹈选拔赛，李生权、杨建军创编的舞蹈《小鸟回来了》获小荷三星奖、全国校园时代舞蹈大赛金奖。7月，原创群舞《毕兹卡的油坊》参加第二届全国少数民族优秀舞蹈作品展演获金奖。9月25日，举办"全国第二届行书展"创作点评辅导会，邀请湖南省著名书法家胡紫桂、王宏、吴萍等进行点评，参加学员40余人。

（本栏撰稿　罗应奉）

旅　游

【概述】 2017年，全州旅游系统紧紧围绕建设国内外知名生态文化公园总战略总愿景，勇于担当，扎实工作，圆满完成各项目标任务，旅游业保持持续快速发展好势头。全年接待国内外游客4450万人次，实现旅游收入325亿元，同比分别增长16%和22%。乡村旅游接待游客928万人次，实现旅游收入33.2亿元，带动35812人脱贫。旅游产业增加值占全州GDP比重达到15.45%，居全省第二位。湘西州旅游工作在全省排名第五。

全域旅游。编制州、县（市）两级全域旅游建设规划和乡村旅游发展规划，指导全域旅游建设。召开全州旅游工作务虚会、全州旅游港澳外事侨务工作会议，成立以州委书记为组长的湘西州创建国家全域旅游示范区领导小组，印发《湘西自治州创建国家全域旅游示范区2017—2018年行动方案》，全域旅游发展纳入政府目标管理，明确创建全域旅游示范区推进时间表、路线图和奖惩措施，开展创建工作专项督查，举办全域旅游专题研讨班，全州上下联动抓全域旅游的新格局基本形成。州旅游港澳外事侨务局更名为州旅游发展和外事侨务委员会（加挂州人民政府港澳事务办公室牌子），设立旅游警察支队、工商旅游监督管理分局、旅游巡回法庭，建成州级"1+3"旅游综合管理机制。

旅游扶贫。大力实施乡村旅游脱贫工程，"土家探源""神秘苗乡"两条生态文化乡村游精品线路建设成功并争取省专项资金6000多万元，全年完成投资3亿元。龙山、泸溪、吉首、永顺、花垣5县（市）被列入湖南省乡村旅游扶贫项目县，凤凰县获评湖南省旅游扶贫示范县。抓好乡村旅游示范村创建，全州成功创建35个乡村旅游示范村。积极对接济南市东西部扶贫协作和"百企联百村"对口帮扶行动，大力争取济南市及省内旅游企业支持湘西州乡村旅游发展。加大乡村旅游营销宣传，拍摄《打造湘西脱贫"最大门路"——湘西州乡村旅游脱贫工程推进纪实》专题宣传片，成功举办系列乡村旅游节庆活动，吸引众多游客纷至沓来。加大乡村旅游品牌化建设，土司曲苑、狮子山葡萄沟、寨龙、镇筸阿牛被评为五星级乡村旅游区（点），成功创建8家四星级乡村旅游区（点），湘西州荣膺中国最美乡村旅游目的地，古丈县荣获全国休闲农业与乡村旅游示范县。成功探索出景区带村、能人带户、跨村联合、产业融合、公司+农户、合作社+农户"双带双合双加"乡村旅游扶贫模式。乡村旅游的加快发展，美了湘西，富了乡亲，成为推动全域旅游发展的“加速器”。

项目建设。一批重大旅游项目列入省、州重点项目。泸溪县浦市古镇保护及旅游开发PPP项目一期基础设施建设项目入选全国优选旅游项目名录，永顺县世界民族文化旅游综合开发PPP项目列入全省第四批PPP省级示范项目。景区基础设施、旅游交通、旅游新业态等成为旅游项目建设的重点领域，休闲度假、星级酒店、特色民宿、康养旅游基地、乡村旅游等成为社会资本的热点投向。凤凰古城景区完成投资10亿元以上，芙蓉镇、里耶古城、边城茶洞景区完成投资3亿元以上，矮寨奇观、浦市古镇、惹巴拉景区完成投资超过2亿元。湘西州“十三五”旅游干线公路建设PPP项目集中开工，20条在建旅游公路完成投资28.21亿元，凤凰—木江坪、龙山洗车—里耶、保靖迁陵—清水坪等旅游干线公路建成通车。凯莱大饭店、厚驿大酒店、湘西阳光酒店、煜龙国际酒店、司城山水温泉酒店、云鼎国际酒店、吕洞山国际酒店7个高等级旅游酒店建成运营，杜家坡帐篷酒店、红石林森林木屋、乌龙山大峡谷度假木屋、狮子山葡萄木屋等中高端民宿相继建成。建成旅游厕所172座、在建32座，评定AAA级旅游厕所2座、AA级旅游厕所17座。

宣传营销。全面整合各县（市）旅游品牌，形成“神秘湘西”主体品牌下的“神秘湘西·天下凤凰”“神秘湘西·土司王城”等系列子品牌，“神秘湘西”旅游目的地品牌合力唱响。积极参加“寻美张吉怀　邀约全世界”张（家界）吉（首）怀（化）共同体系列整体宣传推介活动，参加中央电视台《魅力中国城》竞演活动，成功举办湖南省（第八届）旅游产业博览会、武陵山旅游发展高峰论坛、吉首鼓文化节、第三届中国凤凰民俗摄影双年展暨第六届中国·凤凰苗族银饰服饰文化节等旅游节事活动，引来各大媒体争相报道，“神秘湘西”持续成为新闻热点。编制《湘西自治州旅游精品线路规划设计》，出版“神秘湘西”百佳旅游摄影点摄影集，拍摄“神秘湘西”旅游宣传片，制作6集旅游卫视《文明中华行》栏目“神秘湘西”旅游专题节目。开展“境外媒体湖南行湘西采风活动”，《香港商报》《美洲商报》《欧洲商报》等境外多家媒体推介宣传凤凰古城、芙蓉镇，澳洲地区核心旅行社考察团、菲律宾华商经贸联合会等国外商团先后到湘西州考察旅游业，凤凰姜糖、老司城等景区景点和湘西特色旅游商品进入国家旅游局境外宣传资料。

游客走玩古丈县默戎古苗寨场景

产业融合。大力推动“旅游+”工程，“边城”“巫傩神歌”“湘西汉子”“苗寨故事”等文化旅游演艺项目实现营业收入过亿元，保靖县吕洞山黄金茶海、古丈县牛角山万亩茶海、永顺县那咱万亩猕猴桃园、泸溪县狮子山千亩葡萄园、花垣县现代农业科技示范园等观光农业园区（基地）备受游客青睐，凤凰中青宝文化旅游创意产业园、芙蓉镇老爹猕猴桃产业园、红石林湘泉酒业洞藏酒文化旅游工业园建设如火如荼。开展“湘西有礼·献礼州庆”旅游商品评选大赛，“湘西有礼”成为新的对外名片。湘西红枫谷康养中心入选第三批全国森林康养基地试点建设单位，不二门列入湖南省首批20个森林康养试点示范基地，泸溪县军亭界森林康养中心基本建成，边城镇上榜第二批全国特色小镇，湘西四大名镇创建为湖湘风情小镇，老司城入选“湖南十大研学旅行”目的地，旅游新业态不断显现。

行业管理。全州开展执法检查400余次（其中联合执法280次），出动执法人员8342人次，检查旅行社及其分支机构184次、旅游景区282次、宾馆172次、旅游团队12392个、购物场所68次、演艺场所24次、导游人员12405人次，对涉及“不合理低价游”“无证经营”的5家旅行社和7名无证从事导游活动人员实施行政处罚。全年收到有效旅游投诉23件，同比下降24%，实现处理率100%，办结率100%，满意率100%。扎实开展“春季行动”“暑期整顿”、全州旅游质监执法及旅游安全异地交叉检查、全州旅游市场秩序综合整治和旅游安全保障行动及旅游包车安全整治行动、高风险项目安全规范行动、景区流量控制治理行动、出境游安全提升行动“旅游安全四大专项行动”，严肃查处违法违规行为，全年无重大旅游安全生产事故、无重大旅游责任投诉、无重大旅游服务质量问题，全州旅游市场秩序总体稳定。完成州旅游协会换届，州旅游协会自驾游分会、州旅游饭店协会、州旅行社协会成立。行业协会自律作用进一步强化。举办全域旅游、乡村旅游、导游系列培训班，全年培训旅游从业人员4000人次，旅游人才队伍建设不断加强。

（本栏撰稿　石慧芳　王　银）

旅游景区

【概况】 湘西州奇峰竞秀，沟壑纵横，瀑布成群，溶洞奇特，有被誉为天下第一漂的猛洞河漂流，创下4个世界第一的矮寨大桥，沈从文笔下的边城茶洞，国家森林公园坐龙峡，国家地质公园红石林等150多个国家级风景名胜。有世界文化遗产老司城、国家历史文化名城凤凰古城、乾州古城、国家考古遗址里耶古城，有1517处各类历史文化古迹，有82个保护完好的传统村落。湘西土家族、苗族有各自独特的语言、习俗、服饰、建筑、音乐、舞蹈，拥有26个国家级非物质文化遗产保护名录，是武陵山区（湘西）土家族苗族文化生态保护区。

【凤凰古城景区】 凤凰县位于湖南省西部，云贵高原东侧，武陵山区腹地，总面积1745平方公里，辖17个乡镇261个建制村20个社区。全县总人口42.8万人，由苗族、汉族、土家族等28个民族组成，其中苗族人口24万人，占全县总人口的56.9%，是一个以苗族为主的少数民族聚居县，属国家扶贫开发工作重点县。凤凰古城2001年被评为国家历史文化名城，2012年晋升国家级风景名胜区，“凤凰区域军事防御体系”入选新一轮“中国世界文化遗产预备名录”，国家AAAA级景区。

湘西州国家级旅游景区一览表

表23

序号	景区等级	景区名称	所属县市	获评时间
1	国家AAAA级景区（10个）	凤凰古城	凤凰县	2007年
2		奇梁洞	凤凰县	2011年
3		乾州古城	吉首市	2011年
4		南华山	凤凰县	2012年
5		芙蓉镇	永顺县	2012年
6		猛洞河漂流	永顺县	2012年
7		矮寨奇观	吉首市	2013年
8		红石林	古丈县	2013年
9		浦市古镇	泸溪县	2016年
10		老司城	永顺县	2016年
11	国家AAA级景区（16个）	南方长城	凤凰县	2007年
12		边城茶洞	花垣县	2007年
13		吕洞山	保靖县	2013年
14		白沙	泸溪县	2014年
15		里耶古城	龙山县	2015年
16		凤凰之窗	凤凰县	2016年
17		坐龙峡	古丈县	2016年
18		惹巴拉	龙山县	2016年
19		乌龙山大峡谷	龙山县	2016年

续表 23

序号	景区等级	景区名称	所属县市	获评时间
20	国家 AAA 级景区(16 个)	老家寨—苗人谷	凤凰县	2016 年
21		天桥山	泸溪县	2017 年
22		老洞	凤凰县	2017 年
23		小溪	永顺县	2017 年
24		十八洞	花垣县	2017 年
25		墨戎	古丈县	2017 年
26		马王溪	泸溪县	2017 年

古朴的历史风貌。唐垂拱二年(686)设立渭阳县，元朝时设五寨长官司，清康熙三十九年(1700)设凤凰厅，民国 2 年(1913)改厅为县，相沿至今。古城明清建筑保留完好，有县级以上文物保护单位 85 处，其中国家级 2 处、省级 15 处；有古遗址 116 处，特色民居 120 多栋，珍贵馆藏文物和各类珍稀化石 1 万多件，是西南地区现存文物古迹最多的县份。到解放前夕，凤凰一直是大湘西的政治、军事、经济和文化中心。

厚重的文化底蕴。楚文化与当地土著文化的结合，苗汉文化的相互交融，形成凤凰独具一格的地域文化。县内名人辈出，有民国内阁总理熊希龄、乡土文学巨匠沈从文、艺术家黄永玉和以郑国鸿、田兴恕为代表的“筸军”人物，在清道光二十年至清光绪元年的 36 年间，凤凰就涌现出三品以上军官 188 人，民国时出少将以上军官 34 人；截至 2017 年年底，该县被联合国科教文组织授予“民间工艺大师”称号的有 6 人。

【矮寨大桥景区】 矮寨大桥景区由吉斗寨、天问台、矮寨大桥、悬崖栈道(空中飘带)、峡谷风光、矮寨盘山公路(观峡、观桥栈道)以及矮寨古镇巧夺天工、造化天赐的原味、立体的“湘西视觉”——矮寨奇观而构成的集游览、观光、休闲、体验为一体的旅游景区。

矮寨大桥横亘于矮寨峡谷之巅，是目前世界上峡谷间跨度最大的钢桁梁悬索桥，大桥跨径 1176 米，距离峡谷底部的高度为 355 米，2007 年 10 月开始修建，2012 年 3 月建成通车。以克服五大“世界级”施工难题和创造四项“世界第一”的科技含量享誉中外，获赞为桥梁建筑艺术和自然景观完美结合的典范。矮寨大桥不只是连接湘渝重要交通设施，还是湘西绝无仅有的标志性景点。大桥底部开通有观景平台，游客立于其上，仿佛置身彩虹之颠，看千峡万壑，赏村落田园，沐风云聚会，慨天地浑然……若腾云驾雾之势，有飘然欲仙之感。

2013 年，美国国家广播公司、NBC 旗下网站推荐的“10 个非去不可的世界新地标”，矮寨大桥是中国唯一入选的景点。2017 年 9 月 27 日，英国《每日邮报》网站发表题为《在云端上开车：中国花 1.7 亿英镑建成 1100 英尺的高架桥》的报道，矮寨大桥宏大的桥体蔚为壮观，在播放的视频中尽显无余，被誉为“世界上最美大桥”。

【里耶古城景区】 龙山县里耶古城景区位于湖南省武陵山脉腹地，地处湘、鄂、渝、黔四省市交界之地，景区总面积 24 平方公里。里耶古城景区历史悠久，山水秀美，观赏游憩价值高，有全国唯一的秦代古城遗址、秦简博物馆，特别是 2002 年里耶古城遗址出土 37000 多枚秦简，是当时全国出土秦简的 10 倍，被誉为“21 世纪最为重大的考古发现”，其历史科考价值可与西安兵马俑相提并论，享有“北有西安兵马俑，南有里耶秦简牍”美誉。境内还有明清古街巷、古建筑、酉水河风光等旅游资源。里耶人文鼎盛，孕育了瞿之璋、瞿方华、瞿方梅、瞿荪楼、胡楚卿、杨正午等近现代名人，特别是土家文化在此大放异彩，几千年来，土家人在里耶繁衍生息，创造出灿烂的物质和精神文化，演绎出多彩多姿的土家风情，至今仍保留有非常完整的民俗文化，如土家织锦、毛古斯、摆手舞、土家梯玛、打溜子、咚咚喹等。里耶镇先后获得“中国历史文化名镇”“全国重点文物保护单位”“全国特色景观旅游名镇”“国家考古遗址公园”“全国文明村镇”“全国宜居小镇”等国字号品牌。

【老司城国家考古遗址公园】 老司城位于永顺县城东 19 公里处的灵溪镇司城村。这座古城，本名福石城，因是溪州土司八百年统治的古都，亦称司城、老司城。土司时期，福石城是古溪州政治、经济、文化的中心，十分繁华。百姓流传，老司城分内罗城、外罗城，有纵横交错的八街十巷，人户稠密，市店兴隆，史书有“城内三千户，城外八百家”“五溪之巨镇，万里之边城”的记载。清贡生彭施铎作《竹枝词》赞“福石城中锦作窝，土王宫畔水生波，红灯万点人千叠，一片缠绵摆手歌”。

土司制度是中国历代封建王朝在少数民族地区，通过分封地方世袭首领统治当地人民的一种特殊政治制度。湖南永顺县属于土家族地区，这一地区的土司制度始于五代，初为羁縻制度，发展于宋，完备于元、明两朝，由羁縻制度发展成为土司制度，终止于清中叶，长达800余年。2001年被国务院确定为全国重点文物保护单位，被北京故宫博物院原院长张忠培、古长城专家罗哲文等誉为“西南少数民族地区保存最为完整的军事性城堡”和“全国保存完好的西南古堡式民族文化古城”，保存有大量珍贵的历史遗迹。2015年，老司城成功申报世界文化遗产，同年老司城国家考古公园开园。

老司城开发经营有限责任公司成立于2010年8月，注册资金5000万元，属国有独资公司。公司现有工作人员122人。公司成立之日起，持续开发建设老司城景区，永顺县城到老司城景区的环形道路、老司城遗址博物馆、游客服务中心、生态停车场、景区内环形游步道、特色民宿、非遗传习所、旅游厕所等全部建成，这些基础设施能基本满足永顺县旅游大发展要求。2017年，公司成功创建国家AAAA级景区。老司城自2016年5月1日正式启动运营以来，接待游客15万人，实现接待收入1800万元，带动当地经济发展，旅游总收入达5000万元以上。

（本栏撰稿　杨　帆）

旅游项目建设

【概况】 2017年，湘西州全力推进全域旅游示范区创建，加快建设“土家探源”“神秘苗乡”两条生态文化乡村游精品线路，把乡村旅游作为扩大农民就业、增加农户收入、农村脱贫致富的重要产业来抓，全州乡村旅游实现快速健康发展。

项目建设背景。2015年，湘西州老司城、芙蓉镇、里耶古城等景区和30个土家族村寨列入“土家探源”大湘西地区文化生态旅游融合发展精品线路，凤凰古城、矮寨奇观、吕洞山等景区和54个苗族村寨列入“神秘苗乡”大湘西地区文化生态旅游融合发展精品线路。“土家探源”建设内容：建设龙山县惹巴拉、楠竹村、中孚社区，保靖首八峒、沙湾村，永顺县司城村、双凤村、西米村、吊井村，古丈县张家坡村、老司岩村、烈溪村等土家族村落，实施基础设施、非物质文化遗产保护传承、特色民居保护、民族文化产业发展等项目，打造土家族生态文化乡村旅游精品线路。“神秘苗乡”建设内容：建设吉首市德夯村、坪朗村、坪年村、补点村，凤凰县老家寨、早岗村、老洞村、舒家塘村，保靖县吕洞村、夯沙村、夯吉村、梯子村，花垣县金龙村、十八洞村、让烈村，泸溪县马王溪村、上堡村、红岩村，古丈县毛坪村、龙鼻村、石门寨村等苗寨古村落，实施基础设施建设、非物质文化遗产保护传承、特色民居保护、民族文化产业发展等项目，打造苗族生态文化乡村旅游精品线路。

项目建设进展。“土家探源”生态文化乡村游精品线路建设完成投资16088万元，“神秘苗乡”生态文化乡村游精品线路建设完成投资14285万元，两条精品线路建设共完成投资30373万元。“土家探源”形象进度：永顺县完成投资1350万元。双凤村完成民居改造修缮41栋、环境整治、村级陈列室、管线入地等工作；司城村完成城门楼1座、新修游道10公里、四季花海等建设；精品线路标识标牌建设项目全部完工；小溪景区完成旅游厕所1座、游步道连接桥1座。龙山县完成投资9700万元。惹巴拉文化影视基地建设完成土司王宫建筑安装25栋，土家碾坊完工，土家工坊、油坊开工建设，高端民宿酒店改造工程正在进行内装修，完成传统民居改造62户；乌龙山村漩水潭至惹迷洞客运索道进场施工，惹迷洞、鲢鱼洞洞内灯光及游道建设完成形象进度的90%。古丈县完成投资4000万元。老司岩村完成800米石板路、小型停车场、村部前坪修整、古井维修等项目，实施观景亭等工程；杜家坡游客服务中心基础建设完成，停车场竣工，游步道完工；石门寨石板路、村级亮化工程完工，风雨桥、滚水坝完成1座，回购特色民居22栋。保靖县完成投资1038万元。完成陇木峒花海、停车场、旅游厕所、标识系统等项目建设，完成西复人家景观、旅游厕所建设，白云山特色民宿主体工程等项目。“神秘苗乡”形象进度：吉首市完成投资1040万元。完成11个村标识，完成5个村旅游厕所建设，完成小溪、寨龙、司马生态停车场建设，寨龙、坪朗游客服务中心完工，完成9个乡村旅游村寨标识标牌。凤凰县完成投资1200万元。菖蒲塘村完成场地平整、老家寨完成建设场地整理等工作；实施老洞村标识、防护栏、建游步道、汽车营地等项目；塘桥村实施紫罗兰种植、停车场及环停车场道路建设，素履莲花民宿完工。泸溪县完成投资2340万元。黑塘村完成2个游客中心建设；马王溪村游客中心建设完成；建成A级旅游厕所21座、停车场7000平方米。花垣县完成投资2300万元。完成麻栗场镇新桥村至花垣镇夯渡村3条旅游公路规划设计和勘探十八洞村停车场，游客中心完成三通一平。古丈县完成投资6100万元。完成龙鼻村鼓舞传习所、石板路、星级厕所、标识标牌项目建设；完成牛角山村旅游路、停车场、3个旅游厕所建设等项目。保靖县完成投资1305万元。完成旅游厕所4座，完成夯吉游步道、古树湾观景平台、吕洞山城门、吕洞村游步道、金落河农家乐等项目。

（本栏撰稿　李立超）

表 24

2017 年全州重点旅游项目建设进度表

单位:万元

序号	项目名称	1—12 月进度		年度投资占比(%)
		投资	建设内容	
1	保靖县国际大酒店及城市综合体建设	2000	正式营业,建成投用。	100.00
2	湘西经开区煜龙国际酒店	14100	建成投用。	100.71
3	保靖县吕洞山国际大酒店	7000	竣工试营业。	140.00
4	吉首凯莱大酒店	28000	完成项目建设,投入使用。	127.27
5	湘西经开区国际商务大酒店	5000	2017 年 7 月 16 日,开发区管委会班子会议研究决定该项目工程由吉凤投资公司(建设单位)用其他项目予以置换,暂时不建设,置换后由商务局负责对外进行招商。	25.00
6	湘西经开区厚驿大酒店	32800	全部完成,投入使用。	113.10
7	金湘玺国际大酒店建设	35815	主体建筑全部完工,装修装饰完成 70%。	143.26
8	凤凰县古城旅游保护设施建设	30100	完成接驳车站的道路建设;完成地下停车场钢化地面工程;完成地面一层区域装饰安装;主体金属屋面完成 100%;玻璃幕墙完成 100%;年底正在进行设备调试。	100.33
9	凤凰县沱江上下游整体开发项目	3000	豹子湾人行道改造工程、听涛公园、凤凰记忆竣工投用。	100.00
10	龙山县惹巴拉旅游综合开发项目	22200	游客服务中心主体竣工,土司王宫竣工,土家工坊竣工,高端民宿酒店竣工,珍稀植物园竣工,管线综合入地改造主体工程竣工,完成征地 660 亩,铁索桥主体工程竣工,旅游公路基本竣工。	100.00
11	湘西州苗族生态文化乡村游精品线路建设项目	13076	吉首市完成投资 900 万元, 凤凰县完成投资 1095 万元, 泸溪县完成投资 1908 万元,花垣县完成投资 2227 万元,古丈县完成投资 6050 万元,保靖县完成投资 896.3 万元。	326.90
12	湘西州土家族生态文化乡村游精品线路建设项目	14884	永顺县完成投资 1080 万元, 龙山县完成投资 9000 万元, 古丈县完成投资 4000 万元,保靖县完成投资 804.4 万元。	372.10
13	吉首市文化旅游景区建设项目	20008	乾州古城完成民居抢险维修、周边环境整治、巫剧院旅游厕所改造、吊桥维修、景观照明一期工程和剧院提质改造工程。海螺峰索道工程已完成选址,正在进行初步设计。清风峡至德夯提质改造工程完成 60%。德夯九龙溪、玉泉门两条电瓶车道完成全部路基、桥梁、挡土墙工程。问天台游步栈道完成 50%,附属建筑完成 60%。茶洞岸游步道全线贯通。风景区 5 个停车场铺装、绿化完工。	250.10

续表 24

单位：万元

序号	项目名称	1—12 月进度		年度投资占比(%)
		投资	建设内容	
14	凤凰旅游基础设施及转型升级建设项目	35000	完成城北入城口高速下线匝道工程及路基路面及附属设施建设。完成王家寨大道路面提质改造及地下管沟、道路房屋两侧立面改造、两厢景观绿化改造等工程。完成生态停车场建设 4 个，三隧一桥生态停车场 B、C、F、D 区已投入使用。完成国道 209 绕城线道路路面施工及附属设施工程。城北旅游综合服务区景观提质改造项目完成土石方、人行道改造和部分弱电管沟工程。	100.00
15	龙山县里耶古城南游客服务中心	26080	边坡与场平土石方全面完工，完成 1# 地下室施工，2# 地下室土石方开挖 6 万立方米，完成桩基施工，完成排水箱涵 1000 米施工。	102.27
16	花垣县边城风情小镇旅游开发项目	10060	翠翠岛改造工程起动；完成官道、白塔人家修缮配套工程。完成景观旅游大道绿化，新区停车场正在进行基础施工；新区游客服务中心主体工程基本完成。	100.60
17	花垣县古苗河原生态旅游开发项目	10100	完成隧道路面和洞壁硬化，栈道完成 6700 米，完成玻璃栈道安装测试，完成白水河、游客服务中心 停车场、马场实物调查和征地补偿相关工作。人工引水工程完成并引水成功，游客服务中心招投标完成。启动景区运营招商。检察院圆盘路至古苗河景区道路正在进行场地平整。	134.67
18	保靖县吕洞山国家 AAAA 级景区建成工程	2970	景区二级公路完成路基及隧道工程。	114.23
19	泸溪县浦市古镇保护开发项目	20000	完成李家祠堂修缮工程；完成游客中心大门、河堤沿线霓虹灯及仿古路灯安装。完成浦市自来水厂至游客中心安置区供水管网铺设，建成旅游公厕 3 处。推进民居改造工程，完成岩门古堡寨特色民居改造 25 栋。完成下湾遗址发掘和考古工作。完成河堤风光带可研和龙舟看台、河堤加固等方案设计，全面启动河堤加固工程。完成临江宾馆规划设计。完成浦市电影院、屠宰场、农机站等土地划拨手续及土地征拆。完成岩门古堡寨康家大院、绣花楼等 20 多栋历史建筑修缮，完成游客中心、旅游公厕土地平整和旅游公路路基等。	100.00
20	古丈县坐龙峡景区建设项目	1080	完成景区窄路加宽 14 公里；完成河南片区游客服务中心综合建设项目；完成景区入口河道景观提质、出口商铺、公厕建设等。	27.00
21	古丈县红石林景区建设项目	4560	红石林河西码头游客服务中心已竣工；树屋主体十栋完成，树屋室外配套工程给排水管网完成；宾馆场地平整土石方开挖完成。	152.00
22	凤凰全域旅游快行系统建设项目	20100	完成项目 EPC 招投标、监理招投标，完成禾库至崇寨、长潭岗至早岗段设计，完成部分路段征拆，启动部分路基建设。	100.50
23	泸溪县武溪—浦市慢行系统建设项目	41000	k0+000–k4+600 段路基整理中，完成 k4+600–k10+280 段面层施工，完成 k10+280–k15+000 段路面硬化。挡土墙砌筑、五里洲驿站、五里洲驿站绿化、灯光、护栏、文化墙等正加紧施工。1—12 月完成投资 41000 万元，占全年投资计划的 102.5%。	102.50
24	龙山县里耶文化旅游小镇建设(一期)项目	10120	1 号、10 号外装完成，11 号、12 号、13 号已封顶，4 号、7 号正在进行主体施工。	101.20

续表 24

单位：万元

序号	项目名称	1—12 月进度		
		投资	建设内容	年度投资占比(%)
25	凤凰县西线旅游景区服务设施建设项目	5100	完成西线景区(黑潭营、地潭江、天龙峡、黄丝桥古城、舒家堂、拉毫营盘)交接工作。完善长潭岗水路观光码头基础设施建设和水面安全防护设施建设,完成两搜游艇采购,长潭岗水路观光和天龙峡景区启动试运营。完成凤凰大峡谷开发项目综合环境治理、安全隐患排查,停车场和游客临时服务中心等基础设施建设。完成景区(一期)扭仁村码头附属设施建设。	127.50
26	凤凰县全域旅游建设工程	10000	完成征地拆迁及补偿 400 亩;完成土地挂牌出让 70 亩,五星级酒店正在完善项目设计,年底开工建设。民族文化会展厅、汽车营地完成征拆,正在进行项目设计等前期工作。完成征拆、重宾接待中心概念规划及可研。	10.00
27	凤凰旅游服务设施建设(三期)项目	7000	完成征地拆迁及补偿 400 亩;完成土地挂牌出让 70 亩,五星级酒店正在完善设计方案。民族文化会展厅、汽车营地正在进行项目设计等前期工作。完成重宾接待中心概念规划及可研。	70.00
28	永顺县老司城景区基础设施建设项目	15680	完成新修游道、户间道共 21.2 公里。完成监测预警二期工程和景区智能语音系统。完成老司城公租房一期工程。完成民居改造 9 栋。完成老司城玫瑰园、紫荆园、紫薇园、海棠园、茶花园、梅花园、杜英园等花园建设。完成居民临时商铺、移动厕所、祖师殿平台、遗址区围栏、码头至周家湾亮化、村小篮球场、魏家码头、万马归朝景观石挖掘、美丽乡村绿化、水厂提质改造、遗址区标识标牌安装、博射坪公路边田地草花栽种和万马归朝山顶种植及博物馆顶层景观等工程。完成码头基础工程、周家湾风雨长廊工程,完成户间道 1200 米、公路沿线 7 个垃圾收集点重建、旅游厕所基础、垃圾收集站主体等工程。完成瓦厂安置区、利木湖安置区、公租房二期设计方案,龙潭城考古测绘和规划设计方案及博射坪沟渠治理方案,正在进行博射坪、俞家堡考古发掘。完成老司城至大湾路面炒砂工程及附属工程。完成老司城灯盏塆至瓦厂公路扩宽工程进度的 40%。完成老司城风雨桥招标工作。	104.53
29	永顺县芙蓉镇土家生态文化旅游项目(二期)	30200	芙蓉镇城门楼及码头完工。牛路河码头完工。完成哈妮宫游客通道。抚志三角坪游服中心及停车场完工。完成古街民居、瀑布湾、营盘溪、酉水河两岸等地区亮化。完成芙蓉镇演艺中心修缮。完成新修游客栈道 3000 米、步道 3000 米。芙蓉镇景区、猛洞河景区智慧旅游系统完工。完成旅游客栈 30 栋,民居改造 120 栋。	100.67
30	龙山县乌龙山大峡谷景区建设项目	8100	客运索道开工建设;风洞改造开工建设,完成形象进度的 60%,慢行车道建设完成。惹迷洞、鲢鱼洞洞内灯光及游道建设全面完成。	101.25
31	龙山县太平山旅游项目	6000	太平山牌坊至韩家坪公路拓宽改造完工,太平山森林公园果利河谷绿道完成工程量的 50%,韩家坪游客接待中心、拆迁安置区完成施工图设计,山顶建构筑物修缮项目完成施工图设计审查,景区自来水安装工程完成招投标。	40.00
32	花垣县紫霞湖旅游集散与休闲度假区建设项目	11820	紫霞大道完成工可评审和 PPP 资格预审招标及合同谈判,完成 95%征地拆迁,10%路基。环紫霞湖交通旅游设施完成工可评审和 PPP 资格预审招标及合同谈判,正在进行征地拆迁。	118.20
33	花垣县乡村旅游扶贫基础设施建设项目	6550	停车场、游客服务中心动工,溶洞开发项目征地工作完成,教育培训中心设计完成。完成 3000 米游步道栈道铺设,旅游公路完成 8 公里建设。开始申报国家 AAA 级景区。	131.00

旅游市场拓展

【概况】2017年，湘西州旅游部门瞄准旅游市场蓬勃发展趋势，充分利用湘西州丰富的文化旅游资源和“神秘湘西”旅游品牌，加大市场拓展力度，全州旅游“井喷”势头强劲。

主题宣传活动开展。全州旅游部门利用主题活动开展推动旅游市场营销和管理，取得明显成效。1月11日，举办湘西旅游嘉年华暨2017年苗乡旅游产品推介会活动。2月25日，与济南合作开展的“济南万人游湘西”活动在吉首启动，湘西州与济南市签订专列、旅行社、自驾游送团协议，开通“济南旅游扶贫专线车”，形成两地扶贫旅游公益专线，年内300余名济南市民通过旅游公益专线到湘西州开展捐资助学活动，帮扶资金达到20余万元。4月17日至19日，组织湘西州重点旅游景区、旅行社参加湖南省旅发委的沪昆高铁推介活动，在昆明、贵阳两地进行“神秘湘西”旅游宣传，与两地重点旅行社进行洽谈联系，提供免票优惠近7万元。5月至8月，开展“神秘湘西”旅游百佳摄影点评选活动，召开专家评审会，在全州评选出100个旅游摄影点，编制《中国湘西百佳旅游摄影点》宣传工具书。5月16日至22日，组织湘西州8县（市）、重点旅游企业参加山东（济南）国际旅游交易会，期间举办“神秘湘西”旅游推介会，与济南市旅发委及7县（区）政府、旅游部门开展旅游扶贫对接，与济南旅行社进行业务对接。5月19日，组织参加湖南省旅游局“5·19”系列活动，面向长沙市民推介湘西州旅游景区、旅游线路，推出相关优惠政策。5月25日至26日，组织开展“境外媒体湖南行湘西采风活动”，接待《香港商报》《美洲商报》《欧洲商报》等境外多家权威媒体，对芙蓉镇、凤凰进行推介宣传。9月6日至8日，结合州庆60周年北京成就展活动，在北京民族文化宫举办旅游文化主题展，并举办“神秘湘西”旅游专题推介会。9月23日，在长沙参加“寻美张吉怀，邀约全世界”活动，向湖南省内百家旅行社进行“神秘湘西”专题推介。9月21日至30日，结合湖南国际旅游节嘉宾湘西线踩线活动，进行旅游线路、产品推介。9月19日至20日，作为湖南省第八届旅游产业博览会系列活动，举办“神秘湘西”专场旅游推介会及踩线活动。11月10日，组织参加大湘西长沙地铁站旅游推介活动。11月16日至20日，组织8县（市）及重点旅游企业参加昆明国际旅游交易会，进行旅游宣传和旅行社业务对接。

旅游宣传窗口创建。加强与旅游卫视合作，制作6集旅游专题片，于湘西州建州60周年庆祝活动前在旅游卫视《文明中华行》栏目连续播出。做好“湘西旅游”微信平台宣传工作，增加季节性旅游线路、旅游产品、节庆活动的宣传，完成12期旅游微信制作与宣传。设置“神秘湘西”整体形象宣传窗口，统一8县（市）旅游宣传口号，在常吉、吉怀、吉茶高速沿线设置15块旅游形象宣传广告牌；在长沙黄花机场设置“神秘湘西”旅游宣传牌；在腾讯、优酷网进行神秘湘西旅游宣传，《神秘湘西梦里家园》每月达到万次点击量；“神秘湘西”旅游宣传指南进入四星级饭店；在吉首公交车站播放旅游宣传片。

旅游宣传资料编制。制作“神秘湘西梦里家园”“情归湘西”、30秒旅游广告宣传片；编制《中国湘西百佳旅游摄影点》；编制湘西旅游地图；刻制文明中华行之神秘湘西、美丽中国之湘西秘境宣传光碟；制作“神秘湘西”宣传水杯。

旅游服务质量提升。一是加强对县（市）、景区节庆旅游宣传活动特别是乡村游宣传活动指导，年内旅游宣传活动精彩纷呈，别具特色，吸引力强。如1月7日泸溪县浦市古镇腊八节，3月22日古丈县舍巴节，3月18日泸溪县潭溪镇油菜花节，5月3日凤凰县、吉首市四月八跳花节，5月26日凤凰县、古丈县栖凤湖、花垣县边城镇龙舟赛，8月7日至8日花垣县苗族赶秋节，9月22日首届“凤凰艺术年展”，9月27日老洞湖秋季乡村旅游节，11月2日2017年吉首市鼓文化节等。二是加强境外市场宣传，依靠湖南省旅游局平台，邀请澳州、加拿大、阿拉伯、西班牙、老挝等境外媒体旅行商到湘西州踩线宣传；充分利用湖南省旅发委驻日本、法国旅游宣传点，将湘西州旅游宣传资料、旅游手工艺品进入湖南省在法国、日本旅游宣传窗口。三是搭建与《湖南日报》、“湖南卫视”等主流媒体宣传合作平台，加强春节、“五一”、端午、国庆等假期特色产品、特色线路专题宣传，在湖南卫视、红网等媒体进行宣传推介。

特色旅游产品打造。打造“神秘湘西”长线游和短线游旅游产品，经过精心调研，形成《湘西州旅游线路规划》，推出“神秘湘西”1至6日旅游线路。包装推出时令性、特色性旅游产品，如开展苗族四月八、舍巴节等民族节庆游旅游产品宣传，春节、“五一”、端午、“十一”等假期游旅游产品宣传，湘西春季赏花、夏季避暑、秋季采摘、冬季养生等季节性旅游产品宣传；针对乡村游开发建设，推出老司城、边城、浦市等乡村游旅游专题宣传。

区域旅游协作。加强与张家界、怀化、常德、邵阳等地联系，联手做好张（家界）吉（首）怀（化）、大湘西旅游联盟工作，开展“寻美张吉怀·邀约全世界”、大湘西长沙高铁推介等系列活动。加强与济南市旅游合作，推出两地旅游扶贫专线，举办“济南万人游湘西”等活动。

（本栏撰稿　杨　帆）

旅游行业管理

【概况】2017年，全州旅游部门严格依法行政，狠抓旅游安全管理，积极开展综合监管和专项整治行动，切实维护旅游者和旅游经营者的合法权益，取得明显成效。

优化旅游环境。明确2017年为“优化旅游发展环境提升旅游服务质量年”，州政府下发文件，全州开展多项活动。一是先后举办“为中国加分为州庆添彩——文明旅游行业先行暨优化旅游发展环境提升旅游服务质量年活动启动仪式”“全州旅游市场及安全监管工作培训会”“湘西州《湖南省实施〈旅游法〉办法》知识竞赛”“全州旅游饭店服务技能大赛”等活动，旅游部门和旅游从业人员的服务意识、服务技能得到有力提高。二是大力开展“全州旅游市场及安全监管异地交叉检查行动”“全州旅游包车安全生产大检查”“湘西州天下游运输公司隐患清零集中约谈会”“全州旅游消防安全大检查”“全州旅游交通专项安全检查”“乡村游景区门票价格专项检查”，共查获案件线索3条，发现并及时处理安全隐患13处；向社会公布符合旅游运输资质运输企业5家，符合运营资质车辆216台；要求全州32家旅行社必须与符合资质的运输企业签订承运合同，必须使用符合资质的运输车辆，严格做到“一团一确认”；对年内在旅游运输途中存在疲劳驾驶、超速行驶等违规行为的司机集中约谈，关闭存在较大安全隐患的永顺县马拉河人体漂流景区，对古丈县墨戎苗寨景区、保靖县吕洞山景区通景公路存在的安全隐患实施限期整改。三是会同州文明办开展“文明旅行社”“文明旅游景区”“文明旅游饭店”“文明先进个人”文明旅游创建及志愿者服务活动，吉首、凤凰、永顺、龙山、古丈等县（市）结合节假日及“5·19”中国旅游日、建州60周年庆祝活动等开展丰富多彩的旅游志愿者服务活动，深受游客好评。

严格依法治理。一是湘西州生态文化旅游产业发展领导小组办公室及时下发《关于印发〈2017年第二季度全州旅游市场及安全保障综合整治行动实施方案〉的通知》，明确州直各成员单位旅游市场秩序及安全监管权力清单和职责。二是持续开展“不合理低价游”治理专项行动，“春季行动”“夏季整治”及“秋冬会战”等行动贯穿全年，针对全州旅游市场暴露出的“不合理低价游”“诱导欺骗游客购物”“旅游景区不规范经营”“旅游景区门票管理不规范”等游客反映的突出问题，加大检查力度，保持高压态势。三是坚持以问题为导向，狠抓典型案件查办。截至11月，共查处中国旅行社吉首有限公司凤凰红岩井分公司不合理低价游案、凤凰阳光旅行社有限公司不合理低价游案等各类旅游行政案件11件，对凤凰逐梦旅游俱乐部无证经营旅行社业务案下达行政处罚决定书。所有处罚案件均由官方网站予以曝光。是年，全州初步形成“州县联动，部门联合，上下一心，齐抓共管”的旅游市场及安全监管良好局面。

及时处理投诉。认真、及时办理各类旅游投诉，截至11月底，共接到有效旅游投诉22件，较上年度29件减少7件，同比减少24%，环比继续呈递减态势。其中，调解成功20件，调解失败但办结1件，1件在办理中，实现处理率100%，办结率100%，满意率100%。全年未发生有重大影响和逾期未办结旅游投诉案件。

强化综合治理。成立社会治安综合治理、平安创建、平安景区创建、反恐维稳等综治工作领导小组，制定各项工作职责，召开专题会议，形成会议纪要，明确专项保障经费，组织开展各项综治活动。大力开展“平安景区”创建活动，截至11月底，有7县（市）上报创建活动资料，提交“平安景区创建示范单位审报表”，永顺县老司城景区成功入选省级“平安景区”示范单位候选名录。

（本栏撰稿　雷力兵）

旅游产业发展

【概况】 湘西土家族苗族自治州位于湖南省西北部，地处湘鄂渝黔四省市交界处，现辖7个县、1个市、1个经济开发区，有115个乡（镇、街道），辖区面积1.55万平方公里，总人口298万人，其中以土家族、苗族为主的少数民族占80%以上。湘西州是习近平总书记精准扶贫重要论述的首倡地，是国家西部开发、武陵山片区区域发展与扶贫攻坚试点地区，是湖南省唯一的少数民族自治州和扶贫攻坚主战场。旅游资源得天独厚，拥有10个国家AAAA级旅游景区、16个国家AAA级旅游景区等236个世界级、“国字号”旅游品牌。

湘西历史文化厚重。有湖南省首个世界文化遗产老司城，国家历史文化名城凤凰古城，中国历史文化名镇芙蓉镇、里耶镇、边城镇、浦市镇及南方长城、乾州古城等1517处各类历史文化古迹，有82个保护完好的中国传统村落和18个中国少数民族特色村寨。贺龙、任弼时、关向应、萧克、王震等老一辈无产阶级革命家在这里创建湘鄂川黔革命根据地，为新中国成立做出重大贡献。

湘西民俗风情浓郁。湘西土家族苗族能歌善舞，有各自独特的语言、习俗、服饰、建筑、音乐、舞蹈。湘西州是文化部授予湖南唯一的武陵山区（湘西）土家族苗族文化生态保护区，拥有26项国家级非物质文化遗产保护名录。毛古斯被誉为“中国舞蹈及戏剧最远源头和活化石”，苗族鼓舞堪称中华一绝，土家织锦、苗族银饰、蜡染成为游客珍藏的佳品。苗族“赶秋节”、土家族“舍巴节”等传统节庆活动丰富多彩、独具特色，花垣赶秋被列入世界非物质文化遗产，土家族舍巴节被评为“中国最具特色民族节庆”。

湘西山水风光神奇。猛洞河漂流被誉为“天下第一漂”。矮寨大桥是世界上跨峡谷跨度最大的钢桁梁悬索桥，创下4个世界第一。小溪国家级自然保护区是中南13省唯一幸存免遭第四纪冰川侵袭的原始次森林。坐龙峡国家森林公园有“中南第一奇峡”美誉。乌龙山大峡谷被誉为“世界溶洞博物馆”。

湘西物产资源丰富。湘西属于微生物发酵带、富硒土壤带、植物群落里的亚麻酸带，盛产各类富硒水果、蔬菜、茶叶、茶油、中药材，被誉为“野生动植物资源天然宝库”和“华中动植物基因库”，是全国最大的椪柑基地、猕猴桃基地、中药材基地。酒鬼酒、果王素、古丈毛尖、黄金茶、湘西椪柑等都源于这块宝贵的“三带”资源。

湘西区位交通优越。州内有7条高速公路，全州8县（市）县县通高速，形成1小时旅游经济圈。与长沙、重庆、贵阳、桂林形成4小时经济圈，与周边5个市州形成2小时经济圈。周边拥有铜仁·凤凰机场、张家界荷花机场、常德桃源机场、怀化芷江机场，最近距离半小时，最远2小时。湘西机场、张吉怀高铁全面开工，黔张常铁路加快建设，2020年湘西州将建成立体、便捷的现代化交通网络。

生态文化旅游是湘西的靓丽名片，也是湘西发展的最大门路。全州上下全力推动旅游业转型升级、提质增效，旅游业持续“井喷”发展，已形成凤凰古城、老司城、里耶古城、矮寨大桥四大旅游黄金板块，荣膺“中国十佳魅力城市”“最佳旅游去处”“中国最具投资价值旅游城市”“神秘湘西”旅游品牌影响力和美誉度显著提高。

旅游产业主导地位进一步确立。州委、州政府把旅游业作为富民强州的主导产业，明确提出推动“一个龙头（凤凰）、一个中心（吉首）、两条乡村游精品线（土家探源、神秘苗乡）、四大核心景区（凤凰古城、矮寨奇观、老司城、里耶古城）、两条风光带（沅水、酉水）、一个国内外知名生态文化公园”旅游发展空间布局。全州接待游客和旅游收入连续多年保持两位数增长，2017年，全州接待游客4450万人次，实现旅游收入325亿元，同比分别增长16%和22%，以旅游业为重点的第三产业成为全州经济增长的主导力量。

全域旅游发展理念进一步树立。州委、州政府明确提出围绕建设国内外知名生态文化公园总战略、总愿景，把州域土地作为一个全域生态、全域文化、全域旅游、全域康养的大公园来整体规划、建设和管理，把湘西州打造成自然山水大画园、民族风情大观园、绿色产品大庄园、休闲旅游大乐园、和谐宜居大家园，打造成宜居、宜业、宜游、宜养的武陵胜境。2016年2月，湘西州成功列入首批国家全域旅游示范区创建单位。编制《湘西州“十三五”旅游业发展规划》《湘西州生态文化公园规划》《湘西州乡村旅游发展规划》《湘西州全域旅游建设规划》等规划，成立以州委书记为组长的湘西州创建国家全域旅游示范区领导小组，成立湘西州旅游发展和外事侨务委员会、旅游警察支队、工商旅游监督管理分局、旅游巡回法庭，印发《湘西自治州创建国家全域旅游示范区2017—2018年行动方案》，将全域旅游发展纳入政府目标管理，先后召开全州旅游发展大会、全州旅游工作座谈会等会议，举办全州全域旅游专题研讨班，制作《旅游撑起湘西发展的一片蓝天》全域旅游宣传片，全州推进全域旅游发展氛围浓厚。

旅游项目建设进一步加速。一是加快重点旅游板块提质项目建设。凤凰古城、老司城、矮寨奇观、里耶古城四大黄金板块年旅游项目投资均达到3亿元以上。湘西州首条高空悬崖栈道、首条高空客运索道分别在矮寨奇观、乌龙山大峡谷景区开工建设。二是推进旅游公共服务体系项目建设。旅游公路、游客服务中心、星级酒店等项目取得新成效。千公里旅游公路、千公里生态旅游景观走廊和千公里旅游慢行体系开工建设。矮寨大桥、猛洞河、浦市古镇等游客服务中心投入使用，凤凰古城城北游客服务中心基本建成，里耶古城南游客服务中心进入主体建设，惹巴拉、十八洞等游客服务中心开工建设。凯莱大饭店、湘西阳光酒店、煜龙国际酒店、厚驿国际酒店、司城山水温泉酒店、云鼎国际酒店、吕洞山国际酒店等多个按四星级以上旅游饭店标准建设的高星级酒店开业。三是创新旅游项目投融资方式。旅游招商引资硕果累累，引进东方园林产业集团、秀兰集团、消费宝集团等战略投资者参与湘西州全域旅游开发，计划总投资200亿元以上。PPP模式激发全域旅游建设新活力，总投资20.6亿元的凤凰县全域旅游PPP项目、总投资64.9亿元的湘西州“十三五”旅游干线公路建设运营PPP项目开工建设。

旅游扶贫效应进一步凸显。推进乡村旅游发展和精准扶贫有机结合，乡村旅游脱贫工程列为湘西州精准脱贫十项工程之一。组建州、县乡村旅游脱贫工程协调小组，制定《湘西州乡村旅游脱贫工程实施方案》，出台《湘西州乡村旅游脱贫工程指导意见》，编制《湘西州乡村旅游发展规划》，拍摄《打造湘西脱贫“最大门路”—湘西州乡村旅游脱贫工程推进纪实》专题宣传片。实施旅游公路、游步道、旅游厕所、旅游标识标牌、观光休闲农业园等一批乡村旅游项目，“土家探源”“神秘苗乡”两条乡村旅游精品线路建设年完成投资达3亿元以上。举办湖南省秋季乡村旅游节、舍巴节、赶秋节、油菜花节、“四月八”跳花节、农耕民俗文化节、时鲜水果采摘节等一系列乡村旅游节庆活动，吸引众多游客纷至沓来。2017年，全州乡村旅游接待游客928万人次，实现旅游收入33.2亿元，带动35812人脱贫。

旅游形象品牌进一步唱响。一是提升“神秘湘西”旅游品牌。编制《湘西自治州旅游精品线路规划设计》，精心设计近期重点培育的9条“神秘湘西”旅游精品线路。全面整合各县（市）旅游品牌，形成“神秘湘西”主题品牌下的“神秘湘西·天下凤凰”“神秘湘西·土司王城”等系列子品牌，形成唱响“神秘湘西”旅游品牌的强大合力。二是创建一批世界级、国字号旅游品牌。围绕培育“神秘湘西”国际旅游品牌，创建世界级、“国字号”旅游品牌236个，老司城成功申报世界文化遗产，苗族赶秋成功列入世界非物质文化遗产，湘西地质公园列入2019年世界地质公园候选名单。全州现有凤凰古城、矮寨奇观两个国家AAAAA级旅游景区预备名单，10个国家AAAA级旅游景区，16个国家AAA级旅游景区，82个中国传统村落，位居全省前列。三是开展形式多样的旅游品牌宣传推介活动。参加央视《魅力中国城》竞演活动，成功举办“湘西四大名镇·聚首千年浦市”“世界三大遗产·点亮锦绣潇湘”等旅游推介活动和湖南省（第八届）旅游产业博览会、武陵山旅游发展高峰论坛、湖南省秋季乡村旅游节、吉首鼓文化节、第三届中国凤凰民俗摄影双年展、第六届中国·凤凰苗族银饰服饰文化节等旅游节事活动。四是加大旅游区域合作。湘西州与张家界、怀化签订《张吉怀旅游共同体合作框架协议书》和《张家界南线旅游合作发展框架协议》，开展系列联合宣传促销活动，共同打造张吉怀生态文化旅游经济带。五是拓宽境外旅游市场。开展“境外媒体湖南行湘西采风活动”，《香港商报》《美洲商报》《欧洲商报》等多家境外媒体宣传推介湘西州。凤凰姜糖、老司城等景区和湘西特色旅游商品进入国家旅游局境外宣传资料，凤凰古城、德夯、老司城、边城茶峒、红石林景区列入湖南省涉外参观点。

旅游市场秩序进一步优化。一是加强旅游市场秩序监管。加大旅游市场秩序的整治力度，开展“四季行动”“假期整顿专项行动”、节假日旅游市场联合整治等专项行动和全省、全州异地交叉旅游执法检查专项行动，依法查处一批扰乱市场秩序、侵害旅游者利益的不法行为，严厉打击哄抬价格、强迫或变相强迫旅游消费等违法违规行为，努力营造和谐、文明、有序的旅游环境。加强游客投诉受理，及时妥善解决游客的合理诉求，旅游投诉实现处理率100%、结案率100%、满意率95%以上。二是强化旅游安全。认真做好重点时期及节假日旅游安全监管工作，深入旅游重点区域和重点问题进行专项督查检查，督促隐患整改落实，开展旅游包车安全整治行动、高风险项目安全规范行动、景区流量控制治理行动、出境游安全提升行动“旅游安全四大专项行动”和全州旅游安全异地交叉检查等旅游安全专项督查检查，取得明显成效，全州未发生一起重大旅游安全责任事故。三是开展文明旅游活动。先后于“5·19”中国旅游日及节假日期间开展一系列宣传文明旅游志愿者服务活动，在全州旅游行业开展“文明旅行社”“文明旅游饭店”“文明景区”“文明员工”评选活动。四是加大旅游从业人员培训。采取举办培训班、送训上门、以会代训等多种方式对旅游管理人员和旅行社、旅游景区、星级宾馆、乡村旅游等从业人员以及导游、旅游大巴司机进行培训，年培训3000人次以上。

（本栏撰稿　李立超）

科技·教育·体育

科技工作

【概述】 2017 年，全州科技部门贯彻落实新发展理念，全面推进创新引领开放崛起战略，以强化企业技术创新主体地位、提升企业自主创新能力为主线，积极谋划和推进重点工作，科技事业发展取得新成效，科技创新支撑引领区域发展作用进一步凸显。

高新技术企业培育。进一步摸清全州范围内企业底子，大力宣传政策，加大企业指导服务力度，积极创造有利条件，鼓励全州科技型企业申报高新技术企业，全年两批次组织 19 家企业申报并全部获批，申报数和获批数创历史新高。全州高新技术企业累计达 40 家，高新技术产业有力发展。

创新平台建设。湖南众鑫新材料科技有限公司“湖南省钒合金工程技术研究中心”获批；湖南边城生物科技有限公司、湖南盛世湘西农业科技有限公司州级工程技术研究中心正式成立。组织 60 个企业和创新团队参加创新创业大赛，4 个项目脱颖而出：湘西州银河新材料科技有限公司荣获初创组“优秀企业”，湖南众鑫新材料科技股份有限责任公司、湖南恒裕新材料有限公司、湘西州蜡的世界蜡染有限责任公司 3 家企业荣获成长组“优秀企业”。湘西州科技局连续三年被评为“优秀组织奖”。

科技宣传普及。根据科技部、湖南省科技厅通知要求，5 月 20 日至 27 日，在全州范围内组织开展“科技强国　创新圆梦”为主题的 2017 年湘西州科技活动周，组织各类科技活动 60 场次，其中开展科普进社区、进校园、进企业、进农村宣传咨询服务 46 场次，举办科普讲座 14 场，科普巡展 3 场，制作科普挂图、展板 210 块，发放科普读物及宣传资料 2 万余份(册)，健康义诊 1000 多人次，得到广大人民群众肯定。抓好科普基地建设，全年培育科普基地 5 家：湖南乌龙山国家地质公园科普基地、凤凰县药用兰花科普基地、白云山自然生态科普基地、红石林国家地质公园科普基地、湖南（吉首）有机茶科普基地。

产学研协同创新。立足全州产业发展技术需求，积极搭建技术创新对接服务平台，解决企业、农户技术发展难题。5 月 21 日，在吉首影视大厦举行“湘西创新驱动发展智库论坛”，邀请中央政策研究室（中央改革办）原巡视员兼副局长、中央经济研究院院长白津夫，中国科学院工程热物理所、国家重点研发计划首席科学家胡学功，科技部火炬中心原副主任、盛景网联集团高级合伙人杨跃承，北京交通大学教授、北京交通大学服务经济与新兴产业研究所所长冯华等 6 名著名专家学者参加会议并就湘西创新发展建言施策。7 月 17 日，在吉首大学组织召开纳米科学与能源新材料产学研专家对接活动，邀请美国波多黎各大学化学系副教授陈中方、复旦大学教育部长江学者讲座教授魏苏淮、中国科学技术大学教授武晓君等 14 名行业知名专家，通过技术讲座和企业对接方式，给州内相关产业发展提供技术指导服务。

科技成果登记转化。根据《湖南省科技成果登记实施办法》，组织“湘西烤烟良好农业规范（GAP）体系建设及推广应用”“湘西州猕猴桃

2017 年湘西州科技活动周启动仪式现场

2017年全州打击侵犯知识产权和售假冒伪劣商品工作会议现场

新品种选育及标准化栽培技术研究和示范推广”“龙山百合脱毒种球鳞片扦插快繁关键技术研究与应用”“湘西州山地特色烤烟高效施肥技术研究与示范”“玉米品种康农玉999”“针形名优绿茶做形机械关键技术与开发”“湘西烟区烤烟土传染病害绿色防控关键技术研究与示范”等16个项目进行科技成果登记。根据省对州绩效考核指标要求，组织人员参加“全国技术合同认定登记培训班”“全省技术合同认定登记和科技成果登记培训班”，科技成果登记人员技术合同认定登记业务能力得到提高，全年完成技术合同登记35项，技术合同交易额3275.75万元，超额完成年度任务。

创新保障机制。按照上级新政策新要求，围绕全社会R&D经费投入占GDP比重、财政科技支出等重大事项，积极汇报，促成印发《中共湘西自治州委关于加快推进创新引领开放崛起战略的实施意见》，大幅提升财政科技研发经费占财政总支出的比重，按年均增速25%的标准到位，保障科技工作投入。修订《专利资助管理办法》，组织起草《关于加快科技创新引领驱动产业发展的奖补措施》，加大科技园区、创新平台、创新型企业、科技人才、产业平台、企业研发经费等方面激励力度。

知识产权。通过强化科技引导产业发展作用，不断激发州内企业创新创业热情，年内专利申请量1054件，其中发明专利申请量495件，同比增长19.3%；万人发明专利拥有量提升至1.65件，全省各市州排名第七，全社会重视科技、尊重科技、热爱科技氛围进一步增强。积极开展专利行政执法，按要求执法检查2次。4月21日，湘西州科技部门联合工商、食药、商务、文广新、农业等部门，在重点领域、重要区域开展以民生产品为重点的打击侵犯知识产权和制售假冒伪劣商品专项行动。10月27日，州、县科技部门与质监、工商、食药等部门在龙山县长山路城南大市场、光明路北正街、湘鄂路农贸市场等商品集散地开展打击侵权假冒专项行动，维护市场秩序。省“双打”年终检查湘西州100分。

（本栏图文　吴正昭）

科学普及

【概况】 2017年，湘西州科协以提升全民科学素质为重点，围绕“科技活动周”“科技工作者日”“全国科普日活动”“送科技下乡活动”等认真开展科普宣传工作，积极组织学会开展学术交流活动，不断强化履行“四服务一加强”职能。全年开展送科技下乡活动7次，科普进社区活动2次，科普进校园活动8次，组织养蜂、竹鼠等产业技术培训4期，累计发放科普手册10万余册，医疗义诊1000人次，书写赠送春联1000余副，发放科普谜语竞猜奖品2000余份，技能培训300余人。所属州级学会15个，全年累计开展学术活动25次。湘西州科协开展的全国科普日活动，被中国科协评为2017年全国科普日优秀活动，在湖南省科协开展的2017年度湖南省科技助力精准扶贫工作“两数”管理考核评估中被评为优秀组织单位。

基层科普行动计划。扎实推进基层科普行动计划，实施科普行动计划项目30项，投入资金285万元，新认定州级农村科普示范基地17个、州级科普示范社区4个、州级农村科技示范户25户、科普教育示范基地3个，新发展科普志愿者169人。深入实施湘西州“科技助力精准脱贫工程”和“科技助力精准脱贫专项行动”，会同州财政局投入专项资金240万元，会同州科技局投入专项资金60万元，组织专家在全州54个扶贫村创办山羊、蜜蜂、竹鼠、生猪养殖和蔬菜、水果、中药材种植等产业示范基地，为深入推进科技扶贫树立样板。

科普信息化建设。开展“科普e站”试点工作，投入20万元用于“科普e站”网点建设，创建“科普湘西”微信公众号，定期更新推送科普知识，扩大科普宣传影响力。编制《图说科普——生活小百科》彩色宣传单2.5万份，免费向公众发放。组织州级各学会专家编写《湘西州农民致富技术500问》，为农村产业发展提供技术支撑。

【青少年科技创新竞赛活动】 组织中小学科技创新教育活动，5月在衡阳举办的第三十八届湖南省青少年科技创新大赛中，湘西州取得12金、20银、20铜佳绩；8月在杭州举办的第32届全国创新大赛中，湘西州取得1个一等奖、4个二等奖、2个三等奖的好成绩。

湘西州 2017 年"全国科普日"活动启动式现场

【中国流动科技馆湖南巡展活动】 积极承办以"体验科学"为主题的中国流动科技馆湖南湘西巡展，2017 年 5 月至 6 月分别在古丈县和凤凰县展出，累计接待参观体验人数 5 万人次。其中，古丈站点在湖南省科协 2016 年 8 月至 2017 年 6 月全省开展的"中国流动科技馆湖南巡展"活动 29 个站点绩效评估中被考评为优秀站点。

【科技助力精准扶贫学术论坛】 2017 年 5 月，湘西州科协主办的"湘西自治州科技助力精准扶贫学术论坛"在花垣县梓鑫玫瑰产业园科普示范基地举行，州级学会负责人、科普专家团成员 70 余人共同探讨深入推进科技扶贫的新机制、新模式，共交流论文 10 篇，提出合理化建议 24 条。

【周末"科技小创客"活动】 2017 年 9 月，湘西州科协启动周末"科技小创客"竞赛活动。该活动由湘西州科协资助、吉首市小牛顿科技馆承办，通过微信报名、学校推荐等方式，定期定时向全社会召集 60 名小学生免费参与。年内，州科协投入活动资金 3 万元，举办活动 15 期，900 名学生在家长的陪同下参与竞赛活动，赢得学生及家长们的一致好评。

【青年科技奖评选】 2017 年 11 月，联合湘西州委组织部、湘西州人力资源和社会保障局圆满完成湘西州第十一届青年科技奖评选工作。经过申报推荐、资格审查、专家初审、评审委员会终评等环节，最终评选出 11 名获奖候选人，分别是湘西州人民医院副主任医师王文儿，吉首大学数学与统计学院院长、教授方东辉，吉首大学物理与机电工程学院副教授陈飞台，吉首市农业局副股长、农艺师石媛，湘西州水利水电勘测设计研究院副院长、高级工程师刘凯，湘西州林业科学研究所副所长、高级工程师刘兴锋，湘西州农科院高级农艺师李尚书，湘西民族职业技术学院讲师周毅、副教授崔丽红，湘西州民族中医院主治医师赵向平，湘西州科技信息研究所助理研究员蔡俊。

【科技创新教育活动】 2017 年 12 月，湘西州科协、州教体局主办的湘西州科技创新教育活动在永顺县落下帷幕。该项活动分为科技创新成果、电脑制作、科技实践活动、少年儿童科幻绘画、机器人比赛和科技趣味竞赛六个板块，全州征集各项参赛作品 700 余项，经问辩、展览后角逐出一等奖 140 余项、二等奖 210 余项、三等奖 280 余项。 （本栏撰稿　龙丽芳）

防震减灾

【概况】 2017 年，州地震局发送震情零报告 40 次，月报 10 次，有效处置湘西经济开发区地震宏观异常事件 1 起。起草制定并由州政府办出台《湘西自治州防震减灾"十三五"规划》。建立的州内首个地震地下流体监测台试运行，实现与省监测中心数据对接，加强各种监测手段观测次数，完善震情跟踪、异常上报、震情会商等制度。加大防震减灾知识宣传力度，开展各级（类）应急疏散演练 10 余次、科普宣传活动 10 余场，发放各类科普宣传资料 2 万余份、挂图 1000 张、T 恤 200 件，通过中国电信湘西分公司、中国移动湘西分公司以州防灾减灾委员会的名义发送防震避灾应急知识短信达到数十万条。组织开展地震应急综合演练，培育州级防震减灾示范社区 1 个、省级 1 个；培育州级防震减灾科普教育示范学校 2 所、省级 1 所。组织参加的湖南省六市州中小学生防震减灾知识竞赛荣获一等奖。

地震监测台网建设。2017 年，全州地震监测台网中心基本建设完成，是湘西州第一个虚拟台网中心，依托湖南省地震局技术力量，适时掌握周边 8 个监测台站的监测信息，了解地震活动情况。另外，花垣县马其洛村建立的州内首个地震地下流体监测台试运行，数据实现与省局监测中心的对接。新增古丈县绿缘种养殖合作社为湘西州第三个宏观观测点，进一步加强群测群防工作。

地震异常跟踪。州地震局坚持地震宏观异常零报告、月报告制度。国庆前夕，湘西经开区居民反映门、窗抖动，造成一定程度恐慌。州地震局立即组织气象、环保、住建、质监等部门通过现场踏勘，确认是因为附近水坝放水落差较大，造成的一种共振现象，将勘测情况耐心向群众解释，消除群众惊慌，确保国庆节和十九大期间社会稳定。

2017年湘西州防灾减灾宣传活动暨州民族中学防震减灾应急疏散演练

【地震应急救援综合演练活动】 组织开展由州人民政府主办，州地震局、州教体局、州（市）民政局、州民族中学等18家相关单位共同承办的州民中防震减灾应急疏散综合演练。龙山县思源学校、思源幼儿园，吉首市第三小学、第一小学，花垣县边城高级中学，泸溪县明德中学等学校相应组织开展地震应急疏散演练，公众防灾减灾意识、自救互救能力进一步提升。

【防震减灾知识“六进”活动】 州地震局利用防灾减灾日、科技活动周、国际减灾日、传统节日及乡镇赶场日等节点开展“进机关、进学校、进企业、进社区、进农村、进家庭”防震减灾宣传教育活动。利用网络、电视、报刊、手机短信等形式进行宣传，使防震减灾知识深入大众，融于生活。创新宣传形式，自制湘西民族特色表演形式三棒鼓视频宣传防震减灾知识。充分利用《湘西科技信息》期刊，重点宣传《中华人民共和国宪法》和《中华人民共和国防震减灾法》等知识，全年共计发行12000册，与科技信息港网站合作，实现《湘西科技信息》纸质版和电子版同步发行，宣传范围涵盖全州各县（市）及乡（镇、街道）、村（社区）。

【全州首次防震减灾成员单位联席会议】 2017年4月18日，州人民政府召开全州防震减灾领导小组联席会议，州地震局专题汇报州域地震工作情况，副州长李平参会并点评。根据会议要求，州地震局全面调研防震减灾情况，理清工作方向，充实工作内容。另外，召开全州防震减灾工作会议，传达全省防震减灾工作会议精神并部署全州地震工作任务。

【湘西州农村民居抗震设计图集】 经过一年多时间的筹划及设计，联合湘西州一品建筑设计院编写的《湘西州农村民居抗震设计图集》基本完成，设计出具有湘西少数民族风格的全木、砖混、砖木三种共10套建房设计方案，该图集的推广可全面提高农村民居建筑物的抗震能力，并为全州农村危房提质改造工程提供设计标准。

（本栏图文　颜焱娜）

教　育

【概述】 2017年，全州有各级各类学校1984所（义务教育阶段学校1321所），其中小学1240所（含教学点935个、九年制学校89所），中学170所（其中初级中学65所，九年、十二年制学校89所，完全中学16所）。义务教育阶段在校生315755人（初中生96984人、小学生218771人）。义务教育阶段教职工21742人（初中8243人、小学13499人）。高中阶段学校52所，其中普通高中25所（高级中学9所、完全中学16所），中职学校27所（含进修学校7所）。高中阶段在校生76829人（普通高中48873人，中职27956人）。特殊教育学校4所，在校生359人。高等教育3所，在校生45463人。全州有教职工37219人，其中专任教师31592人。是年，全州教育工作成绩显著，各县（市）城乡义务教育一体化改革扎实推进，全州首批3个县（市）全部通过国家义务教育基本均衡县验收评估；2017年高考全州录取考生12428人，录取率85.85%，本科二批以上录取6194人，占49.84%，全省文科档分第一名再次花落湘西州，23名考生被清华、北大录取，总量跻身全省前三，实现历史性突破。

教育管理。一是德育理念深入人心。将立德树人根本任务与学科教育紧密结合，培育和践行社会主义核心价值观，深入推进德育示范校和生态文明、民族团结进步、心理健康等示范校创建。全面启动中小学校章程建设，全州有305所公办中小学校制定章程。开展“少年传承中华美德”“学前教育宣传月”“最美孝心少年”系列活动及学校体育、艺术、健康和国防教育“四课程”专项督查。加强革命传统教育，普及中小学国防知识，7所学校成功申报“2017年国防教育特色学校”，17所学校成功申报全国青少年校园足球特色学校，全州总量达51所。评选省级优秀学生、三好学生、优秀学生干部122名，州级三好学生、优秀学生干部1038名。国培项目“湘西民族文化校园传承”得到省教育厅充分肯定。保靖县德育案例《开展感恩教育让学生成为精准脱贫助力军》获评“全国中小学德育工作优秀案例”。二是学前教育普惠发展。完成210所山村幼儿园建设，认定普惠性民办幼儿园39所，清理复核307所普惠性幼儿园，清除不合格幼儿园3所。全州学前三年毛入园率达82.63%，较上年增长1.68个百分点。三是义务教育基本均衡。统筹推进县域内义务教育一体化改革发展，着力解决“乡村弱”和“城镇挤”问题，全年新建、改扩建城区学校20所，新增学位1.2万个。吉首、泸溪、花垣3县（市）顺利通过国家义务教育基本均衡县验收；吉首、凤凰、古丈、花垣4县（市）顺利通过省教育“两项督导评估考核”验收。全州小学适龄儿童入学率99.9%，较上年增长0.7个百分点；小学年巩固率100%，初中年巩固率98.37%，分别较上年增长0.5个百分点、2.07个百分点。四是普通高中多样发展。切实抓好对接新高考政策研究，做好新高考模式应对准备，分期分批组织全州各高中学校高三学科教师160余人参加全省高考复习研讨会；聘请督导评估专家对10所州示范性普通高中进行在线动态监控。全州高中阶段教育普及率86.7%，较上年增长3.6个百分点。五是职业教育加快发展。全面推进农村中等职业教育攻坚计划，凤凰县职业中专建成投入使用，龙山县职教中心、花垣县职业中学建设进展顺利，吉首市中职学校成功入围省卓越职业院校建设项目，泸溪县第一职业中学进入省示范性特色专业群建设笼子；组织参加全省中等职业学校“文明风采”竞赛活动，2件作品获国家级一等奖，5件作品获省一等奖；在湖南省第二届微课大赛中有10名中职教师获奖，在全省名列前茅。全州普职分流比例达42.2%，较上年增长1个百分点。六是特殊教育提升发展。继续实施特殊教育提升计划，推广随班就读，全州义务教育阶段有1654名残疾儿童入学，为324名残疾学生提供送教上门服务，残疾儿童少年受教育权益得到有力保障。全州义务教育阶段三类残疾少年儿童入学率达83.6%，较上年增长3.6个百分点。七是民办教育规范发展。举办全州民办教育促进法宣传培训及其配套文件研讨会，完成全州民办学校办学行为量化考核评估。评估永顺县高平金海高中学校，办理设立许可。八是高等教育及终身教育稳步发展。指导吉首大学师范学院理顺办学体制，配合湘西职院组建“湘西现代职业教育集团”，支持州电大推进开放大学地方学院建设，累计培养2141名农民大学生；正式开通湖南省干部教育培训网络学院移动学习平台和微信公众号，干部在线网络教育注册学员达2.3万人，老年干部在线注册总人数达到4300人。九是队伍建设不断加强。全州评选出十佳“四有教师”10名、优秀校长10名、“君天同心烛光奖”优秀乡村教师50名、德育先进工作者30名、优秀班主任50名，州委、州人大、州政府、州政协主要领导出席全州十佳“四有教师”颁奖晚会，并为获奖教师代表颁奖。认定教师资格3538人，注册教师资格910名。完成正高级教师遴选推荐和中小学教师职称评审工作，其中370名农村教师通过乡镇岗位计划和武陵山片区特聘岗位计划获得中、高级职称。评选100名州级学科带头人，组建名师工作室21个。完成州本级公费定向培养师范生指令计划400人，省级计划182人。率先在全省启动初中起点六年制本科农村初中教师公费定向培养市州计划，委托吉首大学培养120名初中教师。全年招聘特岗教师273名。落实“国培”“省培”计划105项，培训教师9875人。实施信息技术应用能力提升工程和村片小教师培训及班主任培训等项目，参训人数达1.5万多人。组织学科教师参加国家、省级相关教学竞赛活动，有2个学科荣获全国一等奖，9个学科获全省教学竞赛一等奖。

项目建设。一是争资上项逐年攀升。全州全年组织编报教育和体育事业发展重点项目规划11个，累计下达中央及省级专项资金12.4亿元，同比上年增长10%，其中下达义务教育保障机制经费3.8亿元，惠及城乡义务教育学生31万人；下达义务教育营养改善计划资金1.4亿元，全州1046所农村学校的17.9万名学生直接受益。二是“四大工程”扫尾收官。三年来，教育“四大工程”累计投入资金44.72亿元，新建、改扩建城镇学校68所，其中新建城镇学校12所，改扩建城镇学校56所，增加城镇学位51307个，城镇学校大班额问题得到有效遏制；维修改造农村薄弱学校校舍面积58.4万平方米，全面消除农村学校D级危房，基本达到国家“20条底线”要求，农村学校基本办学条件得到有效改善；全州所有乡镇完小以上学校实现“宽带网络校校通”“优质资源班班通”“网络学习空间人人通”，完成“两平台”建设，建立“网络联校”10个，城乡教育信息化取得显著成效；新建“名师工作室”100个，培养公费定向师范生1635名，招聘特岗教师862名，引进部属高校免费师范生74人，评选州级学科带头人100名、县级学科带头人260名，中小学教师信息技术应用能力提升工程培训专任教师25110人，偏远农村学校教师人才津贴标准每人每月提高到1200元以上，教师素质得到大幅提升。《中国教育报》《湖南教育》等媒体进行专题报道，省教育厅将湘西教育“四大工程”列为市州特色项目推介。三是重大项目扎实推进。全力推进教育现代化工程、“全面改薄”、义务教育标准化学校建设、“四改三化”等重大项目，累计完成投资9.21亿元，开工建设校舍建筑面积65.92万平方米，购置部分设施设备。四是规划项目科学储备。完成“省政府支持湘西州义务教育学校建设扶贫项目”规划编报，计划新建9所义务教育九年制学校，总投资8亿元。通过汇报争取，7所学校进入省芙蓉学校建设规划笼子，每所学校支持3000万元。部分县（市）在教育布局规划调整上体现大手笔：吉首市规划布局吉首老城区、雅溪片区、乾州新区和高铁新城嘉道教育园区教育用地3230亩，计划投资40.84亿元，一期工程为市职业中专搬迁、教师发展中心、中小学活动中心建设项目，占地1250亩，计划投资

16.95亿元，已启动实施；凤凰县总投资20.34亿元，累计无偿增加教育用地1200亩，用于新建17所城乡学校；龙山县计划投资15亿元，用于调整城区教育布局，规划教育用地1100亩，新建11所学校、扩建2所学校、改建5所学校，三年可新增学位2.6万个。

扶贫助学。一是贫困学生资助“全覆盖”。全州全年发放贫困学生资助资金4.1亿元（含自筹资金2.3亿元），惠及贫困学生17.98万人，其中建档立卡贫困家庭学生12.63万人。凤凰县在落实上级资助政策基础上，全面免除农村户籍、城乡低保、孤儿、残疾家庭学生的作业本费、教辅资料费，以及高中阶段学费、教科书费、住宿费、高一新生体检费等费用。二是控辍保学“全动员”。开展精准脱贫控辍保学工作调研，督促县（市）落实“五长”责任制和“三帮一”责任制，强化政府主体责任和学校报告责任，建立控辍保学动态监测机制，加大辍学学生劝返力度，全州初中直升参考率首次突破90%，达到91.4%，较2016年提高3.79个百分点。凤凰县明确教体局长、乡（镇）长、驻村扶贫工作队、村主任、校长、教师和家长的责任，采取强硬措施劝学，严守建档立卡子女“零辍学”底线，初中三年巩固率提高到96.82%，由全州倒数跃升全州第一。三是关爱留守“全过程”。深入推进关爱农村留守儿童工程，建立留守儿童台账和电子档案，在中心完小以上学校建设“留守儿童之家”“爱心屋”，搭设亲情沟通桥梁。确定特殊教育随班就读试点学校10所，建设普通学校特殊教育资源教室9间。采取“特殊教育学校+普通中小学随班就读”措施提高残疾儿童入学率。出台《湘西自治州青少年校外活动场所管理办法（试行）》，对青少年校外活动场所进行考核评价，建成乡村学校少年宫127个。四是帮扶协作“全方位”。全州教体工会筹集资金402万元，慰问困难教职工2400人次；州本级教育基金收入160余万元，全州教育基金收入总量突破1000万元大关，省、州教育基金会“爱烛行动”救助特困教师95人；实事助学基金会、宋祖英助学基金会等社会爱心团体为湘西州无偿捐赠资金及物资约1000余万元。济南市对口扶贫湘西州教育协作项目扎实推进，实施教师交流、职教培训、学生资助等多个帮扶项目，在济南市举办“国培计划——湘西民族贫困地区农村校长培训班”；济南市为溶江中学捐赠1000万元；历城区援建保靖县学校建设项目资金600万元；天桥区帮扶凤凰县南华中学天桥教学楼500万元；槐荫区捐赠花垣县职业教育中心建设资金300万元，捐赠总价值106.8万元的图书及标准化学校厨具；高新技术开发区为古丈县援助教育助学资金230万元。五是宣传教育“全身心”。州委办、州政府办印发《湘西自治州中小学校“四育两进”活动实施方案》，全州中小学校以感恩教育、扶贫教育、环保教育、安全教育“四育”为重点，以进校园、进家庭“两进”为要求，动员广大中小学生、教师和家长念党恩、学政策、讲文明、重安全，通过开展8项主题活动，教育一名学生，影响一个家庭，带动整个社会，进一步树立良好的校风家风，带动形成积极向上的社会风气，为促进湘西州决战决胜脱贫攻坚、全面建成小康社会提供有力支撑。

安全保障。一是建全体制机制。全州教体系统围绕“10个零指标”的总体目标，以交通安全、防溺水安全、校舍安全等工作为重点，扎实开展各项工作；召开安全工作动员部署会，印发《关于进一步做好学校安全工作的通知》《湘西自治州教体系统深化毒品预防教育工作方案》等系列文件，层层签订安全工作责任状。二是开展安全教育。组织开学第一课安全教育，积极开展“5·12”防地质灾害应急疏散演练、防溺水“六个一”活动；上交通安全教育课2545课时，开展交通安全警示教育活动316场次，制作宣传标语、板报1017条（块）。龙山县高级中学获评省级毒品预防教育示范学校，吉首市光明小学、永顺县溪州中学、凤凰县廖家桥小学、龙山县第三小学积极申报省级安全文明校园，吉首市代表湖南参加全国青少年禁毒知识竞赛决赛。三是强化督查督办。联合州政府督查室对全州学校过期化学试剂和废弃化学药品处置工作进行督查，联合交通部门开展文明交通安全大整治活动，摸排全州37个重点乡镇、32所城区结合部学校学生上下学情况，共出动警车142台次、警力563人次，排查运营车辆1391台次，督促整改安全隐患61处，排查校车运行线路612条。深入开展校园食堂安全与学校卫生明察暗访，督查全州各类学校43所、幼儿园7所、学校大宗食品生产配送企业9家。

作风建设。立足新时代教育改革发展的新形势、新特点，州委批复成立州委教育工委，理顺县（市）及州直学校党建管理体制；成立州教体局社会组织党委，实现党建工作在民办学校和体育协会全覆盖。深入开展教育行业不正之风专项整治和违规征订教辅材料问题专项整治，下发整改通知书24个、整改情况督查通报4个、案例通报5期，典型案例通报18起，收缴和清退违纪违规资金530.6万元，立案59件，办结59件，给予党纪政纪处分59人，移送司法机关10人，约谈县（市）教体局分管领导16人。加强重点领域、重要节点、关键岗位监管，着重加强对教育考试、职称评审等工作的监督，处理考试违纪3例，取消5名教师的职称评审资格。全州教体系统内部审计205个项目，审计总金额达16.8亿元，查出有问题资金714.76万元。促进增收节支1832.8万元，其中已纠正违纪资金43.03万元，挽回损失浪费资金7.5万元，工程审减金额1778.8万元，其他增收节支3.5万元。

教育督导。针对吉首、泸溪、花垣3县（市）迎接国家义务教育均衡发展督导评估实际，州教育督导室起草《2017年义务教育均衡发展迎接国家督导评估责任书》，在全州教育工作会议上，3个县（市）人民政府与州人民政府签订责任状，明确目标任务，扎实做好自查和整改工作，经过多次推进、督查、整改、反馈，成效显著，年底全部通过国检。为使吉首、凤凰、古丈、花垣4县（市）顺利通过省教育“两项督导评估考核”，自年初开始，督导室积极督促4个县（市）根据州级督导评估情况进行整改，尤其针对“一票否决”教育经费投入不足问题，建议州政府督促县（市）追补所欠教育口经费，两次联系省教育经费专家，复核4个县（市）经费数据，在督导室的督促下，各项整改顺利实施，4个县（市）顺利通过省检，吉首市获得“优秀”考核等次。继续向省内外推介泸溪县督学责任区建设先进经验，先后有邵东、邵阳、祁东等县（市）教育督导部门到泸溪县学习取经，泸溪县督导室工作人员被邀请到广东省佛山市、安徽省黄山市介绍经验；凤凰县和花垣县顺利通过省中小学责任督学挂牌督导创新县验收，两县分别获得省教育厅10万元奖励；11月25日至27日，督导室组织开展督学能力提升培训，全州70多名责任督学参加培训，湘西州督学责任区建设工作继续全省领先。是年，吉首市和凤凰县被国家确定为基础教育质量监测样本县（市），两县（市）共计41所中小学、1230名学生被抽中参加质量监测，在州教育督导室指导下，两县（市）认真准备组考，经过3个月精心准备，5月25日至30日，两县（市）顺利完成监测工作，未出现任何失误，受到上级肯定和表扬，湘西州国家基础教育质量监测组考工作实现零失误。年内，牵头组织开展春、秋季开学工作督查，配合省教育厅开展幼儿园办园行为、全面改薄、义务教育均衡等专项督查，均达到预期效果。继续加大教育督导宣传力度，鼓励全州教育督导部门及时宣传报道督导动态，推介湘西州教育督导先进经验。11月底，全省在国家教育督导网发布教育督导工作动态和经验13篇，其中湘西州有8篇，占全省总数的61.5%，同时，湘西州在湖南教育督导网发布教育督导动态175篇，位居全省前列。11月13日至18日，牵头组织3个督查组，督导评估湖南省2017年立项建设的116所校（园），对34所建设进度缓慢的校（园）及时下达整改通知书，截至12月15日，28所校（园）工程项目全部竣工，实事项目建设校（园）督导评估全面完成。

（本栏撰稿　张云文　刘　芳）

【学前教育】 2017年，全州有幼儿园624所，比上年增加16所。在园幼儿103445人，比上年增加2668人。入园幼儿38417人，比上年减少2488人。离园幼儿44206人，比上年减少1616人。幼儿园教职工7790人，比上年增加602人，其中园长和专任教师4714人，比上年增加292人。

加快资源建设。落实《湘西自治州人民政府办公室关于进一步加快发展学前教育的意见》（州政办发〔2016〕13号）精神，全面推进第二期学前教育三年行动计划。一是加快山村幼儿园建设。推广古丈县山村幼儿园建设经验，继2016年完成189所山村幼儿园建设任务后，是年建设“山村幼儿园”211所（吉首市15所、泸溪县30所、凤凰县30所、花垣县30所、保靖县20所、永顺县43所、龙山县43所），提前一年完成400所山村幼儿园建设任务，基本实现山村幼儿在家门口入园目标。二是加快新建、改扩建幼儿园建设。完成9所乡镇中心幼儿园建设；改扩建幼儿园48所，新增学位近5000个；湘西经开区幼儿园建设主体工程基本完工，2018年秋季可招生办园。基本构建县、乡（镇、街道）、村（社区）三级学前教育资源供给网络。三是加大普惠性资源供给。规范普惠性民办幼儿园认定，全年认定普惠性民办幼儿园39所。截至年底，全州公办园、普惠园占比80.95%，基本形成以公办、普惠为主的学前教育资源供给体系。学前教育三年毛入园率82.63%，较2016年提高1.68个百分点。

加强师资建设。参加铜仁市“2017年武陵山区学前教育改革与发展研讨活动”“湖南省第六届学前教育管理研究论坛”“湖南省第五届湘沪两地名师多元整合幼儿园教育活动研讨会”，组织各县（市）幼儿园参加湖南省“贯彻《指南》实验幼儿园课程与教学改革研讨会”。参加各类观摩学习达3200余人次。

规范幼儿园管理。结合开学工作督查、全州骨干幼儿园评审、百名干部下基层“七个一”宣讲十九大精神活动，分别于2月、9月、10月、11月对全州幼儿园办园条件、办园行为进行全面督查，清除不合格普惠性幼儿园3所。

【基础教育】 义务教育阶段。2017年，全州有义务教育阶段学校1321所（个），在校学生31.5755万人，专任老师21271人。小学1240所（个），其中教学点935个，九年制、十二年制学校89所，小学有在校生218771人，比上年增加7501人，其中小学、教学点共有在校学生17.95万人，比上年增加5312人；共招生38426人，比上年增加5465人；毕业生31688人，比上年减少1273人。小学入学率为99.99%，毕业生升学率达102.1%。小学教职工13499人，其中专任教师13263人，比上年增加316人。小学教师与学生之比为1:16.5。全州小学占地面积4533192平方米，校舍建筑面积1569797平方米，生均图书20册，生均教学仪器设备值717元。全州小学每百人拥有计算机的台数为6.4台。全州乡镇完全小学建网率为100%。普通初中学校170所，其中初级中学65所，九年制、十二年制学校89所、完全中学16所，比上年减少8所；在校学生9.6984万人，比上年减少2009人，毕业32754人，比上年增加798人。招生32357人，比上年减少962人，校均规模510人，平均班额50人，毕业生升学率87.4%。普通初中教职工8438人，其中专任教师

8008人，比上年减少93人，专任教师师生比为1:12。全州普通初中学校占地面积4487344平方米，校舍建筑面积1419818平方米，生均图书30.4册，生均教学仪器设备值1544元。全州初中每百人拥有计算机12.5台。全州普通初中建网率为100%。

高中教育阶段。2017年，全州有高中学校52所，其中普通高中25所（高级中学9所、完全中学16所），中职学校27所（含进修学校7所），比上年增加3所。在校生7.6829万人（普通高中4.8873万人，中职2.7956万人），比上年增加3646人。招生28640人，比上年增加434人。其中普通高中招生17137人，比上年减少77人。普通高中有教职工3617人，专任教师3292人，初中毕业生升普高的比例为52%，普高专任教师师生比例为1:14.8；全州普通高中学校占地面积2083577平方米，校舍建筑面积1103209平方米，生均图书33.5册，生均教学仪器设备值2685.5元。全州普通高中每百人拥有计算机的台数为16.2台。其中中职招生11503人，比上年增加511人；中职有教职工1335人，专任教师1122人，初中毕业生升中职的比例为35.2%，中职专任教师师生比例为1:24.9（湘西职院教师统到大学）；全州中职学校占地面积635776平方米，校舍建筑面积299655平方米，生均图书15.9册，生均教学仪器设备值3532.3元；全州中职学校每百人拥有计算机的台数为22.7台。全州高中建网率为100%。

抓好树德育人根本任务。一是学校德育工作特色鲜明。落实《中小学德育工作指南》和新修订的《中小学生守则》，突出践行和培育社会主义核心价值观，将德育工作落细落小落实。在全州中小学落实“十四年抗战”概念，开展“少年传承中华美德”“最美孝心少年”系列活动。州委、州政府决定在全州各级各类学校开展感恩教育、扶贫教育、环保教育、安全教育进校园、进家庭“四育两进”主题教育活动，使学生“知党恩、志于学”。州民族中学开展“大手牵小手，温暖你我他”校园义卖活动，募集爱心款资助贫困留守儿童，以德育助力精准脱贫攻坚。泸溪县开展“孝亲敬长、诚实守信、勤学善读、自信自立、保护环境”校园之星评比。花垣县以“五爱（爱祖国、爱人民、爱学习、爱劳动、爱社会主义）、四有（有理想、有道德、有文化、有纪律）、三讲（讲道德、讲文明、讲礼貌）、三节（节粮、节水、节电）、三好（好孩子、好学生、好公民）”为载体，开展“爱我中华·圆中国梦”等教育实践活动，建立学段衔接、载体丰富、常态开展的德育工作体系。保靖县开设“六心银行育”，帮学生储蓄“道德财富”，勉励学生忠心报效祖国、爱心献给社会、童心保护自然、孝心报答父母、诚心善待他人、恒心留给自己，突出知行统一，强化道德实践、情感培育和行为习惯养成。保靖县推报的德育案例《开展感恩教育让学生成为精准脱贫助力军》被教育部评为“全国中小学德育工作优秀案例”。二是心育工作稳步推进。加强心理健康教育条件建设，中心完小以上学校基本建成心理健康咨询室。加强师资队伍建设，对湘西民族贫困地区乡村初中校长培训班进行“中学生心理健康教育”专题培训，提高学校管理层对心理健康教育的认识和重视。吉首市举办中小学心理健康教育专兼职教师实操应用培训班，永顺县开展国家心理咨询师培训。加强心育课程建设，州民族中学结合学生生涯规划指导，在高一年级每周开设一节心理健康课程；举办心理文化节，面向全体师生及家长普及心理健康知识，使心育工作从学校辐射到家庭、社会。古丈县在全县中小学开设心理健康教育校本课程，古丈县第三小学创建为省心理健康辅导建设基地。加强心育工作规范。永顺县制定《永顺县中小学生心理健康教育评估细则》，对全县中小学生心理健康教育提出明确规定和要求。三是校外教育百花齐放。认真落实《湘西自治州青少年校外活动场所管理办法（试行）》，强化校外建设场所规范管理，激发校外活动场所活力。县（市）高度重视青少年校外教育工作。凤凰县人民政府划拨土地50亩，规划投资2亿元，将新建青少年活动中心作为政府重点工程，项目进入设计阶段。各县（市）青少年活动中心开展丰富多彩的校外活动，成为学生特长培养、道德教育、科技创新、才艺展示的大舞台。花垣县举办“筝舞蓝天、我心飞翔”全县大型青少年风筝节；“福利院送温暖，与残孤儿童‘手拉手’互助活动；“欢乐童年·精彩无限”“六一”庆祝活动；“情暖童心·快乐成长”关爱农村留守儿童联谊活动；以及“我是小能手美食制作实践”等活动，让青少年孩子们在活动中增长知识、启迪智慧、锻炼能力、塑造品行。古丈县以弘扬民族文化为重点，大力培养民族小歌手。近年来，向小康、李正康、杨紫藤、张文子、杨瑞雪等小歌手相继登上央视舞台。凤凰县每年8月在县广场举办汇报演出，给每个孩子和老师展示的平台。各县（市）青少年活动中心积极发挥对乡村学校少年宫建设和管理的枢纽和指导作用，架设城乡校外教育贯通桥梁。全州建成乡村学校少年宫146个，其中古丈县实现乡村少年宫全覆盖。各县（市）青少年活动中心开展“流动少年宫”活动，通过送教、送活动等形式，为乡村学校少年宫作引领示范。

推进教育发展脱贫工程。一是加强保学控辍工作。开展精准脱贫保学控辍工作调研，督促县（市）落实“双线三级”和“五长”（县市长、乡镇长、校长、村主任、家长）保学控辍责任制，强化政府主体责任和学校报告责任，依托全国学籍信息管理系统建立控辍保学动态监测机制，加强对农村、边远、贫困、民族等重点区域，初中等重点学段，以及流动、留守、贫困儿童等重点群体的监控，确保建档立卡贫困家庭及城乡低保户适龄儿童少年按时入学，杜绝因贫失学。

泸溪县在教师中开展“一对一”结对帮扶建档立卡家庭学生“五帮”活动（帮学习、帮心理、帮思想、帮生活、帮技能）；在学生中开展学优生和学困生“一对一”互助活动；在社区和村委会开展“三帮一”劝返复学工作。凤凰县人民政府出台《关于打赢控辍保学攻坚战的意见》，把控辍保学作为最大的民生工程，最重要的扶贫手段，全面夯实教体局长、乡镇长、驻村扶贫工作队、村主任、校长、教师和家长等各方面的责任，严守建档立卡贫困户无义务教育阶段辍学学生底线要求，由本级财政预算安排1700余万元，实施精准、持续、有效帮扶，据实免除农村户籍、城镇低保、残疾、孤儿子女从学前至高中阶段的学费、住宿费、作业本费、教辅资料费等相关费用，努力打造“无费校园”，真正实现“无费教育”，彻底减轻贫困家庭子女就学负担，该县初中三年巩固率提高到96.82%。全州中小学认真组织“三帮一”劝返复学行动。花垣县参加“三帮一”劝返复学的教师、村干部、监护人达1500余名，310名有辍学打算的学生秋季开学按时报名，92名辍学的学生重返校园。2017年，全州小学适龄儿童入学率99.8%，较2016年提高0.6个百分点；小学年巩固率99.4%，初中年巩固率98.37%，分别较2016年提高4个百分点、2.07个百分点。二是保障特殊困难群体受教育权益。开展三类残疾儿童、留守儿童、孤儿入学情况调研，关注特殊困难适龄儿童少年入学问题。对残疾儿童少年入学做到“全纳入、零拒绝”，积极开展随班就读、送教上门工作及非义务教育阶段特殊教育试点。全州义务教育阶段有1654名残疾儿童入学，开展送教上门324人。加强留守儿童关爱工作，探索通过微信与外出务工监护人建立联系，进行家庭教育指导，沟通留守儿童成长情况。全州小学83460、初中30785名留守儿童按时入学，占小学、初中生总数的36.17%。积极回应社会对孤儿教育成长的关切，实施“慈爱阳光计划”，州民族中学在全州招收50名孤儿入读普通高中。永顺县在城区中小学校学位十分紧缺的情况下，落实县慈爱园120余名孤儿就近安排到城区中小学校就读。花垣县将207名农村孤儿学生集中到县城抚养，并安排在城区中小学接受义务教育。

统筹推进城乡义务教育一体化发展。一是加快化解城镇大班额。2017年是全州教育“四大工程”（城镇班额均衡化、农村学校标准化、城乡教育信息化、教师队伍素质提升工程）收官之年。州、县（市）加大投入，加速城镇学校新建、改扩建。1—10月，全州累计投入资金12.2亿元，新建及改扩建城镇班额均衡化工程项目校20所，吉首市第一中学、吉首市乾元小学、凤凰县南华中学、保靖县思源学校等学校秋季投入使用，新增城区学位1.2万个。州教体局开展全州大班额情况调研和督查，将城镇大班额控制情况纳入五个文明建设绩效考核和县（市）教育行政部门目标管理考核。按照《国务院关于统筹推进县域内城乡义务教育一体化改革发展的若干意见》（国发〔2016〕40号）精神，督促指导各县（市）结合本地实际制定消除大班额专项规划，明确工作任务和时间表、路线图。各级教育行政部门严格落实中小学招生政策，花垣县、保靖县、古丈县人民政府认真研究中小学招生和消除大班额工作，由人民政府出台招生实施方案。各县（市）落实义务教育阶段划片招生，免试就近入学政策，真正实现“公办不择校，民办不择优”，严格控制新生班额。截至秋季开学，全州除龙山县外，其他7县（市）均将新生班额控制在55人以下。泸溪、古丈两县积极采取分流措施，消除大班额存量，基本实现消除66人以上大班额阶段性目标。二是稳步推进全面“改薄”。申报2017年度全面改善贫困地区义务教育薄弱学校基本办学条件计划项目，累计下达资金18391万元，其中中央资金17404万元，省级资金987万元。对照全面改薄“20条底线”，全面启动“四改三化”建设。经过努力，中心完小以上学校全部完成改造任务。三是扎实开展学校结对帮扶工作。城乡幼儿园、中小学结成82个帮扶对子，将结对帮扶工作纳入基础教育绩效考核。泸溪县召开2017年城乡学校结对帮扶工作会议，创新结对帮扶形式，构建城乡学校强帮弱、农村学校亲帮亲模式，创建强校带动弱校、农村学校相互赶帮超的发展格局。采取“点单式”帮扶手段，运用支教跟班、交流换岗、送培送研、改善条件等措施，解决薄弱学校亟待解决的问题，从硬件、师资、管理、教学、教研等方面为乡村学校注入动力。四是完善随迁子女就读保障机制。制定《湘西自治州农业转移人口随迁子女入学管理暂行办法》，落实“两为主、两纳入”政策，全州义务教育学校接纳农业转移人口随迁子女59071人，占比18.70%。

推进高中阶段教育普及。一是加快普通高中学校建设。吉首市围绕州府新城、高铁新城建设，优化城区高中学校布局，完成吉首市一中新校区建设，新校区占地面积400亩，总建筑面积13.6万平方米，投资4.5亿元，增加学位4000余个。凤凰县完成凤凰高级中学迁建，新增学位1500个。永顺县高平金海学校高中部招生办学，新增学位1500个。保靖民族中学改扩建，新增高中学位3000个。二是推动普通高中多样化发展。着力培育吉首市民族中学、泸溪县第五中学等学校艺体特色和民族文化特色发展。三是开展普职融通教育实践。吉首市民族中学采取与市职业中专合作办学的模式，开设中职教育班，招收200名初中毕业生，探索课程互选、学分互认、资源互通机制，架设普通高中、中等职业教育融通桥梁，为学生进入技能型高等院校奠定基础。2017年，全州高中阶段教育普及率86.7%，较2016年提高3.6个百分点。

提升教育治理能力。一是扎实开展教辅材料专项整治。落实限年级、限学科、限范围、限数量、限总额

"五限"精神，加强政策宣传，健全规章制度，建立备案审查长效机制，印制《湘西自治州教辅材料自愿征订单》，规范自愿征订、公示公开程序，加强监督检查、执纪问责。2017年秋季，小学三年级至六年级征订金额分别为67.76元、68.11元、68.06元、68元，初中一至三年级征订金额分别为97.59元、143.4元、213.32元，高中一至三年级分别为145.2元、187.5元、406.26元，均低于规定的总金额数，切实消除"一科多辅""辅外之辅"现象。与2017年春季教辅征订情况对比，征订人数从371023人减少为300015人，减幅19.14%；征订品种从各年级平均17种减少为3.1种，减幅81.76%；征订总金额从99484088元减少为37380709元，减幅66.43%；生均征订金额从251.96元减少为124.6元，减幅50.55%。二是全面规范办学行为。认真落实"端正办学思想，规范办学行为，全面落实立德树人根本任务"暑期研讨班精神，印发《关于进一步规范办学行为的通知》（州教体通〔2017〕105号）、《关于严格执行普通中小学作息时间规定的通知》（州教体通〔2017〕125号），召开全州规范中小学办学行为工作会议，于2月、9月、11月开展规范办学行为全面督查。各中小学严格按照部颁标准开全课程，全面落实新修订的语文、历史、道德与法治教材及小学一年级科学课程开设。规范考试招生工作，确保考试招生公平、公正、阳光，实现无纰漏、零投诉。修订《中小学教学常规》，重点加强薄弱学校、村小、教学点常规管理，开展教学常规管理督查。泸溪县在村小、教学点管理方面坚持做到"三统一"，即统一办学条件标准、统一管理制度、统一质量考核。凤凰县建立薄弱学校和教学点教学常规管理台账，针对性地为这些学校从教学常规落实上把脉开方。

（本栏撰稿　张云文　刘　芳　宋新宏　何　澍）

【职业教育】2017年，全州初中毕业生有13693人就读州内外职业学校，普职分流比达到42.2%，全州普通高中计划招生16890人，中职计划招生13780人，中职计划占高中阶段招生计划总数的45%，分流比位列全省前列，招生规模实现历史性突破。是年，全州中等职业学校毕业生总数6163人，就业6000人，就业率97.7%。其中直接就业3875人，对口就业4818人，对口就业率78%。

办学条件改善。全面推进农村中等职业教育攻坚计划，全州"十三五"期间计划投入20亿元资金改善职业学校办学条件。投资3亿元的湘西职院文化体育会展中心建成投入使用；凤凰县划拨土地80亩，投入2.5亿元的凤凰县职业中专新校区全面完工并于8月下旬正式开学，学生全部入住；吉首市征地700亩，投资6亿元的市职专整体迁建项目完成前期准备工作；花垣县投入1.3亿元用于职业学校办学条件提质，运动场正在建设中；龙山县投资2.6亿元的职教中心项目规划选址完成；永顺县职教中心项目建设计划2018年竣工；保靖县投资2.1亿元，占地200亩的职教中心建设项目正在规划中；省财政厅、省教育厅对湘西州凤凰、花垣、保靖、古丈、永顺等5个县分别下拨农村中等职业教育攻坚项目改善中职办学条件专项资金500万元。狠抓项目建设，吉首市职业中专学校成功入围省卓越职业院校建设项目，泸溪县第一职业中学进入省示范性特色专业群建设笼子，两所学校正围绕项目建设标准，有条不紊地实施，项目建设取得突破。

教师队伍建设。全州"双师型"教师达338人，近三年提高10个百分点。加强职业学校督导管理，根据省教育厅《中等职业学校教学工作诊断与改进指导方案（试行）》要求，加强对全州各职业学校教学质量的诊断与改进工作，并将诊改情况纳入年度质量报告。以竞赛、活动促办学质量提升，增强学校、老师、学生的兴趣和学习积极性。10月28日，举办首届"2017年全州中等职业学校文明风采、技能展示活动"，共有14个学校选派16个专业的5000余名师生，在湘西文化广场进行专业技能展示、各类作品展示等，并组织专家对展示的200余件作品进行现场评比打分，评选出一等奖作品29个，二等奖作品55个，三等奖作品97个，活动现场吸引近3万人观看。

学生就业质量。湘西民族职业技术学院和县（市）中等职业学校先后与长三角、珠三角发达地区100多家国内外知名企业实行订单式培养。同时，注重与本土企业合作，湘西旅游学校、凤凰县职业中专等学校与德夯旅游风景区、凤凰古城公司、天下凤凰大酒店等企业进行全方位合作，此外，泸溪县第一职中、吉首市职业中专、湘西建筑学校、龙山县第一职中等职校，均在校企合作方面探索出新路子。2017年底，全州各职业院校均设有专门的就业指导机构，配备专职人员加强就业指导。每年通过举办大型招聘会、与州内外大型企业签订稳定就业协议、定向培养、定向就业等渠道，帮助职教学生实现就业。坚持"立德树人"办学理念，践行社会主义核心价值观，加强和改进职业学校德育工作，全面构建全员育人、全程教育、全方位育人的德育工作体系。是年，全州评选省级"三好学生"10名、"优秀干部"5名、"优秀实习生"3名、"先进班集体"2个。

规范招生行为。做好普职合理分流工作，严格职业院校招生资格审查，规范招生宣传行为，严格招生纪律。州教体局在湘西教体政务网上对具有招生资格的学校进行公告，全州统一进校招生宣传时间，本着对学生、家长负责的态度，凡是未经审核的职业院校不得在湘西州进行招生宣传。严格按照"六条禁令"要求，规范中职招生秩序和办学行为，坚决刹住招生中买卖生源歪风，确保中职招生公平公正，确保中职招生工作顺利开展。

对口帮扶助学。加强与扶贫城市对接，先后多次与济南市教育局接洽，取得一定成果。济南市历城区对口支援保靖县（历城）职教中心建设项目，预计4年间投入2000万元。积极与发达地区加强校企合作、校校合作，花垣县职业高级中学2016年以来先后与广州市机电技师学院、广州市工贸技师学院以及深圳技师学院开展校校合作，选送157名建档立卡户和城乡低保户学生到三所中职院校就读，学费全免，而且还为每位学生每年发放3200元的生活补贴和1600元的交通费补贴。结合对口湖南“精准扶贫”政策，采取“政府资助+学院帮扶+学生自立”的帮扶模式，真正做到上学一人，就业一个，脱贫一户。强化校校对口扶贫，增强职业学校竞争力和吸引力，省教育厅直管的6所示范性高职学院对口扶持湘西州6个县的中等职业学校，即长沙商贸职院对口扶持凤凰县职专，湖南信息职院对口扶持泸溪县第一职中，湖南大众传媒学院对口扶持古丈县综合职校，湖南商务职院对口扶持永顺县职教中心，湖南机电工程学院对口扶持花垣县职业高中，湖南铁路科技职院对口扶持保靖县职专。积极协调、配合扶贫、人社等部门，主要针对建档立卡户家庭剩余劳动力，大力开展职业技能培训、农村实用技术培训等工作。11月，花垣县依托县职教中心举办1期月嫂培训班，共培训学员65人，其中康宝莲学员通过考核认定为“五级育婴员”。

组建职教集团。以推进集团化办学为重要抓手，积极开展产教融合，校企合作，资源整合，实现历史性突破。以湘西职院为“龙头”，组建湘西现代职业教育集团，实现专业设置、教育教学、师资队伍、校企对接优化配置，得到州委书记叶红专的高度重视，集团于10日正式挂牌成立。

（本栏撰稿　张云文　刘　芳　杨　进）

【民办教育】2017年，全州有各级各类民办教育机构635个，有各类在籍学生85482人。其中民办中职学校10所，在籍学生2837人；民办普通中学11所，在校学生13058人；民办小学3所，在校学生5544人；民办幼儿园518所，在园幼儿64043人；其他培训机构93个，学员30000人。

民办教育分类管理调研。2017年，民办教育的热点问题是贯彻落实新民办教育促进法。是年3月，州教体局举办全州教体系统服务工作第一期培训班，对新修订的民办教育促进法及配套文件进行专题培训学习，全州教体系统分管民办教育的副局长、民办教育股股长、民办中职及义务教育阶段民办教育学校校长参加培训和座谈。9月26日，举办全州民办幼儿园园长培训班，聘请专家宣讲新法新政。年内，8县（市）共举办新法新政培训班10期，民办教育机构举办者对新法新政的认知和理解进一步提升，新法新政在全州民办教育机构的宣传学习实现全覆盖。为使实施意见更接地气，确保全州民办教育机构顺利转型，是年4月，针对全州义务教育阶段学校如何实施分类管理进行专题调研，通过发放问卷，开展举办者座谈会等形式了解全州义务教育阶段学校转型过程中面临的问题和困难。5月13日，配合省教育科学研究院民办教育研究所在全州开展新法新政实施前的调研工作，召集吉首、凤凰、泸溪3县（市）各类民办教育机构举办者、教体局管理者在湘西从文集团召开座谈会、听取民办教育举办者的意见，归纳举办者的建议，做实实施分类管理基础性工作。

民办学校办学水平提升。改变以往以送培为主模式，通过自己办培训，突出本土培训的实效性。9月26日至28日，在吉首德雅实验学校举办全州民办幼儿园园长高端培训班，培训班以法规宣讲、教学研讨、学术交流、安全管理为主要内容对幼儿园规范管理进行全面系统的培训。提出国学教育传承、安全压倒一切、规范教学流程的幼儿园办学思想和办学规范，有效推进全州幼教事业健康、特色、规范发展。

民办教育支持脱贫攻坚。将民办学校“结对帮扶、送教下乡”活动进一步升华，从原来的单一结对送教提升到对精准识别户的帮扶、对学校教学硬件的帮扶和对教师素质提升的帮扶，活动范围从吉首市覆盖到全州，从几个学校发展到大多数学校，活动形式也从单一的行政组织开展发展到学校自主开展。吉首市城区34家民办幼儿园与古丈县24家山村幼儿园结对扩大到37家，其他县（市）在帮扶力度上也有所加大，民办教育回报社会、关爱弱势群体的正能量得到广泛传递。是年5月，吉首市第二幼儿园还和古丈县教体局一起对古丈县所有的山村幼儿园志愿者在吉首市开展为期一周的业务培训，使山村幼儿园的办学水平得到有效提升。

民办学校规范管理。通过脱钩试点，州民办教育协会从人员、财务、机构、职能等方面与教育行政机关全面脱钩，县（市）协会与行政脱钩年底全面完成。是年，还对雅思调整月假制度、吉首幸福幼儿园与小区业主纠纷等问题进行协调处理工作，相关矛盾得到较好化解。同时，开展各级民办骨干学校、幼儿园的评审验收工作，全年共评审通过21所民办幼儿园为州级骨干幼儿园，1所学校被评为省民办骨干学校，2所幼儿园被评为省民办骨干幼儿园，有效推进民办学校健康发展。

党建引领民办教育发展。成立州教育和体育局社会组织党委，全面加强民办学校的党建工作，并建立民办教育协会联合党支部、体育协会联合党支部、州旅游学校党支部、州素质教育拓展中心党支部，实现州教体局直管的各类社会组织党支部建设全覆盖。全州8县（市）民办教育机构、体育协会也全部并入县（市）教体局机关党委管理，通过建立联合党支部等方式实现党建工作全覆盖，各项党建工作正常开展。党的十九大召开后，州教体局社会组织党委积极组织全体党员开展十九大精神学习，为使教体系统社会组织党建工作正常开展，州教体局党组还为民办教育协会联合党支部、体育协会联合党支部安排办公室、支部活动室等办公场所，安排资金购置办公用品，加强支部阵地建设。

（本栏撰稿　张云文　刘　芳　杨　进）

【高等教育】2017年，湘西州有高等院校3所。吉首大学有各类在籍学生3万余人，其中在校本专科生近2万人，博士生、硕士生、留学生1000余人；吉首大学张家界学院（三本独立学院）有全日制本科生7200余人。该校有在职教职员工近1500人，专任教师1000余人，有高级职称700余人，博士生导师27人，硕士生导师407人，硕士以上学历占教师总数的70%。吉首大学师范学院招生1101人（本科生112人）；是年，普通高校毕业生1339人，其中本科生131人；有在校学生4360人，其中本科生405人；有教职工292人，其中专任教师208人，具有硕士以上学位的专任教师97人，占总数的47%；有图书29.2万册，生均67册。湘西州广播电视大学招生1830人，比上年减少28人；毕业生1296人，在校生5881人，分别比上年减少28人；有教职工53人，专任教师23人。

（柴绪亮　胡仁贵　孙　丹）

【体育卫生艺术】2017年，全州教育体育部门把提升学生体育卫生艺术素质作为重要工作之一，创新方式，开拓进取，扎实工作，取得良好效益。

学校体育。成功举办全州学校第二届小学生5人制、中学生8人制足球运动会，1560位师生参加活动；制定2017年初中毕业体育、艺术升学考试方案，组织开展初中毕业体育、艺术升学考试；组织开展“校园武术操、长拳”培训，全州126位体育教师参加培训学习；组织开展“2017年学生体质健康数据上报”工作，全州2015年、2016年学生体质健康数据上报在全省排列第三名。组织湘西州学生田径队、足球队、健美操队、武术队，138位学生运动员参加湖南省第二届中学生运动会。完成2017年国家青少年校园足球特色学校、较高水平足球运动队建设基地申报工作，2015年24所、2016年10所、2017年17所，全州国家级青少年校园足球特色学校达51所，较高水平足球运动队建设基地1所（龙山县高级中学）。组建湘西自治州高中男子、高中女子、初中男子、初中女子足球队，参加2017年湖南省青少年校园足球高中、初中联赛。组织湘西自治州小学男、女足球队（25人）参加青少年校园足球2017年夏令营活动。完成2015年、2016年全州34所国家级青少年校园足球特色学校的检查评估工作，根据检查评估结果，合理下达2017年国家级青少年校园足球特色学校效益经费184万元。组织开展2017年青少年校园足球学校校长、体育老师、教练员、裁判员、行政管理干部培训，共计52人参加省级培训。

学校卫生。与州食品药品监管局、州卫生和计划生育委员会研究制定学校食品卫生、饮水卫生、疾病防控督查方案，开展学校食品卫生、饮水卫生、疾病防控工作督查2次。出台《关于开展2017年全州食品安全宣传周活动的通知》，通过专题讲座、主题班会、校园食品安全开放日等形式，于6月16日至27日组织专家深入中小学，开展宣传周活动。组织全州卫生管理干部参加湖南省学校卫生管理干部培训。联合湖南省产商品质量监督检验研究院、湘西州质量技术监督局、爱尔眼科医院举办“关爱视力·健康生活”活动。联合州卫计委、州疾控中心及时妥善处理龙山县皇仓中学、高级中学、职业中学肺结核事件。

学校艺术。举办湘西州第十四届中小学生独唱、独奏、独舞比赛，所选7个节目参加省独唱、独奏、独舞比赛，荣获一等奖5个、二等奖1个、三等奖1个，一、二等奖获奖率超省平均10个百分点。成功举办“湘西自治州第二届中小学生建制班合唱比赛”，6个节目参加省比赛，荣获一等奖2个、二等奖2个、三等奖2个。花垣县节目《湘西是我家》《喀琳喀》代表湘西州参加省比赛现场表演。组织开展“校园啦啦操”培训，全州226位体育和艺术教师参加培训学习。加强学校国防教育与高中阶段军训工作，联合湘西军分区司令部战备建设处，督查全州高中阶段学校2017年学生军训工作，并于9月20通过湖南省学生军训工作督查小组的检查，龙山县、吉首市的军训工作经验被省督查组拟定向全省推介。

（本栏撰稿　张云文　刘　芳　李　密）

【“特色引领·筑梦幼教”园长论坛】9月27日晚上，州教体局在吉首市德雅国际实验学校举办“特色引领·筑梦幼教”园长论坛，反响很大，全州10名优秀园长上台分享他们办园成功经验和特色发展理念，使所有参加培训的园长们得到思想上的洗礼，对各自今后的办学有了更好的规划。

【新时代民办教育规范发展论坛】11月22日，州教体局联合省教育科学研究院，在永顺县高平金海学校举办湘西州“新时代民办教育规范发展论坛”，聘请省民办教育发展研究所所长雷芳给大家讲解分类管理下民办教育今后发展的战略选择；长沙市教育局民办教育处处长刘凯希给大家讲解民办学校的精细化管理；还聘请4名省内知名专家分两个会场分别给幼儿园园长和学校、培训机构负责人进行业务培训。培训针对性很强，为促进全州民办学校规范发展具有积极意义。

【“我为山区孩子建绘本馆”义卖活动】11月18日，湘西红杉优幼联盟的9家幼儿园在吉首世纪广场开展“我为山区孩子建绘本馆”义卖活动，活动通过家长互动为吉首市丹青镇的一所学校募集到善款1.5万多元，用以解决山区孩子图书缺乏、阅读困难的实际问题。

（本栏撰稿　张云文　刘　芳　田官宏）

教育考试院

【概况】2017年，全州教育招生考试人员认真落实省委、省政府“保平安、保质量、保公平”的总体要求，以“科学、公平、安全、规范”为标准，以实现“三杜绝一减少”为目标，以制度建设为基础，以前期预防为关键，以确保考试安全和维护公平公正为核心，以整肃考风考纪为重点，强化责任意识，完善制度措施，严格组考管理，规范操作程序，加强监督检查，坚守“一切为了考生，为了考生一切”的服务理念，提升精细化管理水平，切实为考生做好服务，较好地完成各项工作任务。普通高考。全年组织考试1次，考试时间6月7日至8日。全州普通高考报名17687人，比去年增加779人，其中文科8241人，理科8280人，职高对口1166人。有3210人在统考前已被高职院校或其他高校单独招生录取，参加全国普通高校招生统一考试的考生有14477人，比上年减少31人。全州设立9个考区11个考点。审核民族优惠加分资格合格考生17417人。审核农村单独招生计划资格合格考生1972人。审核贫困定向计划资格合格考生4409人。全州录取考生12428人，录取率85.85%。本科录取6194人，占49.84%；专科录取6234人，占50.16%。文科类录取6062人（含文科音体美），理科类录取6036人（含理科音体美），职高对口类录取330人。本科一批录取738人；本科一批预科录取141人；本科二批录取2727人；本科二批预科录取786人；农村单招计划录取63人，比去年增加13人；贫困计划录取447人，比上年增加59人；军事院校录取18人；空军飞行员录取2人、民航飞行员录取3人。清华、北大共录取23人，比上年增加4人。成人高考。全年组织考试1次，考试时间10月28日至29日。全州成人高考报名6199人，比上年增加2746人。其中统考生6193人，免试生6人。专升本3799人、高中起点本科328人、高职（专科）2072人。设吉首市一中、吉首市民中、吉首市四中、吉大师院四个考点，共212个考室。社会考试。全年组织考试2次，考试时间3月18日至19日、9月16日至17日。全年有11331人报名参考，二级口试报名11035人，二级笔试报名296人。成人学士学位考试。全年组织考试2次，考试时间4月23日、11月12日。全年有476人报名，设吉首市民族中学考点。自学考试。全年组织考试2次，考试时间4月14日至16日，10月20日至22日。全年有4280人报名参考，报考16222科次，设吉大师院、吉首市一中两个考点，559个考室。年内办理自考毕业证399人。学业水平考试。全年组织考试3次。正考考试时间为6月11日至13日，全州15328人报名参考，其中吉首市1333人、州民中1462人、泸溪县1794人、凤凰县1681人、花垣县1484人、保靖县1290人、古丈县651人、永顺县2579人、龙山县3054人。根据考生人数和考试需要，全州设立8个考区、11个考点、516个考室，其中吉首市、永顺县、龙山县各设置两个考点，泸溪、凤凰、花垣、保靖、古丈5个县各设置一个考点。补考时间为9月23日至25日，4945人报名参考，总科次为13224科次，全州7县1市各设1个考点，共8个考点、116个考室。综合考查考试时间为9月28日至30日，15303人报名参加，全州共设置21个考点。中小学教师资格证考试。全年组织考试1次，考试时间11月4日，4727人参考，涉及40个科目，总计10128科次，设州民中、吉首市一中和吉大师院3个考点，共144个考室。研究生考试。全年组织考试1次，考试时间12月24日至25日，全州1275人通过报考资格审查并参加考试。设吉首市民族中学1个考点。10月审查通过报考2018年“少数民族高层次骨干人才计划”研究生资格419人，11月组织2018年硕士研究生报名现场确认，1641人报名参考，比去年增加366人。巡视督查吉首大学举行英语四、六级和英语三级考试2次、计算机等级考试6次，巡视督查湘西职院英语三级考试1次。

考务管理。州委、州政府高度重视国家教育考试工作，把招生考试工作纳入重要议事日程。成立由分管教育的李平副州长任组长，各成员单位分管领导任成员的招生考试工作领导小组，负责对全州招生考试工作的指挥、监督和检查。李平副州长高度重视教育考试工作，多次听取教育考试工作情况汇报，亲自安排部署高考组考工作，深入考点检查考前各项准备工作，签批解决组考及考点建设所需经费。6月4日，由李平副州长带队，组织州招生考试委员会成员单位与吉首市招生考试委员会各成员单位负责人对州国考考务指挥中心和州民中、吉首市民中等国考考点考前准备工作及周边环境综合整治行动进行专项督查。6月5日，州招生考试委员会向广大市民发出公告，呼吁广大市民在高考、学考期间给考生营造一个安静、平安、温馨的考试环境。县（市）政府高度重视，均建立健全以分管副县（市）长为主任的招生考试委员会，考试工作由分管副县（市）长亲自抓，在全州教育考试工作会上，县（市）招生考试委员会向州招生考试委员会递交责任状；县（市）教体局向州教体局递交责任状；县（市）招生考试机构向州教育考试院递交责任状。各县（市）考点与县（市）教体局签订责任状，考务工作人员、监考人员与考点签订责任状。

考试保障。各级招生考试委员会成员单位积极主动为考试工作出力。保密、公安部门抽调专人参加试卷接送、保管、保密室检查等工作，确保试卷不失密、不泄密；交通、交警部门制定考试交通整治方案，抽派警力在考点周边和重点路段进行布防、梳理，确保道路安全畅通；卫计、食药部门下到学校和考点对食堂、商场进行检查，保证食品卫生安全；环保、住建部门在考点周边开展联合整治，限噪降音，确保考点周边安静；消防部门派出专业人员对所有考点的火灾隐患进行认真排查；无线电管理部门监测市内所有涉考考点无线信号；电力部门制定多种措施确保考点用电正常；气象部门适时发布高考期间天气预报；纪检监察部门抽派专人坐阵考点对考试进行全程监督，严查考风考纪和违规行为；宣传部门组织成立专题报道组，对全州考试工作进行多次新闻报道；民宗委审查考生民族成分认真细致，1万多考生的民族成分审核没有差错；财政部门下拨专项资金950万元，为考试组考工作及考点建设提供经费保障。考前，公安、工商、宣传等部门联合开展“打击销售作弊器材”“净化涉考网络环境”“净化考点周边环境”“打击替考作弊”等专项整治行动。考试期间，各招生考试委员会成员单位驻点州国考考务指挥中心，及时处理考试期间发生的突发事件。湘西州相关部门齐抓共管、密切配合的工作氛围浓厚，考试环境温馨、舒适、优雅。

考务规范。认真细致做好各类考试报名资格审查工作。联合基教、职成等科室审核高考、成考、自考、学考、社考、研考、教师资格证、成人学士学位等各类考试考生报名资格8.3万人，通过核验身份证、户口、学籍等措施，严查考生的报考条件，杜绝考生违规报考。加强考生信息核对工作，认真组织招考机构、报名点、考生本人对报名、体检、相片、优惠资格、志愿等信息进行比对核实，所有信息准确无误，得到省院充分肯定。认真组织好各类检测工作，全年共组织2万余人次参加体育（艺术）类专业考试联考（校考）、空军（民航）招飞初（复）检、高考体检（军检）等工作，工作积极主动，赢得考生、家长的一致好评。严格做好考生各类享受优惠政策资格审查工作，联合民宗、公安、基教、纪检等部门审核高考少数民族优惠加分资格17417人次、贫困定向计划资格4409人次、农村单招资格1972人次、成人高考民族优惠加分6162人次、少数民族研究生骨干计划资格419人次、自考毕业办证399人次。整个资格审核工作公开、公正、透明，无差错，得到省巡查组的高度赞扬。制定工作方案成立领导机构，每次考试认真制定《组考工作方案》《突发事件应急处理预案》《安全工作方案》，成立组考工作领导小组、突发事件应急处理工作领导小组、考试安全工作领导小组，明确职责任务，提高突发事件应急处理能力。

考点建设。按照湖南省要求和规定，州、县（市）对国考考点和保密室全部进行全面升级和改造。州教育考试院投入40万元搬迁改造国考视频会议系统和国考指挥平台，新建国考保密室1个；永顺县投入150万元重建视频监控系统，新建试卷保密室，新增溪州中学考点；古丈县投入50万元重建视频监控系统、广播系统，新建试卷保密室，添置设施设备；凤凰县投入40万元全部维修考点设施；龙山县投入180余万元为2个考点采购并安装高标准的考试视频监控系统及广播信号系统。据统计，全州共投入考点建设专项经费550余万元，考点和保密室建设得到进一步完善。5月19日，省教育考试院督查处检查永顺县溪州中学考点和州教育考试院保密室；5月23日，省教育考试院副院长潘送球、主任皮祖迁督查州考试院组考准备工作；6月4日，副州长李平带队，组织各招生考试委员会成员单位开展国考考点考前准备和周边环境综合整治工作专项督查，对全州各考点的建设工作给予高度评价。

安全保密。全面落实试卷安全保密“一把手”负责制，各县（市）做到接卷工作由教体局领导带队，公安、保密部门派人参加。所有涉密等关键岗位人员实行严格的政审制度，并逐一签订安全保密工作责任状。试（答）卷统一存放在国考保密室，并保证专室专用。试卷在保密室存放期间，24小时不间断地实行电子监控，招考机构负责人牵头与公安民警24小时轮流值班。试卷保管严格落实“双人双锁”制度、保密室监控录像6小时回放制度、试卷分发场所监控录像即时回放制度。保密局人员每半天对保密室进行一次检查，询问值班工作人员，查看值班记录表，通过视频监控检查保密室内试卷存放情况，杜绝失密、泄密事故发生。

考风考纪。加强考风考纪教育，树立诚信考试意识，杜绝违规作弊行为。深入开展诚信教育，组织所有考生签订诚信考试承诺书，认真组织学习《考生守则》《国家教育考试违规处理办法》和《刑法修正案（九）》，特别加强对《刑法修正案（九）》中组织考试作弊、替考等入刑的条款和新《教师法》对考试作弊行为作出的处罚规定进行认真宣传，让考生和工作人员知晓考试舞弊需承担的严重后果，增强法律震慑力。加强对所有考生进行严格的考试行为规范培训和高考结束后“三个规定动作”培训，做到行动统一，标准规范，避免违规行为发生。建立全方位防控体系。充分利用视频监控系统、语音广播系统、无线信号屏蔽仪、金属探测仪、身份证识别仪等设备加强对考生的监督和管理，建立全方位的高科技作弊防控体系，有效遏制违纪作弊行为。认真选聘监考人员，落实考前培训。精心选聘作风正派、工作能力强、有责任心的优秀人员担任监考老师和考务工作人员。坚决执行“先培训，再上岗；不培训，不上岗”规定，考试不合格的人员坚决不准上岗。严格按照《考务工作手册》开展考试工作。考点按照“十无”要求，加强对组考工作的管理，确保无重大事件发生。主考按照“十三要”要求，抓好考前、考中、考后各个环节的监督检查，确保环环相扣全面落实。监考人员按照“七防”“十不准”要求严格自身管理，认真查处各类违纪舞弊行为，努力创建风清气正的良好考试环境。保密、保卫人员按照“四不”要求，确保试卷平安。验收员按照“五查五看”要求认真清理每一份答题卡和试卷，确保不倒装，不漏装，确保袋面信息填写完整正确。

巡视检查。加强组考管理，督促考务工作认真落实考试规定，每项考试派出巡视督查组，特别是在高考和学考期间，对每个考点都派出由州教体局副处级以上领导带队，2名局机关科室负责人参加的考试巡视组。各巡视组责任明确，分工到位，坐阵考点督查巡视，一查考前准备是否到位，二查考务培训是否全面，三查考试管理是否严格，四查考务执行是否规范，五查考试纪律是否遵守，六查卷卡回收是否及时。考试结束后，各巡视组认真填写“考点测评表”，及时总结考点的突出成绩，提出希望和建议，对进一步做好考试组考工作提供重要的参考依据。

创新服务。为每位巡视员制作带本人相片和姓名的巡视员牌，方便考点人员识别，加强巡视员责任意识。开通官方微信平台，并将微信平台二维码印制在巡视员牌背面，巡视员可随时通过二维码访问该院官方微信平台和官方网站，查询两考各类资料，确保巡视员工作准确规范。强化落实招生考试委员会成员单位驻州国家教育考试指挥中心值班制度。6月7日、8日、11日、12日、13日考试期间，安排两位招生考试委员会成员单位人员到指挥中心值班，实时解决考试期间可能出现的突发事件。确立考点巡视组每日一报制度。每个考点巡视组每堂考试结束后及时向考试指挥中心上报当堂情况，再由考试中心汇总向州招生考试委员会领导小组汇报，确保招委会领导实时掌握高考、学考期间动态，为考试保驾护航。

（本栏撰稿　吴志保　陈　超）

民族教育科学研究院

【概况】 2017年，湘西州教科院紧紧围绕湘西州教育改革发展大局，坚持“科研兴教”战略，以全面提升教育教学质量为目标，有效破解教育改革发展难题，深度推进课堂教学改革，努力探索信息技术研究应用，着力培养学生核心素养，提质升级教育科研成果，充分发挥教育科研部门研究、指导、管理、服务职能，为湘西州教育改革与发展提供有力的专业引领和智力支撑。着力教育科研文化建设，确立湘西州教育科研文化观，构建湘西州教育科研价值体系。着力基础教育课程改革，实施教学常规，优化教学过程管理指导，开展提升高中教学质量研究，强化教学视导，高考成绩稳步提升。组织开展系列教学竞赛和教学研讨活动，不断推出优质课和教师“新人”，一大批青年教师在教研活动中脱颖而出，是年，中学英语和心理健康教育课获得全国一等奖。着力教育发展研究，每年课题申报立项数量居全省中上水平，组织中小学教师开展微型课题研究、积极撰写教育教学论文，为全州中小学教师专业发展搭建平台，推动教育学术繁荣。积极建言献策，开展教育决策咨询服务，围绕教育热点、教育难点和教育焦点问题开展调查研究，撰写调研报告，为州委州政府和州教育行政主管部门决策服务。着力民族文化校园传承研究，全州确立36所民族文化校园传承研究基地校，编写并出版《苗文课本》《湘西民族文化（中学版）》和《湘西民族文化常识（小学版）》，民族文化校园传承研究进入“国培”项目，开发民族文化课程50余门，培训教师12500人，主要培训培养一大批湘西州民族文化传承师资。着力现代教育技术研究运用，在网上开展“视频说课”“微课征集”“在线集体备课”，教师参与积极性高，有效促进信息技术在教学中深入运用，提高中小学教师信息化教学能力，确立信息技术与学科深度融合研究基地学校16所。是年，湘西州教科院被评为全国教育系统先进集体、全国教育科研先进集体、省课题管理先进单位、省教育科研先进单位、省教育学会先进单位、省中小学教师远程培训先进单位等。

【校园“七个一”活动】 2017年，湘西州教科院积极开展党的十九大精神进校园活动，推动教研员深入基层听呼声、查实情、解难题。11月1日至20日，组织全体教研员，深入湘西州民族中学、湘西州第二民族中学、吉首市一中、吉首市太平学校及其村片小等19所基层学校，开展“七个一”调研活动，增强教育科研工作服务基层学校能力，密切教育科研机构与学校血肉联系，推动教育热点难点问题的解决，扎扎实实在“两个坚持”上做文章。一是坚持“三个进入到”，即进入到县（市）教育局和教科所、进入到基层学校、进入到课堂听课评课，开展讲党课，宣讲十九大报告，并深入老师办公室、学生寝室、食堂等，与教师和学生座谈，了解教育教学现状和师生学习工作中存在的困难和问题。特别在学校发展规划、安全管理、教学常规、控辍保学等方面严格把关、跟踪问效。二是坚持“三个询问”。通过走访谈心，询问了解基层学校教职工对推进教育科研工作的建议意见；通过座谈交流询问，查找工作理念、方法、落实中存在的问题和作风方面存在的不足；通过调查问卷询问，了解师生员工对教育科研工作的期盼和需求。这些活动深受学校欢迎。

【课堂教学竞赛研讨活动】 2017年上半年，湘西州教科院先后举行全州小学道德与法制课教师教书育人风采竞赛、全州“吉韵杯”信息技术与小学语文学科深度融合优质课竞赛。全州600余名教师现场观摩，“贝壳网”全程直播，省内外小学教师可在网上收看，影响较大。

【湘西州中学英语和心理健康教育课荣获全国一等奖】 2017年，湘西州教科院先后组织参加全省小学数学、小学科学、中学地理、小学语文素养大赛等学科竞赛活动，有9个学科荣获全省教学竞赛一等奖，其中，凤凰县高级中学张波执教的心理健康教育课“爱情的理想与现实”、雅思初级中学李庭晴执教的英语课荣获全国一等奖。

【修订中小学教学常规】2017年，全面完成教学常规修订工作。3月，深入到8县（市）中小学校开展近五年来教学常规实施情况调研，为修订教学常规掌握第一手材料。组织召开部分州直中学、部分县市中小学校长和教师座谈会，征求新修订的教学常规意见，几易其稿，完成修订任务。

【年度课题立项申报工作】2017年，湖南省教育科学规划办分配给湘西州课题申报指标总数40项，实际申报40项，立项20项，立项率达50%，申报率市州排位第一名，立项率市州排位第七名，居中上水平。省教育学会立项课题申报100项，立项91项，居全省前列。省教育科学规划协会课题申报69项，立项69项，立项率100%。年底，州教科院被湖南省教育科学研究者协会评为先进会员单位。

【教育决策咨询服务工作】2017年，州教科院承担州政协下达的湘西州农村教育专题调研，撰写《湘西州农村教育现状及其发展对策》调研报告，承担州人大下达的湘西州民族教育专题调研计划，撰写《湘西州民族教育发展现状及其改革发展对策》调研报告，围绕当前教育的热点、难点问题，组织开展中等职业学校办学情况、中小学信息技术与学科融合、全州基础教育情况等系列调研，撰写《湘西州中等职业教育发展现状调研报告》《湘西州中小学信息技术与教育教学深度融合现状调研报告》《湘西州基础教育存在问题及对策》3份调研咨询报告，得到州人大、州政协和州教体局的高度重视和好评，教育决策咨询作用进一步发挥。

【国培“湘西民族文化校园传承”项目获表彰】2017年，湖南省教育厅下发《关于“国培计划”“省培计划”实施工作评估结果的通报》（湘教通〔2017〕105号），湘西州国培管理在全省国培管理综合评估中荣获全省第一名。该项目继续实施，全年培训教师2500人，开发完善2017年国培项目“湘西民族文化校园传承”“湘西人文自然概况”“民族法律法规”等课程18门，培训参与率100%，合格率100%，全面完成国培任务。

【信息技术研究工作】2017年，州教科院组织在网上开展“视频说课”“微课征集”“在线集体备课”等网上教研活动，开展两次线下教学研讨、听课评课线上全程直播，广大教师不需走出校门就能观摩学习，创新教研工作方式，着力推进教育科研工作信息化。此项工作走在全省前列。在3月举行的全省教育科研工作会议上，院长刘世强作的题为“运用现代教育技术，促进教育科研事业发展”典型发言，引起与会人员高度赞誉。

【信息技术与学科深度融合高级研修班】2017年，州教科院组织国培“D103——信息技术与课堂教学深度融合理论与实践”高级研修班于9月和10月各办1期，每期集中培训7天。整个培训课程丰富多彩，培训形式多样，培训效果好，学员反响好。

【参加全省中等职业学校“文明风采”竞赛获奖】2017年5月12日，湖南省中等职业学校“文明风采”竞赛总结活动在株洲举行，湘西州15件作品获非体育类竞赛奖，2支队伍获体育类竞赛奖，3所学校获优秀组织奖。湘西州民族文化艺术职业学校的2件作品、吉首市职业中等专业学校的2件作品和泸溪县第一职业中学的1件作品获省一等奖。其中，湘西州民族文化艺术职业学校的舞台作品《快乐山里人》和吉首市职业中等专业学校的美术作品《故园四景》获国家级一等奖。该届竞赛活动湖南省共有19件作品获国家级一等奖。

（本栏撰稿　张清忠）

吉首大学

【概况】2017年，吉首大学总占地面积2900余亩，建筑面积近60万平方米，教学科研仪器设备总值3.3亿元，各类纸质、电子文献600余万册。学校建有50个一级学科、80个本科专业，覆盖11大学科门类。有各类在籍学生3万余人，其中在校本专科生近2万人，博士生、硕士生、留学生1000余人。吉首大学张家界学院（三本独立学院）有全日制本科生7200余人。吉首大学有在职教职员工近1500人，专任教师1000余人，有高级职称700余人，博士生导师27人，硕士生

国内首个乡村旅游研究院在吉首大学成立现场

导师 407 人，硕士以上学历占教师总数的 70%。是年，吉首大学各项事业扎实推进，正式成为国家民委与湖南省人民政府共建高校；获批成为推荐优秀应届本科毕业生免试攻读硕士学位研究生普通高校；成为湖南省唯一推荐到国家参加博士学位授予单位评选的学校；学校先后获得“全国暑期‘三下乡’社会实践优秀组织单位”“全国大学生志愿服务西部计划项目优秀高校”“全国阅读推广先进单位”“湖南省‘五四’红旗团委”等荣誉称号。

教学管理工作。一是教学管理规范有序。制订和修订《关于进一步加强本科教学工作的实施意见》《吉首大学教学委员会工作规程》等各项管理制度，完成 2016 版人才培养方案、教学大纲、考试大纲的修订工作和《2016—2017 学年本科教学质量报告》。二是专业建设深入推进。组织专业综合改革项目年度检查，机械设计制造及其自动化、电气工程及其自动化、金融工程、商务英语等专业顺利通过省教育厅新增学士学位授权评估；组织风景园林、数据科学与大数据技术专业的申报工作；不断加强专业核心课程、新开课程、资源共享课程建设，新立项建设 6 门“精品在线课程”、10 门“精品在线课程”培育项目。三是教研教改稳步推动。申报立项 7 个国家民委教改课题项目；开展 2017 年本科教学工作专项调研，完成 2014 年立项的教学改革项目结题评审工作；组织医学院和附属医院制定学生评价手册及评价标准，积极推进医学教育改革。学校获得教育部 2017 年第二批产学合作协同育人项目立项 18 项，成功入围教育部数据中国“百校工程”建设院校。四是实践教学成效明显。完成校内外 155 个非师范类实习基地的年终总结收集和动态调整及 20 个师范类基地的教育实习、检查和评优考核工作，新建校级校外非师范实习基地 8 个。获得中央财政支持地方高校改革发展资金项目 8 个，总经费 2400 万元。开设实验课程 888 门，实验项目达到 5863 项。全年立项实验教学及现代教育技术研究改革项目 23 项，实验室开放基金项目 46 项，独立设置实验课程项目 8 项。五是创新教育与学科竞赛成绩斐然。面向全体在校生开展“创业基础”教学，增强大学生创新创业意识。大学生创新创业孵化基地新吸纳 18 个创业团队，与地方行业部门联合举办 8 次创业分享会，举办首次就业指导、创业指导课教学比武大赛。全年组织、指导学生参加省级以上学科竞赛 96 项，获得国家级一等奖 5 项、二等奖 33 项、三等奖 19 项，省级一等奖 110 项、二等奖 82 项、三等奖 101 项，在力学竞赛、电子设计竞赛和工业设计竞赛中取得历史性突破。在全国大学生“挑战杯”竞赛中荣获二等奖、三等奖各 1 项，第三届“互联网+”大学生创新创业大赛荣获铜奖 2 项。张家界校区大学生众创空间被科技部确定为“国家众创空间”。在“中国高校创新人才培养暨学科竞赛评估结果”的排名中，学校列第 187 位。六是研究生教育成效明显。全年招收博士研究生 7 人、硕士研究生 417 人。修订学科学位和专业学位研究生人才培养方案，完成导师学科归队工作，发布研究生教育 2017 年度质量报告。获得国家级研究生数学建模竞赛三等奖 1 项，湖南省高校第三届研究生数学建模竞赛一等奖 3 项；获得 2017 年湖南省“挑战杯”竞赛二等奖 1 项；获湖南省优秀学位论文 3 篇；获得推荐优秀应届本科毕业生免试攻读硕士学位研究生资格；新增 7 个专业学位硕士点。七是民族预科教育质量不断增强。修订少数民族预科学生相关教学管理制度，承办全国预指委 2017 年工作大会，完成预科学生全国统一会考、汉语水平等级考试（MHK）和吐鲁番双语骨干教师第 11 期培训任务。八是继续教育工作稳步提升。重新修订成人高等教育相关规章制度，进一步加强对函授站的监管，确保成人教育的稳定发展。获国培计划项目 7 个、委托项目 1 个，培训 700 人，圆满完成全年国培任务；积极开展大学生职业技能培训，共培训 1362 人。九是国防军事教育有新成果。完成 4221 名学生的军事理论课程和军事技能教学任务，在湖南省第七届高等学校专职军事教师授课竞赛中荣获第一名。

科学研究与服务。一是科研平台建设有新突破。新增一批科研平台，“国家民委民族理论政策研究基地”“湖南省土家医药研究中心”“湖南省土家医药文化研究基地”“湖南省国防教育研究中心”落户学校。二是科学研究获得新丰收。全年获得各级各

吉首大学主持的《中国连片特困区发展报告（2016—2017）》蓝皮书在北京发布

类科研项目271项，其中国家社科基金项目18项、国家自科基金项目24项，年度到账科研经费2056万元。获得湖南省第13届社科优秀成果奖一等奖2项、二等奖1项、三等奖2项；获得省自然科学奖三等奖2项；1人荣获湖南省第6届优秀社科专家。科研成果转化力度加大，获湖南省“百项专利转化推进计划”项目1个；两个团队的技术专利转让项目成果转让额度都达10万元以上。三是主动对接服务国家战略。深入发挥“武陵山片区扶贫与发展协同创新中心”等平台功能，发布《中国连片特困区发展报告（2016—2017）》蓝皮书，成立“吉首大学湖南乡村振兴战略研究中心”“中国乡村旅游研究院”；编纂《湘西史料文献丛书》和《武陵山研究》，与地方政府、企业签订战略合作协议3个、专项合作协议3个。

师资队伍建设。一是深入实施“人才强校”工程。修订“俊彦学者人才工程实施办法”，大幅度提高人才引进与稳定的经费资助和高层次人才的待遇。引进学科带头人1名，与1名国家重点学科带头人签订引进协议。全年引进和学成返校博士、教授25人。民族传统体育学科教师团队入选全国首批“黄大年式教师团队”；1人入选中宣部文化名家暨“四个一批”人才（理论界）；1人入选湖南省政府特殊津贴专家。二是加强人才培养工作。实施学历提升计划，全年45人次报考“少数民族高层次骨干人才计划”、中山大学对口支援单招计划；选派10人在职或脱产攻读博士学位，2人攻读硕士学位。支持教师开展课程进修和学术访问，全年推荐“对口支援教师课程进修计划”4人，国外学术访问8人，企业挂职1人。三是加强教师职业技能培训。举办新进教师业务知识培训班，评选出“大汉奖教基金”优秀教师21名。专任教师在全省高校教师课堂教学竞赛、信息化竞赛中获得一等奖2项、二等奖7项、三等奖2项。在湖南省辅导员职业能力竞赛中获得特等奖一项，一等奖一项，二等奖一项，学校荣获团体“季军”，在全国辅导员职业能力竞赛复赛中获得三等奖一项，优胜奖一项。

学生教育管理。一是招生就业工作有新提升。录取本科新生4332人（含预科分流学生470人），圆满完成招生任务。积极拓展就业市场，与省内外60多家用人单位签订就业创业基地合作协议，全年举办100余次专场招聘会，为毕业生提供就业岗位3.5万余个。发布2017届毕业生就业质量年度报告，2017届毕业生初次就业率达89.32%，实现年初确定的就业率目标。二是学生教育管理取得新成绩。引进7名辅导员，公开招聘5名懂维吾尔语的专职辅导员，组织87名学生教育管理骨干参加素质拓展培训，学校辅导员队伍建设经验在全省作典型介绍。积极开展大学生心理危机干预，加强成长辅导室建设，全年无因心理健康问题出现的严重危机事件。组建“小苹果青年传媒”团队，利用“一网三微QQ联动”抢占网络思想政治教育阵地。组建53支实践团队分赴武陵山片区和井冈山革命老区开展“三下乡”活动，组建46个小组开展“情牵脱贫攻坚”主题实践活动，选拔22名大学生分赴新疆、西藏、广西开展志愿服务。三是学生帮扶工作取得新成效。建立健全贫困生资助体系，全年有22285人次获得各项奖助，总金额达4405.6万元。依托“青年之声”平台倾听和收集学生意见建议，参与学生6000人次。实施“贴心工程”，积极开展民族团结教育，对学校近800名新疆、西藏学生实行一加一结对帮扶。

管理服务工作。一是争取办学资源能力增强。争取中央财政支持地方高校建设专项资金2400万元，“双一流”高校专项建设资金3800万元，其它非常规性收入900万元，全年实现收入55242.1万元。二是资产管理进一步规范。进一步健全资产管理制度，修订相关管理办法。完成经济适用房分配、引进人才住房安置、大田湾校区图书馆拆迁审批、学生宿舍搬迁、资产核实申报、违规多占住房清理等工作。完成科技交流中心的租赁，与吉首市人民政府签订石家冲校区部分土地房屋资产租赁协议和收购意向书。规范商业门面管理，积极处理对外债权。三是采购与招投标得到加强。组建单独设置的采购与招投标管理中心，制定完善《吉首大学采购与招投标管理办法》《吉首大学采购内控管理制度》等规章制度，全年完成273项、预算总金额为11590.51万元的采购与招投标项目，招减金额576.05万元。四是审计监督职能得到强化。全年完成各类审计项目427项，审计总额231948.09万元，促进增收节支87.16万元。规范开展干部离任经济责任、基本建设和修缮工程、物资设备采购、科研项目经费等审计。五是校园基本建设不断完善。加快智慧校园建设进程，智慧校园数据中心和网络安全项目投入运行；完成部分多媒体教室改造升级或迁移。完成《吉首大学十三五基本建设规划》修订和评审，砂子坳校区经济适用房、张家界校区实验大楼、张家界校区新图书馆竣工交付使用，砂子坳校区实训大楼完成主体验收，大田湾校区医药人楼完成设计和初勘，征地扩容工作获得省政府批准立项。六是后勤保障能力进一步增强。制定传染病疫情防控工作预案和食品饮水安全专项整治工作方案，确保师生的健康与安全。开展教工宿舍屋面“四乱”专项清理，做好校园一卡通新系统的建设，做好对物业公司日常服务质量的监督与检查。完成107个共1760余万元的基础设施改造项目，校园美化、亮化、绿化得到进一步加强。在“湖南省第四届高校烹饪技术大赛”中荣获白案一等奖，红案一等奖，团体一等奖。学校成为湖南省教育后勤协会后勤信息化建设专业委员会主任单位。七是公共服务平台作用明显增强。《吉首大学学报》成为中文社会科学引文索引期刊（CSSCI），学报社科版入选2017年湖南省重点报刊资助项目。图书馆数字资源文献全天候正常开放，数字资源访问、登录、检索、浏览、下载总次数达 6476 万余次，完成两校区 60 万册图书期刊及电子阅览设备的搬迁，全年接待读者 216 万余人次，外借书刊 18 万余册。档案馆完成干部人事档案专项审核，接受省档案局档案工作专项检查获得好评。启动《吉首大学志（1990—2017）》编纂工作。阳光服务中心受理咨询、投诉、反映、建议、表扬等各类信息 1120 条，办结并回复的信息 1116 条，办结率为 99.64%。八是加强校园文化建设。围绕“立人教育”举办系列活动，“一校一工程”“一院一品牌”“一社一特色”呈现出新常态，打造“放飞青春梦想”开学典礼、“毕业嘉年华”“我的青春我的团”、传承中华优秀传统文化、元旦晚会等活动品牌，黄永玉艺术博物馆、湘西民族文化博物馆等系列文化场馆积极发挥育人功能，“问道”“立人读书沙龙”等品牌栏目越办越好，“经典、精读、经世”阅读推广活动广泛开展。九是扎实开展综治维稳工作。全面推进“平安高校”建设，完成第二轮“平安学院”建设。加强少数民族学生安全管理，完善“12345”教育安全管理模式。深化校地联动模式，创建“六共”机制。加强交通管理，新建 5 套门禁系统，开展两次交通专项整治活动；加强校园视频监控系统等技防建设，基本实现校园全覆盖。校园各类案（事）件发案率下降 30% 以上，实现“六个无”的综治维稳工作目标。十是多校区管理不断完善。积极探索多校区管理模式，加强吉首校区与张家界校区的统筹协调，跨校区管理的效益不断增强。加强对张家界学院的管理，推进张家界学院教学、内部管理及转设工作。十一是对外交流与校友工作取得新进展。全年聘请美国、英国、意大利、西班牙、日本、乌克兰等外籍专家共计 12 人次，与澳大利亚西悉尼大学、意大利卡美日诺大学、罗马尼亚克卢日纳波卡大学等签订合作协议。认真开展对口支援工作，与中山大学签订新一轮合作协议，与湖南师范大学开展合作援助的深度交流。成功举办吉首大学全国校友代表大会暨教育发展基金会年会，新增“鼎鸿阳奖学金”“鸿志奖学金”“精进爱心社奖学金”“德山奖学金”，全年捐赠协议金额达 370 万元。组建 60 周年校庆筹备工作组，积极筹备校庆工作。

党建和宣传思想工作。一是扎实做好宣传思想政治工作。深入学习领会党的十九大精神和习近平新时代中国特色社会主义思想，扎实推进“两学一做”学习教育常态化制度化。全面贯彻落实全国全省高校思想政治工作会议精神，认真落实意识形态工作责任制，牢牢把握宣传思想政治工作的领导权、主动权。落实重点建设马克思主义学院措施，推进三位一体思想政治课教学改革，实施“五个工程”，提升青年学生的思想政治道德素质。学校在全省高校思想政治工作会议上作典型经验介绍。对外宣传得到进一步加强，《人民日报》、《光明日报》、《中国教育报》、中央电视台、湖南卫视、红网等中央、省级媒体年内多次宣传报道学校的办学成就，刊发学校宣传稿件 387 篇。二是扎实开展基层党建工作。深入落实党建工作责任制，形成抓好党建就是最大政绩的共识。修订《党支部工作细则》《发展党员工作细则》；全校 28 个二级党组织、150 个党支部全部换届，全年新选任 10 名二级党组织正副书记；举办两期支部书记培训班；全年选任处级干部 35 名，选任科级干部 41 名，调整科级干部 31 人；全年发展大学生党员 881 名，发展教职工党员 9 名；全年选送 4 名中层干部参加省教育工委党校培训，选派 1 名年轻干部参加国家教育行政学院培训；表彰先进基层党组织 24 个、优秀党务工作者 40 名和优秀共产党员 100 名。4 名学生党员获得全省“百佳大学生党员”称号。扎实做好驻村帮扶工作，联团村正式脱贫，学校扶贫工作得到主流媒体的宣传报道和各级部门的充分肯定。三是扎实开展党风廉政建设。切实履行党风廉政建设党委主体责任、纪委监督责任和领导班子成员“一岗双责”。切实抓好巡视“回头看”反馈意见的整改。加强党风廉政建设责任制检查考核。认真开展教育行业不正之风、高档白酒消费、违规涉“矿”等经营性活动等专项整治工作。全年立案审查 6 人，给予党纪处分 3 人次，政纪处分 2 人次。四是扎实做好统战、群团和离退休工作。制定《关于进一步加强新形势下统一战线工作的实施意见》，开展民族团结进步创建活动，落实“四个纳入、三个带头”，统战工作有新气象。加强对共青团、学生会的领导，积极推进共青团改革。积极支持工会工作，加强民主管理，维护职工权益。积极发挥“五老”作用，支持关工委、老科协、老年大学等开展工作，承办省委老干部局省直第 18 片组 2017 年工作会议。

【吉首大学正式成为博士学位授权单位】 2017 年，吉首大学抢抓国家开展“双一流”建设和新一轮学位授权单位评审机遇，积极开展博士授权单位申报工作。学校顺利通过湖南省学位委员会和国务院学位委员会的评审，国务院学位办正式公示该校为博士学位授权单位，体育学为新增博士点，学校正按照要求制定博士学位授权单位建设方案。

【吉首大学圆满完成本科教学工作审核评估任务】 2017 年，吉首大学上下认真贯彻评建工作二十字方针，坚持做精数据、做实材料、做硬支撑、做热现场，认真开展三轮教学学院审核预评估，精心安排专家组现场审核评估，顺利通过教育部本科教学工作审核评估，学校本科教学工作得到评估组专家的高度肯定。

【吉首大学成为委省共建大学】 2017 年，吉首大学积极向国家民委和湖南省委省政府领导汇报学校办学工作，主管副省长召开委省共建现场办公会，形成专题会议纪要。同时，成功举行国家民委、湖南省人民政府深化共建吉首大学座谈会，形成“积极贯彻落实共建协议，大力支持吉首大学建设发展，切实推动吉首大学提升办学水平和办学层次”的共识。

（本栏图文　柴绪亮）

湘西民族职业技术学院

【概况】 2017年，湘西民族职业技术学院占地面积586667平方米，建筑面积191584.6平方米，实习实训设备总值4211万元，办学条件达到国家高职高专人才培养水平评估优秀标准。设有10个教学系部，开设有高职、中职（中技）专业33个，涵盖农林牧渔、能源动力与材料、土木建筑、装备制造、交通运输、电子信息、财经商贸、旅游、文化艺术、教育与体育十大类，拥有全国民族文化传承与创新示范点专业1个、省级教改示范专业2个、省级精品专业1个、省级特色专业1个、中央财政支持专业3个、州级精品专业2个、州级非物质文化传习所1个。有教职工695人，全日制在籍学生11368人（含技工学校在籍学生2046人），开展社会培训2321人次。学院是国务院扶贫办确定的“全国劳动力转移培训示范基地”，先后获得“全国开展科技扶贫，直接为地方经济建设服务先进单位”“全国农村青年转移就业先进单位”“全国五好基层关工委先进集体”“全国温暖工程先进集体”等数十项国家级、省级、州级集体荣誉。俞正声、王晨、严隽琪等党和国家领导人曾先后到学院视察，对学院服务民族地方经济社会发展给予充分肯定。

教育教学。在湖南省专业技能抽考中，湘西职院2个抽考专业均达到合格，其中模具专业合格率达到100%，再创优异成绩。在省2017届毕业设计抽查中，湘西职院三年制大专合格率为97.5%，五年制大专合格率为100%，毕业设计抽查结果位居湖南省第25名。在2017年省级技能大赛中，湘西职院经济贸易系、机电工程系、计算机系获得团体奖4项，22人获得个人二、三等奖，学生向渌雅代表湖南省参加全国职业院校技能大赛获得高职组服装设计与工艺赛项目三等奖。应用外语系学生参加第八届全国高职高专英语写作大赛，分获英语专业组一等奖和公共英语组二等奖及三等奖；民族艺术系学生参加2017中国湖南旅游商品大赛和湖南省“湘字号”传统技艺工匠竞赛，1人获得湖南特色旅游商品奖银奖，1人被授予“湖南省五一劳动奖章”“湘绣优秀工匠”荣誉称号。

专业建设。完善专业动态调整机制，对接市场需求和产业发展，新增航空服务、高铁服务专业，淘汰部分老旧、弱势专业，积极推进五大专业群、三大特色专业群建设，实现专业体系优化，专业活力彰显。会计专业顺利通过湖南省高职特色专业验收。正式启动“智慧校园”建设，投入454.8万元推进民族艺术、交通工程、生物工程、机电工程等教学系实验室建设，完成省重点产业实训基地建设项目3个。

学生管理。职院深入开展社会主义核心价值观教育系列活动，组织开展“心无旁骛·求知问学”“祖国在我心中”“禁毒之声·唱响校园”“书香校园”“缤纷社团·闪耀职院”等一系列高品味校园文化活动，加强学生心理健康辅导，提升学生思想道德素质，学生到课率90%以上，违纪率控制在5%以内，无重大刑事和治安案件发生。

师资建设。大力引进紧缺专业、高学历人才19名，成功申报副高级以上职称5人，完成职称岗位升级98人。年内，全院有西部访问学者1名，青年骨干教师访问学者1名，“三区”人才10名，州级科技特派员7名，教师学历、职称、能力结构不断优化。教师立项国家学会课题2项、省级课题6项、州级课题8项，较往年有较大突破。罗汉果项目入围省科技进步奖，周毅、崔丽红两名教师获得州第十一届青年科技奖。石惠云大师工作室入选为2017年湖南省技能大师工作室建设项目单位，在2017年省级教学比武中，职院教师获一等奖5项、二等奖9项、三等奖20项，教师教育教学水平明显提升。

招生就业。2017年，职院招生4511人，其中三年制大专1333人（网招生397人、单招生954人），五年制大专1527人，中专、中技1651人。学院有全日制在籍学生规模11368人，三年制高职占比持续增长。学院连续七年被省教育厅评为全省高职高专招生工作先进单位。2017届高职毕业生初次就业率为83.13%，年终就业率达到90.62%。在湖南省黄炎培职业教育奖创业规划大赛中，湘西职院参赛作品《上山果》获得省三等奖；在2017年第二届中国“互联网+”大学生创新创业大赛中，湘西职院50名学生22个创业项目参赛获得省优胜奖。

内部管理。严格实施“五个文明”建设绩效考核制度，按照“分级分类、全员全过程”的原则将学院全盘工作纳入统一的绩效考核管理平台，充分发挥绩效考核的管理、激励、促进作用。推进食品安全、医疗卫生、同建同治、维修维护、园林绿化等后勤服务规范化、精细化管理，调整和加强产业管理，提高资产管理效益。加强综治维稳工作，有效防止重、特大安全责任事故的发生。保障教职员工合法权益，组建专门班子解决新、老校区住房安全、土地权属、资产管理等历史遗留问题。

社会服务。按期完成州文体会展中心建设工程，并承担60周年州庆主会场任务，认真做好场馆建设、氛围营造、文艺会演和安全稳定等工作，确保州庆活动圆满成功，州委书记叶红专对学院州庆服务工作给予充分肯定，学院的美誉度、影响力大幅提升。积极承担全州重要发展任务，认真落实州委州政府相关文件精神，对落实全州创新引领开放崛起战略进行责任分解，积极牵头推进湘西现代职教集团建设，制定推进科技创新、文化创新、建强科技创新平台、强化人才队伍建设的具体工作方案，2017年12月正加紧实施。有效助推地方精准扶贫，对接精准脱贫“十项工程”，加大特色农业、新型工业、民族文化产业、旅游业、现代服务业等地方产业人才及农村基层管理人才培养，全年开展“农民大学生”和各种技能培训3500人次以上。加大面向贫困农村办学力度，湘西农村学生占比91%，留守学生占比49%，各类特困生占比16%，一大批贫困学生通过接受职业教育成功就业创业，实现“就业一人，脱贫一户”目标。抓好驻村扶贫工作，帮助扶贫村发展脱贫产业，壮大集体经济，建强基层组织，建设民生工程，全院88名正科级以上干部开展结对帮扶467人次，帮助贫困户解决脱贫项目、资金、技术等问题，年内脱贫13户59人。

【集团化办学】2017年，根据湘西州委、州政府决策部署，整合全州职业教育资源，学院积极推进湘西现代职业教育集团组建工作，统筹推进全州职业教育专业建设、“2+3”模式中高职对接及教育教学资源共享，全面深化与“产业四区”和州内外知名企业校企合作、产教融合，在职教办学模式创新、人才联合培养、服务区域发展等方面进行大胆探索与实践，推动民族职业教育特色化、品牌化、集团化发展。

【校企合作】2017年，与吉利集团湖南吉利汽车部件有限公司、宸鸿科技（厦门）有限公司、长安集团河北长安汽车有限公司等10余家大中型企业进行深度合作，6个“吉利汽车班”正式开班，选送93名学生到奋达集团参加后期培养，实现高薪就业；与湘西经开区签订校企合作框架协议，校企合作、产教融合的良好机制逐步形成，人才培养与市场需求、专业教学与生产实践的对接更加紧密。

（本栏撰稿　向昌斌　田芳微　付　裕）

吉首大学师范学院

【概况】2017年，吉首大学师范学院教育教学质量持续提升，有全日制在校学生4360余人，学生英语过级率达88%，计算机过级率达77%，毕业成绩合格率达99%，本科学位授予率为99%，应届毕业生初次就业率达到89.71%。是年，招生计划1215人，录取1216人，报到1103人。通过教育部本科教学工作审核评估小组审核，获得国务院学位委员会审核增列教育学专业学位硕士点授权，实现从本科教学到研究生教学的跨越。组织青年教师培训班，教师群体师德水平和业务水准进一步提高。积极组织学生工作、学术科研工作项目申报，获得国家自然科学基金项目立项。成立记者站，进入学院宣传工作发展新时期。

教育教学。6月3日，湘西州公费定向师范生招生工作会议在学院会议室召开。9月，吉大师院召开推荐优秀毕业生免试攻读研究生工作协调会，学院领导与教育系、中文系、数计系等相关专业系负责人参加会议，综合测评最后结果以教育系候选人刘彦君总分排名第一获得推免资格，名单及时报送到吉首大学审核。10月23日至25日，教育部本科教学工作审核评估专家小组对学院本科教学开展审核评估，专家组走访教学单位，与学院领导、教师及教学管理人员交流座谈，听课看课，抽查班级课程试卷，调阅毕业论文，评估结果较好。11月，湖南省人民政府学位委员会办公室发文，经省人民政府学位委员会第15次全体会议审议通过，吉首大学新增教育专业学位硕士点，吉大师院承担教育专业学位硕士培养任务。

学生管理。2017年，本科生完成田野调查报告106篇，编辑调研文集1本，在第六届高等院校小学教育专业大学生“儿童诗文配画创作”和“书法作品”大赛等赛事中，13名学生获得全国性奖项。学院开展奖助学金、师范奖学金评选及困难自助总金额达869万元，其中1名学生获得国家级奖学金，70名学生获得励志奖学金，47名学生获得省级优秀毕业生荣誉。学院联合州民政局招收五年制非定向培养学前教育专业“慈爱阳光班”学生30人，解决湘西州七类贫困家庭学生学习和就业问题；组建11人的指导教师团队，深化就业指导课程建设，组织首届“大学生职业规划”设计大赛。

学术科研。“溎溪书院”基础研究工作研究成果《溎溪书院研究》定稿，进入出版程序。学院组织申报各级科研课题61项，立项24项，其中教师李洪毅主持的“编码映射与折叠反转在试验设计中的应用研究”获得国家自然科学基金项目立项。是年发表科研论文40余篇。完成“湖南省教育科学民族地区教师教育研究基地”评估验收工作。举办“溎溪讲坛”，邀请专家学者10余人开展学术讲座。

教师培训。3月25日至26日，举办青年教师培训班，分为6个专题学习，民研所老师贾琼向青年教师学员分享研究成果“国际视野下的教师职业与成长——以美国为例”。督评办主任王明辉分享“教书育人说课堂”专题演讲。教务处主任龙晓飞以“教学工作基本要求”对现行政策环境下高校教师教学工作的规范和基本要求做详尽解读。向芬老师对现行职称政策，涉及职称申报的类型、条件以及自理等进行具体讲解。思政办主任曾华分享文章《践行师德、端正作风，不忘初心、潜心育人》，深刻阐释习近平总书记对高校教师履行职责、提升师德与教学质量的殷切希望。学院原工会主席、退休教师田绍源从践行师德的原因、意义以及现状入手，提出践行师道的一般要求。培训班圆满举行，青年教师群体的师德水平与业务水准明显提升。

校园建设。雷公井公租房、人行天桥竣工并投入使用。“溎溪书院”维修工程顺利开工，州文物局副局长周蜜、学院副院长石群勇、施工单位、监理单位代表以及学院相关职能部门代表参加开工仪式。启动学院“十三五”发展规划相关工作，综合教学楼获得立项。完成东区绿化、硬化、亮化工程，新增绿化面积15000平方米。加强学院电子白板系统的日常管理和维护，更新学院网站系统，顺利进入州政府信息中心系统。加强图书资料库建设，年内新购图书1447册、光碟95片，新增网络数据库资源8个。启动“基础教育数据库”建设资料收集工作，完成“古籍特藏室”建设。

【成立网络宣传工作暨记者站】 2017年4月12日，吉首大学师范学院召开成立网络宣传工作暨记者站大会，经各系推荐、选拔出来的学院第一届记者站10名学生记者和爱好新闻宣传写作的同学参会，标志着吉大师院记者站正式成立，预示着学院宣传工作进入发展新时期，对做好互联网背景下的高校舆论引导和意识形态领域工作意义重大。

【特色文体活动】 2017年3至4月，吉首大学师范学院举办第二届院足球联赛和首届教职工气排球比赛。4月14日至18日，由著名画家黄永玉提名的“紫藤花开”——吴正义紫藤作品展在吉大师院澌溪书院展出，作品展由湘西州美术馆主办，吉首大学师范学院艺术系承办。积极开展“书香湖南”全民阅读推广活动，4月23日，参加吉首大学第四届“一校一书”阅读活动总结表彰大会暨第五届阅读活动启动仪式，经吉首大学校内专家评比，该院被评为“书香学院”，初教系2014级小学教育一班刘雨同学撰写的《读〈平凡的世界〉有感》读书心得荣获校级二等奖，教师邓吉平被评为“优秀阅读推广人”。5月，学院举办第五届师范生教学技能大赛，从吉大师院附属小学、吉首一小等学校分别邀请一批优秀的学前教育以及小学教育一线工作者担任评委，从口语、教态、授课内容设计、重难点把握、教学方法、多媒体课件的使用、板书设计等方面对选手进行综合考核。5月18日，第41个国际博物馆日当天，吉首大学与凤凰山江苗族博物馆共同举办的苗绣藏品展览在吉首大学齐鲁大楼举办，州级老领导龙德忠、田景安、龙友芳、龙文玉，吉首大学副校长黄昕出席举办仪式，吉大师院副院长石群勇主持，展览为期一周，共展出经典苗绣藏品700余件。6月6日，湖南省优秀教师、省教育学会中学数学专业委员会常务理事、湘西州数学学科带头人李代凤到吉大师院讲学，300余师生聆听讲座。9月13号，学院举行2017级新生入学消防演习，学院领导及学生处军训团相关负责人到场观摩指导。

（本栏撰稿　黄　曼　孙　丹）

州民族广播电视大学

【概况】 2017年，湘西州广播电视大学致力为湘西州经济社会发展培养应用型人才，学校实行多渠道、多层次办学，学历教育、非学历教育并举，取得明显成效。是年，学校校园面积26.5亩，建筑面积逾16320平方米。是年，学校坚持学历教育中心地位不动摇，狠抓招生工作，全年学历教育共招生1830人（本科540人、专科1290人），完成全年目标任务的107.6%。其中开放教育招生1605人，合作办学招生225人。现有在籍学生5881人，干部在线教育学员22779名，“湘西终身学习网”注册学员2万余名，培训和社会考试人数1.12万人次，非学历教育全年培训和社会考试2485人，湖南省中小学教师专业适岗培训240人。

教育教学。学校积极推进“六网融通”教学模式改革，全面落实各个教学环节。全年安排12个阶段12次面授辅导，共计31门课程，并对农民大学的面授辅导进行6次跟班管理与查堂登记；积极开展空间教学学习活动，仅下学期学生登陆国开平台行为数783599次，学生发帖数6770帖，老师发帖数2395帖，学生“总学习行为次数”“平台登录次数”“总在线天数”、平均行为总时数全省第二，教师网上教学行为时数全省第一，教师网上教学行为时数位居全省前列；农民大学生2017年线上教学测评情况综合排名全省第一；组织国开平台95门试点课程，99门省开形考课程和5门省开综合性作业网上教学辅导，完成率在90%以上；组织学员到德农牧业公司等实践教学基地开展实践教学12次；组织完成1400名专科学员、340名本科学员毕业论文写作指导、初审和复审工作，专科论文通过率为98%，本科论文通过率为96%，论文答辩通过率为100%。

学术科研。完成63个专业执行性专业规则的制定、审核和印制，新老生学籍注册3180科次，学籍异动手续200人次，课程注册30069人次，在籍生信息修改6人，修改率低。组织19次42519人次各类学员考试，课程报考、试卷报订无差错，考试无违纪现象。办理各类学员毕业证书、毕业证明书和学位证书1513本，其中学位证书5本，办证无差错；完成教材征订29317册，订购率达100%，所有教材均及时发给各县电大站，工作中讲规范，重流程，无事故。组织申报国开课题2项，校本部教职工在省级以上期刊公开发表学术论文11篇；3名教师参加全省电大教育类专业教师教学技能大赛，均获得优秀奖；在全省电大系统开展“社会主义‘有点潮’”系列主题活动中，1名老师的作品获二等奖；在全省电大教育类专业教师教学技能大赛中，1名老师获三等奖，2名老师获优胜奖；在湖南广播电视大学经济管理类教师优秀论文评比活动中，1名老师的论文获二等奖。学校成立州教师发展中心筹建办公室，按照州教育和体育局的要求，做好湘西州教师发展中心的前期相关准备工作，学员宿舍改造启动。全年配合州教体局完成两次共4000多人的中小学教师职称评审工作。

师资培养。成立湘西州教师发展中心。坚持“质量立校”，始终将人才培养质量摆在首位，全年有7名学生被国家开放大学、湖南电大评为优秀毕业生；25名学生分获国家开放大学奖学金、国家开放大学“希望的田野”奖学金、湖南广播电视大学奖学金。组织11名学生参加省电大和国家开放大学举办的“我的学习故事”演讲比赛，其中一名学生作品被推荐到国家开放大学参赛。加大教师队伍培养选拔力度，先后推荐20余名教师赴北京、长沙、州委党校学习，教师素质提升明显。组织教师参加干部在线学习，全体党员及副科以上干部参加学习贯彻十八届六中全会、十九大精神等专题培训班，教师整体素质得到一定提高，5名教师分别被评为全省电大系统行政执法考试、教材发行、统考工作及学籍管理先进个人。

基础建设。学校制定信息化建设三年规划，着力打造数字化校园，全校教师均配备有电脑，实现信息化办公。同时，学校通过积极争取及自筹资金100余万元，新建录播室、三楼大会议室设备操作间，翻新教学楼后外墙面，启动学生宿舍改造工程，改善办学条件，增强学校的综合办学实力。

校园文化。制作《在田野中寻找前行的力量》农民大学生宣传片及宣传画册；组织教师全年完成“湘西文化影像”系列微课课件10个；《湘西州干部教育培训可通过手机登录平台》《州电大积极组织学习贯彻省委十一届三次全会精神》等10篇文章在《中国政协报》《湖南电大报》《团结报》刊发，并被搜狐网、光明网等多家媒体转载；在湖南电大主页、湖南省干教资讯、湘西广播电视台、湘西新闻网、湘西教体网等媒体发表通讯30篇。组织学生积极参加国家开放大学、湖南电大组织的学员创新创业设计竞赛、计算机应用基础知识大赛、“我的学习故事”演讲比赛等，10名学生获得各种奖励，学校3次获得组织奖，在“全省电大学员创新创业设计竞赛”中，2名学生获三等奖；在全省电大学员优秀论文（设计）竞赛中，1名学生获二等奖，2名学生获三等奖；在“全省电大开放教育计算机应用基础知识大赛”中，2名学生获二等奖，3名学生获三等奖。通过一系列宣传，学校办学的社会影响及学校办学的美誉度进一步扩大，为学校发展提供良好的外部环境。

平安创建。学校与各处室签订安全责任状，将安全责任进行分解，层层落实责任，抓实安全稳定工作。坚持定期和不定期检查，做到每天一小查，每周一抽查，每月排查一次安全隐患，加强假期值班和夜间巡逻，做好信访维稳和舆情管理工作，严防各类事故发生。高度重视综合治理工作，召开安全维稳工作会议，开展安全教育宣传月活动，利用黑板报、宣传图片、安全讲座等宣传安全教育，提高学校师生安全意识。年内学校未发生安全责任事故。

【农民大学生培养独具特色】 2017年，学校结合湘西州精准脱贫工作实际，继续大力实施农民大学生培养计划，学校办学发展在全州经济社会发展中的独特地位和重要作用得到州委州政府高度重视及社会各界的广泛认同。农民大学生培养计划实施以来，累计培养2467名农民大学生，其中964人成为村组干部、585人成为产业带头人，农民大学生培养工作成为湘西州培养新型农民、加强基层组织建设、助力精准脱贫的一项“品牌工程”。学校为504名2016级农民大学生免费发放“学习PAD”，让农民实现在“家门口”“手掌上”上大学。2月，省政协“推进我省教育扶贫”专题调研组听取农民大学生培养工作汇报，得到省政协副主席杨维刚充分肯定。是年9月，国家开放大学两次到校调研农民大学生培养工作，国家开放大学副校长刘臣认为湘西州农民大学生培养工作独具特色，形成湘西模式，推出湖南经验。

【干部在线网络教育】 2017年，全州干部在线学习取得新的突破，干部在线网络教育注册学员达22779人，新增7000余人，完成目标任务的121%，超任务21%。组织学员参加学习贯彻十八届六中全会精神等专题培训班。录制本土特色课件16个、25.5学时。湖南省干部教育培训网络学院移动学习平台和微信公众号正式开通，湘西州干部教育培训可通过手机登录平台进行学习，参学率达100%，人均获得103.37个学时，学时任务完成率达99.98%，参学率、学时任务完成率、人均学时三项主要指标在全省排名第一，学校被湖南省干部教育领导小组评为“干部网络教育培训先进单位”，3人被评为“湖南省干部网络教育培训优秀联络员”，8人被评为“湖南省干部网络教育培训优秀学员”。

【终身教育有序推进】 2017年，学校致力构建湘西州终身教育体系，加快建设湘西州学习型社会步伐。老年干部在线注册总人数达4329人，比2016年新增1100多人。吉首市农业局退休干部郭学涵获得1223.9个学时，全省排名第三，被湖南省终身教育促进会评为“2016年度湖南省百姓学习之星”。在全省离退休老干部“喜迎十九大颂歌献给党”合唱比赛活动中，湘西州有3支合唱队伍分获大赛二、三等奖。学校与州教育和体育局、州委老干部局、州老年大学联合举办的2017年湘西州“全民终身学习活动周”活动开幕式上，有3000余人参加活动，近万名社区居民观看活动演出，获得很好社会效益。是年，学校被中国成人教育协会评为2016年度全民终身学习活动周成功组织奖。

（本栏撰稿　胡仁贵）

湘西州民族中学

【概况】 2017年，湘西州民族中学进一步深化改革，规范办学行为，加强制度、文化建设，着力基础教育样板校和教师队伍建设，取得可喜成绩。有在校学生3137人，比上年减少134人。招生996人，比上年减少147人。有教职工337人，其中专任教师297

人，专任教师师生比例为1:10。学校占地面积102000平方米，校舍建筑面积77627平方米，生均图书41917册，生均教学仪器设备值330万元，每百人拥有计算机的台数为12台。是年，该校共1073人参加高考，一本上线326人，一本上线率30.41%；二本以上上线720人，二本以上上线率67.1%，一本上线率和二本以上上线率均创历史新高。学业水平考试继续保持全州领先，其直升科科合格率及优秀率两项指标均居全州第一。是年，该校被评为2015—2016年度湖南省优秀体育传统项目学校、湖南省学校心理健康教育先进单位；被湖南省学生资助管理中心评为学生资助研究先进单位；省教育工委、省检察院、省教育厅确定该校为未成年人法制教育基地。学校还获评为全国普法宣传教育基地；被中国关工委、司法部、中央综治委授予“零犯罪学校”称号；该校校长王斌荣获第八届“湖南省徐特立教育奖”。

德育管理。坚持“重心下移，分块管理”模式，开展安全、禁毒、法制和民族团结教育及学生不良行为习惯专项治理活动；施行《湘西州民族中学学生成长记录册》和班级量化考核管理等制度；配合同建同治、省文明单位创建等活动，落实学生日常行为规范教育，组建宿管工作指导小组，实行寝前点名、班主任查寝签名等制度，着力构建全员育人全过程育人全方位育人体系。坚持开展主题月教育活动，结合学雷锋主题教育系列活动，组织学生开展共建文明社区、慰问福利院、山村小学和慈爱园等青年志愿者系列活动，通过开办业余团校，举办读书征文比赛、道德讲堂等，培养学生正确的价值观。坚持扶贫帮困培育传统美德，通过希望工程“一元捐”、爱心助学义卖活动共募集爱心款5650元，所得善款用于州希望工程助学计划及资助龙山县内溪乡双坪村小学留守儿童、“中国最美孝心少年”向小康等。坚持践行社会主义核心价值观，举行新团员入团宣誓、参加“五四”庆祝、组织“喜庆十九大，永远跟党走”等活动。坚持开展社会实践、社区服务活动，共评选出44个优胜班级和1212名优秀个人。加强校园文化建设，开展“助威高考”“喜庆十九大”“校园艺术节”等主题活动；加大学校宣传工作力度，办好校报校刊、校园网站、学校官微；积极开展对外宣传，在《基础教育参考》、《团结报》、湘西新闻网等媒体发表稿件123篇。坚持资助育人，2017年秋季16个资助项目共资助学生1757人次，发放救助金243.35万元；阳光慈爱班学生及全体困境学生信息分别录入省慈善总会救助系统、全国学生资助中心系统，管理科学。

湘西州民族中学校门

教育教学。一是加强常规教学管理。职能科室对每天的教学活动进行检查，每周汇总。改革对备课组工作的管理考评方式，通过实施《州民中备课组活动管理暂行办法》，建立备课组教研活动新常态。统筹安排，对高二年级文理科采取课程集中开设方式，做到科学备考。二是发挥教育科研引领作用。重点开展“同课异构”教学研究活动，录制优秀示范课32节。“一师一优课，一课一名师”晒课校本研修活动在全州领先。学校被评为州级优秀组织单位，修泽智老师被评为先进个人，黄捷等5位教师的课被评为州级优课。各科教研员积极调研指导，参加各年级备课组活动78次；加强对新高考的学习，邀请州教科院教研员现场调研，为改进教学集思广益。优化音、体、美等学科走班教学方案，为应对新高考改革积累经验。开展课题研究，重点推进11个省、州级立项课题，在全州2017年度微型课题评比中，选送的4个课题全部获奖，顺利完成2016—2017学年度34个校本研修课题的结题鉴定及评奖工作，何金桃等9位教师主持的课题被评为优秀。认真组织实施2016—2017学年度优秀教学奖的过程评价工作，张宏喜、吴璟、王伏英、黄捷4位教师获得优秀教学奖。顺利完成2016年度教育教学经验交流论文的评比工作，完成47本新版《学易》编修工作，学生调查问卷优良率均在96.5%以上。该校教科室再次获评全州优秀学校教科室，廖声斌老师获评优秀教研员。三是强化网络督导评估。在信息填报、新平台试用、以课题研究带动学科建设、德育主题活动开展、教师岗前培训等方面获省督导室充分肯定，并荣获2015—2016学年度省示范性普通高中督导评估优秀等次学校。

教师队伍建设。全面推进“文明党支部、文明科室（年级组）、文明班级、文明家庭、文明个人”活动，实行目标责任分解，促使省级文明单位创建、五个文明建设工作常态化。加大人才储备力度，做好教师公开选调工作，全年办理11位免费师范生入编和9名教师工龄认定手续、16位选调教师调入手续、6名教职工退休手续，完成4名高级教师的推荐申报工作。黄捷老师获评湘西州“优秀班主任”、首届“湖湘优秀班主任”称号。学校组建适应初中教学的湘西经开区分校专业队伍，积极开展初中生涯规划教育指导课题研究及教学等，做好与新高考改革的接轨工作，过渡期办学运转正常，社会反响良好。

基础设施建设。积极探索与雅思高中合作办学模式，及时出台《股东融合支教方案》，与雅思高中的融合迈出实质性步伐，秋季起采用支教模式支持体校办学，促进两校合作效益最大化。争取上级各项资金2666万元，自筹资金500余万元，大力改善办学条件，完成排污管道、计算机教室、操场人行天桥等新建、改造工程。后勤保障抓好服务质量，强化资产管理，严控“三公”经费支出，开源节流，试行教学区用电包干办法；创建省级食品安全示范性学校验收效果良好。学校改扩建项目附属工程进入最后收官阶段。州民中建设项目在2017年度全州重点项目建设工作考核评估中，获评优秀项目。

【平安校园建设】 2017年，学校不断完善校园安全工作责任体系，实行科室人员轮流值班制。“智慧校园”建设初见成效，校园一卡通、网络监控全覆盖等一期工程投入使用。完成消防设施更新，设立微型消防站，开展全国第22个安全教育周、禁毒教育周等主题活动，通过“全国普法万里行”“学宪法讲宪法”、2017年湘西自治州防震减灾应急疏散演练等活动，加强学生法制、安全教育。坚持晨检制度，做好疾病防控工作，学校食堂实行学生参与管理量化评比制，创建文明食堂，食品卫生安全事故发生率为零。年内，学生思想品德评价合格率达100%，在校学生犯罪率为零。28个班级参与学生食堂青年志愿者服务活动，评选出优秀青年志愿者38人。匡悦同学被评为“全国优秀共青团员”，梁佳颖同学被评为“全州优秀共青团员”，滕苗同学获评“民族团结进步最美少年”。

【第二课堂活动】 2017年，学校定期跟踪检查高一、高二年级周末学科竞赛培训和学科提高培训活动，认真组织学生参加全国数、理、化、生学科竞赛，初赛中各科团体总分均居全州第一。高三复赛成绩在全州再次领先，其中，数学获省二等奖1人（高二孙沐川同学），省三等奖2人；物理获省二等奖4人，三等奖8人；化学获省一等奖1人（高三彭知源同学，此奖项为湘西州十年来的新突破），省二等奖1人，三等奖1人；生物获省二等奖2人，省三等奖2人。学生社团活动、大课间活动组织有序。艺体比赛取得较好成绩，在湘西州第十四届“三独”比赛中，15名同学参赛获一等奖4人、二等奖6人、三等奖5人，学校获全州单项团体总分二等奖，优秀组织奖。在全州校园足球比赛中，该校女子队获第三名，男子队获第十名。

【“两个工程”建设】 2017年，学校成功建立校第一个名师工作室——高中地理廖声斌名师工作室，指导青年教师陈媛参加湖南省2017年中学地理教学竞赛现场教学比赛，收获高中组课堂教学竞赛一等奖（第一名）好成绩。地理名师工作室率领“澧兰沅芷”备课团队，在湖南省2017年中小学教师在线集体备课大赛活动中荣获高中地理备课组“特等奖”（第一名）。通过“青蓝工程”培养年轻教师，选派32位教师参加各类会议、学习观摩及业务竞赛活动。组织第十八届优质课竞赛暨第四届说课比赛，开展35岁以下青年教师共61人的教学业务竞赛及展示等教师岗中培训。15位青年教师圆满完成三年拜师学艺各项任务，顺利出师。本年度，52项教师业务成果公开发表或受到省级以上奖励。

【心理健康教育】 2017年，学校完成高一年级心理健康教育授课任务，在初一年级启动《礼仪文化·心理健康》校本课程，通过专题讲座、心理文化节、观摩交流等加强心理健康教育的宣传与辐射。心理辅导老师舒暖参与的湖南省教育规划课题“湘西民族地区贫困生焦虑、厌学心理分析与疏导研究”获评优秀。是年，该校被确定为省心理健康教育示范校、州德育示范校。

（本栏图文　罗文国　王贤芝）

湘西州第二民族中学

【概况】 2017年，湘西州第二民族中学有教职工277人，其中向永顺县借用教师22人，聘请教师58人，湖南师范大学研究生支教团6人，向龙山县里耶镇派遣2名支教教师，向永顺县塔卧苏区中学派遣2名支教教师。有教学班级63个，在籍学生4012人，其中高中39个班、2562人，初中24个班、1450人。

学校管理。根据教育部等七部门《关于治理教育乱收费工作的实施意见》《湖南省教育厅关于进一步规范中小学办学行为意见的通知》精神，学校按照国家课程计划开足课程、开足课时，按照审定书目使用中学教材。组织收费人员学习有关收费政策，熟悉操作规程。做好收费公示工作，将永顺县物价局统一制作的收费公示牌悬挂在办公大楼醒目的位置，张榜公布收费项目、标准和依据，接受群众监督，免除部分家庭经济困难学生的学杂费和教辅材料费。继续聘请法制副校长、法制辅导员和法律顾问，以多种方式推进校园法治文化建设，依法维护校园安全稳定。6月1日，与永顺县检察院联合举办“法制进校园”巡讲活动，效果良好。认真学习中央综治办等九部委《关于防治中小学生欺凌和暴力的指导意见》《关于高中学业水平考试实施意见》《关于高中学生综合素质评价的实施意见》等政策法规文件，全体教职工参加网上学法和普法考试，成绩全部合格。对于新聘用教师严格按照劳动合同法和聘用合同履行双方权利义务。教务科严查有偿补课、学生科严管变相体罚学生行为。

学思教育。继续强化常规管理和心理健康疏导，健全教育体系，变以疏导为主，以正面教育为主，重树学生的主体地位，主张道德体验和品德内化，开放学生思想，激发学生自主性和创造性，充分利用校园网、广播站、黑板报、宣传窗、社区活动等平台，发挥演讲、主题班会、表彰会、励志讲座作用，寓教于活、寓教于乐，把学生的优秀作品打造成特色校园文化，提整学生的精神生活和艺术文化生活情趣。认真落实中央综治办等九部委《关于防治中小学生欺凌和暴力的指导意见》，利用电子屏幕滚动宣传文件精神，营造大氛围，做到人人知晓；学生科召开专题会议，研究欺凌现象、原因、危害以及应对策略，并发放《州二民中家校安全教育责任书》《州二民中学生生命生存生活安全教育》手册。受到学校表彰的优秀学生干部、优秀团员干部、优秀团员、优秀播音员、优秀编辑、优秀保卫委员、“三好”学生、奖学金获得者、学习进步生、优秀演员、优秀演讲手、优秀运动员共3000余人次，35个班次被评为先进班级，40个班次获得“安全文明班级”，评选卫生先进班级50个、美丽寝室61个；24人被评为省州“三好学生”或“优秀干部”。落实各项教育惠民政策，在建档立卡户、城乡低保、社会捐助、减免优秀贫困生学杂费等方面落实争资力度大，8573人次学生享受到729万元的资助，学校再次获得“学生资助工作先进单位”称号。

学科研究。注重常规管理，对教师的上课、教案、听课记录、课后笔记、学生的作业批改情况等增加检制次数，尤其是对全校日常课堂教学活动，做到时实监控，检查“严、细、实、恒、精”，检查情况及时记载、反馈，个别屡教不改的实行跟踪督促。信息中心完成长郡课件、电子作业试卷、视频课收录12618个，录制“晒课”“创优课”“示范课”100余节，制作“学生行为养成教育”“安全教育”“艺术教育”“综合治理”宣传短片13个，在校园网上编发新闻68条。制定名师工程创建《教学能手评选办法》《学科带头人评选办法》，评选出教学能手41名、学科带头人6名。强化艺术班建设，完善艺体专业生考试评价方案，加强艺体教师工作室建设，加大初中特长生选拔和培养力度。教研活动注重实用性，摒弃假大空形式，从一节课、一个知识点的教学研究切入，打造精品课7堂。108名教师参加全州中小学信息技术应用能力提升工程；100余名教师参加“一师一优课”网上晒课，赛课281课，数量居州直学校第一，4人次获省级及以上奖；在全省网络备课竞赛中，16次获省、州奖；3个微型课题顺利结题。高考一本、二本上线人数居永顺县同类学校第一，被州教体局评为高考单项质量评价二等奖；高中学业水平考试合格率提高幅度全州第一；在全州“三独”比赛中获高中组团体总分一等奖，州中学生足球比赛获女子组第二名；50余人次获省、州艺体奖项；湖南省传统校田径运动会成绩实现突破。教师有200余人次在省、州各类教育教学比赛中获奖。

学生保障。先后制定和完善十项规章制度及预案，定期对食堂工作人员开展法律法规、规范工作的培训，专门设置食品卫生监督员、仓库保管员及专职采购员，严格执行定点采购、阳光采购、验收、索证等制度，禁止销售凉拌食品、变质食品、霉变食品，每天的食物均做到留样备查，定期组织学生代表和餐厅管理人员进行交流沟通，不断提高饭菜质量和口味；高考期间，为高三学生开辟免费就餐专用窗口，全年没有出现一次饮食安全事故。财务管理精细守则，将有限的经费都花在刀刃上，同时采取各种措施，节约水电，节约各项开支，落实政府采购，认真贯彻义务教育阶段收费规定，严格控制收费项目，对收费项目做好公示。投入近400万元，对20世纪50年代修建的苏式建筑大礼堂进行整修，将其打造成集会议、学术报告、文艺演出等功能为一体的综合性学生活动中心。8月3日，州长龙晓华到校现场办公，追加建设资金1000万元，用于有文物价值的建筑整修以及为理生化实验室、劳动技术室、音体美教室、多功能室等教学仪器设备及药品的添置。积极开展法制进课堂活动，上法制课80余节；组织高、初中学生500余人参加安全知识竞赛；组织1000余名学生参加全国禁毒知识网上考试；与4000名家长签订安全责任书。继续加大同县110大队、武警中队、城中派出所、交警大队、玉屏村及周边单位等相关部门的治安联合防控力度，利用护校队员确保“学生归家平安大道”畅通。

（本栏撰稿　田际侦）

体　育

【概述】2017年，全州有体育场地3112个，场地总面积297万平方米，其中体育场馆243个（体育场12个、体育馆6个、小运动场202个、田径场房23个），游泳跳水场馆11个，各种训练房56个，室外专项体育场1839个（标准足球场8个、室外5人制足球场19个、室外7人制足球场9个、标准篮球场1485个）。乾州设有州体育总会1个，县（市）体育总会5个，州级体育协会22个，县（市）群众健身组织96个，全民健身站点438个，全民健身路径436条，健身步道70条，社会体育指导员6512名。有国家级体育后备人才基地5个（其中重点后备人才基地2个）、省级基地3个、省级重点县2个、省级重点校1所。有国家级青少年体育俱乐部1个，省级青少年体育俱乐部4个，省级青少年体育传统项目校7所。有州级青少年业余体校1所，县（市）级青少年业余体校8所。有在聘教练员85

人，在训运动员904人。

全民健身。“走红军走过的路，徒步穿越大湘西”赛事成功入选国家体育旅游精品赛事，全省仅此一个；成功举办全州教体系统首届体育运动会、“我爱足球”全国争霸赛湖南赛区湘西分赛区足球比赛、湘西自治州贺龙杯中国业余公开赛湖南省总决赛暨湖南省篮球联赛、第九个“全民健身日”活动、全民健身挑战日活动、全州第二届太极拳锦标赛等重大赛事活动，参加省第四届群众性龙舟赛、省社区健康趣味运动会、省体育系统穿越雪峰山岩鹰洞大峡谷比赛等赛事活动。花垣县全民健身体育中心、凤凰县体育馆正式投入使用。

竞技夺牌。全国第十三届运动会上湘西自治州培养输送的运动员共夺得2金、1银、1铜、3个第四、3个第五、1个第八的战绩，其中，向艳梅以绝对实力夺得女子举重69公斤级冠军，瞿海滨在男子攀岩项目难度决赛中夺得该项目的金牌，曾涛获得男子赛艇轻量级双人双桨项目的亚军，黄朝升获得男子400米个人混合泳铜牌，展现传统优势项目带动新兴崛起项目的大好局面。青少年组队参加全省举重、体操、摔跤、攀岩等13个项目的省锦标赛，获62金、43银、47铜，其中举重、摔跤、攀岩项目继续保持全省领先优势，团体总分位列全省第一名。成功承办2017年中国业余篮球公开赛（CBO）湖南市州总决赛、2017年湖南省青少年武术锦标赛。

人才基地。州民族体育学校、古丈县玉玲举重运动学校被命名为国家重点高水平体育后备人才基地，州民族体育学校还被评为“全国体育系统先进集体”。顺利完成省体育局对湘西州2个省级体育后备人才基地（举重基地、摔跤基地）、2个体育后备人才重点县（古丈举重重点县、永顺体操重点县）、1个体育后备人才重点校（州民族中学）和7所省级体育传统项目校的检查评估。州民族中学、永顺县灵溪一小被评为省优秀体育传统项目学校，新增2个省级青少年体育俱乐部（花垣县渔铼青少年体育俱乐部、永顺县青少年体育俱乐部）。

体育产业。制定《湘西自治州全民健身休闲运动规划》，举办全州经营高危险性体育项目游泳场馆救生员和学校体育教师游泳救生员教练员培训班。开展营销活动，大力推广竞彩、大乐透等主力玩法，开展大乐透上市十周年营销活动，全州体育彩票销量达1.1亿元。

【全省青少年体育工作会议】 2017年12月28日至30日，湖南省青少年体育工作会议在湘西自治州举行。省体育局局长李舜、省体育局副局长熊倪、省纪委驻省体育局纪检组副组长龙卫斌、省体育局青少处处长杜利民、省竞技体育与科技处处长龚旭红、湘西州人大副主任刘小刚、湘西州教体局局长余晓红、省体育局青少处副处长韩长月、费勃出席会议并讲话，全省各市州体育、教育部门相关负责人参加会议。此次会议为期2天，期间不仅安排湖南省青少年工作典型经验交流环节，总结回顾过去一年的工作经验和成绩，而且还专门针对2018年湖南省青少年体育教育工作思路和任务等议题进行分组讨论，分析当前青少年体育工作面临的新形势，以改革创新为重点，研究部署2018年及新周期期间的青少年体育工作。

【湘西州颁布《湘西自治州体育运动会奖励办法》】 2017年12月28日，州人民政府办公室印发《湘西自治州体育运动会奖励办法》，该《办法》是湘西州建州以来州人民政府出台的第一个关于体育运动会奖励的规范性文件。

【湘西州全国“双先”代表受到习近平总书记接见】 2017年8月27日，湘西州民族体育学校校长向竹青和州教体局青少年体育和竞赛训练科科长刘吉霞与全国700多名“双先”（群众体育先进和体育系统先进）代表在天津宾馆受到中共中央总书记、国家主席、中央军委主席习近平亲切接见。

（本栏撰稿　张云文　刘　芳）

群众体育

【概况】 2017年，全州群众体育工作贯彻实施《全民健身条例》《湘西自治州全民健身实施计划（2016—2020年）》，加快构建全民健身公共服务体系，因地制宜开展好具有湘西民族特色的全民健身活动，打造湘西民族体育健身品牌。参与策划、打造的“走红军走过的路，徒步穿越大湘西”赛事入选国家体育旅游精品赛事。吉首市教体局、凤凰县教体局等单位被评为全国群众体育先进单位，葛红梅、彭南海等人荣获“2013—2016年度全国群众体育先进个人。

群体设施设备建设。积极争取上级支持，增扩建群众健身场地，增加农民健身工程和全民健身路径数量。向省体育局申报18个中央彩票公益金转移支付地方支持地方全民健身设施建设项目，在省体育局的支持下，为吉首、花垣、保靖、古丈4县（市）分发健身路径器材13套；州本级为20个乡（镇）、社区、州直单位、学校购买健身器材，约30万元。

群众体育赛事活动。先后策划组织开展多个全州大型体育活动，主要有2017年庆“三八”干部职工健身活动暨“湘西自治州州直机关全民健身活动周”活动、“全州教体系统首届体育运动会”、2017年“科学健身·快乐同行”湘西站活动、第九个“全民健身日”活动、迎州庆2017年贺龙杯中国业余篮球公开赛暨“太平洋”杯首届湘西州全民健身职工篮球赛、“迎州庆·体彩杯”2017年“我爱足球”中国足球民间争霸赛湖南省湘西州赛区海选赛、2017湖南省“全民健身挑战日·康健湘西动起来”活动、湘西自治州贺龙杯中国业余公开赛湖南省总决赛暨湖南省篮球联赛、湘西州第二届太极拳锦标赛赛事活动、2017“迎州庆”湘西州春季7人制足球邀请赛、2017年湘西州“绿跑湘西·为爱出发·健康与美丽同行”健步行比赛活动、民盟湘西州委第二届趣味运动会长行村镇银行杯2017年“迎州庆”民盟湘西州委全民健身运动会。组队参与或支持协会组队参加省级举办的各项赛事有：湖南省第四届群众性龙舟赛、湖南省社区健康趣味运动会、“纪念抗战胜利72周年”湖南省体育系统穿越雪峰山岩鹰洞大峡谷比赛、湖南省第八届全民健身节暨体育舞蹈和游泳比赛、湖南省第八届“强民杯”农民篮球和乒乓球运动会、湖南省教体系统气排球比赛、2017年湖南省“全民健身挑战日”总决赛。通过举办或承办活动，湘西州健身项目不断增多，健身人数得到较大提升，全民健身氛围浓厚，人民群众对活动的开展非常满意。

群体专业队伍培养。举办两期湘西州宋新国陈式太极拳项目社会体育指导员、教练员培训班。开展全省健身气功新功法（湘西站）培训工作、全省陀螺项目裁判员和教练员培训工作。共培训500人，合格人员246人。同时，组织175人参加省一级社会体育指导员培训班。为全州180名社会体育指导员申报社会体育指导员服装。建立全州健身气功、气排球、广场舞、社区体育工作者、健身球及秧歌舞教练员人才库，为提升湘西州科学健身水平打下好的基础。

全民健身宣传推动。利用赛事活动和开展群体活动的机会，广泛宣传《体育法》和《全民健身条例》，依法推进全民健身工作顺利开展。根据湘西州实际，在《全民健身计划2011—2015》的框架下，报请州政府出台《湘西州全民健身实施计划（2016—2020年）》，实现全州全民健身有章可循。

【湘西州“迎州庆”春季七人制足球杯赛】 2017年3月1日至15日，由州教体局主办，州足球协会承办的湘西州“迎州庆”春季七人制足球杯赛在吉首举行。来自全州8县（市）10支代表队参加比赛，永诚保险队获得冠军。

【庆“三八”干部职工健身活动】 2017年3月8日，由州妇联、州教体局联合举办的“庆‘三八’干部职工健身活动暨湘西自治州州直机关全民健身活动周”在吉首举行，共44个州直单位1000余人参加趣味体育运动活动比赛，14个单位200余人参加“气排球”比赛。

【关爱女性健康“两癌”免费检查公益活动】 2017年5月13日上午，由省委统战部主办，省妇联、省卫生计生委、省海外联谊会承办，州委统战部、州妇联、州教体局协办的“绿跑湘西·为爱出发·健康与美丽同行”关爱女性健康“两癌”免费检查公益活动启动仪式在吉首市绿道隆重举行。湖南省政协副主席杨维刚、省委统战部副部长胡东风、省妇联主席姜欣、绿之韵生物工程集团董事长胡国安、湘西籍奥运冠军杨霞以及湘西州领导叶红专、龙晓华、曹普华、刘小刚、李平、向顶天等出席启动仪式。

【民盟湘西州委全民健身运动会】 2017年5月20日，由民盟州委主办、州教体局承办的“长行村镇银行杯2017‘迎州庆’民盟湘西州委第二届趣味运动会”在州体育中心举行。州委副书记、州委统战部部长曹普华，州人大常委会副主任、民盟州委主委刘小刚，张家界市人民政府副市长、民盟张家界市委主委李培其，州政协副主席向顶天，省政协常委、吉首大学副校长、民盟州委顾问李定珍等领导出席。州委统战部、民盟湘西州委各支部、长行村镇银行及民盟张家界市委、民盟怀化市委组成的12支代表队参加活动。

【全州教体系统体育运动会】 2017年7月5日至9日，湘西州教体系统运动会在州体育中心举行。来自全州8县（市）教体系统25支代表队1365名运动员，分别参加男子篮球赛、羽毛球男女混合团体赛、男子气排球赛、女子气排球赛、趣味体育比赛（旱地龙舟、集体跳绳、板鞋接力、螃蟹背西瓜）等4大项8个小项的比赛。经过4天的激烈角逐，8个一等奖、16个二等奖、25个三等奖花落各家。

【“科学健身·快乐同行”活动】 2017年7月15日上午，湖南省2017年“科学健身·快乐同行”湘西站运动健身科学指导活动在吉首市人民广场正式启动。湘西州政协副主席向顶天宣布活动启动，湖南省体育职业学院党委书记周志宏出席启动仪式。仪式上，苗鼓、太极拳、广场舞、柔力球、少儿拉丁舞、健身操等全民健身运动项目轮番展示，吸引不少市民参与。

【湘西州第九个全民健身日活动】 2017年8月8日，湘西州第九个全民健身日活动在吉首举行。有近3000多名全民健身骨干参加广场舞、柔力球等健身项目的展演并走上街头向广大市民宣传“我运动、我健康、我快乐”的生活理念。

【“太平洋杯”首届湘西州全民健身职工篮球赛】 2017年8月9日至9月12日，2017年贺龙杯中国业余篮球公开赛暨“太平洋杯”首届湘西州全民健身职工篮球赛在吉首举行。来自全州8县（市）及州直单位27支代表队共300多人参加比赛。州纪委、州公安局代表队分别获得职工青年组冠亚军；九旺医药、太平洋代表队分别获得俱乐部青年男子组冠亚军；州委办、凤凰雷人圈代表队分别获得U40男子组冠亚军；水电八局和矮寨社区代表队分别获得女子组冠亚军。

【全民健身挑战日湘西地区活动】 2017年10月28日，由中华全国体育总会、国家体育总局群体司发起，湖南省体育总局与湘西自治州人民政府联合主办，湘西州教育和体育局与湘西经济开发区承办的2017年“全民健身挑战日·康健湘西动起来”在湘西经开区民族文化广场举行。省体育局副局长苏健全，省纪委驻省体育局纪检组副组长龙卫斌，省体育局群体处副处长何创福，湘西州委常委、州委组织部部长龚明汉，湘西州委常委、州人民政府副州长房卫等出席启动仪式。龚明汉宣布活动开幕。本次活动集合全州近5000多名群众参加。

【湘西州第二届太极拳锦标赛】 2017年12月28日至31日，由州教体局主办、州太极拳协会和凤凰全民健身中心承办的州第二届太极拳锦标赛在凤凰县体育馆举行，来自全州各县（市）教体局和松龄太极共11支代表队300余人参加太极拳、太极器械和集体项目的比赛。

（本栏撰稿　张云文　刘　芳　葛红梅）

竞技体育

【概况】 2017年，全州竞技体育以组织承办好体育赛事为重点，以迎接省体育局“四强工程”检查为中心，以培养、输送优秀体育后备人才为目的，切实加强体育后备人才基地和体校建设，推进县（市）业余训练及学校体育工作发展，较好完成各项工作任务。

全力组织赛事活动。组织参加第十三届全国运动会取得不俗战绩；圆满完成湖南省青少年武术锦标赛承办工作；完成16个项目参加湖南省青少年锦标赛及省传统项目校田径锦标赛组队、报名、参赛及赛后总结工作。通过赛后总结，各训练单位和教练员们查找自身所存在的问题及与其他地市的差距，促进训练、比赛水平和成绩的提高。积极做好湘西自治州备战2018年湖南省第十三届运动会筹备工作，11月28日，州政府常务会听取州教体局关于湘西州备战湖南省第十三届运动会工作情况的汇报，会议决定，同意下发《湘西自治州参加湖南省第十三届运动会备战方案》。

做好体育事项迎检。全面完成全国高水平体育后备人才基地争创、命名和省“四强工程”及省级传统项目校申报检查验收工作。4月14日至16日，湖南省体育局到湘西州开展省体育后备人才“四强工程”中期检查及体育后备人才培养调研工作，检查组围绕“认定条件”分别对各单位的专项实施设备、训练常规管理、周期输送情况、周期大赛成绩和经费使用情况等内容进行全面检查，并通过验收。加强教师队伍培养，重视提高基层教练员、体育教师业务素质，加强国家二级运动员证的审批发放工作，相继组织骨干教练员29人次参加省体育局和国家体育总局组织的教练员、体校校长、体育老师培训，在湖南省运动训练暨湖南体育科学论坛研讨会论文评选工作中，湘西州上报的8篇论文，有6篇得奖，其中一等奖1篇、二等奖1篇、三等奖2篇、优秀奖2篇，3人获得国家体育总局反兴奋剂讲师资格。年内共审批发放国家二级运动员证52个，并及时录入公布到国家体育总局二级运动员查询系统。

【全国第十三届运动会争金夺银】 2017年8月27日至9月8日，中华人民共和国第十三届运动会在天津市举行，湘西州运动员共获得2金1银1铜，取得3个第四、3个第五、2个第八的好战绩。本届全运会上，湘西州培养输送的20名运动员参加攀岩、田径、举重、体操、蹦床、摔跤、游泳、乒乓球、赛艇9个大项目的角逐，是湘西州历届参加全运会人数和项目最多的一次，实现攀岩、乒乓球项目参赛人数零的突破。比赛期间，向艳梅以绝对实力夺得女子举重69公斤级冠军，瞿海滨在男子攀岩项目难度决赛中夺得该项目的金牌，曾涛获得男子赛艇轻量级双人双桨项目的亚军，黄朝升获得男子400米个人混合泳铜牌。在湖南省参加第十三届全运会总结表彰大会上，湖南省委书记杜家毫、省人民政府省长许达哲等领导接见参赛运动员及做出贡献的市州代表，湘西州教体局被省体育局授予“第十三届全运会突出贡献奖”称号。

【湖南省青少年武术锦标赛】 2017年1月17日至19日，由湖南省体育局主办、湘西自治州教体局承办、吉首大学协办的湖南省青少年武术锦标赛在吉首大学体育馆举行。全省共有14个市州，62支馆、校、俱乐部参赛代表队，共计612名运动员参加自选拳、南拳、太极拳、刀术、散打、剑术等项目的角逐，是近年来参赛人数最多的一次。湘西州有5支代表队、共70名运动员组队参赛，夺得6金、5银、4铜的优异成绩，并获得体育道德风尚奖。

【湘西州参加省青少年锦标赛勇夺总分第一】 2017年7月至10月，在湖南省青少年田径等24个项目锦标赛中，湘西州有举重、摔跤、攀岩等13个项目、454人参加，共夺得金牌62枚、银牌43枚、铜牌47枚，其中，举重、摔跤项目继续保持领先优势，团体总分分别位列全省第一名。尤其是攀岩项目，全省有13个市州的190名运动员参加8个项目，争夺24枚金牌，湘西州35名运动员参赛，夺得10金、8银、7铜，以总分251分位列全省第一。

【湘西州两所体校被认定为“国家重点高水平体育后备人才基地”】 2017年3月14日，国家体育总局印发《关于命名“国家高水平体育后备人才基地（2017—2020）”的决定》，湘西州民族体育学校、古丈县玉玲举重运动学校被国家体育总局认定为国家重点高水平体育后备人才基地（2017—2020），这是截至2017年，湘西州体育后备人才基地建设获得的最高认定。

【湘西州通过省级体育传统项目校验收】 2017年4月14日至16日，湖南省体育局检查组对湘西州2个省级体育后备人才基地（举重基地、摔跤基地）、2个体育后备人才重点县（古丈举重重点县、永顺体操重点县）、1个体育后备人才重点校（州民族中学）进行实地查看和座谈调研。检查组充分肯定湘西州青少年业余训练和竞技体育工作，尤其是近年来培养输送的运动员在国际国内大赛中取得优异成绩，为省和国家争得荣誉。同时，针对性地对各省级体育后备人才基地、重点县、重点校提出建设性的意见和建议。最终，湘西州2个省级体育后备人才基地、2个体育后备人才重点县、1个体育后备人才重点校通过检查验收。湘西州两所青少年体育俱乐部获得省级青少年体育俱乐部命名（花垣县渔钵青少年体育俱乐部、永顺县青少年体育俱乐部），永顺县灵溪镇第一完小、湘西州民族中学被评为2015至2016年度湖南省优秀体育传统项目校；其他5所省级体育传统项目校均通过省体育局的检查评估。

（本栏撰稿　张云文　刘　芳　刘吉霞）

医疗卫生

卫生计生工作

【概述】2017年，全州有医疗机构3226个，其中综合医院53家，民族中医院10家，妇幼保健院9家，社区卫生服务中心7家，乡镇卫生院208家，村卫生室2379家；全州医疗机构床位数19152张（其中医院13652张，社区服务中心450张，乡镇卫生院4849张）；卫生机构人员22422人（其中卫技人员16335人，执业医师4157人，注册护士6992人）；全州总诊疗人次938.61万人次，出院55.39万人次，医疗业务收入49.44亿元。是年，全州卫生计生系统坚持卫生与健康工作方针，把握稳重求进总原则，积极推进健康湘西建设，促进人口均衡发展，持续深化医改，大力实施医疗救助帮扶工程，推进计划生育服务管理改革，提高基本公共卫生和基本医疗服务质量，积极发展民族中医药，促进健康产业发展，圆满完成各项目标任务。州直医疗机构、公共场所和放射诊疗机构卫生监督实现全覆盖，四级卫计综合监督执法网络体系不断完善。州民族中医院荣获“全国医疗卫计系统先进集体”称号，黄纯海荣获“全国医疗卫计系统先进工作者”称号，田蕊当选党代表并出席党的十九大，多项工作在全国、全省会议上作经验交流发言。

医疗救助帮扶。州、县卫计部门牵头实施医疗救助帮扶工程，按照健康扶贫“三个一批”（大病集中救治一批、慢病签约服务管理一批、重病兜底保障一批）三年行动计划要求，全面落实“三提高、两补贴、一减免、一兜底”以及先诊疗后付费、一站式结算等健康扶贫优惠政策，贫困人口参合率、大病保险率、大病救助率均达100%，建档立卡贫困患者、农村低保对象患者、大病患者及特殊慢性病患者医疗总费用报销达85.5%，合规费用报销达95%以上，特困患者实现全额报销，惠及贫困群众26.8万人次，群众因病致贫、因病返贫问题得到有效缓解。7月27日，全省健康扶贫工作现场推进会在湘西召开，湘西州在会上作典型发言。

医药卫生体制改革。先后三次代表湖南省参加全国医改专题会议并作交流发言。6月1日，在全省率先取消二级以上医院门诊输液；9月1日，成功加入福建三明药品耗材联合限价联盟；12月1日，州药品（耗材）采购信息系统全面正式上线运行，240家公立医疗机构统一在平台上采购药品，全州每年可减少群众药品费用支出3.65亿元，节约医保基金支出2.14亿元。

计划生育工作。全州人口出生率12.89‰，符合政策生育率91%，高于省定目标1.44个百分点；出生人口性别比110.5，同比下降3.1个比点；查处“两非”典型案件11件；预算安排计划生育专项资金7829.59万元，同比增长26%；免费孕前优生健康检查目标人群覆盖率94%，高出省定任务14个百分点。

疾病防控。湘西州成为湖南省唯一国家结核病分级诊疗和综合防治服务模式试点地区。先后成功处置凤凰县千工坪镇九年制学校食源性疾病暴发、吉首市人感染H7N9禽流感疫情、龙山县石羔镇双龙村蘑菇中毒等突发公共卫生事件，全面开展学校传染病防控工作督查。积极抗洪救灾防疫，确保大灾之后无大疫，未发生甲类及按甲类管理的乙类传染病暴发流行。

民族医药发展。成功创建中国土家医药标准研究推广基地、国家中药现代化技术中心土家医药分中心、湖南省民族中医医院等国家级、省级平台。在全省率先开展民族医药人员从业资格考核，共635人通过土家医苗医考核。11月21日，湘西州在第四届全国少数民族医药工作会议上作经验交流，州民族医药研究所和田华咏分别荣获“全国少数民族医药工作表现突出集体和个人”称号，两项成果分别荣获中国民族医药学会科技一、二等奖。

医疗质量。深入推进“进一步改善医疗服务行动计划”，全面实施先诊疗后付费、“一站式”结算服务。州人民医院顺利通过“三甲”医院评审，8家县级医院开展“二甲”医院创建。持续改进医疗质量，加强临床重点专科建设，着力提升患者就医满意度。在花垣县、龙山县启动基层远程诊室建设项目，积极推动构建“互联网+健康医疗”服务新模式。深入推进“平安医院”创建和医疗纠纷调处工作，医疗机构医疗纠纷发生率同比下降10%，医患关系得到明显改善。

无偿献血。强化组织领导，严格目标管理，广泛宣传发动，各个部门和社会各界上下联动、密切配合，全州采血502万毫升，可保证临床用血供应。强化血液质量管理，核酸检测项目有序开展，切实加强对采供血机构血液采集、制备、储存、运输等环节监管，确保血液安全。48人荣获全国无偿献血奉献奖，587人荣获全省无偿献血奉献奖。

基层卫生服务。深入开展基层医疗卫生“服务提升年”活动，进一步优化医疗卫生资源布局，完善城乡医疗卫生服务体系。25个乡镇卫生院荣获全国“2016—2017年度群众满意的乡镇卫生院”称号，争取到山东省济南市援建4600万元的20个乡镇卫生院建设项目。加快人才队伍建设，引进医卫类高层次人才200余名，县、乡、村招聘招录医疗卫生人员1000余人，新增执业医师（助理）、执业护士540人。

行风建设。坚持全面从严管党治党，深入推进党风廉政建设，坚持“管行业必须管行风”，认真落实国家卫计委“九不准”要求和州卫计委“五严禁”规定，通过强化监督管理，整治突出问题，规范服务行为，医药购销领域和医疗服务不正之风得到有效遏制，群众满意度大幅提升，州卫计委在全省卫计纠风会议上作典型发言。

（本栏撰稿　杨胜国）

【医政管理】 2017年，湘西州卫生部门切实加强医药行风建设，提高医疗质量，保障医疗安全，医疗服务得到明显改善，医疗质量得到明显提高，医疗服务能力得到明显增强。一是建机制，斩断医药购销领域利益链。签订《行风建设责任状》，出台禁止收受药品耗材回扣的“五严禁”规定。医务人员违反规定的，视其情节轻重，分别给予暂停执业资格、吊销执业资格、移交司法处理；信息技术人员违反规定的，分别给予待岗、停职、移交司法处理；药品生产、经营企业及其销售人员违反规定的，列入不良记录名单，终止一切业务往来；医疗卫生计生单位违反规定的，按照“一岗双责”要求，追究单位主要负责人责任。签约加入福建三明药品耗材限价采购联盟，挤压药品耗材虚高水分，减轻群众看病就医的负担。建立医保周转金制度，用医保周转金垫付药品耗材款，有效解决医院、药品供应商、医保机构之间“三角债”问题突出、利益链条复杂的问题，有效避免药品供应企业“散、小、乱”现象和利益输送问题，斩断医疗机构、医生与药品耗材经销商直接购销往来，从源头上治理药品耗材商业贿赂乱象。积极配合州委精准脱贫“十项工程”巡察，重点围绕医疗救助帮扶工程的落地落实进行全程监督和全面督导。聚焦医疗服务、医药购销、医保基金使用等突出问题开展专项整治，加强对医疗设备、医疗器械、医用耗材、药品采购等领域的廉洁风险评估，加大对医疗卫生计生中损害群众利益的不正之风和腐败案件的查处力度。同时，开展评选表彰“最美卫计人”“三好一满意”“两个假如”教育等系列活动，宣传先进典型，弘扬正能量，树立风清气正的行业风气。二是强监管，规范医疗服务行为。针对医疗费用增长过快问题，严格控制医疗费用的次均费用、大型检查阳性率、平均住院日、目录外药品比例等7项指标，州政府将任务分解到县级以上公立医院，加大监测和督查力度。针对滥用抗生素问题，从6月1日起，州内所有二级以上医疗机构（除儿科门诊）取消门诊输液，同时开展针对基层医疗机构、民营医院、个体诊所的静脉输液专项整治，动不动使用“三素一汤”的现象得到有效遏制，门诊次均费用、药占比大幅下降。针对医疗费用过高问题，加大医疗费用减免力度，建档立卡贫困人口和超过大病保险起付线的大病患者，在州、县定点医院住院的，起付线减半执行，其政策范围外的费用由救治医院再次减免10%。三是惠民生，增强群众改革获得感。大力推进医疗救助帮扶工程，着力解决群众“看病贵”的问题。全面实施城乡居民大病保险制度、实施民政医疗救助、实行精准保障等九大措施，确保建档立卡贫困人口、农村低保户、大病患者及特殊慢性病人医疗实际费用报销比例大幅提高，特困患者实现100%报销，解决群众看病贵和因病致贫、因病返贫问题。加快分级诊疗制度建设，着力解决群众“看病难”的问题。初步形成“基层首诊、双向转诊、急慢分治、上下联动”的诊疗模式。开通贫困患者就诊、报销绿色通道，简化流程，减少支付费用，着力解决“服务不优”问题。实现“先诊疗后付费”“一站式”结算服务，为就诊患者提供便利。

（龙永红）

【基层卫生】 2017年，全州有基层医疗卫生机构215所，村卫生室2379个。基层医疗卫生机构房屋面积42.61万平方米，业务用房面积25.19万平方米。拥有床位4849张。万元以上设备1002台件，总价值1.2亿元。是年，省卫生计生委大力支持湘西州乡镇卫生院建设，为全州配置彩超20台、DR6台、全自动生化仪18台、便携式B超12台、救护车16辆等医疗设备。基层医疗机构编制员额3373名，实有人员4645人，其中编内人员2946人，编外人员1699人。是年，全州基层医疗卫生机构医疗总收入3.7亿元，其中住院收入2.57亿元，门急诊收入1.13亿。门急诊人次196.66万人次，住院人次21.09万人次。基层医疗卫生机构门急诊人次占全州公立医疗机构门急诊人次总量的38.18%，较上年增长5.85个百分点。一是夯实基层基础。2017年，山东济南援建湘西州4600万元，用于20所乡镇卫生院基础建设；凤凰、花垣两县各规划投入2.5亿元，用于乡镇卫生院基础设施建设。吉首、泸溪、花垣、龙山4县（市）共投入6400万元为乡镇卫生院配置设备。二是加大人才队伍建设。注重人才的引进、培养、培训、提高工作。年内招聘基层卫生技术人员168人，招录农村订单定向免费医学生36人、乡村本土村医73名，培训全科医生11名、助理全科医生44名，37名基层骨干医生到上级以上医院进修1年。开展城市医院支援基层医疗机构适宜技术培训工作，培训骨干医生120余人。三是开展医师下基层服务。3月26日，启动州直和县市医生下基层服务活动，是年下基层医生共200余人，第一批125人，第二批100人左右。第一批中，州直医生59人，县市66人，派驻全州43家乡镇中心卫生院和部分县级医院进行传帮带。派驻人员在基层工作时间不少于半年，在原单位工资待遇不变的基础上，还可享受基层医疗机构绩效工资分配，对派驻人员实行严格的绩效考核。

（徐克生）

【公立医院改革】 2017年，全州公立医院改革取得明显成效，较好完成年度各项工作。组建州医保基金管理中心，为州人社局管理的参照公务员管理事业单位，相对独立运作，为医改相关政策的执行机构。医管中心承担医保基金支付和管理，药品采购和费用结算，医保支付标准谈判，定点机构协议管理和结算等职能。设立医疗救助帮扶资金专户。县（市）财政部门设立财政专户，归集民政医疗救助、卫计疾病应急救助、财政兜底保障等部门资金，用于建档立卡贫困患者医疗费用一站式报销。建立医保周转金制度。医保周转金为加入福建三明药品耗材联合限价采购联盟，由医保基金管理中心代为医疗机构支付采购药品费用，所付费用在每年12月25日前从该医疗机构报销的医保费用中扣除。加入三明药品耗材采购联盟。2017年9月11日，湘西州与三明市医改办签订药品耗材联合限价采购联盟协议。2017年12月1日，全州所有公立医疗机构在湘西州药品（耗材）采购信息管理平台上采购药品。药品品规由3668个减少到2400个，经初步匡算，加入三明药品联合限价采购后，全州每年可减轻群众用药负担3.65亿元，可节约医保基金2.14亿元，仅大输液一项，每年可减少3100万元。

（徐克生）

【计划生育】 2017年，全州计划生育目标管理责任制指标全部完成。据2017年度全省人口和计划生育工作考评通报，2016年10月1日至2017年9月30日，全州出生人口41761人，同比增长534人，人口出生率12.89‰，符合政策生育率91%，高于省定目标1.44个百分点；出生人口性别比110.5，同比下降3.1个比点；查处“两非”典型案件11件；2017年全州预算安排计划生育专项资金7829.59万元，比上年增长26%，其中州本级投入1364.2万元，比上年增长125%。2017年1月1日至10月31日，完成免费孕前优生健康检查29076人，目标人群覆盖率94%（省定任务80%）、新生儿疾病筛查率96.89%、孕产妇产前免费筛查率91%、农村适龄妇女“两癌”免费检查43811人，完成任务的106.35%。各项指标均超额完成省人民政府下达湘西州的人口计划。

责任落实。坚持“三个到位”，做到“四个同步”，把责任落到实处。即坚持计划生育责任制层层签订到位、州县季度工作调度到位、各级计划生育经费保障投入到位、年末计划生育严格奖惩到位；把计划生育工作与州委州政府综合工作同研究、同部署、同督查、同奖惩。在1月5日召开的州委经济工作会议上，通报2016年度全州计划生育考核评估结果，全州“黄牌警告”乡（镇）1个、通报批评乡（镇）5个，力度之大为湘西州近10年少有。

转型发展。积极探索“六化”工作机制，推进计划生育转型发展。工作推进常态化，每月初将上个月全州计划生育主要责任指标完成情况通报给州、县（市）“四大家”主要领导和分管领导，对进度滞后的县（市）直接电话提醒。综合服务优质化，切实做好免费婚前医学检查、免费孕前优生健康检查、免费产前筛查、农村适龄妇女“两癌”免费检查等项目优质服务，为已婚育龄群众“生得出、生得好”提供技术保障，为老龄群众提供“养好身体、活出质量”提供技术服务。本年度全州婚前医学检查率月均63.34%，其中花垣、凤凰、保靖3个县月均达到90%以上；免费孕前优生健康检查目标人群覆盖率94%，孕产妇系统管理率92.27%，孕产妇免费产前筛查率75.53%，尤其是筛查高危产妇8707人，系统管理8602人，高危管理到位率98.79%，高危住院分娩8558人，住院分娩率98.29%；新生儿疾病筛查率93.55%。农村适龄妇女“两癌”免费检查43738人，深受群众欢迎。政策落实人性化，构建以“致富、安居、成才、保障、亲情”为主要内容的计划生育惠民政策体系，全州农业部门免费培训农村计划生育家庭农业技术28.1万人次；民政部门对7880户计划生育家庭17647人进行救济，救济金额达2496万元，低保金补助面达100%；住建部门对计生困难家庭实施危房改造192户、保障性住房82户，非公经济安排计生困难家庭子女就业185人，移民部门在库区移民普惠制的基础上向独生子女户、两女节育户兑现各种优惠政策资金23.35万元。全年综治责任部门自筹资金近100万元解决农村独生子女、两女户、手术并发症等特殊困难计生家庭入学、就医等难题。流动人口服务均等化。将流动人口计划生育基础信息采集与建立流动人口健康档案相结合，将生殖健康促进、避孕节育指导与流动人口健康教育相结合，将孕环情监测与流动人口孕产妇保健相结合，有效提高卫生计生服务的针对性和吸引力。吉首市为流动人口进行免费体检1125人，建立孕龄妇女居民健康档案254份，免费产前筛查55人，免费孕前优生健康检查22人。建立0~6岁儿童保健档案1300份、高血压患者居民健康档案30份、糖尿病患者居民健康档案15份。实施“3+2”服务，在原有的公共服务进社区、健康教育进学校、健康保健进企业的基础上，因地制宜，推出老年保健进小区、健康活动进广场的新工作机制，增强流动人口的归宿感、认同感。社会抚养费征管规范化。建立工作机制，加强工作指导，全面清理期内违法生育行为，澄清底子，创建依法办事示范窗口，以先进带动依法行政规范化建设。协会活动深入化。积极探索融公共卫生计生服务于计生基层群众自治大格局新路径，资源、内容、机制、保障“四个融合”工作经验在全省会上进行交流；推行财政兜底和财政、单位“双担”模式，为7.3万多户计生家庭撑起计生保险“安全伞”，受到省计生协的肯定。聚焦精准扶贫开展宣传与服务，联动卫计部门，深入基层生动开展以“关怀情·脱贫梦”为主题的“5·29”文艺宣传和健康服务活动，积极争取资金为计生家庭实施项目帮扶工程，深受群众好评。

宣传培训。开展群众喜闻乐见、形式多样的宣传活动，邀请专业团队排演、鼓励群众自编自演开展“5·29”协会日、“7·11”世界人口日等专题宣传活动，提高群众的参与度；在交通要道主干道、人口密集地印制计划生育宣传标语，扩大全社会对计划生育新政策的认识。全州计划生育宣传品入户率达98%以上，育龄群众计划生育知识知晓率达90%以上。

综合治理。严格计生审查制度，年内全州对拟评先评优的1299个单位、10226名个人、586名干部提拔、1313名公选人员、8072名“两代表一委员”、22699名村支两委成员资格进行计划生育审核，共清理违法多生育人员1069人。强化部门联动机制，民政部门与卫计部门联动加强婚前医学检查，切实把好出生缺陷综合防治第一道关；公安与卫计联动查处“两非”典型案件11起，有效震慑人工终止妊娠行为，为综合治理出生人口性别比偏高保驾护航。强化信息共享机制，卫计、民政、食药、工商、技术监督、人社、住建、移民、公安、教育等单位建立“实时通”，实现信息共享。公安部门严把新生儿“上户关”，共办理新生儿上户16633人，迁入已婚育龄妇女4130人；人社部门通报上年度退休干部职工信息2778人；住建部门查验施工地用工中已婚育龄妇女流动人口证明2107人；工商部门通报已婚育龄妇女办理营业执照1156人，教育和体育局通报上年度小学新入学在校新生40376人，卫计部门签发出生医学证明32019份。

惠民政策。在全面落实国家、省对计划生育家庭奖励扶助政策的基础上，州财政统筹各项资金533.38万元，比上年增加10.38万元，专项用于计划生育优惠政策的落实和免费技术服务的开展。对部分农村计划生育家庭奖励提标每人每年200元、独生子女伤残家庭每人每年提标1500元、独生子女死亡家庭每人每年2000元，拿出145.5万元用于2017年考入大专以上全日制院校的291名农村独生子女学子，每人一次性奖励5000元。州财政追加2017年专项配套资金834.17万元，专门用于出生缺陷综合防治和农村适龄妇女“两癌”免费检查。永顺县对手术并发症家庭补助进行大幅提标，手术并发症对象一级每年每人提标8000元，二级每年每人提标6000元，三级每年每人提标4000元。

（本栏撰稿　唐江南　杨毅琼　黄锦辉）

【中医药事业】 2017年，湘西州抢抓国家重视中医药发展机遇，充分发挥民族区域自治优势，建立健全保障体系，挖掘盘活资源优势，推动土家医药苗医药快速发展。打好民族自治牌，优化土家苗医药发展环境。2009年颁布实施的《湘西土家族苗族自治州土家医药苗医药保护条例》，在全国地级市州首创以颁布地方性法规的形式对土家苗医药进行立法保护。2017年从少数民族医药医保政策、从业人员准入等方面筹备配套50条细则，使土家苗医药发展上升到“法治”高度。出台全州土家医苗医奖补扶持政策，推进土家医苗医标准体系建设。制定土家医药名词术语300余条，土家医优势病种的诊疗指南、诊疗规范及护理技术规范24种，编写出版《土家医药双语汇》，为土家医药标准研究提供土家语文献资料。设立土家医药苗医药专项发展基金，创建中国土家医药标准研究推广基地、国家中药现代化技术中心土家医药分中心、湖南省民族中医院等国家级、省级平台。建立万亩黄柏、万亩百合等土家苗医名贵药材种植基地，扶持发展民族药加工生产企业15家。打好资源优势牌，铸造土家苗医药发展品牌。先后整理和出版40余部土家族和苗族医药著作，多部学术著作填补国内研究空白，3部学术著作获首届中国民族医药学术著作奖。取得土家苗医药科技成果30余项，获得各级科技奖励20余项次，其中“苗药九木香防治老年性慢性支气管炎”获卫生部科技奖励，“土家医诊断与治疗方法研究”获国家中医药管理局科技奖励。有州级以上土家苗医药非物质文化遗产项目26项，代表性传承人17人。创建土家医肝病专科、苗医土家医脾胃病科、推拿科3个国家级重点专科。青蒿素年生产能力达83吨，位居全球第一。妇炎康片、肠康片为国家中药二级保护品种，皂素和双烯属湖南省独家生产产品，茶多酚、桐叶烧伤油等产品在国内外具有广泛影响，造福百姓。打好人才队伍牌，增强土家苗医药发展后劲。率先在湖南省开展土家医药苗医药人员从业资格考试，两年时间共有635名土家医苗医通过考试考核，土家医苗医从业准入实现“零的突破”，让本区域少数民族医药人员从业做到有章可循、有法可依。积极建立土家医苗医人才库，将土家医苗医重点人才、特殊人才纳入国培、省培和州培计划，将有一技之长并获得土家苗医药从业资格的人员，纳入乡村医生一体化管理。每年定期召开土家苗医药专家座谈会和学术经验交流会，准备建立土家苗医药联席会议制度。依托吉首大学、湘西州民族医药研究所、湘西州民族中医院设立民族医药继续教育基地，做好老民族医药专家学术继承和优秀民族医药临床人才培养工作，积极筹备开办民族医药方向的临床医学专科教育，高层次、高起点培养湘西州新一代土家医药苗医药人员。

（彭　汩）

【医疗救助帮扶工程】 2017年，全州卫计部门通过落实“三个一批”和“三提高、两补贴、一减免、一兜底”医疗救助系列综合保障措施，确保建档立卡贫困人口患者、农村低保困难户患者、大病患者住院和特殊慢性病患者医疗总费用实际报销补助80%以上，特殊困难群众实行全额报销。全州医疗救助帮扶政策受惠群众26.8万人次。全州建档立卡户家庭成员参加城乡居民医保个人缴费部分由财政兜底。对建档立卡贫困人口患者、农村低保对象患者在县级及以上各级各类定点医疗机构住院，住院费用报销起付线减半，报销比例提高10%。大病保险资金实行州统筹，参保人员一个自然年度内个人负担的合规医疗费用经基本医疗、新农合报销后，个人负担合规费用超过10000元，建档立卡、低保困难患者个人负担合规费用超过5000元，其以上费用分别给予50%~80%的补偿，年度累计最高补偿金20万元。统筹整合民政、民宗委、财政、卫计等涉农资金，对家庭困难患者实行医疗救助。在州、县（市）两级定点医院对贫困人口4类9种疾病患者进行集中救治。严控费用做减法，减轻人民群众就医负担。建档立卡贫困人口和超过大病保险起付线的大病患者在州、县（市）级定点医院住院的，其政策范围外的费用由救治医院减免10%。严格控制医疗费用的次均费用、大型检查阳性率、平均住院日、目录外药品比例等7项指标，将任务分解到县级以上公立医院，加大监测和督查力度。各级医疗卫生机构建立先诊疗后付费机制和“一站式”结算窗口，实现基本医疗保险、大病保险、疾病应急救助、医疗救助“一站式”信息交换和即时结算，建档立卡贫困人口患者只需在出院时支付个人负担医疗费用，为就诊患者提供便利。夯实基层做乘法，强化基层卫生服务能力。投入18亿元用于基层基础设施建设，其中县级医院基建和设备投入11亿元，乡镇卫生院基建和设备购置4.5亿元，所有村卫生室纳入农村公共服务平台建设。开展城市医师下基层服务活动，城市医师在晋升中级职称和高级职称前，分别要到县级医院（或乡镇卫生院）连续服务满半年或一年。全州引进医卫类高层次人才200余名，县、乡、村招聘招录医疗卫生人员1000余人，新增执业医师（助理）、执业护士540人。争取山东济南市4600万元，对口支援20个乡镇中心卫生院基础设施建设，在临床专科建设、日常诊疗协作、人才队伍建设、院前急救等领域加强对湘西州扶贫协作。创新机制做除法，推进医药卫生体制改革。从2017年6月1日起，湘西州全面取消二级以上医疗卫生机构（除儿科门诊）门诊输液，明确门诊、急诊不需要输液治疗的53种常见病、多发病，对乡镇卫生院、社区卫生服务中心、民营医院的门诊、急诊输液提出严格要求。在花垣县成功开展分级诊疗试点工作，初步形成“基层首诊、双向转诊、急慢分治、上下联动”分级诊疗模式，辖区常住居民县域内首诊比例达92%以上，80%的医保基金在县域内使用。同时，开展医联体建设试点，推动家庭医生签约服务，全州普通人群签约率43.73%，重点人群签约率65%，建档立卡贫困人口家庭医生签约服务实现全覆盖。9月11日，湘西州加入三明药品耗材联合限价联盟；12月1日，州药品（耗材）采购信息系统全面上线运行，240家公立医疗机构统一在平台上采购药品，在全省率先探索组建医保基金管理中心。（杨胜国）

【结核病防治试点】 2017年，湘西州作为全国结核病诊疗和综合防治服务在湖南省唯一试点地区，从服务体系建设、分级诊疗制度建立、患者治疗管理模式探索、新型诊断技术的推广应用、基本公共卫生服务项目管理、信息化建设及医疗保障政策的整合创新等七大方面，强力推进结核病防治试点工作，取得显著成效。全州登记新发现结核病人2600例，定点医院规范治疗2392例，同比增长17.3%，在全国46个试点地区考评中排位第八名。一是高规格统筹管理。成立由分管副州长任组长，卫计、财政、民政等8个部门负责人为成员的试点工作领导小组，组建专家技术指导小组。先后完成结核病基线、肺结核漏报率及贫困人口肺结核患病情况调查，借助“世界防治结核病日”宣传活动全程直播试点启动仪式现场，营造良好的社会氛围。二是服务模式转型升级。建立分级诊疗及综合服务联合管理机制，全州8县（市）全部实现结核病诊疗由疾控中心转向定点医院，疾控中心、定点医院、基层医疗卫生机构“三位一体”的结核病防治新模式初步建立，结合深化医改政策及医联体试点工作，在全州范围内大力推动湖南省医疗机构结核病防治技术联合体建设工作，全州9家定点医院全部签约成为联合体会员单位。三是大力推广新型技术。分别为州县定点医院添置荧光定量PCR、G-Xpert设备及结核分枝杆菌复合群核酸检测仪，提高定点医院及基层人员管理服务水平。四是重点领域实现突破。探索建立患者保障长效机制，明确将结核病纳入基本医疗保险门诊特殊病种管理，普通及耐多药结核病患者医保额度分别提高至2000元/年和1500元/月，个人自付降低至20%；全面整合帮扶救助政策，在全省率先实现结核病门诊定额报销，凡是建档立卡贫困人口、农村低保对象、大病患者、特殊慢性病结核病患者，实际医疗费可报销80%以上，特殊困难患者可全额报销，建档立卡患者还可享受先诊疗后付费优惠政策，全州2400余名结核病患者报销医疗费用550余万元。（杨胜国）

【群众满意乡镇卫生院】 2017年1月，全州14所乡镇卫生院荣获全国“2015—2016年度群众满意的乡镇卫生院”称号，分别是：吉首市矮寨镇中心卫生院、河溪镇卫生院，凤凰县吉信镇中心卫生院、阿拉营镇中心卫生院，花垣县石栏镇排吾卫生院、石栏镇雅桥卫生院、吉卫镇中心卫生院、龙潭镇中心卫生院、双龙镇排碧卫生院、补抽乡卫生院，永顺县塔卧镇中心卫生院、芙蓉镇中心卫生院，龙山县石牌镇中心卫生院、茨岩塘镇中心卫生院。（杨胜国）

【博士后创新创业实践基地】 2017年3月，州民族中医院获批设立博士后科研流动站协作研发中心，加挂“博士后创新创业实践基地”牌子，成为湘西州首家获批设立博士后科研机构的医院。（杨胜国）

【“最美卫计人”大型公益活动】 2017年5月，州卫计委举行首届“最美卫计人”大型公益活动颁奖晚会，州人民医院黄纯海、州民族中医院张松青、州精神病医院周莉、吉首市人民医院田芳、古丈县人民医院张美珠、泸溪县浦市镇中心卫生院石喜跃、花垣县花垣镇妇幼保健和计划生育服务站伍建丽、保靖县葫芦镇中心卫生院龙显斌、永顺县青坪镇妇幼保健和计划生育服务站王章庆、龙山县茨岩塘镇凉水村彭继焕10人被评为首届“最美卫计人”，凤凰县疾控中心刘兴艳等10人荣获“最美卫计人提名奖”。

（杨胜国）

【湘西州召开卫生健康大会】 2017年6月，湘西州召开史上最高规格的卫生与健康大会，贯彻落实全国、全省卫生与健康大会精神，总结全州卫生与健康事业发展成绩和经验，部署新形势下卫生与健康工作任务。花垣县、龙山县、泸溪县、吉首市和保靖县昂洞卫生院分别作典型发言。州委书记叶红专出席会议并讲话，他指出：卫生工作要以提高人民健康水平为核心，以普及健康生活、优化健康服务、完善健康保障、建设健康环境、发展健康产业为重点，坚持重心下移、资源下沉，努力让城乡群众就近就医、放心就医，使健康政策融入全局、健康服务贯穿全程、健康福祉惠及全民。会议印发《湘西州健康产业发展规划（2016—2020年）》《湘西州“十三五”卫生与健康规划》《湘西州全面健身实施计划（2016—2020年）》。州委副书记、州长龙晓华主持会议，在职州级领导，州直副局级以上单位和中央、省属驻州单位主要负责人，各县市区相关负责人参加会议。

（杨胜国）

【湖南省健康扶贫工作现场推进会在湘西州召开】 2017年7月，湖南省健康扶贫工作现场推进会在湘西召开。省人民政府副省长向力力、省卫生计生委主任陈小春、省扶贫办主任王志群出席会议并讲话，省人民政府副秘书长彭翔主持会议。会议指出，健康扶贫进入攻坚阶段，要切实抓好健康扶贫各项重点工作，加强健康扶贫信息动态管理，突出分类救治，落实“三个一批”行动计划，对贫困人口患者分类分批开展救治，推进医疗卫生服务体系建设，促进公共卫生相关项目开展。会议强调，健康扶贫是一个庞大的系统工程，涉及面广、工作量大，要围绕保障贫困群众“看得上病、看得起病、看得好病、少生病”，在精准施策上出实招，在精准推进上下实功，在精准落地上求实效。要用心、用脑、用力、用情，采取力度更大、针对性更强的措施，坚决打赢健康扶贫攻坚战。州委书记叶红专致辞，州委副书记、州长龙晓华代表湘西州作典型发言。（杨胜国）

【台湾双和医院副院长林裕峰一行到州考察】 2017年8月，台湾双和医院副院长林裕峰一行考察永顺县人民医院、芙蓉镇卫生院、湘西州医学会、湘泉制药厂、州人民医院、凤凰县人民医院，并开展医生职业素养与规划交易、台湾现代医院管理、肾脏疾病防治、医院服务礼仪等讲座和巡诊咨询。国家民委港澳台办副巡视员兰海滨和副调研员袁泉陪同考察，州委常委、副州长张庆安致辞，全州各级医疗单位700余名医务人员参加学术讲座。

（杨胜国）

【深化医药卫生体制改革推进会召开】 2017年10月，湘西州召开深化医药卫生体制改革推进会，传达全国、全省医改工作会议和全省健康扶贫会议精神，全面部署全州医药卫生体制改革工作。州委书记叶红专出席会议并讲话，州委副书记、州长龙晓华主持会议，州卫计委、州人社局、州编办负责人在会上作表态发言。（杨胜国）

【湘西州首家健康生活馆在保靖县昂洞卫生院挂牌成立】 2017年11月，湘西州首家健康生活馆在保靖县昂洞卫生院挂牌成立。生活馆投资30多万元，使用面积300平方米，内设健康咨询室、康复训练室、儿童互动区等区域，开设老年班、妇幼班、留守儿童课堂及残疾人康复训练班，定期为当地群众授课，提供基本卫生服务。健康生活馆的创办，开启全州“医疗+健康+养老”一体化农村公共卫生服务新模式。（杨胜国）

【泸溪县获批“2016—2017年度国家慢性病综合防控示范区”】 2017年12月，泸溪县荣获“2016—2017年度国家慢性病综合防控示范区”荣誉称号。该县将慢性病防控工作纳入经济发展规划，构建“政府主导、部门配合、专业支持、全民参与”的综合防控体系和建设标准化、服务惠民化、管理精细化的工作体系，实施慢性病患者特殊门诊统筹、全民免费体检等一系列惠民措施，实现从发病后管理向发病前管理转变。（杨胜国）

疾病预防控制

【概况】 2017年，州疾控中心坚持“预防为主”的卫生工作方针，紧紧围绕“保障人民健康”这一核心任务，认真落实疾病防控各项措施，用最直接、最经济、最有效的措施，守住不发生重大传染病暴发流行的底线。

传染病防控。认真落实霍乱、手足口病、人禽流感、流感、登革热等

第22个"世界防治结核病日"宣传活动现场

传染病防控措施，传染病防控成效显著，全州无甲类及按甲类管理的乙类传染病报告，乙、丙类传染病报告发病率586/10万，发病数同比下降17.40%。

卫生应急。进一步完善应急预案体系，强化应急演练，加强日常培训，卫生应急能力不断提升，在全省卫生应急比武中，团体、个人均取得较好成绩。年内，先后科学及时有效处置8起突发公共卫生事件，人民群众身体健康和生命安全得到保障。

免疫规划。坚决贯彻落实国务院办公厅《关于进一步加强疫苗流通和预防接种管理工作的意见》，全面启动第二类疫苗省级平台集中采购供应工作。大力推进儿童预防接种信息管理系统建设，"互联网+预防接种"模式不断完善。组织开展免疫规划大检查，全州免疫规划疫苗基础免疫和加强免疫报告接种率均达95%以上。积极推进消除麻疹工作，疫苗针对性疾病发病率控制在较低水平。

艾滋病防治。不断深化艾滋病检测"五扩大、六加强"工作，高危人群综合干预持续强化，年内全州完成25万余人次艾滋病检测，新报告发现的感染者和病人均纳入抗病毒治疗，对所有存活的艾滋病感染者和病人进行追踪和有效管理。

结核病防治。2017年，湘西州被确定为湖南省唯一的国家结核病分级诊疗和综合防治服务模式试点地区，是年3月21日，试点工作正式启动。州人民政府印发《湖南省湘西自治州结核病分级诊疗和综合防治服务模式试点实施方案》，成立试点工作领导小组，全州8个县（市）全部实现结核病诊疗由疾控中心转向定点医院；疾控中心、定点医院、基层医疗卫生机构"三位一体"的结核病防治新模式初步建立；与州人社局联合下发《关于将结核病纳入基本医疗保险门诊特殊病种管理的通知》，在全省率先实现结核病门诊定额报销，是年，有2400余名患者享受到此项优惠政策，共计报销医疗费用约550万元，贫困结核病患者负担得到极大限度减轻；病人发现力度加大，管理进一步规范，试点工作初见成效，在国家卫计委组织的46个试点地区工作评比中取得第八名的好成绩。

【农民工尘肺病救治救助工作】 2017年，湘西州首次启动实施无责任主体尘肺病救治救助项目，全力推进无责任主体农民工尘肺病救治救助工作，按照"一提一降一助"原则，即提高报销比例、降低医疗费用、救助基金补助，全年免费筛查农民工4593人，救治救助患者108例，总计医疗费用72.9万元，其中医保报销47.4万元，专项救助资金解决22.7万元，患者自费2.8万元，自付比例仅3.8%，人均住院付费仅269.2元，其中建档立卡户实现100%报销。通过对贫困尘肺病患者实施精准医疗救助，尘肺病农民工救治难题得到破解，有效助力患者脱贫脱困。

【慢病防控示范区创建】 2017年，州疾控中心以慢病防控示范区创建工作为抓手，强化地方政府和相关部门的健康管理责任，推进慢病防控工作开展。泸溪县成功创建国家级慢病综合防控示范区，这是继2013年凤凰县成功创建国家级慢病防控示范区后的又一个"国字号"荣誉。

【等级达标工作】 2017年，州疾控中心深入县（市）指导和推进县级疾控机构等级达标工作，吉首、花垣、古丈3县（市）疾控中心顺利通过等级达标考核评估，基层疾病防控能力与水平进一步提升。在加强基层能力建设的基础上，州疾控中心积极申报、承接、实施科研项目，承担的国家卫生行业科研专项肉源性水源性寄生虫监测和风险评估关键技术研究、湘西州结核病分级诊疗和综合防治服务模式试点研究、湘西州流感优势毒株流行病学研究三个科研项目进展顺利。

（本栏图文　黄生权　卓　超）

卫生监督执法

【概况】 2017年，全州有乡镇（含街道社区）卫生监督执法协管机构185个，配备专（兼）职卫生监督协管员399人，确定建制村卫生监督协管信息员2131人，各乡镇卫生院和社区卫生服务中心等基层卫生服务机构建立健全卫生监督协管工作制度，各项协管工作步入规范化。

卫生计生许可审查。依据相关法律、法规和标准，严把卫生计生许可审查关和审批头。截至2017年12月

20日，全州8县（市）共受理行政许可事项2206件（州本级受理1019件），其中办结许可事项2156件（州本级为1019件），因不符合许可条例、现场监督审核不合格等原因未予办理50件，限时办结率均为100%。

公共场所卫生监督。全州有公共场所经营单位1512户，州直管公共场所经营单位共19家，完成经常性监督19家，监督覆盖率100%。全州检查公共场所140户，其中卫生管理制度全部按要求落实的58户，合格率41.43%；抽检游泳场所8户，合格1户，合格率12.5%；抽检顾客用品用具消毒效果65户，合格40户，合格率61.53%；抽检空气质量卫生62户，合格46户，合格率74.19%；抽检集中空调通风系统卫生13户，合格6户，合格率46.15%。针对检查中发现的问题，责令整改74户，立案查处违法案件2起，罚款总额1.4万元。

生活饮用水监督管理。全州有县市级集中式供水单位10家，均取得卫生许可证，持证率100%，日供水总量330980立方米，供水总人口115.8万人；乡镇级集中式供水单位145家，取得卫生许可证8家，持证率5.82%，日供水总量26357立方米，供水总人口354760人。农村设计日供水量20吨或收益人口200人以上的集中式供水设施391个，供水总人口6800722人。全州检查集中式供水单位76户，合格16户，合格率21.05%。其中持有卫生许可证19户，持证率25%；供管水人员经过健康体检和卫生知识培训的38户，合格率50%；有水质消毒设施设备42户，合格率55.26%；消毒设施设备运转正常的31户，合格率40.79%；使用合格涉水产品29户，合格率38.16%；开展水质自检19户，合格率25%；落实水源卫生防护39户，合格率49.37%。全州抽检消毒剂余量样品58份，合格33份，合格率56.89%；浑浊度样品63份，合格53份，合格率84.13%；色度样品41份、臭和味样品58份、肉眼可见物样品58份、pH样品55份，合格率均为100%。全州小型集中式供水卫生安全巡查，共调查73个乡镇98户在用小型集中式供水设施，其中开展饮用水卫生安全巡查乡（镇）71个，开展率97.26%；建有基本情况档案的小型集中式供水设施45户，建有卫生安全巡查档案的小型集中式供水设施52户，建档率分别为45.92%和53.06%。

职业卫生与放射卫生监督。截至2017年12月底，全州有放射诊疗机构122家，其中省级管理的2家，州本级管理23家，县级管理99家，年内专项监督检查192间机房的放射防护用品及使用情况，针对存在的问题及时下达整改意见书110份，立案2起，当场行政处罚3家，通过此次专项检查全州放射防护个人防护用品使用工作，对州本级发证的23家放射诊疗单位更加规范2次日常监督检查和“放射防护质量量化评价”工作，监督覆盖率达100%。对全州辖区内现有的122家放射诊疗单位（不包括省级管理的2家）的191台放射诊疗设备、15台新安装设备、186间放射工作场所进行监督检查，其中141台设备办理放射诊疗许可，许可率73.82%；年内对63台设备开展每年一次的防护性能检测，检测率为32.98%，63台设备经检测全部合格，对未进行设备防护性能检测的放射诊疗单位提出整改意见。通过此次专项检查，湘西州放射防护个人防护用品使用工作进一步规范。对全州439名放射工作人员进行个人外照射剂量检测工作，对个人剂量达到调查水平的4起情况及时进行追踪调查，发现问题及时纠正不当行为，减少放射工作人员受到辐射影响。全年办理一般程序行政处罚案件3起，共罚款7800元。

医疗服务市场监管。州级卫计综合监督执法机构检查医疗机构85家，其中州直管医疗卫生机构43家，监督覆盖率达100%，抽查县（市）发证医疗卫生机构42家，监督检查涵盖医疗机构及人员执业、传染病防控、母婴保健、消毒院感、医师执业、临床用血、麻醉药品管理、抗菌药物管理、实验室生物安全及医疗废物处置等重点内容，对发现的问题均及时提出整改意见，查处个别违法违规情节严重的医疗机构。全年累计出动卫生监督执法人员204人次，出动车辆45台次，提出整改意见108家次。全年查处医疗机构案件7件，暂停执业1人、取缔1家，共计罚没款7.62万元。先后开展依法执业、打击非法行医、非法虚假医疗广告、医疗废物、门诊输液、医疗美容等专项整治工作，全州累计出动卫生执法人员1569人次、车辆435台次、检查医疗保健机构735家，发现1家医疗机构批准的科目无相关执业医师执业现象、2家医疗机构超出核准登记的范围开展诊疗活动，针对监督检查发现的问题，全州立案查处38起，结案30起，共计罚款15.402万元，吊销“医疗机构执业许可证”1家，暂停执业1人，查处无证行医机构3家。对7家医疗机构抗菌药物临床应用管理欠规范、医务人员出具虚假医疗文书及使用非卫生技术人员等现象进行立案查处，共计罚款6.2万元，责令暂停执业1人。全州查处非法医疗美容案件3件次，罚没1.31万元，暂停执业2家次。

传染病防治监督。开展全州各医疗机构、疾控机构、餐饮具消毒服务机构、消毒产品生产企业传染病防治经常性监督检查，监督覆盖率达100%。按照2017年传染病防治国家监督抽检计划，开展全州疾控机构疫情报告及控制、疫苗流通及预防接种、病原微生物实验室生物安全、医疗废物等方面专项监督检查，共检查疾控机构9家。开展集中式餐饮具消毒服务机构专项监督检查，规范全州餐饮具消毒行业经营行为，共检查13家餐饮具消毒服务机构，制作现场监督笔录、卫生监督意见书及当场行政处罚决定书等文书60余份，实施“警告”当场行政处罚17起、一般程序的行政处罚6起，罚款金额3.1万元。2017年年底，全州餐饮具集中消毒单位所有厂房及设备更新换代，其中吉首市康洁餐具消毒公司、龙山县乐尔康餐具消毒配送中心、保靖县绿康餐具消毒配送中心、凤凰县康鑫餐具消毒中心、花垣县洁安康餐具消毒中心5家单位在关键环节安装视频监控系统，落实重点生产环节实时监控，生产环节安全生产得到保障。认真开展全州公共用品集中消毒服务机构监督执法专项检查，共检查公共用品集中消毒服务机构13家，下发整改意见书19份，立案查处1起，罚款900元。开展消毒产品生产经营单位专项检查，规范全州消毒产品经营市场，共检查消毒产品生产经营企业120余家，抽查各类消毒产品300余种，均下达卫生监督意见书责令整改，全年实施行政处罚7起，罚款金额3.19万元，传染病防治监督工作取得较好成绩。

学校卫生监督管理。对州直管10所学校开展日常卫生监督检查工作，针对存在的问题下发监督意见书，限期整改。并将检查结果及时进行网络直报，监督覆盖率达100%。认真开展中考、高考考点学校卫生专项监督检查。组织对考点学校开展饮用水卫生及传染病防控监督检查工作，认真组织开展国家、省重点监督抽查、学校卫生综合监督评价及双随机检查等工作。

卫生行政处罚。全州查处各类卫生行政处罚案件101起，其中一般程序72起，简易程序29起，罚款金额32.273万元。州本级查处各类卫生行政案件43起，其中一般程序21起，简易程序22起，听证程序1起，罚款金额12.66万元。

（本栏撰稿　韩倩）

计生协工作

【概况】 2017年，湘西自治州计生协会以全面落实习近平总书记对计生协提出的“六项重点任务”为目标，紧紧围绕州委、州政府工作中心和卫生计生工作大局，聚焦精准扶贫和健康扶贫，积极开展群众性宣传教育、生殖健康咨询服务、优生优育指导、计划生育家庭帮扶、计生基层群众自治和流动人口服务，不断增进计生家庭福祉和获得感，充分发挥计生协组织服务全州人口计划的独特作用。州计生协获评省计生协年度绩效目标考核模范单位、州级文明标兵单位、州直综合治理平安单位、州直民族团结进步创建先进单位。州计生协会秘书长作为全省唯一代表获评全国计生协优秀宣传员。

群众性宣传教育。聚焦扶贫、贴近基层、连接地气，与卫计部门携手，深入扶贫攻坚主战场凤凰县腊尔山台地两林乡，组织开展“关怀情·脱贫梦”助力精准扶贫大型宣传服务活动；与扶贫单位联手，走进保靖县四十八湾村开展群众所需计生知识宣讲和健康知识咨询与义诊服务；与高等院校合作，开展青春健康知识演讲活动，在全省“我青春我健康”演讲赛中获最佳组织奖，2名参赛选手分获二、三等奖；以“送政策、送健康、送关怀、树典型”为内容，组织全州各级计生协多形式开展纪念“5·29”会员活动日和“7·11”世界人口日计生宣传服务活动；创办《协会信息》简报，宣传协会动态，讲好协会故事；积极向报刊、网站等媒体发稿，传播协会好声音，在州级以上媒体发表协会工作信息、典型经验稿件146篇，其中省级以上95篇。

计生基层群众自治。以“六个到户”机制为抓手，深入推进计生基层群众自治示范村居创建，积极向计生基层群众自治示范乡镇创建拓展，形成县（市）、乡（镇）、村（居）三级联创格局，提升创建水平，全州新增省、州两级计生基层群众自治示范乡（镇）13个、示范村（居）21个，评选表彰计生协工作优秀乡（镇）10个、计生基层群众自治优秀村（居）10个、优秀个人10名，以乡（镇）、村（居）落实计生国策工作基础进一步得到夯实。

计生项目帮扶。年内，争取计生“三结合”项目12个，资金42万元，助推12个计生家庭发展种养生产项目。争取省财政补助资金151.46万元，给全州城乡73625户计生家庭户、213513名计生家庭成员购买计生家庭意外伤害保险及计生特殊家庭综合保险，实现总投保资金236.61万元，完成理赔117.42万元，保险总理赔率达49.62%。争取省计生扶贫小额贷款贴息资金115.47万元，惠及计生家庭92户。

生育关怀。全年先后开展7次集中生育关怀活动。一是春节期间，组织全州各级计生协开展“下基层送温暖”活动，投入资金95万元，关怀计生困难家庭、困难职工、结对帮扶对象1574多户；二是“5·29”活动期间，组织各级计生协开展以“送政策、送健康、送关怀、树典型、助脱贫”为内容的生育关怀服务活动，慰问关怀计生家庭、留守儿童、贫困母亲等5198户，送慰问资金、物资92.68万元。三是“7·11”活动期间，全州各县（市）计生协投入10万余元资金慰问计划生育困难家庭200余户。四是争取国家幸福工程资金50万元，在花垣县开展“救助贫困母亲行动”，为花垣县补抽乡合兴村16名计生贫困母亲每人发放3万元。五是开展“金秋助学”活动，争取景鹏控股有限公司助学资金30万元，在永顺县举办“金秋助学”行动发放仪式，助学帮扶考入大学的计生困难家庭子女60户；六是开展“小善举·大爱心”卫生计生系统特困职工挽手同行活动，争取省关怀资金2万元，慰问特困对象4户。七是开展特困家庭帮扶活动，争取0.8万元爱心资金，救助特困计生家庭10户。

创新实践。在生育关怀服务上，实践总结“搭建四个平台，实施精准关怀”（政策平台、项目平台、保险平台、爱心平台）经验在全省会上作典型发言。在计生基层群众自治创建上，积极探索实践计生基层群众自治与基本公共卫生服务相融合的工作机制，形成“四个（资源、内容、机制、保障）融合”基本经验，得到省里肯定，并在全省会上作典型交流发言。在计生保险推进上，建立保费财政

“兜底”、财政与单位“双担”模式，实行参保率与理赔率双考评机制，探索保险对象向建档立卡计生户逐步拓展，赢得全省计生保险推进会在湘西州召开并作典型发言。

组织队伍建设。大力开展“三支队伍”（百支宣传队、千人志愿者、万名骨干会员）建设，全州“三支队伍”巩固和发展到160支、1691人、10864名；积极培育协会组织网点，年内在行业、企业、学校等领域新建计生协会组织3个，指导凤凰县建立省级流动人口协会组织示范点1个，指导吉首市建设州级流动人口协会组织示范点1个，全州各级计生协在理事单位、行业、企业及辖区内外流动人口集聚地中建立协会组织增加到30个，计生协组织网络得到拓展。继续在理事单位深入开展“六个一”创先争优活动，评选优秀单位16个，理事“理”事合力不断激发凝聚。围绕计生保险业务、计生协能力建设、党的十九大精神学习开展培训班4次，队伍政治业务素质不断提升。

【湘西州首个返乡农民工企业计生协组织成立】 2017年1月13日，湘西州首个返乡农民工企业计生协会——凤凰县边城门业计划生育协会在凤凰县城成立。州计生协和凤凰县计生协为该计生协授牌。边城门业公司是由外出务工返乡成功人士组建的个私企业，他们历经艰辛与磨难，通过多年技能积累，回家乡创业。成立计生协组织旨在搞好企业生产经营的同时，为育龄群众和计生家庭做更好的服务。

【湘西州首个医疗行业计生协组织成立】 2017年8月21日，湘西州首个医疗行业计生协组织在吉首市人民医院成立，并召开第一次会员代表大会，选举产生第一届理事会。来自院各科室计生协会员代表87人参加会议，州（市）卫计局、计生协领导到会祝贺。吉首市人民医院是吉首市综合性二级甲等医院，经过近40年的艰苦创业，医院得到很大发展，各项工作迈上新台阶。市人民医院计生协会的成立为湘西州基层医疗领域首创，标志着吉首市计生协组织网络建设得到不断创新进步。

（本栏撰稿　田晓辉）

州人民医院

【概况】 2017年，湘西自治州人民医院（吉首大学第一附属医院）有在职职工2178人，其中高级职称专业技术303人，中级职称专业技术522人，博士、硕士研究生159人，享受国务院特殊津贴专家3人，获国际南丁格尔奖1人。全年完成门诊816325人次、出院66515人次、住院手术23450台次，同比分别增长4.46%、7.73%、12.26%。病床使用率114.88%。平均住院日9.67天，同比减少0.1天。业务收入11.35亿元。年内，取得国家三级甲等综合医院资格，内科综合楼正式启用。获国务院政府特殊津贴专家、全国卫生计生系统先进工作者、国家卫计委优质护理先进个人等国家荣誉6项，省级以上荣誉18项，州级以上荣誉30项。

医疗质量安全管理。狠抓医疗核心制度落实，通过教育、培训、督查、追责，医务人员规范意识普遍强化。持续开展“三合理一规范”专项治理，药品比33.17%，住院和门诊次均费用分别增长6.78%、5.9%，均处于合理可控范围。开展门诊优质护理服务活动，接待咨询病人25万余人次，实行高级职称医师坐诊节假日。预约工作在全省统一预约挂号平台上排名前三。医疗质量满意度达97%，病历甲级率达90%，危重患者抢救成功率86%，护理质量满意度98%。

学科建设。完成新分科室组建、搬家，新增科室（病区）15个，护理单元由48个增至62个。主导成立耳鼻咽喉头颈外科、儿科、临床药学、心电生理与起搏、呼吸病学与呼吸内镜等多个州级医学专业委员会。开展卒中联盟医院年会、脑卒中诊疗技术新进展等学术会议24次。成功申报湖南省急性脑卒中临床医疗技术示范基地。申报第二批国家级住培基地，获批13个。申报湖南省儿科转岗培训协作基地，建成临床技能模拟训练中心。

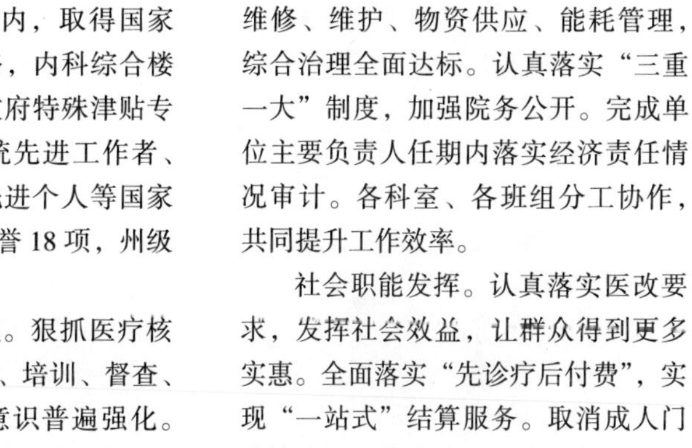

运行保障。严格执行招标采购程序，在中标价基础上开展“二次谈价”，议减697万元。落实经济合同审计监督备案。完成重大项目年度建设任务，在考核评估中被评为“州直优秀项目”。建成启用内科综合楼，启动门诊楼、住院楼建筑智能化系统改造项目。开通全国跨省网上直接结算，实现外省病人直接结算补贴。实施平安医院创建，加强保洁、保安、消防、维修、维护、物资供应、能耗管理，综合治理全面达标。认真落实“三重一大”制度，加强院务公开。完成单位主要负责人任期内落实经济责任情况审计。各科室、各班组分工协作，共同提升工作效率。

社会职能发挥。认真落实医改要求，发挥社会效益，让群众得到更多实惠。全面落实“先诊疗后付费”，实现“一站式”结算服务。取消成人门诊输液室，落实分级诊疗，加入“三明模式”。与县（市）医院签订转诊协议，及时收治转诊患者。派出49人参加“万名医生下基层”活动。加强对口帮扶医院医务人员培训。实施免费白内障手术490例、儿童先心病治疗8例、产前筛查1481人次，免费收治

"三无特困"病人22例。完成龙山、凤凰食物中毒等突发事件抢救。落实哨点医院工作。

【"先诊疗后付费"政策实施】 2017年，州人民医院认真贯彻落实健康扶贫工程，对住院的建档立卡户，实行"先诊疗后付费"制度。另外，医院按其政策范围外费用由住院部窗口减免10%，并对患消化道肿瘤（限食管癌、胃癌、结肠癌、直肠癌）、终末期肾病、儿童白血病（限急性淋巴细胞白血病和急性早幼粒细胞白血病）和儿童先天性心脏病（限房间隔缺损、室间隔缺损）4类9种疾病的患者开通绿色通道，医院对其个人自负部分给予50%减免。

【电话随访搭建医患沟通桥梁】 2017年，州人民医院完善医患沟通机制，不断提高服务质量，打造"三好一满意"医院，推出"出院病人电话随访"制度，积极开展出院病人的回访工作，为病人及家属提供延伸服务，取得良好的社会效益。全年出院病人随访率达90%左右。

（本栏图文　邓涵　田敏　宋太灵）

州民族中医院

【概况】 2017年，湘西州民族中医院抢抓机遇，主动对接医改政策，坚持"一体两翼，一院两制，三医联动"发展思路，坚持以病人为中心，以提高医疗质量和医疗安全为核心，不断彰显中医民族医特色，呈现出持续发展的新常态。巩固湖南省民族中医医院、国家重点民族医医院、中国土家医药标准研究推广基地、国家中药现代化工程技术研究中心土家医药分中心等平台，成功创建湘西州首个博士后科研流动站协作研发中心，医院综合实力得到进一步提升。全年完成门急诊27.6万人次，同比增长14.6%；出院2.4万人次，同比增长11.5%，病床使用率达135%。荣获"全国卫生计生先进集体"、湖南省文明单位等荣誉称号。

湖南省民族中医医院（州民族中医院）挂牌合影

医改工作。主动适应医改，推进医院发展增速提质。先行先试取消成人门诊输液，实施药品采购"两票制"，积极加入"三明限价采购联盟"，主动与省、州相关部门申报协调，九项民族医药专技服务项目通过省州评审。以医改为契机，调结构、促发展，注重发展质量和数量齐头并进，双量齐升。

医疗基础设施建设。累计投资综合楼项目7300余万元，完成主体工程建设，于9月30日封顶，进入装修阶段；湘西红枫谷康养中心项目于11月动工开建，占地面积600亩，建设用地面积242亩，规划总建筑面积16.2万平方米，总投资8.6亿元，主要建设内容有：康养医院、康复楼、康养公寓、民族医药研究楼、康养酒店、康养别墅、药用植物园等，预计2019年建成投入使用。全年争取地方政府债券资金5000万元，累计争取项目建设资金1.1亿元，医院项目建设资金压力得到有效缓解。

医疗质量提升。严格依法执业，杜绝非法执业和超范围执业现象，不断加强危重病人、围手术期、临床用血、药物不良反应、有创诊疗操作、新技术新业务等重点环节监控，强化急诊、手术室、麻醉科、ICU、内镜室、血透室、产房、新生儿病房等重点部门和重要岗位质量管理，全年没有发生医疗事故，医疗争议赔偿大幅度降低。与各相关科室签订"医院感染管理责任书""医疗废物管理责任书"，使医院感染及医疗废物管理工作责任明确，确保医疗安全，未发生院感爆发事件。进一步规范传染病信息上报，其中传染病报告及死亡病例报告网络直报率100%，及时报告率100%，网络报告信息相符率100%，无漏报和迟报现象。

医疗服务。有效拓展医疗服务领域，将脑肺病科分为脑病科、肺病科，将针推科分为针灸科、推拿科。在山东省济南市帮扶专家的指导下，开设康复医学科。积极规范开展新技术、新项目，全年开展非药物治疗5.2万人次，占门诊总人次的18.9%。成功开办国医馆，邀请3名湘西知名的土家医到馆坐诊。扩大治未病中心规模，成功举办湘西州首届膏方节，继续深入开展"冬病夏治""冬病冬治"等传统中医项目，服务群众近1万人次。加强中药质量采购管理，在全州率先开展中药带量采购，按照质量优先、价格优先的原则，对年内大宗中药进行集中招标采购，提升中药质量，降低采购成本，提高中药服务水平。

护理服务。举办首届"立足岗位、创新服务"护理创新大赛，全院13个代表队分别就参赛的24项护理创新成果进行精彩诠释，强化创新意识；艾灸法、穴位按摩、火龙灸、平衡罐、艾灸仪、扶阳罐、蜡疗、中医封包综合治疗等中医特色治疗项目在各科室得到全面开展。试点推行“推亮点、立品牌”标准化护理服务单元建设，用规范的护理，为患者提供全程优质和同质化的护理服务。全院运行中医、民族医护理方案18种，开展中医治疗项目达77项。

科教工作。全年获省级科研课题立项资助5项，州级科研课题立项资助2项。发表民族医药学术论文62篇，在《中国民族医药杂志》2017年11期出版医院民族医药论文专刊，填补医院出版学术专刊的空白。以第一主编单位，出版发行《土家医医疗技术》专著，实现以第一主编单位出版发行的“零突破”。医院参与的“土家医传统疗法的抢救性发掘与技术规范研究及其应用”获2017年中国民族医药学会科学技术奖一等奖。建立保靖水田河中心卫生院、花垣县边城中心卫生院2个中医类别全科医生规范化培训基层实践基地。年内招收23名中医住院医师规范化培训学员，总学员达67名。完成吉首大学针灸推拿专业方剂学、中医骨伤科、外科学、针灸学、推拿学等5门课程的授课任务，有8人通过高校教师资格考试。

【“五名”工程建设】 2017年，州民族中医院按照《湖南省中医药发展“五名”工程实施方案（2016—2030）》有关要求，结合该院工作实际，制定《湘西州民族中医院中医药发展“五名”工程实施方案（2016—2030）》，全面规划名医、名技、名方、名院、名药等方面的建设。通过申报、审评，谭晓文被确定为全国老中医药专家学术经验传承指导老师，杨新、黄佳被确定为学术传承人，儿科、肺病科、内分泌科、骨伤科被确定为省中医药管理局重点专科建设单位。土家医药筒滚熨疗法成功申报为湖南省中医药专长绝技。

【土家苗医药特色发展】 2017年，州民族中医院拟定待发布一批土家医药标准，研究起草230条土家名词术语；8个土家医常见病证疗效评价标准、诊疗指南及护理规范；铁灯台、隔山撬、半截烂、藤草乌四种土家药炮制规范；22个土家医医疗技术规范。“湘西苗医腰痛正骨法”“湘西土家医风湿痹症雷火神针疗法”“湘西苗医小儿外感发热疗法”“湘西土家医小儿走胎提风疗法”“土家医药筒滚熨疗法”等6项湖南省中医药专长绝技在临床得到有效推广。新增儿科、肺病科、内分泌科、骨伤科为省级重点专科。“土家医苗医脾胃病、土家医肝病专科、推拿科”3个国家级重点专科和“针灸理疗科、心病科、脑病科”3个省级重点专科发展优势进一步凸显，特别是推拿科成为省内知名专科。（本栏撰稿　刘让定）

妇幼保健

【概况】 2017年，湘西自治州妇幼保健院紧紧围绕卫生计生妇幼中心任务，全面落实国家重点民生实事工作任务，创新工作思路，拓宽服务领域，改进服务方式，提高服务质量。通过一手抓人才培养，一手抓服务态度改善，医疗质量、医疗安全和人民群众生命安全得到确保，全州妇幼卫生工作服务质量不断提高。是年，该院完成门诊31364人次，比上年增长3%；出院病人779人次，与上年基本持平；完成业务收入1485万元，比上年增长3.85%。全院无医疗事故发生，无违法违纪现象发生，患者及家属满意率达98%以上。

妇幼卫生管理。加强县（市）基层妇幼卫生医疗机构综合业务培训，对重大妇幼卫生项目、基本公共卫生妇幼卫生子项目相关内容进行认真讲解，规范妇幼公共卫生、妇幼卫生新年报信息上报等工作。加强信息质量控制，提高妇幼卫生数据质量，对数据源头进行质控，每季度定期与州疾病预防控制中心衔接数据，到各医院开展信息质控查漏补漏调查，追踪可疑线索，有效减少出生及死亡漏报现象。开展妇幼卫生工作专题调查活动，加强基层妇幼保健队伍建设，认真落实基本公共卫生服务逐步均等化，是年，督查和指导全州8县（市）、16个乡（镇）卫生院、村卫生室基本公共卫生工作。加大各级助产机构剖宫产率专项督查，深入开展“促进自然分娩，保障母子安康”活动，重点加强对县（市）人民医院、中医院非医学需要的剖宫产管理，全州医疗机构剖宫产率49.82%（户籍43.01%）。加强重点民生实事、基本公共卫生和国家重大项目工作督查指导，深入8县（市）妇幼卫生行政管理和基层妇幼保健机构开展调研，通报发现的问题，促使各县（市）妇幼保健机构办院思想进一步端正，坚持以保健为中心，走保健与临床相结合的路子。

两个死亡率控制。加强高危孕产妇管理，孕产妇及5岁以下儿童死亡率得到控制。是年，全州孕产妇死亡率15.65/10万，较上年下降32.75%，较省定目标下降37.4%；5岁以下儿童死亡率5.10‰，较上年下降24.44%，较省定目标下降43.33%。积极开展危重孕产妇及孕产妇、新生儿死亡评审。4月26日，州卫生计生委组织危重孕产妇、孕产妇、新生儿死亡评审专家，对2017年上半年3月1日前在湘西州境内死亡的4例孕产妇及新生儿死亡进行专题评审，对3月1日以后死亡的两例进行一例一评，总结经验，吸取教训，提出加强产科质量及管理措施，将关口前移。按照《国家基本公共卫生服务规范（第三版）》要求，加强孕产妇及0~6岁儿童的健康管理，通过检查、跟踪随访等方式，及时筛查高危孕产妇和体弱儿童，并按要求进行治疗和转诊，全州儿童保健和孕产妇保健服务水平得到提高，儿童和孕产妇健康状况明显改善。全州7岁以下儿童保健覆盖率达89.54%，较上年同期上升2.13%；3岁以下儿童管理率达88.93%，较上年同期上升1.21%；孕产妇系统管理率达99.34%，较上年同期上升12.15%；5岁以下儿童死亡率5.10‰，较上年同期下降24.44%。

农村妇女“两癌”普查。湘西自治州8县（市）均为宫颈癌、乳腺癌普查项目县，是年，全州免费筛查农村适龄妇女“两癌”43811人，完成省定目标任务的105.72%。免费产前筛查工作稳步推进，截至11月30日，完成24570人次，占省定目标任务数（24470人次）的100.4%。

预防出生缺陷。通过免费婚前医学检查、妇女孕前和孕早期增补叶酸、艾滋病母婴传播阻断、新生儿疾病筛查等多种措施，健全完善预防与控制出生缺陷防治网络，出生缺陷预防屏障初步构建，全州新生儿疾病筛查面逐步扩大，全州新生儿疾病筛查率达96.88%，较上年增长1.78%；新生儿听力筛查率93.52%，较上年上升1.94%；免费产前筛查率100.40%；筛查率明显上升显示，全州出生人口素质大大提高。

【妇幼重大服务项目】 2017年，湘西州艾滋病、梅毒、乙肝母婴传播阻断预防项目有序推进，全州9个妇幼保健机构中有8个建成艾滋病初筛实验室并投入使用（古丈县妇幼保健院无产科业务）。是年，产妇艾滋病检测率达104.95%，检测发现艾滋病病毒阳性9例；产妇梅毒检测率达104.06%，梅毒感染孕产妇74人；乙肝检测率为104.06%，乙肝感染孕产妇1249人；及时对阳性孕产妇实施母婴阻断治疗和规范管理。免费婚前医学检查工作有新进展，是年，全州完成免费婚前医学检查率77.74%，同比上升44.18%。永顺县、保靖县免费婚前医学检查工作做得好，永顺县婚前医学检查率由上年的6.70%上升到96%，保靖县由上年的50.76上升到82.04%。孕前和孕早期妇女免费增补叶酸项目进展顺利，全州叶酸服用率为达94.91%，叶酸服用依从率88.19%，叶酸服用知识知晓率89.45%。农村孕产妇住院分娩补助项目落实到位，继续认真实施农村孕产妇住院分娩补助政策，全州住院分娩率进一步提高，是年，农村住院分娩补助人数20970人，拨付住院分娩补助资金696.15万元。

（本栏撰稿　罗梨萍）

州精神病医院

【概况】 2017年，湘西州精神病医院有编制床位350张，实际开放床位700张，开放床位使用率107.5%。医院人员编制300名，在职职工284人（编内职工171人），其中高级职称12人，中级职称50人。完成精神科门诊29165人次，收治精神科住院病人4288人次，收治强制戒毒病人58人次，完成司法鉴定81人次，残疾评定875人次，处方合格率98.5%，住院患者治愈率57.82%，好转率41.74%，甲级病历率91.2%，护理综合评分96.15分，基础护理合格率100%。

医疗质量。成立医疗质量与安全管理委员会、医院感染管理委员会，健全组织机构和质量管理制度，与医务人员签订《医疗质量安全责任状》，层层传导压力，加强干部职工的责任、担当意识。推进临床科室痕迹管理，完善临床科室质量管理，组织医务人员集中培训18项医疗核心制度，加强临床医疗工作人员三基培训与考核，强化环节质量检查和终末质量考评与合理用药监督管理，病历质量显著提高，各项质量考核均符合要求。推进荣誉医案和临床路径工作，初步入选荣誉医案5例。按上级主管部门要求开展医疗安全专项整顿活动、整顿医疗秩序打击非法行医专项整治行动、医用耗材专项整治活动。加强医疗卫生机构静脉输液管理和医疗废物及医院感染管理等专项工作，落实医院感染各项制度和规范，按要求储存、运输医疗废弃物并集中处理，提高医疗风险防范。开展专家指导查房和联络会诊工作，完成指导查房及病例讨论115人次，院内外会诊75人次，提高医疗质量，保障医疗安全。

医改工作。全面启动医联体建设，签约加入湖南省精神卫生医联体和山东省济南市精神卫生中心技术协作单位。9月正式签约加入三明市药品耗材联合限价采购联盟，组织集中学习州医改办文件精神，派专人参加培训，完成正式使用工作。对建档立卡贫困患者实行“先诊疗后付费”，为贫困户减免自付部分155人次31.87万元。

业务建设。“湘西土家族苗族自治州第二人民医院”“湖南省精神卫生医联体成员单位”“湘西州医学会精神病学专业委员会”先后落户该院，“心理援助热线电话”保持畅通，“湘西州精神疾病诊断与治疗质量控制中心”“湘西州心理咨询中心”成立工作有序推进，内科建设工作顺利完成。投入185万元实施信息化建设，工作更加快捷、方便，资料管理更加规范。

湘西州第二人民医院（州精神病医院）揭牌仪式合影

科研教学。在湖南省卫生计生科教信息服务平台完成全院卫生专技人员245人注册办理“继教卡”清理、审核工作。同时完成196人年度二类学分的申报及130人上年度一、二类学分的审核工作。组织协助州人才培训中心对干部职工“保密意识和保密常识教育”培训学习考试。全年授课131课时，接纳见习、实习、进修239余人次，公开招聘4名临床医师，新增高级职称2人，在国家、省级刊物发表论文9篇，医、护人才队伍素质进一步提高。

司法鉴定。严格遵守《司法鉴定技术操作规范》《司法鉴定程序通则》及文书规范，同时不断建立健全机构内部管理制度，实行鉴定讨论制度及司法鉴定人负责复核、审批、签发三级审查制度，保证鉴定结论准确性。全年完成司法鉴定案例81例、残疾评定875例，其中杀人案例7例，疾病诊断鉴定6例，性防卫能力鉴定15例，盗窃案例15例，伤人案例11例，强奸案例4列，其他鉴定23例。追踪反馈意见采信率100%，鉴定咨询200余次，为司法鉴定当事人提供便捷高效的司法鉴定服务。

基础设施建设。老年康复病房改扩建项目主体完成。投资12.8万元改造医院供电线路，为医院安全生产提供强有力的保障。投入185万元实施信息化建设，验收合格并正式投入使用。投入46万元完成住院部裸露消防管道包装施工建设，消除病房的安全隐患。72套公租房投入使用，解决职工住房困难。住院部楼顶加装大型夜光名称牌，具有较好的公益宣传效益。医院绿化、硬化建设和康复训练基地完成设计、预算等前期准备工作。

【重性精神病管理成效明显】 截至2017年12月31日，全州累计登记患者11175人，在册患者11132人，在册率4.23‰（目标任务4‰），在册患者年管理率98.81%（目标任务95%），在册患者年规范管理率94.06%（目标任务80%），在管患者治疗率94.98%（目标任务75%），在管患者规律治疗率52.89%（目标任务50%），各项工作指标名列全省前茅。加强对基层精神病患者防范工作督导及培训工作，开展4次严重精神障碍患者管理督导工作，完成县（市）一级师资培训，乡（镇）精神病患者防治专干随防及分类干预服务水平得到有效提升。国家严重精神障碍信息系统（二期）启动后，录入发病报告卡和出院信息单分别为475人、3298人。与贵州省松桃县残联、湘西州龙山县残联、古丈县残联、保靖县新型农村合作医疗开展多形式合作，全年救助服药患者300余人，救助住院患者100余人，救助金额70余万元。在湖南省卫计委举办的首届“严重精神障碍管理治疗项目知识技能竞赛”中，该院代表湘西赛区参赛，荣获团体第三名。

（本栏图文　邓　淞）

州肿瘤医院

【概况】 2017年，湘西自治州肿瘤医院开放床位260张，实有干部职工349人，其中中高级专业技术人员118人，开设有老年康复科、肿瘤一科（头颈）、肿瘤二科（胸部）、肿瘤三科（腹部）、外科、妇瘤科、微创介入科、医学检验、影像等19个临床医技科室。有医科达直线加速器、CT模拟定位机、放射治疗计划系统、数字减影血管造影血管造影X线机、东芝大型C臂、英国Emsicion腔道射频消融仪、螺旋CT、多普勒彩超等大型医疗设备。经过30年艰苦创业，突出大专科、小综合办院方针，逐步建设成四省（市）边区集肿瘤诊疗、科研、防控、教学、康复于一体的专科医院。

医疗质量。加强首诊责任制和优质服务活动，切实改善医疗服务水平，成立患者服务中心，院内、院外送检及时响应。深入病房随访调查，与病人交谈，了解病人基本动态，听取意见建议。回访出院病人，收集真实有效资料，月底总结反馈到各科室。坚持“以病人为中心”的服务理念，不断提高医疗服务水平，切实提高医疗服务质量。加强医疗法律法规、规章制度教育，严格执行诊疗技术常规，把各项制度落实到各个环节之中，创新服务流程，优化诊疗环境，时刻坚持以质量为核心，以质量安全为主题，认真落实各项规章制度、岗位职责，构造和谐医患关系。

医疗安全。加强环节质控，确保医疗安全。严格落实各项医疗、护理核心制度，不断强化医护人员的法制意识、医疗安全意识和防范意识，建立健全医院、科室、个人三级质量控制网络，细化住院病历控制流程，明确各级职责，每月按时公布病历检查情况。全年检查在架病历490份，终末病历1551份，院质控率达23%，病历甲级率92%，对有缺陷的病历及时总结，并提出整改意见，形成全院上下同把质量关的良好局面。监督各项护理安全制度落实，定期检查科室药柜内药物存放、使用情况，注射药、外用药严格分开放置，各科室急救药品定期检查、记录并使用封条，各临床科室对护理不良事件登记上报有明显改善。

防保建设。加强医院感染重点部门、重点环节监控、医务人员管理和培训，针对发现的问题采取有效干预措施，提高医院感染管理措施的依从性，全年对环境、物表、血液透析液、消毒供应中心相关的生物监测总数达到600次，合格率100%。积极开展医院感染漏报率调查，漏报率<20%，医院感染发生率≤10%，医院感染事件得到有效控制。对平时督导检查中发现的问题早报告、早处置，严格执行消毒隔离制度，遵守无菌操作规程，最大限度减少医源性感染的发生。实行院长值周制，科室二线值班制，做到突发事件及时响应、及时处理，确保医疗安全。

基础设施建设。老年养护中心（公租房）完成主体建设，2018年9月可投入使用；门诊大楼（康复大楼）完成招投标和基础性工程建设，2018

年年底可投入使用，届时，该院开设床位可达700张。投资2000余万元新引进的医科达直线加速器完成安装调试，正式投入使用。

（本栏撰稿　向　权）

州荣复医院

【概况】2017年，湘西州荣复医院实有干部职工386人（医护人员319人），其中高级专业技术人员11人，中级专业技术人员55人，开放床位1200张。开设有老年康复科、综合科、临床心理科、男病室、女（一）病室、女（二）病室、康复（一）科、康复（二）科、安置科、优抚疗养科等10个临床医技科室。年内门诊接诊患者18104人次，同比增长45%；收治住院病人3520人次，同比增长23.5%；完成业务收入6425万元，同比增长17%。

医疗安全。认真组织学习《精神卫生法》《执业医师法》《护士管理法》《药品管理法》等法律法规，建立健全《医疗护理质量控制绩效考核方案》《院领导行政查房制度》，严格执行首诊医师负责制、科主任24小时负责制、三级医师查房制、疑难病案讨论制度、各项护理安全制度，定期考核各科室，考核结果根据绩效管理方案落实到科室、个人。年内选派技术骨干到上级医院进修学习，积极鼓励职工通过自学和就读成人大学提高业务知识和文化水平。组织开展医护人员业务理论素质和操作技能业务培训学习28场次，定期开展技能考核，理论考试合格率达99%，处方书写合格率98%以上，住院病历书写合格率97%以上，门诊处方划价合格率99%以上。

医德医风。全院干部职工实行挂牌上岗、打卡上班制度，对迟到、旷工、休假人员情况进行登记公示，每月汇总进行绩效考核通报。对出院病人积极开展跟踪回访工作，通过跟踪回访以及自查自纠，及时了解医院管理方面存在的不足，做到立行立改。从实际行动上提高服务质量，广大医护人员发扬奉献精神，不怕苦不怕脏，帮病人清洗、喂饭，清理排泄物，一系列举动在开展病人满意度调查上赢得广大患者一致好评。

优抚巡诊。认真落实《民政部关于建立优抚医院医疗巡诊制度的通知》（民发〔2012〕80号）精神，加强与广大优抚对象联系，为优抚对象提供医疗服务。4月17日至31日，组织专家对全州8县（市）革命老区乡（镇）和光荣院及附近区域优抚对象1886人进行全面体检，其中残疾军人57人、在乡退伍红军老战士1人、红军失散人员3人、烈士遗属9人、因公牺牲军人遗属9人、病故军人遗属10人、在乡老复员军人228人、带病回乡退伍军人305人、参战参试退役军人343人、农村老义务兵911人。对龙山县光荣院5位行动不便在乡复员军人和保靖县5名六级伤残军人提供上门医疗服务，免费发放药品613786.5元，巡诊专家根据优抚对象或者监护人提供的病情状况，对病情轻者免费发放药品，病情严重的安排住院治疗，并安排救护车辆免费接送。对原已巡诊的优抚对象进行回访，对需要住院治疗的减免合作医疗报销外的全部自付部分，同时，对本次巡诊的优抚对象建立医疗健康档案，以县、乡（镇）为单位实施分类管理，为下步更好地开展和实施全州范围内医疗巡诊服务奠定基础。

州荣复医院优抚安置楼一角

优抚疗养。根据《民政部关于建立重点优抚对象短期疗养制度的意见》（民发〔2014〕52号）文件精神，结合荣复医院优抚医院性质实际，加强与广大优抚对象联系，10月开始，分阶段、分批次组织全州重点优抚对象来院进行健康疗养工作，对需要住院治疗的减免合作医疗报销外的全部自付部分。全年疗养总人数400人，医疗专家根据相关医疗设备的检查结果和优抚对象本人提供的病情状况，经过精心的治疗和护理，使来院疗养的各县（市）重点优抚对象的身体健康状况得到极大缓解，在疗养的同时对来自各县（市）的重点优抚对象进行健康生活宣传、普及医疗保健知识、解答病情咨询，提高优抚对象患者的自我保健能力。深入宣传国家对优抚对象的优待抚恤特别是新型优抚对象医疗保障政策，摸清优抚对象健康状况，掌握优抚对象患者分布、疾病类型、家庭状况等主要情况，逐步建立优抚对象医疗健康档案，实施分类管理。疗养期间组织重点优抚对象前往韶山参观学习，感受祖国大好河山的同时让他们重温党史，不忘初心。

环境改善。优抚安置病人室外康复区改造建设任务全面完成，新建篮球场1个，占地面积730平方米；羽毛球场2个，占地面积230平方米，绿化面积500平方米，亮化面积500平方米。通过实施这些项目，该院院内布局不合理、停车难、病人及职工无室外活动区域的问题得到彻底改变，病人与职工一致好评。湘西自治州心露会所建设全面完成，该会所依托荣复医院，占地3200平方米，拥有托养床位90张，新建有图书室、舞蹈活动室、音乐治疗室、康复训练室、雅溪街道社区康复点。有专职工作人员5名，开展日间照料会员22名、居家托养服务会员668名、寄宿托养服务会员73名，以良好的工作业绩赢得会员及其家属的信任。湘西自治州心露会所是针对智力、精神和重度肢体残疾人在生活照料、康复护理、自理能力及职业技能训练等方面的不同需要，开展多元化、专业化的托养服务机构，主要包括以政府购买服务方式依托社会服务机构开展居家养护服务、依托社会福利机构开展集中托养服务，以发放护理补贴方式依托家庭使残疾人得到居家安养，以及在乡（镇、街道）建立社区开展社区日间照料服务等。该会所成功创建全州托养机构示范单位。

科技兴院。就科技兴院大力开展三级学科、人才批次建设、上等达标工作，建立从岗前培训到日常业务考核全套机制，进行医疗废物管理专项培训、精神分裂症学术研究课题讲座等专业课题培训，积极主动邀请国内相关领域著名教授到院指导讲学；提高一线医师入职学历要求，进行定期技能考核。同时以创二甲医院为抓手，全面完善质量管理体系，明确各级各类人员职责，杜绝无证执业现象。改革临床科室，新增综合科、优抚疗养科，取得相应成效。

【全省优抚医院院长座谈会在州荣复医院召开】 12月7日，2017年湖南省优抚医院院长座谈会在州荣复医院召开，全省各市州的13家优抚医院负责人齐聚吉首，就如何做好新时期优抚事业交流经验、共话发展。省民政厅副厅长孙中喜出席座谈会并讲话。座谈会上，各优抚医院代表轮流对重点优抚对象短期疗养、医疗巡诊等方面工作进行交流，并就工作中的困难和问题如何解决进行探讨。湘西州有复员退伍军人10万余人，重点优抚对象2万余人。

（本栏图文　吴靖霄　张欣宇）

湘西州红十字会

【概况】 2017年，湘西州红十字会秉承“人道、博爱、奉献”红十字精神，围绕理顺机构体制、助力精准扶贫、推进三救三献、开展志愿服务、兴办健康产业等五个方面开展工作，募集发放各类爱心救助物资1000余万元，社会公信力大幅提升。

理顺机构体制。州红十字会根据州编办规定多次协调各县（市）红十字会理顺机构体制，保靖、吉首、龙山、永顺、凤凰5县（市）红十字会机构先后完全独立到位，古丈、花垣、泸溪3个县红十字会挂牌成立，财务、人员编制等仍挂靠县（市）卫生和计划生育局。

助力精准扶贫。州红十字会引进长沙市凤凰欲飞公益助学中心帮扶泸溪县100名贫困学生至其大学毕业；引进深圳市“嘉里集团·首彩基金”公益组织，与湘雅医院附属第二医院合作，完成龙山县71名0~14岁先天性心脏病贫困儿童免费筛查和免费手术救治；大力发展凤凰县禾库镇德榜村的稻田养鱼、高山蔬菜种植、烤烟种植等产业，改善扶贫帮扶村的机耕道硬化、入户路面硬化、路灯、饮用水等基础设施。

应急救护培训。州红十字会与教体、旅游、武警消防及湘西生活网等单位、网络媒体合作，完成救护员培训257人、普训2.5万余人，培训对象覆盖校医、旅游从业人员、酒店服务人员、消防武警官兵、学生等各类红十字志愿者，增强社会普通群众的应急救护能力。

人道主义救助。州红十字会开展“红十字博爱送万家”、中国水电八局贫困助学等各类人道主义救助活动，募集发放爱心救助物资1000余万元。其中，为20名白血病儿童争取到60万元（3万元/例）小天使救助基金，将受捐的11万元现金及时发放给受灾群众。

【志愿服务活动】 2017年，以全国道德模范、湖南省红十字优秀志愿者王源孝为示范典型，创办吉首市光明社区博爱家园志愿服务站，慰问帮扶孤寡老人和残障人员。成立湘西州红十字会志愿服务队，组织红十字志愿者300人次开展各项大型公益活动20余次，参与无偿献血知识宣传覆盖10万余人次，通过宣传自愿无偿献血1256人次、38万毫升，采血量占全年献血总量的7.6%。

【健康产业项目】 2017年，州红十字会创办医养结合健康产业项目——“中国·凤凰健康城”PPP项目。项目规划选址凤凰县廖家桥镇，预计占地1000亩，建筑总面积71万平方米，静态总投资31.35亿元，新建三级综合医院床位2000张、养老床位3000张及相应配套设施。该项目选择DBOT（设计—融资—建设—运营—移交）运作方式，引进社会资本，实行PPP模式组建项目公司。5月10日，州人民政府第六次常务会议通过“中国·凤凰健康城”PPP项目实施方案。

（本栏撰稿　向玉德）

爱国卫生运动

【概况】 2017年，全州爱国卫生工作坚持“政府组织、地方负责、部门协调、群众参与、科学治理、社会监督”方针，以爱卫创建为龙头，突出抓好爱卫创建、城乡环境卫生整治行动和农村改厕、病媒生物防制、爱卫组织管理四个方面，通过县（市）基层爱卫工作机构积极努力，全面完成既定工作目标和工作进度，取得较好成效。

爱国卫生单位创建。一是强化督导，督促泸溪、龙山、凤凰、吉首、花垣、古丈等县（市）积极开展自查自纠，大力巩固国家和省级卫生县城创建成果。州爱卫办先后5次组织环保、住建、食药监、卫生监督、疾病预防控制等部门专家深入泸溪、古丈、花垣、永顺、凤凰等县（市）督促指导，解决创建难点、重点问题，通过创建推进县（市）、部门实际工作，改善县城卫生面貌，打造宜居县城，推进城镇化建设，让群众得到实惠。泸溪县为迎接国家卫生县城复审，县委、县政府加强领导，加大投入，加快县城环境卫生基础设施建设，增加公厕和垃圾中转站数量；以城乡结合部、五小行业、农贸市场等整改为重点，抓住建设美丽湘西契机，大力整顿居民擅自开垦菜地，增加公共绿地覆盖。吉首市为迎接省级卫生城市复审，市委、市政府加强领导，加大投入，强化部门协调力度，充分发挥爱卫成员单位的积极性，整合力量，齐抓共管，以城乡结合部、五小行业、流动摊贩管理和农贸市场管理等重点，集中力量抓好城中村、社区、居委会背街小巷卫生死角的整顿。吉首市委、市政府制定复审工作方案，明确各部门和办事处、社区的职责任务，全面开展自查自纠，加大检查督导力度，使复审迎检工作落实到基层。二是开展全州210个省级文明卫生单位复查工作，结合城乡同建同治、美丽湘西建设以及门前四包，抓好城市卫生细胞工程，夯实爱卫工作基层基础。三是面向农村基层，进一步加大省、州级卫生乡（镇）、卫生村（社区）创建力度，要求各县（市）鼓励和倡导农村乡镇积极争创省级卫生乡（镇），指导和督促保靖、永顺两县启动省级卫生县城创建工作，通过爱卫创建服务城乡同建同治、美丽湘西建设以及城镇化建设等中心工作。

城乡环境卫生整治。全州各县（市）以深入开展建设美丽湘西为契机，各级爱卫工作机构积极围绕党委、政府中心工作，按照省、州统一部署，明确“历史与展望——为了人民健康的65年”活动主题，部门发动、全民参与，全州城乡开展多种多样的爱卫活动。据不完全统计，全州城乡组织发动群众性活动471次，参加群众达138.9万人次，其中，组织发动卫生医务人员开展宣传、咨询和义诊2.03万人次，组织发动城乡群众开展卫生整治行动188万人次、群众性健身活动近19万人次。清除卫生死角4050余处，疏通和清理河道、沟渠106.7公里，清运垃圾污物1.7万吨。一是大力开展爱国卫生运动65周年主题和爱卫月主题宣传活动。全州以第29个爱国卫生月活动为契机，紧紧围绕活动主题，发放宣传册页9000多份，深入城镇社区、农村圩场宣传爱国卫生运动65年走过的光辉历程，回顾各时期开展的除“四害”、改水改厕、五讲四美、卫生创建、环境整治、健康教育和健康促进等系列富有成效的活动，重点展示党的十八大以来爱国卫生运动在预防和减少疾病、改善城乡环境卫生面貌、卫生城镇和健康城市建设、提升人民群众文明素质等方面取得的成就。利用黑板报、电子显示屏、宣传栏、宣传标语、展板、传单、电视、网络短信平台，形成全社会人人关心、人人参与的良好氛围。吉首市爱卫办于4月7日在财信步行街开展纪念爱国卫生运动65周年暨第29个爱国卫生月宣传活动，邀请市卫计局、市疾控中心、市医院、社区卫生服务中心等部门负责人、有关业务人员参加，用展板的方式向广大群众介绍爱国卫生、疾病预防、健康素养等知识，宣传健康的生活方式，并组织医护人员为过往的群众进行义诊，发放各种宣传资料，本次活动共设立宣传点2个，悬挂横幅8条，发放宣传资料11000余份，群众受教育7800余人次。二是以建设“美丽湘西”为抓手，持续推进环境卫生整洁行动，着力改善城乡人居环境。全州各县（市）结合开展建设美丽湘西工作，坚持以治“脏、乱、差”为重点，大力开展环境综合整治行动，建立完善长效管理机制，持续改善人居环境。继续实施农村生活垃圾收集处置全覆盖工程，以“六整治、六提升”为主要内容，重点整治生活垃圾、生活污水、乱堆乱放、工业污染源、农业废弃物、河道沟塘。以建设美丽湘西为契机，不断完善卫生基础设施建设和环境卫生长效管理机制，加大环境卫生整治力度。古丈县古阳镇开展爱国卫生月集中整治活动，出动近600人次，出动垃圾车6台次，开展消除白色垃圾、治理污染和街面卫生大整治活动多次，共清除垃圾3吨。古丈县高峰镇4月10日至14日开展为期一周的全镇环境卫生整治。以实施民生工程为重点，全力治“乱”。加大乱停放、乱张贴、乱搭建、乱设摊整顿力度，把河道改造、道路硬化、安全饮用水、村庄亮化等项目与精准扶贫相结合；加大农贸市场、学校、餐饮、超市、食品生产加工企业等“五小”行业管理力度，强势推进农村改厕。以强化检查考评机制为主线，全力治“差”。州委、州政府印发《湘西自治州美丽乡村示范创建三年行动计划》和《湘西自治州建设美丽湘西工作考核办法（修订）》，实行一月一考评，每月在《团结报》上对县（市）考核结果进行通报和奖罚。在农村乡（镇）实行“村（社区）为主、乡（镇）负责、单位共建”，与州、县（市）单位驻村工作队员、乡（镇）政府驻村干部和村（社区）干部绩效挂钩。

病媒生物防制。全州各县（市）大力开展以灭鼠、灭蚊为主的病媒生物防制和杀灭行动，采取发动群众与专业公司服务相结合的措施，取得较好效果。古丈、花垣两县组织开展群众性清理老鼠、蟑螂、蚊、苍蝇孳生场所的环境卫生整治活动，组织发动城区单位、城关镇各社区、城中村对办公区域、庭院、沟渠、农贸市场、城乡接合部等开展卫生大扫除活动，翻盆倒罐，清除室内和庭院积水，铲除蚊虫孳生环境，从源头上控制蚊虫孳生。是年，全州共计投入资金110.5万元，开展灭鼠、灭蚊等病媒生物防制工作，投放灭鼠毒饵 7.24 吨，灭蟑、灭蚊药物 6.25 吨。吉首市巩固灭鼠、灭蟑和灭蝇 3 项省级达标先进，凤凰、花垣、古丈 3 县巩固灭鼠省级达标先进县成果，古丈县加大工作力度，财政投入 50 万元，采取专业公司与发动群众相结合办法，成功获得省级灭蟑达标验收。

爱卫组织管理。州爱卫办对县（市）爱卫工作实行目标责任制管理，专门印发目标管理文件，力求保障 2017 年全州爱卫各项重点工作落实到位。州爱卫办加大县（市）爱卫工作机构建设力度，积极呼吁县（市）高配爱卫办主任，尤其对国家、省级卫生县城和准备创建国家、省级卫生县城的县（市），反复强调一定要按照标准要求，抓住机构改革契机，解决人员配备问题。年底，泸溪、吉首、古丈、永顺、凤凰 5 个县（市）的爱卫办主任是副科级以上干部担任，凤凰、永顺两县为专职爱卫办主任（副科级），龙山县爱卫办设在县政府办，由一名副科级干部负责，保靖、花垣正在安排之中。

【积极稳妥推进农村改厕工作】 2017 年，全州各级卫生计生部门围绕建设美丽湘西、小康湘西、精准脱贫以及城乡同建同治工作重点，高度重视农村改厕工作，督促县（市）加大农村改厕工作力度，在全州卫生计生工作会议期间进行专门研究和部署。各县（市）积极整合部门力量，大力发动乡（镇）、建制村各级农村改厕的积极性，组织和动员群众投资投劳参与改建，州、县（市）爱卫办切实落实技术培训、施工建设、指导考核以及使用管理，确保改厕数量、质量和效果。6 月、9 月和 11 月，州爱卫办组织开展农村改厕工作专项督查，印发通知文件，根据督查情况印发《2017 年上半年度全州农村改厕进展情况督查的通报》（州爱卫办〔2017〕8 号）《全州农村改厕第三季度督查的通报》（州爱卫办〔2017〕11 号）。据不完全统计，年内全州整合到位农村改厕资金 5581 万元，完成农村改厕 38672 户。其中，吉首市采取农业发展银行贷款方式，落实农村改厕资金 1000 万元；永顺县落实农村改厕资金 1350 多万元；花垣县多次召开会议研究农村改厕资金筹措问题，落实农村改厕资金 700 万元。

（本栏撰稿　葛永康）

民生保障

人民生活

【概况】 2017年，全州总人口298万人，年末常住人口263.82万人，其中城镇人口118.63万人，农村人口145.19万人。全州城镇化率44.97%，较上年提高1.91个百分点。州内有少数民族241.5万人，少数民族占总人口比重80.7%，其中土家族人口134万人，占少数民族人口比重55.5%，苗族人口105.5万人，占少数民族人口比重43.7%。

全州居民人均可支配收入13949元，增长10.8%。其中城镇居民人均可支配收入22728元，增长9.2%；农村居民人均可支配收入8273元，增长11.6%。全州居民人均生活消费支出9677元，增长5.1%。其中城镇居民人均生活消费支出13054元，增长3.8%；农村居民人均生活消费支出7494元，增长5.7%。全州居民食品消费支出占消费总支出的比重（恩格尔系数）为32.3%，提高0.9个百分点。全州城镇居民人均住房面积44.9平方米，农村居民人均住房面积39.6平方米。（张作磊）

人力资源和社会保障

【概况】 2017年，湘西州人力资源和社会保障系统紧扣“民生为本、人才优先”工作主线，坚持服务大局、服务发展、服务群众，以决胜精准脱贫为统揽，以筑牢民生底线为抓手，凝心聚力，破解难点，着力重点，打造亮点，纵深推进“四年活动”“四个人社”建设，各项工作任务全面完成，各项指标均达到或超过预期目标。是年，全州累计建成规范人力资源和社会保障站113个，规范人力资源和社会保障中心120个，建成就业基地71个，人社基层公共服务能力得到提升。年内全州新增农村劳动力转移就业2.66万人，完成任务的115.7%；建档立卡贫困劳动力转移就业脱贫2.56万人，完成任务的102.2%；新增贫困劳动力转移就业1.26万人，完成任务的105.2%；贫困家庭“两后生”技能培训1518人，完成年任务的116.77%。城镇新增就业2.23万人，完成任务的106.2%，城镇登记失业率为4.26%。新增创业担保贷款1.81亿元，完成121.2%；带动城乡就业1.46万人，完成146.9%。企业养老保险征缴基金8.78亿元，完成116.4%，企业养老保险同级财政补助800万元全部到位；机关事业单位养老保险在职参保7.78万人，完成141.4%；城乡居民养老保险征缴基金7871.7万元，完成115.7%；城镇职工医疗保险征缴基金7亿元，完成100%；工伤保险参保21.4万人，完成100.9%，征缴基金7634.4万元，完成200.9%；生育保险征缴基金2283万元，完成103.7%；失业保险参保总人数15.7万人，完成101.6%，征缴基金2287万元，完成114.3%；全州城乡居民基本医疗保险参保率100%以上，个人缴费3.83亿元。社会保障卡数据采集任务全面完成，累计持卡169.2万人，完成102%。省分湘西州重点民生实事项目共10个指标、13项具体任务全部推进到位，其中提前或超额完成的有12项，向上争取到位资金23.8亿元。东西部劳务协作做法

州人社局组织贫困学生赴济南学习送站仪式现场

被国务院扶贫办专刊报道。“蓝色星期五”创业交流会在全国创业就业服务展示交流活动中获得优秀项目奖。获2016—2018年全省依法办事示范窗口单位。

就业培训。一是落实政策推动就业。落实新一轮积极促进创业就业的“1+3”政策文件，为3705人发放社保补贴1405万元，兑现2716人公岗补贴2339万元。落实失业保险稳岗政策，失业保险费率从1.5%降至1%，减少企业负担1000万元。落实劳务协作政策，为1.6万名农村贫困劳动力发放技能培训、交通路费、稳岗等补贴资金1475.6万元。二是搭建平台推动就业。建设“互联网+人力资源服务”，实现招聘活动线上线下全覆盖，全年开展“春风行动”、民营企业招聘周、高校毕业生服务月等大型就业服务活动57场次，邀请企业1555家，提供就业岗位13.6万个，现场达成就业意向1.5万人，帮助600余建档立卡户实现就业。三是依托培训推动就业。围绕支柱产业和劳务输出企业开展职业技能培训，积极打造焊工、维修电工等湘西培训品牌，技能培训4.65万人，高技能人才开发308人，均超额完成年度任务。举办各类人事培训班20期，培训人员4359人次。成功举办“武陵味道”特色餐饮·茶文化竞赛，武陵山片区4省（市）9个地区共255名选手参加，湘西州获得团体一等奖。

社会保障。一是深入开展机关事业单位养老保险制度改革。按照先易后难、先重点后全面的工作思路，分批次分步骤组织开展新信息系统上线工作。11月底全州实现在新系统参保登记和缴费，确保新老制度平稳过渡。二是平稳实施五险统征改革。研究制定全州五险统征实施方案，成立州人社局五险统征办公室，明确机构和人员，完成五险统一征缴业务操作平台建设，实现五险种数据集中管理，在州政务中心设立统征服务窗口，11月正式运行。三是成功申报企业养老保险费率试点。创新思路，打捆申报，为德友软件、西部民爆等12家湘西经开区企业成功申报养老保险缴费费率过渡试点，2017年缴费费率由19%调整为14%，全年为企业减轻负担200万元。四是着力推进被征地农民社会保障工作。州、县（市、区）成立被征地农民社会保障工作领导小组，制定被征地农民社会保障实施方案，按时向省人社厅上报各项统计报表。截至12月底，全州确定被征地农民社会保障人数4.3万人，8县（市）全面启动待遇发放工作。五是认真做好各项待遇调整工作。按时完成机关事业单位退休人员调待和调标工作，退休人员生活补贴、养老金人均分别调增170元、183元。为全州6.44万名企业社保退休人员调整养老金待遇，人均提高143元，人均养老金达到2003元/月。完成全州城乡居保基础养老金提标工作，每人每月由80元提高到85元，惠及39.67万名60岁以上城乡老人。六是不断拓宽工伤保险覆盖面。会同州住建局下发《关于进一步做好建筑施工企业参加工伤保险工作的通知》，狠抓全州新开工工程建设项目工伤保险参保，确保参保率达100%。七是严格把好基金监督关。加强基金内控制度建设，健全基金要情报告制度，规范“收、管、发、补”操作流程，签订社会保险基金责任状，加强现场监督与非现场监督，确保各项社会保险基金安全平稳运行。

人才人事。一是人事人才招录圆满结束。是年，全州公务员招录和事业单位公开招聘笔试考生分别为9530名、10500名，均创历史纪录，招考工作圆满完成，全州录用公务员532名、事业单位聘用工作人员1355名，全程实现零差错、零失误、零投诉。会同州委组织部公开引进130名硕士研究生以上高层次人才。按时安置军转干部24名，招募42名“三支一扶”工作人员。二是职称制度改革推进到位。全面完成全州中小学教师职称制度改革工作，评审通过高级教师872人、中级教师564人，初任中小学教师初级1084人。平稳开展全州改革完善基层卫生专业技术人员职称评审工作，制定评审方案和评分细则，组建评委库。成功申报湘西州第一个博士后科研站协作研发中心和12名湘西特聘专家。三是外专引智稳步拓展。评选授牌4个州级引智基地，成功申报国家及省级引智项目12个，争取到位国家、省州引智资金148万元，累计引进外国文教专家40多名。四是工资收入改革深入推进。稳妥推进法官、检察官工资制度改革工作，按时完成全州1218名法官、检察官、司法行政等人员工资套改及津贴审批兑现工作。完成机关事业单位工作人员正常晋级晋档、民族补贴、教护龄津贴异动审批工作。开展州直党政机关公务交通补贴异动审核工作，稳妥实施州属国有企业负责人薪酬制度改革工作。

劳动关系。一是主动开展劳动监察。督促96家在建工程项目依法缴存农民工劳动报酬保证金4868万元，监察各类用人单位1076户，查办拖欠劳动者工资案件405件，为1.1万名劳动者追回拖欠工资1.54亿元。二是不断提高劳动仲裁质量。全面规范劳动人事争议仲裁工作程序，提升劳动仲裁水平，全州受理劳动争议案件1424件，其中调解结案858件、裁决结案566件，涉案金额5141万元，涉及劳动者人数1471人，结案率为100%。三是积极落实信访责任。明确专人负责民情直达室和人社政策咨询电话，专人负责信访工作，认真做好群众来信来访、网上信访办件、局长信箱等工作，切实化解各类矛盾纠纷，全年接待群众来信来访5600人次，办处信访案件450余件，协调解决一批老上访案件。办结建议提案56件，其中主办件30件，实现领办率、面商率、办结率、满意率四个100%。四是全面落实军转干部解困政策。认真执行军转解困政策，积极兑现在职企业军转干部调整解困补助资金，及时落实退休企业军转干部各项解困待遇。将春节、“八一”两节慰问金标准从800元提高到1000元，全年发放慰问金15.4万元。

【工伤保险】 2017年，湘西州工伤保险工作以全面推进法治人社、规范人社、服务人社、铁军人社建设为要求，坚持工伤保险为民服务初心不变，紧紧围绕绩效考核目标工作任务，认真开展工伤保险扩面征缴和待遇核定支付工作，全州统筹地区工伤参保覆盖面不断扩大、参保人群不断增多、保险基金征缴量不断攀升。截至11月底，全州新增参保扩面2640人，共纳入参保单位3163家，累计参保人员214539人，缴费人数达115345人；共征缴工伤保险基金7634万元，为1726名工伤职工供养亲属支付各项工伤保险待遇7238万元；全州当年基金结余396万元，累计结余基金5958万元；是年，全州纳入符合条件的老工伤人员及工亡职工供养亲属1520人，其中老工伤人员1395人，工亡职工供养亲属125人，8个县（市）及州本级老工伤财政配套资金到位425万元，共为老工伤人员及其供养亲属支付各类工伤待遇325万元。

内部管理。牢牢守住基金安全“红线”，严守工作纪律和财经纪律，以州委巡察组开展对州人社系统巡查工作为契机，主动作为、查漏补缺，全面梳理各项工作操作流程和管理制度。一是建章立制，完善和规范工作流程，坚持用制度管人管事，扎牢基金运行风险的口子，忠实执行“三重一大”上会制度。二是严格分级管理审核，健全内部制约机制，做到基金收支层层把关，实现基金安全有效运行。三是加强基础工作和业务档案管理。特别是参保登记等一系列手续的完善和基础数据的采集归档工作，为业务、财务报表的数据准确提供有力保障，同时按要求归结和整理业务、财务档案，保证工伤保险基础数据的真实和完整。四是完善稽核机制。对用人单位的缴费和待遇申领发放情况实行不定期上门稽查，3—4月分别对县（市）工伤保险经办机构的征缴、支付及财务管理等各方面进行督查和现场指导，对协议医疗机构发生的工伤医疗费用进行不定期上门检查，通过稽核稽查切实保证基金安全。

征缴扩面。一是合理确定目标，层层分解任务。对县（市）实行目标管理，定期监督，定期考核，定期通报。二是突出工作重点，狠抓工作落实。按照可持续发展的工作布局，力推一、二、三类行业扩面参保的全面协调，重点加大州直机关事业单位和在建工程项目参保力度。三是加强部门联动，力促工伤保险各项工作全面落实。建立与安监、工商、质检、住建等部门的工作联动机制，大力推动各行业、各领域用人单位参加工伤保险。在扩面征缴上以落实新开工建设项目参保率达100%为契机，全面推进建筑行业参加工伤保险，力争实现建筑行业农民工参加工伤保险的全覆盖。四是加大年检年审及基础数据稽核工作力度，确保工伤保险基金应收尽收。对各参保单位进行全面年审年检，认真开展对用人单位缴费基数的申报稽核，杜绝缴费基数少报、漏报和迟保。在新费率尚未正式实施前，做好参保单位申报等前期准备工作，为新费率实施打好基础。

优质服务。始终把为民保障服务当作工作核心，时刻把群众的利益放到首位，以优质的服务赢得广大参保对象好评。一是牢固树立优质服务理念。制定窗口工作人员行为规范，从仪表形象、服务态度和服务用语等方面进行明确的规范，树立工伤保险队伍良好形象。二是及时上门服务，上门宣讲，为用人单位及工伤职工解答工伤保险政策。在发生重特大事故时，深入事故现场，当场为职工、家属和单位解答各项工伤政策，及时化解工伤事故引发的社会矛盾。三是及时兑现工伤保险待遇，确保工伤职工和家属伤残待遇落实，分担用人单位的资金压力。四是加强与协议医疗机构的合作管理，切实履行好协议服务项目和内容，做好协调沟通，让工伤职工得到及时优质的医疗服务，减轻伤残损害。

加强宣传。一是继续加大工伤保险政策和知识宣传力度。与《团结报》、湘西广播电视台合作，开辟工伤保险政策宣传专栏，定期登载工伤保险政策知识，定期报道全州工伤保险工作动态情况，对维护工伤职工权益的典型案例等内容以系列报道、知识问答、电视讲话等形式进行全方位跟踪报道。全州各经办机构在各类网站、报纸、广播电台、电视台等新闻媒体发布各类报道25篇，取得良好的社会影响和效果。二是开展街头宣传活动，现场宣传、发放资料。全州各级经办机构开展大型宣传活动15次，发放各类宣传资料4万余份，悬挂各类横幅200余幅，建立大型宣传标牌100余块。三是进行上门宣讲。直接到企事业单位上门进行宣讲，发放资料，宣传工伤保险法规政策，当面解答政策疑问，并为参保单位做宣传牌（栏）。在上门宣传的同时，对未参保的企事业单位，专门制作《参加工伤保险告知书》，以书面形式督促各用人单位及时办理参保登记手续。四是开展集中政策培训，组织用人单位经办人员集中进行政策培训。全州举行培训5次，培训人员1000余人次。

队伍建设。始终把政治思想和业务能力提升作为工作重点来抓，认真学习传达上级业务部门关于工伤保险知识、政策的条例和文件，不断更新业务知识，拓宽业务知识层面，切实做到工伤保险队伍人人懂政策、人人懂业务，夯实为人民服务的本领。积极选派骨干参加部、省业务培训，向上选派业务骨干参加业务知识培训学习5人次，组织县（市）经办人员参加州本级业务培训活动2次，及时做好工伤保险业务政策、知识的上传和下达，保障全州工伤保险各项工作顺利、规范、高效、优质开展。认真开展对县（市）经办机构的监督、检查和指导工作，促进各县（市）经办机构在基金征缴、医疗监管、待遇复审、参保稽核、基金运行等五大业务平衡和协调发展，2014年、2015年、2016年，州工伤保险管理服务局在全省医疗工伤生育保险基金会计报表、统计报表评比中连续三年被省局评为一等奖，吉首市工伤保险管理服务局被人社部评为2014—2016年度优质服务窗口。

【社会养老保险】2017年，截至11月底，全州征缴养老保险费9.5亿元，完成年度目标任务的123%。其中，州本级年度目标任务1.4亿元，实际征缴1.4亿元，100%完成年度目标任务。全年新参保任务3500人，实际新参保9802人，完成目标任务的280%，其中州本级新参保任务为300人，实际新参保1670人，完成任务的556%。同级财政补助任务800万元，100%完成。

养老保险费征缴。全州参保人员143512人，实际续保缴费79823人。一是落实基金征缴目标责任制。及时向8县（市）下达目标管理任务，采取月通报、季总结、专项督办方式促征缴。对有缴费能力的单位，做到应收尽收，抓好当期与历年欠费的征缴。二是以扩面工作促征缴。突出重点区域，多次深入工业园区摸底排查，对未参保的企业进行耐心细致的宣传，督促参保缴费。进社区、下企业，开展面对面的宣传养老保险政策，提高全民参保意识，推动扩面和续保工作开展。三是狠抓稽核促征缴。堵死少报漏报漏洞，采取“单位申报—书面稽核—实地稽核”的工作模式，加强与劳动仲裁、劳动监察等相关单位的联系，积极受理社保投诉案件，依法履行职责，切实维护劳动者合法权益并以此为重点实施社会养老保险征缴实地稽核。全年接待来人来访20余次。四是成功申报工业园区养老保险缴费费率过渡试点。共为德友软件、雷鸣西部民爆等12家湘西经开区企业成功申报养老保险缴费费率过渡试点，2017年5月起养老保险单位缴费费率由19%调整为14%，经测算当年可为企业节约成本近200万元。

依法落实社保待遇。截至11月底，全州退休人员66877人，企业社保基金总支出14.4亿元，保障水平进一步提升。一是确保养老金按时足额社会化发放。积极向中央、省级财政争取支持，中央财政转移支付资金4.83亿元，确保养老金按时足额发放。是年，全州养老金发放做到100%按时足额社会化发放，均按照全省要求固定每月25日发放养老金，没有迟发一天少发一分现象。二是州本级养老金领取资格认证自动停发续发程序全面启动。2017年10月开始，由过去每年规定时间人工集中认证，转变为全年由智慧眼系统自动认证，退休人员可以在具备电脑、网络、摄像头等条件的地方，登录湖南省人力资源和社会保障公共服务网，按网页提示操作，就能自助完成认证。三是及时准确落实惠民政策。不折不扣落实省人社厅出台的《关于2017年调整退休人员基本养老金的通知》，为64460名退休人员调整养老金待遇，人均调待143元，全州企业社保退休人员月人均养老金达到2003元/每月。完成对退休军队转业干部、1953年前退伍士兵两类退休人员共132人按照湘人社发〔2017〕79号、湘民发〔2017〕46号文件规定进行补贴调整工作。退休的军队转业干部人均增加108.9元补贴，退休的1953年前退伍士兵人均增加100元补贴。多项惠及民生政策执行时间和享受待遇标准及各类人员范围等均统一、准确同步到位。

筑牢社保基金防火墙。一是科学管理社保基金。全州社保从制度、机制、监管三方面防控基金管理。建章立制，强化内控制度、规范经办流程、落实经办岗位责任制，严格“收支二条线”制度，严格工作人员操作权限，严防基金被贪污、挤占、挪用，保证基金安全完整。二是强化内外监督机制。州本级3次带队下到县（市）社保机构，就财务基金安全情况进行核查，保证制度落实到位、基金监管到位。积极配合做好审计部门对社保基金的专项审计检查，保障基金安全完整。按照省社保局统一部署开展内部控制监督检查工作，加大内控力度，优化工作方法，系统内控机制进一步强化。三是有序开展稽核执法。为突破社保稽核监管力量薄弱困局，以及时预警为基础，通过严格执法、横纵联动、多向发力等措施，将问题防范于未然，妥善、稳慎处置上访事件，构建和谐劳动关系。

有序推进五险统征。坚持领导带头、以上率下，落实州、县（市）人社局领导责任，强化经办机构具体责任，明确任务，分级负责。一是压实责任。研究制定全州五险统征实施方案，成立州人社局五险统征办公室。在州政务中心设立参保单位社会保险费统一征缴窗口，五险统征工作人员全体入驻，为参保群众提供一站式服务。召开全州五险统一征缴工作（培训）会议，宣讲五险统征政策、流程。二是建设平台。州、县（市）人社部门与服务银行，社保、医保等各险种系统开发商签订合作协议，于11月底建设完成五险统一征缴业务操作平台，将企业社保、机关社保、医保、工伤等5个经办机构单位编码、缴费等信息进行清理比对，形成新社会保险机构代码，实现五险种数据集中管理，社会保险参保人员统一管理。三是跟踪问效。建立州、县五险统征工作交流平台，不定期由州社保局带队对工作推进过程中存在问题的县（市）进行现场指导。对五险统征工作进度和相关工作的落实情况采取一周一调度、一月一督查，通过工作调度、信息交流，及时对进度计划、完成情况进行晾晒，督促目标任务完成。

突出干部作风建设。以“人社系统规范管理深化年”为切入点，着力塑造窗口服务单位形象。一是建章立制。制定车辆管理制度、接待制度等相关制度，做到有章可循、有据可依，强化党风廉政建设责任制，对作风建设工作常抓不懈，坚持三重一大事项集体研究。二是加强学习。确定每周五下午为集体学习时间，对党的十九大精神等政治理论和中央、省、州政策文件进行学习讨论，营造良好的学习氛围。三是塑造形象。时刻保持办公场所卫生整洁，严禁在上班时间用餐、上网、玩手机等与工作无关的事情。特别是对进驻州政务中心工作人员，要求一律实行工作文明用语，杜绝服务忌语，推行首问责任制、限时办结制、服务承诺制和微笑服务等多种文明服务方式。

【机关事业养老保险】2017年，截至11月底，全州机关事业单位参保1906个、77769人，完成年目标任务55000人的141%（其中州本级参保10287人，完成年任务数7511人的136.9%）。离退休人员31229人，应发实发基本养老金1365351万元，社会化发放率98%以上。全州机关社保基金累计结余14665万元（其中州本级累计结余12011万元），基金规范运作率及基金安全完整率均达到100%。

制度改革。一是充实机构力量。积极向机构编制部门汇报，在州机关社保局增设基金征缴科、个人账户管理科、审计稽核科、职业年金管理科和退休待遇管理科，按照“一事双岗双审”要求，进一步优化岗位设置，合理设岗定责，科学分配工作权限。根据工作需要，全州机关社保经办单位共增加人员编制38名，并分期分批次组织遴选、调入工作，充实工作力量。二是加大培训力度。加快新信息系统上线步伐，组织各县（市、区）经办人员开展新系统业务培训，邀请驻点系统软件工程师一对一指导，并分批次抽调县（市、区）经办人员跟班操作和培训。为尽快熟悉系统操作，州本级每天下午组织全体工作人员按照岗位分工，测试新系统运行情况，每周五定期集中开展政策学习。三是强化联系督导。建立州、县（市、区）工作推进联系会议制度，每周交流新系统运行情况及存在的问题，共同研究解决措施，并向其他县（市、区）推介工作经验和做法。坚持“一周一调度、一周一通报”工作机制，强化新业务系统上线工作督导，督导和约谈工作进度滞后的县（市）。

信息核实。一是认真核实财务数据。认真核实历年基金收支、余额等数据，及时清理养老保险财务数据，确保进入新信息系统中财务数据的真实、准确。全面清算原试点期间个人缴费本息，经过三个多月努力，全州共清理9.67万名原改革试点中参保人员个人账户缴费本息4.05亿元，其中州本级1.3万名有缴费记录的参保人员个人缴费本息总额为5414万元。二是全面核对参保信息。全州各级经办机构在原改革试点基础上，按照“突出主体、密切配合”工作原则，认真落实参保数据采集核对工作任务，核对全州在试点中参保的单位和人员数据，为制度改革后续整体推进打下基础。三是如实清理参保人员。根据省人社厅文件要求，清理不属于新制度参保的人员。截至11月底，全州清理出不属于新制度参保范围人员1920人。按照“依据政策，尊重历史，维护稳定”的原则，反复核实其基本情况，并联系本人签字确认，待省人社厅相关转移政策出台后一并转入企业社保，确保实现新老制度平稳过渡。

业务重点。一是新信息系统全面启动上线运行。从5月中旬开始，按照先易后难、先重点后全面的工作思路，分批次分步骤组织开展新信息系统上线工作。截至11月底，全州全面实现在新信息系统中的参保登记和缴费。二是有序收缴职业年金。截至11月底，全州职业年金归集户归集职业年金3.25亿元，其中，州本级归集2016年、2017年1—11月个人部分职业年金3330万元。三是大力提升经办能力。制定工序完成进度表和异动业务办理流程，及时整合工作力量，分配工作任务，提高工作效率；组织县（市）经办业务人员分期分批到州本级跟班学习，提升业务经办能力；精心做好离退休人员退管服务工作，为离退休人员开通养老金到账短信提醒服务，受到广大退休人员好评。四是规范业务档案管理。按照部3号令要求，为进一步巩固档案规范化管理成果，5月16日至19日，复检县（市）经办机构业务档案工作，确保参保档案完整、准确和安全。整理规范的电子扫描参保记载档案为广大参保单位、个人提供便捷的查询服务。

待遇发放。一是确保待遇发放。全州各经办机构形成月初核定出离退休费发放数，积极与财政部门衔接将离退休费拨付到位，月中及时发放离退休职工基本养老金的制度，确保全州离退休人员待遇发放不拖一日、不落一人、不少一分，社会化发放率达98%以上。是年，还按时按量完成退休人员调待和调标工作（退休人员生活补贴人均调增170元，退休人员养老金人均调增183元）。二是完善内控制度。建立以“流程监管、节点控制、动态防控、制度规范”为主要内容的事前预防、事中监控、事后处置的科学监管体系，形成“内控、互控、监控”三位一体的内部监督管理体系。三是开展专项检查。积极配合州人社局基金监督科对全州8县（市）机关社保基金开展监督检查，对基金是否及时足额征缴、是否足额入库入账、基金支付是否及时足额、业务流程是否规范、参保单位是否按时足额缴费等问题进行专项交叉检查，确保基金规范动作率和完整率达到100%。同时，及时通报检查中发现的个别不规范问题，确保限时整改到位。

【医保工作】2017年，全州医保部门以建立更加公平可持续的社会保障体系为目标，以始终把参保群众满意作为宗旨，以进一步提高医保待遇、健全与完善医保制度为重点，继续完善异地就医联网结算，加强医保基金安全管理，规范医保经办流程，确保全州医保事业稳步健康发展，各项工作取得较好的成绩。截至11月底，全州城镇职工基本医疗保险基金征缴78827万元，完成年目标管理任务的112.61%；生育保险基金征缴2639万元，完成年目标管理任务的119.95%。其中，州本级医疗保险基金征缴22255万元，完成年目标管理任务的153.39%；生育保险基金征缴635万元，完成年目标管理任务的136.27%。

基金营运。一是对医保系统进行验收，发现并提出医保系统应用中的问题，督促软件开发公司进一步做好优化，完善相关功能模块。加强网络系统管理，清理全州大医保网络系统和财务系统的网络操作权限，删除分离出去的城居医保工作人员权限，确保医保基金营运安全。二是为加强医疗保险基金安全管理，掌握医疗保险基金制度实施和基金管理运行状况，促进医疗保险制度稳健运行，是年8月3日下发《关于开展全州医疗保险基金检查的通知》，要求各县（市）医保经办机构就医保基金财务、结算、征缴管理进行认真自查自纠。由各县（市）医保经办机构业务骨干力量组成检查组进行交叉检查，排查和整改基金管理安全隐患。三是支持并积极参与“五险统一征缴”工作，配合省、州实施企业“五证合一”社会保险登记制度改革，推进五险统一征缴。四是落实医疗保险大病保险特殊药品待遇。积极完成大病保险特殊药品待遇2016年追补及2017年结算工作。全年结算127人次，结算费用139.93万元元。

异地结算。一是按要求积极做好医疗保险跨省异地就医联网结算工作。截至11月底，全州开通跨省异地就医联网结算定点医疗机构14家，备案异地安置人员1062人。湘西州常驻外省人员和外省常驻湘西州人员均有患者通过跨省异地联网结算系统结算住院医疗费用。9月底，湘西州跨省异地就医联网结算工作正式通过省医保局检查验收。二是在原开通省内长沙市异地联网结算的基础上，开通省内其他12个地区的异地就医联网结算。三是按省医保局下达的指标100%按时上解职工医保跨省异地就医联网结算预付资金，即时支付由省医保局清算的湘西州职工医保省内州外异地就医医疗费。四是规范州内异地就医直接结算，并就州内异地就医医疗费用进行集中清算。同时，组织全州职工医保经办机构工作人员和相关定点医疗机构医保经办人员参加跨省异地就医联网结算培训，全州参训人员50人。

医改工作。一是医保体制改革逐步到位。按照州编办下发的《关于调整州医疗生育保险机构编制的批复》要求，州本级机构调整（含内设机构的调整）逐步到位，人员选调工作正在进行，新增业务的办公场地和设备配置就序。县（市）医保体制改革正按要求推进。二是加入福建三明药品耗材联合限价采购联盟，破除以药补医机制，降低药品虚高价格，预防和遏制腐败行为。三是建立药品耗材信息管理平台。药品耗材“只采不招”，使用福建三明药品耗材招标结果和湖南省药品耗材招标结果，平台于11月1日正式上线试运行。四是牵头或参与制定医改相关政策。全程参与州医改办的各种配套政策和药品目录的制定工作，先后制定药品耗材采购管理办法、药品联合限价管理实施细则、加强公立医疗机构药品备案采购通知、全州公立医疗机构债务清理方案、州内异地医保周转金管理暂行办法等政策文件，基本完成药品目录的遴选工作。五是制定药品采购配送三方协议书。首批由州医保基金管理中心与38家药品配送企业和州直6家公立医疗机构签订协议。

基础管理。一是根据省医保局《关于在全省经办系统开展“推行12条业务监管举措”活动的通知》（湘医险函〔2017〕56号）文件精神，严格按照风险管理专项行动的相关要求，完善经办管理内控制度，对原有内部管理制度进行整理、完善并印制成册，用制度管人、管事、管权，守住基金、网络、信息、财务“安全”红线。二是认真做好五个文明绩效考核，完善五个文明绩效考核管理，根据单位情况制定切实可行的绩效考核管理实施办法。绩效考核奖励结合工作考核和职工实出勤天数进行核算，严格请销假制度，认真记录考勤数据，并对每个年度的考勤数据和原始凭证存档备查。三是扎实开展业务培训，提升人员素质。先后举办湘西自治州医疗保险大病保险特殊药品、湘西自治州医疗保险个人权益记录信息保护相关法律知识、全州城镇职工基本医疗保险异地就医医疗费用清算及跨省异地就医联网结算工作等专题培训，同时积极选派3批医保经办工作人员参加省医保局组织的跨省异地就医直接结算培训班；选派10人参加州人社局举办的社会保障卡医保运用培训。四是加强宣传工作。充分利用政策汇编、办事指南以及报刊、网络平台进一步加强医保政策、业务及重点工作宣传。年内上报信息8篇，向州政务中心网站上报信息5篇，向州委宣传部、州文明办上报文明创建相关工作报道信息18篇，团结报上稿信息10篇。五是不断提高业务档案管理水平。继续巩固业务档案规范化管理成果，积极探索医疗生育保险业务档案一体化管理服务平台建设，不断提升业务档案管理规范化、信息化水平。选派2名年轻干部参加州直单位档案业务培训班，整理2016年文书档案26盒166件，业务档案334盒6903件。

【就业服务管理】 2017年，全州就业服务工作坚持就业脱贫、就业惠民、技能强民、服务便民，切实把人民群众好事办好、实事办实，强化措施，精准发力，取得良好成效。年内全州建档立卡贫困劳动力转移就业脱贫25558人，完成任务的102.2%；新增贫困劳动力转移就业12626人，完成任务的105.22%；贫困家庭“两后生”技能培训人数1528人，完成任务的117.5%。全州城镇新增就业人数22306人，完成任务的106.22%；其中失业人员再就业人数10503人，完成任务的105.03%；就业困难人员再就业人数4162人，完成任务的104.05%；零就业家庭就业援助10户，实现动态清零；新增农村劳动力转移就业26676人，完成任务的102.1%。全州失业保险参保单位1896个，参保人数15.77万人，完成任务的101.74%；累计征缴2287万元，完成任务的163.36%；累计支出1431.83万元，其中累计为491人次发放失业金796.02万元，累计支付失业人员医疗保险金124.85万元，培训费支出25万元；基金累计结余21286.58万元；其中州本级参保单位235个，参保人数2.7万人，完成任务的100%，累计征缴621.45万元，完成任务的138.1%，累计支出458.09万元，其中为102人次发放失业金183.7万元，支付失业人员医疗保险金30.14万元，累计结余8008.79万元。全州职业培训总人数46500人，完成年职业培训总任务46000人的101%，其中贫困地区劳动力素质提升培训计划完成4946人，完成年计划人数3800人的130%。创业培训5342人，完成任务的107%。

就业服务。一是“轨道交通湘西班”顺利实施。经湘西州人社局、济南市人社局和长沙市人社局多方对接沟通，与企业互动，共同促成“轨道交通湘西班”合作项目落地，三年后湘西州44名贫困学生、44个贫困家庭通过技能培训将彻底摆脱贫困，实现“培训一人、就业一人、脱贫一户”的目标。二是就业“扶贫车间”成功挂牌。学习借鉴山东省济南市“扶贫车间”就业扶贫成功经验模式，按照“试点先行、逐步拓展”的原则，有序推进扶贫车间建立，吸纳大量贫困劳动力就地就近就业，切实解决好留守老人赡养、子女教育与家庭和睦等社会问题，实现和谐就业、质量就业目的。是年，龙山县惹巴妹手工织品有限公司、泸溪县金源粉体有限公司和喜农辣椒加工厂、凤凰县滕氏朱砂工艺品有限公司、周生堂生物科技有限公司五家“扶贫车间”顺利挂牌，五家扶贫车间直接带动就业851人，其中建档立卡贫困劳动力242人，生产链间接带动就业3万余人。同时湘西州建成国家级就业扶贫基地4家，省级就业扶贫基地3家，州级就业扶贫基地20家，吸纳1200名贫困劳动力就近就业。

转移就业。紧紧抓住转移就业脱贫这块“龙头”工作，进一步明确工作目标，压实工作责任，强化工作措施，纵深推进转移就业脱贫工程。一是做实基础数据。做好湖南省劳务协作信息平台推广应用工作，建立“三个清单”。进一步核准建档立卡贫困劳动力基本信息，按照“一人一卡、一村一册、一乡一柜、一县一库”要求，对纳入劳务协作输出对象建立“任务清单”。准确掌握境域转移就业建档立卡贫困劳动力的就业地点、就业单位、就业岗位、联系方式等信息，按照转移就业地区分类形成转移就业贫困劳动力“稳岗清单”。及时摸清境内有转移就业意愿贫困劳动力信息，分地区形成转移就业“岗位需求清单”。全面核实全州38万余条建档立卡贫困人口基本信息、就业失业等情况，精准识别出建档立卡贫困劳动力18.97万人作为工作对象，提高劳务协作的效率。二是做实协作对接。做实与东西部合作。年初济南市人社局与湘西州人社局签订《劳务协作扶贫战略框架协议(2017—2020)》《2017年劳务合作协议》，7个县人社局均与济南市对口扶持区人社局签订合作框架协议，明确“3223+N”对接项目清单，并就招聘活动、“两后生”培训、扶贫车间项目等达成共识。深化与长株潭合作。与省政府驻北京、广州、深圳、上海、海南办事处及长沙市、株洲市、湘潭市人社部门签订推进省内贫困劳动力劳务协作框架协议，依托长沙市设立的湖南省贫困劳动力劳务协作市场，为贫困劳动力建立稳定的求职通道。与广东省四个市合作建立长效机制。8月，州人社部门与广东省辖四市人社部门对接劳务协作，确立常态化合作机制，广东省人社厅表示将继续把劳务协作作为对口支援湘西州的重要举措。三是做实合作项目。与济南市举办12场线上线下劳务协作专场招聘会，达成就业意向1953人；与广东省省辖四市、长株潭三市举办“促进转移就业·助力脱贫攻坚”联动招聘会46场次，邀请企业874家，提供就业岗位9.35万个，现场达成就业意向7330人，其中建档立卡贫困劳动力985人；东莞市人社部门组织企业到吉首大学、湘西民族职业技术学院开展专场招聘会，达成就业意向563人，录用362人。济南市人社局选派7名专家赴湘西州开展贫困劳动力培训班8期，培训人数419人，其中贫困劳动力256人；济南市技师学院录取湘西州68名“两后生”，其中“轨道交通湘西班”学生44名。试点推进扶贫车间建立，同时做好州内园区企业、就业扶贫基地、扶贫车间对接，鼓励吸纳建档立卡贫困劳动力就地就近就业。

山东济南、湖南湘西东西部扶贫协作就业扶贫车间揭牌仪式现场

问题化解。始终坚持问题导向，

突破工作难题，加强规范管理，推动工作落实。一是规范公益性岗位管理。年初根据湘西州出台的《湘西自治州公益性岗位管理暂行办法实施细则》，下达全州2017年公益性岗位指导性计划，补贴人数原则上不超过3792人，补贴金额不超过4676.93万元。年底全州享受公益性岗位补贴2716人，补贴2339.45万元，享受补贴人数、金额均未超出标准。二是提高技能培训质量。围绕支柱产业和劳务输出企业需要开展职业技能培训，积极打造焊工、维修电工等湘西培训品牌。以就业为导向，面向贫困“两后生”实施“定员、定点、定向、定岗”免费技能培训，实现“入学即就业，毕业即上岗”。结合护林员、公益性岗位，对上岗的建档立卡贫困劳动力进行职业技能培训，结业后即上岗就业。全年开展各类技能培训4.6万人。规范职业技能培训基础台账，确保台账内容真实有效，达到“可核实”“能核实”“核得实”的标准。加大对职业技能培训工作开展和任务完成情况的督查力度，每季度根据进展情况开展不同形式的督查，并对每次督查情况及时通报，要求各县（市）对存在的问题着力整改。三是是统筹做好重点群体就业。做好各类就业困难人员就业援助工作，扎实推进实名制服务，对10435名失业人员进行职业指导，成功介绍4713名失业人员就业，其中就业困难人员介绍成功2454人次；城镇登记失业率4.26%。对符合条件的人员办理“就业失业登记证”“就业创业证”83350本，认定就业困难人员30043人。积极推动家政服务业发展。全州共有家庭服务企业103个，从业人数6178人，员工制人数1186人，年营业额达10251.6万元。吉首市、龙山县和州本级成立家庭服务业协会。

政策落实。全州人社部门全年落实优惠政策资金1.8亿元，惠及2.9万贫困劳动力。一是全面落实积极就业优惠政策。积极贯彻落实新一轮积极促进创业就业的“1+3”政策文件，全州发放社会保险补贴3705人、1405.09万元，公益性岗位补贴2716人、2339.45万元。二是全面落实失业保险稳岗政策。2017年失业保险费率从1.5%降至1%，惠及全州参保单位1896家15.77万名职工，预计将减少企业负担1千万元。全州为42家企业落实稳岗补贴154.2万元，涉及职工1万多人，其中州本级25家，补贴98.65万元。为3名企业职工发放职业技能提升补贴0.6万元。三是落实劳务协作政策。全面落实农村贫困劳动力技能提升培训补贴提高70%政策，为4946人发放培训补贴913.31万元。积极推动建档立卡贫困劳动力交通路费补贴政策落实，及时为10985名贫困家庭务工人员兑现交通路费补贴547.51万元；全州兑现企业吸纳贫困劳动力稳岗补贴、社保补贴116人，补贴资金14.8万元。

就业基础。一是完善体系建设。加快全州基层服务平台标准化建设，提高就业服务水平。全州累计建成规范人力资源和社会保障站113个，规范人力资源和社会保障中心120个，建成就业基地71个。充分发挥充分就业社区的示范带动作用，年内全州评选出10个省级充分就业星级社区。积极开展公共就业服务专项活动，同时结合实际开展“公共就业服务基层行”和“五送”公共就业服务专项活动。加强业务指导，扩大公共就业专项服务活动的品牌影响力，增强活动实效。二是提升服务水平。11月举办全州失业保险经办人员业务提升培训班，县（市）24名业务操作人员参加培训，进一步提升基层经办人员的政策水平和实务操作能力。吉首、凤凰、永顺、龙山等县（市）完成业务系统与财务软件的对接，实现收入支出无缝对接传输，确保基金安全运行。三是加强预警监测。加强就业信息监测、失业预警动态监测及农村劳动力转移就业监测工作，建立定期调度和工作情况通报制度，提高数据监测质量和服务水平。失业保险在上年监测样本5家企业的基础上，年内扩充监测企业样本20户，监测企业职工5547人，从监测结果看，总体就业形势稳定，企业未出现大面积裁员现象。

【劳动人事仲裁】 2017年，全州劳动人事争议仲裁机构以服务精准脱贫和劳动力转移就业为重点，以进一步加强劳动人事争议处理效能建设为主线，以完善劳动人事争议多元处理机制为手段，不断提高调解仲裁规范化、标准化、专业化、信息化水平，切实维护湘西州劳动人事关系和谐稳定，取得良好成效。截至年底，全州受理劳动争议案件1424件，其中调解结案858件、裁决结案566件，共计涉案金额5141万元，涉及劳动者人数1471人，结案率为100%。接待来人来访咨询3412人次。

阳光仲裁。一是以“数字仲裁院”建设为抓手，建立调解仲裁办案信息化系统，强化仲裁庭监控、投影、录音、录像、电脑、音响等硬软件信息化建设，实现数字化仲裁庭建设目标，达到对案件审理全过程管理和全程监控。吉首市仲裁院立足自身，制作仲裁信息化管理软件系统，实现访、诉、调、裁、结的一体数字信息化办公，工作效率大大提高。二是充分发挥“互联网+仲裁维权”作用，创新建立法律援助维权微信服务平台，开辟新的普法宣传渠道，实现“应援尽援”，为湘西州外出务工人员异地维权提供好的援助服务。是年，全州调解仲裁微信平台正式上线运行，编撰内容13期，点击率数千人次。三是网上公开案例，接受社会监督，让仲裁工作在阳光下运行。加强与法院裁审衔接，征集多发性、常见性典型案例16件，在人社网、微信平台公开案例4起，起到“公开一案、教育一片、减案一批”的良好效果。

服务仲裁。一是强化基础服务。注重筑牢劳动争议处理“第一道防线”，巩固调解基础，建立县（市）、乡（镇、街道）、村（社区）、企业多层级大调解体系。上半年，在省仲裁院支持下，举办全州基层调解员培训班，邀请省人社厅专家到湘西州讲课，培训基层调解员67人。二是强化保障服务。为保持与全省仲裁队伍待遇同步，更好调动湘西州劳动人事争议调解仲裁队伍的积极性，该院积极向州人社局汇报，争取州人民政府支持，仲裁员办案补助问题得到落实，湘西州仲裁效能建设实现与全省同步。三是强化跟进服务。深入8县（市）16家企业调解组织开展调研，与州红海人力资源有限公司党支部结成友好支部，进一步整合劳动争议调解力量。是年底，全州建立劳动人事争议调解组织177个。

特快仲裁。一是继续完善仲裁“特快通道”制度建设，实现农民工案件快立、快调、快裁目标，将集体劳动争议案件纳入“特快通道”范畴，启动重、特大案件应急机制，突出解决了国税直属分局因临聘人员病亡春节群体闹访、联通公司员工北京上访、烟草公司45人仲裁、湘西高速外派人员医疗纠纷等重特大案件，湖南民生网、人社厅网站予以报道。该院全年因劳动争议集体上访案件0起。二是铺设精准扶贫户与法律援助“绿色通道”，对涉及精准扶贫农民工案件，该院开具意见书，法律援助中心就可以提供免费法律援助。为进一步服务好湘西州精准扶贫劳动力转移就业工作，该院积极主动与深圳市劳动人事争议仲裁院就湘西州农民工异地维权工作交流对接，畅通沟通渠道，学习考察该市仲裁院信息化、标准化建设好经验。三是重新审定限时办结制、一次性告知制以及应急预案处理等内部管理制度，落实仲裁规范服务达标工作，初步形成组织管理、案件处理、案卷管理，仲裁委、仲裁院多层次较为完善规范的制度体系。

精准仲裁。一是加强骨干力量培训。着力提高仲裁员的职业道德及业务素质，组织13名仲裁员参加全省仲裁员骨干培训班，全部通过省里培训考核。二是强化标准统一。统一制作“调解组织案件调解记录本”“仲裁机构来访登记本”和劳动人事争议仲裁宣传折页资料向全州发放，实现全州仲裁规范服务地方发展“一盘棋”，全年发放各类资料380本、调解胸徽324个、宣传资料5000份。三是强化内部学习。该院注重抓新业务知识学习，组织开展《民法总则》《劳动人事争议仲裁办案规则》《劳动人事争议仲裁组织规则》等系列法律法规的系统性专题学习，不断提高干部职工综合素质。

【东西劳务协作】 2017年，湘西州推进与济南市劳务协作“3223+N”项目对接清单，举办线上线下劳务协作招聘活动16次，达成就业意向1953人，其中建档立卡贫困劳动力577人，首批进入济南市企业就业112人；组织68名“两后生”到济南市接受培训，其中43名轨道交通湘西班学生可实现“入学即就业、毕业就上岗”；龙山、泸溪、凤凰3县“扶贫车间”快速推进，5家“扶贫车间”挂牌成立，共吸纳劳动力就近就地就业844人，其中贫困劳动力217人、脱贫54人；济南市选派专家赴湘西州开展技能培训8期，培训419人，其中贫困劳动力256人。贫困劳动力转移就业工作得到国家、省、州领导的充分肯定。

【创新创业工作】 2017年，全州建成9个创新创业示范园、12个创业孵化基地和10个创业示范乡（镇），新增创业主体9401个，创业主体总量突破10万户，直接带动就业23万人。“蓝色星期五”创业交流会在全国创业就业服务展示交流活动中荣获优秀项目奖；武陵山片区创新创业孵化基地被认定为“省级创业孵化示范基地”；州电子商务创业孵化基地、州红山农科创投产业园和凤凰县创新创业孵化基地被评为湖南创新创业带动就业省级示范基地；湘西州7位自主创业就业个体工商户和7家创新创业带动就业优质初创企业入选“双百资助工程”。

【医保救助】 2017年，州人社局出台《湘西自治州城乡居民基本医疗保险实施细则》，协调落实贫困居民医保个人缴费补助政策和大病保险向贫困人口倾斜政策。全州建档立卡户和低保户住院17.5万人次，基本医疗保险报销5.19亿元、大病保险报销1616万元，医疗救助1.13亿元，确保建档立卡户住院总费用报销率80%以上，特困群众全额报销，助力精准脱贫。

【争资引资工作】 2017年，州人社局主动作为，全年争取到位各项政策资金27.8亿元，与2016年24.4亿元同比增长13.5%，全州各项政策得到及时落实和兑现，为稳增长、保民生、推扶贫、促发展提供有力保障。将招商引资作为“一把手”工程来抓，成立招商引资工作领导小组，局长任组长、分管副局长任副组长，局机关科室长、局属单位负责人任成员。细化分解招商引资任务，捆实相关科室及局属单位责任，明确责任人，将招商引资工作纳入局系统五个文明绩效考核，与评先树优相挂钩。全年落实招商引资资金2亿元。

【医改试点】 2017年，全州推进医疗制度改革试点工作，10月完成州本级机构设置，11月加入福建三明药品耗材联合限价采购联盟，建成并运行药品耗材信息管理平台，年底有州本级6家公立医院、38家药品供应商签订三方协议。大医保项目正式竣工验收，实现医保信息化管理，州域开通跨省异地就医联网结算定点医疗机构14家。2017年9月13日，湘西州城镇职工医保参保人员刘某在北京市和平里医院办理出院手续时，通过国家异地就医结算平台，完成住院医疗费用直接结算。这是湘西州首例通过该平台实现跨省异地就医直接结算的案例，标志着湘西州跨省异地就医转出人员直接结算模式运行成功。

【百名干部下乡镇下企业下社区活动】 2017年，州人社局系统200多名干部深入保靖县葫芦镇、龙山县红岩溪镇、州兴森实业公司、湘泉制药股份有限公司、吉首市石家冲街道办事处荣昌坪社区抓实安全生产、信访维稳和精准脱贫工作，将惠民政策和各项任务落实到基层。走访慰问建档立卡贫困家庭149户，退役军人、护林员、安全生产员、孤寡老人、困难职工22人，困难企业1家，送去慰问物资及慰问金8.14万元。

（本栏图文　龙兴昌　张　伟）

民　政

【概况】 2017年，全州民政部门牢固树立“民政为民、民政爱民”理念，坚守州委“542”发展思路，站位新时代，主动作为，各项民政工作取得显著成效，全年上争各类民政资金11.8亿元，较上年增长6.5%，城乡低保救助水平提高10%以上。

社会救助工作。社会保障兜底工程稳步推进，全州8县（市）实现农村低保保障标准与国家扶贫标准“两线合一”，农村低保指导标准达3026元/年（252元/月）以上，截至2017年12月底，农村低保保障对象18.2万人（含兜底脱贫对象3.79万人），累计发放低保金40612.94万元；城市低保保障对象4.5万人，累计发放低保金17956.62万元。城乡低保月人均救助水平分别达到287元和153元。开展城乡低保对象和兜底脱贫对象认定清理整顿工作，全州清减66335户、79164人，平均清减率25.6%。在省内率先开展城市低保清理整顿工作，共清减城市低保5162户9416人，清减率16.1%。不按标施保、“拆户保”、人情保等问题基本消除。做好特困供养人员保障工作，全州保障特困供养人员1.4万人，集中和分散供养人员年均补助水平分别达到6000元和3960元，累计发放资金6285.41万元。完善城乡医疗救助体系，开展城乡医疗救助，资助贫困对象参加基本医疗保险163.35万人次，救助患者6.54人次，全年支出救助资金7128.6万元，困难群众医疗难问题得到有效缓解。

防灾减灾救灾。2017年，湘西州先后遭受8次洪涝干旱灾害，尤其是“6·23”“6·30”洪涝灾害给人民群众生命财产及工农业生产造成严重损失，全州累计受灾人口86.62万人，因灾死亡3人，紧急转移安置人口10.33万人，需紧急生活救助1.1万人，直接经济损失20.58亿元。灾情发生后，民政部门主动作为，开展应急救助，及时查灾核灾，共上争中央、省各类资金6140万元，其中冬春受灾群众生活困难补助资金2440万元，救灾资金4200万元，救灾棉被4000床，救灾棉衣1500件，折叠床300张，救灾帐篷100顶，累计救助因灾生活困难群众76.38万人次。开展灾后恢复重建，组成4个督查组，核查全州9个县（市、区）报灾核灾、救灾工作情况，准确掌握灾情和受灾群众生活状况，重点摸清灾民倒房、急需救助情况，确保不漏一户、不漏一人。制定出台2017年受灾困难群众生活救助和因灾倒损住房恢复重建实施方案，各级民政部门积极协调，整合资源，推动灾后重建工作，12月中旬，重建的119户全部竣工，竣工率100%；246户损房户，损房修复率100%。开展“综合减灾示范社区”创建工作，有4个社区获得全国综合减灾示范社区授牌、8个社区获得湖南省综合减灾示范社区授牌。

社会福利事业。2017年，州慈爱园以及永顺、花垣、泸溪、古丈4县慈爱园开园，412名孤儿入住；凤凰、保靖、吉首、泸溪4县（市）慈爱园正在建设之中。全州集中和散养孤儿每人每月保障金分别达到1000元和600元，基本生活得到有效保障，全年发放孤儿保障金1628.946万元。全面实施残疾人两项补贴制度，审定保障困难残疾人和重度残疾人分别为25915人、27420人，全年发放两项补贴资金4185.24万元。加快养老服务保障体系建设，全年完成新增养老床位1268张，完成省定任务的100.6%，完成投资1.09亿元。全州建成运营社会福利院6所，新建凤凰县和保靖县2个养老服务中心，古丈和泸溪两县养老服务中心二期工程竣工并投入使用；其他县（市）养老服务中心建设正加速推进。加强基层养老服务设施建设，新增社区日间照料中心37个，新增小型养老机构3个。探索开展养老机构责任保险，投保资金64.8万元。开展养老院服务质量建设专项行动，联合公安等5部门督查全州175个养老院。组织2期养老服务护理人员、管理人员业务培训，共培训人员177人。州养老中心建成并将投入使用，探索积极实施“医养结合”养老

民政救灾点现场

新模式。开展“慈善一日捐”等捐赠活动，累计募集资金828.1万元。启动孤儿助学项目，分别与吉首大学师范学院、湖南城建职业技术学院等7所学校签订助学协议，资助118名孤儿和困境儿童在校就读，救助金42万元。开展“爱心改变命运”助学活动，累计资助贫困大学生1550人。成功举办湘西州首届慈善奖颁奖晚会，表彰爱心集体、爱心个人和励志孤儿，增强全社会慈善意识。全年福彩销量5.51亿元，增幅6.4%，增量居全省第五位。开展“福彩助学”“情系特校学生”“关爱下岗职工”“‘福泽潇湘·情满湘西’关爱贫困家庭”等公益活动，提升福彩公益品牌形象。

社会组织管理。积极培育社会组织，对符合条件社会组织依法登记，全州有社会组织1333个。依法开展年检，6月30日前完成社会组织年检工作，实检1256个，参检率94.4%。推进社会组织党建，新建社会组织基层党组织97个，全州有社会组织基层党组织199个，民政系统的社会组织党组织实现全覆盖。全州第二批89家行业协会商会与行政机关脱钩工作全面完成。

双拥优抚安置。全州下达各类优抚对象抚恤补助、医疗补助资金14496.1万元，保障各类优抚对象20193人。春节、“八一”建军节期间，共走访慰问驻州部队、军事单位及生活困难重点优抚对象21931人次。开展“退役军人走访月”活动，由州委常委带队深入各县（市）走访慰问退役军人12038人。开展重点优抚对象短期疗养工作，第八批400余名对象完成短期疗养。内年，全州安置退役士兵、转业士官105人，安置率100%，在全省率先实现退役士兵安置遗留问题清零目标，受到省民政厅肯定。坚持军民融合发展，深入开展“一拓双带四促进”活动，召开纪念建军90周年暨“一拓双带四促进”表彰大会，表彰50名优秀退役军人和民兵。开展“军休服务管理年”活动，军休干部政治、生活待遇得到全面落实；完善军休机构管理制度，组织军休人员开展丰富多彩的康乐活动，军休文化建设成效明显，文化养老得到加强，军休职工接收安置任务全面完成。

社会事务管理。5月26日，全州8县（市）第二次全国地名普查工作县级层面通过省级验收，乡镇区划调整后新一轮行政区划图编制出版发行，地名普查工作成效明显。规范婚登管理，全州办理结婚登记20261对，离婚登记6726对，补领结婚证8003对，补办结婚证272对，婚姻登记合格率100%。婚登机构申报AAA等级评定工作有新突破，花垣、龙山、保靖等县打造AAA级婚姻登记机关取得新成效。开展“寒冬送温暖”“夏季送清凉”专项行动，累计救助流浪乞讨人员18056人次。下拨中央老区财政转移支付资金3531万元，争取实施老区扶贫项目78个。

民政基层基础建设。州民政局局属各单位工作齐头并进，州肿瘤医院全年业务收入9313万元，比上年同期增加2212万元，增幅31.15%；州荣复医院全年业务收入6533万元，比去年同期增加993万元，增幅为18%；州慈爱园探索孤儿集中供养模式，全年汇聚社会爱心捐赠36次，善款善物价值合计111.19万元；州军干所全面落实军休干部两项待遇，康乐活动丰富多彩，工休关系团结和谐，被评为“五星级军干所”；州社会福利院在院弃婴、孤残儿童35名，全面打造养老院“安全、诚信、优质”服务品牌。民政设施建设加快推进，州康复中心和中心光荣院建成即将投入使用，投资近亿元的州养老中心主体工程竣工。机关管理规范有序，形象明显提升，坚持干部多岗锻炼，10位科室长实行轮岗。局机关和州军干所成功创建省级文明单位，州慈爱园成功创建州级文明单位。

（本栏图文　陈　鲲）

【村支“两委”换届选举全面按时完成】2017年，全州9个县（市、区）1567个村民委员会和250个居民委员会按时完成换届选举任务，登记参加选举的选民为116.88万人，参加选举的选民112.29万人，参选率96.1%，换届选举平稳有序。共选举产生新一届村（居）民委员会成员8561人，其中，村（居）主任1817人，女性146人，占8%；中共党员1080人，占59.4%；副主任和委员6744人，女性2474人，占36.7%；中共党员3057人，占45.3%；小学文化469人，同比下降254人；大专以上学历852人，同比增加351人，占10%；30周岁及以下649人，占7.6%；31周岁至49周岁4740人，占55.4%；50周岁以上有3172人，占37%。选举产生的新一届村（居）民委员会成员，在政治面貌、文化程度、人员结构等方面较上届有明显改善。（黄　晶）

【“留守儿童之家”建设】2017年，州民政局积极开展农村留守儿童摸底工作，全州有留守儿童53334人。履行牵头单位职责，协助出台《关于进一步加强农村留守儿童关爱保护工作的通知》（州政办函〔2017〕82号），建立农村留守儿童关爱保护工作联席会议制度，明确各部门职责，加强“留守儿童之家”建设，全州投入215万元建成21处“留守儿童之家”。组织各级各类社会团体和社会力量开展农村留守儿童关爱帮扶活动70余次，结对帮扶1191对，捐赠款物价值161.6万元。开展“合力监护·相伴成长”关爱保护活动，通过干预帮扶使25436名儿童明确监护人，75名失学辍学儿童重新走进校园。（江　帆）

【举办全州退役士兵技能培训班】2017年，湘西州民政局创新开展退役士兵职业技能和教育培训，在湘西职院举办“全州退役士兵技能培训班”，创新开展退伍士兵异地培训新模式，与碧桂园集团下属的国良职业培训学校达成为湘西州退役士兵开展免费培训、安排就业的合作意向，首批80名退役士兵在国良职业技术学校参加异地技能培训班，49名退役士兵培训结束后在碧桂园集团就业，退役士兵异地培训就业创业实现新突破。

（李秋云）

【全州殡葬设施建设取得新成效】 2017年，州委办印发《中共湘西自治州委办公室转发〈州全面深化改革领导小组办公室关于加快推进全州殡葬改革工作的意见〉的通知》，先后两次就出台《湘西自治州殡葬管理办法（暂行）》举行听证会，加快推进殡葬改革的共识明显提升。全州民政部门加快殡葬政策创制，加强殡葬管理执法队伍建设，8县（市）均成立殡葬管理机构。同时，切实加强宣传引导，开展清明节集中宣传月、殡仪馆开放日、打击乱埋乱葬等活动，不断改善殡葬管理环境。2017年，全州累计投资1亿多元，8县（市）启动或完成殡仪馆、火化设施建设，完成30亩公墓山开发。吉首市殡仪馆改扩建项目完成征地100亩和规划设计，项目建设正式开工；泸溪县完成公墓山和殡仪馆3个吊唁厅及配套设备采购，完成火葬场选址；凤凰县完成公墓山建设并投入使用，殡仪馆7个吊唁厅主体完工，完成火葬场征地，廖家桥龙头山农村公益性公墓一期工程完工；花垣县公墓山、殡仪馆、火葬场完成“三通一平”，正加紧建设；保靖县完成公墓山建设，完成3栋吊唁楼、1栋综合楼、1栋业务楼用房主体建设，正在进行相关配套设备采购，火葬场完成主体建设，正在进行火化设备采购；古丈县完成公墓山建设，在原殡仪馆基础上启动改扩建及火葬场建设，完成选址；永顺县完成公墓山、殡仪馆和火葬场建设，投入运营，年内殡仪馆治丧70人次，火化10人次；龙山县完成公墓山建设，并投入运营，殡仪馆、火葬场完成“三通一平”，正加紧建设，里耶镇、苗儿滩镇农村公益性公墓完工，其他乡镇正在规划设计和财政评审。

（唐　喜）

老年人生活

【概况】 2017年年底，湘西州有60周岁以上老年人48万人，占全州总人口16.5%；城乡老年人口分别为13.44万人、34.56万人，老年人口户均0.63人，州境快速进入人口老龄化。是年，州、县（市）、乡（镇、街道）全部建立老龄工作机构，90%的社区、80%的村均建有老年协会组织，老龄工作形成“党委领导、政府主导、社会参与、全民行动”的工作格局，全州老龄工作跻身全省先进行列，州民政局、州老年活动中心等单位荣获“全国敬老文明号”“先进集体”，江黎燕等8人荣获“全国孝亲敬老之星”称号。

老年人优待工作。全州走访慰问贫困家庭老人200余人，发放慰问金10万余元；办理老年优待证9563本，更换1652本，补办87本。在全省率先为60周岁以上老年人实行免费乘坐公交车；完成全州132位百岁老人年审复核工作，百岁长寿补贴金提高到每人每月400元。吉首、泸溪、凤凰、花垣、保靖、龙山6县（市）为90周岁以上的高龄老人每人每月发放100元的高龄补贴。

老年民生建设。全州启动47个养老服务示范点建设和66个农村社区居家养老服务项目。完成168张养老服务床位建设，古丈县列为全省农村居家养老服务示范县。

惠老政策落实。州老龄办为全州2万多65周岁以上失能、半失能经济困难老人落实购买服务，每人每月20元。稳步推进老年人意外伤害保险，州内8县（市）将5类特殊老人意外伤害保险纳入财政预算。其中，保靖县还将65周岁以上低保老人的意外伤害保险一并列入财政预算之内。

2017年全州老年人口基本情况

表25

序号	地区	年末养老床位数（张）	年末老年人口数（万人）
1	湘西州	13739	46.77
2	吉首市	1634	4.50
3	泸溪县	1408	5.29
4	凤凰县	1200	6.1
5	古丈县	902	2.42
6	花垣县	1875	5.05
7	保靖县	1297	4.90
8	永顺县	2760	9.20
9	龙山县	2663	9.31

2017 年全州特困供养补贴标准表

表 26

序号	县市	城市特困人员救助供养基本生活标准(元 / 人·年)	农村特困人员救助供养基本生活标准(元 / 人·年)
1	吉首市	6552.00	4212.00
2	泸溪县	6600.00	3960.00
3	凤凰县	6552.00	3960.00
4	古丈县	4176.00	4176.00
5	花垣县	5040.00	3960.00
6	保靖县	6120.00	3780.00
7	永顺县	5040.00	3960.00
8	龙山县	7200.00	4800.00

2017 年湘西州各县市基本养老服务补贴情况统计表

表 27

序号	地区	应补贴人数(人)	已补贴人数(人)		覆盖率(%)	全年发放补贴资金(不含集中供养资金)(万元)	补贴标准(元 / 月、人)
			总人数	符合条件的集中供养三无五保老人			
1	吉首市	2800	2005	235	71.6%	12.29	20 元
2	泸溪县	1457	1350	355	92.6%	8.28	20 元
3	凤凰县	1042	1042		100%	6.38	20 元
4	古丈县	1105	620	45	56%	3.8	20 元
5	花垣县	1100	1100	107	100%	6.75	20 元
6	保靖县	3364	3364		100%	20.61	20 元
7	永顺县	5910	5065	1815	85.00%	31.03	20 元
8	龙山县	5263	4628	418	87.90%	28.36	20 元
9	湘西州	22041	19174	2975	86.99%	117.5	

老年协会建设。2017 年，全州街道老年协会建会率达 90%，乡镇建会率 90%，农村建会率达 80%，老年协会的建设为开展基层老年服务工作发挥了积极作用。

【敬老月活动】 2017 年敬老月期间，州老龄办组织开展弘扬孝道文化、传承中华美德，孝道文化进机关、进社区、进农村活动；开展湘西州人寿杯“孝亲爱老”先进个人，先进基层老年协会、组织评选表彰；开展全州老年歌咏比赛活动，走访慰问百岁、老龄、贫困、留守、失能、失独老人，慰问养老服务机构工作人员，弘扬中华民族的传统美德。

湘西州残疾人联合会

【概况】 2017 年，湘西州各级残联不断完善各项残疾人保障政策措施，持续推进改善残疾人民生各项工作，实现残疾人事业稳步健康发展。全年精准康复服务 14978 人次；完成职业技能、实用技术培训 1801 人；扶持创业 77 户；扶持建档立卡阳光增收户 829 户；新增城乡就业 594 人；实施托养 635 人；新建花垣、保靖、永顺、龙山托养机构 4 家；申报、审核扶残助学 70 人，发放省拨资金 21 万元；实施家庭无障碍改造 170 户；落实残疾人重点网格化服务管理乡（镇）15 个，入户调查 3 万户，信息录入 12248 人，开展服务 3279 人；文体宣传上稿 466 篇，在团结报开辟“扶残助残”专栏，参加第五届残疾人文化周活动，获得一等奖 3 个、二等奖 2 个、三等奖 3 个、优秀奖 5 个，州残联荣获组织奖；全州入库残保金2270万元。

残疾人精准康复。州、县（市）残联联合卫计委（局）、教体局、民政局，出台《残疾人精准康复服务实施细则》，推进精准康复，实现有需求的残疾儿童和持证残疾人接受基本康复服务的比例达40%，全州投入康复经费3000余万元。全年开展康复下乡活动9次，为残疾人现场适配活动轮椅、拐杖、坐便椅、助听器、助视器等辅助器具，救助白内障625例，送辅具89件，投入资金350万元。投资200多万元推进州残疾人康复中心装修；龙山、永顺、凤凰等县（市）残联康复中心建设申报力度加大。推动争资引项，开展爱心捐赠，获得香港湘西联谊会捐款30万元、州政府办直属机关募集助残资金10万元；争取红会、慈善总会支持，达成35万元捐赠意向。

残疾人就业培训。制订培训计划，落实培训资金，确定参训对象和机构，积极争取人社部门支持，全面完成培训任务。落实增收扶持，规范扶贫基地建设，超额完成创业扶持和阳光增收脱贫，完成省级扶贫基地建设评定3个，州级基地建设评定11个。抓好分散就业，支持龙山县惹巴妹公司开展以妇女为主体的贫困残疾人家庭手工编织、电商等职业技术培训；发展居家就业。参加职业技能竞赛，开展残疾人职业介绍、求职登记、信息发布以及咨询与指导。

残疾人助学。以落实残疾人助学为重点，全面推进残疾人教育扶贫工作，落实残疾学生及残疾人家庭子女助学补贴。全年完成各类助学投入102万元，学前教育助学70人，残疾青少年文盲扫盲行动30人，高中阶段残疾学生及贫困残疾人家庭子女助学175人，残疾人大学生及贫困残疾人家庭大学生子女助学173人；完成省特教中专推生入学20人。

残疾人维权。畅通残疾人诉求表达渠道，开通“12385”热线，严格执行信访工作制度，健全信访维权机制，受理各类来电130件次、来信来访21件次，受理和答复率100%。着重矛盾排查化解，建立舆情应急机制。开展法治宣传活动，维护残疾人合法权益，主动向人大专门委员会汇报，做好残疾人权益保护。解决残疾人关切的突出问题，加强无障碍建设，完成无障碍改造170户。做好燃油补贴申报及足额发放工作。

（本栏撰稿　刘　兴）

县市概况

吉首市

中共吉首市委

书　记　刘珍瑜

副书记　李诗兴　陈晓龙　张明善（挂职）

常　委　刘珍瑜　李诗兴　陈晓龙　张明善（挂职）　刘家富　刘鸿宾　王京海　周拥军　胡学清　向学智（挂职）　熊　隽（挂职）　石阳清　向洪琼

市人大常委会

主　任　唐　虎

副主任　张翠凤　罗尚其　杨佳兰　廖玉坤　舒忠诚

市人民政府

市　长　李诗兴

副市长　周拥军　熊　隽　谢　党　刘　冰　谷纲要　王润龙（挂职）　田小雨　张任平　张　骥

市政协

主　席　陈　刚

副主席　吴四清　彭继德　林芬良　陈晓瑜　黄承业

市人武部

部　长　瞿吉明

政　委　赵庆余

市人民法院

院　长　周　勇

市人民检察院

检察长　印道波

【概述】 吉首市位于湖南省西部，地处湘鄂黔渝四省（市）边区武陵山区，是中国西南门户重镇，是湘西土家族苗族自治州州府所在地，全州政治、经济、文化中心。2017年，全市辖1个乡5个镇6个街道。市域总面积1078.33平方公里，城区面积34.09平方公里，年末总人口30.99万人。属亚热带季风气候，四季分明，年平均气温17.2℃，年降水量1671.5毫米。

经济发展稳步提升。全年实现地区生产总值153.52亿元、财政总收入13.04亿元、固定资产投资154.75亿元、社会消费品零售总额97.19亿元，同比增长10.1%、18.3%、27.0%、11.0%；实现城镇居民人均可支配收入27881元、农村居民人均可支配收入9720元，分别同比增长9.2%、11.1%。全年实现接待游客1337万人次、旅游收入102亿元，同比增长18.3%、19.9%。出台《关于加快推进全域旅游发展的若干扶持政策》，完成《旅游产业发展总体规划》和《德夯风景名胜区总体规划》修编。加大矮寨奇观旅游区AAAAA级创建，实施投资5.5亿元的水生态治理、悬崖栈道等项目。成功举办鼓文化节等节会活动。吉首市荣获"'一带一路'国际健康旅游目的地"，乾州古城非遗园成功创建"湖南省特色文化产业示范园区"，红枫谷康养中心获批"第三批全国森林康养示范基地"。红星美凯龙、碧桂园、世纪广场商业城、永通汽贸城等城市综合体全速推进。凯莱大饭店建成营业。建成十八湾村服务站等50家电商服务站，培育尚达善、好食货等113家电商企业注册运营，实现电子商务交易额3亿元，位居全州首位。实现规模工业增加值30.01亿元，同比增长11.1%；工业投资8.38亿元，同比增长33%。园区经济快速发展，加快构建吉首经济开发区创新创业示范产业园、马鞍产业园、河溪新材料产业园、东方红湘西住宅产业园、乾南新能源机械制造产业园、乾南生物制药产业园六大园区，累计建成标准厂房22.5万平方米。吸引恒泰服饰、汇德环保、升阳光电等19家企业入驻，红芒果鞋业、保吉堂科技、吉欧实业等10家企业投产运营。湘泉药业、鹤盛原烟、宗南重工、长潭泵业、华方制药、诚成纺织、边城生物等企业成长良好。实现农业总产值13亿元，同比增长10%。柑橘、水果、黄金茶、中药材和特色养殖等产业发展形势良好，粮食生产总体稳定，建成特色农业基地42万亩。培育农业专业合作社362个、家庭农场167个，发展农旅融合等休闲农业经营主体34家、农产品加工企业104家，经营加工收入20亿元。农产品获中国驰名商标2个，湖南省著名商标7个，"三品一标"认证总数13个，被列为"国家粮油作物绿色高产高效创建项目县市"和"省十强生态产茶县市"。

民生福祉广泛覆盖。实现全市"脱贫摘帽"。全年整合涉农资金、贷款融资等扶贫资金17亿元，撬动金融资本、扶贫小额贷款资金分别4.6亿元、1.3亿元。深入推进"四级产业全覆盖"，做活"公司+基地+农户"模式，建成84个村金融扶贫服务站和光伏发电项目，采取物业经济、乡村旅游、农村电商等措施强势促进村集体经济增收5万元。1651户危房改造全面完工，7790人易地搬迁入住新居。

415户893人社会保障应兜尽兜，发放各类助学金17978人次、帮扶贫困学生2011万元，“先诊疗、后结算，一站式、一票制”医保服务和“扶贫特惠保险”惠及4.3万人。完成147.63公里农村公路提质改造、55个建制村电网改造等基础设施建设，统筹推进乡村旅游、转移就业等工程，切实帮助贫困群众迈向致富路。完成民生项目总投入17.6亿元。对接长郡教育集团合力办好高中教育，市高级中学、乾元小学实现秋季开学，全市新增学位5232个，获评国家义务教育检测实施“县级优秀组织单位”。成功举办矮寨公路自行车公开赛，引领全民健身热潮。深入开展“健康吉首”建设，新建社塘坡卫生院、改造石家冲中医馆等基层医疗机构，实现农村居民基层医疗机构住院百元起付线以上政策内费用全报销，成功创建省县级乙等疾控中心，获评“全国计划生育优质服务先进单位”。文化事业全面繁荣。配送110家书屋、28014册新书，倡导“书香吉首”全民阅读新风尚，成功创建“中国楹联文化市”。矮寨镇中黄村获评第二批“中国少数民族特色村寨”。全面抓实民生实事，实现基本养老服务补贴覆盖率70%，新增城乡就业1.1万人次，城镇失业率控制在4.5%以内。乾北公租房、金坪棚改安置房等加快建设，五里牌、小庄等1582套保障房交付入住。持续推进“平安吉首”创建，加大“雪亮工程”投入，落实网格化社会管理与服务，基本建成人防、物防、技防相结合的综治防控体系。加强刑事犯罪侦查打击，破获毒品案件39起，打掉涉恶团伙3个，刑拘团伙成员22人。开展应急救援、消防救援、反恐处突等演练，提升社会应急处置能力。推进“清仓见底”行动，成功化解信访积案15件、各类矛盾2548件。实施重大事项社会稳定风险评估，组建44人专家库和380个项目库，从源头预防和减少矛盾纠纷。严格执行“党政同责、一岗双责、齐抓共管、失职追责”制度，推进重大事故隐患“一单四制”和重大隐患挂牌治理，开展安全生产事前问责和事故责任倒查约谈单位7家，集中约谈消防安全重点单位60家，督促高危领域企业排查治理隐患333处，安全形势稳定良好。

城乡面貌明显改变。以建州60周年为契机，加快打造宜居、宜业、宜游、宜养的“四宜城市”，实现州府城市华丽蝶变。加快创建海绵城市、园林城市，“三园两河”城市园林风光带基本成型。实施五里牌、砖瓦厂等片区综合改造，全速推进酒鬼大道北延线、书院路改造。建新路、小溪桥、汉雅路等7座人行天桥投入使用。建成13公里地下综合管廊，完成人民路、水厂路等强弱电下地。冲木林大型停车场投入使用，吉首市第一初中、市四中、铁路学校等地下停车场加快建设。美丽湘西建设深度落实，全力开展“门前四包”“三车”整治等行动，18个行业标准深入实施，2万平方米特色文化墙展示城市新风采。全机械化作业开展城区大冲洗、大清扫，有力维护市容整洁。440个智慧停车位、180处电子交警和“智慧吉首”运营中心投入使用，城市管理进入智能时代。做足乡情乡韵特色，制订《美丽乡村示范创建三年行动计划》，完成43个美丽乡村专项规划，整合8个中国传统村落、6个国家少数民族特色村寨、10个全国乡村旅游扶贫重点村、2个省美丽乡村资源，持续巩固特色民居改造、特色村寨保护成效。加快改善人居环境，实施农村改厨改厕6572处，完成清淤修渠21.5公里，解决91个村和社区8.4万人饮水安全问题，新农村建设取得新实效。开展城市拓展区60平方公里控制性详规编制，完成35平方公里城市核心区建设用地控规，奠定新一轮城市扩容发展基础。张吉怀高铁吉首段加快建设，永吉高速及其连接线、国道209绕城线拓宽工程、曙光至长坨公路、绕城公路东线等建成通车，张社大道、金坪路等高铁新城路网加快推进。马颈坳绕镇公路建成通车，栗溪至求产、中百至烟竹等8条农村公路建设有序实施。完成狮子庵水厂主体扩建、河溪水厂改造，铺设供水管网16公里、城区供水普及率达到99.9%。铺设燃气管网80公里，入户安装1.6万户，燃气普及率达85%。加大“两违”整治力度，实施“拆违建绿、拆围透绿”建设一批小公园、小绿地，依法拆除各类违法建筑13.1万平方米。建成100公里绿色生态走廊，新增城区绿化面积2134亩，城区绿化覆盖率达38.5%。乾州污水处理厂投入试运营，建成污水管网30公里，城区污水处理率达到92%。推进国家重点生态功能区建设，严守生态保护红线，加大矮寨国家森林公园、峒河国家湿地公园带等保护力度，新增营造林1.56万亩。深化“河长制”管理，有

吉首市乾州古城新貌一角

力推进饮用水水源保护等治理行动开展，全面展开荒漠化、石漠化、水土保持综合治理以及原生态自然资源保护工作。

发展活力显著增强。加大机构改革力度，稳步实施161项改革事项，清理786个行政审批、服务事项，纳入“最多跑一次”改革。扎实推进医疗体制改革，探索建立按病种分级诊疗试点，完善市乡村三级公共卫生服务网络。深入农村综合改革，完成13.38万亩土地确权登记颁证、7.82万亩农村土地有序流转。推进税收征管体制改革，“营改增”全面铺开，国、地联合办税大厅建成使用。深化国有企业改革，吉首华泰公司完成年度融资30.39亿元，成功发行三期企业债券14亿元，保居投公司、富华公司、腾达公司等融资平台有力保障重点项目要素供给。政府与社会资本方合作持续稳妥推进，被国务院评为“推广政府和社会资本合作（PPP）模式成效明显、社会资本参与度较高的县市”。招商引资成效明显。组建党政代表团赴北上广对接招引项目，加大与北大荒集团、恒大集团、金海集团等客商团队跟踪对接，峒河谷生态经济园、华商国际城等项目顺利跟进。全市招商引资到位资金66.61亿元，增长30.07%，成功引入1亿元以上项目8个，10亿元以上项目2个。外经贸易持续增温。湘西公路口岸吉首华泰公用型保税仓库投入运营，全市进出口实绩企业达到7家，新增“破零倍增”企业4家，与俄罗斯等9个国家地区实现贸易往来，实现进出口总额500万美元。加快科技成果转化。承接、实施省州市科技项目45项，与中科院、中南大学、吉首大学等8所院校达成产学研合作项目21项，研究开发课题48个。积极推进知识产权强市建设，实现专利申请481件，专利授权293件。加快高新技术投产。建立完善企业研发机构15个，获评省级高新企业12家、战略新兴企业4家、高新技术产品15个，全年实现高新技术产值19亿元，科技成果转移转化成为全市发展产业经济的强大助力。

政府建设全面加强。深入推进民主决策。进一步完善政府议事决策程序，切实推进决策工作科学化、民主化、制度化。对“三重一大”等重大事项，严格按照“集体领导、民主集中、个别酝酿、集体决定”原则制定实施，同时坚持可行性研究、风险评估等制度，确保重大事项决策经得起检验。依法行政规范有序。主动接受人大法律监督、政协民主监督和群众监督，累计接待群众来信来访454人次，办理州、市人大建议120件、政协提案262件，办结率、满意率均为100%。加强依法行政能力建设，认真执行规范性文件“三统一”、重大决策事项合法性审查等制度，累计审签公布规范性文件21件，办理行政复议35起。作风建设成效明显。严格落实中央“八项规定”，持续深入整治“四风”问题。认真落实政府系统党风廉政建设主体责任，加快启动廉政警示教育基地和清风公园项目。财政性资金管理制度进一步完善，“三公经费”只减不增，完成公车体制改革。深入推进行政问责制度，经常性地开展谈话问话，有效遏制“不作为、乱作为”行为。加大工程建设、项目招投标等监督制约力度，切实提高政府办事效率。重点领域、重点部门和重点项目的监察审计力度不断加大，政风行风持续好转。

【中黄村被评为第二批“中国少数民族特色村寨”】 2017年3月3日，国家民委发布《关于命名第二批中国少数民族特色村寨的通知》（民委发〔2017〕34号），吉首市矮寨镇中黄村被评为第二批“中国少数民族特色村寨”并予以挂牌。中黄村位于矮寨镇东部，距吉首市区19.8公里，属典型喀斯特岩溶地貌。中黄村原名“重午”苗寨，“重午”即纯朴的苗族语言，意味着吉祥美丽的地方。中黄村全村使用苗语，被业界认定为最具典型性的纯苗寨，是湘西苗族文化研究的“活化石”。该村现存苗族古建筑民居68栋、200多间约13000平方米。村内有保寨楼及岗哨，设垛口、枪眼，地方建筑特色明显。保存有苗族古老的原生态祭祀娱神节目，如猴儿鼓、舞狮、法术等；传统的民间工艺文化，如打花带、织布、传统手工造纸等。2009年，中黄村被评为湖南省少数民族特色村寨。之后，又成功申报省级文物保护单位、省旅游特色名村、历史文化名村、美丽村寨等。2013年，中黄村入选首批“中国传统村落”名录。2017年，中黄村获评“经典文化村镇”。

【湘西州首个苗族挑花艺术馆开馆】 2017年9月16日，由国家级非遗项目“苗族挑花”的州级代表性传承人、民盟盟员张春海创建的湘西州首个苗族挑花艺术馆在吉首开馆。苗族挑花

位于吉首市矮寨镇境内的矮寨大桥

艺术馆以艺术馆为平台，集中展示苗族挑花作品，宣传推广挑花文化，传习挑花技艺；通过免费向社会开放、定期招收热爱苗族挑花艺术的青少年学习和传承挑花技艺，让更多的人了解并爱上民族传统文化，促进民族文化繁荣发展。

【矮寨大桥入选“大国重器”专题摄影展】 2017年10月3日，由中国文联、中国摄影家协会主办的“大国重器——迎接党的十九大胜利召开摄影展”在北京民族文化宫展览馆展出，吉首矮寨大桥入选该摄影展。矮寨大桥位于湖南省吉首市矮寨镇境内，是目前世界峡谷跨度最大的钢桁梁悬索桥，长1176米，跨高350米，为四车道高速公路。始建于2007年10月，2012年3月31日正式通车，创造了跨峡谷悬索桥、“轨索滑移法”架设钢桁梁、采用塔梁完全分离的结构和岩锚吊索结构并用碳纤维作为预应力筋材四个世界第一。

【吉首获评2017年湖南“十强生态产茶县（市）”】 2017年8月1日，由湖南茶业协会发起开展的“2017湖南茶叶‘三十’”评选结果新鲜出炉，吉首市入选为2017年湖南“十强生态产茶县（市）”。在第九届湖南茶业博览会上，吉首市新田茶叶有限公司生产的湘西坊牌系列绿茶、红茶、白茶获“茶祖神龙杯”绿茶组、红茶组、白茶组3个金奖；湘西黄金茶展厅获茶博会“至美茶空间”一等奖；吉首市供销联社获茶博会“优秀组织奖”。

【乾州古城授牌成为首批省级特色文化产业示范园】 2017年8月2日下午，湖南省特色文化产业示范园区和基地授牌仪式在长沙举行，乾州古城获评成为首批省级特色文化产业示范园区。副省长向力力在讲话中点名肯定乾州古城近年来的发展，并要求乾州古城牢牢把握文化产业园区基地发展的历史机遇，保持良好发展态势，加快推进建设步伐。

【吉首鼓文化节】 2017年11月2日，吉首鼓文化节在德夯天问台盛大开幕。2013年，吉首鼓文化节开始举办，至2017年，成为湖南省三大民族文化节庆品牌之一。本届鼓文化节以“世界鼓舞·鼓舞世界”为主题，由中共吉首市委、吉首市人民政府主办，旨在通过“政府引导、市场运作、文旅融合、全民参与”的方式，彰显自然神韵，传承民族文化，做活山水文章，打造一个国际性的节庆品牌，推进大湘西生态文化旅游深度融合发展。省州市领导武吉海、叶红专、龙晓华、刘进能、赵仁秀、刘珍瑜等出席活动。

【吉首市正式“脱贫摘帽”】 2017年，吉首市扎实推进驻村扶贫和驻村帮扶工作，完成当年贫困村退出43个，户脱贫退出4813户19243人，累计全面完成贫困村退出任务74个，户脱贫10818户42627人，综合贫困发生率从2014年的26%降至1%，农村群众满意度达98.5%。经湖南省人民政府批准同意，吉首市正式“脱贫摘帽”，并在2017年度全省脱贫攻坚工作考核中，综合评价为“好”，获得“2017年度全省脱贫攻坚先进县市区”称号。

【“酿醋技艺”入选省级非物质文化遗产代表性项目名录】 2017年6月，湖南边城生物科技有限公司的“酿醋技艺”湘西香醋传统制作技艺成功入选省级非物质文化遗产代表性项目名录，标志着“湘西香醋传统制作工艺”得到社会的广泛认可和省级层次的保护。湖南边城生物科技有限公司成立于2005年，是以生产原生态醋、SOD和酵素系列产品的综合性食品高科技生产企业。公司通过ISO 9001国际质量管理体系认证、ISO 22000国际食品安全管理体系认证和有机食品认证，被评为湖南省农业产业化龙头企业、省高新技术企业、省名牌产品、省著名省标，也是湖南省发酵系列产品生产行业中通过出口备案认证的企业。

（本栏图文　杨　成）

泸溪县

中共泸溪县委

书　记　杜晓勇

副书记　向恒林　李云信

常　委　杜晓勇　向恒林　李云信　石利民　毛　家　吕永辉　石喜文　石宝明（挂职）　王照训（挂职）　李梦涛　向梦华　章　华　王　斌（挂职）　张　刚（挂职）　邓长欢

县人大常委会

主　任　符鸿雁

副主任　胡小明　石海林　杨　斌　胡世和　周江南

县人民政府

县　长　向恒林

副县长　毛　家　石宝明　张　刚　尚远道　胡利华　张晓东　张胜军　向湖南　罗云峰　周书栋（挂职）　李冬祥（挂职）

县政协

主　席　胡成平

副主席　邹资农　符海河　杨昭君　李文林

县人民武装部

政　委　杨保军

副部长　孙　洋

县人民检察院

检察长　刘润发

县人民法院

院　长　张瀚冰

【概述】 泸溪县位于湖南省西部，是湘西州的“南大门”，距省城长沙390公里，319国道贯穿全境，属国家西部大开发项目县、国家扶贫开发重点地区和国家重点工程五强溪电站库区移民搬迁县。全县可利用土地面积达110万亩，土壤肥沃，质地疏松，适宜柑橘、枣子、板栗、油桐、油菜、药材、蚕桑等开发和种草养畜。境内矿产丰富，在国内发现的140个矿种中，该县发现矿苗45种，矿产地（点）195处，探明储量的有8种，达

泸溪县万亩优质椪柑基地一角

到大型规模的有8种：石煤5亿吨，磷矿石储量2亿吨，白云石1亿吨，含钾页岩4亿吨，石灰石2亿吨，菊花石8000~10000立方米。中型规模的有6种：铝土矿保有储量537万吨，占全省储量的73.8%，远景储量1000万吨。境内有大小溪流127条，湖南省四大河流之一的沅水穿三镇环县城而过。2017年，全县实现地区生产总值56.48亿元，同比增长3.6%；财政收入5.22亿元，增长12.2%；财政支出26.5亿元，增长5.9%；固定资产投资31亿元，增长15.6%；社会消费品零售总额15.5亿元，增长10.9%；城镇居民人均可支配收入21461元，农村居民人均可支配收入7518元，分别增长9.6%、11.8%。

脱贫攻坚战果显著。全年累计投入各类扶贫资金12亿元，扎实推进精准脱贫“十项工程”建设，减少农村建档立卡贫困人口16349人，退出贫困村5个。大力实施易地搬迁、农村危房改造、农村道路改造，农村生产生活条件明显改善。不断加大保障救助力度，完成保障兜底对象认定4303人，发放保障资金1596.9万元，全面实现农村低保标准与保障兜底标准“两线融合”。深入推进教育扶贫、健康扶贫、社会扶贫，群众满意度、认可度和获得感不断提升。

项目建设加快推进。牢牢把握州庆历史机遇，以开展“项目决战年”活动为契机，大力推进“五个十”工程建设，全年实施重点项目66个，完成投资41.3亿元。新型工业化、新型城镇化和农村现代化进程不断加快，实施一大批事关全局、事关长远、事关战略的重大基础设施项目，建成特色产业基地65万亩、易地扶贫搬迁安置房3.2万平方米，实施贫困村光伏发电项目23个，白辰公路泸溪段和白沙大桥建成通车，能（滩）浦（市）干线公路建设有序推进，椪柑、玻璃椒、铁骨猪、葡萄等10个“万字头”特色产业基地建设全面铺开，为实现县域经济加速发展提供有力支撑。

产业发展提质增效。完成规模工业增加值12.88亿元，工业经济对地区生产总值增长的贡献率达40.3%，省委书记杜家毫为泸溪县高性能复合材料产业园命名题词。全县累计实现游客接待163.1万人次、旅游综合收入6.5亿元，分别增长27.4%和33.8%。泸溪一日游整体框架基本成型，该县连续两年被评为全州生态文化旅游产业发展工作良好县。现代农业示范园区建设成效明显，创建万亩精品园3个、千亩标准园22个、百亩示范园186个，潭溪椪柑产业扶贫模式在全省得到广泛宣传推介。实现第一产业增加值8.78亿元，增长3.7%。

城乡面貌明显改观。坚持“三特”融合，以美丽湘西建设为抓手，加快推进新型城镇化建设，全县城镇化率提高到43%。完成各类规划编制工作，规划审批管理不断规范，全县“一主两副”城镇发展格局基本形成。大力实施老城改造、屈望新区开发、特色城镇小镇和公共服务设施等项目建设，城市功能明显增强。认真抓好环境问题整改，加快美丽乡村、国家森林城市、国家园林城市创建，建成美丽乡村精品村和示范村43个，全县森林覆盖率达60.8%，人居环境不断改善，被列为国家重点生态功能区转移支付县域生态质量考核奖励县。

民生福祉全面增进。全年民生支出19.2亿元，占财政总支出的72.4%。教体事业稳步发展，投资2.53亿元，

湖南恒裕新材料科技发展有限公司全貌

新建武溪二小、县全民健身活动中心，改造农村学校校舍 1.8 万平方米，扩建幼儿园 36 所，新增城镇学位 2000 个，高考本科上线率、上线万人比继续保持全州第一。基层医疗服务能力大幅提升，率先在全州组建县域紧密型医共体，慢病救助、大病救治实现新突破，荣获国家慢性病防控示范县、全省公共卫生服务先进县荣誉称号。民族团结进步更加巩固，成功创建全国民族团结进步示范县。文化事业繁荣发展，公共文化服务体系示范区创建通过省级验收。民生保障水平持续提升，全年新增城镇就业 2821 人、农村劳动力转移就业 4000 人，该县成功入选第三批返乡创业国家级试点。完成县殡仪馆一期项目建设，县慈爱园顺利开园。综治创新工作取得新成效，荣获全国平安建设先进县称号，在民意测评工作中再次位居全省前列，保持全州第一，2017 年再次荣获全省综治先进县，并连续 9 年保持全省平安县。

改革创新活力凸显。深入推进供给侧结构性改革，“三去一降一补”取得实质性进展，“放管服”改革纵深推进，行政执法规范有效，行政审批实现再提速 20%；综合医改持续深化，全面落实基本药物制度、门诊输液管理，县域内“基层首诊、双向转诊、上下联动、急慢分治”的分级诊疗模式初步实现；公车改革、电力体制改革、农村土地承包经营权确权登记颁证等改革事项深入推进。对外开放成效显著，维丹光电成为全县首家加工贸易公司。

【泸溪县油茶产业面积达 17 万亩】 2017 年，泸溪县继续大力发展油茶产业，加速推进农村经济发展，加快实现农民脱贫致富。年内全县油茶总面积达 17 万亩，其中新开发面积 5 万余亩。大力推进现代农业万亩高标准油茶综合产业园项目建设，完成投资 1100 多万元，实施新开发优质新品种高产油茶面积 4680 多亩；低产老油茶林改造面积 7200 余亩；新修园区机耕道 50 多公里。

【泸溪县启动 34 万亩天然林保护工程】 2017 年，泸溪县启动 34 万亩天然林保护工程，其中集体林 348200 亩、国有林 1267 亩；补助资金 514.58 万元。天然林保护工程是继国家建立公益林管护体系后又一林业建设工程，湖南省是全国 7 个试点省区之一，泸溪县是全省试点县之一。截至是年年底，全县有林地面积 1806375 亩，占全县总面积的 77.3%。

【泸溪县获批省级出口食品农产品质量安全示范区】 2017 年 2 月 27 日，湖南省公布第二批 12 个省级出口食品农产品质量安全示范区名单，泸溪县成功入选，示范区出口产品为椪柑、玻璃椒、茶油、青蒿素。

【泸溪县浦市镇获评“第三届湖南省最美少数民族特色村镇”】 2017 年 3 月 13 日，在长沙举办的“第三届湖南省最美少数民族特色村镇”评选活动中，泸溪县浦市镇以第四名的好成绩获评。全省有 20 个村镇参加评选，通过地方推荐、公众体验、网络投票、专家评审相结合方式，最终确定 10 个最美少数民族特色村寨。

【泸溪县辛女溪水源工程开工建设】 2017 年 4 月 11 日，泸溪县辛女溪水库正式开工建设，工程建设工期 24 个月，总投资 16740.31 万元，以灌溉、供水为主，兼顾生态用水，建成后可为武溪镇提供 2.0 万吨/日的生活用水，灌溉面积可达 15928 亩。该水库位于泸溪县武溪镇红岩村境内，坝址坐落于沅水一级支流辛女溪中游，距县城武溪镇约 13 公里。辛水溪水库建设工程等级为小（1）型水库，水库坝址以上控制流域面积 23.5 平方公里，正常蓄水位 196.6 米，水库相应库容 424 万立方米。

【泸溪县遭遇“6·30”特大暴雨洪灾】 2017 年 6 月 29 日 20 时至 7 月 1 日 8 时，泸溪县降特大暴雨，全县累计平均降雨量达 140.8 毫米。受本地区强降雨及上游洪水影响，7 月 1 日 21 时，沅江水位快速上涨达到峰值，沅江泸溪浦市水文站水位123.46 米，防洪大堤外水位 124.53 米，超警戒水位（117.5 米）7.03 米。特别是武溪镇、浦市镇遭受洪灾影响严重，所遇洪灾为 50 年一遇。截至 7 月 6 日，全县 11 个乡镇，直接受灾人口 9.3 万人，造成直接经济损失 5.3 亿元。其中，全县农作物受灾面积 7.22 万亩，成灾面积 5.54 万亩，绝收面积 2.42 万亩，农林牧渔业直接经济损失 0.93 亿元；全县堤防损坏 36 处、护岸损坏 47 处、塘坝冲毁 42 处，水利设施直接经济损失 1.27 亿元；工矿企业停产 10 个，供电中断 9 次，白浦辰公路和 319 国道及县、乡道多处塌方，公路中断 25 条，工业、交通运输业直接损失 2.63 亿元；房屋倒塌 12 栋，严重损坏房屋 86 户，一般损坏 1900 户左右，直接损失 0.12 亿元。针对险情，县委、县政府立即启动应急预案，第一时间组织武警官兵、公安干警、民兵预备役、干部群众等 3.2 万人兵分两路，赶赴两镇抗洪抢险，紧急转移人口 5.85 万人。

【泸溪县创新创业孵化基地揭牌启动】 2017 年 7 月 20 日，泸溪县创新创业孵化基地在该县高新工业园区举行揭牌启动仪式。该孵化基地面积达 1500 平方米以上，可容纳入驻孵化对象不少于 20 户。基地包含产品展示厅、大学生创业孵化区、现代农业孵化区、新型工业孵化区，可为入驻的各类企业提供政策咨询、项目推介、开业指导、人才服务、融资服务、补贴发放、社会保险办理和接续等“一站式”公共服务，打造创业创新公共服务平台及“双创”企业综合服务链。基地的成立将起到积极示范作用和龙头带动作用，引导广大创业者走合法、优质、高效的创业道路，培育一批规模创新企业，为县域经济发展提供新动力。

（本栏图文　周世全）

凤凰县

中共凤凰县委员会

书　记　颜长文

副书记　赵海峰　郑　军

常　委　颜长文　赵海峰　郑　军　田建新　吴仁铁　覃振华　杨平利　周　永（挂职）　龙金明　石元江　周健智　姚文凯　王封军（挂职）

县人大常委会

主　任　石岳兵

副主任　张任重　龙志平　王太进　邹英姿　吴树宏

县人民政府

县　长　赵海峰

副县长　田建新　周　永　王封军　吴汉章　滕永忠　周　峻　黄　静（挂职）　黄武才　田儒勇　张　杰　卜范文（挂职）　周　舟（挂职）

县政协委员会

主　席　田茂君

副主席　周良勇　麻兴恩　李蔓蓉　龙金辉　龙永坚

县人民武装部

政　委　吴仁铁

部　长　李茂林

县人民法院

院　长　朱立新

县人民检察院

检察长　王　岸

【概述】 2017年，凤凰县辖13个镇4个乡、261个建制村20个社区，县域总面积1745平方公里，年末总人口43.18万人，少数民族人口34.11万人，占总人口的78.99%。由苗、汉、土家族等28个民族组成，其中，苗族25.5万人。全县人口出生率为13.43‰，人口自然增长率7.84‰。属中亚热带季风湿润性气候，四季分明，年平均气温17℃，年内气温最高40.2℃、最低0.1℃，年降水量1429.3毫米。是年，全县实现地区生产总值81.05亿元，比上年增长6.3%；完成财政总收入12.05亿元，比上年增长20.1%；完成固定资产投资70.64亿元，比上年增长21%；实现社会消费品零售总额49.49亿元，比上年增长10.6%；实现城镇居民人均可支配收入22698元，比上年增长9.5%；实现农村居民人均可支配收入9142元，比上年增长11.3%。

脱贫攻坚。组成276个驻村工作队，落实1.8万名结对帮扶责任人，实现驻村帮扶、结对帮扶全覆盖，落实帮扶项目1.2万个，为群众解决身边实事1万余件。发挥央企与中西部协作帮扶作用，中石化、济南天桥区、郴州市对口帮扶力度不断加大，形成携手脱贫发展互动局面。完成病险水库除险加固7座、水毁山塘修复20座，渠道改造33公里，新建饮水渠6000多米，完成95个贫困村人饮项目建设，解决9.1万人安全饮水问题。实施农网改造升级、光伏发电工程，农村用电得到保障。完成农村公路提质改造13公里、村组道路建设326公里、生产道建设171公里、道路安保工程300公里、危桥改造11座、135个贫困村户间道路硬化300公里。农村实现4G网络全覆盖，光纤通达率97.5%。建成万亩精品园3个、千亩标准园35个、百亩示范园382个，成功创建省级特色示范园2个。帮助2023户贫困户对接发放小额信用贷款7400多万元，发放贫困户特色产业发展奖励7000万元，发展脱贫项目192个，1.5万户6.1万人实现产业增收。抓好电商扶贫，建成87个农村电子商务服务站、1个县级电子商务运营中心和物流配送中心，实现线上线下交易额3亿元，辐射带动贫困群众2万余人。抓实转移就业脱贫，积极与长三角、珠三角、长株潭等地开展劳务协作扶贫，建立劳务输出基地，帮助3500多名农村贫困劳动力转移就业；加快标准化厂房建设运营，27家企业入园发展，带动2000余名贫困群众实现县内就业。抓好公益性岗位就业脱贫，安排2292名贫困人口从事农村公路养护、公共设施管护、村庄保洁、护林工作，实现村内就业增收脱贫。实施乡村游发展脱贫，全县50个旅游重点村以资源入股县铭城公司，获取股份分红，村集体经济实现突破发展，村民实现参与增收。抓好教育发展脱贫工程，对学前至高中阶段建档立卡户及城镇低保户、孤儿、残疾人家庭子女免除学费和杂费，提高贫困大学生新生一次性资助标准。从2017年秋季起，对农村非建档立卡户家庭子女同等免除12年基础教育基本费用，进一步扩大教育惠民政策覆盖面。实施医疗救助帮扶工程，乡镇卫生院全面取消住院起付线，县级医院取消建档立卡户住院起付线，惠及群众5万余人次；对建档立卡贫困人口实行"一站式"医疗服务，实现县内、县外定点医院住院总费用报销比例超过90%和80%。加大住房安全保障力度，实施农村危房改造5874户；完成移民避险解困建房141户；23个易地扶贫搬迁安置区（点）基本建成，实现安置1387户5772人，完成商品房安置200户，群众住房安全得到有力保障。

全域旅游。推进文化旅游开发全域化，突出古城核心景区扩容提质，完成一批文化产品建设，景区景点内涵提升和外延拓展不断加速。突出加快廖家桥国际休闲度假区建设，完成城北游客服务中心和生态停车场建设，服务连接古城与乡村游。东方园林、华夏集团、城乡旅游公司投资乡村游开发不断加快。全县旅游基本形成以古城为核心吸引物、以廖家桥—长潭岗国际休闲度假区为承接枢纽、以北线和西线为乡村游精品、以城市干道和快慢行系统为通道走廊的全域化发展格局。推进旅游产品建设品质化，开工建设中青宝文化科技创意产业园、秀兰集团投资的凤凰第一家五星级酒店等项目，新增墨岚等一批特色民宿；完成"凤凰记忆"等精品文化项目建设；加大舒家塘、拉毫营盘等传统村落保护，实施老洞、扭仁等一批新景点建设，加快推进山江镇区风貌改造提质，古城、北线、西线旅游品质不断提升。推进旅游市场管理规范化，按照国家AAAAA级景区标准，不断完善旅游服务设施，完成免费公厕提质改造8个；引导涉旅行业建立行业协会管理机制，支持志愿者服务常态化；加大旅游秩序整治，查处非法旅行社5家、购物场所4家，处理处罚非法拉客人员500多人次；启动凤凰旅游票务服务体系和交通接驳管控体系建设。推进旅游业态发展链条化，依法推进旅游交通运输业发展，加快旅游接驳管控体系建设，首批50台巴士将投入使用。餐饮住宿业和旅游购物业蓬勃发展，新增2800余人就业。打造非遗全景体验剧《巫傩神歌》，与《边城》《苗寨故事》一起丰富民族文化体验产品。全年全县接待游客1510万人次，实现旅游收入141亿元，分别增长9.4%、21.3%。

城乡建设。区域内航空、高铁、高速立体交通优势不断凸显，铜仁·凤凰机场成功升级国际机场，年吞吐量突破200万人次；张吉怀高铁凤凰段启动建设，铜吉高铁规划接入凤凰站；南长城互通下线完成路基。省际县际通道建设不断加强，国道352遵义至吉首、国道354凤凰高铁站至铜仁凤凰机场、省道320凤凰木江坪至泸溪等项目前期工作进展顺利，千云公路全面开工。县城交通环线实现大突破，凤栖路（凤木公路城区段）春节前实现贯通，凤鸣路（国道209绕城线）拓宽工程全面推进，南华桥拆除新建和民俗园隧道建设进展顺利。加快老城区提质和新区拓展，棚户区改造一期工程全速推进，南华里项目全面开工，棚户区改造二期第一批征拆群众签约率100%；人防工程新合作大型地下商业街正式营业；虹桥路步行街、土桥路改造全面完成；城网改造升级、给排水项目建设不断加快，“去蓝行动”成效明显。凤凰工业集中区管委会获批并正式成立，累计完成投资21亿元。红旗大道、思源路、华鑫路竣工通车，廖潭公路、镇筸大道全面拉通，新区骨架逐渐成型。官庄污水处理厂建成并试运行，廖家桥污水处理厂、自来水二厂正式开工，河湖连通工程进展顺利，学校、医院等公共服务设施建设加快推进，新区功能不断完善。凤凰碧桂园、翰林一品等住宅小区加快建设，新区人气不断汇聚。加快美丽乡村建设，集镇建设上，突出镇区基础设施和功能完善，镇区集聚功能得到增强。吉信镇区道路改造基本完成，阿拉镇区道路改造加快推进；千工坪等乡镇公租房完成主体建设，阿拉等乡镇棚户区完成改造；水打田等乡镇农贸市场全面完工；山江镇污水管网完成建设，其他重点镇加快推进；17个乡（镇）集中供水能力不断提升，农村集中供水项目全面推进。乡村建设上，突出环境综合治理，呵护凤凰绿水青山。全面落实河长制，依法取缔长潭岗银鱼诱捕网箱346口、水源保护区养殖场32个，规范沿河餐饮经营场所174家，实现治水常态化；完成退耕还林1200多亩、长防林建设1600多亩、千里生态走廊建设2000多亩，完成石漠化治理10510多亩，建成农村节能灶4800个；完成55个村环境治理及26个村绿化亮化工程，城乡垃圾处理PPP项目加快推进，乡村呈现自然之美。加大查非纠违力度，全县拆除违法建筑98宗2万余平方米，查处违法用地55宗11.13万平方米，城乡建设秩序进一步规范。

民生事业。加强县高级中学、沱江小学、职业中专、思源学校等城区重点学校建设，新增学位7800个，城区大班额问题得到有效缓解；实施三中、华鑫中学、腊尔山完小、木江坪九年制学校等农村学校标准化建设，同步推进城乡教育信息化工程，农村教育教学环境不断改善。规范教师管理，探索实施教师职称评聘分开管理模式，优化教师成长环境，教育质量不断提升。是年，全县高考本科上线率创历年新高。加快新区综合医院建设，完成林峰等4所乡（镇）卫生院新建和改造，建成火炉坪等28个村卫生室，“县乡村”三级医疗基础设施不断完善。加强医生交流培训，启动全科医生培养计划，乡村（社区）医疗卫生队伍整体素质不断提高。抓好医药卫生体制改革，实施大型医疗设备检查价格下调等政策，切实降低群众就医负担。加快农村文化设施建设，完成131个建制村综合文化服务中心及文化广场建设，完成农村广播“村村响”、卫星电视“户户通”工程。突出民族传统文化保护弘扬，积极组织参加建州60周年系列庆祝活动，成功举办“四月八”跳花节、“六月六”苗歌节、湖南省乡村旅游节、第六届中国凤凰苗族银饰服饰文化节、第三届中国凤凰摄影双年展、凤凰艺术年展等节庆文化推介活动，凤凰文化品牌影响力明显增强。加强出版物、网吧、演艺等专项整治，文化市场健康稳定发展。成功举办端午龙舟赛、城镇居民运动会等全民健康运动赛事，群众体育生活更加丰富。完成公租房分配3888套，强化动态管理，保障城乡中低收入群体住房需求。抓好就业援助，新增城镇就业2224人。城乡居民基本养老保险实现全覆盖，发放养老保险金5500余万元。农村兜底户、城镇和农村低保户人均生活补助分别提高到270元、258元、125元。加快推进失地农民保障工作，加大孤儿、残疾人等弱势群体帮扶力度。推动社会治安综合治理重心下移，完成村镇警务改革。深入开展打黑除恶、清网追逃、缉枪治爆等系列专项行动，成功破获4起16年以上命案积案，全县刑事案件发案数同比下降33%。切实加大信访维稳力度，积极推行主动约访、定点接访、带案下访，化解信访积案34件，群众合理诉求得到有效解决。纵深推进“七五”普法，社会法治意识不断提升。深入开展安全生产大排查、大管控、大整治行动，加大重点领域、重点行业整治力度，安全生产事故发生率和死亡率分别下降13%、60%，全县安全生产形势平稳向好，连续三年被评为全省安全生产先进县。

政府建设。自觉接受县人大、县政协和社会各界的监督，认真办理人大代表建议、政协委员提案。坚持政府常务会先学法后议事制度，严格执行“三重一大”事项报告制和集体决策，强化政府行政决策合法性审查。扎实推进政务公开，全面实行政府工作“五公开”，严格落实“一村一账”村级财务管理。依法推进铭城、展凤、城投等国有公司改革及规范管理。接受省经济责任审计、自然资源审计和中央环保督查。以“放管服”改革为抓手，深入开展行政审批制度改革，取消行政审批事项12项，启动“互联网+政务服务”工作；深化商事制度改革，释放市场主体活力；全面推进公车改革；探索实施乡镇村治理制度改革，不断加快事权、财权、执法权下放；顺利推进农村土地经营权确权登记颁证工作。完成城市总规、土地利用总规等一系列规划修编，推进“多规合一”工作，实施重点项目100个，完成投资78亿元。着力破解土地资金等要素瓶颈，全年新增储备土地133.33万平方米，完成报批160余万平方米、挂牌出让28宗86.67万平方米；完成铭城公司企业债券发行8亿元，融资到位资金38.7亿元，招商引资到位41.2亿元，引进祥源控股等社会资本。深入开展“两学一做”学习教育常态化制度化，严格执行中央“八项规定”，坚决反对“四风”，严肃公务用车、项目建设、办公用房、公务接待、婚丧宴请等制度管理。着力整治“庸懒散”和群众身边的微腐败，依法打击“吃拿卡要”“雁过拔毛”等违法乱纪行为，改进干部作风，净化政治生态和社会生态。

【凤凰县成立全州首个返乡农民工企业计生协会】 2017年1月13日，湘西州首个返乡农民工企业计生协会——凤凰县边城门业计划生育协会在凤凰县成立。州计生协秘书长田晓辉，凤凰县计生协会会长洪金玉等州县相关部门负责人及县边城门业有限责任公司相关负责人参加成立大会。会议宣读成立凤凰县边城门业计生协会批复，并现场进行授牌。凤凰县在实践中积极探索新时期、新形势下做好计划生育服务管理工作的新模式，成功在返乡农民工企业这一新领域中成立计生协会，走出一条新路子，对育龄群众特别是育龄妇女的服务将更加到位和全面。

【湘西州首支境外人员管理大队正式挂牌成立】 2017年1月24日，凤凰县公安局境外人员管理大队正式挂牌成立，凤凰县公安局成为湘西州首支和全省首个成立境外人员管理大队的县级公安机关，标志着凤凰县打造国际旅游目的地和该县公安局境外人员管理工作正式步入规范化、制度化轨道。此次成立的境外人员管理大队，旨在进一步规范境外人员出入境管理，办公室设在凤凰县公安局特巡警大队二楼，其主要职责为抓好外国人入境、出境管理等相关业务，掌握辖区内常住境外人员、企事业单位有关情况，同时指导规范经营性宾馆、饭店等境外人员住宿登记制度。

【凤凰县投资20.6亿元的全域旅游PPP项目开工建设】 2017年4月12日上午，凤凰县全域旅游PPP项目在廖家桥镇举行开工仪式。该项目计划投资20.6亿元，包含农村旅游公路建设项目、饮马江湿地综合整治工程、山江镇特色小镇建设工程、县城区风貌综合整治项目、旅游公路沿线景观提质建设工程以及全域旅游游客服务体系建设等6个子项目，工程项目建成后，将打造集苗山圣寨游、民俗风情游、体育探险游、兵战文化游等多种形式旅游产品，形成凤凰古城与乡村旅游“双核驱动”发展格局，全面提升文化旅游品质，将凤凰建成天下游客向往的国际旅游目的地。

【凤凰中青宝文化科技创意产业园奠基典礼暨凤凰新区特色小镇项目签约仪式举行】 2017年5月26日上午，凤凰中青宝文化科技创意产业园奠基典礼暨凤凰新区特色小镇项目签约仪式，在凤凰县廖家桥镇漾水坨村举行。凤凰中青宝文化科技创意产业园项目是凤凰县与深圳中青宝文化科技有限公司共同携手打造的一个文化科技产业项目，由栖凤城·农耕文化体验园—苗族农耕文化图、众悦坛·婚俗文化展示园—苗族婚俗与节庆文化组图、逸仙居·工艺文化体验园—苗族工艺文化组图、神武台·勇武文化展示图—苗族勇武文化组图5个园区、5个文化组成，以中青宝民俗文化科技主题乐园为核心，建造民俗风情街、飞行影院、儿童乐园、大型实景剧、360天地幕、魔幻剧场等，打造一个新型民俗文化高科技游乐主题乐园。同时，该县还与深圳宝德投资控股有限公司携手合作，计划投资100亿元以上共建一个集文化体验、高科技应用、文创产业、休闲度假、特色商业为一体的高科技文化旅游特色度假小镇，进一步带动脱贫发展，提升文化旅游品牌，加速打造凤凰全域旅游。

凤凰中青宝文化科技创意产业园奠基典礼现场

【凤凰县获批全国电子商务进农村示范县】 2017年8月，凤凰县获批全国电子商务进农村示范县。全国电子商务进农村示范县项目是全国电子商务领域规格最高、资金最大、要求最严的项目。凤凰县为申报此项目，由县人民政府牵头，县电商扶贫办具体负责，从县政府办、县发改局、县供销联社、县邮政公司等单位抽调精干力量，组成项目申报组，从2016年7月即启动项目前期调研，2017年3月正式着手组织项目资料，5月16日至18日赴省商务厅参加项目评审会。在答辩环节，经过激烈角逐，凤凰县获得总分第四名。省级评审结束后，报商务部、财政部、国务院扶贫办组织专家审核，最终确定示范县名单。每个获批项目县将获得中央资金2000万元。

【凤凰县民警姚本忠荣获“全国社会治安综合治理先进个人”称号】 2017年9月19日，全国社会治安综合治理表彰大会在北京人民大会堂举行，凤凰县公安局正科级侦查员姚本忠荣获“全国社会治安综合治理先进个人”称号，并受到习近平、李克强、张高丽等党和国家领导人亲切接见。此次评选的全国社会治安综合治理先进集体和先进工作者，是由人力资源和社会保障部、中央综治委联合发文，对2013—2016年度在全国社会治安综合治理领域做出突出贡献的先进集体和先进工作者进行表彰，旨在激励全国综治战线广大干部职工更好地肩负起党和人民赋予的重大职责和光荣使命，更好地引领和规范社会生活，努力实现法安天下，德润人心。

【首届凤凰艺术年展开幕】 2017年9月23日，以“超当代”为主题的首届“凤凰艺术年展”在凤凰古城开幕，19位中外艺术家共同开启古城与艺术对话。中国美协名誉主席靳尚谊、中国美协主席刘大为、国家画院院长杨晓阳、西班牙艺术大师拉斐尔·卡诺加、卢森堡著名艺术家亚瑟·荣格、罗马美术学院绘画系主任朱塞佩·莫迪卡等中外知名艺术家聚集古城凤凰，共同为首届凤凰艺术年展揭幕。省人大常委会副主任王柯敏出席开幕式并讲话。首届凤凰艺术年展以打造中国当代艺术新高地为目标，旨在通过学术性展览与论坛，加强当代与古典、国际与民族艺术的交流与融合。此次展览展出来自中国、法国、意大利、德国、卢森堡等国家的19名艺术家的200余件作品。展览持续到10月底结束。

（本栏图文　李　华）

凤凰县凤凰艺术年展开幕式现场

古丈县

中共古丈县委
书　记　杨彦芳
副书记　邓晓东　樊忠清
常　委　杨彦芳　邓晓东　樊忠清　黎新松　王为军　宋祖林　张卫华　胡丕宇　向　上　郑良武　郑光军（挂职）　燕　妮（挂职）　许卫军（挂职）　李言志（挂职）　江志斌

县人大常委会
主　任　曾传文
副主任　邓　锋　向莲玉　祁光怀　向明洪　陈孝东

县人民政府
县　长　邓晓东
副县长　胡丕宇　燕　妮　许卫军　李言志　王志刚　石远胜　梁章兴　周大钊　向青山　田志芳　唐文源（挂职）

县政协
主　席　向加茂
副主席　梁福荣　向午平　粟继红　沈仁春　舒长茂

县人武部
部　长　江志斌
政　委　黄志坚

县人民法院
院　长　彭振南

县人民检察院
检察长　蒋　巍

【概述】 古丈县位于湖南省西部武陵山区，湘西土家族苗族自治州中部偏东，酉水南岸，峒河之北，地处北纬28°24′05″至28°45′57″、东经109°44′42″至110°16′13″之间，东西长51.36公里，南北宽40.52公里，县域总面积1297平方公里；有耕地面积11.65万亩，其中稻田10.44万亩，旱地1.21万亩；素有“茶叶之乡”“林业之乡”“歌舞之乡”的美称。2017年，全县辖7镇103个村，年末总人口14.49万人，人口出生率11.35‰，自然增长

古丈县红石林景区一角

率6.66‰，其中以土家族、苗族为主的少数民族人口占总人口的88%。属亚热带山地型季风湿润气候，平均气温16.9℃，日照1438.3小时，全年降水量1533.9毫米，具有四季分明，气候温和，雨季明显，作物生长期长的特点。是年，全年实现地区生产总值25.3亿元，增长4%；完成财政总收入3.27亿元，增长6.2%，税收比重达80.4%；完成全社会固定资产投资32.3亿元，增长2.1%；招商引资实际到位资金和农民人均可支配收入分别增长122.6%、15.9%，增幅均居全州第一。

现代农业提档升级。完成茶叶新扩8830亩、油茶新扩7300亩，绿色有机茶园达4.1万亩，基地绿色有机化率达27%，位居全国前列。成功引进“正山堂”红茶生产线、东方天润油茶加工等项目，全年茶叶加工总量达7436吨，实现产值7.8亿元，分别增长23.7%、39.2%。实施柑橘病虫害统防统治2万亩、品改低改1万亩，收购烟叶2.1万担。

新型工业加速聚集。省级工业集中区完成投资4亿元，新增土地储备1600亩，新建标准化厂房7.03万平方米，新增入规企业3家，实现规模工业增加值3.4亿元。古丈生态科技园、古丈生态科技农业扶贫产业园全面开工。汉瑞科技正式投产，湘泉酒业建成试产，宏宇钒业、蓝天豚集团硅藻泥、日昌升集团建筑高端骨料等一批项目成功签约，工业发展后劲进一步增强。

全域旅游持续升温。全年接待游客242万人次，实现旅游收入9.8亿元，分别增长20.8%、23.5%。红石林、坐龙峡等景区建设稳步推进，四星级酒店完成主体，县游客服务中心正式开工。墨戎苗寨获批国家AAA级旅游景区，坐龙峡土家山寨、夯吾苗寨、尔卓山谷等乡村旅游来势喜人。与全经联签署战略顾问协议，企业联盟招商引进和全产业有机植入通道全面打开，与蓝卡（国际）健康集团签署战略合作协议，积极探索建立县镇村三级医共体。三次产业齐头并进，新兴产业逐步兴起，经济发展质量和效益得到有力提升。

项目建设扎实推进。全年重点项目完成投资30.4亿元，增长18.2%。交通格局根本改变，永吉高速建成通车，张吉怀高铁古丈段全面开工，张花高速古丈连接线、罗凤公路一期工程进展顺利，高铁古丈西站通站道路、天桥山公路、河西至老司岩沿河公路、古沅隧道公路、古列公路等项目前期准备工作基本完成，罗凤公路二期工程高望界调规限制性条件基本解除。实施农村公路建设105公里、安保工程97公里、危桥改造12座。城镇建设大步推进，新城开发完成征地1733亩，古罗大道、古丈生态科技园、芙蓉（栖凤）学校、茶语新城、医疗与养老健康服务中心等项目全面开工，老城主干道绿化亮化硬化改造全面完成，自来水改扩建、批发大市场等项目基本建成，管道天然气正式通气点火，成功引进博世科集团实施城乡供排水一体化建设，城镇化率提高2.8个百分点。水利建设不断加强，古阳河水库全面建成蓄水，广潭河水库、栖凤湖河湖连通、古阳河水库发电站等项目加快推进。能源通信建设加快，开工建设光伏发电站12个，农网升级改造入户率达100%、建制村4G网络、宽带网络、“村村通”、“户户通”实现全覆盖。

社会民生持续改善。全年完成民生支出8.7亿元，占财政总支出的70%，12项省州民生实事和县“十件民生实事”基本完成。脱贫攻坚成效显著，共整合各类涉农资金5.04亿元，实施脱贫项目2053个，贫困村的当家产业加快覆盖、基础设施明显改善、公共服务更加健全，贫困群众的致富能力得到提升、脱贫渠道趋向多元，全年减少贫困人口6649人，贫困村退出20个，贫困发生率下降到10.2%。社会保障更加殷实，新增创业主体715户，新增城镇就业1411人，新增农村劳动力转移就业1809人。实施农村危旧房改造3449户，建成保障性住房3446套。新建村卫生室54个、村部楼65栋、村文化广场40个、村综合环境整治22个、村寨亮化17个、村道硬化210.3公里，配送文化器材70个村、体育设施68个村。教体、卫计、文化等社会事业全面进步，美丽湘西建设、“两违”整治、治超限载等工作扎实开展，环境污染治理、栖凤湖网箱整治、酉水违规养殖整治等工作成效显著，人民群众的获得感、幸福感、安全感进一步增强。

【古丈县荣膺“中国茶文化之乡”称号】2017年3月20日，中国国际茶文化研究会正式授予古丈县“中国茶文化之乡”称号，古丈毛尖同时被授予“中华文化名茶”称号。古丈县种茶历史悠久，茶文化底蕴深厚。史料记载，古丈县种茶始于东汉，唐代入

古丈县有机茶园采茶剪影

贡，距今已有2000多年历史。自古以来，古丈饮茶习俗丰富多彩，土家族四道茶、土司擂茶、土家油汤茶，苗族八宝茶、米虫茶，是茶与民族文化相融合的结晶。同时，名人对古丈茶的赞赏，增加了古丈茶文化的内涵，丰富了古丈茶文化的底蕴。黄永玉特为古丈茶产品设计竹篓包装，并挥毫题写“古丈毛尖”。世界杂交水稻之父袁隆平题写“中国名茶，古丈毛尖”。何纪光《挑担茶叶上北京》、宋祖英《古丈茶歌》唱响大江南北。

【栖凤湖网箱清理整治全面完成】 2017年，古丈县把栖凤湖内湖网箱专项整治作为重大民生工程来抓，从4月初起至5月底，历时两个月，全部拆除栖凤湖内湖网箱。为使该项工作顺利推进，该县成立由县长任组长，县委副书记、县委政法委书记、常务副县长、分管副县长和公安局长任副组长的高规格工作领导小组，领导小组下设办公室和37个工作小组，并按照所涉及的5个建制村实行县级领导负责制，分别派出1名县级领导干部带队。工作组坚持“一线工作法”和“一日一督办、一周一碰头”工作机制，通过近2个月精心组织、全力奋战，网箱拆除工作取得显著成效。截至当年5月底，内湖44口抬网全部拆除，清空网箱9267口，拆除网箱7500口，完成存鱼处置66.5万公斤，无一例上访、无一例伤亡事件。

【“古丈毛尖”获首届湖南十大农业品牌称号】 2017年2月17日，湖南省政府新闻办召开湖南十大农业品牌新闻发布会暨授牌仪式，“古丈毛尖”获得首届湖南十大农业品牌称号，并正式授牌，古丈县人民政府副县长周大钊接牌。

【古丈县成功列入国家、省出口食品农产品质量安全示范区】 2017年2月28日，经省出入境检验检疫局、省农业委员会和省商务厅联合考核后，省政府批准第二批12个出口食品农产品质量安全示范区，古丈县（出口产品为茶叶）成功入选。是年9月25日，国家质检总局公布（2017年74号文件）国家级出口食品农产品质量安全示范区名单，古丈县在国家级出口食品农产品质量安全示范区榜上有名，产品品种为中国名牌古丈毛尖茶叶。

【古丈县三大项目入选全省PPP示范项目库】 2017年3月9日，湖南省财政厅发布全省第四批政府和社会资本合作（PPP）示范项目，湘西州共入选示范项目20个，古丈县有3个项目成功入选，分别为古丈县栖凤湖旅游基础设施及康养基础设施建设项目、古丈县城市扩容路网及配套立体停车场项目和古丈县古阳河综合治理项目，总投资29.73亿元，是继古罗大道项目成功入选全省第三批PPP示范项目后的又一突破。

【2017年首届中国·古丈茶旅文化节开幕】 2017年4月2日，古丈毛尖春茶开园仪式在高峰镇的高山茶园隆重举行，仪式开展祭茶、开园和采茶比赛等活动，并通过直播信号传向千家万户，展示古丈茶文化的独特魅力，拉开2017年首届中国·古丈茶旅文化节序幕。

【“古丈红茶”获国家地理标志产品保护认证】 2017年8月11日，在国家质检总局召开的地理标志产品技术审查会上，古丈县“古丈红茶”与湖南省南县小龙虾、祁阳槟榔芋、东安鸡等产品一道通过专家评审，顺利获得国家地理标志产品保护认证。

【“2017中国茶业科技年会·古丈现场会”召开】 2017年11月16日，由中国茶叶学会主办，湖南省大湘西茶产业发展促进会、湖南省茶叶学会、湖南省茶业协会共同承办的“2017中国茶业科技年会·古丈现场会”在天下武陵茶业公司举行，湖南省茶叶研究所党委书记谭正初带领来自湖南、广西、江苏、云南、安徽等省（市）茶叶界的专家学者、企业负责人等150余人参加会议。在此次年会上，古丈县喜讯连连，揽获“中国名茶之乡”荣誉称号，成为湖南省唯一获此殊荣的县区；“古丈毛尖”获评2017第二届“潇湘杯”湖南省名优茶评比“金奖”。

（本栏撰稿　李世宇）

花垣县

中共花垣县委

书　记　　罗　明

副书记　　隆立新　彭学康　全金文（挂职）

精准扶贫重要论述首倡地——花垣县十八洞村一角

常　委　罗　明　隆立新　彭学康
全金文　廖昭俊　龚清军
彭志富　李曙光（挂职）
杨　凌　曾春梅　田桂华
麻学清　王　华（挂职）
田　然（挂职）

县人大常委会
主　任　麻宜志
副主任　贺力健　邓德猛　吴　樟
谢成都　吴昌志

县人民政府
县　长　隆立新
副县长　廖昭俊　李曙光　田　然
杨胜望　龙文斌　陈宇光（挂职）
石绍成　何京林（挂职）　姚胜玉
沈海清　张远军

县政协
主　席　杨清泉
副主席　龙仕英　龙志红　龙三高
龙秀泽　石宗辉

县人武部
部　长　赵佑华
政　委　姜　伟

县人民法院
院　长　田　环

县人民检察院
检察长　梁宜勇

【概述】花垣县位于湖南西部，武陵山腹地，湘黔渝交界处，有“一脚踏三省”“湘楚西南门户”之称，是习近平总书记“精准扶贫”重要论述首倡地。全县总面积1109平方公里，辖12个乡（镇）、217个村、24个社区，总人口31.5万人，其中苗族人口占77.3%，是苗族聚居县、革命老区县、深度贫困县。2017年，全年完成生产总值68亿元，比上年增长10.4%；完成财政收入12.15亿元，比增53.5%；完成固定资产投资33.2亿元，比增23.8%；实现社会消费品零售总额16.4亿元，比增11%；城乡居民人均可支配收入实现22586元、7859元，分别比增9.7%、11.4%。

脱贫攻坚。全县上下紧扣脱贫攻坚突出问题，扎实开展“大排查、大诊断、大整改”，推进精准脱贫“十项工程”和各种惠民政策落实，整合资金3.1亿元投入扶贫，精准脱贫成效显著，2017年全县脱贫59个村、1.5万人，贫困发生率下降到12.6%。产业扶贫取得实效，扎实推进“四跟四走”产业扶贫，142个贫困村发展产业项目700多个，通过龙头带动、能人带动、专业合作，联结贫困人口3.6万人。投资1400多万元帮扶81个贫困村建成村集体经济示范街，每年可实现集体经济收入300多万元。总投资14亿元的精准扶贫200兆瓦光伏发电项目建成38个村，两年内覆盖全县142个贫困村。易地搬迁加快推进，全年完成易地扶贫搬迁526户2120人，大猫、李梅、响水安置点实现搬迁入住，吉辽河、火焰土和老王寨安置点加快建设。教育扶贫实现全覆盖，在全省率先对建档立卡贫困户和城乡低保户子女实行15年教育帮扶，为16651名贫困学生发放各类补助3555.6万元，农村义务教育营养改善计划免费中餐补助标准提高到5元人。健康扶贫成效显著，城乡居民医保参保率、补偿率位居湘西州前列，建档立卡户、低保户大病患者医疗费用报销比例达90%以上，兜底户、特困户患者医疗费用报销比例达100%。生态扶贫全面落实，共选聘633名建档立卡贫困劳动力担任生态转岗护林员，全面落实63.7万亩生态公益林、退耕还林补偿政策，惠及林农5万多户。社保兜底全面落实，扎实开展农村低保和社会保障兜底户清理整顿，5500户18423人纳入农村低保，1503户4156人纳入低保兜底保障范围；县慈爱园集中供养孤儿217人，9304名留守儿童得到跟踪帮扶，实现应兜尽兜、应保尽保、应助尽助。转移就业成效明显，安排200个公益性岗位用于贫困劳动力就业，建档立卡劳动力外出就业2.3万人，年人均工资3万元以上，转移就业成为贫困群众脱贫的最大门路。与济南市槐荫区签署东西部扶贫项目合作框架协议，达成合作项目6个。

新型工业。矿业整合深入推进，东方矿业公司与锰矿山钰沣、银海公司实现整合；志弘公司成功引进两家上市公司进行战略合作，计划总投资15亿元的大脑坡矿区开发加快探矿。加大企业精准帮扶力度，狠抓运行调度和要素保障，电解锌、硫酸、电解锰开工产能分别增加到13.7万吨、27万吨、10.7万吨，工业生产实现较快增长。全年完成规模工业产值57亿元，同比增长42%；完成规模工业增加值17.5亿元，同比增长12%，规模工业经济总量及增速居全州前列。全年实施工业项目8个，完成投资6.2亿元，其中五氧化二钒生产线进入试生产，白藜芦醇、节能环保砖、废旧轮胎回收利用、花垣双创基地等项目进展顺利。工业集中区基础设施建设完成投资3亿元，建新北路即将竣工，标准厂房一期13.2万平方米完工并入住，标准厂房二期和三期、创新创业园孵化中心等项目建设加快推进，新增14家入园企业，入园企业增加到45家，集中区聚集效应进一步凸显。

现代农业。坚持园区带动战略，全面推进农业科技园区基础设施建设，产业大道全面建成，35千伏变电站基本建成，科技创新中心进入基础施工，总投资16.97亿元的紫霞大道及核心区路网工程前期工作全面启动；园区落户企业、合作社42个，带动连片规模农业开发10万亩，帮助2万农民在家门口就业，成为该县精准脱贫的强大引擎。德农牧业湘西黄牛屠宰及食品加工生产线建成试产，羽丰鸽业标准厂房及6万对种鸽养殖基地、苗汉子公司2万吨果蔬加工生产线、裕隆公司6万头生猪养殖及屠宰、五龙红茶生产加工、梓鑫玫瑰精油提炼等项目建设加快推进，唐人神集团湘西美神生猪养殖项目全面开工建设，煜源公司在76个村流转油茶25万亩进行低改。兴盛、苗汉子、紫霞洞、瑞祥4家农业企业生产基地被确定为直供港澳果蔬生产基地，子腊贡米复合种养系统成为第四批中国重要农业文化遗产，该县被批准为国家级出口食品农产品质量安全示范区。新建农村电商服务平台33个，成功申报全国电子商务进农村综合示范县。全年种植粮食32万亩、蔬菜8万亩，落实种烟计划2.95万亩、收购烟叶6.2万担，形成蚕桑1万亩、水果8万亩、中药材1万亩、湘西黄牛出栏1.43万头、存池鲟鱼30万尾、出笼乳鸽50万羽的特色种养规模。

生态旅游。着力打造"边城茶洞、古苗河、紫霞湖、蚩尤部落群、崇山老卫城"五大旅游板块。坚持抓好边城茶洞龙头景区开发建设，曲乐新区停车场、游客服务中心等项目进展顺利，总投资14.9亿元的湘西边城风情小镇旅游开发PPP项目成功引进战略投资者；古苗河景区完成投资1.6亿元，建成栈道等一批基础设施。新引进步步高集团、长沙地球仓科技公司等企业，开发十八洞山泉水和具有苗族风情的"地球仓"生态智慧酒店。全年接待游客300.02万人次，总收入10.01亿元，分比同比增长21.03%、46.3%。

基础设施。浮桥、老电影院、皮蛋厂等棚户区改造、城市管道天然气项目加快推进，"两溪"综合整治工程、竹篙滩城市综合体等项目进展顺利，完成边城大道、赶秋路、四方井路沿线亮化；实施县城垃圾填埋场提标改造、县城进出口提质改造；县城夜市、广告等方面管理进一步规范。县物流园项目完成一期工程、启动二期建设，长乐乡、龙潭镇完成农贸市场改造建设。启动"花垣县美丽乡村示范创建三年行动计划"，完成9个村特色民居改造、人饮工程、道路硬化等设施建设。全年实施省、州、县重点交通项目12个，完成投资8.55亿元。总投资6.83亿元、全长35公里的竹篙滩至茶洞旅游公路PPP项目全面开工建设；总投资16.97亿元、总里程77.41公里的县城至紫霞湖大道、环紫霞湖旅游公路和农业园区交通建设PPP项目完成投资2.3亿元。国道319花垣段、保靖夯沙至花垣吉卫公路、黄土坪经金龙至排碧公路、城北路网等公路改造加快推进；建设完成农村公路180公里、生命防护工程580公里、改造危桥20座，全县5户以上自然村100%通水泥路。整合4069万元修建机耕道205公里。湘西机场建设全面铺开。吉辽河水库建成大坝主体及95%灌区配套设施；五龙冲水库集中供水工程投资9100万元，完成水厂主体工程和6个乡（镇）供水管线铺设80%任务量；小排吾水库除险加固、中小河流治理、农村饮水巩固提升等工程抓紧推进，解决4.3万农村居民饮水问题。松桃至花垣输变电线路和城网农网改造进展顺利。

花垣县紫霞湖景区一角

重点项目。实施州县重点项目86个，完成投资50.18亿元，同比增长43.37%。11个总投资104.2亿元的PPP项目来势较好；其中，总投资72.5亿元的城乡一体化、城乡环卫一体化、农业园区及紫霞湖景区交通建设、湘西边城风情小镇旅游开发、干线公路、环境综合治理、狮子头陵园7个项目全面开工建设，总投资31.7亿元的农业园核心区综合开发、"两型"矿山建设、五龙冲水库扩建工程、苗族风情旅游建设4个项目进入识别准备阶段。全年实施招商引资项目35个，实现内联引资36亿元，同比增长20%；内蒙古金盛达公司、恒泰证券公司、唐人神集团、首旅集团、博世科公司、煜源公司等一批战略合作者落地花垣，“阿里巴巴·农村淘宝”花垣服务中心建成开业。政府融资平台新增项目融资25.86亿元，全年累计发放小额贷款4529万元，金融机构存贷款余额为111.9亿元、57.7亿元，分别比年初增长23.94%、22.94%，存贷比率为51.57%。抓好耕地保护、土地管理，永久基本农田划定工作通过省级验收。完成土地储备916.662亩。做好重点建设项目的用地预审工作，完成建设项目用地预审15个，总面积2147亩；完成用地报批项目8个，总面积930亩。

环境安全。国家环保督察交办的突出环境问题基本完成整治，完成12个重金属污染治理项目和21座尾矿库环保治理，尾矿库较大污染隐患基本消除。完成县域集中式饮用水源保护区划分、城市污水收集管网第四期工程建设。总投资2.3亿元的工业集中区污水处理厂、锰矿山污水处理厂等6个环境治理PPP项目正加快推进。淘汰377台黄标车。25个贫困村村庄整治、锰锌高科土壤生态修复项目加快推进。完成105家养殖场治理，规模养殖场粪污处理设施配套率达到100%。完成“千里生态走廊”建设，工程造林1250亩，建设生态村庄26个，宜林造林1万亩，新建茶叶基地1340亩，完成油茶新造1000亩、低改4000亩。全县森林覆盖率达58.19%。始终把安全生产作为重中之重的工作来抓，扎实推进矿山、尾矿库、建筑施工、道路交通、消防等重点领域隐患治理，11个铅锌矿山采空区完成治理、实现复产，6个铅锌矿山整体关闭，20个铅锌矿山采空区正在抓紧治理；39个锰锌矿山基本建立通风、排水系统及安全避险“六大系统”，33座重点尾矿库建成在线监测监控系统；整治采石场18家，82个地质灾害隐患点得到有效防控。持续开展打非治违行动，115家企业基本建立安全生产责任体系。重大疾病防控、食品药品安全监管不断加强。2011年至2017年7年间全县无较大以上安全生产事故发生。

民生保障。全年民生支出20.25亿元，占财政总支出的75%，各项惠民政策全面落实，人民生活显著改善。教育强县建设不断加快。统筹推进各类教育均衡发展，坚决落实教育“四大工程”，投资2.3亿元的华鑫学校项目全面推进，投入约1.2亿元改善100余所片村小、教学点的教学条件，一批中小学改造和农村幼儿园建设加快推进。大力推进教育信息化工程，实现教学点全覆盖。在全省率先启动“新教育”实验，促进师生素质全面提升。投资1.2亿元的县体育馆及全民健身中心投入使用。卫生计生事业稳步推进。投资1.5亿元的县中医院搬迁项目、妇幼保健计划生育服务中心、县疾控中心项目、乡镇卫生院改造加快推进，88个村卫生室完成改建或扩建，12个乡（镇）全部建立国医馆，分级诊疗、先诊疗后付费、医联体建设成效明显，成功创建全国基层中医药工作先进单位。认真落实人口计生政策措施，改进人口计生服务，全年人口出生率12.25‰，顺利完成年度计生目标任务。文化事业繁荣发展。先后举办湘西农耕民俗文化节、寻找“苗歌王”大赛、苗族赶秋节、州庆节目表演等大型文化活动。60米苗绣长卷《锦绣湘西》成功申报世界纪录。建成109个村级综合文化服务中心。县财政局荣获“全国文明单位”称号，边城镇荣获湖南省“经典文化村镇”称号，金龙村荣获“全国文明村”称号，十八洞村荣获“全国文明村”“全国民族团结进步创建示范区”称号。社会保障体系不断健全。全县社保征缴基金2.53亿元。企业养老保险待遇再次提标。积极探索农民工工资保障金制度，完善和落实退役士兵安置政策，全面启动失地农民社会保障工作。抓好创业小额担保贷款补贴等优惠政策落实，创新创业园和孵化基地入驻企业90家，“零就业家庭”动态援助率100%，城镇登记失业率控制在4.5%以内。加快推进县工人文化宫建设。县老年大学开学。县慈爱园完成二期建设。保障性住房竣工4456套、在建5207套，改造危房5000多户，惠及城乡居民6万余人。通过“一卡通”发放涉农惠民补贴11亿多元，惠及6.8万户26.3万人。

综治维稳。狠抓信访问题治理，一批信访积案实现息诉息访，信访工作跻身全省先进行列。综治领导责任制落实到位，各级各部门层层签订《社会管理综合治理目标管理责任书》，形成一级抓一级、层层抓落实的工作格局。抓好领导接访、专业行业调处、矛盾纠纷层级调处、网上信访、信访积案“清仓见底”等信访工作，信访形势总体平稳可控。继续巩固“两违”整治，确保“两违”零增量。扎实推进超限超载治理，有效遏制非法改拼装车辆和超限超载现象。积极开展综治创新年活动，做实网格化社会服务管理，狠抓“雪亮工程”建设，安装电子防控摄像头650个，建立212个村（社区）综治中心、233个村网格服务管理工作站、241个村（社区）公共法律服务工作点，建立安置帮教和涉毒人员就业基地，实施综治宣传“一包十”等活动，社会大局和谐稳定，平安创建深入人心。2017年全省综治民调测评花垣县总分居全州第三，打击黑恶势力犯罪居全州第一，平安创建评价居全州第二，矛盾纠纷调处居全州第一。

【矿业环境综合整治】2017年12月5日，北京青年报微信公众号“深一度”等网络媒体先后曝出花垣县采矿污染舆情。李克强总理作出重要批示，要求挂牌督办治理。省委、省政府高度重视，省委书记杜家毫、省长许达哲、省人民政府常务副省长陈向群相继作出重要批示，要求坚决落实李克强总理指示，抓紧核实有关情况，着力解决人民群众反映强烈和关心的环保、安全等问题。12月9日，环保部、国家安监总局调查组深入花垣县矿区开展有关问题调查核实工作，督导花垣县开展问题核实和整改。12月18日，常务副省长陈向群在花垣县主持召开现场会，对花垣县矿业经济整治整合及矿山环境综合整治进行具体安排部署。12 月 28 日，省政府办公厅正式下发《关于对花垣县矿山环境污染问题实施挂牌督办的通知》。

【花垣县获批国家级出口食品农产品质量安全示范区】 2017 年 9 月，国家质检总局公布国家级出口食品农产品质量安全示范区名单，花垣县成功入围，产品品种有虎杖、猕猴桃、湘西黄牛肉、鱼子酱、鲟鱼。近年来，花垣县高度重视国家级出口食品农产品质量安全示范区的创建，积极应对国际市场行情影响，切实优化外贸进出口产业结构，逐步实现外贸产品由锰锌主导向工矿、农产品和生物制药并举的成功转变。2017 年一季度鱼子酱出口欧美市场近 70 万美元；十八洞村苗汉子猕猴桃基地实现流转土地 1000 亩，同时取得有机认证转换证书，并在检验检疫局注册登记为出境水果果园；恒远公司虎杖种植农产品成功通过质量管理体系、IS09001、HACCP、KOSHER 等认证；湘西黄牛养殖基地完成湘西黄牛保种选育研发中心、清真屠宰智能工厂、生态旅游体验公园等项目建设，流转土地 31175 亩，改良天然草场 37 万亩，建立家庭牧场 652 个，整合种养殖散户 5022 户，成立 6 个定点回购站，年选购优质湘西黄牛 75000 头。

【60 米苗绣长卷《锦绣湘西》成功申报世界纪录】 2017 年，为庆祝湘西州成立 60 周年，花垣县组织 60 位绣娘，历时 80 多天，完成长 60 米、宽 1.2 米，包括花、鸟、鱼、蝴蝶等在内的 60 个不同图案，蕴含着民族团结、五谷丰登、兴旺繁荣等美好寓意的《锦绣湘西》苗绣作品，并在 2017 年 9 月 20 日湘西土家族苗族自治州成立 60 周年庆祝大会中盛情展出。8 月 21 日晚，在吉首市举行湘西州非遗精品赠献暨世界纪录认证仪式，经世界纪录协会认证，该作品成功申报世界纪录，成为世界上最长的手工刺绣苗绣作品。2006 年，花垣苗绣被国务院列入第一批国家级非物质文化遗产目录。

【花垣县获批全国电子商务进农村综合示范县】 2017 年 7 月，花垣县成功获批第四批全国电子商务进农村综合示范县。近年来，该县积极抓住电商扶贫示范县创建机遇，运用商务平台开展精准扶贫，成功引进阿里巴巴、京东、苏宁易购、盘古电商等一大批电商企业进驻该县，整合菜鸟、京东、苏宁易购、邮政、村级服务站配送、交通班线等物流平台，成立县电商协会、创业者协会、同心协会等重点行业协会，形成政府引导、协会协调、平台服务的发展格局。大力推动行业交流合作、产业资源深度融合、公共服务体系建设，全面系统推动电商发展，搭建县、乡、村三级物流配送服务运营模式，县乡村配送可以做到 1 小时送达，“最后一公里”问题得到有效解决，同时成功举办湘西首届“黄桃节”“第二届苗族年货节”“果蔬直供港澳启动仪式”等节会活动，推进农产品上行，推动苗家腊肉、苗绣、黄桃、猕猴桃等县域特色产品上线销售，助推特色农产品走向国内外市场，是年，网络销售额达 3 亿多元。

【十八洞村金龙村荣获“国字号”称号】 2017 年，花垣县十八洞村先后荣获“全国文明村”“全国民族团结进步创建示范区”称号。2013 年 11 月 3 日，习近平总书记在十八洞村首次提出“精准扶贫”重要论述。四年来，十八洞村牢记习总书记嘱托，在各级党委、政府和相关职能部门的支持下，扶贫工作队和村支两委班子带领全村群众围绕扶贫先扶志、扶智的思路，突出精准识别扶贫对象、精准发展致富产业、精准改善安居环境、精准提供公共服务、精准创新扶贫机制“五个精准”，积极探索并总结可复制、可推广的精准扶贫十八洞经验。2014 年起，该村紧紧抓住“以思想道德建设促进民族团结进步”这一主线，积极开展“民族团结进步示范村”创建，通过举办“过苗年”“赶秋节”“相亲会”等大型活动，不断传承传统习俗，大力弘扬苗族优秀文化，增进各族人民交往，凝聚人心，共谋发展，有力促进苗区民族团结进步，社会和谐稳定。金龙村位于花垣县东南部，东与保靖县夯沙乡交界，南临吉首市矮寨镇，距 209 国道 13 公里，辖 7 个自然寨、13 个村民小组，共 337 户 1295 人，属纯苗族聚居地。近年来，该村加强组织领导，推进农业产业快速发展，不断完善基础设施建设，科教文卫得到稳步发展，治安维稳和谐安定，村容村貌得到极大改善，同时多次举办“中国花垣金龙苗族樱桃节”“庆苗年”“苗族赶秋节”等大型文化活动，农村文化生活得到极大丰富。2017 年 12 月，该村荣获“全国文明村”荣誉称号。

【花垣县财政局荣获“全国文明单位”称号】 2017 年，花垣县财政局获得第五届“全国文明单位”荣誉称号，受到国家文明委表彰。近年来，花垣县财政局按照“巩固、提高、创新、发展”的工作思路，以巩固省文明标兵单位和创建全国文明单位为目标，以党建引领文明创建为抓手，以开展各种文明创建活动为平台，坚持“机关党建、文明创建和财政改革发展齐头并进”，一步一个脚印，一年一个台阶，2013 年获得省级文明单位；2014 年获得省级文明标兵单位；2016 年通过省文明办对标兵单位复核；连续四年获得全县五个文明绩效考核一类单位；2017 年完成财政总收入 12 亿元，创历史新高，财政改革工作走在全省县（市）的前列。

【子腊贡米复合种养系统成为第四批中国重要农业文化遗产】 2017 年 6 月 23 日，通过花垣县政府申报、湖南省农业管理部门审核、专家评审、公示等程序，花垣县子腊贡米复合种养系统被确定为第四批中国重要农业文化遗产之一。此次评审，花垣子腊贡米复合种养系统获得专家们一致好评和认可，实现湘西自治州获批中国重要农业文化遗产“零”的突破。

（本栏图文　龙艾青　刘国良）

保靖县

中共保靖县委

书　记　卢向荣

副书记　杨志慧　周胜益

常　委　卢向荣　杨志慧　周胜益　宋垚彪　符家盛　黄　宇　丁思清　尹海霞　阳文魁　陈正江　唐　正　谢绍猛（挂职）　谭玉成（挂职）

县人大常委会

主　任　罗念生

副主任　向治学　向宏银　宋梦扬　李明海　胡　宇

县人民政府

县　长　杨志慧

副县长　符家盛　何　山（挂职）　谭玉成　梁文昌　葛晓红　王万双　杨水芝（挂职）　明庆春（挂职）　石绍峰　田　明　胡文峰

县政协

主　席　梁远新

副主席　彭光海　彭图韬　龚曼华　彭学军　胡承元

县人民武装部

政　委　陈正江

部　长　李希敏

县人民法院

院　长　龙欧玲

县人民检察院

检察长　杨庆华

【概述】 保靖县位于湖南省西北部，辖区总面积1753.5平方公里，辖12个乡（镇）、160个村、10个社区。耕地面积32.25万亩，人均1.09亩。森林面积283.32万亩，活立木蓄积量417万立方米，森林覆盖率68.1%。2017年，全县总人口31.61万，人口自然增长率6.13‰。实现地区生产总值52.25亿元，比上年增长8.0%。其中，第一产业增加值8.95亿元，增长3.9%；第二产业增加值18.05亿元，增长8.3%；第三产业增加值25.25亿元，增长9.4%。按常住人口计算，人均生产总值17653元，增长7.7%。三次产业结构为17.1:34.5:48.4。

脱贫攻坚。县委县政府按照“五个一批”“六个精准”要求，大力整合涉农资金，实施“财银保”，扎实推进吃、穿、住、上学、看病、成家“六件事工程”。保靖黄金茶总面积达8.32万亩，建成3个万亩产业园，烟叶、柑橘面积分别稳定在2万亩、15万亩。全县建档立卡贫困人口完成易地扶贫搬迁4373人，完成危房改造2080户，住院医疗可报销比例达80%，给15467名学生发放救助金3266万元，5813人纳入社会兜底保障范围。2017年脱贫3866户16418人，贫困村退出29个，贫困发生率降至12.4%。

农业经济。全县农林牧渔服务业总产值15.11亿元，同比增长4.1%。粮食播种面积27.6万亩，油料种植9.75万亩，蔬菜种植9.3万亩，茶园面积8.32万亩，当年可采摘面积4.2万亩。全县粮食总产量8.77万吨，其中水稻4.94万吨，薯类1.26万吨，豆类0.27万吨，茶叶产量502.6吨，柑橘产量12.76万吨。畜牧业稳定发展，出栏生猪12.42万头、牛0.71万头、山羊5.58万只，出笼家禽85.66万羽。肉类产量1.19万吨，水产品产量0.21万吨。拥有农产品加工企业59家，农民专业合作社662个，合作社成员4.5万人，其中国家级示范社3个，省级示范社14个。

工业经济。全县工业增加值15.3亿元，比上年增长9.7%。规模工业企业26家，实现规模工业增加值12.77亿元，增长11.3%。白酒产量0.25万吨，发电量8.08亿千瓦时，日用陶瓷7249万件，电解锌6.27万吨，电解锰1.02万吨，硫酸10.63万吨，软饮料0.23万吨。规模工业中轻工业增加值4.85亿元，增长12.5%；重工业增加值7.93亿元，增长11%。规模工业中，国有企业增加值0.76亿元，增长21.9%；股份制企业增加值9.55亿元，增长14.3%；外商及港澳台投资企业1.31亿元，下降7.4%；其他经济类型企业增加值1.16亿元，增长12.4%。大中型工业企业5.65亿元，增长17.1%；非公有制工业增加值10.7亿元，增长14.1%；省级工业集中区工业增加值9.07亿元，增长5%。全县规模工业企业主营业务收入25.6亿元，比上年增长31.9%；实现利税0.11亿元，下降69.6%。规模工业企业从业平均人数0.36万人，下降4.7%；工业产销率94.97%，上升0.01

保靖县万亩黄金茶基地一角

个百分点。

固定资产投资。全县累计招商引资项目16个，合同引资40.8亿元，到位资金30.85亿元。全县固定资产投资16.44亿元，比上年下降28.3%。其中，城镇以上投资15.49亿元，下降32.7%；房地产投资5.01亿元，增长23.9%。按经济类型分，国有投资6.60亿元，下降37.7%；非国有经济投资8.89亿元，下降28.4%；民间投资7.94亿元，下降35.2%。按产业分，第一产业投资1.09亿元，增长1091.7%；第二产业投资2.48亿元，下降67.7%；第三产业投资11.92亿元，下降21.8%。按投资方向分，工业投资2.48亿元，下降67.7%；产业投资2.21亿元，下降65.9%；民生工程投资2.54亿元，下降27.6%；生态环境投资0.06亿元，下降83.9%；基础设施投资3.94亿元，下降13.6%。高新技术产业投资0.93亿元，下降68.8%，战略性新兴产业投资1.41亿元，下降72%。全县建筑业总产值4.52亿元，比上年增长1.8%；建筑业增加值2.8亿元，增长0.8%，占全县生产总值的5.4%。具有资质等级的总承包和专业承包建筑企业实现利润0.09亿元，下降35.7%，房屋施工面积18.36万平方米，下降20.9%；房屋竣工面积9.57万平方米，下降10.7%。房地产开发投资中，住宅投资4.23亿元，增长14.3%；商业营业用房投资0.77亿元。商品房销售面积11.16万平方米，下降12.1%。

社会消费。全县社会消费品零售总额13.39亿元，比上年增长10.3%。按销售单位所在地分，城镇消费品零售额9.63亿元，增长9%；农村消费品零售额3.76亿元，增长13.7%。按行业分，批发业1.8亿元，增长13.7%；零售业8.42亿元，增长8.5%；住宿业0.92亿元，增长15.6%；餐饮业2.25亿元，增长12.6%。全县居民消费价格指数100.9%，商品零售物价指数102.4%。旅游事业取得新进步，全年接待游客145万人次，实现旅游收入5.3亿元，分别比上年增长16.8%和31.3%。

财税金融保险。全县财税总收入4.35亿元，比上年增长2.1%，其中公共预算收入2.65亿元，下降3%，非税收入1.03亿元，增长12%。从征收部门看，国税收入2.22亿元，增长9.6%，地税收入1.22亿元，下降14.1%，财政部门收入0.91亿元，增长11.4%。财政支出24亿元，增长6%，其中一般公共服务支出2.22亿元，增长17.9%。社会保障与就业、教育、城乡社区事务、医疗卫生等民生建设财政投入资金17.18亿元，占全部财政支出的71.6%。年末全县金融机构各项存款余额72.16亿元，比上年增长4.2%，新增2.88亿元，其中单位存款20.56亿元，个人存款51.6亿元。年末全县金融机构各项贷款余额39.75亿元，增长14.7%，新增5.08亿元，其中个人贷款19.91亿元，新增3.39亿元。年末全县保险机构6个，实现保费收入1.13亿元，比上年增长18.9%。其中寿险保费收入0.55亿元，增长22.2%；健康险保费收入0.14亿元，增长27.3%；人生意外险保费收入0.04亿元，与上年持平；财产险保费收入0.22亿元，下降37.1%。各项理赔和给付支出0.35亿元，下降12.5%。居民收入稳步增长。居民人均可支配收入12887元，比上年增长11.1%。其中城镇居民人均可支配收入20256元，比上年增长9.5%；农村居民人均可支配收入8658元，比上年增长11.4%。在岗职工10872人，在岗职工年平均工资60045元，比上年增长14.4%。城镇居民人均消费性支出11815元，比上年增长10.9%。农村居民人均消费支出6604元，比上年增长11.6%。城镇居民恩格尔系数为32.9%，比上年增加2.1个百分点。农村居民恩格尔系数为34.1%，比上年降低15.5个百分点。

民生事业。全县有文化广电服务站12个，年末有艺术表演团1个、文化馆1个，全年演出96场次，其中送戏下乡60场次。有公共图书馆1个，藏书6万册，年接待读者5000人次。有电视台1家，有线电视用户0.75万户。年末广播综合人口覆盖率98.17%，电视综合人口覆盖率98.17%。广播电视盲村收视累计17.96万人。列入国家级非物质文化遗产保护目录8个、省级保护目录13个。建成农家书屋199个、文化信息资源共享基层网点12个。列入国家级文物保护单位2个（四方城、魏家寨）、省级4个、州级3个、县级18个。全县卫生机构（含计生）74个，其中，医院2家，卫生院25个，妇幼保健院1个，卫生疾病防治机构2个，卫生监督执法局1个，其他卫生机构（含计生）43个。医院和卫生院实有床位1569张，卫生技术人员0.16万人，其中，执业医师和执业助理医师0.09万人，增长44%；注册护士0.06万人，增长0.01%。总诊疗人次107.04万人次，住院4.95万人次。年末有民营医院5家，个体诊所33个，民营医院及个体诊所从业人员268人；村卫生室358个，乡村医生358人。全县开展全民健身项目13项次。新建农民体育健身工程建制村3个，累计55个。全年获全国冠军2个，输送14名运动员进州队训练。有体育场地150个，其中体育馆1座，标准运动场3个，篮球场136个，游泳池2个，各种训练房10间800平方米。

【保靖黄金茶入选“2016湖南十大农业品牌”】 2017年1月6日，保靖黄金茶同古丈毛尖、安化黑茶、黔阳冰糖橙、炎陵黄桃等11个农业品牌（公用品牌），被确定为“2016湖南十大农业品牌”。保靖黄金茶素有“一两黄金一两茶”的美誉，是国家地理标志产品，是中国最具魅力的极品绿茶。当年，保靖黄金茶种植总面积达8.32万亩，可采摘面积4.2万亩，产量400吨，总产值4亿元以上。

【保靖县龙现英被评为“全国三八红旗手”】 2017年3月2日，在全国妇联发布的“全国三八红旗手标兵”“全国三八红旗集体”名单中，保靖县葫

保靖县吕洞山核心景区一角

芦镇大岩村龙现英荣获“全国三八红旗手”荣誉称号。龙现英创办的茶叶合作社成员发展到325户，年营业额1500万元，直接带动周边两县（市）11个村1000余户农户发展黄金茶产业，并与当地195户农户签订帮扶协议书，承诺建档立卡贫困户于2017年年底前实现脱贫。

【2017年中华茶祖节开幕式暨保靖黄金茶见面会在长沙举行】 2017年4月20日，2017年中华茶祖节开幕式暨保靖黄金茶见面会在长沙举行，中国茶叶流通协会、中国国际茶文化研究会、中国茶叶科学研究院、省领导和部分老同志、省直涉茶厅局有关领导、湖南茶叶行业组织领导，全省茶叶主产县（市、区）政府领导，各市（州）、县（市、区）茶叶局（办）、茶业协会、茶叶学会和省、市茶叶龙头企业负责人共计500余人出席一年一度的茶界盛会。

【保靖县阳朝乡米溪村获评“第三届湖南省美丽少数民族特色村镇”】 2017年5月9日，湖南省民族团结进步行动组委会公布20个“第三届湖南最美和美丽少数民族特色村镇”，保靖县阳朝乡米溪村与泸溪县浦市镇、凤凰县山江镇老家寨村获评“第三届湖南省美丽少数民族特色村镇”称号。

【保靖县昂洞卫生院院长田蕊当选为党的十九大代表】 2017年5月16日，全国优秀乡村医生、湖南省第十届党代表、保靖县昂洞卫生院院长田蕊当选为党的十九大代表。

【保靖县吕洞山镇被评为“经典文化村镇”】 2017年6月10日，2017年文化遗产日湖南省主场活动暨湖南文化遗产与“一带一路”论坛在长沙举行，全省52个县（市、区）的65个镇、村获首批“经典文化村镇”荣誉称号，保靖县吕洞山镇名列其中。

【保靖县入选国家有机产品认证示范区】 2017年10月26日，国家认证认可监督管理委员会公布第七批（2017年度）全国45个国家有机产品认证示范创建区名单，正式同意保靖县创建有机产品认证示范区。

（本栏图文　汪石凌　舒　冰　吴　波）

永顺县

中共永顺县委

书　记　石治平

副书记　陈海波　周建武

常　委　石治平　陈海波　周建武　李选锋　李延堃　乔晓东　吴　刚　樊　未　谢翔宇　彭　涛　张艳阳　蒋文武（挂职）　马　俊（挂职）　吴科平（挂职）　赵　鲁（挂职）

县人大常委会

主　任　张开国

副主任　曾甲林　王本跃　彭长生　余善勇

县人民政府

县　长　陈海波

副县长　彭　涛　蒋文武　赵　鲁　向　阳　张　勇　李玉芳　宋维荣　向　进　彭俊彩（挂职）　宋丹丹（挂职）

县政协

主　席　曾维秀

副主席　陈柏林　向泽恒　张明仁　胡廷民　陈利勇

县人民武装部

部　长　乔晓东

政　委　彭　城

县人民法院

院　长　张应国

县人民检察院

检察长　麻宗福

【概述】 永顺县位于湖南省西北部、湘西州北部，南北长77公里，东西宽76公里，县域面积3811.7平方公里。2017年，该县辖23个乡（镇）、303个村（社区），总人口55.5万人。全年完成地区生产总值65.9亿元，同比增长5.8%；完成财政总收入6.48亿元，同比增长22.6%；完成固定资产投资50.17亿元，同比下降14.8%；完成规模工业增加值5.33亿元，同比增长1.1%；完成社会消费品零售总额39.16亿元，同比增长10.1%；城镇居民人均可支配收入达19852元，同比增长9.1%；农村居民人均可支配收入达7168元，同比增长14.0%；金融机构各项存款144.3亿元，同比增长16.5%。

农业方面。全年实现农林牧渔业

总产值28.64亿元，同比增长3.8%；其中农业产值20.66亿元，同比增长2.7%；林业产值1.19亿元，同比增长7.4%；牧业6.31亿元，同比增长7.0%；渔业产值0.36亿元，同比增长3.9%；农林牧渔服务业产值0.12亿元，同比增长9.0%。农、林、牧、渔、服务业比例为72.14:4.15:22.03:1.25:0.43。全县农作物播种面积113.64万亩，同比下降2%，粮食总产量21.12万吨，同比增加0.96%，永顺县被评为全省粮食生产标兵县。大力发展特色农业，突出抓好80万亩农业产业基地和农产品品牌质量建设，农业大数据中心建成投入使用，松柏大米获国家农产品地理标志认证。全县稻谷总产量119283吨，同比增加0.1%；玉米总产量38621.8吨，同比增加5.8%；红薯产量9573吨，同比增长5.1%；马铃薯产量38386吨，同比下降0.9%；大豆产量4058吨，同比增加4.2%；绿豆产量409吨，同比下降2.9%；油料总产量20812吨，同比下降1.2%；花生总产量5068吨，同比增长3.7%；油菜籽总产量15717吨，同比下降2.7%；蔬菜总产量129731吨，同比增长2.4%。收购烟叶10.5万担，新造低改油茶10万亩，猕猴桃、柑橘等农产品实现产销两旺；水果总面积20.1万亩，总产量165159吨，同比增长0.2%。猕猴桃产量33014吨，同比增长0.4%。生猪出栏21.74万头，牛出栏1.57万头，羊出栏8.98万只，家禽出笼123.98万羽，禽蛋产量2414吨；水产品总量4394吨。

永顺县老司城村一角

工业和建筑业方面。全县实现工业总产值26亿元，其中规模工业19.02亿元，规下工业6.98亿元；实现工业增加值9.13亿元，同比增长1.2%，占全县生产总值比重达13.9%，其中规模工业增加值5.33亿元，同比增长1.1%，规模工业增加值中园区工业增加值2.76亿元。是年，规模以上工业主要产品产量有：水泥13.01万吨、纱8232吨、合成复合肥料61974吨、豆腐及豆制品3756吨、纸制品7.19万吨、中成药43吨。新建标准化厂房11.8万平方米，引进湖南明瑞、汉广制药等6家企业入园，沃康油茶精加工二期、老爹产业园等项目加快推进。建筑业实现增加值6.78亿元，同比增长1.1%；具有资质等级的总承包和专业承包建筑企业总产值7.57亿元，同比增长32.05%，房屋施工面积85万平方米，同比增长17.8%，房屋新开工面积37.2万平方米，同比下降27.6%。

固定资产投资方面。年内完成全社会固定资产投资50.17亿元，同比下降14.8%。其中城镇以上投资37.07亿元，同比下降4.4%，房地产投资完成7.36亿元，同比增长98.2%，跨地区项目投资完成13.1亿元，同比下降31.7%。实施重点项目66个，完成投资87.2亿元，同比增长49.1%。永（顺）吉（首）高速公路永顺段建成通车，张（家界）吉（首）怀（化）高速铁路、黔（江）张（家界）常（德）铁路永顺段、张（家界）花（垣）高速公路永顺连接线、泽（家镇）芙（蓉镇）公路、农网改造、农田水利、油茶产业基地等22个项目进展较快。招商引资到位资金36.08亿元，同比增长20.8%；启动PPP项目8个，计划投资231亿元；储备重点项目78个，储备量116.27亿元，项目投资成为拉动经济快速增长的强大引擎。

城乡建设方面。按照州域中部中心城市发展定位，围绕“灵溪芙蓉双核带动、中心城镇优先发展、其他集镇统筹推进”的要求，城镇规划、建设和管理水平稳步提升，县城面积扩大到30平方公里，城镇化率提高到42.3%。城乡布局逐步优化。启动县城“城景一体化”规划编制，完成高铁新城调规扩区及20个乡（镇）、5个片区总规及控制性详规编制，实现城乡规划体系全覆盖。城镇建设进展迅速，溪州新城累计完成投资16亿元，收储土地1.1万亩，溪州大道、司城西路、溪州隧道、溪州二级客运站、污水处理厂开工建设；南区开发势头良好，大汉天街城市综合体、蓝泊湾广场、消防大队搬迁等项目快速推进，永顺大道提质改造完成。老城区改造推进顺利，启动“城景一体化”立面改造和原纱厂、原烟厂等片区棚户区改造，城市综合管网入地改造基本完工，新自来水厂建成投入使用。统筹特色小镇发展，泽家、高坪、永茂、石堤等小城镇建设进展迅速，塔卧、万坪被列为省级历史文化名镇。大力推进美丽湘西建设，创建州级美丽乡村精品村16个、示范村44个。全面推进河长制落实，明确县乡村三级河长76名。抓好水、大气、土壤等重点领域污染防治，城乡环境持续美化。狠抓城市综合执法和文明交通安全大整治，“两违”现象得到有效遏制，城市管理水平进一步提升。

永顺县不二门景区一角

民生方面。始终坚持民生优先，不断满足人民日益增长的美好生活需要，全年民生支出27.6亿元，占财政总支出的79.9%。就业质量稳步提高，新增城镇就业3596人，农村劳动力转移就业5511人，“零就业”家庭实现动态清零。社保体系不断完善，城乡低保、医疗救助、养老体系等工作得到加强，农村居民最低生活保障标准提高至267元/月，社会救助对象生活困难补助标准提高10%以上。住房保障体系逐步健全，完成城镇棚户区改造6005户、农村危房改造4833户。人民健康和医疗卫生水平大幅提高，启动县人民医院整体搬迁、公共卫生服务中心建设，计划生育工作得到加强。教育事业优先发展，完成“城乡教育一体化”规划编制，溪州小学、民族中学、职教中心、高平金海高中部开工建设；提质改造城镇学校4所，新增城区学位1400个；建成义务教育合格学校13所、城乡幼儿园47所。文化事业繁荣发展，开展送戏下乡78场，送电影下乡3600场次，提质改造6个乡（镇）文化站，改扩建141个村级综合文化服务中心。深入推进社会综治创新，禁毒、网格化服务管理、安全生产、信访维稳、社会治安综合治理等工作不断加强，社会大局和谐稳定。

【不二门国家森林公园举办首届森林康养节】 2017年3月16日，永顺县文旅集团公司在不二门国家森林公园举办首届森林康养节，来自长沙、张家界、重庆、恩施及周边县（市）的上万名游客祈福求子、沐浴温泉，体验温泉沐浴带来的健康幸福，参加森林康养节一年一度盛会。

【土家族舍巴节获中国优秀民族节庆“最具民族特色节庆奖”】 2017年6月18日，从第六届中国民族节庆峰会暨第二十七届鄂伦春族篝火节开幕式2017年中国优秀民族节庆颁奖晚会上传来消息，“永顺县2016土家族舍巴节”从众多参评节庆活动项目中脱颖而出，荣获2017年中国优秀民族节庆“最具民族特色节庆奖”。

【20个发展中国家100多名农业部官员及专家学者到永顺县考察】 2017年7月20日至22日，赞比亚、阿尔及尼亚和斯里兰卡等非洲、亚洲20个发展中国家的100多名农业部官员及专家学者到永顺县考察和学习杂交玉米种植生产经验，对永顺县继福种业科技有限公司的优质玉米给予高度评价，并表示将把优质杂交玉米品种带回种植。

【总投资13亿元的四大项目同时开工建设】 2017年8月9日，永顺县溪州汽车站、省道256万坪至县城公路、溪州水库、村组道路等四大基础设施项目同时开工建设，总投资额达13亿元，均为永顺县重点建设项目。项目建成后，对该县完善基础设施、提升城市发展水平、改善民生环境、增进群众福祉具有十分重要的意义。9月15日，湖南湘西猛洞河220千伏输变电工程破土动工，该工程由国家电网公司立项，国家发改委核准，是省重点工程，总投资2.3亿元，变电容量180兆伏安，220千伏线路67公里。

【湘鄂川黔革命根据地旧址被授予国家国防教育示范基地】 2017年10月11日下午，国家国防教育示范基地湘鄂川黔革命根据地旧址授牌仪式在永顺县塔卧镇湘鄂川黔革命根据地旧址纪念馆前举行。同年12月，塔卧镇在湖南省人民政府《关于批准公布第五批省级历史文化名镇名村名单的通知》中榜上有名，成功跻身湖南省级历史文化名镇。

【松柏大米新入选农产品地理标志】 2017年11月初，在农业部组织的农产品地理标志登记专家评审会上，湘西州报送的永顺县松柏大米和省内其他城市报送的乌山贡米、永州异蛇、樟树港辣椒、樟树港黄瓜5个具有地方特色的优质农产品顺利通过专家评审。松柏大米主要产自永顺县松柏镇，该镇辖区面积156平方公里，耕地面积3.9万亩，其中稻田面积3.3万多亩、旱地5200多亩；境内土地肥沃，盛产优质稻米，素有湘西“粮仓”之称。该镇日照充足，气候湿润，稻谷生长期长，好山好水出好米；加之种植户主要播施农家肥，无污染、纯天然，出产的松柏大米米粒晶莹剔透，米质营养丰富、香软可口，湘西土司时期为进贡朝廷贡米。

【永顺县农特产品耀眼中国中部（湖南）农博会】 2017年11月18日至23

日，农业部与湖南省人民政府共同主办的2017年中国中部（湖南）农业博览会在长沙举办，永顺县农联、永顺县农业农村大数据中心组织10余家企业20多个优质特色农产品参展。猕猴桃、大米、柑橘、土家腊肉、香肠、柚子、莓茶、万坪豆腐、土鸡蛋、霉豆腐、葛粉、口味菜系列农产品受到广泛好评，每天销售农产品10多万元，订单120多万元。

【永顺县总工会获中华全国总工会表彰】 2017年12月1日，永顺县总工会财务工作获得2016年度中华全国总工会县级工会财务先进单位，这是湘西自治州唯一一个受表彰的县级工会。永顺县有基层工会组织526个，其中企业工会352个，机关事业单位和社会组织工会174个；会员总数2.45万人，其中农民工5300余人。该县总工会推出财务工作“四化管理”，在规范工会财务制度、经费收缴体制改革、指导服务基层建设、提升工会财务干部素质等方面做了大量工作，得到县委县政府和各部门大力支持，工会经费实力显著增强。

【湘潭市对口帮扶永顺县产业孵化园正式开园】 2017年12月22日，湘潭市对口帮扶永顺县产业孵化园正式开园，这是湘潭市与永顺县创新精准扶贫模式的新尝试，探索扶贫与“扶智”“扶产”相结合的新路子。孵化园将扶贫与“扶智”“扶产”充分结合起来，变输血式扶贫为造血式扶贫，挖掘永顺当地产业优势和特色，培育一批本土优质企业。孵化园坚持“内生培育+外部导入”运营理念，构建孵化中心、科技成果转化中心及中小企业服务中心三中心合一的平台运作模式，通过转移承接湘潭市食品加工、机电制造等优势产业，导入国内战略性新兴产业，打造永顺多元化的产业格局。

（本栏图文　杨绍东　彭德忠　李红明）

龙山县

中共龙山县委

书　记　周　云

副书记　刘冬生　陈忠耀　贺代贵（挂职）

常　委　周　云　刘冬生　陈忠耀　贺代贵　蔡　龙　刘昌顺　石红梅　符家波　刘文霞（挂职）　印道其　黄　勇　刘志国（挂职）　龙儒文　徐志军（挂职）

县人大常委会

主　任　余佳祥

副主任　李开进　唐晓萍　曹长友　聂　毅　杨　波

县人民政府

县　长　刘冬生

副县长　蔡　龙　刘志国　徐志军　李冬梅　储　军　张肇琴　彭绍兴　龙世平（挂职）　李　博　梁兴华　娜么塔（挂职）

县政协

主　席　吴少叶

副主席　张青山　郑慧侠　王本东　余志国　张兰英

县人民武装部

部　长　赵银河

政　委　邓　炜

县人民法院

院　长　刘　辉

县人民检察院

检察长　聂春辉

【概述】 龙山县位于湖南西北边陲，处于湘、鄂、渝三省（市）交界之地，属全省最偏远的县（市）之一；该县地处武陵山区腹地，是黔张常铁路、吉恩高速公路、黔张高速的交会处，史称“湘鄂川之孔道”。县域总面积3131平方公里，辖21个乡（镇、街道）、397个村（社区），总人口61万人，以土家族、苗族为主的16个少数民族人口占81%。2017年，该县完成地区生产总值81.43亿元，同比增长8.2%；完成财政总收入8.45亿元，同比增长20%；完成固定资产投资55亿元，同比增长3.2%；完成规模工业增加值5.56亿元，同比增长11%；完成社会消费品零售总额43.11亿元，同比增长12%；实现城镇居民人均可支配收入20052元，同比增长9.6%；实现农村居民人均可支配收入8532元，同比增长11.8%；金融机构各项存款余额152.4亿元，比年初增长11.8%。

项目建设。全县“十百千”项目完成投资69.48亿元。其中，十项重大工程完成投资29.35亿元，两项单列工程完成投资8.5亿元，103个重点

省人大常委会副主任王柯敏（前排左一）一行在州委常委、宣传部部长、龙山县委书记周云陪同下考察惹巴拉景区少数民族特色村寨建设情况

项目完成投资30.68亿元，千件民生实事完成投资9500万元。新引进投资1亿元以上项目8个、10亿元以上项目1个。全年新建、续建招商引资项目43个，到位资金31.08亿元。城镇建设项目：县体育中心项目累计完成投资3.25亿元，“一场两馆”主体工程全部完工。行政大道完成投资1600万元，民族北路（学府路）延伸工程开工建设。“山水龙城”两河休闲风光带（一期）累计完成投资3.3亿元，完成园林整修和8.3公里电瓶车道水稳层建设。城区入城口人行道改造完成路基硬化。总投资4.9亿元的高铁新区项目开工建设。智慧城市市民之家大楼基础工程进展顺利。皇仓坪公园一期绿道投入使用。华塘新区完成教体中心安置区建设。土城坝片区综合开发累计完成投资2.9亿元，3栋商住楼建至20层。老城棚户区改造工作扎实推进，全县2016年棚改项目完成征收补偿707户，拆除旧房面积1万平方米。大力推进步步高、回龙花苑等7个老旧小区改造，改造面积29.84万平方米，受益群众2659户。交通运输项目：黔张常铁路（龙山段）完成投资8.45亿元。龙山至桑植高速公路正进行环评、工可评审和初设。张花高速公路里耶连接线完成路基工程量的70%。国道353狮子村至湘鄂情大桥公路等干线公路进展顺利。洗车至里耶二级路建成通车，石牌至洗洛二级路基本完工。水利能源项目：落水洞电站完成投资1.2亿元，一期工程竣工。石羔水厂完成投资7800万元，主体工程及应急水源工程完工。里耶堤防工程完成投资5400万元。大湘西天然气长输管网工程建设项目（龙山段）基础完工，正进行管道焊接。220千伏输变电工程正抓紧实施。同时，县城殡仪馆及公墓山项目一期墓区工程进入竣工结算阶段，二期项目开工建设。832个民生实事项目全部完工。PPP项目：全县落地PPP项目19个，总投资约140亿元，12个项目入库。其中，开工建设项目4个，总投资约18亿元，进入项目采购阶段8个，投资约61亿元。通过向政策银行贷款、商业银行贷款、基金申报等融资方式落实政府类项目建设融资33.86亿元，完成基金收入5.6亿元，依法追缴历年欠缴税费、基金2.8亿元。完成土地报批4500亩，新增储备土地1210亩，控制储备土地1043亩。

城镇建设。新一轮城市总体规划（2015—2030年）编制工作基本完成，新老城区控制性详细规划编制完成初步成果，里耶镇城市总体规划和旅游修建性详细规划通过行政审查，苗儿滩镇捞车村、六合村、靛房镇万龙村、里耶镇长春村等传统村落保护规划大纲完成评审。完成10个美丽乡村建设示范村村庄规划行政评审。投资4.5亿元的亿利购物广场项目完成主体，正进行商场设计。湖湘商贸县乡流通再造工程完成投资1.18亿元。武陵王府井商业开发项目完成一期征拆。岳麓大道改扩建项目建成投用。华塘商居城16栋建筑完成主体，累计完成投资4.5亿元。典雅华塘中央商贸城完成投资8000万元，正在拆迁。教体中心完成规划选址，正进行征地拆迁。县城污水处理厂二期工程启动实施。里耶污水处理厂重点减排项目通过省级验收。城区环卫工作实现市场化营运，里耶镇区环卫市场化加速推进。狠抓城乡同建同治，规范渣土运输，加强城区占道经营、乱停乱摆等现象整治，市容市貌得到有效改观。强力推进“两违”整治，开展大型专项整治行动27次，公开曝光“两违”典型案件27起，对严重违反规划的109宗“两违”建筑依法拆除，立案调查公职人员和村主干参与“两违”行为23起，党纪政纪处分21人。启动18个乡（镇）20处公益性墓地建设。

产业建设。工业经济方面：启动实施投资1000万元以上重点项目10个，累计完成工业投资2.6亿元。工业集中区一期项目完成投资1.2亿元，建成标准厂房8栋8.42万平方米；总投资4.5亿元的标准厂房二期项目开工建设，完成投资6000万元。成功引进湖南欣梦瑶寝具、上海允蒂实业、深圳泰成达电子、上海星珂环保、湖南蓝天阳工程等一批实力雄厚的大企业入驻园区。昶光农业、土家巧手、洗洛矿泉水等重点企业搬迁扩能项目有力推进。农业产业方面：全县粮食播种面积稳定在62万亩，粮食总产量达20万吨。烤烟种植6.3万亩，产值2亿元，烟税创收3800万元；百合种植8.7万亩，产值10亿元；蔬菜播种9万亩，产值2亿元；中药材种植5万亩，产值5亿元；柑橘面积14.3万亩，完成低改、品改1.1万亩。发放惠民补贴55项、3亿元，投入农业小额贴息贷款8700万元。新增“百万农机合作社”9家。土地确权颁证工作基本完成，规模流转土地4.6万亩。该县农特产品在长沙通程超市设立销售专柜，在济南市市中区设立免费展销窗口。龙山百合国家地理标志产品保护申报成功，“佳湘源”百合干片获十五届中国国际农产品交易会金奖，成功举办首届百合文化旅游节。生态文化旅游业建设方面：里耶—乌龙山风景名胜区获评国家级风景名胜区。里耶景区累计投入3亿元，基本完成古城区街道改造、地下停车场及秦简博物馆整修等工程。惹巴拉景区综合开发累计完成投资近3亿元，民族影视基地主体建设完成，民宿酒店可对外营业。总投资10亿元的田园综合体PPP项目正进行招投标，景区建设进入快车道。乌龙山大峡谷景区鲢鱼洞、惹迷洞灯光改造全面完成，慢行车道、森林绿道、高端木屋等工程基本完成，全年接待游客50万人次，实现旅游收入2000万元。商贸物流业方面：红星美凯龙累计完成投资2.4亿元，主体工程基本完成。总投资10亿元的万汇国际商品博览城一期项目开工建设。新增长兴商贸、世纪百年酒店限上流通企业2家。成立县级电商公共服务中心，建成农村电商服务站30个。商事制度改革进一步深化，各类市场主体发展到1.59万户。实际利用外资30万美元。

社会事业建设。全县民生资金支出23.89亿元。教育事业快速发展：

总投资 16.5 亿元的城区教育布局调整项目开工建设，三年内新建学校 11 所，改建 5 所，扩建 2 所，新增学位 2.5 万个。投资 1200 余万元实施农村薄弱学校改造、农村保育式学校建设 9 所，引进、培养高学历教师 324 人，是年高考本科上线 1527 人，7 名考生被清华大学、北京大学录取。卫计事业不断进步：完成大安、农车、咱果等 3 所乡（镇）中医馆建设，全县中医馆达 19 所。投资 2000 万元实施 466 个卫生室建设，靛房、石牌、洗洛、里耶、红岩、兴隆等 7 个乡（镇、街道）卫生院改建、扩建项目启动建设。实施农村妇女“两癌”免费检查 8500 例，落实产前免费筛查 5400 例，基本药物制度累计为群众减轻医药负担 1992 万元。人口计生利益导向机制进一步完善，计划生育奖补标准提高。文化科技工作成果丰硕：全面完成建州 60 周年系列庆祝活动，土家织锦《甲子顺锦》60 米长卷成功申报吉尼斯纪录。文艺创演精彩纷呈，靛房镇毛古斯情景剧《石梯乐土》创作完成，创作各类优秀文艺作品 400 余件，获国家级奖励 4 项、省级奖励 20 项，参加国际性活动 2 次、全国性活动 5 次，举行“湖湘文化进万家”等活动 200 余场。投资 2800 万元，完成 175 个乡村文化广场建设。投资 1200 万元，完成里耶麦茶古墓群发掘展示及安防工程。投资 1300 万元，完成湘鄂川黔革命根据地 3 处旧址维修工程。科技创新再创新高，申请专利 77 件，授权专利 43 件，承担省州科技计划项目 11 项，培育高新技术企业 2 家。社会保障体系不断健全：筹集城乡居民医保基金 3.35 亿元，发放城乡居民医保补助 2.62 亿元，累计发放医疗救助、残疾人“两项补贴”等资金 1.02 亿元，城乡低保、特困供养人员生活救助标准提高。深化医疗卫生体制改革，通过取消药品加成、调整部分医疗服务价格、完善医保支付方式和增加财政专项补助，“以药补医”机制基本破除。累计投资 7 亿元推进保障性住房建设，建成 4776 套，群众住房难问题基本解决。开展就业创业技能培训 5000 余人，新增就业再就业 6200 余人，发放创业贴息贷款 1805 万元，带动社会投资 3000 万元，创业就业成效明显。社会治理水平不断提升：开展“打非治违”行动，排查整治安全隐患 6000 余处，整改重大隐患 20 处，整合采石场 19 家，关闭退出煤矿 1 家、烟花爆竹生产企业 3 家，责令 25 家违规企业停产停业。科学划定 2017—2021 年畜禽养殖禁养区、限养区和适养区，扎实推进畜禽养殖“三退一进”工作，实现湘健牧业有限公司生猪养殖场稳定退养。加强市场监管，市场执法和消费维权有序开展，未发生重大食品药品安全事故和特种设备安全责任事故。建立健全信访案件三级责任体系和非访治理分类处置长效机制，建立行业性专业性调解组织 16 个，调处社会矛盾纠纷 2268 起，承办省州交办重点信访积案 17 件，化解 16 件，全年无到州赴省进京集体访，未发生群体性非访事件，党政主要领导接访下访和信访积案化解工作在全州推介。深入推进综治创新，启动“一村一警”工作，建立县乡村三级综治中心 161 个、乡（镇、街道）网格化分指挥中心 21 个、村（社区）网格站 252 个，实现综治视联网、网格化信息平台、电子监控平台和综治信息平台“四网合一”，综治中心规范化建设经验在全省推介。严厉打击各类违法犯罪活动，破获刑事案件 584 起，查处治安案件 1123 件。

龙山县农车镇花桥村警务室揭牌现场

【红星美凯龙 e 家天下家居建材国际商贸城一期工程开工】 2017 年 1 月，龙山县红星美凯龙 e 家天下家居建材国际商贸城一期工程正式破土动工。红星美凯龙 e 家天下家居建材国际商贸城项目概算总投资 10.2 亿元，规划占地面积 100 余亩、建筑面积 18 万平方米。一期工程占地近 70 亩，计划投资 3.5 亿元，建设期 2 年，其中主体建筑地上 4 层，建筑面积 1.8 万平方米，是融商贸综合区、金融办公区、生活区为一体的大型商贸综合体，竣工投入使用后对提高龙山县及周边区域居民生活质量、促进经济快速发展具有重要作用。

【里耶—乌龙山风景名胜区被列为国家级风景名胜区】 2017 年 3 月 29 日，在《国务院关于发布第九批国家级风景名胜区名单的通知》中，湖南省龙山县里耶—乌龙山风景名胜区获批国家级风景名胜区。龙山县通过先后编制《里耶—乌龙山风景名胜区总体规划》《里耶—乌龙山风景名胜区管理暂行办法》《里耶古城保护开发总体规划》《里耶历史文化名镇保护规划》，不断完善景区景点保护措施和制度，有序推进保护设施建设、基础设施建设、旅游设施建设，风景名胜区内几个主要景点游览条件初步具备，各个景点正式对游人开放。

【惹巴拉土家文化生态公园第二期项目开工】 2017年5月16日，龙山县惹巴拉土家文化生态公园第二期建设项目正式开工，该项目包括三桥一路，即几车河大桥、洗车河大桥、六合大桥、黎明至六合旅游公路，总投资2170万元。惹巴拉旅游投资有限责任公司按照“一年夯实基础，两年基本建成，三年大见成效”的总体目标，稳步推进景区景点建设和景区内基础设施建设。

【湖南乌龙山国家地质公园正式开园】 2017年12月13日，“湖南乌龙山国家地质公园开园仪式”在龙山县洛塔乡乌龙山国家地质公园洛塔园区科普广场隆重举行，标志着龙山地质遗产保护和地质旅游开发工作进入一个新阶段，极大促进龙山旅游业发展。国土资源部地环司司长关凤峻、北京大学教授潘懋、国土资源部地环司副处长庞剑波，省国土资源厅副厅长尹学朗、地质环境处处长王先佑，地质环境处副处长董振亚、陶霁，湘西自治州人民政府副州长李平、湘西自治州国土资源局局长高文化，龙山县委副书记、县长刘冬生，县委常委、常务副县长蔡龙出席开园仪式，副县长张肇琴主持开园仪式。

【龙山县龙潭河水库工程开工】 2017年4月21日，龙山县茅坪乡龙冠村彩旗飘扬，锣鼓喧天，周边群众自发来到现场，参加国家烟草水源援建项目——龙山县龙潭河水库工程开工动员大会。县委副书记、县长刘冬生宣布项目正式开工。

【龙山县七大工程集中开工】 2017年7月3日，龙山县“智慧城市、龙山大道、民族北路延伸、国道353公路、职教中心、体育中心安置区、高端特色安置区”七大工程举行集中开工动员仪式。州委常委、州委宣传部部长、龙山县委书记周云宣布七大工程集中开工，县委副书记、县长刘冬生致辞。施工单位代表、监理单位代表、县市管委、县城投公司负责人分别作表态发言。

【龙山县工业园二期工程开工】 2017年10月16日上午，龙山县工业集中区二期标准厂房PPP建设项目开工动员大会在民安街道宝塔社区举行。县委副书记、县长刘冬生宣布开工。县领导陈忠耀、余佳祥、吴少叶、符家波、聂毅、梁兴华，湖南省建筑工程集团总公司职工董事、纪委书记石俊云，湖南省第六工程有限公司董事长陈光乐，湖南省第六工程有限公司副总经理潘益峰出席开工动员大会。县委常委、县委办主任符家波主持动员大会。

【龙山万汇国际商品博览城开工建设】 2017年12月23日，龙山万汇国际商品博览城开工动员大会在城东新区刘家坝举行。县委常委、副县长徐志军宣布项目开工。龙山万汇国际商品博览城是省、州、县三级政府重点招商引资项目，也是2017年湘西州唯一在香港签约项目。项目总投资约10亿元，一期占地面积74亩，总建筑面积约6.5万平方米。项目建成后可辐射湘鄂渝三省（市）区域，预计年交易额20亿元，容纳就业逾万人。

（本栏图文　殷明坤）

湘西经济开发区

湘西经开区党工委书记	向顺荣
党工委副书记、管委会主任	陈文君
党工委副书记	杨再贵
副主任	伍郁文
纪工委书记	覃水来
副主任	戴晓军　彭南枝
总经济师	张德胜
总工程师	鲁承宏

【概述】 2017年，湘西经济开发区实现国内生产总值46.4亿元，增长14.2%；完成固定资产投资81亿元，增长32.9%；实现工业总产值68.3亿元，增长20%；实现规模工业增加值20亿元，增长24.7%；完成技工贸收入115亿元，增长30%；完成财政收入6.88亿元，增长37%；完成基金收入7.2亿元，增长26.5%。经济总量和规模达到州内中等县（市）水平，综合实力迈上新台阶。年内，湘西经开区成功创建省级出口工业产品质量安全示范园区，电子商务创新创业众创服务空间荣获省众创空间称号。区团工委荣获湖南省“五四”红旗团支部。区国税局、地税局被评为全省“一人一窗”联合办税先进单位。随着交通瓶颈的破解、基础配套的完善、营商环境的优化、融资渠道的拓宽，湘西经开区进入加快发展快车道。

招商引资。引进项目54个，增长30%，其中投资过亿元的项目13个，增长30%；投资过10亿元的项目4个，增长200%；实现合同引资96.11亿元，招商引资到位资金43.45亿元，增长42.42%；新引进外向型企业7家，其中2家为合资企业。全年进出口1.46亿美元，增长32.7%。引进一批世界500强、中国500强，为城市提质、完善配套打下好的基础。

项目建设。开发区42个项目列入州重点项目，年计划总投资70.41亿元。新开工项目12个，即双河特色街区项目、州公安消防“四合一”建设、湘西州民中经开区校区建设、湘西经开区高速下线拓宽工程、湘西经开区国际商务大酒店、张社大道（湘西经开区段）、湘西经开区银泰福手机生产线项目、湘西经开区吉凤东大道项目、湘西经开区西区标准厂房建设、湘西经开区长潭路、丰达路改造工程、湘西经开区厚驿大酒店、湘西经开区旭昕导航仪及电子产品生产线建设，全年实际累计完成投资72.4亿元，为年

湘西经开区核心区全景

计划的 103%。其中，投产项目 7 个，完成投资 8.34 亿元；续建项目 23 个，完成投资 48.61 亿元；新开工项目 12 个，完成投资 15.46 亿元。

社会民生。湘西经开区在加快经济发展的同时，加快补齐民生短板。州民中开发区分校、吉首大学师范学院附小开发区校区、州幼儿园开发区分园等社会民生工程加快建设。医疗救助、教育帮扶、养老保障等民生配套工程协同推进，精准扶贫户实现脱贫摘帽。全年上争创新创业补助资金 5560 万元，组织区内失地农民及企业员工培训 4000 余人次，带动创业就业，全区城镇居民可支配收入达到 2.8 万元，增长 10%。开通城市免费公交，人民群众的获得感、幸福感、自豪感进一步提升。

作风建设。湘西经开区纪工委监察局研究出台《“三大会战”活动专项监督检查实施方案》，明确干部作风建设和每个项目奖罚，以及完成时间节点等问责措施，对项目建设、征地拆迁任务完成情况实行一月一督查，一月一通报，为“三大会战”取得决定性胜利提供坚强保障。年初研究出台《湘西经济开发区关于建立干部容错免责机制管理办法》，对因大胆工作造成失误或一定损失的干部，在不违反党纪国法的前提下，视具体情节尽量从轻或免于处理。区纪工委要求全体干部做到严字当头，对乱作为、慢作为、不作为的干部职工予以问责，先后开展 26 次干部作风督查，对存在问题的 15 名干部分别给予提醒谈话、限期整改、通报批评、扣绩效分等处罚。同时制定《纪检监察干部考核办法》，对纪检监察干部考核提出更加严格的标准，要求无论是开展行政效能督察还是检查干部作风，都要带头严格执行中央八项规定，用实际行动打造纪检铁军。全年开展监督检查 115 次，下发督查通报 24 起，下达督办函 10 份，函询提醒 96 人次，以监督问责激发党员干部干事创业的强大活力。

（本栏图文　梁　兵　储溢洲　刘　君　彭　阳）

【十大重点项目集中签约】 2017 年 12 月，湘西经开区“2017 年第四季度十大重点项目集中签约仪式”现场签约 10 个项目，总投资 160 亿元。项目包括节能高端玻璃加工、新能源数据线缆、高频电子制造、碧桂园湾溪片区商住开发、恒大双河片区商住房开发、湘西皇冠假日酒店运营管理、开发区管委会—四川友华科技集团公司战略合作项目、格仕特 4G 车联网、中正光电科技、展鹏电子科技、君奥汽车电子科技项目等多个种类。其中，友华集团计划总投资 50 亿元，在金融、商业开发、工业项目等领域与湘西经济开发区展开全方位合作；碧桂园湾溪片区商住房开发项目总投资 50 亿元，用地规模约 1000 亩，计划开发工业大道至天源建材沿线；恒大双河片区商住开发项目总投资 30 亿元，计划开发学院路与丰达路交会处东西区域，用地规模约 600 亩。（储溢洲）

【吉凤新区总体规划】 2017 年，州委常委会研究州府新城发展的战略性、方向性、长远性问题，提出吉凤新区新的发展战略和综合目标。11 月 10 日，按照州委、州政府要求，湘西经济开发区管委会启动“湖南吉凤新区总体规划”方案设计招投标工作。12 月 25 日，“吉凤新区总体规划”在管委会 14 楼会议室开标，湖南省建筑设计院有限公司以 93.78 分中标。“吉凤新区总体规划”正式进入编制修订阶段。（陈士阳）

【湘西电子商务创新创业众创服务空间获“省级众创空间”称号】 2017 年 11 月，湘西电子商务创新创业众创服务空间被认定为“湖南省众创空间”。湘西电子商务创新创业众创服务空间共四层楼。一楼定位为“精品展示体验中心”，主要为湘西特色产品的线下展示区和新产品发布推广中心，除州内 9 个县（市、区）分馆外，还专设银饰、苗绣、蜡染、编织、茶叶、腊味等专柜展示区，年底进驻产品 500 多种。馆内可通过二维码扫描实现产品时时追溯和深层次挖掘，全面展示湘西州的历史文化、特色特产、风土人情、旅游资源，打造湘西特色产业品牌。二楼定位为“创业咖啡”，规划配套茶吧、咖啡吧等商务服务配套场所及电商企业沙龙开展区域，主要包含金融（风投）服务中心、专家团队服务中心、电商技术服务中心，为入住企业提供创业信息、融资担保、管理咨询、技术创新、人力资源、市场开拓、股权交易、企业认证、知识产权、法律事务、会计事务、技术保障等全范围、立体式的服务。三楼定位为“电商创业梦工场”，主要为不少于 100 位电商创业者提供创业起步的办公区，已进驻电商企业 100 多家。同时，设置“商务服务中心”，配置网络打印机、复印机和传真机，提供配套服务。四楼定位为“孵化综合服务区”，包含电商龙头企业办公区，配套

2017年12月12日，湘西经开区岗位能手评选大赛现场一角

设有商务洽谈室、多媒体会议室、培训室等。（周　延）

【街区绿化亮化和环境治理】 2017年，湘西经开区美丽湘西建设工作以建州60周年为契机，扎实推进生态文明建设、城乡同建同治、网格服务管理“三大工程”和美丽社区示范创建，使湘西经开区城乡面貌发生历史性变化，为打造干净、整洁、美丽、幸福的“州府新城、产业新区”奠定坚实基础。投资1.7亿元，完成武陵山大道等主次道路的提质改造和市政设施配套建设；投资1000多万元，完成全区植树造林和绿化美化，年内购置鲜花60万盆，栽种紫薇花2万多株，补绿、铺草28万余平方米；投资1.2亿元，建成核心区全域景观亮化工程；开展渣土运输和僵尸车清理、占道经营、环境卫生等专项整治行动，全年查处渣土车违规运输泼洒、乱堆乱倒等违章行为为256起，拖移处理僵尸车78辆，督促在建工地建立车辆冲洗平台18个，拆除违章建房183栋，拆除户外广告招牌102块，收缴灯箱广告148块，清除“牛皮癣”11200张、乱挂横幅155条；清运园区“陈年垃圾”40吨；整合资金5000万元，完成龙凤小冲、捧捧坳老寨、老营盘特色街区3个示范社区和捧捧坳新寨、湾溪三炮台安置区2个精品社区建设。

（田祖贵）

【省级出口工业产品质量安全示范园区创建】 2017年4月13日，湘西经开区管委会印发《湖南湘西经济开发区省级出口工业产品质量安全示范区创建工作实施方案》，随即召开动员培训会，会上与湘西出入境检验检疫局签订合作备忘录。5月18日，湘西出入境检验检疫局副局长张平清一行深入湘西经开区对湖南唯想电子科技有限公司、湖南宸睿通信科技有限公司2家手机生产企业开展产品质量抽检工作。7月4日，召开省级出口工业品质量提升示范园区创建工作推进会。7月24日，在湘西出入境检验检疫局会议室召开创建工作联席会。10月16日，湘西经开区向湖南省出入境检验检疫局提交申请现场验收请示。10月23日，湖南省出入境检验检疫局验收湘西经开区出口工业产品质量安全示范园区创建工作，11月22日通过验收，成为湖南省首个省级出口工业产品质量安全示范园区。（向雅生）

【企业落地建设】 2017年，湘西经开区入驻投资2000万元以上工业企业5家，其中湖南方彦电子有限公司于6月入驻开发区，计划总投资1亿元，分两期建设，一期投入3500万元，二期投入6500万元，当年完成产值2233万元，上缴税金7万元；湖南朗迈物联技术发展有限公司于8月入驻，计划总投资8000万元，分三期建设，当年完成产值100万元，上缴税金1.6万元；湖南锐阳电子科技有限公司于7月入驻，计划总投资2亿元，分两期进行，一期完成投资8000万元并实现投产，当年完成产值32万元，上缴税金0.2万元；湖南金远洋光电科技有限公司于11月入驻，计划投资1亿元，分两期建设，一期投资2000万元，二期投资8000万元；湘西南长城科技发展有限公司于10月入驻，计划总投资2000万元，分两期建设，一期完成投资1000万元并实现投产，当年实现产值200万元，上缴税金2.3万元。（祖　建）

2017 年湘西经济开发区 1—11 月招商引资到位资金情况表

表 28　　　　单位：万元

序号	项目名称	项目单位	总投资	签约时间	合同引资	1—11 月累计到位	历年累计到位资金
1	友阿云商项目	湖南云湘购网络科技有限公司	1000	2017.1.16	1000	310	310
2	公路港物流园	湘西自治州吉凤投资开发有限责任公司	200000	2017.1.20	200000	15700	15700
3	学区房项目	湖南吉凤建设发展有限公司	10000	2017.2.25	10000	2532	2532
4	银行总部大楼	中国工商银行股份有限公司湘西分行	8000	2017.1.10	8000	1000	1000
5	洁宝无纺布项目	湘西洁宝日化有限公司	5000	2017.1.15	5000	2920	2920
6	老营盘风情街项目	湘西州吉凤建设发展有限公司	5000	2017.2.13	5000	4900	4900
7	湘西农产品销售及研发项目	湖南吉兴科技开发有限公司	500	2017.3.10	500	50	50
8	3D 打印设备生产、研发及技术培训	湘西南长城科技发展有限公司	2000	2017.6.22	2000	533	533
9	一期为半导体耗材生产项目，二期为精密陶瓷生产项目	湖南方彦电子（光电）有限公司	10000	2017.5.18	10000	1420	1420
10	农矿产品加工设备研发与制造项目	湘西银湘农业科技有限责任公司	1000	2017.6.22	1000	330	330
11	二期：HDPE 钢带波纹管业生产项目	湘西利通管业有限公司	1500	2017.6.8	1500	680	680
12	触摸屏生产项目	湖南锐阳电子有限公司	20000	2017.6.19	20000	1050	1050
13	大湘西旅游投资、运营、结算项目	湘西自治州大湘西旅游投资有限公司	10000	2017.5.18	10000	318	318
14	消费购物网站、农副产品及土特产品牌销售项目	湘西玛汝电子商务有限公司	2000	2017.5.27	2000	220	220
15	天然气管网铺设及调度中心建设项目	湖南省大湘西天然气管网投资开发有限公司	170000	2017.6.28	170000	8000	8000
16	物联网智能家居项目	湖南朗迈物联技术发展有限公司	20000	2017.7.31	20000	300	300

表 29

2017 年度湘西经济开发区招商引资签约项目一览表

单位：万元

序号	公司名称	类型	项目名称	投资额度	签约时间	承接转移	注册资本年金
1	湖南神州微光节能科技有限公司	工业	微光产品生产项目	5000	2016.12.22	福建(个人)	
2	泸溪武陵阳光生物科技有限公司	工业	植物提取生产加工项目	500	2016.12.24		
3	湘西欣荣钢化玻璃有限责任公司	工业	U 形玻璃、夹层玻璃、幕墙玻璃等特种玻璃生产项目	3000	2016.12.12	广东洛玻特种玻璃有限公司	
4	湘西长行村镇银行股份有限公司	商业	长行村镇银行总部项目	8000	2016.12.23		
5	湖南云湘购网络科技有限公司	商业	友阿云商项目	1000	2017.1.16		
6	湖南吉兴科技开发有限公司	商业	湘西农产品销售及研发项目	500	2017.3.10		
7	湘西众荟商贸有限公司	商业	湘西农产品电子商务销售项目	500	2017.3.10		
8	湘西自治州生易圈供应链有限公司	商业	国际货代、贸易、报关报检及保险代理项目	100	2017.3.10		
9	湘西红杉建材商贸有限公司	商业	电力、建材、五金等供销产品销售项目	120	2017.3.10		
10	湘西自治州大湘西旅游投资有限公司	商业	大湘西旅游投资、运营、结算项目		2017.5.18	北京首旅集团	10000
11	湖南东宇建设工程有限公司	商业	工程施工总承包		2017.4.12		3000
12	北京建友工程造价咨询有限公司湘西分公司	商业	工程招标代理、预决算、项目审计项目		2017.5.11		1000
13	湘西吉成测绘有限公司	商业	城市规划定线测量、市政工程测量、房产面积测绘服务项目		2017.5.23		100
14	湘西玛汝电子商务有限公司	商业	消费购物网站、农副产品及土特产品品牌销售项目	2000	2017.5.27		
15	湘西自治州和谐酒业有限公司	商业	湘西特色农副产品加工、销售、运输项目	500	2017.6.15		
16	广州正田建筑装饰工程有限公司湘西经开区分公司	商业	室内装饰、装修、智能化安装、城市及道路照明工程项目		2017.6.22	广州正田建筑装饰工程有限公司	1000

续表 29

单位：万元

序号	公司名称	类型	项目名称	投资额度	签约时间	承接转移	注册资本年金
17	湖南省大湘西天然气管网投资开发有限公司	商业	天然气管网铺设及调度中心建设项目	170000	2017.6.28		
18	湘西星泓置业有限公司	商业	爱情海城市广场项目	200000	2017.6.28	上海爱琴海置业有限公司	
19	湘西自治州御民阁大药房医药连锁有限公司	商业	医药销售项目		2017.7.8		200
20	湘西自治州吉凤医疗服务有限公司	商业	妇女儿童医院项目	15000	2017.7.20		
21	育才—布朗交通咨询监理有限公司湘西分公司	商业	工程的规划咨询、监理项目		2017.8.16		1010
22	湖南诚信工程项目管理有限公司	商业	工程招标代理、造价咨询、政府采购代理项目		2017.5.8		300
23	湖南吉凤置业有限公司	商业	阳光国际酒店项目	40000	2017.8.16		
24	湘西宏信蓝天置业有限公司	商业	维也纳商务酒店及蓝天御景项目	15000	2017.8.16		
25	湖南华沃工程咨询有限公司	商业	工程规划咨询、监理项目		2017.8.16		500
26	湘西鑫晟劳务有限公司	商业	建筑劳务服务项目	300	2017.6.14		
27	吉首市顺安汽车驾驶员培训学校	商业	顺安驾校训练场建设项目		2017.11.27		350
28	湖南五建天工建设有限公司	商业	建筑、市政公用、水利水电、机电等工程项目		2017.11.27		5000
29	重庆诚信建筑工程(集团)有限公司湖南分公司	商业	房屋建筑工程施工承包、市政公用工程施工总承包、城市园林绿化工程施工总承包、建筑装修装饰工程专业承包等项目		2017.11.20		15000
30	四川友华科技集团有限公司、湖南军天实业集团有限公司	商业	商业、地产业开发项目		2017.11.7		
31	湖南省升扬节能环保有限公司	商业	中央空调设备销售及安装项目		2017.11.27		500

续表 29

单位：万元

序号	公司名称	类型	项目名称	投资额度	签约时间	承接转移	注册资本年金
32	吉首市吉能电力安装有限公司	商业	35 千伏及以下电压等级电力安装工程项目		2017.12.11		800
33	湖南省碧桂园地产有限公司	商业	湾溪片区商住开发项目	300000	2017.12.8		
34	湘西华丽装饰有限公司	商业	室内外装饰、设计，网络设计，园林绿化设计及施工，房屋维修，家政服务，装饰材料、农副产品销售项目		2017.12.19		500
35	吉首南方电气设备厂	工业	成套电气设备生产销售项目	2000	2017.2.20		
36	湘西南长城科技发展有限公司	工业	3D 打印设备生产、研发及技术培训项目	2000	2017.6.22	广东奥基德信机电股份有限公司	
37	深圳方彦电子(光电)有限公司	工业	一期为半导体耗材生产项目，二期为精密陶瓷生产项目	10000	2017.5.18	深圳方彦电子(光电)有限公司	
38	深圳市锐阳电子有限公司	工业	触摸屏生产项目	20000	2017.6.19	深圳市锐阳电子有限公司	
39	湘西银湘农业科技有限责任公司	工业	农矿产品加工设备研发与制造项目	1000	2017.6.22		
40	湘西利通管业有限公司	工业	HDPE 钢带波纹管业生产项目	1500	2017.6.8		
41	深圳朗迈物联技术发展有限公司	工业	物联网智能家居项目	20000	2017.7.31	深圳朗迈物联技术发展有限公司	
42	湖南湘建检测有限公司	工业	建筑物建材质量及技术服务项目	500	2017.8.16		
43	东莞市金远洋光电科技有限公司	工业	玻璃盖板生产项目	10000	2017.10.18	东莞市金远洋光电科技有限公司	
44	湖南金泓电子科技有限责任公司	工业	新能源数据线缆、高频电子制造项目	100000	2017.12.19	惠州天宝集团	

资政论坛

牢记总书记殷切嘱托

中共湘西自治州委书记　叶红专

2013年11月3日，习总书记到湘西土家族苗族自治州视察，首次提出“精准扶贫”战略思想。三年多来，全州上下牢记习总书记殷切嘱托，认真贯彻总书记重要指示，全面落实中央、湖南省委关于扶贫开发工作的系列决策部署，坚持把打赢精准脱贫攻坚战作为头等大事来抓，扎实推进发展生产脱贫、乡村旅游脱贫、转移就业脱贫、易地搬迁脱贫、教育帮扶脱贫、医疗救助帮扶、生态补偿脱贫、社会保障兜底、基础设施配套、公共服务保障等精准脱贫“十项工程”，取得了阶段性明显成效。2014年至2016年，全州实现脱贫35.04万人，进入了农村面貌变化最大、贫困群众增收最快、老百姓最有获得感的时期。

一、兜实最基本最紧要的脱贫“底板”

湘西州贫困人口分布主要有“四多”：地处偏远、自然条件极端恶劣的高寒山区贫困人口多，占全州贫困总数70%；因病致贫人口多，达18.09万人，占比45.8%；建档立卡户贫困学生多，达11.7万人，占比29.6%；残疾人、五保户、孤儿等特殊群体多，占比17%，其中因残致贫达5万人、五保户1.4万人、孤儿2385人。我们通过整合各渠道资金，压缩州、县两级行政经费支出，加大对教育、医疗、社会保障投入力度，千方百计把制约贫困群众脱贫的民生底板兜实。在教育帮扶脱贫上，遵照总书记“扶贫先扶智，绝不能让贫困家庭的孩子输在起跑线上，坚决阻止贫困代际传递”的指示，在落实国家教育资助政策的基础上实施贫困生资助全覆盖，对建档立卡贫困家庭学生实行学前至高中阶段15年免费教育，对建档立卡贫困家庭及城乡低保户子女按学前教育、小学、中学、职业教育4个阶段每生每年分别给予不低于1000元、1500元、2000元、2500元的生活补助，对建档立卡贫困家庭考取本科、专科的大学新生分别发放不低于5000元、3000元的一次性资助，2016年全州投入资助全覆盖资金3.3亿元，惠及12.7万名贫困学生，做到了不让一名学生因家庭贫困而失学。在医疗救助帮扶上，对贫困人口参加城乡居民医保个人缴费部分由财政给予补贴，通过城乡居民医保报销、医疗费用减免、大病保险报销、民政医疗救助等保障后，建档立卡贫困群众住院医疗总费用实际报销比例达到80%以上，特困群众大病医疗费用实现全额报销。同时加强县、乡、村医疗基层服务能力建设，方便贫困群众就近看病。在社会保障兜底上，稳步推进农村低保线与扶贫线“两线融合”，对全州4.76万人兜底对象实行应保尽保。

二、发展可持续脱贫的当家产业

习总书记在湘西州视察时强调，要结合实际发展生产，宜农则农、宜工则工、宜商则商、宜游则游。我们坚持把发展生产作为脱贫攻坚的根本路径，努力让每个贫困村有1个以上当家产业，每个贫困户有1个以上增收项目，有劳动能力的贫困家庭至少1人能稳定就业、有工资性收入。实施农业特色产业提质增效助推脱贫计划，加快发展特色产业，建设优质农产品基地240万亩，带动13万人脱贫。实施乡村旅游脱贫工程，积极推进土家探秘和神秘苗乡两条生态文化村镇旅游精品线开发，着力打造美丽乡村示范村300个、精品村100个以上，助推全域旅游发展，2016年实现乡村旅游收入26.1亿元，带动3.7万人脱贫。花垣县十八洞村通过整治村居环境，建设特色村寨，既改善了村容村貌，又促进了乡村旅游发展，被授予“全国旅游系统先进集体”。实施转移就业脱贫工程，注重加强与广州、深圳、济南和省内长株潭等地区劳务输出对接，2016年培训建档立卡贫困劳动力2.72万人，巩固转移就业21.66万人，带动6.3万户贫困家庭脱贫。推进电商扶贫，加强与京东、苏宁、阿里巴巴等知名电商合作，组建农产品电商销售公共平台，扶持发展一批州内电商企业，建成电子商务网点421个，2016年全州农村电商销售额近20亿元。启动实施贫困村金融扶贫服务站建设、金融支持特色产业发展等10项金融扶贫专项行动，2016年发放小额信贷7.64亿元，扶贫再贷款余额为13亿元，带动6684户贫困家庭创业增收。

三、推进易地扶贫搬迁

“十三五”期间，湘西州需搬迁建档立卡贫困人口 8.45 万人，在广泛征求意见和充分论证的基础上，制定了易地扶贫搬迁规划、实施方案和配套政策，去年搬迁 2.5 万人。在搬迁方式上，根据群众意愿，采取三种方式进行合理安置，其中相对集中安置占 57.4%、分散自建安置占 26.7%、进城购房安置占 15.9%。

在规划建设上，坚持易地扶贫搬迁与小城镇建设、新农村建设、乡村旅游、园区建设有机结合，既解决搬房子，又兼顾兴产业；既建设新居所，又建设新农村；既建设好基础设施，又优化配套公共服务。

在后续保障上，注重就业帮扶、社会保障等相关服务，加强就业培训，促进就业创业，确保贫困群众搬得出、稳得住、能致富。比如，凤凰县舒家塘村把易地扶贫搬迁与古村落保护、乡村旅游相结合，通过易地重建、同等置换的方式，将古村落核心区 49 户 148 人按规划搬出，既保护了文物，又让贫困群众住上了新房，还发展了乡村旅游。凤凰县夯卡村安置点，采取集体经济按股分红、能人带动发展苗绣产业、帮助务工就业、社保兜底等综合措施叠加扶持，让 35 户 147 名贫困群众搬进了新房子、过上了好日子，在搬迁分房时，很多贫困群众都流下了感恩的泪水，去年农历新年时，每家每户都自发地在新家门口贴上了“共产党好”的新春对联。

四、完善基础设施和基本公共服务

基础设施建设欠账较多和基本公共服务供给不足，一直是湘西州脱贫发展的“短板”。我们按照“区域发展带动脱贫攻坚、脱贫攻坚促进区域发展”的思路，积极推进以“城乡同规划、设施同建设、产业同推进、环境同整治、事务同管理”为重点内容的城乡同建同治行动，既着力改善贫困地区基础设施，又着眼提高贫困群众文明程度。通过推进水、电、路、房、信息网络、环境整治“六到农家”，实现了适宜通公路的行政村都通了公路，农村电网改造率达到 85%以上，乡乡通宽带、村村通移动通信，新解决 105 万人饮水安全问题，累计投资 5.8 亿元完成农村危房改造 4.4 万户。通过推进农村养老服务体系、村级公共服务平台等建设，实现乡乡有敬老院，每个贫困村有一个集村部、卫生室、村民议事和文化娱乐活动为一体的标准村级活动场所。通过强力推进城乡环境卫生综合治理，全面清除城乡主要街道、集镇、村组、河道溪沟等陈年垃圾，基本遏制乱停乱摆、乱搭乱建、乱贴乱涂、乱燃乱放等脏乱差现象，广大基层干部群众思想观念和精神面貌为之改变，呵护绿色、保护生态、爱护洁净、美化家园的意识明显增强、行动更加自觉。

五、建立有力有效的工作机制

干部精神状态如何、工作作风虚实、执行能力强弱，直接关系精准扶贫脱贫成效。我们注重发挥好各级干部的组织落实和示范带动作用，实行严格的督查巡查、资金监管、绩效考核评估等制度，做到“四防两严”，即：防庸，力戒思想麻痹、庸碌懈怠；防急，力戒慌急毛躁、盲目蛮干；防散，力戒扶贫工作缺乏整体性、扶贫资金撒胡椒面、扶贫精力不集中等问题；防虚，力戒做虚功，搞“数字脱贫”，出现“被脱贫”现象；严格扶贫对象进出动态管理；严肃群众纪律、财经纪律和工作纪律，确保脱贫质量和效果经得起检验。

注重扣紧压实各级责任。实行州级领导联县包村、县级领导联乡包村和机关单位包村、党员干部包户制度，每个贫困村选派 1 名“第一书记”，做到全州重点贫困村、非贫困村和贫困群众结对帮扶全覆盖，并建立扶贫工作队和驻村帮扶干部进村入户工作日制度，切实让各级党员干部带着责任、感情抓扶贫，做到“身入”又“心入”。

注重抓细扶贫对象精准识别动态管理。先后组织两次万名干部进村入户精准识别，把不符合条件的“四类人员”彻底清出去，把符合条件的“五类人员”及时纳进来，确保应进则进，应出则出。推行贫困户基本信息卡、政策明白卡、帮扶记录卡、收益卡“四卡合一”，让基层干部和贫困群众都能看得明白、讲得清楚、做得到位，真实记录帮扶工作全过程。

注重发挥督查考核问责“指挥棒”作用。对重点贫困村进行常态化督查，对非贫困村、偏远村、城郊村和信访重点村、基层组织软弱涣散村进行全覆盖督查。对标对表国家精准脱贫目标任务和工作要求，对作风不实、措施不到位，扶贫工作出现严重问题，造成重大负面影响的严肃追究责任；对未能完成年度脱贫减贫任务且考核验收综合得分排在末位的县市和精准脱贫重点工作牵头单位、排在后 5 位的驻村扶贫单位，对其主要负责人进行诫勉谈话。深入开展精准扶贫专项巡察和“雁过拔毛”式腐败专项整治，以“零容忍”态度从严治理扶贫领域问题。

（《新湘评论》2017 年第 17 期）

践行习近平生态文明思想 奋力推动湘西州绿色发展

湘西自治州委副书记、州长　龙晓华

党的十八大以来，习近平总书记传承中华民族传统文化、顺应时代潮流和人民意愿，站在坚持和发展中国特色社会主义、实现中华民族伟大复兴中国梦的战略高度，深刻回答了为什么建设生态文明、建设什么样的生态文明、怎样建设生态文明等重大理论和实践问题，系统形成了习近平生态文明思想，对新时代加强生态文明建设指明了前进方向、提供了根本遵循。作为习近平总书记精准扶贫战略思想的首倡地和长江财经带重要的生态安全屏障，湘西州始终牢记习近平总书记2013年亲临湘西州视察时的殷切嘱托，积极践行习近平生态文明思想，保护绿水青山，做大金山银山，推动绿色发展，建设天蓝、地绿、水净的美丽湘西，着力把湘西州打造成为全国绿色发展的标杆区。

一、树牢绿色理念。绿色发展事关发展取向、发展质量、发展效果和民生福祉。生活富裕但环境恶劣，山清水秀但贫穷落后，都不是人民群众的意愿。坚持绿色发展就是坚持科学发展、可持续发展，就是坚持高质量发展。绿色生态是湘西州最具潜质的资源、最为丰厚的财富，推进绿色发展是践行习近平生态文明思想，落实党的十九大精神的具体体现。湘西州是国家重要的生态功能区、全国生态文明示范工程试点地区和生态保护与示范区，绿色发展特别符合湘西州实际。湘西州将牢固树立绿色发展理念，坚持生态文明立州，围绕打造国内外知名生态文化公园目标，以绿色湘西工程建设为抓手，将绿色发展融入财经社会发展各方面和全过程，加快建设美丽开放幸福新湘西。

二、发展绿色财经。“绿水青山就是金山银山”。“保护环境就是保护生产力，改善环境就是发展生产力”。湘西州最大的优势是绿色，最大的潜力是绿色，我们将充分发挥绿色生态优势，把绿色优势转化为发展优势、财经优势、竞争优势。做强生态文化旅游业。湘西历史文化厚重，民族风情浓郁，山水风光秀丽，我们将充分发挥良好的自然生态和原生态文化优势，大力推进生态文化与旅游深度融合，以国家全域旅游示范区创建、湘西世界地质公园申报为抓手，做好旅游景点、景区、基础设施和配套服务设施建设，建设一批旅游康养、旅游地产项目，推动生态文化旅游产业发展全面提升。做特现代农业。湘西州是全国土壤富硒带、微生物发酵带、植物的亚麻酸带，我们将充分发挥绿色、富硒、生态优势，加快农村产业融合发展示范园、高标准农田和农产品精深加工示范基地建设，积极创建国家特色农产品优势区，加强“三品一标”和区域农产品公共品牌建设，让湘西农产品成为放心食品、安全食品，到2020年建成特色产业基地400万亩，实现产值500亿元。做优新型工业。坚持“生态环保”“科技创新”工业发展取向，深入推进“三去一降一补”，大力推进技术创新，重点发展新材料、新能源、电子信息、节能环保、食品加工业等产业，着力培育一批科技创新型企业，创建一批省级、国家级循环财经示范县、园区和企业。

三、建立绿色机制。“生态兴则文明兴，生态衰则文明衰”。没有制度保障，绿色发展理念就是空中楼阁。推进绿色发展必须通过制度性安排，构建生态保护和绿色发展的良性互动机制。大力推动中共中央、国务院《关于加快推进生态文明建设的意见》《生态文明体制改革总体方案》《关于全面加强生态环境保护坚决打好污染防治攻坚战的意见》等环境领域法律贯彻实施，制定和完善地方性配套法规和规章。积极争取国家建立健全生态补偿机制，调度各个方面的积极性。建立生态文明建设考核机制，加强对生态保护的刚性约束。制定支持民族贫困地区绿色发展的配套政策，通过政策推动，实现生态保护和生态财经协调发展。加快构建政府主导、企业主体、社会组织和公众参与的环境治理体系，落实“生态保护红线、环境质量底线、资源利用上线和环境准入负面清单”约束，更好地发挥环评制度从源头防范环境污染和生态破坏作用。

四、增进绿色福祉。“小康全面不全面，生态环境质量是关键”。没有绿色的小康不是真正的小康。良好生态环境是人和社会持续发展的根本基础，是最公平的公共产品，是最普惠的民生福祉。全面落实国家生态补偿等系列惠农政策。大力实施生态补偿脱贫工程，全面落实和积极争取增加贫困人口转岗生态护林员指标，确保林区建档立卡贫困人口稳定脱贫。积极创建森林城市，按照创建国家森林城市的“五大体系”考评指标，推进千里生态走廊建设、水岸绿化、城乡主要交通沿线裸露山地绿化、城区绿化景观建设等重点工作落地落实，力争今年成功创建国家森林城市。倡导绿色健康生活方式，树立绿色增长、共建共享的理念，使绿色消费、绿色出行、绿色居住成为人们的自觉行动。

五、筑牢绿色底线。“我们要认识到，山水林田湖是一个生命共同体，人的命脉在田，田的命脉在水，水的命脉在山，山的命脉在土，土的命脉在树。”“生态环境没有替代品，用之不觉，失之难存……像保护眼睛一样保护生态环境，像对待生命一样对待生态环境”。坚持人与自然和谐共生，坚守生态保护红线、永久基本农田、城镇开发边界三条控制线，实行最严格的生态环境保护和责任追究制度，切实保护好山水和人文资源。坚持“零容忍”推进“两违整治”，坚决遏制占田、占道、占河等违规建房行为，大力实施乡村高标准农田建设，守住、管牢、用好永久基本农田。坚持“全州一盘棋、审批一支笔”的规划管理体制，科学划定城镇开发边界控制线，推动集约化发展。同时，坚决打好环境治理攻坚战，加大环境污染综合治理力度，花大力气解决大气、水、土壤污染等突出问题，确保生态环境持续优化。

六、展现绿色风姿。把绿色湘西建设摆到更加重要的战略位置来推进落实，实施生态文明建设、城乡同建同治和网格服务管理“三大工程”，着力打造靓丽城镇、美丽乡村、梦里家园，努力让绿色生态成为湘西的第一形象，让神秘湘西、梦里家园成为湘西的亮丽名片，让湘西成为现代人的理想国，都市人的桃花源。

（中国经济网）

撸起袖子加油实干　闻鸡起舞开启新篇

湘西自治州委副书记、州委统战部部长　曹普华

元旦前夕，习近平总书记发表了新年贺词，号召大家撸起袖子加油干，走好我们这一代人的长征路。一时间，“撸起袖子加油干”迅速刷爆网络，深入民众，成为2017年度第一个走红网络的金句。湘西自治州作为湖南省扶贫攻坚主战场，加快脱贫加快发展的任务十分艰巨，更需我们撸起袖子加油实干，奋力谱写湘西发展新篇章。

一、撸起袖子加油实干，首在悟透干的深意。第一，人之为人首要就是“干”。马克思主义认为，劳动是人和动物的根本区别，是人类进步的源泉和动力。有基层生活经验的人都知道，无论是农民下地干活，还是工匠开始做工，首先就是要把袖子撸起来。这彰显的是一种苦干实干的态度。态度就像一面镜子，你以哪一面来面对它，它回报你的也必定是那一面。在社会价值多元化的今天，不少人还迷失其中，不愿意静下心来老老实实做人、沉下心来认认真真做事，而是把“走捷径”“吃快餐”当做人生信条，这是十分危险的。干部干部，就是要干字当头，既然选择了从政，就要情牵万家灯火、心系百姓忧乐，在干事中实现人生价值、绽放生命华章。第二，党的事业召唤我们“干”。过去我们党领导人民取得革命胜利，靠的是一刀一枪的实干；现在我们党带领人民实现中华民族伟大复兴的“中国梦”，靠的也只能是一点一滴的实干。就湘西而言，州第十一次党代会确立了当前和今后一个时期发展的总战略、总愿景，即把我州打造成融自然山水大画园、民族风情大观园、绿色产品大庄园、休闲旅游大乐园、和谐宜居大家园为一体的国内外知名生态文化公园。我们唯有责无旁贷地撸起袖子坚决干、加油干，才能将蓝图变为现实、愿景变为实景。第三，发展的态势驱使我们“干”。近几年，我州已进入减少贫困人口最多、农村面貌变化最大、贫困群众增收最快的时期。但与发达地区、兄弟市州相比，我们还存在较大差距，全州尚有835个贫困村、39.12万名群众未摆脱贫困之窘境。站立全面建成小康社会的潮头浪尖，置身全省各地竞相发展的动态格局，冲锋全州脱贫攻坚的前沿阵地，我们唯有自我审视、自我加压、负重前行，脚踏实地干，真刀真枪干，推动每一项工作全面进步、全面过硬，努力实现在全省由“跟跑”“并跑”向“领跑”转变，由“比较优势”向“绝对优势”跃升，由“单项领先”向“全面领先”跨越。

二、撸起袖子加油实干，重在攒足干的本钱。第一，精准校对坐标，把握干的方向。方向不对，努力白费。现实生活中，一些党员干部口头上喊对党忠诚、向党中央看齐，私下里却做“两面人”，言行举止与一个合格党员标准大相径庭，在原则问题和大是大非面前立场摇摆，对中央决策说三道四、品头论足，执行政策阳奉阴违、打折扣、搞变通，等等。试想，一个信仰坐标都找不准的人，还能够忠诚于党的事业吗？显然不能。因此，党员干部为政之道首在坚定理想信念，站稳政治立场，把握正确方向。第二，持之以恒充电，锤炼干的本领。在知识“保鲜期”越来越短、思想“断档率”越来越快、能力“迭代率”越来越高的知识经济时代，人的一生只需充一次电已成为过去。党员干部要努力把自己锻造成一块高效蓄电池，不断充电，让知识不老化、思想不僵化、能力不退化。第三，注重遵循规律，提升干的效能。做到“四干三不干”。所谓“四干”：一要实干。尊重实际，脚踏实地，抓在实处、干出实效。二要苦干。摒弃宁愿苦熬不愿苦干的心态，靠双手和智慧去改变现状、创造幸福。三要巧干。讲究干的方法和技巧，善于无中生有、以小博大、以少胜多。四要恒干。弘扬“功成不必在我、建功必定有我”的精神，一茬一茬接着干，一张蓝图干到底。所谓“三不干”：一不蛮干。不能用蛮力，要开动脑筋、多用智慧，否则只能是劳民伤财、事倍功半，甚至会徒劳无功、前功尽弃。二不盲干。要按规律办事，依规矩行事，做到思路清、措施明，否则可能南辕北辙、适得其反。三不乱干。开放开明，听得进不同意见，善于团结反对自己的人，谨慎用权，尊重民意，不能随心所欲、恣意妄为，否则只能失了民心、误了发展。第四，善始善终修为，守牢干的底线。一是砥砺品行，做到“两统一”。即：做人与做官相统一。把做人的过程作为完善自我人格、夯实从政基石的过程，把做官的过程作为提升政德境界、践行为民宗旨的过程。做官与做事相统一。做官不是目的，做事才是做官的归宿。二是康健身心，做到“两要”。即：要有阳光心态，不要这山望着那山高。要有健康体魄，加强体育锻炼，尽量减少应酬，缩小和净化朋友圈，把时间分给靠谱的人和事。三是找准角色，做到“两不”。即：当官不要想发财。一个对金钱顶礼膜拜的人就不要去当官，否则必将角色错位，视官场如市场，拿权力做交易，最终人财两空。不在其位不谋其政。如果太迷恋权力，政绩观就会出现偏差，就会遇事不讲程序、不循规

矩，当副职讲正职的话，当正职干副职的活，经常性越位错位，最终必将酿成大错、难成大器。

三、撸起袖子加油实干，贵在务求干的实效。想要飞上天空，就要生出双翼，想要融入更好的世界，就要让自己更优秀。变，过程很痛苦，结果很迷人。害怕改变自己，就只能苟安于沉沦。改变贫困面貌，建设美丽湘西，以优异成绩迎接建州60周年，就要不忘初心，加压前行，撸起袖子加油苦干实干。第一，干在要处，城乡面貌要更加靓丽。以交通大突围推进城乡面貌大改善，加快高铁、机场、深水码头等重大项目建设，着力做好交通运输与旅游融合发展文章，加快千里旅游公路提质改造步伐，抓紧抓实生态文明建设、城乡同建同治、网格服务管理“三大工程”，用艺术化手段、个性化设计、项目化管理，打造一批体现山区特点、蕴含民族特色、彰显时代特征的精品靓丽城镇。第二，干在实处，人民生活要更加美好。一是做强特色产业。因地制宜、因时制宜，多想办法、多出主意、多用实招，让每个村都有一个以上支柱产业，让每个家庭至少有一个当家产业。二是推进教育扶贫。大力发展职业教育，培养职业农民，让贫困群众有一技之长，让其后代受到良好教育，从而阻断贫困代际传递。三是关注困难群体。把无劳动能力、无自我发展能力的贫困群众底数摸清，不漏一户、不少一人，做到应兜尽兜，让困难群众生活更有质量、更有尊严。第三，干在难处，改革创新要更加深入。着力破除束缚发展的思想观念，革除影响发展的体制弊端，以改革破难题、以创新促发展。每年抓一批事关全局、关乎长远的改革，弘扬钉钉子精神，持之以恒干下去，最终让看点变成卖点，卖点变成亮点，亮点变成经验，经验变成模式，整体提升工作质量、效率、水准和影响力。第四，干在细处，社会大局要更加稳定。大力推进综治创新，进一步强化风险意识、稳定意识，坚持守土有责、守土负责、守土尽责，决不让小问题演化为大问题、个别矛盾演化为综合矛盾、局部风险演化为区域性或系统性风险。

《湖南工作》

坚持“点线面”齐发力　打造全域旅游新高地

湘西自治州委常委、州委宣传部部长、龙山县委书记　周　云

近年来，龙山县立足独特生态文化资源优势，紧紧围绕全州“建设国内外知名生态文化公园”总战略，大力实施生态文化旅游兴县战略，坚持“点线面”相结合，着力把生态文化旅游产业打造成主导产业、脱贫产业。2017 年，全县接待游客 318.9 万人次，实现旅游收入 17.66 亿元。

一、以点破面，旅游产品体系不断丰富。重点加快景区景点建设。里耶古城景区街道改造、秦简博物馆整修等工程基本竣工，南游客服务中心、棚户区改造及老街区整治、里耶旅游文化小镇、麦茶大道等项目加快实施，里耶国家 AAAA 级景区创建工作有序推进。惹巴拉景区土家文化生态公园全面开工建设，完成投资近 3 亿元。另外，土司王宫影视基地、房车露营基地、游客服务中心、千亩农业观光园、民宿酒店等正在建设中。惹迷洞游客服务中心及停车场已投入使用，慢行车道、森林绿道、高端木屋等工程基本完成。乌龙山大峡谷景区提质改造工程等项目建设加快。二是大力实施美丽乡村建设。按照“总体规划、突出重点、分步推进”的原则，高规格编制了 16 个精品村、45 个示范村的美丽村庄规划，打造不同地区的文化特色。整合资金 5000 余万元，村庄亮化、绿化、户改厕、文化墙等项目快速推进。培育了万亩柑橘、万亩百合、万亩烤烟精品园等农业特色产业。三是突出加强旅游品牌建设。创建了里耶古城、惹巴拉、乌龙山大峡谷等 3 个国家 AAA 级旅游景区；里耶—乌龙山风景区名胜区入选第九批国家级风景名胜区；洛塔石林获评湖南乌龙山国家地质公园称号；另外还获得“中国传统村落”“中国民间文化艺术之乡”“国家非物质文化遗产”“中国历史文化名村”等称号。

二、串点成线，旅游精品线路加快建设。一是完善“线”的连接功能。龙永高速已竣工通车，龙桑高速、张花高速里耶连接线、黔张常铁路进展迅速，龙里、洗里二级路已全面通车，还有多条公路正在建设中。二是丰富“线”的旅游功能。在加快融入大湘西“土家探源”精品线同时，打造多条特色旅游线路。如里耶秦文化、惹巴拉土家文化等文化体验线路，八面山、洛塔石林等山地度假线路，里耶、乌龙山等修学之旅线路等。

三、融合成面，旅游全域发展深入推进。一是注重顶层设计。实施“生态文化旅游兴县”战略，出台了《关于进一步加快生态文化旅游产业发展的意见》，成立了生态文化产业发展领导小组，县财政每年公共财政收入 2%的标准安排旅游产业发展基金。编制了《龙山县旅游发展总体规划（2014—2025）》旅游规划。二是狠抓服务完善。结合“智慧龙山”建设，打造“智慧旅游”信息化系统，县内 A 级景区已实现 Wi-Fi 全覆盖。注重高端旅游饭店引进，世纪百年酒店已开业，建国饭店即将投入营运，乌龙山在峡谷高端木屋、惹巴拉民宿酒店建设初具规模。旅游标志标牌、景区交通指示牌等建设完成。三是强化宣传推介。确立了“神秘湘西　醉美龙山”的旅游宣传口号，并投放到了州内高速沿线。举办了“2017 湘西龙山舍巴日”、土家族摆手节、首届“文化和自然遗产日”展演等节庆活动，参加了国内多个旅游交易会和博览会，邀请或协助中央电视台拍摄了多个与龙山有关的专题节目。

（中国经济网）

大力实施三年行动计划　坚定不移推进产业强市

湘西自治州委常委、吉首市委书记　刘珍瑜

吉首市坚持项目兴市、改革兴市、实干兴市“三个兴市”发展思路，大力推进“产业攻坚工程”，产业发展的城市载体、园区平台、交通区位、政策环境等基础条件长足进步，迎来了加快产业经济发展好时机。当前和今后一个时期，吉首将高举“产业强市”旗帜，瞄准新型工业化、生态文化旅游产业、商贸流通业、现代特色农业“四大重点产业”，以产业项目建设为抓手，加快实施“产业强市三年行动计划”，力争3年完成产业投资260亿元，建成运营一批重大产业项目，初步形成“园区支撑、文旅先导、多点发力、优势凸显”的特色产业体系，全力打造州域经济核心增长极。

明确目标方向抓产业。一是推进新型工业化加快发展。到2020年，完成投资总额90亿元以上；力争每年新引进工业项目15个以上。推进鹤盛原烟易地技改等一批重点项目建设，实施一批重点企业“退城入园”项目。加快东方红二期、金海钢构等项目建设，创建集研发、展览、生产、物流配送为一体的国家级装配式建筑产业示范市。加快建设生物医药园区，力争三年内实现产值10亿元以上。加快构建特色食品加工产业体系，力争三年内产值达5亿元以上。二是实现生态文化旅游产业提质发展。到2020年，完成投资总额50亿元以上，成功创建国家AAAAA级景区1个、国家AAAA级景区1个，接待旅游人数突破2000万人次，实现旅游收入160亿元，接待旅游人数和旅游收入年均增长15%以上。突出核心吸引物——矮寨奇观景区品质打造，成功创建国家AAAAA级景区。加快“全域旅游”基础服务设施提质。形成主要景区、乡村旅游重点村寨四通八达的交通网络。在高铁新城规划建设客运枢纽和游客集散中心。完成3家以上高星级酒店建设，宾馆酒店床位数突破40000个。实施“厕所革命”，新（改）建旅游厕所100座。实施红枫谷康养中心、峒河谷生态经济园、云端旅游度假区等10大旅游重点项目，打响“全域康养”品牌。三是加快商贸流通业振兴发展。到2020年，完成投资总额90亿元以上；新增限上商贸流通企业8家。壮大商贸物流体系。落地实施一批物流仓储项目，提升农产品批发、综合批零、汽车销售服务、建材等各类专业市场经营水平。支持大田湾汽车城做大做强，加快北大荒农业产业园及农产品交易中心、马颈坳公路物流园等项目落地建设。加快提升城市核心商圈，构建乾州新区、州府新城、高铁新城、老城区“四大商圈”组团发展格局。加快乾州新区世纪广场商业城、湘泉国际广场、红星美凯龙国际时代广场等高端城市综合体项目建设，持续推进老城区片区改造、财信商业步行街综合提质等项目，在高铁新城新兴商务中心。大力发展现代新兴服务业。支持金融业、租赁、会计、中介、会展等新兴服务业发展壮大。积极支持举办车展、房展、农产品博览会等各类会展活动，推进电子商务产业园等平台建设，积极发展电子商务。四是推进现代农业特色发展。以乡村振兴战略为总抓手，到2020年，完成投资总额10亿元以上，建成茶菜果药等特色产业基地40万亩以上，创建省级以上龙头企业20家以上。用好“公司+基地+农户”模式，加快培育新型农业经营主体，扶持一批农业龙头企业、合作社、专业大户发展壮大。重点支持湘西黄金茶、蔬菜、水果、中药材、特色养殖、花卉苗木等产业发展，到2022年全市茶园总面积达到12万亩，打响“湘西黄金茶”品牌。积极整合涉农资金，加快实施一批生产道路、农田水利、土地整理等基础项目，支持园、社、企、水、路综合配套的农产品基地建设，推进特色农业标准化、精细化、规模化发展。

坚持创新开放抓产业。一是引领企业创新。用足用活上级支持创新发展政策，建立科技创新财政投入保障机制，引导企业加大新技术、新产品研发力度，推进科技创新、产品创新，支持特色旅游商品开发，激发文化创意等新兴产业活力，积极支持小微企业推出新产品、新服务，加快提升企业竞争力，壮大吉首特色产业体系。二是提升招商实效。把招商引资摆在重中之重的位置，提升工作深度，选准、跟紧目标企业，加快项目落地。注重用深度精准、详实科学的数据说话，把吉首的比较优势分析到位，把项目前期资料做深做细，把吉首和项目的优势和企业的意向精准对接起来，用工作深度打动企业。坚持“高位”招商，市级领导做到重点意向亲自洽谈、重要客商亲自接待、重大问题亲自解决，展现吉首招商的诚意决心。积极拓展“以商招商”平台，在深圳、广州、上海等重点区域布局一批“代理招商”“委托招商”优质合作者，充分发挥专业机构“精准招商”作用。开展好“迎老乡、回故乡、建家乡”活动，牵紧乡情纽带提升招商实效。三是夯实开放平台。加快提升园区承载能力，推进吉首经开区水、电、路、气、标准厂房、污水处理等基础设施配套，力争到2020年，园区各类厂房面积达到100万平方米，技工贸收入达到100亿元。

深挖环境潜力抓产业。一是优化政策环境。用好用足用活中央、省州出台的一系列支持产业发展的政策措施；坚决兑现落实市里的自主优惠政策，充分释放政策含金量。抓紧设立产业基金，支持企业发行债券，用好担保平台，大力推进政银企合作，加大用地保障力度，努力为企业解决融资难、招工难、用地难问题。二是推进服务创新。落实“放管服”改革要求，进一步深化“最多跑一次”改革，推行“互联网+政务服务”等新模式，减少许可事项，压缩审批时限。三是强化法治保障。坚持依法行政、文明执法，规范涉企监管和涉企办案，杜绝粗暴执法和选择性执法，严禁“以罚代管”，防止多头执法和重复执法，严禁以服务、执法为名索拿卡要。正确处理管理执法与企业经营之间的关系，寓管理于服务之中，做到既管理有序又便民利企。经常性开展企业生产经营和项目建设环境治理，严厉打击聚众扰乱秩序、敲诈勒索、非法阻工、强买强卖等违法行为。

确保力量投入抓产业。一是强化调度统筹。市委常委会坚持经常研究产业建设中的重点难点问题；产业发展领导小组、招商引资工作领导小组坚持定期召开工作例会，保障工作力量投入的强度频度。市级领导积极落实好“重点企业精准帮扶”行动，发挥好牵头联系重点企业、重点项目的作用。责任部门坚持经常深入企业、项目一线精准服务，落实好工作专班制度，部门之间积极配合，提高效率，形成齐抓共管的工作合力。二是加强督办考核。用好干部作风台账“双百分”管理、“特别项目”督查、“一线考察”、“一线督查”，以及招商引资、产业项目建设等督查考核机制，推行“每月一通报、每季一分析、半年一总结、年终总排名”，及时发现、督办、整改突出问题。三是提升工作能力。切实提升党员干部研究产业、钻研工作的意识，帮助企业解决问题报得出数字、讲得清情况、提得出思路、拿得出办法。加强产业发展形势的精准分析，对产业投资、产业税收、产业用地保障等方面情况及时掌握，精准施策，真正把加快产业建设放在心中、抓在手上。

（《湘西工作》2018年第5期）

建设“四个古丈” 决胜脱贫攻坚

湘西自治州委常委、古丈县委书记 杨彦芳

按照州委“两年攻坚、三年巩固、应兜全兜、稳定脱贫”总体部署，古丈县将坚持以建设“四个古丈”为抓手，全力推进“十项工程”，决战决胜脱贫攻坚。

守住青山绿水，加快建设生态古丈。一是建设好生态。大力实施山水林田湖生态保护和修复工程，深入开展国土绿化行动，推进全域生态系统修复建设，构建生态廊道和生物多样性保护网络。重点抓好千里旅游走廊生态景观工程、水生态文明试点工程、退耕还林工程、生态公益林以及天然林保护工程等重点生态项目建设，力争到2020年全县森林覆盖率达75%以上。二是保护好生态。全面开展农村清洁能源、矿业综合治理、集镇和工业园区污水处理、集中饮用水源保护、农村环境综合整治、城区大气污染防治等项目建设，确保到2020年城镇污水处理率达65%以上，空气质量达标率达95%以上。三是开发利用好生态。大力发展绿色低碳经济，推广循环经济发展模式。推动汉瑞钒业与南方水泥合作，实现钒渣废物利用，引进高新生物技术对接湘泉酒业，实现酒糟变废为宝，大力发展生态农业、生态旅游业、健康养老、休闲养生、体育健身等生态经济，让生态资产变为产业资本。

坚持项目带动，加快建设活力古丈。一是狠抓项目储备。围绕基础设施建设、特色产业发展和民生改善等方面，加快完善项目可研、环评、设计等审批前期工作，抓好项目包装策划，精心储备一批事关长远发展和民生福祉的大项目、好项目，力争“十三五”完成固定资产总投资突破260亿元。二是狠抓项目推进。实行县级领导包联重点项目“五个一”责任制，落实项目工作预安销号制度，加快推进张吉怀高铁古丈段、永吉高速古丈段、张花高速古丈连接线、罗凤公路、古阳河水库等一批重点项目建设，加快推进古罗大道等重大项目开工建设，综合运用经济、行政、法律等手段，努力破解项目建设中的征拆难题，确保“十三五”全县固定资产投资保持20%以上速度。三是狠抓招商引资。创优招商引资环境，深入推进政银企合作，采取PPP、BT、BOT等多种模式，引进更多资本通过多种合作模式参与公共建设。围绕农矿产品精深加工、旅游开发、省级工业集中区、城镇扩容提质等重点实施精准招商，开展产业链招商、园区招商和以商招商，引进一批投资规模大、市场前景好、产业关联度高的项目，力争全县五年内招商引资突破100亿元，到位资金年均增长20%以上。

统筹城乡发展，加快建设精致古丈。一是做大做优特色产业。突出茶叶转型升级，放大百年世博中国名茶金奖、“中国名茶之乡”“中国有机茶之乡”等品牌效应，大力发展茶饮料、茶食品、茶日用化工品等精深加工产品，力争五年内开发有机茶园5万亩以上，培育产值过亿元的高新技术龙头企业3家以上，茶叶产值突破20亿元，成功创建“中国有机茶叶产业县”。加快工业转型升级，着力打造武陵山区新材料产业基地，深化高等院校对接合作，加快发展钒电池、钒合金、碳酸钙功能材料等新材料项目；加快省级工业集中区建设，力争“十三五”建成标准厂房60万平方米、引进高新技术规模工业企业8家以上，工业总产值达30亿元以上。加快发展全域旅游，突出红石林、坐龙峡、栖凤湖、高望界、天桥山等“一园四区”提质升级，狠抓旅游交通路网、综合服务配套，推进乡村旅游和茶旅融合发展，打造两条生态文化村镇游精品环线，力争到2020年接待游客突破500万人次，旅游收入达20亿元以上。二是建设人民满意城市。按照宜居、宜业、宜游、宜养“四宜”定位，加快新城扩容，重点抓好以古罗大道及城市路网为主的二纵六横新城主次干道规划建设，配套实施新城十二年制学校、新城医院、商住小区、城市创业园、扶贫搬迁安置小区、保障性住房小区、农贸市场、有机茶交易中心等项目，招商引进新城商业综合体、旅游综合体、商贸物流综合体等项目，全面提升产城融合水平，到2020年，力争全县城镇化率从当前的41%提高到50%以上。加快老城提质，重点实施城市绿化改造、古阳河风光带建设、老城外立面立体改造三大提质改造工程；加快县城自来水改扩建、武陵山批发大市场、城区学校提质、棚户区改造等项目建设，以高铁站及24米双向4车道连接线建设为带动，规划建设路网框架和景观绿化。三是突出特色集镇建设。依托产业园区、工业集中区、核心景区和全域旅游等功能布局，加快红石林镇工业园片区和河西片区、古阳镇罗依溪片区、高峰镇高望界片区、默戎镇等小城镇建设，将7个镇打造成各具特色、各显优势的商贸大镇、旅游强镇、产业重镇、工业新镇和民俗风情名镇，吸引更多农村人口向中心城镇、产业集中区转移。坚持将新农村建设和传统村落保护、特色民居改造结合起来，建设一批有历史记忆、地域特色、民族特点的美丽乡村。

保障改善民生，加快建设幸福古丈。一是着力补齐“短板”。努力整合各类扶贫资金，加快补齐贫困村在水、电、路、网络等基础设施项目和公共服务保障方面存在的各类“短板”，达到省定贫困村整村退出标准。采取融资抵押、分贷统还、不动产投入、入股分红等方式，发展壮大村级集体经济。大力推进金融精准扶贫，加大对扶贫小额信贷、中小微企业和“三农”信贷投放力度，撬动银行资金深度参与扶贫开发。二是发展社会事业。加快发展职业教育，支持和规范民办教育，促进各类教育协调发展，巩固扩大“山村幼儿园”成果，确保到2017年每个镇建成1所示范性公办幼儿园，基本实现村村有幼儿园；坚决阻断贫困代际传递，推动农村贫困户家庭学生资助实现全覆盖。逐步加大镇级卫生院投入，认真抓好医卫人才引进和培养工作，大力推进医疗救助帮扶工程，确保医疗救助报销比例达到80%以上。大力实施文化惠民工程，力争让每个镇有文化体育广场，每个村有文化体育活动中心。三是强化民生保障。加强与珠三角等区域交流合作，加大与长株潭等地区劳动力转移对接力度，力争到2020年新增城镇就业、农村劳动力转移就业各1万人以上。稳步推进社会兜底保障、养老服务体系建设和五保供养、孤儿保障、救济救助等工作，实现城乡居民社会养老保险全覆盖。采取集中安置和分散安置相结合方式，加快推进易地搬迁工程，确保到2017年全面完成易地搬迁任务。大力实施农村危旧房改造工程，确保到2017年改造率达100%。

（湘西工作2017年第2期）

精准作答习近平总书记扶贫“四问”

州政协副主席、保靖县委书记　卢向荣

新一轮扶贫开发实施以来，保靖县紧紧围绕习近平总书记“扶贫四问”，聚焦“两不愁，三保障”目标，提出并实施了群众最关心的吃、穿、住、上学、就医、成家“六件事工程”，三年全县退出贫困村29个，减贫9030户38472人，贫困发生率由31.5%减至17.3%。

创新“7+2”工作法，解决好“扶持谁”的问题。创新方法精准识别。探索实施建档立卡贫困户精准识别“7+2”工作法，“7”，即“七个到位”解决贫困农户评议问题，群众参与、干部一线、政策宣讲、整户纳入、关爱特殊群体、责任体系、资料保存必须到位；“2”，即通过“建档立卡贫困户‘六件事’阶梯排序测评指导表”“建档立卡贫困户‘六件事’登记表”锁定建档立卡贫困户。当程序识别有所偏差时，按照“六件事”进行阶梯排序，确定是否纳入或退出。扎实开展“回头看”。坚持“应出尽出，应进尽进”原则，将不符合政策的“四类人员”清理出去，对符合条件的“五类人群”应纳尽纳。2016年，全县清除不符合建档立卡贫困户标准农户3355户12285人，新纳入贫困户3505户12650人。抓好识别问题整改。坚持“大稳小调”原则，对拆户、拼户、戴帽户等进行重点排查、诊断，全县剔除“四类人员”867人，新纳入“五类人员”2264人，梳理“八不退出人员”3792人。

强化“三个机制”，解决好“谁来扶”的问题。强化党的领导机制。成立由县委书记任组长的脱贫攻坚领导小组，县委书记和县长为第一责任人，县委办主任负责日常工作调度，县直、乡镇、村（社区）成立以党组、党委、党支部书记为第一责任人的领导小组，形成了县、乡（镇）、村三级书记齐抓扶贫的工作体系。强化驻村帮扶机制。实行县级领导包村责任制，派驻驻村工作组102个，入驻全县115个贫困村、45个非贫困村，开展驻村帮扶工作。全县5567名党员干部结对帮扶22370户贫困户，干部帮扶贫困户比例为1:4，实现结对帮扶全覆盖。明确乡镇主要负责人和分管领导、乡镇驻村干部、第一支书和驻村工作队员、结对帮扶干部的驻村宿村时间、纪律、任务等要求，形成了由脱贫攻坚办、扶贫办、驻村办“三办联动”的工作模式。强化督查监管机制。严格执行“一月一巡查、一季一督查、半年一小结、一年一考评”制度和驻村扶贫工作队（组）员出勤及宿村“晚巡夜查”制度，通过“六件事”微信群发布信息、定位乡镇干部和驻村干部是否到位。对工作推进慢，未完成任务的单位和责任人，予以通报批评或约谈。由县攻坚办牵头，会同县委督查室等单位组成督查组，直接入户调查，对整改情况坚持一周一通报，目前已统筹整改省审计报告指出的问题7类、省审计督促整改问题17个。

紧扣“三大目标”，解决好“怎么扶”的问题。紧扣贫困户脱贫，聚焦“123”精准施策，“1”是“一超过”，贫困户的可支配收入要超过贫困线；“2”是“两不愁”，吃、穿不愁，“3”是“三保障”，保障贫困户的义务教育、基本医疗、住房安全。推进“三举措”促增收：劳务输出方面，积极对接长三角、珠三角、长株潭等地开展劳务协作，鼓励县内企业吸纳本地贫困劳动力，新中合、保靖锌业等县内规模企业提供就业岗位达3000余个。产业帮扶方面，大力推进“两叶一果”优势产业，保靖黄金茶园面积7.64万亩，年产值4亿元，带动贫困人口5000余人，烟叶、柑橘等产业带动贫困人口近2万人。保障兜底方面，全面推进农村低保标准和国家扶贫标准“两线合一”，基本实现了对贫困户家庭实行政策性保障兜底。推进“三件事”全覆盖：教育帮扶全覆盖，2016年起，对县内就读的学前、小学、初中、高中、中职5个学段的贫困学生进行教育帮扶，2017年春季为16712名建档立卡贫困学生（其中县外就读学生2314人）发放或免除学前保教费、生活补助、学费、学杂费、教科书费等费用，没有让一名贫困生因贫困而辍学。医疗救助全覆盖，明确建档立卡贫困户住院费用可报销比例达80%以上。住房安全全覆盖，采取自建，自购、团购商品房等途径统筹推进易地扶贫搬迁，2016年全县易地扶贫搬迁953户4373人全部安置到位，2017年全县计划易地扶贫搬迁873户3860人；推进农村危房改造，确保80%危房改造对象为建档立卡贫困户，80%以上农村危房改造资金用于建档立卡贫困户。二是紧扣贫困村退出，聚焦“234”精准施策，“2”是村贫困发生率控制在2%以下；“3”是指“水电路”三项基础设施完善，此外按省、州要求做好三件事，实现村级综合服务平台健全，基层组织建设运转基本达标，就医就学方便；“4”是村集体收入超过4万元。对预脱贫村水、电、路等基础设施按年度分期安排实施，有效解决安全饮水问题，抓好农网改造实施和村主干道通畅、村组公路通达工作，推进35个预脱贫村农村公共服务中心建设。采取入股分红等方式发展村级集体经济，投入2448万元为110个建制村修建标准化厂房，投入425万元在8个村实施光伏发电项目，投入1000万元为5个村修建生态猪庄，投入799.5万元为37个村购置门面。加快农家乐旅游开发，由政府示范带动社会投入，采取委托经营、固定回报的经营模式，在吕洞山大峰冲、白云山国家级自然保护区及迁清公路沿线进行试点开发。三是紧扣贫困县摘帽，聚焦“12”精准施策，“1”是指一个低于，到2019年贫困发生率要低于2%；“2”是指两个高于，全县农村居民人均可支配收入要高于省定标准8000元，可支配收入增幅要高于全国增幅比例。抓好扶贫规划。编制《保靖县“十三五”专项扶贫规划》，科学规划产业布局，合理安排项目资金，统筹推进各项扶贫工作，有计划、有步骤地将贫困人口、贫困村分批次脱贫、退出。抓好项目实施。精心制定“十项工程”实施方案，全面改善全县基础设施面貌。抓好资金筹集。出台《统筹整合使用财政涉农资金管理暂行办法》等文件，2016年，全县整合涉农资金5.9亿元，用于改善115个贫困村基础设施建设和公共服务能力。出台《保靖县金融产业扶贫试点工作实施方案》，把贫困村特色产业作为优先扶持对象，2016年，县农村商业银行等金融机构全面开展建档立卡贫困户的评级授信工作，放贷总额和授信率位于全州前列。

把好“三个层面”，解决“如何退”的问题。政策层面，脱贫不脱钩。出台《保靖县建档立卡贫困户及贫困村脱贫激励办法》，加强对贫困户的思想教育，提升主动脱贫意识，宣传“早脱贫早受益、晚脱贫少受益”，三年来，全县共减贫9030户38472人。精神层面，扶贫先扶志。发挥典型示范作用，激发贫困户内生动力，让建档立卡贫困户通过身边的事例感受脱贫榜样的力量；发挥反面事例的教育警示作用，严肃处理精准扶贫中骗取扶贫资金、“要赖不脱贫”等不良行为。管理层面，完善动态管理。运用建档立卡贫困户数据管理平台，强化扶贫对象信息动态管理，完善“一户一档”纸质和电子档案，利用全国扶贫开发信息系统、手机APP，及时核校信息，确保档案一致和完善。

（《湘西工作》2017年第10期）

强化使命担当 全力打造高质量发展引领区

州政协副主席、湘西经开区党工委书记 向顺荣

习近平总书记指出，“推动高质量发展是当前和今后一个时期确定发展思路、制定经济政策、实施宏观调控的根本要求”。州委围绕高质量发展目标，作出了一系列决策部署，明确提出了湘西经济开发区要承载引领全州新一轮经济发展的责任使命，争当全州经济社会发展的“先行军”和“排头兵”。我们要站在全面贯彻落实党的十九大精神和习近平新时代中国特色社会主义思想的高度，深化对高质量发展重要意义和深刻内涵的认识，进一步增强时不我待的紧迫感、责任感，强化使命担当，全力打造我州高质量发展引领区。

全力推动经济提质增效，引领经济发展高质量。确定高质量发展的目标要求。进入新时代，开发区更要有大格局、大胸怀、大担当。围绕经济发展先行、现代产业示范、城市建设高端、先进文化引领、社会民生和谐的“五区”目标，既要全面谋划，统筹推进，也要对目标、指标、政策、标准等进行细化、具体化，将高质量发展贯穿于开发区各项工作中，落实到具体措施上，在全州率先探索高质量发展路径，成为新时代高质量发展的引领者。扩大高质量发展的总量规模。近几年来，全区经济快速健康发展，连续三年获得全州五个文明绩效和政府目标管理第一名。但对标先进开发区，我们仍有较大差距，主要是发展不充分、经济总量偏小、对全州经济的带动作用不强等。做大经济总量、提升发展质量是我们当前的紧迫任务。我们将全面实施工作重心战略性转移，推进“经济三年倍增”计划，加快推进“产业兴区”战略，围绕建设湘西产业高地目标，锁定“3+N”特色产业，大力发展先进制造业，不断巩固和扩大优势，确保地区生产总值、固定资产投资、规模工业增加值、财政收入、进出口总额等主要经济指标在全州持续领先。强化高质量发展的项目支撑。开发区的高质量发展，核心是产业，重点靠招商，关键是以好项目引爆投资的倍数效应。我们将紧抓沿海产业转移机遇，全面推进精准招商，力争实现招商引资的新突破；始终把项目建设放在首位，深入推进“产业项目建设年”活动，进一步创新领导班子成员和局室服务项目和企业的体制机制，积极防范债务风险，创新拓展融资方式，聚力推进40个省州重点建设项目，力争全年完成投资达到100亿元，保持项目建设在全州的领先地位。培育高质量发展的新动能。将创新作为引领园区发展的第一动力，以创新优化存量，支持企业技术改造升级，扶持企业建设智能工厂，开展智能制造试点示范。以创新提升增量，提高科技项目引进、孵化、转化的成功率，加快建成武陵山区“双创”示范基地和一站式服务平台。实施“人才强区”三年行动计划，组织招工揽才“111”工程，吸引更多的研发团队和领军人才。加快科技企业发展，全年新增省级以上高新技术企业5家以上，高新技术企业增加值增长30%。

全面提升州府新城高端品质形象，引领城市发展高质量。强化城市规划。学习借鉴雄安新区规划理念，推动吉凤新区规划制定，充分展现州域南部核心经济区的美好预期和宏伟蓝图。全面启动现有核心区规划提升，加快“退二进三”步伐，不断优化城市功能区，全面构建“一核四区”高质量发展的空间格局与平台。丰富城市内涵。坚持州府新城建设由功能型向综合性，由乡村向城市、由外延向内涵转变，打造一批精品工程、优质工程、百年工程。着力完善基础设施，核心区路网建设今年基本完成，拓展区基础设施三年内建成。加快建设重点片区，推进双河文教卫新区建设，推动捧捧坳特色小镇和平垄塘康养基地规划建设，抓好西区生态产业园、南区商贸物流园、电子信息产业园等专业园区建设，不断提升产业的吸附力和承载力。提升生活配套水平，引进建设一批地标性城市功能项目，加快爱琴海城市广场、宏大广场、恒大、碧桂园等城市综合体项目建设，带动新城发展的一批酒店、商场、超市尽快投入营运。丰富完善湘西民族文化园业态，打造国家AAAA级景区，全面展示新区高端品质形象。突出城市管理。把高效能、精细化管理落实到城市管理每一个环节和角落，着力在市政运营管理、交通管理、环境管理等方面加大工作力度，提升工作水平。全力推动智慧新城建设，促进城市管理转型升级，把开发区打造成全州产城融合发展的样本。

努力实现绿色可持续发展，引领生态环境高质量。近年来，我们始终坚持生态优先，绿色发展的理念，投入3.2亿元实施生态绿化和环境整治，开展了城市及其山头绿化，沿高速及国道绿化，推动社区和企业绿化，全区新增绿化面积达6000多亩，建成了15公里沿河风光带，铺设了30公里沿河排污干网，开工了吉凤山生态公园，州府新城的生态环境建设取得显著成效。我们将坚定不移推动绿色发展，全面建设生态文明园区，以创建国家森林城市为契机，加快建设吉凤山生态公园和观音山公园建设，规划建设植物园；全面

加强山头绿化保护和修复，深入推进“河长制”，巩固提升“清水工程”成果；坚持不懈推进“厕所革命”，扎实开展城区、社区、小区的厕所整治提升行动；深入开展“美丽园区”和文明单位、文明企业、文明社区创建活动，全面提升市民文明素质；坚决打好污染防治攻坚战，淘汰落后产能，杜绝污染企业入区，从源头上防范污染；组织开展扬尘整治、烟花爆竹禁放等专项行动，坚决打赢蓝天保卫战。扎实解决群众身边的生态环境问题，如期完成省州交办的环境问题治理任务，以实际行动践行生态优先、绿色发展的理念，推进经济更高质量、更可持续发展，让州府新城天更蓝、地更绿、水更清、景更美。

牢固树立以人民为中心的发展思想，引领民生事业高质量。建设州府新城、产业新区，最终目的是让人民过上更加美好的生活。我们坚持以人民为中心的价值追求，在民生领域出实招，办实事，补短板，兜底线，每年集中实施了一批民生实事项目，一般公共预算总支出70%都用于民生投入，近三年累计投入达到12亿元。随着经济社会发展质量更高，人民对美好生活的需要更加多样化，多层次，我们将顺应群众对美好生活的新期待，着力解决群众最直接最现实的利益问题，让全区人民在共建共享中有更多更强的获得感和幸福感。深入推进民生保障。坚持就业优先，突出抓好失地农民，困难群体的就业创业工作，实现新增就业3000人。加快城中村改造步伐，创新拆迁安置模式，让老百姓获得更多的财产性收入。加快保障房、人才公寓建设，推进市民长租房保障，全面完成今年棚改任务。巩固提升脱贫成果。加大对已脱贫社区和贫困户的帮扶力度，补齐各项工作短板，确保今年全区率先迈入小康社会。协调发展社会事业。加快州民中分校、附小分校、州幼儿园分园三校建设，确保今年秋季开学。启用街道卫生服务中心，支持州妇幼保健院建设，规划建设三甲综合医院、健康养老、民族医药研发为一体的湘西（武陵山）康养中心。通过双河文教卫新区社会民生事业项目，进一步吸纳人口、繁荣新城。利用武陵山大剧院、湘西民族文化园、引进一批市场化运作的文化娱乐节目，满足市民多层次文化需求。促进社会和谐稳定。继续实施区领导班子成员包案制度，努力化解一批信访积案。贯彻落实党中央决策部署，在全区开展扫黑除恶专项斗争，依法打击各类违法犯罪行为。强化安全生产责任制，加强对重点领域、重点行业、重点企业的日常监管，定期开展建筑工地和道路交通安全生产专项整治，确保安全发展。优化社会综合治理。切实转变治理方式，把基层党建同创新社会治理工作深度融合，推动治理主体多元转变，构建全民共建共享的治理格局。强化社区警务室和社区工作的职能，试行“项目警官制”，深入推进社区、企业网格化管理，探索构建“智慧治理”新模式。全面提高基层组织自治能力，从源头上化解社会矛盾、维护社会稳定、促进社会和谐。

（《湘西工作》2018年第6期）

突出机制创新　决胜脱贫攻坚

泸溪县委书记　杜晓勇

近年来，泸溪县不断创新精准扶贫、精准脱贫机制，扶贫制度更加完善、帮扶责任更加到位、政策支撑更加有力、脱贫成效更加醒目。去年，全县实现34个贫困村脱贫摘帽、减少贫困人口16455人，贫困发生率下降到16.8%，精准脱贫工作在全省脱贫攻坚考核中排名一类，荣获全州脱贫攻坚综合成效先进县。

一、创新结对帮扶机制，实施精准帮扶。推行“321”结对帮扶机制。一名县级领导联系3户贫困户、一名科级干部联系2户贫困户、一名干部职工联系1户贫困户，全县49名县级领导、815名科级干部，以及县乡广大干部职工与1.68万户建档立卡贫困户结对帮扶，实现帮扶服务零距离、全覆盖。推行“1+1”驻村扶贫机制。扶贫工作队在联系一个贫困村的基础上，再联系一个非贫困村，全县151个县直单位都参加了驻村扶贫工作，组建了驻村扶贫工作队71支，对94个贫困村、53个非贫困村进行驻村帮扶，驻村扶贫工作实现全参与、全覆盖。推行驻村巡查机制。由纪委、组织部、扶贫办、驻村办、攻坚办组建巡查组，每月开展一次巡查，对照“驻村扶贫工作目标管理考核办法”“驻村扶贫工作组管理办法”，督导驻村扶贫工作队员每月住村、宿村情况，督导驻村纪律执行情况，督导扶贫工作推进情况，对作风不实、工作不力、效果不佳的扶贫干部及时召回，三年内不得重用，当年年度考核不得评为优秀。同时，积极抢抓东西协作机遇，在产业建设、劳务输出、教育扶贫、人才支援、资金支持、基础建设等方面，加强与山东章丘区的扶贫协作对接，不断拓宽协作领域，提升扶贫工作实效，实现借力发展，加快脱贫步伐。

二、创新利益联结机制，增加群众收入。推行龙头带动机制。积极扶持椪柑公司、红山公司等10家省州龙头企业发展，加快发展“订单农业”“契约农业”，完善“公司+基地+农户”的利益联结机制。去年，富泰公司推行椪柑订单生产，以每公斤1.2元的保底价格收购农户椪柑3400吨，有效解决了果农卖难问题。全县龙头企业、农民合作组织通过“订单”“契约”方式，联结农民4.35万户、基地24.7万亩，有力推动了农业“八大基地”“八大品牌”和浦市现代农业示范园建设。推行委托帮扶机制。通过购买扶贫社会化服务方式，将国家给予特定对象的扶持资金，直接委托给有意愿合作、有社会责任、有经济实力的扶贫经济组织，经济组织与贫困户以合同形式明确责权利关系，由经济组织统一开发、统一管理、统一经营、统一核算，年底按土地流转收益、劳务收入收益和年底分红收益给对象户分红返利。去年，红山公司通过委托帮扶模式，建立了潭溪万亩椪柑科技示范园，惠及农民1120户，贫困户年收入达2万元至4万元。推行股份合作机制。将贫困户的政策扶持资金、土地、林地等生产资料折价入股，由经济组织统一管理和生产经营，实现股份到户、利益到户。去年，潭溪镇燕子岣专业合作社吸纳了7600名精准扶贫对象入股，人均收入达到8000元。2016年1月，国务院副总理汪洋到泸溪调研，对泸溪探索的委托帮扶和股份合作精准脱贫模式给予充分肯定，称之“可推广、可复制”，这两种模式目前得到广泛推广。

三、创新资金投入机制，提升脱贫动力。创新信贷融资机制。成立了县级金融服务中心，出台了《泸溪县金融产业扶贫实施细则》，建立1100万元的贫困农户小额贷款风险基金，采取财政扶贫资金贴息的方式，全面开展评级授信工作，大力推行“能人带动、分贷统还”模式。去年，全县财政小额信贷贴息450万元，实现小额信贷1.26亿元，有效解决了贫困群众资金困难问题。同时，围绕农村基础设施建设、乡乡通二级公路建设、易地扶贫搬迁工程建设、农村危房改造工程建设、乡镇医疗服务能力建设、农村综合服务平台建设精准脱贫“六大建设”，争取到国开行贷款4.5亿元。创新资金整合机制。按照“渠道不乱、性质不变、统筹使用、各记其功”的原则，坚持涉农资金向贫困村集中，统筹使用扶贫开发、农业综合开发、民族发展、农村危房改造、农村道路建设等项目资金，去年整合资金总投入达20亿元，用于精准脱贫各项工作开展。

四、创新服务保障机制，力促应保尽保。推行教育帮扶机制。严格落实建档立卡贫困学生15年教育免除学杂费的政策，并给予1000元至2500元标准不等的生活补助；做好贫困大学生新生救助工作，对建档立卡贫困户、有申请的低保户、贫困大学生新生，按照本科5000元、专科3000元的标准发放到位；对贫困家庭学生就读职校一律免费，确保不因贫辍学、不因学致贫。去年发放各类教育助学补贴2202.7万元。推行医疗救助机制。目前，泸溪县建档立卡户新农合参合率、大病救助率均达到100%，新农保、城乡居民医疗保险覆盖率分别达到100%、96.7%；在全州率先推行“四类对象”住院费用报销“一站式”服务，贫困对象住院费用报销达到80%以上，对特别困难户予以全额救助，有效防止贫困群众因病返贫、因病致贫。去年发放各类医疗救助资金3422万元。推行社保兜底机制，城乡低保月补助标准分别达到330元、165元；推行低保线与贫困线“两线融合”，对纳入社保兜底脱贫的农村低保对象，按照低保标准金额发放低保金，对未纳入社保兜底脱贫的农村低保对象，按农村低保标准与家庭月人均收入之间的差额发放低保金。对因灾或突发事件造成特殊困难的，及时纳入救助或兜底范围。去年发放兜底对象和低保对象资金6338万元。

五、创新党建工作机制，建强攻坚堡垒。推行网格化党小组制度。根据贫困村的地理区位、人口分布和产业建设等特点，把一个贫困村划分为一个或几个网格化小区，在网格化小区上设置党小组，直接服务于当地的特色产业建设、基础设施建设、民生事业建设，全县组建网格化党小组719个。推行派遣“第一书记”制度。突出“政治素质高、业务能力强、工作作风实”的选人导向，从县直部门抽调94名党员干部派往贫困村担任扶贫“第一书记”，明确要求“第一书记”向派出单位党组汇报扶贫工作每年4次以上，加强对贫困村扶贫工作的指导。推行村级事务月例会制度。每月初，由村支部组织召开月例会，参加人员为村支两委班子成员、乡镇驻村干部、扶贫“第一书记”、驻村工作队员、党员群众代表，会议主要是总结全村上月工作，对村里重大决策进行评议，安排部署当月工作，对重大事项进行民主决策，此举进一步促进了村级事务管理的公开、公平、公正，提升了村民自治的民主化水平。加强村级综合服务平台建设，实现了党建服务与便民服务、文体活动、农业服务、医疗服务资源共享，夯实了村级党建基层基础；进一步提高基层待遇保障，村（社区）运转经费年均达20.15万元，村（社区）党组织书记年均基本报酬达1.85万元，进一步激发了基层干事创业活力。

六、创新考核督查机制，确保扶贫实效。建立健全考核督查机制。制定了《全县精准脱贫攻坚工作考核管理暂行办法》《精准脱贫“十项工程”实施细则》，将精准脱贫工作纳入全县五个文明建设绩效考核重要内容，科学制定考核项目，量化考核指标，在绩效考核中占20分权重，实施专项考核；按照“平时随机抽查、季度预安销号、季度综合督查、年终检查验收”的要求，加大精准脱贫工作督查力度，实行“一月一督查，两月一通报，一季一考核”，及时解决问题，推动工作开展。建立健全述职评议机制。每年底，对各乡镇、“十项工程”指挥部牵头单位、相关责任单位，组织开展扶贫工作述职，由广大干部群众评说工作成效。加强对述职成果的运用，直接与单位和个人绩效考核挂钩。建立健全严格奖罚机制。对扶贫工作成效明显、提前完成任务的“十项工程”牵头单位、驻村扶贫单位和乡镇，按照政策奖补工作经费；对因作风不实、工作不力、玩忽职守、弄虚作假，导致扶贫效果不明显、扶贫任务没完成的，按《暂行办法》严肃追究，该诫勉谈话的诫勉谈话，该追责问效的追责问效，该组织处理的组织处理，坚持以严格的督查问效、责任追究，推动精准脱贫工作稳步推开、有序开展，引领贫困群众稳定脱贫、如期脱贫。

（《湘西工作》2017年第4期）

克服三种错误观念　大力发展现代产业

中共凤凰县委书记　颜长文

近年来，凤凰县始终坚持一手抓基础设施建设，一手抓产业建设，围绕产业建设布局基础设施建设。通过努力，基础设施建设掀起了热潮，迎来了高峰。国家“十三五”规划提出，“通过构建产业新体系，实现经济保持中高速增长和产业迈向中高端水平的‘双目标’”。今年中央经济工作会议特别强调，要大力发展实体经济。凤凰县应主动对接，奋发作为，在努力克服三种错误观念中大力发展现代产业。

一、克服凤凰农业建不成大产业的错误观念，大力发展农业特色产业

目前，虽然凤凰农业特色产业建设存在着规模小、园区小、产品少、品牌少的问题，但更应该看到自身具有的优势：市场优势，每年来凤凰的游客可以稳定在600万人，600万名游客的消费需求足够大；生态优势，凤凰土壤含硒，气候良好，“两山”（山江、腊尔山）地区更是全省少有的没有被污染的地方，发展绿色有机农业资源禀赋、得天独厚；品牌优势，天下凤凰蜚声海内外，2013年习总书记视察凤凰，为凤凰红心猕猴桃和柚子转型发展带来了全新机遇。凤凰一方面要认真总结推广菖蒲塘村、大坡村、天星村、塘桥村、黄沙坪村、通板村、建塘村、木里村、雄龙村、夯卡村等在发展现代农业上的经验做法，依托自身优势，积极引进龙头企业和支持专业合作社建设100个500亩、1000亩农业特色产业标准园、示范园。另一方面要对接旅游市场，推进农旅融合发展，大力发展特色农业、观光农业、高效农业、绿色农业、有机农业。选准几个主打农业品种，建园区，扩规模，创品牌，形成几个大的农业特色支柱产业。

二、克服凤凰不要发展工业的错误观念，大力发展新型工业

当前凤凰最大的短板是工业滞后，主要原因有三个方面：部分同志认为凤凰不需要发展工业，发展文化旅游产业就可以了，发展工业影响文化旅游产业发展；部分同志认为凤凰缺乏工业人才和企业经营人才，对发展工业缺乏信心；部分领导干部重视工业发展不够，职能部门抓工业着力不够。凤凰要努力克服这种错误观念，大力推进工旅融合，发展旅游产品加工业、农产品加工业、食品加工业，发展无污染的劳动密集型加工业，发展IT产业、电子工业等技术密集型工业。加快文化旅游经济开发区建设。成立凤凰文化旅游经济开发区建设领导小组，整合规划、发改、国土、经信、城投等部门职能，实行政府“二号公章”，形成强大权威、强大合力，力争通过3年左右时间，基本建成凤凰文化旅游经济开发区。加快园区建设。加快廖家桥和阿拉工业集中区建设，再用两年时间完成30万平方米标准化厂房建设，引进孵化100家以上农副产品、旅游商品加工入园企业，培育过亿产值规模企业5家以上，到2021年，全县工业总产值力争突破100亿元。同时，结合凤凰招商引资基础，充分发挥IPO绿色通道优势，全力打造凤凰大数据软件产业园。抓好产城融合发展。围绕工业集中区、国际休闲度假区、文化科技主题公园、高铁新区等产业项目和城市新区，加快建设一批现代化学校、医院、剧院、游乐园、度假村、商住小区、市民活动中心、高端旅游地产等城市功能设施建设，发挥凤凰山清水秀的自然环境优势，强化教育、医疗、休闲、商务等现代城市功能，将凤凰建设成宜居宜游宜业宜养的新型生态城镇，走出一条以人为本、以产为根、以品为魂的新型城镇化之路。

三、克服以小农经济思维、小市民经济思维抓文化旅游产业的错误观念，大力发展文化旅游产业

文化旅游产业已进入发展全域旅游的新阶段，以小农经济思维、小市民经济思维小打小闹发展文化旅游产业已经不能适应市场的发展需求。凤凰要围绕建成国际旅游目的地目标，举全县之力发展全域旅游，做大做强做优文化旅游主导产业，引领现代服务业、农业特色产业、新型工业大发展。强力推进四大景区建设。加快建设凤凰古城景区，重点实施三大工程：以凤鸣路改造、凤凰路延伸、招谕大道、民俗园隧道、新田垅隧道等为重点的交通突围工程，以百年筸军文化纪念馆、陈渠珍陈列馆、道台衙门、中国文庙文化博物馆、沈从文文学馆等十大博物馆、陈列馆为重点的文化传承展示工程，以棚改工程、人防工程、南华山整体开发二期工程、“青山抱古城”工程、听涛公园工程、古城“去蓝”工程、入城口整治工程为重点的城区景区协调整治工程，推进古城景区提质升级，凤凰古城成功创建国家AAAAA级旅游景区。加快建设苗乡文化景区，投资6亿元建设禾库千户苗寨，投资5亿元建设山江旅游风情小镇，串连竹山—老洞—扭仁、苗人谷—老家寨—凉灯—大塘等一批苗寨。重点建设八公山苗族祭祀圣山民俗文化体验游、天星山健身探险休闲游，扩建苗族博物馆，抓好苗族非物质文化遗产保护开发，打造苗族博物馆—苗人谷—八公山—老家寨苗山圣寨民俗文化游、黄茅坪—老家寨—凉灯传统村落休闲体验游。加快建设南方长城兵战文化景区，投资6亿元建设渭阳唐城，做好凤凰西南军事防御体系申报世界文化遗产工作，保护开发黄丝桥、舒家塘、拉毫等古城堡、古兵营。加快建设凤凰国际旅游度假区，以海绵城市PPP建设项目为基础平台支撑，建设一批民俗酒店、度假山庄、汽车营地、康养休闲项目，推进长潭岗码头、移民基地生态非标酒店、地潭江高端度假村建设，实施河湖连通工程及配套设施建设。推进凤凰城市新区、旅游服务区、乡村游体验一体化建设，形成对接文化旅游产业园、廻龙溪养生基地的休闲度假旅游圈。强力推进快进慢游体系建设。在通畅快进系统上，实施景区通畅路网工程，加快吉信大塘—禾库解放—腊尔山岩坎—山江凉灯—吉信茶山旅游扶贫公路、廖家桥—长潭岗—山江—凉灯旅游扶贫公路、地潭江至竹山景观人行吊桥建设，加快镇箪大道建设、渭阳大道改造升级，实施高铁站—南华山—凤凰古城—文化旅游经济开发区—长潭岗—高铁站观光轻轨或磁悬浮交通建设，今年开工建设105.8公里旅游快进体系。在景观慢行系统上，加快环古城观光轻轨、古城至长潭岗沿沱江观光绿道慢行系统建设，推进齐良桥风情小镇—游客服务中心—南华山—杜田—饮马江—文化旅游产业园—长潭岗—山江—天星山旅游扶贫景观公路和慢行绿道建设，今年开工建设110公里慢游绿道。强力推进优质服务体系建设。加快星级酒店、民俗客栈等吃住接待设施建设，加快建成完善城北、城东、城西及乡村游游客服务中心体系，抓好凤凰智慧城市、智慧旅游等大数据系统建设，全力推进生态停车场、星级旅游公厕、现代商贸物流、先进通讯网络、快速应急救助、全方位休闲娱乐体系等覆盖旅游全要素设施建设，健全链条环节完整的第三产业体系，让游客在凤凰真正享受到更加快捷优质的服务。

（《湘西工作》2017年第5期）

贵州遵义市湄潭县、播州区、仁怀市基层党建、茶叶、美丽乡村考察报告

花垣县委书记　罗　明

为进一步解放思想，学习先进，更科学谋划推动花垣发展，前段时间，我带领县直单位和乡镇负责人赴贵州省遵义市湄潭县、播州区、仁怀市考察基层党建、茶叶产业发展和美丽乡村建设工作，收获很大，结合我县实际，谈一点想法。

一、总体感受

3个市（区、县）均形成了加快发展、赶超发展、迅猛发展之势，无论是茶叶产业，还是基层党建、美丽乡村，都是大发展、大手笔、大力度。

（一）*大发展*。一是抢抓机遇大投入。3个市（区、县）充分综合利用西部大开发与精准扶贫优惠政策，积极主动抢抓政策机遇，千方百计争资上项，投资总量快速增长。2016年、2017年湄潭县、播州区、仁怀市社会固定资产投资分别为169亿元、226亿元、242亿元和116.93亿元、288.76亿元、264.35亿元，而花垣县2016年、2017年社会固定资产投资仅为24.7亿元和33.2亿元，差距非常大。2017年人均投资量播州区、仁怀市、湄潭县分别为4.12万元、3.77万元、2.33万元，而花垣才刚过1万元，同样处于落后地位。二是大投入促进大发展。从2017年主要经济指标看，3个市（区、县）的增幅要快于花垣县，特别是GDP增幅，湄潭县高达13.6%，仁怀市12.47%，播州区10.82%。城乡居民人均可支配收入、社会消费品零售总额、规模工业增加值等，花垣均排第四。

（二）*大手笔*。一是美丽乡村建设大手笔。3个市（区、县）高度重视美丽乡村建设，农村环境优美、人居环境优质、群众幸福感高。湄潭县探索出以"'四在农家·美丽乡村'创建活动为载体、农业产业化发展为支撑、村庄整治为重点、黔北民居新村建设为标志、基层组织建设为保障"的新农村建设之路，该县《十谢共产党》发祥地兴隆镇龙凤村田家沟村民组672户2580人干群合力强力打造社会主义新农村，特色民居、生态茶园、田畴大坝、缤纷果园自然融合，曾获"全国文明村镇""全国农业旅游示范村"。播州区按照"以点带线、以线串面、点面结合、整体推进"思路，坚持"党政引导、部门帮扶、群众为主、村组自治"运行机制，大力开展"四在农家、美丽乡村"创建，该区枫香镇花茂村把村庄作为景区来打造、把民房作为旅馆来经营、把乡愁作为文化来传承，大力实施美丽乡村建设，发展高效农业和乡村旅游，让农民变成商人，实现安居花园里，享受"旅游饭"，人均收入达15322元，全面小康总体实现度达99.06%，完成贫困村到小康村的嬗变，先后荣膺"全国最美红村""中国美丽休闲乡村""全国基层先进党组织"和"全国美丽乡村示范村"。仁怀市围绕"富在农家增收入、学在农家长智慧、乐在农家爽精神、美在农家展新貌"总体目标，着力把农民求富、求学、求乐、求美愿望变成现实，该市琵琶村在没有拆迁一栋民房、搬迁一座坟墓和新增一栋建筑前提下，依托天然地形地貌成功修建由81种植物组合，占地300多亩，集康体运动养身、旅游休闲度假、植物迷宫体验于一体的八卦图形状的神采八卦园，有力带动村民走农旅一体化发展之路。二是产业建设大手笔。3个市（区、县）产业各有特色，但都是大规模、大手笔。湄潭县素有"茶城"之称，发展茶叶60万亩，是全国著名农村改革试验区，贵州第一茶县，居全国茶叶百强县第二位。播州区有2个省级经济开发区、7个省级现代高效农业园区和1个市级红色文化旅游创新区。仁怀市依托"中国酒都"，着力发展国酒茅台和红色旅游，重点开发茅台镇旅游综合体、坛鲁农旅一体化项目推动全域旅游井喷式发展。三是党建引领大手笔。湄潭县坚持"党建是最大政绩"和"党建引领"观念，着力完善"五大体系""五在村""四统三强"载体，大力实施项目党建，突出"'党建+'统筹规划、基本保障、产业发展、农村改革、集体经济和社会治理"六项行动，探索出项目化、载体化、制度化有机衔接的基层党建工作新路，形成"党建引领、改革推动、抱团发展、乡村治理"的党建扶贫模式。播州区推行区、镇、村三级书记"四题四责"党建工作法，抓实区级领导抓下两级制度，由区委主要领导联系党建示范点。该区花茂村以"1+5+5"模式（以基层服务型党建为1个引领，党员带头忠诚党的事业、带头转变作风、带头服务群众、带头发展产业、带头廉洁自律"5带头"，推动提升党支部班子能力、提升党员队伍素质、提升服务载体、提升群众收入、提升群众满意度"5提升"），围绕"三家一化"（凝聚群众之家，服务群众之家，教育群众之家，

党建信息化）目标，探索出帮群众想、教群众会、带群众做、促群众富、让群众笑“五民工作法”，村党总支因地制宜带领村民大力发展农旅一体化产业，走出了一条党建引领脱贫致富奔小康的好路子。仁怀市牢固树立“党带群、强带弱、先带后、富带贫”理念，以“党建引领、抱团发展”为重点，以“抓基础、强基础、实基础”为载体，全面推动基层党组织强起来，为脱贫攻坚提供坚强组织保证。

（三）大力度。一是大力度转思想破难题。3个市（区、县）解放思想，大胆推进合作新方式、融资新模式破解资金、土地等要素制约，实现了大投入，促进了发展。2017年湄潭县、播州区、仁怀市分别完成全社会固定资产投资116.93亿元、288.76亿元、264.35亿元，而花垣仅为33.2亿元。二是大力度聚合力推工作。坚持把发展作为第一要务。3个市（区、县）“五大家”领导齐抓共管，各自都有经济和项目建设任务，既带头挂帅受领工作任务，又出征冲锋解决实际问题。他们的城市不仅规划起点高，而且建得好，基础设施、公园、风光带、城市综合体建设，等等，都是大手笔，足以说明在城市建设中党委政府的齐心协力和真抓实干。三是大力度转作风求实效。在湄潭县田家沟、大青沟，播州区花茂村、苟坝村和仁怀市琵琶村、茅台镇等地，处处可见干部作风之实，干群思想转变之迅速、配合之密切和群众对党委政府高度之认同及对农村生活高度之满足。

二、主要启示

贵州考察之行增强了大家加快花垣发展的危机感、紧迫感和责任感。主要有6个方面的启示：

*一要抢抓机遇，有眼力才有魄力。*3个市（区、县）近几年抢抓国家西部大开发、精准扶贫等战略机遇乘势而上，以开阔的眼界、超前的思路、超凡的措施制规划谋发展。他们的发展都立足于结合本地区实际用足用好用活各项优惠政策，大力推进农村产权制度、农村经营体制等改革，充分发挥基层党建引领作用，创新经营管理模式，完善合作社与农民利益联结机制，着力实现农村资源“活”起来、农村要素“动”起来、贫困群众“富”起来。面对经济新常态，我们再也不能固步自封、按部就班，必须解放思想，引导全县上下充分认识到我们与周边地区发展的差距，切实增强加快发展的危机感和紧迫感，始终将发展作为第一要务，站在全国、全省的大坐标中去找准自己的定位，推进花垣加快发展、后发赶超。

*二要挖掘优势，有动力才有活力。*3个市（区、县）美丽乡村建设的最大亮点在于走“产业+旅游”的农旅一体化发展路子，将旅游业和其他相关产业深度融合、一体发展，丰富旅游业态，加快产业转型升级，有效延长产业链、价值链，着力形成“全景域体验、全过程消费、全产业融合、全民化共享”全域旅游新模式，不断拓宽贫困群众增收渠道，让群众生活在花园里、致富在产业上。同样，我们要结合花垣实际，紧紧以花垣工业集中区、农业示范园区、旅游景区和商贸物流区“四区”为发展引擎，充分挖掘自身优势，释放活力，在实践中走出一条具有花垣特色的发展路子。

*三要搭建平台，有载力才有张力。*3个市区县以园区作“引擎”拉动经济增长的特点十分显著，都规划建设了高标准园区，以此为吸引外来资本的最佳载体，引进一批大公司入驻，有效解决了就业、拉动了经济增长、繁荣了城市。“没有梧桐树，就引不来金凤凰”。要增强花垣经济发展后劲，就应该把工业集中区、农业示范区、旅游景区和商贸物流区“四区”建设摆上重中之重战略地位，以大开发引大资招大商，迅速提升经济发展层次。工业集中区，应学习仁怀市做法，以党建引领园区发展，加快园区基础设施和标准厂房建设，促进以园招商、以商建园，实现做大做强。农业示范园区，应学习湄潭县和播州区农旅一体化发展先进经验，围绕“园区景区化、农旅一体化”要求，积极打造生态观光农业，实现与“旅游景区”两区合一，走农旅商住一体化发展路子。旅游景区，应切实做好边城茶洞、古苗河、紫霞湖和蚩尤部落群“四篇文章”，进一步理清特色旅游发展思路，高标准完善景区旅游详规，利用丰富的民族文化资源，全面推进旅游富民工程，实施科学布局和合理开发。商贸物流区，应走市场化发展路子，注重打造专业市场集中区，形成人气、商机、消费的聚集效应，从而增加就业岗位，带动社会发展，提升城市品位。

*四要营造环境，有实力才有引力。*贵州考察之行，给我们留下深刻印象的是他们优化发展环境的理念，通过软硬环境的不断提升和整合，使单一效应的环境因素产生叠加效应、“磁场”效应和“洼地”效应，吸引了更多人、财、物的聚集。简而言之，就是要树立“软环境也是后劲”观念，确立“亲商、安商、富商”意识，创造引得来、留得住、有奔头的投资环境。就花垣而言，必须内外同时两手抓。对内，要深入推进“放管服”改革，加强县政务服务中心“一站式”优质服务，加快“村民办事不出村”改革进度，提倡“最多跑一次”服务理念，加大对不作为、慢作为、乱作为问责力度，杜绝“不给好处不办事、给了好处乱办事”等现象发生；对外，要结合正在开展的“扫黑除恶”专项行动，严厉打击各种涉黑涉恶势力和村痞地霸，依法依规处置强买强卖、强行参工参运等严重破坏投资环境的人和事，全力营造诚实守信、公平竞争的投资经营环境。

*五要做强产业，有影响力才有说服力。*3个市（县、区）之所以发展如此之快，说到底就是有可依赖、可支撑的强大产业。花垣发展也必须体现在产业上。农业要调特调优，坚持“因地制宜、多村共业”的思路，重点抓好烟叶、油茶、蔬菜、茶叶等特色种植和湘西黄牛、鲟鱼、乳鸽、湘西黑毛猪等特色养殖，在特色、规模、技术上实现突破。特别是要落实好州委州政府的安排部署，按时高质完成5万亩茶叶种植任务。工业要整合整强，严格按照新《环保法》规定，扎实推进矿业深度整治整合，坚决打赢转型升级攻坚战。三产要求活求兴，切实做好边城茶洞、古苗河、紫霞湖、蚩尤部落群和崇山老卫城五大旅游板块文章；以现代物

流园为中心，加快推进现代物流业发展；做好“互联网+”文章，积极培育电商等新兴服务业。

六要重才惜才，有智力才有潜力。3个市（区、县）之所以有强劲的发展后劲和巨大的发展潜力，很大程度上是因为他们在建设人才高地上有新突破，造就了发展的人才“金字塔”。人是生产力中最活跃的因素，人素质的高低决定着事业的成败。在竞争日趋激烈的今天，招才引智和培养人才工作愈加紧迫，科技强县、教育兴县步伐要抓紧抓快，“引老乡、回故乡、建家乡”工作要抓实抓好。

（《湘西工作》2018年第6期）

新思想开启美丽开放幸福新永顺建设新征程

中共永顺县委书记　石治平

习近平新时代中国特色社会主义思想蕴含着强大的真理力量。我们要坚定不移把这一思想作为根本遵循，转化为科学的思维方式、创新的工作举措、过硬的素质本领，奋力推动永顺传统农业大县焕发青春活力和时代风采，开启建设美丽开放幸福新湘西的永顺篇章。

新思想提升战略新内涵。在开启中国社会主义现代化和复兴伟业新征程新时代背景下，我们把永顺经济社会发展放到全州、全省、全国的大局中去审视和谋划，找准方位、完善举措、提升工作实效。通过提升“11662”发展战略新内涵，前瞻性谋划推动脱贫攻坚和全面建成小康永顺的目标体系、工作体系和推动体系，规划好路线图、明确好时间表、落实好任务书，把各个领域的工作一项一项去比对，弥补空白、提高标准，全面提升发展水平。突出做好美丽开放幸福大文章，围绕“六化建设”重点，坚决打赢 “六大战役”，构建“创新引领、开放崛起”新格局，加快传统农业大县向现代经济强县转变步伐，赋予“11662”战略新的内涵和动力。特别是盯牢我们的弱项和短板，做到清单管理、跟踪落实、对账销号，持续不断朝着党的十九大确定的宏伟目标前进。

新思想助力发展新业态。重点精准对接新思想的新要求，深入实施“三大行动”。深入实施产业转型行动。农业以“一乡一业、一村一品”为主要抓手，围绕猕猴桃、油茶、优质稻、柑橘、烤烟、湘西黑猪等优势产业打造 5 个万亩以上、50 个 1000 亩以上的一二三产融合、产加销游一体、产业链条完整的现代农业园区。工业按照“产业做大、企业做强、品牌做响、园区办活”思路，积极发展绿色能源、特色食品、矿产建材、医药化工、电子信息、纺织服装等特色规模工业，加快园区建设，打造聚集平台。旅游整合老司城、芙蓉镇、猛洞河、小溪、不二门等资源，实施“乡村旅游后备箱工程”， 推进名城、名镇、名村、名景、名店的“五级联创”，加快全域旅游发展步伐。商贸物流围绕文化旅游创意、电子信息、食品加工、大健康产业链等四大重点产业进行攻坚，推进产业转型升级。深入实施城市升级行动。把溪州新城建设作为突破口，按照城景一体化设计理念，打造“山在城中、城在山中，城中有水、水中有城，城中有景、景在城中”的美丽城市，进一步优化提升城镇发展布局，推动区域协调统筹发展，着力打造宜居、宜业、宜游、宜养“四宜”城镇。深入实施乡村振兴行动。坚持农业农村优先发展，逐步完善水、电、路、气、房和环境等基础配套设施，推动特色产业、现代城镇、人文生态复合生长，挖掘永顺田园山水的巨大优势和发展潜能，纵深推进生态文明建设、城乡同建同治、网格服务管理“三大工程”，高标准建好一批现代农业产业园区、特色小镇和田园综合体，着力打造靓丽城镇、美丽乡村、美好家园。

新思想满足人民新需要。牢记人民对美好生活的向往就是我们的奋斗目标。抓好脱贫攻坚大事。把帮扶要精准、增收要稳定、保障要兜底、脱贫要真实、群众要满意的“五项工作要求”作为“脱真贫、真脱贫”的基本保障，把推进精准扶贫脱贫“十五项工程”作为“扶贫同扶志、扶智相结合”的重要抓手，把落实驻村帮扶和开展“三走访三签字”活动作为“强化党政一把手负总责”的具体实践，在精准扶贫、防止返贫、长效脱贫上持续用力，确保按照既定时间节点实现脱贫摘帽目标，切实让总书记放心、老百姓满意。办好改善民生实事。把“使人民获得感、幸福感、安全感更加充实、更有保障、更可持续”的要求，瞄准教育、医疗、就业、社会保障等重点领域和群众关注的焦点问题，用心用情用力去解决。坚持每年办好一批民生实事，以积极主动的作为和看得见的成效赢得社会和群众的理解认同、支持参与。做好维护稳定要事。按照十九大提出的“打造共建共治共享的社会治理格局”要求，大力开展“综治创新年”活动，抓好信访维稳和群众工作，提高社会管理科学化水平。严格落实安全生产责任制，严防各类安全事故发生。积极预防和处置群体性突发事件，依法防范和惩治违法犯罪活动，增强群众的安全感，促进社会和谐稳定。

新思想锤炼队伍新形象。把学习宣传贯彻十九大精神作为当前的首要政治任务，坚持以习近平新时代中国特色社会主义思想为指导，认真落实新时代全面从严治党新要求，以政治建设为统领，全面推进党的政治建设、思想建设、组织建设、作风建设、纪律建设，把制度建设贯穿其中，深入推进反腐败斗争，推进“两学一做”学习教育常态化制度化，扎实开展“不忘初心、牢记使命”主题教育，进一步增强全县各级党组织的号召力、凝聚力、战斗力，展现永顺广大党员干部的新作为、新活力、新形象。

（《湘西工作》2017 年第 11 期）

人 物

全国岗位学雷锋标兵

张国强，男，1973年10月出生，1996年参加工作，现为国网湖南龙山县供电公司配电运检班班长。他“干一行爱一行，精一行专一行”，工作22年来，在当地赢得了一句妇孺皆知的顺口溜：“家里灯不亮，就找张国强。”他以无私的奉献，执着的坚守，续写雷锋故事，光大雷锋精神。农村长大的他深知老百姓用电不容易。上班第一天就暗下决心，苦练本领，回报乡亲。从普通员工到供电所所长、抢修班班长、配电运检一班班长，岗位换了一个又一个，但不变的是用心服务。张国强坚持把印有自己联系方式的名片，广为散发。为确保电话畅通，张国强的手机24小时不关机，是名副其实的“热线”，有时一天要接上百个电话。客户家一旦发生用电故障，不管多晚打电话过来，他总会及时出动，从不将故障拖延到第二天。工作22年来，他组织完成各类维修、抢修任务3700余次，穿烂工作服30余套，磨破胶鞋40余双，为公司降损增效价值2400多万元。先后荣获“全省抗冰保电先进个人”“湖南省劳动模范”“湖南省优秀共产党员”“湖南省电力公司最美电网人”“全国劳动模范”和国家电网公司“为民务实清廉先进典型”等荣誉称号。他带领“国强共产党员服务队”，被评为国网公司“优秀共产党员服务队”“湖南省学雷锋志愿服务百强社团”。

第六届全国道德模范提名奖

鲁德权，男，1956年出生，湖南省古丈县人，古丈县罗依溪九年制学校退休教师。在妻子谢根英生命两次被尿毒症吞没的当口，他用如山的脊梁挺起了妻子的生命之光。一句“有钱时拿钱给她治病，没钱时，拿我的命给她治病”是他对妻子一生真挚爱情最真实的写照。为了救妻子的命，已是一贫如洗，年近60岁的他决定给妻子捐出一个肾脏。鲁德权、谢根英一家原本是幸福的，因为儿女双全，夫妻相敬如宾。但是，在2002年，妻子谢根英被查出患上了尿毒症，先是血液透析，之后花光家里所有积蓄和借来的几十万元外债进行了换肾手术。之后一家人同舟共济，生活、还债，再次找回了十年的幸福生活。但是2012年，妻子谢根英旧病再次复发，需要二次换肾，此时家里已是一穷二白，手术费都没有，哪里还能负担起买肾的费用。在妻子及亲属的一致强烈反对下，鲁德权“固执地”做出了“割肾救妻”的决定，给了妻子第三次生命。一个平凡的乡村教师家庭在经历妻子第一次换肾手术之后，就已经一贫如洗，负债累累，而上天却偏偏不眷顾他们，灾难继续如约而至，为其保命，妻子不得不二次换肾，在常人看来，这种天大的不幸不是人人所能承受的了，但看上去身材瘦小的鲁德权老师就是用“爱”把它“撑”了下来……

中国好人榜

龙　花，女，湖南省凤凰县落潮井乡牛堰村人。2012年，龙花的父亲因为精神病去世，家里担子就落在母亲吴爱凤跟龙花身上，吴爱凤成了全家顶梁柱。然而，随后，吴爱凤又突然病倒，经过医院检查吴爱凤得的是肝硬化腹水晚期，随时有生命危险——这个家的顶梁柱倒了，家里就没有了依靠和经济来源，生活都成问题。正在凤凰县城读高一的龙花，就成了家里唯一希望，她不得不辍学回来扛起这个家，而把读书的机会跟梦想全部寄托给弟弟妹妹，弟弟龙军读三年级、妹妹龙淑读五年级。为照顾生病的妈妈以及年幼的弟弟妹妹，龙花辍学回家当起了顶梁柱，砍柴、挑水、采药、种

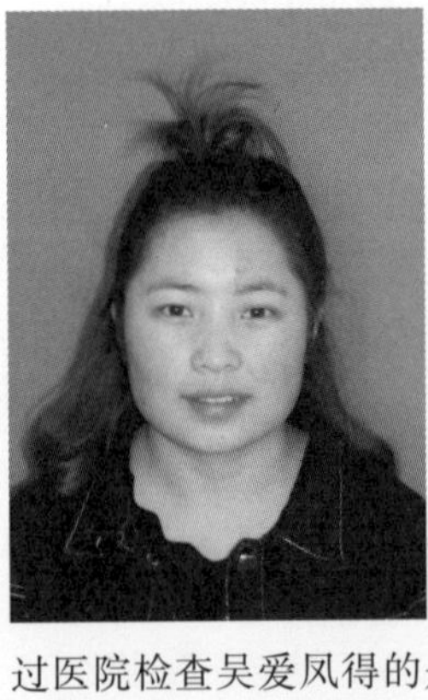

地，承担起全部繁重的家务。龙花的家空荡荡、四面漏光，家里最值钱的就是一台老式电视机。墙上却张贴着许多龙花在校时候的奖状。然而，龙花从来没有放弃过自己的梦想，这朵开在吊脚楼里的坚强小花用她的乐观照顾着家庭。2013 年 5 月 31 日，不幸还是降临在小花身上，这天妈妈永远离开了她。但龙花并没有消沉，她决定出外打工，供弟弟和妹妹上学。龙花说："只要我在，这个家永远都在！"

全国法院工作先进个人

曾　瑞，男，31 岁，湘西州中级人民法院刑事审判第一庭副庭长。在州中级人民法院工作 6 年时间，逐渐成长为一名扎根湘西的优秀法官，受到组织和同事的高度认可。该同志思想政治素质高，积极主动学习习近平新时代中国特色社会主义思想和系列重要讲话精神，提高党性修养和思想政治觉悟。该同志业务能力强，工作业绩突出，从事刑事审判工作仅五年即两次创造湘西州刑事附带民事部分调解金额纪录（分别为 68 万元、70 万元）；2013 年以来，作为承办人　审审理了 43 件 124 名被告人涉毒或暴力型犯罪案件，其中夏某等 16 人特大涉毒案，彭某等 18 人聚众斗殴、故意杀人案，省院二审均全案维持，无一改判，所承办案件无一涉诉上访，无一被发回重审或重大改判；2015 年 5 月，其年仅 1 岁的儿子因疝气嵌顿时间长，凌晨赴医院急诊做疝气手术，在孩子尚未脱离危险期时，接到赴花垣执行死刑的任务通知，虽忧心小孩病情，仍服从安排，毅然赴花垣执行任务，并圆满完成任务。该同志积极主动学习，刻苦钻研业务知识，在本院举办的诉讼法知识抢答赛中获第一名；在湘西州人大常委会组织的刑事诉讼法考试中取得满分成绩，州直政法系统第一名，撰写的《浅谈终身监禁入法的意义》《论改进法科研究生教育研究方法的重要思想理论工具》等文章均在学术杂志上发表。

全国刑事审判工作先进个人

徐　翔，男，在法警岗位上恪尽职守，时刻以一名优秀共产党员的标准严格要求自己。本色做人、角色做事、特色定位、高效工作是他的座佑铭。2012 年以来，先后荣获全国法院司法警察体能达标活动先进个人、全省法院法警晋衔培训优秀学员等荣誉称号。他率先垂范，苦练精兵。为了提高司法警察警务保障快速反应能力，担任法警支队警务科长的他，不断提高自身政治、体能、单兵技能和战术等综合素质的同时，积极推进全州两级法院准军事化管理，被省高院授予"五星级警队"2 个、"四星级警队"2 个、"三星级警队"1 个。他攻坚克难，确保安全。湘西自治州属老少边穷地区，经济落后，地方财政困难。湘西州法院一直没有固定刑场，死刑都在荒郊野外执行，工作压力特别大。为了确保死刑执行任务顺利完成，徐翔始终紧绷安全这根弦，每次都提前实地查看死刑执行现场，并亲自制定警务保障实施方案和处置突发事件预案。他忠于职守，爱岗敬业。执行任务时，严格按照要求使用通信设备、单警装备、防弹头盔、防弹背心、死刑指挥车、专用囚车和警务保障车。督促执行人员全员挂牌，内卫执行组和外围警戒组分工明确，各司其职，确保执行死刑万无一失，得到省高院法警总队督察组高度评价。

全国法院办案标兵

王先礼，男，永顺县人民法院塔卧人民法庭庭长。为维护地方平安与和谐，他认真履职、默默奉献。近三年来，共办理各类民商事案件 353 件，审结 335 件，结案率达 94.5%，其中判决结案 159 件，调解结案 106 件，撤诉及按撤诉处理结案 68 件，调撤率达 52%。由于法庭所在辖区，属典型的老、少、边、穷革命老区，外出务工人员多，他结合当地赶集日或法定节假日，把外出务工当事人的案件安排在他们回家过节的时间开庭。2016 年 10 月 8 日，当人们正在欢度国庆时，一起离婚案件在他主持下正在调解，他给原、被告从家庭、事业、子女等方面分析离婚可能造成的种种不利影响，最终原告申请撤诉，一个濒临破碎的家庭得以保全。休息时间开庭对于王法官来说是常态，他认为只要能及时解决当事人之间矛盾纠纷，牺牲假日又何妨！他自觉遵守法律、各项禁令及规章制度，恪守法官职业道德，不为金钱所动、不为亲情所惑、不为强权所屈，勇于担当，切实担负起人民法官定纷止争，促进社会和谐稳定的神圣职责。他所带领的团队塔卧法庭从 2013 起连续三年评为先进庭室，个人连续两年受到政府嘉奖，2015 年被记三等功一次，以实际行动实现一名人民法官的追求。

全国公安百佳刑警

贾春宏，男，1975年4月出生，中共党员，大学本科学历，1996年参加工作，一级警督。现任湘西州公安局刑侦支队副支队长，分管重案和打黑工作。从警21年，贾春宏和他的团队，共抓获犯罪嫌疑人3000余人，破案5000余起，其中持枪凶犯47人；5次与死神擦肩而过，组织参与打掉多个涉黑涉恶团伙，为消灭“全国第二大黑枪基地”立下汗马功劳。20多次立功和嘉奖，“湖南省优秀人民警察”荣誉获得2次、“湖南省优秀刑警”荣誉称号1次。2017年9月，贾春宏成功入选首届“全国百佳刑警”。作为刑警尖刀，他始终冲锋在命案侦破一线，自2014年分管重案以来，125起命案全破，破命案积案25起，抓获命案逃犯45人。除暴惩恶，重拳打击涉枪涉黑犯罪，打掉涉黑涉恶团伙105个，抓获涉黑涉恶团伙成员456人，破案1100余起。他曾在一个记录本的首页写下这样一段话：“自己的事再大，也大不过党和人民的事；自己的事再重要，也没有人民群众的生命财产重要。为了社会的稳定，为了人民群众的生命财产不受侵害，我愿把我的青春和热血献给我挚爱的公安刑侦事业，献给湘西的父老乡亲们！”

全国社会治安综合治理先进工作者

姚本忠，男，1968年10月出生，大学本科学历，中共党员，二级警督，正科级侦查员。先后多次被上级部门嘉奖，2013年荣获个人三等功，2016年荣获个人二等功和“湘警之星”提名奖，2012至2016年连续5年考核优秀。多年来，一直战斗在打击违法犯罪的最前线，在他的直接参与和积极探索下，凤凰县公安局攻坚克难、勇于探索，率先构建城区治安防控“天网”工程，他也由此摸索出一整套预防和打击犯罪的视频侦查技战法，被湘西州委政法委作为典型经验在全州推介，其本人也被誉为“电子眼”背后的眼睛。从警多年，他一直扎根在基层，与百姓相守，与民警共进退，工作中，他总是身先士卒，既当指挥员，又当战斗员，近年来，在他的亲自指导下，凤凰县公安局依靠“天网”工程累计破案800多起，为辖区百姓挽回经济损失5000多万元。多年来，面对犯罪，他雷厉风行，展示铁警雄威，关键时刻，他用自己的血肉之躯顶住出租车内身藏三刀一枪的三名犯罪嫌疑人。“激情工作，快乐生活”是他的人生态度，他用微笑、真诚、严格、奉献塑造出凤凰公安英勇善战、勤勉为民的良好形象，用心血构筑了一张防控“天网”，用责任和担当撑起了“人民卫士”的赞誉。

全国特级优秀人民警察

熊双民，男，永顺县公安局副局长。多年来，毒品犯罪一直是困扰永顺县社会治安的热点、难点问题，群众反应强烈，他凭着“初生牛犊不怕虎”的拼劲，迎难而上，以超常规的手段和措施组织和发动公安机关、政府部门、全县人民展开一场艰苦卓绝的“打击吸毒、贩毒”攻坚战役，仅用一年时间，成功摘掉了两顶“帽子”。“命案必破”是熊双民上任之初对50多万永顺人民许下的庄严承诺，为了实现这一承诺，熊双民用实际行动披荆斩棘，伸张正义，在主管刑侦工作期间实现16起命案全破，同时还侦破命案积案5起，为此永顺县公安局被省公安厅评为“全省命案侦破先进单位”。从警18年，他先后7次荣立个人三等功、3次荣立个人二等功，被评为全县十佳政法干警、全县十大杰出青年、全州三好民警、全州十佳政法干警、全州优秀共产党员、全州十大杰出青年，2009年荣获“湖南省优秀人民警察”称号，2012年被评为“全国优秀人民警察”。

全国优秀人民警察

何绪林，男，1975年6月出生，大学文化，中共党员，1996年7月参加工作，先后荣立个人二等功2次、三等功6次，荣获湖南省人民满意公务员、湖南“青年五四奖章”、湖南省优秀人民警察、湖南省青年岗位能手、湘西州十佳公安民警、龙山县十佳政法干警等50余项县级以上荣誉。五年来，他牵头处置了“8·15”原出租车问题、“典雅·龙领国际”风险处置、“12·6”涉体彩聚集等群体性事件128起，打击处理156人。在2016年龙山“6·20”抗洪抢险中，他调集100余人的抗洪抢险突击队在县城区转移受灾群众1300余人。五年来，在他的领导下，全县共破获现行命案26起、命案积案8起，成功侦办

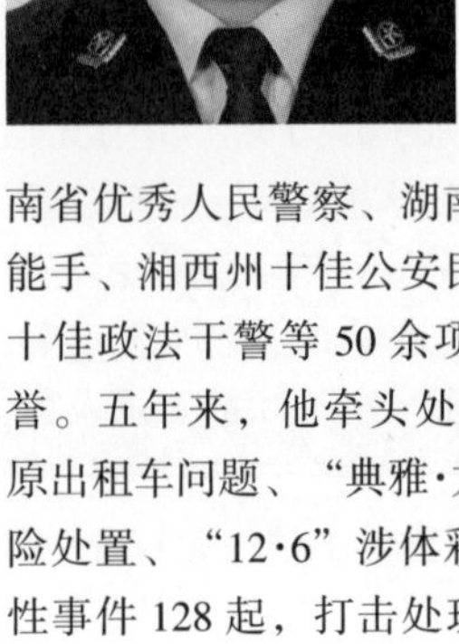

"8·22"特大杀人案等重大恶性案件200余起；共破获刑事案件2500余起，刑事拘留2000余人，查处治安案件5000余起，治安拘留4800余人，追缴涉案财物总价值达4000余万元。"面对百姓，他总是心怀柔情，倾情为民，他甘为事业孺子牛的精神深深感动着山区百姓，也感动着我们"，何绪林的下属如是说。他以局为家，从没有请过一次假，也没有节假日，几乎每天晚上都工作到深夜。他患有神经性头痛，每当工作劳累过度就会发作，可他总是只吃上两片止痛药又继续投入工作。他慎用权力，对自己要求十分严格，亲戚朋友说他是一个"无情"的人，并给他取了个绰号"铁脑壳"。

全国模范人民调解员

杨顺华，男，1976年12月出生，中共党员，自1996年参加工作以来，

已在水田河从事司法行政工作近20年。自接触人民调解工作以来，他认真学习法律知识，了解本地民风民俗，不断总结经验教训，创新调解工作模式，始终把心放在群众之中，把群众的问题当作是自己的问题来解决。近几年，成功调处各种较复杂的矛盾纠纷近300件，得到组织和群众的一致认可。2009年，水田河司法所获得湖南省模范司法所荣誉称号；2010年，杨顺华被评为湘西自治州"十佳调解能手"。他在调解矛盾纠纷时仍然始终牢记"法"字在先、与"法"结合的原则，通过法律这一支点，维护人民调解的公信力，和平化解群众间的矛盾纠纷。

全国信访系统先进工作者

符　高，男，1996年11月调入湘西州政府信访办，从事信访工作。

2004年，他被派到州政府驻北京办事处从事信访工作。到北京后，每天奔波于京城的大街小巷，到各个部门咨询相关政策，帮助来访的群众解决实际难题。2012年3月，湘西州15名军队退役人员因"相关待遇"问题，集体进京准备去民政部咨询相关政策。得知这个情况，符高主动与他们取得联系，耐心的听取他们的诉求，细致的梳理相关政策，符高的真诚友善慢慢改变了来访人员的对立情绪，带领2名代表赴民政部咨询政策，经多次与相关部门核实情况、研究化解方案，使他们提出的问题在政策范围内得到顺利解决。"把群众来访当家访、把群众来信当家书、把群众的事当家事，把信访工作当家业。"在他的笔记本上，这一段话就写在扉页上。他说："做信访工作，帮助群众解决问题，一定要站在群众角度，把心交出去，想群众之所想，急群众之所急，忧群众之所忧。"在北京的10年是他信访工作生涯中最宝贵的10年，是他与家人分离的10年，更是他感受到家人大爱的10年。22年的坚守，他用行动诠释着"为党分忧、为民解难"的信访工作职责，为构建和谐稳定的社会环境默默地贡献着自己的智慧和汗水，在平凡的岗位上折射出共产党员的光辉。在第八次全国信访工作会议上，他被人力资源和社会保障部、国家信访局联合表彰为"全国信访系统先进工作者"。

湖南省先进工作者

王　斌，男，1963年12月出生，土家族，湖南省永顺县人，中共党员，

现任湘西州民族中学校长。王斌同志坚守教学一线27年，忠诚党的教育事业，全面贯彻执行党的教育方针，既教书又育人，勤于耕耘，大胆创新，积累了丰富的教育教学经验，在治学与治校上均取得丰硕成果。他勤学巧教，成绩突出，针对少数民族学生的语言滞障摸索出有效的教学方式；"爱"字当头，潜心育人，关注学生的全面发展，用温暖和关爱创造了一个个教育奇迹。自2007年年底担任湘西州民族中学校长以来，他致力创新，带领学校打开"提质增效、内涵发展"的新局面，创造了以校长为中心，以教研组和德育组为"两翼"的管理新模式。他坚持推进"名师工程、青蓝工程"，积极推进课堂教学改革，通过备课组建设，催生优势学科。他大力实施"科研兴校、课题兴校"战略，形成了"重点课题、长周期，小课题、短周期"以校为本的课题研究模式，指导开展"第二课堂"活动，建立州内首个中小学心理健康辅导中心，多元办学，育人惠民，使学校多年来在教育教学质量评估中稳居湘西州首位。他先后荣获全国优秀教师、全国优秀教育工作者、第八届"湖南省徐特立教育奖"等荣誉称号。

"湖南好人"——助人为乐

谢丽萍，女，1982年9月出生，中共党员，湖南省泸溪县人，现为泸

溪县工商局干部。在工作中，她认真负责，独当一面，多次获嘉奖、先进，撰写的论文在系统评比中多次获奖，在国家级、省级、州级各级媒体发表新闻稿件200余篇。多次被评为“先进个人”，获嘉奖，2010年还被评为“泸溪县十大优秀青年”。工作之余，她热心公益，是孩子们喜欢的爱心姐姐，在团组织的各项活动中，她是受人欢迎的活跃分子，她用自己的实际行动默默感染和影响着周围的人。山路弯弯，洒下她数不清的脚印和汗水。公益路上，她默默坚守，她用平凡的举动演绎着不平凡的人生，展示着属于她自己的精彩。做公益的几年里，她走遍了泸溪的乡镇，和团县委、志愿者们走访贫困学生100多人，收集贫困学生数据，拍摄贫困学生日常生活片段，通过团县委与边城爱心网等平台，为他们找到一对一的长期资助人，共为孩子们累计送去资助款30余万元，送去爱心物资价值10万余元。组织或参加了无数次的慰问孤寡老人、看望留守儿童等爱心活动，因为勇敢谦逊与真诚主动，她与其他志愿者配合默契，各项爱心活动有声有色，因此她也受到了共青团系统的多次嘉奖，还成为了湘西边城爱心志愿者协会泸溪办事处负责人，2015年被评为湖南省最美志愿者。

“湖南好人”——孝老爱亲

袁红卫，女，1970年12月出生，湖南省邵东县人，现为凤凰县沱江镇三王阁社区居民。在儿子五个月大时，丈夫吴立志帮人修建房屋不慎从脚手架上摔了下来，造成脊柱神经断裂，导致高位截瘫，生活不能自理。那时，

袁红卫才26岁，有朋友劝她：“你现在才二十几岁，年纪轻轻，何苦守着这个没有希望的家受活罪呢？”可心地善良的袁红卫毅然选择留在丈夫身边，凭着坚韧的毅力，抚养年幼读书的儿子，孝敬年迈多病的公公婆婆。丈夫倒下了，家里断了经济来源，日子过得异常艰难。她每天早上六点钟起床，为丈夫清洗身子，换洗衣服接着继续做早饭。在艰难的日子里，除了米和水不捡别人的，其余能吃的东西她都捡过，如别人丢弃的老白菜叶、烂萝卜等。丈夫由于一个人长时间待在家里，心情异常烦闷，脸上失去了笑容，为了解除丈夫心中的烦闷，袁红卫向娘家弟妹们求援，买来了第一辆轮椅。丈夫每天坐在轮椅上，自己可以出来晒晒太阳，呼吸新鲜空气，有时就看看电视，了解外面的新鲜事，心情渐渐舒畅起来。为了治疗丈夫的痤疮溃烂，她接来了远在故乡的继母，买来简单的医疗器械，在继母（医生）的指导下，自己为丈夫打针、消炎甚至开刀。她还带着丈夫四处求医，先后辗转湖南、贵州两省，采用中医、西医多方治疗。在此期间，她学会了敷药、打针、针灸、按摩。

杨通发，男，1962年3月出生，湖南省保靖县人，中共党员，现为保

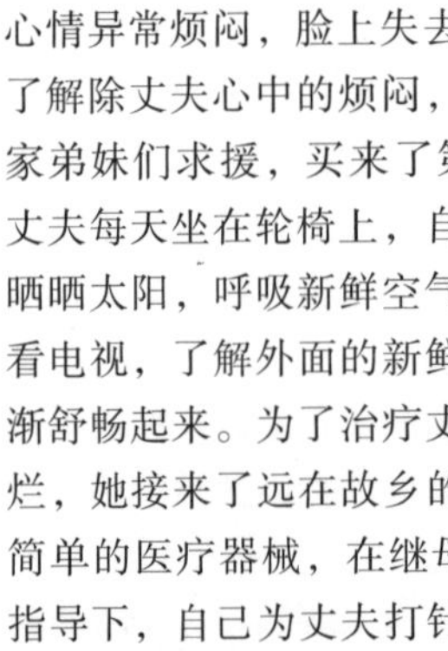

靖县清水坪镇人民政府主任科员。2006年7月29日，一个人在家的杨通发闻讯妻子李玉香在下班的途中被北京一辆私家小车撞到的消息，于是他连夜带着家人赶到了北京。见到刚刚分别得不足5个月的妻子时，杨通发就被眼前的情景惊呆了，妻子静静的躺在床上已经完全没有了知觉。当时杨通发就有一个信念，他对主治医生说：“医生，不管花多少钱，你一定要医好我的爱人，千万不要放弃她，她是一个好人。”现场的医生被这样一句简简单单的一句话感动了，经过20天的全力抢救，妻子终于脱离了危险，苏醒了！主治医生告诉他：“因为在出车祸时候，大脑受损，以后她即便活过来了，将来有可能就是一个植物人。”同时，由于治疗费不足，医生建议他回老家保守治疗。“我们从恋爱到现在一直都很好，她对老人家都处得好，照顾得好，我非常感激她。我发过誓，这辈子要好好待她，她遇难了，我那么都要照顾她一辈子”。每天凌晨5点，杨通发准时起床，换尿不湿、注射器喂食、给孙子和母亲做饭、送孙子上学、买菜、买生活用品，回来再给妻子做饭喂食、喂药……年复一年，日复一日，周而复始，一个男人就这样坚持了11年，做着一件平凡而伟大的事情。

“湖南好人”——敬业奉献

田　蕊，女，1970年9月出生，湖南省保靖县人，中共党员，现为保

靖县人民医院职工。田蕊一面热心为村民治病，一面建设村卫生室。1997年，她从银行借了2000元，又向亲戚借了5000元，在公路边新建村卫生室，方便群众。钱不够，田蕊自己买材料，请泥水匠帮工。每天早上，她背着小孩调好修建要用的砂浆，然后又忙着办饭，脚不停手不

空。两个月后，终于建成了两层五间的新村卫生室。之后的8年里，田蕊和丈夫自己运材料、搬砖头，起早贪黑，分4次添加房屋，村卫生室扩建到近200平方米，诊断室、注射室、留观室、药房和预防保健室“五室”分设，达到了省“示范村卫生室”的标准。“她心好，医术好，收费又便宜。没得钱也不要紧，先看病吃药打针；钱欠到，从不催，几时方便几时还。”村民方启华说，乡亲们真真切切地感受着田蕊医生的好。村民龙自珍夫妻俩都是残疾人，无经济来源。田蕊给龙自珍接生后，不但未收一分钱医药费，而且还自掏腰包买了10多个鸡蛋煮给龙自珍吃。在田蕊家里，有一本陈旧的记账本，认真翻看一下，上面记的是1998年以来的账目。翻开第一页，只见上面写着：方老六欠6元，周胜贵欠24.5元等。田蕊说：“1998年以前的账目已经全部勾销不记了，那是村里特别困难的病人。”据不完全统计，10多年间，田蕊累计为贫困村民减免诊疗、医药费等8万余元。先后荣获“全国优秀乡村医生”“湖南省五四青年奖章”“湘西州十大杰出青年”“湘西州敬业奉献道德模范”称号。

田丽霞，女，1971年7月出生，湖南省龙山县人，中共党员，现为龙山县人民法院副院长。

1992年，田丽霞被分配到龙山县人民法院刑事审判庭担任专职书记员，上班仅3个月就出庭记录刑事案件48件，完成一名书记员全年的工作量。4个月后，她以字迹清楚、文字俊秀、记录准确在湘西州法院书记员比赛中获得第一名，在系统内引起轰动。经过在刑庭三年的锻炼和积累，她成长为全院最年轻的审判员和女党员，又自费完成法律本科专业函授学习，成为响当当的“女才子”“女法官”。她主审900余件刑事案件，件件事实清楚，证据扎实，程序合法，量刑适当，上诉无一改判，件件是“铁案”。她跋山涉水，跑遍龙山县的村村寨寨，调解50余件家庭邻里矛盾引发的伤害案件，件件赢得法律效果和社会效果，受到群众交口称赞。担任纪检组组长期间，她坚持源头治理、末端处理，双管齐下抓好信访案件，出色地化解了一部分中政委交办的信访积案，并通过推行诉前调解与执行和解，使得龙山法院两年来没有一起新的信访案件产生，极大地提高了龙山法院办案效率和质量，保障了司法公平正义。在担任副院长期间，忘我工作，对主管的刑事审判和后勤服务等工作尽心尽力，为龙山法院各项工作做出了很大贡献。工作以来，她时刻坚守“忠诚、为民、公正、廉洁”的核心价值观，在钱与法、权与法的较量中，她刚正不阿，庄严地捍卫着一名人民法官的尊严。先后荣获5次三等功、4次二等功、1次一等功以及“湖南省杰出青年卫士”“湖南省优秀法官”“湖南省十大杰出法官”“全国模范法官”等荣誉称号。

易　果，女，1978年3月出生，湖南省汨罗市人，中共党员，现为保靖县新闻网站总编辑。

2012年5月12日，强降雨导致保靖县毛沟镇发生两处山体滑坡、泥石流等地质灾害，造成主干道被阻断。易果和同事们提着摄像机，赶赴现场，抢拍镜头。当天11点半左右，塌方路段再次发生大面积泥石流，不少淤泥伴着大石块迅速砸下，情况万分危急！她意识到这是难得的新闻现场，没有选择撤离，毅然冒着危险将泥石流灾害发生的全过程，生动地记录下来。当时，最近的泥沙离她不到5米远，最后，在大家的再三紧急催促下，她才撤离到安全地带。湖南新闻联播播出这条新闻后，易果接到时任保靖县民政局局长的电话，他说：“易记者，你们那条新闻播出很及时，省民政厅领导看到保靖灾情很严重，专门给县里拨付80万元救灾款。真心感谢你们!”听到这里，她当时感到特别的欣慰。记者的职业有时很危险，但是，其价值或许就体现在这里。2007年易果怀孕了。从孕育期开始，肚中的孩子就跟随她在新闻的路上奔跑。孩子在肚子里一天天在长大，易果依然坚持下乡采访。2009年，那时易果负责《县长热线》和《平安保靖》两个电视栏目，为集中精力办好栏目，当年9月，她忍痛将一岁零两个月的儿子送到远在宁波的弟弟家中照料。她从事新闻工作十余年，参加重点新闻报道百余次，被中央电视台采用的新闻稿件数十条，被《湖南日报》、湖南电视台采用的新闻稿件数百条。先后荣获“湘西州十佳新闻工作者”“湖南卫视十佳通联记者”“湖南卫视通联工作‘突出贡献奖’”“湖南新闻奖”等荣誉。

湘西州见义勇为个人

宋会虎，男，花垣县花垣镇登高楼社区居民，原县民族印刷厂下岗职工，2014年8月受聘为登高楼社区建设中路网格网格长。

2017年3月29日，宋会虎带领网格街巷长滕召翠、毕会芳等人例行对网格辖区内的53家店面及宾馆进行流动人口排查，在建设中路428号“锁王锁城”店铺核实人员信

息时，发现网上在逃人员袁某某。30日上午9点30分，宋会虎和往常一样在网格中巡查，当巡查到“锁王锁城”门前时，他发现袁某某正坐在店内和员工交谈，他立马走到街对面的暗处，一边紧紧盯住店面，不让袁中途离开视线，一边用社管通向社区支书和社区警务室袁警官报告情况。几分钟后，袁警官带着两个社区民警开着警车赶到门店，将其捉拿归案。经查实，贵州省金元茶园发电有限责任公司燃料部采样机在2016年11月13日和21日两次被人非法加装遥控装置，设备控制程序被修改，导致采样机不能正常运行，给该公司造成重大经济损失，警方侦察发现袁某某有重大作案嫌疑，已被贵州省金沙县公安局网安大队列为网上通缉的在逃人员。近年来，宋会虎尽心尽力、尽职尽责，默默奉献于社区网格居民，伴随着工作中酸甜苦辣，他不仅荣获了“花垣县建设美丽湘西先进个人”“花垣县网格化社会服务管理工作先进个人”等荣誉称号，更收获了社区居民对他的信任和拥戴。

杨泽兴，男，苗族，1989年9月17日出生，个体司机，泸溪县洗溪镇

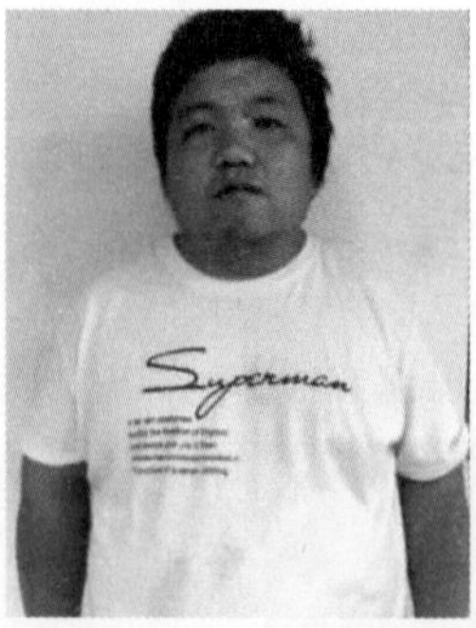

能滩村二组村民。2016年8月4日晚22时许，两名犯罪嫌疑人文某某、吴某某窜至泸溪县白沙辛女广场附近，乘市民晚上出来健身的机会伺机盗窃。仔细观察后发现被害人周某某只身一人坐在辛女广场一角落边玩手机，身后正放着一只挎包。两人商量决定对周某某实施扒窃。文某某、吴某某先后靠近周某某，利用周某某玩手机已近入迷的机会，对周某某随身携带的挎包实施扒窃，但意想不到的是，周某某随身携带的挎包中未放任何财物，二人未能入愿，心存不甘，再次商定伺机抢劫周某某在玩的手机。二人一前一后尾随周某某，将其手中一部OPPO手机抢走，二人立即窜逃，周某某大声呼救。正在此时，恰巧杨泽兴驾驶“湘U94861”面包车经过现场附近，见此情景，立即驱车追赶至辛女广场三岔路口，发现犯罪嫌疑人跑到辛女广场内，迅速下车与拼命追赶而来的被害人在辛女广场追赶实施抢劫的犯罪嫌疑人。二名犯罪嫌疑人见有人不停地追赶过来，十分害怕，便随手将手机丢弃在附近路边草丛中，然后拼命逃跑，杨泽兴紧追不放，同时大声呼喊“抓坏人、抓坏人......”，正在附近开展治安巡逻的民警闻讯立即赶来，将犯罪嫌疑人文某某、吴某某当场制服，并押送到白沙派出所......。过后，被丢弃到草丛的手机被周某某的邻居捡到并予以归还。2016年8月5日犯罪嫌疑人文某某被泸溪县公安局依法执行刑事拘留，同年8月19日经泸溪县检察院批准逮捕。

吴秋松，男，苗族，1966年11月出生，凤凰县审计局农业股股长。

2016年9月28日上午9时许，吴秋松按照单位工作安排和司机石界红驱车前往林峰乡进行项目审计。当车辆途经廖家桥镇铁桥村一急弯下坡路段时，正遇一辆车牌号为“湘U30895”的客运中巴直接从上面的公路冲过3米左右高坎摔下来，侧翻在他们车辆前方只有约七八米远的公路边上，差点滚下几十米高的坡坎。事故发生后，吴秋松首先拨打120急救电话、119救援电话、122事故处理电话，然后立即投入到抢救伤员之中。当时，由于中巴车重摔在地，机械设备失灵，车门无法打开。他先把抛到路基外的部分受伤人员背到公路上方空地，远离事故车辆防止二次伤害和方便救援，然后又踢开事故车辆挡风破璃，弯腰进入车内，先后救出10余人。十多分钟后，附近群众和过往车辆人员闻讯陆续赶来，但大多数在旁边观望并不敢上前参加救援，吴秋松则一边积极救人，一边组织号召群众，后来部分群众逐渐参与帮忙移动货物，搬运伤者，救援速度加快。20多分钟后，消防人员赶到现场，这时伤者已经差不多从事故车辆内被救出并转移到路边安全的地方等待救护车辆。吴秋松的衣裤也早已被汗水湿透和鲜血染红，但他片刻没有休息，又立即与消防队员一起投入到新一轮救援中。后来，120、交警、安监等相关部门陆续到达现场，其他各项救援工作才有条不紊地开展起来。在救援过程中，吴秋松先后带头转移受伤群众37人，一直坚持到最后一批伤者被运送完毕，开始起吊事故车辆时，他才悄悄地带着一身疲惫和满身鲜血离开现场。

彭　俊，男，1983年3月9日出生，土家族，古丈县古阳镇后街居民，

现在古丈县古阳镇茶叶村开办采石场。2017年6月15日12时许，茶叶村马鞍子组发生一起汽车电瓶被盗案。经过侦查，此案系永顺县灵溪镇居民章某某和董某某所为，作案时两人开一辆号牌为“湘UA7397”的黑色别克牌小汽车。因为彭俊开办的采石场在马鞍子组入口，便于收集情报，民警便将作案车辆信息告知彭俊，彭俊答应协助办案。2017年7月1日18时许，犯罪嫌疑人章某某和董某某又一次驾驶号牌为“湘UA7397”的黑色别克牌小汽车来古阳镇茶叶村马鞍子组盗窃电瓶。当时，彭俊在其采石场看见车辆经过后就马上给派出所民警打电话报告。由于派出所距离较远无

法马上赶到，彭俊便自发开自己的皮卡车在后面跟踪嫌疑车辆。章某某和董某某将车开到马鞍子周再菊家采石场后，便下车盗窃采石场内铲车的电瓶。彭俊发现后又马上将情况通报给派出所民警。这时，民警开车赶到，章某某见状立即丢弃已经偷得的电瓶开车往彭俊采石场方向逃窜。民警驾驶警车在后追赶，彭俊一边开车协助追赶一边打电话指挥自己的铲车将道路堵死。章某某和董某某驾车逃窜至彭俊采石场时，发现前方道路已被铲车堵死，章某某立即驾车掉头逃窜。此时，彭俊为了防止章某某逃走便将车停在路中间。随后，章某某开车撞到彭俊皮卡车后又撞到路边石头上停住。派出所民警立即下车将困在车内的章某某和董某某抓获。经讯问，犯罪嫌疑人章某某和董某某交待，他们二人从2017年5月起先后驾驶号牌为“湘UA7397”的黑色别克牌小汽车在龙山、永顺、古丈、吉首等地盗窃汽车电瓶10余次。

田　进，男，龙山县咱果乡金线村人，吉首市矮寨镇计生办主任。

2017年7月23日，田进和矮寨镇卫生院3人回矮寨镇路过新溪口桥头，看见一对母子在河边游玩，小孩突然下掉入水中被水冲入深水区，小孩母亲跳入水中营救小孩，没想到小孩母亲不会水在河里拼命的挣扎，就在情况万分危急时刻，田进没来得及多想就径直冲向河边，更来不及脱掉身上的衣服和放下兜里的钱包手机就跳入河里，游到小孩身边一把抓住小孩的手使劲把小孩拉上河岸，再次回头一看小孩母亲已经快要被水淹没下去了，田进再次跳入河里，奋力靠拢小孩母亲身边，紧紧地拉着小孩母亲使劲游到岸边，成功营救了母子俩，此时小孩母亲已经气喘息息，直到看见母子俩相安无事，田进说了一句没事就好，还没等他们说声谢谢！田进已从他们身边离开。

刘明喜，男，汉族，共产党员，1962年11月出生，泸溪县兰村村一

组居民。现任石榴坪乡兰村村综治专干、兰村村塘湾网格网格长、兰村村塘湾地质灾害点监测员。2017年6月23日9时50分，刘明喜再次走到隐患点察看，凭借多年勘察经验，刘明喜感觉要出大事，紧急之下，他敲响手中的铜锣，边敲边跑边喊：“要垮山了！要垮山了！快出来，跑到安全地带！”刹那间，紧急的锣声、尖厉的呼叫声在山野间响起，划破了山村的宁静。凌晨4点，大雨一直下过不停，刘明喜撑起雨伞，手执电筒，疾步来到地质灾害隐患点察看。接着从5点至6点，在这1个多小时里，他反复观察，直到天亮。清晨7时又返回察看，安全。清晨8时，再次察看，依然安全。多年来，每逢下大雨，刘明喜循环做这件同样的工作。但这次虽然安全，可刘明喜总觉得心里不踏实，为以防万一，还是赶快叫村民转移。于是，他随即回村，并迅速挨家挨户劝说大家赶快转移。然后，刘明喜相继拨通乡网格指挥中心和村网格指挥中心的电话，并按照之前乡里演练的应急预案，一边不停地敲锣，一边大喊群众转移。最后，村民们赶紧有序转移。时针指向11时，可85岁的老人包金娥任凭刘喜明和曹书记怎么说服都不愿转移，于是刘喜明找来他的儿子，儿子跑到包金娥面前，蹲下身子快速背起，疾步跨出家门。20分钟后，村民站在另一个山头的安全制高点俯视家园，被眼前的场面惊呆了：10多米高的山，瞬间地动山摇，泥石流坍塌而下，山体像被天狗咬缺了一大块似的，1栋房屋当即被摧毁……11时20分，兰村村塘湾组地质灾害隐患点19户81人全部转移到安全地带。由于转移及时，19户81位村民无一伤亡。

周国亮，男，土家族，1963年4月出生，泸溪县武溪镇黑塘村综治专

干。2017年6月30日，回忆起前两天自己被救的情景，73岁邓月英心有余悸地流下眼泪，“多亏了大家的帮忙，我才保住这条老命。”6月24日凌晨5点多，泸溪县武溪镇黑塘村，暴雨倾盆。邓月英起床脚刚迈出卧室门，却没想到洪水到了膝盖，邓月英顿时慌了神。幸好，村支书邹树清和综治专干周国亮及时赶到邓月英家，把她安全转移。当时，与邓月英有亲戚关系的周国亮接到黑塘村村支书邹树清的电话，老人邓月英不肯离家，急需他前来劝说撤离。原来，老人家节俭了一辈子，舍不得家中物件，几次要返回家中拿家什财物。村支书邹树清一个人拉不动他，只得打电话给周国亮前来增援。一接到电话，正在村部楼用广播给大家播发山洪预警的周国亮赶紧往邓月英家里赶。到老人家中去，需要经过一道小溪。此时溪水猛涨，已经淹没了过去的路。时间紧急，老人在河对岸，如何去救？周国亮来不及多想，衣服都没顾上脱，一头扎进激流中。但河水湍急，水位已上涨五六米，游了50米的距离，大概5分钟才到对岸。十几分钟后，周国亮赶到老人家中，老人屋后的山体已有石子滚落，而老人还想返回家中拿些物件出来。他立马挽住老人的手臂，和村支书邹树清连拉带劝将老人家转移到了安全地带。20分钟后，老人屋后山

体滑坡，泥石流倾泻而下，瞬间淹没了邓月英的家，有半边房子化为废墟。“再拖拉晚走一下，后果难以想象。”邹树清说。随后，他们和同村干部、村民一起安全转移100多名村民。他们从22日接到暴雨预警开始，便加强巡查，由于预警及时，全村1950人无一伤亡。

麻绍喜，男，初中文化，中共党员，花垣县雅西镇东卫村村民，2014年任冬尾村秘书，冬尾村和朝岗村合并为东卫村后任村秘书、综治专干。**龙志红**，男，初中文化，花垣县雅西镇东卫村五组村民，2015年担任冬尾村综治专干，2017年换届选举后卸任。**吴长生**，男，初中文化，花垣县雅西镇东卫村二组村民。**石朝海**，男，高中文化，中共党员，花垣县雅西镇东卫村村民。2017年8月1日，花垣县补抽乡大龙村5名村民到雅西镇东卫村一山洞内用柴油发电机和电钻采集钟乳石，由于山洞密闭，燃料燃烧不充分，造成洞内严重缺氧，导致4人昏厥，另有一人由于中毒较轻，强撑到洞口打求救电话。花垣县雅西镇东卫村麻绍喜、龙志红、吴长生、石朝海在获悉有人在本村的一个山洞遇险后，不顾个人安危，积极开展营救，由于营救及时，5名遇险村民经县人民医院紧急救治脱险。

彭利音，女，保靖县普戎镇亨章村一组村民，时为湖南省司法警官职业学院学生，在保靖县公安局实习。**贾维宏**，男，保靖县普戎镇普戎村三组村民，中专文化。2017年8月3日凌晨，彭利音与好友贾维宏骑摩托车从沿江大道回家时，撞见一辆载人的汽车坠入路边的河里，有伤者被困车内沉入河水，情形十分危急。彭利音与贾维宏一边拨打电话报警，叫救护车，一边翻过护栏朝车辆坠落地方跑去。为争取救援时间，彭利音迈开赤脚奔跑，到了近边，看到一位渔民划着船，便大声呼叫，待他们到达事故地点附近时，看到和安慰好女伤者后，贾维宏什么也没说就跳入河中，但由于水流过激，伤者已呈昏迷状态，贾维宏与彭利音两人合力将男子从水底救出，拖向岸边，然后找到一处较平的空地将男子平放地上。在等待120救护人员过程中，彭利音运用在警校学习的救援知识，对男子鼻腔、口腔的泥土和异物进行清理，彭利音让贾维宏脱掉自己的衣服浸湿，给男伤者进行擦拭清理，对其不停按压胸部实施心肺复苏抢救，持续10多分钟的救助，直到公安民警和120急救人员赶到现场。

胡　斌，男，龙山县石羔街道元宝村村民。2017年5月9日下午，刚外出务工回家的胡斌在家里和几位朋友吃完饭后便商议去县城游玩，因住地通往县城道路正在维修改造，便绕道湖北省宣恩县李家河镇去往龙山县城，约在晚上19点25分左右车辆行驶至连接来凤县与龙山县的团结桥处，发现桥中间围栏处一年轻女子纵身跳下了桥，路过市民纷纷呼救，才知道该女子是轻生。但慑于河水太深，围观现场没有一人敢下河营救。路过的胡斌看到这一幕，脑海中只有一个想法，赶紧救人。他立即招呼朋友将车停下，打开车门的第一时间就往桥下跑去，边跑边和岸边的热心市民沟通跳河女子的位置。女子被湍急的河水卷起冲跑，胡斌花大概两分钟左右时间才追上女子冲走的位置，当时眼看无路可走，时间也让他来不及犹豫也不能犹豫，于是，他立刻跳进10米多深的酉水河中，当时水流湍急，他随时都有被河水冲走的危险，但他还是不顾生命危险游向该女子，岸上路过的好心人纷纷为他指点该女子在河中的位置，大概又用了3分钟左右的时间才游到该女子的身旁。当时，他第一时间将女子的头部从水中拉出水面，发现该女已经昏迷，他拼命地托住女子让其面部置于水面之上，然后使尽全身气力游向岸边。游到岸边之后，胡斌奋力将该女子抱上岸，看其还有微弱的生命迹象，在救护车还未到来前，凭借曾经学到的一些救落水者的技巧，拖着疲惫的身体立即对其进行心肺复苏并辅助掐人中等，希望能帮助对方排出已经吸入的水。按压大概约3分钟后，该女子吐出部分吸入肺中的水。这时特警队员和两名女护士赶到，实施有效的救治。他当时在旁边看了一会，发现该女子已经恢复意识后，确定其没有生命危险，才悄悄离开。

白国胜，男，龙山县里耶镇中孚社区后坪街居民。2017年2月4日，中午时分，年近70岁高龄的白国胜老人在酉水河边洗衣服。见2名小男孩在附近河堤边玩耍，

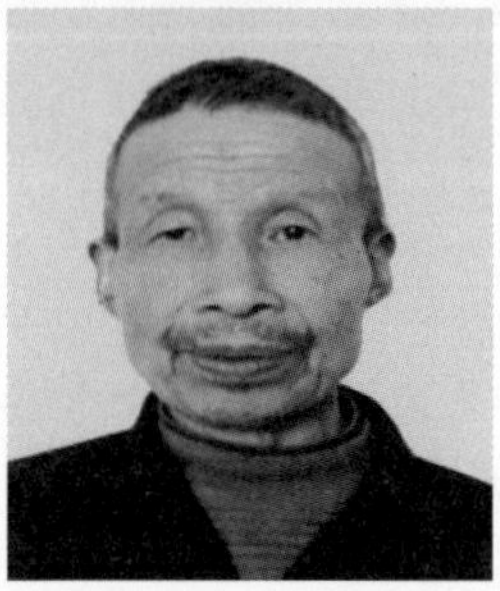

大的不足8岁，小的才4岁多。玩耍中，4岁多的小男孩不慎滑落入10多米深的酉水河中，在水中挣扎。白国胜老人第一时间发现情况，来不及脱掉棉衣裤，直接跳入冰冷刺骨的酉水河中，奋力抓住落水男孩，此时河水已淹没至他的脖颈处，随时有被河水冲走的危险，他使尽全身气力，花了近5分钟时间才靠近岸边。由于河堤呈斜面并且伴有污泥和青苔，试了几次都没能爬上岸，此时老人急忙冲着在附近洗衣服的妇女大喊“快来帮忙”，妇女见状，立即赶过去，伸出手中的洗衣棒，老人借力，终于将落水男孩救上岸，孩子安然无恙。事后，获救男孩家长四处寻找救命恩人，经多方打听，当天下午，特意登门感谢白国胜老人的救命之恩。白国胜老人婉拒获救男孩家长的答谢，他表示，在当时的紧急状况下，里耶镇的任何人都会出手相救的。

附　录

湘西土家族苗族自治州酉水河保护条例

（2017年1月9日湘西土家族苗族自治州第十四届人民代表大会第一次会议通过，2017年3月31日湖南省第十二届人民代表大会常务委员会第二十九次会议批准）

目　录

第一章　总　则

第一条　为了加强酉水河流域保护，防治水污染，推进生态文明建设，根据《中华人民共和国环境保护法》《中华人民共和国水法》《中华人民共和国水污染防治法》等法律法规的规定，结合酉水河流域实际，制定本条例。

第二条　酉水河流域水资源管理与保护、水污染防治以及涉及到酉水河流域保护的其他活动，适用本条例。

本条例所称酉水河流域是指湘西土家族苗族自治州（以下简称自治州）境内降雨汇入酉水河的区域，包括酉水河干流及其一级支流的水域与陆域。具体范围由自治州人民政府划定并向社会公布。

酉水河流域其他支流的保护参照执行。

第三条　酉水河流域保护遵循保护优先、统筹规划、综合治理、合理利用的原则，实行政府主导、公众参与、分工负责、协调配合的保护机制。

第四条　酉水河流域管理和保护实行河长制，河长制办公室承担河长制组织实施具体工作，落实河长确定的事项。

第五条　自治州人民政府和酉水河流域县级人民政府可以建立跨行政区域联动协调保护机制。

第二章　政府职责与公众参与

第六条　自治州人民政府应当将酉水河流域保护纳入国民经济和社会发展计划，对酉水河流域保护实行统一领导，履行以下主要职责：

（一）组织酉水河流域保护相关规划的制定与实施；

（二）统筹协调酉水河流域保护部门之间、地区之间的重大事务；

（三）建立并落实酉水河流域保护目标责任年度考核制度和行政责任追究制度；

（四）督促相关行政主管部门和县级人民政府依法履行酉水河流域保护管理职责；

（五）建立酉水河流域城乡同建同治工作制度。

第七条　酉水河流域县级人民政府应当将本行政区域内酉水河流域保护纳入国民经济和社会发展计划，负责具体保护工作，履行以下主要职责：

（一）制定本行政区域内酉水河流域保护具体方案；

（二）统筹协调本行政区域内酉水河流域保护事务，对本行政区域内酉水河流域保护工作负责；

（三）组织落实本行政区域内酉水河流域城乡同建同治工作制度；

（四）组织落实酉水河流域保护目标责任年度考核制度和行政责任追究制度。

第八条　酉水河流域乡（镇）人民政府、街道办事处应当协助上级人民政府及其相关行政主管部门做好本辖区内酉水河流域保护管理的具体工作。

第九条　酉水河流域村（居）民委员会可以采取村规民约等方式引导、鼓励村（居）民参与酉水河流域保护。

第十条　自治州人民政府和酉水河流域县级人民政府水

行政主管部门负责水资源保护和开发的监督管理。

自治州人民政府和西水河流域县级人民政府环境保护行政主管部门负责水污染防治和生态环境保护的监督管理。

自治州人民政府和西水河流域县级人民政府交通运输、发展改革、国土资源、规划、财政、林业、农业、畜牧水产、城乡建设、卫生等行政主管部门按照各自职责，做好本行政区域内西水河流域保护管理的有关工作。

第十一条　自治州人民政府和西水河流域县级人民政府应当设立西水河流域生态环境保护专项资金，列入本级财政预算。

积极引导和鼓励社会资本参与西水河流域保护。

第十二条　自治州人民政府和西水河流域县级人民政府及其相关行政主管部门应当建立西水河流域保护信息公开制度，依法公开水功能区、饮用水水源保护区、水环境质量、重点污染源环境监测、排污口设置、水环境保护责任区域、责任人、举报方式等信息。

第十三条　西水河流域乡（镇）以上人民政府及相关行政主管部门应当组织开展相关法律法规和环境保护知识的宣传普及工作，营造西水河流域保护的良好社会环境。

第十四条　自治州人民政府和西水河流域县级人民政府应当定期向同级人民代表大会常务委员会报告西水河流域保护工作情况。

第十五条　西水河流域保护中的重大事项应当采取听证会、论证会、座谈会等方式广泛听取社会公众和专家学者的意见。

自治州人民政府和西水河流域县级人民政府及其相关行政主管部门应当组织、引导、支持企事业单位、社会组织、志愿者等社会力量，参与西水河流域保护。

任何单位和个人有权对妨害西水河流域保护的行为进行检举和控告。

第十六条　自治州人民政府和西水河流域县级人民政府应当对西水河流域保护做出显著成绩的单位和个人给予奖励。

第三章　水资源管理与保护

第十七条　自治州人民政府和西水河流域县级人民政府或者相关行政主管部门应当依照职责权限建立西水河流域用水总量控制、用水效率控制和水功能区限制纳污等水资源保护管理制度。

第十八条　自治州人民政府和西水河流域县级人民政府编制国民经济和社会发展计划、城市总体规划及重大建设项目布局，应当进行水资源论证，编制水资源论证报告。

西水河流域新建、改建、扩建建设项目需要直接取用水资源的，建设单位应当编制建设项目水资源论证报告，并依法办理取水许可手续。

第十九条　自治州人民政府和西水河流域县级人民政府应当建立节水投入保障和激励机制，引导用水单位和个人对雨水资源进行综合利用，提高用水效率，推进节水型社会建设。

第二十条　自治州人民政府水行政主管部门应当会同相关行政主管部门和县级人民政府核定西水河流域内各水功能区纳污容量，并向自治州人民政府环境保护行政主管部门提出限制排污总量意见，作为水污染防治和节能减排工作的依据。

对排污量超出水功能区限制排污总量的地区，自治州人民政府和西水河流域县级人民政府水行政主管部门应当暂停审批建设项目新增取水和排污口（渠）。

第二十一条　西水河流域县级人民政府应当依法划定西水河流域饮用水水源保护区，在饮用水水源保护区的边界设立明确的地理界标和明显的警示标志，并及时向社会公布名录，依法实施保护。

自治州人民政府应当组织水利、环境保护、城乡建设等行政主管部门制定西水河流域供水安全应急预案。县级人民政府应当根据西水河流域供水安全应急预案，制定本行政区域供水安全应急预案，规划建设应急饮用水水源地。供水单位应当根据本行政区域供水安全应急预案，制定相应的应急工作方案。

第二十二条　西水河流域乡（镇）以上人民政府应当按照水土保持规划，加强生态公益林、天然林和湿地资源保护，采取植树造林、退耕还林、封山育林等措施，提高森林覆盖率，增强水源涵养能力。

禁止在西水河干流两岸崩塌滑坡危险区、泥石流易发区从事采石、采矿等可能造成水土流失的活动。

第二十三条　自治州人民政府和西水河流域县级人民政府应当根据流域综合规划、防洪工程实际状况和国家规定的防洪标准，制定西水河流域防御洪水方案，做好防御洪水工作。

第二十四条　自治州人民政府和西水河流域县级人民政府水利、环境保护、卫生、城镇供水管理等部门应当建立水资源、水环境、城镇供水监测网络，按照国家和行业规定的技术标准和规范，重点监测西水河流域县级行政区域交界断面、河道控制断面、重要水功能区和重要排污口（渠）的水质、水污染状况，并定期公布监测结果。

第二十五条　自治州人民政府和西水河流域县级人民政府交通运输行政主管部门应当编制西水河流域相关港口岸线利用规划，加强西水河流域航道养护，保障航道畅通。

任何单位和个人不得擅自在西水河干流河道管理范围内从事采砂活动，不得侵占、破坏西水河航道和航道设施。

第四章　水污染防治

第二十六条　自治州人民政府和西水河流域县级人民政府或者相关行政主管部门应当依照职责权限建立西水河流域

重点水污染物排放总量控制、排污许可、水污染物排放监测和水环境质量监测等水环境保护制度。

第二十七条 酉水河流域新建、改建、扩建建设项目，建设单位应当组织进行建设项目环境影响评价，并将环境影响评价文件依法报环境保护行政主管部门审批。

第二十八条 自治州人民政府和酉水河流域县级人民政府及其相关行政主管部门应当指导流域内的农业生产者科学种植和养殖，科学合理施用农药、化肥等农业投入品，防止面源污染。

第二十九条 酉水河流域县级人民政府应当根据水环境功能区划和区域环境承载能力依法划定规模畜禽养殖的禁养区和限养区。禁养区、限养区已有的畜禽养殖项目不符合规划要求的限期搬迁或者关闭。

搬迁或者关闭已有的畜禽养殖项目给养殖者造成损失的，县级人民政府应当依法补偿。

畜禽养殖场应当配套建设废弃物利用设施，对养殖废弃物进行资源化利用。未经养殖废弃物利用设施处理达标的畜禽养殖污水，不得向水体排放。

第三十条 酉水河流域县级人民政府渔业行政主管部门应当加强酉水河流域水产养殖管理，合理确定养殖规模，推广水产生态养殖。

酉水河流域县级人民政府应当根据水环境功能区划和区域环境承载能力依法划定水产养殖控制区和禁养区，按照统一规划、分步实施原则，规范并逐步淘汰酉水河干流和一级支流的网箱、网围、网拦等养殖活动。

禁止毒鱼、炸鱼、电鱼等破坏渔业资源方法和使用抬网、拦网等小于最小网目尺寸的网具进行捕捞。

第三十一条 自治州人民政府和酉水河流域县级人民政府及其相关行政主管部门应当组织酉水河流域沿岸集镇适时建设和改造城镇污水集中处理设施及配套管网、危险废物集中处置设施以及固体废物的收集、运输和处置设施等环境保护公共设施，并保障其正常运行。

酉水河流域乡（镇）以上人民政府应当组织酉水河流域沿岸村庄、居民集中区和港口码头建设垃圾分类收集、集中转运、无害化处理设施和污水处理设施。

鼓励、支持公民、法人和其他组织投资垃圾和污水处理项目。

第三十二条 酉水河流域县级人民政府应当对本行政区域内河岸两侧生活垃圾、建筑垃圾、堆积物定期清理，对河流漂浮物、有害藻类等进行定期打捞清理，并进行无害化处理。

酉水河流域内水电站应当配备保洁设施设备，定期清理大坝管理和保护范围内河面垃圾，严禁非行洪时期向下冲泄垃圾。

第三十三条 在酉水河通航水域的船舶应配备防污染设备和器材，禁止向水体倾倒船舶垃圾或者排放船舶残油、废油。

任何单位和个人不得擅自在酉水河干流水域利用船舶及浮动设施经营餐饮业。

第三十四条 自治州人民政府和酉水河流域县级人民政府应当推进企业向工业园区集中，加强对工业园区企业污染物的处理，确保工业园区污染物达标排放。

自治州人民政府和酉水河流域县级人民政府环境保护行政主管部门应当责令不能稳定达标排放的企业限期治理；逾期未治理且未稳定达标排放的，由自治州、县人民政府依法关闭。

自治州人民政府和酉水河流域县级人民政府应当依法关闭非法设立或者不符合国家产业政策的污染企业。

第三十五条 直接或者间接向酉水河流域水体排放污染物的企业、事业单位和其他生产经营者，应当依法向自治州人民政府和酉水河流域县级人民政府环境保护行政主管部门申请排污许可证并达标排放。

禁止向酉水河流域水体排放、倾倒工业废渣、城镇垃圾或者其他废弃物。

第五章 跨行政区域联动协调保护机制

第三十六条 酉水河流域县级人民政府之间可以采取签订合作协议、举行联席会议、信息共享等方式，开展酉水河流域保护事务的跨行政区域合作。

第三十七条 酉水河流域县级人民政府之间可以建立跨行政区域联席会议制度，协商组织召开联席会议，共同执行会议决定，协调解决跨行政区域的酉水河流域保护重大事项。

第三十八条 酉水河流域县级人民政府及其相关行政主管部门之间应当建立环境违法行为相互告知制度，及时通报环境违法行为情况。

酉水河流域县级人民政府之间应当建立突发环境事件等重大事项的通报机制和应急处置措施。

酉水河流域县级人民政府之间应当建立河流交界断面的水环境质量考核制度，并定期向社会公布考核情况。

第三十九条 酉水河流域县级人民代表大会常务委员会可以与相邻同级人民代表大会常务委员会建立协同执法检查机制，监督跨行政区域联动协调保护制度的实施。

第四十条 酉水河流域县级人民政府及其相关行政主管部门应当编制本行政区域内酉水河流域区域规划、专项规划，并征求相邻地区意见。

第四十一条 酉水河流域县级人民政府在权限范围内开发利用水资源，应当保障最小下泄流量，并征询各利益相关方和上级行政主管部门意见。协商不成的，报请自治州人民政府裁定。

第四十二条 酉水河流域县级人民政府之间应当建立水质、重点污染物等监测数据共享制度。

酉水河流域环境保护行政主管部门对河流上下游交界断

面的水质、水量及左右岸的水污染源等进行监测，实现监测数据共享。

第四十三条　跨行政区域的水污染纠纷处理，由相关县级人民政府行政主管部门协商处理；协商不成的，可以报请本级人民政府启动跨行政区域联席会议处理，或者通过其他法定途径解决。

跨行政区域发生水事纠纷的，当事相关方应当协商处理；协商不成的，报请上一级人民政府裁决，有关各方必须遵照执行。在水事纠纷解决前，未经各方达成协议或者共同的上一级人民政府批准，在行政区域交界线两侧一定范围内，任何一方不得修建排水、阻水、取水和截（蓄）水工程，不得单方面改变水的现状。

第四十四条　西水河流域乡（镇）人民政府之间根据跨行政区域联动协调保护制度协调处理西水河流域保护相关工作。协调不成的，报请上级人民政府解决。

第四十五条　自治州人民政府和西水河流域县级人民政府及其行政主管部门可以根据本章规定，与自治州行政区域以外的相邻地区同级人民政府及其行政主管部门协商建立西水河流域跨行政区域联动协调保护机制。

第六章　法律责任

第四十六条　西水河流域乡（镇）以上人民政府、相关行政主管部门及其工作人员不履行条例规定的职责，玩忽职守、滥用职权、徇私舞弊的，对直接负责的主管人员和其他直接责任人员依法给予行政处分；构成犯罪的，依法追究刑事责任。

第四十七条　违反本条例第二十二条第二款规定，在西水河干流两岸崩塌滑坡危险区、泥石流易发区从事采石、采矿等可能造成水土流失活动的，由县级以上人民政府水行政主管部门责令停止违法行为，采取水土保持工程补救措施，没收违法所得，情节轻微的，对个人处一千元的罚款，对单位处两万元的罚款；情节严重的，对个人处一千元以上三千元以下的罚款，对单位处两万元以上十万元以下的罚款；情节特别严重的，对个人处三千元以上一万元以下的罚款，对单位处十万元以上二十万元以下的罚款。

第四十八条　违反本条例第二十五条第二款规定，擅自在西水河干流河道管理范围内从事采砂活动的，由县级以上人民政府有关行政主管部门责令停止违法行为，限期采取补救措施，除没收非法所得外，视情节可以处五万元以下的罚款；构成犯罪的，依法追究刑事责任。

第四十九条　违反本条例第三十条第三款规定，使用毒鱼、炸鱼、电鱼等破坏渔业资源方法和使用抬网、拦网等小于最小网目尺寸的网具进行捕捞的，由县级以上人民政府渔业行政主管部门没收渔获物和违法所得，处五百元以上五万元以下的罚款；情节严重的，没收渔具，吊销捕捞许可证；情节特别严重的，可以没收渔船；构成犯罪的，依法追究刑事责任。

第五十条　违反本条例第三十三条规定，船舶未配备防污染设备和器材的，由海事管理机构、渔业主管部门按照职责分工责令限期改正，并处两千元以上两万元以下的罚款；逾期不改正的，责令船舶临时停航。

向水体倾倒船舶垃圾或者排放船舶残油、废油的，由海事管理机构、渔业主管部门按照职责分工责令停止违法行为，处以两万元以上三万元以下的罚款；造成水污染的，责令限期采取治理措施，消除污染，逾期不采取治理措施的，经催告仍不履行，海事管理机构、渔业主管部门按照职责分工可以指定有治理能力的单位代为治理，所需费用由船舶承担。

擅自在西水河干流水域利用船舶及浮动设施经营餐饮业的，由有关行政主管部门责令停业；拒不停业的，由县级以上人民政府组织环境保护、水利等相关行政主管部门没收专门用于经营餐饮业的设施、工具等财物，并处两万元以上十万元以下的罚款。

第五十一条　违反本条例第三十五条第二款规定，向西水河流域水体排放、倾倒工业废渣、城镇垃圾或者其他废弃物的，由县级以上人民政府组织环境保护主管部门责令停止违法行为，限期采取治理措施，消除污染，处以两万元以上二十万元以下罚款；逾期不采取治理措施的，经催告仍不履行，环境保护管理部门可以指定有治理能力的单位代为治理，所需费用由违法者承担。

排污者受到罚款处罚，被责令改正拒不改正的，依法作出罚款处罚决定的环境保护行政主管部门可以实施按日连续处罚。

第五十二条　本条例未规定处罚的其他违法行为，法律法规有规定的，从其规定。构成犯罪的，依法追究刑事责任。

第七章　附　则

第五十三条　自治州人民政府应当在本条例颁布一年内制定实施细则。

第五十四条　本条例经湖南省人民代表大会常务委员会批准，由自治州人民代表大会常务委员会公布，自 2017 年 5 月 1 日起实施。

湘西土家族苗族自治州老司城遗址保护条例

（2013年1月2日湘西土家族苗族自治州第十三届人民代表大会第一次会议通过，2013年4月11日湖南省第十二届人民代表大会常务委员会第一次会议批准，根据2018年1月5日湘西土家族苗族自治州第十四届人民代表大会第二次会议《关于修改〈湘西土家族苗族自治州老司城遗址保护条例〉的决定》修正，2018年3月31日湖南省第十三届人民代表大会常务委员会第三次会议批准）

第一条 为了加强世界文化遗产土司遗址永顺县老司城（以下简称老司城遗址）的保护，根据《中华人民共和国文物保护法》《湖南省文物保护条例》等法律法规，结合老司城遗址保护工作的实际，制定本条例。

第二条 老司城遗址保护区按照国家文物局批准的《老司城遗址保护管理规划》划分为遗产区和缓冲区。

遗产区范围：东界北从谢圃上游灵溪河拐弯处（丝柳河和灵溪河交汇处），向东南第一座主峰（高程737.1米、684.1米），向西折回土司钓鱼台东北山峰（高程536.4米），向东南依次经过高程538.1米、541米山峰后经老司城东侧紫金山顶（高程713米），经高程656.8米山峰到祖师殿以东山峰（高程661.8米），经山脊线（祖师殿东侧第一道山脊）；南至龙洞口以南西侧山峰（高程580.2米），北折分别经过高程582米、451.5米、426.5米山峰至喻家堡西侧，往北经监钦湾西侧高程510.2米山峰及老司城西北象鼻山西侧山脊，至高程563.2米山峰处向东北过灵溪河至高程473.2米山峰后向东南折回谢圃上游灵溪河和丝柳河交汇处。

缓冲区范围：遗产区外围的第一层山脊连线范围，东界为谢圃以东、马洞以北高程737.1米、高程803米太平山山峰、平长湾东北高程694.1米山峰连线；南界至平常湾南侧高程601米山峰和雅松溪以北609.8米山峰连线；西南界至高程616.4米的石佛山山峰、瓦厂以西高程460.5米山峰、拉土车西北高程688.5米山峰连线；西北界至磨子岩沟谷、何家湾东北高程678.2米山峰连线；北界至何家湾、新祭湾北部山脊一线。

第三条 老司城遗址保护管理应当严格按照老司城遗址保护管理规划执行。遵循保护为主、抢救第一、合理利用、加强管理的方针，确保老司城遗址的真实性和完整性。

第四条 湘西土家族苗族自治州人民政府（以下简称州人民政府）、永顺县人民政府应当将老司城遗址保护工作纳入国民经济和社会发展规划，并将保护经费列入本级财政预算。

第五条 州人民政府应当加强对老司城遗址保护工作的领导，州人民政府有关部门应当加强对老司城遗址保护工作的指导和监督。

永顺县人民政府全面负责老司城遗址的保护工作。

永顺县人民政府文物主管部门对老司城遗址保护工作实施监督管理，其他有关部门按照各自职责做好老司城遗址保护的相关工作。

老司城遗址保护管理机构具体负责老司城遗址的保护利用和管理工作。

老司城遗址所在地乡（镇）人民政府应当配合做好遗址保护相关工作。

老司城遗址所在地村（居）民委员会应当协助做好遗址保护相关工作。

第六条 老司城遗址保护管理机构具体负责宣传老司城遗址保护有关的法律法规、组织实施老司城遗址保护管理规划、制定并组织实施老司城遗址的保护措施和管理制度、组织开展老司城遗址文化遗产的调查研究和知识产权保护工作、发掘并宣传展示世界文化遗产的历史和文化价值等工作。

第七条 老司城遗址保护、管理经费和维修、建设等项资金的来源：

（一）国家、省补助经费；

（二）州、永顺县财政预算经费；

（三）展示利用收入和其他事业性收入；

（四）社会捐赠；

（五）其他合法收入。

老司城遗址保护、管理经费和维修、建设资金，应当按照有关法律、法规的规定，严格管理，专款专用，接受财政、审计部门监督，任何单位和个人不得贪污、侵占、挪用。

第八条 任何单位和个人都有依法保护老司城遗址的义务，有权检举、制止破坏遗址的行为。

在老司城遗址保护工作中做出显著成绩的单位和个人，由上级人民政府给予表彰、奖励。

第九条 永顺县人民政府应当按照老司城遗址保护管理规划的要求，组织编制老司城遗址保护详细规划，按照法定程序报经批准后组织实施。

老司城遗址保护管理规划及其详细规划，应当严格执行，不得擅自修改，确需修改的，应当依法报批。

第十条 遗产区和缓冲区应当依法设置保护标志和界桩，做出标志说明，任何单位和个人不得擅自移动或者损坏。

第十一条 永顺县人民政府为了保护文物的需要将老司城遗址保护区内的集体所有土地征收为国有土地的，应当依法给予补偿，保护原住居民的合法权益。

永顺县人民政府应当按照老司城遗址保护管理规划为老司城遗址保护区内的当地居民划定殡葬用地。

永顺县人民政府应当根据老司城遗址保护的需要和经济社会发展的实际，除因婚姻关系等特殊情况外，严格控制外地居民的户口迁入老司城遗址保护区。

第十二条 老司城遗址及其所属文物属于国家所有，任何单位和个人不得非法占有、转让和抵押，不得作为企业资产经营。

第十三条 老司城遗址保护区内地下埋藏的文物，任何单位和个人不得私自发掘。

在老司城遗址保护区内进行文物调查、勘探和考古发掘工作，应当依法履行报批手续，并向永顺县文物主管部门和老司城遗址保护管理机构报告调查、勘探、发掘结果。

任何单位和个人发现与老司城遗址有关的文物及文物遗存，应当立即报告永顺县文物主管部门或者老司城遗址保护管理机构，永顺县文物主管部门和老司城遗址保护管理机构接到报告后，应当立即采取保护措施。

第十四条 老司城遗址保护区内发掘出土的文物应当按照规定建立文物记录档案。

永顺县人民政府应当设立博物馆对发掘出土的可移动文物进行收藏保护、展示利用。禁止对文物进行破坏性利用。

馆藏文物的交换、借用和对外展出应当依法办理审批手续。交换、借用老司城遗址馆藏文物的，可以给予合理补偿。

第十五条 对老司城遗址保护区文物实施抢救性保护工程应当遵循不改变文物原状的原则，抢救性保护工程方案应当依法报批。实施抢救性保护工程应当由取得文物保护工程相应等级资质证书的单位承担。

第十六条 老司城遗址保护区内已有的合法建筑物、构筑物，危及老司城遗址文物安全，破坏其历史风貌的，由永顺县人民政府出资组织治理或者依法拆迁。

第十七条 在老司城遗址遗产区内不得进行其他建设工程或者爆破、钻探、挖掘等作业。因特殊情况需要进行下列工程或者作业的，应当事先征求老司城遗址保护管理机构的意见，依法定程序报批：

（一）新建、改建、扩建保护文物的建设工程的；

（二）设置通信、供水、供电、排污管线的；

（三）其他需要实施的建设工程或者作业的。

第十八条 在老司城遗址缓冲区内新建、改建、扩建建设工程，应当事先征求老司城遗址保护管理机构意见并依法办理报批手续。建筑物的风格、高度、色调、体量、用材和工艺手法等应当与老司城遗址的历史风貌和自然环境相协调。

第十九条 在老司城遗址保护区内设置的服务项目，应当符合老司城遗址保护管理规划的要求，并与老司城遗址的自然环境和建筑风格相协调。

第二十条 老司城遗址保护管理机构应当依法建立老司城遗址重大事项专家咨询制度、定期通报制度、日常监测巡视制度。发现可能危及老司城遗址安全的，应当依法采取措施予以保护，并向永顺县人民政府报告。

老司城遗址保护管理机构应当加强文物保护技术的研究与应用，配备防火、防盗、防虫、防自然灾害等设施设备，确保文物安全。

第二十一条 在老司城遗址保护区内进行电影、电视拍摄，拍摄单位应当征求老司城遗址保护管理机构意见，报文物主管部门依法批准，并按规定支付相关费用。申请拍摄的单位应当在老司城遗址保护管理机构的文物管理人员的监督下进行拍摄，并采取必要措施确保文物安全。拍摄时，不得用文物作道具。

第二十二条 在老司城遗址保护区内从事旅游经营活动，应当符合老司城遗址保护管理规划，并遵守老司城保护管理机构的相关规定；永顺县人民政府有关部门在批准前，应当征求老司城保护管理机构的意见。

第二十三条 老司城遗址保护管理机构应当根据老司城遗址保护需要和环境容量严格控制游客接待规模，确定开放区域和参观路线，制定应急预案，确保文物安全。

进入老司城遗址保护区的车辆、船舶，应当符合国家法律、法规规定的行驶条件，按照指定线路行驶，在规定的地点停放或停泊。

老司城遗址保护区的车辆、船舶实行总量控制，动态管理，应当逐步使用环保交通工具和清洁能源。

第二十四条 老司城遗址保护区内禁止下列行为：

（一）擅自复制珍贵文物，拓印石碑、石刻、器物铭文；

（二）刻划、涂污、损坏文物或者损毁文物保护设施；

（三）损坏供水、供电、消防、排污和监测等设施；

（四）擅自设置户外广告；

（五）砍伐、损毁古树名木；

（六）向水体排放倾倒有毒有害物质；

（七）其他损害老司城文化遗产安全及其生态环境的行为。

第二十五条 违反本条例第十二条规定，非法转让、抵押老司城遗址及其所属文物或者将老司城遗址及其所属文物作为企业资产经营的，由文物主管部门责令改正，没收违法所得，违法所得一万元以上的，并处违法所得两倍以上五倍以下的罚款；违法所得不足一万元的，并处五千元以上两万元以下的罚款。

第二十六条 违反本条例第十四条第三款规定，未经批准交换、借用馆藏文物的，由文物主管部门责令改正，有违法所得的，没收违法所得，可以并处两万元以下的罚款。

第二十七条 违反本条例第十七条规定，在老司城遗址遗产区内进行其他建设工程或者爆破、钻探、挖掘等作业的，由文物主管部门责令改正，造成严重后果的，处五万元以上五十万元以下的罚款。

第二十八条 违反本条例第二十四条第一项规定，擅自复制珍贵文物，拓印石碑、石刻、器物铭文的，由文物主管部门予以警告；造成严重后果的，处两千元以上两万元以下的罚款。

违反本条例第二十四条第二项规定，刻划、涂污、损坏文物尚不严重的或者损毁文物保护设施的，由文物主管部门责令停止违法行为，恢复原状，可以处两百元以下的罚款。损毁文物严重构成犯罪的，依法追究刑事责任。

违反本条例第二十四条第三项、第四项、第五项、第六项、第七项规定和本条例其他规定的，依照有关法律法规处罚。

第二十九条 文物主管部门及其他有关部门可以委托老司城遗址保护管理机构实施与老司城文化遗产保护管理有关的行政处罚权。

第三十条 有关行政主管部门、老司城遗址保护管理机构的工作人员，在保护工作中滥用职权、玩忽职守、徇私舞弊的，对直接负责的主管人员和其他直接责任人员依法给予处分。构成犯罪的，依法追究刑事责任。

第三十一条 老司城遗址保护区内自然景观和民族民间文化遗产的保护依照《湘西土家族苗族自治州猛洞河风景名胜区保护条例》和《湘西土家族苗族自治州民族民间文化遗产保护条例》的规定执行。

第三十二条 本条例经湖南省人民代表大会常务委员会批准后，由湘西土家族苗族自治州人民代表大会常务委员会公布实施。

湘西土家族苗族自治州浦市历史文化名镇保护管理条例

（2017年10月30日湘西土家族苗族自治州第十四届人民代表大会常务委员会第五次会议通过，2017年11月30日湖南省第十二届人民代表大常务委员会第三十三次会议批准）

第一章 总 则

第一条 为了加强对浦市历史文化名镇的保护管理，继承和弘扬民族优秀文化遗产，根据《中华人民共和国文物保护法》《中华人民共和国城乡规划法》和国务院《历史文化名城名镇名村保护条例》等法律法规的规定，结合本地实际，制定本条例。

第二条 浦市历史文化名镇实行分区保护，依据《湖南省泸溪县浦市历史文化名镇保护规划》（以下简称保护规划）划分为历史文化核心保护区（以下简称核心区）、建设控制地带，由泸溪县人民政府设立标志，予以公告。

第三条 在浦市历史文化名镇保护范围内活动的单位和个人，应当遵守本条例。

第四条 浦市历史文化名镇的保护应当遵循科学规划、严格保护的原则。

第五条 州人民政府、泸溪县人民政府应当将浦市历史文化名镇保护管理纳入国民经济和社会发展规划，并将保护经费列入本级财政预算。

第六条 州人民政府负责对浦市历史文化名镇保护管理工作的指导和监督。

泸溪县人民政府负责浦市历史文化名镇的保护管理工作，设立浦市历史文化名镇保护管理机构，具体负责浦市历史文化名镇保护管理工作。

泸溪县人民政府城乡规划、文物、文化、发展和改革、城市管理、财政、国土资源、住房和城乡建设等有关主管部门按照各自职责做好浦市历史文化名镇保护管理工作。

第七条 浦市历史文化名镇管理机构履行以下主要职责：

（一）宣传、贯彻和执行有关法律法规；

（二）组织调查重要景观，并制定相应的保护措施；

（三）维护公共服务设施、公共安全和卫生；

（四）规范管理建设、经营、广告设置、大型活动；

（五）组织或者协助开展非物质文化遗产的普查、收集、整理、展示和利用；

（六）履行泸溪县人民政府确定的其他职责。

第八条 因浦市历史文化名镇保护的需要，泸溪县人民政府实施的建设、维修改造等活动，造成单位和个人合法权益损失的，应当依法予以补偿或者赔偿。

第九条 泸溪县人民政府应当定期向本级人民代表大会常务委员会和上一级人民政府报告本条例实施情况。

第十条 任何单位和个人都有保护浦市历史文化名镇的义务，对破坏浦市历史文化名镇的行为有权制止、检举和控告。

对在浦市历史文化名镇保护管理工作中做出显著成绩的单位和个人，由州人民政府、泸溪县人民政府给予表彰奖励。

第十一条 鼓励单位和个人通过捐助、投资等方式参与浦市历史文化名镇保护。

第二章 保 护

第十二条 泸溪县人民政府负责组织编制浦市历史文化名镇保护规划，报省人民政府审批。

泸溪县人民政府应当依据浦市历史文化名镇保护规划实施具体保护工作。

任何单位和个人不得擅自修改、变更或者拒不执行已经批准的保护规划。已经公布的保护规划，如需调整或者变更，应当按照原批准程序报批。

第十三条 浦市历史文化名镇保护对象包括核心区和建设控制地带的文物保护单位、历史建筑、非物质文化遗产以及与浦市历史文化名镇密切相关的自然地貌、水系及法律法规规定的其他保护对象。

第十四条 核心区包括太平街核心区和十字街核心区。太平街核心区北起李家弄，南至余家巷、中正街，东起河街，西至后街、浦阳路，面积30公顷；十字街核心区北起钟巷街，南至陆军监狱，东起河街，西至上正街西侧农田，面积约18公顷。

核心区主要保护以下对象：

（一）陆军监狱、李家书院、杨家院子、周家院子等文物保护单位；

（二）以太平街、中正街、李家弄、烟坊弄、后街、唐家巷、余家巷等为主的保存完整、有代表性的传统街巷格局；

（三）姚家大院、李家大院、郑家大院等天井屋院子和绣花楼、爱乡楼等楼阁。

第十五条 在浦市历史文化名镇核心区内，不得进行新建、扩建活动。新建、扩建必要的基础设施和公共服务设施除外。

核心区内新建、扩建属于基础设施和公共服务设施的建筑应当为坡屋顶，高度不得超过二层，门窗、墙体、屋顶等应当符合风貌要求，色彩控制为黑、白、灰及红褐色、原木色等。

历史文化街道应当保持原有的空间尺度，禁止任意拓宽；太平街、中正街、上正街立面应当保持为历史样式，不得任意改变墙体、门窗位置；街巷应当采用地方特色的青、赤色石板铺地。

第十六条 在核心区内应当采取以下主要保护措施：

（一）任何单位和个人不得违规用火或者存放、销售易燃易爆物品；公共消防设施应当按照有关消防技术标准和规范设置；文物保护单位、登记为不可移动文物的建筑物、构筑物和历史建筑应当进行防火处理；

（二）建筑物、构筑物上安装空调室外机、排气扇（管）、防盗窗（网）、遮阳篷、太阳能热水器等附属物和设置户外广告、店标，应当符合浦市历史文化名镇风貌要求；

（三）机动车辆不得进入，专供观光游览的环保型车辆和执行公务的公安、消防、救护、抢险抢修、环境卫生、城市管理行政执法等特种车辆除外；

（四）经营者应当在泸溪县人民政府依据保护规划划定的区域内经营。

第十七条 建设控制地带东起沅水，北至护城河，西到浦阳路，南抵陆军监狱，范围内除核心区以外总面积约112公顷。

在建设控制地带内新建、扩建活动，应当经规划、文物等主管部门批准后才能进行，并且符合以下建设控制要求：

（一）建筑层数不得超过四层，最高建筑檐口高度不得超过13米；

（二）外观造型采用青瓦坡屋顶，色彩以黑色、白色、灰色为主调；

（三）外墙装饰应当使用与浦市历史文化名镇风貌相协调的建筑装饰材料。

第十八条 在浦市历史文化名镇保护范围内，以划拨方式提供国有土地使用权的建设项目，建设单位在报送有关部门批准或者核准前，应当申请核发选址意见书。

在浦市历史文化名镇保护范围内，从事新建、扩建活动的，应当依法取得建设用地规划许可证、建设工程规划许可证。

第十九条 对文物保护单位和保护规划确定保护的历史建筑进行维修的，应当依法办理相关审批手续。

古民居、古商铺等历史建筑、构筑物由所有权人进行维护。所有权人确实无能力维护的，经浦市历史文化名镇管理机构确认后，泸溪县人政府可以从保护资金中对历史建筑的维护和修缮给予补助，进行维护。

第二十条 在浦市历史文化名镇保护范围内禁止进行下列活动：

（一）开山、采石、采砂、开矿等破坏传统格局和历史风貌的活动；

（二）占用保护规划确定保留的园林绿地、河湖水系、道路等；

（三）修建生产、储存爆炸性、易燃性、放射性、毒害性、腐蚀性物品的工厂、仓库等；

（四）在历史建筑上刻划、涂污；

（五）损坏或者擅自迁移、拆除历史建筑；

（六）擅自改变国有文物保护单位用途。

第二十一条 州、泸溪县文物主管部门应当加强对文物保护单位和其他不可移动文物的普查、登记、建档及管理，编制文物保护单位的保护规划。对具有突出价值并且未被列入文物保护单位的不可移动文物，应当逐步申报文物保护单位。

第二十二条 浦市历史文化名镇管理机构应当组建巡查队伍，加强对保护范围内消防安全、文物保护、建设活动等日常巡查，做好台账管理，配合相关部门做好整改，消除隐患。

第二十三条 泸溪县人民政府应当加强对与浦市历史文化名镇密切相关的自然地貌、水系的保护，并开展公共绿化。

第二十四条 泸溪县人民政府应当对浦市历史文化名镇的民间工艺、民间小吃、传统习俗、传统节庆进行发掘、整理和利用。鼓励和引导单位和个人通过申请注册商标或者地理标志等方式，保护浦市历史文化名镇的标识、标志。

第二十五条 鼓励、引导单位和个人通过以下方式展示利用非物质文化遗产：

（一）兴办传统手工作坊；

（二）开发民间工艺及旅游产品；

（三）举办民俗节庆活动；

（四）开办博物馆、展览馆、美术馆、纪念馆等；

（五）经营民俗客栈、茶馆等。

第三章 管 理

第二十六条 泸溪县人民政府应当按照有关法律法规和保护规划要求制定燃放烟花爆竹管理、车辆停放管理、建筑附属物管理、户外广告和店标管理等市容管理制度，落实管理责任。

第二十七条　泸溪县人民政府应当合理布局浦市历史文化名镇道路交通、供气、给排水、电力、通信、停车场、公共厕所、垃圾站点、消防栓等市政公用设施。

第二十八条　在浦市历史文化名镇保护范围内禁止葬坟。除受国家保护的具有历史、艺术、科学价值的墓地予以保留外，其他坟墓应当限期迁移或者深埋，不留坟头，泸溪县人民政府应当依法予以补偿。

在浦市历史文化名镇保护范围内提倡文明、节俭治丧。居民应当在划定的区域或者殡仪馆办理丧事，不得沿途抛撒冥纸。

第二十九条　在浦市历史文化名镇保护范围内举办社会、文化、体育、商业等大型群众性活动的，应当依法申报，不得损坏历史建筑、公共设施和妨碍交通、污染环境。

第三十条　在浦市历史文化名镇保护范围内不得从事下列有损环境和影响市容的行为：

（一）擅自搭建、堆放、吊挂等；

（二）放养家畜、家禽；

（三）擅自倾倒垃圾和排放污水；

（四）违规燃放烟花爆竹；

（五）车辆违规行驶、停放；

（六）生产、生活产生的噪声超过环境噪声标准；

（七）餐饮服务业排放油烟超过标准；

（八）在沅江水面经营餐饮业；

（九）其他有损环境和影响市容的行为。

第四章　法律责任

第三十一条　违反本条例规定，在浦市历史文化名镇保护管理工作中，相关主管部门及其工作人员不履行监督管理职责，发现违法行为不予查处或者有其他滥用职权、玩忽职守、徇私舞弊行为的，由其所在单位或者上级主管机关依法给予处分；构成犯罪的，依法追究刑事责任。

第三十二条　违反本条例规定，属于城市综合管理范围内的违法行为，由城市管理部门处罚。

第三十三条　违反本条例规定，法律法规规定了处罚的，从其规定；构成犯罪的，依法追究刑事责任。

第五章　附　则

第三十四条　每年 3 月 1 日为浦市历史文化名镇保护宣传日。

第三十五条　本条例经湖南省人民代表大会常务委员会批准，由湘西土家族苗族自治州人民代表大会常务委员会公布，自 2018 年 3 月 1 日起施行。

中共湘西自治州委
湘西自治州人民政府
关于进一步加强精准扶贫精准脱贫工作的意见

州发〔2017〕1号

为提高精准扶贫精准脱贫实效，加快我州脱贫攻坚、全面小康步伐，根据中央、省委有关精神，结合州情实际，现就进一步加强精准扶贫精准脱贫工作提出如下意见。

一、总体要求

深入贯彻习近平总书记“四个切实”“六个精准”“五个一批”“七个强化”等扶贫战略思想，全面落实中央、省委关于脱贫攻坚工作的系列决策部署，紧扣“两不愁、三保障”目标，按照“两年攻坚、三年巩固、应兜尽兜、稳定脱贫”总体部署，进一步加大责任落细、政策落实、项目落地力度，抓实精准扶贫精准脱贫“十项工程”，确保2017年吉首市摘掉贫困帽子，其他各县超额完成减贫任务、基本达到脱贫标准，2019年全州农村贫困发生率控制在2%以下，贫困人口如期脱贫、贫困村如期退出、贫困县如期摘帽，2020年与全国、全省同步全面建成小康社会。

二、工作重点

（一）稳定增加收入。坚持“资金跟着贫困对象走、贫困对象跟着能人走、能人跟着项目走、项目跟着市场走”的产业扶贫路子，实现每个贫困村有1个以上当家产业，每户贫困户有1个以上增收项目。创新产业发展模式、利益联结机制，引导企业投入扶贫产业开发，培育贫困村农民专业合作组织，促进贫困户在土地流转、土地入股、劳务用工、企业分红、保护价收购中增加收入。对接“土家探源”和“神秘苗乡”两条生态文化村镇游精品线开发、60个乡村游精品村建设、300个传统村落保护，支持贫困村和贫困户发展休闲、观光、体验、订制、创意农业，生产经营土特产品、旅游商品。完善和落实劳务输出精准对接机制，因需因人开展就业培训、组织劳务输出、实现人岗对接，加大贫困群众外出务工就业帮扶力度，加强转移就业后续服务，保障稳定就业。依托州内产业发展，多渠道开发就业岗位，加强贫困群众技能培训，支持贫困人口就地就近就业。

（二）强化民生保障。继续实行贫困生15年教育免除学杂费和生活补贴政策，落实救助资金学校监督、家长知情制度。加强县、乡、村医疗服务机构能力建设，完善医疗保险、医疗救助制度，确保贫困群众医疗费报销比例在80%以上、特困群众实行全额报销。推进农村低保线与扶贫线“两线融合”，对纳入社会保障兜底脱贫的农村扶贫低保对象，按农村低保标准全额发放低保金；对未纳入社会保障兜底脱贫的农村低保对象，按农村低保标准与家庭月人均收入之间的差额发放低保金；对农村特困人员（原五保对象），按照农村低保标准1.3倍发放基本生活保障金。因突发性、紧迫性、临时性原因，导致基本生活暂时出现严重困难的家庭或个人，参照最低生活标准救助，保障阶段性基本生活。2017年基本完成易地扶贫搬迁和无房户建房、危房改造任务，统筹做好发展生产、转移就业、公共服务等搬迁后续工作。

（三）建强基层组织。在农村网格、农民专业合作社、产业园区全面建立党组织，大力整治软弱涣散基层组织。提倡村（居）“两委”班子成员交叉任职，鼓励村（社区）党组织书记通过依法选举担任村（居）民委员会主任。选派思想好、作风正、能力强、愿意为群众服务的优秀年轻干部、致富带头人、返乡成功人士、企业经营管理人员、退伍军人、高校毕业生及“一村一名农民大学生”等充实到贫困村（居）“两委”班子。完善各类社会保障保险，提高基层干部待遇水平，力争今年村级党组织书记误工补贴达到2万元，其他村主干按比例增加。加快村级集体经济发展，采取委托、合作、入股、招商等方式，发展物业经济、服务经济、资源经济等多种形式的村级集体经济，今年年收入20万元以上、10万元以上的村分别达200个、300个，所有贫困村实现年集体经济收入4万元以上。

（四）抓实驻村帮扶。加强贫困对象动态调整，实现应进则进、应出则出。进村入户宣传扶贫政策，组织贫困村干部、有影响力的带头人到脱贫成效好的地方观摩学习，帮助贫困村干部群众增强脱贫积极性，拓宽致富思路。对照扶贫规划做好项目策划，针对致贫原因定准帮扶措施、选准增收产业、用好用活帮扶政策，防止简单的“给钱送物”。州、县、乡工作队员每月驻村不少于20天、宿村不少于10晚，帮扶单位干部每年进村入户不少5次，乡镇主要负责人每月下村走访为民办实事不少于10天，乡镇联系非贫困村的干部驻村每月不少于15天、宿村不少于5晚。帮扶单位安排驻村工作经费不少于4万元/年，驻村扶贫工作队（组）员驻村生活补助由派出单位按标准报销。

（五）推进扶贫协作。用好国家东西部扶贫协作、山东省济南市及湖南省辖七市对口帮扶政策措施，做好产业合作、劳务输出、人才支援、资金支持等对接，不断拓宽协作领域。支持有创业经验、资金、愿望的还乡创业人员创业带动就业。继续实施“千企联村”行动，全面落实企业扶贫捐赠税前扣除、各类市场主体到贫困地区投资兴业等有关支持政策。支持职业院校、高等学校教师带技术、资金帮助贫困村发展特色产业。

三、保障措施

（一）加强统筹协调。州、县（市）建立由党委专职副书记为召集人的精准扶贫精准脱贫联席会议制度，及时研究解决工作推进中的突出矛盾问题。原则上州、县（市）委办主任兼任州、县（市）精准脱贫攻坚办主任，建立完善分工合理、相互协作、运转高效的部门协调机制。扶贫开发办负责精准扶贫精准脱贫日常工作，重点做好政策研究、规划编制、资金申报、项目协调和扶贫培训。驻村扶贫办重点做好驻村工作管理、指导和督查。精准脱贫攻坚办重点做好统筹协调，组织开展专项督查、总结经验、考核评估。州、县（市）委办重点把好考核检查方案优化关、力量统筹关、适时适量关，严防部门“搭车”考核。

（二）加大扶贫投入。按财政增长比例逐年增加州、县（市）两级财政专项扶贫资金。全州每年整合各类资金50亿元以上，用于精准扶贫精准脱贫和农业农村发展。符合条件的贫困户发展产业，为其提供3年期以内免抵押、免担保、基准利率、全额贴息的扶贫小额信贷1万~5万元，2017年全州小额贷款总额达到10亿元以上，以后逐年增长。对建档立卡贫困户发展产业的，给予1500万~2000元/人产业帮扶，每年全州产业帮扶资金投入7亿元以上。归集各类资金保障教育、医疗、救助、搬迁、培训等兜底投入，实现应兜尽兜。鼓励支持各类市场主体、社会组织和群团个人参与扶贫、加大投入。

（三）严格考核奖惩。重点对照国家规定的减贫成效、精准识别、精准帮扶、扶贫资金四个方面内容，采取联合办公、明查暗访、交叉检查等方式，严明督查纪律，严禁逐级陪同，落实“一月一巡查、一季一督查、半年一小结、一年一考评”制度和驻村扶贫工作队（组）员出勤和宿村“晚巡夜查制度”。在督促检查实现贫困村全覆盖的同时，强化对信访重点村、基层组织软弱涣散村等后进村的专项督办，强化社会监督，州、县（市）在政府网站、电视台、报刊等媒体上公布扶贫政策落实监督举报电话。对在脱贫攻坚工作中减贫任务完成好、“十项工程”推进快、驻村帮扶成效实、考核检查分数高的单位和个人予以奖补，对工作突出的人员在提拔使用、招考录用等方面优先考虑。对年度减贫任务未完成且考评排名靠后的县（市）、精准扶贫精准脱贫“十项工程”牵头单位、驻村扶贫单位将严肃问责。对上级督查发现问题而巡查组未巡查出的，追究巡查人员责任。纪检监察部门要定期开展专项巡查，加大对弄虚作假、优亲厚友、雁过拔毛等问题的查处力度；组织部门要加大对帮扶工作不实干部的组织处理力度。

（此件发至局级以上单位）

中共湘西自治州委 关于加快推进创新引领开放崛起战略的实施意见

（2017年9月3日中国共产党湘西土家族苗族自治州第十一届委员会第五次全体会议通过）

州发〔2017〕17号

为认真贯彻落实省第十一次党代会和省委十一届三次全体会议精神，加快推进创新引领开放崛起战略，根据省委部署，结合州情实际，提出如下实施意见。

一、总体要求

（一）指导思想

深入学习贯彻习近平总书记系列重要讲话精神和治国理政新理念新思想新战略，适应把握引领经济发展新常态，围绕统筹推进“五位一体”总体布局和协调推进“四个全面”战略布局，落实创新、协调、绿色、开放、共享新发展理念，以深化供给侧结构性改革为主线，对接国家“一带一路”和省“一带一部”建设，坚守“542”发展思路，优化提升“一个核心经济增长极、三个重点经济区、多个县域经济增长点”的区域发展格局，推动经济社会发展创新提质、特色赶超，为决胜脱贫攻坚、冲刺全面小康、打造国内外知名生态文化公园提供强大动力。

（二）基本原则

——坚持解放思想、更新观念。坚持目标导向、问题导向，重视研究新情况、分析新问题、学习新经验，主动调整、纠正、摒弃不适合甚至违背创新、开放发展理念的认识和行为，转变发展方式，创新工作方法，引领新发展，拓展新境界。

——坚持厚植优势、补齐短板。用好用活政策优势，培育放大生态文化优势，解决体制性、政策性、结构性矛盾问题，形成有利于推动创新、扩大开放的良好态势，补齐基础设施配套不完善、创新创业能力不强、民生保障水平不高等短板，实现优势优化。

——坚持整体联动、重点突破。注重政策协同和机制完善，推动政府与市场、企业与社会协调配合、相互促进，统筹推进以脱贫攻坚、产业转型、区域发展、城镇建设、基层治理等为重点领域，以规划提升、项目推进、要素保障、环境优化等为关键环节的创新开放，以点带面提升整体发展水平。

——坚持政府主导、市场主体。创新政府调控方式、管理体制和服务模式，发挥市场主体的创新、开放作用，推动各类要素有序自由流动、资源高效配置、市场深度融合，构建与市场体系相匹配、与发展阶段相适应、与群众需求相符合的创新型、开放型经济格局。

（三）目标任务

到2020年，全州人均地区生产总值接近30000元，科技进步贡献率达60%以上，研究与试验发展经费投入强度达2.5%以上，战略性新兴产业增加值占GDP比重达16%以上，进出口总额年均增长15%以上，文化及相关产业增加值占GDP比重达7%以上，单位GDP能耗降低12%，各类人才总量突破40万人，密度指数达12.5%以上，服务于创新和开放发展的市场环境、产权制度、分配制度、投融资体制加快形成，治理体系和治理能力现代化取得重大进展，成为武陵山区创新开放高地。

二、工作重点

（一）加快全面创新步伐

1.推进科技创新。加大园区科技投入，创建国家级高新技术开发区。实施科技领军型企业、瞪羚企业、科技型中小微企业培育“三项”计划，重点支持一批主业突出、拥有核心技术和自主知识产权、知名品牌的科技型企业做大做强，到2020年，发展高新技术企业60家以上，高新技术产业增加值占全州工业增加值比重达30%。建立重大科技创新需求财政投入保障机制，财政科技研发经费占财政总支出比重州本级不低于0.5%、湘西经济开发区不低于1%、吉首市不低于0.5%、其他县不低于0.2%，并按年均增速25%的标准保障到位。州财政每年预算安排科技引导资金，专项用于科技园区、创新平台建设和产学研合作、科技成果转化等方面奖补。健全产学研用创新协同机制，支持企业与高等院校、科研机构联合建立研发机构，探索多元投资、成果共享的技术创新合作模式。引进和消化吸收先进成熟技术，加快自主研发成果就地转化，到2020年，新增3个省级以上知识产权强县、科技成果转移转化示范县，每万人发明专利拥有量达到3.5件。

2.推进产品创新。州财政对首台（套）重大技术装备和重点新材料新产品首批次应用进行奖补，对在国内有影响力的新产品给予重奖，加大对初创企业新产品、新材料、新技术、新服务的政府采购力度。支持企业争创驰名商标、省著名商标、省知名商号，提升品牌知名度。加大标准化基地建设投入，鼓励发展传统工艺定制产品，打造具有湘西特色的优势品牌。创建农产品质量安全示范州和国家有机产品认证示范州，发展无公害农产品、绿色食品、有机农产品和地理标志农产品，全州农产品“三品一标”有效证书和品牌商标保持在150个以上。对传统旅游产品进行内涵挖掘和包装推介，到2020年，创建国家AAAAA级景区4个、国家AAAA级景区15个，加快乡村旅游和红色旅游开发，打造休闲体验、养生康健、探奇研学等旅游产品，把永顺县塔卧镇、龙山县茨岩塘镇打造成全国革命教育基地和红色旅游精品景区。推进现代服务业标准化、品牌化建设，到2020年，创建三次产业融合发展示范区和田园综合体20个以上。

3.推进文化创新。加强文旅深度融合，加快湘西世界地质公园申报，推进凤凰区域性防御体系“申遗”，加强60个特色民俗村寨保护建设、300个传统村落协调整治，支持演艺项目提质、影视作品创作、会展品牌创优。创新文化传播方式，做好非物质文化遗产的保护传承，加大对各类传习所、传承人、艺术团体的扶持力度。加快文化创意产业园等文化强州项目建设，引导社会资本投资文化产业，支持文化企业上市融资。大力发展体育康健、文化博览、数字出版等新兴产业，支持新产业、新业态向高端化、集群化、品牌化方向发展。加强文化交流，推动与先进地区在创意设计、动漫游戏、影视传媒等产业的分工协作和优势互补。

4.推进治理创新。推进城乡同建同治，把互联网、大数据、云计算、物联网、地理空间信息等现代信息技术，融入城乡规划、设施建设、产业推进、环境整治、事务管理全过程。推进网格化社会服务管理，建立跨部门、跨层级融合共享的云数据、云存储信息库，完善城市部件、农村公共设施等在信息系统的科学布局。加强城市管理和综合执法体制改革，完善州、县（市）城市管理和综合执法机构设置，推行分区而治和跨区域执法。建立完善扶贫对象实时动态管理、扶贫项目资金监管、贫困人口统计监测、电商扶贫应用、社会扶贫应用等系统，实现多部门数据资源共享。整合基层党建信息化工作平台和网上民生服务平台，畅通民意诉求渠道。加大软弱涣散基层党组织、贫困村党组织第一书记和非公有制企业党建工作指导员选派力度，实施基层党建“百强”示范引领工程，村级组织运转经费年增长10%以上，村级党组织书记年报酬达到2万元以上。

（二）提升开放发展水平

1.加强招商引资。加强与“一带一路”沿线地区企业对接合作，瞄准北、上、广、深和成渝经济圈开展产业链招商，引进一批成长型、科技型企业，到2020年，外来投资中先进制造业、高新技术产业、文化旅游业、现代服务业占比达到70%以上。突出点对点招商、上门招商、产业链招商、以商招商，在主要外资来源地、主要产业转出地和中心城市建立招商联络处、展示中心和湘西商（协）会，每年举办2~3次重大招商推介活动，采取“一事一议”等方式，不断加大招商引资力度，到2020年，引进“世界500强”企业2家以上、“中国500强”（含民企500强）企业30家以上、一般战略投资者50家以上。

2.壮大市场主体。推动项目资金、资源配置、优惠电价向龙头企业集中，支持企业改造现有设施设备和工艺条件，发展新材料、生物医药、电子信息、新能源、节能环保等新兴产业，到2020年，培育产值过10亿元的产业龙头企业5家以上。加快建立现代企业制度，力争全州50%以上规模以上企业完成规范化公司制改制。支持企业通过主板、创业板、全国中小企业股份转让系统、区域股权交易市场等进行融资，2020年前，新增上市公司5家左右。进一步激活金融市场，引进各类金融机构在我州设立分支机构、延伸服务网点、创新金融产品。培育壮大一批电子商务企业，到2020年，重点支持和培育5家以上在全国和全省有影响力的电商龙头企业、100家以上电商规模企业。

3.扩大对外贸易。支持企业设立海外生产基地、营销和研发设计中心，支持企业通过境外投资获取资源开发权、先进技术。支持企业开展跨境电子商务，鼓励跨境电商企业通过规范的“海外仓”等模式融入境外零售体系。发展对外文化贸易，支持演艺娱乐、创意设计、工艺美术等行业服务及衍生产品走向全国、走向世界。支持服务企业“走出去”的公共服务平台建设，大力开展境外劳务合作，全州外派劳务年均增长15%以上。分行业成立“走出去”企业联盟，扶持培育一批外贸龙头企业，带动成员企业合作共建营销、服务网络，实现从单一企业“走出去”向产业链“走出去”转变。对外贸易业绩当年实现零突破的企业、当年出口增量达到50万美元以上的生产型企业、200万美元以上的流通型企业，分别给予奖补。

（三）加大平台建设力度

1.建强园区综合平台。园区企业上缴税收形成的地方财政实得的增量部分，连续4年安排给园区用于基础设施建设和产业发展。州级产业引导资金、相关专项资金按规定支持园区主导产业和重点企业发展。支持园区引进银行、担保公司、产业基金等各类金融机构，积极发展“园区+银行+担保+基金”等金融支持模式。鼓励社会资本参与园区建设经营和产业开发，实施一批基础设施、标准厂房、工业地产等PPP项目。对园区内申报IPO的企业实行“一对一”服务，成功后给予一次性奖补。支持园区整体打捆申报养老保险缴费费率过渡试点。具备条件的园区推行“2号公章”制度，除国家有明确规定的，凡属州、县（市）级职能部门核准审批备案的企业投资项目，全部委托园区管委会办理。充分依托园区所在地各级人民政府开展社会管理、公共服务和市场监管，减少向园区派驻部门，逐步理顺园区与代管乡（镇、街道）的关系。园区可实行中层及以下干部全员竞聘上岗，可按不超过核定编制数20%的比例，公开招聘雇用专业技术人才和管理人才。

2.建强科技创新平台。与“北上广”等发达城市及长沙、济南等对口协作城市深度合作，与高等院校、科研机构开展协同创新，高水平建设一批工程（技术）研究中心、重点（工程）实验室、企业技术中心、医学研究中心（示范基地）、工业设计中心、科技馆、研究所，到2020年，创建国家级、省级科技创新平台2家、15家，对新认定的国家级、省级科技创新平台分别给予50万元、30万元奖补。加快技术产权交易平台建设，促进知识产权交易和科技成果转移转化。加快技术创新联盟、企业孵化器、众创空间等服务平台建设，扶持研发设计、科技咨询、知识产权服务等生产性服务机构发展。

3.建强贸易服务平台。推进湘西海关、出入境检验检疫和公路口岸通关一体化改革，建立完善与服务贸易特点相适应的口岸通关管理模式，加快建设与全省统一的电子口岸实体平台。发挥辐射湘鄂渝黔的区位优势，加快建设农产品、矿产品、工业原材料等批发市场，建成一批全国性、区域性专业市场。通过政府直接派驻或购买服务的方式，在一些重点区域建立集招商引资、外贸市场开拓以及企业“走出去”于一体的境外综合服务网络。扶持出口食品农产品质量安全示范区及基地建设，对当年首次获评国家级、省级出口食品农产品质量安全示范区或出口基地的县（市）分别给予50万元、30万元奖补，复评保留该称号的分别给予20万元、10万元奖补。

4.建强基础设施平台。建好湘西机场、张吉怀客运专线、黔张常铁路、桑龙高速和航运码头，完善城市交通路网、城乡交通“毛细血管”和旅游交通网络。推进“互联网+湘西”战略，加快推进微信城市服务工程、电子商务湘西馆、“湘西为村”等项目建设，建好经济运行监测、“数字湘西”地理空间共享、智慧旅游等公共服务平台，开展企业信息化试点，打造全国“互联网+”示范州。加快天然气长输管网建设，积极发展页岩气、风能等清洁新能源。加快电力体制改革，成立园区售配电平台，降低企业用电成本。强化水利高新技术应用和科技普及推广，培育水权交易市场，加快完善水利设施配套，构建安全可靠的节水供水保障体系。加快智慧城市和海绵城市建设，进一步完善城市管网、信息网等配套设施，提升城市发展承载能力。

（四）强化人才队伍建设

1.拓宽人才引进渠道。研究制定州“武陵人才计划”，创新协调推进高端领军人才和基层实用人才协调发展。建立急需紧缺类人才目录，研究制定引才引智绿色通道实施办法，力争五年内引进储备500名急需紧缺人才。对特殊行业急需“土专家”、技术能人放宽学历学位要求，并纳入高层次人才引进计划。鼓励通过招商引资、项目开发等形式加强与高等院校、科研机构开展人才发展合作，建立科学高效的引才引智链条。扶持人才中介机构发展，健全人才信息综合服务平台，建立规范高效的人力资源市场。保障企事业单位在人才引进中的参与权和自主权，允许用人单位根据岗位需要在有关部门指导监督下自主引才。

2.创新人才培育模式。设立州人才发展专项资金并纳入州财政预算，支持各类用人主体通过购买培训服务开展人才培育，加大对省“百人计划”等领军专家支持力度，培养一批省内外知名专家和创新团队。依托湘西民族职业技术学院组建湘西现代职业教育集团，每年培训急需紧缺、骨干专技人才和技工3000人次，每年公费培养农技特岗生300名以上。探索建立院士工作站，建立一批大（名）师工作室，由财政分别给予20万元、10万元一次性补助。扶持培育优秀青年人才，制定青年英才“双十”支持计划，每年重点培养10个左右优秀青年创新团队和10名左右优秀青年创新带头人。每年公费培养农村定向师范生400名、医学生300名以上。建立传统工匠保护制度，每年培养传统工匠2000人以上，将传承人生活困难补助资金纳入州、县（市）财政预算。加强村干部、“土专家”、农民合作组织带头人培训，继续开展“一村一名农民大学生”培养计划。

3.健全人才使用机制。建立健全学科带头人奖补制度，每两年分行业评选学科带头人，以每月不低于1000元的标准给予学科带头人工作性补贴。对有突出特殊贡献的专业技术人员按每月1000元标准给予奖补。支持高等院校、科研机构等事业单位专业技术人员到企业挂职或者参与项目合作，鼓励兼职创新、在职创办企业或者离岗创新创业，州本级每年遴选不少于10个创业项目予以重点支持。支持事业单位设置创新型岗位，取得的技术项目开发、科技成果推广和转化、科研社会服务成果应当作为职称评审、项目申报、岗位竞聘、考核等的重要依据。县以上机关事业单位新进人员原则上到农村扶贫两年，享受同类扶贫工作队员待遇。支持众创、众包、众扶、众筹等新模式运用，到2020年，吸引500名能人返乡创业带富，打造100个融科技示范、技术集成、创业孵化于一体的“星创天地”。

三、保障措施

（一）加强组织领导。各级党委、政府要加强综合协调、顶层设计、督导推进，把创新、开放相关工作放在全局工作中统筹谋划、优先落实。建立创新引领开放崛起战略工作联席会议制度，完善跨部门、跨领域沟通协商机制，形成分工明确、各负其责、密切合作的工作格局。加大舆论宣传和经验总结力度，推动形成人人参与创新、人人支持开放的社会氛围。注重在实践中锻炼干部、发现干部、培养干部，优化各级领导班子知识结构和专业结构，健全容错纠错机制，惩治“为官不为”“不在状态”行为，形成正确用人导向和良好政治生态。

（二）强化要素保障。规范运作PPP模式，采取贷款贴息、偿还性资助、创业投资、风险补偿等方式，引导金融、社会资本向创新链条集聚。加大金融对企业创新投入的支持，推动银行机构创新金融产品和服务方式，形成创业投资、科技金融、企业投入相结合的投融资体系。加快政府融资平台的市场化转型和规范管理，积极发展面向中小微企业的创业风险投资基金、产业发展基金、天使基金等。盘活存量土地，合理开发低丘缓坡未利用土地，探索“飞地经济”模式，保障项目建设用地，通过规划调整、重大项目布局、环境改善、优化征拆方案、用好政策实现土地效益最大化，对重大招商引资工业项目，探索采取租赁、弹性年期出让等方式供地。

（三）*严格督查考核*。健全和落实绩效考核机制，把实施创新引领开放崛起战略工作情况纳入全州五个文明建设绩效考核，加大指标权重，进行全程动态考核监测，考核结果与效能考核、干部任用等挂钩。州委、州人民政府实行严格督查问责制度，针对创新开放相关项目落地、资金使用、人力调配、推进实施等重点工作和重点环节进行全方位督查督导，对违规违法、不作为乱作为等突出问题严肃处理，对责任落实不力、效果不符合要求的从严追究责任。

（四）*优化营商环境*。依托政府政务服务中心，全面推行政务服务“帮代办”制度，设立“中介服务超市”，加强政府信用体系建设，建设完整统一的企业信用监管平台，建成全州统一的一体化网上政务服务平台。整顿和规范市场秩序，开展降低实体经济企业成本行动，加大技术标准和知识产权保护力度，严厉惩处制假贩假和不正当竞争行为。强化企业周边环境和项目建设环境整治，加快“雪亮工程”、综治信息等系统建设。

（此件发至副局级以上单位）

中共湘西自治州委
关于深入学习贯彻党的十九大精神加快建设美丽开放幸福新湘西的意见

(2017年12月7日中国共产党湘西土家族苗族自治州委

第十一届三次全体会议审议通过)

州发〔2017〕20号

为深入学习贯彻落实党的十九大精神，按照中央、省委决策部署，结合本地实际，现就加快建设美丽开放幸福新湘西提出如下意见。

一、总体要求

(一）工作思路。以习近平新时代中国特色社会主义思想为指导，按照“五位一体”总体布局、“四个全面”战略布局，牢固树立新发展理念，落实省委创新引领开放崛起战略，紧扣脱贫攻坚和区域发展两大任务，坚守州委“542”发展思路，抓实扶贫开发、生态文化旅游业发展、新型城镇化、新型工业化“四项重要工作”，围绕打造集自然山水大画园、民族风情大观园、绿色产品大庄园、休闲旅游大乐园、和谐宜居大家园于一体的国内外知名生态文化公园，推动发展创新提质、特色赶超、率先崛起，努力加快建设美丽开放幸福新湘西。

(二）工作目标。根据党的十九大“两个时期”和新时代“两步走”战略安排，确定建设美丽开放幸福新湘西的时间表和路线图。第一阶段（从现在到2020年)：确保2019年全州脱贫摘帽、贫困群众全部退出，2020年同步全面建成小康社会。全州经济结构进一步优化，人民生活水平全面提高，全民素质和社会文明程度显著提升，绿色生态优势进一步放大，各方面体制机制更加完善，美丽开放幸福的画卷在湘西大地徐徐展开。第二阶段（从2020年到2035年)：经济实力、文化软实力大幅跃升，与全国、全省一道迈进现代化。州域处处彰显城乡布局之美、底色底蕴之美、人居环境之美、和谐共生之美，形成全方位、宽领域、多层次、高水平的开放大格局，各族群众生活水平、基础设施通达水平、基本公共服务均等化水平显著提高，美丽开放幸福的新湘西愿景基本实现。第三阶段（从2035年到本世纪中叶)：把湘西州打造成具有国际水准的山水田园之地、创新活力之地、和谐幸福之地。物质文明、政治文明、精神文明、社会文明、生态文明全面提升，社会治理体系和治理能力实现现代化，基本实现各族群众共同富裕，建成人与自然和谐、民族文化彰显、社会文明进步的国内外知名生态文化公园和武陵胜境。

二、主要任务

(一）推进精准扶贫脱贫。深入贯彻习近平总书记“四个切实”“六个精准”“五个一批”“七个强化”等扶贫战略思想，按照“脱真贫、真脱贫”的要求，聚焦“两不愁、三保障”，落实好“帮扶要精准、增收要稳定、保障要兜底、脱贫要真实、群众要满意”工作要求，强化党政一把手负总责的责任制，抓实精准脱贫“十项工程”，集中力量攻坚，万众一心克难，确保2018年实现贫困人口脱贫16万人以上、除深度贫困村外的贫困村全部退出，农村贫困发生率下降至4%以下；2019年全州农村贫困发生率控制在2%以下，贫困人口如期脱贫、贫困村如期退出、贫困县如期摘帽；2020年与全国、全省同步全面建成小康社会。

(二）推进区域统筹发展。加快构建创新型经济新体系，统筹推进以科技创新、产品创新、文化创新、管理创新为重点的全面创新。对接国家、省区域发展战略和我州大交通网络，优化提升“一个核心经济增长极、三个重点经济区、多个县域经济增长点”的区域发展格局。一个核心经济增长极，即突出州府吉首政治、经济、文化中心地位，把吉首建成引领州域发展的核心增长极。三个重点经济区，即培育形成州域吉首南部核心经济区、州域北部龙山重点经济区和州域中部永顺重点经济区。多个县域经济增长点，即依托湘西经济开发区、县市城区和重点集镇，形成支撑和带动区域经济发展的重要支点。

(三）提升改革开放水平。以深化改革为动力，以转变方式为主线，创新开放思路，实施解放思想先导、服务平台建设、外向型经济提升、开放环境优化“四大工程”，对接世界500强提升产业链，对接“新丝路”推动走出去，对接湘商会建设新家乡，对接“北上广”优化大环境，积极融入“一带一部”、长江经济带和长江中游城市群发展，深化与泛珠三角、长三角区域合作，推动全面开放向更广、更深、更高水平迈进，走出一条以大开放带动加快脱贫、加快发展、同步小康的好路子，从根本上破解我州发展深层次问题。

（四）着力振兴实体经济。围绕加快建设现代化经济体系，以园区为载体、以产业链为突破、以优化环境为基础、以开放合作为动力、以引才聚才为支撑，提高全要素生产率，加快建设实体经济、科技创新、现代金融、人力资源协同发展的产业体系。坚持去产能、去库存、去杠杆、降成本、补短板，优化存量资源配置，扩大优质增量供给，实现供需动态平衡。激发和保护企业家精神，鼓励更多社会主体投身创新创业。建设知识型、技能型、创新型劳动者大军，弘扬劳模精神和工匠精神，营造劳动光荣的社会风尚和精益求精的敬业风气。

（五）加快发展全域旅游。按照“保护、规划、建设、管理、经营”的原则，加快旅游供给侧结构性改革，推进产品结构升级、基础设施配套、文旅深度融合、经营管理对标“四大工程”，做强旅游门票、服务、地产“三大经济”，打造全州一小时旅游经济圈、四大旅游黄金板块和两条生态文化村镇游精品线，建好三个千公里快旅慢游体系，推动实现生态文化旅游业由旅游观光型向休闲度假型、资源开发型向深度融合型、市场开拓型向规范管理型、数量规模型向质量效益型“四个提升”，到2020年接待游客突破6000万人次，旅游总收入达到500亿元，中长期向千亿产业迈进。

（六）推进工业转型升级。对接“中国制造2025”，实施“151”计划，巩固提升矿产品、食品、旅游商品加工和生物制药等支柱产业，加快发展新材料、电子信息、新能源、节能环保、装备制造等战略性新兴产业，构建多点支撑的工业发展格局，实现由工业化初期向中期水平跨越。加快建设武陵山区最大的特色食品产业区、全省最好的旅游商品加工区、国内外知名的锰锌铝系列新材料产业基地和独具特色的“电子信息光谷”，成功创建国家绿色制造示范区，打造武陵山区域工业经济的核心增长极，走出一条具有湘西特色的新型工业化道路。

（七）加快发展商贸流通。对接空港、高铁站、高速公路连接线、产业园区，加快建设现代物流园区，建成一批商贸流通综合体。加快发展快递物流，通过整合提升、引进移植和培育扶持等途径，尽快形成一批拥有自主品牌、主业突出、核心竞争力强的物流龙头企业。加快实施州县核心商圈、乡镇商业中心、民族特色商业街等项目，构建州、县、乡、村四级流通体系。抓好与电商龙头企业战略合作，加快电商产业园、湘西馆等平台建设，推动现代交通、物流配送、电子商务与现代产业体系的融合，催生更多经济新业态，重点支持有能力的企业和农民专业合作社线下线上融合发展。加快发展教育文化、健康养老、体育健身、休闲娱乐、家政服务、特色餐饮等生活性服务业，不断提升金融、信息、商务等生产性服务业质量水平。

（八）建设人民满意城镇。按照山区特点、民族特色、时代特征高度融合的要求，突出生态立城、依山建城、文化塑城，注重以人为本、四化同步、优化布局、生态文明、文化传承，强化规划引领、产业支撑、功能培育和精细管理，完善城市建设总体规划、乡镇和村庄规划、传统村落保护发展规划，注重搞好与国土资源利用、生态环境保护、交通水利基础设施建设等规划的相互衔接，构建“一个州府核心城市、半小时通勤生态城镇群、一小时旅游经济圈、七个县城区域节点、三十个特色小镇”的新型城镇体系。加快建设宜居、宜业、宜游、宜养城镇，到2020年，全州新增城区面积70平方公里，城镇化率在50%以上，实现城镇人口超过农村居民的历史性大跨越。

（九）实施乡村振兴战略。按照产业兴旺、生态宜居、乡风文明、治理有效、生活富裕的总要求，建立健全城乡融合发展体制机制和政策体系，实施脱贫攻坚、产业提质、基础配套、教育发展、医疗服务、文化传承、生态保护、同建同治、治理优化、人才培养、农村改革、基层党建“十二项工程”。巩固和完善农村基本经营制度，深化农村土地制度改革，完善承包地“三权”分置制度。深化农村集体产权制度改革，保障农民财产权益，壮大集体经济。构建现代农业产业体系、生产体系、经营体系，完善农业支持保护制度，发展多种形式适度规模经营，培育新型农业经营主体，健全农业社会化服务体系，实现小农户和现代农业发展有机衔接。促进农村一、二、三产业融合发展，支持和鼓励农民就业创业，拓宽增收渠道。加强基层基础工作，健全自治、法治、德治相结合的乡村治理体系。培养造就懂农业、爱农村、爱农民的“三农”工作队伍。

（十）不断增进民生福祉。建立更加完善、覆盖城乡的社会保障体系，抓好城乡低保提标、城乡医疗救助、养老服务体系建设和五保供养、农村留守妇女儿童关爱、灾民救助等工作。实施更加积极的就业创业政策，重点做好高校毕业生、进城务工农民就业和企业下岗职工再就业，建设一批创业孵化基地和创业园区。坚持在经济增长的同时实现居民收入同步增长、在劳动生产率提高的同时实现劳动报酬同步提高。优先发展教育事业，实施教育质量提升三年行动计划，普及高中阶段教育，加快发展学前教育，大力支持吉首大学、湘西民族职业技术学院、吉首大学师范学院、湘西广播电视大学等大中专院校发展，依托湘西民族职业技术学院加快职业教育资源整合和集团化运作。重视发展体育事业，加快体育场馆和健身中心等设施建设，挖掘推广民族体育项目，积极开展全民健身，全面提升竞技体育水平。深化医药卫生体制改革，加快县级公立医院标准化和社区卫生服务中心建设。

（十一）推进美丽湘西建设。创新美丽湘西建设体制机制，以生态文明建设、城乡同建同治和网格服务管理“三大工程”为主要抓手，实施美丽乡村示范创建三年行动计划，打造亮丽城镇、美丽乡村、美好家园。坚持生态优先，自然修复与人工修复相结合、以自然修复为主，构建生态文明制度体系，深化殡葬制度改革，加快推进“厕所革命”，培育健康文明的生产生活方式，推进绿色发展、低碳发展、循环发展，争创全国生态文明先行示范区。推动文化与旅游深度融合，做好文化保护传承、挖掘开发、宣传推介“三篇文章”，让山更绿、水更清、天更蓝、地更净、民族文化更灿烂，美丽与发展比翼齐飞、生态与文化交相辉映。积极宣传践行社会主义核心价值观，弘扬健康向上精神文化，深入挖掘传承民族优秀传统文化，让公序良法成为文明风尚和行为自觉。

（十二）推进民主法治建设。扩大人民有序政治参与，保证人民依法实行民主选举、民主协商、民主决策、民主管理、民主监督。支持和保证人大及其常委会依法行使立法权、监督权、决定权、任免权，更好发挥人大代表作用。推动协商民主广泛多层制度化发展，充分发挥人民政协作为社会主义协商民主的重要渠道和专门机构的作用，把协商民主贯穿政治协商、民主监督、参政议政全过程。巩固和发展爱国统一战线，找到最大公约数，画出最大同心圆，为建设美丽开放幸福新湘西凝聚强大力量。全面推进依法治州，厉行法治，在推进科学立法、严格执法、公正司法、全民守法的同时，打造共建共治共享的社会治理格局，提高社会治理社会化、法治化、职能化、专业化水平，建设更高水平的平安湘西。

（十三）推进全面从严治党。全面贯彻新时代党的建设总要求，坚持把政治建设摆在首位，以政治建设统领新时代党的建设，以加强党的长期执政能力建设、先进性和纯洁性建设为主线，以党的政治建设为统领，以坚定理想信念宗旨为根基，以调动积极性、主动性、创造性为着力点，全面推进党的政治建设、思想建设、组织建设、作风建设、纪律建设，把制度建设贯穿其中，深入推进反腐败斗争，不断提高党的建设质量。坚持以党章为根本遵循，推动思想建党和制度治党同向发力，统筹推进党的各项建设，抓住“关键少数”，坚持“三严三实”，坚持民主集中制，严肃党内政治生活，严明党的纪律，强化党内监督，发展积极健康的党内政治文化，全面净化党内政治生态。准确把握监督执纪“四种形态”，落实“两个责任”，推进派驻监督全覆盖、巡察全覆盖，成立各级监察委员会，实现对国家公职人员的监察全覆盖，加大纪律审查工作力度，坚决纠正各种不正之风，以零容忍态度惩治腐败，不断增强党自我净化、自我完善、自我革新、自我提高的能力，始终保持党同人民群众的血肉联系。

三、保障措施

（一）坚持党的领导。增强政治意识、大局意识、核心意识、看齐意识，自觉维护党中央权威和集中统一领导，自觉在思想上政治上行动上同党中央保持高度一致，把党中央重大决策部署落实到各项工作中。凡属部门和地方职权范围内的工作部署，要以坚决贯彻党中央决策部署为前提，做到令行禁止，决不允许背着党中央另搞一套。坚持党对一切工作的领导，坚持党委领导核心地位，突出党委最高决策机构，认真执行常委会工作规则，建立健全党委定期听取工作汇报制度，严格执行党内请示报告制度。坚持党委会集体决策，规范议事规则和决策程序，严格按照中央、省委、州委关于规范决策行为、加强廉政建设等有关规定，对重大事项、重要人事任免、重要项目安排、大额资金使用进行集体决策，主动接受监督，确保依法、民主、科学决策，保证中央、省委、州委的各项部署落地落实。

（二）注重理念提升。立足贯彻中央新部署提升理念，加强政策研究，吃透政策精神，找出政策“干货”，打好政策“组合拳”，重点对接好国家发展战略和政策措施，主动争取上级加大政策支持和资金投入，把政策效应发挥到最大。立足解决社会新矛盾提升理念，坚持质量第一、效益优先，以供给侧结构性改革为主线，以做强做优实体经济为主要着力点，推动全州经济发展质量变革、效率变革、动力变革，不断增强经济创新力和竞争力，努力实现更高质量、更有效率、更加公平、更可持续的发展。立足激发社会新活力提升理念，加快服务型政府建设，发挥好市场配置资源的决定性作用，让政府承担更多公共服务的职责，激发大众创业、万众创新。立足把握州情新实际提升理念，立足发展不充分、相对贫困落后的基本州情没有根本改变，坚持以大规模、成批次、高水平的项目建设蓄积赶超发展的强大势能，坚持着力改善投资结构、优化投资主体、改进投资方式、提高投资效益，推动经济增长由传统增长模式向现代增长形态转变、低级形态向高级形态跃升。

（三）创新要素保障。推动资源资产化、资产资本化、资本股权化，加大资本市场直接融资力度，采取PPP、融资代建、特许经营、基金投入等多种投融资方式，扩大民间投资项目建设领域，鼓励引导更多有实力有条件的企业到主板上市或新三板挂牌，采用债券发行、资产重组、兼并收购、风险投资等资本运营手段，实现资本增值。加快政府融资平台的市场化转型和规范管理，发展面向中小微企业的创业风险投资基金、产业发展基金，支持企业上市融资，引导金融和社会资本加大实体经济投入。通过调整规划、改善环境、布局重大项目、用好政策流转土地、加快征拆腾地使土地效益最大化，通过盘活存量土地、合理开发低丘缓坡未利用土地、探索区域合作“飞地经济”模式，加快建立城乡统一的建设用地市场，保证用地需求。强化人才支撑，支持优秀人才创新创业，加大应用技能人才和技工培养力度。以“最多跑一次”改革为突破口，简化办事流程，加快推进“高效跑一次”“更多依靠网络跑”和“就近跑一次”，建立覆盖全社会的征信体系，依法查处破坏项目管理、增加企业负担案件，严厉打击制假贩假、侵害知识产权等行为。

（四）强化担当作为。提升能力水平，深入学习领会习近平新时代中国特色社会主义思想，强化战略思维、创新思维、辩证思维、法治思维、底线思维，不断提升统筹谋划、创新实践、联系群众、风险防控、信访维稳能力，增强预判发展趋势、驾驭复杂局面、领导经济社会发展的本领。狠抓工作落实，把雷厉风行和久久为功有机结合起来，对确定的目标任务，坚持经常抓、反复抓、持久抓，以钉钉子精神勇于攻坚克难，力戒作风不实、下基层摆谱作秀、研究解决问题不深不透、处理棘手矛盾拖沓现象。营造良好环境，树立正确选人用人导向，匡正选人用人风气，坚持严管和厚爱结合、激励和约束并重，完善干部考核评价机制，落实激励机制和容错纠错机制，旗帜鲜明为敢于担当、踏实做事、不谋私利的干部撑腰鼓劲，大力整治“为官不为”“不在状态”等行为，努力形成有利于干事创业、出力出彩、奋发作为的良好环境。

（此件发至副局级以上单位）

中共湘西自治州委办公室 湘西自治州人民政府办公室 关于印发《湘西自治州建设美丽湘西工作考核办法（修订）》的通知

州办发〔2017〕8号

各县市委、县市人民政府，湘西经济开发区，州直局级以上单位：

《湘西自治州建设美丽湘西工作考核办法（修订）》已经州委、州人民政府同意，现印发给你们，请遵照执行。

中共湘西自治州委办公室
湘西自治州人民政府办公室
2017年3月13日

湘西自治州建设美丽湘西工作考核办法（修订）

为确保建设美丽湘西工作顺利实施，根据《中共湘西自治州委湘西自治州人民政府关于建设美丽湘西的意见》（州发〔2016〕2号）精神，特制定本办法。

一、考核机构

建设美丽湘西考核工作在州建设美丽湘西工作领导小组领导下，由州建设美丽湘西工作领导小组办公室（以下简称州美丽湘西办）负责组织实施。

二、考核内容

围绕把我州建成民族文化彰显、人与自然和谐、社会文明进步的国内外知名生态文化公园目标，根据生态文明建设工程、城乡同建同治工程、网格服务管理工程等重点任务，分年度确定工作重点，制定考核细则。

三、考核范围

县市、湘西经济开发区，乡（镇、街道）及所辖村（社区），州直和县直有关单位。

四、考核方法

（一）生态文明建设工程。由州美丽湘西办会同州文明办、州林业局、州文广新局等部门分年度制定考核细则，实行一季一督查、半年一考核，考核结果纳入当次城乡同建同治工程综合排名。

（二）城乡同建同治工程。由州美丽湘西办分年度制定考核细则，实行一月一考核、一月一奖罚。采取明检或暗查方式，每月对各县市、湘西经济开发区环境卫生和容貌秩序等整治情况进行一次考核；每月进行一次综合排名，并兑现奖罚，排名一类的县市奖励标准在2016年基础上下调50%，排名三类的县市处罚标准下调50%。州直机关、中央和省驻州单位及其下属机构独立院落的考核工作，按照属地管理原则，由吉首市、湘西经济开发区负责组织实施，考核结果作为绩效考核打分的重要依据。

（三）网格服务管理工程。由州美丽湘西办会同州网格办分年度制定考核细则，实行两月一考核，考核结果纳入当次城乡同建同治工程综合排名。

五、考核计分

全州建设美丽湘西工作依照年度任务分解及有关考核细则，对各个项目进行考核评分，扣分以项目分基数为准，扣完为止。

建设美丽湘西工作计分权重为：城乡同建同治工程占70%，生态文明建设工程、网格服务管理工程分别占15%。生态文明建设工程纳入6月、12月综合排名，网格服务管理工程纳入2月、4月、6月、8月、10月、12月综合排名。根据工作发展需要，可叠加考核内容，并适当调整计分权重。

各县市、湘西经济开发区城乡同建同治工程城区街道（城关镇）和乡镇、村考核计分权重分别为：各县市城区街道（城关镇）占50%，乡镇、村占50%；湘西经济开发区城区街道占100%。

各县市、湘西经济开发区城乡同建同治工程月计分=城区街道（城关镇）月计分×权重+乡镇、村月计分×权重。领导交办、群众投诉、检查及巡查发现的突出问题，限期整改不到位的，从县（市）、湘西经济开发区月考核总分中按标准扣分。

六、考核结果运用

将美丽湘西建设工作纳入全州五个文明建设绩效考核的内容，分值按绩效考核权重折算。设立州建设美丽湘西工作奖补基金，对工作措施得力、排名靠前和美丽乡村示范创建工作成效显著的县（市）、乡（镇、街道）及经验收合格的美丽乡村示范村、精品村等，给予通报表扬和适当奖补。因工作不力，连续两次排名倒数第一的县（市）人民政府主要负责人，要在新闻媒体上公开说明原因。连续三次排名倒数第一的县（市）党政主要负责人和分管负责人，由州委、州人民政府主要领导进行约谈。

七、附则

（一）各县市、湘西经济开发区应参照本办法加强对辖区内建设美丽湘西工作的考核和奖罚。

（二）本办法由州美丽湘西办负责解释。

（三）本办法自印发之日起实施。

湘西自治州人民政府关于印发《湘西自治州创建国家全域旅游示范区2017—2018年行动方案》的通知

州政发〔2017〕8号

各县市人民政府、湘西经开区管委会，州直有关单位：

《湘西自治州创建国家全域旅游示范区2017—2018年行动方案》已经州人民政府同意，现印发给你们，请遵照执行。

湘西自治州人民政府

2017年6月9日

湘西自治州创建国家全域旅游示范区2017—2018年行动方案

根据《国务院关于促进旅游业改革发展的若干意见》(国发〔2014〕31号)、《国家旅游局关于开展国家全域旅游示范区创建工作的通知》(旅发〔2015〕182号)、《国家全域旅游示范区认定标准》《湖南省人民政府关于促进旅游业改革发展的实施意见》(湘政发〔2015〕28号)等文件精神，为全面推进国家全域旅游示范区创建工作，结合我州实际，特制定本方案。

一、指导思想与发展目标

(一) 指导思想

全面贯彻落实“创新、协调、绿色、开放、共享”五大发展理念，以旅游业转型升级、提质增效为主线，围绕建设国内外知名生态文化公园总战略、总愿景，把州域国土作为一个全域生态、全域文化、全域旅游、全域康养的大公园来整体规划、建设和管理，将湘西自治州建设成为国家全域旅游示范区、国内外知名生态文化公园、国际旅游目的地，推动全州旅游业实现由旅游观光型向休闲度假型、资源开发型向深度融合型、市场开拓型向规范管理型、数量规模型向质量效益型“四个提升”，从景区旅游模式向全域旅游模式、单一业态向综合产业、部门行为向统筹推进、小旅游格局向大旅游格局“四个转变”。

(二) 具体目标

力争2018年底，全州接待国内外游客4800万人次，实现旅游收入400亿元。其中，乡村旅游接待游客1200万人次，实现旅游收入55亿元；国家AAA级以上旅游景区达到30家以上，其中国家AAAAA级旅游景区1家以上、国家AAAA级旅游景区12家以上；五星级旅游饭店1家以上，四星级旅游饭店4家以上；带动30万人就业，10万人脱贫；我州成功创建“国家全域旅游示范区”。

(三) 创建标准

一是旅游对当地经济和就业的综合贡献达到一定水平；二是建立旅游综合管理和执法体系；三是旅游厕所及其他公共服务建设成效明显，达到标准；四是建成旅游数据中心。

主要指标：

1.旅游业增加值占本地GDP比重15%以上；

2.旅游从业人数占本地就业总数的比重20%以上；

3.年游客接待人次数达到本地常住人口数量10倍以上；

4.当地农民年纯收入20%以上来源于旅游收入；

5.旅游税收占地方财政税收10%左右；

6.区域内有明确的主打产品，丰度高、覆盖度广。

二、全域空间布局

构建湘西州全域旅游发展“一个龙头、一个中心、两条乡村游精品线、四大核心景区、两条风光带、一个国内外知名生态文化公园”的全域空间布局。

一个龙头：凤凰古城国际旅游目的地。把凤凰古城作为全州旅游发展龙头与驱动源。以国际化、生态化为标准，通过对凤凰古城旅游产品、景观风貌和服务的全面提质升级，实现凤凰古城旅游发展速度与质量的双向提升，打造国际特色旅游目的地，打响国际品牌，增强辐射带动能力，真正成为辐射带动湘西州全域旅游发展的核心驱动力。

一个中心：吉首旅游集散中心。以吉恩高速、包茂高速等为依托，大力推进吉首与凤凰、泸溪、古丈、花垣、保靖、永顺、龙山等县(市)间旅游综合交通建设，开通吉首与重点景区的直达巴士。以全域旅游为导向，配套完善餐饮、住宿、休闲、购物等综合服务体系，提高旅游服务水平，将吉首打造成为湘西州旅游集散中心。

两条乡村游精品线：土家探源、神秘苗乡。依托龙山县、保靖县、永顺县、古丈县等浓郁的土家族民俗资源和深厚的历史文化资源，以里耶古城、老司城、芙蓉镇等景区为核心，以捞车村、双凤村、红石林村等土家族特色村寨为支撑，以G209、S10、S304、S259和酉水河、猛洞河为发展轴，探寻土家文化源流，体验厚重土司文化，打造“土家探源”乡村游精品线路；依托花垣县、吉首市、保靖县、古丈县、泸溪县、凤凰县等浓郁的苗族民俗资源和神秘的乡土文化资源为依托，以凤凰古城、矮寨奇观、吕洞山、浦市古镇、乾州古城等为核心，以十八洞村、雄龙村、夯沙村等苗族特色村寨为支撑，以包茂高速、凤大高速为发展轴，感受神秘苗族文化，纵览苗寨秀美风光，打造“神秘苗乡”乡村游精品线路。

四大旅游黄金板块：凤凰古城、老司城、里耶古城、矮寨大桥。以凤凰古城为核心，联动南华山、南方长城等周边景区（点）所形成的凤凰古城旅游核心景区。以老司城世界文化遗产为核心，联动猛洞河、芙蓉镇、红石林等景区（点）所形成的老司城旅游核心景区。以里耶古城为核心，联动八面山、洗车河、惹巴拉、洛塔石林、乌龙山大峡谷等所形成的里耶古城旅游核心景区。以矮寨大桥为核心，联动周边乾州古城、边城茶峒、古苗河、吕洞山等景区（点）所形成的矮寨奇观旅游核心景区。

两条风光带：沅水、酉水风光带。以沅水和酉水为轴线，串联两岸主要景区（点），强化流域环境综合治理和景观风貌打造，将沅水打造成为以自然观光和苗族风情体验为一体的风光带；将酉水打造成为以生态观光和土家族风情体验为一体的风光带。

一个国内外知名生态文化公园。将全州作为一个整体进行规划建设和管理，加快推进山水城市、绿色小镇、美丽乡村与和谐社区建设，实现全州产业结构、建设布局、人居环境进一步优化，全力把湘西州打造成一个集自然山水大画园、民族风情大观园、绿色产品大庄园、休闲旅游大乐园、和谐宜居大家园为一体的国内外知名生态文化公园。

三、创建步骤和时间要求

第一阶段：前期准备与宣传动员阶段（2017年6月下旬前）。一是制定下发创建工作方案；二是召开全州创建工作动员会，分解任务，落实责任，签订目标责任书；三是各县市、州直相关部门制定各自工作方案。

第二阶段：达标创建和自查整改阶段（2017年6月下旬—2017年12月）。一是在州全域旅游创建工作领导小组的统一协调指导下，全面开展达标创建工作；二是收集、整理已完成工作、项目的有关材料，验收存档；三是吉首市、凤凰县、永顺县率先达到创建标准。

第三阶段：完善提高和初验阶段（2018年1月—2018年9月）。一是龙山县、古丈县、花垣县、泸溪县、保靖县达到创建标准；二是做好初步验收准备、整改自查中存在的问题，迎接省初步验收；三是督促有关县（市）、州直部门完成初步验收中提出的整改任务；四是申请国家旅游局进行正式验收。

第四阶段：全面总结和验收阶段（2018年9月—2018年12月）。一是完成初步验收整改工作后，做好创建工作的总结和验收准备工作，拟定验收方案和接待计划，汇总创建成果和相关材料；二是迎接国家旅游局检查，顺利通过验收命名；三是对创建工作进行全面总结、形成长效机制。

四、主要工作

（一）推进州域景区化，建成全域旅游目的地

1.坚持旅游规划引领。编制《湘西自治州全域旅游建设规划》，把州域国土作为一个全域旅游目的地来规划和建设。成立州规划委员会，推动多规合一，在编制基础设施、城乡建设、土地利用、环境保护、公共服务保障、产业发展等规划时，统筹兼顾全域旅游发展需求，实现一本规划、一张蓝图绘到底。各县市要在湘西州全域旅游总规的统领下，编制本地区全域旅游发展规划，指导全域旅游建设。

2.加快旅游项目建设。用好用足中央、省相关政策，积极向上争取旅游基础设施和公共服务设施等大项目，认真谋划、包装一批景区开发、风情小镇、乡村旅游、星级饭店等项目，实现重点景区整体招商、整体开发，形成“建成一批、在建一批、开工一批、签约一批、储备一批、谋划一批”的“六个一”旅游项目推进格局。继续实行州级领导联系重点工作、重点项目和重点企业制度，加大推进全域旅游工作、重点旅游项目建设、重点旅游企业经营发展协调服务力度。以年度重点旅游项目、州庆重点旅游项目、“十三五”重大旅游项目建设为抓手，积极开展旅游招商引资，加快引进一批有实力、有品牌、有优势的知名旅游大企业集团和旅游管理服务品牌，大力推广PPP模式，引导更多社会资本参与投资旅游，推动我州旅游基础设施和配套设施进一步完善和旅游产品提质增效，力争年度旅游项目完成投资100亿元以上。

3.加快旅游品牌创建。加快世界级旅游品牌创建，推进凤凰区域性防御体系申报世界文化遗产，全州打捆申报世界地质公园。加大国家等级旅游景区创建力度，力争到2018年，全州成功创建国家AAA级以上旅游景区30家以上，其中国家AAAAA级旅游景区1家以上、国家AAAA级旅游景区12家以上。国土资源、林业、水利、住建、文物、民宗、文广新等部门积极开展地质公园、自然保护区、森林公园、湿地公园、水利风景区、风景名胜区、特色小镇、传统村落、历史文化名镇名村、重点文物保护单位、少数民族特色村寨、非物质文化遗产等国字号品牌创建。

4.加快乡村旅游发展。以乡村旅游脱贫工程为抓手，重点建设60个乡村旅游精品村，协调整治300个传统村落，加快建设“土家探源”、“神秘苗乡”两条生态文化乡村游精品线，打造高山峡谷、烽火苗疆、土司遗产、酉水画廊、土家源流、沅水民俗六大村寨群。大力推广景区带村型、产业带动型、能人带户型、合作社+农户型、公司+农户型等旅游扶贫模式，带动10万人脱贫。

（二）推进业态多元化，延长旅游产业链条

1.旅游+文化。做好保护传承、挖掘开发、宣传推介三篇文章，深入挖掘和包装湘西州数量众多的非遗文化、民风民俗、民族歌舞、民间绝技、民间工艺、民族医药等文化资源。加强非物质文化遗产的保护利用，通过文化演绎、创意注入和遗产活化等路径，推进文化资源向旅游产品转化，建设一批个性化、差异化、特色化、品牌化的文化旅游精品。

2.旅游+农业。依托湘西猕猴桃、黄金茶、古丈毛尖、椪柑等特色农业基础，以旅游业为核心抓手，以特色化、精品化、规模化为导向，积极支持农村土地流转，推进农业产业化、标准化发展，大力发展旅游观光和特色休闲农业，建设一批茶叶、猕猴桃、椪柑等观光旅游农业示范园。依托乡村优越的自然生态环境，开发果蔬采摘、休闲垂钓、休闲农庄、家庭农场、四季花海等休闲农业产品。

3.旅游+工业。积极引导、鼓励酒鬼酒工业园等企业大力生产具有湘西特色的旅游商品，支持湘西坊、凤凰文化旅游产业园进一步做大做强。在8县（市）城区、重点旅游乡镇、旅游景区及乡村旅游点建立旅游购物街区、销售点等购物场所。大力发展湘西腊味、猕猴桃、边城醋业、古丈毛尖、黄金茶、酒鬼酒等湘西特产，开发土家织锦、蜡染、苗绣、银饰、踏虎凿花等非遗产品，打造一批知名的“湘西制造”特色旅游商品品牌。

4.旅游+新业态。大力发展休闲游、养生游、探奇游、研学游、商务游等新业态，打造自驾游营地、摄影和美术创作基地，高品位开发旅游商业地产、度假休闲基地，建设一批旅游风情小镇、旅游度假村、名企会议中心、医疗康养中心等地产项目，构建“快旅慢游”新格局。

（三）推进设施规范化，完善公共服务体系

1.旅游交通全覆盖。加快湘西机场、张吉怀高铁、黔张常铁路、永吉高速、龙桑高速建设，建好1000公里旅游公路、1000公里生态旅游景观走廊和1000公里旅游慢行体系，在旅游公路沿线建设一批功能完善、特色鲜明的自驾车房车露营地，加快推动城乡公交延伸到主要景区和乡村旅游重点村寨，努力解决“最后一公里”问题。力争到2018年，国家AAA级以上旅游景区和60个乡村旅游精品村全面实现二级公路、旅游慢行体系连通，并开通客运班车，每个县市建成1个以上自驾车房车露营地，打造湘西旅游“一小时交通圈”。

2.旅游厕所全覆盖。强力推进旅游厕所革命，2017年建成A级旅游厕所200座以上。到2018年底，全州累计新建、改建旅游厕所超过300座，国家AAA级以上旅游景区和60个乡村旅游精品村实现旅游厕所全覆盖，并全部达到A级厕所标准。

3.旅游集散咨询全覆盖。加快州、县市、景区三级旅游集散中心建设，完善集散中心停车、信息咨询、产品营销、综合服务等功能。在国家AAA级以上旅游景区、重点旅游村镇以及车站等游客集聚区建设具有湘西地方特色、功能齐全、资料丰富的旅游咨询中心，加快城区、景区、乡村旅游点等游客集中场所停车场建设，力争2018年实现国家AAA级以上旅游景区、60个乡村旅游精品村、重点旅游城镇、8县市城区等区域咨询服务和生态停车场全覆盖。

4.旅游标识系统全覆盖。力争到2018年，高速公路出口、国省道、国家AAA级以上旅游景区通景公路和乡村旅游重点村通村公路沿线都设置有完善、准确、清晰、规范的旅游交通标识系统。在城区出入口、车站和旅游景区、宾馆饭店、城区主要街道、人流集中场所等区域设置中英文对照、符合国家标准的公共信息图形符号，旅游指示标识和交通引导标识等。

5.旅游休憩设施全覆盖。力争到2018年，全州AAA级以上旅游景区、60个乡村旅游精品村及旅游慢行体系根据游憩需要，设有亭、廊、椅、驿站等供游客休息、观景的设施。

6.智慧旅游全覆盖。以智慧湘西建设为龙头，打破部门、行业之间的壁垒，建立互联互通的旅游大数据中心，并利用好大数据信息采集，指导旅游管理各项工作。力争到2018年，湘西旅游大数据中心和旅游信息公共服务与咨询网上平台基本建成，全州国家AAA级以上旅游景区实现4G网络、免费Wi-Fi、智能导游、电子讲解、在线预订、信息推送、在线投诉、视频监控等功能全覆盖，州、县旅游主管部门、全州国家AAA级以上旅游景区全部实现旅游官方网站、官方微信公众号和官方微博全覆盖。

（四）推进服务品质化，构建最优旅游环境

1.规范旅游市场秩序。抓好旅游市场综合整治，开展旅游市场秩序专项整治行动，严厉打击旅游违法违规行为，形成综合整治常态化、长效化机制。加大《旅游法》宣传力度，开展文明旅游“三好一满意”活动，引导全社会提升文明旅游素质。加强旅游市场监管，鼓励旅游企业诚信经营，建立健全旅游企业诚信等级制度、黑名单制度和退出机制，让游客愿消费、敢消费、放心消费，高兴而来、满意而归。

2.加强旅游安全生产。强化安全意识，落实安全责任，建立健全旅游安全管理机构和管理制度，夯实安全保障措施，努力消除安全隐患。建立旅游安全处理预案，完善应急救援体系，编织安全防护网，覆盖各环节。定期开展旅游安全检查，突出旅游交通、食品卫生、消防安全等重点领域和旅游景区、旅行社、星级饭店等重点旅游场所，深入排查旅游安全隐患，堵塞旅游安全漏洞，确保不发生大的安全事故。

3.开展旅游环境整治。以“美丽湘西”建设为抓手，按照“硬化、净化、亮化、绿化、美化”要求，深入推进高速公路、国省道、通景公路两侧环境整治，切实消除可视范围内环境脏乱差现象，做到沿线无暴露垃圾及“白色垃圾”，无乱搭乱建、乱披乱挂、乱堆乱放，打造景观廊道、美丽通道。积极推行“河长制”，加强酉水、沅水州内段及旅游区河流保护工作，实现河流净化、美化。加快重点旅游村镇和高速公路、国省道、通景公路两侧可视范围内房屋特色民居改造，打造最美城镇、最美村寨，让游客在湘西发现美、体验美、享受美、传播美。

（五）推进形象品牌化，唱响“神秘湘西”旅游品牌

1.统一旅游品牌。整合各县市旅游品牌和产品体系，集合全州上下力量全面打响“神秘湘西”旅游品牌。发布“神秘湘西”旅游形象宣传用语及旅游形象标识，制作“神秘湘西”旅游宣传形象片。各县市、州直部门在对外宣传推介时，要将“神秘湘西”放在突出位置，齐心协力将“神秘湘西”打造成国内外知名旅游品牌。

2.拓宽营销渠道。积极参加各类旅博会及旅游推介活动，积极打造广播、电视、报纸、多媒体等传统渠道和移动互联网、微信、微博、微视频、数字旅游、影视植入、在线预订等新技术、新渠道相结合的营销渠道体系，精心展示湘西旅游形象。举办中国·凤凰苗族银饰服饰文化节、土家族舍巴节、苗族赶秋节、吉首国际鼓文化节、四季乡村旅游节等重大旅游节庆活动，将《边城》培育成知名的实景演艺品牌，重点旅游县市至少打造一个常态化运营的演艺节目。精心设计全州一日游、二日游、三日游、多日游旅游线路。加强与携程、同程、阿里旅行等在线旅游电商企业的合作，加快湘西旅游电商平台建设。拓展入境旅游市场，巩固港澳、韩国客源地市场，积极开发东南亚、欧美等境外客源市场。大力推动张吉怀旅游共同体建设，整合精品旅游资源，推出跨区域旅游线路，优势互补，相互协作，形成合力，进一步唱响“神秘湘西”旅游品牌。

3.创新营销机制。积极探索政府资源与企业资源、社会资源的整合，按照政府负责“形象营销”、媒体负责“内容营销”、企业负责“产品营销”的思路，构建全媒体时代的主体营销系统，做到旅游宣传有空间、多角度、全方位、广覆盖，实现旅游营销从政府主导向市场引导、传统营销向智慧营销、分散营销向整体营销的转变。

（六）推进管理一体化，加快产业转型升级

1.建立“1+3+N”综合管理机制。积极构建从全局谋划推进、有效整合区域资源、统筹推进全域旅游的体制和工作格局，形成“党委统揽、政府主导、各部门联动、全社会参与”的管理机制，充实完善州生态文化旅游产业发展领导小组，和州全域旅游示范区创建领导小组，成立湘西自治州旅游发展委员会，强化产业规划、综合监管、政策协调、旅游经济运行监测等职能，设立旅游警察、工商旅游分局、旅游巡回法庭等旅游执法机构，健全旅游管理体制机制。重点旅游村镇要成立旅游办公室，明确分管领导和旅游专干，建立纵向到底、横向到边的旅游工作机制。

2.强化部门联动。旅游主管部门要组建旅游综合执法办公室，抽调发改、交通运输、工商、安监、食药监管、旅游等部门有关人员联合执法，建立联动机制，定期召开工作例会，实现信息互通，着力提升旅游服务能力和水平，形成长效监管机制。以网格化建设为抓手，完善“110”快速处置机制，提升区域综合管理能力。

3.加强投融资体制创新。推进旅游基础设施和公共服务的PPP投融资模式改革创新，促进投资主体多元化。引导金融机构加大对旅游企业和旅游项目融资支持，鼓励民间资本与政府进行合作，吸引民间资本参与重大旅游项目开发，参与公共基础设施建设。

五、保障措施

（一）组织保障。成立湘西自治州创建“国家全域旅游示范区”领导小组，全局谋划推进全域旅游发展，领导小组办公室设在州旅游港澳外事侨务局。建立国家全域旅游示范区创建工作联席会议制度，对涉及全域旅游创建重要事项实行一事一议，每年专题研究全域旅游工作不少于4次，及时解决工作推进中的困难和问题，形成精力向旅游集中、政策向旅游倾斜、要素向旅游集聚的发展机制。各县市也要设立相应的工作机构，加强对创建工作的组织领导。要加大宣传力度，提高全社会的关注度和参与度，努力形成全州上下齐心协力抓创建、促发展的良好工作氛围。

（二）政策保障。全面落实国家、省出台的关于促进旅游业发展的政策措施。发改、财政、公安、交通运输、住建、国土资源等相关部门出台支持配合全域旅游发展的专项意见。编办、人社等部门要加强旅游部门人员配置；统计部门要建立全域旅游统计指标体系；国土资源部门要推进旅游用地政策改革创新，开展旅游差别化用地试点，保障旅游项目用地需求；公安、法院、工商等部门要研究设立旅游警察、旅游巡回法庭和工商旅游分局；财政等部门要加快完善旅游扶持激励政策，逐年递增旅游发展专项资金，加大对旅游基础设施建设、旅游规划编制、旅游宣传促销、旅游人才培育等方面的财政投入。各类涉农、生态、文化、水利、交通等扶持资金，要向涉旅项目倾斜。

（三）人才保障。把旅游人才队伍建设作为生态文化旅游业转型发展的核心动力，实施“管理人才培训、专业人才培养、紧缺人才引进”三大工程，建好州政府智库旅游工作专家小组，积极发展旅游职业教育，加强与吉首大学、湘西职院等高等院校的合作，开展旅游管理人员、乡村游经营者、旅游司乘人员以及导游讲解员等旅游从业人员培训，着力培育一批优秀旅游管理队伍、旅游经营队伍和导游队伍。对旅游行政管理人员和涉旅企业负责人进行全域旅游专题培训，树立全局谋划、全方位推进、全时空统筹、全要素配套、全产业联动、全社会参与的大旅游发展观。

（四）加强督查。建立全域旅游示范区创建工作督查、考核推进机制，州政府对创建工作实行目标责任管理，并纳入年度绩效考核。各牵头单位和责任单位的主要负责人为创建工作第一责任人，凡在考核验收时被扣分影响整体评分的，根据牵头单位和责任单位的职责分工，分别追究该单位主要领导、分管领导及责任人的责任。州政府督查室要加大对创建工作督查力度，对工作出色，按时达标的单位及个人予以表彰；对未按要求完成任务，工作不力，影响整体创建的，及时通报并进行责任追究。

湘西自治州创建国家全域旅游示范区责任单位工作任务一览表

类别	序号	重点任务	完成时限（年）	牵头部门	责任单位
体制机制	1	成立党政统筹抓旅游的领导机制，有明确的领导责任、工作机制、决策机制。党委、政府将全域旅游发展纳入经济社会发展工作的大局，对涉及全域旅游创建重要事项实行一事一议，每年召开全域旅游工作推进会议，专题研究全域旅游工作不少于4次，并把全域旅游发展列入目标管理、绩效考核	2017—2018	州委办、州政府办	八县市人民政府
	2	设立湘西州旅游发展委员会，强化产业规划、综合监管、政策协调、旅游经济运行监测等职能	2017	州编办	州旅游港澳外事侨务局
	3	建立旅游综合执法体系，设立旅游警察、工商旅游分局、旅游巡回法庭及其他旅游执法机构	2017—2018	州编办	州公安局 州工商局 州人民法院 八县市人民政府
政策支持	4	出台国家全域旅游示范区创建综合性政策文件和实施方案，发改、财政、公安、交通运输、住建、国土资源等相关部门出台支持配合全域旅游发展的专项意见	2017—2018	州委办、州政府办	州直相关部门
	5	编制并全面组织实施《湘西州全域旅游建设规划》，实现一本规划、一张蓝图绘到底	2017—2018	州发改委	八县市人民政府
	6	强化土地保障，每年旅游项目用地指标有一定的增长。积极探索旅游用地政策改革创新，开展旅游差别化用地试点	2017—2018	州国土资源局	八县市人民政府
	7	建立主要领导联系旅游项目制度	2017—2018	州委办、州政府办	州直相关部门 八县市人民政府
	8	加快州庆重点旅游项目、年度重点旅游项目、十三五重大旅游项目建设，力争每年度旅游项目完成投资100亿元以上	2017—2018	州重点办	州直相关部门 八县市人民政府
	9	每年引进一批旅游项目，招商引资总额有一定的增长	2017—2018	州商务局	八县市人民政府
旅游交通	10	完善旅游扶持激励政策，逐年递增旅游发展专项资金。推进旅游基础设施和公共服务PPP投融资模式改革创新，促进投资主体的多元化。引导金融机构加大对旅游企业和旅游项目融资支持，鼓励民间资本与政府进行合作，吸引民间资本参与重大旅游项目开发，参与公共基础设施建设	2017—2018	州财政局	州金融办 八县市人民政府
	11	加快黔张常铁路、张吉怀高铁、湘西机场、永吉高速、龙桑高速建设。建好1000公里旅游公路、1000公里生态旅游景观走廊和1000公里旅游慢行体系。力争到2018年，国家AAA级以上旅游景区和60个乡村旅游精品村全面实现二级公路、旅游慢行体系连通，并开通客运班车，打造湘西旅游“一小时交通圈”	2017—2018	州交通运输局	州发改委 州林业局 八县市人民政府
	12	加快旅游标识系统建设，力争到2018年，高速公路出口、国省道、国家AAA级以上旅游景区通景公路和乡村旅游重点村通村公路沿线都设置有完善、准确、清晰、规范的旅游交通标识系统	2017—2018	州交通运输局	州发改委 州财政局 州旅游港澳外事侨务局 八县市人民政府

续表

类别	序号	重点任务	完成时限（年）	牵头部门	责任单位
公共服务	13	持续推进厕所革命，力争到2018年，全州完成新建、改建旅游厕所300座，实现国家AAA级以上旅游景区和60个乡村旅游精品村旅游厕所全覆盖，并全部达到A级标准	2017—2018	州旅游港澳外事侨务局	八县市人民政府
	14	加快旅游休憩设施建设，力争到2018年，全州AAA级以上旅游景区、60个乡村旅游精品村及旅游慢行体系根据游憩需要，设有亭、廊、椅、驿站等供游客休息、观景的设施	2017—2018	州住建局	八县市人民政府
	15	加快州、县市、景区三级旅游集散中心建设，力争2018年实现国家AAA级以上旅游景区、60个乡村旅游精品村、重点旅游城镇、八县市城区等区域咨询服务全覆盖	2017—2018	州旅游港澳外事侨务局	州发改委 州住建局 州交通运输局 八县市人民政府
旅游环境	16	强化安全意识，落实安全责任，建立健全旅游安全管理机构和管理制度，夯实安全保障措施，努力消除安全隐患。建立旅游安全处理预案，完善应急救援体系，编织安全防护网，覆盖各环节。定期开展旅游安全检查，突出旅游交通、食品卫生、消防安全等重点领域和旅游景区、旅行社、星级饭店等重点旅游场所，深入排查旅游安全隐患，堵塞旅游安全漏洞，确保不发生大的安全事故	2017—2018	州旅游港澳外事侨务局	州安监局 州食药局 州工商局 州消防支队 八县市人民政府
	17	加快城区、景区、乡村旅游点等游客集中场所停车场建设，力争2018年实现国家AAA级以上旅游景区、60个乡村旅游精品村、重点旅游城镇、八县市城区等区域生态停车场全覆盖	2017—2018	州交通运输局	州住建局 八县市人民政府
	18	在城区出入口、车站和旅游景区、宾馆饭店、城区主要街道、人流集中场所等区域设置中英文对照、符合国家标准的公共信息图形符号，旅游指示标识和交通引导标识等	2017—2018	州交通运输局	八县市人民政府
	19	在旅游公路沿线建设一批功能完善、特色鲜明的自驾车房车露营地，力争2018年每个县市建成1个以上自驾车房车露营地	2017—2018	州交通运输局	八县市人民政府
	20	启动智慧旅游建设，力争到2018年，湘西旅游大数据中心和旅游信息公共服务与咨询网上平台基本建成，全州国家AAA级以上旅游景区实现4G网络、免费Wi-Fi、智能导游、电子讲解、在线预订、信息推送、在线投诉、视频监控等功能全覆盖，州、县（市）旅游主管部门、全州国家AAA级以上旅游景区全部实现旅游官方网站、官方微信公众号和官方微博全覆盖	2017—2018	州政府办	州旅游港澳外事侨务局 州经信委 八县市人民政府
	21	以“美丽湘西”建设为抓手，按照“硬化、净化、亮化、绿化、美化”要求，深入推进高速公路、国省道、通景公路两侧和重点旅游村镇环境整治，切实消除可视范围内环境脏乱差现象，做到沿线无暴露垃圾及“白色垃圾”，无乱搭乱建、乱披乱挂、乱堆乱放，打造景观廊道、美丽通道	2017—2018	州委督查室	州美丽湘西办 八县市人民政府
	22	加快重点旅游村镇和高速公路、国省道、通景公路两侧可视范围内房屋特色民居改造，打造最美城镇、最美村寨	2017—2018	州住建局	八县市人民政府
	23	积极推行“河长制”，加强酉水、沅水州内段及旅游区河流保护工作，实现河流净化、美化	2017—2018	州水利局	州环保局 八县市人民政府

续表

类别	序号	重点任务	完成时限（年）	牵头部门	责任单位
旅游环境	24	抓好旅游市场综合整治，开展旅游市场秩序专项整治行动，严厉打击旅游违法违规行为，形成综合整治常态化、长效化机制。加大《旅游法》宣传力度，开展文明旅游“三好一满意”活动，引导全社会提升文明旅游素质。加强旅游市场监管，鼓励旅游企业诚信经营，建立健全旅游企业诚信等级制度、黑名单制度和退出机制	2017—2018	州旅游港澳外事侨务局	州委宣传部 州直相关部门 八县市人民政府
	25	以网格化建设为抓手，完善“110”快速处置机制，提升区域综合管理能力	2017—2018	州公安局	八县市人民政府
	26	组建旅游综合执法办公室，抽调发改、交通运输、工商、安监、食药监管、旅游等部门有关人员联合执法，建立联动机制，定期召开工作例会，实现信息互通，着力提升旅游服务能力和水平，形成长效监管机制	2017—2018	州旅游港澳外事侨务局	州直相关部门 八县市人民政府
	27	实施“管理人才培训、专业人才培养、紧缺人才引进”三大工程，加强与吉首大学、湘西职院等院校的合作，开展旅游管理人员、乡村游经营者、旅游司乘人员以及导游讲解员等旅游从业人员培训，着力培育一批优秀旅游管理队伍、旅游经营队伍和导游员队伍	2017—2018	州旅游港澳外事侨务局	州人社局 湘西职院 八县市人民政府
旅游要素	28	推进凤凰区域性防御体系申报世界文化遗产	2017—2018	州文广新局（州文物局）	凤凰县人民政府
	29	推进全州地质公园打捆申报世界地质公园	2017—2018	州国土资源局	相关县市 人民政府
	30	加大国家等级旅游景区和旅游度假区创建力度，力争到2018年，全州成功创建国家AAA级以上旅游景区达到30家以上，其中国家AAAAA级旅游景区1家以上、国家AAAA级旅游景区12家以上。凤凰古城、矮寨奇观要加快创建AAAAA，里耶古城、边城茶洞、坐龙峡、吕洞山要加快创建AAAA凤凰县、永顺县要积极创建旅游度假区	2017—2018	州旅游港澳外事侨务局	八县市人民政府
	31	大力推进乡村旅游脱贫工程，以60个乡村旅游精品村为重点，协调整治300个传统村落，打造高山峡谷、烽火苗疆、秦简土家、土司遗产、沅水民俗、酉水画廊六大村寨群，加快建设“土家探源”和“神秘苗乡”两条生态文化村镇游精品线，带动10万人脱贫	2017—2018	州旅游港澳外事侨务局	州直相关部门 八县市人民政府
	32	做好保护传承、挖掘开发、宣传推介三篇文章，深入挖掘和包装湘西州数量众多的非遗文化、民风民俗、民族歌舞、民间绝技等文化资源。加强非物质文化遗产的保护利用，通过文化演绎、创意注入和遗产活化等路径，推进文化资源向旅游产品转化，建设一批个性化、差异化、特色化、品牌化的文化旅游精品	2017—2018	州文广新局	八县市人民政府
	33	推进农业产业化、标准化发展，大力发展旅游观光和特色休闲农业，建设一批茶叶、猕猴桃、椪柑等观光旅游农业示范园。依托乡村优越的自然生态环境，开发果蔬采摘、休闲垂钓、休闲农庄、家庭农场、四季花海等休闲农业产品	2017—2018	州农委	八县市人民政府

续表

类别	序号	重点任务	完成时限（年）	牵头部门	责任单位
旅游要素	34	大力发展休闲游、养生游、探奇游、研学游、商务游等新业态，打造自驾游营地、摄影和美术创作基地，高品位开发旅游商业地产、度假休闲基地，建设一批旅游度假村、名企会议中心、医疗康养中心等地产项目，构建"快旅慢游"新格局	2017—2018	州旅游港澳外事侨务局	州直相关部门 八县市人民政府
	35	加快旅行社发展，培育一批三星级以上旅行社，实现四星级旅行社零的突破	2017—2018	州旅游港澳外事侨务局	八县市人民政府
	36	加快高星级旅游饭店建设，引导现有星级饭店提质升级，积极推进凤凰古城、芙蓉镇、边城、里耶、浦市等地民宿集聚区建设，构建星级饭店、经济连锁酒店、客栈民宿多元化住宿体系。力争到 2018 年，全州五星级旅游饭店 1 个以上，四星级旅游饭店 4 个以上	2017—2018	州旅游港澳外事侨务局	州商务局 八县市人民政府
	37	深度挖掘湘西饮食文化，开发地方特色小吃，培育"舌尖上的湘西"餐饮品牌，大力扶持特色餐馆、农家乐、休闲农庄等餐饮场所发展，在八县市城区、重点旅游乡镇建立特色美食街区	2017—2018	州商务局	八县市人民政府
	38	积极引导、鼓励酒鬼酒工业园等企业大力生产具有湘西特色的旅游商品，支持湘西坊、凤凰文化旅游产业园进一步做大做强，在八县市城区、重点旅游乡镇、旅游景区及乡村旅游点建立旅游购物街区、销售点等购物场所	2017—2018	州经信委	八县市人民政府
	39	大力发展湘西腊味、猕猴桃、边城醋业、毛尖、黄金茶、酒鬼酒等湘西特产，开发土家织锦、蜡染、苗绣、银饰、踏虎凿花等非遗产品，打造一批知名的"湘西制造"特色旅游商品品牌	2017—2018	州经信委	州旅游港澳外事侨务局 州农委 州文广新局 八县市人民政府
	40	举办土家族舍巴节、苗族赶秋节、吉首国际鼓文化节、四季乡村旅游节、吕洞山原生态文化艺术节等重大旅游节庆活动，积极打造《边城》等知名的实景演艺品牌，重点旅游县市至少打造一个常态化运营的演艺节目	2017—2018	州文广新局	八县市人民政府
宣传推广	41	整合各县市旅游品牌和产品体系，集合全州上下力量全面打响"神秘湘西"旅游品牌。发布"神秘湘西"旅游形象宣传用语及旅游形象标识，制作"神秘湘西"旅游宣传形象片	2017—2018	州旅游港澳外事侨务局	八县市人民政府
	42	积极参加各类旅博会及旅游推介活动，积极打造广播、电视、报纸、多媒体等传统渠道和移动互联网、微信、微博、微视频、数字旅游、影视植入、在线预订等新技术、新渠道相结合的营销渠道体系，精心展示湘西旅游形象	2017—2018	州旅游港澳外事侨务局	八县市人民政府
	43	加强与携程、同程、阿里旅行等在线旅游电商企业的合作，加快湘西旅游电商平台建设	2017—2018	州旅游港澳外事侨务局	八县市人民政府
	44	大力推动张吉怀旅游共同体，整合精品旅游资源，推出跨区域旅游线路，优势互补，相互协作、形成合力	2017—2018	州旅游港澳外事侨务局	八县市人民政府
	45	编制完善《湘西特色品牌商标注册名录》，着力培育一批具有国际知名度和竞争力的旅游商标品牌。依法依规向国家商标局提出商标异议，争取收回"神秘湘西"商标注册专用权	2017—2018	州工商局	八县市人民政府

续表

类别	序号	重点任务	完成时限（年）	牵头部门	责任单位
宣传推广	46	积极探索政府资源与企业资源的整合，按照政府负责“形象营销”、媒体负责“内容营销”、企业负责“产品营销”的思路，构建全媒体时代的主体营销系统，做到旅游宣传有空间、多角度、全方位、广覆盖，实现宣传促销的聚合效应、整体效应和放大效应	2017—2018	州旅游港澳外事侨务局	八县市人民政府
旅游统计	47	建立全域旅游统计指标体系，根据六项考核指标，到2018年，旅游业增加值占本地GDP比重15%以上；旅游从业人数占本地就业总数的比重20%以上；年游客接待人次达到本地常住人口数量10倍以上；当地农民年纯收入20%以上来源于旅游收入；旅游税收占地方财政税收10%左右	2017—2018	州统计局	州直相关部门 八县市人民政府
组织保障	48	设立专题专栏，加大宣传报道力度，提高广大干部群众的创建知晓率，积极营造人人关心、人人支持创建工作的浓厚氛围	2017—2018	州委宣传部	团结报社 湘西电视台 八县市人民政府
	49	对县市主要领导、分管旅游领导、旅游局长、相关部门负责人、重点旅游乡镇长、村主干、重点旅游景区负责人、旅游院校骨干、重点旅游企业负责人等进行全域旅游专题培训，树立全局谋划、全方位推进、全时空统筹、全要素配套、全产业联动、全社会参与的大旅游发展观	2017—2018	州委组织部	州人社局 州旅游港澳外事侨务局 八县市人民政府
	50	指定专人收集整理2016年以来涉及创建工作任务完成情况的各类资料，保证资料的完整性、真实性和有效性	2017—2018	州旅游港澳外事侨务局	州直相关部门 八县市人民政府
	51	对创建工作实行目标责任管理，并纳入年度绩效考核。对工作出色，按时达标的单位及个人予以表彰；对未按要求完成任务，工作不力，影响整体创建的，及时通报并进行责任追究	2017—2018	州委办、 州政府办	州绩效办 州委督查室 州政府督查室 八县市人民政府

湘西州60个乡村旅游精品村寨名单

县（市）	村寨名称
吉首市（8个）	矮寨镇家庭村、矮寨镇坪朗村、矮寨镇坪年村、马颈坳镇隘口村、河溪镇张排村、峒河街道小溪村、镇溪街道寨龙村、石家冲街道庄稼村
凤凰县（8个）	山江镇早岗村、山江镇雄龙村、阿拉营镇黄丝桥村、麻冲乡竹山村、麻冲乡老洞村、廖家桥镇拉毫村、廖家桥镇菖蒲塘村、落潮井镇塘桥村
永顺县（8个）	灵溪镇双凤村、灵溪镇洞坎村、塔卧镇塔卧居委会、小溪镇小溪村、芙蓉镇克必村、石堤镇前进村、高坪乡西米村、万坪镇卡木村
龙山县（8个）	洗车河镇洗车居委会、洛塔乡南竹村、苗儿滩镇捞车村、苗儿滩镇六合村、苗儿滩镇星火村、里耶镇杨家寨村、里耶镇比耳村、农车镇汝池居委会
古丈县（6个）	红石林镇坐龙峡村、红石林镇红石林村、高峰镇石门寨村、高峰镇岩排溪村、默戎镇龙鼻村、默戎镇牛角山村
花垣县（8个）	花垣镇蚩尤村、麻栗场镇文笔峰村、双龙镇十八洞村、双龙镇板栗村、双龙镇让烈村、双龙镇芷耳村、双龙镇龙孔村、双龙镇金龙村
泸溪县（7个）	武溪镇黑塘村、武溪镇红土溪村、武溪镇上堡村、浦市镇马王溪村、浦市镇银井冲村、浦市镇岩门溪村、潭溪镇新寨坪村
保靖县（7个）	迁陵镇陇木峒村、普戎镇波溪村、吕洞山镇夯吉村、吕洞山镇吕洞村、吕洞山镇夯沙村、吕洞山镇黄金村、水田河镇金落河村

湘西自治州人民政府
关于湘西自治州招商引资优惠政策的若干意见

州政发〔2017〕12号

各县市人民政府、湘西经开区管委会，州直各单位：

为全面贯彻省委“创新引领、开放崛起”战略，鼓励州内外投资者来我州投资置业，进一步推进精准招商，促进我州脱贫攻坚、后发赶超，依据国家法律、法规及有关政策，结合我州实际，制定本意见。

1.坚持“非禁即入、非限即许”的原则，除法律法规明确禁止或限制的行业外，均向投资者全面开放。

2.招商项目建设用地可采取出让、租赁、入股等方式供给，对符合《划拨用地目录》的，经依法批准，可以划拨方式提供土地使用权。

3.从事种植业、养殖业、旅游业、农产品加工业生产的，可依法采取转包、租赁、临时占用方式使用农村集体土地；在现代农业产业园区内按园区规划流转土地从事农业开发，集中连片种植达500亩以上的，其土地流转费按每年每亩100元给予补贴，连续补贴3年。

4.对固定资产投资1亿元以上、投资强度在200万元/亩以上和固定资产投资5000万元~1亿元、投资强度在150万元/亩以上的鼓励类工业项目，在确定土地出让底价时，可按对应的全国工业用地出让最低价标准执行。县市人民政府可分别按土地出让金（扣除征地成本、前期开发费用和须计提的各项资金）的90%、50%比例支持企业用于基础设施建设。

5.对符合国家《产业结构调整指导目录》且用地集约的特色产业项目，在确定土地出让底价时，可按不低于所在地土地等别相对应《全国工业土地出让最低价标准》的70%执行，但不得低于成本价。实行工业用地弹性出让，采取“长期租赁、先租后让、租让结合”等灵活多样的供地方式，降低企业用地成本。

6.新入园的工业企业在符合规划、不改变现有土地用途前提下提高土地容积率的，不再补缴土地价款。

7.投资四星级（含四星级）以上酒店项目，建设用地以项目挂牌方式出让，揭牌价高于出让底价部分可由受益财政全额奖补给投资企业，用于企业基础设施建设、购买生产设备及配套设施建设。投资商办完土地出让手续后，开工建设后兑现30%；主体封顶后兑现40%；实现竣工经营兑现30%。

8.对固定资产投资5000万元以上的工业项目，自投产年度起5年内，企业所得税地方分享部分前3年按100%、后2年按50%，州、县（市）政府以“企业发展基金”的形式奖补给企业，用于企业技术改造或扩大再生产。

9.对世界500强或国内商贸行业前10强企业自主经营商贸类项目，从营业年度起，连续5年由州、县（市）财政按企业实际缴纳所得税地方分享部分的10%~20%奖补给经营者，主要用于企业基础设施建设、购买生产设备及配套设施建设。具体标准为：年缴纳所得税100万~200万元的，政府将地方分享部分的10%奖补给企业；超出200万元的，将超出部分地方分享的20%奖补给企业。

10.对新入驻园区标准厂房的企业，从企业投产之日起按照年租金30%的标准连续补助3年。

11.鼓励和吸引州外金融机构来我州设立分支机构，分支机构正式营业后，州政府给予100万元一次性奖励。同时，对分支机构的营业和办公场所建设用地按优惠价出让，根据相关规定可免收州、县（市）有关规费。产业基金、财务公司、投资公司享受以上同等优惠政策。

12.凡是符合国家产业政策和环保要求的招商引资项目（房地产项目除外），除政策明确规定需上缴的行政事业性规费外，州、县（市）免收行政事业性收费。

13.鼓励企业上市融资，支持符合条件的外来投资企业利用私募股权、改制上市、发行企业债券、短期融资券和中期票据等扩大直接融资渠道。

14.州、县（市）商务主管部门成立“招商引资项目服务中心”，明确专人专班，进驻州、县（市）政务中心，实行“一窗受理”和“全程代办”服务。

15.有关单位在办理招商引资投资企业的审核、审批事项时，未按规定时限办结或转报的，或因故意刁难、推诿、拖延造成不良影响和后果的，交由州、县（市）纪检监察部门查处。

16.实行企业“宁静日”制度。每月1日至20日为企业的“宁静日”，在此期间，除涉及国家安全、公共安全、人民群众生命财产安全、环境保护与生态安全、偷税案件等执法检查外，任何部门不得随意进入企业检查和收费。

17.实行“首次不罚”制度。对企业或个人非主观故意的一般违规行为，以帮助整改为主，限期整改；对在规定期限内整改到位的，原则上不予处罚。

18.按照“一级政府一级财政”的原则，州、县（市）政府（区管委会）分别设立招商引资（发展开放型经济）奖补资金，专门用于招商引资奖补兑现，其中，州财政每年统筹安排2000万元。

19.对招商引资工作成绩突出的单位和个人，州、县（市）政府经考核评定后，分别给予奖励。具体奖励办法按照州政办发〔2017〕70号文件执行。

20.凡党中央、国务院和省委、省政府制定的相关政策，本意见未涉及的内容或与其抵触的内容，以上级文件为准。州政府以前颁发的文件与本意见不相一致的，以本意见为准。

21.房地产开发、水电开发、矿石开采项目原则上不享受本意见的优惠政策。

22.本意见自发布之日起施行，由州招商引资领导小组办公室负责解释。

湘西自治州人民政府
2017年9月2日

索 引

说明：

一、本索引把年鉴的专稿、条目、表格用主题分析的方法，按汉语拼音字母顺序排列。

二、图照、特载、大事记、附录未作索引。

三、类目、专稿用黑体字标明。

四、索引名称后的阿拉伯数字表示内容所在的页码，拉丁字母（a、b、c）表示栏别（从左至右1、2、3栏）。特载、专记、专文、资政论坛及表格不作栏别表示。

A

B

C

D

E

F

G

H

J

K

L

M

N

P

Q

R

S

T

W

X

Y